제 23 판

노동법

임종률·김홍영

Labour Law

박영사

머리말 (제23판)

제22판을 발간한 지 벌써 1년이 다 되었다. 그 사이에 노동조합법은 중요한 부분이 크게 개정되었는데, 이른바 '노란봉투법'이라 한다. 오랫동안 쟁의행위 손해배상책임의 제한과 원·하청 교섭의 필요성이 제기되어 왔다가 드디어 개정이 이루어졌다. 개정 내용은 사용자 개념의 확대, 노동쟁의 개념의 확대, 쟁의행위 민사책임의 완화 등이다. 제23판에서는 헌법상의 노동3권을 실질화 하려는 개정 취지에 맞추어 개정 조항들의 내용을 소개하고 설명하였을 뿐만 아니라, 아울러 이와 관련하여 단체교섭의 주체, 단체교섭의 대상, 정리해고제한 협정, 쟁의행위의 목적과 정당성, 부당노동행위의 주체 등 여러 부분을 보완·수정하였고, 원·하청 교섭에 대한 설명을 추가하였다. 특히 쟁의행위와 민사책임은 전면적으로 보완하여 서술하였다. 이 때문에 어쩔 수 없이 책의 분량이 다소 늘어났다.

지난 1년 동안에도 많은 노동판례들이 쏟아져 나왔다. 제23판에서는 중요한 판례(장례지도사의 근로기준법상 근로자성 인정 사례, 교섭대표노조의 설립무효로 적법노조와의 소급적인 단체교섭의무, 공정대표의무의 내용, 사내하도급 하청 근로자들의 원청 사업장에서의 조합활동, 부당노동행위 구제신청 기간에서의 '계속하는 행위', 교원노조법상 중재재정의 위법, 취업규칙의 불이익변경 여부의 판단, 위약금 예정의 금지, 통신비의 임금성 인정 사례, 성과상여금의 임금성 여부, 통상임금 판단에서의 소정근로의 대가, 시급제·일급제에서 통상임금 재 산정에 따른 주휴수당의 차액 청구, 최저임금의 비교대상임금의 산입 범위에서 소정근로시간의 의미, 임금 직접지급의 예외, 숙·일직 근무와 근로시간, 연차휴가의 계속근로의 기준일 및 시기변경의 기준, 도급인의 안전보건조치 의무, 사업주의 산재 손해배상에서 근로자의 과실상계의 방식, 불법파견 해당 여부 사례 및 실효의 원칙 적용, 노동위원회의 부당해고 구제이익, 노사협의회 정기회의의 개최 의무 등)의 소개에 소홀함이 없도록 노력했다.

한편 이 책으로 강의하면서 여러 곳에서 설명을 보완할 필요가 있다고 발견한 부분들에 대해 적절히 수정했고(공정대표의무의 내용, 단체교섭거부의 부당노동행위, 근로기준법상 사업 또는 사업장, 취업규칙 불이익 변경에서 동의 취득 여부의 효과, 정기일지급의 예외와 재직 조건, 업무상 재해의 개념, 정리해고의 해고대상자 선정, 노동위원회 구제에서 신청의 이익을 구제이익으로 명칭 변경 등), 저자의 종전 견해를 수정도 했다(정리해고의 근로자대표).

또한 한국노동법학회가 핵심판례로 새로이 추가한 판결에 대해서도 이를 표시하였다(취업규칙 불이익변경에서 집단적 동의권 남용, 통상임금 판단 기준, 배치전환의 정당성 판단, 징계해고의 절차적 및 실체적 정당성, 노동조합의 설립 무효확인, 부당노동행위 구제신청의 제척기간 등).

앞으로도 법령·판례의 변화 및 학계의 연구를 반영하여 지속적으로 이 책을 보완·수정해 나갈 것을 약속드린다.

제23판에 대해서도 김홍영 전자우편(hongyoung@skku.edu)을 통한 독자 여러분의 기탄없는 질의나 의견 또는 비판을 환영한다.

제23판의 출간을 위하여 정성껏 작업에 임해주신 박영사 편집부 이승현 차장님을 비롯하여 관계자 여러분에게 감사의 뜻을 전한다.

2026년 1월 30일

임종률·김홍영

머리말(제22판)

제21판을 발간한 지 벌써 1년이 다 되었다. 그 사이에 개정된 법령이 적지 않다. 첫째, 임금체불에 대한 규율을 강화하도록 근로기준법이 개정되었다(반의사불벌죄의 제외, 재직 중 체불에 대한 특별지연이자, 체불액의 3배 배상, 상습체불사업주의 보조금 참여나 공사입찰 제한 등). 둘째, 저출생의 사회 문제에 대응하여 육아 지원을 확대하고자 근로기준법·남녀고용평등법·고용보험법 등이 개정되었다(난임치료휴가, 임신기 근로시간 단축, 출산전후휴가, 배우자출산휴가, 육아휴직, 육아기 근로시간단축, 연차휴가 산정 등). 셋째, 산업안전보건법은 폭염·한파에 대한 보건상의 조치를 추가했다. 이에 따라 제22판에서는 이들 개정 법령들의 내용을 충실하게 반영했다.

지난 1년 동안에도 많은 노동판례들이 쏟아져 나왔다. 제22판에서는 중요한 판례(통상임금의 개념 및 판단기준, 플랫폼 종사자의 근로기준법상 근로자성, 근로기준법의 적용범위에서 상시 근로자 수의 판단 시 사업의 기준, 하수급인 근로자의 임금 보호에서 최초 도급인의 배제, 임금 보호를 위한 건설업 특례의 강행규정성, 근로시간 적용제외인 관리·감독 근로자의 의미, 작업중지권 행사에 대한 불리한 처우 금지, 일·가정 양립을 지원하기 위한 배려의무, 기간제근로자의 근로조건 서면명시, 대학 시간강사의 초단시간 근로자성 여부, 단시간근로자의 차별 금지, 복지포인트 미배정이 계속되는 차별인지 여부, 불법파견 직접고용 시의 근로조건, 부당해고 구제신청에서 피신청인의 추가·변경 및 제척기간, 부당대기발령의 구제이익, 노사협의회의 협의사항인 근로자 감시설비의 의미 등)의 소개에 소홀함이 없도록 노력했다. 특히 통상임금의 개념 및 판단기준에 관해 종전의 대법원 전원합의체 판결 이후 11년 만에 고정성 기준을 폐지하는 새로운 대법원 전원합의체 판결이 내려졌는데 이를 반영하여 해당 부분을 새로이 서술했다.

한편, 이 책으로 강의하면서 여러 곳에서 설명을 보완할 필요가 있는 부분들을 발견했고 이에 대해 적절히 수정했다. 법령 개정의 취지와 판례를 반영하여 저자의 종전 견해를 수정도 했다(작업중지권 행사에 대한 불리한 처우 금지, 불법파업 직접고용 시 근로계약 기간의 설정 등). 또한 한국노동법학회가 핵심판례로 새로이 추가한 판결에 대해서도 이를 표시하였다(임금성 판단, 도급적 노무자의 노동조합법상의 근로자성, 지배개입의 부당노동행위 등).

앞으로도 법령·판례의 변화 및 학계의 연구를 반영하여 지속적으로 이 책을 보완·수정해 나갈 것을 약속드린다.

제22판에 대해서도 김홍영 전자우편(hongyoung@skku.edu)을 통한 독자 여러분의 기탄없는 질의나 의견 또는 비판을 환영한다.

제22판의 출간을 위하여 정성껏 작업에 임해주신 박영사 편집부 이승현 차장님을 비롯하여 관계자 여러분에게 감사의 뜻을 전한다.

2025년 1월 21일

임종률·김홍영

머리말 (제21판)

우선 독자들에게 기쁜 소식부터 전하고 싶다. 이 책은 그동안 임종률 단독저서로 발간해 왔는데 이번부터 성균관대학교 김홍영 교수님과 공동저서로 출간할 수 있게 되었다는 소식이다. 임종률은 최근 들어 점차 저술 역량의 한계를 실감하게 되었고 김 교수님 — 10여 년 전부터 연구활동 등에 여념이 없으신 가운데도 번번이 개정판의 판례 보완 작업에 조언을 해주셨다 — 에게 염치도 없이 공저자 합류를 제안했는데 김 교수님이 고맙게도 승낙을 해주신 것이다. 김홍영은 강의와 연구를 반영하여 이 책이 계속 발전하도록 하겠다. 우리는 향후 이 책이 독자들에게 더 가까이 다가갈 수 있게 되리라 기대한다.

제20판을 발간한 지 2년 동안 약간의 법령 개정이 있었다. 노동조합법 시행령(노동조합 회계감사원의 자격, 결산 결과 등의 공표 방법), 교원노조법과 공무원노조법(근로시간면제 등), 산재보험법(세 차례 개정: 출산 자녀의 재해 보호, 특수형태근로종사자 개념 폐기 및 노무제공자 개념 도입과 재해 보호, 손자녀의 유족보상연금 수급자격연령 등), 산재보험법 시행령(건강손상자녀 관련 유해인자), 근로자참여법(근로자위원 선출 방법 명시) 등이 그것이다. 이에 따라 제21판에서는 우선 이들 개정 법령들의 내용을 충실하게 반영했다.

그러면서 독자들의 이해를 돕는 데 필요하다고 판단하여 여러 군데에서 종전의 설명을 수정 또는 보완했다. 예컨대 노동관련 국제조약, 근로의 권리, 노동3권, 근로자의 개념, 법외노조, 조직강제, 단체협약 인준투표제, 경영사항 및 인사사항에 대한 단체교섭, 쟁의행위 개념, 정치파업, 위법한 쟁의행위의 손해배상 책임, 위법한 쟁의행위의 형사책임, 파업기간 중의 임금, 공휴일 등의 부분은 거의 전면적으로 고쳐 썼다. 그리고 직업안정법과 외국인고용법에 관한 설명은 아예 삭제했다. 편제를 바꾼 곳도 있다. 예컨대 조합활동은 이를 단체행동의 일부분으로 보는 견해에 따르기로 하면서 쟁의행위와 조합활동의 장을 만들어 그곳으로 옮겨 설명하고, 쟁의조정에 관해서는 쟁의행위 전반을 살펴본 다음에 다루는 것으로 했다.

기술적인 변화도 과감하게 시도했다. 예를 들면, 곳곳에서 학자들의 저서를 인용한 것은 그 문헌이 너무 오래 전의 것이기도 하고 독자에게 지나친 부담이 될 것이어서 모두 삭제하기로 했다. 그리고 해석론상 견해의 대립이 있는 경우 중 일부분은 학설과 판례를 병렬적으로 소개하는 방식을 지양하고 판례를 더 중시하고 학설은 종전보다 더 간략하게 소개하는 방식을 택했다. 한편, 노동조합법과 근로기준법의 경우를 제외하고, 본문에서는 법률의 규정만 다루고, 시행령이나 시행규칙 등 하위법령에 관한 언급은 각주에서 다루거나 최소로 줄였다.

지난 2년 동안에도 많은 노동판례들이 쏟아져 나왔다. 제21판에서는 중요한 판례(교섭단위의 분리를 인정하는 사정의 증명책임, 연장근로·휴일근로의 집단적 거부가 쟁의행위에 해당하는지의 판단, 쟁의행위 민사책임에서 노동조합이 책임의 원칙적인 귀속주체, 위법한 피케팅·직장점거의 쟁의행위인 경우 공동불법행위자인 개인의 책임 제한, 경영담당자·관리자에게 부당노동행위 및 구제명령이행의 주체 인정, 상시 5명 이상 근로자를 사용하는지의 판단, 불이익변경된 취업규칙보다 유리한 근로계약의 적용 기준, 취업규칙의 불이익변경에서 사회통념상 합리성 법리의 폐기, 1주간 연장근로 제한의 기준, 연차휴가의 발생 시기, 묵시적 의사표시에 의한 해고가 있는지의 판단, 정년 후 재고용 기대권, 임금피크제가 연령차별인지의 판단, 육아휴직 후 다른 직무로 복귀시키는 경우 실질적인 불이익의 금지, 불법파견 시 직접고용의무는 무기근로계약으로 고용 등)의 소개에 소홀함이 없도록 노력했다.

한국노동법학회는 노동법 교육의 활성화를 위해 2021년부터 30개의 핵심판례를 선정하고 매년 일부 판례를 교체하고 있다. 저자는 독자들에게도 그 내용을 알리는 것이 좋겠다고 생각하여 해당 판례에 대해서는 각주의 판례 표시 끝부분에 '<핵심판례>'라고 적었는데, 제21판에서도 그동안에 교체되어 추가된 판례를 포함하여 적어두었다.

제21판에 대하여 김홍영 전자우편(hongyoung@skku.edu)을 통한 독자 여러분의 기탄없는 질의나 의견 또는 비판을 환영한다.

제21판의 출간을 위하여 정성껏 작업에 임해주신 박영사 편집부 이승현 차장님을 비롯하여 관계자 여러분에게 감사의 뜻을 전한다.

2024년 2월 16일

임종률·김홍영

머리말(초판)

노동법은 법학의 영역 안에서는 특수한 부문이지만 오늘날 국민 대다수가 노동법의 적용을 받고 있다는 점에서는 일반성을 가지고 있다. 그러므로 노동법의 잦은 개정은 법적 안정성의 견지에서 바람직하지 않다. 그러나 '7·80년대 우리나라 노동법은 왜곡되어 있었고 낙후성을 면하지 못하였기 때문에 전면적인 개정, 민주적인 절차에 의한 개정이 요구되었고 저자도 '80년대 후반부터는 노동입법의 정상화·선진화를 주장하여 왔다. '92년부터는 정부의 개정시안 작성기구에 참여하게 되어 많은 시간과 정열을 기울였고 때로는 무력한 학자로서 허탈감에 빠지기 한두 번이 아니었지만, 우여곡절 끝에 '97년에 여·야 합의로 노동법의 전면개정(제정의 형식을 빌렸지만)이 마무리되었다. 이로써 해석론적 연구에 몰두할 수 있게 되었다는 점에서 다행이라 하겠다.

이 책은 30년 가까이 노동법 강의와 연구를 하면서 틈틈이 작성·수정하여 온 강의안을 신노동법에 대응하여 대폭 보완한 노동법의 체계적 해설서이다. 총론 부분은 각론의 충실화를 위하여 최소화하였다. 노동법의 각론은 그 규율의 대상과 원리에 따라 크게 노동단체법(집단적 노동관계법), 근로계약법(개별적 노동관계법) 및 기타 부문(노사협의제도, 노동위원회제도, 고용증진제도)으로 나누어진다고 볼 수 있는데, 이 책에서는 노동단체법과 근로계약법을 동등한 비중으로 서술하되, 순서는 전자를 후자보다 먼저 다루었다. 노동법의 독자성과 특수성을 가장 잘 드러내는 부문은 역시 노동단체법이기 때문이다.

최근에 국내에 새로운 노동법 교과서도 출간되고 학자들의 참신한 논문이 많이 나와 있으며 주목할 만한 것도 적지 않지만, 개설서에 불과한 이 책에서 이들을 모두 인용할 수 없었던 점을 아쉽게 생각한다. 그러나 대법원판례는 가능한 한 빠짐없이(같은 취지의 판례가 여러 개 있는 경우에는 대표적인 것 두세 개만) 인용하기로 하였다. '70년대부터 노동판례를 추적하여 온 저자는 쟁점이 퇴직금 등 몇몇 주제에 한정되어 있는 데 종종 실망하였으나 '87년 이후의 판례는 쟁점도 다양하고 내용도 주목할 만한 것이 적지 않아, 노동법이 생활화되고 있음을 느끼게 한다. 판례는 법학과 상호작용을 하면서 노동법을 발전시키는 중요한 요인이 되고 있다.

이 책은 한글전용을 원칙으로 하였다. '60년대부터 판결문이 한글전용으로 된 것을 보면서 법률논저가 한자용어를 고집할 필요가 없다고 생각하여 왔고 한자에 익숙하지 않은 사람도 이 책을 읽을 수 있어야 한다고 생각하기 때문이다. 이에 따라 각주에서 인용된 국내 학자와 책·논문의 이름 등도, 경우에 따라서는 결례가 되겠지만, 한글로 표기하기로 하였다.

이 책의 교정을 끝낼 무렵인 '99년 1월-2월 교원의노동조합설립및운영등에관한법률, 근로기준법, 남녀고용평등법 등이 제정·개정되어 일부 내용을 긴급히 수정·보완하였다. 해설서에 법조문을 수록하는 것은 바람직하지 않지만, 독자로서는 이번에 제정·개정된 법령을 손쉽게 입수하지 못하여 혼동을 일으킬 수도 있을 것이라 생각되어 이를 부록으로 수록하였다.

견해의 대립이 의미 있는 부분에 대하여는 각 견해의 요지와 근거를 충실히 소개·비판하려 노력하였으나 미흡한 점도 적지 않을 것이다. 또 이 책은 법과대학에서의 강의시간·진도 등을 고려하여 면수를 한정하여 집필한 것이어서 교원, 안전보건, 파견근로자, 고용증진제도 등의 부문에서는 주요 조문을 발췌·소개하였을 뿐 설명을 제대로 붙이지 못하였다. 독자 여러분의 기탄 없는 지적과 비판을 기대한다. 특히 인터넷 홈페이지(http://dragon.skku.ac.kr/~cylim) 이용을 환영한다.

이 책이 나오기까지 김태정 군(성균관대 대학원 박사과정 노동법전공)의 헌신적인 노고에 특별히 고마움을 표하고자 한다. 김 군은 군복무를 마치자마자 숨돌릴 틈도 없이 여러 달 동안 문헌·판례의 확인, 교정, 색인작성 등의 작업을 깔끔하게 처리해 주었다. 또 짧은 기간에 이 책을 신학기에 맞추어 출간하기 위하여 애써 주신 박영사 여러분에게도 고마움을 표하고 싶다.

1999년 2월 19일

지 은 이

주요목차

제1편 총 론

제2편 집단적 노동관계법

제3편 개별적 노동관계법

제4편 노동법의 그 밖의 부문

세부목차

제1편 총 론

제1장 노동법의 의의 _3

제2장 헌법의 노동조항 _19

제6장 부당노동행위제도 _285

제3장 노동관계의 성립 _406

제4장 노동관계의 전개 _419

제5장 노동관계의 종료 _568

제7장 비정규근로자 _646

제8장 부당해고등의 구제 및 차별의 시정 _672

제4편 노동법의 그 밖의 부문

제1장 노동위원회제도 _693

제2장 노사협의제도 _703

제3장 실업급여제도 _713

일러두기

▌법 령

고용보험법 ·· 고보
공무원의 노동조합 설립 및 운영 등에 관한 법률
　('공무원노조법'으로 약칭) ·· 공노
교원의 노동조합 설립 및 운영 등에 관한 법률
　('교원노조법'으로 약칭) ·· 교조
근로기준법 ·· 근기
근로자참여 및 협력증진에 관한 법률('근로자참여법'으로 약칭) ·· 근참
근로자퇴직급여 보장법('퇴직급여법'으로 약칭) ·· 퇴급
기간제 및 단시간근로자 보호 등에 관한 법률('기간제법'으로 약칭) ·· 기간
남녀고용평등과 일·가정 양립 지원에 관한 법률
　('남녀고용평등법'으로 약칭) ·· 남녀
노동위원회법 ·· 노위
노동조합 및 노동관계조정법('노동조합법'으로 약칭) ·· 노조
산업안전보건법 ·· 산안
산업재해보상보험법('산재보험법'으로 약칭) ·· 산재
임금채권보장법 ·· 임채
최저임금법 ·· 최임
파견근로자 보호 등에 관한 법률('파견법'으로 약칭) ·· 파견

시행령(대통령령) ·· 영
시행규칙(고용노동부령) ·· 칙
노동위원회규칙 ·· 노위칙

* 법률의 약칭은 최대한 법제처가 부여한 것에 따름
* 법령의 내용은 2026. 1. 1. 현재 공포된 것에 따름

▎판 례

헌법재판소 ··· 헌재
대법원 ··· 대법
고등법원 ··· 고법
지방법원 ··· 지법
민사지방법원 ·· 민지법
중앙지방법원 ·· 중지법
행정법원 ··· 행법
전원합의체 ·· (전합)

* 판결과 결정의 구분은 생략
* 병합사건은 가장 먼저 기재된 사건번호 하나만 표기
* 판례 인용은 가급적 헌법재판소(http://www.ccourt.go.kr), 대법원 종합법률정보(http://glaw.scourt.go.kr), 한국노동연구원(http://www.kli.re.kr), ELABOR(http://www.elabor.co.kr)의 각 홈페이지 및 한국노동법학회의 학회지 「노동법학」 등 간행물에 수록된 것으로 한정
* <핵심판례>는 2021년부터 매년 한국노동법학회가 선정한 30개 핵심판례를 의미

제 1 편

총 론

제1장 노동법의 의의

I. 노동법의 개념

'노동법'이란 자본주의 사회에서 근로자가 인간다운 생활을 할 수 있도록 노동관계를 규율하는 법을 말한다.

(1) 노동법은 자본주의 사회의 법이다. 자본주의 사회에는 사유재산이 보장되는 가운데 생산수단을 소유·이용하여 자유롭게 영업활동을 하는 기업 또는 사용자가 있고, 신분적 예속에서 해방되어 자유롭게 노동력을 팔아 임금으로 살아가는 근로자가 존재한다. 또 모든 재화가 상품화되어 시장에서 자유롭게 거래되고 그 가격은 기본적으로 수요와 공급에 따라 결정되며, 인간의 노동력도 노동시장에서 자유롭게 거래된다. 사유재산제와 시장경제를 요소로 하지 않는 노예제·봉건사회 또는 사회주의 사회에서 인간의 노동을 규율하는 법은 노동법이라 할 수 없다.

(2) 노동법은 노동관계, 즉 근로자의 노동력 제공에 관련된 생활관계를 규율하는 법이다. 여기서 노동[1]은 독립적 노동(예컨대 고객에 대한 자영업자의 노동)이 아니라 종속적 노동으로 한정된다. 종속노동은 근로자가 누군가에게 노동력을 팔지 않고서는 살아갈 수 없기 때문에 상대방이 제시한 거래 조건이 불리하더라도 이를 받아들여 계약관계를 맺을 수밖에 없다는 것(경제적 종속)을 의미하고, 또 근로자가 그 노동력을 자신의 신체·인격과 분리하여 제공할 수 없기 때문에 노동력 제공 과정에서 사용자의 지휘·감독을 받게 된다는 것(인적 종속)을 의미하기도 한다.

한편, 노동법이 규율하는 노동관계에는 근로자 개인과 그를 고용하는 사용

---

1) '노동'이라 하면 육체노동만을 의미하는 듯하고 저항적·전투적 느낌을 주는 데 대하여 '근로'라 하면 정신노동까지 포함하는 듯하고 순종적인 느낌을 준다. 그러나 그것은 어감의 차이에 불과하고 학문적으로 양자의 개념이 구별되는 것은 아니다. 이와 같이 '노동'과 '근로'가 같은 뜻의 용어인데도 법령상 '근로자', '근로계약', '근로시간', '근로조건', '노동조합', '노동쟁의', '부당노동행위', '노동위원회' 등 용어의 통일을 기하지 못한 것(일본에서는 '노동자', '노동계약' 등 '노동'으로 통일되어 있다)은 남북분단 상황 아래서 가급적 '노동'의 용어를 피하려는 정치적 고려가 작용했기 때문인 듯하다.

자 사이의 관계만이 아니라, 노동조합과 그 상대방인 사용자 또는 사용자단체의 관계도 포함된다. 또 현재의 노동관계는 물론, 근로자가 노동시장에서 직업소개·직업훈련을 받거나 실업보험을 받는 것처럼 아직 실현되지 않은 장래의 노동관계도 포함된다.

(3) 노동법은 근로자의 인간다운 생활의 실현을 기본이념으로 하는 법이다(이 점에서 노동법은 진보적). 따라서 노동관계를 규율하는 법이라도 노동의 강요나 노동운동의 근본적인 부정을 내용으로 하는 것은 노동법이라 볼 수 없다(예컨대 전시근로동원법, 모든 노동조합에 해산을 명하는 계엄령). 그러나 인간다운 생활의 실현이라는 이념은 사유재산제·시장경제·개인의 자유 등 자본주의 사회의 필수적 요소를 전제로 이와 조화를 이루면서 추구되는 이념이지 이를 부정·침해하면서 추구되는 것은 아니다(이 점에서 노동법은 보수적). 따라서 예컨대 임금동결법 등 근로자의 이익에 반하는 내용이라도 이러한 조화에 근거한 것이라면 노동법에 해당된다.

한편, 사회보장법(사회법)[1]도 국민의 인간다운 생활의 실현을 추구하지만 반드시 노동관계를 전제로 하는 것이 아니고, 따라서 노동의 의사와 능력을 갖지 않은 국민도 그 보호의 대상으로 한다는 점에서 노동법과 구별된다. 다만 양자가 중첩되는 경우도 있다. 예컨대 고용보험법에 따른 실업급여나 육아휴직 급여 등에 관한 제도, 산업재해보상보험법, 임금채권보장법은 노동법이면서 사회보장법이라 할 수 있다.

Ⅱ. 시민법과 노동법

1. 시민법과 노동문제

근대 초기에 시민계급의 주도로 성립된 자본주의 사회는 그 시대적 요청에 걸맞은 시민법을 확립했다. 시민법은 사법·공법·형사법 등 모든 영역에서 소유권의 보장, 계약의 자유 및 과실책임주의를 그 기본원리로 추구했고, 특히 민법 등 사법 쪽에서 철저했다.[2] 시민법 아래서는 근로자가 사용자에게 노동력을 제

---

1) '사회법'이라는 용어는 일의적인 것은 아니다. 20세기 중반 이후 한동안은 노동법, 사회보장법, 경제법처럼 시민법의 원리를 수정하면서 새롭게 등장하여 공법과 사법 어느 한쪽에 속할 수 없는 제3의 법영역을 통칭하는 용어로 사용되었다. 그러나 시간이 흐르면서 노동법, 사회보장법, 경제법의 공통성보다는 이질성·독자성이 중요시됨에 따라 오늘날은 사회보장법과 동의어로 사용되는 경우가 많다.

2) 독일에서는 시민법과 민법을 모두 'bürgerliches Recht'라고 부른다.

공하여 임금을 받는 관계(노동관계)가 독립대등한 당사자 사이의 자유로운 계약관계(고용계약)로 구성된다. 그리고 노동관계에도 이러한 시민법의 기본원리가 적용되는 결과 여러 가지 문제(노동문제)가 발생했다.

첫째, 근로자와 사용자의 경제적 실력의 차이(거래의 실질적 불평등성)는 무시되고 고용계약의 내용인 임금이나 그 밖의 근로조건은 어떠한 것이든 당사자의 자유로운 합의의 결과라고 법률상 인정되었다. 이리하여 저임금·장시간 노동 등의 열악한 근로조건도 계약자유의 이름 아래 방치되고, 이러한 조건 아래서 특히 연소자와 여성이 혹사되고 그 건강이 파괴되는 등의 문제가 생겼다.

둘째, 근로자가 열악한 작업환경이나 장시간 노동에 따른 피로로 산업재해를 입더라도 과실책임의 원칙이 적용되기 때문에 보상을 받기가 곤란했다.

셋째, 고용계약에 대한 해약의 자유는 사용자를 위한 해고의 자유가 되고 근로자는 사용자의 자의나 경영사정의 악화로 곧잘 실업상태에 빠지게 되었다. 또 이러한 처지에 있는 근로자의 구직이나 취직을 둘러싸고 영리직업소개업 등에 따른 중간착취나 강제노동 등이 자행되었다.

넷째, 이러한 상태에서 근로자는 자구행위로서 노동조합 결성, 단체교섭, 단체행동 등 단결활동(노동운동)을 전개하기 마련이지만 국가는 단결활동을 금지·억압했다. 처음에는 노동조합을 결성하여 근로조건을 집단적으로 교섭하는 행위를 제정법으로 금지했다.[1] 나중에 노동조합 결성이 허용되었지만 파업 등 쟁의행위는 시민법상 노동력의 자유로운 거래를 제한하는 위법한 행위라는 이유로 형사처벌이나 손해배상의 대상이 되었다.

다섯째, 기업경영에 관한 의사결정은 전적으로 사용자의 권한에 속한 결과, 때로는 근로자가 업무능률 향상에 필요한 창의성을 발휘하지 않고 수동적으로 업무에 종사하여 경영의 효율성이 떨어지는가 하면, 노사의 불신이 심화되어 사소한 문제로 산업평화가 위협받기도 했다.

2. 노동법의 생성·발전

노동법은 선진 각국에서 시민법 아래서의 노동관계를 둘러싸고 제기되는 이러한 문제를 해결하기 위하여 생성·발전해 왔다. 노동법은 시민법 원리를 상당 부분 수정하면서 등장한 것이다.

첫째, 열악한 근로조건에 대해서는 근로조건의 최저기준을 정하고 그 준수

1) 영국의 1800년 단결금지법, 독일의 1845년 프러시아 산업조례가 대표적이다.

를 강제하는 입법(노동보호법)이 생성·발전되었다. 처음에는 연소자의 취업 연령과 장시간 노동 또는 여성의 장시간 노동과 심야노동을 제한하는 것이 주된 내용이었지만, 그 보호의 수준을 점차 높이면서 현물임금을 금지하는 등 보호의 내용도 확충하고 적용 업종과 대상 근로자의 범위도 넓혔다.

둘째, 산업재해 문제에 대해서는 사용자가 그 고의·과실이 없더라도 당연히 일정액의 보상을 하도록 하는 산재보상 제도가 노동보호법의 일환으로서 도입되었다. 또 사용자의 산재보상 책임을 국영의 강제보험제도로 전보하는 산재보험제도도 수립되었다.

셋째, 실업과 취직의 문제에 대해서는 국가가 구직자에게 직업소개나 직업훈련의 서비스를 제공하는 취직지원제도나 실업자에게 보험급여를 하는 등의 생활지원제도가 발전했다. 또 영리 직업소개업 등의 폐해를 고려하여 근로자의 구직·취직에 관여하는 사업을 엄격히 규제하는 입법도 이루어졌다. 그리고 사용자의 해고의 자유를 규제하는 입법도 등장했다.

넷째, 근로자의 단결활동에 대해서는 이를 금지하는 제정법을 철폐하고 단결활동에 적용되던 시민법상의 위법성을 제거하는 입법이 성립되었다. 우선 노동조합 결성을 허용하는 입법이 성립되고,1) 이어서 근로자의 파업 등 쟁의행위가 야기하는 시민법상의 책임을 면제하는 입법이 진행되었다.2) 어떤 나라는 단결활동을 방임·면책하는 데 그치지 않고 헌법이나 법률에서 근로자의 자유·권리로 인정했다.3) 또 어떤 나라는 단결활동의 자유·권리를 인정하는 데 그치지 않고 사용자의 반조합적 행위에 대한 공권적 개입·구제절차를 마련하는 등 노동조합에 대한 적극적 보호제도를 도입했다.4) 한편, 단결활동의 인정·보호 아래 노동조합이 거대화되고 일각에서는 그 권한을 남용하는 문제도 발생했고, 나라에 따라서는 그 남용으로부터 근로자 개인과 공공의 이익을 보호하기 위한 법적 규제가 이루어지기도 했다.5)

---

1) 예컨대 영국의 1824년 단결금지폐지법, 독일의 1869년 제국산업조례가 이에 속한다.

2) 영국의 1875년 공모·재산보호법은 파업에 대한 공모죄 처벌을 금지했고, 1906년 노동쟁의법은 파업에 대한 민사상 불법행위 책임의 추급을 금지했으며, 미국의 1932년 Norris-LaGuardia법은 파업에 대한 법원의 중지명령(injunction)을 엄격히 제한했다.

3) 예컨대 독일의 1919년 Weimar 헌법은 단결의 자유를, 미국의 1935년 Wagner법은 근로자의 단결권·단체교섭권·단체행동권을 명문화했다.

4) 예컨대 1935년 미국의 Wagner법은 부당노동행위제도를 도입하고 그 전담기구로서 대통령 직속의 연방노동관계위원회(National Labor Relations Board)를 신설했다.

5) 예컨대 미국의 1947년 Taft-Hartley법은 클로즈숍과 2차 파업을 금지하고 국민의 안전·건강

다섯째, 기업경영의 효율성에 대해서는 과학적인 인사·노무관리나 노사관계 관리 기법이 개발되어 왔지만, 나라에 따라서는 근로자대표를 경영에 참가시키는 제도를 도입하기도 했다.[1]

Ⅲ. 우리나라 노동입법 과정

최저 근로조건의 강제와 집단적 노사자치 등 선진국 노동법의 핵심적 요소는 상당부분 우리나라의 노동법에도 영향을 미쳤다. 이하 우리나라 주요 노동입법의 개략적 과정을 살펴보기로 한다.

1. 초기의 노동입법

(1) 1953년 6·25 전쟁이 계속되는 가운데 임시수도 부산에서 노동조합법, 노동쟁의조정법, 근로기준법, 노동위원회법이 제정되었다.

노동조합법에는 퇴직자('근로자 아닌 자'로 표현)의 가입 금지, 노동조합 설립의 신고, 노동조합의 규약과 기관 운영의 기준, 규약·결의 변경 명령, 해산 명령, 기업별 교섭의 강제, 사용자의 부당노동행위(현행법상 불이익취급 금지와 지배개입에 해당) 금지와 이에 대한 처벌 등이 규정되었다.

노동쟁의조정법에는 쟁의행위의 민사면책, 쟁의행위 기간 중의 대체근로 및 구속 제한, 안전보호시설 정폐 등의 금지, 노동쟁의 발생신고와 냉각기간, 쟁의 찬반투표, 노동위원회의 알선·조정·중재, 공익사업에 대한 직권중재(행정관청의 요구나 노동위원회 직권으로 결정) 등의 규정이 포함되었다.

근로기준법에는 휴업수당, 1일 8시간과 1주 48시간의 법정근로시간, 주휴일, 연·월차휴가, 생리휴가, 출산전후휴가, 정당한 이유 없는 해고·징계 등의 금지, 근속연수에 따른 해고수당(근로자 귀책사유에 따른 해고의 경우는 제외) 등이 규정되었다.

(2) 군사쿠데타 세력의 집권 아래서 1961년부터 1963년 사이에 4개의 제정 노동법이 전면 또는 대폭 개정되었다.[2]

을 위협하는 대규모 파업에 대하여 대통령이 법원의 승인을 받아 중지명령을 내릴 수 있도록 했으며, 1959년 Landrum-Griffin법은 노동조합 운영에 관하여 민주적 절차와 조합원 개인의 권리를 규정하고 조합 재정에 대한 국가의 감독권한을 부여했다.

1) 예컨대 독일의 1951년 공동결정법은 주식회사의 감사회와 이사회에 일정수의 근로자대표가 포함되도록 하고, 1952년 사업장조직법은 일정한 사항을 사용자와 종업원평의회가 상호 보고·협의·공동결정하도록 했다.

노동조합법과 노동쟁의조정법에서 달라진 것은 조직 사업장의 노사협의회 설치, 복수노조의 금지, 조합비 제한, 기업별 교섭 강제의 삭제, 산업별 노조 산하단체의 교섭권, 부당노동행위의 확충(반조합계약과 단체교섭거부 포함)과 그에 대한 구제절차(종전의 벌칙 삭제), 쟁의행위의 형사면책, 공익사업의 확대, 노동위원회의 쟁의 적법성심사, 중재 시의 쟁의 금지기간(중재 회부로 쟁의 금지 효과), 긴급조정 등이다. 노사협조 아래 산업화를 추진하기 위하여 근로자의 단결활동, 특히 쟁의행위를 억제하려는 입법정책을 드러낸 것이다.

근로기준법에서 달라진 것은 특례업종에 대한 1주 단위 변형근로시간, 해고수당의 삭제, 해고의 예고, 퇴직금제도 등이다.

한편, 이 시기에 산업재해보상보험법(이하 '산재보험법'으로 약칭)도 제정되었다.

2. 권위주의 시대의 노동입법

(1) 유신체제 아래서 1973년부터 1975년 사이에 노동조합법, 노동쟁의조정법, 근로기준법 등이 개정되었다.

노동조합법과 노동쟁의조정법에서 달라진 것은 총회 의결사항에 노동쟁의 포함, 산업별 단위노조 관련 규정의 삭제, 단체협약 불이행에 대한 벌칙, 부당노동행위 구제명령 불이행에 대한 벌칙 강화, 국가·지방자치단체·국영기업·기간산업체에 대한 직권중재, 쟁의 적법성심사와 알선절차의 행정관청 이관 등이다.

근로기준법에서 달라진 것은 임금의 시효 연장, 임금채권 우선변제, 벌칙의 강화 등이다.

이 시기의 입법은 근로자의 단결활동은 억압하면서 개별 근로자의 경제적 이익은 두텁게 배려(때로는 과보호)하는 '채찍과 당근' 정책의 특징을 가지고 있고, 노동법의 국제기준에 어긋나는 것이었다.

(2) 유신체제가 붕괴된 후 신군부 세력의 정치적 지배 아래 1980년에 노동조합법·노동쟁의조정법·근로기준법 등이 개정되고, 노사협의회법이 제정되었다. 1981년에는 산업안전보건법이 제정되었으며, 정부조직법 개정에 따라 보건사회부 소속 노동청이 노동부(2010년에 고용노동부로 개명)로 독립·승격되었다.

노동조합법과 노동쟁의조정법에서 달라진 것은 노사협의회 규정의 삭제, 기업별 노조의 강제와 설립 최소 인원, 조합비 사용의 제한, 행정관청의 임원 개선

2) 1953년 제정 노동법은 산업화의 부진과 전후의 경제적 피폐·빈곤 등으로 실질적 적용 기반이 취약한 상태였다. 이 점에서 60년대 개정 노동법을 초기적 노동법으로 분류할 수 있다.

명령, 교섭권 위임의 제한, 행정관청의 단체협약 변경 명령, 유니언숍 협정의 금지, 국가·지방자치단체·국공영기업체·방위산업체의 쟁의 금지, 사업장 외 쟁의 금지, 제3자 개입 금지, 직권중재 대상에 일반사업 포함(일반사업에도 쟁의 금지 효과) 등이다.

근로기준법에서는 임금채권 우선변제 순위의 인상, 퇴직금 차등제도 금지, 도급사업의 임금 연대책임, 임금 체불에 대한 벌칙 강화 등이 달라졌다.

제정 노사협의회법에는 노동조합 유무에 관계없이 노사협의회 설치, 사용자의 보고 및 협의 의무 등의 규정을 두었다.

이 시기 입법은 근로자의 단결활동을 심각하게 탄압하고 노동법의 국제기준을 무시하는 특징을 지니고 있다. 70년대에는 쟁의권 행사의 제약에 주력했지만, 이 시기의 노동입법은 단결권과 단체교섭권까지 제약하고 쟁의권 행사는 거의 불가능하게 만들었다. 이와 같은 퇴행적·후진적 요소 때문에 최악의 노동입법이라는 비판이 증폭되었다.

(3) 1986년 노동조합법과 노동쟁의조정법이 개정되고, 최저임금법이 제정되었다. 달라진 것은 조합비 사용 제한의 삭제, 행정관청의 노동조합 해산 명령 제한, 제3자 개입 금지에서 상부조직 제외, 부당노동행위에 대한 벌칙(구제절차와 병존), 일반사업에 대한 직권중재의 삭제, 직장폐쇄의 대항성 요건 등이다. 그러나 노동악법의 본질적 부분은 제거되지 않았다.

3. 민주화시대의 노동입법

(1) 1987년 6월 민주항쟁에서 시작된 민주화 시대를 맞아 노동입법에도 개선의 노력이 나타나기 시작했다. 1987년에 노동조합법, 노동쟁의조정법, 근로기준법이 개정되었다.

노동조합법과 노동쟁의조정법에서 달라진 것은 해고자의 조합원자격 잠정적 인정, 기업별 노조 강제와 설립 최소 인원의 삭제, 조합비 사용 제한의 삭제, 임원개선 및 노동조합 해산 명령의 삭제, 교섭권 위임 제한의 완화, 유니언숍 협정의 허용, 국공영기업체에 대한 쟁의 금지의 삭제, 공익사업의 축소, 쟁의 적법성 심사의 삭제, 쟁의 알선의 노동위원회 이관, 노동쟁의의 사적 조정·중재 등이다. 이로써 1980년 입법의 퇴행적 요소는 상당 부분 복원·시정되었다.

근로기준법에서 달라진 것은 임금 일부의 최우선 변제 등이다.

(2) 1988년에 남녀고용평등법(2008년에 '남녀고용평등과 일·가정 양립 지원에 관한 법

률'로 개칭; 이하 '남녀고용평등법'으로 약칭)이 제정되고, 1989년에 근로기준법이 다시 개정되었다.

남녀고용평등법에는 고용·근로조건에 대한 남녀 차별의 금지, 동일노동·동일임금, 육아휴직 등이 규정되었다. 근로기준법에서 달라진 것은 5인 이상 사업장에 확대 적용, 취업규칙 불이익변경의 요건, 기피 명부의 금지, 휴업수당의 인상, 1주 44시간으로 법정근로시간 단축, 연차휴가 확대, 부당 해고·징계 등에 대한 행정적 구제 등이다.

4. 세계화시대의 노동입법

(1) 세계무역기구(WTO) 출범에 따른 경제사정의 변화, 경제협력개발기구(OECD) 가입, 그리고 국제통화기금(IMF) 관리체제 등으로 노동법은 국제적 기준에 부합되면서 경제위기에 대처하도록 개정할 필요가 절실했다. 노사와 전문가가 참여하는 공론화 과정을 거쳐 1997년에 노동조합 및 노동관계조정법(종전의 노동조합법과 노동쟁의조정법; 이하 '노동조합법'으로 약칭),[1] 근로기준법, 근로자참여 및 협력증진에 관한 법률(종전의 노사협의회법; 이하 '근로자참여법'으로 약칭), 노동위원회법이 제정의 형식으로 전면 개정되었고, 1998년에 근로기준법 일부가 개정되었다.

노동조합법에서 달라진 것은 복수노조 금지의 삭제와 사업장 단위 복수노조의 한시적 금지, 전임자 급여 지원의 금지와 한시적 시행 유예, 해고자의 조합원 자격 인정 기간 축소, 국가·지방자치단체·국공영기업체의 쟁의 금지의 삭제, 사업장 외 쟁의 금지의 삭제, 제3자 지원의 제한(제3자개입 금지는 삭제), 방위산업체 쟁의 금지의 축소, 쟁의 기간 중 대체노동 금지의 완화, 살쾡이파업 금지, 쟁의 기간 임금 목적의 쟁의 금지, 피케팅과 직장점거의 제한, 쟁의 기간 중의 긴급작업 수행, 알선과 조정의 통합, 조정의 전치(노동쟁의 발생신고와 냉각기간은 삭제), 직권중재 대상의 필수공익사업 한정 등이다.

근로기준법에서는 탄력적 근로시간제와 선택적 근로시간제, 재량근로 간주시간제, 특례업종의 무제한 연장근로, 연·월차휴가의 대체, 정리해고의 제한, 퇴직금 중간정산 및 퇴직연금보험, 단시간근로자의 근로조건 등이 달라졌다.

노동위원회법에서 달라진 것은 중앙노동위원회 위원장의 위상·권한 강화,

1) 법률의 명칭에서 '노동관계조정'의 용어를 사용하고 있으나 노동쟁의만을 조정의 대상으로 하고 있는 점에서 '노동쟁의조정'으로 고치는 것이 바람직하고, 노동쟁의나 쟁의행위도 모두 노동조합을 전제로 한다는 점에서 법률의 명칭을 단순히 '노동조합법'이라 하는 것이 더 바람직하다고 생각한다.

노사위원 투표를 거친 공익위원 위촉, 공익위원의 담당분야 구분 등이다. 근로자참여법에서 달라진 것은 노동조합의 근로자위원 위촉 축소, 사용자의 합의 의무(의결할 사항), 임의중재 등이다.

한편, 1998년에 파견근로자 보호 등에 관한 법률(이하 '파견법'으로 약칭)과 임금채권보장법 등이 제정되었으며, 1999년에는 교원의 노동조합 설립 및 운영 등에 관한 법률(이하 '교원노조법'으로 약칭)이 제정되었다.

(2) 2004년에 근로기준법이 개정되고, 2005년에는 근로자퇴직급여 보장법(이하 '퇴직급여법'으로 약칭), 2006년에는 공무원의 노동조합 설립 및 운영 등에 관한 법률(이하 '공무원노조법'으로 약칭)도 제정되었다.

근로기준법에서 달라진 것은 주 40시간으로 법정근로시간 단축, 탄력적 근로시간제의 단위기간 확대(1개월에서 3개월로), 연장근로 등에 대한 보상휴가, 월차휴가의 삭제, 연차휴가의 요건 완화와 일수 확대, 생리휴가 무급화, 연차휴가 사용촉진 등이다.

(3) 2007년에 기간제 및 단시간근로자 보호 등에 관한 법률(이하 '기간제법'으로 약칭)이 제정되고, 노동조합법·근로기준법·근로자참여법·파견법 등이 개정되었으며, 2008년에는 남녀고용평등법이 개정되었다.

노동조합법에서 달라진 것은 규약 기재사항에 쟁의찬반투표 세부절차 포함, 필수공익사업에 대한 직권중재의 삭제와 쟁의 기간 중 필수유지업무의 유지, 쟁의 기간 중 대체근로 제한의 완화, 제3자 지원 제한의 삭제 등이다.

근로기준법에서는 부당해고 등에 대한 벌칙의 삭제와 구제명령 불이행에 대한 이행강제금, 부당해고 등에 대한 금전보상 명령, 해고의 서면 통지 등이 달라졌다. 남녀고용평등법에서는 배우자 출산휴가, 육아기 근로시간단축 제도가 도입되었다.

(4) 2010년에 노동조합법이 개정되고, 2011년에 근로기준법·남녀고용평등법·기간제법·파견법 등이 개정되었다.

노동조합법에서 달라진 것은 사업장 단위 복수노조 금지의 삭제(복수노조 전면허용), 교섭창구 단일화의 절차와 방법, 전임자 급여 지원 금지의 시행과 근로시간면제 허용이다.

근로기준법에서는 월차형 연차휴가, 출산전후휴가의 분할 사용 등의 제도가 도입되었다. 기간제법과 파견법에서 달라진 것은 기간제근로자 등에 대한 차별시정 신청 기간의 확대 등 절차의 개선이다.

(5) 2013년에 근로기준법·남녀고용평등법 등이 개정되고, 2014년에 근로기준법·기간제법 등이 개정되었으며, 채용절차의 공정화에 관한 법률(이하 '채용절차법'으로 약칭)이 제정되었다.

근로기준법에서 달라진 것은 한 번에 둘 이상의 자녀를 임신한 경우에 대한 출산전후휴가 기간의 확대, 임신기 근로시간단축의 도입 등이다. 남녀고용평등법에서는 육아휴직 대상 자녀의 범위가 넓어졌다. 기간제법에서 달라진 것은 단시간근로자의 초과근로 보호, 차별 시정명령의 내용·효력의 개선 등이다.

(6) 2017년에 근로기준법·남녀고용평등법·최저임금법·산재보험법 등이 개정되고, 2018년에 근로기준법·최저임금법(시행령 포함)·산재보험법 등이 개정되었으며, 2019년에 근로기준법·남녀고용평등법 등이 개정되었다.

근로기준법에서 달라진 것은 입사 2년차 근로자의 연차휴가일수 보장, 연차휴가에서 육아휴직 기간의 출근 처리, 주52시간제 명시, 특례업종 연장근로 제도 개선, 휴일에 공휴일 포함, 휴일근로수당 지급기준 명시, 연소자의 1주 법정근로시간 단축, 해고 예고 적용제외 사유의 정비, 직장내 괴롭힘 방지 도입 등이다. 남녀고용평등법에서는 직장내 성희롱에 대한 사업주의 조치 의무 강화, 난임치료휴가 도입, 배우자 출산휴가의 휴가일수 확대 및 휴가 기간에 대한 생계보장, 육아기 근로시간단축 사용형태 개선, 가족돌봄휴직의 대상 확대, 가족돌봄휴가의 도입, 가족돌봄 등을 위한 근로시간단축 도입 등이 달라졌다.

최저임금법(시행령 포함)에서 달라진 것은 수습 중인 단순노무 종사자에 대한 최저임금 감액 제외, 비교대상임금 산입 범위 변경 등이다. 산재보험법에서는 통상적 출퇴근 재해의 업무상 재해 포함, 유족보상연금 수혜 범위의 확대, 정신적 스트레스로 인한 질병의 도입 등이 달라졌다.

(7) 2020년에 노동조합법·남녀고용평등법·산재보험법 등이 개정되고, 2021년에 노동조합법·교원노조법·공무원노조법·근로기준법·남녀고용평등법·산재보험법 등이 개정되었다.

노동조합법에서 달라진 것은 해고자의 노조 가입 허용, 기업별 노조의 대의원·임원의 자격 제한, 전임자 관련 규정의 삭제, 개별교섭 시의 노동조합 간 차별 금지, 단체협약 유효기간 연장, 자주성 침해 없는 운영비원조 허용 등이다. 교원노조법에서는 유치원·대학 교원의 노조 가입 허용, 전직 교원의 가입 허용, 노조 설립 단위와 단체교섭 절차의 변경 등이 달라졌다. 공무원노조법에서 달라진 것은 6급 이상 및 소방공무원 등 노조 가입 허용, 전직 공무원의 가입 허용 등이다. 이들 세 가지 법률의 개정은 대부분 국제노동기구 핵심협약의 추가 비준을 위한 것이다.

근로기준법(시행규칙 포함)에서 달라진 것은 사용자 또는 사용자의 친족인 근로자의 직장내 괴롭힘 처벌, 임금명세서 교부, 근로시간 특별연장의 인가 사유 확대, 6개월 이내 탄력적 근로시간제 도입, 선택적 근로시간제의 정산기간 연장, 금전보상 명령 대상의 확대, 임신중인 여성근로자의 출퇴근시각 변경 등이다. 남녀고용평등법에서는 육아휴직 사용 횟수 증가, 가족돌봄휴가 일수 확대, 임신중 육아휴직 허용, 노동위원회 통한 성차별 등 시정절차 도입 등이 달라졌다.

산재보험법에서 달라진 것은 출퇴근 재해 규정의 소급 적용, 중소기업 사업주의 배우자와 친족에 보험 적용, 학생연구자에 보험 적용, 특수형태근로종사자의 적용제외 사유 개선, 장례비 선지급 등이다.

(8) 2023년에 근로자참여법이 개정되어 근로자위원 선출 방법을 명시했다. 2024년에 근로기준법이 개정되어 반의사불벌죄의 제외, 재직 중 체불에 대한 특별지연이자, 체불액의 3배 배상, 상습체불사업주의 보조금 참여나 공사입찰 제한 등 임금체불에 대한 규율을 강화하였고, 근로기준법·남녀고용평등법·고용보험법 등이 개정되어 난임치료휴가, 임신기 근로시간단축, 출산전후휴가, 배우자출산휴가, 육아휴직, 육아기 근로시간단축, 연차휴가 산정 등에서 저출생의 사회 문제에 대응하여 육아 지원을 확대하였다. 2025년에 헌법상의 노동3권을 실질화하기 위해 노동조합법이 개정되어 사용자 개념의 확대, 노동쟁의 개념의 확대, 쟁의행위 민사책임의 완화 등이 이루어졌다.

Ⅳ. 노동법의 체계

(1) 노동법(노동관계법)을 그 규율대상에 따라 크게 개별적 노동관계법과 집단적 노동관계법(약칭으로 개인법과 집단법)으로 구분하는 것은[1] 독일·프랑스 등에서 유래되어 우리나라에서도 일반화되어 있다.

'개별적 노동관계법'이란 개별적 노동관계(근로계약관계), 즉 근로자 개인과 사용자 사이의 노동관계의 성립·전개·종료를 둘러싼 관계를 규율하는 법을 말한

1) 경영학 등 분야에서 노동조합과 관련된 연구대상을 흔히 '노사관계'(industrial relations)로 부르기도 하지만, 그렇다고 하여 양자를 '개별적 노동(또는 근로)관계법'과 '집단적(또는 단체적) 노사관계법'으로 부르는 것은 상위개념 용어가 단일화되지 않는 문제가 있고, 차라리 '근로관계법과 노사관계법' 또는 '근로계약법과 노동단체법'으로 부르는 것은 무방할 것이다.

다. 이에 대하여 '집단적 노동관계법'이란 집단적 노동관계, 즉 근로자의 노동관계상의 이익을 대변하는 노동단체의 조직·운영 및 이 노동단체와 사용자측 사이의 단체교섭 등을 둘러싸고 전개되는 관계를 규율하는 법을 말한다.

양자는 노동관계의 성격뿐만 아니라 규율의 원리도 달리한다. 전자의 경우는 국가의 개입을 통한 근로자의 보호 또는 계약자유의 수정·제한을 지도이념으로 한다. 이에 대하여 후자의 경우는 국가로부터의 자유(단결활동의 자유) 또는 집단적 노사자치[1]를 지도이념으로 한다.

(2) 노동법이 확충·발전되면서 개별적 노동관계법과 집단적 노동관계법의 어느 하나에 포섭되지 않는 제3의 영역이 등장했다. 노동위원회제도 또는 노동분쟁해결제도(나라에 따라서는 노동소송법이 확립되어 있기도 하다), 근로자의 경영참가나 노사협의회를 둘러싼 근로자와 사용자 사이의 관계를 규율하는 법('노사협의제도', '경영참가제도', '협동적 노사관계법'이라 부르기도 한다), 노동시장에서의 근로자의 구직과 사용자의 고용 등을 둘러싼 관계를 규율하는 법('고용 증진제도', '노동시장에 관한 법'이라 부르기도 한다)이 그렇다.

노동위원회제도는 절차법의 일환이라는 점에서 제3의 영역으로 분류될 수도 있다. 게다가 우리나라 노동위원회는 노동쟁의 조정·중재나 부당노동행위 구제절차 등 집단적 노동관계법에 관련된 기능을 담당하는 이외에, 부당해고·징계 등에 대한 구제절차나 기간제근로자 등에 대한 차별시정절차 등 개별적 노동관계법에 관련된 기능도 담당하도록 되어 있다.[2] 이 점에서 노동위원회제도는 제3의 영역으로 분류해야 마땅하다.

노사협의제도는 사업장 전체 근로자를 대표하는 자들이 사용자와 만나도록 되어 있다는 점에서 집단적 성격이 있고 집단적 노동관계법에 포함시킬 여지도 있다. 그러나 노사협의회의 설치 자체가 강제되고 근로자의 단결활동과 별개의 것이라는 점 등에 비추어 제3의 영역으로 분류해야 할 것이다.

고용증진제도는 집단적 성격이 없다는 점에서 개별적 노동관계법에 포함시킬 여지도 있다. 그러나 근로자 개인과 사용자의 관계보다는 근로자 개인과 국가, 사용자와 국가의 관계에 규율의 중점이 있다는 점에서 이 역시 노동법의 제3의 영역으로 분류된다.

---

1) 독일에서는 단결활동의 여러 측면 중에서 단체협약을 법률상 규율의 중심에 두므로 집단적 노사자치는 협약자치(Tarifautonomie)로 논의된다.
2) 1953년 근로기준법은 근로자의 귀책사유에 따른 해고 여부, 업무상 재해에 근로자의 중대한 과실 유무, 재해보상 이의 심사 등을 노동위원회가 담당하도록 규정했다.

(3) 요컨대 노동법은 그 규율의 대상과 원리에 따라 크게 개별적 노동관계법, 집단적 노동관계법 및 그 밖의 부문으로 나누어진다고 볼 수 있다. 그런데 노동법의 독자성과 특수성을 가장 잘 드러내는 영역은 역시 집단적 노동관계법이다. 집단적 노동관계법이 없다면 개별적 노동관계법은 민법의 특별법으로 해소되고 특수부문의 법은 공법의 일부로 편입되어 노동법이 독자적 법영역으로 성립하기 어려울 것이라고 말해도 지나치지 않을 것이다.[1]

Ⅴ. 노동법의 법원

1. 법원의 의의와 종류

'노동법의 법원'이란 노동법상 분쟁을 해결하기 위하여 법관이 기준으로 삼아야 할 규율근거의 존재형식을 말한다. 일반성을 요소로 하는 법만이 아니라 노동관계에 관한 모든 규율근거가 노동법의 법원이 된다고 이해되므로, 노동관계법령은 물론이고 단체협약, 취업규칙, 근로계약도 법원으로 인정된다.

가. 노동관계법령

노동관계법령은 국가가 제정한 노동법을 말한다. 집단적 노동관계법의 부문에는 노동조합법, 교원노조법, 공무원노조법 등이 있다. 개별적 노동관계법 부문에는 근로기준법, 최저임금법, 남녀고용평등법, 산업안전보건법, 산재보험법, 기간제법, 파견법, 퇴직급여법 등이 있다. 그 밖의 부문에는 노동위원회법, 근로자참여법, 고용보험법 등이 있다. 또 이들 법률에 부속된 명령(대통령령인 시행령, 고용노동부령인 시행규칙 등)도 있다.

이들 노동관계법령은 헌법을 정점으로 사법·형사법·행정법을 기초로 하는 전체 법체계 속에 편성되어 있기 때문에, 넓게 보면 헌법·사법·형사법·행정법의 관련 법규들도 노동관계에 관한 기초적 또는 보충적 규정으로서 노동법의 법원이 된다. 특히 헌법의 노동조항(32조-33조)은 노동관계법령에 타당성의 근거를 부여하는 것으로서 중요하고, 민법의 법인·법률행위·계약·고용·불법행위 등에 관한 규정이나 법리는 사인 간의 관계인 노동관계를 규율할 때에 노동법의 수정을 받으면서도 여전히 기초적 또는 보충적 규정으로서의 자리를 차지하고 있다.

1) 영미의 노동법 교과서는 오랫동안 집단적 노동관계법 분야만 다루어 왔다.

나. 조약

헌법에 따라 체결·공포된 조약은 국내법과 같은 효력을 가지므로(헌법 6조 1항) 노동법의 법원으로 인정된다. 국제노동기구(ILO)[1]는 그동안 핵심협약을 포함하여 190여 개 협약을 채택하고 회원국들의 비준을 권고해왔다. 우리나라는 1991년에 가입한 이후 근로감독 협약(81호), 동등보수 협약(100호; 핵심협약), 고용·직업상 차별 협약(111호; 핵심협약), 최저연령 협약(138호; 핵심협약), 가혹한 형태의 아동노동 협약(182호; 핵심협약), 최저임금 결정 협약(131호), 산업안전보건 협약(155호), 주 40시간 협약(47호) 등을 비준해 왔고, 오랫동안 연기해온 3개의 핵심협약, 즉 강제노동 협약(29호), 결사의 자유와 단결권 보호 협약(87호), 단결권과 단체교섭권 협약(98호)도 비준하기에 이르렀다.[2]

한편, 한·미 주둔군 지위 협정(Status of Forces Agreement: SOFA) 제17조(노무)는 주한미군의 한국인 채용, 해고, 한국 노동관계법령의 적용, 집단적 노동관계 등에 관한 특별규정을 두고 있다.[3]

다. 단체협약·근로계약 등

노동조합과 사용자 또는 사용자단체 사이에 체결되는 단체협약, 사용자가 정하는 취업규칙, 노동조합이 정하는 규약, 사용자와 개별 근로자 사이에 체결되는 근로계약은 그 적용을 받는 당사자의 권리·의무를 규율하고 있으므로 노동법의 법원으로 인정된다.

라. 노동관행·판례·행정해석

(1) 노동관행은 그 자체로서는 법적 구속력을 가지지 않지만, 일정한 요건을 갖춘 경우에는 근로계약이나 단체협약의 내용으로 인정된다. 판례에 따르면, 기업 내의 특정 관행이 근로계약의 내용을 이룬다고 인정하기 위해서는 그것이 기업 내에서 일반적으로 노동관계를 규율하는 규범적인 사실로서 명확히 승인되거나 구성원 전원이 이를 받아들여 사실상의 제도로서 확립되어 있다고 할 수 있을 정도의 규범의식으로 지지받고 있어야 한다.[4]

한편, 근로계약의 내용이 될 정도는 아니라 하더라도 당사자가 합리적인 이

1) 국제노동기구는 각 국가의 정부대표, 근로자대표 및 사용자대표가 참여하며, 협약과 권고를 채택하여 국제노동기준을 형성하고 있다.
2) 2025년 12월 현재 32개의 ILO 협약을 비준했으며, 핵심협약 중 비준하지 않은 것은 강제노동 철폐 협약(105호) 뿐이다.
3) 자세한 것은 노동부, 한·미 주둔군 지위협정(SOFA) 노무조항 해설, 2001 참조.
4) 대법 1993. 1. 26, 92다11695; 대법 2002. 4. 23, 2000다50701.

유 없이 노동관행에 어긋나는 행위를 하면 권리남용이 문제될 수도 있다. 예컨대 오랫동안 징계의 대상으로 취급하지 않은 행위에 대하여 사용자가 아무런 예고도 없이 갑자기 징계처분을 하는 경우에는 권리남용으로 인정된다. 또 노동관행은 그것이 단체협약이나 근로계약의 불명확하거나 추상적인 규정의 구체적 이행에 관한 것이면 단체협약이나 근로계약의 보충적 해석기준으로 사용된다.

(2) 노동사건에 관한 판례는 노동법의 법원으로 인정되지 않는다. 성문법주의를 택하고 있는 우리나라에서는 법관이 선례에 구속되지 않고 해당 사건이 아니면 상급 법원의 판례에 구속되지도 않기 때문이다. 그러나 노동관계법령의 공백을 메우거나 적용할 법규의 의미를 명확히 하는 의미의 최상급 법원 판례는 법관 스스로 이에 따르는 경향과 결합하여 법관법(judge-made-law, Richtersrecht)을 형성한다는 점에서 이를 법원으로 인정해야 할 것이다.

(3) 고용노동부의 예규·질의회시 등 행정해석도 노동법의 법원으로 인정되지 않는다. 행정해석은 예규의 형태로 하는 경우에도 그것은 고용노동부가 관계법령의 통일적·효율적 감독·시행을 위하여 그 소속기관 및 담당 공무원에게 주는 내부적 업무처리 지침에 불과하고 관계당사자나 법관을 구속할 수 없기 때문이다.[1] 다만 행정해석은 노동행정 내부에서는 구속력을 가지고 있고 특히 노동관계법령에 관하여 감독·수사의 권한을 가지는 근로감독관이 이에 따르기 때문에 관계당사자에게 일반적으로 행위규범으로서 작용하고 있다. 게다가 행정해석은 노사관계 전문성도 높기 때문에 법관이 이에 따르는 경우도 적지 않다.

2. 법원 상호간의 충돌

동일한 대상에 적용되는 다양한 법원이 서로 충돌하는 경우에 어느 규범이 우선 적용되는지가 문제된다.

(1) 노동법의 여러 가지 법원은 헌법을 최상순위로 하여 법률 또는 조약, 명령, 단체협약, 취업규칙과 조합규약, 근로계약의 순으로 적용된다. 또 같은 단체협약이라도 기본협약에 대하여 보충협약은 하순위로 보아야 한다. 상·하위의 규범들이 서로 충돌하면 당연히 상위법 우선의 원칙에 따른다. 즉 상위규범에 저촉되는 하위규범은 효력을 가질 수 없는 것이다.

물론 근로기준법으로 정한 근로조건은 최저기준이고 이 기준에 미달하는 근로계약은 무효라고 규정되어 있으므로(근기 3조, 15조), 단체협약·취업규칙·근로계

1) 대법 1990. 9. 25, 90누2727 등.

약이 근로기준법보다 근로자에게 유리하면 하위규범인 이들이 우선 적용된다. 또 근로계약이 취업규칙으로 정한 기준에 미달하는 경우에는 취업규칙이 우선 적용된다고 규정되어 있으므로(근기 97조) 거꾸로 취업규칙보다 근로계약이 근로자에게 유리하면 근로계약이 우선 적용된다. 그렇다고 하여 일반적으로 상위규범보다 하위규범이 근로자에게 유리한 경우에는 하위규범이 우선 적용된다고 말할 수는 없다. 이른바 '유리의 원칙'(유리한 조건 우선의 원칙)이 노동법상의 원칙으로 존재하는 것은 아니다. 예컨대 노동조합법보다 단체협약이나 규약이 근로자에게 유리하더라도 노동조합법의 강행규정에 위반하는 경우에는 그 단체협약이나 규약이 우선 적용되는 것이 아니라 무효가 된다.

'유리의 원칙'이란 단체협약보다 근로계약이 근로자에게 유리한 경우에는 근로계약이 우선 적용된다는 독일 단체협약법의 규정에 따른 법리를 말하는 것일 뿐, 하위 규범이 상위 규범보다 근로자에게 유리하면 언제나 하위 규범이 우선 적용된다는 것을 의미하지는 않는다.

(2) 같은 순위의 규범들이 서로 충돌하면 먼저 발효된 규범보다는 나중에 발효된 규범이 우선 적용되고(신법 우선의 원칙), 적용범위가 넓은 일반규범보다는 적용범위가 좁은 특별규범이 우선 적용된다(특별법 우선의 원칙).

제2장 헌법의 노동조항

우리나라 노동법의 중요한 특징은 노동법의 기본적 원칙과 권리를 국가의 최고규범인 헌법에서 명확하게 선언·보장하고 있다는 데 있다. 근로의 권리(헌법 32조 1항·6항), 근로조건의 법정(32조 3항-5항), 근로자의 노동3권 보장(33조)이 그것이다. 헌법의 이들 권리는 모두 인간다운 생활을 할 권리(34조 1항)를 중심으로 하는 사회권적 기본권의 일종이고 복지국가(사회국가)의 이념에 근거하여 근로자의 인간다운 생활을 실질적으로 보장하기 위하여 설정된 것이다. 사회권적 기본권은 국가의 적극적 배려·개입을 요구할 권리라는 점에서 국가의 부당한 간섭·방해를 받지 않을 권리인 자유권적 기본권과 구별된다.

근로의 권리, 근로조건의 법정, 노동3권은 모두 사회권적 기본권에 속하므로 사회권적 기본권 공통의 법적 효과, 즉 국가가 근로자의 인간다운 생활을 확보할 수 있도록 하는 제도를 입법할 의무가 있음을 선언하는 효과를 가진다.

Ⅰ. 근로의 권리

헌법은 "모든 국민은 근로의 권리를 가진다"고 규정하고 있다(32조 1항). 이 규정은 노동시장에서의 노동관계의 법적 규율에 관한 기본원칙을 표명한 것이다. '근로'란 경제적 소득을 가져다주는 인간의 육체적·정신적 활동을 말하고, 법적인 의미는 사용자에게서 임금을 받는 것을 대가로 제공되는 임금노동을 말한다.

1. 권리의 주체와 법적 성격

(1) 근로의 권리는 국민의 권리이다. 근로의 권리의 주체인 '국민'은 노동의 의사와 능력을 가지고 있으나 취업하지 못한 국민, 즉 실업근로자(2차적으로는 취업 중인 근로자도 포함)를 말한다. 외국인은 국민이 아니므로 원칙적으로 근로의 권리의 주체로 인정되지 않는다.

(2) 근로의 권리는 국민의 인간다운 생활을 실현하기 위하여 국가에 대하여 근로의 기회 제공에 노력할 것을 요구할 수 있는 권리이고 이 점에서 사회권적

기본권으로서의 성격을 가진다. 한편, 근로의 권리는 국가나 타인의 방해를 받지 않고 근로의 기회를 자유롭게 가질 권리라는 점에서 자유권적 기본권으로서 성격도 가지고 있다.

2. 권리의 내용

근로의 권리는 실업 상태에 있는 국민이 국가에 대하여 근로의 기회를 요구할 권리를 의미하지만, 실업근로자 개개인이 국가를 상대로 근로의 기회를 제공해 줄 것을 요구하거나 이를 갈음하여 생계비의 지급을 요구할 수 있는 구체적인 권리가 아니라, 국가가 실업근로자에게 적절한 근로의 기회를 제공할 수 있도록 최대한 노력하라고 요구할 수 있는 추상적 권리에 불과하다.1) 그렇다면 근로의 권리에 관한 헌법 규정은 기본적으로 국가가 다음 두 가지 의무를 가진다는 것을 의미한다.

첫째, 실업근로자가 자기 능력과 적성에 맞는 근로의 기회를 받도록 국가가 노동시장의 체제를 정비할 의무이다. 헌법은 이에 관하여 국가가 '사회적·경제적 방법으로 근로자의 고용의 증진에 노력'할 것을 규정하고 있다(32조 1항). 국가는 사회정책 또는 경제정책을 통한 노동시장 정비의 방법으로 실업근로자의 최대한 고용을 달성하도록 노력할 법적 의무를 가진다는 의미이다. 이러한 의무에 대응하는 입법으로서 고용정책 기본법, 직업안정법, 국민평생 직업능력 개발법 등을 들 수 있다. 고용보험법의 고용안정·직업능력개발 사업에 관한 규정, 남녀고용평등법의 여성 고용 촉진에 관한 규정 등도 이에 속한다.

둘째, 능력과 적성에 맞는 근로의 기회를 받지 못한 실업근로자에게 국가가 생계비를 지급할 의무이다. 이 의무에 대응하는 입법으로서는 고용보험법에 따른 실업급여제도가 있다.

그리고 근로의 권리는 위와 같은 국가의 의무에 명백히 반하는 국가의 입법이나 행정조치를 위헌·무효로 하는 자유권적 효과도 포함한다고 해석된다.

3. 국가유공자 등의 우선적 고용

헌법은 "국가유공자·상이군경 및 전몰군경의 유가족은 법률이 정하는 바에

---

1) 헌법 제32조의 근로의 권리 등에 근거하여 실업 방지 및 부당한 해고로부터 근로자를 보호해야 할 국가의 의무를 도출할 수는 있겠지만, 국가에 대한 직접적인 직장존속보장 청구권을 근로자에게 인정할 헌법상의 근거는 없다(헌재 2002. 11. 28, 2001헌바50).

의하여 우선적으로 근로의 기회를 부여받는다"고 규정하고 있다(32조 6항). 이 규정에 따라 국가는 국가유공자 등에게 우선적으로 근로의 기회를 부여하기 위한 입법을 강구할 의무를 부담한다.

이 의무에 대응하는 입법으로서 국가유공자 등 예우 및 지원에 관한 법률 등이 있다. 이 법률은 일반직공무원 등의 일정 비율 이상을 채용할 의무, 기업체 등의 우선고용 의무 등에 관하여 규정하고 있다.

Ⅱ. 근로조건의 법정

1. 기본원칙

헌법은 "근로조건의 기준은 인간의 존엄성을 보장하도록 법률로 정한다"고 규정하고 있다(32조 3항). 이것은 개별적 노동관계의 법적 규율에 관한 기본원칙을 밝힌 것이다. 근로조건은 원래 근로계약 당사자 사이의 자유로운 합의에 따라 정하는 것이지만, 이를 당사자에게만 맡기지 않고 국가가 직접 적극적으로 개입하여 그 최저기준을 법률로 정할 입법의무를 부담한다는 것이다.

근로조건의 기준을 '법률'로 정하도록 한 것은 근로조건 기준의 설정이 근로자와 사용자를 비롯하여 국민의 이해에 중대한 영향을 미치기 때문이다. '인간의 존엄성을 보장'한다는 것은 '인간다운 생활을 보장'한다는 것과 같은 뜻이다. 따라서 국가는 건강하고 문화적인 생활을 할 수 있을 정도의 수준을 근로조건의 최저기준으로 정해야 한다.

이러한 의무를 이행하려는 입법으로서 근로기준법, 퇴직급여법, 산업안전보건법, 산재보험법, 기간제법 등을 들 수 있다.

그리고 헌법의 이 규정은 이와 같은 입법의무에 명백히 반하는 국가의 입법이나 행정조치를 위헌·무효로 하는 자유권적 효과도 가진다고 해석된다.

2. 필수적 입법

헌법은 또 국가가 근로조건을 법률로 정할 때에 다음 세 가지를 반드시 포함하도록 명시하고 있다.

첫째, '적정임금의 보장에 노력'할 것과 '법률이 정하는 바에 따라 최저임금제를 시행'할 것이다(32조 1항). 임금은 근로자의 생활의 원천이 되고 근로조건 중에서 가장 중요한 것이기 때문에 국가는 근로자가 인간다운 생활을 하는 데 필요한 정도의 임금을 받을 수 있도록 정책을 강구해야 하며 사용자에게 일정 수준 이상의 임금을 지급하도록 강제하는 입법을 해야 한다는 것이다. 이 입법의무에 대응한 입법이 최저임금법이다.

둘째, '여성'과 '연소자'의 근로는 '특별한 보호'를 받도록 한다는 것이다(32조 4항·5항). 연소자와 여성은 산업화과정에서 저임금과 장시간 노동 등으로 혹사당해 왔는데, 연소자는 정신적·육체적으로 성장과정에 있고 여성은 임신·출산 등 모성보호의 필요성이 있기 때문에 이들의 근로와 건강을 특별히 보호할 입법의무를 국가에 부여한 것이다. 이 입법의무에 대응하여 근로기준법에서는 연소자와 여성에 대한 특별보호규정을 두고 있다.

셋째, 여성이 '고용·임금 및 근로조건에 관하여 부당한 차별을 받지' 않도록 한다는 것이다(32조 4항). 노동관계에서 여성을 차별대우하는 것은 뿌리깊은 관행으로서 국가는 고용 및 임금 등 근로조건에 관하여 부당한 차별을 제거하도록 적극적으로 개입해야 한다는 것이다. 이 입법의무에 대응한 입법으로서 근로기준법 및 남녀고용평등법에 규정된 남녀차별 금지가 있다.

Ⅲ. 노동 3권

1. 개관

가. 기본취지

헌법은 "근로자는 근로조건의 향상을 위하여 자주적인 단결권, 단체교섭권 및 단체행동권을 가진다"고 규정하고 있다(33조 1항). 이것은 집단적 노동관계의 법적 규율에 관한 기본원칙을 천명한 것이다.

시민법적 자유 아래서는 근로조건이 실질적으로 사용자의 의사에 따라 결정되는 결과 근로자는 비인간적 생활을 강요당하게 되며, 노동보호법도 최저근로조건을 정하는 데 불과하고 때로는 실효성도 낮기 때문에 근로자의 생활을 개선하는 데 한계가 있다. 따라서 근로자의 인간다운 생활을 확보할 수 있으려면 근로자들이 단결체를 조직하고 쟁의행위를 무기로 단체교섭을 함으로써 사용자와 실질적으로 대등한 관계에서 근로조건을 결정·개선할 수 있어야 한다. 이와 같이 단체교섭을 통한 근로조건의 대등한 결정과 단체교섭의 조성을 기본적인 목적으로 하여 보장된 것이 노동3권(단결활동권)이다.[1] 즉 노동3권의 기본취지는 단체교

---

1) 단결권, 단체교섭권, 단체행동권은 원칙적으로 상호불가분의 일체적 권리라는 점에서 '단결활

섭을 중심으로 하는 집단적 노사자치에 법적 근거를 부여하는 데 있다.

나. 법적 성격

노동3권은 시민법상의 자유주의적 법원칙을 수정하고 복지국가의 이념을 실현하려는 정책을 바탕으로 등장한 사회권적 기본권의 일종이다. 한편, 앞에서 본 바와 같이 선진 자본주의국가의 역사에서 근로자의 단결활동(단결, 단체교섭 및 단체행동)은 처음에는 금지입법 또는 형사책임 법리(공모죄 등)의 적용으로 억압되고 다음에는 민사책임 법리(손해배상이나 중지명령)의 적용에 따라 억제되었으나, 이러한 입법과 책임 법리가 철폐·수정됨으로써 단결활동의 법적 승인이 이루어진 것이다. 그리고 현행법상의 노동3권 보장은 이를 계승한 것에 불과하다.

그러므로 노동3권은 1차적으로 국가의 부당한 방해나 간섭을 받지 않고 집단적 노사자치를 형성할 수 있도록 보장하는 자유권적 기본권의 성격을 가지고 있다. 그 실현을 위한 국가의 적극적 보호·조장이 없이 헌법의 규정만으로도 권리의 내용이 일정 부분 실현될 수 있는 구체적 권리이다.[1)]

그러나 국가의 방해가 배제된다 하더라도 사용자의 침해와 방해를 막지 않으면 노동3권은 실현되기 어렵다. 노동3권은 사용자가 집단적 노사자치를 방해하지 못하게 한다는 의미에서 국가의 적극적 개입과 배려가 필요한 사회권적 기본권이다. 그렇다면 노동3권은 사회권적 기본권의 성격뿐만 아니라 자유권적 기본권의 성격도 함께 가진 기본권이고, '사회적 보호기능을 담당하는 자유권 또는 사회권적 성격을 띤 자유권'이라[2)] 할 것이다.

다. 법적 효과

이러한 성질을 고려할 때에 노동3권은 다음과 같은 법적 효과를 공유하고 있다고 볼 수 있다.

A. 자유권적 효과와 면책부여의 효과 노동3권은 자유권적 효과와 면책부여의 효과를 가진다.

동권' 또는 '광의의 단결권'으로 부르는 것이 더 적절할 수도 있다. 독일 등 유럽 국가의 헌법에서 말하는 단결권은 이를 의미한다. 한편, 노동3권을 '근로3권'으로 부르는 것은 마치 노동조합을 근로조합, 노동쟁의를 근로쟁의로 부르는 것처럼 어감을 살리지 못한 부적절한 용어라 할 것이다.

1) 독일에는 헌법에서 단결권 보장을 천명하고 단체협약을 규율하는 법률이 있을 뿐, 우리나라처럼 노동조합의 조직·가입, 단체교섭, 쟁의행위에 관하여 규율하는 법률(규정)이 없지만 노동3권은 실질적으로 잘 보장되어 왔다.

2) 헌재 1998. 2. 27, 94헌바13.

앞에서 본 바와 같이, 노동3권은 근로자의 단결·단체교섭·단체행동 등 단결활동에 대한 금지입법의 철폐와 시민법상 민·형사책임 법리 적용의 수정에 따라 법적으로 승인된 것이다. 따라서 노동3권을 보장한다는 것은 1차적으로 근로자의 단결활동을 입법으로 억압해서는 안 된다는 자유권적 효과를 부여한 것을 의미한다. 이러한 자유권적 효과에 따라 근로자의 단결이나 단체교섭 또는 단체행동을 특별히 합리적인 이유 없이 제한·금지하는 입법이나 행정조치는 위헌·무효가 된다.

한편, 노동3권은 근로자의 단결·단체교섭·단체행동 활동에 대하여 민·형사책임을 면제하는 효과, 즉 면책효과를 부여한다는 의미를 가진다. 면책부여의 효과에 따라 근로자의 단결이나 단체교섭 또는 단체행동은 일정한 한계(정당성)를 넘지 않으면 민법상 채무불이행이나 불법행위가 성립되지 않고 형법상 범죄가 성립되지 않는다. 노동조합법은 노동조합의 정당한 단체교섭·단체행동 및 그 밖의 노동조합 활동에 대하여 민·형사책임을 면한다는 규정을 두고 있는데(3조-4조), 이것은 헌법상 노동3권 보장에 따른 면책부여의 효과를 확인한 것에 불과하다.

B. 입법의무 선언의 효과　노동3권은 입법의무 선언의 효과도 가진다. 노동3권은 단체교섭을 중심으로 하는 집단적 노사자치를 실현하려는 사회권적 기본권이다. 따라서 노동3권은 국가가 그 정책목표인 집단적 노사자치를 허용·조성하기 위한 적극적 입법조치를 할 의무가 있음을 선언하는 효과를 가지는 것이다. 물론 입법의무 선언에는 그와 같은 입법을 수권하는 것과 국가가 입법을 하지 않은 것에 대하여 개인이 위헌 확인을 구할 수 있다는 의미도 포함되어 있다.

노동조합법이 유니언숍의 허용, 교섭창구의 단일화, 단체협약의 규범적 효력과 일반적 구속력, 쟁의 기간 동안의 구속 및 대체근로 제한, 노동조합에 대한 운영비원조의 금지, 부당노동행위에 대한 행정적 구제와 처벌 제도 등을 규정한 것은 이러한 입법의무 선언에 따른 입법이라 할 수 있다.

C. 사용자에 대한 효과　노동3권은 사인 간의 효력으로서 사용자에 대한 효과도 가진다. 헌법상의 기본권은 원래 국민과 국가의 관계에서 적용되는 것이고 제3자인 사인 간에도 적용되는지 여부 등에 관해서는 논란이 있다. 그러나 노동3권은 근로자의 인간다운 생활을 확보하기 위하여 집단적 노사자치를 가능하게 하는 것, 원래부터 사인 간의 행위를 전제로 한 것이고 사용자가 근로자의 단결활동을 방해하거나 억압하도록 방치하면 무의미하게 되는 성질의 기본권이다. 따라서 노동3권은 성질상 사인 간에도 직접 적용되는 권리, 사용자에게도 직접

적용되는 권리로 해석된다. 독일 헌법처럼 단결의 자유를 '제한·방해하려는 합의는 무효이고 그러한 조치는 위법'이라는 명문의 규정이 없더라도 노동3권이 사인 간에도 직접 적용된다는 것이다. 그 결과 노동3권을 제한·방해하는 사용자의 행위가 법률행위(예컨대 반조합계약, 정당한 조합활동을 이유로 하는 해고나 징계처분)이면 무효가 되고, 사실행위(예컨대 조합원에 대한 탈퇴의 협박)이면 민법상 불법행위의 위법성을 가지게 된다.

노동조합법이 사용자의 교섭의무를 규정한 것이나 사용자의 불이익취급, 반조합계약, 지배개입 등의 부당노동행위를 금지한 것은 노동3권 보장의 사용자에 대한 효과를 확인한 것에 불과하다.

라. 권리의 주체

노동3권의 주체는 근로자로 한정되어 있다. 결사의 자유가 국민 일반의 권리인 것과 대조된다. 따라서 사용자는 노동3권의 주체가 될 수 없고 근로자의 노동3권 행사에 대한 상대방으로서의 지위를 가질 뿐이다. 물론 사용자도 사용자단체를 조직하거나 이에 가입할 권리, 단체교섭을 할 권리, 직장폐쇄를 할 권리를 가지지만 이들 권리가 헌법상 노동3권에 근거한 것은 아니다. 또 노동 의사가 없는 자나 자영업자 등도 근로자가 아니므로 노동3권을 가지지 않는다.

그러나 노동3권의 주체로서의 근로자는 사업체에 고용되어 있는 자로 좁게 한정되는 것은 아니다. 노동조합법이 근로자를 '임금이나 그 밖에 이에 준하는 수입으로 생활하는 자'로 정의한 것도 이 때문이다. 한편, 외국인이라도 타인에게 근로를 제공하고 임금을 받아 생활하고 있는 이상 합법적인 취업자격이 없다 하여 노동3권의 주체에서 배제되는 것은 아니다.[1)]

2. 단결권

가. 단결권의 의의

단결권은 근로자가 '근로조건의 향상을 위하여' '자주적'으로 노동조합이나 그 밖의 단결체를 조직하거나 이에 가입할 권리이다.

(1) 노동조합을 조직·가입할 권리가 그 주된 것이지만, 노동조합이 아닌 단결체, 즉 쟁의단(일시적 단결체; ad-hoc organization)을 조직·가입할 권리도 포함된다. 노동조합은 산업별 또는 직종별 노조의 형태든 기업별 노조의 형태든 관계없다.

(2) 단결권은 근로조건의 향상을 위하여 보장된 것이며 근로자끼리의 공제

1) 대법 2015. 6. 25, 2007두4995(전합) 참조.

(상부상조)나 정치운동을 목적으로 보장된 것이 아니다. 근로자를 구성원으로 하더라도 공제·정치 목적의 단체는 단결권의 보호 대상이 아니다. 다만 근로조건의 향상을 주된 목적으로 하면서 부수적으로 공제활동이나 정치적 활동을 전개하는 것은 무방하다. 또 단결권은 자주적으로 행사해야 한다. 정부나 정당 또는 사용자의 지배를 받지 않고 근로자의 의사에 따라 행사해야 한다.

(3) 단결권은 역사적으로 근로자가 노동조합을 조직하거나 이에 가입하는 것을 법적으로 승인하려는 것이므로 단결할 자유(적극적 단결권)를 의미할 뿐, 노동조합에 가입하지 않거나 노동조합에서 탈퇴할 자유, 즉 단결하지 않을 자유를 포함하려는 것은 아니다. 근로자도 존엄한 인격체로서 단결하지 않을 자유를 가지지만 그것은 국민의 일원으로서 가지는 일반적 행동의 자유에 포함되는 것으로서 이것보다는 근로자의 단결권이 특별하고 우월한 가치를 가지는 것으로 인정된다. 한편, 근로자의 단결권은 근로자 본인이 좋아하는 노동조합을 조직하거나 이에 가입할 권리(단결선택권)를 의미하는 것이다. 따라서 유니언숍 협정을 허용하되 이를 체결할 자격을 압도적 다수의 노동조합으로 한정하고 근로자 개인의 단결선택권과 단결하지 않을 자유에 대한 침해가 최소화되도록 엄격한 요건을 정한 노동조합법의 규정(81조 1항 2조 단서)이 헌법에 위반된다고 볼 수 없다.[1)]

(4) 단결권은 근로자가 노동조합 등 단결체를 조직하거나 이에 가입할 권리(개별적 단결권) 외에 단결체가 존립하고 활동할 수 있는 권리(집단적 단결권)도 포함한다. 그리고 집단적 단결권에는 ① 단결체의 존속·유지·발전·확장 등을 국가권력으로부터 보장하는 것(단체존속의 권리), ② 단결체의 조직 및 의사형성 절차에 관하여 규약 등의 형태로 자치적으로 결정하는 것을 보장하는 것(단체자치의 권리), ③ 근로조건의 향상을 위한 단결체가 단체교섭, 단체협약 체결, 단체행동, 단체의 선전 및 단체 가입의 권유 등의 활동을 할 수 있도록 보장하는 것(단체활동의 권리)을 포함한다.[2)] 다만 단체교섭권과 단체행동권은 헌법에서 별개 독립의 권리로 규정되어 있기 때문에 일반적으로는 집단적 단결권이 이들을 제외한 좁은 의미

1) 헌재 2005. 11. 24, 2002헌바95는 적극적 단결권이 자유권과 생존권의 성격을 함께 가지는 만큼 자유권의 일환인 근로자 개인의 단결하지 않을 자유보다 중요하며, 유니언숍 협정을 체결할 수 있는 노동조합의 범위를 엄격하게 제한하고 그러한 노동조합의 권한남용으로부터 개별 근로자를 보호하기 위한 규정을 두는 등에 비추어 유니언숍 협정을 허용한 노동조합법의 규정이 단결선택권을 본질적으로 침해하는 것은 아니라고 한다. 또 이에 앞서서 대법 2002. 10. 25, 2000카기183은 유니언숍 협정을 허용한 노동조합법의 규정이 근로자의 단결권을 침해하는 것은 아니라고 판단한 바 있다.

2) 헌재 2013. 7. 25, 2012헌마154.

의 것으로 본다.

나. 단결권의 법적 효과

단결권에 대한 법적 효과로서는 자유권적 효과, 면책부여의 효과, 입법의무 선언의 효과 및 사용자에 대한 효과가 중요하다.

(1) 자유권적 효과와 관련하여 단결권 침해 여부에 논란이 있는 규정들이 적지 않았다. 법적 다툼의 절차에 들어간 경우도 있었다. 헌법재판소는 사립학교 교원에게 교육공무원의 노동운동 금지 규정을 준용한다는 규정(1964년 사립학교법 55조)에 대하여 합헌이라고 보았다.[1] 그러나 공무원이 아닌 청원경찰에게 국가공무원의 노동운동 금지 규정을 준용한다는 규정(2004년 청원경찰법 5조 4항)[2] 및 교원노조 가입 자격을 초·중등 교육법에 따른 교원으로 한정함으로써 대학 교원의 가입을 봉쇄한 규정(1999년 교원노조법 2조 1항)에[3] 대해서는 헌법불합치라고 보았다. 이들 세 가지는 모두 후속 입법을 통하여 문제가 해소되거나 완화되었다. 이 밖에 법적 다툼의 절차까지 가지는 않았지만 일각에서 단결권 침해의 소지가 있다는 주장이 제기되는 규정들도 많았는데,[4] 후속 입법으로 문제가 해결되었다.

그렇지만 아직도 노동조합법에는 단결권 침해의 문제가 거론되는 법규정들이 남아 있다. 예를 들어 노동조합 결격요건에 해당하는 등의 경우 노동조합 설립신고를 반려한다는 규정(12조 3항)은[5] 설립신고서 반려 사유에 불합리하거나 불

1) 헌재 1991. 7. 22, 89헌가106은 교원지위 법정주의(헌법 31조 6항)가 노동3권 보장에 우선하고 사회권적 기본권은 일정한 대상조치를 부여하면 그 기본권을 부인하더라도 권리의 본질적 내용을 침해하는 것이 아니라는 등의 이유를 들어 합헌으로 결정했다. 교원노조 운동이 많은 탄압을 받으며 계속되는 가운데 마침내 1999년에 교원(국·공·사립 불문)에게 단결권과 단체교섭권을 인정하는 교원노조법이 제정·시행되었다.

2) 헌재 2017. 9. 28, 2015헌마653. 종전에는 헌재 2008. 7. 31, 2004헌바9가 노동운동 금지를 위반한 청원경찰을 처벌하는 제11조에 대하여 헌법 위반이 아니라고 보았으나 입장을 바꾼 셈이다.

3) 헌재 2018. 8. 30, 2015헌가38. 이 결정에 따라 2020년 개정법은 교원노조 가입 자격을 확대하였다.

4) 예컨대 복수노조 금지(1963년 노동조합법 3조), 해고자의 노조 가입 금지(1963년 노동조합법 3조), 행정관청의 임원개선 및 해산 명령(1963년 노동조합법 32조), 기업별 노조의 강제와 노동조합 설립 최소인원(1980년 노동조합법 13조 1항), 노동조합 조직에 제3자의 개입 금지(1980년 노동조합법 12조의2), 조합비 상한 비율 및 지출용도 제한(1980년 노동조합법 24조), 임원 자격의 제한(1980년 노동조합법 23조 2항), 기업내 복수노조 설립 금지(1997년 노동조합법 부칙 6조) 등이다.

5) 헌재 2012. 3. 29, 2011헌바53은 이 규정이 헌법이 금지하는 단체결성의 허가제라 볼 수 없고, 근로자의 단결권 침해도 아니라고 판단했다.

명확한 부분이 있어 실질상 설립허가제와 같다는 비판을 받고 있다. 또 노동조합 규약이나 결의 등에 대한 행정관청의 시정명령 규정(21조 1항·2항)은 법령 위반 여부 등의 판단에 행정관청의 오류나 자의성이 개재되어 집단적 단결권, 특히 단체자치의 원칙을 해할 가능성이 있다. 그리고 기업별 노조의 대의원이나 임원의 자격을 사업장에 종사하는 조합원으로 한정한 규정(17조 3항, 23조 1항)은 해고자인 조합원을 노동조합 내부에서 차별하고 노동조합의 자주적 의사결정을 해칠 우려가 있다는 점에서 단결권 침해의 소지가 있다고 할 것이다.

(2) 면책부여의 효과를 확인하기 위한 규정으로서 노동조합법은 노동조합의 정당한 활동에 대한 민·형사면책 규정을 두고 있다.

(3) 입법의무 선언의 효과에 대응한 입법조치로서 노동조합법상 단결권 행사와 관련된 사용자의 부당노동행위에 대한 행정적 구제와 처벌 제도, 노동조합의 총회나 임원 등 내부 운영에 관한 제도, 부당노동행위 구제신청이나 고발 등과 관련된 불이익취급의 금지, 유니언숍 협정의 조건부 허용 등을 들 수 있다.

(4) 사용자에 대한 효과로서 사용자는 근로자의 단결권 행사를 방해하지 않고 존중해야 하는데, 이와 관련하여 노동조합법은 이러한 효과를 확인하는 의미에서 불이익취급(단체행동 또는 구제신청 등과 관련된 불이익취급은 별개), 반조합계약, 지배개입의 부당노동행위를 금지하는 등의 규정을 두고 있다.

3. 단체교섭권

가. 단체교섭권의 의의

단체교섭권은 근로자가 그 단결체의 대표를 통하여 사용자측과 단체교섭을 할 권리이고, 넓게는 그 단체교섭의 결과 합의된 사항을 단체협약으로 체결할 권리도 포함한다.[1)]

헌법상 단체교섭권의 주체가 근로자로 규정되어 있는 것은 권리의 원천이 근로자 개인에게 있다는 것을 의미하고, 그 실현을 위한 권한은 노동조합이나 그 밖의 단결체가 가진다.

단체교섭권은 사용자와의 교섭을 통하여 근로자의 근로조건을 집단적으로

1) 헌재 1998. 2. 27, 94헌바13은 헌법이 노동3권을 보장하는 뜻은 "근로자가 사용자와 대등한 지위에서 단체교섭을 통하여 자율적으로 임금 등 근로조건에 관한 단체협약을 체결할 수 있도록 하기 위한 것"이므로 명시적 규정이 없더라도 단체교섭권에는 단체협약 체결권이 포함되어 있다고 한다.

결정하기 위하여 보장된 것이기 때문에 근로자측이 교섭할 대상에는 내재적인 한계가 있다. 사용자가 법률상·사실상 처분할 수 있는 사항이라야 교섭대상이 되고 근로조건과 무관한 사항은 교섭대상이 되지 않는다. 다만 경영 또는 생산에 관한 사항이라도 근로조건과 밀접한 관련을 가지는 경우에는 교섭대상이 된다고 해석된다.

나. 단체교섭권의 법적 효과

단체교섭권도 자유권적 효과, 면책부여의 효과, 입법의무 선언의 효과 및 사용자에 대한 효과를 가진다.

(1) 헌법이 보장하는 단체교섭권의 본질은 근로자가 자신의 근로조건을 향상하기 위하여 자신이 선택한 자신의 대표를 통해 교섭한다는 교섭의 자유에 있으므로, 단체교섭권의 법적 성격으로 자유권적 효과가 중요하다. 교섭의 자유를 본질적으로 제약하는 입법은 위헌의 소지가 있다.

자유권적 효과와 관련하여 단체교섭권 침해 여부의 논란이 있는 규정들이 적지 않았다. 법적 다툼의 절차에 들어간 경우도 있었다. 하나의 기업에 복수의 노동조합이 있는 경우에 교섭대표노조만 사용자와 단체교섭을 할 수 있도록 한 것, 즉 교섭창구 단일화제도(노동조합법 29조의2 1항)[2] 및 노동조합 전임자에 대한 급여 지급 금지(2010년 노동조합법 24조 1항, 2항, 5항)에[3] 대하여 헌법재판소는 합헌으로 판단했다. 반면에 노동조합 운영비원조의 금지(1997년 노동조합법 81조 4호)에[4] 대해서는 헌법불합치 결정을 했고, 후속 입법을 통하여 문제가 해결되었다. 이밖에 법적 다툼의 절차까지 가지는 않았지만 일각에서 단체교섭권 침해의 소지가 있다는 주장이 제기되는 규정들도 있었는데,[5] 나중에 입법을 통하여 문제가 해결

---

2) 헌재 2012. 4. 24, 2011헌마338; 헌재 2024. 6. 27, 2020헌마237. 헌법재판소는 이 제도가 소수노조의 단체교섭권을 제한하고 있기는 하지만, 소수노조도 교섭대표노조를 정하는 절차에 참여하는 한편, 사용자의 동의가 있으면 자율교섭도 가능하다는 등의 이유를 들었다. 그러나 교섭대표노조를 결정하는 과반수대표 방식은 교섭의 자유를 본질적으로 침해하므로 적어도 비례대표 방식으로 변경하여야 헌법에 합치된다. 또한 교섭창구단일화 제도는 기업별 교섭 방식을 사실상 강제하고 있는데, 초기업 교섭을 선택할 수 있도록 해석하거나 관련 제도를 정비해야 한다.

3) 헌재 2014. 5. 29, 2010헌마606.

4) 헌재 2018. 5. 31, 2012헌바90은 노동조합 운영비 원조에 관한 사항은 대등한 지위에 있는 노사가 자율적으로 정하는 것이 노동3권 보장의 취지에 부합하는데 두 가지 예외를 제외한 일체의 운영비 원조를 금지함으로써 노동조합의 단체교섭권을 지나치게 제한한다는 등의 이유를 들었다.

5) 단위노동조합의 연합단체에 대한 교섭 위임에 행정관청의 승인을 얻도록 한 규정(1980년 노

되었다.

그렇지만 아직도 노동조합법에는 단체교권 침해로 볼 소지가 있는 규정이 남아 있다. 예컨대 행정관청의 단체협약 시정명령 제도(노동조합법 31조 3항, 1980년 신설)가 이에 해당한다고 생각된다. 단체협약 내용의 위법 여부는 법원에서 판단할 사항인데 행정관청이 개입하여 판단하는 것은 판단의 오류나 권한남용에 빠질 우려가 있기 때문이다.

(2) 면책부여의 효과를 확인하기 위한 규정으로서 노동조합법은 노동조합의 정당한 단체교섭에 대한 민·형사면책 규정을 두고 있다.

(3) 입법의무 선언의 효과에 대응한 입법조치로서 노동조합법은 교섭창구 단일화 제도, 단체교섭거부의 부당노동행위에 대한 행정적 구제와 처벌 제도, 단체협약의 규범적 효력과 일반적 구속력, 단체협약 유효기간의 제한 등을 설정하고 있다.

(4) 사용자에 대한 효과를 확인하기 위하여 노동조합법은 사용자의 교섭의무를 선언하고 정당한 이유 없이 단체교섭을 거부하는 것을 부당노동행위로서 금지하는 규정을 두고 있다.

4. 단체행동권

가. 단체행동권의 의의

(1) 단체행동권은 쟁의권을 그 핵심적 내용으로 하는 것이다. 쟁의권의 보호대상인 근로자의 행위를 쟁의행위라 하고, 이것은 근로자가 파업이나 태업 등 사용자의 업무를 저해하여 압력을 가하는 행위를 의미한다.

선진 자본주의국가들의 노동법 역사를 보면 국가가 노동조합의 결성·가입을 허용한 뒤에도 파업 등 쟁의행위에 대해서는 시민법을 적용하여 민·형사책임을 묻는 등으로 억압하다가 이를 시정하여 정당한 쟁의행위에 대한 민·형사면책 등을 부여하는 방식으로 쟁의권을 승인한 것이다. 파업·태업 등 쟁의행위는 업무를 저해하는 압력행위로서 시민법상으로는 위법한 행위이지만 근로자의 인간다운 생활을 확보하기 위해서는 이를 허용하고 보호한다는 것이 쟁의권이다. 이러한 의미의 쟁의권을 승계한 것이 단체행동권이다.

앞에서 언급한 바와 같이, 노동3권의 기본취지는 단체교섭을 중심으로 하는

동조합법 33조 2항), 단체교섭에 대한 제3자 개입 금지(1980년 노동조합법 12조의2) 등이 그렇다.

집단적 노사자치에 법적 근거를 부여하는 데 있으므로, 쟁의권은 기본적으로는 단체교섭에서 노사의 대등성을 확보하고 교섭을 유리하게 전개하기 위한 권리라고 보아야 할 것이다.

(2) 오늘날 단체행동권은 선진 자본주의 국가들에서 승인된 쟁의권을 승계하면서 나아가 조합활동권도 포함하는 권리가 되었다. 조합활동권의 보호대상이 되는 근로자의 행위를 조합활동이라 한다. 조합활동은 쟁의행위 이외의 단체행동, 즉 유인물 배포나 벽보의 부착 등의 행위를 의미하고, 단체행동권은 조합활동도 보호의 대상으로 확대한 것이다.

나. 단체행동권 보장의 범위

단체행동권은 무제한으로 보장되는 권리가 아니라 그 보장의 기본취지에 비추어 쟁의행위 또는 조합활동의 주체나 목적 및 수단·태양 등의 면에서 일정한 내재적 한계가 있는 권리이다. 그 한계는 흔히 쟁의행위의 정당성 또는 조합활동의 정당성의 문제로 구체적으로 논의되고 있다. 여기서는 쟁의권에 대한 내재적 한계에 한정하여 간략하게 살펴보기로 한다.

(1) 헌법은 쟁의권의 주체를 근로자로 규정하고 있으나, 이는 권리의 원천이 근로자 개인에게 있다는 것을 의미하고, 쟁의행위의 성질상 그 실현을 위한 권한은 노동조합 등 단결체에만 인정된다.[1] 노동조합이 아닌 쟁의단(일시적 단결체)도 단체교섭의 주체로 인정되는 이상 그 쟁의행위도 쟁의권 보장의 범위 안에 들어간다. 그러나 조합원 일부가 노동조합과 무관하게 하는 살쾡이파업은 쟁의권 보장의 범위에 들어간다고 보기 곤란하다.

(2) 쟁의권은 헌법이 명시적으로 규정하고 있는 바와 같이 '근로조건의 향상'을 목적으로 보장된 것이다.

동정파업은 이를 주도하는 근로자들의 근로조건 향상이 아니라 다른 노동조합의 쟁의행위를 지원할 목적으로 하는 것이므로 원칙적으로 쟁의권 보장의 범위를 넘는 것이다. 순수한 경영사항에 관한 주장을 관철하려는 쟁의행위도 근로조건의 향상을 목적으로 하는 것이 아니므로 쟁의권 보장의 범위를 넘는 것이다.

사용자가 아니라 정부를 상대로 하는 정치파업, 특히 근로자가 단순히 시민의 한 사람으로서 주장을 관철하려는 순수정치파업은 근로조건 향상을 목적으로

---

1) 사용자는 쟁의권의 주체가 될 수 없다. 노동조합법은 사용자의 직장폐쇄도 쟁의행위의 일종으로 규정하고 있지만(2조 6호), 사용자가 직장폐쇄를 할 권리는 헌법상 단체행동권에 근거한 것이 아니라 재산권(23조 1항)과 기업의 경제상 자유(119조 1항)에 근거한 것이라 이해된다.

하는 것이 아니므로 쟁의권 보장의 범위를 벗어난 것이다. 다만 헌법 제32조가 근로조건 법정을 선언하는 등 근로조건의 향상이 사용자와의 단체교섭만이 아니라 국가의 입법이나 정책 결정을 통해서도 실현되는 법질서 아래서는 노동법 개정 등을 목적으로 하는 경제적 정치파업의 경우는 쟁의권 보장의 범위에 든다고 보아야 한다.

(3) 헌법은 쟁의권과 함께 재산권도 보장하고 있으므로, 쟁의행위는 사용자의 기업시설에 대한 소유권이나 그 밖의 재산권과 조화를 이루는 수단·태양으로 해야 정당성이 인정된다. 시설·설비의 파괴행위, 원료·기계를 손괴·은닉하는 적극적 태업행위, 사업장 시설의 전체를 점거하여 사용자측의 출입·관리·조업을 배제·방해하는 전면적·배타적 직장점거 등은 쟁의권 보장의 범위를 벗어나는 것이다. 그러나 노동력의 소극적 통제에 그치는 파업이나 소극적 태업은 그 기간이 길거나 규모가 크더라도 수단·태양의 면에서 쟁의권 보장의 범위에 들어간다.

한편, 인신의 자유·안전은 법질서가 보호해야 할 가장 기본적인 가치이므로 폭행·협박·감금 등의 행위, 안전보호시설을 정지·폐지하는 등의 쟁의행위 등은 쟁의권 보장의 범위에 들어간다고 인정되지 않는다.

다. 단체행동권의 법적 효과

단체행동권도 자유권적 효과, 면책부여의 효과, 입법의무 선언의 효과 및 사용자에 대한 효과를 가진다.

(1) 자유권적 효과와 관련하여 단체행동권 침해 여부의 논란이 있는 규정들이 적지 않았다. 법적 다툼의 절차에 들어간 경우도 있었다. 쟁의행위에 대한 제3자의 개입 금지(1980년 노동쟁의조정법 13조의2),[1] 필수공익사업을 직권중재의 대상으로 하여 쟁의권 행사를 제한한 규정(1997년 노동조합법 62조 3호, 63조),[2] 필수유지업무의 정당한 유지·운영을 정지·폐지·방해하는 방법의 쟁의행위 금지(2006년 노동조합법 42조의2)에[3] 대하여 헌법재판소는 모두 헌법 위반이 아니라고 판단했다. 이들 규정 중 앞의 두 가지는 후속 입법을 통하여 문제가 해소 또는 완화되었다.

1) 헌재 1990. 1. 15, 89헌가103은 이 규정은 노동3권의 보장의 범위를 넘어선 행위를 규제하기 위한 입법일 뿐, 근로자나 제3자의 기본권을 제한하는 것은 아니라고 한다.

2) 헌재 2003. 5. 15, 2001헌가31은 이 규정이 공익과 국민경제를 유지·보전하기 위한 최소한의 필요한 조치라고 한다. 사실 이 규정은 직권중재의 대상을 공익사업 중에서 필수공익사업으로 좁힌 것이었다. 헌재 1996. 12. 26, 90헌바19는 좁히기 이전의 규정(1986년 노동쟁의조정법 30조 3호, 31조; 1963년 신설)에 대해서도 이미 같은 취지로 결정한 바 있다. 다만 이들 결정에 거의 반수 또는 과반수의 재판관이 헌법위반이라는 반대의견을 낸 것이 눈길을 끈다.

3) 헌재 2011. 12. 29, 2010헌바385.

이밖에 법적 다툼의 절차까지 가지는 않았지만 일각에서 단체행동권의 부당한 제약의 소지가 있다는 주장이 제기되는 규정들도 많았는데,[1] 후속 입법으로 문제가 해결되었다.

그렇지만 아직도 노동조합법에는 단체행동권 침해의 문제가 거론되는 법규정들이 남아 있다. 예를 들어 파업 기간 중 작업시설 손상이나 원료·제품 변질·부패의 방지를 위한 작업의 정상 수행(38조 2항), 생산이나 그 밖에 주요 업무 시설을 점거하는 방법의 쟁의행위 금지(42조 1항), 조정을 거치지 않은 쟁의행위 금지(45조 2항), 긴급조정 공표 시 쟁의행위 중지 및 중앙노동위원회의 중재로서 종결(77조, 80조) 등에 관하여 단체행동권의 행사를 지나치게 제약한 것으로 볼 소지가 있지 않을까 생각한다.

(2) 면책부여의 효과로서 정당한 쟁의행위에 대해서는 민·형사책임이 면제된다. 이러한 법적 효과는 노동조합법에서도 확인적으로 규정되어 있다.

(3) 입법의무 선언의 효과에 대응하는 입법으로서는 노동조합법상 쟁의 기간 동안 구속과 대체근로의 제한, 노동쟁의 조정 절차 및 이와 연관된 쟁의행위 제한, 단체행동과 관련된 불이익취급이나 지배개입의 부당노농행위에 대한 행성적 구제와 처벌 제도 등이 있다.

(4) 사용자에 대한 효과로서 사용자는 정당한 단체행동을 이유로 해당 근로자에게 불이익을 주어서는 안 되고 노동조합의 쟁의행위에 지배개입을 해서는 안 된다. 이러한 법적 효과는 노동조합법에서도 부당노동행위의 일부로서 확인적으로 규정되어 있다.

5. 노동3권의 제한

가. 공무원의 노동3권 제한

공무원도 근로자에 해당한다. 다만 헌법은 '공무원인 근로자는 법률이 정하는 자'만 노동3권을 가진다고 하여(33조 2항), 노동3권이 보장되는 공무원의 범위를 법률로 한정할 수 있도록 유보하고 있다.

공무원 관련법은 공무원의 노동운동을 금지하되 '사실상 노무에 종사하는

1) 냉각기간을 거치지 않은 쟁의행위의 금지(1963년 노동쟁의조정법 14조), 주무 관청의 조정을 거치지 않은 단체행동 금지(1971년 국가보위에 관한 특별조치법 9조 1항; 조정은 중재처럼 구속력 가짐), 사업장 이외의 장소에서 쟁의행위 금지(1980년 노동쟁의조정법 12조 3항), 일반사업이든 공익사업이든 행정관청의 중재회부 시 쟁의행위 금지(1980년 노동쟁의조정법 30조 3호, 31조) 등이다.

공무원'만 예외적으로 노동3권을 행사할 수 있도록 허용하고 있다(국가공무원법 66조 1항, 지방공무원법 58조 1항).[1] 따라서 '사실상 노무에 종사하는 공무원'(흔히 '현업공무원'이라 부름)은 단결권과 단체교섭권은 물론 단체행동권도 가진다.[2] 그 밖의 공무원은 노동3권을 가지지 못한 상태가 오랫동안 계속되다가 2006년 이후 공무원노조법이 시행됨에 따라 상당 범위의 공무원들이 단결권과 단체교섭권을 행사할 수 있게 되었다.

나. 주요방위산업체 근로자의 단체행동권 제한

헌법은 "법률이 정하는 주요방위산업체에 종사하는 근로자의 단체행동권은 법률이 정하는 바에 따라 이를 제한하거나 인정하지 않을 수 있다"고 규정하고 있다(33조 3항). 남북한이 군사적으로 대치하고 있는 특수한 상황에서 방산물자의 원활한 조달이 방해받지 않도록 하기 위한 특례규정이다.

노동조합법은 방위사업법에 따라 지정된 주요방위산업체에 종사하는 근로자 중에서 전력·용수 및 주로 방산물자의 생산에 종사하는 자에 대하여 쟁의행위를 금지하고 있다(42조 1항).

다. 일반적 법률유보에 따른 노동3권 제한

헌법은 "국민의 모든 자유와 권리는 국가안전보장·질서유지 또는 공공복리를 위하여 필요한 경우에 한하여 법률로써 제한할 수 있으며, 제한하는 경우에도 자유와 권리의 본질적인 내용을 침해할 수 없다"고 규정하고 있다(37조 2항). 따라서 노동3권도 이 일반적 법률유보에 따라 제한될 수 있다. 다만 '국가안전보장·질서유지 또는 공공복리를 위하여 필요한 경우'로 한정되고, 시행령 등이 아니라 '법률'로 해야 하며, 노동3권의 '본질적 내용을 침해'하지 않아야 한다.

이와 관련하여 헌법재판소는 안전보호시설의 정상적인 유지·운영을 정지·폐지·방해하는 방법의 쟁의행위를 금지한 규정(노동조합법 42조 2항),[3] 필수공익사업의 업무 중 공중의 생명·건강 또는 신체의 안전이나 공중의 일상생활에 영향

1) 노동운동 금지와 예외를 규정한 국가공무원법의 규정에 대하여 헌재 1992. 4. 28, 90헌바27은 헌법이 직접 유보조항을 둔 이상 국회가 입법재량을 가진다는 등의 이유를 들어 합헌이라고 결정했다.

2) 국가·지방자치단체에 종사하는 자의 쟁의행위를 금지하는 규정(1980년 노동쟁의조정법 14조 2항)에 대하여 헌재 1993. 3. 11, 88헌마5는 이 규정이 현업공무원에 대해서도 쟁의행위를 금지한 것으로서 법률로 정하는 공무원에 대하여 노동3권을 보장한 헌법 제33조 제2항 등에 저촉된다는 이유를 들어 헌법불합치 결정을 했고, 1997년 노동조합법은 이 규정을 삭제했다.

3) 헌재 2005. 6. 30, 2002헌바83.

을 미치는 필수유지업무의 정당한 유지·운영을 정지·폐지·방해하는 방법의 쟁의행위를 금지한 규정(노동조합법 42조의2),[1] 공항·항만 등 국가중요시설의 경비업무를 담당하는 특수경비원의 쟁의행위를 금지한 규정(경비업법 15조 3항)에[2] 대하여 과잉금지의 원칙 등에 위반되지 않는다는 등의 이유를 들어 합헌결정을 했다.

1) 헌재 2004. 8. 26, 2003헌바28.
2) 헌재 2009. 10. 29, 2007헌마1359.

제3장 노동법상 권리·의무의 주체

노동법은 근로자와 사용자의 존재를 전제로 하고 있으며, 노동법상 권리·의무의 주체로서 기본적인 것은 근로자와 사용자이다. 여기서 근로자 및 사용자의 개념을 명확히 하여 둘 필요가 있다.

Ⅰ. 근로자의 개념

1. 노동법상 근로자 개념의 유형

노동관계법령은 개개 법령의 목적에 따라 근로자의 개념을 달리 규정하고 있으나,[1] 세 가지 유형으로 구분된다.[2] 근로기준법상의 근로자, 노동조합법상의 근로자, 남녀고용평등법상의 근로자가 그것이다.

가. 근로기준법상의 근로자

근로기준법은 근로자를 '직업의 종류와 관계없이 임금을 목적으로 사업 또는 사업장에 근로를 제공하는 자'로 정의하고 있다(근기 2조 1항 1호).[3]

A. 근로의 제공 근로자로 볼 수 있기 위해서는 '임금을 목적으로 사업 또는 사업장에 근로를 제공하는 자'이어야 한다. '근로를 제공'한다는 것은 단순히 노동을 한다는 의미가 아니라 타인에 사용되어 종속적 근로를 제공한다는 것을 의미한다. 판례는 이를 '사용종속관계에 있는' 것으로 표현하고 있다.[4] 그러

---

1) 근로자의날 제정에 관한 법률(이하 '근로자의날법'으로 약칭), 파견법, 직업안정법, 고용보험법 등은 '근로자'라는 용어를 사용하면서도 정의규정을 두지 않고 있다.

2) 사회보장법, 특히 사회보험법에서도 '근로자'의 개념을 사용하고 있지만, 노동법상의 근로자와는 달리 정의하고 있다. 예컨대 국민연금법 제3조는 '사업장에서 노무를 제공하고 그 대가로 임금을 받아 생활하는 자'(법인의 이사나 그 밖의 임원을 포함한다)라고 정의하고 있고, 국민건강보험법도 비슷하게 정의하고 있다. 보험료 징수 등의 문제를 고려하여 사업장에 고용된 근로자, 즉 근로기준법상의 근로자로 한정하면서도 다른 한편으로는 사회보험급여의 혜택을 광범하게 주기 위하여 사용자까지 포함시킨 것이 특징이다.

3) 최저임금법(2조), 임금채권보장법(2조 1호), 산업안전보건법(2조 2호), 산재보험법(5조 2호), 퇴직급여법(2조 1호), 근로자참여법(3조 2호) 등은 근로자의 개념에 관하여 근로기준법에 따른 근로자를 말한다고 규정하고 있다.

4) 일본의 노동기준법은 사업에 '사용된 자'로서 임금을 지불받는 자를 근로자로 정의하고 있고,

므로 예컨대 개업의사처럼 일(노동)을 하지만 독립적으로 일하는 자는 자영업자에 속할 뿐 근로자에 해당하지 않는다. 다만 예컨대 종합병원 의사나 기업 내 진료소 소속 의사는 업무 수행 자체에 대해서는 구체적인 지휘감독을 받지 않더라도 근무체제에 편입되어 있고 근로시간이나 장소에 제약이 있는 등의 사정 때문에 근로자에 해당한다.

근로자로 인정되려면 임금을 목적으로 근로를 제공해야 하므로 일을 하더라도 무상으로 또는 임금 이외의 이익을 목적으로 하는 자는 근로자가 아니다.

근로자로 볼 수 있으려면 사업·사업장에 사용되어 근로를 제공해야 하므로, 근로의사는 있지만 실직 상태에 있는 자(실업자)는 근로기준법상의 근로자에 해당하지 않는다. 그러나 사업·사업장에 사용되어 있는 이상 휴직, 휴가, 휴업, 파업 참가 등의 사유로 일시 근로제공을 중단하고 있더라도 근로자로 인정된다.

B. 직업의 종류 등 　근로자로 인정되기 위해서는 사업·사업장에 근로를 제공하는 자이면 되고, 직업의 종류나 육체적 근로인지 여부는 관계없다(근기 2조 1항 1호·3호 참조). 따라서 공무원, 교원, 의사, 자영농이 아닌 농업근로자도 근로자에 속하고, 생산직은 물론 사무직, 관리직, 영업직도 모두 근로자에 속한다. 또 수입의 다과, 주업인지 부업인지, 계약 기간의 유무 또는 장단, 재산의 정도도 관계없다. 이른바 아르바이트(부업종사근로자)[1]도 근로자이고, 교육·훈련과 근로제공을 겸하는 위탁실습생[2]이나 수련의[3]도 근로자에 해당된다. 지방자치단체에서 자원봉사자로 위촉받아 일하다가 전일제로 자원봉사자를 총괄하는 업무 등을 수행하고 상당한 지원금을 받은 자라 하여 근로자가 아니라고 볼 수 없다.[4]

나. 노동조합법상의 근로자

노동조합법은 근로자를 '임금·급료, 그 밖에 이에 준하는 수입으로 생활하는 자'로 정의하고 있다(노조 2조 1호).

(1) '임금'은 사업장에 사용되어 근로를 제공하고 그 대가로 받는 금품을 의

이에 따라 일본의 판례는 사용종속관계 유무를 근로자성 판단의 기본적 요소로 본다. 우리 판례는 일본 판례를 모방한 것으로 보인다.

1) '아르바이트'는 독일어의 Arbeit(영어의 work에 해당)에서 유래한 우리 사회의 속어로서, 학생이나 전업주부가 수입을 받기 위하여 일시적으로 부업을 하는 것을 의미한다. 기간을 약정하기 때문에 기본적으로는 기간제근로자이지만, 때로는 단시간근로자 또는 파견근로자를 겸하기도 한다.

2) 대법 1987. 6. 9, 86다카2920.

3) 대법 1991. 11. 8, 91다27730 등.

4) 대법 2019. 5. 30, 2017두62235; 대법 2020. 7. 9, 2018두38000.

미하고, '급료'는 임금과 같은 뜻을 가진 용어라고 생각된다. '그 밖에 이에 준하는 수입'은 일의 대가로서 얻은 수입으로서 임금으로 볼 수는 없지만 임금과 비슷한 것을 의미한다. 예컨대 시장 주변에서 고객의 물품을 운반하고 고객으로 받는 수고료, 골프장 캐디가 받는 캐디피[1) 등이 이에 해당한다. 근로기준법상의 근로자는 '임금으로 생활하는 자'에 포함되고, 임금에 '준하는 수입으로 생활하는 자'는 근로기준법상의 근로자는 아니지만, 노동조합법상의 근로자에는 포함된다.

임금 등의 수입'으로 생활하는 자'는 다른 수입이 없거나 적어서 임금 등의 수입에 의지하여 생활하는 자를 말한다. 따라서 임금 등의 수입을 받고 있는 자는 물론, 임금 등의 수입을 받으려는 자, 실업자(구직자)도 노동조합법상의 근로자에 포함된다.

(2) 이와 같이 노동조합법상의 근로자는 한편으로는 임금에 준하는 수입으로 생활하는 자를 포함하고, 또 한편으로는 실업자도 포함한다. 이 점에서 근로기준법상의 근로자가 협의의 근로자라면 노동조합법상의 근로자는 광의의 근로자라 할 수 있다.

근로기준법상의 근로자가 인적 종속을 중시한 개념이라면, 노동조합법상의 근로자는 경제적 종속을 중시한 개념이라 할 수 있다. 노동조합법이 근로자를 넓게 정의한 취지는 사업장에 사용되어 근로를 제공할 의사를 가진 자 또는 이에 준하여 생활하고 있는 자들이 근로기준법의 적용은 받지 못하더라도 스스로 단결하여 그 노동·생활조건을 개선할 수 있는 길은 열어 줄 필요가 있기 때문이다. 판례도 노동조합법상의 근로자는 근로기준법상의 근로자와 다른 개념으로서 여기에는 특정한 사용자에게 고용되어 현실적으로 취업하고 있는 자뿐만 아니라 일시적으로 실업 상태에 있는 자나 구직중인 자도 노동3권을 보장할 필요성이 있는 이상 이에 포함된다고 한다.[2)

1) 대법 1993. 5. 25, 90누1731; 대법 2014. 2. 13, 2011다78804는 골프장 캐디가 받는 캐디피를 '임금에 준하는 수입'으로 인정한다.

2) 대법 2004. 2. 27, 2001두8568; 대법 2015. 1. 29, 2012두28247; 대법 2015. 6. 25, 2007두4995(전합). 그런데 종전의 판례는 오랫동안 근로기준법상의 근로자와 노동조합법상의 근로자를 사실상 구별하지 않았다. 예컨대 대법 1992. 5. 26, 90누9438은 시장의 하역작업자는 특정 사업과 사용종속관계에 있지 않으므로 노동조합의 구성원이 될 수 없다고 하고, 대법 1993. 5. 25, 90누1731은 노동조합법상의 근로자는 타인과의 사용종속관계 아래서 노무에 종사하고 대가로 임금 등을 받아 생활하는 자를 말한다고 하며, 심지어 대법 2006. 10. 13, 2005다64385는 근로기준법상의 근로자와 노동조합법상의 근로자를 일괄하여 동일하게 정의하고 있다.

그러나 노동조합법상의 근로자가 광의로 정의되어 있다 하더라도 영세자영업자처럼 독립적으로 근로하는 자는 이에 포함되지 않으며, 학생이나 부랑자처럼 근로의사가 없는 자도 그렇다.

다. 남녀고용평등법상의 근로자

남녀고용평등법은 근로자를 '사업주에게 고용된 자와 취업할 의사를 가진 자'로 정의하고 있다(남녀 2조 4호).[1]

'사업주에게 고용된 자'는 사업주에게 고용되어 근로를 제공하는 자, 즉 근로기준법상의 근로자를 의미한다. '취업'은 '영리를 목적으로 사업을 영위하는 경우를 포함하므로(고보 40조 1항 2호), '취업할 의사를 가진 자'는 사업주에게 고용되어 근로를 제공할 의사를 가진 자, 즉 임금으로 생활하려는 자는 물론, 자영업을 할 의사를 가진 자도 포함하고, 또 이들의 중간으로서 임금에 준하는 수입으로 생활하려는 자도 포함하는 것이다.

그렇다면 남녀고용평등법상의 근로자는 노동조합법상의 근로자에 더하여 자영업을 할 의사를 가진 자까지 포함하는 최광의의 근로자라고 말할 수 있다.

2. 근로자 개념에 관한 쟁점

가. 실업자의 근로자성

실업자가 노동조합법상의 근로자에 해당하는지 여부에 관하여 종전의 판례는 오랫동안 근로기준법상의 근로자와 노동조합법상의 근로자를 사실상 구별하지 않음으로써 부정적인 입장이었다. 그러나 이후 판례는 실업자가 노동의사를 가지는 이상 노동조합법상의 근로자에 해당될 수 있다고 인정함으로써 해석상의 논란은 해소된 듯하다. 이에 관해서는 앞에서 이미 살펴보았다.

나. 고객봉사자의 근로자성

항만·역·시장 등의 시설에서 불특정·다수의 이용객을 상대로 짐을 나르는 하역작업자처럼 일정한 시설에서 시설경영주에게 고용되어 있지 않으면서 이용객에게 도급 형태로 노무를 제공하는 자(이하 편의상 '고객봉사자'라 부른다)가 노동조합법상의 근로자인지 여부가 문제된다.

판례는 오랫동안 하역작업자가 타인과의 사용종속관계 아래서 노무에 종사하고 대가로 임금 등을 받아 생활하는 자가 아니라는 점을 들어 노동조합법상의

---

1) 고용정책 기본법 제2조도 같은 내용으로 규정하고 있다.

근로자에 해당하지 않는다고 해석해 왔다.[1] 그러나 이는 근로기준법상의 근로자와 노동조합법상의 근로자를 혼동한 것이라는 점, 고객봉사자가 불특정·다수의 고객의 요구에 따라 노무를 제공하고 고객으로부터 받는 보수(봉사료)는 임금에 준하는 수입이라는 점에서 고객봉사자를 노동조합법상의 근로자로 보아야 할 것이다. 물론 이들로 구성된 노동조합이 고정적인 단체교섭 상대방을 갖지 못하기는 하지만 단체교섭을 하기 어렵다고 하여 근로자성을 부인할 일은 아니다. 이후 판례는 사업장에 고용되어 있지 않은 항만의 하역작업자도 노동조합법상 근로자에 해당한다고 판시했다.[2] 이로써 해석론상의 다툼은 다소 완화된 듯하다.

다. 도급적 노무자의 근로자성

보험모집인, 학습지교사, 수금원, 외판원, 레미콘 운전기사 등 비슷한 성질을 가진 한 무리의 사람들(편의상 '도급적 노무자'라 부름)이 근로자에 해당하는지 여부가 가장 심각한 논란의 대상이다. 도급적 노무자의 특징은 이들이 특정 사업주와 고용계약이 아니라 도급이나 위임 또는 이들과 비슷한 특수한 형태의 계약을 맺고 일하며 그 받는 보수가 실적·성과에 비례한다는 점 등이다.

A. 근로기준법상의 근로자성 (1) 도급적 노무자가 근로기준법상의 근로자에 해당하는지 여부에 관하여 판례는 우선 계약의 형식이나 명칭보다는 그 실질에 있어 사업 또는 사업장에 임금을 목적으로 종속적 관계에서 근로를 제공하는지 여부에 따라 결정해야 한다고 전제한다(실질적 판단의 원칙). 문제는 종속관계의 존부를 어떻게 판단할 것인가에 있다.

이에 관하여 오늘날 널리 인용되는 판례는 종속적인 관계가 있는지 여부는 ① 업무 내용을 사용자가 정하고 취업규칙 또는 복무·인사규정 등의 적용을 받으며 업무 수행 과정에서 사용자가 상당한 지휘·감독을 하는지, ② 사용자가 근무시간과 근무장소를 지정하고 노무공급자가 이에 구속을 받는지, ③ 노무공급자가 스스로 비품·원자재·작업도구 등을 소유하거나 제3자를 고용하여 업무를 대행케 하는 등 독립하여 자신의 계산으로 사업을 영위할 수 있는지, ④ 노무 제공을 통한 이윤의 창출과 손실의 초래 등 위험을 스스로 안고 있는지, ⑤ 보수의 성격이 근로 자체의 대상적 성격인지, ⑥ 기본급이나 고정급이 정하여졌는지와

1) 대법 1996. 6. 11, 96누15046; 대법 1992. 5. 26, 90누9438. 따라서 이들 판결은 하역작업자로 구성된 노동조합이 설립신고증을 받았더라도 적법한 노동조합으로 인정하지 않는다.

2) 대법 2011. 3. 24, 2007두4483(다만 이 판결은 건설 중인 항만에서 불원간 하역 등의 업무에 종사하려는 자에 대하여 단순한 실업자나 구직자와 달리 취업의 시기를 특정할 수 없을 뿐 취업 자체는 확실시되는 특별한 사정이 있다 하여 노동조합법상 근로자에 해당한다고 한다).

근로소득세의 원천징수 여부 등 보수에 관한 사항, ⑦ 노무제공 관계의 계속성과 사용자에 대한 전속성의 유무와 그 정도, ⑧ 사회보장법에서 근로자로 인정받는지 등의 경제적·사회적 여러 조건을 종합하여 판단해야 하며, 다만 ⑨ 기본급·고정급이 정해졌는지, 근로소득세를 원천징수했는지, 사회보장제도에서 근로자로 인정받는지 등의 사정은 사용자가 경제적으로 우월한 지위를 이용하여 임의로 정할 여지가 크기 때문에, 그러한 점들이 인정되지 않는다는 것만으로 근로자성을 쉽게 부정해서는 안 된다고 한다.[1]

①~⑧의 판단요소는 일찍부터 종전의 판례에서도[2] 설시한 것과 대체로 같지만, 이들이 모두 동등하게 중요성을 가지는 것이 아니라 ⑨ 고정급의 유무, 근로소득세 납부 여부, 사회보장법상 근로자 인정 여부 등의 요소는 사용자가 임의로 정할 여지가 있는 것으로서 형식적·부수적 성질을 가지는 데 불과한 것으로 구분하고 있다. 이러한 부수적 요소 때문에 근로자성이 부인되어서는 안 된다는 점을 밝힌 데 의미가 있다.

(2) 이와 같은 판단 기준에 따라 판례는 회사와 위탁계약을 맺고 전력계량기 검침과 요금청구서 송달 등의 입무를 수행하는 위탁원,[3] 회사가 판매한 성수기의 설치·점검·수리 등의 업무를 수행하는 기사,[4] 웨딩컨설팅 업체에 소속되어 고객을 유치하고 결혼식장의 예약이나 혼수품 구입 등을 대행하는 웨딩플래너,[5] 화물운송업체에서 차량을 임대받아 화물운송 업무를 수행하는 기사,[6] 자기 소유 트럭으로 제조업체 생산물품을 운송하는 기사,[7] 우체국장과 위탁계약을 맺고 우편집배 업무를 수행하는 재택위탁집배원[8] 등에 대해서는 근로기준법상의 근로자로 인정한다.[9]

---

1) 대법 2006. 12. 7, 2004다29736<핵심판례>. 한편, 대법 2008. 2. 1, 2007다49625는 ⑨의 요소를 부수적·형식적 징표에 해당하여 한정적으로 고려해야 한다고 판시한다.
2) 대법 1994. 12. 9, 94다22859; 대법 1996. 4. 26, 95다20348 등.
3) 대법 2014. 11. 13, 2013다77805.
4) 대법 2021. 8. 12, 2021다222914.
5) 대법 2021. 2. 25, 2020도17654.
6) 대법 2021. 4. 29, 2019두39314.
7) 대법 2013. 4. 26, 2012도5385.
8) 대법 2019. 4. 23, 2016다277538.
9) 이밖에 안마시술업소의 맹인안마사(대법 1992. 6. 26, 92도674), 방송사와 전속계약을 맺고 방송출연을 하는 교향악단원(대법 1997. 12. 26, 97다17575), 방송사 드라마제작국에서 일하면서 기본일당 등을 받는 외부제작요원(대법 2002. 7. 26, 2000다27671), 입시학원 또는 미용학원에서 수강 인원에 따라 보수를 받는 강사(대법 2006. 12. 7, 2004다29736; 대법 2007.

이에 대하여 보험회사나 우체국 등에 전속되어 보험상품을 판매하는 보험설계사나 보험관리인 등,[1] 골프장 시설운영자와 아무런 계약을 맺지 않고 내장객의 경기를 보조하여 수수료를 받는 캐디,[2] 레미콘회사에 전속되어 자기 차량으로 레미콘을 운송하는 레미콘 운전기사,[3] 배달대행업체에 소속되어 자신의 스마트폰에 애플리케이션을 설치하고 오토바이로 배달 업무를 수행하는 배달원,[4] 간병인협회에 소속되어 소개받은 환자를 위하여 일하고 그로부터 보수를 받는 간병인,[5] 자동차 교통사고가 발생한 초기에 현장에 출동하여 손해사정을 위한 사고조사 업무를 수행하는 조사원[6]에 대해서는 근로기준법상의 근로자성을 부인한다.[7]

한편, 신용정보회사에 전속되어 채권추심 업무를 수행하는 채권추심원,[8] 백화점 입점 업체의 매장을 운영하는 상품위탁판매원,[9] 신용카드회사 또는 보험회

---

9. 7, 2006도777), 신문사의 광고판매원(대법 2009. 3. 12, 2008다86744), 레미콘회사가 제공하는 차량으로 원자재를 운송하는 운전기사(대법 2010. 5. 27, 2007두9471), 자기 소유 차량으로 학생을 통학시키는 어학원 운전기사(대법 2007. 9. 6, 2007다37165), 의류제조업체에서 일하면서 사업자등록을 하고 작업량에 따라 보수를 받는 의류봉제원(대법 2009. 10. 29, 2009다51417), 위성방송 상품의 설치와 사후유지보수 업무를 위탁받아 수행하는 서비스기사(대법 2019. 11. 28, 2019두50168), 서비스기관을 통하여 아이돌봄서비스를 제공한 아이돌보미(대법 2023. 8. 18, 2019다252004), 의료소비자생활협동조합이 운영하는 의원에서 위탁진료업무를 수행한 의사(대법 2023. 9. 21, 2021도11675), 장례지도사(대법 2025. 5. 29, 2024다294705)도 근로자로 인정한다.

1) 대법 2000. 1. 28, 98두9219; 대법 2013. 6. 27, 2011다44276.
2) 대법 1996. 7. 30, 95누13432; 대법 2014. 2. 13, 2011다78804.
3) 대법 1997. 2. 14, 96누1795; 대법 2003. 1. 10, 2002다57959.
4) 대법 2018. 4. 26, 2016두49372.
5) 대법 2009. 3. 12, 2009도311.
6) 대법 2022. 4. 14, 2020다237117.
7) 이밖에 유흥업소 접대부(대법 1996. 9. 6, 95다35289); 학습지 교사(대법 1994. 12. 9, 94다22859; 대법 1996. 4. 26, 95다20348), 운수회사에 자기 소유의 트럭을 지입하고 화물을 운송하는 화물차 지입차주 겸 운전기사(대법 1995. 6. 30, 94도2122; 대법 1996. 11. 29, 96누11181; 대법 2013. 7. 11, 2012다57040), 홍익회의 판매대에서 물품을 파는 영업원(대법 2000. 11. 24, 99두10209), 특정 회사의 야쿠르트를 판매하고 실적에 따라 보수를 받는 위탁판매원(대법 2016. 8. 24, 2015다253986), 자동차 판매대리점주와 용역계약을 맺고 그 대리점에서 자동차를 판매하는 카마스터(대법 2022. 7. 14, 2021두60687) 등도 근로자가 아니라고 한다.
8) 대법 2009. 5. 14, 2009다6998; 대법 2022. 8. 19, 2020다296819는 근로자성을 부인하고, 대법 2010. 4. 15, 2009다99396; 대법 2020. 4. 29, 2018다229120; 대법 2022. 12. 1, 2021다210829는 근로자성을 인정한다.
9) 대법 2017. 1. 25, 2015다59146은 근로자성을 긍정하고, 대법 2020. 6. 25, 2020다207864는 근로자성을 부인한다.

사의 전화판매원(텔레마케터),[1] 보험회사의 위탁계약형 지점장에[2] 대해서는 구체적인 사정의 차이에 따른 것이기는 하지만 상반되는 결론을 보이고 있다.

(3) 최근의 판례는 온라인 플랫폼(노무제공과 관련하여 둘 이상의 이용자 간 상호작용을 위한 전자적 정보처리시스템을 말함)을 매개로 근로를 제공하는 플랫폼 종사자가 근로자인지를 판단하는 경우에 추가적으로 고려할 요소를 제시하였다. 즉 ⅰ) 노무공급자와 노무이용자 등이 온라인 플랫폼을 통해 연결됨에 따라 직접적으로 개별적인 근로계약을 맺을 필요성이 적은 사업구조와, ⅱ) 일의 배분과 수행 방식 결정에 온라인 플랫폼의 알고리즘이나 복수의 사업참여자가 관여하는 노무관리의 특성을 고려하여 전술한 ①~⑧의 판단요소를 적정하게 적용하여야 한다고 밝히고 있다.[3] 이는 플랫폼 종사자에 대해 플랫폼 노무제공의 특성을 고려하여 근로자성 판단기준을 완화하여 적용함으로써 사실상 근로기준법상 근로자성의 인정 영역을 확대하려는 것으로 이해된다. 과학기술의 발달로 디지털 알고리즘을 통한 통제가 이루어지는데 그러한 통제도 사용자와 노무공급자 사이의 상당한 지휘·감독으로 인정될 수 있다.

B. 노동조합법상의 근로자성 도급적 노무지기 노동조합법상의 근로자인지 여부를 판단하는 법리에 관하여 널리 인용되는 판례가 있다. 이 판례는[4] 노동조합법상의 근로자에 해당하는지 여부는 ① 노무공급자의 소득이 특정 사업자에게 주로 의존하고 있는지, ② 특정 사업자가 보수 등 노무공급자와의 계약 내용을 일방적으로 결정하는지, ③ 노무공급자가 특정 사업자의 사업 수행에 필수적인 노무를 제공하는지, ④ 노무공급자와 특정 사업자의 법률관계가 상당히 지속적·전속적인지, ⑤ 사용자와 노무공급자 사이에 어느 정도 지휘·감독관계가 있는지, ⑥ 임금·급료 등 수입이 노무 제공의 대가인지 등을 종합적으로 고려하여 판단해야 하며, 노동조합법상의 근로자인지는 노무제공관계의 실질에 비추어 노동3권을 보장할 필요성이 있는지의 관점에서 판단해야 하고 반드시 근로기준법상 근로자에 한정되는 것은 아니라고 한다.[5]

---

1) 대법 2016. 10. 27, 2016다29890은 근로자성을 인정하고, 대법 2020. 12. 24, 2018다298775은 근로자성을 부인한다.

2) 대법 2022. 4. 14, 2021두33715는 근로자성을 인정하고, 대법 2022. 4. 14, 2020다254372는 근로자성을 부인한다.

3) 대법 2024. 7. 25, 2024두32973(온라인 플랫폼에 기반한 차량 대여 및 기사 제공 서비스에서 운전업무를 수행한 기사의 근로자성을 인정).

4) 대법 2018. 6. 15, 2014두12598<핵심판례>.

5) 종전의 판례는 노동조합법상의 근로자인지 여부에 관하여 근로기준법상의 근로자성 판단 기

최근의 판례는 이러한 법리에 따라 골프장 시설운영자와 아무런 계약을 맺지 않고 내장객의 경기를 보조하고 수수료를 받는 캐디,[1] 특정 회사의 학습지를 이용하여 학생을 지도하는 교사,[2] 방송사업자가 정한 시간과 장소에서 연기를 하는 방송연기자,[3] 철도 관련 회사와 용역계약을 체결하고 철도역 내 매점을 운영하는 매점운영자,[4] 자동차 판매대리점주와 용역계약을 맺고 그 대리점에서 자동차를 판매하는 카마스터,[5] 대리운전업체의 대리운전기사에[6] 대하여 노동조합법상의 근로자에 해당한다고 결론지었다.

온라인 플랫폼을 통한 노무공급자가 노동조합법상의 근로자인지 여부를 판단하는 경우에도 근로기준법상의 근로자인지 여부를 판단하는 기준에서 추가적인 고려요소로 언급된 플랫폼 노무공급의 특성을 적정히 고려하여야 한다. 온라인 플랫폼이 디지털 알고리즘을 통해 일을 수행할 작업자를 선택하고 일감을 배분하며 노무 수행 방법을 지정·통제하는 모습이 사용자와 노무공급자 사이에 어느 정도 지휘·감독관계가 있다고 인정될 수 있다.

라. 가내근로자

'가내근로자'란 타인으로부터 도구와 원료 등을 제공받고 그 작업지침에 따라 자기 집에서 자기가 선택한 시간에 작업을 하고 그 실적에 따라 보수를 받는 자를 말한다.[7] 도급적 노무자보다 종속관계가 더 희박하다는 점에서 근로기준법

준과 거의 동일한 기준을 적용하여 사실상 노동조합법상의 근로자와 근로기준법상의 근로자를 구별하지 않았다. 그 결과 예컨대 특정 회사의 학습지를 이용하여 학생을 지도하는 교사(대법 2005. 11. 24, 2005다39136)나 레미콘회사에 전속되어 자기 차를 운전하여 레미콘을 운송하는 레미콘 운전기사(대법 2006. 5. 11, 2005다20910; 대법 2006. 11. 17, 2003누5930)에 대하여 노동조합법상의 근로자가 아니라고 보았다. 그 결과 레미콘 운전기사들의 노동조합이 노동조합 설립신고증을 받았더라도 적법한 노동조합으로 볼 수 없고, 사용자가 단체교섭을 거부하더라도 부당노동행위가 성립되지 않는다고 했다.

1) 대법 2014. 2. 13, 2011다78804. 한편, 캐디는 골프장의 시설운영자와 아무런 계약을 맺고 있지 않고 자율단체가 업무수행을 통제하며 내장객으로부터 수수료를 받는다는 측면에서는 도급적 노무자보다는 고객봉사자에 가깝지 않나 생각된다.

2) 대법 2018. 6. 15, 2014두12598<핵심판례>.

3) 대법 2018. 10. 12, 2015두38092. 이 판결은 전속성과 소득 의존성이 강하지 않은 측면이 있더라도 이를 들어 방송연기자가 노동조합법상 근로자임을 부정할 것은 아니라고 한다.

4) 대법 2019. 2. 14, 2018도41361.

5) 대법 2019. 6. 13, 2019두33712<핵심판례>.

6) 대법 2024. 9. 27, 2020다267491.

7) 근로기준법의 적용이 배제되는 '가사사용인'과 다르다. 또 가사근로자의 고용개선 등에 관한 법률에서 말하는 소정의 인증절차를 밟은 가사서비스(가정 내에서 이루어지는 청소, 세탁, 주방일과 가구 구성원의 보호·양육 등 가정생활의 유지 및 관리에 필요한 업무를 수행하는 것)

상의 근로자로 보기는 어려울 것이다. 그러나 노무공급의 구체적 실태에 따라서는 노동조합법상의 근로자에 해당된다고 볼 여지가 있다.

Ⅱ. 사용자의 개념

1. 노동법상 사용자 개념의 유형

노동조합법과 근로기준법은 사용자의 개념을 '사업주, 사업의 경영담당자 또는 그 사업의 근로자에 관한 사항에 대하여 사업주를 위하여 행동하는 자'로 정의하고 있다(노조 2조 2호, 근기 2조 1항 2호). 이것은 사용자를 광의로 정의한 것이고, 이 중에서 사업주를 '협의의 사용자'라 부를 수 있다.[1]

광의의 사용자는 사업주 이외에 '경영담당자'와 '근로자에 관한 사항에 대하여 사업주를 위하여 행동하는 자'를 포함한다. 본래의 사용자는 사업주이지만 노동관계 업무의 실질적 권한을 가진 이들을 사용자로 보아 노동조합법·근로기준법 등을 준수할 책임을 부여하기 위한 것이다.[2]

가. 사업주

노동법을 준수하도록 규율하는 대상은 1차적으로 노동관계에서 사용자인 사업주이다. 노동조합법과 근로기준법은 '사업주'라고 언급할 뿐이지만, 산업안전보건법 등에서 사업주를 '근로자를 사용하여 사업을 하는 자'로 정의하고 있듯이(산안 2조, 임채 2조 등), 노무를 제공받아 사용하는 사업주가 그 대상이다. 사업주는 자기 이름으로 사업을 하는 자를 말하고, 투자자·주주·소유자와는 구별된다. 회사 등 법인사업의 경우에는 법인 그 자체가 사업주이다.

근로기준법상 근로계약의 당사자 또는 노동조합법상 단체교섭의 당사자로서의 사용자는 사업주를 의미한다. 사업주인 사용자는 근로자와의 관계에서 상대하는 개념이므로, 근로자성을 판단할 때의 기준과 마찬가지로 사용자성을 판단한

제공 기관의 사용자와 근로계약을 맺고 가사서비스를 제공하는 '가사근로자'와도 다르다.

1) 남녀고용평등법, 산재보험법, 임금채권보장법, 고용보험법 등의 경우에는 '사용자'라는 용어 대신에 '사업주'라는 용어를 사용하고 있다.

2) 경영담당자와 관리자는 사업주의 대리인이므로 이들이 노동조합법이나 근로기준법을 위반하면 그 법적 효과가 사업주에게 미치고, 위반에 대한 벌칙은 행위자로서의 대리인에게 적용될 수 있고 사업주와 함께 양벌규정이 적용될 수 있어 경영담당자와 관리자를 사용자의 개념에서 제외하더라도 노동조합법이나 근로기준법의 준수는 확보될 수 있다. 또 이들의 노동조합 가입 문제는 노동조합법상 사용자 또는 항상 사용자의 이익을 대표하여 행동하는 자의 가입 금지로 해결된다. 따라서 사용자의 개념을 넓게 규정할 필요가 없다고 생각한다.

다. 여컨대 근로기준법에서 어떤 근로자에 대하여 누가 임금 등의 지급의무를 부담하는 사용자인가를 판단할 때에는 계약의 형식이나 관련 법규의 내용에 관계없이 실질적인 근로관계를 기준으로 해야 하고, 근로기준법상 근로자인지를 판단할 때에 고려했던 여러 요소들을 종합적으로 고려해야 한다.[1)]

나. 경영담당자

'경영담당자'란 사업 경영 일반에 관하여 책임을 지는 자로서 사업주로부터 사업 경영의 전부 또는 일부에 대하여 포괄적 위임을 받고 대외적으로 사업을 대표하거나 대리하는 자를 말한다.[2)] 예컨대 주식회사의 대표이사와 이사, 합명회사 및 합자회사의 업무집행사원, 유한회사의 이사, 지배인, 회사정리 절차 시작 이후의 관리인,[3)] 대학교 의료원장[4)] 등이 이에 해당하고, 미성년자 또는 피성년후견인을 사업주로 하는 경우에는 그 법정대리인이 이에 속한다. 주식회사의 사주로서 형식상으로는 대표이사나 이사의 직을 가지고 있지 않더라도 실질적으로 회사 경영권을 행사하는 자는 경영담당자에 해당한다.[5)]

다. 관리자

'그 사업의 근로자에 관한 사항에 대하여 사업주를 위하여 행동하는 자'(관리자)란 근로자의 인사·임금·후생·노무관리 등 근로조건의 결정 또는 업무상의 명령이나 지휘·감독을 하는 등의 사항에 관하여 사업주로부터 일정한 권한과 책임을 부여받은 자를 말한다.[6)] 스스로 근로자인 관리자를 사용자에 포함시킨 취지는 근로자 관련 업무에 관하여 사업주를 대리하는 실무자로서 근로기준법과 노동조합법을 준수할 책임도 부담하게 하려는 데 있으므로 그 범위는 엄격하게 획정되어야 한다.

예컨대 인사·노무 부서의 부장·과장, 임금 등 인건비 예산을 기획하는 부서의 부장·과장, 공장장 등 다수의 부하직원에 대한 지휘·감독과 인사고과 등을 담당하는 상급 부서의 책임자는 관리자에 속한다. 그러나 현장소장 등 상급 부서 책임자의 직명을 갖더라도 그 권한을 다른 사람이 행사하는 경우에는 관리자라

1) 대법 2024. 7. 25, 2024두32973.
2) 대법 1997. 11. 11, 97도813; 대법 2008. 4. 10, 2007도1199.
3) 대법 1989. 8. 8, 89도426.
4) 대법 2008. 4. 10, 2007도1199(의료원 산하에 여러 개의 병원을 두어 독립채산제로 운영하는 경우에도 병원 소속 근로자에 대한 사용자는 병원장이 아니라 의료원장이다).
5) 대법 1997. 11. 11, 97도813; 대법 2002. 11. 22, 2001도3889.
6) 대법 1989. 11. 14, 88누6924; 대법 2008. 10. 9, 2008도5984.

할 수 없고,[1] 부하 직원을 감독할 수 있는 지위에 있다는 것만으로 관리자로 보아서는 안 된다.[2] 또 일정한 직급이나 직책에 따라 일률적으로 관리자가 되는 것도 아니다.[3]

2. 사용자 개념에 관한 쟁점

오늘날 노무를 제공받아 사용하는 방식은 직접 고용하는 방식에 국한되지 않고 있다. 파견, 도급(하청), 모자회사, 플랫폼 등 여러 형태의 다면적 노무제공관계가 확산되고 있는데, 직접 고용하지 않더라도 근로자의 근로조건에 대해 실질적·구체적으로 지배·결정하는 사업주를 노동법상 사용자로 인정해야 노동법의 규율이 실질적으로 의미가 있게 된다. 종래 이에 관해 '사용자 개념의 확대(확장)'로 논의되어 왔다.

가. 근로기준법상 사용자 개념의 확대

(1) 근로기준법은 근로자와 근로계약을 체결한 상대방으로서의 사용자가 규율 대상이 된다. 다면적 노무제공관계이더라도 어느 사업주가 근로기준법상의 사용자로 인정받기 위해서는 근로계약관계가 명시적 또는 묵시적으로 존재하여야 한다. 모자기업 관계라든가 제공·사용기업의 관계(이른바 원·하청 관계)에서 직접 근로계약을 체결한 원래의 사업주(子기업·하청)를 넘어 그 상위의 사업주(母기업·원청)가 사용자로 인정되기 위해서는 원래의 사업주의 법인격이 부인되거나 법인격이 형식적이어서 그 실질은 노무대행기관에 불과하다고 평가되어야 한다. 이에 대해 자세히는 근로기준법의 적용과 관련하여 다시 살펴본다.

(2) 전술하였듯이 온라인 플랫폼을 매개로 근로를 제공하는 플랫폼 종사자가 근로자인지를 판단하는 경우에는 노무공급자와 노무이용자 등이 온라인 플랫폼을 통해 연결됨에 따라 직접적으로 개별적인 근로계약을 맺을 필요성이 적은 사업구조를 고려하여야 한다. 플랫폼 사업주가 사용자인지를 판단함에 있어서도 마찬가지이다. 즉 온라인 플랫폼 관계에서는 근로계약이라는 계약의 형식보다 노무를 제공받아 사용한다는 실질에 따라 근로기준법상 사용자인 사업주에 해당하는지를 판단해야 한다.

---

1) 대법 1983. 6. 28, 83도1090.
2) 대법 1989. 11. 14, 88누6924(생산부서의 과장대리는 관리자로 볼 수 없다).
3) 대법 2011. 9. 8, 2008두13873(대학의 과장급 이상의 직원들은 소속 직원의 업무분장·근태관리 등에 관하여 전결권을 부여받은 자들로서 관리자에 해당).

나. 노동조합법상 사용자 개념의 확대

노동조합법상의 사용자는 단체교섭의 상대방인 사업주인데, 근로기준법상의 근로계약관계가 반드시 존재하여야 하는지에 관해 논란이 있어왔다. 근로조건의 향상을 위한 단체교섭은 단체협약을 체결하여 근로계약의 근로조건을 변경(단체협약의 규범적 효력)하여야 의미 있기 때문에, 근로계약관계가 명시적·묵시적으로 있거나 근로자파견의 사용사업주처럼 근로계약관계와 근사(近似)한 관계가 있어야 사용자로 인정된다고 보는 견해가 있다. 그러나 근로계약상의 근로조건을 직접 변경하는 방법뿐만 아니라, 직접 근로계약을 체결하지 않은 사업주가 근로자의 근로조건에 관해 실질적으로 지배·결정하는 법적 또는 사실적인 권한을 사용함으로써도 근로조건을 개선할 수 있다. 그러한 사업주에 대해 노동조합이 교섭하고 단체협약을 체결하는 것이 근로자가 자주적으로 근로조건을 개선하기 위해 필요하므로, 그러한 사업주를 노동조합법상의 사업주로 인정하여 헌법상의 단체교섭권을 실질적으로 보장하여야 한다. 이와 같이 실질적 지배력에 따라 사용자 개념을 확대하는 견해가 통설이어 왔다.

2025년에 노동조합법은 사용자 개념을 확대하는 규정을 명시하여 이를 입법적으로 해결하였다(2026. 3. 10. 시행). 즉 노동조합법 2조 2호는 전단에서 사업주 등을 사용자라 규정하면서, 후단에서 “이 경우 근로계약 체결 당사자가 아니더라도 근로자의 근로조건에 대하여 실질적이고 구체적으로 지배·결정할 수 있는 지위에 있는 자도 그 범위에 있어서는 사용자로 본다.”는 규정을 신설했다. 근로계약 체결 당사자가 아닌 어느 사업주가 근로조건에 대하여 실질적·구체적으로 지배·결정할 수 있는 지위에 있다면 사용자로 인정된다. 사용자성을 간주하는 이 규정은 헌법상 단체교섭권을 실질화하기 위한 개정이므로, 이 후단 규정을 통해 비로소 사용자성을 창설하는 것이 아니라, 이미 전단 규정의 ‘사업주’의 해석을 통해 사용자성이 인정되는 것을 확인하는 것이다.

A. 사용자성의 판단기준 (1) 사용자로 인정되기 위해서는 “근로자의 근로조건에 대하여 실질적이고 구체적으로 지배·결정할 수 있는 지위에 있는 자” 이어야 한다.

‘실질적·구체적’인 지배·결정은 직접적일 수도 있고 직접사용자의 관리자, 과업지시서, 관리시스템, 전자기기 등을 통해 간접적일 수도 있다. 따라서 근로조건에 대한 실질적·구체적인 지배·결정인지 여부는 해당 관계의 실질을 고려하여 판단하여야 하며, 단지 사업주간의 계약의 내용이나 생산조직에의 외형적인 편입 여부 등 형식적인 기준에 따라 판단하여서는 안 된다.[1)]

실질적·구체적인 '지배·결정'인지 여부는 근로조건에 대한 구조적인 통제가 이루어지는지를 중심으로 판단해야 한다. 즉 후단 규정의 사업주의 의도대로 집단적인 근로조건이 관리되거나 변경·조정되는 것을 말한다. 반면 도급·위탁 관계에서의 일반적인 지시에 그치거나, 단발적이거나 일시적인 개입은 이에 해당되지 않는다.

한편 사내하도급의 경우 사업공간의 지배로부터 노동안전, 작업환경, 사내조합활동 보장 등의 근로조건에 대한 구조적인 통제가 이루어지고, 사업조직에의 편입을 통해 작업환경, 근로시간, 임금 등 기본적인 근로조건에 관한 구조적인 통제가 이루어지므로, 근로조건 전반에 걸쳐 후단 규정의 사용자로 인정되기가 쉬울 것이다. 또한 오로지 원도급 사업주에 경제적으로 종속된 사내하도급이나 모자회사관계의 경우 사업주 간의 경제적 종속으로 인해 원도급회사나 모회사가 하수급회사나 자회사의 근로자에 대해서도 임금, 근로시간, 작업내용 등의 기본적인 근로조건에 대해 구조적으로 통제하는 현상이 나타나기 쉽다. 이처럼 사업구조에의 편입이나 사업주 간의 경제적 종속도 근로조건에 대한 실질적·구체적인 지배·결정할 수 있는 지위에 있는지 여부를 판단하는데 보조적인 징표로 활용할 수 있을 것이다.

지배·결정을 '할 수 있는 지위'는 현실적으로 지배·결정을 했거나 하고 있는 경우뿐만 아니라 지배·결정할 수 있는 법률상이나 사실상의 권한을 보유하고 있는 경우도 포함한다. 그러한 처분권한을 가지고 있기에 단체교섭을 통해 합의에 이르는 것이 의미를 갖는다.

(2) 지배·결정하는 대상인 근로조건의 내용이나 범위에 제약은 없다. 노동안전(특히 사내하도급 관계), 작업환경(시설물 이용으로 예컨대 백화점·면세점의 입주상점 관계), 복리후생(식사, 통근, 휴게시설, 사내복지시설, 경영성과급 등) 등뿐만 아니라 일반적으로 근로계약 당사자가 직접 결정하는 기본적인 근로조건이라 여기는 근로시간(생산계획, 작업일정, 근로시간, 휴게시간, 연장근로 등), 작업방식(작업공정의 구성, 작업속도, 작업표준 및 절차), 임금·수당(임금인상률, 성과급 지급 기준 등) 등도 그 대상이 될 수 있다.

1) 집단적인 노동관계의 규율에서 노동조합 및 사용자로서의 지위는 개별적인 각각의 근로조건에 따라 분해되는 것이 아니다. 따라서 후단 규정의 사용자와 관련하여 단체교섭의 주체인지 여부에서는 전체적·통일적으로 판단하여야 하며, 단체교섭의 대상인지 여부에서는 각각의 근로조건에 대해 개별적으로 판단하여야 한다.

또한 노동조합 활동을 할 수 있는 환경(물리적 공간)도 중요한 집단적 근로조건으로 보아야 하므로, 사내하도급의 경우 하청노조의 사내 조합활동 보장(예컨대 조합사무실, 게시판, 홍보, 회의 개최 등)도 단체교섭의 대상이 된다.

B. 사용자성의 인정 범위 (1) "그 범위에 있어서는 사용자로 본다."는 의미는 후단 규정의 사용자는 근로계약 체결 당사자 아니므로 사용자성이 인정되더라도 근로계약 체결 당사자인 사용자로까지 보는 것은 아니라는 당연한 사리를 밝힌 것이다. 즉 근로조건을 지배·결정할 수 있는 지위에서 노동조합법상 사용자의 책임은 부담하나, 근로기준법상 근로계약을 체결하는 당사자인 지위를 전제하는 사용자의 책임(예컨대 부당해고 금지, 임금지급의무 등)까지 당연하게 부담하는 것은 아니다.

(2) 노동조합법 2조 2호 후단 규정은 정의규정이므로 노동조합법 전반에 걸쳐 원칙적으로 적용된다. 즉 그 후단 규정에 해당하면 단체교섭의 주체(상대방)로서의 사용자 및 단체협약 체결의 주체로서의 사용자뿐만 아니라, 쟁의행위, 노동쟁의조정, 부당노동행위 등에서도 사용자로 인정된다.

다만 각 조항들은 그 규정의 취지와 특성을 고려하여 해석하여야 하므로 후단 사용자에게 적용이 배제되거나 제한된다고 해석해야 하는 경우가 있다. 예컨대 근로시간면제(98조)와 같이 근로계약 체결 당사자로서의 지위와 관련된 규정의 적용에서 후단 규정의 사용자는 사용자로 인정되지 않는다.

또 쟁의행위에서 대체근로의 제한(43조)은 사용자에게 당해 사업과 관계없는 자의 대체근로를 금지하는데, 이 경우 사용자는 쟁의행위의 상대방인 사용자를 의미한다. 즉 하수급 근로자의 파업이 후단 규정의 사용자와의 교섭에서 주장을 관철하기 위한 파업인 경우에는 후단 규정의 사용자가 금지의무의 주체이고, 직접 고용된 사용자와의 교섭에서 주장을 관철하기 위한 파업인 경우에는 후단 규정의 사용자는 금지의무의 주체가 아니라고 해석해야 한다.

제 2 편

집단적 노동관계법

제1장 노동조합

제1절 노동조합의 조직형태

(1) 사회적 현상으로서의 노동조합은 다양한 조직형태를 가지고 있다. 노동조합은 그 조직대상이 어떤가에 따라 흔히 ① 특정 직업 또는 직종에 종사하는 근로자를 조직대상으로 하는 직업별 노조(craft union, trade union),[1] ② 특정 산업 또는 업종에 종사하는 근로자를 조직대상으로 하는 산업별 노조(industrial union),[2] ③ 특정 기업에 소속되어 있는 근로자를 조직대상으로 하는 기업별 노조(enterprise union), ④ 산업이나 직종 소속 기업에 관계없이 근로자를 조직하는 일반노조(general union)로[3] 나누어진다. 논자에 따라 특정 지역에 거주하는 근로자를 조직대상으로 하는 지역별 노조(local union)를 조직형태의 일종으로 들기도 한다. 그러나 지역별 노조는 지역 규모의 직업별 노조, 산업별 노조 또는 일반노조를 의미하므로 별개의 조직형태로 분류하는 것은 적절하지 않다고 생각한다.

직업별 노조와 산업별 노조 및 일반노조는 조직 범위를 특정 기업으로 한정하지 않고 불특정·다수의 기업에 걸쳐 있는 초기업적 조직이라는 점에서 특정 기업 내로 한정하여 조직되는 기업별 노조와 대비되기도 한다. 오늘날 초기업적 노조의 지배적인 형태는 산업별 노조이기 때문에 초기업적 노조는 곧 산업별 노조라고 이해되는 경우도 있다.

한편, 노동조합은 근로자 개인을 구성원으로 하는가 아니면 노동조합이라는 단체를 구성원으로 하는가, 즉 노동조합 가입 방식이 개인 가입인가 단체 가입인

---

1) 타워크레인노조, 간호원노조, 기자노조, 강사노조, 교원노조가 이에 속한다. 해원노조, 공무원노조는 직업별 노조로 볼 수도 있지만, 소속 직장이 선박회사, 정부기관이라는 점에서 산업별 노조로 분류하는 것이 더 적절하다.

2) 금속노조, 화학노조, 전력노조, 철도산업노조, 금융노조, 보건산업노조, 언론노조, 통신노조, 자동차노조(버스노조), 택시노조, 항만운수노조 등이 이에 속한다.

3) 연합노조, 일반노조, 여성노조, 청년노조 등의 이름을 가진 노동조합이 이에 속한다. 일본에서는 일정한 지역 내의 여러 중소기업 근로자를 구성원으로 하는 노동조합을 별도로 '합동노조'라 하지만 이는 지역 규모의 일반 단위노조에 불과하다.

가에 따라 크게 단위노조와 연합노조로[1] 나누어진다. 논자에 따라 근로자 개인과 노동조합을 모두 구성원으로 하는 혼합노조를 또 하나의 조직형태로 들기도 하지만, 구성원이 그와 같이 혼합된 경우에는 결국 구성원의 주된 부분이 개인인가 단체인가에 따라 단위노조나 연합노조로 분류하면 충분할 것이다.

(2) 조직대상과 구성원 자격의 두 가지 기준을 결합하면 노동조합의 구체적인 조직형태는 산업별 단위노조, 산업별 연합노조, 직업별 단위노조, 직업별 연합노조, 일반 연합노조, 기업별 단위노조 등 매우 다양하게 나타난다. 우리나라에서는 오랫동안 기업별 노조의 거의 대부분은 단위노조이고 산업별 노조의 거의 대부분은 연합노조이었던 탓에 단위노조는 곧 기업별 단위노조라는 그릇된 인식이 남아 있다.

노동조합이 전국 규모냐 지역 규모냐 하는 것은 그 노동조합이 산업별 노조 등 초기업적 노조냐 기업별 노조냐와 관계가 없다. 전국 규모의 노동조합이면서 기업별 단위노조인 경우가 있는가 하면, 지역 규모이지만 산업별 노조나 일반노조인 경우도 있기 때문이다.

산업별 단위노조나 일반 단위노조가 지역 규모인 경우에는 이들이 전국 규모의 산업별 연합노조 또는 일반 연합노조에 가입한다. 기업별 단위노조는 대개 전국 규모의 산업별 연합노조 또는 일반 연합노조에 가입한다. 그리고 전국 규모의 산업별 단위노조나 연합노조 등은 대체로 최상급 노조(총연합단체; national center)[2]에 가입하게 된다.

(3) 직업별 단위노조는 해당 직업 노동시장에서의 독점적 지위를 배경으로 강력한 교섭력을 가지는 반면, 숙련근로자 중심의 배타성을 가지는 것이 약점이다. 산업별 단위노조는 비숙련근로자를 포함한 방대한 조직을 배경으로 강력한 교섭력을 가지고 소속 기업이나 직종에 관계없이 근로조건을 평준화하는데 기여하지만, 근로자의 직장 차원의 요구에 대처하기 어렵다는 약점을 가진다. 기업별 단위노조는 노사협력을 기반으로 근로자의 직장 차원의 요구를 해결하기 쉬운 반면, 조직과 관심의 범위가 좁고 교섭력이 약하며 노동조합의 운영에 대하여 사용자의 지배를 받기 쉽다는 약점을 가진다.

산업별 단위노조가 기업별로 지부·분회 등 산하조직을 두는 경우와 기업별

---

1) 연합노조는 흔히 OO노동조합'연맹'이라는 이름을 사용하고 있다.
2) 우리나라의 대표적인 최상급 노조로는 전국민주노동조합총연맹(민주노총)과 한국노동조합총연맹(한국노총)을 들 수 있다.

단위노조가 산업별 연합노조에 가입하는 경우는 얼핏 차이가 없는 것 같이 보인다. 문제는 단체교섭, 활동지침의 결정과 집행, 재정, 간부 인력의 배치 등의 사항에 관하여 주도권을 하부조직(기업별 산하조직이나 기업별 단위노조)이 갖느냐 아니면 상부·중앙조직(산업별 단위노조나 산업별 연합노조)이 갖느냐에 있다. 관련 조직의 규약이나 간부의 리더십에 달려 있기도 하지만, 일반적으로 산업별 단위노조의 조직형태에서는 상부·중앙조직이 주도권을 갖기 쉽고, 기업별 단위노조가 산업별 연합노조에 가입하는 형태에서는 하부조직이 주도권을 갖기 쉽다.

산업별 단위노조의 명칭을 가지면서도 실질적으로는 하부조직이 주도권을 가지는 산업별 연합노조처럼 운영되는 경우도 있다. 산업별 단위노조 중에서 기업별 지부·분회 등 산하조직을 두고 상부조직 중심의 운영을 실현하는 경우를 실질적으로는 산업별 연합노조처럼 운영하는 경우와 구별하는 의미에서 특별히 '단일노조'라 부르기도 한다.

우리나라나 일본에서는 기업별 단위노조가 지배적인 조직형태인 데 반하여, 유럽이나 미국에서는 산업별 단위노조나 직업별 단위노조가 지배적일 뿐 아니라 기업별 단위노조는 어용노조 또는 사이비노조로 보는 경향까지 있다.

제2절 노동조합의 보호요건

Ⅰ. 실체적 요건

노동조합은 사회생활 속에서 자연발생적으로 조직되어 활동하는 실체이지만, 법적으로는 일정한 실체적 요건(대체로 자주성을 가진 노동단체일 것)을 갖추어야 노동조합으로 인정된다. 그 요건을 해석에 맡기는 나라도 있고 법률로 규정하는 나라도 있다.

노동조합법은 노동조합의 개념을 '근로자가 주체가 되어 자주적으로 단결하여 근로조건의 유지·개선, 그 밖에 근로자의 경제적·사회적 지위 향상을 도모할 것을 목적으로 조직하는 단체 또는 그 연합단체'로 정의하면서, 한편으로는 단서에서 사용자 또는 항상 그의 이익을 대표하여 행동하는 자의 참가를 허용하는 경우 또는 공제·수양, 그 밖의 복리사업만을 목적으로 하는 경우 등 네 가지 중 어느 하나에 해당하면 '노동조합으로 보지 않는다'고 규정하고 있다(2조 4호). 노동조합의 정의규정을 통하여 노동조합으로 인정되기 위한 실체적 요건을 규정한 것이다.

실체적 요건을 갖추어야 노동조합으로 인정되고, 거꾸로 실체적 요건을 갖추지 못한 경우에는 형식상 설립신고를 마쳤더라도 노동조합으로 인정되지 않는 것이다.[1)]

1. 적극적 요건

노동조합으로 인정되려면 '근로자가 주체가 되어 자주적으로 단결하여 근로조건의 유지·개선, 그 밖에 근로자의 경제적·사회적 지위 향상을 도모할 것을 목적으로 조직하는 단체 또는 그 연합단체'이어야 한다(2조 4호 본문).

---

1) 대법 2021. 2. 25, 2017다51610<핵심판례>(설립신고가 행정관청에서 형식상 수리되었지만 그 노동조합은 사용자의 지배개입으로 설립되는 등 노동조합의 실질적 요건을 갖추지 못했으므로 노동조합 설립은 무효이고 노동조합으로서의 지위를 갖지 않는다). 대법 2025. 7. 3, 2023다251718은 설립 무효인 교섭대표노조가 체결해온 단체협약이 무효이므로 사용자는 당시의 적법한 노조와 소급적인 단체협약체결을 위한 단체교섭의무를 부담한다고 한다.

가. 노동단체

노동조합으로 인정되려면 '근로자가 주체가 되어' '단결하여 조직하는 단체 또는 그 연합단체'이어야 한다.

A. 근로자 주체　　노동조합의 구성주체가 될 '근로자'란 직업의 종류에 관계없이 임금·급료, 그 밖에 이에 준하는 수입으로 생활하는 자(2조 1호)를 말한다. 따라서 앞에서 살펴본 바와 같이 예컨대 학생·부랑자 및 영세자영업자는 근로자가 아니지만, 사업주에 고용되어 있는 자는 물론, 고객봉사자나 실업자도 근로자에 포함된다. 또 외국인 또는 불법체류 외국인이라 하여 노동조합법상의 근로자에서 제외되는 것이 아니다.[1]

'근로자가 주체가 되어'란 근로자가 노동조합의 운영·활동을 주도한다는 의미도 포함하지만, 근로자를 구성주체로 한다는 것, 즉 근로자가 단체 구성원의 대부분을 차지하고 있다는 것을 의미한다. 근로자가 구성원의 대부분을 차지하고 있으면 학생이나 일반시민, 심지어 사용자에 속하는 관리자 등이 일부 가입하고 있더라도 적극적 요건이 결여되는 것은 아니다.

B. 단체 또는 연합단체　　(1) '단체 또는 그 연합단체'는 모두 단체, 즉 민법상 사단의 일종이므로, 노동조합이라 할 수 있으려면 2명 이상의[2] 결합체이고, 명칭은 어떻든 규약을 가지며, 그 운영을 위한 조직으로서 집행기관을 가져야 한다(단체성, 사단성). 그러나 사용자의 방해 등으로 조합원이 1명만 남은 경우라도 조합원이 증가할 일반적 가능성이 있으면 단체성을 상실하지 않는다.[3]

단체성을 가지면 족하고 반드시 항구적 존속을 요하는 것은 아니므로, 예컨대 회사 청산 중의 한시적 존속만을 예정할 수도 있다. 그러나 당면한 요구나 불만의 해결만을 목적으로 하는 쟁의단(일시적 단결체; ad-hoc organization)은 단체성이 없기 때문에 노동조합이라 볼 수 없다.

(2) '단체 또는 그 연합단체'에서 '단체'란 근로자 개인을 구성원으로 하는 노동조합, 즉 단위노조를 말하고, '연합단체'란 노동조합이라는 단체를 구성원으로 하는 노동조합, 즉 연합노조를 말한다. 단체 또는 연합단체는 기업별 조직이든 산업별 또는 직업별 조직이든 관계없고,[4] 또 지역 규모든 전국 규모든 관계없

1) 대법 2015. 6. 25, 2007두4995(전합)<핵심판례>.
2) 1980년의 노동조합법은 30명 이상(또는 해당 사업장 근로자의 20% 이상)이 설립총회를 해야 한다고 규정했으나, 1987년 개정법은 이를 삭제했다.
3) 대법 1998. 3. 13, 97누19830은 일단 설립된 노동조합이 중도에 그 조합원이 1명만 남은 경우 그 조합원이 증가할 일반적 가능성이 없으면 노동조합으로서의 단체성을 상실한다고 본다.

다. 근로자는 자유로이 노동조합을 조직할 수 있기(5조 1항 본문) 때문이다.

노동조합법은 '단체 또는 그 연합단체'라고 하여 단위노조로 구성되는 연합단체를 노동조합으로 규정하고 있지만 이는 연합단체가 단위노조만을 구성원으로 해야 한다는 한정적 의미가 아니라 단위노조를 구성원으로 하는 경우를 예시한 것에 불과하다.

한편, 노동조합법은 연합단체인 노동조합을 '동종 산업의 단위노조를 구성원으로 하는 산업별 연합단체와 산업별 연합단체 또는 전국 규모의 산업별 단위노조를 구성원으로 하는 총연합단체'로 정의하고 있다(10조 2항). 여기서 '동종 산업의 단위노조'란 같은 산업에 속하는 기업별 단위노조를 말한다. 이 규정이 연합노조의 종류를 한정하여 규정한 것으로 이해하고 일반 연합노조를 노동조합이 아니라고 본 판례가 있지만,[1] 이 규정은 연합단체인 노동조합을 예시한 것에 불과하다고 보아야 할 것이라고 생각한다.

C. 기업별 지부·분회 노동조합(단위노조든 연합노조든)의 지부·분회 등 산하조직은 그 노동조합의 민주적·효율적인 관리를 위한 내부 기구일 뿐 그 자체로서 독자적인 노동조합이 아니다. 그러나 근로조건의 결정권이 있는 하나의 사업 또는 사업장 소속 근로자를 조직대상으로 하는, 초기업적 단위노조의 지부·분회 등(이하 '기업별 지부'로 약칭)은 일정한 조건 아래서 독자적인 노동조합의 지위를 가지는 것으로 인정되는 경우가 있다.

(1) 판례는 복수노조의 설립이 금지되던 때부터 일관하여 산업별 단위노조 등 초기업적 단위노조의 기업별 지부는 독자적인 규약과 집행기관을 가지고 독립한 단체로서 활동하면서 그 조직이나 그 조합원에 고유한 사항에 대하여 독자적으로 단체교섭(단체협약 체결 포함) 능력을 가지는 경우에는 기업별 단위노조에 준하여 볼 수 있다고 판시해 왔다.[2] 기업별 지부라 하더라도 단체성을 갖추고 나아가 단체교섭 능력까지 갖춘 경우에는 기업별 단위노조에 준하는 지위를 인정한다는 것이다. 물론 단체성을 갖춘 것만으로는 독자적인 노동조합으로 인정되지

---

4) 1980년의 노동조합법은 "노동조합은 근로조건의 결정권이 있는 사업 또는 사업장별로 조직해야 한다"고 하여 기업별 단위노조를 강제하는 규정(13조 1항)을 두었으나, 1987년 개정법은 이를 삭제했다.

1) 대법 1993. 5. 25, 92누14007(전국병원노동조합연맹의 설립신고가 복수노조 금지에 위반되는지 여부와 관련하여 잡다한 산업에 걸쳐 중소사업장의 단위노조를 구성원으로 하는 전국연합노동조합연맹이 동종 산업의 단위노조를 구성원으로 하는 연합단체가 아니므로 기존 '노동조합'으로 볼 수도 없다).

2) 대법 2002. 7. 26, 2001두5361; 대법 2004. 7. 22, 2004다24854; 대법 2008. 12. 24, 2006두15400.

않는다.[1)]

기업별 지부가 그 조직이나 그 조합원에 고유한 사항에 대하여 독자적으로 단체교섭 능력을 가지는지 여부는 상부조직인 산업별 단위노조 등의 규약과 지부의 운영규정에 관련 규정이 있는지 여부, 그 내용이 어떠한지,[2)] 그동안 단체교섭에서 지부와 단위노조가 각각 어떤 역할을 맡았는지 등을 종합적으로 고려하여 판단해야 한다.

그 결과 산업별 단위노조 등의 기업별 지부가 독자적인 노동조합의 지위를 인정받게 된 경우에는 그 산업별 단위노조 등은 해당 기업별 지부와의 관계에서는 단위노조가 아니라 연합노조의 지위를 갖게 된다. 물론 그 단위노조의 기업별 지부 중 독자적인 노동조합으로 인정되지 않는 것도 있다면 그 측면에서는 단위노조의 지위를 갖는다. 이 경우 어느 것이 주된 것인가에 따라 그 노동조합이 법률상 단위노조인지 여부가 결정될 것이다.

한편, 대법원은 기업별 지부가 단체교섭 능력이 없더라도 기업별 단위노조와 비슷한 정도로 단체성을 갖춘 경우에는 조직형태 변경을 통하여 기업별 단위노조로 전환할 수 있다고 결론지었다.[3)] 이 판결은 단체성만 갖춘 기업별 지부에 대하여 조직형태 변경의 주체 여부에 한정하여 적극적인 판단을 한 것일 뿐, 독자적인 노동조합의 지위를 인정할 것인지 여부 자체에 대하여 판단한 것은 아니다.

(2) 노동조합법 시행령은 '근로조건의 결정권이 있는 독립된 사업 또는 사업장에 조직된 노동단체는 지부·분회 등 명칭이 무엇이든 상관없이' 노동조합의

---

1) 대법 2001. 2. 23, 2000도4299는 판결요지에서 기업별 지부가 "독자적인 규약 및 집행기관을 가지고 독립된 조직체로서 활동을 하는 경우 당해 조직이나 그 조합원에 고유한 사항에 대해서는 독자적으로 단체교섭하고 단체협약을 체결할 수 있"다고 하여 단체성을 갖추면 자동적으로 단체교섭 능력을 갖게 되는 것처럼 표현하고 있으나, 사실관계와 판결내용 등 전체 맥락을 보면 단체성을 갖추고 단체교섭 능력도 갖춘 경우에는 법률상 기업별 단위노조와 같은 취급을 받는다고 판시한 것이다. 또 대법 2011. 5. 26, 2011다1842는 앞의 판결요지를 그대로 인용하면서 대법 2001. 2. 23, 2000도4299와 대법 2002. 7. 26, 2001두5361을 참조하라고 하는데, 이 두 판결이 동일한 법리에 입각한 것임을 밝힌 것이다.

2) 산업별 단위노조는 대체로 그 규약에서 그 조합원을 위한 단체교섭의 권한이 위원장에게 있고 기업별 지부에 교섭권을 위임한 경우에만 그 지부가 소속 조합원을 위하여 단체교섭을 할 수 있다고 규정하고 있다. 그러나 특별한 사정이 없는 이상 기업별 지부가 교섭 권한을 가진다고 규정한 경우도 있고, 단체교섭에 관하여 단위노조와 지부 각각의 권한에 관하여 아무런 규정을 두지 않은 경우도 있다.

3) 대법 2016. 2. 19, 2012다96120(전합)<핵심판례>.

설립신고를 할 수 있다고 규정하고 있다(영 7조).[1] 기업별 지부는 그 자체로서 노동조합이 아닌데 노동조합 설립신고를 할 수도 있다는 것은 모순이다. 따라서 이 규정은 판례의 법리에 따라 단체성과 단체교섭 능력을 갖춘 기업별 지부에 한정하여 노동조합으로 인정하고 설립신고를 할 수 있다는 의미로 보아야 할 것이다.

나. 근로조건 유지·개선 등의 목적

노동조합이라 할 수 있으려면 '근로조건의 유지·개선, 그 밖에 근로자의 경제적·사회적 지위 향상'을 목적으로 해야 한다. 이러한 목적을 부수적 목적이 아니라 주된 목적으로 해야 한다고 해석된다.

'근로조건'이란 임금·근로시간 등 근로계약의 내용을 말하고, '그 밖에 근로자의 경제적·사회적 지위'란 기업내 복지나 물가·조세·사회보장 등 근로조건 이외의 근로자의 생활이익 전반을 말한다. '사회적 지위'는 경제외적 지위를 두루 말하는 것으로서 사회적 지위의 향상을 주된 목적으로 추구하라는 의미가 아니라 부수적인 목적으로 추구해도 된다는 의미로 보아야 할 것이다.[2]

근로조건의 유지·개선 등의 목적은 주로 사용자와의 단체교섭을 통하여 실현되지만 정부나 정당 등에 대한 활동을 통하여 실현될 수도 있다.

다. 자주성

노동조합으로 인정되려면 근로자가 '자주적으로' 조직·운영해야 한다.

'자주적'으로 조직·운영한다는 것은 사용자와 정부나 정당 또는 사회단체 등 외부세력의 방해나 간섭이 있더라도 그 지배를 받지 않고 구성원 독자의 의사와 힘으로 조직·운영하는 것을 의미한다. 자주성(독립성)은 상대방에 대한 대결·투쟁만을 전제로 하는 것은 아니다. 상대방과 타협·협력하더라도 노동조합의 독자적 운동방침에 따른 경우에는 자주성을 가진다고 보아야 한다.

---

1) 이 규정은 단위노조를 기업별로 설립하거나 초기업적 단위노조의 기업별 지부를 강화(상대적으로 초기업적 단위노조를 약화)하도록 유도하려는 것으로서, 모법에서 자유로운 노동조합의 조직을 보장한 것(5조)에도 어긋난다는 지적을 받고 있다. 1973년 노동조합법이 산업별 단위노조를 지향하는 방향으로 개정되면서 시행령에서는 "근로조건의 결정권이 있는 독립된 사업 또는 사업장에 조직된 노동단체는 지부·분회 등 명칭에 관계없이 설립신고를 해야 한다"는 규정을 신설했는데, 1980년 기업별 단위노조의 조직형태를 강제하면서 시행령의 이 규정이 삭제되었다가 1987년 노동조합법에서 기업별 단위노조의 조직형태를 강제하던 규정이 삭제되면서 다시 이 규정이 임의규정의 형태로 바뀌어 신설되었다.

2) '사회적' 지위는 정치·사회·문화 등 여러 방면에서의 지위를 포함하는 의미를 가지는 불투명한 개념이고 실익이 있는지도 의문스럽다. 일본의 경우처럼 이 규정(과 노동조합법 1조)에서 '사회적' 지위는 삭제함이 바람직하다.

근로조건 유지·개선 등의 목적을 달성하려면 자주적이어야 하고, 자주적인 노동조합은 근로조건 유지·개선 등의 목적 달성에 주력하게 될 것이다. 반대로 근로조건의 유지·개선 등을 주된 목적으로 추구하지 않는 이른바 '사이비노조'와 자주성을 갖지 못한 이른바 '어용노조'는 불가분의 관계에 있다. 그렇다면 근로조건 유지·개선 등의 목적과 자주성은 동일체의 양면에 불과하다고 보아야 할 것이다. 또 근로자가 주체가 되어 조직된 단체라야 한다는 것도 자주성을 확보하기 위한 것이므로, 노동조합의 실체적 요건 중 가장 중요한 것은 자주성이라고 말할 수 있다.

2. 소극적 요건

적극적 요건을 갖추었더라도 ㉮ 사용자 또는 항상 그의 이익을 대표하여 행동하는 자의 참가를 허용하는 경우, ㉯ 경비의 주된 부분을 사용자로부터 원조받는 경우, ㉰ 공제·수양, 그 밖의 복리사업만을 목적으로 하는 경우, ㉱ 주로 정치운동을 목적으로 하는 경우의 어느 하나에 해당하면 노동조합으로 인정되지 않는다(2조 4호 단서).[1)]

가. 사용자·이익대표자의 참가

'사용자 또는 항상 그의 이익을 대표하여 행동하는 자의 참가를 허용하는 경우'에는 노동조합으로 인정되지 않는다. 사용자 등이 노동조합에 참가하면 조합원인 근로자에게 영향력을 미쳐 노동조합의 자주성이 상실될 우려가 있다는 점을 고려하여 이들의 참가를 금지한 것이다. 적극적 요건에 없는 요건을 추가한 것이다.

'사용자'란 광의의 사용자를 말한다. 즉 사업주 및 사업의 경영담당자는 물론, 그 사업의 근로자에 관한 사항에 대하여 사업주를 위하여 행동하는 자, 즉 관리자도 사용자에 포함된다(2조 2호). '항상 사용자의 이익을 대표하여 행동하는 자'(이하 편의상 '이익대표자'로 약칭)란 근로자에 대한 인사·급여·징계·감사·노무관리 등 노동관계 결정에 직접 참여하거나 노동관계에 대한 사용자의 방침에 관한 기밀 업무를 취급할 권한이 있는 등과 같이 그 직무상의 의무와 책임이 노동조합

---

1) 소극적 요건 중 '근로자가 아닌 자의 가입을 허용하는 경우'(2조 4호 단서 라목)는 2025년 개정에서 삭제되었다. 그 규정은 오랫동안 헌법에서 보장한 근로자의 단결권 행사를 제약하는 요소로 작용해왔다. 선진국의 입법례를 보면 '근로자가 아닌 자'의 가입을 금지하는 경우는 찾아보기 어렵고(우리 노동조합법의 모태라 볼 수 있는 일본 노동조합법에도 그런 규정은 없음), 조합원의 전부 또는 대부분이 근로자이면 노동조합으로 인정하는 것이 보통이다.

조합원으로서의 의무와 책임에 직접 저촉되는 위치에 있는 근로자를 말한다. 관리자가 그 전형적인 예이지만,[1] 그 밖에 직무상 노동관계에 대한 비밀을 취급할 권한을 가진 자도 이에 속한다. 그러나 인사·노무·예산·경리 등 업무를 담당하는 자 또는 경영진의 비서·전속운전사라는 것만으로 이익대표자에 속한다고 단정해서는 안 된다.[2]

사용자 또는 이익대표자의 노동조합 참가를 허용하면 현실적으로 이들이 참가하고 있는지 여부 또는 이들의 참가로 자주성이 상실되었는지 여부에 관계없이 노동조합으로 인정되지 않는다.

나. 사용자의 경비 원조

'경비의 주된 부분을 사용자로부터 원조받는 경우'에는 노동조합으로 인정되지 않는다. 노동조합이 그 경비의 주된 부분을 사용자로부터 원조받으면 노동조합의 자주성이 상실될 우려가 있다는 점을 고려하여 그와 같은 행위를 금지한 것이다. 적극적 요건에 없는 요건을 추가한 것이다.

'경비'란 노동조합의 운영에 소요되는 모든 비용을 말하고, 경비의 '주된 부분'이란 노동조합의 경비 중에서 노동조합의 존립·운영을 위하여 꼭 필요한 부분을 말한다. 예컨대 조합비를 전혀 징수하지 않거나 형식상 극히 소액을 징수하면서 사용자의 기부금으로 노동조합 재정을 충당하는 경우에는 경비의 주된 부분을 원조받는 경우에 해당한다. 그러나 예컨대 노동조합 간부가 근로시간 면제 한도 안에서 근로시간 중에 단체교섭 등 소정의 활동을 하고 임금을 받도록 하는 것, 근로자의 후생·복리기금을 받는 것, 최소규모의 노동조합 사무소를 무상으로 받는 것, 그 밖에 이에 준하여 노동조합의 자주성을 상실할 위험이 없는 정도의 경비를 원조받는 것(81조 4호 참조)은 경비의 주된 부분을 원조받은 것으로 볼 수 없다.

다. 공제의 목적

'공제·수양, 그 밖의 복리사업만을 목적으로 하는 경우'에는 노동조합으로 인정되지 않는다. 공제·수양, 그 밖의 복리사업'만'을 목적으로 하면 근로조건의 유지·개선 등을 주된 목적으로 해야 한다는 적극적 요건을 충족할 수 없게 된다는 당연한 사리를 확인하기 위해 둔 규정이다.

---

1) 관리자는 광의의 사용자에 포함되지만 이익대표자에도 포함된다. 관리자의 노동조합 참가가 허용되지 않는다는 것을 강조하기 위하여 중첩적으로 규정한 듯하다.

2) 대법 2011. 9. 8, 2008두13873(대학의 과장 바로 아래 주임급 직원은 인사·노무·예산·경리 등의 업무를 담당한다거나 총장의 비서·전속 운전기사, 수위 등으로 근무한다고 하여 이익대표자로 단정할 수 없다).

'공제' 또는 '복리사업'이란 근로자들의 갹출 또는 사용자의 기부·대여 등을 기초로 질병·사고 등에 대한 보조금 지급, 생활에 필요한 금전의 대여, 생활용품이나 주택의 구입, 장학금의 지급, 시설이용 기회의 부여 등 경제적 이익을 제공하는 것을 말한다. '수양'이란 구성원의 정신적·문화적 욕구를 충족시키는 것을 말한다. 공제·수양, 그 밖의 복리사업만을 목적으로 하는 단체는 사용자도 함께 구성원이 되거나 사용자의 기부금에 의존하는 경우가 많고, 협동조합·공제회·상조회·친목회·연구회·사우회 등으로 부른다.

근로조건의 유지·개선 등을 주된 목적으로 하면서 부수적으로 공제·수양, 그 밖의 복리사업을 목적으로 하는 것은 무방하다.

라. 정치운동의 목적

'주로 정치운동을 목적으로 하는 경우'에도 노동조합으로 인정되지 않는다. 노동조합이 주로 정치운동을 목적으로 하면 근로조건의 유지·개선 등을 주된 목적으로 해야 한다는 적극적 요건을 충족할 수 없게 된다는 당연한 사리를 확인하기 위해 둔 규정이다.

'정치운동'이란 정당이나 이에 준하는 정치단체의 조직·가입, 지원·제휴, 그 밖에 이들 정치단체의 목적을 달성하기 위한 조직적 활동을 말한다. 단순히 특정의 정책에 대한 지지나 반대는 정치운동이라 보기 곤란하다(국가공무원법 65조 참조). 주로 정치운동을 목적으로 하는 단체의 전형이 정당이다.

근로조건의 유지·개선 등을 주된 목적으로 하면서 부수적으로 정치운동을 목적으로 하는 것은 무방하다.

Ⅱ. 절차적 요건

1. 설립신고제도

단결권이 보장되어 있는 오늘날, 노동조합의 설립에 관한 입법례는 크게 두 가지로 나누어진다. 첫째는 일정한 실체적 요건(경우에 따라서는 추가적인 요건)을 갖추어 설립총회(결성대회)를 개최하면 이로써 노동조합의 설립을 인정하는 입법례이다(자유설립제도).[1] 둘째는 일정한 실체적 요건을 갖추어 설립총회를 개최한 후 행

1) 일본의 경우는 자유설립제도를 채택하면서도 노동조합이 노동위원회에 부당노동행위 구제나 노동쟁의 조정을 신청할 때마다 노동조합의 실체적 요건 이외에 민주적인 내용의 규약도 갖추었음을 노동위원회에 증명하여 노동위원회 절차에 참여할 자격을 심사받도록 하는 제도(자

정관청에 신고·등록 등의 절차를 거쳐야 설립을 인정하는 입법례(설립신고제도)이다.

노동조합법은 '근로자는 자유로이 노동조합을 조직'할 수 있다고 규정하는(5조 1항 본문) 한편, 노동조합을 설립하려는 자는 행정관청에 신고하여 신고증을 받는 절차를 거치도록 규정함으로써(10조, 12조) 설립신고제도를 채택하고 있다. 노동조합법이 이와 같은 설립신고제도를 채택한 취지는 노동조합의 조직체계에 대한 행정관청의 효율적인 정비·관리를 통하여 노동조합이 자주성과 민주성을 갖춘 조직으로 존속할 수 있도록 보호·육성하려는 데 있다.[1] 행정관청이 그 재량에 따라 노동조합의 존립을 허가하거나 근로자의 단결권 행사를 제약할 수 있게 하려는 것이 아니다.[2]

2. 노동조합의 설립 절차

가. 설립신고

노동조합법은 노동조합을 설립하려면 소정의 사항을 기재한 설립신고서에 규약을 첨부하여 관할 행정관청에 제출하도록 규정하고 있다(10조 1항).

A. 관할 행정관청 설립신고서는 관할 행정관청에 제출해야 한다. 노동조합법상 관할 행정관청은 노동조합의 종류·성격에 따라 다르다. 연합단체인 노동조합[3]과 2 이상의 특별시·광역시·특별자치시·도·특별자치도에 걸치는 단위노조는 고용노동부장관이, 2 이상의 시·군·자치구에 걸치는 단위노조는 특별시장·광역시장·도지사가, 그 외의 노동조합은 특별자치시장·특별자치도지사·시장·군수·자치구청장이 각각 관할한다(10조 1항, 12조 1항).

B. 설립신고서 설립신고서에 기재해야 할 사항은 ① 명칭, ② 주된 사무소의 소재지, ③ 조합원수, ④ 임원의 성명과 주소, ⑤ 소속된 연합단체가 있으면 그 명칭, ⑥ 연합단체인 경우에는 구성단체의 명칭·조합원수·주된 사무소의 소재지 및 임원의 성명·주소이다(10조 1항).[4] 설립신고서는 노동조합을 설립하려는

격심사제도)를 병용하고 있다.

1) 대법 1997. 10. 14, 96누9829; 대법 2014. 4. 10, 2011두6998.

2) 헌재 2012. 3. 29, 2011헌바53은 노동조합의 소극적 요건에 해당하면 설립신고서를 반려하도록 한 규정(12조 3항 1호)이 헌법이 금지하는 단체결성의 허가제가 아니며, 근로자의 단결권 침해도 아니라고 한다.

3) 연합단체를 모두 고용노동부장관의 관할로 한 것은 전국 규모의 연합단체만을 염두에 둔 것이므로 연합단체도 2 이상의 특별시·도 등에 걸쳤는지 여부에 따라 관할을 구분해야 할 것이다.

4) 구 시행규칙 제2조 제4호(2010년 삭제)는 이 밖에 2 이상의 사업 또는 사업장의 근로자로 구성된 단위노조의 경우에는 사업 또는 사업장별 명칭, 조합원수, 대표자의 성명도 신고서의 첨

의사가 있음을 증명하는 동시에 설립하려는 노동조합의 주요 조직 현황을 알려 노동행정의 자료로 삼기 위한 것이다.

'소속된 연합단체가 있으면 그 명칭'을 기재해야 하는데, 이 경우 '연합단체'란 노동조합법에 따라 이미 설립된 연합단체를 말한다. 노동조합은 설립신고증을 받아야 설립되므로(12조 4항), 설립신고증을 받지 않은 상태에서는 연합단체에 소속할 자격이 없다. 따라서 '소속된 연합단체'란 설립하려는 노동조합이 이미 소속(가입)한 연합단체를 말하는 것이 아니라 장차 소속할 연합단체를 말하고, 그 연합단체의 승인을 요하지 않는다고 보아야 할 것이다. 노동조합이 연합단체에 소속할 것인지 여부, 소속할 경우에 어느 연합단체에 소속할 것인지는 연합단체의 규약 등을 고려하여 그 노동조합이 자율적으로 결정할 문제이다.

C. 규약 　노동조합법은 노동조합은 그 조직의 자주적·민주적 운영을 보장하기 위하여 그 규약에 ① 명칭, ② 목적과 사업, ③ 주된 사무소의 소재지, ④ 조합원에 관한 사항(연합단체의 경우는 그 구성단체에 관한 사항), ⑤ 소속된 연합단체가 있으면 그 명칭, ⑥ 대의원회를 두면 그에 관한 사항, ⑦ 회의에 관한 사항, ⑧ 대표자와 임원에 관한 사항, ⑨ 조합비나 그 밖의 회계에 관한 사항, ⑩ 규약 변경에 관한 사항, ⑪ 해산에 관한 사항, ⑫ 쟁의행위와 관련된 찬반투표 결과의 공개, 투표자 명부 및 투표용지 등의 보존·열람에 관한 사항, ⑬ 대표자와 임원의 규약 위반에 대한 탄핵에 관한 사항, ⑭ 임원 및 대의원의 선거 절차에 관한 사항, ⑮ 규율과 통제에 관한 사항을 기재해야 한다고 규정하고 있다(11조).

규약의 필요기재사항은 '조직의 자주적·민주적 운영을 보장'하는 내용이어야 한다. 자주적 운영은 노동조합의 실체적 요건을 갖추어야 가능하므로 예컨대 목적과 사업, 조합원, 조합비에 관한 사항은 노동조합의 실체적 요건을 갖추는 내용으로 기재해야 한다. 그리고 민주적 운영은 노동조합의 운영에 관한 노동조합법의 주요 규정을 준수함으로써 보장되므로 예컨대 조합원, 대의원회, 회의, 대표자와 임원, 조합비 등 회계, 규약 변경, 규율과 통제에 관한 사항은 노동조합법의 관련 규정에 따르는 내용으로 기재해야 한다. 요컨대 필요기재사항은 해당 사항이 형식적으로 규약에 포함되어 있을 뿐만 아니라, 그 내용도 노동조합법의 관련 규정에 부합되어야 한다.

부서류에 기재하여 제출하도록 규정하고 있었는데, 대법 2015. 6. 25, 2007두4995(전합)는 이 규정이 상위 법령의 위임 없이 규정한 것이어서 일반 국민에 대하여 구속력을 가지는 법규명령으로서의 효력이 없다고 한다.

규약에는 '쟁의행위와 관련된 찬반투표 결과의 공개, 투표자 명부 및 투표용지 등의 보존·열람에 관한 사항'도 기재해야 한다. 쟁의행위 찬반투표의 투명성을 확보하기 위하여 노동조합이 자율적으로 관련 자료를 보존하고 조합원이 열람할 수 있도록 하려는 것이다.

D. 설립총회 회의록 노동조합법이 명시한 것은 아니지만 설립총회 회의록도 첨부해야 한다고 볼 여지도 있다. 규약의 제정 및 임원의 선거 방법과 임원의 자격이 노동조합법의 관련 규정(16조 2항-4항, 23조 1항)에 위반하거나 신고서 기재사항에 허위사실이 있으면 신고증을 받지 못할 수도 있기 때문에 규약 제정 및 임원 선거가 이들 규정에 따라 이루어졌다는 사실을 기재한 회의록을 제출하지 않을 수 없기 때문이다.

나. 신고증의 교부

노동조합법은 설립신고서를 접수한 행정관청은 보완요구나 신고서 반려의 사유가 있는 경우를 제외하고는 3일 이내에 신고증을 교부하라고 규정하고 있다(12조 1항). 신고증은 단순히 설립신고서의 제출 사실을 확인하는 것만이 아니라, 설립하려는 노동조합이 자주적이고 민주적인 조직임을 공적으로 인정하는 성격도 가진다.

A. 보완요구 노동조합법은 행정관청은 설립신고서나 규약이 기재사항의 누락 등으로 보완이 필요한 경우에는 시행령이 정하는 바에 따라 20일 이내의 기간을 정하여 보완을 요구해야 하고, 보완된 설립신고서나 규약을 접수한 때에는 3일 이내에 신고증을 교부하라고 규정하고 있다(12조 2항).[1] 이에 따라 노동조합법 시행령은 ① 설립신고서에 규약이 첨부되어 있지 않거나 설립신고서 또는 규약의 기재사항 중 누락 또는 허위사실이 있는 경우, ② 임원의 선거나 규약의 제정 절차가 노동조합법의 관련 규정에 위반되는 경우를 보완요구의 사유로 규정하고 있다(9조 1항).

규약의 기재사항이 누락되어 있는 경우뿐만 아니라, 기재된 사항이 노동조합법의 관련 규정에 위반하여 노동조합의 자주적·민주적 운영을 확보할 수 없는 내용(예: 이익대표자의 가입을 허용하거나 총회를 5년에 한 번씩 개최한다는 내용)으로 기재된 경우에도 보완요구의 대상이 된다고 해석된다.[2]

1) '보완된 설립신고서와 규약을 접수한 때에는' '신고증을 교부해야' 하므로 보완의 대상은 설립신고서와 규약으로 한정되며 설립과정에서 근로자들이 실제로 한 행위는 보완의 대상이 아니라고 보아야 한다.

2) 해석상 논란의 여지가 있으므로 관련 법규를 보완해야 할 것이다.

'기재사항 중 허위사실이 있는 경우'란 설립총회 개최 여부, 규약 제정 및 임원 선거 유무, 설립총회의 일시와 장소, 참석 인원 또는 조합원수, 해당 사업 또는 사업장의 명칭, 대표자나 임원의 성명 등 중요한 기재 내용이 사실과 일치하지 않는 경우를 말한다. 기재사항 중 허위사실이 있는지 여부는 규약이나 신고서가 아니라 설립총회 회의록을 보고 판단해야 한다.[1]

'임원의 선거나 규약의 제정 절차'에 관하여 노동조합법은 임원 선거는 원칙적으로 조합원 과반수의 출석과 출석 과반수의 찬성을, 규약의 제정은 조합원 과반수의 출석과 출석 3분의 2 이상의 찬성을 받아야 하고, 양자 모두 직접·비밀·무기명투표에 따라야 하며(노조 16조 2항-4항), 기업별 단위노조의 임원은 해당 기업에 종사하는 조합원 중에서 선출해야 한다고(23조 1항) 규정하고 있다. 설립총회에서 이들 규정에 위반한 경우를 보완요구의 대상으로 규정한 것이다. 이들 규정에 위반했는지 여부는 규약이나 신고서가 아니라 설립총회 회의록을 보고 판단해야 한다.[2]

B. 설립신고서 반려 노동조합법은 행정관청은 설립하려는 노동조합이 소극적 요건에 해당하거나 보완요구를 받고도 기간 내에 보완하지 않는 경우에는 설립신고서를 반려하라고 규정하고 있다(12조 3항).[3]

소극적 요건은 설립신고서 반려 여부를 결정하는 사유로 되어 있지만 더 기본적인 적극적 요건은 반려 여부와 무관한 것처럼 규정되어 있다. 다만 앞에서 살펴본 바와 같이 노동조합의 적극적 요건은 규약의 기재사항 중 목적, 구성원,

1) 이를 위해서는 노동조합법에 설립총회 회의록을 제출하도록 명시할 필요가 있다. 물론 '기재사항 중 허위사실이 있는 경우'에는 형법상 문서위조죄로 처벌할 수 있고, 대개는 나중에 휴면노조에 해당하여 해산 사유가 될 것이므로 이런 경우에 대응하여 노동조합법에 벌칙을 신설하고, 신고증 교부 철회의 사유로 추가하는 입법을 할 수도 있을 것이다. 그러나 행정관청이 허위사실 유무를 근거로 손쉽게 노동조합의 설립을 저지하고 근로자의 단결권 행사를 제약할 소지가 많기 때문에 '기재사항 중 허위사실이 있는 경우'를 보완요구의 사유에서 제외함이 가장 바람직하다고 생각한다.

2) 이를 위해서는 노동조합법에 설립총회 회의록을 제출하도록 명시할 필요가 있다. 그러나 설립 중의 노동조합은 소수의 창립조합원들이 실질적으로 민주적인 의사결정을 하기 마련이므로 형식적으로 노동조합법의 관련 규정을 준수하라고 요구하는 것은 지나치다는 점에서 임원의 선거나 규약의 제정 절차를 보완요구의 사유에서 제외함이 바람직하다고 생각한다.

3) 이와 같이 소극적 요건에 해당하는 경우에 설립신고서를 반려하도록 규정한 것은 노동조합의 본질적 요소인 자주성 등을 확보하도록 하기 위한 부득이한 조치로서 심사 결과 해당 사항이 없으면 의무적으로 설립신고서를 수리해야 한다는 점에서 결사에 대한 사전 허가와 다르고, 과잉금지의 원칙을 위반하여 근로자의 단결권을 침해한다고 볼 수도 없다(대법 2014. 4. 10, 2011두6998; 헌재 2012. 3. 29, 2011헌바53).

조합비 등에 관한 사항의 내용으로 반영되어 있어야 하므로, 적극적 요건의 결여는 규약 기재사항의 누락으로서 보완요구의 대상이 될 것이다.[1)]

사업 내의 기존 노조와 조직대상을 같이 하는 새로운 노조라는(복수노조의 존재) 이유로 설립신고를 반려할 수는 없다.[2)]

C. 설립 심사의 방법 설립신고서를 접수한 행정관청은 심사를 거쳐 신고증을 교부하거나 보완요구를 하거나 설립신고서를 반려해야 한다. 그런데 제출받은 서류만으로는 알 수 없는 사항이 적지 않게 심사 대상에 포함되어 있다. 예컨대 기재사항 중 허위사실이 있는지 여부, 규약 제정 및 임원 선거의 방법, 임원의 자격이 관련 법규에 위반되었는지 여부가 이에 해당한다. 그런데도 행정관청은 3일 이내에 심사를 완료해야 한다.

이 때문에 심사를 소홀히 하거나 자의적으로 할 가능성이 있다. 설립심사가 자의적으로 진행되면 노동조합을 자주적으로 조직하고 민주적으로 운영할 수 있는 기틀을 마련할 수 있도록 지도·감독하려는 설립신고제도 본래의 취지에서 벗어나 근로자의 단결권을 제약하고 노동조합 설립을 허가제로 변질시킬 우려가 있다. 게다가 사용자를 상대로 사실관계를 조회하는 등의 방법으로 조사를 하게 되면 신고증 교부 전에는 사용자에게 비밀이 되어야 할 사항(설립총회 개최 사실, 참석자, 설립신고서 제출 사실 및 내용 등)이 사용자에게 누설되어 노동조합 설립이 방해를 받을 우려도 있다.

따라서 행정관청의 심사권한은 이러한 자의성이 배제되고 설립신고제도의 취지에 맞는 방법으로 행사되어야 한다. 이를 위하여 행정관청은 제출된 서류를 대상으로 보완 요구나 반려의 사유가 있는지를 심사해야 한다(형식적 심사). 노동조합의 소극적 요건에 해당하는지 여부는 원칙적으로 규약만으로 심사하고,[3)] 규약

1) 현행법이 적극적 요건은 경시하고 소극적 요건만 중시하는 것처럼 규정한 것은 문제가 아닐 수 없고, 소극적 요건도 적극적 요건과 마찬가지로 규약의 기재사항에 반영되어 있다는 점에서 소극적 요건에 해당하는 경우도 보완요구의 대상으로 함이 합리적이라 생각된다.

2) 1963년 이래 노동조합법은 '기존 노조의 정상적 운영을 방해할 목적'을 가지거나 '기존 노조와 조직대상을 같이하는' 경우를 노동조합의 소극적 요건으로 규정함으로써 복수노조를 전면적으로 금지해 왔다. 1997년 개정 시에 이 규정을 삭제하면서 부칙에 "하나의 사업 또는 사업장에 노조가 조직되어 있는 경우에는 제5조에도 불구하고 2001년 12월 31일까지는 그 노조와 조직대상을 같이하는 새로운 노조를 설립할 수 없다"고 규정함으로써 기업 차원의 복수노조만은 허용 시기를 2002년으로 유예했다. 그 후 2001년과 2006년의 개정으로 허용 시기를 계속 연기하다가 2010년 개정을 통하여 2011. 7. 1.부터 허용하게 되었다.

3) 소극적 요건에 해당하더라도 설립신고를 일단 수리해야 하고 자주성 등의 요건에 대해서는 사후적으로 시정을 요구할 수 있을 뿐이라는 의미는 아니다.

기재사항의 누락 여부에 대한 심사를 통하여 노동조합의 적극적 요건을 갖추었는지 여부 및 민주적 운영에 관한 노동조합법 규정의 준수 여부를 판단해야 한다. 규약 제정 및 임원 선거의 방법은 제출된 설립총회 회의록으로 심사해야 한다. 그러나 임원이 조합원인지 여부와 설립신고서 등의 기재사항 중 허위사실이 있는지[1] 여부는 제출된 서류만으로 심사할 수 없으므로 설립당사자로 한정하여 그에 대한 사실조사 또는 적법하게 수집한 정보를 근거로 심사할 수밖에 없을 것이다(실질적 심사).[2]

D. 노동조합의 설립 시기　　노동조합법은 "노동조합이 신고증을 교부받은 경우에는 설립신고서가 접수된 때에 설립된 것으로 본다"고 규정하고 있다(12조 4항). 이 규정은 노동조합의 설립(성립) 시기를 분명히 밝힌 것이지만, 간접적으로는 신고증을 교부받아야 노동조합이 설립된 것으로 인정된다는 것도 밝히고 있다.

노동조합은 신고증을 받은 경우에는 사실상 언제 설립총회를 개최했는지에 관계없이 법률상으로는 행정관청에 설립신고서가 접수된 때에 성립한 것으로 인정한다는 것이다. 설립총회를 개최한 때나 행정관청이 신고증을 교부한 때가 아니라 그 중간인 설립신고서가 행정관청에 접수된 때로 정한 것이다.

신고증을 교부받아야 노동조합이 설립된 것으로 인정되므로[3] 신고증을 교부받지 않은 상태에서는 노동조합은 설립되지 않은 것으로 된다.

다. 신고증 교부 후의 조치

A. 변경신고　　노동조합법은 노동조합은 신고된 사항 중 ① 명칭, ② 주된 사무소의 소재지, ③ 대표자의 성명, ④ 소속된 연합단체의 명칭에 변경이 있는 때에는 30일 이내에 관할 행정관청에 변경신고를 하도록 규정하고 있다(노조 13조 1항). 신고증을 교부받은 후 해당 노동조합에 관한 주요 사실관계의 변화를 행정관청과 이해관계자가 알 수 있도록 하려는 것이다. 이 규정에 위반하여 변경신고를 하지 않으면 벌칙(96조)[4]이 적용된다.

---

1) 허위사실 기재 여부에 대한 조사는 당사자의 기재 내용 끝에 "위 내용은 사실에 부합됨을 확인(서약)한다"는 취지를 기술하고 서명날인을 받는 방법으로 한정되어야 할 것이다.

2) 대법 2014. 4. 10, 2011두6998은 소극적 요건 해당 여부에 대한 심사는 일단 제출된 설립신고서와 규약의 내용을 기준으로 심사하되, 설립신고서를 접수할 당시 그 해당 여부가 문제된다고 볼 만한 객관적인 사정이 있는 경우에만 설립신고서와 규약 내용 외의 사항에 대하여 실질적 심사를 할 수 있다고 한다.

3) 대법 1979. 12. 11, 76누189; 대법 1990. 10. 23, 89누3243.

4) 노동조합법상 벌칙에 따른 제재는 크게 형벌(징역형과 벌금형)과 과태료로 나누어진다. 노동

B. 소극적 요건의 시정 요구 시행령은 노동조합이 신고증을 교부받은 뒤에 설립신고서 반려 사유가 발생한 경우에는 관할 행정관청은 30일의 기간을 정하여 시정을 요구할 수 있다고 규정하고 있다(9조 2항).[1] 여기서 '설립신고서 반려 사유가 발생한 경우'란 해당 노동조합이 노동조합의 소극적 요건에 해당하게 된 경우를 말한다. 또 '시정을 요구'한다는 것은 소극적 요건에 해당하는 요인이 된 노동조합의 규약 또는 노동조합의 결의나 처분에 대하여 시정을 명하는 것(노조 21조 1항·2항)과 다를 바 없다고 할 것이다.

C. 사용자에 대한 통보 시행령은 행정관청은 노동조합에 신고증을 교부한 때에는 지체 없이 그 사실을 관할 노동위원회와 해당 사업 또는 사업장의 사용자나 사용자단체에 통보하라고 규정하고 있다(9조 3항). 신고증 교부 사실을 사용자측에도 통보하도록 한 것은 해당 노동조합의 단체교섭 요구 등에 대비하도록 하려는 것이다. 노동조합의 약화나 노동조합 활동의 방해 등을 하도록 하려는 것은 아니므로, 설립신고서를 접수한 사람, 설립총회에 참석한 근로자, 선출된 임원 등에 관한 사실은 통보의 대상이 될 수 없다.

3. 법외노조

가. 법내노조와 법외노조

노동조합법은 '이 법에 따라 설립된 노동조합이 아니면' 노동위원회에 노동쟁의의 조정 및 부당노동행위의 구제를 신청할 수 없고 노동조합이라는 명칭을 사용할 수 없다고 규정하고 있다(7조 1항·3항).

노동조합법에 따라 설립된 노동조합,[2] 즉 설립신고증을 받은 노동조합을

조합법 제96조의 벌칙은 주로 서류 보관, 보고, 신고, 통보 의무를 위반한 경우에 벌금형이 아닌 과태료를 부과하려는 것이다. 노동조합법 제96조 제1항과 제2항에 따른 과태료(500만원 이하와 300만원 이하)는 시행령으로 정하는 바에 따라 행정관청이 부과·징수한다(96조 3항).

1) 한편, 시행령에는 종전에 노동조합이 행정관청의 이 시정 요구를 기간 내에 이행하지 않으면 법외노조로 본다고 통보하도록 규정되어 있었다. 전국교직원노동조합은 소수의 해직교원의 가입을 허용하여 법외노조 통보 처분을 받았는데, 대법 2020. 9. 3, 2016두32992(전합)는 시행령의 규정이 법률의 구체적·명시적인 위임 없이 법률이 정하지 않은 법외노조 통보에 관하여 규정함으로써 헌법이 보장하는 근로자의 노동3권을 본질적으로 제한하여 무효라고 판결했다. 이에 따라 2021년 개정 시행령에서는 법외노조로 본다는 통보에 관한 규정이 삭제되었다.

2) 종전에는 '노동조합법에 따른 노동조합'으로 규정되어 있었고, 그것이 실체적 요건을 갖춘 노동조합을 말하는지, 아니면 절차적 요건까지 갖춘 노동조합, 즉 법내노조를 말하는지 논란이 있었고, 또 일각에서는 일본의 자격심사제도를 전제로 전개되는 설명, 즉 실체적 요건(자주성)과 민주적인 내용의 규약(민주성)을 갖춘 노동조합을 말한다고 보기도 했다. 1997년에 현

'법내노조'(법적격노조)라 부르고, 법내노조가 아닌 노동단체, 즉 설립신고증을 받지 않은 것을 '법외노조'(법외노동단체)라 부른다. 법외노조에는 노동조합의 실체적 요건을 충족하지 못하고 설립신고서를 제출하지도 않은 경우, 실체적 요건은 충족하지만 설립신고서를 제출하지 않은 경우, 설립신고서는 제출했으나 소정의 사유로 설립신고서가 반려된 경우 등 여러 가지가 있다.

나. 법외노조의 법적 지위

A. 법외노조에 대한 차별 (1) 노동조합법은 법외노조에 대하여 법내노조와 차별하여 다음과 같은 법률상의 불이익을 주도록 명시하고 있다.

첫째, 법외노조는 노동위원회에 노동쟁의 조정(調整)을 신청할 수 없다(7조 1항). 노동쟁의 조정을 신청할 수 없다는 것은 노동쟁의 조정에 관한 노동조합법의 모든 규정(조정전치, 중재 시의 쟁의금지 포함)이 법외노조에 적용되지 않는다는 것을 의미하기도 한다. 그 결과 노동조합법을 충실히 준수한 법내노조는 예컨대 조정전치 의무를 부담하고 노동조합법을 준수하지 않은 법외노조는 조정전치 의무를 부담하지 않는다고 해석될 소지가 있다.[1)]

둘째, 법외노조는 노동위원회에 부당노동행위 구제신청을 할 수 없으며(7조 1항), 다만 불이익취급 및 반조합계약의 부당노동행위 규정에 따른 근로자의 보호를 부인하는 취지로 해석되어서는 안 된다(7조 2항). 불이익취급 및 반조합계약의 부당노동행위로 피해를 입은 법외노조 소속 조합원 개인은 구제신청을 할 수 있다는 것이다.

셋째, 법외노조는 노동조합이라는 명칭을 사용할 수도 없다(7조 3항; 벌칙 93조).[2)]

넷째, 노동조합이 법인이 되기 위하여 등기를 하려면 설립신고증을 첨부해야 하므로(노조 6조 1항·2항, 영 4조 2항) 법외노조는 법인이 될 수가 없다.

(2) 노동조합법에는 노동조합을 보호하는 성질의 규정(민·형사면책, 조세면제, 단체협약의 규범적 효력, 대체노동 금지 등)이 있는가 하면, 노동조합에 제약을 가하는 규정(행정관청의 감독, 교섭창구 단일화, 쟁의행위 제한 등)도 있다. 노동조합법상 노동조합에 관한 이들 규정들은 노동조합이 적법하게 설립되었을 것을 전제로 한 것이므로

행 규정으로 개정되었다.

1) 이러한 모순은 노동쟁의를 해결하기 위한 공적 서비스로 그쳐야 할 조정절차가 쟁의행위를 제한하는 장치로 변모되어 있는 데서 비롯된 것이다.

2) 설립신고증을 받지 않았다는 이유로 여러 가지 법률상의 불이익을 받는데 명칭 사용까지 금지하는 것은 무리하고 후진적인 입법이며 실효성도 낮아 폐지함이 바람직하다고 생각한다.

원칙적으로 법외노조에는 적용되지 않는다고 보아야 할 것이다.

B. 헌법상의 노조 법외노조 중에서 노동조합의 적극적 요건을 갖춘 경우, 바꾸어 말하자면 노동3권을 누리기 위하여 헌법이 요구하는 바 '근로조건의 향상을 위하여' '자주적'으로 단결할 것의 요건을 갖춘 노동단체를 '헌법상의 노조'라 부른다.

노동조합법의 노동조합 관련 규정 중에는 노동조합법이 창설한 규정이 아니라 노동3권 보장에 따라 이미 발생한 법적 효과를 확인한 것에 불과한 규정들이 있다. 노동조합의 정당한 단체교섭·쟁의행위에 대한 민·형사면책 규정(3조-4조), 노동조합 대표자 등의 단체교섭 및 단체협약 체결 권한에 관한 규정(29조 1항), 사용자의 부당노동행위 금지 규정(81조 1항; 다만 제도방해의 불이익취급은 제외) 등이 이에 해당한다. 헌법상의 노조는 노동3권 행사의 요건을 갖추었으므로 이들 노동3권 보장 효과를 확인하는 규정은 당연히 적용을 받는다고 해석된다.

그 결과 헌법상의 노조는 사용자와 단체교섭(단체협약 체결 포함)을 할 수 있고,[1] 쟁의행위도 할 수 있으며 그 쟁의행위가 정당성을 갖춘 경우에는 민·형사면책을 받을 수 있다. 또 사용자는 헌법상의 노조에 대하여 불이익취급이나 단체교섭거부 등 부당노동행위를 하지 않아야 한다. 사용자가 헌법상의 노조에 대하여 단체교섭거부나 지배개입 등의 부당노동행위를 한 경우 헌법상의 노조는 노동위원회에 부당노동행위 구제신청을 할 수는 없지만, 헌법상의 노동3권 보장 규정 또는 노동조합법상의 부당노동행위 금지 규정을 근거로 사법구제를 받을 수는 있다.

---

1) 헌재 2008. 7. 31, 2004헌바9는 법외노조는 법률상 상당한 불이익을 받지만 전혀 아무런 활동을 할 수 없는 것이 아니고 어느 정도의 단체교섭이나 협약체결 능력을 보유한다고 한다.

제3절 노동조합의 운영

Ⅰ. 민주적 운영과 행정감독

1. 단체자치와 민주적 운영

노동조합은 근로자들이 자발적으로 조직하는 사적인 단체의 일종이기 때문에 그 내부운영은 규약이나 다수결에 따른 자치(단체자치)에 맡기는 것이 바람직하고 법률도 기본적으로 이를 인정하고 있다. 노동조합법은 규약의 필요적 기재사항(11조)을 규정하고, 여러 가지 사항에 관하여 규약으로 정하는 바에 따르도록 명시하고 있다(6조, 17조, 19조, 22조-23조).

그러나 노동조합법은 노동조합의 내부운영에 관하여 단체자치에만 방임하지 않고 매우 많은 사항에 관하여 직접 자세한 준칙을 규정하고 있다. 그 취지는 노동조합의 민주적인 운영을 확보하자는 데 있다. 노동조합은 노동조합법상 단체교섭을 통하여 조합원을 비롯한 근로자의 근로조건을 규제하고(33조, 35조-36조), 조합원이 수입 감소를 무릅쓰고 참여할 쟁의행위를 배타적으로 주도하며(44조 1항, 37조 2항), 일정한 조건 아래서 조직강제를 하는(81조 1항 2호 단서) 등의 강력한 권능을 부여받고 있다. 이와 같이 노동조합은 노동조합법상의 수권에 따라 조합원을 비롯한 근로자의 이익에 중대한 영향을 미치기 때문에 다른 사적인 단체보다 훨씬 더 민주적으로 운영될 필요가 있는 것이다. 또 노동조합의 민주적 운영은 노동조합의 실체적 요건인 자주성을 확보하기 위해서도 불가결한 것이다.

노동조합의 민주적 운영은 노동조합 간부나 일부 조합원 집단이 다른 조합원의 이익이나 의견을 무시하고 독단적으로 운영하는 것이 아니라, 조합원의 평등에 기초하여 다수결원리에 따라 운영하는 것을 의미한다. 이를 위하여 노동조합법은 노동조합의 조합원은 '어떠한 경우에도 인종, 종교, 성별, 연령, 신체적 조건, 고용형태, 정당 또는 신분을 이유로 차별대우'를 받지 않는다고 규정하는(9조) 한편, '균등하게 그 노동조합의 모든 문제에 참여할 권리와 의무'를 가진다고 규정하고 있다(22조 본문). 따라서 예컨대 노동조합이 종교·성별·고용형태 등을 이유로 그 조합원에 대한 선거권 및 피선거권을 제한하거나 차별하는 것은 위법·무효이다. 나아가서 노동조합법은 노동조합의 운영에 관한 중요한 사항은 최고의

결기관인 총회의 의결을 거치도록 하고 그 의결 방법도 규제하고 있다.

2. 행정감독

(1) 노동조합법은 노동조합의 내부운영에 관한 준칙을 규정하는데 그치지 않고 법령과 규약의 준수 여부에 대하여 행정관청이 직접 감독할 권한도 부여하고 있다.

노동조합법에 따르면, 행정관청은 노동조합의 규약이나 결의 또는 처분이[1] 노동관계법령에 위반한 경우에는 노동위원회의 의결을 받아 그 시정을 명할 수 있다(21조 1항·2항). 법령 준수에 대한 감독제도이다. 또 행정관청은 노동조합의 결의 또는 처분이 규약에 위반된다고 인정하는 경우에는 이해관계인의 신청으로 노동위원회의 의결을 받아 그 시정을 명할 수 있다(21조 2항). 규약 준수에 대한 감독제도이다. 그리고 규약·결의·처분에 대한 행정관청의 시정명령을 받은 노동조합은 정당한 사유가 있는 경우를 제외하고는 30일 이내에 이를 이행해야 한다(21조 3항; 벌칙 93조).

(2) 행정관청이 이러한 권한을 원활하게 수행할 수 있으려면 규약·결의 등 관련 사실을 수시로 파악할 수 있어야 한다. 설립신고(10조)와 변경신고(13조 1항)를 통하여 간접적으로 관련 사실을 파악할 수도 있지만 이것만으로는 불충분하기 때문에 노동조합법은 노동조합에 일정한 의무를 부과하고 있다.

노동조합은 매년 1월 31일까지 전년도에 변경된 규약의 내용 또는 임원의 성명(변경신고한 사항 제외) 및 전년도 12월 31일 현재의 조합원수(연합단체는 구성단체별 조합원수)를 행정관청에 통보해야 하고(정기통보; 13조 2항; 벌칙 96조), 행정관청이 요구하면 결산결과와 운영상황을 보고해야 한다는 것이다(27조; 벌칙 96조).[2] 한편, 노동조합은 대외적으로 이러한 행정감독에 대비하면서 내부적으로도 사실관계를 증명할 자료를 확보하여 둘 필요가 있다. 이를 위하여 노동조합법은 노동조합은 설립일부터 30일 이내에 조합원명부(연합단체는 구성단체의 명칭), 규약, 임원의 성명·주소록, 회의록, 재정에 관한 장부와 서류를 비치하고 회의록 및 재정에 관한 장부와 서류를 3년 동안 보존하라고 규정하고 있다(14조; 벌칙 96조).

---

1) '처분'이란 노동조합 대표자나 집행기관의 행위를 말하고 작위든 부작위든 관계없다.
2) 헌재 2013. 7. 25, 2012헌바116은 이 보고를 하지 않은 자에 대하여 과태료를 부과하는 벌칙 규정이 헌법에 위반되지 않는다고 한다.

Ⅱ. 조합원 지위의 취득과 상실

1. 조합원자격

가. 법령에 따른 조합원자격

A. 이익대표자 이미 살펴본 바와 같이, 사용자나 이익대표자의 가입을 허용하는 경우에는 법률상 노동조합으로 인정되지 않는다(2조 4호 참조). 그 결과 사용자나 이익대표자는 노동조합의 구성원이 될 자격을 갖지 못하게 된다.

B. 퇴직자 노동조합의 실체적 요건과 관련하여 이미 살펴본 바와 같이, 해고자 등 퇴직자도 기업별 단위노조에 가입할 수 있다. 다만 노동조합법은 퇴직자인 조합원, 즉 '사업 또는 사업장에 종사하는 근로자(종사근로자)가 아닌 조합원'에 대해서는 다음 몇 가지에 관하여 종사근로자인 조합원에 비하여 달리 취급하도록 규정하고 있다.[1)]

첫째, 종사근로자가 아닌 조합원은 사용자의 효율적인 사업 운영에 지장을 주지 않는 범위에서 사업 또는 사업장 내에서 노동조합 활동을 할 수 있다(5조 2항). 사업장 출입, 조합사무소 방문, 조합원 면담 등 사업장 내 노동조합 활동을 할 때에 사용자의 효율적인 사업 운영에 지장을 주지 않아야 한다는 한계를 설정한 것이다.

둘째, 기업별 단위노조의 대의원과 임원은 종사근로자인 조합원 중에서 선출해야 한다(17조 3항, 23조 2항). 종사근로자가 아닌 조합원은 기업별 단위노조의 대의원과 임원이 될 수 없는 것이다.

셋째, 종사근로자인 조합원이 해고되어 노동위원회에 부당노동행위의 구제신청을 한 경우에는 중앙노동위원회의 재심판정이 있을 때까지는 종사근로자로 본다(5조 3항). 사용자가 해고라는 수단을 악용하여 그 비위에 거슬리는 자를 노동조합 대의원이나 임원에서 배제하는 것을 어느 정도 방지하려는 취지에서 설정한 규정이다. 여기서 '종사근로자로 본다'는 것은 해고되지 않은 것으로 본다는 것이 아니라 종사근로자인 조합원으로 본다는 것을 의미한다.[2)]

---

1) 2021년 개정법에서 도입된 제도이다. 기업별 노조에서 근로자가 아닌 자로서 퇴직자 등의 가입이 허용되는 점을 고려한 규정이지만, 노조 내부 운영의 자주성에 대해 지나치게 개입하는 입법이다.

2) 해고되어 노동위원회에 부당노동행위의 구제신청을 한 자가 종사근로자인 조합원으로 간주되는 기간은 '중앙노동위원회의 재심판정이 있을 때까지'이다. 이때까지는 초심의 판정 결과에

넷째, 근로시간면제 한도의 결정, 교섭대표노조의 결정 및 쟁의행위 찬반투표와 관련된 조합원 수 산정은 종사근로자인 조합원 수로 한다(24조 2항, 29조의2 10항, 41조). 이들의 경우 종사근로자가 아닌 조합원은 조합원 수 산정에서 제외하라는 것이다.

나. 규약에 따른 조합원자격

노동조합법상으로는 조합원자격이 있는데도 노동조합의 규약에 따라 그 조합원이 될 수 없는 경우가 있다. 노동조합은 근로자의 자발적인 단결에 기초한 단체이므로 근로조건 유지·개선의 목적 달성을 위하여 어떤 이해집단을 결합하는 것이 효과적인가라는 관점에서 그 조합원이 될 수 있는 자격이나 범위(조직대상)를 자율적으로 결정·제한할 수 있다. 따라서 근로자가 속하는 산업·사업·사업장·직종·종업원의 종류·지역 등에 따라 조합원자격을 결정할 수도 있고, 근로자의 인종·국적·종교·신조·성별·연령·근속연수 등을 기준으로 결정할 수도 있다. 또 단결 방위를 위하여 노동조합에서 제명된 자에 대하여 일정한 기간 동안 조합원자격을 부인하는 것도 허용된다.

'조합원에 관한 사항'은 규약의 필요적 기재사항이므로(11조 4호) 조합원자격의 제한은 규약으로 정해야 한다. 흔히 '조합원범위' 또는 '비조합원범위'의 형식으로 규정되고 있다. 총회나 집행위원회의 의결에 따른 제한은 허용되지 않는다. 조합원자격은 노동조합 내부 문제로서 단체자치에 맡겨지므로 단체협약에 따라 조합원자격을 제한하는 것은 허용되지 않는다고 보아야 할 것이다. 다만 유니언숍 협정이 체결된 경우에는 조합원자격과 상관관계를 가지는 경우가 많으므로 단체협약에 따른 제한도 허용된다고 생각한다.

2. 조합원 지위의 취득

규약상 조합원자격을 가지는 자라도 조합원의 지위를 취득하려면 가입이라는 자발적 행위가 있어야 한다. 근로자는 노동조합에 가입할 것인지 여부의 자유를 가지기(5조 1항 본문) 때문이다. 유니언숍 협정도 가입하지 않으면 해고의 불이익을 준다는 것이지 가입행위 없이 당연히 조합원이 된다는 의미는 아니다.

관계없이 종사근로자인 조합원으로 간주된다. 재심에서 부당노동행위가 성립하지 않는다는 취지로 판정된 경우에는 근로자가 행정소송을 제기하더라도 해고자는 더 이상 종사근로자인 조합원으로 간주되지 않게 된다. 거꾸로 재심에서 부당노동행위가 성립된다는 취지로 판정된 경우에는 사용자가 행정소송을 제기하더라도 그 판정의 효력이 정지되지 않으므로(86조) 그 판정이 법원의 판결로 취소될 때까지는 종사근로자인 조합원으로 간주된다.

노동조합은 조합원자격을 가지는 근로자에 대해서는 특별한 사정이 없는 이상 가입을 거부할 수 없다. 노동조합은 근로조건 규제의 임무를 달성하려면 가급적 조직을 확대해야 하며, 노동조합이 조합원자격을 결정한 것은 그러한 자격이 있는 자의 가입을 환영·촉진한다는 의미이지 노동조합이 가입을 원하는 자 중에서 선발하여 조합원의 지위를 부여한다는 의미는 아니기 때문이다. 따라서 예컨대 근로자가 가입 신청을 하고 노동조합 대표자가 이를 승인해야 조합원이 된다고 규정한 경우에 대표자의 승인권한은 규약 소정의 조합원자격을 가지고 있는지를 확인하는 권한으로 한정된다고 보아야 한다. 조합원자격을 가지는 자의 가입 신청에 대하여 임원 선거 등에 출마하지 않을 것 등을 조건으로 승인하는 것 또는 성별, 종교, 정당, 사용자와의 친인척관계, 노동조합에서 탈퇴하거나[1] 노동조합운동을 한 전력 등을 이유로 승인을 거절하는 것은 위법하다.

그러나 예컨대 가입원서나 서약서의 제출 등을 가입의 요건으로 규정하는 것은 무방하고, 가입의 효력발생일을 합리적으로 정하는 것도 허용된다.

3. 조합원 지위의 상실

조합원은 탈퇴나 제명으로 조합원의 지위를 상실한다. 또 조합원이 규약으로 정한 조합원자격을 상실하거나 사망하면 탈퇴나 제명이 없더라도 당연히 조합원의 지위를 상실한다.

근로자는 노동조합에 가입할 것인지 여부의 자유를 가지므로(5조 1항 본문), 그 당연한 논리적 귀결로서 조합원은 탈퇴의 자유를 가진다. 규약으로 탈퇴의 자유를 침해할 수 없다. 따라서 예컨대 조합원의 탈퇴에 대표자 등의 승인을 요한다거나 쟁의 기간에는 탈퇴할 수 없다는 규정은 무효라고 해석된다. 유니언숍이나 클로즈숍도 조합원이 노동조합을 탈퇴하면 해고의 불이익을 받는다는 것이지 탈퇴행위 자체를 금지하는 것은 아니다. 그러나 예컨대 탈퇴원서의 제출 등을 탈퇴의 요건으로 규정하거나 합리적인 예고 기간을 정하는 것은 탈퇴의 자유를 침해할 정도의 것은 아니다.

제명은 노동조합 통제처분의 일종으로서 나중에 살펴보기로 한다.

---

1) 대법 1996. 10. 29, 96다28899는 임원 선거에서 패배한 조합원들이 노동조합을 탈퇴한 후 다시 가입 신청을 했으나 이 중 일부만 가입 승인을 한 것은 위법하다고 한다.

4. 조직강제

가. 조직강제와 유니언숍

노동조합은 교섭력을 강화하기 위해서 사용자에게 조합원이 아닌 자를 고용하지 않거나 해고하는 등의 조치를 취하기로 약속하라고 요구하게 되고 사용자가 이를 받아들여 단체협약을 체결하는 경우가 있다. 이와 같이 근로자가 노동조합의 조합원이 될 것을 강제하는 단체협약상의 제도를 '조직강제'(compulsory membership, Organisationszwang)라 부른다.

대표적인 조직강제는 유니언숍(union shop) 협정이다. 유니언숍 협정은 근로자 중에서 해당 노동조합에 가입하지 않은 자와 탈퇴나 제명으로 조합원이 아니게 된 자를 사용자가 해고하기로 합의한 단체협약이다. 클로즈숍(closed shop) 협정도 조직강제에 속한다. 클로즈숍 협정은 노동조합의 조합원이라야 근로자로 채용하고 근로자 중에서 탈퇴나 제명으로 조합원이 아니게 된 자를 사용자가 해고하기로 합의한 단체협약이다. 양자는 근로자가 노동조합의 조합원이 될 것을 고용조건으로 하는 단체협약, 즉 노동조합의 조합원이 아니면 해고한다는 합의라는 점에서 같지만,[1] 전자는 채용 이후에 조합원일 것을 강제하는 데 대하여 후자는 근로자의 채용 단계부터 조합원일 것을 강제한다는 점에서 차이가 있다.[2]

클로즈숍 협정은 숙련근로자 또는 특정 장소에서 하역 업무에 종사하는 근로자로 구성된 노동조합에서 체결하려 할 뿐, 대부분의 노동조합은 유니언숍 협정의 체결을 추구한다.

나. 유니언숍 협정의 요건

노동조합법은 '근로자가 특정한 노동조합의 조합원이 될 것을 고용조건으로 하는 행위'를 사용자의 부당노동행위로서 금지하면서, 다만 일정한 요건을 갖춘 경우 '근로자가 그 노동조합의 조합원이 될 것을 고용조건으로 하는 단체협약의 체결'은 예외적으로 허용하고 있다(81조 1항 2호). 근로자가 특정한 노동조합의 조합원이 될 것을 고용조건으로 하더라도 일정한 요건을 충족하는 경우에는 이를 허용한다는 것이다.

---

1) 영국에서는 양자를 모두 클로즈숍으로 통칭하며, pre-entry closed shop과 post-entry closed shop(union shop과 같음)으로 구별되는 정도이다.

2) 노동조합 가입 여부는 자유에 맡기되 조합원이 된 자가 조합원이 아니게 되면 해고하기로 하는 조합원유지(maintenance of membership) 협정이나 노동조합의 가입과 탈퇴를 개인의 자유에 맡기는 오픈숍(open shop) 협정은 조직강제가 아니다.

'고용조건으로' 한다는 것은 고용(채용) 또는 계속고용의 조건으로 하는 것을 말한다. 따라서 '그 노동조합의 조합원이 될 것을 고용조건으로 하는 단체협약'을 허용한다는 것은 유니언숍 협정(또는 클로즈숍 협정)을 허용한다는 것을 의미한다.[1] 유니언숍 협정을 허용하는 노동조합법의 규정이 헌법에 위반되지 않는다는 것은 단결권에 관한 부분에서 이미 살펴보았다.

노동조합법이 유니언숍 협정의 요건으로서 규정한 것은 다음 두 가지이다(81조 1항 2호 단서).

A. 노동조합 대표성의 요건　　단체협약 당사자가 유니언숍 협정을 체결하려면 '노동조합이 해당 사업장에 종사하는 근로자의 3분의 2 이상을 대표'하고 있어야 한다.

유니언숍 협정을 체결하는 노동조합은 기업별 단위노조일 수도 있고 산업별 단위노조 등 초기업적 조직일 수도 있다. 근로자 3분의 2 이상을[2] 대표할 것의 요건은 사업장을 기준으로 하는 것이므로 유니언숍 협정은 하나의 사업장을 단위루 체결해야 한다.

근로자의 3분의 2 이상을 대표하는지 여부의 기준이 되는 '근로자'는 해당 사업장의 전체 근로자가 아니라, 해당 노동조합의 조합원자격을 가진 자만을 말한다. 유니언숍 협정은 조합원자격이 있는 근로자를 대상으로 조합원일 것을 강제하는 것이기 때문이다. 노동조합이 근로자를 '대표'한다는 것은 근로자를 조직한 것, 즉 조합원으로 가입시킨 것을 말한다.

근로자의 3분의 2 이상을 대표할 것의 요건은 유니언숍 협정을 체결할 당시에 갖추어야 할 요건이다. 따라서 유니언숍 협정 체결 이후 노동조합 조직대상의 변경이나 조합원의 탈퇴 등으로 3분의 2 이상을 대표하지 못하게 되더라도 유니언숍 협정의 효력에 영향을 주지 않는다.

B. 개인 보호의 요건　　유니언숍 협정은 '사용자는 근로자가 그 노동조합에서 제명된 것 또는 그 노동조합을 탈퇴하여 새로 노동조합을 조직하거나 다른 노동조합에 가입한 것을 이유로 그 근로자에게 신분상 불리한 행위를 할 수 없'어야 허용된다. 유니언숍 협정이 체결되면 근로자 중에서 해당 노동조합에 가입하지 않은 자와 비조합원이 된 자는 당연히 해고의 대상이 되는 것이 원칙이지만

1) 복수노조 허용에 따라 근로자의 3분의 2 이상을 대표하는 노동조합이 줄어드는 데다가 다른 노동조합에 가입한 자 등에게 실익이 없는 등의 사정 때문에 노사관계 현실에서는 유니언숍 협정의 효용성이 감소된 듯하다.

2) 일본의 노동조합법은 '3분의 2 이상'이 아니라 '과반수'로 규정하고 있다.

이에 예외를 설정한 것이다.

'신분상 불리한 행위'란 '고용조건'과 관련하여 불이익을 주는 행위, 즉 고용의 단절·종료를 말한다. 일반적으로 해고를 말하고 기간제근로자의 경우에는 계약갱신의 거절도 포함된다. '노동조합에서 제명'된 자를 해고할 수 없도록 한 것은 노동조합의 민주적 운영을 위하여 노동조합 집행부의 비판 세력도 보호하려는 것이다. '그 노동조합을 탈퇴하여 새로 노동조합을 조직하거나 다른 노동조합에 가입'한 자를 해고할 수 없도록 한 것은 그 노동조합을 싫어하는 근로자의 단결선택권을 보호하려는 것이다.

요컨대 유니언숍 협정 아래서는 해당 노동조합의 조합원이 아닌 근로자 중 그 노동조합에서 제명된 자를 제외하고 그 노동조합에 가입하지 않은 자와[1] 그 노동조합에서 탈퇴한 자가 해고의 대상이 되며, 다만 다른 노동조합을 조직하거나 가입한 자는 해고의 대상에서 제외된다는 것이다.

다. 유니언숍 협정과 해고

A. 협정의 문언과 해고 의무 유니언숍 협정은 근로자가 해당 노동조합의 조합원이 될 것을 고용조건으로 하는 단체협약이다. 다만 당사자 사이에 실제로 체결되는 유니언숍 협정의 전형적인 문언은 "사용자는 특정 노동조합에 가입하지 않거나 그 노동조합에서 탈퇴한 자를 해고해야 한다"는 것이다. 이 경우 사용자는 문언에 따라 해당 근로자를 해고해야 한다.

"특정 노동조합의 조합원이어야 한다"거나 "입사와 동시에 자동적으로 특정 노동조합의 조합원이 된다"거나 "쌍방은 유니언숍에 합의한다"는 등의 문언을 채택하는 경우도 있다. 이런 경우에도 당사자의 진정한 의사는 전형적인 유니언숍 협정에 합의한 것으로 보아야 하므로 사용자는 노동조합 미가입자나 탈퇴자를 해고할 의무가 있다.[2]

그러나 노동조합 미가입자나 탈퇴자에 대하여 예컨대 "노사가 협의하여 해고한다"든가 "노동조합이 요구하면 해고한다"는 등으로 규정한 경우에는 사용자에게 당연히 해고할 의무가 있는 것은 아니고 그 결과 노동조합의 조합원이 아닌 근로자의 존재를 허용하는 것이므로 유니언숍 협정으로 볼 수도 없다.

B. 해고의 정당성 유무 유니언숍 협정 그 자체는 적법하다 하더라도 이

---

1) 대법 2002. 10. 25, 2002두1625는 사용자가 유니언숍 협정에 의거하여 노동조합 탈퇴자를 해고한 것은 정당하다고 한다.

2) 대법 1998. 3. 24, 96누16070.

에 따른 사용자의 해고가 정당한지는 따로 검토해야 할 경우가 있다.

예컨대 유니언숍 협정에 따라 해고의 대상이 되는 근로자에 대하여 본인이 유니언숍 협정의 결과를 인식하고 자신의 거취를 결정할 시간적 여유도 없이 해고하는 것, 또는 근로자가 사용자 또는 노동조합으로부터 해고의 위험성에 관한 경고를 받자 지체 없이 노동조합에 가입했음에도 해고하는 것은 권리남용으로서 부당한 해고가 된다.

또 새로 입사한 근로자가 유니언숍 협정을 체결한 노동조합에 가입한 후 탈퇴하는 절차 없이 소수노조에 가입한 경우 그 근로자를 해고하는 것도 부당해고로 인정된다.[1)] 그리고 노동조합을 탈퇴한 근로자의 재가입 신청을 노동조합이 정당한 이유 없이 거부한 것은 사실상 제명과 같기 때문에 그 근로자에 대한 해고는 정당하지 않다.[2)]

라. 유니언숍 협정의 적용

유니언숍 협정은 원래 미조직 근로자를 대상으로 해당 노동조합의 조합원이 되도록 강제하려는 것이므로 협정의 효력 발생 시점에 이미 다른 노동조합에 가입한 근로자에 대해서는 적용되지 않는다.

단체협약 당사자는 유니언숍 협정을 체결할 때에 흔히 일정한 직급·직무·직종 등을 기준으로 일정한 범위의 근로자를 적용제외 대상자로 규정한다. 적용제외 대상자에 대해서는 조합원이 될 것을 강제하지 않는다는 것에 불과하므로, 이들이 규약상 조합원자격을 가진다면 노동조합에 가입할 수 있다. 그러나 관리자나 이익대표자는 법률상 해당 노동조합의 조합원이 될 자격이 없으므로 유니언숍 협정에서 적용제외 대상자로 규정했는지 여부에 관계없이 적용되지 않는다.

유니언숍 협정은 그 유효기간 동안 조합원자격을 가지는 자 전체에 적용되므로, 그 체결 이전에 입사한 자에게도 적용된다. 다만 예컨대 '입사 후 1개월 이내에 노동조합에 가입'하도록 정한 경우에는 이 협정 체결 이전에 입사한 자에게는 소급하여 적용될 수 없다. 체결 이전에는 노동조합이 없을 수도 있고 소급적용은 가입을 강제받지 않을 기득권을 침해하기 때문이다. 따라서 이런 문언의 협정은 체결 이후에 입사한 자는 입사 후 1개월 이내에 가입하고, 체결 이전에 입사한 자는 체결 후 1개월 이내에 가입해야 한다는 의미라고 보아야 할 것이다.

---

1) 대법 2019. 11. 28, 2019두47377<핵심판례>.

2) 대법 1995. 2. 28, 94다15363; 대법 1996. 10. 29, 96다28899.

Ⅲ. 노동조합의 기관

노동조합법은 노동조합에 총회 또는 대의원회를 두고 대표자와 그 밖의 임원 및 회계감사원을 두도록 규정할 뿐, 그 밖에 어떤 기관을 둘 것인가는 단체자치에 맡기고 있다.

총회를 최고의결기관으로 하는 경우에 대의원회를 중간의결기관으로 두는 경우도 있고 중앙위원회나 대표자회의 등을 중간의결기관으로 두는 경우도 있다. 노동조합은 집행부(업무집행기관)로 흔히 위원장·부위원장·사무장과 그 밖의 집행위원으로 구성되는 집행위원회 또는 상임집행위원회를 두고, 집행부의 권한에 속하는 정책을 심의하게 한다. 집행부를 보조하여 일상적인 사무처리를 하는 기관으로 사무부서를 두는 경우가 대부분이다. 일시적으로 선거관리나 쟁의수행 등 특별한 임무를 수행하는 기관을 두는 경우도 있고, 규모가 큰 노동조합은 지방본부·지부·분회 등 산하조직을 두기도 하고 산하조직이 독자적인 의결기관과 집행기관을 갖기도 한다.

1. 총회와 대의원회

가. 총회의 구성과 권한

노동조합법은 노동조합은 매년 1회 이상 총회를 개최해야 한다고 규정하고 있다(15조 1항). 총회는 조합원 전원으로 구성되는 노동조합의 최고의결기관이다.

노동조합법은 ① 규약의 제정·변경,[1] ② 임원의 선거와 해임, ③ 단체협약, ④ 예산과 결산, ⑤ 기금의 설치·관리·처분, ⑥ 연합단체의 설립·가입·탈퇴, ⑦ 합병·분할·해산, ⑧ 조직형태의 변경 각각에 관한 사항과 ⑨ 그 밖의 중요한 사항은 총회의 의결을 거쳐야 한다고 규정하고 있다(16조 1항).

'의결을 거쳐야' 한다는 것은 총회의 의안으로 상정하여 의사를 결정해야 한다는 것이다. 따라서 총회의 의결을 거쳐야 할 사항을 집행부에서 결정해서는 안 된다. 그러나 총회에서는 요강만 정하고 세부적인 것은 중간의결기관이나 집행기관에 위임할 수는 있다.

---

1) 규약의 '제정'도 총회의 의결사항으로 정하고 있지만, 노동조합법의 규정은 원칙적으로 설립 이후에 적용할 사항이라는 점, 사단법인의 경우 정관의 제정은 설립자가 하고 총회는 이를 변경할 수 있을 뿐인 점(민법 40조, 42조) 등에 비추어 규약의 제정은 총회의 의결사항에서 삭제해야 할 것이다.

'임원의 선거'도 총회에서 하도록 되어 있지만, 찬반의 토의와 조합원 전원 참가의 가능성이 보장된다면 규약으로 정하는 바에 따라 총회를 소집하지 않는 방법으로 하더라도 무방하다고 생각된다.

'단체협약에 관한 사항'도 총회의 의결을 거치도록 되어 있다. 단체협약에 관한 사항에는 교섭위원이나 교섭의 방식 등 단체협약의 교섭 주체, 사용자에게 제시할 교섭안 또는 사용자와 합의한 단체협약안 등 단체협약의 내용, 인준 여부 또는 인준 주체 등 단체협약의 체결 절차, 교섭안의 관철을 위한 전술 등 광범한 사항이 포함된다. 그 중에서 단체협약의 내용은 사용자의 대응태도에 따라 달라지기 마련인데 노동조합 총회에서 의결하라는 이유는 무엇일까? 단체협약은 규범적 효력을 통하여 조합원 개개인의 근로조건을 직접 결정하는 것이므로 조합원들이 균등하게 참여하여 형성한 노동조합의 의사에 기초하여 체결되어야 하는 것이 단체교섭의 기본적 요청이고, 노동조합법이 단체협약에 관한 사항에 관하여 총회의 의결을 거치라고 규정한 주된 취지는 노동조합 대표자가 단체교섭 개시 전에 총회를 통하여 교섭안을 마련하거나 단체교섭 과정에서 조합원의 총의를 계속 수렴할 수 있도록 하려는 데 있다.[1] 조합원의 총의를 수렴하는 방식에는 제한이 없으므로 예컨대 조합원들이 제시한 여러 의견을 대표자가 재량껏 반영하기로 하는 느슨한 방식이든, 대표자가 마련한 교섭안이나 대표자가 사용자와 합의한 단체협약안에 대하여 찬반 의결을 하는 엄격한 방식이든 관계없다. 단체협약안에 대하여 반드시 찬반 의결을 해야 한다는 것은 아니다.

'기금의 설치·관리 및 처분'에서 '기금'이란 공제기금·쟁의기금 등 특별히 한정된 목적을 위해서만 지출할 수 있도록 정해진 재정원천, 즉 특별기금을 말한다. 광의로는 노동조합의 재원 전체를 노동조합 기금이라 부르기도 하지만, 이러한 의미의 기금은 '예산'에 포함되어 있기 때문에 여기서 말하는 기금은 특별기금을 말한다고 보아야 한다.

'조직형태의 변경에 관한 사항'을 총회의 의결사항으로 규정한 것은 특히 기존의 기업별 단위노조와 그 상부조직인 산업별 연합노조를 해산하고 새로운 노동조합을 설립하는 절차를 밟지 않고 총회의 의결만으로 간편하게 산업별 단위노조로 조직형태를 변경할 수 있도록 하려는 것이었다.[2] 조직형태 변경의 종류

1) 대법 2018. 7. 26, 2016다205908.

2) 1996년 노사관계개혁위원회에서 산업별 단위노조 등 초기업적 조직 형태를 강제하는 규정을 신설하자는 노동계의 주장에 대하여 논의한 결과 특정의 조직형태를 강제하는 제도는 곤란하지만 기업별 단위노조의 조직형태가 오랫동안 법률로 강제되거나 유도되어온 사정을 고려하

와 요건 및 절차에 관해서는 조직변경의 부분에서 자세히 살펴보기로 한다.

나. 총회의 소집

A. 정기총회와 임시총회 노동조합법의 규정에 따르면, 노동조합의 대표자는 총회의 의장이 된다(15조 2항). 이에 따라 대표자는 업무집행권 이외에 총회 소집권과 의장의 권한도 가지는 것이다. 총회는 매년 1회 이상 개최되는 정기총회(15조 1항)와 수시로 개최되는 임시총회로 구분된다.

노동조합법의 규정에 따르면, 임시총회는 노동조합의 대표자가 필요하다고 인정할 때에 소집할 수 있다(18조 1항). 또 조합원 3분의 1 이상이 회의에 부의할 사항을 제시하고 회의 소집을 요구하면 대표자는 지체 없이 임시총회를 소집해야 한다(18조 2항). 행정관청은 이러한 소집 요구에도 대표자가 회의의 소집을 고의로 기피·해태하여 조합원 3분의 1 이상이 소집권자의 지명을 요구하면 노동위원회의 의결을 받아 지체 없이 소집권자를 지명해야 한다(18조 3항).

행정관청은 총회의 소집권자가 없는 경우 조합원 3분의 1 이상이 회의에 부의할 의안을 제시하고 소집권자의 지명을 요구하면 15일 이내에 소집권자를 지명해야 한다(18조 4항). '소집권자가 없는 경우'란 사망·사퇴·자격상실 등으로 대표자와 규약상 그 권한대행자가 없는 경우를 말한다.

조합원의 소집 요구에도 대표자가 회의 소집을 기피·해태하는 경우에 소집을 요구한 조합원들이 스스로 소집권자를 선출할 수 있도록 미리 규약으로 정한 경우에는 그 규약에 따라 선출된 자가 임시총회를 소집할 수 있다.[1)]

B. 소집의 방법·절차 등 노동조합법의 규정에 따르면, 총회는 회의 개최일 7일 전까지 그 회의에 부의할 사항을 공고하고 규약에서 정한 방법에 따라 소집해야 하며, 다만 노동조합이 같은 사업장 내의 근로자로 구성된 경우에는 그 규약으로 공고 기간을 단축할 수 있다(19조). 소집 절차에 흠이 있더라도 조합원 대다수가 출석하여 그 압도적 다수의 찬성으로 의결한 경우에는 그 결의는 유효하다.[2)]

총회는 조합원의 근무시간 외에 개최함이 원칙이지만, 사용자의 승인을 받았거나 사용자와 합의한 경우에는 근무시간 중에 개최할 수 있다.

여 기업별 단위노조에서 산업별 단위노조로의 개편은 총회의 의결만으로 간편하게 할 수 있도록 하자는 데 합의했고, 이를 1997년 개정 노동조합법에 반영한 것이다.

1) 대구고법 1992. 10. 28, 92구1156.

2) 대법 1992. 3. 31, 91다14413.

다. 총회의 의결

A. 의결정족수 (1) 노동조합법의 규정에 따르면, 총회는 재적조합원 과반수의 출석과 출석조합원 과반수의 찬성으로 의결한다(16조 2항 본문; 일반의결정족수). 이에 대해서는 다음 두 가지 예외가 규정되어 있다.

첫째, 규약의 제정·변경, 임원의 해임, 합병·분할·해산 및 조직형태의 변경에 관한 사항의 의결은 재적 조합원 과반수의 출석과 출석 조합원 3분의 2 이상의 찬성이 있어야 한다(16조 2항 단서; 특별의결정족수). '연합단체의 설립·가입·탈퇴에 관한 사항'도 같다고 보아야 한다. 소속된 연합단체의 명칭이 규약의 기재사항에 속하고(11조 5호), 연합단체의 설립·가입·탈퇴는 규약의 변경을 필요로 하기 때문이다.[1)]

둘째, 임원 선거에서 출석 조합원 과반수의 득표자가 없는 경우에는 규약으로 정하는 바에 따라 결선투표에서 다수득표자를 임원으로 선출할 수 있다(16조 3항). 입후보자가 다수이거나 경쟁이 치열한 경우에 대비하여 종다수의결의 특례를 설정한 것이나. 그러나 난독입후보이거나 총회에서 선임한 추천위원회의 추전을 받았더라도 출석 조합원 과반수의 찬성을 얻어야 당선된다.

의결정족수에서 출석 인원의 계산은 회의 초반의 인원 점검 시가 아니라 해당 안건의 표결 시를 기준으로 해야 할 것이다.

(2) 같은 회기에 가결된 안건을 재표결할 수는 있으나 일단 부결된 안건을 재표결할 수 없다(일사부재의의 원칙). 따라서 부결된 안건을 가결하려면 회의를 다시 소집해야 한다.

B. 의결 방법 (1) 총회의 의결 방법은 원칙적으로 규약으로 정한 바에 따르되, 규약으로 정하지 않았다면 투표·기립·거수·박수 등 상황에 따라 정할 수 있고, 다른 사람에게 위임하여 간접적으로 의결권을 행사할 수도 있다. 규약으로 정한 의결 방법을 변경하더라도 거의 전원이 다른 방법의 채택에 동의하거나 변경을 불가피하게 하는 객관적 사정이 있으면 그 의결은 유효로 보아야 할 것이다.

그러나 노동조합법은 규약의 제정·변경, 임원의 선거·해임에 관한 사항의 의결은 직접·비밀·무기명 투표로 하도록 규정하고 있다(16조 4항). 따라서 이들 사항을 직접·비밀·무기명 투표 이외의 방법으로 의결하면 무효가 된다.

(2) 노동조합이 특정 조합원에 관한 사항을 의결할 경우에는 그 조합원은 의

---

1) 반면 판례는 일반의결정족수로 가능하다고 한다(대법 2023. 11. 16, 2019다289310).

결권이 없다(20조). 특정 조합원에 관한 사항에는 특정 조합원에게 이익 또는 불이익이 되는 사항, 즉 통제처분·탄핵·해임·표창에 관한 사항이 포함되지만, 임원·대의원 등의 선거에 관한 사항은 포함되지 않는다. 입후보자가 선거에서 자기 자신을 지지하는 투표를 하는 것까지 막자는 것은 아니기 때문이다.

라. 대의원회

노동조합법의 규정에 따르면, 노동조합은 규약으로 총회를 갈음할 대의원회를 둘 수 있다(17조 1항). 규모가 크거나 여러 장소에 걸쳐 있는 단위노조는 대의원회를 둘 필요성이 있고 연합노조는 거의 대의원회로 갈음할 수밖에 없을 것이다. 대의원회는 규약에 따라 선출된 대의원으로 구성되는 의결기관이다. 대의원회 및 대의원의 선거절차에 관한 사항은 규약으로 정할 사항으로서(11조 6호·14호) 단체자치에 맡겨져 있다. 다만 노동조합법은 대의원회에 관련하여 몇 가지 기초적인 사항에 관한 준칙을 규정하고 있다.

대의원은 조합원의 직접·비밀·무기명 투표로 선출해야 한다(17조 2항). 초기업적 단위노조가 전국대의원대회를 최고의결기관으로 두는 한편 산하조직으로서 9개 지방본부와 그 산하 158개 지부를 둔 상태에서 조합원은 지부 대의원을 선출하고 지부 대의원들이 지방본부 대의원을 선출한 다음 그 지방본부 대의원이 전국대의원대회 대의원을 선출한 것은 직접 선출 규정에 위반되어 무효이다.[1] 대의원은 임원에 속하지 않으므로 노동조합법상 임원 선거에서의 의결정족수 규정은 적용되지 않는다.

하나의 사업 또는 사업장을 대상으로 조직된 노동조합의 대의원은 그 사업 또는 사업장에 종사하는 조합원 중에서 선출해야 한다(같은 조 3항). 해당 사업에 종사하는 조합원이 아닌 자, 예컨대 해고된 조합원은 기업별 단위노조의 대의원이 될 수 없게 된다. 한편, 대의원의 임기는 규약으로 정하되 3년을 초과할 수 없다(같은 조 4항).

노동조합에 대의원회를 둔 때에는 총회에 관한 규정을 대의원회에 준용한다(같은 조 5항). '대의원회를 둔 때'란 '총회를 갈음할 대의원회를 둔 때', 즉 대의원회를 최고의결기관으로 한 때를 말한다. 따라서 총회 없이 대의원회만 두는 경우가 그 전형에 속하지만, 총회와 대의원회를 병립시키면서 예컨대 임원의 선거·해임은 총회에서 의결하고 규약의 변경 등은 대의원회에서 의결하도록 하는 등의 권한(16조 1항)을 배분하는 경우도 포함된다고 보아야 한다.[2] 그러나 대의원회

1) 대법 2000. 1. 14, 97다41349.

를 중간의결기관으로 하는 경우는 제외된다.

대의원회에 준용되는 것은 '총회에 관한 규정'(15조-16조, 18조-19조)이다. 따라서 당연히 이들 규정의 '총회'는 '대의원회'로, '조합원'은 '대의원'으로 대치된다. 다만 '총회 또는 대의원회', '조합원 또는 대의원'으로 규정한 경우(18조-19조, 28조)는 예외이다.[1] 또 노동조합법은 연합단체의 임시대의원회 소집 요구권자를 대의원이 아니라 구성단체로 하는 특례를 규정하고 있다(18조 2항).[2]

2. 임원

가. 대표자와 임원

'대표자'란 노동조합의 업무를 집행하며 대외적으로 노동조합을 대표하는 자를 말한다. '임원'이란 대표자를 보좌하여 노동조합의 업무를 집행하는 자를 말한다(협의의 임원). 광의의 '임원'에는 대표자가 포함된다(10조 1항, 11조 14호, 16조, 23조 등 참조). 따라서 회계감사원, 대의원, 사무부서의 책임자 등은 법률상으로는 임원이 아니다.

대표자와 임원의 인원수, 임원의 직책·임무, 대표자의 유고 시에 권한을 대행할 순서, 대표자와 임원의 집행위원회 등 참여 여부는 규약에 따른 단체자치에 맡겨져 있다(11조 8호).

나. 임원의 선출과 임기

(1) 광의의 임원은 총회에서 소정의 방법으로 선출해야 한다는 것(16조 1항 2호, 2항-4항)은 이미 살펴본 바와 같다.

노동조합법에 따르면, 노동조합 임원의 자격은 규약으로 정하되, 하나의 사업 또는 사업장을 대상으로 조직된 노동조합의 임원은 그 사업 또는 사업장에 종

---

2) 대법 2014. 8. 26, 2012두6063은 이 경우 총회가 대의원회 의결사항으로 정해진 사항을 의결하는 것은 규약 위반이 되지만, 총회가 규약을 개정하여 '규약의 개정에 관한 사항'을 대의원회의 의결사항으로 정했더라도 총회는 여전히 '규약의 개정에 관한 사항'을 의결할 수 있다고 한다.

1) '총회 또는 대의원회'나 '조합원 또는 대의원'으로 열거한 것은 입법기술상의 미숙에 기인한다. 그 결과 임시총회 소집 요구권을 대의원이 가지거나 임시대의원회 소집 요구권을 조합원이 가지는 것으로 해석될 여지도 있다. 대의원회에 관한 제17조를 순서상 총회 관련 규정의 마지막으로 옮기고 이와 같이 열거하는 것을 피하는 것이 바람직하다.

2) 이 특례규정은 연합단체의 대의원 점유비율이 높은 대규모 구성단체 일부의 요구에 따라 회의가 함부로 소집되는 것을 방지하자는 것이겠지만, 반대로 의결에 대한 영향력이 약한 소규모 구성단체들의 요구에 따라 함부로 회의가 소집되는 단점도 있다. 또 제18조 제3항과 제4항의 소집권자 지명요구는 대의원이 하도록 되어 있는 점도 앞뒤가 맞지 않는다.

사하는 조합원 중에서 선출해야 한다(23조 1항). 이 규정은 기업별 단위노조의 경우에만 임원의 자격을 종사근로자인 조합원으로 제한한 것이다. 거꾸로 말하자면 종사근로자가 아닌 조합원, 예컨대 해고된 조합원은 기업별 단위노조의 임원이 될 수 없도록 한 것이다. 그러나 산업별 노조나 연합노조 등의 경우에는 임원의 자격에 제한이 없으므로 규약으로 정하는 바에 따라 조합원이 아닌 외부 인물을 임원으로 영입할 수도 있는 것이다.

조합원은 누구든지 균등하게 선거권과 피선거권을 가지지만, 노동조합은 규약으로 조합비를 납부하지 않은 조합원에 대하여 임원 입후보의 권리를 제한할 수도 있다(22조 참조). 한편, 임원 입후보의 요건을 규약에 따라 합리적인 범위에서 제한하는 것도 허용된다. 예컨대 조합원 경력이 1년 이상일 것과 전체 조합원의 10%가 안 되는 30명의 추천을 받을 것을 입후보 요건으로 하는 것은 피선거권 평등의 원칙에 반하지 않고 유효라고 해석된다.[1] 그러나 일정한 하위직 간부의 경력을 요건으로 정하는 것은 그렇지 않다고 생각한다. 또 예컨대 각 직장에 설치된 직장위원회의 추천을 요건으로 정하는 것은 일반적으로 직장위원회가 추천을 할 것인지 여부의 기준이 없고, 따라서 추천을 거부당한 경우의 내부적 이의 절차도 설정되어 있지 않아 입후보의 가부를 직장위원회라는 특정 기구의 결정에 맡기는 결과가 되기 때문에 피선거권 평등의 원칙에 반하고, 따라서 조합 운영상 이러한 추천제를 채택할 필요성이 구체적으로 주장·증명되지 않는 한 무효가 된다고 생각한다.

(2) 임원의 임기는 규약으로 정하되 3년을 초과할 수 없다(23조 2항). 그러나 연임에는 아무런 제한이 없다.

3. 회계감사원

노동조합법은 노동조합의 대표자는 노동조합 재정에 대하여 정기적으로 회계감사원의 회계감사를 받아야 하고, 회계감사원은 필요에 따라 회계감사를 할 수 있다고 규정하고 있다(25조). 노동조합에 필수적 기관으로서 회계감사원을 두도록 예정한 것이다.

회계감사원의 자격,[2] 선임 방법, 임기 등은 단체자치에 맡기고 있으므로 규

1) 대법 1992. 3. 31, 91다14413.

2) 시행령은 회계감사원은 재무·회계 관련 업무에 종사한 경력이 있거나 전문지식 또는 경험이 풍부한 사람 등으로 하도록 규정하고 있으나(11조의7 1항), 훈시적 규정에 불과하다.

약으로 정하거나 총회에서 결의한 바에 따른다. 일반적으로 임원에 준하여 처리하고 있다.

Ⅳ. 노동조합의 통제

1. 통제권의 근거와 한계

무릇 단체는 당연히 구성원을 통제할 권한을 가지며 노동조합도 단체의 일종으로서 통제권을 가진다. 그러나 헌법 제33조에 따라 단결권을 보장받고 있는 노동조합은 그 조직을 유지하고 목적을 달성하려면 강고한 단결력이 유지되지 않으면 안 되고, 따라서 노동조합은 단결권을 확보하기 위하여 조합원에 대하여 일정한 강제와 제재를 가할 수 있는 권한(통제권)을 가지는 것이다.

노동조합의 통제권은 이와 같이 단결권 보장에 유래하는 것이고, 노동조합은 일반 단체와 달리 헌법과 노동조합법에 따라 근로조건 규제의 권능을 가지고 특별한 보호도 받고 있다. 그러므로 노동조합의 통제권은 단체자치에만 맡겨질 수 없고, 단결권 확보를 위하여 필요하고도 합리적인 범위에서 노동조합의 민주적 운영이라는 법원칙에 따라 공정하게 행사되어야 한다. 이러한 통제권의 내재적 한계는 구체적으로는 조합원의 어떠한 행위를 대상으로, 어떠한 내용의 통제처분을, 어떠한 절차를 통하여 과할 수 있는가의 문제로 나누어 검토할 필요가 있다.

2. 통제처분의 대상

노동조합의 구성원인 조합원은 노동조합의 강령·규약을 준수하고, 방침·결의·지시에 복종하며, 조합비를 납부하는 등의 의무를 가진다. 따라서 일반적으로 말하자면 이들 기본적인 의무의 위반이 통제처분의 대상이 된다. 노동조합법은 대표자와 임원의 규약 위반(11조 13호) 및 조합원의 조합비 납부 거부(22조 단서)를 통제처분의 대상으로 예정하고 있으나 이는 예시적 규정에 불과하다.

이하 통제처분의 대상 여부가 논의될 수 있는 몇 가지 사항에 관하여 살펴보기로 한다.

가. 비판행위

노동조합의 방침이나 집행부에 대한 조합원의 비판행위는 조합원이 시민의 일원으로 가지는 언론의 자유를 존중하기 위하여 또 노동조합의 민주적 운영을 위하여 가능한 한 허용되어야 한다. 따라서 노동조합 내부의 일부 집단이나 조합원이 독자적으로 하는 학습회 개최, 집행부를 비판하는 유인물의 배포, 쟁의기간 중의 설문조사 등도 허용되고 통제처분의 대상이 되지 않는다.

물론 비판의 내용이 진실한 사실에 근거하고 공정한 것이어야 한다는 점은 언론활동의 일반원칙으로서 당연한 것이다. 그러므로 비판행위가 허위사실에 근거하거나 사실을 왜곡하고 집행부를 악의적으로 비방·중상하는 것으로 평가되는 경우에는 통제처분의 대상이 될 수 있다.

나. 분파행위

언론의 자유와도 관련된 것으로서 노동조합이 정상적인 절차를 거쳐 결정한 운동방침이나 결의에 반하여 일부 조합원이 독자적으로 한 행위가 통제처분의 대상이 되는지 문제된다. 그러한 행위가 노동조합의 단결이 절실하게 요청되는 사정 아래서 단결을 중대하게 위협하는 분파행위였는지 여부 등의 관점에서 개별적으로 결정할 수밖에 없다. 예컨대 조합원 모임을 조직하여 집행부 비판을 전개하고 그 모임의 회원에 대한 징계해고에 대하여 해고자를 지원하지 않는다는 취지의 대의원회 결의에 반하여 그 해고철회 투쟁을 지원한 경우에는 통제처분의 대상이 되지 않는다고 보아야 할 것이다. 다만 이 경우에도 그러한 활동이 내용이나 방법의 면에서 불공정한 것으로 인정되는 경우에는 통제처분의 대상이 될 것이다.

다. 정치활동 방침 위반

조합원이 노동조합의 정치활동 방침에 따르지 않거나 위반한 경우에 통제처분의 대상이 되는지 여부는 우선 조합원에게 그 활동에 협력할 의무(그 방침에 따를 의무)가 있느냐 여부에 달려 있다.

노동조합이 민주적·합법적인 절차를 거쳐 어떤 활동을 하기로 결정했을 때 조합원에게 그 활동에 대한 협력의무가 발생하기 위해서는 그 활동이 근로조건의 유지·개선 기타 근로자의 경제적·사회적 지위의 향상(조합원의 권리·이익 증진)이라는 노동조합의 목적과 관련을 가져야 할 뿐 아니라 조합원이 시민의 일원으로서 가지는 자유와 권리도 배려해야 한다. 달리 말하자면 해당 활동의 내용·성질, 이에 근거하여 조합원에게 요구되는 협력의 내용·정도·태양 등을 비교교량하여 그 활동의 실효성과 조합원 개인의 기본적 이익의 조화라는 관점에서 노동조합의 통제력과 조합원의 협력의무에 합리적인 한계를 설정할 필요가 있다.

노동조합이 조합원총회에서 공직선거의 선거기간 중에 그 명의로 특정 정당이나 후보자를 지지·반대한다는 방침을 결정한 경우[1] 조합원에게 이에 따르도록 권고하거나 설득할 수는 있지만, 결정에 따르지 않는 조합원에 대하여 권고나 설득의 정도를 넘어 통제처분을 하는 것은 허용되지 않는다.[2] 또 예를 들어 조합원이 노동조합의 방침에 반하여 독자적으로 출마하는 것, 노동조합이 지지하는 정당이나 후보자 이외의 정당이나 후보자를 위하여 선거운동을 하는 것, 조합원이 노동조합의 지시에 반하여 노동조합의 공직선거 관련 대책위원회에 참여하기를 거부하는 것, 조합원이 노동조합의 공직선거에 관한 방침을 비난하는 것 등은 통제처분의 대상이 되지 않는다.

노동조합의 정치활동이 공직선거에 관한 것이 아니라 입법이나 행정조치의 촉진이나 반대에 관한 것일 때에도 같은 법리가 적용된다. 예컨대 노동조합이 환경이나 핵 또는 안보 문제 등에 관한 입법을 촉진하거나 반대한다는 방침을 정한 경우 조합원이 이 방침에 따르지 않은 것은 통제처분의 대상이 될 수 없다.

그러나 노동조합의 활동이 조합원의 권리·이익에 직접 관계되는 입법·행정조치의 촉진 또는 반대를 내용으로 하는 경우에는 그러한 노동조합의 활동은 '근로조건의 유지·개선 기타 근로자의 경제적·사회적 지위의 향상'(노조 2조 4호)이라는 노동조합의 목적을 실현하기 위한 것에 해당하고 조합원에게는 이에 협력할 의무가 생기고, 따라서 노동조합의 방침에 반하는 조합원의 독자적 행위는 통제처분의 대상이 된다고 보아야 할 것이다.

라. 단체교섭의 방해

단체교섭은 노동조합이 근로조건 유지·개선의 목적을 달성하기 위한 기본적인 활동이다. 따라서 조합원이 단체교섭의 성공적 타결을 위하여 노동조합이 지시한 쟁의행위에 참가하지 않은 경우에는 통제처분의 대상이 된다. 노동조합의 단체교섭을 방해하는 조합원의 독자적 행위를 한 경우도 그렇다. 예컨대 살쾡이 파업을 했거나 단체교섭의 타결을 앞둔 단계에서 집행부의 교섭 방침을 비판하

1) 현행법은 노동조합에 대하여 일반 단체와 달리 공직선거에서의 선거운동을 허용하고 있다. 1963년 노동조합법은 노동조합의 공직선거에서의 선거운동을 금지하는 규정을 두었으나(12조 1항), 1997년에 삭제되었다. 한편, 공직선거법은 법인·단체의 선거운동을 포괄적으로 금지했고, 1998년 개정 시에 노동조합을 예외로 규정했으며, 2004년에 금지 대상 단체를 열거하는 방식으로 개정하면서 노동조합을 금지 대상 단체·기관에 포함하지 않았다.

2) 대법 2005. 1. 28, 2004도227(이 사건에서 통제처분은 없었으나 노동조합이 통제처분을 하겠다는 내용의 속보를 제작·배포한 행위에 대하여 공직선거법 위반죄의 성립을 인정했다).

고 쟁의행위에 돌입하자고 주장하는 유인물을 배포한 경우가 이에 해당한다.

마. 위법 행위 지시의 거부

노동조합이 조합원에게 예컨대 폭력이나 파괴행위를 수반하는 쟁의행위에 참가하라고 지시했으나 조합원이 이를 거부한 경우 통제처분의 대상이 되느냐가 문제될 수 있다. 확실히 노동조합 내부의 윤리로 보면 이 경우의 지시 거부도 노동조합의 단결을 위태롭게 하는 행동에 속할 것이다. 그러나 조합원과 노동조합 사이의 분쟁도 결국은 국가법을 기준으로 해결할 수밖에 없고, 이러한 지시에 따른 행동이 위법한데도 조합원에게 그 지시에 따를 의무를 인정하기 곤란하므로 이러한 노동조합의 지시를 거부한 것은 통제처분의 대상이 되지 않는다고 보아야 할 것이다.

3. 통제처분의 내용과 절차

가. 통제처분의 내용

노동조합법은 노동조합 '대표자와 임원의 규약 위반에 대한 탄핵에 관한 사항' 및 '규율과 통제에 관한 사항'을 규약의 필요적 기재사항으로 규정하고 있다(11조 13호·15호). 이에 따라 노동조합 규약은 대개 통제처분의 대상(사유), 내용, 절차를 정하고 있다.

규약으로 정하는 통제처분의 내용은 경고나 벌금부과 등 가벼운 것부터 권리정지나 제명 등 무거운 것에 이르기까지 다양하다. 조합원의 행위가 통제처분의 대상이 되는 경우에 규약으로 정한 여러 처분 중에서 어느 것을 과할 것인가는 단체자치에 맡겨져 있다. 다만 통제처분이 사회통념상 현저히 가혹한 경우에는 통제권의 남용으로서 무효가 된다고 해석된다.

노동조합법은 조합비를 납부하지 않는 조합원에 대한 권리 제한을 허용하고 있다(22조 단서). 여기서 권리제한은 권리정지의 처분을 말하는 것이며 조합원의 지위를 박탈하는 제명까지 포함하는 것은 아니라 생각된다.

나. 통제처분의 절차

통제처분은 노동조합의 민주적 운영이라는 법원칙에 따라 공정한 절차(due process)에 따라 이루어져야 한다. 우선 해당 조합원에게 통제처분의 사유를 통지하고 변명의 기회를 충분히 부여해야 한다.

다음에 통제처분은 집행부의 제안에 대하여 징계위원회 등 규약으로 정한 기관의 의결을 거쳐야 한다. 그러나 통제처분이 '임원의 해임'을 내용으로 하는 경우에는 총회의 의결을 거쳐야 한다(16조 1항 2호 참조). 또 규약으로 통제처분 의결기관을 미리 정하지 않은 경우 또는 조합원에게 치명적인 제명처분을 할 경우에는 원칙적으로 총회의 의결을 거쳐야 한다고 해석된다.

통제처분의 의결은 직접·비밀·무기명투표의 방법으로 해야 하고 기립이나 거수의 방법으로 해서는 안 된다. 통제처분 대상자가 여러 명이면 각자에 대하여 분리하여 의결해야 하고 일괄하여 의결해서는 안 된다.

이와 같은 절차적 요건을 충족하지 못한 통제처분은 절차상의 중대한 흠으로 무효가 된다.

다. 위법한 통제처분의 구제

위법한 통제처분을 받은 조합원은 통제처분의 무효를 주장하는 등의 민사소송을 제기할 수 있다. 한편, 노동조합의 통제'처분이 노동관계법령 또는 규약에 위반'한 경우 행정관청의 시정명령(21조 2항) 을 통하여 피해구제가 이루어질 수도 있다.

Ⅴ. 노동조합의 재정

1. 재정운영의 자주성·투명성

가. 자주성

노동조합은 그 운영을 위하여 경비·운영비가 필요한데, 노동조합법은 '경비의 주된 부분을 사용자로부터 원조받는 경우'에는 노동조합으로 인정되지 않는다고 규정하고(2조 4호), 사용자가 '노동조합의 운영비를 원조하는 행위'는 부당노동행위로서 금지하고 있다(81조 1항 4호). 노동조합의 자주성은 재정면에서도 확보되어야 하고 이를 위하여 노동조합의 재정은 조합원이 납부하는 조합비를 그 주된 원천으로 하라는 취지의 규정이다.

나. 투명성

노동조합법은 노동조합 재정의 투명성을 확보하기 위하여 몇 가지 준칙을 규정하고 있다. 우선 노동조합은 노동조합의 예산과 결산은 총회에서 의결(승인)을 받아야 한다(16조 1항 4호).

그리고 노동조합의 대표자는 그 회계감사원으로 하여금 6개월에 1회 이상 그 노동조합의 모든 재원 및 용도, 주요한 기부자의 성명 및 현재의 경리상황 등에 대한 회계감사를 실시하고 그 내용과 결과를 전체 조합원에게 공개해야 한다(25조 1항).[1] 또 회계감사원은 필요하다고 인정하면 그 노동조합의 회계감사를 실시하고 그 결과를 공개할 수 있다(25조 2항).

노동조합의 대표자는 회계연도마다 결산결과와 운영상황을 공표해야 하고 조합원의 요구가 있으면 이를 열람하게 해야 하며(26조),[2] 행정관청이 요구하면 결산결과와 운영상황을 보고해야 한다(27조; 벌칙 96조).

노동조합은 재정에 관한 장부와 서류를 그 주된 사무소에 비치하고 3년 동안 보존해야 한다(14조; 벌칙 96조).

2. 조합비 징수와 재정지출의 한계

가. 임시조합비

노동조합법은 조합비에 관한 사항은 규약으로 정하도록 규정하고 있다(11조 9호). 다만 규약으로 조합비의 종류와 기준 등 기본적인 사항만 정하고 규약으로 정한 바에 따라 예컨대 조합비의 종류에 따른 액수나 납부 방법 등은 총회나 대의원회에서 의결할 수도 있다. 조합원(연합노조의 경우에는 구성단체)은 이렇게 하여 결정된 조합비를 납부할 의무가 있다.

그러나 쟁의기금이나 구속조합원 지원기금 등 특수한 목적에 사용하기 위하여 일시적으로 징수하는 임시조합비의 경우에는 그 징수 목적이 무엇인지에 따라 납부 의무가 있다고 볼 것인지 문제될 수 있다.

통제처분의 대상과 관련하여 이미 살펴본 바와 같이, 노동조합이 하기로 결정한 어떤 활동에 대하여 조합원에게 협력의무가 발생하려면 그 활동의 목적과 그 활동에 따른 조합원의 시민적 권리를 배려해야 한다. 그러므로 예컨대 노동조합이 공직선거에서의 선거운동이나 그 밖의 정치활동을 위하여 임시조합비의 징수를 결정한 경우, 그와 다른 정치적 견해를 가진 조합원의 정치적 자유를 침해

---

1) 시행령에 따르면, 노동조합의 대표자는 필요하다고 인정하거나 조합원 3분의 1 이상이 요구하는 등 소정의 요건에 해당하는 경우에는 회계감사원의 회계감사를 갈음하여 조합원이 아닌 공인회계사나 회계법인으로 하여금 회계감사를 실시하게 할 수 있다(11조의7 2항).

2) 시행령에 따르면, 결산결과와 운영상황은 매 회계연도 종료 후 2개월 이내에 해당 노동조합의 게시판에 공고하거나 인터넷 홈페이지에 게시하는 등의 방법으로 공표해야 하며(11조의7), 이를 갈음하여 고용노동부의 노동조합 회계 공시시스템에 결산결과를 공표할 수도 있다(11조의8).

해서는 안 되므로 조합원의 납부 의무는 발생하지 않는다.

다만 근로자의 권리·이익에 직접 관계되는 입법이나 행정조치의 촉진 또는 반대를 위한 활동의 경우는 노동조합의 본래적 목적 달성을 위한 것이고 조합원의 정치적 견해와의 관련성도 희박하므로 이를 위한 임시조합비의 납부 의무를 인정해야 할 것이다.

나. 재정지출의 한계

노동조합이 지출할 수 있는 범위에 관하여 임시조합비의 경우처럼 지출 목적상의 한계가 문제되는 경우가 있다.

(1) 노동조합이 그 기금을 다른 노동조합이나 사회운동의 지원을 위하여 지출할 수 있는가가 문제된다. 다른 노동조합을 지원하는 것은 노동조합의 목적 범위에 드는 것이 명백하다. 그리고 사회운동을 지원하는 것도 오늘날 노동조합의 목적을 탄력적으로 넓게 해석해야 한다는 점에 비추어 대개는 노동조합의 목적을 벗어난다고 보기 곤란하므로 이를 위한 지출도 허용된다고 보아야 한다.

(2) 다음에 노동조합이 정치적 목적을 위하여 그 기금을 지출할 수 있는가가 문제된다. 정치자금법은 노동조합의 정치자금 기부를 금지하고 있으므로,[1] 노동조합이 공직선거에서 특정 정당이나 후보자를 지지하기로 한 경우에도 그 기금에서 정치자금 기부에 해당하는 지출을 하는 것은 허용되지 않는다. 문제는 정치자금 기부 이외에 정치적 목적을 위한 지출이 허용되는가에 있다. 해당 정치활동에 대하여 견해를 달리하는 조합원 개인의 정치적 자유를 침해하는 정도가 경미하므로 그러한 지출은 허용된다고 보아야 할 것이다. 특히 조합원의 권리·이익에 직접 관계있는 입법이나 행정조치의 촉진 또는 반대를 위하여 하는 활동에 대해서는 조합원의 정치적 자유의 침해 문제도 없으므로 그러한 활동을 위한 지출은 적법성이 인정된다.

3. 노동조합의 재산

가. 노동조합의 법인격

대부분의 노동조합은 법인이 아니다. 법인이 아니더라도 단체교섭을 하여

---

1) 구 노동조합법은 1953년부터 1996년까지 노동조합이 정치자금을 징수하는 것과 그 기금을 정치자금에 유용하는 것을 금지하는 규정을 두었고, 정치자금법은 1980년에 정치자금을 기부할 수 없는 법인·단체에 노동조합을 포함했다가 2004년 이후에는 모든 법인과 단체에 대하여 획일적으로 정치자금 기부를 금지함으로써 노동조합의 정치자금 기부를 금지해 왔다.

단체협약을 체결하거나 쟁의행위를 할 수 있다. 또 대표자의 이름을 병기하여 금융거래를 할 수 있고, 그 소유 부동산에 대하여 노동조합의 명의로 등기를 할 수 있으며, 소송당사자로서의 지위도 인정된다.

한편, 법인이 아닌 노동조합은 민법상 법인이 아닌 사단(권리능력 없는 사단)의 일종이라는 데 이의가 없고, 법인이 아닌 사단은 사단법인과 본질을 같이하므로 법인이 아니라는 데서 오는 차이를 제외하고는 가급적 사단법인에 준하는 법적 취급을 받아야 한다고 해석된다. 그러나 노동조합이 재산거래를 함에 있어서 권리·의무의 한계를 명확히 하여 다툼의 소지를 없애고 거래의 안정을 도모하려면 법인으로 할 필요가 생긴다.

노동조합법은 노동조합을 법인으로 하려면 시행령으로 정하는 바에 따라 등기해야 하고(6조 2항),[1] 법인인 노동조합에 대해서는 노동조합법에 규정된 것을 제외하고는 민법의 사단법인에 관한 규정을 준용한다고 규정하고 있다(6조 3항).

나. 노동조합 재산의 소유

법인인 노동조합의 재산은 노동조합의 단독소유에 속하고 개별 조합원은 그것에 대하여 공유지분을 가지지 않는다.

이에 대하여 법인이 아닌 노동조합의 재산은 전체 조합원의 총유에 속한다고 해석된다. 법인이 아닌 노동조합은 법인이 아닌 사단에 속하고, 민법은 법인이 아닌 사단의 구성원이 집합체로서 재산을 소유할 때에는 총유로 한다고 규정하고 있기(민법 275조 1항) 때문이다. 노동조합이 총유를 폐지하고 그 재산을 처분하려면 조합원총회의 결의에 따라야 하고(민법 276조 1항),[2] 전체 조합원의 동의를 받아야 하는 것은 아니다. 한편 조합원 개개인은 규약 등에 따라 총유 재산을 사용·수익할 수 있을 뿐(민법 276조 2항), 총유 재산에 대하여 공유지분을 가지는

1) 이에 따라 시행령은 노동조합을 법인으로 하려면 그 주된 사무소의 소재지를 관할하는 등기소에 명칭, 주된 사무소의 소재지, 목적 및 사업, 대표자의 성명 및 주소, 해산 사유를 정한 때에는 그 사유를 등기해야 하고(2조-3조), 이 경우 그 노동조합의 대표자가 등기신청서에 노동조합의 규약과 설립신고증 사본을 첨부하여 제출해야 한다고 규정하고 있다(4조).

2) 그 의결 정족수에 관해서는 명문의 규정이 없다. 사단법인의 해산 결의는 정관으로 다른 규정을 두지 않은 이상 전체 구성원의 4분의 3 이상의 다수결에 따라야 한다는 규정(민법 78조)을 준용하는 방안을 생각할 수 있다. 그러나 이 규정은 원래 종교·자선·학술 등 공익을 목적으로 하는 법인을 염두에 둔 것이어서 조합원의 권익 증진을 목적으로 하는 노동조합에는 적합하지 않다. 또 그 점을 고려하여 노동조합법은 노동조합의 해산 의결은 재적 조합원 과반수 출석과 출석 조합원 3분의 2 이상의 다수결에 따라야 한다는 특례규정을 두고 있다(16조 2항 단서). 따라서 사단법인의 해산에 관한 규정이 아니라 노동조합의 해산에 관한 규정을 준용해야 할 것이다.

것은 아니다.

노동조합의 재산은 원칙적으로 조합원의 근로조건 향상을 위하여 결집된 독립의 목적재산이며, 조합원의 출연도 지분 보유를 기대한 출자행위라기보다는 노동조합 필요경비의 분담이라고 보아야 한다. 이 점에서도 노동조합의 재산에 대해서는 그 노동조합이 법인이냐 여부에 관계없이 조합원의 공유지분이 인정되지 않는 것이다.

그러나 규약의 정함에 따라 예외적으로 조합원의 지분이 인정되는 적립금 등을 설치할 수는 있다. 예컨대 매월 소정 금액을 적립하고 장기파업, 조합원의 퇴직·사망 등 조합원자격의 상실 또는 노동조합 해산의 경우에 조합원에게 환불한다고 규정한 투쟁자금 적립금은 조합원 개인의 적립예탁금으로서의 성질을 가지며 따라서 탈퇴조합원의 환불 청구권이 인정된다.

Ⅵ. 노동조합에 대한 사용자의 편의제공

1. 노동조합 사무소

우리나라의 노동조합은 대체로 기업별 단위노조로서 각종의 활동이 주로 기업 내에서 이루어지고 재정기반이 약하다는 등의 이유 때문에 사용자에게 사무소 제공을 요구하고 있다. 이러한 현실을 고려하여 노동조합법은 사용자가 최소한 규모의 노동조합 사무소를 제공하는 것을 운영비원조의 부당노동행위에서 제외하고 있다(81조 1항 4호 단서). 물론 이것은 노동조합 사무소의 제공을 허용하는데 불과하고 이를 강제하는 의미는 전혀 없다.

사용자가 노동조합에 사무소를 제공하는 경우에는 일반적으로 사용자가 보유·관리하는 업무시설의 일부를 노동조합에 무상으로 대여하는 방식이다. 이 경우 법률상으로는 사용자와 노동조합 사이에 민법상 사용대차계약(민법 609조-617조) 또는 그 수정형태의 계약이 성립한 것으로 볼 수 있다.

사무소 무상대차계약에서 반환 시기나 해약 사유를 정한 때에는 그 시기의 도래 또는 그 해약 사유의 발생으로 사용자는 노동조합에 사무소의 반환을 청구할 수 있다. 문제는 그러한 정함이 없는 때에 사용자가 사무소의 반환을 청구할 수 있는지에 있다. 민법에 따르면 '시기의 약정이 없는 경우'에는 '계약 또는 목적물의 성질에 따른 사용'이 계속되는 동안에는 해약과 반환 청구를 할 수 없다(민법 613조 2항 본문의 반대해석). 그러나 사무소 무상대차계약이 반드시 전형계약으로서의 사용대차에 해당하지 않고, 오히려 사용자의 편의제공이라는 특수한 성격을 가지는 것이므로, 사용자는 정당한 사유가 있으면 해약과 반환 청구를 할 수 있다고 보아야 할 것이다. 예컨대 사용자가 경비절감을 위하여 사옥의 일부를 임대인에게 반환한 결과 지금까지의 노동조합 사무소를 영업상 사용할 필요가 생기고 다른 대체 사무소를 제공한 경우에는 해약과 반환 청구의 정당한 사유로 인정해야 할 것이다. 그러나 노동조합의 활동을 위축시키기 위하여 사무소의 반환을 요구하는 것은 지배개입의 부당노동행위가 될 수 있다.

2. 조합비공제 협정 및 연대금 협정

가. 조합비공제 협정

'조합비공제(check-off) 협정'이란 사용자가 조합원의 임금에서 조합비를 공제하여 노동조합에 일괄 인도한다는 단체협약상의 규정을 말한다. 노동조합은 조합비 징수의 번거로움을 피하고 미납 사태를 방지하기 위하여 사용자에게 이 협정의 체결을 요구하기 마련이다. 조합비공제 협정이 체결된 경우에는 사용자가 조합원의 조합비를 임금에서 공제하더라도 근로기준법상 임금전액지급의 원칙에 위반되지는 않는다(근기 43조 1항 단서 참조).

문제는 이 협정이 사용자에 대하여 임금전액지급 위반을 면한다고 하여 당연히 반대조합원을 구속하는지에 있다. 이 문제는 조합원이 사용자에게 공제의 중지를 요청하면 사용자는 공제를 중지해야 하는지의 문제로 귀착된다.

조합비공제 협정은 조합원이 사용자에게 노동조합에 납부할 조합비의 변제를 위임한 것이라고 전제하면서 조합원이 사용자에게 공제의 중지를 요청(변제위임의 철회)하면 사용자는 이에 따라야 한다고 보는 견해가 있다. 그러나 조합비공제 협정은 노동조합과 조합원이 함께 사용자에게 각각 조합비의 징수 및 변제를 위임하고 사용자가 이들 위임을 이행한다는 약속이라 볼 수 있다. 그리고 노동조합이 그 규약에 조합비 납부는 임금에서 공제하는 방법에 따른다는 규정을 두고 이에 근거하여 사용자와 조합비공제 협정을 체결한 이상, 이 협정에 따른 조합비 변제위임의 약속은 반대조합원에게도 구속력을 미친다고 보아야 한다. 따라서 이 경우 조합원이 노동조합에 머무르면서 개별적으로 조합비공제의 중지를 사용자에게 요청할 수 없는 것이다. 바꾸어 말하면, 조합비공제 협정은 규약상의 승인 규정이 있는 이상 조합원의 동의가 없더라도 조합원을 구속하는 효력을 가진다.

또 사용자는 예컨대 노동조합의 위법행위로 손해배상 청구권을 가진다 하더라도 조합비공제 협정에 따라 노동조합에 인도할 조합비를 노동조합에 대한 이러한 채권과 상계할 수는 없다. 이 협정에 따른 조합비 인도 청구권과 사용자의 손해배상 청구권은 '서로 같은 종류를 목적으로 하는' 채권(민법 492조 1항)이 아니고, 또 이 협정에 따라 공제한 조합비는 현실적으로 인도되는 것을 요하는 것이어서 이 협정 속에는 상계를 배제하는 약정(민법 492조 2항의 '다른 의사를 표시한 경우')이 포함되어 있다고 보아야 할 것이기 때문이다.

나. 연대금 협정

'연대금(agency shop) 협정'이란 비조합원 중에서 조합비 상당액의 연대금을 납부하지 않는 자를 사용자가 해고하기로 하는 단체협약상의 규정을 말한다.

연대금 협정은 특정 노동조합의 조합원이 아닌 근로자에게 그 노동조합의 조합원이 될 것을 강제하기가 어려운 사정에서 조합 재정을 늘림과 동시에 비조합원이 조합비를 납부함이 없이 단체협약의 혜택만 받는 이른바 '무임승차'를 방지하려는 것이다. 그렇다면 이 협정의 유효성은 연대금의 다과에 따라 결정되기도 한다. 연대금의 액수가 조합비보다 많은 경우에는 연대금 협정은 무효로 보아야 한다.

3. 전임자 및 근로시간면제자

가. 전임자

노동조합법은 단체협약으로 정하거나 사용자의 동의가 있는 경우 근로자가 사용자 또는 노동조합으로부터 급여를 지급받으면서 근로계약 소정의 근로를 제공하지 않고 노동조합의 업무에 종사하는 것을 허용하고 있다(24조 1항). 사용자 또는 노동조합으로부터 급여를 지급받으면서 근로계약 소정의 근로를 제공하지 않고 노동조합의 업무에 종사하는 자를 흔히 '전임자'라 부른다.[1)]

노동조합에 전임자를 두는 것은 '단체협약으로 정하거나 사용자의 동의가 있'어야 허용되고 노동조합이 일방적으로 할 수는 없다. 급여를 사용자에게서 지급받는 경우(유급전임자, 근로시간면제자)도 있고 사용자에게서는 받지 않고 노동조합

1) 2021년 개정법은 전임자 정의 규정(24조 2항 전단)을 삭제하고 이와 더불어 전임자의 급여에 관한 규정(24조 2항 후단, 24조 5항, 81조 1항 4호)도 모두 삭제했다. 이로써 노동조합법에서는 전임자의 용어가 없어졌지만, 그렇다고 하여 강학상의 전임자 개념까지 소멸하는 것은 아니다.

에서 받는 경우(무급전임자)도 있다. '근로계약 소정의 근로를 제공하지 않'는다는 것은 근로계약관계는 유지하면서 약정된 근로시간에 대한 근로제공 의무를 면제받는다는 것을 의미한다. 근로제공 의무 전부를 면제받는 경우(완전전임자)도 있고, 일부만(예: 매주 수요일의 오후 근무만) 면제받는 경우(부분전임자)도 있다.

A. 전임자의 지위　　전임자를 둔다는 취지의 단체협약이 있더라도 노동조합 대표 등은 다른 규정이나 관행이 없는 이상 사용자가 해당 근로자에 대하여 전임 발령을 해야 비로소 전임자가 된다.[1] 전임자를 두기로 한 이상, 사용자는 노동조합이 지명·요구한 특정인에 대하여 전임 발령을 해야 하고, 사용자가 정당한 이유 없이 전임 발령을 거부하거나[2] 다른 사람으로 바꾸라고 주장하며 발령을 지연하는 것은 단체협약 위반(92조 2호 마목의 '편의제공' 사항 위반 해당) 또는 지배개입의 부당노동행위가 될 것이다.

전임자를 두는 근거가 되는 단체협약이 효력을 상실한 경우 전임자는 사용자의 근무복귀 발령에 따라야 한다.[3] 노동조합은 전임자가 그 대표자 등의 지위를 상실하면 사용자에게 전임자 해임을 요구해야 할 신의칙상의 의무가 있으므로, 노동조합이 이에 위반하는 경우에는 사용자가 일방적으로 근무복귀 발령을 할 수 있다. 또 노동조합이 전임자의 해임을 요구하면 사용자는 지체 없이 전임자인 근로자를 원직에 복귀시켜야 한다.

B. 전임자의 활동　　취업규칙상 출·퇴근에 관한 규정은 전임자에게도 적용되므로 전임자가 취업규칙 소정의 절차를 밟지 않은 채 노동조합 사무실에 출근하지 않은 경우에는 무단결근이 된다.[4] 그러나 사용자가 근로시간을 대체하여 실시하는 교육은 참가가 의무로 되는 이상 근로제공과 같으므로 근로제공 의무를 면제받은 전임자가 이에 참가하지 않았다 하여 불이익을 줄 수는 없다.[5] 전임자가 그 업무를 수행하던 중에 발생한 재해는 산재보험법상 업무상 재해로 인정된다.[6] 다만 그 업무가 성질상 사용자의 사업과는 무관한 상급 노동조합이나 연

---

1) 대법 1997. 4. 25, 97다6926.

2) 대법 2009. 12. 24, 2009도9347은 노동조합이 단체협약에 따라 2명의 상시전임자를 요구했지만 그동안 상시전임자를 두지 않았고 조합원이 60명에서 4명으로 줄어드는 등의 사정에 비추어 사용자가 전임 발령을 거부한 것은 단체협약 위반이 아니라고 한다.

3) 대법 1997. 6. 13, 96누17738.

4) 대법 1995. 4. 11, 94다58087; 대법 1997. 3. 11, 95다46715.

5) 대법 1999. 11. 23, 99다45246.

6) 대법 1994. 2. 22, 92누14502; 대법 1998. 12. 8, 98두14006; 대법 2007. 3. 29, 2005두11418 등. 나아가 대법 2014. 5. 29, 2014두35232는 전임자가 아닌 노동조합 간부가 회사의 승낙을

합노조에 관련된 활동,[1] 불법적인 노동조합 활동, 사용자와 대립관계가 되는 쟁의단계에 들어간 이후의 활동에 따른 재해는 그렇지 않다.

노동조합법은 사용자가 근로시간면제자와 무급전임자의 정당한 노동조합 활동을 제한하는 것을 금지하고 있다(24조 3항). 근로시간면제자와 무급전임자의 정당한 노동조합 활동은 노동조합의 자주적 운영을 위하여 보호받아야 한다는 당연한 사리를 규정한 것이다.

나. 근로시간면제자

노동조합법은 사용자로부터 급여를 지급받으면서 근로를 제공하지 않고 노동조합 업무에 종사하는 자(근로시간면제자)에 대하여 소정의 근로시간면제 한도를 초과하지 않는 범위에서 임금의 손실 없이 사용자와의 협의·교섭 등 소정의 대상 업무를 할 수 있도록 허용하고 있다(24조 2항).

A. 근로시간면제자의 지위·활동·급여 근로시간면제자는 근로를 제공하지 않고 노동조합 업무에 종사하면서도 사용자로부터 급여를 지급받는 자이다. 유급'전임자'에 속한다. 따라서 근로시간면제자의 지위와 활동에 관해서는 원칙적으로 앞에서 살펴본 전임자의 지위와 활동에 관한 법리가 적용된다.

근로시간면제자는 소정의 근로시간면제 한도를 초과하지 않는 범위에서 임금의 손실 없이 소정의 대상 업무를 할 수 있다. '임금의 손실 없이' 소정의 대상 업무를 할 수 있다는 것은 근로제공 의무를 면제받아 소정의 노동조합 관련 활동에 종사한 시간에 대하여 임금을 지급받을 수 있다는 것을 의미한다. 다만 대상 업무에 종사하는 시간(따라서 그에 대한 급여)은 소정의 근로시간면제 한도를 초과해서는 안 된다.

B. 근로시간면제 한도 근로시간면제 한도는 사업 또는 사업장별로 종사근로자인 조합원 수(근로자 수가 아님) 등을 고려하여 근로시간면제심의위원회가 심의·의결한다.[2] 근로시간면제 한도를 초과하지 않는 범위에서 소정의 대상 업무를 하려면 근로시간면제 한도의 범위 안에서 해당 사업 또는 사업장에 적합한 면

받아 노동조합 업무 등을 수행하는 경우에도 같은 법리가 적용된다고 한다.

1) 그러나 분회 임원인 전임자가 수행한 산업별 단위노조의 업무는 사용자의 사업과는 무관한 상급 노동조합이나 연합노조에 관련된 활동이라 볼 수 없다(대법 2007. 3. 29, 2005두11418).

2) 근로시간면제심의위원회는 대통령 소속의 경제사회노동위원회에 둔다(24조의2 1항). 위원회는 근로시간면제 한도를 심의·의결하고 3년마다 그 적정성 여부를 재심의하여 의결할 수 있으며, 그 의결 사항은 고용노동부장관이 고시한다(2항·4항). 위원회는 근로자를 대표하는 위원, 사용자를 대표하는 위원 및 공익을 대표하는 위원 각 5명으로 구성하고(5항), 재적위원 과반수의 출석과 출석위원 과반수의 찬성으로 의결한다(7항).

제 시간과 이를 사용할 인원에 관하여 노동조합이 사용자와 합의하고 이에 따라 해당 업무를 하게 될 것이다.

노동조합법은 근로시간면제 한도를 초과하는 내용을 정한 단체협약 또는 사용자의 동의는 그 부분에 한하여 무효로 한다고 규정하는 한편(24조 4항), 사용자가 근로시간 면제한도를 초과하여 급여를 지급하는 것은 부당노동행위의 일종으로서 금지하고 있다(81조 1항 4호). 당사자가 근로시간면제 한도를 위반하는 것을 철저히 방지하려는 것이다. 이러한 제한을 받는다는 점에서 근로시간면제자는 사용자의 전임자 급여가 허용되던 시대의 유급전임자와는 다르다. 한편, 판례는 이 규정과 관계없이 근로시간면제자에게 지급된 급여가 사회통념상 수긍할 만한 합리적인 범위를 초과할 정도로 과다한 경우에는 그 부분은 평균임금 산정에서 임금으로 볼 수 없다고 한다.[1)]

C. 근로시간면제 대상 업무 근로시간면제자가 임금의 손실 없이 할 수 있는 대상 업무는 '사용자와의 협의·교섭, 고충처리, 산업안전 활동 등 이 법 또는 다른 법률에서 정하는 업무와 건전한 노사관계 발전을 위한 노동조합의 유지·관리업무'로 한정된다.

'다른 법률에서 정하는 업무'에는 근로자참여법, 근로기준법, 산업안전보건법 등에서 노동조합의 관여가 예정된 업무가 포함된다. '건전한 노사관계 발전을 위한 노동조합의 유지·관리 업무'에는 법률에서 정하지 않은 것으로서 예컨대 특정한 목적을 수행하기 위한 노사공동위원회의 설치·운영, 조합원 교육 등이 포함될 것이다.

쟁의행위가 대상 업무에 포함되는지가 문제된다. 문언상 단체교섭은 예시하면서 그 연장선상에 있는 쟁의행위는 예시하지 않은 점과 '건전한 노사관계의 발전을 위한' 업무는 사용자의 이익과 현저히 대립되지 않는 업무를 말한다는 점을 강조할 때에는 쟁의행위는 대상 업무에서 제외된다고 볼 것이다. 그러나 단체교섭은 건전한 노사관계의 발전을 위한 업무이고 쟁의행위는 그렇지 않다고 볼 근거가 의문스러운 점에서 노동조합법에서 정하는 정당한 쟁의행위도 대상 업무에 포함된다고 보아야 할 것이다.[2)]

---

1) 대법 2018. 4. 26, 2012다8239(급여가 과다한지 여부는 근로시간면제자로 지정되지 않고 일반 근로자로 근로했다면 해당 사업장에서 동종 혹은 유사 업무에 종사하는 동일 또는 유사 직급·호봉의 일반 근로자의 통상 근로시간과 근로조건 등을 기준으로 받을 수 있는 급여 수준이나 지급 기준과 비교하여 판단한다).

2) 고용노동부, 근로시간면제 한도 적용 매뉴얼, 2013, 11은 쟁의행위 그 자체는 대상 업무에 해

상급단체(연합단체 등)는 노동조합법상 노동조합에 포함되고 상급단체 파견 활동이 해당 사업 또는 사업장의 활동과 무관하지 않으므로 상급단체 파견 활동도 대상 업무에 포함된다.[1)]

당하지 않지만 쟁의행위의 준비 활동은 대상 업무에 포함된다고 한다.

1) 고용노동부, 근로시간면제 한도 적용 매뉴얼, 2013, 10.

제4절 노동조합 조직의 변동

Ⅰ. 합병

노동조합의 '합병'이란 복수의 노동조합이 존속 중에 그 합의에 근거하여 하나의 노동조합으로 통합되는 것을 말한다. 기존의 노동조합을 통합하여 새 노동조합을 설립하는 신설합병과 하나의 노동조합이 다른 노동조합을 흡수하여 존속하는 흡수합병이 있다.

기존의 노동조합을 합병하려면 해당 노동조합이 합병계약을 체결하고, 각 노동조합이 총회에서 계약 취지에 따른 합병을 의결하고 규약을 변경해야 한다. 그리고 신설합병의 경우 새 노동조합은 행정관청에 설립신고를 해야 한다.

노동조합이 합병하면 신설합병의 경우는 기존의 노동조합 모두가, 흡수합병의 경우는 흡수되는 노동조합이 소멸한다. 그러나 합병 전후에 조직의 실질적 동일성은 인정되므로, 소멸한 노동조합의 조합원은 당연히 새 노동조합 또는 잔존 노동조합의 조합원이 되고, 소멸한 노동조합의 재산관계와 규약·단체협약상의 권리·의무는 포괄적으로 새 노동조합 또는 잔존 노동조합에 승계된다.

Ⅱ. 분할

노동조합의 '분할'이란 하나의 노동조합이 존속 중에 그 의사결정에 따라 복수의 노동조합으로 나누어지는 것을 말한다. 대체로 기존의 노동조합이 잔존하면서 새 노동조합을 설립하는 형식으로 한다.

노동조합을 분할하려면 그 노동조합의 총회에서 분할의 취지를 의결하고 규약을 변경해야 한다. 새 노동조합은 설립신고도 해야 한다.

노동조합이 분할되면 기존 노동조합의 조합원은 당연히 잔존 노동조합과 새 노동조합으로 나뉘어 그 조합원이 되고, 기존 노동조합의 재산관계와 규약상의 권리·의무는 새 노동조합에 분할·승계된다. 그러나 분할 전후의 노동조합 사이에 실질적 동일성이 인정되기 곤란하므로 기존 노동조합의 단체협약은 분할에 따라 소멸·종료된다고 해석된다.

조합원 일부가 노동조합에서 집단적으로 탈퇴하여 새 노동조합을 설립하는 것은 분할이 아니라 사실상의 '분열'현상이다. 이 경우 기존 노동조합은 조직적 동일성을 손상받지 않고 존속하고 새 노동조합은 기존 노동조합과 조직상 별개의 존재이므로 기존 노동조합의 단체협약이나 재산은 원칙적으로 새 노동조합에 분할·승계되지 않는다.

Ⅲ. 조직형태 변경

'조직형태 변경'이란 노동조합의 존속 중에 합병이나 분할이 없이 종전 조직의 지위를 승계하기 위하여 그 조직형태를 변경하는 것을 말한다.

(1) 다음 네 가지가 유형이 중요하다. 우선 각 유형별로 조직형태 변경의 절차와 요건을 살펴보기로 한다.

A. 연합노조에서 단위노조로의 개편 예컨대 산업별 연합노조에서 각 구성단체를 지부·분회 등 산하조직으로 하는 산업별 단위노조(단일노조)로 개편하는 경우에는 우선 그 연합노조는 총회(대개 대의원회로 갈음)에서 그러한 취지의 조직형태 변경을 의결하고 규약 변경('명칭', '연합단체의 구성단체에 관한 사항', '조합원에 관한 사항'의 변경)도 해야 한다. 그리고 행정관청에는 변경신고('명칭'의 변경)를 해야 한다.

이와 병행하여 구성단체인 기업별 단위노조의 상당 부분도 새 산업별 단위노조의 기업별 지부로 조직형태를 변경해야 한다. 이 경우 '조직형태의 변경에 관한 사항'을 총회의 의결로 규정한 입법취지에 비추어 기업별 단위노조는 해산의 절차를 밟을 필요는 없고 총회에서 산업별 단위노조의 산하 기업별 지부로 변경한다는 취지의 조직형태 변경을 의결하고 규약 변경('명칭'과 '연합단체의 명칭'의 변경)도 해야 한다. 그리고 행정관청에는 변경신고('명칭'의 변경)를 해야 한다.[1)]

B. 단위노조에서 연합노조로의 개편 예컨대 산업별 단위노조(단일노조)에서 그 기업별 지부를 구성단체로 하는 산업별 연합노조로 개편하는 경우에는 해당 산업별 단위노조와 단체성을 가진 기업별 지부는 각각 그 총회에서 그러한 취지의 조직형태 변경을 의결하고[2)] 규약 변경도 해야 한다. 그리고 행정관청에는 변

---

1) 시행령에 따르면 기업별 지부가 노동조합 설립신고를 할 수 있으므로(영 7조), 변경신고도 할 수 있다고 보아야 한다.

2) 이 경우 기업별 지부의 조직형태 변경은 기업별 지부가 일방적으로 산업별 단위노조에서 벗어나는 것이 아니라 해당 단위노조가 스스로 연합노조로 개편되는 것에 따른 것이므로 기업별 지부가 독자적인 노동조합으로서 조직형태 변경의 주체가 될 수 있느냐 여부는 문제되지 않는다.

경신고를 해야 한다.

C. **단위노조에서 기업별 지부로의 개편** 예컨대 기업별 단위노조가 기존의 산업별 단위노조의 기업별 지부로 편입하는 경우에는 조합원이 가입하는 노동조합이 달라지고 노동조합의 운영 방침도 근본적으로 변경되므로 종전의 단위노조를 해산하고 해당 조합원들이 산업별 단위노조에 개별적으로 가입한 후 기업별 지부를 조직하는 것이 원칙이다. 그러나 노동조합법이 '조직형태의 변경에 관한 사항'을 총회의 의결사항으로 규정한 입법취지에 비추어 그러한 해산 절차 없이 조직의 외형을 변경할 수 있다. 이 경우 산업별 단위노조의 기업별 지부로 편입하려는 기업별 단위노조는 총회에서 그러한 취지의 조직형태 변경을 의결하고 규약 변경('명칭'과 '소속된 연합단체의 명칭'의 변경)도 해야 한다. 그리고 행정관청에는 변경신고('명칭'과 '연합단체의 명칭'의 변경)를 해야 한다.

D. **기업별 지부에서 단위노조로의 개편** 노동조합법은 조직형태 변경의 주체를 노동조합으로 규정하고 있고, 예컨대 산업별 단위노조 산하의 기업별 지부는 그 자체로서는 노동조합이 아니므로 조직형태 변경의 주체가 될 수 없다. 다만 이미 살펴본 바와 같이, 기업별 지부라 하더라도 단체성과 단체교섭 능력을 모두 갖춘 경우에는 기업별 단위노조에 준하여 독자적인 노동조합으로 인정되므로 조직형태 변경의 주체가 될 수 있다.

문제는 기업별 지부가 단체성만 갖추고 단체교섭 능력은 갖추지 못한 경우에도 조직형태 변경의 주체가 될 수 있는지에 있다. 이에 관하여 판례는 기업별 지부가 단체교섭 능력이 없더라도 기업별 단위노조와 비슷한 정도의 단체성을 갖춘 경우에는 기업별 단위노조로 전환하기 위한 조직형태 변경을 할 수 있다고 판시했다.[1] 이 판례에 따르면, 단위노조의 해당 기업별 지부는 총회에서 독자적인 기업별 단위노조로 개편한다는 취지로 조직형태 변경을 의결하고 규약 변경('명칭'과 '소속된 연합단체의 명칭'의 변경)도 해야 한다. 그리고 행정관청에는 종전에 지부의 설립신고를 한 경우에는 변경신고('명칭'과 '연합단체의 명칭'의 변경)를 하고, 그렇지 않은 경우에는 설립신고를 해야 한다.

물론 기업별 지부가 단체성조차 갖추지 못한 경우에는 조직형태 변경의 주체가 될 수 없으므로 총회에서 조직형태 변경의 결의를 했다 하더라도 결의로서

1) 대법 2016. 2. 19, 2012다96120(전합). 그러나 이 판례는 이미 살펴본 바 조직형태 변경제도의 연혁, 입법취지, 규정의 형식과 내용 등에 어긋나게 조직형태 변경의 주체를 확대해석하여 혼선을 초래하고, 기업별 지부의 상부조직인 산업별 노조의 단결권을 침해하게 된다는 등의 문제점이 있다.

의 효력도 없고 조직형태 변경에 따른 법적 효과도 발생하지 않는다.[1)]

(2) 조직형태 변경이 위와 같은 절차에 따라 이루어진 경우에는 변경 후의 노동조합이 변경 전의 노동조합과 동일성이 인정되어 변경 전 노동조합의 재산과 규약 및 단체협약을 그대로 승계한다.

한편, 예컨대 산업별 연합노조에서 산업별 단위노조로 개편하는 과정에서 기업별 지부로 전환하지 않은 소수의 기업별 단위노조와 산업별 연합노조가 잔존하는 경우가 있다. 또 기업별 단위노조에서 기업별 지부로 개편하는 과정에서 개편에 반대하는 소수의 조합원이 잔류하고 이들과 더불어 종전의 기업별 단위노조가 잔존하는 경우도 있다. 이들 잔존하는 노동조합은 변경 후의 노동조합이 아니라 변경 전 노동조합의 잔존물에 불과하므로 재산이나 단체협약을 승계하지 않는다.

Ⅳ. 해산

노동조합의 '해산'이란 노동조합으로서의 존재를 종료하는 것, 즉 노동조합 본래의 기능·활동을 중단하고 소멸하게 되는 것을 말한다.

(1) 노동조합법은 노동조합은 ① 규약에서 정한 해산 사유가 발생한 경우, ② 합병·분할로 소멸한 경우, ③ 총회·대의원회의 해산결의가 있는 경우, 또는 ④ 노동조합의 임원이 없고 노동조합으로서의 활동을 1년 이상 하지 않은 것으로 인정되어 행정관청이 노동위원회의 의결을 받은 경우에 해산한다고 규정하고 있다(28조 1항).

'규약에서 정한 해산 사유'는 다른 해산 사유와 중복되지 않는 것으로서 예컨대 구성원이 일정한 인원에 미달하거나 기업별 단위노조의 경우에 해당 기업이 소멸하는 경우 등으로 정할 수 있을 것이다. '합병 또는 분할로 소멸'한 경우는 구 노조는 소멸하지만 조직현상 자체는 남아 있다는 점에서 다른 해산 사유와 구분된다. 따라서 같은 성격을 가진 '조직형태의 변경'에 따른 소멸도 포함된다고 보아야 할 것이다. 총회 또는 대의원회의 해산결의에는 특별의결정족수(16조 2항 단서)가 적용된다.

'노동조합의 임원이 없고 노동조합으로서의 활동을 1년 이상 하지 않은 것으로 인정되는 경우'(흔히 '휴면노조'라 부른다)에[2)] 해당하는 것만으로는 해산사유가 되

1) 대법 2018. 1. 24, 2014다203045.

지 않으며 휴면노조로 인정되어 행정관청이 노동위원회의 의결을[1] 받아야 해산사유가 된다.

해산사유 중 어느 하나에 해당하면 '해산한다'는 것은 행정관청 등의 어떤 결정 또는 통보가 없더라도 당연히 해산한 것으로 본다는 것을 의미한다.

(2) 노동조합법은 해산 사유가 발생한 경우 노동조합의 대표자는 해산한 날부터 15일 이내에 행정관청에 신고해야 한다고 규정하고 있다(28조 2항; 벌칙 96조 2항).

(3) 해산한 노동조합은 단체교섭 등 노동조합 본래의 활동에서 당사자가 될 수 없다. 따라서 유효기간 중의 단체협약도 노동조합이 해산하면 효력을 상실한다. 다만 해산한 노동조합은 단체협약관계 또는 내부관계를 정리해야 하고, 잔여재산이 있으면 이를 처리(청산)해야 한다. 규약으로 잔여재산의 처리 방법을 정해 둔 때에는 그에 따르고, 그러한 규정이 없는 때에는 해산 시의 총회 결의에 따라 조합원에게 평등하게 분배할 수 있다고 보아야 한다.[2]

---

2) '노동조합으로서의 활동을 1년 이상 하지 않은 것으로 인정되는 경우'란 계속하여 1년 이상 조합원으로부터 조합비를 징수한 사실이 없거나 총회 또는 대의원회를 개최한 사실이 없는 경우를 말한다(영 13조 1항).

1) 노동위원회는 휴면노조에 관한 의결을 할 때에 휴면노조의 요건을 이미 갖춘 이후의 활동을 고려해서는 안 된다(영 13조 3항).

2) 민법의 잔여재산의 귀속 및 청산에 관한 규정(79조-97조)은 원래 종교·자선·학술 등 공익을 목적으로 하는 법인을 염두에 둔 것이어서 조합원 공동이익의 추진을 목적으로 하는 노동조합에 적용하기에 적합하지 않다.

제2장 단체교섭

제1절 단체교섭의 의의

Ⅰ. 단체교섭의 방식

단체교섭의 방식은 사회현상으로서 매우 다양하지만 크게 보면 다음 다섯 가지로 나누어 볼 수 있다.

첫째는 '기업별 교섭'으로서 하나의 기업별 단위노조가 대응하는 사용자와 교섭하는 것이 그 전형이다. 우리나라와 일본에서 주로 채택되는 방식이다. 산업별 단위노조의 기업별 지부가 단위노조의 위임을 받아 사용자와 교섭하는 것도 이 방식에 속한다. 기업별 교섭은 해당 기업의 특수성이 교섭결과에 잘 반영되지만, 근로자 쪽에서 보면 조합원의식보다 종업원의식이 강하거나 해당 기업의 지불능력 등 경영상의 특유한 사정 등 기업 간의 경계를 넘기가 어렵다는 약점을 가진다.

둘째는 '대각선 교섭'으로서 하나의 초기업적 단위노조(또는 그 지역별 산하조직)이 대응하는 개별 사용자와 교섭하는 것이 그 전형에 속한다. 미국에서 널리 채택되고 있다. 노동조합이 수많은 사용자와 교섭하는 수고를 덜기 위하여 중요한 사용자와 모범협약을 체결하고 이를 다른 사용자가 그대로 받아들이도록 하거나('패턴 교섭'이라 부름) 다수의 사용자를 하나의 협상테이블에 나오도록 하는 방식(집단교섭과 혼합한 것으로 '집단적 대각선 교섭'이라 부르기도 함)을 택하기도 한다. 하나의 산업별 연합단체가 기업별 단위노조의 위임에 근거하여 대응하는 사용자와 교섭하는 것도 이 방식에 속한다.

셋째는 '산업별 통일교섭'으로서 하나의 산업별 단위노조(또는 그 지역별 산하조직)이 대응하는 사용자단체(또는 그 지역별 산하조직)와 교섭하는 것이 그 전형이다. 영국이나 독일에서 널리 채택되는 방식이다. 해당 산업 전반에 걸쳐 근로조건을 통일하게 되지만, 기업별 특수성을 반영하기 어렵다는 등의 문제가 있어 보충적으로 기업별 교섭을 병행하기도 한다. 하나의 산업별 연합노조가 여러 기업별 단위노조의 위임을 받아 대응하는 사용자단체와 교섭하는 것도 산업별 통일교섭의 일종이다.

넷째는 '집단교섭'(연합교섭)으로서 동일한 업종에 속하는 등 상호 밀접한 관련을 가지는 여러 기업별 단위노조가 대응하는 여러 사용자와 하나의 협상테이블에서 동시에 교섭하는 것이다. 기업별 교섭과 산업별 통일교섭의 절충형태라 할 수 있다. 산업별 통일교섭과 합하여 '산업별 교섭'이라 부르기도 한다.

다섯째는 '공동교섭'(연명교섭)으로서 하나의 기업별 단위노조와 그 소속 산업별 연합노조가 공동으로 그 기업별 단위노조에 대응하는 사용자와 교섭하는 것이다. 기업별 교섭과 대각선 교섭의 혼합형태인 셈이다.

Ⅱ. 단체교섭의 개념

단체교섭은 다의적 개념이지만 법률상으로는 노동조합이나 그 밖의 노동단체가 교섭대표를 통하여 사용자측과 근로조건 등에 관하여 합의에 도달할 목적으로 교섭(회담·협상)하는 것을 말한다.

단체교섭은 노동조합과 사용자 사이의 교섭이므로 노동조합이 정부기관과 협상하는 것은 단체교섭이라 할 수 없다. 물론 공무원노조가 해당 조합원의 사용자인 특정의 정부기관과 교섭하는 것은 단체교섭에 포함된다.

단체교섭은 쌍방이 양보를 거듭하면서 합의에 도달하려는 것이므로 단순히 쌍방의 의견을 대결시키거나 시시비비를 가리려는 회담은 단체교섭이라 할 수 없다. 합의에 도달하려면 양보가 필요하지만 양보 여부는 쌍방의 자유에 속한다. 노동조합이 쟁의행위를 통하여 사용자에게 양보를 구할 수 있을 뿐 양보나 합의 그 자체가 강제되는 것은 아니다. 이 점에서 사용자가 근로자대표와의 합의 그 자체를 요구받는 공동결정과 구분된다.

단체교섭은 기본적으로 개별 근로자가 근로조건에 관하여 사용자와 교섭하는 것을 대신하여 교섭대표(교섭 담당자)를 통하여 근로조건을 집단적·통일적으로 교섭하는 것이므로 근로조건 결정의 권한을 교섭대표에게 수권한 것을 전제로 한다. 즉 단체교섭은 교섭과정에서 교섭대표와 조합원 사이에 교섭의사를 형성하고 확인하는 내부적 절차를 수반하되 교섭 그 자체는 교섭대표에게 일임한 것이다. 따라서 교섭대표를 정하지 않고 불특정 다수의 근로자가 교섭을 하거나 교섭대표 이외에 다수의 근로자가 교섭에 참가하는 이른바 '대중교섭'은 단체교섭이라 볼 수 없다.

단체교섭은 일반적으로 노동조합과 사용자 사이의 회담·협상이라는 사실행위를 말하지만, 넓게는 이 사실행위를 통하여 합의된 결과에 대한 단체협약의 체결이라는 법률행위도 포함한다.

Ⅲ. 단체교섭의 기능과 법적 보호

(1) 단체교섭은 노동조합 등 단결력을 배경으로 교섭하는 것이므로, 근로조건은 근로자가 사용자와 개별적으로 정하는 것보다 단체교섭으로 정하는 것이 근로자에게 유리하다. 단체교섭은 일반적으로 근로조건을 향상시키는 기능을 수행하는 것이다. 그러면서 단체교섭은 다수 근로자의 근로조건을 통일적으로 형성하는 기능도 가진다. 한편, 단체교섭의 과정에서는 노사간에 갈등도 생기지만 일단 타결되기만 하면 노사간에 평화와 협력의 분위기를 가져다준다. 단체교섭은 사용자에게 유익한 산업평화 유지의 기능을 가지는 것이다. 이 때문에 노사 쌍방은 근로조건뿐만 아니라 해당 노사관계 운영의 준칙도 단체교섭으로 형성하기를 바라게 된다. 단체교섭은 노사관계 운영준칙 형성의 기능도 담당하는 것이다.

(2) 단체교섭의 이와 같은 중대한 기능을 고려하여 현행법은 단체교섭을 두텁게 보호하는 제도를 두고 있다.

먼저 헌법은 근로자에게 단체교섭권을 보장하고 있다. 그리고 노동조합법은 노동조합의 정당한 단체교섭에 대하여 민·형사책임을 면제하고(3조-4조), 사용자에게 성실교섭 의무를 부과하며(30조 2항, 81조 1항 3호),[1] 단체교섭과 관련된 노동조합의 정당한 업무 활동에 대하여 사용자의 불이익취급을 금지하고 있다(81조 1항 1호). 이들 규정은 헌법상 단체교섭권의 면책효과 또는 사인간의 효과(사회질서 설정의 효과)를 확인하기 위한 것이다.

노동조합법은 이 밖에도 일정한 한도 안에서 근로자가 유급으로 근무시간 중에 단체교섭 업무에 종사하는 것을 허용하고(24조 4항; 81조 1항 4호 단서), 단체교섭의 결과물인 단체협약에 대하여 법규범적 효력을 부여하고 있다(33조).

1) 헌재 2002. 12. 18, 2002헌바12는 사용자의 성실교섭 의무를 소극적 측면에서 규정한 노동조합법 제81조 제3호의 규정은 단체교섭권을 실효성 있게 보장하기 위한 것이라는 등의 이유를 들어 헌법 위반으로 볼 수 없다고 한다.

(3) 이하 단체교섭의 주체·대상·방법 등의 논의는 단체교섭으로서 법적 보호가 인정되는지를 살펴보는 것이다. 이는 노동조합에게 민·형사 면책이 인정되는지 및 사용자에게 단체교섭의무가 인정되는지 등을 판단하기 위함이다.

제2절 단체교섭의 주체

단체교섭 주체의 문제는 단체교섭 당사자와 담당자의 문제로 나누어지고, 근로자측에는 누가 단체교섭을 할 수 있는가의 문제이지만 사용자측에는 누가 근로자측과 교섭할 의무를 지는가가 중요하다.

Ⅰ. 단체교섭의 당사자

단체교섭의 '당사자'란 자기 이름으로 단체교섭을 하고 단체협약을 체결할 수 있는 자를 말한다. 근로자측에서는 근로자 또는 노동조합의 대표자 개인이 아니라 노동조합이 교섭당사자가 되고, 사용자측에서는 사용자 또는 사용자단체가 교섭당사자가 된다(29조 1항, 30조 1항·2항 참조).

1. 근로자측 교섭당사자

가. 노동조합

A. 단위노조　　단위노조는 당연히(위임을 받지 않더라도) '그 노동조합 또는 조합원을 위하여 사용자나 사용자단체와 교섭'할 수 있는(29조 1항 참조) 당사자가 된다. 따라서 기업별 단위노조는 그 조합원을 고용하고 있는 사용자와 기업별 교섭을 할 수 있고, 초기업적 단위노조는 그 조합원을 고용하고 있는 사용자와 대각선 교섭을 하거나 그 사용자가 소속한 사용자단체와 산업별 통일교섭을 할 수 있다. 또 수개의 기업별 단위노조가 대응하는 복수의 사용자와 동일한 일시·장소에서 집단교섭을 할 수도 있다.

B. 연합노조　　연합노조(연합단체)도 단위노조로부터 교섭권을 위임받은 경우에는 그 단위노조를 대신하여 교섭권을 가진다. 문제는 단위노조의 위임이 없는 경우에도 연합단체가 자기 또는 소속 단위노조를 위하여 단체교섭을 할 수 있는지에 있다.

이를 전면적으로 부정하는 견해가 있다. 단체교섭의 주된 목적은 근로자에게 적용할 근로조건의 결정에 있고 연합단체는 노동조합을 구성원으로 하므로 그 구성원이 아닌 개별 조합원에게 적용될 근로조건에 관하여 교섭·결정할 권한

이 없다는 것이다.

그러나 현행법상 연합단체도 노동조합이고 노동조합은 근로조건의 유지·개선을 주된 목적으로 하는 단체교섭에 주력해야 한다는 점(2조 4호 본문), 연합단체도 노동조합으로서 '그 노동조합 또는 조합원을 위하여 교섭'할 권한을 가진다는 점(29조 1항) 등을 고려하면, 연합단체는 '그 노동조합' 독자의 문제(연합단체와 사용자측 사이의 교섭절차 등)나 소속 단위노조 공통의 사항(근로조건의 통일적 규율 등)에 관해서는 단위노조의 위임이 없더라도 당연히 단체교섭의 당사자가 된다고 보아야 한다. 물론, 특정의 단위노조에 한정된 사항(해당 단위노조 조합원 특유의 근로조건 등)에 관해서는 그 단위노조로부터 교섭 권한을 위임받거나 규약에 근거 규정이 있어야 비로소 단체교섭권을 가진다. 그 결과 동일한 연합단체에 가입한 여러 단위노조 공통의 사항에 관해서는 연합단체와 해당 단위노조가 경합하여 단체교섭권을 가지게 된다.

C. 기업별 지부　　산업별 단위노조 등 초기업적 단위노조의 지부·분회 등 산하조직은 그 자체로서는 노동조합이 아니므로 단위노조의 위임이나 수권 없이는 그 조직이나 그 조합원에 고유한 사항에 대해서도 단체교섭의 당사자가 될 수 없다. 그러나 초기업적 단위노조의 기업별 지부로서 단체성을 갖춘 경우에는, 노동조합의 실체적 요건과 관련하여 이미 살펴본 바와 같이, 그 조직이나 그 조합원에 고유한 사항에 대하여 독자적인 단체교섭 능력을 가지는 경우가 있다.

나. 쟁의단

미조직근로자의 집단인 쟁의단(일시적 단결체)은 단체로서의 실체를 갖추지 못했다는 이유를 들어 단체교섭의 당사자가 될 수 없다고 보는 견해가 있다.

쟁의단은 단체성이 없어 노동조합으로 인정되지 않지만, 노동조합이 없는 상태에서 근로자들의 심각한 요구나 불만을 해결하기 위한 일시적 존재로서 그 목적 달성을 위하여 사실상 대표자를 선정하기 마련이다. 또 근로자의 노동3권 행사는 반드시 노동조합을 통하여 하도록 제한된 것도 아니다. 따라서 쟁의단도 단체교섭의 당사자가 된다고 보아야 할 것이다.

2. 사용자측 교섭당사자

가. 사용자

A. 교섭당사자로서의 사용자　　노동조합법은 '사용자'란 사업주, 사업의 경

영담당자 및 근로자에 관한 사항에 대하여 사업주를 위하여 행동하는 자를 말한다고 넓은 의미로 규정하고 있지만(2조 2호), 교섭당사자로서의 사용자는 협의의 사용자, 즉 사업주만을 의미한다. 따라서 법인사업의 경우에는 법인 그 자체, 개인사업의 경우에는 사업주 개인이 교섭당사자가 되며, 사업의 일부조직(사업소, 지점 등)이나 기관(이사, 사업소장 등)은 교섭당사자는 아니다. 국가의 하위 행정관청이 근로자와 사법상 근로계약을 체결한 경우 그 계약관계에서 사업주로서 교섭당사자의 지위는 국가에 있다.[1]

B. 사용자 개념의 확대 노동조합의 조합원에 대한 근로계약상의 사용자(고용주)는 그 노동조합과 교섭할 의무가 있다. 한편 고용주가 아니면서 사용자로서 교섭의무를 지는 경우도 있다(사용자 개념의 확대). 총론에서 살펴보았듯이 노동조합법 2조 2호는 전단에서 사업주 등을 사용자라 규정하면서, 후단에서 "이 경우 근로계약 체결 당사자가 아니더라도 근로자의 근로조건에 대하여 실질적이고 구체적으로 지배·결정할 수 있는 지위에 있는 자도 그 범위에 있어서는 사용자로 본다."고 규정한다. 근로조건에 대해 실질적·구체적으로 지배·결정할 수 있는 지위에 있는 자도 사용자이므로 교섭당사로서 교섭의무를 진다. 예컨대 사내하도급, 모자회사 등의 도급 관계에서 원청회사·모회사가 후단 규정 사용자로 인정되는 경우 하청노조에 대해 단체교섭의무를 지는 주체에 해당한다.

C. 단위노조에 대한 교섭의무 사용자는 그 사업의 근로자가 가입한 단위노조(기업별 단위노조든 초기업적 단위노조든)가 기업별 교섭이나 대각선 교섭을 요구한 경우에는 달리 정당한 이유가 없는 이상 교섭에 응해야 한다(30조 2항, 81조 1항 3호 참조). 그 사업의 근로자 중에서 해당 단위노조에 가입한 자가 소수라는 것은 교섭을 거부할 정당한 이유가 되지 않는다. 단위노조가 집단교섭을 요구한 경우에는 여러 사업의 단위노조와 여러 사용자가 같은 시기·장소에서 근로조건을 공동으로 교섭하는 특성에 비추어 집단교섭의 필요성(기존 근로조건의 유사성)이 없거나 집단교섭 때문에 교섭력의 불균형을 초래할 가능성(원거리 소재, 사용자 상호간의 원만한 의사소통 미비 등)이 있을 때에는 교섭을 거부할 수 있을 것이다.

D. 연합노조에 대한 교섭의무 사용자는 해당 단위노조의 교섭권 위임을 받은 연합단체가 그 단위노조를 대신하여 대각선 교섭을 요구한 경우에는 달리 정당한 이유가 없는 이상 이에 응해야 한다. 또 사용자는 해당 단위노조가 가입

1) 대법 2008. 9. 11, 2006다40935(직업상담원 노동조합에 대한 교섭당사자는 직업상담원을 고용·관리하는 지방노동청장이 아니라 노동부장관이라는 취지).

한 연합단체가 소속 단위노조 공통의 문제에 관하여 해당 단위노조와 함께 공동교섭을 요구한 경우에는 이에 응해야 하지만, 두 노동조합 사이에 교섭 의사가 조정·통일되어 있지 않는 경우에는 교섭을 거부할 수 있다. 연합단체가 소속 단위노조 공통의 문제에 관하여 단독으로 대각선 교섭을 요구하고 이와 동시에 해당 단위노조도 같은 사항에 관하여 단독으로 기업별 교섭을 요구한 경우에는 이중교섭을 피하기 위하여 두 노동조합 사이에 교섭권이 조정·통일될 때까지 교섭을 거부할 수 있다.

E. 유일교섭단체 협정 　특정의 노동조합이 해당 사업의 근로자를 대표하는 유일한 교섭 주체임을 인정한다는 취지의 단체협약(유일교섭단체 협정)이 있더라도 사용자는 이 협정을 이유로 해당 사업의 근로자가 가입한 다른 노동조합과의 교섭을 거부할 수 없다. 이 협정은 해당 노동조합의 조합원이 아닌 근로자의 단결권과 단체교섭권을 침해하는 것으로서 위법·무효이기[1] 때문이다.

나. 사용자단체

A. 사용자단체의 개념 　노동조합법은 '사용자단체'란 노동관계에 관하여 그 구성원인 사용자에 대하여 조정 또는 규제할 수 있는 권한을 가진 사용자의 단체를 말한다고 규정하고 있다(2조 3호).

'노동관계에 관하여 그 구성원인 사용자에 대하여 조정 또는 규제할 수 있는 권한'이란 근로조건 등의 단체교섭에 있어서 구성원인 사용자의 이익을 대변하기 위한 단체의사를 형성하고 그 실현을 위하여 구성원인 사용자를 통제하는 권한, 달리 말하자면 구성원인 사용자를 위하여 근로조건 등에 관하여 통일적으로 단체교섭을 할 권한을 말한다. 사용자를 구성원으로 하는 단체라도 이러한 통일적 교섭 권한이 없으면 노동조합법상 사용자단체라 볼 수 없다. 통일적 교섭 권한을 가지는지 여부는 그 단체의 정관에 그러한 취지의 규정이 있는지 여부 또는 교섭 권한을 행사한 관행이 있는지 여부를 종합하여 객관적으로 판단해야 한다.

B. 사용자단체의 교섭의무 　사용자단체에 해당하는 이상, 그 구성원인 사용자로부터 교섭 권한을 위임받지 않았더라도 단체교섭의 당사자가 된다.

사용자단체는 산업별 단위노조가 교섭을 요구한 경우, 산업별 연합노조가 소속 단위노조 공통의 문제에 관하여 교섭을 요구한 경우, 또는 산업별 연합노조가 소속 단위노조의 위임에 근거하여 교섭을 요구한 경우에는 달리 정당한 이유가 없는 이상 교섭에 응해야 한다. 그 구성원인 사용자로부터 교섭 권한의 위임

1) 대법 2016. 3. 10, 2013두3160(따라서 행정관청의 시정명령은 정당하다).

을 받지 않았다고 하여 교섭을 거부할 수 없다.

Ⅱ. 단체교섭의 담당자

단체교섭의 '담당자'란 사실행위로서의 단체교섭, 즉 현실적으로 상대방과 회담하여 협상을 하고 단체협약을 작성하여 이에 서명하는 행위를 하는 자를 말하고, 따라서 자연인으로 한정된다.

1. 본래의 교섭담당자

가. 당사자 본인 또는 대표자

교섭당사자 본인 또는 대표자는 당연히 교섭담당자가 된다.

(1) 교섭당사자인 노동조합의 대표자는 당연히 교섭담당자가 된다. 즉 노동조합법의 표현에 따르면 노동조합의 대표자는 그 노동조합 또는 조합원을 위하여 사용자 또는 사용자단체와 교섭할 권한을 가지며(29조 1항), 교섭창구 단일화 절차에 따라 결정된 교섭대표노조의 대표자는 교섭을 요구한 모든 노동조합 또는 조합원을 위하여 사용자와 교섭할 권한을 가진다(29조 2항).

노동조합의 '대표자'란 노동조합의 임원 중에서 대외적으로 노동조합을 대표하고 대내적으로 노동조합의 업무집행을 총괄하는 권한을 가진 자를 말하고, 교섭위원 등 교섭대표를 의미하는 것이 아니다. 그러나 교섭대표노조의 '대표자'는 교섭대표노조가 노동조합이 아닌 별도의 교섭 기구 또는 단체인 경우에는 그 대표자를 의미한다.

(2) 사용자측에서는 교섭당사자가 개인사업인 경우에는 사업주 본인이 당연히 교섭담당자가 되고, 교섭당사자가 법인사업 또는 단체사업인 경우에는 그 대표자(예컨대 주식회사의 대표이사)가[1] 당연히 교섭담당자가 된다. 또 교섭당사자가 사용자단체인 경우에는 그 대표자가 당연히 교섭담당자가 된다. 이들은 단체교섭의 권한 이외에 단체협약 체결의 권한도 당연히 가진다.

나. 노동조합 대표자의 협약체결권과 인준투표제

노동조합법은 노동조합의 대표자는 사용자측과 교섭하고 단체협약을 체결할 권한을 가진다고 규정하고 있다(29조 1항). 단체교섭 권한 이외에 단체협약 체결

1) 대법 2001. 1. 19, 99다72422는 회사정리 시작 결정이 있는 경우, 정리회사의 사용자는 대표이사가 아니라 관리인이므로 대표이사가 서명한 협정은 단체협약으로서의 효력이 없다고 한다.

권한도 가진다고 명시한 것이다.[1)]

노동조합은 규약이나 단체협약에서 대표자의 협약체결 권한 행사에 절차상의 제한을 가하기도 한다. 특히 노동조합 대표자가 사용자측과 단체협약안에 합의(타결)한 후 다시 그 가부에 관하여 조합원 총회의 의결(투표)을 거쳐 단체협약을 체결(조인)하도록 한 경우가 있다. 이러한 인준투표제(총회인준제)가 노동조합 대표자의 협약체결 권한을 명시적으로 규정한 노동조합법 규정의 취지에 어긋나 위법한 것인지 여부가 문제된다.

(1) 판례는 인준투표제가 노동조합 대표자의 협약체결 권한을 전면적·포괄적으로 제한함으로써 사실상 이 권한을 무의미한 것으로 만드는 것이어서 노동조합법에 위반된다고 본다.[2)] 이러한 판례의 견해에 따르면 행정관청은 인준투표제를 정한 규약이나 단체협약에 대하여 법위반을 이유로 시정을 명할 수 있고(21조 1항, 31조 3항), 사용자가 인준투표제를 이유로 단체교섭을 거부하더라도 정당화 사유가 있으므로 부당노동행위가 성립하지 않게 된다.

또 다른 판례는 노동조합 대표자가 사용자와 합의한 단체협약안에 교섭위원 전원의 연명 서명을 받아 단체협약을 체결하도록 한 것도 인준투표제의 경우와 마찬가지로 위법하다고 한다.[3)] 대표자의 협약체결 권한에 대한 제한은 어떤 형태의 것이든 위법하다고 보는 듯하다.

한편, 판례는 인준투표제를 가진 노동조합의 대표자가 인준 절차를 거치지 않고 바로 단체협약을 체결한 경우 그 단체협약이 무효가 되지 않는다고 본다.[4)] 인준투표제를 위법으로 보는 이상 도달하는 당연한 귀결이다.

(2) 다만 이후 판례 중에는 종전 판례의 법리에 대한 약간의 변화를 보이는 것이 있다. 예컨대 인준투표제가 규정되어 있더라도 조합원들의 의사를 반영하고

---

1) 1997년 이전의 노동조합법은 노동조합 대표자의 단체교섭 권한만 명시하고 단체협약체결 권한은 규정하지 않았기 때문에 노동조합 대표자가 당연히 단체협약체결 권한을 가지는지 여부에 관하여 논란이 있었는데, 이 규정의 신설에 따라 그와 같은 해석론상의 다툼은 해소되었다.
2) 대법 2002. 11. 26, 2001다36504; 대법 2005. 3. 11, 2003다27429 등. 이들 판결은 인준투표제를 규정한 단체협약 규정에 대한 행정관청의 변경명령이 적법한지 여부를 다툰 사건에서 대법 1993. 4. 27, 91누12257(전합) 판결이 1997년 이전 노동조합법에 규정된 대표자의 교섭 권한에는 협약체결 권한이 포함되어 있고, 인준투표제는 협약체결 권한을 전면적·포괄적으로 제한함으로써 이를 사실상 무의미한 것으로 만들고 나아가 단체교섭의 원활한 진행을 방해할 것이므로 대표자의 교섭 권한에 관한 법률규정의 취지에 위반된다고 판시한 바 있는데, 그 법리를 충실하게 계승한 것이다.
3) 대법 2013. 9. 27, 2011두15404.
4) 대법 2002. 11. 26, 2001다36504; 대법 2005. 3. 11, 2003다27429.

대표자의 단체교섭 및 단체협약 체결 업무 수행에 대한 적절한 통제를 위한 것으로서 대표자의 협약체결 권한을 전면적·포괄적으로 제한하는 것이 아닌 이상 적법하다고 판시한 예가 이에 해당한다.[1)]

《검토 의견》

<1> 인준투표제는 노동조합법 위반이 아니고 적법하다고 보아야 할 것이다. 노동조합법이 노동조합 대표자의 단체협약 체결권한을 명시한 것은 인준투표제가 위법하다는 판례에 힘받아 이루어진 것이라 볼 수 있지만, 노동조합법은 대표자의 협약체결 권한에 대한 제한을 금지한 것은 아니며 따라서 제한 여부나 내용·정도는 노동조합이 자유로이 정할 수 있는 점, 판례가 인준투표제가 대표자의 협약체결 권한을 전면적·포괄적으로 제한한다고 보는 근거가 무엇인지, 제한의 형태가 다른 경우, 예컨대 총회 대신 집행위원회 또는 교섭위원 전원 등의 동의를 받도록 하는 경우에도 전면적·포괄적 제한이라고 볼 것인지 의문스러운 점, 인준투표제는 단체교섭의 원활한 진행을 지연시킬 수도 있지만 노동조합 대표자가 사용자와 야합하여 단체협약을 체결하는 사태를 방지하고 인준절차에서 가결되면 노사관계를 확고하게 안정시킨다는 점, 그리고 다른 나라에서는 인준투표제가 위법 여부의 논란 없이 널리 채택되고 있는 점[2)] 등에 비추어 그렇다. 이러한 점을 종합하면 인준투표제가 위법하다는 판례의 입장에는 찬동하기 곤란하다.

그렇다면 행정관청은 인준투표제에 대하여 시정명령을 할 수 없고, 사용자는 인준투표제를 이유로 단체교섭을 거부할 수 없다는 결론에 도달할 것이다.

<2> 노동조합의 대표자가 소정의 인준투표 절차를 거치지 않고 바로 단체협약을 체결한 경우에 그 단체협약이 유효한지에 관해서 좀 더 음미할 필요가 있다. 인준투표제에 따른 대표권의 제한은 등기하지 않으면 제3자(사용자)에게 대항할 수 없지만(민법 60조) 악의의(인준투표제를 알고 있는) 제3자에게는 대항할 수 있다고 해석된다. 따라서 인준투표를 거치도록 되어 있는 사실을 사용자가 알지 못하는 특별한 사정이 아니라면 인준투표를 거치지 않고 바로 체결한 단체협약은 원칙적으로 무효가 된다고 보아야 할 것이다. 다만 사용자가

1) 대법 2018. 7. 26, 2016다205908<핵심판례>(노동조합의 대표자가 인준투표 절차를 거치지 않고 단체협약을 체결한 경우에는 조합원의 단결권과 노동조합 참여권을 침해한 것이므로 불법행위에 따른 손해배상책임을 진다).

2) 일본에서는 교섭 타결시 가협약이 체결되고 노동조합 집행부는 이 가협약에 관하여 조합대회에서 인준을 받아 정식협약을 조인하는 것이 통상의 프로세스인데, 인준절차가 위법이라는 주장은 발견할 수 없고 또 인준절차를 위반하여 체결한 단체협약에 대해서는 대체로 효력이 발생되지 않는다고 본다. 미국에서도 가협약(tentative agreement)이 타결되면 해당 교섭단위 내의 모든 근로자(비조합원 포함)들이 이를 수락할 것인지 보다 유리한 조건을 주장할 것인지에 관하여 투표하고 있지만, 이러한 인준투표제가 위법이라는 논의는 발견할 수 없다.

인준투표를 거친 것으로 잘못 알았고 그렇게 믿을 만한 정당한 이유가 있는 때(민법 59조 2항, 126조 참조)에는 표현대리의 법리에 따라 유효가 될 것이다.

2. 수임자

가. 교섭 권한 등의 위임

교섭당사자인 노동조합(또는 교섭대표노조; 교섭 권한 위임에서 같음)과 사용자 또는 사용자단체는 단체교섭이나 단체협약 체결의 권한을 자유롭게 타인에게 위임할 수도 있다.

노동조합법은 교섭당사자로부터 교섭이나 단체협약 체결의 권한을 위임받은 자(수임자)는 교섭당사자를 위하여 위임받은 범위에서 그 권한을 행사할 수 있고(29조 3항), 교섭당사자가 교섭이나 단체협약 체결의 권한을 위임한 때에는 그 사실을 상대방에게 통보해야 한다고 규정하고 있다(29조 4항).

이에 따라 시행령은 교섭당사자는 교섭 또는 단체협약의 체결에 관한 권한을 위임하는 경우에는 교섭사항과 권한범위를 정하여 위임해야 하고, 상대방에게 위임사실을 통보하는 경우에 수임자의 성명(수임자가 단체인 경우에는 그 명칭 및 대표자의 성명) 및 교섭사항과 권한 범위 등 위임의 내용을 포함하여 통보해야 한다고 규정하고 있다(14조). 이 경우 권한 범위에는 재위임 금지 여부도 포함된다.

교섭당사자가 교섭 권한 등을 위임한 경우 그 위임을 해지하는 등 별도의 의사표시를 하지 않더라도 위임자의 교섭 권한 등은 소멸되는 것이 아니고 수임자의 교섭 권한 등과 중복하여 경합적으로 남아 있다.[1)]

나. 수임자의 범위

A. 제3자에 대한 위임　　수임자의 범위에 대해서는 특별한 제한이 없다. 따라서 교섭위원 위촉의 형식으로 노동조합·사업체 또는 사용자단체 내부의 임직원이나 구성원에게 위임할 수도 있고, 외부의 다른 단체나 그 임직원 또는 변호사나 공인노무사 등 제3자에게 위임할 수도 있다. 기업별 교섭의 경우 사용자는 노동조합이 자기 종업원이 아닌 제3자에게 교섭 권한을 위임했다 하여 단체교섭을 거부할 수 없다.

B. 제3자위임금지 협정　　흔히 사용자의 희망에 따라 단체협약에 노동조합이 교섭 권한을 조합원 이외의 제3자에게 위임하지 않는다는 취지의 규정(제3자위임금지 협정)을 두는 경우가 있다. 문제는 제3자위임금지 협정이 법률상 유효한가,

1) 대법 1998. 11. 13, 98다20790.

사용자가 이 협정을 이유로 교섭을 위임받은 제3자와의 단체교섭을 거부할 수 있는가에 있다.

무효설은 이 조항이 헌법상 보장된 단체교섭권을 부당하게 제한하는 것이라고 한다. 이에 대하여 유효설은 비록 사용자의 요구에 따라 거론되었더라도 그 성립은 노동조합의 자율적 양보에 따른 것이라는 점을 강조한다. 그러나 이 협정이 언제나 유효하고 이 협정을 이유로 언제나 제3자와의 단체교섭을 거부할 수 있다고 하면 노동조합법이 제3자에 대한 교섭 권한 위임을 허용한 취지가 몰각될 것이다. 따라서 노동조합이 이 협정에 관계없이 제3자에게 교섭을 위임할 필요성이 있고 사용자가 제3자와의 교섭에 응하더라도 특별한 지장이 없는 경우에는 사용자가 그 제3자와의 교섭을 거부할 수 없다고 보아야 할 것이다(상대적유효설).

한편, 연합단체는 소속 단위노조에 대하여 제3자라고 볼 수 없다고 전제하면서 사용자는 제3자위임금지 협정에 불구하고 교섭 권한을 위임받은 연합단체에 대해서는 단체교섭을 거부할 수 없다고 보는 견해가 있다. 그러나 사용자와의 관계에서는 연합단체도 제3자이고, 해당 단위노조의 입장에서 교섭 위임의 필요성이 연합단체 이외의 제3자에 대하여 더 절실할 수도 있기 때문에 연합단체의 경우로 한정해서는 안 될 것이다.

C. 단체에 대한 위임 　노동조합법은 수임자를 자연인으로 한정하지 않고 있으며(29조 3항 참조) 시행령은 수임자가 단체인 경우도 예정하고 있다(영 14조 2항). 교섭 권한 등의 위임은 교섭당사자를 대신하여 상대방과의 회담·협상 또는 단체협약의 작성·서명의 행위를 하도록 의뢰하는 것을 의미하고 단체는 스스로 이러한 행위를 할 수 없기 때문에, 단체에 대한 위임은 특별한 사정이 없는 이상 그 단체의 대표자에 대한 위임이라고 보아야 할 것이다.

Ⅲ. 복수노조와 교섭창구 단일화

노동조합법은 사업 내의 기존 노조와 조직대상을 같이하는 새로운 노조의 설립이 허용됨과 동시에 교섭창구 단일화 제도를 도입했다.[1] 이에 따라 하나의 사업에 복수의 노동조합이 있는 경우에는 원칙적으로 관련 노동조합이 교섭창구

---

1) 1963년에 신설된 복수노조 금지규정은 1997년에 삭제되었지만 기업 차원의 복수노조 설립만은 그 허용 시기가 계속 연기되어 오다가 2011. 7. 1.에야 비로소 허용되었다. 이에 따라 교섭창구 단일화에 관련된 규정들도 같은 날부터 시행되고 있다.

를 단일화하여 교섭을 요구해야 하고 각각 교섭을 요구할 수 없게 되었다.

1. 교섭창구 단일화 의무

가. 원칙

노동조합법은 하나의 사업 또는 사업장에서 조직형태에 관계없이 근로자가 설립하거나 가입한 노동조합이 2개 이상인 경우 노동조합은 교섭대표노조(2개 이상의 노조 조합원을 구성원으로 하는 교섭대표기구 포함; 이하 같음)를 정하여 교섭을 요구해야 한다고 규정하고 있다(29조의2 1항 본문). 하나의 사업에 2개 이상의 노동조합이 각각 사용자와 개별적으로 교섭하도록 허용하면 노동조합 사이의 경쟁과 사용자의 교섭비용 증가 등으로 단체교섭이 효율적으로 진행되기 어렵게 될 우려가 있다는 점에서 설정한 규정이다.

교섭창구의 단일화(교섭대표노조의 결정) 의무는 '조직형태에 관계없이' 적용되므로 복수의 노동조합 전부 또는 일부가 기업별 단위노조든 초기업적 단위노조든 관계없이 적용된다. 예컨대 근로자 일부가 기업별 단위노조에 가입하고 일부는 산업별 단위노조에 가입한 경우에도 교섭창구 단일화를 해야 한다.[1] 또 교섭창구 단일화 의무는 복수의 노동조합이 조직대상을 같이 하는 경우에만 부과되는 것이 아니므로 조직대상을 달리하는 경우에도 적용된다.[2]

나. 예외(개별교섭)

노동조합법은 '교섭대표노조를 자율적으로 결정하는 기한 내에 사용자가 교섭창구 단일화 절차를 거치지 않기로 동의한 경우에는' 예외로 한다고 규정하고 있다(29조의2 1항 단서). 이런 경우에는 해당 노동조합은 교섭창구 단일화를 하지 않고 사용자와 개별적으로 교섭할 수 있다는 것이다. 개별교섭을 하더라도 사용자의 교섭비용이 증가하지 않거나 개별교섭이 더 유리한 경우도 있을 것이므로 사용자의 재량에 따라 교섭창구 단일화 의무를 배제할 수 있도록 예외를 인정한 것이다.

노동조합법은 개별교섭이 허용되는 경우 사용자는 교섭을 요구한 모든 노동

---

1) 산업별 단위노조도 특정 기업에서 교섭대표노조로 결정되면 단체교섭의 당사자가 되어 대각선 교섭을 할 수 있게 된다.

2) 다만 조직대상을 달리하는 제2노조의 설립은 종전에도 허용되어 왔는데 이와 같이 조직대상을 달리하는 2개 이상의 노동조합은 사용자의 동의를 받아 개별교섭을 하거나 교섭단위를 분리하여 교섭할 여지가 있을 것이다.

조합과 성실히 교섭해야 하고, 차별적으로 대우해서는 안 된다고 규정하고 있다(29조의2 2항).

2. 교섭창구 단일화의 예비적 절차

교섭창구 단일화는 하나의 사업 또는 사업장에 복수의 노동조합이 있는 경우에만 요구된다. 따라서 교섭창구 단일화 제도 아래서는 해당 사업 또는 사업장에 복수의 노동조합이 있는지, 있다면 어떤 노동조합인지를 관련 당사자들이 확인·확정하는 것이 선결문제가 된다.[1] 이를 위하여 노동조합법 시행령은 다음과 같은 예비적 절차를 마련하고 있다.

해당 사업 또는 사업장에 단체협약이 없는 경우 노동조합이 단체협약의 체결을 위하여 사용자에게 교섭을 요구할 수 있는 시기에는 아무런 제한이 없다. 그러나 해당 사업 또는 사업장에 단체협약이 있는 경우에는 노동조합은 그 유효기간 만료일 이전 3개월이 되는 날 이후에 사용자에게 서면으로 교섭을 요구할 수 있다(영 14조의2 1항·2항). 교섭 요구를 받은 사용자는 7일간 그 사실을 공고해야 한다(영 14조의3 1항). 사용자와 교섭하려는 다른 노동조합은 이 공고기간 내에 서면으로 사용자에게 교섭을 요구해야 한다(영 14조의4).

사용자는 공고기간이 끝나면 단체교섭을 요구한 노동조합을 확정하여 통지하고, 그 명칭과 종사근로자인 조합원 수 등 소정의 사항을 5일간 공고하되, 노동조합이 타당한 이의 신청을 하면 공고를 수정해야 한다(영 14조의5 1항-3항). 이 과정에서 사용자의 공고에 잘못이 있다고 인정하면 노동조합의 신청에 따라 노동위원회가 그 시정을 결정한다(영 14조의3 2항·3항, 14조의5 4항·5항).

그 결과 교섭을 요구한 노동조합이 1개인 경우에는 사용자는 그 노동조합과 단체교섭을 해야 하고, 교섭을 요구한 노동조합이 2개 이상인 경우에는 교섭창구 단일화 절차를 밟아야 한다.

3. 교섭창구 단일화 절차

절차의 핵심은 ① 단체교섭을 요구함으로써 교섭창구 단일화 절차에 참여한 노동조합이 자율적으로 교섭대표노조를 결정하고, ② 이에 실패하면 절차에 참여

1) 경우에 따라서는 다른 노동조합을 상대로 자주성 등 실질적 요건을 갖추지 않았음을 들어 설립무효의 확인을 구하거나 노동조합으로서의 지위가 부존재한다는 확인을 구하는 소송을 할 수도 있다(대법 2021. 2. 25, 2017다51610).

한 노동조합의 전체 조합원 과반수로 조직된 노동조합이 교섭대표노조가 되며, ③ 과반수로 조직된 노동조합도 없으면 절차에 참여한 노동조합이 공동으로 구성한 교섭대표단을 교섭대표노조로 한다는 것이다. 이하 노동조합법과 그 시행령에서 정한 구체적인 절차는 다음과 같다.

가. 자율적 결정

교섭창구 단일화 절차에 참여한 모든 노동조합은 절차에 참여한 노동조합으로 확정(노동위원회의 시정결정 포함)된 날부터 14일의 기한[1] 내에 자율적으로 교섭대표노조(그 대표자와 교섭위원 등 포함)를 결정하여 연명으로 사용자에게 통지해야 한다(노조 29조의2 3항, 영 14조의6 1항). 자율적 결정의 방법, 절차, 내용에는 제한이 없으므로 절차에 참여한 노동조합 전체가 합의한 바에 따른다. 따라서 예컨대 절차에 참여한 노동조합의 어느 하나를 교섭대표노조로 정할 수도 있고, 절차에 참여한 2개 이상 노동조합의 조합원으로 구성되는 별도의 교섭대표기구를 교섭대표노조로 정할 수도 있다.

나. 과반수노조

교섭대표노조의 자율적 결정에 실패하고 개별교섭에 대한 사용자의 동의를 받지도 못한 경우에는 교섭창구 단일화 절차에 참여한 노동조합 전체 조합원의 과반수로 조직된 노동조합(이하 교섭창구 단일화에 관해서는 '과반수노조'로 약칭)이 교섭대표노조가 되며, 2개 이상의 노동조합이 위임 또는 연합 등의 방법으로 절차에 참여한 노동조합 전체 조합원의 과반수가 되는 경우도 과반수노조에 포함된다(노조 29조의2 4항). 이 경우 조합원 수 산정은 종사근로자인 조합원으로 한다(노조 29조의2 10항).

과반수 여부의 기준은 해당 사업 또는 사업장 근로자 전체가 아니라 절차에 참여한 노동조합의 전체 조합원이다.[2] 전체 조합원의 과반수 지지를 받는 노동

1) 자율적 결정 기한은 교섭 요구 노동조합을 확정하여 사용자가 공고한 것에 대하여 노동조합의 이의 신청이 없는 경우에는 공고 기간이 만료된 날부터, 노동조합의 이의 신청으로 수정공고를 한 경우에는 수정공고 기간이 만료된 날부터 기산하고(대법 2016. 2. 18, 2014다11550), 노동조합이 노동위원회에 시정을 요청하여 노동위원회가 결정을 한 경우에는 결정이 당사자에게 송달된 날부터 기산한다(대법 2016. 1. 14, 2013다84643).

2) 미국에서는 연방노동관계위원회(NLRB)가 결정한 적정한 교섭단위에서 비조합원을 포함한 전체 근로자 과반수의 지지를 받은 노동조합이 그 교섭단위 내의 전체 근로자를 대표하여 교섭할 권한을 가지게 되는 배타적 교섭대표제(exclusive representation)가 실시되고 있다. 그러나 우리나라에서는 노동조합이 비조합원의 이익까지 대변한다는 것은 곤란하다는 인식이 강하기 때문에 교섭창구 단일화는 관련 노동조합 및 그 조합원만을 대표하는 것으로 했다.

조합을 투표로 결정하는 것이 아니라 특정 노동조합의 조합원이 전체 조합원의 과반수인지 여부에 따라 자동적으로 결정되는 방식이다. 그리고 독자적으로는 과반수가 안 되지만 다른 노동조합의 위임을 받거나 다른 노동조합과 연합한 결과 과반수가 되면 이것도 과반수노조로 인정한다.

노동조합이 과반수 여부에 대하여 이의 신청을 하는 경우 노동위원회는 교섭창구 단일화 절차에 참여한 노동조합의 확정 공고일을 기준으로 조합원 수에 대하여 조사·확인하되(영 14조의7 5항·6항), 2개 이상의 노동조합에 가입한 조합원에 대해서는 조합비를 납부한 노동조합 수에 따라 소정의 방법으로 조합원 수를 산정하며(영 14조의7 7항), 그 결과 과반수노조가 있다고 인정하는 경우에는 그 과반수노조를 교섭대표노조로 결정한다(영 14조의7 9항).

다. 공동교섭대표단

과반수노조도 없으면 교섭창구 단일화 절차에 참여한 노동조합이 공동으로 구성한 교섭대표단(공동교섭대표단)을 교섭대표노조로 하되, 공동교섭대표단에는 조합원 수가 절차에 참여한 노동조합 전체 조합원의 10% 이상인 노동조합만 참여할 수 있다(노조 29조의2 5항). 공동교섭대표단 구성이 교섭대표노조를 결정하는 마지막 단계인 만큼 지나치게 작은 규모의 노동조합까지 참여하면 공동교섭대표단 구성이 어려워질 수 있다는 점을 고려한 것이라 할 수 있다. 이 단계에서도 조합원 수 산정은 종사근로자인 조합원으로 한다(노조 29조의2 10항).

공동교섭대표단에 참여할 수 있는 노동조합은 사용자와 교섭하기 위하여 소정의 기간 이내에 공동교섭대표단의 대표자, 교섭위원 등 공동교섭대표단을 구성하여 연명으로 사용자에게 통지해야 한다(영 14조의8 1항).

이들 노동조합이 공동교섭대표단의 구성에 실패한 경우에는 노동위원회가 노동조합의 신청을 받아 총 10명의 범위에서 각 노동조합의 조합원 수에 따른 비율을 고려하여 노동조합별 참여 인원수를 결정한다(노조 29조의2 6항, 영 14조의9 2항). 관련 노동조합은 노동위원회가 결정한 인원수에 해당하는 교섭위원을 각각 선정하며, 공동교섭대표단의 대표자는 관련 노동조합이 합의하여 정하되 합의가 되지 않으면 조합원 수가 가장 많은 노동조합의 대표자로 한다(영 14조의9 5항·6항).

4. 교섭대표노조의 지위

교섭대표노조를 자율적으로 결정한 결과 또는 공동교섭대표단을 구성한 결과를 사용자에게 통지한 이후에는 일부 노동조합이 각각 그 이후의 절차에 참여하지 않더라도 교섭대표노조의 지위는 유지된다(영 14조의6 2항, 14조의8 2항).

앞에서 살펴본 절차를 거쳐 결정된 교섭대표노조는 그 결정이 있은 후 사용자와 체결한 첫 번째 단체협약의 효력이 발생한 날을 기준으로 2년이 되는 날까지 그 교섭대표노조의 지위를 유지하되, 새로운 교섭대표노조가 결정된 경우에는 그 결정된 때까지 교섭대표노조의 지위를 유지한다(영 14조의10 1항). 교섭대표노조는 지위 유지기간이 만료되었더라도 새로운 교섭대표노조가 결정될 때까지 기존 단체협약의 이행과 관련해서는 교섭대표노조의 지위를 유지한다(영 14조의10 2항).

교섭대표노조가 그 결정된 날부터 1년 동안 단체협약을 체결하지 못한 경우에는 어느 노동조합이든지 사용자에게 교섭을 요구할 수 있고, 이 경우 교섭창구 단일화 절차에 따라 교섭대표노조를 다시 결정한다(영 14조의10 3항). 교섭대표노조가 1년 동안 단체협약을 체결하지 못하면 그 지위를 더 이상 유지할 수 없게 한 것이다.

교섭창구 단일화 절차는 하나의 사업 또는 사업장에 복수의 노동조합이 존재하는 경우에 요구되는 것이므로 하나의 사업 또는 사업장에 유일하게 존재하는 노동조합은 형식상 교섭창구 단일화 절차를 밟았더라도 교섭대표노조의 지위를 취득할 수 없다.[1)]

5. 교섭단위

노동조합법은 교섭대표노조를 결정하는 단위(교섭단위)는 하나의 사업 또는 사업장으로 한다고 규정하고 있다(노조 29조의3 1항). 따라서 하나의 사업 또는 사업장 전체에 걸쳐 하나의 교섭대표노조를 결정해야 하고, 예컨대 하나의 사업 또는 사업장 안에서 조합원의 직종별로 또는 노동조합의 조직대상별로 교섭대표노조를 따로 결정할 수 없다.

한편 노동조합법은 교섭단위에 대한 예외도 규정하고 있다. 즉 하나의 사업 또는 사업장에서 현격한 근로조건의 차이, 고용형태, 교섭 관행 등을 고려하여 교섭단위를 분리하거나 분리된 교섭단위를 통합할 필요가 있다고 인정되는 경우에는 노동위원회가 당사자의 양쪽 또는 어느 한 쪽의 신청을 받아 교섭단위를 분리하거나 분리된 교섭단위를 통합하는 결정을 할 수 있도록 허용하고 있다(노조

1) 대법 2017. 10. 31, 2016두36956.

29조의3 2항). '교섭단위를 분리할 필요가 있다고 인정되는 경우'란 하나의 사업 또는 사업장에서 별도로 분리된 교섭단위에 따라 단체교섭을 진행하는 것을 정당화할 만한 현격한 근로조건의 차이, 고용형태, 교섭 관행 등의 사정이 있고,[1] 이 때문에 교섭창구를 단일화하는 것이 오히려 근로조건의 통일적 형성을 통해 안정적인 교섭체계를 구축하고자 하는 교섭창구 단일화 제도의 취지에도 부합하지 않는 결과를 발생시킬 수 있는 예외적인 경우를 말한다.[2]

시행령 규정에 따르면, 교섭단위를 분리하거나 분리된 교섭단위를 통합하는 결정의 신청은 교섭요구 사실의 공고 이전의 기간이나 교섭대표노조의 결정 이후의 기간에 할 수 있다(영 14조의11 1항). 노동위원회가 교섭단위를 분리하거나 분리된 교섭단위를 통합하는 결정을 한 결과 그 교섭단위 내에 노동조합이 2개 이상 있는 경우 노동조합이 사용자와 교섭하려면 교섭창구 단일화 절차에 따라야 할 것이다. 다만 노동위원회의 결정이 있기 전에 노동조합의 교섭요구가 있는 때에는 교섭단위를 분리하거나 분리된 교섭단위를 통합하는 결정이 있을 때까지 교섭요구 사실의 공고 등 교섭창구 단일화 절차의 진행은 정지된다(영 14조의11 5항).

6. 공정대표의무

가. 배타적 교섭권한

노동조합법이 교섭대표노조를 결정하도록 한 취지는 같은 사용자에 대하여 단체교섭을 요구하는 여러 노동조합을 대표하여 교섭대표노조가 그 사용자와 배타적으로 교섭하도록 하려는 데 있다. 노동조합법이 "교섭대표노조의 대표자는 교섭을 요구한 모든 노동조합 또는 조합원을 위하여 사용자와 교섭하고 단체협약을 체결할 권한을 가진다"고 규정한 것(29조 2항)은 이 당연한 사리를 확인한 것이다.

---

1) 시행령 14조의11 3항은 현격한 근로조건의 차이, 고용형태, 교섭 관행 등과 관련하여 고려하는 구체적인 내용들을 예시하고 있다.

2) 대법 2018. 9. 13, 2015두39361<핵심판례>(분리를 인정. 또한 노동위원회의 결정에 대한 불복에 관해서는 노동쟁의 중재재정에 대한 불복절차에 관한 규정이 준용되므로<29조의3 3항>, 예컨대 교섭단위를 분리할 필요가 있다고 인정되는데도 분리 신청을 기각한 경우에는 불복의 대상이 되지만, 단순히 어느 일방에 불리한 내용이라는 사유만으로는 불복이 허용되지 않는다); 대법 2022. 12. 15, 2022두53716(분리를 부정. 또한 교섭단위의 분리를 인정할 수 있는 예외적인 경우에 대해서는 분리를 주장하는 측이 그에 관한 구체적 사정을 주장·증명하여야 한다).

나. 공정대표의무의 부과

노동조합법은 "교섭대표노조와 사용자는 교섭창구 단일화 절차에 참여한 노동조합 또는 그 조합원 간에 합리적 이유 없이 차별을 해서는 안 된다"고 규정하고 있다(29조의4 1항). 배타적 교섭권한을 가지는 교섭대표노조가 교섭창구 단일화 절차에 참여한 모든 노동조합과 그 조합원을 공정하게 대표해야 한다는 취지를 차별 금지의 소극적 측면으로 규정한 것이다. 이와 같이 공정대표의무를 명시적으로 부과한 것은 단체교섭 창구단일화 제도 아래서 교섭대표노조가 되지 못하여 독자적으로 단체교섭권을 행사할 수 없는 소수노조를 보호하기 위한 것이다.

공정대표의무는 사용자에게도 부과되어 있다. 교섭대표노조가 교섭을 요구한 모든 노동조합을 공정하게 대표하기 위해 노력을 하더라도 사용자가 특정 노동조합을 차별하면 결과가 달라진다는 점을 고려한 것이다.

다. 공정대표의무의 내용

공정대표의무는 단체교섭의 과정, 체결된 단체협약의 내용 및 단체협약의 이행 과정에서 준수되어야 하므로 이에 따라 그 내용을 살펴본다.

첫째, 교섭대표노조는 단체교섭 과정에서 소수노조를 합리적인 이유 없이 절차적으로 차별하지 않을 의무(절차적 공정대표의무)를 부담한다. 그 내용은 소수노동조합에 단체교섭과 단체협약 체결에 관하여 기본적이고 중요한 사항에 대한 정보제공 및 의견수렴 절차를 충분히 거칠 의무이다.[1]

둘째, 교섭대표노동조합과 사용자는 체결된 단체협약의 내용에서 공정대표의무를 준수하여야 한다. 단체협약에서 소수노조 소속 조합원의 근로조건을 합리적인 이유 없이 교섭대표노조 소속 조합원의 근로조건보다 낮게 정하는 것은 공정대표의무에 위배된다. 교섭대표노조와 사용자가 단체협약이 아닌 다른 형식으로 근로조건을 결정할 수 있도록 포괄적으로 위임하거나 교섭대표노조의 창립기념일만 유급휴일로 지정하는 내용의 단체협약을 체결하는 것도 공정대표의무에 위배된다.[2]

---

1) 대법 2020. 10. 29, 2017다263192<핵심판례>(공정대표의무 위반 부정); 대법 2020. 10. 29, 2019다262582(공정대표의무 위반 긍정). 한편 이들 판례에서는 교섭대표노조가 단체협약 잠정합의안에 대한 조합원 등의 찬반투표 절차를 거치는 것은 법률상의 의무는 아니므로 그러한 절차를 거치면서 소수노조의 참여를 경시하거나 무시했다 하여 공정대표의무에 위배되는 것은 아니라고 한다. 그러나 그러한 점들만으로 합의안의 결정 절차에서 소수노조의 참여를 배제하는 차등에 합리적인 이유가 있다 보기 어려우므로 소수노조에 대한 차별을 금지한 공정대표의무의 위반으로 판단함이 타당하다.

또한 단체협약에 노동조합에 대한 조합사무실 제공, 근로시간면제 등의 편의제공을 정함에 있어서도 노조들 간에 합리적인 이유 없이 차별해서는 안 된다. 예컨대 회사의 주요 사업장들이 원거리에 분산되었기에 회사가 노조에게 차량지원을 합의한 경우에도 그 합의내용이 노조 사이에 합리적 이유 없는 차별적인 기준이지 않아야 한다.1)

셋째, 교섭대표노동조합과 사용자는 단체협약의 이행 과정에서도 공정대표의무를 준수하여야 한다. 예컨대 단체협약에서는 '노동조합에게 편의를 제공한다'고 정해 교섭대표노조만으로 특정하지 않았기에 그 내용이 차별은 아니지만, 사용자가 그 규정의 이행 과정에서 소수노조(교섭창구단일화 절차에 참여한 다른 노조를 말함)를 합리적인 이유 없이 차별하면 공정대표의무 위반이다. 사용자가 단체협약 등에 따라 교섭대표노조에게 상시 사용할 수 있는 노동조합 사무실을 제공한 경우에는 소수노조에게도 반드시 일률적·비례적이지는 않더라도 상시 사용할 수 있는 일정한 공간을 노동조합 사무실로 제공해야 한다.2) 또 단체협약에서 징계위원회를 노사 동수로 구성하고 근로자측 위원을 노동조합이 지명·위촉하도록 규정하고 있는 경우, 사용자와 교섭대표노조가 소수노조 조합원을 배제하고 교섭대표노조 조합원들만 근로자측 위원으로 선임하면 합리적인 이유 없이 차별한 것으로 공정대표의무에 위배된다.3)

라. 의무 위반의 시정 등

노동조합법은 공정대표의무 위반의 시정 등에 관하여 규정을 두고 있다. 노동조합법의 규정에 따르면, 노동조합은 교섭대표노조와 사용자가 공정대표의무에 위반하여 교섭창구 단일화 절차에 참여한 특정의 노동조합 또는 그 조합원을 차별한 경우에는 그 행위가 있은 날(단체협약 내용의 일부 또는 전부가 공정대표의무에 위반되는 경우에는 단체협약 체결일)부터 3개월 이내에 노동위원회에 그 시정을 요청할 수 있다(29조의4 2항). 노동위원회는 합리적 이유 없이 차별했다고 인정한 때에는 시정명령을 해야 한다(같은 조 3항). 사용자가 확정된 시정명령에 위반하면 소정의

---

2) 대법 2019. 10. 31, 2017두37772.

1) 대법 2025. 5. 15, 2022두64693(교섭대표노조 결정 후 조합원수의 변동이 있어 조합비 일괄공제 내역의 조합원수를 기준으로 비례해 차량을 지원한 것은 합리적인 이유가 인정됨).

2) 대법 2018. 8. 30, 2017다218642<핵심판례>.

3) 대법 2025. 7. 18, 2023두61370. 나아가 이처럼 사용자가 공정대표의무를 위반하여 구성된 징계위원회의 의결을 거쳐 징계처분을 했다면, 징계권의 행사는 근로자의 방어권 행사를 제약하여 절차상 중대한 하자가 있어 무효라고 본다.

벌칙이 적용된다(같은 조 4항 참조, 89조).

교섭대표노조나 사용자가 교섭창구 단일화 절차에 참여한 다른 노동조합 또는 그 조합원을 차별한 것으로 인정되는 경우, 그와 같은 차별에 합리적인 이유가 있다는 점은 교섭대표노조나 사용자에게 주장·증명할 책임이 있다.[1)]

교섭대표노조가 절차적 공정대표의무에 위반하여 합리적 이유 없이 소수노조를 차별한 경우에는 소수노조의 비재산적 손해에 대하여 위자료 배상책임을 부담한다.[2)]

7. 원·하청 교섭

근로계약 체결 당사자가 아니더라도 근로자의 근로조건에 대해 실질적·구체적으로 지배·결정할 수 있는 지위에 있는 자는 사용자이므로(2조 2호 후단) 교섭당사자로서 교섭의무를 진다. 예컨대 사내하도급, 모자회사, 그 밖의 도급 관계에서 원청회사·모회사 등이 후단 규정 사용자로 인정되는 경우 하청노조에 대해 단체교섭의무를 지는 주체에 해당한다.

원청회사가 하청업체의 근로자를 조직한 하청노조와 단체교섭(원·하청 교섭)을 함에 있어 하청노조가 복수인 경우 하청노조는 교섭대표노조를 정하여 교섭을 하여야 하는지가 문제된다. 원·하청 교섭은 기존의 '하나의 사업(장)'에서 교섭창구를 단일화하는 절차가 예상하지 못한 새로운 교섭이기 때문이다.

2026년 노동조합법 개정 당시에 원·하청 교섭에 창구단일화 절차가 적용되는지를 명백히 하지 않은 입법의 흠결이 있다. 개정 시행령은 원·하청 교섭이 안정된 교섭체계를 이루기 위해 현행 교섭창구단일화 절차의 틀을 적용하되 하청노조의 교섭권의 보장에 충실하려는 취지에서 관련 규정을 정비하였다. 이에 따르면 교섭단위는 원청회사의 사업(장) 전체가 해당되어 원청노조들과 하청노조들이 같은 교섭단위이지만, 노조들 간의 관계 등을 고려하여 교섭단위를 적절히 분리하여 하청노조가 직접 교섭할 수 있게 한다(영 14조의11 4항).

분리된 교섭단위에서 하청노조가 원청회사에 교섭을 요구하면 원청회사는 교섭요구사실을 공고하여야 하며, 교섭을 요구한 하청노조들 사이에서 교섭대표노조를 정하여 원청회사와 교섭하여야 한다.

원·하청 교섭인 경우에도 창구단일화 절차의 예외인 개별교섭, 교섭대표노

1) 대법 2018. 8. 30, 2017다218642; 대법 2019. 10. 31, 2017두37772.
2) 대법 2020. 10. 29, 2019다262582.

조를 정하는 방법, 교섭대표노조의 지위, 공동대표의무 등이 일반적인 창구단일화 절차와 마찬가지로 적용된다.

《검토 의견》

개정 시행령은 원청회사에 대한 원청노조의 교섭요구 및 하청노조의 교섭요구가 동일한 사용자에 대한 교섭요구이므로 함께 창구단일화 절차가 적용된다고 보는 것이다. 노사 간에 교섭 방식을 자율적으로 합의한다면 개별교섭이나 원청회사·원청노조·하청노조의 공동교섭도 가능하겠지만, 자율적인 합의가 이루어지지 못하면 창구단일화 절차에 따라 교섭대표노조를 정하게 된다.

원·하청 교섭에 창구단일화 절차의 적용 여부에 대해 학설은 여러 견해로 나뉜다. ① 자율교섭설은 교섭창구단일화 절차는 기존의 복수노조가 금지되었던 기업별 노조에 대해 복수노조를 허용하면서 기업별 교섭에서 교섭창구를 단일하게 하려는 취지이므로 원·하청 교섭에 교섭창구단일화 절차는 적용되지 않으며, 하청노조는 원청회사에게 자유롭게 교섭을 요구할 수 있고 교섭방식은 노사의 자율에 맡겨진다는 입장이다. ② 개별교섭설은 하청회사 단위에서 교섭창구단일화 절차를 거쳐 교섭대표노조가 된 하청노조가 원청회사에게 교섭을 요구할 때 다시 하청노조끼리 교섭창구단일화 절차를 거칠 필요가 없다는 입장이다. ③ 창구단일화 절차 적용설은 원·하청 교섭은 사용자단체와 교섭하는 초기업 교섭이 아니라 원청회사와 교섭하는 것이므로 원청회사의 사업(장)에 존재하는 복수의 노조간에 창구단일화 절차를 거쳐야 한다는 입장인데, ③-(ㄱ) 다시 교섭단위는 원청회사의 사업(장) 전체가 해당되므로 원청노조와 하청노조가 교섭창구단일화 절차를 거쳐야 한다는 입장(원청회사가 직접 고용한 근로자를 사용하는 사업과 하청회사를 통해 간접적으로 하청근로자를 사용하는 사업을 모두 하나의 사업으로 보는 '동태적 사업 개념'에 입각함)과, ③-(ㄴ) 교섭단위는 원청회사의 하청사업 전체가 해당되므로 하청노조만이 교섭창구단일화 절차를 거쳐야 한다는 입장(원청노조와 달리 하청노조는 부분적으로만 교섭권을 가지므로 교섭권 차이가 존재함을 강조함)으로 나뉜다.

종래의 창구단일화 절차가 도입된 배경, 과반수 대표 방식의 창구단일화 절차가 단체교섭의 자유를 본질적으로 침해하는 점 등을 고려하면 원·하청 교섭에서 창구단일화 절차를 적용하지 않는 것이 바람직한 해석이다. 반면 경영계는 원·하청 교섭 자체를 반대해 왔고 개정법이 시행된 후 원·하청 교섭 자체를 거부하여 분쟁이 빈발할 것이라는 우려도 있기에, 개정 시행령처럼 창구단일화 절차를 통해 원·하청 교섭이 안정된 교섭체계를 이룬다면 바람직할 수 있다.

원·하청 교섭의 창구단일화 절차에서 노조들 간에 교섭대표노조나 교섭위원을 자율적으로 정함에 있어 소수노조에게도 일정 지분을 인정한다면 근로조건의 통일적 형성과 공정대표의무 준수에 도움이 될 것이다. 나아가 근본적으로 현행 창구단일화 제도에 대한 재검토가 필요하다.

제3절 단체교섭의 대상

Ⅰ. 교섭대상의 의의와 범위

1. 교섭대상의 의의

가. 단체교섭의 대상과 의무적 교섭사항

(1) 헌법상 근로자에게 단체교섭권이 보장된다 하여 근로자측이 사용자측과 어떤 문제에 대해서든 교섭할 수 있는 것은 아니다. 헌법은 '근로조건의 향상을 위하여' 단체교섭권을 보장하고 있으므로 교섭할 수 있는 대상에는 내재적 한계가 있는 것이다. 헌법상 단체교섭권은 임금이나 그 밖의 근로조건에 관한 교섭을 보장하지만, 예컨대 구속된 근로자의 석방에 관한 교섭까지 보장한 것은 아니다. 근로자측이 단체교섭권에 근거하여 사용자측에 교섭을 요구하고 교섭할 수 있는 사항을 '단체교섭의 대상'(교섭사항, 교섭대상)이라 부른다.

(2) 노동조합법은 사용자측에 근로자측과 성실하게 교섭할 의무를 부과하고 있다(30조 2항, 81조 1항 3호). 따라서 사용자는 어떤 사항에 대해서는 교섭의무를 갖지만, 어떤 사항에 대해서는 근로자측과의 교섭을 거부할 수 있다. 사용자에게 교섭의무가 있는 사항을 '의무적 교섭사항'(강제적 교섭사항)이라 부른다.

노동조합법이 사용자측에 교섭의무를 과한 것은 단체교섭권을 실효성 있게 보장하기 위한 것이다. 따라서 근로자측이 단체교섭권에 근거하여 교섭할 수 있는 사항, 즉 단체교섭의 대상에 대해서는 사용자측이 교섭의무를 지지만, 거꾸로 근로자측이 교섭할 수 있는 사항이 아니라면 사용자측에 교섭의무가 없다고 보아야 한다. 그렇다면 의무적 교섭사항은 단체교섭의 대상을 사용자측에서 파악한 개념에 불과하고, 양자의 범위는 같다.

나. 위법교섭사항과 임의적 교섭사항

(1) 단체교섭의 대상(의무적 교섭사항)에 관한 합의는 당사자를 법적으로 구속한다. 이에 대하여 단체교섭의 대상이 아닌 사항에 관한 합의는 구속력이 없는 경우도 있고 구속력이 있는 경우도 있다.

사용자가 처분할 권한을 가지지 않는 사항 또는 강행법규나 사회질서(민법

103조)에 위반하는 사항은 당사자가 이에 관하여 합의를 하더라도 무효가 되고 아무런 구속력을 가지지 않는다. 예컨대 구속 근로자를 석방한다는 합의 또는 남녀 사이에 임금을 차별한다는 합의가 이에 속한다. 이러한 사항을 '위법교섭사항'이라 부른다.

이에 대하여 사용자가 처분할 권한도 있고 강행법규나 사회질서에 위반하지 않는 사항은 당사자가 이에 관하여 합의한 이상 구속력을 가진다. 예컨대 쟁의행위 기간에 대한 임금 삭감분을 보전한다는 합의가 이에 속한다. 이러한 사항을 '임의적 교섭사항'이라 부른다.[1)]

(2) 위법교섭사항과 임의적 교섭사항이라도 당사자 사이의 교섭 그 자체가 법률상 금지되는 것은 아니다. 그러나 이들 사항에 관한 교섭은 헌법상 단체교섭권에 근거한 교섭이 아니라 사인 간에 사적 자치의 일환으로 하는 교섭에 불과하고 엄격한 의미에서는 단체교섭이라 볼 수도 없다. 단체교섭의 대상(의무적 교섭사항)인지 여부의 구별이 무엇보다도 중요하지만, 단체교섭의 대상이 아닌 사항이 위법교섭사항에 속하는지 임의적 교섭사항에 속하는지의 구별도 의미가 있다.[2)]

2. 교섭대상의 일반적 범위

가. 근로조건

단체교섭의 대상은 헌법상 보장된 단체교섭권에 근거하여 교섭할 수 있는 사항을 말하므로 그 구체적 범위는 단체교섭권 보장의 취지에 비추어 획정해야 한다. 단체교섭권은 사용자와의 교섭을 통하여 근로자의 근로조건을 향상하는 방향에서 통일적으로 결정하기 위하여 보장된 것이다.

따라서 교섭대상이 되려면 우선 사용자가 법률상·사실상 처분할 수 있는 사

1) 미국에서는 단체교섭의 대상을 위법교섭사항(prohibitive or illegal subject), 의무적 교섭사항(mandatory subject) 및 임의적 교섭사항(permissive subject)의 세 가지로 나누는 것이 일반화되어 있다. 이 경우 단체교섭의 대상은 당사자가 사실상 단체교섭의 안건으로 하는 것, 즉 사실개념이다.

2) 의무적 교섭사항과 임의적 교섭사항 및 위법교섭사항의 구별이 불필요하고 단체교섭의 대상인지 여부만 문제삼으면 족하며 특히 임의적 교섭사항을 인정하게 되면 의무적 교섭사항이 좁아지고 쟁의권을 제약하게 된다고 보는 견해가 있다. 그러나 이 견해에서도 협약자치 한계의 문제로서 단체협약의 내용이 예컨대 강행법규 등에 해당하는 경우에는 무효가 된다고 보기 때문에 위법교섭사항을 인정하는 셈이다. 또 임의적 교섭사항을 인정하는 견해가 실제로 이 견해보다 의무적 교섭사항이나 쟁의행위의 정당한 목적을 좁게 해석하지 않으며, 오히려 이 견해는 임의적 교섭사항에 속할 것을 위법교섭사항으로 돌릴 우려가 있다.

항이라야 한다. 또 근로조건은 교섭대상이 되지만,[1] 근로조건과 무관한 사항은 교섭대상이 될 수 없다. 다만 근로조건 그 자체는 아니지만 근로조건과 밀접한 관련을 가지는 사항도 교섭대상이 된다고 보아야 할 것이다.

'근로조건'이란 근로계약상의 조건이나 약속사항 및 노동관계상 근로자에 대한 그 밖의 대우(고용의 계속도 포함)를 말한다. 임금(기본급·각종 수당·상여금·퇴직금), 근로시간, 휴식(휴게·휴일·휴가), 안전·보건·작업환경, 보상(해고예고수당·재해보상), 복리후생(사택 제공·주택자금 대여·기업연금)[2] 등이 이에 속한다. 노동의 내용, 밀도, 방법, 장소, 환경도 원칙적으로 근로조건이 되지만, 일상적인 경미한 것으로서 성질상 사용자의 지휘명령권에 위임되어 있는 것은 근로조건이 아니고 따라서 단체교섭의 대상은 아니라고 할 것이다.

나. 비조합원의 근로조건

비조합원의 근로조건은 단체교섭의 대상이 아니다. 근로조건에 관한 노동조합의 교섭 권한은 그 '조합원을 위'한 것으로 한정되며(노조 29조 1항 참조), 또 단체협약이 일정한 조건 아래서 비조합원에게 확장적용된다는 규정(노조 35조-36조)도 단체협약이 그 당사자인 노동조합의 조합원에게만 적용된다는 것을 전제로 한 것이기 때문이다.

그러나 비조합원의 근로조건이라도 조합원의 근로조건이나 집단적 노동관계에 영향을 주는 경우에는 단체교섭의 대상이 된다. 예컨대 비조합원인 임시직을 채용함으로써 조합원의 직종이 변경되거나 퇴직자의 충원을 비조합원인 임시직으로 함으로써 조합원이 감소하고 교섭력이 약화될 우려가 있는 경우가 그렇다.

다. 노사협의회 협의사항 등

안전·보건, 그 밖의 작업환경, 임금의 지불방법, 작업 및 휴게시간의 운용은 근로조건에 속하지만 근로자참여법에서는 노사협의회의 협의사항으로 규정되어 있는데(20조), 그렇다고 하여 이들 사항이 단체교섭의 대상에서 제외되는 것은 아니다. 같은 법에서 단체교섭이나 그 밖에 노동조합의 모든 활동은 일정한 사항을 노사협의회에서 보고·협의·의결하도록 하는 노사협의회제도에 따라 영향을 받지

1) 미국의 연방노동관계법(Wagner법)은 사용자가 '임금, 근로시간 및 근로계약상 그 밖의 조건이나 약속사항'(wages, hours, and other terms and conditions of employment)에 관하여 근로자 측 교섭대표와 성실하게 교섭해야 한다고 규정하고 있다(8조 d, 9조 a).

2) 미국의 판례는 예컨대 Ford Motor Co. v. NLRB, 441 U.S. 488(1979)에서 공장 내의 식당에서 외부 업자가 공급하는 식품의 가격도 의무적 교섭사항으로 해석하고 있다.

않도록 되어 있기 때문이다(5조 참조).[1]

단체협약 기정 사항(단체협약의 내용에 포함시키지 않기로 합의한 사항도 포함), 쟁의행위 기간에 대한 임금 지급(노조 44조 2항 참조), 또는 쟁의행위에 대한 면책에 관한 교섭은 단체교섭권의 남용에 해당된다고 볼 수 있다. 따라서 이들 사항은 임의적 교섭사항에 불과하다고 보아야 할 것이다.

본래는 임의적 교섭사항에 불과한 것이라도 당사자 사이에 단체교섭을 통하여 결정하기로 합의한 경우에는 그 합의에 근거하여 의무적 교섭사항으로 전환된다고 보아야 할 것이다.

라. 노동쟁의와 단체교섭의 대상

(1) 노동조합법은 '노동쟁의'의 개념을 '노동조합과 사용자 또는 사용자단체(이하 '노동관계 당사자'라 함) 간에 임금·근로시간·복지·해고·근로자의 지위 기타 대우 등 근로조건의 결정과 근로조건에 영향을 미치는 사업경영상의 결정에 관한 주장의 불일치 및 92조 2호 가목부터 라목까지의 사항에 관한 사용자의 명백한 단체협약 위반으로 인하여 발생한 분쟁상태'로 정의하고 있다(2조 5호 전단).

종래의 판례, 고용노동부의 해석이나 노사관계의 실무에서는 "노동쟁의의 대상 = 단체교섭 (의무의) 대상 = 쟁의행위의 (정당한) 목적"으로 보고 그 범위를 동일하게 해석하는 경향이 있어왔다. 또 이러한 해석은 그 범위를 임금·근로시간 등 고전적인 근로조건에 대한 결정으로 좁게 파악해 왔다.

그러나 노동쟁의의 개념으로부터 단체교섭의 대상이나 쟁의행위의 목적을 국한하는 해석은 타당하지 않다. 단체교섭의 대상인지 여부는 궁극적으로는 헌법상 단체교섭권의 보장범위에 관한 해석에 맡겨져 있으며, 쟁의행위의 정당한 목적인지 여부도 궁극적으로는 헌법상 단체행동권의 보장범위에 관한 해석에 맡겨져 있기 때문이다. 반면 노동쟁의의 개념은 노동위원회가 제공하는 조정·중재 서비스의 대상을 정하는 것이므로 그 범위는 입법정책에 따라 적절히 결정될 문제일 뿐이다.

(2) 그런데도 2026년에 노동조합법은 쟁의행위의 손해배상책임을 완화하려는 취지에서 쟁의행위의 정당한 목적을 확대하는 방법으로써 노동쟁의 개념을

1) 독일에서는 임금의 수준, 근로시간의 길이, 휴가의 일수 등 '실질적 근로조건'은 단체협약의 내용이 될 수 있지만, 임금의 지급방법, 근로시간의 배치(출퇴근시각), 휴가의 시기 등 '형식적 근로조건'은 사용자와 종업원평의회 사이에 공동결정할 사항으로 하고 이에 관한 단체교섭이나 쟁의행위는 허용되지 않는 것으로 해석된다.

확대하는 개정을 하였다(2026. 3. 10. 시행).[1] 즉 노동쟁의 대상에 근로자의 지위, 근로조건에 영향을 미치는 사업경영상의 결정, 노동조합법 92조 2호 가목부터 라목까지의 사항에 관한 사용자의 명백한 단체협약 위반 등을 추가하였다.

이러한 개정이 노동조합법 규정들 간의 관계에 비추어 적절한 방식인지는 의문이지만, 개정법이 노동3권을 실질화하기 위해 쟁의행위의 정당한 목적을 확대한다는 입법 취지는 존중되어야 한다. 또 노동쟁의에 해당하여 노동위원회를 통해 공적으로 조정·중재로 해결할 만한 분쟁이라면 노사가 단체교섭을 통해 자주적으로 해결하는 것이 더 바람직하다. 따라서 개정법이 노동쟁의에 추가한 대상은 쟁의행위의 정당한 목적 및 단체교섭의 의무적인 교섭 대상에도 포함된다고 해석하는 것이 헌법이 보장하는 단체교섭권과 단체행동권을 실질화하는 해석이다. 이에 반하여 쟁의행위의 정당한 목적 및 단체교섭의 대상을 좁게 파악해온 종래의 판례들은 개정법 시행 이후에 그대로 적용되기가 어렵다.

노동쟁의 개념의 자세한 해석은 노동쟁의 조정에서 다시 설명하도록 하겠지만, 단체교섭의 대상에 관하여 개정법의 개정 내용도 고려하여 설명하고자 한다.

Ⅱ. 교섭대상에 관한 쟁점

1. 특정 근로자 개인에 관한 사항

단체교섭의 대상은 집단성을 띠어야 한다고 전제하면서 특정 조합원 개인에 국한되는 사항은 고충처리나 노사협의의 대상이 될 뿐 단체교섭의 대상은 될 수 없다고 보는 견해가 있다.

그러나 집단이라는 것도 개인의 누적인데 특정 조합원 개인이 어느 정도 다수라야 집단성을 띤다고 볼 것인지도 명백하지 않다. 또 단체교섭은 근로자측의 교섭주체가 집단적이어야 하지만 단체교섭의 대상까지 집단적이어야 할 이유는 없다. 따라서 특정 조합원이 다수이든 소수이든 심지어 1명이든, 그 조합원의 근로조건은 단체교섭의 대상이 된다. 거꾸로 다수 또는 전체 근로자에 적용될 사항

---

1) 노동조합법은 '근로조건의 유지·개선과 근로자의 경제적·사회적 지위의 향상을 도모'하도록 되어 있음에도(1조), 종전의 판례나 실무는 근로자의 지위를 포함하여 근로조건에 영향을 미치는 정리해고나 구조조정 등에 대해서는 쟁의행위를 할 수 없고, 사용자의 단체협약 위반 등과 같은 사안에 대해서도 쟁의행위를 할 수 없다고 해석하고 있었다. 개정법은 노동3권을 실질화하도록 그러한 분쟁을 쟁의행위의 정당한 목적에 포함시키려는 취지에서 노동쟁의의 개념을 확대하였다.

이라도 단체협약 등의 해석·적용의 문제, 즉 권리분쟁사항에 해당할 때에는 고충처리 등의 대상이 되고 원칙적으로 단체교섭의 대상은 되지 않는다. 요컨대 개인적 사항이냐 집단적 사항이냐는 중요하지 않은 것이다.

2. 집단적 노동관계에 관한 사항

단체교섭의 절차, 쟁의행위의 절차, 조합활동의 시간·절차·방법, 전임자 등 집단적 노동관계에 관한 사항이 단체교섭의 대상이 되는지 여부가 문제된다.

노동조합법이 '근로조건'의 결정에 관한 분쟁을 노동쟁의로 규정하고 있는 것(2조 5호)에 착안하여 전임제는 근로조건이 아니므로 임의적 교섭사항에 불과하다고 설시한 판례가 있다.[1] 이 견해는 노동쟁의 정의규정상의 근로조건이 한정적 의미를 갖는 것으로 파악하고 있다. 또 이 견해는 노동조합법에 규정된 노동쟁의의 대상과 단체교섭의 대상을 같은 것으로 이해하고 있다.

그러나 단체교섭의 대상인지 여부와 노동조합법상 노동쟁의의 대상은 별개의 것이다. 단체교섭의 대상은 헌법상 보장된 단체교섭권의 내재적 한계로서 단체교섭권의 해석에 따라 획정될 문제이지만,[2] 노동조합법상 노동쟁의의 대상은 어떤 범위의 분쟁을 노동위원회 조정·중재의 대상으로 할 것인가라는 입법정책에 따라 결정되는 것으로서 헌법상의 노동3권과는 차원을 달리하는 문제이기 때문이다.

앞에서도 언급한 바와 같이, 근로조건과 무관한 사항은 단체교섭의 대상이 아니다. 그러나 집단적 노동관계에 관한 사항은 근로조건과 밀접한 관계에 있기 때문에 단체교섭의 대상이 된다고 보아야 한다.[3] 또 노동조합 또는 교섭대표노조는 조합원과 '그 노동조합을 위하여' 또는 교섭창구 단일화에 참여하는 '모든 노동조합을 위하여' 사용자측과 교섭할 수 있다는 규정(29조 1항·2항), 당사자는 단체협약에 노동관계의 적정화를 위한 단체교섭의 절차와 방식을 규정하도록 노력

1) 대법 1996. 2. 23, 94누9177. 한편, 서울행법 2002. 9. 19, 2002구합8091도 '전임제' 등을 임의적 교섭사항으로 본다. 그러면서도 '노동조합활동, 노동조합에 대한 편의제공, 단체교섭·쟁의행위 등'은 의무적 교섭사항으로 보는데, 양자의 차이가 어디에 있는지 의문스럽다.

2) 대법 2003. 12. 26, 2003두8906도 단체교섭의 대상이 되는지 여부는 헌법 제33조 제1항과 노동조합법 제29조에서 근로자에게 단체교섭권을 보장한 취지에 비추어 판단해야 한다고 한다.

3) 대법 2003. 12. 26, 2003두8906은 일반적으로 구성원인 근로자의 노동조건이나 그 밖의 대우 또는 해당 집단적 노동관계의 운영에 관한 사항으로 사용자가 처분할 수 있는 사항은 단체교섭의 대상이 된다고 한다. 그러나 대법원이 이로써 종전의 일부 부정적 입장을 변경한 것인지는 분명하지 않다.

해야 한다는 규정(48조)은 집단적 노동관계에 관한 사항이 단체교섭의 대상이 됨을 전제로 한 것이다.

요컨대 집단적 노동관계에 관한 사항이라도 강행법규나 선량한 풍속 기타 사회질서에 반하지 않는 이상 단체교섭의 대상에 포함된다고 보아야 한다.[1)]

3. 권리분쟁사항

'권리분쟁'(법률분쟁)이란 기존의 법령·단체협약·취업규칙 등 규범의 해석·적용·이행에 관한 당사자 사이의 분쟁을 말하고, 단체협약의 체결·갱신을 둘러싸고 발생하는 '이익분쟁'(의사결정분쟁)과 구별된다. 예컨대 노동조합이 부당노동행위의 철회나 단체협약의 이행 또는 체불임금의 청산 등을 요구하는 분쟁이 권리분쟁에 해당한다.[2)] 권리분쟁의 특징은 민사소송(경우에 따라서는 행정적 구제·시정절차)의 대상이 된다는 데 있다.

단체교섭은 단체협약의 체결을 통하여 향후의 권리·의무를 정하려는 교섭절차이지 이미 정해진 권리·의무의 해석이나 이행에 관한 분쟁을 해결하는 절차가 아니고, 권리분쟁은 민사소송 등을 통하여 해결할 성질이라는 점을 들어 권리분쟁사항은 단체교섭의 대상이 될 수 없다고 보는 견해가 있다.[3)]

권리분쟁은 민사소송 등의 절차를 통하여 해결될 수 있지만, 그렇다고 하여 소송을 통한 해결만이 적법한 것도 아니고 당사자 사이의 자율적 해결이 금지되는 것도 아니다.[4)] 독일처럼 노동법원이라는 특수법원이 있어 권리분쟁사항 전반을 신속·저렴·공정하게 해결하는 바람직하고, 또 단체협약의 해석·이행에 관한 권리분쟁은 미국의 경우처럼 고충처리절차로[5)] 해결하는 것이 바람직하지만 이를

1) 의무적 교섭사항을 '임금, 근로시간 및 근로계약상 그 밖의 조건이나 약속사항'으로 규정한 미국에서도 유니언숍 협정, 조합비공제 협정, 단체교섭절차 협정, 평화의무 협정 등이 의무적 교섭사항에 포함되는 것으로 해석되고 있다.

2) 권리분쟁과 이익분쟁의 구별이 미묘한 경우도 있을 것이다. 예컨대 해고된 근로자의 복직을 요구하는 경우에 그 주장의 본질이 그 해고가 법령 등에 위반하여 무효라는 것이 아니라 사용자가 복직 또는 재채용의 인사권을 행사하라는 데 있다면 이는 이익분쟁이라고 보아야 하지 않을까 생각된다.

3) 노조 32262-173 단체교섭지도지침 1993. 2. 24.

4) 이 점에 착안하여 저자는 한동안 권리분쟁사항이 단체교섭의 대상이 된다고 보았다.

5) 미국에서는 대체로 단체협약에 고충처리절차(grievance procedure)에 관한 규정을 두고 있는데, 그 내용은 단체협약의 해석·이행에 관하여 분쟁이 발생한 경우에 노사 실무자급 협의를 1단계 해결절차로 하여 최종단계에서는 사적 중재(private arbitration)에 의뢰하여 해결한다는 것이다. 이로써 단체협약에 관한 권리분쟁은 단체교섭이나 쟁의행위 없이 또 정당한 권리를

강제할 수는 없다. 그렇다고 하여 단체교섭의 대상에 관하여 권리분쟁사항을 이익분쟁사항과 같게 취급할 수도 없을 것이다. 이익분쟁에서는 오로지 더 양보할 수 있는가가 문제되지만, 권리분쟁에서는 객관적으로 무엇이 법적으로 옳은가(시시비비)가 문제되고 이는 원칙적으로 협상을 통하여 양보할 성질이 아니므로, 단체교섭을 통하여 상대방의 양보를 구하는 것은 단체교섭권의 남용이라고 볼 여지도 있다.

그렇다면 권리분쟁사항은, 조합원을 위한 것이든 노동조합을 위한 것이든, 원칙적으로 단체교섭의 대상에 포함되지 않으며 임의적 교섭사항이 될 뿐이라고 생각한다. 다만, 이러한 해석론은 노동조합법이 노동쟁의를 '근로조건의 결정'에 관한 분쟁으로 한정하고 있는 것에서(2조 5호) 도출되는 것은 아니다. 이 규정은 노동위원회를 통한 조정이나 중재의 대상이 되는 분쟁의 범위를 한정한 것일 뿐, 헌법상 단체교섭권의 취지에서 도출되는 단체교섭의 대상 여부와는 아무런 관계가 없기 때문이다.

다만 2026년 개정에서 노동쟁의 개념에 '92조 2호 가목부터 라목까지의 사항에 관한 사용자의 명백한 단체협약 위반으로 인하여 발생한 분쟁상태'를 포함시켰고(2조 5호 전단),[1] 그러한 분쟁이 쟁의행위의 정당한 목적으로 보려는 입법취지는 존중되어야 한다. 노동쟁의에 포함되고 쟁의행위의 정당한 목적일 수 있는 전술한 범위의 권리분쟁은 단체교섭의 대상에도 포함된다고 해석하여야 한다. 그러한 권리분쟁은 결국 근로자의 집단적인 근로조건과 직접 관련되어 왔기 때문에, 노사 당사자가 교섭을 통해 자주적으로 해결하는 것이 단체교섭권 보장 취지에도 부합한다.

4. 경영사항

사업의 인수·합병·양도, 휴·폐업, 사업의 축소·확대, 경영진의 임면, 사업조직의 개편, 생산·판매, 업무의 기계화·자동화, 공장 이전, 업무의 외주화 등에 관한 사항, 즉 경영사항(경영권 사항, 생산사항)이 단체교섭의 대상인지 여부가 문제된다.

양보함이 없이 해결되는 것이다.

1) 92조 2호는 단체협약의 내용을 위반하면 처벌되는 단체협약의 내용을 정하고 있는데, 그 중 가. 임금·복리후생비, 퇴직금에 관한 사항, 나. 근로 및 휴게시간, 휴일, 휴가에 관한 사항, 다. 징계 및 해고의 사유와 중요한 절차에 관한 사항, 라. 안전보건 및 재해부조에 관한 사항 등의 명백한 위반으로 인한 분쟁상태가 노동쟁의가 될 수 있다.

(1) 종래의 판례는 경영 사정 악화로 불가피하다고 판단하여 회사가 계획한 시설관리사업부의 폐지 그 자체는 경영권에 속하는 것으로서 단체교섭의 대상이 될 수 없다거나,[1] 정리해고나 사업조직의 통폐합 등 기업의 구조조정의 실시 여부는 경영주체에 의한 고도의 경영상 결단에 속하는 사항으로서 이는 원칙적으로 단체교섭의 대상이 될 수 없다고 한다.[2] 관련된 사건은 해당 사항에 대한 사용자의 교섭 거부가 문제된 것이 아니라, 해당 사항의 경영 계획을 저지하거나 반대하려는 목적의 쟁의행위에 대하여 정당성이 없다는 결론에 도달한 것들이다.

한편, 판례는 사용자가 경영권의 본질에 속하여 단체교섭의 대상이 될 수 없는 사항에 관하여 노동조합과 사전 합의하여 결정 또는 시행한다는 내용의 단체협약에서 그 '합의'란 문언의 통상적 의미가 아니라 노동조합의 의견을 제출받아 성실하게 참고하라는 '협의'의 의미로 해석한다.[3] 그런가 하면 또 다른 판례는 운수업체에서 차량의 배차시간·순서 등에 관하여 노동조합과 사전에 합의하도록 규정한 단체협약의 조항은 근로자들의 근로조건과 밀접한 관련이 있는 부분이고, 사용자의 경영권을 근본적으로 제한하는 것도 아니라고 인정되므로 단체교섭의 대상이 될 수 있다고 한다.[4]

이들 판례의 법리를 요약하면, 경영사항 '그 자체'는 '원칙적으로' 경영권에 속하는 것으로서 단체교섭의 대상이 아니고, 다만 경영사항이라도 근로조건과 밀접한 관계가 있는 부분은 경영권을 근본적으로 제한하지 않는 범위에서 단체교섭의 대상이 된다는 것이라 할 수 있다.

(2) 그러나 앞에서 살펴본 바와 같이, 사용자가 법률상·사실상 처분할 권한을 가지는 사항으로서 근로조건 및 이와 밀접한 관련을 가지는 사항은 단체교섭의 대상이 되므로, 경영사항이라도 그것이 근로조건(고용의 계속 포함)에 밀접한 관계가 있는(영향을 주는) 경우에는 단체교섭의 대상이 된다고 보아야 한다.[5]

---

1) 대법 1994. 3. 25, 93다30242.
2) 대법 2002. 2. 26, 99도5380(사업장 통폐합 계획이 문제된 사건); 대법 2007. 5. 11, 2006도9478(업무의 외주화 계획이 문제된 사건).
3) 대법 2002. 2. 26, 99도5380.
4) 대법 1994. 8. 26, 93누8993(해당 단체협약의 규정을 변경하라는 행정관청의 명령은 위법하다).
5) 공무원노조법에서 정부기관의 '관리·운영에 관한 사항으로서 근무조건과 직접 관련되지 않는 사항'은 단체교섭의 대상이 될 수 없다고 규정한 것(8조 1항 단서)은 경영사항이라도 근무조건과 직접 관련된 경우에는 단체교섭의 대상이 된다는 것을 전제로 하고 있다는 점에서도 그렇다.

그렇다면 예컨대 경영진의 퇴진을 요구하는 경우라도 노동조합의 정당한 관심사에 대한 보복 조치의 철회를 요구하는 것으로서 그 진의가 조합원의 근로조건 개선 요구에 있는 경우에는 단체교섭의 대상으로 보아야 한다.[1] 그리고 제품의 종류 또는 제조공정 등도 근로자의 안전·보건 등 근로조건에 관련한 문제로 논의할 때에는 단체교섭의 대상이 될 수 있다. 그러나 회사 이사의 선임에 노동조합과의 합의나 협의를 요건으로 하자고 요구하거나 특정인을 이사에 선임할 것 또는 선임하지 않을 것을 요구하는 것은 단체교섭의 대상이 아니다. 또 화학무기 생산이나 공해 배출 공정의 반대 등 사회적 사명감에 따른 요구는 단체교섭의 대상이 되지 않는다고 해석된다.

(3) 2026년 개정에서 노동쟁의 개념에 '근로조건에 영향을 미치는 사업경영상의 결정에 관한 주장의 불일치로 인하여 발생한 분쟁상태'를 포함시켰는데(2조 5호 전단), 그러한 분쟁이 쟁의행위의 정당한 목적으로 보려는 입법 취지는 존중되어야 한다. 노동쟁의에 포함되고 쟁의행위의 정당한 목적일 수 있는 사항은 단체교섭의 대상에도 포함시켜 노사 당사자가 교섭을 통해 자주적으로 해결하는 것이 단체교섭권 보장 취지에도 부합한다.

모든 사업경영상의 결정이 노동쟁의의 대상이 되는 것이 아니라, '근로조건에 영향을 미치는' 사업경영상의 결정만이 해당된다. 예건대 인적 구조조정 계획, 정리해고, 배치전환 등과 같은 사업경영상의 결정은 근로자의 지위나 작업조건 등의 근로조건과 밀접하게 관련되어 영향을 미치는 사업경영상의 결정이므로 그 결정 자체가 노동쟁의에 포함된다. 또 사업의 일부 폐지·통합, 사업 양도·분할 등의 사업경영상의 결정이 임금·근로시간·작업조건, 퇴직이나 근로자의 지위 또는 배치전환 등의 근로조건에 구체적·현실적으로 영향을 미치는 경우라면 그 결정 자체도 노동쟁의에 포함된다. 반면 해외 투자, 신기술 도입 등의 사업경영상의 결정이 근로조건에 영향을 미치는 정도가 구체적·현실적이지 않은 상황이라면 그 결정 자체는 노동쟁의에 포함된다고 볼 수 없다.

결국 경영사항이더라도 근로조건과 밀접한 관계가 있는 경우에는 그러한 경영사항에 대한 사업경영상의 결정은 근로조건에 영향을 미치게 되므로 그 결정 자체가 단체교섭의 대상이 된다.[2]

---

1) 대법 1992. 5. 12, 91다34523.

2) 따라서 이를 부정한 종래의 판례의 입장은 그대로 유지될 수 없으니 변경되어야 한다.

《검토 의견》

근로자의 단체교섭권과 사용자의 영업의 자유 또는 재산권은 조화롭게 보장되어야 하므로, 경영사항(사업경영상의 결정)이 단체교섭의 대상이 되는 경우에도 사용자의 영업의 자유 또는 재산권이 본질적으로 침해되어서는 안 된다. 단체교섭은 사용자가 노동조합의 요구에 대해 대화하고 진지하게 협상할 의무일 뿐, 협상에서 노동조합의 요구를 수용할 의무가 아니다. 사업경영상의 결정을 단체교섭의 대상으로 인정하는 취지는 그로 인해 영향을 받는 근로조건의 변화에 대해 노사 당사자가 자주적으로 해결방안을 모색할 수 있도록 교섭을 진행하게 할 뿐이다. 고용의 유지나 퇴직, 임금·근로시간의 변경, 배치전환 등을 어떻게 할지가 타협될 수 있으며, 교섭 진행은 동태적이기에 사용자가 종전 결정의 철회 제안을 수용할 수도 있고, 노동조합이 사용자의 결정을 수용할 수도 있다. 교섭에서 사업경영상의 결정의 필요성에 대한 설명과 자료제공에도 불구하고 노동조합이 그 결정의 철회만을 고집하여 사용자가 이를 수용하지 않는 경우 교섭은 결렬되어 사용자에게는 더 이상 교섭을 진행할 의무가 인정되지 않는다. 교섭이 결렬된 상황에서 노동조합이 무의미한 교섭의 재개를 거듭 요구하는 것은 교섭권의 남용이 될 수 있다.

5. 인사사항

근로자의 전직·휴직·승진·징계·정년·해고 등 인사(경영간부의 임면은 경영사항에 포함)의 기준을 어떻게 설정할 것인지에 관한 사항, 즉 인사사항이 단체교섭의 대상에 해당하는지 여부도 문제된다.

(1) 종래의 판례는 정리해고 반대를 주장하는 쟁의행위에 대한 형사처벌이 문제된 사건에서 정리해고의 실시 여부는 구조조정 등의 경우와 마찬가지로 사용자의 재량적 판단이 존중되어야 하는 경영권에 속하거나[1] 경영주체의 고도의 경영상 결단에 속하는[2] 사항으로서 단체교섭의 대상이 되지 않는다고 하거나, 정리해고를 반대하는 노동조합의 주장은 경영권의 본질적인 내용을 침해하는 것으로서 단체교섭의 대상이 되지 않는다고 한다.[3] 정리해고를 근로조건이 아니라 경영사항으로 보는 것이다.

그러나 해고는 그 자체로서 근로조건에 속한다. 근로기준법은 정당한 이유 없는 해고나 징계 등 인사처분의 금지, 정리해고의 제한, 해고 시기의 제한, 해고의 예고 등을 규정하면서(23조-27조) 이 법이 '근로조건의 기준'을 정한 법이라고

1) 대법 2002. 1. 11, 2001도1687.
2) 대법 2002. 2. 26, 99도5380; 대법 2007. 5. 11, 2006도9478.
3) 대법 2011. 1. 27, 2010도11030.

명시하고 있다(1조·3조). 또 노동조합법은 '해고' 등 근로조건에 관한 분쟁을 노동쟁의로 규정하고 있다(2조 5호). 이들 규정은 현행법이 해고를 근로조건으로 본다는 것을 의미한다.[1] 앞에서 본 판례들은 정리해고 반대의 쟁의행위가 경영 상황에 미칠 영향을 고려한 것이겠지만, 그렇다고 하여 유독 정리해고만 근로조건에서 제외된다고 볼 수 있는지 의문스럽다. 근로기준법이 정리해고를 하려면 근로자대표와 협의하도록 규정하고 있다 하여(24조 3항) 정리해고가 단체교섭 대상에서 제외되는 것도 아니다.

2026년 개정법은 노동쟁의 개념에서 '근로자의 지위'도 근로조건으로 명시하였고, '근로조건에 영향을 미치는 사업경영상의 결정에 관한 주장의 불일치로 인하여 발생한 분쟁상태'도 노동쟁의에 포함시켰다(2조 5호 전단). 따라서 정리해고도 근로조건임이 명백하며, 정리해고의 실시 여부에 관한 사업경영상의 결정도 노동쟁의에 해당된다. 개정법이 정리해고 실시 여부에 관한 분쟁을 쟁의행위의 정당한 목적으로 보려는 입법 취지는 존중되어야 하며, 노동쟁의에 포함되고 쟁의행위의 정당한 목적일 수 있는 사항이라면 단체교섭의 대상에도 포함시켜 노사 당사자가 교섭을 통해 자주적으로 해결하는 것이 단체교섭권 보장 취지에도 부합한다. 즉 정리해고 실시 여부도 단체교섭의 대상에 해당한다고 해석하는 것이 타당하다.[2]

노동조합이 사용자의 사업구조조정에 관한 경영상의 결정에 대해 반대하거나 철회를 요구하며 사용자와 협상을 요구하는 것은 고용안정, 임금수준의 유지나 향상, 담당 업무의 유지나 존속 등 근로조건의 유지나 향상을 요구하는 것이기도 하다. 또 사용자가 단체교섭에 응해 노사 간에 대화를 진전해야 근로조건의 불이익 변경과 고용안정이라는 타협 방안도 모색될 수 있다.

(2) 전직·징계·해고 등 근로자의 인사는 그 자체가 근로조건에 속하므로, 인사의 기준(사유와 절차)은 당연히 단체교섭의 대상이 된다고 보아야 한다. 인사고과는 그 결과가 이동·승진·승급·상여금 등의 결정과 불가분의 관계에 있기 때문에 그 기준도 원칙적으로 단체교섭의 대상이 될 것이다. 그러나 특정 조합원에 대한 개별적 인사조치는 인사 기준 적용의 문제이므로 단체교섭의 대상이 아니다.

---

1) 대법 2007. 12. 27, 2007다51758; 대법 2009. 2. 12, 2008다70336은 단체협약상 해고의 사유와 절차에 관한 규정은 임금 등 근로조건의 경우와 마찬가지로 실효되기 전에 근로계약의 내용이 된다고 판시하는데, 해고의 사유와 절차도 근로조건에 속한다고 보는 것이다.

2) 따라서 이를 부정한 종래 판례의 입장은 그대로 유지될 수 없으니 변경되어야 한다.

인사의 절차에는 본인의 진술 기회 부여, 노동조합에 대한 통보, 노동조합과의 합의 또는 협의, 위원회의 심의·의결, 위원회 구성에 대한 노동조합의 참가 및 참가의 정도(구성비율) 등이 포함되고 모두 단체교섭의 대상이 된다.

제4절 단체교섭의 방법

Ⅰ. 성실교섭 의무

1. 법적 근거

노동조합법은 단체교섭의 당사자는 신의에 따라 성실히 교섭하고 단체협약을 체결해야 하며, 정당한 이유 없이 교섭 또는 단체협약 체결을 거부하거나 해태하지 않아야 한다고 규정하고 있다(성실교섭 의무; 30조 1항·2항). 성실교섭 의무는 당사자 쌍방에 부과된 것이고, 일방이 이에 위반하는 것은 상대방이 교섭을 거부·해태할 수 있는 정당한 이유가 된다. 특히 사용자측의 위반은 부당노동행위가 된다(81조 1항 3호).

노동조합의 성실교섭 의무는 노동조합법이 창설한 것이지만, 사용자의 성실교섭 의무는 단체교섭권 보장에 따른 헌법상의 효과를 확인하는 성질을 가진다.

2. 성실교섭 의무의 내용

(1) 성실교섭 의무는 1차적으로는 쌍방의 교섭담당자가 현실적으로 회견하여 대화할 의무를 포함한다. 따라서 문서의 접수·회신이나 전화 등을 통한 대화는 성실한 교섭이라고 볼 수 없다.

성실교섭 의무의 핵심은 합의를 모색할 의무에 있다. 즉 쌍방은 요구나 주장을 명확히 하고 상대방의 요구나 주장에 대하여 자신의 주장이나 대안을 제시하며 그 논거를 설명하거나 관련 자료를 제공할 의무가 있다. 따라서 예컨대 내용이 불명확한 주장을 하면서 수락을 요구하거나 주장을 수시로 변경하여 진정한 의도를 알 수 없게 하는 경우, 제안을 듣고 처음부터 합의 달성의 의사가 없음을 밝히는 경우, 합리적인 이유도 없이 대안을 제시하지 않는 경우, 대안을 제시하지만 합리적 설명이나 관련 자료의 제공[1]도 하지 않으면서 대안의 수락만 요구

---

1) 기업비밀 등을 이유로 자료 제공을 거부할 수 없다. 다만 예컨대 직능급 임금액의 교섭과 관련하여 노동조합이 근무성적 등 인사고과의 기준이나 방법, 개인별 고과의 결과(사정)와 임금액과의 관련 등 자료의 제공을 요구하는 경우에 사정자료가 전면 공개되면 근로자 개인의 프라이버시 침해가 되거나 인사고과제도의 존속 자체가 위험하게 되는 등의 문제가 있으면 이를 거부할 수 있다.

하는 경우, 또는 제안에 불합리한 조건을 붙이면서 수락을 요구하는 경우에는 불성실한 것이 된다.

노동조합법상 성실교섭 의무(30조 1항·2항)에는 '단체협약을 체결'할 의무가 포함되어 있다. 그러나 이것은 일방이 교섭을 요구하면 쌍방은 당연히 단체협약의 체결에까지 이르러야 한다는 의미가 아니라, 당사자 사이에 단체교섭이 타결(합의)된 경우에는 지체 없이 단체협약을 체결해야 한다는 것을 의미할 뿐이다. 따라서 단체협약의 체결에 관하여 인준투표제 등이 예정되어 있는 경우에는 노동조합의 대표자는 합의된 단체협약안이 인준을 받도록 최선을 다해야 한다. 이러한 노력을 게을리하여 인준이 거부된 경우에는 사용자가 재교섭을 거부하더라도 불성실하다고 볼 수 없다.

(2) 성실교섭 의무는 상대방의 요구를 수락하거나 그것에 대하여 양보를 할 의무까지 포함하는 것은 아니다. 따라서 교섭의 정체에 따른 교섭의 중단은 불성실하다고 볼 수 없다. 즉 쌍방이 자신의 주장·제안·설명을 충분히 했는데도 교섭이 진전될(누군가가 양보할) 전망이 없게 되어 교섭을 중단하거나 교섭의 결렬을 선언하더라도 불성실하다고 볼 수 없다. 그러나 교섭이 중단·결렬된 후에도 예컨대 장기간의 경과나 새로운 제안의 제시 등 교섭 재개가 의미 있게 될 것을 기대할 만한 사정이 생긴 경우에는 교섭 재개에 응할 의무가 있다.

교섭의 결렬을 타개하기 위하여 노동조합이 쟁의행위에 돌입했다 하여 사용자에게 양보할 의무나 성실교섭 의무가 생기는 것은 아니다. 다만 쟁의행위 중에 노동조합이 의미 있는 새로운 제안을 하면서 교섭 재개를 요구한 경우에는 사용자는 이에 대하여 성실교섭 의무를 지게 된다. 쟁의행위는 단체교섭을 촉진하려는 수단이므로, 이 경우 노동조합이 쟁의행위를 진행하고 있다는 사정만으로는 사용자의 성실교섭 의무가 경감되거나 면제되지 않는다.[1)]

(3) 사용자는 조합원의 근로조건을 근로계약이나 취업규칙을 통하여 변경할 때에는 신의칙상 노동조합에 교섭을 할 것인지를 타진할 의무가 있고,[2)] 이러한 타진을 하지 않은 채 일방적으로 근로조건을 변경하는 것은 불성실한 교섭으로 보아야 한다. 그러나 그것은 단체교섭을 통하지 않고서는 일방적으로 근로조건을 변경할 수 없다는 의미는 아니다. 교섭의무는 합의할 의무까지 포함하는 것이 아

1) 대법 2006. 2. 24, 2005도8606<핵심판례>.

2) 미국의 배타적 교섭대표제 아래서는 사용자가 교섭대표노조와 교섭에 진력하지 않고 근로조건을 일방적으로 변경하는 것은 성실교섭 의무에 위반된다.

니고 공동결정 의무와도 다르기 때문이다.

Ⅱ. 단체교섭의 절차와 태양

(1) 단체교섭을 시작하려면 최소한 교섭의 일시·기간·장소·인원수 등이 미리 결정되어야 한다. 흔히 노동조합에서 이들에 관하여 단체교섭 요구서 등을 통하여 먼저 제안한다. 사용자가 이 제안에 이의가 있으면 대화를 통하여 합의하게 되지만, 이러한 대화·합의 과정도 단체교섭의 일종이므로 성실교섭 의무가 있다.

따라서 합리적인 이유 없이 교섭 일시를 늦추려 하거나 교섭 기간에 미리 제한을 설정하는 경우, 교섭의 장소를 불편한 곳으로 하자고 고집하는 경우, 교섭 담당자의 인원수에 불합리한 제한을 가하거나 원만한 교섭을 방해할 정도의 다수 인원 또는 쌍방 인원수의 현저한 차이를 고집하는 경우에는 불성실한 교섭이 된다. 이들 사항에 관하여 단체협약에 구체적인 규정이 있으면 그에 따라야 하고, 협정이나 관행상 실무교섭이나 예비절충을 통하여 결정하도록 되어 있으면 그에 따라야 할 것이다.

단체협약에 임금이나 그 밖의 단체교섭 대상은 노사협의를 통하여 결정한다는 취지의 규정이 있으면, 이 노사협의는 법률상으로는 단체교섭에 해당되므로 성실교섭 의무가 생긴다. 그러나 이 노사협의의 성격과 관련하여 특별히 단체교섭의 예비절차로 그친다거나 합의되지 않더라도 곧바로 쟁의행위를 할 수 없다는 취지를 정한 때에는 당사자는 이에 따라야 한다.

(2) 단체교섭은 노사간에 합의를 달성하기 위한 과정이다. 따라서 원만한 합의를 방해하는 행위태양은 허용되지 않는다. 폭력이나 파괴행위가 금지된 것(4조 단서)도 이 때문이다. 또 양보하지 않으면 쟁의행위를 하겠다는 위협을 제외하고 협박이나 감금행위도 물론 허용되지 않는다.

폭력적 행위를 하고 게다가 앞으로 그러한 행위를 하지 않겠다는 약속도 하지 않는 경우에는 교섭을 중단할 수 있다. 그러나 상대방의 불공정한 행위나 도발적인 태도로 유발된 지나친 항의를 이유로 교섭을 중단할 수는 없다.

제3장 단체협약

제1절 단체협약의 의의와 성립

Ⅰ. 단체협약의 의의

1. 단체협약의 기능

단체협약은 단체교섭에서의 합의사항을 문서화한 것으로서 여러 가지 기능을 수행하고 있다.

첫째, 단체협약은 근로조건의 기준을 설정하여 일정한 기간 이를 보장하는 기능, 즉 근로조건 규제의 기능을 수행한다. 근로조건의 결정은 단체협약에 따른 경우가 근로계약이나 취업규칙에 따른 경우에 비하여 일반적으로 근로자에게 유리하게 될 것이라는 점에서는 근로조건 향상의 기능이라 할 수 있고, 적용범위에 속하는 다수 근로자의 근로조건을 획일화한다는 점에서는 근로조건 평준화의 기능이라 할 수도 있다.

둘째, 단체협약은 그것이 체결되는 과정에서는 당사자 사이에 긴장과 분쟁이 있을 수 있으나 일단 체결된 뒤에는 일정한 기간 노사관계를 안정시키고 직장 또는 산업의 평화를 보장하는 기능, 즉 평화유지의 기능(노사관계 안정의 기능)을 수행한다. 이 기능은 근로조건규제의 기능의 결과라 할 수 있다.

이 밖에 노동조합과 사용자 사이의 제반 관계를 규율하는 기능(노사관계 질서 형성의 기능), 노사협의제나 인사협의제 등을 통하여 사용자의 경영권 행사에 대한 노동조합의 참여를 제도화하는 기능(경영규제의 기능, 경영민주화의 기능)을 수행하기도 한다.

2. 단체협약의 법적 취급

단체협약을 법적으로 어떻게 취급하는가는 나라와 시대에 따라 다르지만 크게 보면 다음 세 가지 유형으로 나누어진다.

첫째, 단체협약을 당사자인 노동조합과 사용자측 사이의 신사협정(오로지 우정에 근거한 약속과 비슷)으로 취급하여 계약으로서의 효력도 인정하지 않는 유형이다. 예컨대 영국은 전통적으로 이러한 법률정책을 택하여 얼마 전까지 유지했고, 미국도 1947년 Taft-Hartley법 이전까지는 그랬다. 여기서는 단체협약의 이행을 당사자의 신의에 맡길 뿐 단체협약은 당사자 사이에 법률상 채무나 이행의무를 발생시키지 않게 된다. 이 때문에 사용자가 협약상의 근로조건을 이행하지 않는 경우에는 파업 등의 실력행사가 유일한 구제수단이 된다.

둘째, 단체협약을 당사자인 노동조합과 사용자측 사이의 계약으로 취급하여 당사자의 법률상 이행의무를 인정하되, 노동조합의 조합원과 사용자 사이의 근로계약을 규율하는 효력(규범적 효력)은 인정하지 않는 유형이다. 영국은 1992년 노동조합 및 노사관계(통합)법을 통하여 오랜 전통을 깨뜨리고 계약적 효력을 인정했다. 여기서는 사용자가 협약상의 근로조건을 이행하지 않는 경우에 그 실현을 위하여 노동조합이 민사소송에 호소할 수 있지만, 노동조합은 파업 등의 실력행사가 더 효과적이라고 생각하는 경향이 있다.

셋째, 단체협약에 대하여 노동조합과 사용자측 사이의 계약으로서의 효력뿐만 아니라, 규범적 효력까지 부여하는 유형이다. 이에 따르면 단체협약상의 근로조건은 근로자 개인이 직접 사용자에게 이행할 것을 청구할 수 있게 된다. 독일에서는 1918년 단체협약법이 단체협약에 규범적 효력을 부여했고, 이 밖에 일정한 조건 아래서 비조합원에게도 단체협약을 확장적용하는 효력(일반적 구속력)과 단체협약의 내용을 유효기간 도중에 변경하려는 쟁의행위를 하지 않을 의무(평화의무)를 부여하여 오늘에 이르고 있다. 이렇게 해야 단체협약이 근로조건 규제의 기능과 평화유지의 기능을 제대로 수행할 수 있다는 인식에 기초한 것이었다. 프랑스·일본 등도 이러한 법률정책을 택하고 있으며, 우리나라도 단체협약에 규범적 효력을 부여하는 명문의 규정을 두고 있다(33조 1항·2항). 미국에서는 명문의 규정은 없지만 대리설, 제3자를 위한 계약설 등을 근거로 단체협약이 규범적 효력과 비슷한 효력을 가지는 것으로 해석되고 있다.

3. 단체협약의 법적 성질

단체협약의 법적 성질을 어떻게 이해할 것인가, 특히 단체협약은 제정법이 아니라 노동조합과 사용자측 사이의 계약인데도 현행법상 사용자와 개별 근로자 사이의 근로계약을 규율하는 규범적 효력(33조 1항·2항)을 가지는 근거가 무엇인가가 문제된다. 이 문제에 관한 학설은 크게 보면 법규범설과 계약설로 나누어지지만 구체적으로는 다양한 견해가 대립해 왔다.

가. 법규범설

법규범설은 단체협약을 법규범의 일종으로 파악하는 견해로서 전후 일본의 대표적인 학자들이 주창했다. 예컨대 단체협약을 사회에서의 자주적인 법으로서 관습법으로 취급해야 한다거나(사회자주법설), 현행법 아래서는 노사가 자주적인 단체협약을 통하여 스스로의 관계를 자주적으로 규제하는 법규범을 설정할 수 있는 백지관습법이 있다거나(백지관습법설) 하는 등의 근거에서 단체협약이 제정법은 아니지만 법규범의 일종이 된다고 주장한다. 이 견해에 따르면 노동조합법 제33조는 단체협약의 규범적 효력을 특별히 창설한 것이 아니라 단체협약이 법규범으로서 당연히 갖는 효력을 확인하는 규정에 불과한 것이 된다.

법규범설은 노동조합과 사용자 사이의 합의에 따라 개별 근로자의 근로조건을 자주적으로 규제하는 사회적 작용을 하고 있는 점을 높이 평가하고 단체협약에 고도의 법적 지위와 효력을 부여하려는 점에서 주목되지만, 그러한 사회적 기능을 가진다 하여 사인에 불과한 협약당사자 사이의 합의를 법규범으로까지 볼 수는 없다. 또 단체협약은 당사자에 따라 내용을 달리하여 객관적·보편적 규범이라 할 수 없으며, 근로조건에 관한 단체협약 또는 그 체결을 관습 또는 관습법으로 인정하기에도 무리가 따른다.

나. 계약설

계약설은 단체협약을 법규범이 아니라 당사자인 노동조합과 사용자측 사이의 계약으로 파악하면서 개별 근로자와 사용자 사이에도 구속력을 미치게 되는 것은 다른 특별한 이유가 있기 때문이라고 한다. 다시 여러 가지 견해로 나누어진다.

A. 대리설과 단체설 단체협약상의 근로조건이 근로자에게 적용되는 것은 노동조합이 민법상 대리인의 지위에서 본인인 조합원을 위하여 근로계약을 일괄하여 체결했기 때문이라고 보는 견해(대리설)[1]가 있었다. 그러나 이에 따르면 단체협약 체결 후 노동조합에 가입한 근로자에게는 단체협약상의 근로조건이 적용될 수 없고 단체협약의 기준에 미달하는 근로계약을 체결하더라도 이를 무효로 볼 수 없게 되어 단체협약의 규범적 효력과 배치되는 결과가 되며, 또 예컨대

1) 비슷한 견해로서 노동조합이 근로조건에 관한 단체협약을 체결하는 것은 제3자인 조합원을 위하여 근로계약을 일괄하여 체결하는 것으로 보는 견해(제3자를 위한 계약설)도 있었다.

평화의무의 주체가 노동조합이 아니라 근로자 개인이 되어 불합리하다.

이 때문에 노동조합은 다른 모든 단체와 마찬가지로 그 구성원을 위하여 계약을 체결할 권한을 가지고 있고 이 권한에 근거하여 체결한 단체협약은 자율적으로 설정된 법규범의 효력을 가진다고 보는 견해(단체설)가 제시되었다. 이 견해에 따르면 단체협약은 입법이 없더라도 당연히 규범적 효력을 가지지만, 이 견해는 어떻게 하여 그러한 효력이 생기는지를 해명하지는 않았다.

대리설이나 단체설은 독일에서 단체협약의 규범적 효력이 입법을 통하여 실현되기 전에 같은 결과를 도출하기 위한 이론적 시도로서 주장되었을 뿐이다.

B. 복합설　　단체협약을 체결하는 노동조합과 그 조합원의 의사는 불가분의 관계에 있고, 노동조합이 체결한 단체협약이 그 조합원에게 적용되는 것은 국가법이 단체협약에 규범적 효력을 수권했기 때문이 아니라 근로자들이 그 노동조합에 가입하여 자신들의 근로조건을 노동조합이 체결하는 단체협약을 통하여 집단적으로 형성할 것을 의도했기 때문이라고 본다(복합설). 따라서 단체협약은 노동조합 조합원의 의사를 기초로 한다는 점에서 집단적 계약이되 개별 근로계약에 우선하는 효력이 있다는 점에서는 규범계약이라고 한다(집단적 규범계약설).

이 견해에 따르면 노동조합법 제33조는 단체협약의 규범적 효력을 특별히 창설한 것이 아니라 사적 자치에 따른 규범설정행위에서 당연히 도출되는 단체협약의 규범성을 확인하고 뒷받침하는 규정에 불과한 것이 된다. 그러나 노동조합과 그 조합원들이 의욕했다는 것만으로 당연히 단체협약의 규범적 효력이 생기는지 의문스럽다 하겠다.

C. 수권설　　단체협약은 본래 당사자인 노동조합과 사용자측 사이의 계약에 불과하지만 근로자 보호 및 노사관계 안정을 위하여 국가법이 특별히 정책적으로 규범적 효력을 부여한 것, 즉 노동조합법이 협약당사자에게 특별히 규범설정의 권한을 수권한 것이라고 보아야 할 것이다(수권설). 그렇다면 노동조합법 제33조는 단체협약의 규범적 효력을 창설하는 규정으로 보아야 한다.

Ⅱ. 단체협약의 성립

단체협약은 당사자 사이에 단체교섭에서 합의된 내용을 문서화한 것을 말한다. 따라서 단체협약이 성립하려면 우선 당사자 사이에 단체교섭을 통한 합의가 있어야 하고, 나아가서 그 합의 내용을 문서화해야 한다.

1. 당사자 사이의 교섭상 합의

(1) 단체협약의 당사자는 자기 이름으로 단체협약을 체결할 수 있는 자를 말한다.[1] 단체협약은 단체교섭 당사자 사이의 합의를 문서화한 것이므로 단체협약의 당사자는 원칙적으로 단체교섭의 당사자와 같다. 다만 단체협약은 유효기간 동안 준수되고 당사자가 일정한 의무를 계속 가지는 것을 전제로 하기 때문에 쟁의단(일시적 단결체)은 단체교섭의 당사자는 되지만 단체협약의 당사자는 될 수 없고 쟁의단이 사용자와 맺은 협정은 단체협약이 아니라고 보아야 할 것이다.

(2) 단체협약은 단체교섭의 산물이므로 단체교섭이 없는 단체협약은 성립할 수 없다. 따라서 노사협의회에서 의결된 사항(근참 23조) 또는 노사협의회 쌍방 위원 사이의 협정(흔히 '노사협정'이라 부름)은 단체협약이라 할 수 없다. 다만 단체교섭의 예비교섭단계로 노사협의를 거치도록 단체협약에 규정되어 있거나 그런 관행이 있는 경우 또는 합의가 이루어지면 단체협약을 체결한다는 양해 아래 노사협의를 한 경우에는[2] 그 노사협의에서의 합의는 단체협약으로 인정될 수 있다. 또 노동조합이 무교섭 타결을 선언한 경우에는 단체교섭에서 사용자측에 양보한 것으로 볼 수 있다.

근로기준법상 탄력적 근로시간제의 실시 등 일정한 사항에 관해서는 근로자대표와 사용자 사이의 서면합의를 요건으로 하는 경우가 있고, 해당 사업 또는 사업장에 근로자의 과반수로 조직된 노동조합이 있으면 그 노동조합이 근로자대표가 된다(근기 24조 3항). 이 경우 서면합의는 단체교섭에서의 합의를 문서화한 것이 아니라 사용자가 그 필요에서 근로자대표의 동의를 받은 것이므로 단체협약이라 할 수 없다.

단체교섭에서 합의된 것이면 그 내용이 근로조건에 관한 것이든 집단적 노동관계에 관한 것이든 단체협약이 된다. 그러나 대정부 요구사항 등 위법교섭사항에 해당되는 것에 대해서는 합의가 이루어지더라도 단체협약이라 할 수 없다. 이에 대하여 예컨대 경영사항에 대한 합의는 그것이 근로조건에 영향을 주느냐 여부에 관계없이 단체협약이 될 수 있다.

---

1) 체결된 단체협약상의 권리·의무가 귀속되는 주체는 단체협약의 당사자라 보기 어렵다. 예컨대 노동조합과 사용자단체가 단체협약을 체결하는 경우, 협약상의 권리·의무의 상당부분은 노동조합의 조합원 및 사용자단체에 가입한 사용자에게 귀속되지만, 이들을 협약당사자로 볼 수는 없다.

2) 대법 2005. 3. 11, 2003다27429; 대법 2018. 7. 26, 2016다205908.

2. 합의 내용의 문서화

(1) 당사자 사이에 단체교섭에서의 합의라 하더라도 문서화되지 않으면 단체협약이 될 수 없다. 노동조합법이 "단체협약은 서면으로 작성하여 당사자 쌍방이 서명 또는 날인해야 한다"고 규정한 것은(31조 1항)[1] 이 때문이다. 서면, 즉 글씨로 쓴 지면으로 작성하도록 규정한 것은 단체협약이 규범적 효력 등 특별한 효력을 부여받고 있기 때문에 그 내용을 명확히 함으로써 후일의 분쟁을 방지하려는 것이고, 서명 또는 날인을 하라고 규정한 것은 당사자를 명확히 하면서 당사자의 최종적 의사를 확인함으로써 단체협약의 진정성을 확보하려는 것이다.

(2) 당사자 사이에 단체교섭에서 합의한 내용을 서면으로 작성해야 하지만, 서면의 표제(명칭)나 형식은 어떻든 관계없다. 바꾸어 말하자면 반드시 '단체협약'이라는 제목을 붙이지 않아도 좋고 '합의서', '각서', '확인서', '임금협정', '퇴직금에 관한 규정' 등 어떤 것이라도 무방하고 심지어 표제를 붙이지 않더라도 단체협약이 될 수 있는 것이다.

서면은 근로조건과 집단적 노동관계 전반에 관한 사항을 종합한 것(포괄협약)이든 상여금이나 단체교섭 절차 등 특수한 사항에 한정된 것(단행협약)이든 관계없다. 그러나 왕복문서(사용자의 회답서와 노동조합의 수락서 등)나 질의응답서처럼 노사의 합의 내용이 하나의 서면에 기재되지 않고 두 개의 문서를 대조해야 비로소 확인할 수 있는 것은 단체협약으로 볼 수 없다.

단체협약에는 '당사자 쌍방'이 서명 또는 날인해야 하므로 그 '당사자 쌍방'이 표기되어야 한다. 당사자는 흔히 단체이므로 그 단체의 명칭과 함께 그 단체를 대표하여 단체협약을 체결할 권한을 가지는 자의 이름(예: 'ㄱ'노동조합 위원장 '김아무개')으로 표기(기명)하면 된다. 그러나 당사자와 체결권자가 누구인지 명확하다면 당사자의 명칭(위의 예에서는 'ㄱ'노동조합)만 표기하거나 체결권자의 명칭(위의 예에서는 '김아무개')만 표기하더라도 무방하다.

(3) 단체협약에는 당사자 쌍방이 '서명 또는 날인'을 해야 한다. 서명은 체결권자의 서명이어야 하지만, 날인은 당사자인 단체의 직인으로 하든 체결권자 개인의 도장으로 하든 무방하다. 또 서명 대신 무인을 한 경우[2] 또는 기명 옆에 서

---

1) 서명·날인할 당사자는 엄격히 말하자면 교섭당사자가 아니라 협약체결 권한을 가진 교섭담당자를 말한다.

2) 대법 1995. 3. 10, 94마605.

명한 경우라도[1] 단체협약의 진정성과 명확성이 담보되는 이상 유효하다.

3. 체결 전후의 절차

(1) 노동조합법에 따르면 단체협약의 당사자는 단체협약을 체결한 날부터 15일 이내에 관할 행정관청에 신고해야 한다(31조 2항). 신고를 하지 않으면 벌칙(96조)이 적용되지만, 그렇다고 하여 단체협약의 성립 또는 효력발생에 영향을 주는 것은 아니다. 단체협약의 신고는 단체협약에 위법한 내용이 포함되어 있는지 여부를 행정관청이 심사하기(노조 31조 3항 참조) 위한 자료 제출에 불과하기 때문이다.

'단체협약에 관한 사항'도 총회의 의결을 거쳐야 한다(노조 16조 1항 3호). 그러나 이것은 총회에 관한 부분에서 이미 살펴본 바와 같이, 노동조합의 대표자가 사용자와 합의한 단체협약안에 대하여 총회의 의결(인준)을 받으라는 것이 아니라, 단체교섭을 개시하기 전이나 단체교섭을 하는 과정에서 조합원의 총의를 계속 수렴하라는 의미이다. 그러므로 단체교섭에서 합의된 단체협약안에 대하여 총회의 의결을 거치지 않았다 하여 노동조합법의 총회에 관한 규정에 위반한 것이라고 볼 수는 없다.

한편, 노동조합의 규약 등에 인준투표제를 두었음에도 불구하고 노동조합 대표자가 인준투표를 거치지 않고 단체협약을 체결한 경우 그 단체협약이 효력을 발생하는지 여부가 문제된다. 이에 관해서는 이미 살펴보았다.

쟁의행위를 거친 끝에 사용자의 양보로 단체협약이 체결되는 경우가 있다. 이 경우 사용자의 경영상태에 비추어 그 내용이 다소 합리성을 결여했다 하여 이를 궁박한 상태에서 이루어진 불공정한 법률행위(민법 104조)로서 무효라고 볼 수는 없다.[2]

(2) 중요한 공공업무를 수행할 목적으로 특별법에 따라 설치된 공공기관에서는 그 직원의 인사나 보수를 개선하는 내용의 단체협약이 체결되더라도 해당 사항에 대하여 이사회의 의결이 있어야 단체협약으로서 효력을 발생한다고 해석되는 경우가 있다.[3]

---

1) 대법 2005. 3. 11, 2003다27429.

2) 대법 2007. 12. 14, 2007두18584.

3) 대법 2015. 1. 29, 2012다32690; 대법 2015. 2. 12, 2012다110392(한국산업인력공단 직원의 정년 연장 규정); 대법 2016. 1. 14, 2012다96885(한국노동교육원 직원의 정년 연장과 이에 따른 임금피크제 규정).

제2절 단체협약의 효력

단체협약은 본래 당사자인 노동조합과 사용자측 사이의 계약이지만, 노동조합법은 근로자 보호 및 노사관계 안정을 위하여 단체협약 중 일정한 부분에 대해서는 당사자가 아닌 근로자 개인과 사용자 사이에 직접 적용되는 효력, 즉 규범적 효력을 특별히 부여하고 있다(노조 33조).[1] 한편, 단체협약은 규범적 효력의 입법화 후에도 계약으로서의 성격을 유지하고 있으므로 단체협약의 전체 내용은 당사자 사이에 계약으로서의 효력, 즉 채무적 효력(계약적 효력)을 가진다. 규범적 효력이 생기는 부분을 '규범적 부분'이라 부르고, 규범적 효력은 생기지 않고 채무적 효력만 생기는 부분을 '채무적 부분'이라 부른다.

Ⅰ. 규범적 효력

1. 규범적 효력의 내용

가. 강행적 효력

노동조합법은 "단체협약에 정한 근로조건이나 그 밖에 근로자의 대우에 관한 기준에 위반하는 취업규칙 또는 근로계약의 부분은 무효로 한다"고 규정하고 있다(노조 33조 1항). 이러한 효력을 단체협약의 '강행적 효력'이라 부른다.

단체협약의 기준에 '위반'한다는 것은 그 기준에 미달하든 상회하든(그 기준보다 근로자에게 불리하든 유리하든) 그 기준과 다른 것을 말한다. 현행법은 근로기준법 등 법령, 단체협약, 취업규칙, 근로계약 상호 간의 효력관계에 관하여 기준에 미달하는 경우(근기 15조 1항, 97조)와 위반하는 경우(노조 33조 1항, 근기 96조)를 명확히 구별하고 있기 때문이다.

강행적 효력에 따라 무효가 되는 것은 취업규칙 또는 근로계약 중 단체협약의 기준에 위반하는 부분으로 한정된다. 그리고 취업규칙이 무효가 된다는 것은 원래 단체협약의 적용을 받는 자, 즉 해당 노동조합의 조합원인 근로자에게 취업

---

1) 규범적 효력은 노동조합법에 따라 창설된 것이므로 헌법상의 노조가 체결한 단체협약에는 인정되지 않는다. 헌법상의 노조는 단체협약의 당사자가 될 수 없다고 보는 견해는 이 점을 염두에 둔 주장인 듯하다.

규칙을 적용하지 않는다는 의미에서 그렇다는 것이지 취업규칙이 단체협약의 적용을 받지 않는 자, 즉 비조합원까지 포함하여 모든 근로자에게 무효가 된다는 것을 의미하는 것은 아니다.[1] 단체협약의 강행적 효력, 규범적 효력은 노동조합의 조합원인 근로자에게 단체협약의 기준을 적용하려는 것이지 비조합원인 근로자에게까지 적용하려는 것은 아니기 때문이다.

나. 보충적 효력

노동조합법은 근로계약에 규정되지 않은 사항 또는 강행적 효력에 따라 무효가 된 부분은 단체협약에 정한 기준에 따른다고 규정하고 있다(노조 33조 2항). 이러한 효력을 단체협약의 '보충적 효력'이라 한다.[2]

강행적 효력에 따라 '무효가 된 부분'은 취업규칙 또는 근로계약 중 단체협약에 정한 기준에 위반하여 무효가 된 부분을 말하고, 이 부분에 대하여 보충적 효력이 미친다. 또 단체협약의 보충적 효력은 '근로계약에 규정되지 않은 사항'에 대해서도 미친다. 그러나 취업규칙에 규정되지 않은 사항에 대해서는 법률규정의 반대해석상 보충적 효력이 미치지 않는다고 보아야 한다. 다만, 취업규칙에 규정되지 않은 사항이라도 근로계약에도 규정되어 있지 않은 것이라면 '근로계약에 규정되지 않은' 이유로 보충적 효력이 미칠 것이고, 근로계약에 규정이 있지만 강행적 효력에 따라 무효가 되는 부분이라면 그 이유로 보충적 효력이 미치게 된다.

단체협약에 정한 기준'에 따른다'는 것은 그 기준이 근로계약 당사자인 사용자와 근로자 사이에 직접 적용된다는 것을 말한다. 이론상으로는 단체협약의 기준이 근로계약 속에 들어가 그 내용으로 화체되어 있다고 설명할 수 있다(근로계약 화체설).

다. 규범적 효력

강행적 효력과 보충적 효력을 합하여 '규범적 효력'이라 한다. 규범적 효력은 간단히 말하자면, 단체협약의 적용을 받는 근로자에게 단체협약과 취업규칙 및 근로계약의 기준이 서로 다른 경우에 단체협약이 우선적으로 적용되는 효력이라

1) 대법 1992. 12. 22, 92누13189는 단체협약에 반하는 내용의 취업규칙은 단체협약의 적용대상자인 조합원에 대해서는 효력이 없지만 단체협약의 적용을 받지 않는 근로자에 대해서는 적용된다는 점을 밝히고 있다.

2) '직접적 효력', '보완적 효력', '직률적 효력', '대체적 효력', '자동적 효력' 등으로 부르기도 한다. 그러나 독일에서는 규범적 효력 자체를 '직률적 효력'(Unabdingbarkeit)으로 부르기 때문에 '보충적 효력'의 용어가 가장 무난하다고 생각한다.

할 수 있다.

규범적 효력은 약자인 근로자를 보호하기 위하여 법률로 정한 효력이므로 근로계약의 당사자 사이에 단체협약의 규범적 효력을 배제하는 특약이 있더라도 이는 강행법 위반으로서 무효이다.

2. 규범적 부분

노동조합법은 '근로조건이나 그 밖에 근로자의 대우에 관한 기준'을 규범적 효력이 생기는 부분, 즉 규범적 부분으로 규정하고 있다(33조 1항). 여기서 '근로조건'과 '그 밖에 근로자의 대우'가 특별히 다른 것은 아니다. 같은 법의 다른 규정에서는 '대우 등 근로조건'이라고 표현하고 있기 때문이다(2조 5호).

'근로조건'(그 밖에 근로자의 대우)이란 이미 단체교섭의 대상과 관련하여 언급한 바와 같이 근로계약상의 조건이나 약속사항 및 노동관계상 근로자에 대한 그 밖의 대우(고용의 계속도 포함)를 말한다. 따라서 임금, 근로시간, 휴식(휴게·휴일·휴가), 안전·보건·작업환경, 보상, 복리후생, 인사(배치·전직·전적·휴직·교육훈련 등), 노동관계의 종료(해고·정년 등)에 관한 규정이 널리 규범적 부분에 포함된다. 그러나 근로조건은 근로계약 체결 이후의 문제이므로 채용에 관한 규정은 규범적 부분이 아니다.

근로조건의 '기준'이란 근로조건에 관한 구체적이고 객관적인 준칙을 말한다고 할 것이다. 따라서 예컨대 '기본급을 5% 인상하도록 노력한다'는 것처럼 사용자의 추상적인 노력의무만을 정한 것은 규범적 부분이 아니다. 그러나 예컨대 공동시설의 이용 방법, 작업환경(온도·습도·조명), 작업 속도 등 근로자 개개인의 이해득실로 환원되지 않지만 근로자의 집단적 대우에 관한 것은 구체적이고 객관적인 준칙인 이상 규범적 부분에 속한다.

불특정 다수 근로자의 대우에 관한 준칙이 아니라, 특정의 1명 또는 여러 명의 대우에 관한 구체적 취급(예컨대 특정 조합원의 해고 철회, 소수 직종 종사자에 대한 특별수당 지급)이라도 그것이 단체협약의 다른 여러 규정과의 관련에서 또는 다른 조합원과의 관련 속에서 설정된 이상 본래의 기준에 준하여 규범적 부분으로 보아야 할 것이다.

3. 단체협약보다 유리한 근로계약 등의 효력

근로계약이나 취업규칙이 단체협약보다 근로자에게 유리한 경우에도 단체협약이 규범적 효력을 미치는지 문제된다. 독일의 단체협약법에는 단체협약은 최저기준을 정한 것으로서 단체협약보다 근로자에게 유리한 근로계약이나 사업장협정(Betriebsvereinbarung)이 우선적용된다고 명시하고 있다(흔히 '유리의 원칙'이라 부른다). 그러나 우리나라에는 이러한 명문의 규정이 없기 때문에 해석론상 다툼이 있는 것이다.

단체협약은 근로자들을 보호하기 위하여 근로조건의 최저기준을 정한 것이라고 전제하면서 근로계약이나 취업규칙이 단체협약보다 근로자에게 유리한 경우에는 단체협약의 규범적 효력은 미치지 않고 근로계약 등이 우선적용된다고 보는 견해가 있다. 단체협약은 근로조건의 최저기준으로만 적용된다고 보는 것이다(편면적용설).

그러나 이미 살펴본 바와 같이 노동조합법은 단체협약에 위반하는(미달하든 상회하든) 근로계약이나 취업규칙에 대하여 규범적 효력을 미친다고 규정하고 있을 뿐 유리의 원칙을 규정하고 있지 않다. 따라서 단체협약 자체에서 근로계약 등으로 더 유리한 근로조건을 정할 수 있도록 허용하는 명시적인 규정을 둔 경우를 제외하고는, 근로계약이나 취업규칙이 단체협약보다 근로자에게 유리하더라도 단체협약이 규범적 효력을 미쳐 우선적용된다고 보아야 한다.[1] 현행법상 단체협약은 근로조건의 최저기준이자 최고기준으로 적용되는 것으로 자리잡고 있는 것이다(양면적용설).

한편, 사용자가 단체협약을 체결한 뒤 근로계약이나 취업규칙으로 단체협약보다 유리한 근로조건을 시행하는 것은 조합원들에게 노동조합의 성실교섭 노력에 대한 의구심을 불러일으켜 노동조합의 지지기반을 약화시킬 우려가 있고 사용자가 단체교섭에서 최종적 대안을 제시하는 등 성실하게 임하지 않았음을 의미할 수도 있다는 점에서 부당노동행위가 성립될 여지가 있다.[2]

또 독일에서는 산업별 통일교섭을 통한 단체협약이 해당 산업 공통의 근로조건, 즉 최저기준을 정하고 각 기업의 특수성은 별도로 반영할 것을 예정하고

1) 대법 2002. 12. 27, 2002두9063은 단체협약상의 근로조건이 불리하게 변경되었지만 동일한 근로조건을 정한 취업규칙은 변경되지 않은 경우, 변경된 단체협약에는 취업규칙상 유리한 조건의 적용을 배제하고 새 단체협약을 우선적용한다는 내용의 합의가 포함되어 있다고 보아야 하므로 조합원인 근로자에게 취업규칙의 적용이 배제된다고 한다. 노사간의 합의가 있다고 보고 그 합의에 효력을 인정한 것이므로 양면적용설의 입장이라고 볼 수는 없을 것이다.

2) 미국에서는 사용자가 단체협약보다 유리한 근로조건을 개개 근로자에게 적용하는 것은 교섭대표노조의 지지 기반을 약화하고 교섭대표노조와의 성실교섭 의무에 위반하는 부당노동행위로 해석된다.

있지만, 우리나라에서 지배적인 기업별 협약은 해당 사업에서 현실적으로 적용할 표준적·정형적 근로조건을 상세히 규정하고 있으므로 사용자가 이보다 유리한 근로계약이나 취업규칙을 시행하는 것은 신의칙에 반한다고 생각한다.

4. 근로조건 불이익변경과 규범적 효력

기존의 근로조건을 근로자에게 불이익하게 변경하는 단체협약이 규범적 효력을 발생시키는지도 문제된다. 노동조합은 근로조건의 유지·개선을 목적으로 해야 한다는 점을 강조하면서 근로조건의 불이익변경은 협약자치의 한계를 넘는 것으로서 허용되지 않는다고 보는 견해가 있다.

그러나 단체협약은 상대방과의 거래·타협의 산물이고 노동조합은 안팎의 여러 사정을 고려하여 전체적·장기적으로 근로조건을 개선하려 하기 때문에 부분적·일시적으로 불리한 근로조건에 합의(휴일을 늘리면서 1일 근로시간을 늘리거나 경영위기 극복을 위하여 상여금을 인하하는 등)할 권한도 가진다고 보아야 할 것이다. 따라서 근로조건을 불리하게 변경하는 단체협약도 그 내용이 현저히 합리성을 결하여 노동조합의 목적을 벗어난 것으로 볼 수 있는 등 특별한 사정이 없는 이상 이를 무효로 볼 수 없고 규범적 효력을 가진다.[1]

물론 단체협약상 근로조건 불이익변경의 내용이 근로기준법 등 강행법규나 사회질서에 위반되는 경우에는 그 부분은 무효가 된다. 예컨대 연장근로에 대하여 가산임금을 받지 않기로 하거나 특정 정당을 의무적으로 지원하기로 하는 경우가 이에 해당한다.

또 현실적으로 지급되었거나 이미 구체적으로 그 지급청구권이 발생한 임금은 근로자의 처분에 맡겨진 재산이므로 노동조합이 근로자들로부터 개별적인 동의나 수권을 받지 않은 이상 단체협약을 체결한 것만으로 이에 대한 반환이나 포기 또는 지급유예와 같은 처분을 할 수 없다.[2] 조합원 전원의 퇴직, 정년 경과 후에 계속 고용되고 있는 조합원의 퇴직 처리 등 근로자 지위의 변동에 관한 단체협약도 개별 근로자의 동의나 수권이 없는 이상 효력을 발생할 수 없다. 그러

1) 대법 2000. 9. 29, 99다67536<핵심판례>; 대법 2002. 12. 27, 2002두9063(이들 판례는 불리하게 변경된 단체협약을 유효로 판시); 대법 2011. 7. 28, 2009두7790(변경된 내용이 현저히 합리성을 결하는 경우에 해당하여 무효로 판시).

2) 대법 2000. 9. 29, 99다67536<핵심판례>; 대법 2010. 1. 28, 2009다76317; 대법 2019. 10. 18, 2015다60207 등. 이 때 구체적으로 지급청구권이 발생한 임금인지는 지급기일이 도래하였는지를 기준으로 판단한다(대법 2022. 3. 31, 2021다229861).

나 노동조합이 사용자와 기업의 워크아웃 기간 동안 조합원의 임금과 상여금을 감액하기로 단체협약을 체결한 경우에는 이미 구체적으로 발생한 지급청구권을 포기하는 것이 아니라 장래의 근로조건을 변경하는 것이므로 해당 근로자의 동의·수권이 없더라도 그 단체협약을 무효로 볼 수 없고,[1] 같은 이유에서 누진제 퇴직금의 지급률을 종전보다 불리하게 변경하는 단체협약을 체결한 경우도 유효하다고 보아야 할 것이다.[2]

Ⅱ. 채무적 효력

1. 이행의무

단체협약은 원래 당사자인 노동조합과 사용자 또는 사용자단체 사이의 계약의 일종이므로 당사자는 단체협약에서 합의한 모든 내용, 채무적 부분과 규범적 부분 전부를 상대방에게 성실하게 이행할 의무·채무를 가진다.

가. 영향의무

단체협약의 이행의무에는 당사자가 그 구성원(노동조합의 조합원, 사용자단체의 구성원인 사용자)에게 단체협약을 위반하지 않도록 또는 단체협약을 이행하도록 적절한 제재수단으로 영향을 미칠 의무(영향의무)가 포함되어 있다고 보아야 할 것이다. 단체가 그 구성원의 행동에 따라 좌우되는 채무를 계약으로 부담할 때에는 채무 내용이 실현되도록 구성원에게 영향을 미치는 것은 계약상의 신의칙에 따라 당연히 요구되기 때문이다.

협약당사자가 그 구성원에게 영향력을 행사했는데도 구성원이 이에 따르지 않은 경우에는 협약당사자는 이행의무(영향의무)를 위반한 것이 아니고, 그 구성원의 행위가 다른 차원에서 문제될 뿐이다.

나. 이행의무 위반에 대한 민사구제

협약당사자가 단체협약 이행의무를 위반하면 채무불이행에 대한 여러 가지 민사상 구제수단에 호소할 수 있다. 다만 단체협약은 쌍무계약과 달라 일방 당사

1) 대법 2014. 12. 24, 2012다107334(단체협약에서는 임금 등을 '반납'한다고 표현했지만 이는 감액의 의미로 보아야 한다).

2) 대법 1997. 8. 22, 96다6967은 사용자가 근로자집단의 동의를 받지 않고 취업규칙의 퇴직금 지급률을 인하하는 내용으로 변경한 후 노동조합이 그 인하된 지급률을 승인하는 내용의 단체협약을 체결한 경우 그 단체협약은 유효하고 종전 취업규칙의 적용을 받는 자에게도 적용된다고 한다.

자의 의무가 상대방의 다른 의무와 대가·견련관계를 가지지 않고 각각 독자적인 의미를 가지는 경우가 대부분이어서 동시이행의 항변(민법 536조)은 적절한 구제수단이 될 수 없다. 또 채무불이행에 대해서는 일반적으로 계약을 해지·해제할 수 있지만(민법 543조 이하), 단체협약 자체의 해지·해제는 이해득실상 채택하기도 어려울 뿐만 아니라 단체협약이 갖는 중요한 기능에 비추어 널리 허용되는 것도 아니다.

그렇다면 단체협약 불이행에 대한 민사상의 구제수단으로서 의미 있는 것은 강제이행을 청구하거나(민법 389조) 불이행으로 발생한 손해의 배상을 청구하는 것(민법 390조 이하)이라 할 수 있다.[1] 채무적 부분에 대하여 협약당사자가 위반한 당사자를 상대로 이행의 청구(소송) 또는 손해배상의 청구(소송)를 할 수 있다는 점에는 이의가 없다.

그러나 규범적 부분에 대해서도 노동조합이 사용자를 상대로 이행의 청구(소송)를 할 수 있는지 여부가 문제된다. 규범적 부분은 대체로 조합원인 근로자가 규범적 효력에 따라 직접 사용자에 대하여 청구권을 취득하고 조합원 개개인이 그 청구권을 행사할 수 있으므로, 노동조합이 이행소송을 제기한 경우에는 소의 이익이 있는지 여부가 문제될 수 있다. 그러나 규범적 부분에 대한 사용자의 이행의무는 규범적 효력의 부여로 소멸되는 것은 아니므로 사용자는 노동조합에 대해서도 이행의무를 진다. 따라서 예컨대 작업환경, 작업 강도, 투입인원 등 근로자의 집단적 취급에 관한 규정을 이행하지 않는 경우처럼 규범적 부분이지만 조합원 개개인이 청구권을 행사하는 것으로는 그 실현을 기할 수 없는 경우에는 노동조합이 사용자에 대하여 이행소송을 제기할 수 있다고 보아야 한다.

규범적 부분에 대하여 노동조합이 확인의 소를 제기할 수 있는지 여부도 문제된다. 그러나 사용자와 조합원 사이에 규범적 부분의 해석(예컨대 7시간 노동의 규정이 유효한지 여부)에 관한 다툼이 발생하여 이에 대한 유권적 해석으로 그 규정을 둘러싼 분쟁이 한꺼번에 해결될 것으로 예상되고 노동조합이 제기하는 단체협약 규정의 확인 소송이 개개 조합원이 제기하는 근로계약상의 지위확인 소송보다 효과적인 분쟁해결 방법이라고 인정되는 경우에는 확인의 이익을 인정해야 할

1) 강제이행의 청구는 노사관계의 역동적 성격에 비추어 무의미한 경우가 있고, 손해배상 청구는 그 손해액을 산정하기 곤란하고, 더구나 노동조합의 불이행에 따른 손해는 산정이 쉬운 반면, 사용자의 불이행에 따른 손해는 단결권의 침해 등 정신적인 것이 많다는 문제가 있다. 이 때문에 단체협약 불이행은 결국 노사자치로 해결하는 것이 바람직하다거나, 이행을 촉구하는 쟁의행위가 효과적이고 노동법상 새로운 법리가 요청된다는 의견이 제시되기도 한다.

것이다.

그러나 규범적 부분에 대한 노동조합의 손해배상 청구소송에 대해서는 이와 같은 소송법상의 장애는 발생하지 않는다.

다. 이행의무 위반에 대한 형사제재

단체협약은 계약의 일종이므로 당사자가 이를 이행하지 않는다 하여 언제나 처벌의 대상이 되는 것은 아니다. 그러나 노동조합법은 단체협약의 내용 중 ① 임금·복리후생비·퇴직금, ② 근로시간·휴게시간·휴일·휴가, ③ 징계 및 해고의 사유와 중요한 절차, ④ 안전보건 및 재해부조, ⑤ 시설·편의 제공 및 근무시간 중 회의 참석, ⑥ 쟁의행위 각각에 관한 사항을 이행하지 않는 경우에는 벌칙(노조 92조)이 적용된다고 규정하고 있다. 단체협약 중 이들 열거된 사항은 사회적으로 중대한 영향을 미치기 때문에 그 이행을 확보하기 위하여 민사제재를 넘어 특별히 형사제재도 가할 수 있도록 규정한 것이다.[1)]

라. 단체협약 해석·이행에 관한 분쟁

(1) 단체협약의 이행은 그 의미가 확정되어 있음을 전제로 한다. 당사자 사이에 단체협약 규정의 의미를 둘러싸고 다툼이 생기는 경우에 궁극적으로는 민사소송을 통하여 해결된다.

판례는 단체협약의 해석 원칙에 관하여, 단체협약은 근로자가 근로조건을 유지·개선할 목적으로 자주적으로 조직한 노동조합과 사용자 사이에 체결되는 것이므로, 처분문서(계약서, 해약통지서, 각서, 수표 등)의 일종인 단체협약을 해석할 때에는 그 명문의 규정을 근로자에게 불리하게 변형 해석할 수 없다고 한다.[2)] 그러나 이와 같은 단체협약 해석의 원칙은 절대적인 것은 아니다. 처분문서에 대해서는 거기에 기재되어 있는 문언대로 의사표시의 존재와 내용을 인정해야 하지만, 당사자 사이에 그 해석에 관하여 이견이 있는 경우에는 문언의 내용, 그와 같은 합의가 이루어진 동기와 경위, 그 합의로 달성하려는 목적, 당사자의 진정한 의사 등을 종합하여 합리적으로 해석해야 하기 때문에,[3)] 단체협약도 이런 맥락에

---

1) 노동조합법은 단체협약 위반에 대하여 벌칙을 규정했으나, 헌법재판소는 이에 대하여 죄형법정주의 위배를 이유로 위헌결정을 했기 때문에(헌재 1998. 3. 26, 96헌가20) 효력이 상실되었다. 이에 따라 2001년 개정법은 벌칙의 적용대상을 단체협약 위반 전체로 하지 않고 단체협약 중 특정 사항 위반으로 한정했다. 그러나 단체협약 불이행은 노동위원회의 견해제시(노조 34조)나 민사소송 등을 통하여 해결될 수 있는데, 이를 처벌하도록 한 것은 선진국에서는 찾아보기 힘든 과격한 입법이라고 생각한다.

2) 대법 2011. 10. 13, 2009다102452; 대법 2014. 2. 13, 2011다86287.

서 근로자에게 불리하게 해석되더라도 합리적인 해석으로 받아들여질 수 있다.[1)]

(2) 한편, 노동조합법은 단체협약의 해석·이행에 관한 분쟁을 법원이 아니라 노동위원회에서 해결할 수 있는 길도 열어 놓았다.[2)]

단체협약의 해석 또는 이행방법에 관하여 당사자 사이에 의견의 불일치가 있으면 당사자 쌍방 또는 단체협약으로 정하는 바에 따라 어느 일방이 노동위원회에 그 해석 또는 이행방법에 관한 견해의 제시를 요청할 수 있고, 이 경우 노동위원회는 30일 이내에 명확한 견해를 제시해야 하며, 그 제시된 견해는 노동쟁의 중재재정과 같은 효력을 가진다는 것이다(34조). '당사자'는 단체협약의 당사자를 말하고 규범적 부분의 이해관계자인 근로자까지 포함하지 않는다. '당사자 쌍방 또는 단체협약으로 정하는 바에 따라 어느 일방'이 견해제시를 요청할 수 있으므로 단체협약의 근거규정 없이 당사자 일방이 견해제시를 요청할 수는 없다.[3)] 노동위원회가 제시한 견해는 유권해석의 일종이지만, 노동쟁의 중재재정과 같은 효력을 가지므로 당사자는 이에 따라야 한다.

마. 단체협약 시정명령

노동조합법은 행정관청은 단체협약 중 위법한 내용이 있는 경우에는 노동위원회의 의결을 받아 그 시정을 명할 수 있다고 규정하고 있다(31조 3항).[4)] 단체협약의 내용이 위법이면 그 부분이 법적으로 무효이지만, 당사자 사이에 이행되거나 이행을 요구하는 혼선이 발생하지 않도록 방지하려는 것이다.

단체협약 중 강행법규에 위반되는 사항, 당사자에게 합의할 권한이 없었거나 이행할 권한이 없는 사항, 선량한 풍속 기타 사회질서에 위반되는 사항[5)] 등이

3) 대법 1995. 2. 10, 94다16601; 대법 2002. 2. 26, 2000다48265.

1) 대법 2022. 3. 11, 2021두31832(단체협약으로 정한 임금피크제의 시작이 만 56세가 아니라 만 55세라고 해석한 사례).

2) 미국에서는 단체협약의 해석·적용에 관한 분쟁을 최종적으로 사적 중재(private arbitration)에 의뢰하는 고충처리절차(grievance procedure)가 단체협약에 명문의 규정을 두는 방식으로 널리 이루어지고 있다.

3) 이익분쟁에 관한 중재는 당사자 쌍방의 합의(중재계약)를 매개로 구속력을 가지지만, 권리분쟁의 경우는 그렇지 않다(민사소송을 당사자 일방이 제기함에도 판결은 구속력을 가짐)는 점, 제시된 견해가 법원의 확정판결과 같은 효력을 갖지 않고 중재재정과 같은 효력을 가질 뿐이라는 점에서 입법론상으로는 당사자 일방이 견해제시를 요청할 수도 있도록 함이 바람직하다고 생각한다.

4) 단체협약의 내용은 기본적으로 당사자 자치에 맡길 문제이고 위법한 내용은 당사자 사이에 효력을 발생하지 않는다는 점에서 이 규정은 폐지함이 바람직하다고 생각한다.

5) 대법 2020. 8. 27, 2016다248998(전합)은 업무상 재해로 인한 사망 등의 경우 조합원의 직계가족 등을 채용하기로 하는 내용이 선량한 풍속 기타 사회질서에 반하여 무효라고 단정할 수

'위법한 내용'에 포함된다.

2. 평화의무

가. 평화의무의 의의

'평화의무'란 협약당사자가 단체협약의 내용을 유효기간 도중에 변경(개정 또는 폐기)하기 위한 쟁의행위를 하지 않을 의무를 말한다. 차기 협약의 교섭을 타결하기 위하여 쟁의행위를 하거나 단체협약의 이행 또는 해석과 관련하여 쟁의행위를 하는 것은 평화의무 위반이 아니다(쟁의행위가 정당하다는 의미가 아님). 또 단체협약 내용을 유효기간 도중에 변경하자고 하면서 단체교섭(재교섭)을 요구하는 것도 그렇다. 다만 이 경우 사용자에게 교섭의무가 없다는 것은 별개의 문제이다.

그리고 단체협약에 없는 것을 신설하기 위한 쟁의행위도 평화의무 위반은 아니다. 다만 교섭 과정에서 신설하지 않기로 합의된 사항은 신설하지 않는 것이 단체협약의 내용이기 때문에 그 신설을 위한 쟁의행위를 하는 것은 평화의무에 위반된다고 보아야 할 것이다.

평화의무에도 이행의무의 경우와 마찬가지로 영향의무가 포함되어 있다고 보아야 한다. 즉 협약당사자는 스스로 단체협약 내용을 유효기간 도중에 변경하기 위한 쟁의행위를 하지 않아야 할 뿐 아니라 그 구성원이 그러한 쟁의행위를 하지 않도록 통제해야 한다. 그러나 협약당사자가 구성원에 대하여 그러한 쟁의행위를 하지 않도록 영향력을 행사했는데도 일부 구성원이 이에 따르지 않은 경우에는 협약당사자는 평화의무(영향의무) 위반이 되지 않고 구성원들이 통제 위반의 쟁의행위 또는 비조합적 쟁의행위를 한 것이 문제될 뿐이다.[1]

평화의무는 당사자 사이에 명시적 약정(평화의무 협정)이 없더라도 당연히 발생하는 의무이지만, 단체협약의 내용을 유효기간 도중에 변경하려는 경우에만 생긴다는 점에서 '상대적 평화의무'라 부르기도 한다. 이에 대하여 협약당사자 사이에 일정한 기간(흔히 유효기간) 동안에는 단체협약의 내용을 유효기간 도중에 변경

없다고 한다.

1) 대법 2007. 5. 11, 2005도8005는 A 산업별 단위노조가 X 등 다수의 사용자와 단체협약을 체결한 직후 그 산하 B 지부 소속 조합원들이 A의 의사에 반하여 이 협약의 무효를 선언하고 사용자 X와 새로운 단체협약을 체결하려고 쟁의행위에 들어간 사건에서 '노동조합은 … 평화의무를 지고 있다고 할 것인바' 이와 같은 쟁의행위는 정당하지 않다고 설시하고 있지만, 평화의무는 B 지부나 그 소속 조합원이 아니라 노동조합 A에게 있다는 점에서 이 사건 쟁의행위를 평화의무 위반으로 보는 것은 오해에서 비롯된 것이고, 평화의무와 살쾡이파업의 법리를 혼동한 것이라 생각된다.

하려는 목적이든 그 밖의 어떤 목적이든 쟁의행위를 일절 하지 않는다는 취지의 특약(쟁의포기 협정, 절대적 평화의무 협정; no strike clause)이 있는 경우에 이 협정을 준수할 의무를 '절대적 평화의무'라고 부른다.

사정의 변경이 있으면 평화의무가 소멸한다고 보는 견해가 있으나, 사정의 변경은 단체협약을 해약할 수 있는 사유가 되기는 하지만 그 해약도 없이 당연히 평화의무가 소멸하는 것은 아니다.

평화의무는 이론상으로는 당사자 쌍방의 의무이지만, 실제로는 오로지 노동조합의 의무로서 작용한다. 그러나 단체협약의 이행의무가 실제로는 거의 사용자측의 의무로 구성된다는 점에서 평화의무와 균형을 이루고 있다고 볼 수 있다.

나. 평화의무의 근거

평화의무의 근거에 관해서는 단체협약의 평화유지 기능에 내재하는 본래적 의무로 보는 견해(내재설)와 협약당사자 사이의 묵시적 합의에 따라 발생하는 의무로 보는 견해(합의설) 등이 대립하고 있다. 내재설은 단체협약이 당사자의 의사에 관계없이 평화유지 기능을 가져야 한다는 점을 강조하고 있지만 그러한 사실상의 기능에서 법적 의무를 도출하는 것은 무리이고, 합의설은 협약당사자 사이에 특별한 사정이 없으면 묵시적 합의가 있다고 보는 근거가 의문스럽다.

협약당사자의 이행의무는 유효기간 동안 협약내용을 성실히 이행할 의무를 말하므로, 이미 체결한 협약 내용이 불만스럽다 하여 유효기간 도중에 변경하기 위하여 쟁의행위를 하는 것은 신의칙상 허용되지 않는다. 이와 같이 평화의무는 이행의무로부터 당연히 파생되는 신의칙상의 의무라고 보아야 한다(신의칙설). 그러나 어느 견해에 따르든 평화의무는 협약당사자 사이에 이에 관하여 명시적 약정(평화의무 협정)이 없더라도 당연히 발생한다.

다. 평화의무 배제 특약

당사자가 특약(합의)으로 평화의무를 배제할 수 있는지도 문제된다. 내재설의 입장에서는 평화의무는 근로조건의 규제를 통하여 노사관계를 안정시키는 기능을 수행하는 중요한 의무라는 점에서 이를 배제하는 특약은 단체협약제도의 근본 취지를 몰각하는 것으로서 그 효력을 인정하지 않게 된다. 이에 대하여 합의설의 입장에서는 평화의무는 당사자 사이에 묵시적으로 합의한 것이므로 특약을 통하여 배제할 수도 있다고 보게 된다.

그러나 평화의무는 이행의무에서 당연히 파생되는 신의칙상의 의무이기 때문에 이를 당사자의 자유로운 처분에 맡길 수는 없다고 보아야 한다.

라. 평화의무 위반의 효과

(1) 평화의무 위반의 쟁의행위를 주도한 자에게 징계책임 또는 불법행위(민법 750조) 책임을 물을 수 있는지가 문제된다.

단체협약의 성질을 법규범으로 보는 입장에서는 평화의무 위반의 쟁의행위는 법규범의 설정 그 자체와 모순되는 자살현상이므로 정당성을 갖지 않는다고 보며, 또 평화의무를 단체협약에 내재하는 의무라거나 근로조건의 규제·향상을 통하여 노사관계를 안정시키는 중요한 기능을 법적으로 담보하는 것이라고 보는 입장에서도 평화의무 위반의 쟁의행위에 대하여 정당성을 부정하게 된다.[1] 그 결과 사용자는 평화의무를 위반한 노동조합에 대하여 채무불이행 책임(협약 위반의 책임)은 물론 불법행위 책임도 물을 수 있고, 또 그 쟁의행위를 주동한 조합원에 대하여 징계처분도 할 수 있다고 보게 된다.

이에 대하여 단체협약의 성질을 계약으로 보면서 평화의무를 당사자 사이의 묵시적 합의에서 발생하는 계약상의 의무로 보는 입장에서는 평화의무 위반은 계약 위반에 불과하고, 이 때문에 정당성이 부정되는 것은 아니라고 한다. 그 결과 평화의무 위반에 대하여 노동조합은 협약 위반의 책임, 즉 채무불이행의 책임을 질뿐이라고 한다.

그러나 단체협약은 계약의 일종이고 평화의무는 단체협약의 이행의무에서 파생되는 신의칙상의 의무이기 때문에 평화의무 위반의 쟁의행위는 채무불이행이 되긴 하지만, 그 정당성을 상실하여 불법행위 책임을 발생시키는 것은 아니다.

(2) 어느 견해에 따르든 평화의무 위반의 쟁의행위에 대하여 채무불이행에 따른 손해배상 책임이 발생한다는 점에는 이의가 없고, 그만큼 견해의 대립은 실익이 적다고 볼 수 있다. 문제는 오히려 손해배상의 범위에 있는데, 노사관계상 신뢰관계를 침해한 것에 대한 정신적 손해, 즉 위자료에 한정된다고 보는 견해도 있으나, 평화의무 위반이 채무불이행인 이상 손해배상 책임은 평화의무 위반의 쟁의행위와 상당인과관계에 있는 모든 손해에 미친다고 보아야 할 것이다. 이 경

1) 대법 1992. 9. 1, 92누7733도 '평화의무가 노사관계의 안정과 단체협약의 질서형성적 기능을 담보하는 것인 점에 비추어' 평화의무 위반의 쟁의행위는 정당성을 가지지 않는다고 보며, 대법 1994. 9. 30, 94다4042도 평화의무 위반의 쟁의행위는 노사관계를 평화적·자주적으로 규율하기 위한 단체협약의 본질적 기능을 해치고 노사관계에서 요구되는 신의성실의 원칙에도 반하는 것이므로 정당성이 없다고 한다.

우 손해배상 책임은 협약당사자인 노동조합이 지며, 그 쟁의행위를 실행한 조합원 개인이 지는 것은 아니다.

3. 채무적 부분

단체협약의 채무적 부분은 규범적 효력은 발생하지 않고 채무적 효력만 발생하는 부분을 말하므로, 규범적 부분을 제외한 모든 규정이 채무적 부분이다.

'근로조건의 기준'에 관한 규정들은 규범적 부분에 속하므로 우선 집단적 노동관계에 관한 규정들이 전형적인 채무적 부분이 된다. 예컨대 조합원범위, 조직강제, 조합활동보장 또는 편의제공(전임자, 노동조합 사무소, 조합비공제, 근무시간 중의 조합활동 등), 단체교섭의 절차·방법, 평화의무(상대적 평화의무, 절대적 평화의무), 단체협약의 해석·이행에 관한 분쟁의 처리, 쟁의행위의 제한·방법·절차 등, 노동쟁의의 해결, 노사협의회 등에 관한 규정들이 채무적 부분에 속한다.

한편, 집단적 노동관계에 관한 규정이 아니면서도 채무적 부분에 속하는 경우가 있다. 근로자의 채용에 관한 규정이나 근로조건에 관하여 사용자의 노력의무를 정한 규정이 이에 속한다.

그런데 예컨대 조합비공제 협정은 사용자가 조합비를 징수하여 노동조합에 인도한다는 점에서는 집단적 노동관계에 관한 것이지만 임금에서 조합비를 공제한다는 점에서는 근로조건에 관한 것이므로 복합적 성격을 가지고 있다. 또 근로자의 징계라도 노동조합이 참여하는 징계위원회의 의결을 거치도록 규정하는 경우에는 복합적 성격을 갖게 된다. 이 경우 채무적 부분으로 볼 것인지 규범적 부분으로 볼 것인지가 문제될 수 있다. 이 때문에 특히 후자와 같이 노사 공동의 조직을 설치·운영하기로 하는 규정을 별도로 '조직적 부분'으로 분류하는 견해도 있다. 그러나 단체협약의 내용 구분은 규범적 효력을 가지느냐 여부와 관련되어 있고 이 문제를 일률적으로 논할 수 없기 때문에 그러한 분류는 무의미하다. 따라서 이러한 규정들은 그 취지와 기능을 고려하여 그 법률상의 의미와 효력을 개별적으로 결정해야 할 것이다.

Ⅲ. 단체협약의 문제 협약

단체협약의 규정 중에서 그 의미와 효력이 문제되는 규정들이 있다. 유일교섭단체 협정, 유니언숍 협정, 조합비공제 협정, 제3자위임금지 협정, 자동연장 협정, 자동갱신 협정, 평화의무 협정 등에 관해서는 관련되는 곳에서 이미 살펴보았다. 또 단체교섭 대상에 관한 쟁점도 다른 시각에서 보면 해당 사항에 관하여 단체협약이 체결되었을 때 그 효력이 어떻게 되느냐는 문제로 연결되기도 한다. 그 밖에 문제되는 것으로 인사절차 협정, 정리해고제한 협정, 쟁의 협정, 쟁의면책 협정 등이 있다.

1. 인사절차 협정

단체협약에 근로자의 배치, 전직, 인사고과, 승진, 포상, 징계, 해고(근로자측 사정에 따른 해고) 등 인사에 노동조합과의 합의나 협의 또는 소정 위원회의 의결 등을 요한다는 규정을 두는 경우가 있다. 이와 같은 인사절차 협정은 전직협의 협정, 징계의결 협정, 징계합의 협정, 해고합의 협정, 해고협의 협정 등 개별적인 형태로 다양하게 구체화된다.

사용자가 사전합의 등 소정의 절차에 위반하여 징계 등의 인사처분을 한 경우에 협약불이행의 책임이 발생한다는 데는 이의가 없다. 문제는 인사절차 협정 위반의 인사처분 자체가 무효인지 여부에 있다. 종래 이 문제는 인사절차 협정이 규범적 부분인가 채무적 부분인가에 따라 결론을 달리한다고 생각하는 경향이 있었고 이 때문에 견해의 대립도 심각하다.

가. 유효설

인사절차 협정은 징계 등의 절차에 관한 것이지 그 사유의 실체적 기준에 관한 규정은 아니고 노동조합에 대한 사용자의 의무를 규정하고 있으므로 규범적 부분이 아니며, 따라서 이에 위반한 경우에 단체협약 위반의 책임은 발생하지만 징계 등 인사처분의 효력에는 영향을 주지 않는다고 보는 견해이다.

이 견해는 인사의 절차는 인사의 사유와 달리 근로조건의 기준이 될 수 없다고 전제하고 있다. 그러나 이 논리대로 한다면 근로기준법상 해고의 예고(근기 26조) 또는 취업규칙에 대한 의견청취나 동의(근기 94조 1항) 등은 근로조건의 기준이 아닌 것이 되어 불합리하다. 인사의 절차에 관한 것이라도 이미 단체교섭의 대상에 관하여 설명한 바와 같이 개별적 처분이 아니라 준칙인 이상 근로조건의 기준이 된다. 따라서 인사절차 협정은 규범적 부분에 해당한다고 보아야 한다.[1)]

---

1) 대법 1992. 12. 22, 92누13189(인사절차 협정이 규범적 부분이라는 전제 아래 사업장단위 일반적 구속력의 요건을 갖추었는지 여부를 판단하고 있다); 대법 2007. 12. 27, 2007다51758(단체협약이 실효된 경우 규범적 부분의 효력에 관하여 판결하면서 해고절차 협정도 같은 법

또 이 견해는 인사절차 협정이 근로자가 아니라 노동조합에 대한 사용자의 의무를 포함하고 있는 점도 그 논거로 삼고 있다. 그러나 그 목적은 징계 등 인사처분을 제한하자는 것, 즉 근로조건을 규제하려는 데 있으므로 규범적 부분이라 보는 것이 타당하다.[1]

나. 무효설

(1) 인사절차 협정은 규범적 부분에 속하므로 단체협약의 규범적 효력을 가진다. 그 결과 인사절차에 관해서는 근로계약이나 취업규칙의 내용에 대하여 인사절차 협정이 규범적 효력을 미침으로써 근로계약의 내용이 되어 사용자와 근로자 사이에 적용된다. 따라서 이 협정에 위반되는 인사처분은 근로계약 위반으로서 무효가 된다.

(2) 판례는 단체협약상 해고의 사유와 절차에 관한 규정은 임금 등 근로조건의 경우와 마찬가지로 실효되기 전에 근로계약의 내용이 된다고 하는데,[2] 이는 인사절차 협정을 규범적 부분이라고 전제하는 것이라 볼 수 있다. 또 판례는 변명의 기회 부여, 노동조합과의 합의 등 단체협약이나 취업규칙에서 정한 인사의 절차는 절차상의 정의 또는 공정성과 객관성을 확보하기 위한 것으로서 이를 위반하는 인사처분은 원칙적으로 무효라고 한다.[3]

판례에 따르면, 징계위원회 개최 사실을 통보하도록 정한 협정을 위반하거나[4] 노동조합 대표를 징계위원회에 참석시키도록 정한 협정을 위반한 징계는[5] 무효이다. 또 노동조합과의 합의 없이는 특정의 인사처분을 할 수 없도록 정한 협정을 위반한 인사처분도 무효이다.[6] 다만 노동조합이 인사절차 협정에 따른 합의권(동의권)을 남용하거나 스스로 합의권 행사를 포기했다고 인정되는 경우에는 노동조합과의 합의가 없더라도 무효가 아니다. 그리고 합의권의 남용은 노동조합의 중대한 배신행위로 인사처분에 절차상의 흠이 초래되는 경우 또는 인사처분의 필요성과 합리성이 객관적으로 명백하고 사용자가 노동조합과의 합의를

리에 따른다고 판시하고 있다).

1) 이에 대하여 조합비공제 협정은 임금의 지급 방법이라는 근로조건의 기준에 관련되어 있지만, 그 목적은 노동조합이 조합비 징수의 수고를 사용자에게 맡기려는 데 있으므로 채무적 부분으로 보아야 한다.

2) 대법 2007. 12. 27, 2007다51758; 대법 2009. 2. 12, 2008다70336.

3) 대법 1991. 8. 13, 91다1233 등.

4) 대법 1990. 12. 7, 90다6095.

5) 대법 2008. 1. 22, 2007두23293.

6) 대법 1993. 9. 28, 91다30620 등.

위하여 충분히 노력했는데도 노동조합이 합리적인 이유의 제시도 없이 무작정 반대만 하는 등의 경우에 인정된다.[1] 합의권의 포기는 노동조합이 합의를 위한 사용자의 회동 제의를 계속 불응·묵살하는 등의 경우에 인정된다.[2]

(3) 판례는 해고협의 협정에서의 '협의'는 노동조합에 의견 제시의 기회를 주고 그 의견을 참고자료로 고려하는 정도에 불과하다고 하면서 협의를 하지 않았다 하더라도 해고의 효력에 영향을 주지 않는다고 한다.[3]

그러나 판례의 논지대로 한다면 근로자참여법상 노사협의회의 정기적 회의 개최나 협의에 관한 규정(12조, 20조)은 준수할 필요가 없게 된다. 어느 정도 회동·심의해야 협의한 것으로 볼 수 있는지의 문제는 있지만 협의 자체를 하지 않거나 협의에 불성실한 채 해고한 경우에는 무효라고 보아야 할 것이다.

2. 정리해고 및 채용 관련 협정

가. 정리해고제한 협정

단체협약에 향후 일정한 기간 동안 정리해고를 하지 않는다거나 고용을 보장한다는 규정을 두는 경우가 있다. 정리해고 등 구조조정의 실시 여부는 근로조건에 영향을 미치는 사업경영상의 결정이어서 단체교섭의 대상이 되므로(2조 5호 전단 참고), 그 결과 체결된 정리해고제한 협정(고용보장 협정)은 당연히 단체협약으로서 유효하며 규범적 효력이 인정된다.

판례도 정리해고제한 협정은 단체협약의 규범적 부분으로서 이에 어긋나는 정리해고는 원칙적으로 무효이고, 다만 급격한 경영상황의 변화 등 이 협정 체결 당시 예상하지 못한 사정변경이 있어 그 이행을 강요한다면 객관적으로 명백하게 부당한 결과에 이르는 경우에는 이 협정은 효력을 상실하고 사용자의 정리해고는 유효하다고 본다.[4]

---

1) 대법 1993. 7. 13, 92다50263; 대법 2007. 9. 6, 2005두8788<핵심판례>(합의권 남용 부인); 대법 2010. 7. 15, 2007두15797.

2) 대법 1992. 12. 8, 92다32074 등.

3) 대법 1993. 4. 23, 92다34940 등.

4) 대법 2014. 3. 27, 2011두20406<핵심판례>. 이 판결은 정리해고의 실시 여부는 단체교섭의 대상이 아니라 하더라도 당사자 사이에 임의로 단체교섭을 하여 정리해고를 제한하기로 합의한 이상 그 협정은 단체협약으로서 효력을 가진다고 보았다. 임의적 교섭사항이라 보았지만, 2026년 개정법상 노동쟁의 개념을 고려하면 의무적 교섭사항으로 입장을 변경해야 한다.

나. 정리해고합의 협정

단체협약에 정리해고는 노동조합과 합의하여 결정 또는 실시한다는 취지의 규정을 두는 경우가 있다. 이러한 정리해고합의 협정(인사절차 협정의 일종)에 관해서는 합의의 의미를 어떻게 볼 것인가가 문제된다.

판례는 정리해고를 반대하는 쟁의행위의 형사처벌이 문제된 사건에서, 정리해고에 관한 '합의'는 '협의'의 의미로 해석한 과거 사례도 있었지만, 현행법상 타당한 해석은 아니다.[1] 정리해고합의 협정에 위반한 해고의 효력이 문제된 사건에서 판례는 정리해고에 관하여 단체협약에서 '협의'와 '합의'를 의도적으로 구분하여 규정한 경우에는 다른 특별한 사정이 없는 이상 이를 '협의'로 해석해서는 안 되므로 노동조합과의 합의 없이 한 정리해고는 무효이며, 다만 노동조합이 합의권을 남용하거나 합의권 행사를 포기한 경우에는 유효라고 한다.[2] 결국 해고합의 협정과 마찬가지의 법리가 정리해고합의 협정에도 적용된다.

다. 산재유족 특별채용 협정

단체협약에 업무상 재해로 조합원이 사망한 경우에 직계가족 등 1인을 특별채용한다는 규정을 두는 경우가 있다. 이와 같은 산재유족 특별채용 협정이 민법 제103조에 따른 사회질서에 위배되는 것에 해당하여 무효인지가 문제된다. 대법원은 이 협정이 관련 회사 등에서 채용의 자유를 과도하게 제한하는 정도에 이르거나 채용 기회의 공정성을 현저히 해하는 결과를 초래했다고 볼 특별한 사정이 없으므로 무효가 아니라고 결론지었다.[3]

3. 쟁의행위 관련 협정

가. 쟁의제한 협정

단체협약에 쟁의행위 시작의 요건(노동위원회의 조정, 사적 조정, 쟁의행위 예고 등),[4]

---

1) 대법 2002. 2. 26, 99도5380. 정리해고 관련 협정의 의미를 해석하면서 경영권의 본질에 속하여 단체교섭의 대상이 될 수 없다고 전제하면서 합의를 협의라고 해석했다. 그러나 2026년 개정된 현행법에서 노동쟁의 개념을 확대한 것을 고려하면 그 입장은 유지될 수 없다.

2) 대법 2012. 6. 28, 2010다38007.

3) 대법 2020. 8. 27, 2016다248998(전합).

4) 일본에서는 단체협약상 쟁의행위 시작 요건에 관한 규정들을 '평화 조항'이라 부르면서 여타의 쟁의 조항과 구별하고 있고, 우리 학자들도 이에 따르는 경향이 있다. 그러나 우리나라에서는 일본과 달리 노동조합법에서 노동쟁의의 통보, 조정전치주의 등 쟁의행위 시작 요건을 구체적으로 규정하고 있기 때문에 이들 사항이 단체협약으로 채택될 가능성이 희박하고 또 채택되더라도 특별한 의미가 없으므로 '평화 조항'의 독자성을 인정할 필요가 없을 것이다.

쟁의행위 태양의 제한(시설이용 또는 농성 장소의 제한, 비조합원 출입의 보장, 시설 보전을 위한 보안요원의 배치 등), 쟁의 참가 배제자(조합원 중에서 쟁의행위에 참가할 수 없는 자의 범위; 흔히 '협정근로자'라 부름) 등과 관련하여 쟁의행위를 제한하는 규정을 두는 경우가 있다.

이들 쟁의제한 협정은 채무적 부분에 속하고, 그 위반에 대해서는 채무불이행에 따른 손해배상 책임 등 단체협약 불이행의 책임이 발생한다. 그러나 쟁의제한 협정은 법규범이 아니라 협약당사자 사이의 계약이기 때문에 이에 위반하는 쟁의행위라 하여 당연히 정당성을 상실하는 것은 아니다.

나. 쟁의면책 협정

쟁의행위 기간에 있었던 비위행위나 사건에 대하여 사용자가 민사책임, 형사책임, 민·형사책임, 또는 일체의 책임을 묻지 않는다거나 신분상 불이익을 주지 않는다는 등 쟁의행위로 인한 책임을 면제하는 규정을 단체협약에 두는 경우가 있다. 흔히 쟁의행위가 종료될 무렵에 노동조합의 요구에 따라 별도 각서의 형태로 체결된다.

이러한 쟁의면책 협정에서 민사면책은 손해배상 책임뿐만 아니라 징계책임도 면제한다는 의미로 해석된다.[1] 그러나 민사책임을 면제한다는 협정은 징계사유로 삼는 것을 허용하지 않는 것일 뿐 그러한 비위행위가 있었던 점을 징계양정의 판단자료로 삼는 것까지 금하는 것은 아니다.[2] 농성 기간 동안의 사건에 대한 면책은 농성 기간 동안의 행위뿐만 아니라 농성행위와 일체성을 가지는 준비행위 및 유발행위까지 면책한다는 의미로 해석된다.[3]

쟁의행위 등에서 발생한 구속 및 고소·고발 사건에 대하여 최대한 선처하도록 노력한다는 협정은 회사가 구속자에 대한 형사처벌이 감면되도록 노력하겠다는 취지로 해석될 뿐 구속자들을 징계하지 않는다는 의미까지 포함하는 것은 아니다.[4] 사용자가 형사책임을 묻지 않는다는 의미는 형사상의 고소·고발을 자제하겠다는 취지로 해석되지만,[5] 국가기관의 소추권이나 수사권 행사를 저지하는 효력은 없다.

쟁의면책 협정은 채무적 부분에 속하지만, 근로자의 징계나 해고 등을 금지

1) 대법 1991. 1. 11, 90다카21176.
2) 대법 1994. 9. 30, 94다4042; 대법 1995. 9. 5, 94다52294.
3) 대법 1994. 1. 28, 93다49284.
4) 대법 1993. 5. 11, 93다1503.
5) 서울고법 1990. 6. 13, 89나3863.

하는 내용의 것이라면 규범적 부분이 된다. 따라서 이 협정에 위반하여 근로자를 징계하거나 해고하면 무효가 된다.[1)]

다. 쟁의기간 징계금지 협정

단체협약에 쟁의행위 기간 중에는 징계를 하지 않는다는 규정을 두는 경우가 있다. 단체협약에 이러한 규정을 둔 취지는 쟁의행위에 참가한 조합원에 대한 징계로 노동조합의 활동이 위축되는 것을 방지하여 근로자의 단체행동권을 실질적으로 보장하려는 데 있다. 판례에 따르면, 이 협정에 합의한 경우 사용자는 쟁의행위 기간 중에 징계위원회의 개최 등 징계 절차의 진행을 포함하여 어떠한 징계도 할 수 없으며 징계처분의 효력발생 시기를 쟁의행위 종료 이후로 정했더라도 마찬가지이다.[2)]

1) 대법 2009. 2. 12, 2008다70336은 파업사태와 관련하여 추가로 징계하지 않는다는 취지의 단체협약상의 면책 합의에 위반하여 징계를 한 경우 이는 무효라고 한다.

2) 대법 2009. 2. 12, 2008다70336; 대법 2019. 11. 28, 2017다257869.

제3절 단체협약의 적용

Ⅰ. 단체협약의 본래적 적용범위

(1) 단체협약은 당사자인 노동조합과 사용자 또는 사용자단체 사이에 체결된 계약의 일종이고, 당사자는 본인 또는 구성원을 위하여 교섭한 결과 단체협약을 체결한 것이다. 따라서 단체협약은 당사자와 그 구성원에게만 적용된다. 근로자 쪽에서는 협약당사자인 노동조합의 조합원(교섭창구 단일화 절차에 참여한 노동조합의 조합원 포함; 이하 단체협약에 관하여 같음)에게만 적용되고,[1] 그 밖의 근로자에게는 적용되지 않는다는 것이다. 사용자단체가 협약당사자인 경우에는 그 구성원인 사용자에게만 적용되고 그 밖의 사용자에게는 적용되지 않는다는 것이다. 이 법리를 '단체협약의 본래적 적용범위'라 부른다.[2]

단체협약의 근로조건에 관한 규정들은 그 규정의 적용대상을 구체적으로 정하지 않거나 '근로자' '직원' 등으로 넓게 정하지만 이 경우에도 그 적용은 협약당사자인 노동조합의 조합원으로 한정되는 것이다. 물론 예컨대 '부양가족이 있는 근로자'의 대우에 관한 규정처럼 적용대상을 좁게 한정한 경우에는 그 규정의 적용은 조합원 일부로 축소·한정된다. 또 드문 일이기는 하지만, 노동조합이 '항상 사용자의 이익대표자' 등 조합원자격이 없는 근로자의 근로조건에 관심을 갖고 교섭을 한 결과 이들을 포함한 전체 근로자에 대한 규정이 생기는 경우도 있다. 이 경우에는 그 규정의 적용은 예외적으로 본래적 적용범위를 넘어 비조합원까지 포함한 전체 근로자에게 적용될 것이다.

(2) 협약당사자인 노동조합의 조합원인 이상 노동조합의 가입 시기에 관계없이 단체협약이 적용된다. 반대로 그 노동조합에 가입하지 않은 근로자에게는 단체협약이 적용되지 않는다. 또 그 노동조합에 가입했다가 그 협약의 유효기간 동안 탈퇴나 제명으로 노동조합을 이탈한 자에게는 그 이탈한 때부터 단체협약

1) 미국의 배타적 교섭제도 아래서는 교섭대표노조는 자기 조합원만이 아니라 교섭단위 내의 모든 근로자(다른 노동조합의 조합원은 물론 미조직근로자까지 포함)를 공정하게 대표할 의무를 지기 때문에 단체협약에 정한 근로조건은 조합원이 아닌 근로자에게도 적용된다.

2) 독일의 단체협약법은 "협약당사자인 사용자 및 협약당사자의 구성원은 단체협약의 적용을 받는다"고 규정하고 있다(3조 1항. 단체협약의 구속력범위; Tarifgebundenheit).

적용이 배제된다. 이 경우 이탈자의 근로조건에 관해서는 단체협약 실효 후의 근로조건에 관한 법리가 적용된다.

Ⅱ. 단체협약의 일반적 구속력

앞에서 살펴본 바와 같이 단체협약의 규범적 부분은 본래 협약당사자인 노동조합의 조합원 및 사용자단체의 구성원인 사용자에게만 적용된다(본래적 적용범위). 그러나 노동조합법은 이 원칙에 대한 예외로서 일정한 조건 아래서 본래적 적용범위에 드는 조합원이나 사용자가 아닌 자에게도 단체협약을 확장적용하는 제도를 도입했다. 단체협약의 적용범위를 확장·일반화한다는 의미에서 '일반적 구속력'이라 부른다. 노동조합법이 설정한 예외는 사업장단위 일반적 구속력(35조)과 지역단위 일반적 구속력(36조)의 두 가지이다.[1)]

1. 사업장단위 일반적 구속력

노동조합법은 하나의 사업 또는 사업장에 상시 사용되는 동종의 근로자 반수 이상이 하나의 단체협약의 적용을 받게 된 때에는 그 사업 또는 사업장에 사용되는 다른 동종의 근로자에 대해서도 그 단체협약이 적용된다고 규정하고 있다(35조).

가. 취지

사업장단위 일반적 구속력(법문상으로는 단순히 '일반적 구속력')의 입법취지가 무엇인지 문제된다. 조합보호설은 노동조합이 고비용의 조합원을 저비용의 비조합원으로 대치하려는 사용자의 노력을 저지함으로써 노동조합을 방위·보호하기 위한 규정이라고 한다. 이에 대하여 개인보호설은 공익적 견지에서 비조합원의 근

---

1) 단체협약의 일반적 구속력은 독일의 1918년 단체협약법에 처음 규정되었고 프랑스도 이에 따르고 있다. 독일이나 프랑스 등에서는 산업별 통일교섭과 산업별 단체협약이 지배적이어서 기업 간에 공정한 경쟁 조건을 마련하고 근로조건 저하 경쟁을 방지하기 위하여 단체협약상의 근로조건을 지역 내 모든 사업체에 적용할 수 있는 정책수단이 필요하다고 생각되었고, 그 결과 지역단위 일반적 구속력을 제도화한 것이다. 1951년 국제노동기구 제91호 '단체협약에 관한 권고'도 산업·지역단위 일반적 구속력의 도입을 권고하고 있다. 그런데 기업별 교섭과 기업별 협약이 지배적인 일본은 지역단위 일반적 구속력 이외에 사업장단위 일반적 구속력까지 도입했고, 우리나라는 기본적으로 일본의 입법례를 따르고 있다. 한편, 노동조합법은 사업장단위 일반적 구속력을 단순히 '일반적 구속력'이라 하고, 지역단위 일반적 구속력을 '지역적 구속력'이라 하는데, 전자를 '사업장내 구속력'이라 부른다면 몰라도 적절한 용어라고 보기 힘들다.

로조건을 조합원과 균등하게 함으로써 비조합원을 보호하려는 규정이라고 한다.

사업장단위 일반적 구속력은 비조합원이 조합비 등의 부담은 지지 않으면서 단체협약의 혜택만 누리는 이른바 '무임승차'를 허용함으로써 노동조합 가입의 유인을 저해하고 노동조합의 이익에 반하는 경우가 많다. 이 점에서 조합보호설에는 찬동할 수 없다. 그렇다고 노동조합법이 단체교섭권 등을 보장할 것을 목적으로 하면서(1조), 이 규정에서만 비조합원만 보호하려 한다고 보기도 곤란하다.

그렇다면 사업장단위 일반적 구속력은 주로 단체협약상의 기준으로 해당 사업장의 근로조건을 통일함으로써 비조합원을 보호하려는 규정이지만, 부수적으로는 비조합원의 우대를 저지하여 노동조합도 보호하려는 취지의 규정이라고 보아야 한다. 이와 같이 사업장단위 일반적 구속력의 규정은 주로 비조합원의 이익을 위하여 설정된 것이므로 노동조합과 사용자 사이에 이 규정의 적용을 배제하는 특약, 즉 일반적 구속력의 요건이 갖추어졌더라도 단체협약의 규범적 부분을 비조합원에게 확장적용하지 않는다는 취지의 특약이 있더라도 그것은 무효가 된다고 볼 것이다.

단체협약 당사자 사이에 비조합원에게는 단체협약상 특정의 근로조건을 적용하지 않기로 하는 협약배제 협정[1] 또는 특정의 근로조건에 관하여 조합원을 유리하게 대우하기로 하는 조합원우대(preferential shop) 협정이 체결된 상태에서 단체협약이 일반적 구속력의 요건을 갖추게 된 경우 이들 협정이 효력을 상실하는지 문제된다.

이들 협정은 특정의 근로조건을 조합원에게만 적용하고 비조합원에게는 적용하지 않으려는 것인데 대하여 일반적 구속력은 협약당사자의 의사로 적용을 배제할 수 없는 강행규정이라는 점을 강조하면 일반적 구속력의 요건이 갖추어지면 이들 협정은 효력을 상실한다고 결론짓게 될 것이다. 그러나 일반적 구속력에 따라 확장적용되는 단체협약은 규범적 부분으로 한정되는데, 협약배제 협정은 조합원의 근로조건을 정하려는 것이 아니라 비조합원에게 조합원이 되라고 압력을 주려는 것으로서 규범적 부분이 아니므로 일반적 구속력에 따라 비조합원에게 확장적용될 대상이 아니고 일반적 구속력과 충돌되지도 않는다. 또 노동조합

---

1) 예컨대 "조합원에게만 통근수당 10만원을 지급한다"거나 "통근수당을 조합원에게는 10만원, 비조합원에게는 8만원을 지급한다"는 방식으로 규정하는 것은 협약배제 협정에 속한다. 그러나 "조합원에게 통근수당 10만원을 지급한다"는 방식은 비조합원에게는 10만원을 지급하지 말라는 뜻이 아니라 이 규정이 조합원에게 적용된다는 것을 강조한 것이므로 협약배제 협정으로 볼 수 없다.

법은 비조합원이 유니언숍 협정에 따라 해고라는 치명적 불이익을 받는 것을 허용하므로 단체협약상의 근로조건을 적용받지 못하는 정도의 불이익을 받는 것도 허용된다고 보아야 할 것이다. 그러므로 협약배제 협정과 조합원우대 협정은 일반적 구속력 발생에 따라 효력을 상실하는 것이 아니다.

나. 확장적용의 요건

단체협약이 사업장단위에서 확장적용되는 효과가 발생하려면 '하나의 사업 또는 사업장에 상시 사용되는 동종의 근로자 반수 이상이 하나의 단체협약의 적용을 받게' 되어야 한다.

A. 하나의 사업 또는 사업장 요건 충족 여부의 단위는 '하나의 사업 또는 사업장'으로 한다. '사업'을 단위로 할 것인가 또는 '사업장'을 단위로 할 것인가는 해당 단체협약의 적용을 받는 자와 동종의 근로자가 '사업' 전체에 존재하는가 아니면 '사업장'의 어느 하나 또는 일부에만 있는가에 따라 결정되어야 할 것이다.

B. 상시 사용되는 동종의 근로자 (1) '상시 사용'되는지 여부가 문제되는 것은 주로 일용직이나 임시직 등 단기의 근로계약을 체결한 자들이다. 판례는 상시 사용되는 근로자는 근로자의 지위나 종류(직원, 공원, 촉탁), 고용기간의 정함의 유무(임시직, 상용직) 또는 근로계약상의 명칭에 관계없이 사업장에서 사실상 계속 사용되고 있는 근로자 전부를 말하며, 단기의 계약기간을 정하여 고용된 자라도 기간 만료 시마다 반복 갱신되어 계속 사용되어 왔다면 여기에 포함된다고 한다.[1]

(2) '동종의 근로자'는 직종이나 직무 내용이 같은 근로자를 말한다고 보는 견해가 있다.[2]

그러나 동종의 근로자는 단체협약이 확장적용되기 위한 요건의 일부일 뿐 아니라 요건이 충족된 때에는 단체협약이 확장적용될 것으로 예상되는 대상이기도 하다. 따라서 동종의 근로자는 해당 단체협약의 적용이 예상되는 자, 노동조합이 근로조건상의 공통된 이해관계를 고려하여 조직대상으로 정하고 그 범위 안에서 그 근로조건을 통일적으로 규제하려고 한 자를 말하고, 노동조합의 조직

---

1) 대법 1992. 12. 22, 92누13189.

2) 대법 1995. 12. 22, 95다39618은 경비원은 단체협약의 적용을 받는 생산직과 작업의 내용과 형태가 다르고 조합원자격이 있다고 볼 수도 없으므로 동종의 근로자가 아니라고 결론짓고 있는데 어느 것을 기준으로 판단한 것인지 명확하지 않다.

대상에 들지 않는 자(조합원자격이 없는 자)는 단체협약의 적용이 예상되는 자라 할 수 없다.[1] 그렇다면 동종 근로자의 범위는 협약당사자인 노동조합의 조직대상(규약상 조합원자격)을 어떻게 규정하고 있는지, 그리고 해당 단체협약이 그 적용범위를 조합원(조문상으로는 근로자로 표현) 일부로 한정하고 있는지 여부에 따라 결정되는 것이다.

예컨대 노동조합이 생산직과 사무직 모두를 조직대상으로 하고 해당 단체협약이 적용범위를 특별히 한정하지 않은 경우에는 조합원자격이 없는 관리자 등을 제외하고 생산직과 사무직 모두가 동종의 근로자가 된다.[2] 이와 달리 조직대상은 위와 같지만 해당 단체협약이 생산직 근로자에게만 적용된다고 규정한 경우에는 생산직 근로자만 동종의 근로자가 된다. 한편, 드문 일이지만 단체협약 중 어느 조항이 관리자 등 조합원자격이 없는 자까지 포함하여 생산직과 사무직 등 전체 근로자에게 적용할 것이라면 그 조항에 관해서는 전체 근로자가 동종의 근로자가 된다.

한편, 이른바 정규직 노동조합이 임시근로자나 촉탁근로자를 그 조직대상에서 제외하고 있는 경우 이들의 직무내용, 근무형태, 근로조건 체계 등이 단체협약의 적용대상자인 조합원의 그것과 크게 다르지 않다면 이들을 그 조합원과 동종의 근로자로 볼 것인지 여부도 문제된다. 사업장단위 일반적 구속력 규정의 주된 취지가 비조합원 또는 미조직근로자의 보호에 있다는 점을 강조하면서 이를 긍정하는 견해가 있다. 그러나 판례도 인정하는 바와 같이[3] 조합원과 근로조건 등이 비슷하다 하더라도 노동조합이 조직대상과 단체협약 적용범위에서 제외한 이상 동종의 근로자로 보기 곤란하다.

C. 반수 이상이 하나의 단체협약 적용 확장적용의 효과가 발생하려면 하나의 사업 또는 사업장에 상시 사용되는 동종의 근로자 '반수 이상이 하나의 단체협약의 적용을 받게' 되어야 한다.

---

1) 대법 1997. 10. 28, 96다13415; 대법 2003. 12. 26, 2001두10264<핵심판례>; 대법 2004. 2. 12, 2001다63599.

2) 대법 1992. 12. 22, 92누13189; 대법 1999. 12. 10, 99두6927 등은 단체협약의 적용 범위가 특정되지 않았거나 단체협약 조항이 모든 직종에 걸쳐서 공통적으로 적용되는 경우에는 직종의 구분 없이 사업장 내의 모든 근로자가 동종의 근로자에 해당된다고 판시하고 있다. 여기서 '모든 근로자'라고 기술하고 있지만, 99두6927 사건의 경우 생산직·일반직이 함께 노동조합에 가입한 상태에서 일반직도 포함한다는 뜻이지 조합원자격이 없는 자까지 포함한다는 뜻은 아니다.

3) 대법 1987. 4. 28, 86다카2507.

하나의 단체협약은 해당 사업 또는 사업장의 근로자에게 적용되는 것이면 족하고, 다른 사업 또는 사업장에도 적용되는가(기업별 협약인가 산업별·직종별 협약인가), 그리고 그 단체협약의 당사자인 노동조합이 하나인가 여럿인가는 관계없다.

하나의 단체협약을 적용받는 자에 산입되는 것은 해당 단체협약의 본래적 적용범위에 드는 자만을 말한다. 단체협약상 특별히 적용범위를 한정하지 않은 경우에는 그 단체협약의 협약당사자인 노동조합의 조합원 전체를 말하고, 근로자(조합원) 일부에게만 적용되는 것으로 한정한 경우에는 그 한정된 범위의 조합원을 말한다.[1] 오로지 취업규칙이나 근로계약에 따라 또는 사용자의 임의적 조치에 따라 단체협약과 같은 기준을 적용받고 있는 자는 단체협약의 적용을 받는 자에 산입되지 않는다. 일반적 구속력에 따라 단체협약을 확장적용받는 근로자도 산입되지 않는다.

동종 근로자의 '반수 이상'이[2] 하나의 단체협약을 적용받게 되면 족하고 과반수나 3분의 2 이상 등 압도적 다수가 아니라도 무방하다.

다. 확장적용의 효과

이상의 요건이 충족되면 '해당 사업 또는 사업장에 사용되는 다른 동종의 근로자에 대해서도 해당 단체협약이 적용'된다.

A. 다른 동종의 근로자 '다른 동종의 근로자'란 동종의 근로자이지만 협약당사자인 노동조합의 조합원이 아니어서 요건 충족 이전까지 해당 단체협약의 적용을 받고 있지 않던 근로자를 말한다. 대체로 조합원과 마찬가지로 그 노동조합의 조직대상에 포함되지만 아직은 그 조합원이 아닌 근로자가 이에 해당한다.

B. 해당 단체협약 적용 요건이 충족되면 다른 동종의 근로자에게도 해당 단체협약이 적용된다. 사용자나 노동조합 등의 어떤 조치나 행위가 없더라도 자동적으로 확장적용된다.

확장적용되는 단체협약은 단체협약의 규범적 부분에 한정된다. 채무적 부분은 협약당사자 쌍방 사이의 권리·의무를 정한 것일 뿐, 조합원인 근로자의 권리·의무에 직접 영향을 주는 것이 아니므로 확장적용의 효과가 발생하지 않는다.

C. 유리의 원칙 인정 여부 단체협약은 비조합원에게 유리한 경우에만(최

1) 대법 2005. 5. 12, 2003다52456.

2) 일본에서는 '근로자의 4분의 3 이상'으로 사업장단위 일반적 구속력의 요건을 매우 엄격하게 규정하고 있다. 일반적 구속력 자체가 예외라는 점, 비조합원을 보호함으로써 노동조합의 이익에 반하는 경우가 많다는 점을 고려하면 요건을 더 엄격하게 개정할 필요가 있다. 과반수가 아닌 '반수 이상'으로 규정한 것도 이례적이다.

저기준으로서만) 확장적용되는지도 문제된다. 단체협약의 규범적 효력에 대하여 유리의 원칙을 인정하는 입장에서는 당연히 확장적용의 경우에도 이를 인정한다.

그러나 사업장단위 일반적 구속력의 취지는 주로 비조합원 개인을 보호하려는 데 있지만 부수적으로는 비조합원의 우대를 저지하여 노동조합도 보호하려는 것이다. 또 단체협약상 근로조건의 기준은 최저기준이자 최고기준으로서 협약당사자 사이에 반대의 특약이 없는 이상 유리의 원칙은 인정하기 곤란하다. 따라서 요건이 갖추어진 이상 해당 비조합원에게 유리하든 불리하든 관계없이 확장적용된다고 보아야 할 것이다.

이에 대하여 규범적 효력 자체에 대해서는 유리의 원칙을 부인하면서 사업장단위 일반적 구속력이 비조합원을 보호하려는 취지의 규정이라는 점을 강조하면서 비조합원에 대해서는 유리의 원칙이 적용된다고 보는 견해가 있다. 그러나 노동조합법이 유독 사업장단위 일반적 구속력 규정에서 노동조합은 외면하고 비조합원만 보호하려 한다고는 생각되지 않기 때문에 이 견해의 타당성은 의문스럽다.

D. 단체협약의 경합 하나의 사업 또는 사업장에서 근로자들이 예컨대 조직대상(조합원자격)을 같이하는 2개의 노동조합에 분산·가입한 상태에서 이들 노동조합이 적법하게 사용자의 동의를 받아 각각 개별교섭을 한 결과(매우 드문 일이겠지만) 2개의 다른 단체협약이 체결되는 경우가 있을 수 있다. 이 경우 사업장단위 일반적 구속력의 요건을 갖춘 다수노조의 단체협약이 소수노조의 조합원에게도 확장적용되는지 문제된다.

현행법상 소수노조의 조합원에 대하여 확장적용을 배제한다는 취지의 명문규정이 없는 점을 강조하면 이들에게도 그 유·불리에 관계없이 다수노조의 단체협약이 확장적용된다는 결론에 도달한다. 그러나 이렇게 되면 노사가 모처럼 개별교섭에 합의하여 체결한 소수노조의 단체협약이 사문화되어 불합리하고, 소수노조의 조합원에게는 노동조합법상 사업장단위 일반적 구속력을 이유로 헌법상 보장된 단체교섭권을 제약하는 결과가 된다.

따라서 소수노조의 조합원에게는 그 유·불리에 관계없이 다수노조의 단체협약이 확장적용되지 않고 그 독자의 단체협약이 적용되며, 소수노조는 그 단체협약을 체결하기 위하여 독자적으로 단체교섭(필요에 따라 쟁의행위도)을 할 수 있다고 보아야 할 것이다.[1]

1) 대법 2011. 5. 6, 2010마1193은 다수노조의 단체협약이 사업장단위 일반적 구속력을 가진다

E. 효과의 소멸 확장적용된 단체협약이 유효기간 만료 등의 사유로 효력을 상실하면 그 시점에서 확장적용의 효과는 소멸한다. 또 확장적용의 요건은 확장적용의 시작 요건이자 존속 요건이므로 해당 노동조합의 조합원이나 동종의 근로자 수가 변동하여 확장적용의 요건이 충족되지 않는 상태가 된 때에는 확장적용의 효과는 소멸한다. 이 경우 일반적 구속력에 따라 비조합원에게 적용되던 근로조건은 단체협약 실효 후의 경우에 준하여 처리해야 한다.

2. 지역단위 일반적 구속력

노동조합법은 하나의 지역에서 종업하는 동종의 근로자 3분의 2 이상이 하나의 단체협약의 적용을 받게 된 때에는 행정관청은 그 단체협약의 당사자 쌍방이나 일방의 신청 또는 직권으로 노동위원회의 의결을 받아 그 지역에서 종업하는 다른 동종의 근로자와 그 사용자에 대해서도 그 단체협약을 적용한다는 결정을 할 수 있고, 이 결정을 한 때에는 지체 없이 이를 공고해야 한다고 규정하고 있다(36조).

가. 취지

지역단위 일반적 구속력(법문상으로는 '지역적 구속력')의 입법취지는 일정한 지역에서 지배적인 의의를 가지는 단체협약상의 기준을 그 지역의 동종 근로자를 위한 최저기준으로 적용함으로써 사용자 상호간에 근로조건을 저하하려는 경쟁을 방지하고 공정한 경쟁조건을 마련하려는 데 있다.[1)]

나. 확장적용의 요건

A. 실체적 요건 지역단위에서 단체협약 확장적용의 효과가 발생하려면 '하나의 지역에서 종업하는 동종의 근로자 3분의 2 이상이 하나의 단체협약의 적용을 받게' 되어야 한다.

요건 충족 여부의 단위는 하나의 지역으로 한다. 하나의 지역은 근로조건, 노사관계, 기업경영환경 등 경제적 기초의 유사성이 있어 지역단위 일반적 구속력을 적용할 만한 가치가 인정되는 지역을 말하고, 그 범위의 결정은 행정관청의

하여 동종의 근로자 소수가 가입한 초기업적 단위노조의 단체교섭권을 제한할 수 없다고 한다(교섭창구 단일화 제도가 도입되기 이전의 판결이지만, 현행법 아래서 2개 이상의 노동조합이 적법하게 개별교섭을 한 경우에도 같은 법리가 적용될 것이다).

1) 기업별 교섭이 지배적인 형태인 우리나라에서는 일정 지역 내에서 집단적 교섭 또는 산업별 통일교섭을 하는 시내버스 운수사업 등의 경우를 제외하고는 이 규정이 실제로 거의 적용되지 않고 있다.

합리적 재량에 맡겨진다. 반드시 행정구역과 일치할 필요는 없다.

'동종의 근로자'는 하나의 지역에 있는 다수의 사업 및 노동조합에 걸친다는 것, '하나의 단체협약의 적용'에 관해서는 반수 이상이 아니라 3분의 2 이상이라는 것을 제외하고는 사업장단위 일반적 구속력의 그것과 기본적으로 다름이 없다.

하나의 단체협약은 일반적으로 기업별 교섭을 통하여 체결된 단체협약이 아니라 해당 지역에서 집단교섭 또는 산업별 통일교섭을 통하여 체결된 단체협약이 될 것이다. 그러나 기업별 교섭이나 대각선 교섭을 통하여 체결된 여러 개의 단체협약이라도 그 내용이 같으면 하나의 단체협약으로 보아야 한다고 생각한다. 지역단위 일반적 구속력 규정의 취지가 기업 간의 불공정한 경쟁을 방지하는 데 있기 때문이다.

B. 절차적 요건 지역단위 일반적 구속력의 효과가 발생하려면 위와 같은 실체적 요건 이외에 행정관청이 그 단체협약의 당사자 쌍방이나 일방의 신청 또는 직권으로 확장적용에 대하여 노동위원회의 의결을 받아야 하고, 나아가서 확장적용한다는 결정과 공고를 해야 한다.

행정관청이 확장적용에 대하여 노동위원회의 의결을 받으려면, 하나의 지역의 범위나 확장적용할 단체협약 규정의 범위를 특정하여 그 의결을 요청하게 될 것이다. 이 경우 노동위원회는 당부만 의결하면 족하고 내용을 수정할 수는 없다고 보아야 할 것이다. 지역단위 일반적 구속력의 결정 여부 및 내용은 전적으로 행정관청의 권한과 책임에 속하기 때문이다.

다. 확장적용의 효과

요건이 갖추어지면 해당 단체협약은 '해당 지역에서 종업하는 다른 동종의 근로자와 그 사용자에게도' 적용된다.

A. 일반적 사항 '다른 동종의 근로자'의 의미는 사업장단위 일반적 구속력의 그것과 같다. '그 사용자'에게도 적용된다고 명시한 것은 해당 지역 내에 다수의 사용자가 있기 때문이다.

확장적용은 행정관청이 확장적용한다는 결정을 공고한 날 또는 행정관청이 정한 결정의 발효일부터 시작한다. 특별한 사정이 없는 이상 행정관청은 공고 이전으로 소급하여 발효일을 정할 수 없다.

확장적용되는 것은 사업장단위 일반적 구속력의 경우와 마찬가지로 해당 단체협약의 규범적 부분에 한정된다. 채무적 부분에 대해서는 확장적용의 효과가 발생하지 않는다.

확장적용되는 경우 나머지 동종의 근로자에게 유리한 면에서만(최저기준으로서만) 확장적용된다고 보아야 할 것이다. 지역단위 일반적 구속력 규정은 기업 간의 근로조건 저하 경쟁을 방지하기 위한 것이기 때문이다.

확장적용되는 단체협약이 유효기간 만료 등으로 실효되거나 실체적 요건이 상실되면 확장적용의 효과는 소멸된다. 이 경우 확장적용을 받아온 근로자들의 향후 근로조건은 단체협약 실효 후의 근로조건에 준하여 처리해야 할 것이다.

B. 단체협약의 경합 하나의 지역에서 종업하는 근로자들이 예컨대 조직대상(조합원자격)을 같이하는 2개의 초기업적 단위노조에 분산·가입하고 이들 노동조합이 각기 다른 단체협약을 체결하는 경우가 있다. 이 경우 지역단위 일반적 구속력의 요건을 갖춘 다수노조의 단체협약이 소수노조의 조합원들에게도 확장적용되는지 여부가 문제된다.

현행법상 소수노조의 조합원에 대하여 확장적용을 배제한다는 취지의 명문 규정이 없는 점을 강조하면 소수노조의 조합원에게도 그 유·불리에 관계없이 다수노조의 단체협약이 확장적용된다고 보게 된다.[1] 그러나 이렇게 되면 소수노조가 체결한 단체협약은 사문화되고, 소수노조는 다수노조보다 유리한 단체협약을 체결하기 위하여 독자적으로 단체교섭권이나 쟁의권을 행사할 수도 없게 된다.

이 점에 착안하면 소수노조의 조합원에게도 다수노조의 단체협약이 확장적용되지만, 소수노조가 보다 유리한 단체협약을 체결하기 위하여 단체교섭(필요에 따라 쟁의행위도)을 할 수 있다고 보게 된다. 그러나 이렇게 되면 소수노조는 다수노조의 단체협약 성과를 자동적으로 이용하면서 동시에 이에 만족하지 않으면 더욱 유리한 단체협약을 체결하기 위하여 단체교섭을 할 수도 있어 소수노조가 다수노조보다도 단체교섭상 유리한 법적 지위를 보장받는 불합리한 결과가 된다.

소수노조의 조합원에게 노동조합법상 지역단위 일반적 구속력을 이유로 헌법상 보장된 단체교섭권을 제약할 수 없다. 따라서 소수노조의 조합원에게는 그 유·불리에 관계없이 다수노조의 단체협약이 확장적용되지 않고 그 독자의 단체협약이 적용되며, 소수노조는 그 단체협약을 체결하기 위하여 독자적으로 단체교섭(필요에 따라 쟁의행위도)을 할 수 있다고 보아야 한다.[2]

---

1) 부산지법 1992. 8. 12, 91노2411(대법 1993. 12. 21, 92도2247의 원심으로서 파기환송됨).
2) 대법 1993. 12. 21, 92도2247.

제4절 단체협약의 실효

Ⅰ. 단체협약의 실효 사유

단체협약은 유효기간의 만료, 해지, 당사자의 소멸, 목적의 달성, 반대협약의 성립 등으로 효력을 상실한다.

1. 유효기간의 만료

가. 유효기간과 그 연장

(1) 노동조합법은 단체협약의 유효기간은 3년을 초과하지 않는 범위에서 노사가 합의하여 정할 수 있고, 3년을 초과하는 유효기간을 정하거나 유효기간을 정하지 않은 경우에는 그 유효기간은 3년으로 한다고 규정하고 있다(32조 1항·2항). 단체협약의 유효기간을 너무 길게 하면 사회적·경제적 여건의 변화에 적응하지 못하여 당사자를 부당하게 구속하게 되는 점을 고려하여 유효기간에 한도를 설정함으로써 단체협약의 내용을 시의에 맞고 구체적 타당성이 있게 조정할 수 있도록 하려는 것이다.

따라서 당사자는 유효기간을 자유로이 정할 수 있지만 그 한도를 초과할 수는 없는 것이다. 당사자는 단체협약을 체결할 때에 효력발생 시기를 임의로 정할 수 있고 그 시기를 단체협약 체결 이전으로 소급할 수도 있다.

단체협약은 유효기간이 만료되면 효력을 상실하고, 이때까지 새로운 단체협약이 체결되지 않으면 그 후에는 단체협약 공백상태(무협약상태)가 되는 것이 원칙이다.

(2) 노동조합법에 따르면, 유효기간이 만료되는 때를 전후하여 당사자 쌍방이 새로운 단체협약을 체결하고자 단체교섭을 계속했는데도 새로운 단체협약이 체결되지 않은 경우에는 별도의 약정이 있는 경우를 제외하고는 종전의 단체협약은 그 효력 만료일부터 3개월까지 계속 효력을 갖는다(32조 3항 본문). 당사자의 단체협약 체결 노력을 격려하기 위한 정책적 고려에서 노동조합법이 특별히 협약당사자가 정한 유효기간을 연장하여 무협약상태를 3개월 동안 유예하려는 것이다.

새로운 단체협약을 체결하기 위한 단체교섭은 유효기간 만료 시를 '전후하여' 계속되어야 유효기간 연장의 효과가 발생하므로, 유효기간 만료 시까지 단체교섭을 시작하지 않은 경우에는 유효기간 연장의 효과가 발생하지 않는다. 단체협약이 '계속 효력을 갖는다'는 것은 단체협약이 계속 존속하면서 그 규범적 효력과 채무적 효력을 가진다는 것을 의미한다.[1] '계속 효력을 갖는' 기간은 해당 단체협약 본래의 유효기간 만료일부터 3개월까지로 한정된다.

새로운 단체협약의 체결을 위한 교섭이 타결되지 않은 채 3개월의 기간이 만료하면 단체협약은 실효되고 무협약상태가 된다.

나. 자동연장 협정과 자동갱신 협정

(1) 이와 같이 단체협약은 유효기간 또는(및) 그 후 유효기간이 연장된 기간이 만료하면 실효된다. 그러나 노동조합법은 단체협약에 그 유효기간이 지난 후에도 새로운 단체협약이 체결되지 않은 경우에는 새로운 단체협약이 체결될 때까지 종전 단체협약의 효력을 존속시킨다는 취지의 별도의 약정이 있으면 그에 따른다고 규정하고 있다(32조 3항 단서 전단). 이 규정에서 말하는 별도의 약정을 '자동연장 협정'(불확정기한부 자동연장 협정)이라 부른다.

'새로운 협약이 체결될 때까지'는 최악의 경우를 예시한 것이므로 그 대신 예컨대 '6개월 동안'처럼 일정한 기간으로 약정할 수도 있다. 이 협정은 단체협약과 동시에 체결할 수도 있고, 유효기간 또는 그 후 유효기간이 연장된 기간이 만료되기 이전에 아무 때나 체결할 수 있다. 이 협정은 단체협약의 유효기간을 거의 무제한으로 연장할 수 있다는 점에서[2] 유효기간의 제한(32조 1항)에 위반될 소지가 있지만, 교섭 타결의 지연에 따른 무협약상태를 피하기 위하여 당사자가 특별히 희망하는 대처 방법이라는 점에서 법률이 그 효력을 인정한 것이다.

(2) 자동연장 협정과 비슷한 것으로서 '자동갱신 협정'이 있다. 이것은 유효기간 만료 전의 일정 기간까지 당사자 어느 일방에서도 단체협약의 변경을 주장하지 않으면 그 단체협약을 계속 존속시킨다는 취지의 협정을 말한다. 자동연장 협정이 단체협약의 변경을 위한 교섭이 타결되지 않는 사태에 대처하여 새로운 협약이 체결될 때까지 효력을 존속시키려는 것인데 대하여, 자동갱신 협정은 당

1) 이 규정이 여후효를 3개월 동안 인정한 것이라고 보아서는 안 된다. '여후효'란 규범적 부분이 유효기간 만료 후에도 계속 존속하되 규범적 효력은 갖지 않고 그 대신 근로조건 규율의 효력만 가지는 것을 말하므로, 이 규정은 여후효와는 별개의 것이다.

2) 대법 2015. 10. 29, 2012다71138은 자동연장 협정에 따라 유효기간이 연장되는 경우 2년의 제한을 받지 않는다고 한다.

사자 사이에 단체협약을 변경할 의사가 없는 경우에 대처하여 종전 협약과 같은 단체협약을 손쉬운 방법으로 체결하는 효과를 거두려는 것이다.

자동갱신 협정의 효력에 관해서는 노동조합법이 아무런 규정을 두고 있지 않지만, 종전과 같은 내용의 차기 단체협약을 확보하려는 당사자 사이의 합의를 무효라고 볼 수는 없다. 다만 차기 단체협약의 유효기간, 즉 갱신기간에 대해서는 최장 유효기간 제한(32조)이 적용된다.[1] 갱신기간을 정하지 않은 때에는 종전과 같은 기간이 아니라 3년이 된다고 보아야 한다. 또 갱신된 단체협약에 대해서는 '해지'에 관한 규정(32조 3항 단서 후단)이 적용되지 않는다.

2. 단체협약의 해지

(1) 노동조합법은 당사자 일방은 해지하고자 하는 날의 6개월 전까지 상대방에게 통고함으로써 자동연장 협정이 있는 종전의 단체협약을 해지할 수 있다고 규정하고 있다(32조 3항 단서 후단). 무협약상태를 피하기 위하여 자동연장 협정을 허용하되, 유효기간을 제한하는 취지가 이 협정에 따라 손상되고 당사자가 부당하게 장기간 동안 종전의 단체협약에 구속되는 사태를 방지하는 한편, 당사자에게 새로운 단체협약의 체결을 촉구하기 위하여 당사자에게 단체협약 해지권을 인정한 것이다.

'해지'(해약)는 단체협약의 효력을 장래에 대하여 소멸시키는 것을 말한다. 해지의 '통고'는 단체협약의 요식성(노조 31조 1항)에 준하여 일방당사자가 서명 또는 날인한 서면으로 해야 하고 '6개월 전까지' 해야 하지만, 권리남용이 아닌 이상 특별한 사유가 없더라도 할 수 있다. '6개월 전까지' 통고한다는 것은 통고(예고) 기간이 6개월 이상이라는 의미이므로 6개월 미만의 예고 기간을 제시하여 해지한 경우에는 해지통고서의 도달 후 6개월이 지나야 해지의 효과가 발생한다고 해석된다.

자동연장 협정이 있는 단체협약을 해지할 수 있도록 허용하는 노동조합법의 규정(유효기간 제한 규정도)은 성질상 강행규정이므로 협약당사자 사이에 합의하더라도 해지권의 행사를 제한하는 것은 허용되지 않는다.[2]

(2) 노동조합법은 위 경우를 제외하고는, 단체협약의 해지가 허용되는지에 관하여 규정하고 있지 않다. 물론 민법에 따르면, 상대방의 협약 불이행 또는 위

---

1) 대법 1993. 2. 9, 92다27102.
2) 대법 2016. 3. 10, 2013두3160.

반에 대해서는 그 이행을 최고하고 상당한 기간 내에 이행하지 않으면 당사자 일방이 단체협약을 해지[1]할 수 있다(민법 544조 참조). 그러나 단체협약이 근로조건 규제 및 노사관계 안정의 기능을 가진다는 점에 비추어 단체협약의 해지는 중요한 규범적 부분의 계속적 불이행이나 평화의무 위반 등 단체협약의 존립의의를 위협할 정도의 중대한 위반이나 불이행의 경우에만 인정된다고 해석된다. 또 자신의 의무를 이행하지 않으면서 상대방의 불이행을 이유로 해지하는 것, 사소한 불이행을 이유로 노사관계의 안정을 현저히 저해하는 해지, 일체를 이루는 협약 규정 중 자신에게 불리한 규정만 해지하는 것 등은 권리남용으로서 허용되지 않는다. 그리고 당사자가 단체협약 체결 당시에 전혀 예견할 수 없었던 사정의 변경이 발생하여 단체협약을 존속시키는 것이 사회통념상 현저히 부당한 경우에도 당사자 일방이 단체협약을 해지할 수 있다.

또 당사자는 합의에 따라 언제든지(특별한 사유가 없더라도) 즉시 또는 일정한 기간을 두어 해지할 수 있다고 해석된다. 합의해지는 일방해지의 경우와 달리 노사관계 안정을 저해하지 않기 때문이다.

일방해지나 합의해지는 단체협약 체결의 요식성과 균형이 맞아야 한다는 점에서 당사자 일방 또는 쌍방이 서명 또는 날인한 서면으로 해야 한다고 보아야 할 것이다.

3. 그 밖의 실효 사유

가. 당사자의 소멸

(1) 단체협약은 당사자인 회사가 해산하면 이로써(엄밀하게 말하면 청산이 완료된 시점) 효력을 상실한다. 그러나 회사가 합병한 경우 합병회사가 합병된 회사의 권리·의무를 포괄적으로 승계하므로, 합병된 회사가 체결한 단체협약은 합병회사의 단체협약으로서 승계된다.[2]

사업 양도의 경우에는 어떤가? 양도인이 체결한 단체협약에 따른 근로조건은 근로계약에 화체되어 이전되지만 단체협약 그 자체는 소멸되고 양수인에게 이전되지는 않는다고 보는 견해가 있다. 그러나 판례도 인정한 바와 같이 사업의

---

1) 민법에서는 '해제'로 규정하고 있으나, 단체협약은 당사자 사이 또는 근로자 개인과 사용자 사이의 계속적 권리·의무관계를 규정하고 있기 때문에 단체협약의 효력을 소급하여 소멸시키는 것이 아니라 장래에 대해서만 소멸시킨다고 보아야 할 것이다.

2) 대법 2004. 5. 14, 2002다23192.

양도에 따라 양수인이 근로자 대부분을 승계하는 등 사업의 동일성이 유지되는 이상 양도인의 단체협약은 양수인에게 승계된다고 보아야 할 것이다.[1)]

(2) 단체협약은 당사자인 노동조합이 해산하면 이로써 효력을 상실한다. 2개 이상의 노동조합이 교섭창구 단일화 절차를 거쳐 체결한 단체협약은 절차에 참여한 노동조합 일부가 해산했다 하더라도 다른 노동조합이 잔존하는 이상 실효되지 않는다. 노동조합이 해산하지는 않았지만 사실상 소멸해버린 경우에는 그 단체협약도 실효한 것으로 볼 수밖에 없다.

노동조합이 합병한 경우 회사 합병의 경우와 마찬가지로 합병된 노동조합이 체결한 단체협약은 존속하는 노동조합의 단체협약으로 승계된다. 노동조합이 조직변경을 한 경우에는 조직의 동일성이 유지되므로 조직변경 전의 노동조합이 체결한 단체협약은 변경 후 노동조합의 단체협약으로서 승계된다.

나. 목적의 달성

단체협약 중 특별히 유효기간을 정하지 않았더라도 일시적인 문제의 처리를 위한 사항을 정한 조항은 그 문제의 처리가 종료되면 목적의 달성으로 효력을 상실한다. 예컨대 특정 시기의 수당 지급, 특정 시기의 노동조합 행사에 대한 편의제공 등에 관한 조항은 해당 수당의 지급, 해당 행사에 대한 편의제공의 완료로써 그 임무를 마치고 실효하게 되는 것이다.

다. 반대협약의 발효

기존 단체협약의 유효기간 중이라도 그 규정에 명백히 어긋나는 단체협약 규정을 당사자가 새로 체결한 경우에는 협약 당사자 사이에 종전 규정을 새 규정으로 대치하기로 합의한 것이므로 종전 규정은 새 규정의 발효와 함께 효력을 상실한다.[2)]

Ⅱ. 단체협약 실효 후의 근로조건

(1) 단체협약이 유효기간 만료 등으로 실효하여 무협약상태가 되면 채무적

---

1) 대법 2002. 3. 26, 2000다3347.

2) 이에 대하여 기존 단체협약의 규정에 명백히 반하는 노사관행이 형성되어 노사관계상의 준칙이 실제로 바뀐 경우에는 그 관행의 형성에 불구하고 단체협약의 명문 규정은 유효기간의 만료나 해지 등의 사유가 없는 이상 실효되지 않는다. 다만 그 노사관행은 부당노동행위의 성립 여부를 판단할 때에 고려되어야 할 것이다.

부분에 따라 발생한 협약당사자의 권리·의무는 소멸한다. 예컨대 유니언숍, 조합활동보장이나 편의제공(전임자, 노동조합 사무소 등), 단체교섭의 절차와 방법, 쟁의행위의 절차와 방법 등에 관한 규정에 따른 편의, 절차, 준칙 등은 법적 근거를 상실하므로 당사자가 이를 종전처럼 이행할 의무가 없다.[1)]

(2) 문제는 그 동안 규범적 부분으로 규율하던 근로조건은 어떻게 되는가에 있다. 즉 단체협약상의 근로조건은 단체협약의 실효 후에도 효력을 가지는가, 아니면 단체협약상의 근로조건에 위반하여 무효가 된 근로계약상의 근로조건이 단체협약의 실효에 따라 자동적으로 효력을 되찾는가가 문제된다.

독일의 단체협약법은 단체협약이 종료된 후 그 규범적 부분은 단체협약이나 근로계약 등 다른 합의로 대치될 때까지 계속 적용된다는 취지를 규정하고 있다(4조 5항). 이를 단체협약의 '여후효'(Nachwirkung)라 부른다. 단체협약의 규범적 부분이 그 실효 후에도 존속하긴 하지만 새로운 단체협약이 아니라 새로운 근로계약으로 대치될 수도 있기 때문에 규범적 효력은 없는 것이다. 그러나 아무튼 이 규정에 따라 단체협약상의 근로조건은 단체협약의 실효 후에도 근로자들에게 계속 유지되고 이를 변경하려면 이와 다른 내용의 새로운 단체협약이나 근로계약이 체결되어야 하는 것이다.

우리나라에는 이러한 명문의 규정이 없고, 단체협약의 규범적 부분 자체가 실효·소멸되었기 때문에 그 존속을 전제로 하는 여후효는 인정되지 않는다. 그러나 앞에서도 언급한 바와 같이 단체협약상의 근로조건은 단체협약이 실효되기 전에 보충적 효력에 따라 이미 근로계약 속으로 들어가 그 내용이 되어 있다. 따라서 단체협약이 실효되더라도 근로계약의 내용으로 화체되어 있는 근로조건(단체협약의 근로조건과 같음)은 새로운 단체협약이나 근로계약이 체결될 때까지는 효력을 가진다.[2)] 거꾸로 말하자면 단체협약 실효 전의 근로조건을 변경하려면 새로운 근로계약이나 단체협약을 체결해야 한다. 이렇게 보면 단체협약의 여후효는 인정하지 않지만, 실질적으로는 이를 인정하는 것과 거의 같은 결론에

1) 다만 지금까지의 노사관계가 이들 단체협약 규정에 따라 운영되어 온 사실은 관행적 사실로서 이후의 노사관계에 있어서도 의미를 가진다. 예컨대 사용자가 합리적인 이유도 없이 또 노동조합과 협의하지도 않고 지금까지 해 온 조치를 폐지·변경하여 버린다면 노사관계의 상황에 따라서는 노동조합의 활동을 위축시키고 노동조합을 약체화시키는 부당노동행위(지배개입)가 성립될 수도 있을 것이다.

2) 대법 2000. 6. 9, 98다13747; 대법 2007. 12. 27, 2007다51758; 대법 2009. 2. 12, 2008다70336<핵심판례>.

도달한다.[1]

(3) 단체협약이 실효되는 경우 그 단체협약상의 근로조건이 어떻게 되는가의 문제는 협약당사자인 노동조합의 이탈(탈퇴 또는 제명)로 단체협약의 적용을 받지 않게 된 근로자의 근로조건이 어떻게 되는가의 문제에도 그대로 적용된다. 또 단체협약의 일반적 구속력에 따라 단체협약을 확장적용받던 근로자에 대하여 확장적용의 효과가 소멸한 경우에 근로조건을 어떻게 처리할 것인가도 같은 법리에 따른다.

---

1) 이 때문에 이와 같은 해석론을 '제한적 여후효설'이나 '상대적 여후효설'로, 단체협약의 실효 후에도 규범적 효력이 존속된다고 보는 견해를 '무제한적 여후효설'이나 '절대적 여후효설'로 소개하는 경우도 있다. 그러나 단체협약의 여후효는 단체협약의 규범적 부분의 존속을 전제로 하면서도 규범적 효력이 존속된다는 것이 아니라 근로계약에 따라 쉽게 대체될 수 있는 제한적 의미의 효력이 존속한다는 것을 의미하는 것이므로 이들 견해가 여후효를 긍정하는 것처럼 설명하는 것은 적절하지 않다. 또 '무제한적 여후효설'이 주장하는 의미의 여후효는 독일에서도 주장되거나 입법화된 적이 없기 때문에 여후효에 대한 근본적 오해에서 비롯된 것이라 생각된다.

제4장 쟁의행위 및 조합활동

제1절 쟁의행위의 개념

Ⅰ. 개념의 다의성

쟁의행위는 다의적 의미를 가진 용어이다. 우선 노동조합법에서 쟁의행위가 무엇을 의미하는지 정의한 규정이 있는가 하면, 헌법상의 쟁의권(단체행동권의 핵심적 부분)으로 보호되는 행위로서의 쟁의행위는 그것과 다른 의미를 가지고 있다. 게다가 노동조합법상의 쟁의행위도 넓게는 직장폐쇄를 포함하지만, 좁게는 근로자측의 쟁의행위로 한정되는 개념이다. 더 나아가서 노동조합법의 규정에 따라서는 쟁의행위를 달리 해석해야 할 예외적인 경우도 있다.

1. 노동조합법상의 쟁의행위

가. 광의의 쟁의행위

노동조합법은 '쟁의행위'란 파업·태업·직장폐쇄 기타 노동관계 당사자가 그 주장을 관철할 목적으로 행하는 행위와 이에 대항하는 행위로서 업무의 정상적인 운영을 저해하는 행위를 말한다고 규정하고 있다(2조 6호). 그리고 '노동관계 당사자'는 노동조합과 사용자 또는 사용자단체를 말한다(2조 5항).

이와 같이 노동조합법은 사용자를 주체로 하는 직장폐쇄도 쟁의행위에 포함하여 넓은 의미로 규정하고 있다. 그러나 직장폐쇄는 사용자가 파업·태업 등 근로자측의 쟁의행위에 대항하는 행위로서 헌법상 쟁의권에 따라 보호되는 본래의 쟁의행위와 전혀 다르고, 쟁의행위 보호·제한 법규들에서 정한 쟁의행위는 대부분 근로자측의 쟁의행위를 겨냥하고 있다.[1] 그러므로 쟁의행위의 개념에 관해서는 근로자측의 쟁의행위에 한정하여 살펴보는 것이 적절하다.

---

1) 쟁의행위에 직장폐쇄를 포함하여 규정할 실익도 없다는 점에서 쟁의행위 정의규정을 근로자측의 그것으로 한정하는 개정 입법이 바람직하다고 생각한다.

나. 협의의 쟁의행위

노동조합법상 쟁의행위를 근로자측의 쟁의행위로 좁게 한정하면, '쟁의행위'란 파업·태업 기타 노동조합이 그 주장을 관철할 목적으로 하는 행위로서 업무의 정상적인 운영을 저해하는 행위를 말하는 것이 된다.

A. 집단적 행위 쟁의행위는 근로자 개인의 행위가 아니라 노동조합의 행위이다. 노동조합의 의사결정에 따라 근로자들이 공동으로 하는 행위, 즉 집단적 행위라야 쟁의행위라 할 수 있다. 따라서 예컨대 다수 근로자 개개인이 우연히 동시에 작업을 중단하는 것은 쟁의행위가 아니다. 거꾸로 다수 근로자 중 일부만 작업을 중단하지만 노동조합의 지시에 따라 하는 부분파업이나 지명파업은 쟁의행위에 해당한다. 쟁의행위의 주체는 노동조합인데 비노조파업이나 살쾡이 파업은 노동조합이 주체로 되어 있지 않기 때문에 노동조합법상의 쟁의행위로 볼 수 없다.

B. 주장 관철의 목적 쟁의행위는 노동조합이 상대방에 대하여 '그 주장을 관철할 목적'으로 하는 행위이다. 따라서 예컨대 조합원총회나 운동경기의 개최만을 목적으로 작업을 중단한 것은 쟁의행위라 볼 수 없다. 또 파업을 종료했으나 정부의 긴급조정 결정을 규탄하는 집회에 조합원들을 참석하게 하는 등으로 조합원의 업무복귀를 지연하는 것도 주장 관철의 목적이 없으므로 쟁의행위에 해당하지 않는다.[1)]

쟁의행위를 통하여 관철하려는 '그 주장'은 상대방에 대한 노동조합의 주장을 말하고 노동쟁의의 개념요소인 '근로조건의 결정에 관한 주장'(2조 5호)으로 한정되는 것은[2)] 아니라고 보아야 한다. 노동조합법이 '노동쟁의 정의규정에서 정한 근로조건의 결정에 관한 주장'으로 한정하지 않고 '그 주장'으로 넓게 규정했기 때문이다. 다만 노동조합법상 쟁의행위는 단체교섭상의 주장을 관철하려는 행위를 전제로 한 것으로 볼 수 있으므로 관철하려는 노동조합의 주장은 단체교섭상의 주장으로 한정된다고 볼 수 있다. 단체교섭의 대상에 관한 주장은 널리 포함된다. 그러나 예컨대 정치파업은 단체교섭상의 주장을 관철하려는 것이 아니므로 노동조합법상의 쟁의행위라 볼 수 없다.

---

1) 대법 2010. 4. 8, 2007도6754(긴급조정 시의 쟁의행위 중지 의무에 위반한 것이 아니다).

2) 대법 1991. 1. 29, 90도2852는 폐지 전의 노동쟁의조정법이 적용되던 시기의 판결로서 원심과 달리 쟁의행위 정의규정의 '그 주장'은 노동쟁의 정의규정의 경우와 마찬가지로 '근로조건에 관한 주장'으로 한정된다고 전제하면서 구속근로자의 석방을 촉구하고 구형량에 항의하기 위한 조합원들의 업무저해행위는 쟁의행위가 아니라고 한다.

C. 업무 저해 행위 사용자에 대하여 '업무의 정상적인 운영을 저해하는 행위'이어야 쟁의행위라 할 수 있다. 따라서 파업(strike) 또는 태업(soldiering)은 근로제공 의무를 전면적으로 또는 부분적으로 이행하지 않음으로써 사용자의 업무를 저해하기 때문에 쟁의행위의 전형에 속하고 특히 파업은 쟁의행위 전체를 대신하는 용어로 사용되기도 한다. 노동조합법이 파업과 태업을 쟁의행위로 예시한 것은 이 때문이다.

그러나 예컨대 폐업한 공장에서의 농성,[1] 중식의 거부, 근무시간 외에 사업장 밖 집회나 시위, 파업 참가자들의 사업장 밖 규탄대회[2] 등은 업무를 저해하는 것이 아니므로 쟁의행위에 해당하지 않는다. 또 리본·완장·머리띠·가면의 착용, 규정된 복장 대신 간소복을 입는 것, 노래를 부르면서 작업을 하는 것 등도 일반적으로 업무저해성이 없으므로 쟁의행위가 되지 않는다. 다만 판례는 병원 간호사들이 위생을 고려하여 공급되는 제복을 입지 않는 것에 대하여 업무저해성이 있어 쟁의행위에 해당한다고 보았다.[3]

2. 정당성이 문제되는 쟁의행위

이미 설명한 바와 같이, 쟁의권으로 보호되는 행위로서의 쟁의행위는 그것이 정당성을 가지는 경우에는 민형사책임이 면제된다. 그렇다면 쟁의권 보호대상 행위로서의 쟁의행위는 '정당성이 문제되는 쟁의행위'라 부를 수 있다. 정당성이 문제되는 '쟁의행위'는 노동조합 기타 단결체가 그 주장을 관철하기 위하여 하는 업무저해행위를 말한다고 간단히 정의할 수 있다.

집단적 행위라야 쟁의행위가 된다는 점은 노동조합법상의 쟁의행위와 마찬가지이다. 다만 그 행위의 주체는 노동조합법상의 쟁의행위와 달리 노동조합으로 한정되지 않고 노동조합 이외의 단결체도 포함한다. 따라서 살쾡이파업이나 그 밖의 비조합적 파업(비노조파업)도 정당성이 문제되는 쟁의행위에 해당한다.[4]

주장 관철의 목적이 있어야 쟁의행위라 할 수 있다는 점, 쟁의행위를 통하여 관철하려는 '그 주장'이 '근로조건의 결정에 관한 주장'(2조 5호)으로 한정되는 것은 아니라는 점은 노동조합법상 쟁의행위의 경우와 같다. 그러나 정당성이 문제

1) 대법 1991. 6. 11, 91도204.
2) 대법 2010. 4. 8, 2007도6754.
3) 대법 1994. 6. 14, 93다29167.
4) 노동조합법도 '노동조합이 주도하지 않은' 경우를 쟁의행위의 일종으로 전제하면서 조합원이 그러한 쟁의행위를 하는 것을 금지하고 있다(37조 2항).

되는 쟁의행위에서는 관철하려는 주장이 단체교섭상의 주장으로 한정되지 않는다. 따라서 예컨대 정치파업이나 동정파업도 정당성이 문제되는 쟁의행위에 해당한다. 이러한 쟁의행위가 목적에 관하여 정당성을 가지는지 여부는 별개의 문제이다.

사용자의 업무를 저해하는 행위이어야 쟁의행위라 할 수 있다는 점은 노동조합법상 쟁의행위와 다를 바 없다. 파업 또는 태업 이외에 직장점거나 피케팅(picketing) 또는 불매동맹(boycott)이 근로자의 집단적 업무저해행위로서 정당성이 문제되는 쟁의행위에 속한다.

Ⅱ. 관련 문제

1. 개별법규에 따른 예외적 해석

노동조합법상의 쟁의행위 개념은 노동조합법의 쟁의행위 관련 법규 전체에 걸쳐 통일적으로 적용되는 것이 원칙이다. 그러나 개별법규의 취지나 성질 등에 비추어 쟁의행위의 개념을 달리 해석해야 할 예외적인 경우도 있다.

(1) 노동조합법상 쟁의행위 관련 법규 중에는 노동쟁의 調整에 관련된 법규가 적지 않다. 조정을 거치지 않은 쟁의행위의 금지(45조 2항), 조정서의 해석 등에 관한 노동위원회 견해 제시 때까지 쟁의행위 금지(60조 5항), 중재 회부 시 15일간 쟁의행위 금지(63조), 긴급조정 공표 시 쟁의행위 중지 및 30일간 쟁의행위 금지(77조) 등이 이에 속한다.

그런데 노동쟁의의 조정신청은 법내노조만 할 수 있고(7조 1항), 노동위원회의 조정·중재의 대상인 노동쟁의는 근로조건의 결정에 관한 분쟁으로 한정되어 있다(2조 5호). 따라서 노동쟁의 調整에 관련된 법규에서의 '쟁의행위'는 그 주체가 법내노조이고 근로조건의 결정에 관한 주장의 관철을 목적으로 하는 행위로 한정된다고 볼 수밖에 없다. 그 결과 예컨대 법내노조의 파업이나 경제파업에 대해서는 이들 법규가 적용되지만, 법외노조의 파업이나 정치파업 또는 동정파업에 대해서는 이들 법규를 적용할 수 없다. 노동위원회가 해당 분쟁의 해결을 위하여 관여할 여지가 없는 것이기도 하다.[1]

---

1) 이것은 현행 노동쟁의 조정제도가 갖는 쟁의행위를 제약하는 요소를 포함하고 있는 결과일 뿐, 쟁의행위 본래의 개념과는 무관하다. 선진국의 경우처럼 노동쟁의 조정제도의 쟁의행위 제약적 요소가 없어져야 할 것이다.

(2) 노동조합법상 쟁의행위 관련 법규 중에는 헌법상 쟁의권 보장의 효과를 확인하는 성질의 법규가 있다. 쟁의행위에 대한 민형사면책(3조-4조), 정당한 쟁의행위를 이유로 하는 불이익처분의 금지(81조 5호) 등이 이에 해당한다. 또 헌법상 쟁의권 보장의 내재적 한계를 구체적으로 명시한 성질의 법규도 있다. 긴급작업의 정상 수행(38조 2항), 폭력이나 파괴행위의 금지(42조 1항), 안전보호시설 정지 등의 금지(42조 2항) 등이 이에 해당한다. 이들 법규에서의 쟁의행위는 노동조합법상의 쟁의행위로 한정해석해야 할 이유가 없고 오히려 정당성이 문제되는 쟁의행위의 의미를 가진 것으로 해석해야 할 것이다.

2. 준법투쟁

'준법투쟁'(work to rule)이란 근로자들이 그 주장을 관철하기 위하여 집단적으로 법령이나 취업규칙 등의 규정을 평소보다 철저히 준수하는 것을 말한다. 안전에 관한 규정을 철저히 준수하는 이른바 '안전투쟁'이 그 전형에 속하지만, 그 밖에 근로시간이나 휴가 등에 관한 근로자 개개인의 권리를 동시에 행사하는 방식도 포함한다. 준법투쟁은 법령이나 취업규칙 등에서 쟁의행위를 제한하는 규정이 있는 경우에 근로자들이 규정의 적용에 따른 책임을 회피하기 위하여 고안한 전술이다.

준법투쟁이 노동조합법상의 쟁의행위에 해당하는지 여부가 문제된다. 준법투쟁은 사용자에게 압력을 가하는 점에서는 파업·태업과 비슷하지만 근로자 개개인의 권리·의무를 실행한다는 점에서는 근로제공 의무의 위반인 파업·태업과 다르다는 양면성을 가지고 있기 때문에 이를 쟁의행위로 볼 것인지는 미묘할 수 있다.

판례는 90년대 이후 택시회사 근로자들이 평소 하던 과속·신호위반·합승·부당요금 징수 등 교통법규 위반을 중단한 경우,[1] 근로자들이 평소 하던 연장근로를 거부한 경우,[2] 평소 하던 휴일근로를 거부한 경우,[3] 연·월차휴가를 일제히 사용한 경우[4] 모두 쟁의행위에 해당한다고 본다.[5] 쟁의행위는 업무의 정상 운영

1) 대법 1991. 12. 10, 91누636(교통법규 준수 이외에 수입금 상한 설정 행위가 포함된 점을 종합하여 쟁의행위에 해당한다고 봄); 대법 2000. 5. 26, 98다34331(교통법규 준수만 있었는데 쟁의행위로 봄).

2) 대법 1991. 10. 22, 91도600; 대법 1996. 2. 27, 95도2970.

3) 대법 1991. 7. 9, 91도1051; 대법 1992. 10. 9, 91다14406; 대법 1994. 2. 22, 92누11176 등.

4) 대법 1991. 12. 24, 91도2323; 대법 1992. 3. 13, 91누10473; 대법 1994. 6. 14, 93다29167은

을 저해하는 행위인데 '정상'이란 사실상의 정상을 말하는 것이고, 준법투쟁은 사용자가 평소 사실상 하던 업무운영(적법 여부에 관계없이)을 방해하는 것이어서 언제나 쟁의행위에 해당한다고 보는 견해(사실정상설)를 따르는 것이다.

그러나 판례는 사용자가 평소와 같이 위법한 업무운영을 하려는 데 대하여 근로자들이 규정상의 의무를 준수하거나 권리를 행사한 경우까지 쟁의행위로 보아 그 제한 위반의 책임을 묻는 것은 위법을 보호하고 적법을 제재하는 불합리한 결과가 된다는 문제가 있다.[1] 사실정상설에 반대하는 법률정상설은 업무의 정상운영에서 '정상'이란 법률상의 정상, 즉 적법을 말한다고 전제하면서 적법한 업무운영을 방해하는 준법투쟁은 쟁의행위에 해당하지만, 위법한 업무운영을 방해하는 준법투쟁은 쟁의행위가 아니라고 한다.[2]

집단적 월차휴가를, 헌재 2004. 7. 15, 2003헌마878은 집단적 연차휴가를 쟁의행위로 본다. 다만, 대법 1994. 5. 10, 93누15380은 지부 결성을 위한 집단적 월차휴가를 쟁의행위가 아니라 조합활동이라고 한다.

5) 다만 최근 판례는 통상적 또는 관행적으로 연장근로(휴일근로)를 해 왔는지 여부를 엄격히 판단할 것을 요구한다. 대법 2022. 6. 9, 2016도11744는 쟁의행위에 대한 법령상의 엄정한 규율체계와 노동3권의 보장 취지 등을 고려하면, 연장근로(휴일근로)의 집단적 거부가 쟁의행위에 해당하는지는 해당 사업장의 단체협약이나 취업규칙의 내용, 연장근로를 할 것인지에 대한 근로자들의 동의 방식 등 근로관계를 둘러싼 여러 관행과 사정을 종합적으로 고려하여 엄격하게 제한적으로 판단하여야 한다고 판시한다.

1) 헌재 1998. 7. 16, 97헌바23은 연장근로의 거부나 집단적 휴가 등 일면 근로자들의 권리행사로서의 성격을 갖는 쟁의행위에 대하여 정당성을 부정하여 바로 형사처벌할 수 있다는 대법원 판례들은 지나치게 형사처벌의 범위를 확대하여 단체행동권의 행사를 위축시키는 결과를 가져온다고 우려하고 있다.

2) 대법 1979. 3. 13, 76도3657은 이 견해에 입각하여 평소 근로기준법과 단체협약에 비추어 허용될 수 없는 연장근로를 하던 조합원들이 집단적으로 연장근로를 거부한 것은 단체행동(쟁의행위)이 아니라고 판단한 적이 있다.

제2절 쟁의행위에 대한 노동조합법의 규율

Ⅰ. 쟁의행위 보호법규

1. 정당한 쟁의행위의 보호

가. 민사면책

노동조합법은 사용자는 노동조합법에 따른 단체교섭 또는 쟁의행위, 그 밖의 노동조합의 활동으로 손해를 입은 경우에 노동조합 또는 근로자에 대하여 그 배상을 청구할 수 없다고 규정하고 있다(노조 3조). '노동조합법에 따른 쟁의행위'는 정당한 쟁의행위를 의미하는 것으로 보아야 할 것이다. 노동조합법에 따른 쟁의행위라도 위법성을 가지면 민사면책이 인정될 수 없고, 반대로 노동조합법의 일부 규정에 위반하는 쟁의행위라도 정당성을 가지면 민사면책을 인정해야 하기 때문이다.[1)]

쟁의행위는 민법상으로는 채무불이행(민법 390조)이나 불법행위(민법 750조, 760조)에 해당한다. 즉 파업·태업은 근로계약상 근로제공 의무에 위반하는 행위에, 불매동맹은 근로계약상의 성실의무에 위반하는 것으로서 채무불이행(계약 위반)에, 이들 계약위반을 유도하는 노동조합이나 그 지도자의 행위는 채권 침해의 불법행위에, 파업·태업·불매동맹·피케팅·직장점거 등은 사용자의 조업권 또는 소유권을 침해하는 불법행위에 각각 해당한다. 그러나 쟁의행위가 정당성을 가지는 경우에는 채무불이행이나 불법행위의 성립요건 중 하나인 위법성이 조각되어 손해배상 책임을 면하게 된다.[2)]

쟁의행위가 정당한 경우에 민사책임이 면제된다는 것은 헌법상 쟁의권 보장의 당연한 효과이고, 민사면책 규정은 이를 확인하는 의미의 규정이다.

---

1) 형사면책 규정과의 균형상 '이 법에 따른 단체교섭 또는 쟁의행위'를 '정당한 단체교섭 또는 쟁의행위'로 개정함이 바람직하다.

2) 민사면책 규정은 원래 영국의 1906년 노동쟁의법에서 유래한 것이라 할 수 있다. 이 법에서는 "1명이 하여 불법행위가 되지 않는 행위는 이를 쟁의수행의 목적으로 2명 이상이 합의하여 하더라도 불법행위로 제소할 수 없다"고 하여 절차 면에서 규정했다.

나. 형사면책

노동조합법은 노동조합의 쟁의행위(단체교섭이나 그 밖의 행위 포함)로서 근로조건의 유지·개선 목적을[1] 달성하기 위하여 한 정당한 행위에 대해서는 형법 제20조를 적용한다고 규정하고 있다(4조 본문). 쟁의행위가 목적·수단 등에서 정당성을 가지는 경우에는 형법 제20조의 '정당행위'가 되어 범죄가 성립하지 않는다는 것이다. 정당한 쟁의행위에 대하여 형사책임을 물을 수 없다는 것은 헌법상 쟁의권 보장의 당연한 효과이고, 이 형사면책 규정은 이를 확인하는 의미의 규정에 불과하다.[2] 그러나 노동조합법은 어떤 경우에도 폭력이나 파괴행위는 정당한 행위로 해석될 수 없다고 규정하고 있다(4조 단서).

다. 불이익취급의 금지

노동조합법은 근로자가 정당한 단체행동에 참가한 것을 이유로 그 근로자를 해고하거나 불이익을 주는 사용자의 행위를 부당노동행위로 규정하고 있다(노조 81조 1항 5호). 근로자가 정당한 쟁의행위에 참가했다 하여 사용자가 해고나 그 밖에 불이익을 주는 행위는 헌법상 쟁의권의 사용자에 대한 효과로서 당연히 위법·무효임을 확인하는 규정이다. 이에 관하여 자세한 것은 부당노동행위의 성립요건의 부분에서 살펴보기로 한다.

2. 쟁의 기간에 대한 보호

가. 구속의 제한

노동조합법은 근로자는 쟁의행위 기간 동안에는 현행범 외에는 노동조합법 위반을 이유로 구속되지 않는다고 규정하고 있다(39조). 과거의 노동조합법 위반을 이유로 쟁의행위 참가자를 구속하면 쟁의조직이 약화·와해되어 노사간 교섭력의 불균형이 초래될 우려가 있어 이러한 위험으로부터 일시적으로 쟁의행위를 보호하려는 정책적 배려에서 노동조합법이 특별히 설정한 규정이다.

---

1) 법문상으로는 '제1조의 목적'으로 규정되어 있으나 제1조에 규정된 노동조합법 자체의 목적 전체를 말하는 것이 아니라 그 중에서 성질상 단체교섭·쟁의행위·조합활동의 목적이 될 수 있는 부분, 즉 '근로조건 유지·개선'(이와 불가분의 관계에 있는 것 포함)의 목적으로 한정된다고 보아야 한다. 그러나 '제1조의 목적'은 오해의 소지가 있으므로 '정당한 목적'이나 '근로조건 유지·개선의 목적' 등으로 개정함이 바람직하다.

2) 형사면책 규정은 원래 영국의 1875년 공모·재산보호법에서 유래한 것이라 할 수 있다. 이 법에서는 "1명이 하여 범죄가 되지 않는 행위는 이를 쟁의수행의 목적으로 2명 이상이 합의하여 하더라도 공모죄로 기소할 수 없다"고 하여 절차의 면에서 규정했다.

노동조합법 위반이 아니라 예컨대 형법상의 범죄를 범한 경우에는 구속할 수 있고 또 노동조합법 위반이라도 현행범인 경우에는 구속할 수 있다. 민·형사 면책 규정과 달리 문언상 정당성을 요건으로 명시하지 않았으나, 정당성을 상실한 쟁의행위까지 구속 제한을 통하여 보호하려는 취지는 아닐 것이다. 따라서 이 규정은 정당한 쟁의행위에 대해서만 적용된다고 보아야 한다.

나. 대체근로의 제한

A. 일반적 제한 노동조합법에 따르면, 사용자는 쟁의행위 기간 동안 그 쟁의행위로 중단된 업무의 수행을 위하여 해당 사업과 관계없는 자를 채용 또는 대체할 수 없으며 그러한 업무를 도급 또는 하도급 줄 수 없다(43조 1항·2항; 벌칙 91조). 쟁의행위로 업무가 중단된 경우 사용자는 그 업무를 다른 근로자에게 맡겨서라도 조업을 계속하려고 애쓰기 마련이다. 그러나 쟁의행위로 중단된 업무를 다른 근로자가 대행하게 하는 것, 즉 대체근로는 쟁의행위의 압력효과를 저하시키고 이를 저지하려는 노동조합과 지나친 대결사태를 야기할 우려가 있다. 노동조합법은 이러한 위험으로부터 쟁의행위를 보호하려는 정책적 배려에서 대체근로를 제한한 것이다.

'해당 사업과 관계'란 해당 사업과 근로계약을 맺은 관계가 아니라, 평소 해당 사업의 업무에 종사하던 관계를 말한다. 업무에 종사한 것이 그 사업의 근로자로서 한 것인지, 사외근로자(전출근무자·파견근로자·사내도급근로자)로서 한 것인지는 관계없다. 따라서 그 사업의 근로자는 물론, 평소 그 사업의 업무에 종사하던 사외근로자도 '해당 사업과 관계'가 있으므로 쟁의행위가 일어난 사업장 소속인지, 관련 노동조합의 조합원인지 여부에 관계없이 대체근로를 시킬 수 있다. 다만 파견근로자의 경우는 파견법상 대체근로를 위한 파견이 금지되어 있으므로,[1] 평소 해당 사업의 업무에 종사하던 파견근로자라도 평소 수행하던 업무를 계속하기 위한 파견은 허용되지만 대체근로를 시킬 수는 없다. 또 자회사·계열사·협력업체에 소속된 근로자는 평소 그 사업의 업무에 종사하지 않은 이상 '해당 사업과 관계'가 없는 자이므로 대체근로를 시킬 수 없다.

대체근로를 위하여 근로자를 채용하는 것도 금지된다. 채용의 시기가 파업 개시 전이든 후이든 관계없다.[2] 그러나 대체근로의 목적이 아니라 자연감소에

1) 파견법은 파견사업주가 쟁의행위 중인 사업장에 그 쟁의행위로 중단된 업무의 수행을 위하여 근로자를 파견하는 것을 금지하고 있다(16조 1항). 대체근로 제한의 실효성을 확보하기 위하여 파견사업주에게 별도의 의무를 과한 것이다.

2) 대법 2000. 11. 28, 99도317.

따른 인원충원 등의 목적으로 채용하는 것은 허용되고, 따라서 적법하게 대체근로에 투입된 근로자마저 사직함에 따라 후임자를 채용하는 것도 허용된다.[1]

파업으로 중단된 업무를 해당 사업 외부에 도급 또는 하도급을 주는 것은 그 사업과 관계없는 자를 채용 또는 대체하는 것과 같은 효과를 가지므로 이를 금지하고 있다.

민·형사면책 규정과 달리 문언상 정당성을 요건으로 명시하지는 않았으나, 정당성을 상실한 쟁의행위까지 대체근로 제한을 통하여 보호하려는 취지는 아닐 것이다. 따라서 이 규정은 정당한 쟁의행위에 대해서만 적용된다고 보아야 한다.

노동조합과 사용자 사이에 대체근로의 허용 범위를 이 규정보다 좁게 한정하는 취지의 단체협약은 유효하다. 그러나 반대로 대체근로의 허용범위를 이 규정보다 넓게 정하는 단체협약은 이 규정이 쟁의행위를 보호하려는 강행규정이라는 점에 비추어 무효라고 보아야 할 것이다.

사용자가 대체근로 제한에 위반하여 쟁의행위로 중단된 업무의 수행을 위하여 해당 사업과 관계없는 자를 채용 또는 대체하는 경우 쟁의행위에 참가한 근로자들이 직접 위법한 대체근로를 저지하기 위하여 상당한 정도의 실력을 행사하더라도 위법은 아니다.[2]

B. 필수공익사업에 대한 특례 필수공익사업에 대해서는 대체근로 제한에 특례가 적용된다. 즉 노동조합법은 필수공익사업의 사용자는 쟁의행위 기간 동안 해당 사업과 관계없는 자를 채용 또는 대체하거나 그 업무를 도급 또는 하도급 줄 수 있으며, 다만 그 수는 그 사업 또는 사업장의 파업 참가자(시행령으로 정한 방법 등에 따라 산정)의 50%를 초과해서는 안 된다고 규정하고 있다(43조 3항·4항; 벌칙 91조). 필수공익사업에서 쟁의행위가 일어난 경우에 공중의 일상생활 또는 국민경제에 대한 현저한 위해(71조 2항 참조)를 최소화하기 위하여 제한된 범위에서 대체근로를 할 수 있도록 허용한 것이다.

시행령은 대체근로가 허용되는 범위와 관련된 파업 참가자 수는 근로제공 의무가 있는 근로시간 중 파업 참가를 이유로 근로의 일부 또는 전부를 제공하지 않은 자의 수를 1일 단위로 산정한다고 규정하고 있다(영 22조의4 1항). 여기서 근

1) 대법 2008. 11. 13, 2008도4831.

2) 대법 2020. 9. 3, 2015도1927(위법성이 조각되어 업무방해죄가 성립되지 않는다). 다만 이런 경우 대체근로 제한을 위반한 사용자만 처벌되고 대체근로자는 공범으로도 처벌되지 않으므로 쟁의행위에 참가한 근로자들이 대체근로자를 현행범으로 체포할 수는 없다(대법 2020. 6. 11, 2016도3048).

로의 '전부'를 제공하지 않은 것은 파업을 말하고, 근로의 '일부'를 제공하지 않은 것은 특정의 직무만 중단하는 직무태업을 말한다.

Ⅱ. 쟁의행위 제한법규

1. 쟁의행위의 기본적 제한

가. 법령의 준수

노동조합법에 따르면, 쟁의행위는 그 목적·방법 및 절차에 관하여 법령이나 그 밖에 사회질서에 위반되어서는 안 된다(노조 37조 1항). 쟁의행위는 이를 제한하는 법령의 규정을 준수하고 정당하게 수행해야 한다는 당연한 이치를 확인하기 위한 주의규정이다.

'목적·방법·절차'는 예시에 불과하기 때문에 주체의 측면이 제외되는 것이 아니다. '사회질서'는 민법 제103조의 '사회질서', 형법 제20조의 '사회상규'와 같은 의미를 가진 것으로 보아야 하고, 사회질서에 위반되어서는 안 된다는 것은 쟁의행위가 '정당'(4조) 또는 '적법'(38조 3항)해야 한다는 것을 의미한다.

나. 노동조합의 통제 책임

노동조합법은 노동조합(또는 교섭대표노조)은 쟁의행위가 적법하게 수행될 수 있도록 지도·관리·통제할 책임이 있다고 규정하고 있다(38조 3항, 29조의5). 쟁의행위의 주체인 노동조합은 당연히 이에 참가하는 다수 조합원을 지도·관리·통제할 책임이 있고, 이 경우 적법수행의 원칙(37조 1항)에 따라야 한다는 것 또한 당연한 것이다. 이러한 당연한 이치를 확인하는 주의규정이다.

2. 주체 및 목적에 따른 제한

가. 살쾡이파업의 금지

노동조합법에 따르면, 조합원은 노동조합(또는 교섭대표노조)이 주도하지 않는 쟁의행위를 해서는 안 된다(37조 2항, 29조의5; 벌칙 89조). 조합원이 노동조합의 의사에 반하여 독자적으로 하는 쟁의행위를 흔히 '살쾡이파업'(비공식파업; wildcat strike, unofficial strike)이라 부른다. 살쾡이파업은 노동조합의 통제책임을 수행할 수 없게 한다는 점을 고려하고, 또 살쾡이파업의 허용(정당성) 여부에 관한 해석론상의 다툼을 입법적으로 해결하기 위하여 설정한 규정이라고 볼 수도 있다.

노동조합의 '주도'란 노동조합의 사전 기획·결정·지시뿐만 아니라 사후 승인도 포함된다고 보아야 한다. 따라서 살쾡이파업을 노동조합이 만류하지 않고 묵시적으로 승인한 경우에는 이 규정에 위반되지 않는다고 보아야 할 것이다.

초기업적 단위노조의 지부·분회 등 산하조직(관련 조합원들)은 그 자체로서는 노동조합이 아니고 단체교섭의 당사자가 될 수 없으므로 단위노조의 지시나 승인 없이 독자적으로 쟁의행위를 한 경우 살쾡이파업에 해당한다. 그러나 노동조합의 실체적 요건 부분에서 이미 살펴본 바와 같이, 초기업적 단위노조의 기업별 지부로서 단체성과 단체교섭 능력을 가지는 경우에는 독자적인 노동조합의 지위가 인정되므로 독자적으로 쟁의행위를 하더라도 살쾡이파업에 해당한다고 보기 곤란하다.[1)]

나. 방산물자 생산 종사자의 쟁의 금지

노동조합법은 방위사업법으로 지정한 주요방위산업체에 종사하는 근로자 중 전력·용수 및 주로 방산물자를 생산하는 업무에 종사하는 자로서 시행령으로 정한 자는 쟁의행위를 해서는 안 된다고 규정하고 있다(41조 2항; 벌칙 88조).[2)] 이에 따라 시행령은 '주로 방산물자를 생산하는 업무에 종사하는 자'란 방산물자의 완성에 필요한 제조·가공·조립·정비·재생·개량·성능검사·열처리·도장·가스 취급 등의 업무에 종사하는 자를 말한다고 규정하고 있다(20조).

이 규정은 법률로 정하는 주요방위산업체에 종사하는 근로자에 대해서는 쟁의행위를 제한 또는 금지할 수 있다는 헌법 제33조 제3항에 근거한 것으로서, 남북이 대치하고 있는 특수한 상황에서 우리 군대에 대한 방산물자의 원활한 조달이 주요방위산업체 근로자의 쟁의행위 때문에 방해받지 않도록 하자는 취지에서 둔 규정이며, 방위산업체의 기업적 이익을 보호하려는 것은 아니다. 따라서 수출용 방산물자의 생산에 종사하는 자에게는 이 규정이 적용되지 않는다고 보아야 할 것이다. 한편, 이 규정에 따라 단체행동권이라는 기본권이 제약되는 근로자의 범위는 엄격하게 제한적으로 해석해야 한다. 따라서 주요방위산업체로 지정된 회

1) 대법 2004. 9. 24, 2004도4641.

2) 대법 1993. 4. 23, 93도493은 이 규정이 헌법상의 평등권에 반하지 않는다고 한다. 한편, 방산물자 생산 종사자 이외에도 쟁의행위가 금지된 경우가 더 있다. 교원노조법 및 공무원노조법은 교원노조와 그 조합원 및 공무원노조와 그 조합원의 쟁의행위를 금지하고 있다(교조 8조, 공노 11조). 그리고 경비업법은 공항·항공기·항만·원자력발전소 등 국가중요시설의 경비 및 도난·화재 그 밖의 위험 발생을 방지하는 업무에 종사하는 특수경비원에 대하여 쟁의행위를 금지하고 있다(경비업법 2조, 15조 3항, 영 2조). 헌재 2009. 10. 29, 2007헌마1359는 경비업법의 이 규정이 헌법에 위반되지 않는다고 한다.

사가 사업의 일부를 사내하도급 방식으로 다른 업체에 맡겨 방산물자를 생산하는 경우, 하수급업체에 소속되어 방산물자를 생산하는 업무에 종사하는 근로자는 이 규정에 따라 쟁의행위가 금지되는 '주요방위산업체에 종사하는 근로자'에 해당하지 않는다.[1)]

다. 쟁의 기간 임금 목적의 쟁의 금지

노동조합법은 노동조합(또는 교섭대표노조)은 쟁의행위 기간에 대한 임금의 지급을 요구하여 이를 관철할 목적으로 쟁의행위를 해서는 안 된다고 규정하고 있다(44조 2항, 29조의5; 벌칙 90조). 쟁의행위 기간에 대한 임금의 지급을 관철할 목적의 쟁의행위를 허용하면 당초 쟁의행위를 통하여 관철하려는 주장과 관계없이 쟁의행위가 장기화하고 그 피해가 지나치게 커질 우려가 있고, 이는 쟁의권 보장의 취지를 벗어나는 결과가 된다는 점을 고려하여 도입한 규정이다.

그러나 이 규정이 쟁의행위 기간에 대한 임금의 지급을 요구하는 단체교섭까지 금지하는 것은 아니다. 따라서 사용자가 이러한 단체교섭에 응하여 임금의 전부 또는 일부를 지급하기로 합의한 경우에는 이것도 단체협약으로서 사용자를 구속한다. 그러나 이러한 교섭요구에 사용자가 교섭의무를 지는 것은 아니고 그것은 임의적 교섭사항이 될 뿐이다.

이 규정은 당초의 파업이 정당성을 가지는지 여부에 관계없이 적용된다.

3. 방법에 따른 제한

가. 폭력·파괴의 금지

노동조합법은 쟁의행위는 폭력이나 파괴행위로 해서는 안 된다고 규정하고 있다(42조 1항 전단; 벌칙 89조). 폭력과 파괴행위는 어떤 경우에도 정당화될 수 없는(4조 단서) 당연한 이치를 확인하려는 취지의 규정이다. 이 규정은 협의의 쟁의행위뿐만 아니라 직장폐쇄에도 적용된다.

나. 안전보호시설 정지 등의 금지

A. 금지 행위 노동조합법에 따르면, 사업장의 안전보호시설에 대하여 정상적인 유지·운영을 정지·폐지 또는 방해하는 행위는 쟁의행위로서 해서는 안 된다(42조 2항).[2)] 파업이나 태업을 하더라도 안전보호시설을 정상적으로 가동하도

1) 대법 2017. 7. 18, 2016도3185.

2) 헌재 2005. 6. 30, 2002헌바83은 안전보호시설 정지 등의 금지 규정과 그 위반에 대한 벌칙 규정에 대하여 헌법 위반이 아니라고 본다.

록 함으로써[1] 사람의 생명이나 신체의 안전을 보호하려는 규정이다.[2]

'안전보호시설'이란 예컨대 환기, 배수, 폭발 방지, 항공관제, 환자 치료 시설처럼 가동을 중단하면 사람의 생명·신체를 위태롭게 하는 시설을 말한다.[3] 도난방지 시설이나 철강 공장의 용광로처럼 생산수단의 안전을 보호하는 시설도 이에 포함된다고 보는 견해가 있다.[4] 그러나 '안전'이란 원래 사람을 대상으로 하는 개념이라는 점, 현행법상 생산수단의 안전은 파괴행위 금지 등으로 보호된다는 점 등을 고려할 때에 사람의 안전을 보호하는 시설로 한정된다고 보아야 한다. 그리고 안전보호시설에 해당하는지 여부는 사업장의 성질, 시설의 기능, 시설의 정상적인 유지·운영이 되지 않을 경우에 일어날 수 있는 위험 등 제반 사정을 구체적·종합적으로 고려하여 판단해야 한다.[5]

안전보호시설의 '정상적'인 유지·운영은 적법한 유지·운영을 말하므로, 사용자가 안전보호시설을 예컨대 대체근로 제한 또는 근로기준법에 위반하는 등으로 위법하게 유지·운영하는 경우에는 이 규정이 적용되지 않는다고 보아야 할 것이다.

안전보호시설의 유지·운영을 '정지·폐지 또는 방해'해서는 안 되므로, 그 유지·운영 작업을 중단하거나 방해하는 파업이나 태업 등의 쟁의행위를 해서는 안 된다. 요컨대 안전보호시설에 대한 쟁의행위가 금지된다고 말할 수 있다.

이 규정을 위반하여 안전보호시설의 정상적 유지·운영을 정지·폐지·방해하는 경우에는 벌칙(91조)이 적용된다. 다만 벌칙의 구체적 적용을 위해서는 사람의 생명·신체의 안전에 대한 위험이 발생해야 하므로 사전에 안전조치 등이 이루어

1) 실무상으로는 안전보호시설을 '보안시설', 안전보호시설을 정상적으로 가동하는 일을 '보안작업', 안전보호시설의 정상적 유지·운영을 정지·폐지·방해하는 행위를 '보안작업 거부'라 부르기도 한다(예: 대법 2005. 9. 30, 2002두7425는 2001. 5. 17 행정관청이 어느 노동조합의 쟁의행위에 대하여 보안작업 거부 중지를 명령한 사건이다).

2) 한편, 선원법은 ① 선박이 외국 항에 있는 경우, ② 여객선이 승객을 태우고 항해 중인 경우, ③ 위험물 운송을 전용으로 하는 선박이 항해 중인 경우로서 위험물의 종류별로 해양수산부령으로 정하는 경우, ④ 선박에 위험이 생길 우려가 있어 선장 등이 선박의 조종을 직접 지휘하여 항해 중인 경우, ⑤ 어선이 어장에서 어구를 내릴 때부터 냉동처리 등을 마칠 때까지 일련의 어획작업 중인 경우, ⑥ 그 밖에 선원근로관계에 관한 쟁의행위로 인명이나 선박의 안전에 현저한 위해를 줄 우려가 있는 경우에 선원의 쟁의행위를 금지하고 있다(25조).

3) 대법 2005. 9. 30, 2002두7425(사람의 생명이나 신체의 안전을 보호하는 시설을 말한다); 대법 2006. 5. 12, 2002도3450(사람의 생명·신체의 위험을 예방하기 위해서나 위생상 필요한 시설을 말한다).

4) 협력 68107-219, 2001.5.11.

5) 대법 2006. 5. 12, 2002도3450; 대법 2005. 9. 30, 2002두7425(석유화학 공장의 시설 중 가연성·폭발성·유독성이 강한 석유화학제품을 생산·유지하기 위하여 전기·증기·압축공기 등을 생산·공급하는 동력부문은 안전보호시설에 해당한다).

진 경우에는 벌칙을 적용할 수 없다.[1)]

이 규정은 협의의 쟁의행위뿐만 아니라 직장폐쇄에 대해서도 적용된다.

B. 행정관청의 중지통보 노동조합법에 따르면, 행정관청은 쟁의행위가 사업장의 안전보호시설에 대하여 정상적인 유지·운영을 정지·폐지·방해하는 행위라고 인정하는 경우에는 노동위원회의 의결을 받아 그 행위의 중지를 통보[2)]해야 하고, 다만 사태가 급박하여 노동위원회의 의결을 받을 시간적 여유가 없을 때에는 그 의결을 받지 않고 즉시 그 행위의 중지를 통보할 수 있다(42조 3항). 그리고 노동위원회의 의결을 받지 않고 중지통보를 한 경우 행정관청은 노동위원회의 사후승인을 받아야 하고, 그 승인을 받지 못한 때에는 중지통보는 그 때부터 효력을 상실한다(42조 4항).

행정관청의 중지통보 대상은 파업이나 태업 등 쟁의행위 전체가 아니라 문제되는 '안전보호시설의 정상적인 유지·운영을 정지·폐지·방해하는 행위', 즉 안전보호시설에 대한 쟁의행위로 한정된다.[3)] 중지통보에 따르지 않는 경우에 대한 벌칙은 규정되어 있지 않지만, 이 경우 안전보호시설 정지·폐지·방해 금지에도 위반하므로 이에 대한 벌칙이 적용된다.

다. 피케팅의 제한

'피케팅'(picketing; 파업감시)이란 노동조합이 파업·태업의 효과를 높이기 위하여 사업장 입구 등 필요한 장소에 파업감시원(picketer)을 배치하여 조합원의 이탈과 사용자 등의 방해를 막는 행위를 말한다. 노동조합법은 피케팅의 방법을 일정하게 제한하는 규정을 두고 있다. 즉 쟁의행위는 그 쟁의행위와 관계없는 자 또는 근로를 제공하고자 하는 자의 출입·조업, 그 밖의 정상적인 업무를 방해하는 방법으로 해서는 안 되며, 쟁의행위의 참가를 호소하거나 설득하는 행위로서 폭행·협박을 사용해서는 안 된다(38조 1항; 벌칙 89조). 피케팅을 하는 경우에 그 상대방의 신체행동이나 의사결정의 자유를 보호하기 위한 규정이다.

'쟁의행위와 관계없는 자'란 해당 노동조합의 조합원으로서 원래의 파업·태업에 참가하도록 지시받은 자 이외의 사람을 말하고, 사용자·비조합원인 근로자·고객 등이 이에 포함된다. '근로를 제공하고자 하는 자'(근로희망자)는 파업·태업이

1) 대법 2006. 5. 12, 2002도3450.
2) 종전에는 '명령'이었는데 2006년에 '통보'로 용어가 바뀌었다. 그러나 '중지를 통보'한다는 것은 중지한 사실을 통보한다는 어감을 주기 때문에 '통보'는 '명령'이나 '요구' 등의 용어로 바꾸어야 할 것이다.
3) 대법 2005. 9. 30, 2002두7425.

일어난 사업장에서 근로를 제공하려는 자를 말하며, 해당 노동조합의 조합원 중 파업·태업에 참가하지 않은 자일 수도 있고 사용자의 지시에 따라 대체근로를 하는 자일 수도 있다.

쟁의행위와 무관한 자 및 근로희망자에 대한 피케팅은 출입·조업, 그 밖의 정상적인 업무를 방해하는 방법으로 해서는 안 되므로, 이들의 출입은 물론 조업, 그 밖의 정상적인 업무(물품의 반출입 포함)도 방해하지 않아야 한다. 이들의 출입 또는 조업 등을 폭행·협박으로 저지하는 것은 물론, 연좌나 장애물 설치 또는 소음 등의 방출로 방해하는 것도 이 규정에 위반된다. 그러나 이들에게 잠시 유인물을 교부하거나 설명을 하는 것, 조합원과 비조합원, 특히 대체근로 제한의 대상자를 식별하기 위하여 미리 발급한 출입증을 출입할 때 제시하도록 요구하는 것, 물품 반출입의 사유를 묻는 것 등만으로는 이 규정 위반이라고 볼 수 없을 것이다.

해당 노동조합의 조합원에 대하여 쟁의행위의 참가를 호소하거나 설득하는 피케팅은 폭행·협박을 사용하지 않아야 한다. 따라서 유인물의 배포, 휴대용 간판(picket)의 사용, 구호 외치기 등 언어적 설득을 통한 피케팅은 이 규정에 위반하지 않는다.

라. 직장점거의 제한

(1) 노동조합법은 쟁의행위는 생산이나 그 밖의 주요 업무에 관련되는 시설과 이에 준하는 시설로서 시행령으로 정한 시설을 점거하는 형태로 해서는 안 된다고 규정하고 있다(42조 1항 후단; 벌칙 89조). 노동조합이 그 주장 관철을 위한 압력수단으로 사업장 시설을 점거하는 형태의 쟁의행위, 즉 직장점거[1]를 하는 경우에 사용자의 시설관리권이 현저히 침해되는 것을 방지하고, 간접적으로는 파업 중에도 생산이나 그 밖의 주요 업무를 계속할 수 있는 가능성을 확보하려는 것이다.

점거가 금지되는 대상은 '생산이나 그 밖의 주요 업무에 관련되는 시설'이다. 근로자들이 평소 작업하던 시설은 대체로 '생산에 관련되는 시설'에 해당하고, 사용자 및 관리자의 사무실이나 회의실 등은 대체로 '주요 업무에 관련되는

1) 직장점거를 수반하지 않는 철수파업(work-out strike)이 일반화되어 있는 선진국과 달리, 우리나라에서는 직장점거를 수반하는 점거파업(work-in strike), 농성파업(sit-in strike)이 일반화되어 있다. 기업별 조직·활동의 관행, 근로자의 단결력 부족, 사업장 외부에서의 집회·시위의 어려움 등이 그 원인이겠지만 바람직한 현상은 아니라 생각된다.

시설'에 해당할 것이다. 그러나 사업장 내의 운동장, 정원, 대체수단이 있는 통로, 강당, 근로자용 식당·휴게실, 노동조합 사무소 등은 '생산이나 그 밖의 주요 업무에 관련되는 시설'에 해당하지 않을 것이다. 한편 '생산이나 그 밖의 주요 업무에 관련되는 시설'이 아니더라도 '이에 준하는 시설로서 시행령으로 정한 시설'도[1] 점거가 금지되는 대상에 포함된다.

(2) 노동조합법은 노동조합은 사용자의 점유를 배제하여 조업을 방해하는 형태로 쟁의행위를 해서는 안 된다고 규정하고 있다(37조 3항). '사용자의 점유를 배제하여 조업을 방해'하는 쟁의행위는 직장점거 전반을 말하는 것이 아니라 종전부터 판례가 정당성을 인정하지 않아온 전면적·배타적 점거를 의미하는 것이라고 보아야 할 것이다.

마. 긴급작업의 수행

노동조합법은 작업시설의 손상이나 원료·제품의 변질 또는 부패를 방지하기 위한 작업은 쟁의행위 기간에도 정상적으로 수행해야 한다고 규정하고 있다(38조 2항; 벌칙 91조). 파업이나 태업을 한다 하여 작업시설의 손상이나 원료·제품의 변질 또는 부패를 방지하기 위한 작업(긴급작업)[2]까지 중단하거나 게을리 하면 사용자의 재산에 직접적인 손해를 주고, 나아가 쟁의종료 후의 즉각적인 조업재개가 불가능하게 되어 근로자에게도 손해를 주게 된다. 이것은 쟁의권 보장의 취지에 반하는 결과가 된다. 이 규정은 이 점을 고려하여 설정한 것이다.

'작업시설의 손상을 방지하기 위한 작업'에는 기계에 주기적으로 윤활유 등을 공급하는 작업, 작업시설의 화재 등을 점검·소화하는 경비·소방작업, 생산공정상 응고·폭발 등을 방지하기 위한 가열·급수·전력공급 등의 작업 등이 포함될 것이다.

---

1) '시행령으로 정하는 시설'이란 ① 전기·전산·통신시설, ② 철도(도시철도 포함)의 차량 또는 선로, ③ 건조·수리·정박 중인 선박(선원이 선박에 승선한 경우는 제외), ④ 항공기·항공보안시설 또는 항공기의 이착륙이나 여객·화물의 운송을 위한 시설, ⑤ 화약·폭약 등 폭발위험이 있는 물질 또는 화학물질관리법에 따른 유독물질을 보관·저장하는 장소, ⑥ 그 밖에 점거될 경우 생산이나 그 밖의 주요 업무의 정지 또는 폐지를 가져오거나 공익상 중대한 위해를 초래할 우려가 있는 시설로서 고용노동부장관이 관계 중앙행정기관의 장과 협의하여 정하는 시설을 말한다(영 21조).

2) 원래 독일 판례에서 나온 Erhaltungsarbeit 또는 Notarbeit 유지의 법리를 도입한 것으로서 이를 '보안작업'이라 부를 수 있으나, 실무상으로는 안전보호시설 정지 등의 금지(42조 2항)를 '보안시설의 정상 가동' 또는 '보안작업 유지'로 부르기도 하여 이것과 구별하기 위하여 '긴급작업'으로 부르기로 한다.

'원료·제품의 변질 또는 부패를 방지하기 위한 작업'에는 원료나 제품의 세척·냉장·방부처리 등의 작업이 이에 속한다. 그러나 예컨대 변질·부패하기 쉬운 식품 등의 원료를 입하·보관하거나 가공하는 작업은 긴급작업에 포함되지 않는다고 보아야 한다. 그러한 작업이 원료의 변질·부패를 방지하는 효과도 가지기는 하지만 본래부터 원료의 변질·부패를 방지하기 위한 작업이 아니라는 점, 긴급작업 수행 의무를 부여한 취지가 쟁의권과 재산권의 균형을 기하자는 데 있지 재산권의 보호를 위하여 쟁의권을 희생하자는 데 있지 않다는 점에서 그렇다.

모든 작업시설이나 원료·제품은 시간이 지나면 자연히 손상·변질·부패하게 되어 있으므로 파업이나 태업으로 자연히 발생하는 작업시설의 부식이나 원료·제품의 퇴색·부패 등의 결과가 초래되었다 하여 이 규정 위반이라 할 수 없고, 쟁의행위 기간에 긴급작업을 중단하거나 게을리 한 경우에 비로소 이 규정 위반이 된다.

이 규정은 협의의 쟁의행위뿐만 아니라 직장폐쇄에 대해서도 적용된다.

바. 필수유지업무 정지 등의 금지

노동조합법은 필수공익사업에서 근로자들이 쟁의행위를 할 때에 공중의 생명·건강·신체 안전이나 공중의 일상생활에 현저한 위해가 발생하지 않도록 하기 위하여 필수유지업무의 정당한 유지·운영을 정지하는 등의 행위를 금지하고 필수유지업무를 일정 수준 유지하도록 제한을 하고 있다.

A. 금지 행위 노동조합법은 필수유지업무에 대하여 정당한 유지·운영을 정지·폐지·방해하는 행위는 쟁의행위로서 해서는 안 된다고 규정하고 있다(42조의2 2항).

노동조합법에 따르면, '필수유지업무'란 필수공익사업의 업무 중 그 업무가 정지되거나 폐지되는 경우 공중의 생명·건강 또는 신체의 안전이나 공중의 일상생활을 현저히 위태롭게 하는 업무로서 시행령으로 정하는 업무를 말한다(42조의2 1항).[1] 쟁의행위로 공중의 생명·건강 또는 신체의 안전이나 공중의 일상생활이

1) 시행령은 필수공익사업의 종류별로 필수유지업무의 범위를 구체적으로 열거하고 있다(영 22조의2). 예컨대 ① 철도(도시철도 포함)사업의 경우 철도차량의 운전, 철도차량 운행의 관제, 철도 차량 운행에 필요한 전기시설·설비의 유지·관리 등의 업무, ② 항공운수사업의 경우 탑승수속, 보안검색, 항공기 조종 등의 업무, ③ 수도사업의 경우 취수·정수·가압·배수시설의 운영, 수도시설 통합시스템과 계측·제어설비의 운영 등의 업무, ④ 전기사업의 경우 발전설비의 운전·점검·정비, 지역 전기공급, 전력계통 보호계전기 시험·정정, 전력공급 운영과 송전설비 계통운영의 제어 등의 업무, ⑤ 가스사업의 경우 천연가스의 인수·제조·저장 및 공급 등의 업무, ⑥ 석유정제와 석유공급사업의 경우 석유의 인수·제조·저장 및 공급 등의 업무,

현저히 위태롭게 되는 업무로 한정되고 국민경제가 위태롭게 되는 업무는 제외된다.

노동조합이 예컨대 근로계약상 필수유지업무를 수행할 의무가 있는 조합원에게 파업이나 태업에 참가하게 하거나 조합원 또는 비조합원이 필수유지업무를 유지·운영하지 못하도록 하는 것은 필수유지업무 정지 등의 금지에 위반된다. 그러나 사용자가 예컨대 대체근로 제한에 위반하여 필수유지업무를 유지하거나 합리적인 이유 없이 필수유지업무를 평상시보다 더 많이 운영하는 경우에는 필수유지업무의 '정당한' 유지·운영이라 볼 수 없을 것이다.

이 규정에 위반하여 필수유지업무의 정당한 유지·운영을 정지·폐지·방해하는 행위를 하는 경우에는 벌칙(89조)이 적용된다. 다만 벌칙이 구체적으로 적용되기 위해서는 공중의 생명·건강·신체안전이나 일상생활에 현저한 위험이 발생해야 하므로 필수유지업무 유지 수준의 결정을 위반했다 하여 벌칙이 적용되는 것은 아니다.[1]

이 규정은 협의의 쟁의행위뿐만 아니라 직장폐쇄에 대해서도 적용된다.

B. 필수유지업무 유지 수준의 결정 (1) 쟁의행위를 하면서도 필수유지업무가 온전히 유지·운영된다면 공중의 이익은 온전히 보호되지만 노동조합의 쟁의행위 영향력과 교섭력은 허약해질 것이고, 필수유지업무가 너무 낮은 수준으로 유지·운영된다면 그 반대의 결과가 될 것이다. 따라서 양자의 이익이 균형 있게 보호되는 수준으로 유지·운영됨이 바람직하므로 노동조합법은 그 수준을 이해관계자(공중의 이익은 사용자가 대변) 사이에 합의하여 정하도록 하되, 합의가 안 되면 노동위원회가 중재에 준하는 절차에 따라 결정하도록 규정하고 있다.

(2) 노동조합법에 따르면, 노동관계 당사자는 쟁의행위 기간 동안 필수유지업무의 정당한 유지·운영을 위하여 필수유지업무의 필요최소한의 유지·운영 수준, 대상 직무 및 필요 인원 등을 정한 필수유지업무 협정을 체결해야 한다(42조

---

⑦ 병원사업의 경우 응급의료, 중환자 치료·분만·수술·투석 등의 업무, ⑧ 혈액공급사업의 경우 채혈, 혈액 검사, 수혈용 혈액제제 제조 등의 업무, ⑨ 한국은행사업의 경우 통화신용정책과 한국은행 운영업무, 한국은행권 발행, 금융기관의 예금과 예금지급준비 등의 업무, ⑩ 통신사업의 경우 기간망과 가입자망의 운영·관리 업무, 기본우편역무 등이 그것이다.

1) 인천지법 2015. 10. 16, 2015노2410(이 원심판결에 대하여 대법 2016. 4. 12, 2015도17326은 정당하다고 인정)은 필수유지업무 결정의 내용이 필수유지업무의 필요 최소한의 유지·운영을 초과할 수도 있고, 필수유지업무 결정의 구체적 내용을 위반하더라도 필수유지업무의 '정당한' 유지·운영을 정지하는 등의 결과를 초래하지는 않을 수 있으므로 그 결정을 위반했다 하여 처벌 대상이 되는 것은 아니라고 한다.

의3).

필수유지업무 협정에는 필수유지업무의 유지·운영의 수준(유지율), 대상 직무, 필요 인원이 포함되어야 한다.[1] 그 밖에 필요에 따라 협정의 해석·이행에 관한 분쟁의 해결 방법(예컨대 사적 중재), 효력발생 시기 및 유효기간, 해지 등 실효에 관한 사항, 변경의 절차에 관한 사항 등을 포함할 수 있을 것이다.

필수유지업무 협정은 노동관계 당사자가 합의한 내용을 문서로 작성하여 쌍방이 서명 또는 날인해야 한다(42조의3). 그 점에서 단체협약과 비슷하다. 그러나 필수유지업무 협정은 그 체결이 법률상 강제되는 것이므로 본래 법률상의 강제나 사용자 주도와 친하지 않은[2] 단체협약으로 볼 수 없고, 이 협정을 체결하기 위한 당사자 사이의 협상을 단체교섭으로 볼 수도 없다. 따라서 단체협약에 관한 노동조합법의 규정(31조-36조)은 적용되지 않고 이 협정을 유리하게 체결하기 위한 쟁의행위는 정당성이 인정되지 않는다.

(3) 노동관계 당사자 쌍방 또는 일방은 필수유지업무 협정이 체결되지 않는 때에는 노동위원회가 대신 결정하도록 신청해야 하며(42조의4 1항),[3] 신청을 받은 노동위원회는 사업 또는 사업장의 필수유지업무의 특성 및 내용 등을 고려하여 협정으로 정할 사항을 결정할 수 있다(같은 조 2항). 당사자 사이에 협정에 관한 주장의 대립으로 협정이 체결되지 않는 경우에 노동위원회의 결정으로 협정을 갈음하려는 것이다.

노동위원회의 결정에 대한 불복절차 및 효력에 관해서는 노동쟁의 중재재정의 불복절차 및 효력에 관한 규정을 준용한다(같은 조 5항). 따라서 이 결정은 중재

---

1) 예컨대 필수유지업무 중 응급의료 업무의 유지율은 ○○%로 하고 이를 위한 직무와 인원은 간호사 ○명, 혈액검사 인력 ○명, 방사선촬영 ○명으로 한다고 정할 것이다.

2) 단체협약에 쟁의제한 조항 등 근로자측에 불리한 내용이 있고 기존의 근로조건을 근로자에게 불리하게 변경하는 조항이 있을 수 있지만, 이는 다른 필요한 조항에 대한 협상의 결과이지 사용자가 주도한 것이라고 볼 수 없다. 한편, 근로기준법상 사용자와 근로자대표 사이의 근로시간 등에 관한 서면합의는 사용자가 필요하여 주도적으로 체결되는 것이므로 단체협약이 아니다. 또 독일에서 사용자와 종업원평의회 사이에 공동결정사항에 관한 협정은 근로자측 당사자가 노동조합이 아니라는 점 이외에 법률상 합의가 강제된다는 점에서도 단체협약으로 보기 곤란하다.

3) 당사자의 신청은 임의적인 것이 아니라 의무적이다. 당사자를 구속하는 결정을 신청해야 한다는 것은 협정을 유리하게 체결하기 위하여 쟁의행위를 할 수 없다는 것을 의미하기도 한다. 당사자 일방의 신청만으로도 노동위원회가 협정을 갈음하는 결정을 할 수 있지만 이는 협정의 체결 자체가 법률상 강제되는 것을 전제로 하므로, 단체교섭의 연장선에 있는 노동쟁의를 당사자 일방의 신청만으로 중재하는 것(강제중재)과 달리 헌법에 위반될 소지는 없다고 생각한다.

재정처럼 당사자의 수락 여부에 관계없이 구속력을 가진다.

C. 필수유지업무 근무자의 특정　　유지율, 대상 직무 및 필요 인원이 필수유지업무 협정 또는 이를 갈음하는 노동위원회의 결정으로 정해진 이상, 다음에는 구체적으로 쟁의행위 기간 동안 필수유지업무에 근무해야 할 조합원을 특정하고 그 근무자가 실제로 그 의무를 수행하는 절차가 남는다.

쟁의행위 기간 동안 근무할 조합원은 노동조합(또는 교섭대표노조; 이하 필수유지업무 근무자에 관하여 같음)이 정하여 사용자에게 통보해야 하며, 다만 노동조합이 쟁의행위 시작 전까지 이를 통보하지 않으면 사용자가 근무할 근로자를 지명한다(42조의6 1항, 29조의5). 이 경우 근무할 근로자의 통보·지명에 관하여 노동조합과 사용자는 필수유지업무에 종사하는 근로자가 소속된 노동조합이 2개 이상인 경우에는 각 노동조합의 해당 필수유지업무에 종사하는 조합원 비율을 고려해야 한다(42조의6 2항).

D. 필수유지업무 최소 유지의 효과　　(1) 필수유지업무에 관한 노동위원회의 결정에 따라 쟁의행위를 한 때에는 필수유지업무를 정당하게 유지·운영하면서 쟁의행위를 한 것으로 본다(42조의5).

노동위원회의 '결정에 따라 쟁의행위를 한' 것은 그 결정에 따라 특정된 근무자들이 쟁의행위 기간 동안 실제로 필수유지업무에 근무한 것을 의미한다. 또 '필수유지업무를 정당하게 유지·운영하면서 쟁의행위를 한 것으로 본다'는 것은 필수유지업무 정지 등의 금지(42조의2 2항)에 위반하지 않은 것으로 본다는 것을 말한다. 노동위원회의 결정에 따라 필수유지업무를 필요최소한으로 유지·운영했지만 필수유지업무 정지 등을 하지 않은 것으로 보아 책임을 묻지 않겠다는 것이다.

(2) 노동조합법은 이러한 면책의 효과를 노동위원회의 결정에 따른 쟁의행위에 대해서만 규정하고, 필수유지업무 협정에 따른 쟁의행위에 대해서는 규정하고 있지 않다. 그러나 법률이 당사자에게 협정의 체결을 강제하고 있는 점, 노동위원회의 결정은 당사자 사이에 협정이 체결되지 않는 경우에 하는 보충적 수단이고 협정을 갈음하는 성질을 갖는다는 점에서 협정에 따른 쟁의행위에 대해서도 이에 준하는 법적 효과가 인정된다고 보아야 할 것이다. 즉 협정에 따른 쟁의행위에 대해서는 반증이 없는 이상 필수유지 업무를 정당하게 유지·운영한 것으로 추정된다고 보아야 할 것이다.

4. 절차에 따른 제한

가. 調停의 전치

노동조합법은 쟁의행위는 노동조합법에 따른 調整절차(조정과 중재 절차; 사후조정 제외)를 거치지 않으면 할 수 없다고 규정하고 있다(45조 2항 본문; 벌칙 91조). 쟁의행위에 들어가기 전에 노동위원회 등 제3자의 調整을 통한 분쟁해결을 모색하도록 하려는 정책적 고려에서 노동조합법이 특별히 설정한 규정이다.

(1) 이 규정에서는 조정 '또는' 중재 절차가 아니라, 조정 '내지' 중재 절차를 거쳐야 한다고 표현되어 있다. 문언 그대로 조정부터 중재까지 거쳐야 한다면 이는 중재 신청을 강제하는 것이고 쟁의권을 제한하는 불합리한 결과가 된다. 이 때문인지 실무상으로도 조정 '또는' 중재를 거치라는 의미로 이해되고 있다. 쟁의행위를 하려는 노동조합 입장에서는 요건이 엄격하고 구속력을 가지는 중재를 당연히 기피하게 되며, 그 결과 調整의 전치는 사실상 調停의 전치를 의미하는 것이 되었다.[1)]

(2) 쟁의행위의 사전절차로서 조정절차를 거친다는 것은 노동위원회에 조정신청을 하고 조정기간 동안 노동위원회의 조정이 종료되기까지의 과정을 거친다는 것을 말한다. 조정기간이 끝나지 않았더라도 조정이 종료되면 조정절차를 거친 것이다.

관계 당사자가 조정안의 수락을 거부하여 노동위원회가 조정종료 결정을 한 경우(노조 60조 2항)에는 조정이 종료된 것이므로 조정절차를 거친 것에 해당한다.[2)]

노동위원회가 조정신청의 내용이 조정의 대상, 즉 노동쟁의에 해당하지 않는다고 인정하여 그 사유와 다른 해결방법을 통보한 경우(노조영 24조 2항; 실무상 '행정지도'라 부름) 조정절차를 거친 것으로 볼 것인지가 문제된다. 사용자의 교섭 회피나 교섭의 부진·난항 상태에서 노동위원회가 교섭미진을 이유로 행정지도를 하는 경우가 많은데 조정절차를 거치지 않은 것으로 본다면 사용자의 부당한 단체교섭거부를 조장하고 근로자의 쟁의권 행사를 중대하게 제약하게 될 것이다. 판례는 교섭미진을 이유로 한 행정지도에 불구하고 노동조합이 쟁의행위에 들어간 사건에 대하여 조정을 거친 것으로 본다.[3)]

---

1) 이 규정에서 중재에 관한 조항은 무의미하고 해석상 혼란만 가져올 우려가 있으므로 삭제하고, 調整(調停·중재)의 전치는 調停의 전치로 고침이 바람직하다.

2) 노동위원회가 부득이한 사정으로 조정안을 제시하지 않기로 한 경우(노위칙 155조 6항: 조정중지)도 그렇다.

(3) 조정기간 내에 조정이 종료되지 않은 경우에는 쟁의행위를 할 수 있다(노조 45조 2항 단서). 노동조합이 조정신청을 했지만 노동위원회의 과오[1] 또는 여러 가지 사정으로 조정이 종료되지 않은 채 조정기간이 끝나는 경우에 조정절차를 거친 경우와 동등하게 쟁의권을 행사할 수 있음을 명시한 것이다.

(4) 조정절차를 거쳐 쟁의행위에 들어간 후 노동조합의 새로운 요구사항이 추가되더라도 그 요구사항이 기존의 쟁의사항과 밀접한 관계에 있을 경우에는 그 요구사항에 관하여 다시 조정절차를 거치지 않아도 된다.[2]

나. 중재 시의 쟁의 금지

노동조합법은 노동쟁의가 중재에 회부된 때에는 그 날부터 15일 동안 쟁의행위를 할 수 없다고 규정하고 있다(63조; 벌칙 91조). 적법하게 중재가 시작되면 일정한 기간 동안 중재재정을 기다리고 쟁의행위를 보류하도록 하려는 정책적 고려에서 노동조합법이 특별히 설정한 규정이라 할 수 있다.

중재에 '회부'된다는 것은 중재의 시작 요건이 갖추어진다는 것, 즉 중재를 시작할 수 있도록 관계 당사자가 중재를 신청하는 것을 말한다.[3] 따라서 당사자가 중재를 신청한 날부터 쟁의 금지 기간을 기산한다.

이 쟁의 금지 기간 내에 중재재정이 이루어지지 않는 경우에는 쟁의행위를 할 수 있다(45조 2항 단서).

다. 긴급조정 시의 쟁의 중지

노동조합법은 관계 당사자는 소정의 요건이 갖추어져 고용노동부장관의 긴급조정 결정이 공표되면 쟁의행위를 즉시 중지해야 하며, 공표일부터 30일이 경과하지 않으면 쟁의행위를 재개할 수 없다고 규정하고 있다(77조; 벌칙 90조). 쟁의

3) 대법 2001. 6. 26, 2000도2871; 대법 2003. 4. 25, 2003도1378; 대법 2003. 12. 26, 2001도1863은 조정전치는 노동위원회가 조정결정[조정종료 결정을 의미(저자 삽입)]을 한 뒤에만 쟁의행위를 할 수 있다는 것은 아니고, 노동조합이 노동위원회에 조정신청을 하여 조정절차가 마쳐지거나[조정의 종료를 의미] 조정이 종료되지 아니한 채 조정기간이 끝나면[45조 2항 단서를 염두에 둔 것] 쟁의행위를 할 수 있다는 뜻이라고 한다.

1) 대법 2000. 10. 13, 99도4812는 노동조합이 조정신청을 했으나 노동위원회가 관할 위반에 대한 착오로 이를 반려하여 조정이 시작되지 않은 채 조정기간이 끝난 후의 쟁의행위에 대하여 조정전치 위반이 아니라고 본다(판결이유에서는 조정전치의 절차를 따르지 않은 것만으로 무조건 정당성이 결여된 쟁의행위라 볼 것은 아니라고 표현하고 있지만, 노동조합이 조정신청에 대하여 노동위원회가 과오로 조정을 하지 않았으므로 조정전치 위반이 아니라는 의미이다).

2) 대법 2012. 1. 27, 2009도8917.

3) 표현상으로는 직권'중재에 회부한다는 결정을 한 때'로 오해할 소지가 있으므로, '중재를 시작하게 된 때' 등으로 개정함이 바람직하다고 생각한다.

행위에 따른 국민경제 또는 국민의 일상생활에 대한 피해를 줄이기 위하여 쟁의행위를 일시 중지시키고, 그 동안에 중앙노동위원회의 조정·중재를 통하여 쟁의행위의 원인인 분쟁을 해결하려는 정책적 고려에서 노동조합법이 특별히 설정한 규정이다.

라. 조정서 해석 기간 중의 쟁의 금지

노동조합법은 관계 당사자가 노동쟁의 조정서의 해석·이행방법에 관하여 해당 조정위원회에 명확한 견해의 제시를 요청한 경우에는 관계 당사자는 그 견해가 제시될 때까지는 해당 조정서의 해석·이행방법에 관하여 쟁의행위를 할 수 없다고 규정하고 있다(60조 5항).

7일의 견해제시 기간(60조 4항)이 지났는데도 견해가 제시되지 않은 경우에는 쟁의행위를 할 수 있는지가 문제된다. 이 규정의 문언만 보면 쟁의행위를 할 수 있다고 보게 된다. 그러나 그 쟁의행위는 권리분쟁에 관한 쟁의행위에 해당되어 목적상의 정당성이 없는 것으로 해석될 것이므로 결국 쟁의행위를 할 수 없다는 결론에 도달한다.[1)]

마. 쟁의행위 찬반투표

노동조합법은 쟁의행위는 조합원(교섭대표노조가 결정된 경우에는 그 절차에 참여한 노동조합의 전체 조합원)의 직접·비밀·무기명 투표에 따른 과반수의 찬성으로 결정하지 않으면 할 수 없고, 이 경우 조합원 수 산정은 종사근로자인 조합원으로 한다고 규정하고 있다(41조 1항; 벌칙 91조). 쟁의행위는 그 참가자의 임금 삭감을 초래하고 경우에 따라서는 민형사책임을 야기하는 등 조합원 전체에 중요한 영향을 미치므로 그 시작 여부를 자주적·민주적으로 또 신중하게 결정하도록 하려는 정책적 고려에서 노동조합법이 특별히 설정한 규정이다.

조합원의 직접·비밀·무기명 투표를 요하므로 대의원회의 의결이나 비밀이 보장되지 않는 투표는 이 규정에 위반된다. 조합원의 투표로서 족하고 반드시 총회의 개최·의결을 거쳐야 하는 것은 아니다. '조합원' 과반수란 투표참가 조합원 과반수 또는 유효투표의 과반수가 아니라 재적 조합원 과반수를 말한다.

투표할 조합원의 범위에 관하여 명문의 규정은 없지만, 쟁의행위를 주도하는

---

1) 이 점에서 '견해가 제시될 때까지는' '쟁의행위를 할 수 없다'는 이 규정은 오해만 야기하고 법적으로는 무의미한 규정이라 할 수 있다. 단체협약 및 중재재정의 해석·이행방법에 관하여 이와 같은 쟁의행위 제한 규정이 없는 것(34조, 68조 참조)도 이 때문일 것이다. 이 조항은 삭제함이 바람직하다고 생각된다.

노동조합의 조합원 중에서 쟁의행위에 참가 대상으로 예정된 자가 그 범위에 들어간다. 산업별 단위노조 등 초기업적 노조가 특정 지부·분회에 한정된 쟁의행위를 하려는 경우에 투표권자는 쟁의행위 참가의 가능성이 있는 해당 지부·분회 소속의 조합원으로 한정되므로 그 지부·분회 소속 조합원 과반수의 찬성을 얻으면 적법하다.[1] 지부·분회의 노동조합으로서의 독자성이나 단체교섭 당사자 적격 등은 이와 별개의 문제이다. 투표의 시기에는 제한이 없으나,[2] 쟁의행위 시작 전에 해야 할 것이다. 또 투표는 원칙적으로 근무시간 외에 실시해야 하며, 사용자의 승낙이나 단체협약상의 허용 규정이 없이 근무시간 중에 실시하는 경우에는 이미 살펴본 바와 같이 정당한 조합활동으로 볼 수 있는지 여부가 문제된다.

노동조합법은 '쟁의행위와 관련된 찬반투표 결과의 공개, 투표자 명부 및 투표용지 등의 보존·열람에 관한 사항'을 규약에 정하도록 규정하고 있으므로(11조 12호), 노동조합은 이들 사항에 관한 규약의 규정도 준수해야 한다.

찬반투표를 거쳐 쟁의행위에 들어간 후 새로운 요구사항이 추가되더라도 그 요구사항이 기존의 쟁의사항과 밀접한 관계에 있을 경우에는 그 요구사항에 관하여 다시 찬반투표를 거치지 않아도 된다.[3]

바. 쟁의행위의 신고

시행령은 노동조합이 쟁의행위를 하려면 시행규칙으로 정하는 바에 따라 행정관청과 노동위원회에 쟁의행위의 일시·장소·참가인원 및 그 방법을 미리 서면으로 신고해야 한다고 규정하고 있다(17조). 행정관청이 공공에 미치는 쟁의행위의 영향을 파악·대처하고 쟁의행위의 적법수행을 감시·지도할 준비를 하도록 하며, 노동위원회가 사후조정을 하는 경우에 대비하도록 하자는 정책적 고려에서 특별히 설정한 규정이다. 또 사용자의 직장폐쇄 신고 의무와 균형을 고려한 측면도 있을 것이다.[4]

---

1) 대법 2004. 9. 24, 2004도4641; 대법 2009. 6. 23, 2007두12859.
2) 투표의 실시 시기가 노동쟁의 조정절차를 거치기 전이 아니라 하여 쟁의행위의 정당성이 부정되는 것은 아니다(대법 2020. 10. 15, 2019두40345).
3) 대법 2012. 1. 27, 2009도8917. 또 대법 2013. 2. 15, 2010두20362는 적법한 절차를 거쳐 임금인상 등 주된 목적을 위한 쟁의행위가 진행되는 동안 회사 매각 금지의 새로운 요구가 추가되었다 하여 다시 찬반투표 등 절차를 거쳐야 하는 것은 아니라고 한다.
4) 쟁의행위와 직장폐쇄를 행정관청 등에 사전 신고하게 하는 제도는 모법에 근거가 없고 행정편의주의나 규제중심주의적 사고에 기초한 것으로 폐지함이 바람직하다고 생각한다.

제3절 쟁의행위의 정당성

Ⅰ. 정당성의 의의

(1) 쟁의행위가 정당한 경우에는 형사면책, 민사면책, 불이익취급 금지의 보호를 받는다. 즉 쟁의행위에 대하여 형사면책, 민사면책, 불이익취급 금지의 효과가 발생하려면 그것이 정당성을 가져야 한다.

(2) 현행법상 쟁의행위를 제한하는 법규는 대체로 벌칙을 수반하고 있다. 따라서 쟁의행위가 이들 제한법규에 위반한 경우에는 소정의 벌칙이 적용된다. 문제는 쟁의행위가 이들 법규에 위반한 것만으로 당연히 그 정당성(형사면책, 민사면책, 불이익취급 금지의 보호)이 부정되는가에 있다.

법규 위반은 정당화될 수 없다는 점을 강조하면 법규를 위반하는 쟁의행위는 언제나 정당성을 상실한다고 보게 된다.[1] 그러나 정당성이나 위법성은 개개 법규에 형식적으로 위반되는지 여부의 문제가 아니라 법질서 전체의 견지에서 문제의 행위가 허용된다고 볼 것인지 여부의 문제이다. 따라서 법규를 위반하는 쟁의행위라 하여 언제나 정당성이 부정된다고 말할 수는 없다.[2]

그렇다면 이 문제는 각 제한법규마다 그 취지를 고려하여 개별적으로 결정해야 할 것이다. 다만 일반론으로서 말하자면, 사람의 생명·신체나 재산권을 보호하기 위한 법규에 위반하는 경우에는 정당성이 부정되지만, 단순히 공중의 편익을 보호하거나 쟁의조정의 실효성 등 특별한 정책적 목적을 달성하기 위한 규정에 위반하는 경우에는 정당성에 영향을 미치지 않는다고 보아야 할 것이다(노동조합법의 벌칙 적용은 별개).

(3) 이미 살펴본 바와 같이 쟁의행위는 근로자들이 노동조합 등의 결정·지시에 따라 공동으로 하는 행위, 즉 집단적 행위이다. 따라서 정당성 판단의 대상

1) 예컨대 대법 1990. 5. 15, 90도357; 대법 1995. 4. 28, 94누11583 등이 구 노동쟁의조정법상 노동쟁의 신고나 냉각기간 준수의 절차를 거치지 않은 쟁의행위는 정당성을 인정할 수 없다고 한다.

2) 예컨대 대법 1991. 5. 14, 90누4006; 대법 1995. 5. 26, 94누7966 등은 구 노동쟁의조정법상 노동쟁의 신고나 냉각기간 준수의 절차를 거치지 않은 것만으로 정당성을 상실한 것으로 볼 수 없다고 한다.

은 집단적 행위로서의 쟁의행위 그 자체로 한정되며 단체의사에 반하는 근로자 개인의 위법한 탈선행위나 통제 위반행위는 그 쟁의행위에 대한 정당성 판단의 대상에서 제외해야 한다. 물론 쟁의행위가 그 자체로서 정당한 경우에도 탈선행위를 행한 근로자 개개인에 대하여 민·형사책임이나 징계책임을 묻는 것은 별개의 문제이다.

(4) 쟁의행위의 정당성 유무는 그 주체, 목적, 시기·절차, 방법의 네 가지 측면으로 나누어 검토할 필요가 있다.

판례는 쟁의행위가 정당성을 가진다고 인정되기 위해서는, ① 그 주체가 단체교섭의 주체가 될 수 있는 자이어야 하고, ② 그 목적이 근로조건의 향상을 위한 노사간의 자치적 교섭을 조성하기 위한 것이어야 하며, ③ 그 시기는 사용자가 근로자의 근로조건 개선에 관한 구체적인 요구에 대하여 단체교섭을 거부하거나 단체교섭의 자리에서 그러한 요구를 거부하는 회답을 했을 때 시작하되 특별한 사정이 없는 한 조합원의 찬성결정 등 법령으로 정하는 절차를 밟아야 하고, ④ 그 방법이 사용자의 재산권과 조화를 이루어야 함은 물론 폭력의 행사에 해당되지 않아야 한다고 밝히고 있다.[1]

Ⅱ. 쟁의행위의 주체와 정당성

노동조합이 주도·승인하는 파업을 '조합적 파업'이라 부르고, 노동조합이 주도·승인하지 않는 파업을 '비조합적 파업'(비노조파업)이라 부른다. 쟁의행위의 정당성과 관련하여 특별히 문제되는 것은 비조합적 파업이다.[2]

(1) 비조합적 파업의 정당성을 부정하는 견해가 있다. 이 견해에 따르면 쟁의행위는 단체교섭과 단체협약의 주체가 될 수 있는 자, 즉 노동조합이라야 주도할 수 있는 것인데 비조합적 파업은 그 주체가 노동조합이 아니므로 정당성을 갖지 않는다고 한다.[3]

그러나 이미 살펴본 바와 같이 미조직근로자의 쟁의단(일시적 단결체)도 단체협약의 주체는 될 수 없지만 단체교섭의 주체는 될 수 있다고 보아야 하므로, 쟁의단이 주도하는 파업도 정당성을 가질 수 있다고 보아야 할 것이다. 또 헌법상

---

1) 대법 2001. 10. 25, 99도4837(전합); 대법 2005. 4. 29, 2004두10852.
2) 비조합적 파업, 살쾡이파업, 정치파업, 동정파업 등의 용어에서 '파업'은 파업·태업, 그 밖의 쟁의행위를 대표하는 편의상의 용어일 뿐, 파업이라는 유형에 한정한다는 의미는 아니다.
3) 대법 1990. 5. 15, 90도357 등.

의 쟁의권은 원래 근로자 개인에게 보장된 기본권인데 노동조합만이 쟁의행위의 정당한 주체가 될 수 있다고 하면, 미조직근로자들이 그 쟁의권을 행사하기 위하여 노동조합부터 먼저 조직하도록 강제하는 결과가 된다. 쟁의행위는 근로자들이 처음 노동조합을 조직하는 과정에서 일어날 수도 있기 때문에 노동조합이 먼저냐 쟁의행위가 먼저냐 하는 것은 마치 닭이 먼저냐 달걀이 먼저냐 하는 문제와 같아서 노동조합의 쟁의행위만을 정당한 것으로 단정해서는 안 될 것이다.

(2) 비조합적 파업 중에서도 살쾡이파업은 노동조합의 조합원들이 노동조합의 의사에 반하여 한다는 점에서 미조직근로자의 쟁의단이 하는 파업과는 성격을 달리한다. 물론 살쾡이파업의 주체인 조합원들이 평상시에 별도의 단체를 조직하고 있지 않았던 경우에는 미조직근로자의 쟁의단과 비슷한 점이 있으나 그들이 평상시에 노동조합과 별도의 단체를 조직하고 있었던 경우도 있고, 어느 경우이든 노동조합의 의사나 통제에 반하는 파업이라는 점에서는 쟁의단의 파업과 다르다.[1)]

살쾡이파업은 노동조합 내부의 통제에는 위반하는 것이지만 쟁의행위의 정당성에는 영향을 미치지 않는다고 보는 견해가 있다. 그러나 살쾡이파업의 주체인 조합원 일부는 노동조합과 별도로 단체교섭의 주체가 될 수 없는 점, 살쾡이파업을 정당하다고 보는 것은 사용자에게 조합원 일부와의 교섭을 강제하는 결과가 되고 이는 노동조합과 성실하게 교섭할 의무와 모순된다는 점, 살쾡이파업이 노동조합의 사명을 무시하고 다른 조합원의 단결권이나 생존권을 침해한다는 점 등에서 정당성을 가지지 않는다고 보아야 할 것이다.[2)] 노동조합법이 살쾡이파업을 금지하고 있는 것(37조 2항)은 이러한 법리를 확인하는 의미도 포함하고 있다고 생각한다.

1) 대법 1997. 4. 22, 95도748도 노동조합의 승인 없이 또는 지시에 반하여 쟁의행위를 하는 경우는 미조직근로자들의 쟁의단이 하는 쟁의행위와 같이 볼 수 없다고 한다.

2) 판례도 철도노동조합의 조합원인 기관사들로 구성된 기관차협의회가 주도한 쟁의행위(대법 1991. 5. 24, 91도324), 일부 조합원 집단이 노동조합의 승인 없이 또는 지시에 반하여 한 쟁의행위(대법 1995. 10. 12, 95도1016), 조합원이 특정 부서 소속 조합원만의 결의에 따라 다른 근로자에게 작업거부를 하게 한 것(대법 1999. 9. 17, 99두5740), 일부 조합원으로 구성된 비상대책위원회가 노동조합 대표자를 배제하고 한 쟁의행위(대법 2008. 1. 18, 2007도1557)에 대하여 정당성을 인정하지 않는다.

Ⅲ. 쟁의행위의 목적과 정당성

1. 정치파업

사용자에 대한 주장을 관철하려는 파업을 '경제파업'(산업파업)이라 부르고, 정부에 대한 주장을 관철하려는 파업을 '정치파업'이라 부른다. 노동조합이 정부기관이나 정당 등을 상대로 하는 건의·협의·시위·선전 또는 유리한 정당의 지지 등의 정치적 활동과는 행위의 방법에서 차이가 있다. 정치파업의 특징은 주장관철의 대상은 정부이면서도 파업에 따른 손해는 그 주장에 대하여 권한이 없는 사용자가 입는다는 데 있다.

정치파업이 정당성을 가지는지 여부가 문제된다. 대법원 판례는 한미자유무역협정 체결의 저지를 목적으로 하는 파업,[1] 광우병 쇠고기 협정 무효화 등을 목적으로 하는 파업,[2] 노동관계법 개폐를 목적으로 하는 파업[3] 등 다양한 형태의 정치파업에 대하여 모두 정당성이 없다고 한다(정치파업 위법설). 쟁의행위가 정당성을 가지려면 그 목적이 근로조건의 향상을 위한 노사간의 자치적 교섭을 조성하기 위한 것, 즉 단체교섭을 통한 근로조건의 향상이어야 한다는 전제에서 도달하는 당연한 귀결이다.

《검토 의견》

쟁의권이 단체교섭을 촉진하거나 유리하게 타결하기 위한 수단으로서만 보장된 것이라고 단정할 수 없다. 헌법 제33조는 근로자가 "근로조건의 향상을 위하여 자주적인 단결권·단체교섭권 및 단체행동권을 가진다"고 규정하여 쟁의권 행사의 목적을 근로조건의 향상(이것과 불가분의 관계를 가지는 노동기본권의 개선 포함)으로 한정하고 있다. 그런데 헌법 제32조는 국가가 적정임금을 보장하도록 노력해야 하고 근로조건의 기준을 법률로 정하며, 여자와 소년의 근로를 특별히 보호하도록 규정함으로써 근로조건의 향상이 단체교섭만이 아니라 국가의 입법이나 정책결정을 통해서도 실현될 수 있음을 예정하고 있고, 실제로도 근로조건은 입법이나 정책결정에 따라 크게 영향을 받고 있다.

이러한 법질서 아래서는 헌법 제33조에서 쟁의권 행사의 목적으로 규정한 근로조건의 향상은 단체교섭을 통한 근로조건의 향상으로 좁게 해석해서는 안되고 입법 등을 통한 근로조건의 향상도 포함하는 의미라고 보아야 할 것이

1) 대법 2010. 2. 11, 2009도2328.
2) 대법 2011. 11. 10, 2009도3566.
3) 대법 2000. 11. 24, 99두4280.

다. 물론 쟁의권 행사의 목적이 근로조건의 향상을 넘어 근로자의 시민적 자격에서의 권익, 근로자의 생활이익 전반의 향상까지 포함하는 것으로 확대해석해서도 안 된다. 따라서 단체교섭을 통한 근로조건의 향상은 물론, 입법 등을 통한 근로조건의 향상도 쟁의행위의 정당한 목적이 될 수 있다고 보아야 한다.

그렇다면 정치파업은 그 목적이 근로조건의 향상을 위한 것인지 여부에 따라 정당성 여부를 판단해야 한다. 즉 정치파업이라도 특정 국가와의 외교관계 단절 등을 요구하는 경우처럼 근로조건의 향상과 무관한 '순수정치파업'은 그 목적이 정당하다고 볼 수 없지만, 노동법 개정 등 근로조건의 향상 또는 노동기본권의 개선을 관철하려는 '경제적(노동법적) 정치파업'은 그 목적이 정당성을 가진다고 보아야 할 것이다(정치파업 2분설).

다만, 경제적 정치파업의 경우에도 사용자가 그 파업의 목적에 관하여 아무런 권한이 없는 제3자라는 점은 고려되어야 한다. 권한 없는 제3자에게 손해를 주는 행위는 긴급피난의 경우를 제외하고는 허용되지 않는다는 것이 시민법의 기본원리이고 노동법이 이를 수정·폐기할 이유가 없기 때문이다. 따라서 경제적 정치파업은 사용자에게 주는 손해를 최소화하는 방법, 즉 그 정치적 주상을 시위하기 위하여 필요한 짧은 시간 동안의 파업으로 그치는 방법이어야 전체적으로 정당성을 가지게 된다.

2. 동정파업

자신을 위한 주장은 없고 오로지 다른 근로자의 파업('원파업'이라 한다) 또는 주장을 지원할 목적만으로 하는 파업을 '동정파업'(지원파업·연대파업)이라 부른다. 근로조건에 관하여 이해관계를 같이하는 단위노조가 연대하여 집단교섭 또는 동시교섭을 하거나 조직적 결합관계가 있는 단위노조들이 교섭권을 연합단체에 위임하거나 교섭권의 조정을 통하여 연합단체가 산업별 통일교섭을 하면서 이를 유리하게 타결하기 위하여 관련 단위노조가 독자적으로 또는 연합단체의 지시에 따라 쟁의행위를 하는 것은 동정파업이 아니다. 동정파업의 특징은 그 목적에 대하여 사용자가 법률상 처분권한을 가지지 않으면서도 손해를 입게 된다는 데 있고, 이 점에서 정치파업과 비슷하다.

동정파업은 사용자와의 단체교섭을 유리하게 타결하기 위한 것이 아니므로 목적상의 정당성이 부정된다고 보는 견해가 있다(위법설).

그러나 동정파업 중에서도 그 주체가 원파업의 주체나 그 밖에 지원하려는 근로자와 근로조건에 관하여 실질적으로 이해관계를 같이하거나 조직적 결합관계에 있는 경우에는 향후의 단체교섭을 유리하게 하려는 목적도 포함하므로 목적의 정당성을 인정해야 하고, 그러한 관련이 없이 단순히 근로자로서의 연대의식에 근거한 경우, 즉 순수동정파업의 경우에는 목적의 정당성이 부정된다고 보아야 할 것이다(2분설).

3. 교섭대상과 정당한 쟁의목적

근로자들의 요구가 단체교섭의 대상이 되는지 여부와 그것이 쟁의행위의 정당한 목적으로 인정되는지 여부가 어떤 관계에 있는지 문제된다.

이에 관하여 판례는 쟁의행위는 그 목적이 근로조건의 향상을 위한 노사간의 자치적 교섭을 조성하기 위한 것, 즉 그 쟁의행위로 달성하려는 요구사항이 단체교섭의 대상이 될 수 있어야 목적의 정당성을 인정할 수 있다고 한다.[1] 다만 종래의 판례가 단체교섭의 대상을 협소하게 인정하면서 단체교섭의 대상이 아닌 요구를 관철하려는 쟁의행위는 그 목적의 정당성을 인정할 수 없다고 했었기에[2] 많은 비판이 있었다.

이에 대해 2026년에 노동조합법은 쟁의행위의 손해배상책임을 완화하려는 취지에서 쟁의행위의 정당한 목적을 확대하는 방법으로써 노동쟁의 개념을 확대하는 개정을 하였다(2026. 3. 10. 시행). 노동쟁의의 개념은 노동위원회를 통한 조정이나 중재의 대상이 되는 분쟁을 한정하려는 것이어서 이러한 개정이 정당한 쟁의목적을 확대하는 적절한 방식인지 의문이지만, 개정법이 노동3권을 실질화하려는 입법 취지는 존중되어야 한다. 따라서 이에 반하여 종래 교섭대상과 정당한 쟁의목적을 좁게 파악해온 판례들은 개정법 시행 이후에 그대로 적용되기가 어렵다.

가. 집단적 노동관계에 관한 주장

집단적 노동관계에 관한 사항은 근로조건과 불가분의 관계에 있어 단체교섭의 대상이 되므로, 이에 관한 주장을 관철하려는 쟁의행위는 목적에 관하여 정당성이 있다고 보아야 한다. 노동조합법이 노동쟁의를 '근로조건의 결정 등'에 관한 분쟁으로 한정하고 있지만(2조 5호), 노동위원회를 통한 조정이나 중재의 대상이 되는 분쟁의 범위를 한정한 것일 뿐, 쟁의행위의 정당성 판단의 문제와는 아무런

1) 대법 1994. 9. 30, 94다4042; 대법 2018. 2. 13, 2014다33604.
2) 대법 2001. 4. 24, 99도4893(정리해고 반대의 요구); 대법 2007. 5. 11, 2006도9478(업무의 외주화 반대) 등.

관계가 없다.

나. 권리분쟁사항에 관한 주장

이미 살펴본 바와 같이 권리분쟁사항은 단체교섭의 대상이 되지 않는다고 해석된다. 따라서 권리분쟁사항에 관한 쟁의행위는 목적에 관하여 정당성이 없다. 또 권리분쟁사항은 원래 협상을 통하여 양보할 성질이 아니므로 쟁의행위로 상대방의 양보를 구하는 것은 쟁의권의 남용이라고 볼 여지도 있다.

그러나 사용자가 노동관계법령·단체협약·취업규칙 등을 위반하여 노사관계 전반에 중대한 영향을 미치고, 그 시정이 시급한 경우에 그 위반에 항의하고 그 준수를 촉구하기 위한 쟁의행위는 예외적으로 정당성이 인정되어야 할 것이다. 예컨대 사용자가 정당한 조합활동 등을 이유로 노동조합의 주요 간부를 해고하거나 정당한 이유 없이 단체교섭을 거부하는 등의 부당노동행위를 하는 경우에 그 중지를 구하는 쟁의행위, 사용자가 단체협약의 중요한 부분을 위반하여 그 이행을 구하는 쟁의행위의 경우에는[1] 사용자가 법령 등을 위반하여 노동조합의 항의를 촉발한 잘못이 있고, 그 시정을 위하여 부당노동행위 구제신청을 하거나 민사소송을 제기하는 것은 신속성 등에서 충분한 구제가 되지 못한다는 점에서 예외를 인정해야 한다고 생각한다.[2]

다. 경영사항에 관한 주장

경영사항에 관한 주장을 관철하려는 쟁의행위, 경영간섭적 쟁의행위가 목적에 관하여 정당한지 여부도 문제된다. 그 추구하는 경영사항이 단체교섭의 대상이 되느냐 여부에 따라 목적의 정당성이 인정되느냐 여부가 결정된다.

예컨대 인적 구조조정 계획, 정리해고, 배치전환 등과 같은 사업경영상의 결정은 근로자의 지위나 작업조건 등의 근로조건과 밀접하게 관련되어 영향을 미치는 사업경영상의 결정이므로 그 결정 자체의 반대도 정당한 쟁의목적에 해당한다. 또 사업의 일부 폐지·통합, 사업 양도·분할 등의 사업경영상의 결정이 임금·근로시간·작업조건, 퇴직이나 근로자의 지위 또는 배치전환 등의 근로조건에

---

1) 2026년 개정에서 노동쟁의 개념에 '92조 2호 가목부터 라목까지의 사항(가. 임금·복리후생비, 퇴직금에 관한 사항, 나. 근로 및 휴게시간, 휴일, 휴가에 관한 사항, 다. 징계 및 해고의 사유와 중요한 절차에 관한 사항, 라. 안전보건 및 재해부조에 관한 사항)에 관한 사용자의 명백한 단체협약 위반으로 인하여 발생한 분쟁상태'를 포함시켰다(2조 5호). 이는 그러한 분쟁이 쟁의행위의 정당한 목적으로 보려는 취지이다.

2) 대법 1991. 5. 14, 90누4006은 부당노동행위에 항의한 쟁의행위와 관련하여 쟁의행위에 앞서서 반드시 부당노동행위 구제절차를 밟아야만 정당성이 인정되는 것은 아니라고 한다.

구체적·현실적으로 영향을 미치는 경우라면 그 결정 자체의 반대도 정당한 쟁의목적에 해당한다. 경영진의 퇴진을 요구하는 쟁의행위라도 노동조합의 정당한 관심사에 대한 보복조치의 철회를 위한 것이고 그 진의가 조합원의 근로조건 개선 요구에 있다고 인정되는 경우에는 목적의 정당성이 인정된다.[1)]

종래의 판례는 기구의 통·폐합과 이에 따른 업무부담 증가를 저지하려는 쟁의행위,[2)] 사업부 폐지에 따를 근로조건의 변경에 관하여 교섭하려 하지 않고 사업부 폐지 자체를 저지하려는 쟁의행위[3)] 등에 대해서는 목적의 정당성을 부정했었다. 이처럼 교섭대상과 정당한 쟁의목적을 좁게 파악해온 판례들은 개정법에 위반되므로 판례의 입장은 변경되어야 한다.

라. 인사기준에 관한 주장

근로자의 해고나 징계 등 인사의 기준은 그 자체로서 근로조건이고 단체교섭의 대상이므로, 이에 관한 주장을 관철하려는 쟁의행위는 목적에 관하여 정당성을 가진다고 보아야 한다. 노동조합과의 협의를 요건으로 하자고 요구하든 노동조합의 동의를 요건으로 하자고 요구하든 관계없다.

정리해고에 관한 주장을 관철하려는 쟁의행위는 정당한 쟁의목적에 해당한다. 종래의 판례는 정리해고에 관한 노동조합의 요구내용이 정리해고의 실시를 반대하는 취지인 경우에는 경영권을 본질적으로 제한하는 것이어서 단체교섭의 대상도 쟁의행위의 정당한 목적도 될 수 없다거나[4)] 정리해고 등 기업의 구조조정 실시 여부는 고도의 경영상 결단에 속하는 사항으로서 단체교섭의 대상도 쟁의행위의 정당한 목적도 될 수 없다고 했었다.[5)] 그러나 2026년 개정법은 노동쟁의 개념에서 '근로자의 지위'도 근로조건으로 명시하였고, '근로조건에 영향을 미치는 사업경영상의 결정에 관한 주장의 불일치로 인하여 발생한 분쟁상태'도 노동쟁의에 포함시켰다(2조 5호 전단). 이로써 정리해고도 근로조건임이 명백하며, 정리해고의 실시 여부에 관한 사업경영상의 결정도 노동쟁의에 해당된다. 개정법은 정리해고 실시 여부에 관한 분쟁을 정당한 쟁의목적으로 보려는 입법 취지이다. 정당한 쟁의목적을 부정해온 판례들은 개정법에 위반되므로 판례의 입장은 변경되어야 한다.

---

1) 대법 1992. 5. 12, 91다34523.
2) 대법 2002. 1. 11, 2001도1687.
3) 대법 1994. 3. 25, 93다30242.
4) 대법 2001. 4. 24, 99도4893.
5) 대법 2002. 2. 26, 99도5380; 대법 2006. 5. 12, 2002도3450.

4. 쟁의목적에 관한 그 밖의 문제

(1) 단체교섭의 방식이나 방법에 관한 예비교섭도 단체교섭의 일종이므로 이에 관한 노동조합의 주장을 사용자가 받아들이지 않는 경우에 그 주장의 관철을 위한 쟁의행위를 하더라도 단체교섭을 실질화하기 위한 것이므로 목적에 관하여 정당하다고 보아야 한다. 따라서 예컨대 수개의 택시회사와 집단교섭을 요구하면서 쟁의행위를 한 경우에 관련 회사들이 집단교섭에 응할 의무가 있는 것은 아니지만 단체교섭의 방식은 근로조건 향상의 목적과 밀접불가분의 관계를 가지고 있으므로 쟁의행위의 정당한 목적이 된다고 보아야 할 것이다.

쟁의행위 기간에 대한 임금의 지급을 관철하려는 쟁의행위는 그 금지 규정 유무를 떠나 목적상의 정당성이 인정되지 않는다. 이러한 쟁의행위를 허용하면 당초 쟁의행위에서 관철하려는 정당한 주장과 관계없이 쟁의행위가 장기화하고 그 피해가 지나치게 커질 우려가 있고 이는 쟁의권 보장의 취지를 벗어나는 결과가 되기 때문이다. 같은 이유에서 쟁의면책 협정의 체결을 관철하려는 쟁의행위도 목적상의 정당성을 인정받기 어려울 것이다.

사용자가 수용할 수 없는 과다한 요구를 하면서 쟁의행위를 하더라도 이는 단체교섭의 단계에서 조정하려는 것이므로 과다한 요구라는 이유로 목적의 정당성을 부인할 수는 없다.[1]

(2) 하나의 쟁의행위를 통하여 추구하는 목적이 여러 가지이고 그 중 일부가 정당하지 못한 경우에는 주된 목적 또는 진정한 목적의 당부에 따라 쟁의행위 목적의 당부를 판단해야 하고, 부당한 요구사항을 제외했다면 쟁의행위를 하지 않았을 것이라고 인정되는 경우에는 쟁의행위 전체가 정당성을 갖지 못한다고 보아야 한다.[2]

그리하여 종래의 판례는 예컨대 임금 인상과 함께 정리해고 시 노동조합과 사전합의, 인사징계위원회의 노사 동수 구성 등을 요구하면서 쟁의행위를 했더라도 주된 목적이 임금 인상에 있다고 인정되는 경우에는 쟁의행위 목적의 정당성을 인정하지만,[3] 거꾸로 임금 등 근로조건 개선을 주장하며 쟁의행위에 들어갔으나 그 주된 목적은 공기업 통폐합이나 민영화 저지에 있다고 인정되는 경우에

1) 대법 1992. 1. 21, 91누5204.
2) 대법 1992. 1. 21, 91누5204; 대법 2001. 6. 26, 2000도2871; 대법 2018. 2. 13, 2014다33604.
3) 대법 2001. 6. 26, 2000도2871.

는 목적의 정당성을 인정하지 않았다.[1] 그러나 2026년 개정법에 따르면 정리해고, 공기업 통폐합이나 민영화 저지 등도 정당한 쟁의목적에 해당될 수 있으므로, 주된 목적 또는 진정한 목적의 당부에 따라 쟁의행위 목적의 당부를 판단하는 사례로 적합하지 않다.

Ⅳ. 쟁의행위의 시기·절차와 정당성

1. 쟁의행위의 시기와 단체교섭

(1) 사용자에 대한 쟁의행위는 단체교섭에서의 구체적인 절충을 진전시키기 위하여 인정된 것이다. 따라서 사용자가 노동조합의 구체적 요구에 대하여 단체교섭 자체를 거부하거나 단체교섭의 자리에서 그러한 요구를 거부한다는 회답을 한 뒤에 시작해야 정당성을 가진다.[2] 그렇다면 사용자에게 단체교섭을 요구하기도 전에 먼저 위협이나 세력과시를 위하여 쟁의행위를 하는 경우는 물론, 노동조합이 사용자에게 구체적인 요구를 제시하면서 단체교섭을 요구했으나 사용자가 회답을 할 만한 충분한 시간도 없이 쟁의행위를 하는 경우에도 정당성을 인정할 수 없다.

그러나 단체교섭에서 절충이 일단 시작된 이상, 그 어느 단계에서 쟁의행위를 시작할 것인가는 노동조합이 전술적으로 결정할 수 있다고 보아야 한다. 그리고 사용자가 정당한 이유 없이 회답을 미루거나 명확하지 않은 회답을 하는 때에도 단체교섭의 거부에 준하여 정당하게 쟁의행위를 시작할 수 있다.

(2) 쟁의행위는 단체교섭을 충분히 했는데도 타결되지 않은 경우에 허용되는 최후의 투쟁방법이라고 전제하면서 단체교섭을 충분히 거치지 않은 단계에서 쟁의행위에 들어가는 것은 최후수단성이 결여되어 정당성을 인정할 수 없다고 보는 견해가 있다. 이 견해는 형식적으로 일정한 기간 또는 일정한 횟수의 단체교섭을 거쳐야 한다거나 단체교섭에서 일련의 대화가 종료된 뒤에만 쟁의행위를 할 수 있다는 것으로 이해될 우려가 있어 지지하기 곤란하다.

2. 노동조합법상 절차 규정의 위반

(1) 노동조합법은 노동쟁의의 調整절차와 관련하여 쟁의행위를 제한하는 규

1) 대법 2002. 2. 26, 99도5380; 대법 2003. 12. 26, 2001도3380.
2) 대법 1990. 5. 15, 90도357 등.

정을 두고 있다. 조정의 전치(45조 2항), 중재 시의 쟁의 금지(63조), 긴급조정 시의 쟁의 중지(77조) 등이 이에 해당한다. 판례는 대체로 쟁의행위가 정당성을 가지기 위해서는 특별한 사정이 없는 이상 법령으로 정한 절차를 거쳐야 한다고 한다.[1)]

그러나 위의 규정들은 소정의 기간 동안 쟁의행위의 시작을 유보하거나 시작한 쟁의행위를 중단하고 조정·중재의 성공을 위하여 노력하도록 하려는 정책적인 고려에서 노동조합법이 특별히 설정한 것이다. 따라서 쟁의행위가 이들 규정에 위반했다는 것만으로 민·형사면책을 받을 수 있는 정당성을 부정할 수는 없다고 보아야 한다(노동조합법상 벌칙 적용은 별개의 문제).[2)]

(2) 쟁의행위 찬반투표(41조 1항)를 거치지 않은 쟁의행위가 정당성을 상실하는지가 문제된다. 판례는 찬반투표 규정의 취지는 자주적·민주적인 운영을 기하고 쟁의행위에 참가하는 근로자들이 사후에 혹시 어떤 불이익을 당하지 않도록 그 개시에 관한 결정을 신중하게 하도록 하려는 데 있으므로 찬반투표를 거치지 않은 쟁의행위는 그 절차를 따를 수 없는 객관적인 사정이 없는 이상 정당성을 인정할 수 없다고 한다.[3)]

그러나 쟁의행위 찬반투표 규정은 쟁의행위를 할 것인지 여부를 자주적·민주적으로 또 임금 탈락 등의 불이익도 감수할 것인지 신중하게 결정하게 하려는 정책적 고려에서 노동조합법이 특별히 설정한 것이므로 이 절차를 거치지 않았다는 것만으로 그 쟁의행위의 정당성을 부인해서는 안 될 것이다.[4)]

---

1) 대법 2001. 10. 25, 99도4837(전합); 대법 2003. 11. 13, 2003도687 등. 한편, 대법 2000. 10. 13, 99도4812는 조정전치의 절차를 따르지 않은 것만으로 무조건 정당성이 결여된 쟁의행위라 볼 것은 아니라고 표현하고 있지만, 그 의미는 노동조합의 조정신청에 대하여 노동위원회가 과오로 조정을 하지 않은(조정기간 내에 조정이 종료되지 않은) 경우 조정전치 절차의 위반이 아니라는 것에 있다. 또 구법 아래서도 대법 1990. 5. 15, 90도357; 대법 1995. 4. 28, 94누11583 등은 노동쟁의 신고나 냉각기간의 절차도 밟지 않은 쟁의행위는 정당성을 가지지 않는다고 보았다.

2) 대법 1991. 5. 14, 90누4006; 대법 1995. 5. 26, 94누7966 등도 구법에 따른 노동쟁의 신고나 냉각기간의 절차를 밟지 않았다는 것만으로 정당성을 상실하는 것은 아니라고 했다.

3) 대법 2001. 10. 25, 99도4837(전합)<핵심판례>. 이 판결은 업무방해죄의 성립 여부가 문제된 사건으로서 조합원의 민주적 의사결정이 실질적으로 확보된 때에는 법률로 정한 쟁의행위 찬반투표라는 형식적 절차를 밟지 않아도 정당성이 인정된다는 종전의 판결(대법 2000. 5. 26, 99도4836)을 변경하기 위한 것이었지만(소수 반대의견은 형사상 위법성과 민사상 위법성은 달리 판단해야 한다는 등의 이유를 들지만 민사책임이나 징계책임이 문제되는 경우라면 다수의견처럼 정당성을 인정할 수 없다고 한다), 이로써 징계책임이 문제된 사건에서 이러한 절차를 밟지 않은 것만으로 쟁의행위의 정당성을 부인할 수 없다는 취지의 판결(대법 1992. 12. 8, 92누1094)도 변경한 셈이다. 대법 2020. 10. 15, 2019두40345도 찬반투표를 거치지 않은 쟁의행위는 정당성을 인정할 수 없다고 한다.

V. 쟁의행위의 방법과 정당성

판례에 따르면, 쟁의행위가 그 방법에 관하여 정당성을 가지려면 소극적으로 근로제공을 전면적 또는 부분적으로 정지함으로써 사용자의 업무를 저해하는 것이어야 하고, 노사관계의 신의성실의 원칙에 비추어 공정성의 원칙에 따라야 하며, 사용자의 기업시설에 대한 소유권이나 그 밖의 재산권과 조화를 기하고, 인신의 자유·안전을 해치는 폭력을 사용해서는 안 된다.[1)]

1. 소극적 방법

쟁의행위는 근로제공의 전면적 또는 부분적 정지라는 소극적 투쟁방법, 즉 노동력에 대한 소극적 통제에 그쳐야 정당성이 인정되고 그러한 소극적 투쟁방법인 이상 원칙적으로 정당성을 가진다.

가. 파업

파업(strike)은 근로계약상의 근로제공을 전면적으로 정지하는 소극적 투쟁방법이므로 정당성이 인정된다. 종료 시기를 예정했는지(무기한파업·시한파업), 실제의 수행 기간이 길었는지(장기파업·단기파업), 해당 노동조합의 전체 조합원이 참가하도록 지시했는지 일부 조합원 또는 노동조합에서 지명한 극소수 조합원만 참가하도록 지시했는지(전면파업·부분파업·지명파업),[2)] 시한파업·부분파업을 주기적으로 계속했는지(파상파업), 부서 또는 공장별로 돌아가며 순차적으로 참가했는지(순회파업), 광범한 지역에서 일시에 대규모로 전개했는지(총파업; general strike) 등은 파업의 정당성에 영향을 주지 않는다. 또 피케팅이나 직장점거를 수반하는 경우에도 피케팅이나 직장점거가 정당성을 가지는지는 별론으로 하고 파업 그 자체가 방법에서 정당성을 가지는 데는 변함이 없다.

---

4) 판례는 찬반투표를 거치지 않은 쟁의행위를 정당한 것으로 인정하면 위임에 따른 대리 투표, 공개 결의나 사후 결의, 사실상의 찬성 간주 등의 방법이 용인되는 결과가 된다고 우려하지만, 노동조합법의 벌칙(91조)이 적용되기 때문에 그러한 결과를 용인하는 것은 아니다.

1) 대법 1990. 5. 15, 90도357; 대법 1992. 7. 14, 91다43800 등.

2) 노동조합이 전근명령의 철회를 요구하여 명령을 받은 근로자를 지명파업에 들어가게 하는 것은 그것이 명령 이행의 회피(부임 거부) 그 자체를 목적으로 하는 것이 아니라, 명령 철회 요구에 관한 교섭의 수단으로 한 것이라고 인정된다면 정당성을 가진다.

나. 태업

태업(soldiering)은 근로자가 근로제공은 하되 불완전하게 하여 작업능률을 저하시키는 쟁의수단이다. 근로제공을 부분적으로 정지한다는 점에서 전면적으로 정지하는 파업과 구별되지만 근로제공의 정지라는 점에서는 파업과 성질을 같이 한다. 유럽에서는 태업을 파업의 일종으로 이해하기도 한다.

태업 중 가장 전형적인 것은 단순히 작업속도를 늦추는 것(감속태업; go-slow, slow-down)으로서 파업과 마찬가지로 정당성이 인정된다. 또 평소 수행하던 작업 중 상하 연락, 문서 수발, 지각·조퇴의 신청, 명찰 패용 등 특정의 직무만을 중단하고 나머지 직무는 정상적으로 하는 것(직무태업; Objektsstreik)도 파업처럼 소극적인 방법이므로 원칙적으로 정당성을 가지는 것으로 인정된다. 다만 수금원이 수금한 금원을 회사에 납입하지 않고 노동조합이 일시 보관하는 경우(납금파업)에는 금원의 보관 방법이 안전·확실하고 원금과 과실이 그대로 보관되어 파업 종료 즉시 반환할 수 있는 상태로 관리되어야 정당성이 인정된다.

태업 중에서 원료나 기계 또는 제품 등 사용자가 소유·관리하는 재산을 손괴·처분 또는 은닉하거나 의도적으로 작업을 거칠게 하여 불량품을 생산하는 것(적극적 태업; sabotage)은 일반적으로 정당성을 인정받지 못한다. 그러나 소극적 태업을 하면서 조합원의 주의력이 떨어져 결과적으로 평소보다 불량품이 많아진 경우에는 정당성에 영향을 주지 않는다.

2. 공정성의 원칙

쟁의행위는 노사관계의 신의칙상 요구되는 공정성(fair play)의 원칙에 따라야 정당성이 인정된다.

반드시 사용자에게 쟁의행위의 시작 시기, 종료 시기, 참가 범위 등을 그때그때 통보해야 공정하다고 말할 수는 없겠으나, 이들 사항에 대하여 상대방을 속이고 쟁의행위를 하는 것은 공정하다고 볼 수 없다.

동정파업은 그 관철하려는 목적에 대하여 권한 없는 사용자에게 손해를 준다는 점에서 공정성의 원칙에도 어긋난다. 정치파업도 사용자에게 주는 손해가 적지 않다면 마찬가지일 것이다.

또 쟁의 기간에 대한 임금 지급을 목적으로 하는 쟁의행위는 투쟁에 따르는 불가피한 손해를 상대방에 전가시킨다는 점에서 노동조합법의 금지 규정(44조 2

항)와는 별도로 공정성의 원칙에 어긋난다고 할 수 있다.

쟁의행위를 통하여 얻으려는 이익에 비하여 상대방에게 미치는 손해가 지나치게 큰 경우에도 공정성의 원칙에 어긋난다고 볼 수 있을 것이다.

3. 재산권과의 균형

쟁의행위는 사용자의 기업시설에 대한 소유권이나 그 밖의 재산권과 균형·조화가 이루어져야 정당성이 인정된다. 헌법은 쟁의권과 함께 재산권도 보장하고 있기 때문이다.

가. 파괴행위

파괴행위는 재산권을 침해한 것으로서 정당한 쟁의방법으로 인정되지 않는다. 노동조합법이 이를 금지하고(42조 1항 전단), 형사책임과 관련하여 이를 정당한 행위로 해석하지 않도록 규정한 것(4조 단서)도 이러한 취지를 확인하기 위한 것에 불과하다. 또 긴급작업 수행 의무(38조 2항) 위반도 재산권과의 불균형으로 인하여 정당성을 인정받지 못할 것이다.

나. 직장점거

'직장점거'(work-in, sit-in; Fabrikbesetzung)란 노동조합이 그 주장 관철을 위한 압력수단으로 사업장 시설을 점거하는 방법의 쟁의행위를 말한다.

직장점거는 사용자의 시설관리권을 침해하는 요소가 있지만, 기업별 노조가 지배적인 상태에서 평소 노동조합의 제반 활동이 사업장 안에서 이루어지고 이를 사용자가 용인하는 점을 고려하지 않을 수 없다. 그 결과 점거의 범위가 사업장 시설의 일부로 한정되고 사용자측의 출입·관리·조업을 배제·방해하지 않는 것(부분적·병존적 점거)은 정당성이 인정되지만, 사업장 시설의 전체를 점거하여 사용자측의 출입·관리·조업을 배제·방해하는 것(전면적·배타적 점거)은 정당성이 인정되지 않는다.[1] 따라서 예컨대 사용자나 관리자의 사무실, 비조합원의 작업장을 점거하는 것은 배타적 점거로서 정당성이 부정되지만, 반대로 예컨대 구내 운동장, 정원, 근로자 식당만 점거하는 것은 부분적·병존적 점거로서 정당성이 인정된다.[2]

---

1) 대법 1990. 5. 15, 90도357; 대법 1991. 6. 11, 91도383; 대법 2007. 12. 28, 2007도5204<핵심판례>.

2) 대법 2020. 9. 3, 2015도1927은 평소 도급인 사업장에서 작업을 하던 수급인 소속 근로자들이 정당한 쟁의행위를 한 경우 도급인은 그 사업장에서 발생하는 쟁의행위로 일정 부분 법익이 침해되더라도 사회통념상 용인할 만한 정도라면 퇴거 요구를 할 수 없으므로 퇴거불응죄가 성립되지 않는다고 한다.

다. 불매동맹

'불매동맹'(boycott)이란 특정 기업의 제품을 팔거나 사지 말자고 거래처나 공중에게 호소하여 그 기업을 상품시장에서 고립시키는 방법의 쟁의행위를 말한다. 단체교섭의 상대방인 사용자의 제품을 대상으로 하는 1차 불매동맹과 1차 불매동맹에 협조하지 않고 불매대상품목(hot goods)을 계속 거래하는 거래처(2차 사용자)의 제품을 대상으로 하는 2차 불매동맹으로 구분된다. 넓은 의미에서는 2차 사용자인 거래처의 소속 근로자에게 파업(2차 파업)을 하도록 호소하는 것(2차 피케팅)도 2차 불매동맹의 일종에 속한다.

1차 불매동맹은 노동조합의 주장 관철에 협력할 것을 호소하는 데 불과하기 때문에 피케팅이나 직장점거처럼 파업·태업을 유지·강화하기 위한 보조수단으로 사용되고 또 허위선전을 하거나 상품거래 여부의 자유를 침해하지 않는 이상 정당성을 가진다. 그러나 2차 불매동맹은 사용자가 아니라 제3자인 2차 사용자에 대하여 상품거래의 자유를 제약한다는 점에서 원칙적으로 정당성이 인정되지 않는다고 보아야 할 것이다.

4. 인신의 자유·안전의 보호

인신의 자유·안전은 법질서가 보호해야 할 가장 기본적인 가치이다. 따라서 이를 침해하는 행위는 쟁의행위로서 정당성을 인정받지 못한다.

가. 폭행·협박·감금 등

쟁의행위는 폭행·협박·감금·살상 등의 행위를 수반하지 않아야 정당성을 가진다. 노동조합법이 쟁의수단으로서 폭력을 금지하고(42조 1항 전단), 형사책임과 관련하여 폭력을 정당한 행위로 해석하지 않도록 규정한 것(4조 단서)도 이 점을 부분적으로 확인한 것에 불과하다.

그리고 사람의 생명·신체·건강에 직접 영향을 미치는 작업(환자의 수술이나 여객기의 관제·조종 등)을 중단하거나 게을리 하는 것은 인명살상의 결과를 야기하게 될 것이므로 정당성이 인정되지 않는다. 그러나 예컨대 병원 종사자들이 환자의 진료는 정상적으로 하면서 기록 업무만 일시 중단하는 것(연필파업)만으로는 정당성을 부정할 수 없다. 또 같은 이유에서 안전보호시설 정지 등의 금지(42조 2항)에 위반하거나[1] 필수유지업무의 최소 유지(42조의2 2항)에 위반하는 경우에도 정

1) 대법 2005. 9. 30, 2002두7425.

당성이 부정된다.

나. 피케팅

쟁의행위의 현장에 출입하거나 조업 또는 업무수행을 하려는 사용자·조합원·근로희망자 등에 대한 피케팅이 언어적·평화적 설득(유인물 교부, 휴대광고물의 제시, 구호 외침, 구두 설명 등)의 방법으로 하는 경우에는 정당성을 부정할 수 없다. 반대로 폭행이나 협박을 사용하는 피케팅은 정당성이 부정된다.

또 소음이나 냄새의 방출을 통한 조업의 방해,[1] 출입을 저지하기 위한 연좌·스크럼·장애물설치 등 위력의 행사도 정당성이 인정되지 않는다.[2] 다만 사용자가 근로희망자를 차량에 태워 출근시키려는 사정 아래서 언어적 설득의 기회를 만들기 위하여 연좌 등의 방법으로 차량의 진행을 잠시 저지하는 것 또는 사용자측이 피케팅을 물리력으로 방해·저지하려는 데 대하여 이를 방어하기 위하여 스크럼을 짜거나 물리력을 뿌리치는 것은 정당성을 인정해야 할 것이다. 또 사용자가 대체근로의 제한(43조)에 위반하여 대체근로자를 투입하거나 외부도급을 위하여 원자재를 반출하는 사정 아래서 이를 저지하기 위하여 연좌 등의 위력을 행사하는 것도 마찬가지이다.[3]

반면에 언어적 설득의 피케팅이라도 대화에 협박을 포함하거나 상대방의 의사에 반하여 장시간에 걸쳐 대화를 강요하거나 하는 것은 정당성이 인정되지 않는다. 많은 수의 파업감시원을 배치하더라도 상대방의 신체행동이나 의사결정의 자유를 제압하지 않는 이상 문제될 것이 없지만, 예컨대 파업감시원의 행렬(picketing tunnel)이 너무 조밀하거나 좁아 상대방의 자유로운 의사결정을 제압할 정도이면 정당성을 인정하기 곤란하다.

조합원과 비조합원, 특히 대체근로자나 파업방해자 등을 식별하기 위하여 노동조합이 조합원 등에게 미리 출입증을 발급하고 출입문에서 그 제시를 요구하는 것도 달리 출입을 방해하는 요소가 없는 이상 정당성을 부인할 수는 없을 것이다.

---

1) 대법 1991. 7. 12, 91도897은 노동조합 간부 등 50여 명을 인솔하여 회사 임원실 앞 복도를 점거하여 고함을 치고 북과 꽹과리를 치면서 업무를 방해한 행위는 정당성이 인정되지 않는다고 한다.

2) 대법 1991. 5. 24, 89도1324; 대법 1992. 7. 14, 91다43800 등은 피케팅은 평화적 설득의 방법이라야 하고 폭행·협박 또는 위력을 통한 실력적 저지나 물리적 강제는 정당화될 수 없다고 한다.

3) 대법 1992. 7. 14, 91다43800은 쟁의 기간에 회사측의 대체근로 제한 법규 위반을 저지하기 위하여 '상당한 정도의 실력을 행사하는 것'은 해당 법규의 취지에 비추어 허용된다고 한다.

제4절 위법한 쟁의행위와 법적 책임

Ⅰ. 손해배상 책임

노동조합법에서 명시한 바와 같이(3조) 사용자는 정당한 쟁의행위로 사용자가 손해를 입은 경우에 노동조합 또는 근로자에 대하여 손해배상을 청구할 수 없다. 반대로 정당성이 없는 쟁의행위로 사용자가 손해를 입은 경우에는 사용자는 노동조합 또는 근로자에게 손해배상을 청구할 수 있다.[1] 손해배상의 대표적인 방식은 민법의 불법행위 손해배상이다(750조). 즉 정당하지 않은 쟁의행위는 위법행위이어서 그 행위자는 사용자가 입은 손해를 배상할 책임을 진다.[2] 불법행위 손해배상 책임과 관련하여 노동조합, 간부,[3] 일반조합원 중 누가 얼마만큼의 손해를 배상할 책임이 있는지가 문제된다.

1. 단체책임

(1) 노동조합은 위법한 쟁의행위에 대해 손해배상을 할 책임을 진다. 노동조합 간부들이 위법한 쟁의행위를 기획·지시·지도 등 주도한 행위는 조합의 집행기관으로서의 행위이므로 민법의 "법인은 이사 기타 대표자가 그 직무에 관하여 타인에게 가한 손해를 배상할 책임이 있다"는 규정(35조 1항)의 유추적용을 통하여 노동조합은 사용자가 입은 손해를 배상할 책임이 인정된다.[4] 노동조합법은 쟁의행위의 주체가 노동조합이고(제2조, 제37조), 노동조합은 쟁의행위에 대한 지도·관리·통제책임을 지며(제38조 제3항), 쟁의행위는 조합원 과반수의 찬성으로 결정하여야 한다(제41조 제1항)고 규정하고 있다. 이와 같이 노동조합이라는 단체에 의하여 결정·주도되고 조합원의 행위가 노동조합에 의하여 집단적으로 결합하여 실행되는 쟁의행위의 성격에 비추어, 단체인 노동조합이 쟁의행위에 따른 책임의

1) 대법 1994. 3. 25, 93다32828.
2) 민법상 불법행위 손해배상책임에서 '불법쟁의행위' 또는 '위법한 쟁의행위'라는 표현은 쟁의행위가 정당하지 않아 민사면책이 부인되는 쟁의행위, 즉 '정당성이 없는 쟁의행위'를 말한다. '노동조합법의 제한 법규를 위반한 쟁의행위'를 말하는 것이 아니다.
3) 노동조합의 '간부'는 대표자 등 '임원'을 포함하여 노동조합의 중요한 지위나 역할을 담당하는 자를 널리 포함하고 총회에서 선출된 자로 한정되지 않는다.
4) 대법 1994. 3. 25, 93다32828.

원칙적인 귀속주체가 된다.[1]

그리고 노동조합의 간부가 위법한 쟁의행위를 지원하거나 승인한 때에도 그 쟁의행위에 따른 손해에 대하여 노동조합이 배상할 책임을 진다고 해석된다.

(2) 배상책임을 지는 배상액의 범위에 대해 판례는 불법쟁의행위와 상당인과관계에 있는 모든 손해이며, 소극적 손해(일실이익)와 적극적 손해(고정적 비용의 지출로 인한 손해, 재물손괴로 인한 손해 등)가 포함된다고 한다. 예컨대 제조업의 경우 제조업체가 위법한 쟁의행위로 인한 조업중단으로 입은 손해에 대하여 배상을 구하려면 그 조업중단으로 인하여 일정량의 제품을 생산하지 못했고 생산되었을 제품이 판매될 수 있었다는 점과 고정비용(차임, 제세공과금·감가상각비·보험료 등)을 회수하지 못했다는 점을 증명해야 하는데, 다른 간접반증(그 제품이 이른바 적자제품이라거나 불황 또는 제품의 결함 등으로 판매가능성이 없다는 등의 특별한 사정)이 없는 이상 그 제품이 생산되었다면 그 후 판매되어 매출이익을 얻고 또 그 생산에 지출된 고정비용도 매출원가의 일부로 회수할 수 있다고 추정한다.[2] 한편 위법한 쟁의행위가 종료된 후 제품의 특성, 생산·판매방식 등에 비추어 매출 감소를 초래하지 않을 정도의 상당한 기간 안에 추가 생산을 통하여 쟁의행위로 인한 부족 생산량의 전부나 일부가 만회된 경우에는 조업중단으로 인한 매출 감소와 고정비용 상당의 손해 발생을 인정하기 어렵다고 한다.[3]

또 판례는 의료업의 경우 병원이 쟁의행위로 인해 진료수입이 감소한 손해(일실이익)는 그 쟁의행위가 없었던 전년도 또는 전월의 같은 기간에 대비한 진료수입의 감소분에서 그 감소된 수입을 얻기 위해 드는 비용을 공제하는 방법으로도 산정할 수 있다고 한다.[4]

이와 같이 배상의 범위는 불법쟁의행위와 상당인과관계에 있는 모든 손해이고, 다만 사용자가 노동조합과의 성실교섭의무를 다하지 않거나, 노동조합과의 기존 합의를 파기하는 등 불법쟁의행위에 원인을 제공한 사정은 사용자의 과실로 보아 손해배상액을 산정함에 있어 참작할 수 있을 뿐이다.[5]

---

1) 대법 2023. 6. 15, 2017다46274.
2) 대법 2018. 11. 29, 2016다11226.
3) 대법 2023. 6. 15, 2018다41986
4) 대법 1994. 3. 25, 93다32828.
5) 대법 2006. 9. 22, 2005다30610.

2. 개인책임

쟁의행위 과정에서 조합원의 개인적인 일탈행위(폭행, 기물파손 등)가 위법한 경우 그 개인만이 행위자로서 불법행위 손해배상 책임을 부담함이 당연하다. 문제는 노동조합의 행위인 쟁의행위가 위법한 경우 노동조합의 단체책임 이외에 개인도 공동불법행위자로 손해배상책임을 지는가이다.

위법한 쟁의행위에 대하여 노동조합의 간부 등 개인에게 손해배상 책임을 물을 수 없고 노동조합에만 책임을 물을 수 있다는 주장(개인책임 부정설)이 있다. 노동조합의 쟁의행위는 노동조합의 의사결정에 따라 조합원들이 공동으로 하는 집단적 행위인데, 간부 등 개인은 노동조합이 다수결원리에 따라 형성한 의사결정에 완전히 구속되므로 책임의 주체가 될 수 없다는 것이다.

그러나 노동조합이 위법한 쟁의행위를 결정·지시한 경우에도 그 간부 등이 이에 법적으로 구속된다고 볼 수는 없다. 따라서 위법한 쟁의행위에 대하여 간부 등 개인의 책임을 부정할 수는 없을 것이다.

가. 노동조합 간부의 개인책임

노동조합 간부들이 위법한 쟁의행위를 기획·지시·지도 등 주도한 행위는 노동조합 단체로서의 행위 외에 개인의 행위라는 측면도 아울러 지니고 있어 그 간부들 개인도 불법행위 손해배상책임이 인정된다.[1] 이 불법행위 책임의 내용은 위법한 파업·태업으로 발생한 손해 전체에 대한 간부들의 연대책임이다. 이들 위법한 쟁의행위의 조직자에게 불법행위의 개인책임이 집중되는 것은 파업·태업이 참가자의 행위만으로는 채무불이행에 불과한 것인데도 이를 조직하고 집단화함으로써 민법상 불법행위가 되고, 또 목적이나 수단 등의 면에서 정당성을 상실하는 계기가 되었기 때문이다.

한편 판례는 간부들 개인의 손해배상책임과 노동조합의 손해배상책임은 부진정 연대책임이라 한다.[2] 즉 노동조합과 간부들이 공동불법행위자이어서 부진정 연대채무(하나의 동일한 급부에 관하여 수인의 채무자가 각자 독립하여 전부의 급부를 하여야 할 채무)를 진다고 파악한다.

《검토 의견》

하나의 위법한 쟁의행위로 노동조합의 불법행위 책임과 함께 노동조합 간부

1) 대법 1994. 3. 25, 93다32828.
2) 대법 2006. 9. 22, 2005다30610.

등 개인의 불법행위 책임도 발생하는 경우에 양자의 관계를 어떻게 파악할 것인가가 문제된다(단체책임과 개인책임의 경합).

행위자인 개인은 각자가 노동조합과 함께 위법한 쟁의행위에 따른 전체 손해에 대하여 연대책임(부진정 연대책임)을 진다고 보는 견해가 있다. 이것이 민법학의 전통적 입장이라고 볼 수 있다. 판례도 부진정 연대책임을 인정한다.

그러나 이와 같이 부진정 연대책임으로 파악하는 것은 실정법상 명문 규정에 기초한 결론이 아니어서 위법한 쟁의행위의 사실관계, 노동조합과 개인의 실제 역할 등에 부합하는 새로운 해석론을 모색할 필요가 있다. 그렇다면 그 위법한 쟁의행위가 노동조합 총회의 의사결정에 관한 노동조합법의 규정에 따라 결정·수행된 경우에는 노동조합의 책임을 제1차적인 것으로 하고, 행위자 또는 참가자의 책임을 제2차적인 것으로 파악해야 한다. 바꾸어 말하자면 위법한 쟁의행위를 조합원 다수의 결의에 따라 노동조합의 공식적인 행위로서 수행한 경우에는 노동조합 간부나 조합원 개인의 책임은 단체책임의 뒤로 빠지고, 단체책임에 대하여 부종성(단체책임이 소멸되면 개인책임도 소멸)과 보충성(최고 및 검색의 항변권; 민법 437조)을 가진다고 보아야 할 것이다.

나. 일반조합원의 개인책임

A. 파업·태업 참가 위법한 파업이나 태업에 참가하여 근로제공을 정지한 근로자에게는 근로계약상 근로제공 의무의 위반으로서 채무불이행에 따른 손해배상 책임(민법 390조)이 발생한다. 이 경우 책임의 내용은 해당 파업이나 태업에 따른 손해 전체에 대해 근로자들의 연대책임이 아니라, 손해 전체 중에서 각자의 근로제공 정지에 책임을 돌릴 수 있는 손해의 부분으로 한정된 개별적 책임이다. 손해 전체는 이들 개별 근로자의 채무불이행으로 발생한 것이 아니라 이들을 조직하고 집단화함으로써 발생한 것이므로 노동조합 또는 간부의 불법행위 책임으로 전보되어야 할 것이다. 대개의 경우 근로자 각자의 계약상의 책임은 그 기간 동안의 임금의 삭감으로 해결된다(쟁의행위와 근로계약관계에서 후술함).

판례도 위법한 쟁의행위이더라도 노동조합과 간부의 지시에 따라 단순히 노무를 정지한 일반조합원은 노동조합·간부들과 함께 공동불법행위책임을 진다고 할 수는 없다고 한다. 다만 위험 또는 손해 등의 예방을 위한 노무정지 시의 준수사항이 정해져있음에도 이를 위반한 노무정지로 인해 손해가 발생 내지 확대된 경우에는 그와 상당인과관계에 있는 손해에 대한 배상책임을 인정한다.[1] 그

1) 대법 2006. 9. 22, 2005다30610. 단순한 노무의 정지에 대해 공동불법행위 책임을 원칙적으로 부정하는 이유로, 쟁의행위는 언제나 단체원의 구체적인 집단적 행동을 통하여서만 현실

러한 경우 공동불법행위에 따른 손해배상 책임이 문제되는 것이다.

B. 피케팅·직장점거 등의 행동 위법한 피케팅·직장점거 등의 행동은 그 기초가 되는 파업·태업의 쟁의행위가 정당성을 가지는지 여부에 관계없이 민법상 불법행위를 성립시킬 수 있다. 불법행위가 성립하는 경우 그러한 위법한 피케팅이나 직장점거 등의 행동을 실행한 근로자는 불법행위의 행위자(민법 750조)로서 책임을 진다. 그리고 이와 함께 이러한 위법한 행동을 기획·지시·지도한 노동조합 간부도 공동불법행위자 또는 교사자나 방조자(민법 760조)로서 책임을 진다.

3. 배상책임의 면제·제한 등

오랫동안 법원은 쟁의행위와 관련하여 노동조합 및 조합원들의 공동불법행위 정도를 구체적으로 산정하지 않고, 모든 공동불법행위자 각각에게 총 손해액의 전부를 부진정 연대책임 방식으로 묻는 등 과도한 배상의무를 부과해왔다. 이에 따라 노동조합은 존립을 위협받고 쟁의행위에 참가한 근로자들은 경제적 곤란과 가정의 파탄 등 고통을 겪었다. 이를 개선하기 위해 2026년의 노동조합법 개정은 여러 규정들을 신설하였다.[1] 이들 규정은 쟁의행위뿐만 아니라 단체교섭 및 그 밖의 노동조합활동에 대해서도 동일하게 적용된다.

가. 정당방위인 책임면제

노동조합법은 사용자의 불법행위에 대하여 노동조합 또는 근로자의 이익을 방위하기 위하여 부득이 사용자에게 손해를 가한 노동조합 또는 근로자는 배상할 책임이 없다고 규정한다(3조 2항). 사용자의 불법행위에 대한 정당방위로 사용자에게 손해를 끼친 경우 노동조합이나 근로자가 손해를 배상하도록 하는 것은 형평에 어긋나기 때문이다.

사용자의 불법행위가 선행되어야 하는데, 예컨대 사용자의 부당노동행위, 폭력 행사, 불법적인 직장폐쇄, 단체협약의 일방적 파기 등이 해당된다. 노동조합 또는 근로자의 이익이란 안전, 고용, 노조활동 등 법률상·사실상의 이익을 의미한다. 그러한 이익을 방위하기 위해 부득이 손해를 가한 경우만이 면제되며, 사회통념상의 용인될 수 있는 범위를 벗어난 과잉방위는 인정되지 않는다.

화되는 집단적 성격과 근로자의 노동3권은 헌법상 권리로서 최대한 보장되어야 한다고 설명한다.

1) 3조의 개정 규정은 개정규정은 개정법의 시행(2026. 3. 10.) 이후 단체교섭, 쟁의행위, 그 밖의 노동조합의 활동으로 인하여 발생하는 손해부터 적용한다.

나. 개별적인 책임비율

노동조합법은 법원은 단체교섭, 쟁의행위, 그 밖의 노동조합의 활동으로 인한 손해배상책임을 근로자에게 인정하는 경우 손해의 배상의무자인 근로자에 대하여 ① 노동조합에서의 지위와 역할, ② 쟁의행위 등 참여 경위 및 정도, ③ 손해 발생에 대한 관여의 정도, ④ 임금 수준과 손해배상 청구금액, ⑤ 손해의 원인과 성격, ⑥ 그 밖에 손해의 공평한 분담을 위하여 고려할 필요가 있다고 인정되는 사항 등에 따라 책임비율을 정하여야 한다고 규정한다(3조 3항). 노동조합의 의사결정이나 실행행위에 관여한 정도가 조합원에 따라 큰 차이가 있을 수 있으므로, 법원이 개별적으로 책임비율을 정하도록 하는 것이다.[1]

예컨대 어느 근로자가 위법한 직장점거에 소극적으로 참가하였을 뿐이라는 점을 고려해 그에게 책임비율을 낮게 정할 수 있다. 각자의 책임비율에 따른 배상액의 범위 내에서 근로자들 사이에 연대책임을 진다.[2]

다. 배상액의 감면 청구

노동조합법은 배상의무자인 노동조합과 근로자는 법원에 배상액의 감면을 청구할 수 있으며, 이때 법원은 배상의무자의 경제상태, 부양의무 등 가족관계, 최저생계비 보장 및 존립 유지 등을 고려하여 각 배상의무자별로 감면 여부 및 정도를 판단하여야 한다고 규정한다(3조 4항). 배상액의 감면 청구는 근로자와 가족의 생존이나 노동조합의 존립 유지를 보호하려는 취지이다.

라. 손해배상청구권 남용 금지

노동조합법은 사용자는 노동조합의 존립을 위태롭게 하거나 운영을 방해할 목적 또는 조합원의 노동조합 활동을 방해하고 손해를 입히려는 목적으로 손해배상청구권을 행사하여서는 아니 된다고 규정한다(3조 6항). 사용자가 막대한 손해배상액을 소송상 청구하는 목적이 손해의 전보가 아니라 노동조합이나 근로자를 경제적·심리적으로 압박하여 노조활동을 방해하려는 의도라면 소권의 남용이므로 이를 금지하려는 취지이다.

바. 신원보증인의 책임 부인

노동조합법은 신원보증법의 규정[3]에도 불구하고 신원보증인은 단체교섭, 쟁

---

1) 대법 2023. 6. 15, 2017다46274가 제시한 개별적인 책임제한 법리를 입법하였다.
2) 예컨대 20억 원의 전체 손해에 대해 A의 책임 비율은 50%로 정해 10억 원 배상, B는 40%로 정해 8억 원 배상, C는 30%로 정해 6억 원 배상이 각각 인정되며, A는 10억 원, B는 10억 중 8억 원, C는 10억 원 중 6억 원까지 서로 연대책임을 진다.

의행위, 그 밖의 노동조합의 활동으로 인하여 발생한 손해에 대해서는 배상할 책임이 없다고 규정한다(3조 5항). 신원보증인은 노사관계의 변화를 예측하기 어렵기에 쟁의행위 등에 따른 손해배상책임을 지지 않도록 하려는 취지이다. 또 신원보증인에게 쟁의행위 등의 배상책임을 물음으로써 근로자를 심리적·경제적으로 압박하는 전근대적인 관행을 개선하려는 것이다.

사. 책임의 면제

노동조합법은 사용자는 단체교섭 또는 쟁의행위, 그 밖의 노동조합의 활동으로 인한 노동조합 또는 근로자의 손해배상 등 책임을 면제할 수 있다고 규정한다(3조의2). 사용자가 손해배상청구를 하지 않는 경우 배임에 해당될 위험이 있다는 점을 고려하여 합법적으로 손해배상청구를 하지 않을 수 있는 근거를 마련한 것이다. 사용자가 손해배상 소송을 취하하고 관련된 노사 분쟁들을 일괄하여 원만히 해결하는 경우도 있다.

Ⅱ. 징계책임

근로자가 위법한 쟁의행위를 한 경우에 사용자에게 가장 손쉽고 효율적인 책임 추궁의 방법으로 이용되는 것은 징계처분이다.

(1) 앞에서 언급한 개인책임 부정설은 위법한 쟁의행위에 대해서는 단체만이 책임을 지고 개인은 책임을 지지 않는다고 하여 성질상 개인을 대상으로 하는 징계처분을 할 수도 없다는 결론에 도달한다.

그러나 위법한 쟁의행위가 단체의 행위라고 하여 이에 관여한 개인의 행위로서의 측면이 당연히 상실되는 것은 아니므로 위법한 쟁의행위에 관여하여 직장규율에 위반한 자에게는 징계책임을 물을 수 있으며, 단체가 부담하는 것은 손해배상 책임뿐이고 징계처분은 손해의 전보와는 차원을 달리하는 경영질서 유지의 문제이므로 위법한 쟁의행위에 대한 단체책임과 별도로 관여한 개인에게 징계처분을 할 수 있다고 해석된다.[1]

(2) 위법한 쟁의행위에 대한 징계처분은 주로 그 행위를 기획·지시·지도한 노동조합의 임원이나 그 밖의 간부에 대한 책임 추궁으로서 실시되지만, 노동조

---

3) 신원보증법에 따르면 신원보증인은 피용자의 고의 또는 중과실로 인한 행위로 발생한 손해를 배상할 책임이 있다(6조 1항).

1) 대법 1993. 5. 11, 93다1503.

합 간부가 그 지위에 있다는 것만으로 당연히 징계책임을 지는 것은 아니다. 징계책임은 문제가 된 행동에 대하여 각 행위자의 구체적인 행위와 역할을 경영질서 위반의 정도·태양 여하에 따라 개별적·실질적으로 검토·결정해야 한다.

따라서 예컨대 문제의 위법한 쟁의행위에 관하여 그 기획·지시·실행의 모든 단계에서 자택에서 와병 중이었던 투쟁위원장에게는 설령 그 지시가 자신의 명의로 나갔다 하더라도 징계책임을 물을 수 없다. 그러나 거꾸로 노동조합 간부가 위법한 쟁의행위를 현실적으로 기획·지시·지도하고 위법한 쟁의행위를 통한 경영질서 위반에 관하여 실질적으로 중요한 역할을 담당한 경우에는 현실의 행위에 대한 책임으로서 일반 조합원보다 무거운 제재를 받을 수밖에 없다.

(3) 개별 근로자가 노동조합 지도부의 지시에 위반하여 위법한 피케팅·직장점거·폭력행사 등의 탈선행위를 하여 경영질서에 위반하는 경우에는 그 근로자가 징계처분의 대상이 된다. 문제는 이 경우 노동조합의 임원이나 그 밖의 간부에 대하여 이러한 위법한 탈선행위를 제지할 의무가 있는가, 즉 그 직책상 탈선행위의 방지·제지에 진력할 의무가 있음에도 이를 게을리 했다는 이유로 징계책임을 물을 수 있는가에 있다.

이를 긍정하는 경우에는 노동조합 간부가 타인의 행위에 대하여 책임을 지는 결과가 되고, 개인책임의 원리에도 반한다고 하면서 간부의 제지 의무를 부정하는 견해가 있다. 그러나 노동조합법상 노동조합, 구체적으로는 그 간부는 쟁의행위가 적법하게 수행될 수 있도록 지도·관리·통제할 책임이 있고(38조 3항), 타인을 지도·감독하는 자가 그 의무를 게을리 한 것에 대하여 책임을 지는 것은 반드시 개인책임의 원리에 반하는 것이 아니라는 점에서 간부의 제지 의무를 전적으로 배제할 수는 없을 것이다.

그렇다고 하여 노동조합 간부가 일부 조합원의 위법한 탈선행위를 알았거나 알 수 있었다는 것만으로 널리 제지 의무를 인정해서는 안 된다. 행위 당시의 구체적 사정으로 보아 노동조합 간부가 이러한 탈선행위를 승인·지도 또는 조장한 것으로 볼 수 있는 경우에만 제지 의무 위반의 책임을 물을 수 있다고 보아야 한다.

Ⅲ. 형사책임

(1) 정당성이 없는 쟁의행위는 그 방법·태양이 어떠했느냐에 따라 형법상

폭행죄(형법 260조), 협박죄(283조), 업무방해죄(314조), 주거침입죄(319조), 강요죄(324조), 손괴죄(366조) 등의 구성요건에 해당하여 처벌되는 경우도 생긴다. 쟁의행위가 정당성을 갖지 못한다고 하여 곧바로 이런 범죄가 성립되는 것은 아니다. 정당성이 없는 쟁의행위라도 형벌을 과할 만한 위법성이 있어야 하고, 기대가능성 등 유책성의 요소도 갖추어야 비로소 범죄가 성립되는 것이다.

(2) 문제는 위법한 단순 파업, 즉 방법의 측면은 정당하지만 목적이나 시기·절차 등의 측면에서 정당하지 않다고 인정되는 파업에 대해서도 업무방해죄를 적용하여 처벌해 왔다는 데 있다. 선진국에서는 단순파업에 대하여 업무방해죄나 이와 유사한 형사범으로 처벌하는 사례를 찾아보기 어려운 것과 대조를 이룬다.

판례는 오랫동안 위법한 단순파업에 대하여 당연히 업무방해죄가 성립된다고 인정해왔는데,[1] 그 결과 헌법상 쟁의권 보장의 취지에 어긋난다는 비판도 점점 강해졌다. 이에 따라 단순파업이 업무방해죄의 요소인 '위력'에 해당하는지의 문제가 제기되고 마침내 대법원 전원합의체는 이를 원칙적으로 긍정하면서도, 근로자에게 쟁의권이 보장되어 있으므로 파업이 언제나 업무방해죄에 해당하는 것은 아니고 전후 사정과 경위 등에 비추어 사용자가 예측할 수 없는 시기에 전격적으로 이루어져 사업 운영에 막대한 혼란·손해가 발생하는 등 사업 계속에 관한 자유의사가 제압·혼란될 수 있다고 평가할 수 있는 경우에만 위력에 해당한다고 하여 업무방해죄 성립요건을 제한적으로 해석했다.[2]

그 후 판례는 이러한 취지에 따라 예컨대 근로자 100명 중 2명 또는 182명 중 9명이 파업에 참가한 경우,[3] 노동조합의 요구와 정면으로 대립하는 성과급 실시로 파업 돌입을 충분히 예상할 수 있는 사정이 있는 경우,[4] 일부 조합원이 특근과 잔업을 거부한 경우,[5] 필수공익사업에서 1일만 파업을 하면서 필수유지업무 대상자는 파업에 참가하지 않은 경우,[6] 철도 업무에 종사하는 근로자들이 운행 관련 규정을 지나치게 철저히 준수함으로써 운행 지연을 초래한 준법투쟁인 경우[7] 업무방해죄가 성립되지 않는다고 보았다.

---

1) 예컨대 대법 1991. 4. 23, 90도2771; 대법 2006. 5. 25, 2002도5577 등.
2) 대법 2011. 3. 17, 2007도482(전합).
3) 대법 2011. 10. 27, 2009도3390; 대법 2012. 4. 26, 2010도5392.
4) 대법 2012. 1. 27, 2009도8917.
5) 대법 2014. 6. 12, 2012도2701.
6) 대법 2014. 11. 13, 2011도393.
7) 대법 2014. 8. 20, 2011도468. 한편 이들의 순환파업과 전면파업에 대해서는 사용자로서 노동조합이 필수공익사업에서 부당한 목적으로 파업을 강행하리라 예측하기 어려웠고 대체근로자

(3) 위법한 파업·태업이 형법상 특정 범죄구성요건에 해당하는 경우에는 이를 기획·지시·지도한 노동조합의 간부가 범죄에 해당하는 쟁의행위의 정범(실행행위자)으로서 책임을 지며, 이러한 쟁의행위에 단순히 참가하는 데 그친 자는 방조범으로서 책임을 질뿐이다. 그러나 위법한 피케팅이나 직장점거 등의 행동이 형법상 특정 범죄구성요건에 해당하는 경우에는 이를 실행한 자는 해당 범죄의 정범으로서 책임을 지며, 노동조합 간부가 이러한 행동을 기획·지시·지도한 경우에는 이들이 공동정범 또는 교사·방조범으로서 책임을 진다.

한편, 위법한 쟁의행위에 대한 형사책임은 이를 조직적으로 집단화한 노동조합의 임원이나 그 밖의 간부에게 집중되겠지만, 간부라는 형식적 기준에서 형사책임을 귀속시켜서는 안 되고 위법한 쟁의행위에 대한 간부 각자의 실질적 관련이나 구체적 역할에 따라 정범·종범(방조범)을 문제삼아야 한다. 그리고 노동조합 간부는 그 지시를 위반하여 일부 조합원이 한 위법한 탈선행위에 대하여 일정한 범위에서 이를 제지할 의무가 있고, 이에 위반하는 경우에는 부작위범이 성립될 수 있다.

의 투입에 따른 손해가 컸다는 점에서 업무방해죄의 성립을 인정했다. 그러나 공공기관 선진화 정책 반대 등 구조조정 실시 그 자체를 저지하는 데 주된 목적이 있는 부당한 목적의 파업이기 때문에 파업을 강행하리라 예측하기 어렵다는 식의 판단은 2025년 개정법에 따르면 타당하지 못하다. 정당한 쟁의목적으로 인정해야 하기 때문이다.

제5절 쟁의행위와 근로계약관계

Ⅰ. 쟁의행위 참가자의 근로계약관계

1. 파업 참가자의 임금

가. 무노동 무임금의 원칙

임금은 노무제공에 대한 반대급부 또는 근로의 대가이므로(민법 655조, 근기 2조 5호), 근로자의 근로제공이 없으면 사용자의 임금지급 의무도 발생하지 않는다. 이에 따라 근로자가 결근·휴직 등으로 근로제공을 하지 않은 경우에는 약정된 임금액에서 결근 등에 대한 임금 부분을 삭감하여 지급할 수 있게 된다. 다만, 근로기준법에 따른 유급휴일·휴가 또는 단체협약 등에 따른 유급휴직·휴가·병가 등 근로제공이 없는데도 임금이 지급되는 경우가 있지만 이는 예외에 속한다.

임금은 근로의 대가이므로, 파업에 참가하여 근로제공이 없는 기간에 대해서도 사용자는 임금지급 의무가 없다.[1] 이를 흔히 '무노동 무임금의 원칙'이라 부른다. 노동조합법은 이 원칙을 확인하는 의미로 "사용자는 쟁의행위에 참가하여 근로를 제공하지 않은 근로자에 대해서는 그 기간 중의 임금을 지급할 의무가 없다"고 규정하고 있다(44조 1항).

무노동 무임금의 원칙은 사용자는 파업 참가자에게 임금을 지급할 의무가 없다는 것일 뿐이므로 사용자가 임의로 임금의 일부 또는 전부를 지급하는 것을 금지하는 것은 아니다. 따라서 파업 기간에 대하여 임금의 일부 또는 전부를 지급하기로 하는 단체협약이나 취업규칙 또는 당사자 사이의 합의나 관행이 있는 경우에는 사용자는 이에 따라 임금지급 의무를 진다.[2]

---

1) 무노동 무임금의 원칙을 집단법상의 '근로계약 정지설'에서 도출할 수 있는지 문제된다. 1950년대 중반부터 독일 등에서 널리 지지를 받아온 이 견해는 근로자가 정당한 파업에 참가한 경우에는 근로계약은 소멸되지 않고 존속되지만 근로계약상의 주된 의무인 근로자의 근로제공 의무와 사용자의 임금지급 의무만은 일시 정지된다고 본다. 우리나라에서도 정당한 파업은 근로제공 의무와 임금지급 의무를 일시 정지시키는 효과를 가진다고 보는 데 이의가 없다. 다만 이 견해는 '정당한' 파업에 참가한 자의 직장복귀 문제를 해결하기 위하여 안출된 견해이고, 이 견해에 따르면 '정당성이 없는' 파업에 참가한 자에 대해서는 사용자가 임금지급 의무를 진다는 불합리한 결과가 되므로, 파업 참가자의 임금 문제에 원용하기에 적절하지 않다.

2) 대법 1995. 12. 21, 94다26721(전합) 등.

나. 임금 삭감의 범위

무노동 무임금의 원칙에 따라 사용자는 파업 참가자에게 임금을 지급할 때에 파업 참가가 없는 것을 전제로 약정된 임금액에서 파업 참가 기간에 대한 임금을 삭감할 수 있다. 문제는 삭감할 수 있는 임금의 범위가 어디까지인가에 있다.

대법원 전원합의체 판결은[1] 이에 관하여 근로자에게 지급되는 임금은 명목이 무엇이든 모두 근로의 대가이고, 근로제공과는 무관하게 근로자로서의 지위에 대한 대가로 지급되는 생활보장적 임금이란 것은 있을 수 없으므로, 파업 참가 기간에 대하여 반대의 특약이나 관행이 없는 이상 어떤 명목의 임금이든 모두 삭감할 수 있다고 한다. 그리고 취업규칙 등에서 특정 명목의 임금은 평상시의 결근자에게도 삭감하지 않고 지급하도록 규정한 경우 쟁의행위는 집단적 투쟁행위로서 평상시의 결근과 같은 개별적 행위와는 전혀 다른 것이므로 해당 임금도 삭감할 수 있다고 한다.

《검토 의견》

<1> 임금의 법적 성질에 관하여 일본의 일부 학자들이 주장하는 임금2분설에 따르는 경우, 파업 참가 기간에 대하여 그때그때의 현실적 근로제공에 대한 대가로 지급되는 교환적 임금만 삭감할 수 있고 근로제공과는 무관하게 근로자로서의 지위에 대한 대가로 지급되는 생활보장적 임금(흔히 거론되는 것은 가족수당이나 통근수당 등)은 삭감할 수 없다는 결론에 이른다.

그러나 전원합의체 판결이 지적한 것과 같이 임금은 모두 근로의 대가이므로 근로제공과 무관한 생활보장적 임금의 존재를 인정하기 곤란하다. 따라서 파업 참가자에 대해서는 원칙적으로 어떤 명목의 임금이든 삭감할 수 있다고 생각한다.

<2> 그러나 파업 기간에 대한 임금 삭감의 문제는 임금의 법적 성질 여하가 아니라 해당 근로계약의 내용 여하에 따라 결정될 성질의 문제이고, 해당 근로계약의 내용에 비추어 근로자가 파업에 참가하여 근로를 제공하지 않은 경우에도 어느 부분의 임금은 삭감하지 않도록 예정되어 있다고 볼 수 있는가 어떤가라는 계약해석의 문제이다. 따라서 파업에 따른 임금 삭감의 범위는 그에 관한 단체협약·취업규칙의 정함, 종래의 관행, 평상시의 결근·지각·조퇴에 관한 임금 삭감의 취급 등 여러 사정에 비추어 특정 명목의 임금이 근로계약상 삭감 대상에서 제외되고 있는지를 고찰하여 이를 정해야 할 것이다(계약해

1) 대법 1995. 12. 21, 94다26721(전합).

석설). 요컨대 파업 참가자에 대하여 특정 명목의 임금을 삭감할 수 있는지 여부에 관하여 명시적으로 정하지 않은 경우에는 무노동이라는 점에서 파업 참가와 성질이 같은 평상시의 결근 등에 대하여 해당 임금을 삭감하도록 되어 있는지에 관한 근로계약의 내용을 유추적용해야 한다.[1)]

전원합의체 판결은 파업과 평상시의 결근은 다르다고 하면서 특정 명목의 임금을 평상시의 결근에 대해서 삭감하지 않기로 되어 있는 경우라도 파업 기간에 대해서는 삭감할 수 있다고 한다. 물론 파업은 집단적 투쟁으로서 개인적 사정에 따른 평상시의 결근과 다르다. 문제는 이러한 차이 때문에 임금에 관하여 결근과 파업 참가를 달리 취급할 수 있는가에 있다. 임금 지급액을 달리하려면 양자가 근로제공에 관하여 차이가 있어야 하는데, 파업 참가와 결근은 근로제공을 중단한다는 점에서 아무런 차이가 없다. 특정 명목의 임금을 결근에 대해서는 삭감하지 않으면서 파업 참가에 대해서만 삭감하는 것은 임금과 대가관계에 있는 근로제공의 중단을 이유로 한 조치가 아니라 파업 참가를 이유로 한 제재로서의 의미를 가지게 된다. 더구나 근로자가 참가한 파업이 정당한데도 결근자에게는 삭감하지 않는 특정의 임금을 파업 참가자에 대해서만 삭감한다면, 이는 정당한 쟁의행위의 참가를 이유로 불이익을 주는 것(81조 1항 5호)으로서 부당노동행위가 성립될 수도 있다.

다. 임금 삭감에 관한 그 밖의 문제

A. 휴일·휴가에 대한 임금 삭감　　월급 근로자의 파업 참가 기간에 휴일이나 연차휴가가 포함되어 있는 경우 월급액에서 그 일수에 상응하는 임금도 삭감할 수 있는지 문제된다. 판례는 유급휴일과 유급휴가는 평상적인 근로제공 관계를 전제로 하는 것이므로 파업 기간에 유급휴일이 포함되어 있는 경우 또는 연차휴가를 이용하여 파업에 참가한 경우에는 파업 기간에 포함된 유급휴일 또는 유급휴가에 대하여 임금을 삭감할 수 있지만, 무급휴일에 대해서는 삭감할 수 없다고 한다.[2)] 그러나 연차휴가의 사용목적을 제한할 수 없으므로 연차휴가에 대한 임금은 삭감할 수 없다고 보아야 한다.

B. 유급전임자에 대한 삭감　　노동조합의 유급전임자도 파업 참가자로서 임금 삭감의 대상이 되는지 여부가 문제된다. 종전 판례는 근로제공 의무를 일시 면제받은 자라는 이유로 전임자는 임금 삭감의 대상에서 제외된다고 보았다.[3)]

1) 전원합의체 판결 이전의 판례(대법 1992. 6. 23, 92다11466; 대법 1992. 3. 27, 91다36307)도 외형상으로는 임금 2분설에 따른 것으로 보이지만, 실질적으로는 계약해석설에 따른 것이다.
2) 대법 2010. 7. 15, 2008다33399; 대법 2013. 11. 28, 2011다39946(파업·태업의 기간에 포함된 유급휴일에 대한 임금은 삭감할 수 있다).
3) 대법 1996. 12. 6, 96다26671.

그러나 그 이후 판례는 전임자에게 불이익을 주지 않는다는 단체협약 규정은 일반 조합원에 비하여 불이익처우를 하지 않는다는 데 있으므로 쟁의 기간 동안 일반 조합원의 임금을 삭감하는 경우에는 전임자의 급여도 삭감할 수 있다고 본다.[1] 이러한 판례는 유급전임자가 근로시간면제 제도를 통해 실현되도록 한 현행법 아래에서는 적절하지 않다. 근로시간면제자는 쟁의기간에도 근로시간면제를 사용한 것이므로 임금을 삭감할 수 없다고 보아야 한다.

2. 태업 참가자의 임금

쟁의방법과 정당성 부분에서 이미 살펴본 바와 같이 파업과 태업은 근로제공의 정지라는 점에서 동질적이다. 따라서 태업에 대한 임금 삭감의 문제도 이론적으로는 파업의 경우와 기본적으로 같게 처리되어야 한다. 다만 그 삭감의 구체적인 범위에 관해서는 실적급의 경우를 제외하고는 태업에 참가한 시간의 길이에 따라서가 아니라, 제공된 근로의 불완전함의 비율 또는 요구되는 근로제공을 이행하지 않은 비율에 따라 평상시의 임금을 삭감할 수 있다는 점이 파업의 경우와 다를 뿐이다.

문제는 근로를 이행하지 않은 비율을 어떻게 산정할 것인가에 있다. 결국 이 문제는 근로자 개개인이 평상시에 할 근로의 질과 양에 비추어 어느 정도의 불이행(불완전이행)이 있었던가를 개별적·구체적으로 산정할 수밖에 없다.[2]

A. 감속태업의 경우 　예컨대 감속태업(slow-down)을 한 경우에는 기본급·직무수당 등 고정급에 관하여 근로제공의 불완전이행의 비율을 시간으로 계산할 수는 없지만, 생산량이나 그 밖의 기준에 따라 특정할 수 있으면 그 비율에 따라 삭감할 수 있다. 다만 그 비율은 해당 사업장의 평소 총생산량이 태업 때문에 어느 정도 감소되었는가에 따라 일률적으로 산정해서는 안 되고, 근로자 개개인에 대하여 그 근로자의 평소 생산량이 태업 참가 때문에 어느 정도 감소되었는가를 개별적으로 결정해야 한다.

이러한 산정작업은 사실상 매우 번잡하고 정확성을 기하기가 매우 어렵다. 이 때문에 실제로는 태업에 대하여 사용자가 임금 삭감을 하지 않고, 그 대신 정당한 직장폐쇄를 함으로써 대상 근로자에 대한 임금지급 의무를 면하는 경우가

1) 대법 2003. 9. 2, 2003다4815; 대법 2011. 2. 10, 2010도10721.
2) 대법 2013. 11. 28, 2011다39946은 태업에 참가한 근로자별로 측정된 태업 시간 전부를 비율적으로 계산하여 임금에서 삭감하고, 유급전임자에 대해서는 전체 조합원의 평균 태업 시간을 기준으로 상응하는 비율에 따라 삭감할 수 있다고 한다.

많다.

B. 직무태업의 경우 근로자가 수행해야 할 여러 직무 중에서 예컨대 서류기재나 납금 업무 등 특정의 업무만을 거부하면서 다른 업무는 정상적으로 수행하는 직무태업(Objektsstreik)의 경우에도 위 감속태업의 경우와 마찬가지로 근로제공의 불완전이행의 비율을 개별적으로 산정하면 된다.

그러나 예컨대 출장이나 외근 업무 등 사용자가 명하는 특정 종류의 업무를 거부하고, 그 대신 사용자가 인정하지 않는 내근 업무를 수행한 경우에는 사정이 다르다. 사용자가 적법하게 출장·외근을 명령했는데도 근로자가 이를 거부하고 내근 업무에 종사하는 것은 근로계약의 본지에 따른 근로의 제공이라 할 수 없다. 따라서 사용자가 내근 업무에 대한 근로를 수령했다고 인정되지 않는 한 사용자는 출장 등을 명한 기간에 대하여 파업의 경우와 같은 방법으로 임금을 삭감할 수 있다.

3. 쟁의행위 종료와 직장복귀

노동조합법은 사용자는 근로자가 정당한 단체행동에 참가한 것을 이유로 그 근로자에게 해고 등 불이익처분을 해서는 안 된다고 규정하고 있다(81조 1항 5호). 따라서 정당한 쟁의행위에 참가한 근로자는 쟁의행위가 종료된 후 직장에 복귀할 권리가 있고, 사용자는 이를 거부하는 등 불이익을 줄 수 없다.[1] 거꾸로 사용자는 위법한 쟁의행위에 참가한 근로자에 대해서는 그 직장복귀를 거부하는 등 불이익을 줄 수 있다.

사용자가 쟁의 기간에 대체근로자를 채용한 경우, 이를 이유로 정당한 파업에 참가한 자의 직장복귀를 거부할 수도 없다고 보아야 할 것이다.[2] 이렇게 파업 참가자의 직장복귀를 거부하는 경우 사용자는 대체근로 제한(노조 43조)에 위반하면 벌칙(91조)의 제재는 받게 되지만, 채용계약 자체가 무효가 되지는 않으므로

---

1) 근로계약 정지설에 따르면, 근로자가 정당한 파업에 참가한 경우에는 근로계약은 소멸되지 않고 존속되지만 근로계약상의 주된 의무인 근로자의 근로제공 의무와 사용자의 임금지급 의무만은 일시 정지되므로 정당한 파업에 참가한 자는 파업 종료 후에 당연히 직장에 복귀할 수 있게 된다. 그러나 우리나라에서는 노동조합법 제81조 제5호의 명문규정이 있기 때문에 굳이 근로계약 정지설을 원용할 필요도 없다.

2) 구미 선진국에는 쟁의 기간 동안 대체근로를 제한하는 제도가 없는데, 특히 미국에서는 사용자가 대체근로자를 일시적으로 채용하든 계속적으로 채용하든 그 자유에 맡겨지기 때문에 파업이 종료되더라도 파업 참가자는 자기 직무를 수행하는 대체근로자가 채용되어 있지 않는 경우에만 직장에 복귀할 수 있다.

파업 참가자를 복귀시키려면 그 대체근로자를 해고하거나 배치를 전환하는 등의 조치를 할 수밖에 없는 것이다.

4. 파업 기간과 출근율

근로기준법과 그 시행령에 따르면, 주휴일과 연차휴가는 소정근로일수의 개근 또는 일정 비율 이상의 출근을 요건으로 한다(근기 55조, 60조, 영 30조). 이와 관련하여 근로자가 파업에 참가한 기간을 결근으로 볼 것인가가 문제된다.

주휴일·연차휴가제도의 취지는 계속적인 근로에 따른 피로를 회복하여 건강한 상태에서 근로하게 하려는 데 있다고 전제하면서 파업 기간에는 근로제공을 하지 않아 계속 근로에 따른 피로회복의 필요가 없다는 점에서 결근으로 보아야 한다는 견해가 있다. 이에 대하여 결근으로 취급하는 것은 파업 참가자를 불이익 취급하는 결과가 된다고 하면서 출근대상일수(소정근로일수)에서 제외해야 한다고 보는 견해도 있다.

그러나 전자의 견해는 근로자가 참가한 파업이 정당성을 가지는 경우에 이를 결근으로 처리하는 것은 정당한 단체행동을 이유로 불이익을 주는 행위(노조 81조 1항 5호)로서 금지되어 있다는 점, 주휴일·연차휴가는 피로회복과 함께 문화적인 생활을 보장하기 위한 제도라는 점에서 지지하기 곤란하다. 반면에 후자의 견해는 파업 참가를 출근으로 보는 것과 같은 결과가 되어 지지하기 곤란하다.

결국 이 문제는 근로자가 참가한 파업이 정당성을 가지느냐 여부에 따라 결정되어야 한다고 생각한다. 즉 정당한 파업에 참가한 경우에는 근로제공 의무를 일시 정지하는 효과를 발생하므로 그 기간에 출근한 것으로 보아야 하지만, 정당성이 없는 파업에 참가하는 경우에는 그러한 효과가 발생하지 않고 그 기간에 근로제공 의무가 존속되므로 결근한 것으로 보아야 할 것이다.[1)]

Ⅱ. 근로희망자의 근로계약관계

1. 근로희망자의 임금

한쪽에서 근로자들이 파업(특히 부분파업)에 참가하고 있는 동안에 그 파업에

1) 연차휴가에서 후술하듯이, 판례는 정당한 쟁의행위 기간을 소정근로일수에서 제외하여 연차휴가발생 여부를 판단하고 연차휴가일수는 비례적으로 삭감한다(대법 2013. 12. 26, 2011다4629). 그러나 이러한 방식도 정당한 쟁의행위를 이유로 연차휴가발생 및 연차휴가일수에 불이익을 주는 것이므로 타당하지 않다.

참가하지 않은 자는 그 본래의 업무를 수행하든 일시적으로 다른 업무를 수행하든 사용자의 지휘·명령 아래 근로를 제공했으므로 임금 청구권에 아무런 영향을 주지 않는다. 문제는 근로자측의 쟁의행위로 근로희망자가 근로를 제공할 수 없게 된 경우에 그 임금청구권이 어떻게 되느냐에 있다. 이 문제는 채무자(근로희망자)의 이행불능의 문제이므로, 이에 관한 민법상의 법리에 따라 처리되어야 할 것이다. 구체적으로 다음 두 가지로 나누어 살펴볼 수 있다.

첫째, 근로희망자가 수행할 일거리가 있어 근로의 수령이 가능한데도 사용자가 그 수령을 거부한 경우에는 채권자(사용자)의 책임 있는 사유로 채무를 이행할 수 없게 된 때(민법 538조 1항)에 해당하므로 근로희망자는 임금 청구권을 가진다. 사용자가 이 경우에 임금지급 의무를 면제받으려면 정당한 직장폐쇄로 대응하는 수밖에 없다.

둘째, 근로희망자가 수행할 일거리가 없어 근로의 수령을 거부한 경우 또는 사용자는 근로를 수령하려 했으나 노동조합의 피케팅으로 출입·조업이 저지되어 근로자가 근로제공을 할 수 없는 경우에는 그 파업 또는 피케팅은 쟁의권의 행사에 불과하고 사용자의 책임 있는 사유라 볼 수 없고, 결국 쌍방 당사자의 책임 없는 사유로 근로제공을 할 수 없게 된 때에 해당하므로 채무자 위험부담주의(민법 537조)에 따라 근로희망자의 임금 청구권이 부정된다고 보아야 한다.

이에 대하여 근로희망자가 파업을 주도한 노동조합의 조합원이 아닌 경우에는 파업에 대하여 제3자라는 등의 이유로 임금 청구권을 가진다고 보는 견해가 있다. 그러나 사용자도 단체교섭상의 자유를 가지므로 노동조합에 양보하지 않았기 때문에 파업이 일어나거나 연장된다고 하여 사용자의 책임 있는 사유라 볼 수 없고, 비조합원과 조합원을 차별대우할 근거가 없으므로 비조합원인 근로희망자도 임금 청구권을 가지지 않는다고 보아야 할 것이다. 물론 어느 경우이든 파업이나 피케팅이 사용자의 부당노동행위나 그 밖의 불공정한 행위로 야기된 경우에는 이 점에서 사용자의 책임 있는 사유가 되고, 근로희망자가 임금 청구권을 가질 수 있다.

2. 근로희망자와 휴업수당

부분파업 등의 쟁의행위 때문에 근로희망자에게 맡길 일거리가 없어 사용자가 근로의 수령을 거부한 경우에 근로기준법상의 휴업수당(46조)을 지급해야 하는지가 문제된다.

긍정설은 이 경우 일거리의 공급부족은 원자재 공급 부족과 비슷한 것이어서 사용자의 귀책사유에 해당한다고 본다. 이에 대하여 부정설은 노동조합이 쟁의기금 절약의 전술로 부분파업을 하는데도 근로희망자에게 휴업수당을 지급하는 것은 투쟁대등성(Kampfparität)을 해치며, 파업을 통하여 개선된 근로조건은 근로희망자에게도 유리하게 작용한다는 점에서 파업 참가자와 근로희망자 사이에 연대성이 있다는 점을 그 근거로 든다.

이 문제는 부분파업과 일부파업, 조합원과 비조합원의 경우를 구분해 살펴야 할 것이다(2분설). 즉 조합원의 일부만 파업에 참가하게 하는 부분파업의 경우에는 이 파업 때문에 근로제공을 거절당한 자는 조합원이고, 이 조합원에게는 파업 참가자와의 일체성·연대성을 고려하여 사용자측에 파업 야기의 위법행위가 있는 등 특별한 경우를 제외하고는 휴업수당을 지급하지 않아도 된다고 보아야 할 것이다. 그러나 종업원 일부만 가입한 노동조합이 주도하는 일부파업에 조합원 전원이 참가한 경우에는 임금생활을 보호하려는 휴업수당제도의 취지에 비추어 이 파업 때문에 근로제공을 거절당한 비조합원에게는 휴업수당을 지급해야 한다고 보아야 할 것이다. 물론 이 경우 사용자가 정당한 직장폐쇄로 대응하면 휴업수당의 지급 의무도 면하게 된다.

제6절 조합활동

Ⅰ. 조합활동의 의의

(1) '조합활동'이라는 용어는 불명확하고 다의적이지만 우선 '노동조합 활동'의 줄인 말로 이해하는 경우가 많다. 이 경우 노동조합 활동은 근로자가 노동조합과 관련하여 벌이는 모든 활동을 말하고, 근로자가 노동조합을 조직하거나 이에 가입하는 것, 노동조합의 존립 및 발전을 위하여 필요한 활동을 하는 것, 사용자와 단체교섭을 하고 필요에 따라서 쟁의행위를 하는 것 등이 널리 포함된다. 노동조합법에서 근로자의 사업장 내 '노동조합 활동'(5조 2항) 또는 전임자의 정당한 '노동조합 활동'(24조 3항)이라는 표현은 이런 의미를 가진 것이다.

그러나 좁은 의미의 '조합활동'은 헌법상 보장된 근로자의 조합활동권으로 보호되는 행위를 의미한다. 총론에서 이미 살펴본 바와 같이 헌법상 보장된 단체행동권은 쟁의권을 주된 내용으로 하지만, 그 밖에 조합활동권도 포함하고 있다. 그리고 쟁의권으로 보호되는 행위를 쟁의행위라 하는 데 대하여 조합활동권으로 보호되는 행위를 조합활동이라 부르는 것이다.

쟁의행위는 선진 자본주의 국가의 역사에서 오랫동안 금지·탄압의 대상이 되었던 파업, 태업, 피케팅, 직장점거, 보이콧 형태의 압력행위로 한정되는 것인 데 대하여 조합활동은 이들 이외의 압력행위로서 예컨대 집회의 개최·참가, 리본·머리띠 등의 착용, 유인물의 배포, 벽보의 부착, 연설 등의 행위를 포함하는 것이다. 넓은 의미의 조합활동에서 노동조합의 조직·가입, 노동조합의 존립·발전을 위하여 필요한 활동, 단체교섭 및 쟁의행위를 제외한 활동이다. 노동조합법에서 '노동조합의 업무를 위한 행위'(81조 1호)로[1] 표현한 것이 좁은 의미의 조합활동과 같은 의미를 가진 것이라 생각된다.

(2) 조합활동을 할 권리(조합활동권)는 헌법에서 정한 단체행동권으로 보장된

1) 우리 노동조합법의 상당 부분은 일본 노동조합법의 내용을 모방한 것인데, 일본의 경우 '노동조합의 업무를 위한 행위'가 아니라 '노동조합의 행위'로 규정되어 있고 이를 강학상으로는 '조합활동'으로 약칭하는 것은 매우 자연스럽다. 양자의 개념에 차이가 없기 때문에 우리나라 학자들도 이 용어를 사용하고 있고, 판례 중에도 그렇게 한 예(대법 1995. 3. 14, 94누5496; 대법 2020. 7. 29, 2017도2478 등)가 있다.

권리이다. 그러므로 그 당연한 효과로서 근로자의 조합활동이 정당성을 가지는 경우에는 민·형사책임이 면제되고 사용자의 불이익처분이 금지된다. 노동조합법이 조합활동으로 인하여 손해에 대해 민사면책을 명시한 것(3조 1항),[1] 쟁의행위 '기타의 행위'에 대하여 형사면책을 명시한 것(4조 1항) 및 정당한 조합활동을 이유로 사용자가 해고나 그 밖의 불이익처분을 금지한 것(81조 1항)은 이러한 헌법적 효과를 확인한 것에 불과하다.

Ⅱ. 조합활동의 정당성

조합활동의 정당성 인정 여부에 관해서는 일찍부터 판례가 제시한 기준이 있다. 즉 조합활동의 정당성이 인정되려면 ① 행위의 성질상 노동조합의 활동으로 볼 수 있거나 노동조합의 묵시적인 수권·승인을 받았다고 볼 수 있는 것으로서 ② 근로조건의 유지·개선과 근로자의 경제적 지위의 향상을 도모하기 위하여 필요하고 근로자의 단결강화에 도움이 되는 행위이어야 하고, ③ 취업규칙 등에 별도의 허용규정이 있거나 관행 또는 사용자의 승낙이 있는 경우 외에는 근무시간 외에 해야 하며, 사업장 내의 조합활동에서는 사용자의 시설관리권에 바탕을 둔 합리적인 규율이나 제약에 따라야 하고 폭력과 파괴행위 등의 방법을 쓰지 않는 것이어야 한다는 것이다.[2]

이하 판례의 취지에 따라 조합활동의 정당성 문제를 그 주체, 목적, 수단의 각 측면으로 나누어 살펴보기로 한다.

1. 조합활동의 주체

판례에 따르면, 근로자의 조합활동이 정당성을 가지려면 우선 행위의 성질상 노동조합의 활동으로 볼 수 있거나 노동조합의 묵시적인 수권이나 승인을 받았다고 볼 수 있는 것이어야 한다. 판례가 제시한 이 기준은 조합활동의 주체 또는 성격에 관한 것으로서 근로자의 행위가 정당한 조합활동으로 인정되려면 먼저 그 행위가 노동조합의 활동에 해당해야 한다. 또한 근로자가 노동조합의 결의

1) 노동조합법 제3조 제1항은 민사면책의 대상에 관해 단체교섭 또는 쟁의행위뿐만 아니라 2025. 9. 9. 개정(2026. 3. 10. 시행)에서 '그 밖의 노동조합의 활동'을 명시하였다. 그 이전에도 헌법상 노동3권이 보장되므로 노동조합법에 명문의 규정이 없더라도 사용자는 정당한 조합활동에 대하여 손해배상을 청구하는 등 민사책임을 물을 수 없다고 해석되어 왔다.

2) 대법 1992. 4. 10, 91도3044; 대법 1994. 2. 22, 93도613.

나 지시에 따라서 한 조직적인 활동은 노동조합의 활동임이 명백하다는 것을 전제로 하고 있다.

판례는 근로자의 행위가 이러한 조직적인 활동이 아닌 경우, 예컨대 조합원이 노동조합의 결정이나 방침에 반대하거나 비판하는 활동[1] 또는 조합원이 노동조합의 결의나 지시와 관계없이 한 자발적·독자적 활동에[2] 대하여 행위의 성질상 노동조합의 활동으로 볼 수 있거나 노동조합의 묵시적인 수권이나 승인을 받았다고 볼 수 있는지 여부에 따라 노동조합의 활동으로 인정할 것인지 여부를 판단하고 있다. 그리고 노동조합 선거에서의 입후보,[3] 선거운동, 후보 사퇴 및 이와 관련된 활동은[4] 노동조합의 활동으로 인정된다.

한편, 노동조합에 가입하지 않은 근로자(미조직 근로자)가 그들의 집단인 쟁의단의 결정이나 승인에 근거하여 하는 활동은 조합원이 노동조합의 결의·지시나 승인을 받아서 하는 활동에 준하여 정당성 여부를 논정해야 할 것이다.

2. 조합활동의 목적

판례에 따르면, 근로자의 조합활동이 정당성을 가지려면 근로조건의 유지·개선과 근로자의 경제적 지위의 향상을 도모하기 위하여 필요하고 근로자의 단결강화에 도움이 되는 행위이어야 한다.

사용자를 상대로 근로조건을 개선하기 위한 조합활동은 그 목적의 정당성이 인정된다. 그러나 사용자를 상대로 하는 활동이라도 예컨대 경영에 간섭하는 등 근로조건의 유지·개선과 관계없는 것을 목적으로 하는 것이라면 목적의 정당성이 인정되지 않는다.[5]

한편, 예컨대 양로원 방문이나 연극반 운영 등 사회·문화적 조합활동은 근로조건의 유지·개선과는 직접 관계되지 않지만, 단결의 유지·강화에 기여하는 성질을 가지는 이상 목적의 정당성이 인정된다.

그러나 단순히 특정 정당이나 정권을 지지하거나 반대하기 위한 조합활동은 목적의 정당성이 인정되지 않는다. 다만 근로조건 등 근로자의 지위에 중대한 영

1) 대법 1992. 9. 25, 92다18542(노동조합의 활동으로 인정 않은 사례)
2) 대법 1996. 2. 23, 95다13708(노동조합의 활동으로 인정한 사례).
3) 대법 1990. 8. 10, 89누8217.
4) 대법 1991. 11. 12, 91누4164.
5) 대법 2006. 5. 26, 2004다62597은 노동조합 소속 교원들이 '족벌재단 퇴진' 등과 같은 내용의 리본, 조끼 등을 패용·착용한 행위는 근로조건의 향상을 목적으로 하지 않는 것이어서 법적으로 보호받을 수 없다는 취지로 판시하고 있다.

향을 미치는 입법·행정조치를 촉구하거나 반대하기 위한 활동은 목적의 정당성이 인정된다.

3. 조합활동의 방법

판례에 따르면, 근로자의 조합활동이 정당성을 가지려면 취업규칙 등에 별도의 허용규정이 있거나 관행 또는 사용자의 승낙이 있는 경우를 제외하고는, 근무시간 외에 해야 하고 사업장 내의 조합활동에서는 사용자의 시설관리권에 바탕을 둔 합리적인 규율이나 제약에 따라야 하며, 폭력과 파괴행위 등의 방법을 쓰지 않는 것이어야 한다.

한편, 최근 판례는 이 요건과 관련하여 조합활동의 필요성·긴급성, 개별 행위의 경위와 구체적 태양, 노무지휘권·시설관리권 등의 침해 여부와 정도 등 여러 사정을 종합하여 충돌되는 가치를 객관적으로 비교·형량하여 실질적인 관점에서 판단해야 한다고 설시하고 있다.[1)]

가. 근무시간 중의 조합활동

판례에 따르면 조합활동은 원칙적으로 근무시간 외에 해야 하고 근무시간 중의 조합활동은 원칙적으로 사용자의 승낙(또는 이를 갈음하는 별도의 허용규정이나 관행)이 있어야 정당성이 인정된다. 근로자는 근로계약의 취지에 따라 근로를 제공할 의무를 가지며 사용자는 근로계약상 근로제공의 종류·장소·시간 등 구체적 방법·태양을 정하거나 근로제공을 지휘·명령할 권능(지휘명령권·지시권)을 가지는데, 사용자의 승낙 없이 근무시간 중에 조합활동을 하는 것은 근로자의 근로제공 의무에 반하거나 사용자의 지휘명령권을 침해하기 때문이다.

A. 리본 등의 착용　　근로자가 사용자의 승낙 없이 리본이나 머리띠 등을 착용하고 근무했다 하여 근로제공 의무, 특히 근로계약상 요청되는 근로를 성실히 이행할 의무(성실노동 의무)에 어긋난다는 이유를 들어 정당성을 부정할 것은 아니다. 성실노동 의무에 따라 요청되는 노동의 내용·태양은 그 기업의 업종, 근로자의 직무 내용, 직장의 양상 등에 따라 다를 수 있기 때문이다.

따라서 리본 등의 착용도 기업의 업종, 근로자의 직무 내용, 직장의 양상 및

---

1) 대법 2020. 7. 29, 2017도2478<핵심판례>(산업별 노조의 간부가 산하조직 사업장에 들어가 관련 사항을 살펴본 활동에 대하여 정당성을 인정한 사례); 대법 2024. 12. 24, 2024마6760 (사내하도급의 하청 근로자들이 원청 사업장에서 노조가입을 홍보한 활동에 대해 정당성을 인정한 사례).

리본 등 착용의 태양(형상, 문언, 착용의 방법 등) 등 구체적 사정을 고려하여 성실노동 의무를 이행하는 정신적·육체적 활동에 지장이 없고 사용자의 업무에 지장을 미칠 우려가 없는 경우에는 정당한 조합활동으로 보아야 할 것이다. 그러나 예컨대 병원에 근무하는 직원인 조합원들이 위생복 위에 구호가 적힌 주황색 셔츠를 근무 중에도 착용함으로써 병원의 환자들에게 불안감을 주는 등 병원 내의 정숙과 안정을 해치는 행위를 계속한 경우에는 정당성이 인정되지 않는다.1)

B. 노동조합 집회 (1) 사용자의 승낙을 받지 않고 총회·보고대회·규탄대회·문화체육행사 등의 집회를 근무시간 중에 개최·참가하는 것은 지휘명령권의 침해로서 정당성이 인정되지 않는다. 특히 전보된 조합원의 원직복귀를 요구하는 과정에서 일어난 폭력 사태에 항의하기 위하여 노동조합 간부와 80여 명의 조합원이 병원 복도를 점거하여 병원 직원들의 업무수행을 방해하고 출입을 통제하는 등의 행위는 정당성을 인정받지 못한다.2)

그러나 근무시간 중 집회의 필요성, 단체협약상 허용규정의 유무나 지휘명령권 침해의 정도 등 제반 사정을 고려하여 정당성이 인정되는 경우도 있다. 예컨대 레미콘차량 운송기사들이 수행하는 업무의 특성상 근무시간 중의 조합활동이 불가피하고 단체협약에 허용규정도 있는 경우에는 총회를 근무시간 중에 개최했다는 사유만으로 정당성을 부인해서는 안 된다.3) 또 쟁의행위 찬반투표를 위한 임시총회의 소집을 2회에 걸쳐 서면통보하여 사용자가 충분히 이에 대비할 수 있었고, 주야 교대근무 형태 때문에 전체 조합원이 참석하기 위하여 근무시간에 소집할 필요가 있었다는 등의 사정이 있는 경우에는 총회가 근무시간에 열렸다는 것만으로 정당성을 부인해서는 안 된다.4)

(2) 단체협약에서 사전통보를 조건으로 근무시간 중의 집회를 허용한 경우에 사전통보만 하면 그 집회가 정당화되는 것은 아니다. 사전통보를 조건으로 근무시간에 개최할 수 있는 집회의 태양(종류나 소요시간 또는 횟수)을 엄격하게 한정한 경우에는 통보만으로 집회를 개최하더라도 정당하지만 그러한 한정이 없는 경우에는 사전통보가 있더라도 그 집회를 근무시간에 개최할 필요성이 있고 지휘명령권 침해가 경미해야 정당성이 인정된다.

단체협약에 근무시간 중의 집회는 사전에 통보해야 하고 사용자는 특별한

1) 대법 1996. 4. 23, 95누6151.
2) 대법 1992. 4. 10, 91도3044.
3) 대법 1995. 3. 14, 94누5496.
4) 대법 1994. 2. 22, 93도613.

사유가 없으면 승낙해야 한다고 규정한 경우가 있다. 이 경우에는 사전통보를 조건으로 집회를 허용한 것이 아니라 노동조합이 사전통보(신청)한 각각의 집회에 대하여 사용자가 수시로 승낙 여부를 결정하되 사용자가 승낙권을 남용하지 않아야 한다는 합의라고 볼 수 있다. 따라서 이 경우에 사용자의 승낙 없이 근무시간에 집회를 개최하는 것은 사용자가 승낙권을 남용하지 않은 이상 정당성이 인정되지 않는다.[1)]

나. 사업장 내의 조합활동

판례에 따르면, 사업장 내의 조합활동에서는 사용자의 시설관리권에 바탕을 둔 합리적인 규율이나 제약에 따라야 하고 폭력과 파괴행위 등의 방법을 쓰지 않는 것이어야 정당성이 인정된다. 사용자는 사업의 물적 시설·설비를 사업 목적에 따라 이용하거나 이용할 수 있도록 적절히 보전·관리하는 등 필요한 조치를 할 권한(시설관리권)을 가지며, 이에 근거하여 취업규칙 등으로 근로자의 시설이용에 관한 합리적인 규율이나 제약을 미리 정하여 시행할 권능도 가지기 때문이다.

A. 벽보 등의 부착 (1) 사용자의 승낙을 받지 않고 벽보나 현수막 등을 부착하는 등 사용자가 관리하는 기업시설을 이용하는 조합활동은 정당성을 인정받지 못한다. 다만 기업시설을 이용하는 조합활동의 필요성이 있고 또 그 활동 때문에 업무운영·시설관리상의 실질적 지장을 초래하지 않는 경우에는 승낙을 받지 않았다는 흠이 치유(위법성이 조각)되어 정당성이 인정된다고 보아야 할 것이다. 그렇다면 사용자의 승낙을 받지 않고 기업시설에 벽보 등을 부착한 경우라도 부착된 장소나 시설의 성질(미관이 문제되는지), 부착의 범위, 벽보의 형상(혐오감을 야기하는지)·문언(인신공격, 비방 아닌지)·매수(과다한지)·첨부방법(난잡하고 밀집하게 붙였는지, 원상회복 어렵게 붙였는지) 등 제반 사정에 비추어 그 조합활동의 필요성이 있고, 또 그 활동 때문에 예컨대 회의실로서의 체제를 상실하게 하거나 채광을 현저히 악화시키는 등 업무운영·시설관리상의 실질적 지장이 초래되지 않은 경우에는 정당성을 인정해야 할 것이다.

(2) 사용자는 그 시설관리권에 근거하여 취업규칙으로 벽보 등의 기업시설 부착에 대하여 규율이나 제약을 설정하는 경우가 있다. 예컨대 일정한 조건을 갖추어야 벽보 등의 부착을 허용한다거나 벽보 등의 부착에 대하여 사전허가를 받도록 하되 일정한 조건을 갖추면 허가한다는 등의 규정이 이에 해당한다. 사용자가 벽보 등의 부착에 대하여 합리적 규율이나 제약을 설정한 때에는 벽보 등의

1) 대법 1994. 9. 30, 94다4042.

부착은 이에 따라야 정당성이 인정된다. 문제는 사용자가 정한 규율·제약, 구체적으로는 벽보 등 부착의 허용 또는 허가 조건 등이 합리적인가에 있다.

사용자가 벽보 등의 부착에 대하여 규율이나 제약을 설정하는 것은 업무운영과 시설관리를 원활하게 하려는 것이므로 사용자가 시설관리권을 가졌다 하여 업무운영·시설관리상의 지장을 초래하지 않는 벽보 등의 부착까지 제한하는 것은 근로자의 언론의 자유 또는 노동3권을 침해하여 무효가 된다. 따라서 사용자의 규율·제약은 업무운영·시설관리상의 지장을 초래하는 벽보 등의 부착만을 제한하는 것으로 보아야 하고, 그 범위에서 합리성이 인정될 것이다.

B. 유인물 배포 (1) 사용자의 승낙을 받지 않고 사용자가 관리하는 사업장 안에서 유인물(문서)을 배포하는 조합활동도 사용자의 시설관리권과 충돌되므로 그 정당성을 인정할 수 있는지 여부가 문제된다. 다만 유인물 배포는 벽보 부착의 경우와 달리 시설이용이 일시적이라는 점에서 시설관리권과의 충돌의 정도는 그만큼 약한 반면, 직장질서와의 충돌이 더 중요하다고 할 수 있다.

따라서 유인물을 배포하는 행위는 유인물의 내용(인신공격, 비방 아닌지), 배포의 방법(직접 전달인지 은밀한 살포인지), 배포의 시기(근무시간 중이었는지 휴게시간 등이었는지) 등 제반 사정에 비추어 그 조합활동의 필요성이 있고, 또 그 활동 때문에 업무운영·시설관리상의 실질적 지장을 초래하지 않는 경우에는 정당성을 인정해야 한다.[1] 그러나 예컨대 유인물을 근로자들에게 직접 전달하지 않고 공장 구내에 은밀히 뿌리는 방법으로 배포하는 것은 비록 배포 시기가 노동조합의 대의원 선거운동 기간이었다 할지라도 사용자의 시설관리권을 침해하고 직장질서를 문란케 할 위험성이 있으므로 정당성이 인정되지 않는다.[2]

유인물의 내용이 예컨대 회사간부의 명예를 훼손하는 내용으로서 그 중 일부는 허위이고 해당 노사 당사자와 직접 관계가 없는 사항과 관련하여 집단적으로 월차휴가를 실시할 것을 촉구하는 경우에는 정당성이 인정되지 않는다.[3] 그러나 배포된 문서의 문언으로 타인의 인격 등이 훼손되고 일부 내용이 허위 등이더라도 그 목적이 근로자의 경제적·사회적 지위 향상을 위한 것이고 내용이 전체적으로 보아 진실한 경우에는 정당성이 인정된다.[4]

---

1) 대법 1991. 11. 12, 91누4164. 한편, 대법 1992. 3. 13, 91누5020은 유인물의 내용, 매수, 배포의 시기, 대상, 방법, 이로 인한 기업이나 업무에의 영향 등이 그 조합활동의 정당성을 판단하는 데 기준이 된다고 한다.

2) 대법 1992. 6. 23, 92누4253.

3) 대법 1992. 3. 13, 91누5020.

(2) 사용자가 그 시설관리권에 근거하여 취업규칙으로 사업장 내의 유인물 배포에 대하여 합리적 규율이나 제약을 설정한 때에는 유인물 배포는 이에 따라야 정당성이 인정된다. 사용자가 유인물 배포에 대하여 규율이나 제약을 설정한 것은 주로 직장질서를 유지하기 위한 것이므로 사용자의 규율·제약은 직장질서를 해할 우려가 있는 유인물 배포만을 제한하는 것으로 보아야 하고, 그 범위에서만 합리성이 인정될 것이다.

다. 근무시간 외 사업장 밖의 활동

A. 언론활동 근무시간 외에 사업장 밖에서 사용자의 태도를 비판하는 유인물을 배포하거나 벽보 등을 부착하는 등의 언론활동이라도 근로자의 근로계약상의 성실의무에 위반하지 않아야 정당성이 인정된다. 근로자가 근로계약상의 부수적 의무로서 가지는 성실의무에는 사용자의 이익을 부당하게 침해하지 않을 의무가 포함되며, 이러한 의무는 근무시간 외 또는 사업장 밖의 조합활동에도 미칠 수 있기[1] 때문이다. 문제는 성실의무 위반인지 여부를 구체적으로 어떻게 판단할 것인가에 있다.

유인물 배포에 관한 대표적인 판례는 유인물의 문언으로 타인의 인격·신용·명예 등이 훼손·실추되거나 그렇게 될 염려가 있고, 또 그 문서에 기재되어 있는 사실관계의 일부가 허위이거나 그 표현에 다소 과장·왜곡된 점이 있다고 하더라도, 그 문서를 배포한 목적이 조합원들의 단결이나 근로조건의 유지·개선 기타 경제적·사회적 지위의 향상에 있고, 또 그 문서의 내용이 전체적으로 보아 진실한 경우에는 정당성이 인정된다고 한다.[2]

그러나 비판의 내용이 예컨대 사실을 왜곡하여 명예를 훼손하고 사용자에 대한 근로자들의 적개심을 유발케 하여 직장질서를 문란케 할 위험성이 있는 경우,[3] 경영진이나 관리자의 명예를 손상시키는 인신공격적이고 사생활에 관한 내용을 담고 있는 경우,[4] 근로조건의 개선이라는 노동조합의 업무를 위한 활동과 관련된 것이라고 하더라도 과격하고 불손한 문구를 사용하여 인신공격을 한 경우에는[5] 내용의 진실 여부에 관계없이 성실의무에 반하여 정당성이 인정되지 않

4) 대법 2011. 2. 24, 2008다29123. 또 대법 2017. 8. 18, 2017다227325<핵심판례>는 문서 배포에 관한 위 법리가 선전방송에도 똑같이 적용됨을 밝히고 있다.

1) 대법 1990. 5. 15, 90도357; 대법 1994. 12. 22, 93다23152.
2) 대법 1993. 12. 28, 93다13544.
3) 대법 1994. 5. 27, 93다57551.
4) 대법 1992. 2. 28, 91누9572.
5) 서울고법 1993. 1. 29, 92구6411.

는다.

B. 고소·고발 노동조합 간부가 사용자측을 근로기준법이나 노동조합법 등 위반으로 수사기관 등에 고소·고발·진정했는데 그 내용에 과장되거나 왜곡된 부분이 있는 경우 정당한 조합활동으로 보호받을 수 있는지가 문제된다. 판례에 따르면, 고소·고발·진정의 내용에 과장과 왜곡이 포함되어 있더라도 그것이 대체로 사실에 기초하고 있고 그 목적이 사용자에 의한 조합원들의 단결권 침해를 방지하거나 노동관계 법령을 준수하도록 하는 것이라면 고소·고발 등은 근로자의 정당한 조합활동에 속한다고 인정된다.[1)]

1) 대법 2020. 8. 20, 2018두34480.

제7절 직장폐쇄

Ⅰ. 직장폐쇄의 의의

1. 직장폐쇄의 개념

'직장폐쇄'란 사용자가 근로자측의 쟁의행위에 '대항하는 행위로서 업무의 정상적인 운영을 저해하는 행위'(노조 2조 6호), 즉 사용자가 근로자측의 쟁의행위에 대항하여 근로자에 대하여 노무의 수령을 거부하는 행위를 말한다. 노무의 수령을 거부하는 것은 근로제공의 반대급부인 임금을 지급하지 않음으로써 경제적 압력을 가하려는 것이다.

직장폐쇄도 쟁의행위(광의)의 일종이므로 노무의 수령을 거부하거나 작업장의 입장을 금지한다는 의사표시만으로 성립되는 것은 아니고 공장문의 폐쇄나 체류자의 퇴거 요구 또는 전원의 단절 등 근로제공을 곤란하게 하는 사실행위가 있어야 성립한다. 노동조합법은 사용자는 직장폐쇄를 할 경우에는 미리 행정관청 및 노동위원회에 각각 신고해야 한다고 규정하고 있지만(46조 2항; 벌칙 96조), 신고가 직장폐쇄의 성립요건은 아니다.

직장폐쇄는 근로자측에 대항하는 쟁의행위의 일종이므로 단순히 경제적 또는 기술적 이유에서 조업을 중단하는 폐업이나 휴업과 구별되며, 인사관리상 대기명령이나 휴직명령 또는 징계처분의 일종인 정직이나 출근정지와도 구별된다.

2. 직장폐쇄의 인정 근거

(1) 사용자는 취업규칙의 변경이나 인사권의 행사 등을 통하여 기본적으로 세력관계에서는 우월한 지위를 가지기 때문에 실질적인 노사의 대등 또는 세력의 균형을 확보하기 위하여 근로자의 쟁의권을 보장하고 있다. 따라서 일반적으로는 세력관계에서 우위에 있는 사용자에게 쟁의권을 인정할 필요는 없지만, 근로자측 쟁의행위의 구체적인 태양 여하에 따라서는 오히려 노사간의 세력 균형이 파괴되고 사용자측이 현저히 불리한 압력을 받는 경우가 생긴다. 이 경우에는 형평의 원칙에 비추어 사용자측에 이러한 압력을 저지하고 노사간의 세력 균형을 회복하기 위한 대항·방어수단으로서의 직장폐쇄를 인정하지 않을 수 없다.[1]

그 헌법상의 근거는 재산권(헌법 23조 1항)과 기업의 경제상의 자유(헌법 119조 1항)라고 보아야 한다.

(2) 사용자의 직장폐쇄에 대해서는 근로자측 쟁의행위의 경우와 달리 이를 직접 허용하거나 보호하는 실정법상의 규정이 없고, 직장폐쇄가 사실상 근로자측 쟁의권 행사를 위축시키는 기능을 수행하기도 한다. 이 때문에 노동법상으로는 직장폐쇄를 인정할 것이 아니라 방임된 행위에 불과하다고 보는 견해가 있다. 이 입장에서는 직장폐쇄 대상 근로자의 임금 청구권 문제는 민법상 채권자지체(민법 400조) 또는 쌍무계약의 위험부담(민법 537조-538조) 법리에 따라 처리하면 될 것이다.[1)]

그러나 근로자의 쟁의행위로 사용자가 현저히 불리한 압력을 받는 경우에 노사형평상 직장폐쇄를 인정하지 않을 수 없기 때문에 직장폐쇄는 집단적 노동관계법 특유의 행위 또는 권리로 이해해야 한다. 그리고 직장폐쇄 대상 근로자의 임금 청구권 문제도 직장폐쇄의 정당성 유무의 문제로 처리해야 한다.

Ⅱ. 직장폐쇄의 정당성의 한계

직장폐쇄가 정당한 쟁의행위로 평가받기 위해서는 노사간의 교섭태도, 경과, 근로자측 쟁의행위의 태양, 그로 인하여 사용자측이 받는 타격의 정도 등에 관한 구체적 사정에 비추어 형평의 견지에서 근로자측의 쟁의행위에 대한 대항·방위 수단으로서 상당성이 인정되어야 한다.[2)]

1. 대항성

직장폐쇄는 파업이나 태업 등 근로자측의 쟁의행위에 대하여 대항방어수단으로 인정된 것이다. 따라서 노동조합이 쟁의행위에 들어간 이후에 시작하는 직장폐쇄(대항적 직장폐쇄)라야 정당성이 인정될 수 있다. 근로자가 아직 쟁의행위를

1) 대법 2000. 5. 26, 98다34331.
1) 채권자지체로 해결하는 경우에는 직장폐쇄는 노무제공 채무의 채권자(사용자)가 그 채무의 수령을 거부한 것이고 이 경우 채무의 본지에 따른 노무제공 유무 및 사용자의 귀책사유의 유무에 따라 임금 청구권 유무를 판단하게 될 것이다. 위험부담의 문제로 해결하는 경우에는 직장폐쇄에 따른 근로제공 불능은 근로자의 노무제공 이행이 근로자의 귀책사유로 불능이 되는 경우이고, 반대채권인 임금을 상실하는지 여부는 그 직장폐쇄가 사용자의 귀책사유라 할 수 있는지 여부에 따라 결정될 것이다.
2) 대법 2000. 5. 26, 98다34331; 대법 2003. 6. 13, 2003두1097 등.

시작하지 않았는데도 사용자가 먼저 시작하는 직장폐쇄(선제적 직장폐쇄)는 사용자가 자기의 주장을 관철하기 위한 것(공격적 직장폐쇄의 일종)이든 근로자측 쟁의행위가 예상되는 경우에 이에 따른 압력이나 손해의 발생을 예방하기 위한 것(예방적 직장폐쇄)이든 정당성이 인정되지 않는다. 노동조합법이 "사용자는 노동조합이 쟁의행위를 시작한 이후에만 직장폐쇄를 할 수 있다"고 규정한 것(46조 1항, 29조의5; 벌칙 91조)은 직장폐쇄의 정당성 요건으로서 대항성을 명시한 것이다.

2. 방어성

직장폐쇄는 특별한 태양의 쟁의행위 때문에 사용자가 현저하게 불리한 압력을 받는 경우에 이러한 압력을 임금 부담의 경감 등으로 완화하는 방어적 수단으로 인정되는 것이지, 사용자가 노동조합을 굴복시켜 자신의 주장을 관철하도록 하기 위하여 인정된 것은 아니다. 따라서 대항적 직장폐쇄라도 근로자의 쟁의행위에 따른 현저히 불리한 압력이나 손해를 완화·방어할 목적으로 하는 것(방어적 직장폐쇄)은 상당한 정도를 초과하지 않는 이상 정당성을 가지지만, 노동조합에 대하여 사용자의 주장을 관철할 목적으로 하는 것(공격적 직장폐쇄)은 정당성이 인정되지 않는다.

가. 방어성의 판단기준

문제는 방어적인지 공격적인지의 구별을 어떻게 할 것인가에 있다. 그것은 노사간의 교섭태도·경과, 쟁의행위의 구체적 태양, 이 때문에 사용자가 받는 압력이나 손해의 정도, 그 직장폐쇄의 태양 등 제반 사정에 비추어 형평의 견지에서 판단해야 한다.

예컨대 노동조합이 태업을 하여 조합원의 임금은 삭감되지 않으면서 회사 업무를 마비시킬 우려를 발생시킨 경우, 노동조합이 부분파업을 하여 관련 업무를 마비시키면서도 파업에 참가하지 않은 자에게 임금을 지급하게 하는 경우에 이에 대항하기 위한 직장폐쇄는 방어적인 것으로 인정된다. 또 장기간의 파업으로 기업의 존립이 위협받을 정도로 심한 손해를 야기한 경우나 파상파업을 하여 조업을 다시 시작할 때마다 막대한 경비와 손실을 수반하는 경우에도 이에 따른 손해의 경감을 위한 직장폐쇄는 방어적이라고 보아야 할 것이다.

그러나 예컨대 임금인상률에 관하여 노동조합이 그 주장을 포기하고 사용자의 제안을 받아들이도록 할 것을 목적으로 하는 경우, 평화의무 위반의 쟁의행위를 빙자하여 노동조합의 요구사항에 관하여 사용자에게 유리하게 타결할 것을 목적으로 하는 경우, 사용자가 일방적으로 실시한 신교대제에 대하여 노동조합의 승인을 받을 목적으로 하는 경우는 공격적이라고 보아야 한다. 또 직장폐쇄가 노동조합의 조직력을 약화시키기 위한 목적을 갖는 경우[1]에는 공격적인 것이고, 지배개입의 부당노동행위가 성립될 가능성도 있다. 그러나 방어적 직장폐쇄를 하면서 이로써 노동조합이 위축되고 사용자의 주장을 받아들일 것이라고 부수적으로 기대한다고 하여 이를 공격적이라고 볼 수는 없다.

나. 과잉방어

예컨대 교섭에 소극적이던 사용자가 노동조합이 파업을 한 지 4시간 만에 직장폐쇄를 한 경우,[2] 택시회사에서 준법투쟁의 이름으로 태업을 한 지 3일 만에 직장폐쇄를 단행한 경우,[3] 쟁의행위에 참여한 근로자가 소수이고 이 때문에 사용자의 업무에 특별한 지장이 초래되지 않는데도 직장폐쇄를 한 경우,[4] 또는 노동조합의 쟁의행위에 대하여 응급조치를 강구하여 업무수행에 대한 중대한 장애가 발생할 우려가 없는데도 직장폐쇄를 단행한 경우에는 과잉의 방어로서 정당성이 인정되지 않는다.

근로자들이 작업장에 입장하거나 체류하는 것을 저지하기 위하여 폭력을 사용하거나 안전보호시설 정지 등의 행위를 하는 경우, 근로자의 조업을 저지한다 하여 사업장 안에 있는 기숙사나 식당 등 복리시설 또는 노동조합 사무소 등의 시설까지 이용하지 못하게 하는 경우에는 과잉의 방어로서 정당성이 인정되지 않는다. 다만 사업장에 부설된 식당 등이 조업을 전제로 이용되는 경우에는 이를 폐쇄하더라도 방어성에 영향을 주지 않는다.

다. 위법한 쟁의행위에 대한 직장폐쇄

노동조합의 쟁의행위가 위법한 경우에(노동조합이 주도하지만 위법성이 명백한 파업 또는 비조합적 파업을 예시) 이에 대항하는 직장폐쇄는 정당성을 가지지 않는다고 보는 견해가 있다. 위법한 쟁의행위는 단체교섭으로 해결될 수 없고 이익분쟁으로서 쟁의조정의 대상도 아니므로 사법적 구제수단(가처분·징계·해고 등)으로 대응할 수 있을 뿐 사용자가 직장폐쇄로 대항할 수 없다고 한다.

---

1) 대법 2003. 6. 13, 2003두1097; 대법 2016. 5. 24, 2012다85335<핵심판례>; 대법 2019. 6. 13, 2015다65561.
2) 대법 2007. 12. 28, 2007도5204.
3) 대법 2000. 5. 26, 98다34331.
4) 대법 2002. 9. 24, 2002도2243.

그러나 예컨대 노동조합이 임금 인상을 위한 파업을 하면서 파괴행위를 수반하는 경우에 파괴행위에 대한 사법적 대응과는 별도로 임금 인상에 관한 단체교섭은 계속할 수도 있고 이를 이익분쟁이 아니라 하여 노동위원회가 조정이나 중재를 거부할 수도 없으며, 비조합적 파업의 경우에는 그 주체가 노동위원회에 쟁의조정 신청을 할 수 없지만 단체교섭이나 사적 조정·중재를 통한 해결까지 금지되는 것이 아니다. 요컨대 쟁의행위에 대한 책임 추궁과 그 쟁의행위로 관철하려는 주장의 해결은 차원을 달리하는 문제이다.

위법한 쟁의행위에 대항하는 직장폐쇄가 허용되지 않는다면, 정당한 쟁의행위는 직장폐쇄로부터 위협당하고 위법한 쟁의행위는 직장폐쇄로부터 보호받는다는 모순이 초래된다. 또 위법한 행위로 법익이 침해되는 급박한 경우에는 정당방위의 자력구제로 대항할 수 있다는 법질서의 기본원리에도 어긋난다. 따라서 근로자가 명백히 위법한 파업이나 태업을 하고 사용자가 이 때문에 현저히 불리한 압력이나 손해를 입는 경우에 이에 대항하는 직장폐쇄는 방어적인 것으로 보아야 할 것이다.

근로자측이 조정전치(45조 2항), 중재 시의 쟁의 금지(63조), 긴급조정 시의 쟁의 중지(77조) 등 제한 법규를 위반하여 쟁의행위를 한 경우에 사용자측이 즉각 직장폐쇄로써 대항했다면 사용자에게도 해당 법규에 대한 벌칙이 적용될 수 있다. 현행법상 사용자의 직장폐쇄도 쟁의행위의 일종으로 규정되어 있기 때문이다(2조 6호). 그러나 이러한 법규 위반의 쟁의행위로 사용자가 현저히 불리한 압력을 받고 그 압력을 완화하기 위하여 직장폐쇄를 했다면, 해당 법규에 대한 벌칙의 적용과 관계없이 직장폐쇄의 방어성 또는 정당성을 인정해야 한다. 만약 이 경우 제한 법규 위반으로 직장폐쇄가 정당성을 상실한다면, 근로자측이 법규를 준수한 경우에는 직장폐쇄에 따른 임금 탈락의 불이익을 받고 법규를 위반하면 오히려 그러한 불이익을 받지 않는 불합리한 결과가 될 것이다.

라. 쟁의행위 종료 후의 직장폐쇄

당초에는 직장폐쇄를 방어적으로 정당하게 시작했으나 노동조합이 직장폐쇄에 굴복하거나 그 밖의 이유로 쟁의행위를 중단하고 진정으로 업무에 복귀할 의사를 표시한 이후에도 직장폐쇄를 계속하는 경우에는 방어적인 목적에서 벗어나 공격적 직장폐쇄로 성격이 변질된 것으로서 정당성이 인정되지 않는다.[1)]

---

1) 대법 2016. 5. 24, 2012다85335; 대법 2017. 4. 7, 2013다101425; 대법 2017. 7. 11, 2013도7896.

이 경우 업무 복귀 의사는 일부 근로자들이 개별적·부분적으로 밝히는 것으로는 부족하고, 조합원들의 찬반투표까지 거쳐 결정되어야 하는 것은 아니지만 사용자가 경영의 예측가능성과 안정을 이룰 수 있는 정도로 되어야 한다.[1] 노동조합이 직장폐쇄에 따른 임금 탈락의 손해를 줄이기 위한 책략으로 파업 등의 종료를 선언할 뿐 교섭을 통한 해결의 의사나 양보의 의사가 없는 경우에는 업무 복귀 의사가 있다고 볼 수 없다. 그렇다고 하여 복귀 의사 표시 당시에 반드시 노동조합이 양보안을 제시할 것이 요구되는 것은 아니라고 생각한다. 양보의 의사가 있으면 되고, 어느 정도 양보할 것인가는 상대방의 태도도 확인하면서 추후에 결정·제시할 수 있기 때문이다.

Ⅲ. 정당한 직장폐쇄의 효과

1. 임금지급 의무의 면제

(1) 직장폐쇄의 정당성 여부는 주로 사용자의 임금지급 의무를 면제할 것인가를 전제로 한 것이다. 따라서 직장폐쇄가 정당성을 가지는 경우에는 대상 근로자에 대한 사용자의 임금지급 의무가 면제된다. 물론 직장폐쇄가 정당성을 가지지 않는 경우에는 임금지급 의무가 면제되지 않아 사용자는 그 근로자가 정상적인 근로를 했더라면 받을 수 있었던 임금을 지급해야 한다.[2]

직장폐쇄가 정당한 경우에 임금지급 의무가 면제된다는 것은 직장폐쇄 후의 첫 임금지급일에 정상적인 근로를 했더라면 받을 수 있었던 임금에서 직장폐쇄 기간에 상응하는 임금을 삭감할 수 있다는 의미가 된다. 삭감의 범위에 관해서는 파업에 참가한 근로자의 임금 삭감의 범위에 따른다.

(2) 직장폐쇄는 상대방인 노동조합과의 관계에서 대항방어적 수단으로 인정된 것이기 때문에 쟁의행위를 주도한 노동조합의 조합원 또는 쟁의행위 지원자에 대해서만 허용되며, 그 밖의 근로자에 대해서는 직장폐쇄를 하더라도 임금지급 의무 면제의 효과가 미치지 않는다고 보는 견해가 있다.

그러나 직장폐쇄가 노동조합의 쟁의행위로 야기된 현저한 손해를 완화하기 위하여 인정되는 대항방어적 수단이기 때문에 그 손해와 관련되는 범위에서는 비조합원이라 하더라도 직장폐쇄의 대상으로 할 수 있고 임금지급 의무 면제의

1) 대법 2017. 4. 7, 2013다101425.
2) 대법 2000. 5. 26, 98다34331; 대법 2016. 5. 24, 2012다85335.

효과가 미친다고 보아야 할 것이다. 다만 노동조합의 쟁의행위에 전혀 영향을 받지 않고 정상조업이 가능한 부문(예컨대 원격지의 제2공장)의 근로자에 대해서는 대항방어의 수단이 필요하지 않으므로 정상적인 임금을 지급해야 한다.

2. 직장점거의 배제

(1) 정당한 직장폐쇄는 노동조합이 정당하게 직장점거를 하는 것에 대하여 퇴거를 요구할 수 있게 한다. 원래 사용자는 기업시설에 대하여 시설관리권을 가지지만 노동조합의 직장점거가 정당한 경우에는 이를 수인해야 하기 때문에 방해배제권을 행사할 수 없다. 그러나 사용자가 노동조합의 쟁의행위에 대하여 정당하게 직장폐쇄를 한 경우에는 사용자의 시설을 정당하게 점거한 근로자에 대해서도 퇴거를 요구할 수 있고, 이 퇴거 요구에 불응한 직장점거는 정당성을 상실하여 퇴거불응죄가 된다.

물론 직장폐쇄가 정당하지 않은 경우에는 퇴거 요구를 할 수 없고 근로자들이 퇴거 요구에 불응하더라도 퇴거불응죄가 성립되지 않는다.[1] 또 노동조합 사무소나 기숙사 등의 시설에 대해서는 직장폐쇄를 할 수 없으므로, 그러한 시설을 그 본래의 목적에 따라 이용하는 근로자에 대해서는 퇴거를 요구할 수도 없다.[2] 평소 근로자의 출입이 통제되지 않던 구내의 주차장, 식당, 로비의 점거에 대해서도 그렇다.[3]

(2) 직장폐쇄의 본질은 노무 수령의 거부를 통하여 임금지급 의무를 면하는 데 있다고 하면서 직장을 점거하고 있는 근로자에 대하여 사용자가 퇴거를 요구할 수 있는 것은 시설관리권에 따른 방해배제권 행사의 결과이지 정당한 직장폐쇄의 당연한 효과가 아니라고 보는 견해가 있다.

그러나 이 견해에 따르면 직장점거가 정당한 경우에도 직장폐쇄를 통하지 않고 방해배제권을 행사할 수 있다는 불합리한 결론에 도달할 수 있어 찬동하기 곤란하다.

1) 대법 2002. 9. 24, 2002도2243; 대법 2007. 12. 28, 2007도5204.
2) 대법 2010. 6. 10, 2009도12180(직장폐쇄가 정당하다고 평가받는 경우에도 사업장 내의 노동조합 사무실 등 정상적인 노동조합 활동에 필요한 시설이나 기숙사 등 기본적인 생활근거지에 대한 출입은 원칙적으로 제한할 수 없다).
3) 대법 2002. 9. 24, 2002도2243; 대법 2007. 3. 29, 2006도9307.

제5장 노동쟁의의 調整

Ⅰ. 쟁의조정의 의의

1. 쟁의조정의 유형

단체교섭의 결렬에 따른 분쟁을 방치하면 쟁의행위가 일어나거나 장기화된다. 이러한 의미의 쟁의행위를 예방하거나 조속히 종결시키려면 제3자가 당사자의 주장을 조절하여 분쟁의 해결을 모색할 수 있는 절차가 필요하게 된다. 이 절차를 노동쟁의의 '조정(調整)'(처리; settlement)이라 한다. 이와 같이 쟁의조정은 당사자 사이의 단체교섭에 대한 조력의 절차이고 또 쟁의행위의 예방 또는 조속한 종결을 꾀하는 절차이다.

가. 調停과 중재

노동쟁의의 調整[1]에는 여러 유형이 있다. 우선 제3자가 제시한 해결안의 성격을 기준으로 조정(調停)(mediation, conciliation)과 중재(arbitration)로 구분된다.

調停의 경우 해결안(조정안)은 당사자 쌍방이 수락해야 비로소 구속력을 갖지만,[2] 중재의 경우에는 해결안(재정·결정)이 당연히 당사자를 구속한다. 이 점에서 중재는 재판과 비슷하다. 물론 구속력이 없는 중재도 있지만 그것은 중재의 본래적 형태는 아니다.

나. 임의調整과 강제調整

쟁의調整은 그 시작의 요건을 기준으로 당사자 쌍방의 발의(신청)가 있어야 시작하는 임의조정과 당사자 쌍방의 발의가 없는 데도 시작하는 강제조정으로 구분된다. 강제조정에는 당사자 일방이 발의하면 상대방의 의사에 반하여 강제로 시작하는 일방적 조정과 제3자의 발의 또는 결정에 따라 강제로 시작하는 직권조정이 포함된다.

---

1) 현행법상 '調整'의 용어는 원래 일본법이 채택한 것으로서 우리나라에서는 하위개념인 '調停'과 발음이 같아서 혼동을 일으킨다. '처리'나 '해결' 등 다른 용어로 바꾸는 것이 바람직하다고 생각한다.

2) 조정 중에서 공식적 성격이 약하고 해결안 제시를 요하지 않는 것을 특히 '알선'이라 부르기도 한다.

강제調停은 그 해결안에 구속력이 없으므로 이를 허용하더라도 특별히 문제될 것이 없다. 그러나 강제중재는 그 해결안이 구속력을 가지므로 이를 허용하는 것은 단체교섭을 둘러싼 당사자 사이의 분쟁을 국가나 그 밖의 제3자가 강제적으로 해결하는 결과가 되고, 단체교섭권과 쟁의권을 전제로 하는 노사자치의 기본적 원칙에 반한다. 따라서 강제중재는 허용하지 않는 것이 보통이고 허용하는 경우에도 공익적 이유에서 쟁의행위가 허용될 수 없는 부문에 한정되고 있다.

다. 사적 調整과 공적 調整

쟁의조정은 그 법적 근거나 담당자에 따라서 사적 調整(협정 조정)과 공적 調整(법정 조정)으로 구분된다.

전자는 당사자가 미리 또는 그때그때 분쟁해결 절차에 관하여 단체협약이나 그 밖의 합의를 하고, 이에 따라 선정한 민간의 제3자에게 그 분쟁의 조정·중재를 의뢰하는 것이다. 이에 대하여 후자는 국가가 법률로 분쟁해결 절차를 규정하고 소정의 공적 기관이 당사자나 공적 기관 등의 발의로 조정·중재를 하게 하는 것이다. 국가가 공적 調整을 설정하는 주된 이유는 쟁의행위가 국민경제나 공중의 생활에 악영향을 미칠 우려가 있다는 데 있지만, 공적 조정은 그 방법 여하에 따라서는 단체교섭권이나 쟁의권을 전제로 하는 노사자치의 원칙에 어긋날 수도 있다. 양자의 균형·조화를 어떻게 추구할 것인지가 입법상의 고려사항이 된다.

2. 쟁의조정제도의 기초개념

가. 노동쟁의

노동조합법은 調整의 대상인 노동쟁의를 '노동조합과 사용자 또는 사용자단체(이하 '노동관계 당사자'라 함) 간에 임금·근로시간·복지·해고·근로자의 지위 기타 대우 등 근로조건의 결정과 근로조건에 영향을 미치는 사업경영상의 결정에 관한 주장의 불일치 및 92조 2호 가목부터 라목까지의 사항에 관한 사용자의 명백한 단체협약 위반으로 인하여 발생한 분쟁상태'를 말한다고 정의하고 있다(2조 5호 전단).[1)]

1) 2025년 개정으로 노동쟁의 개념을 확대하였다. 노동조합법은 '근로조건의 유지·개선과 근로자의 경제적·사회적 지위의 향상을 도모'하도록 되어 있음에도(1조), 근로자의 지위를 포함하여 근로조건에 영향을 미치는 정리해고나 구조조정 등에 대해서는 쟁의행위를 할 수 없고, 사용자의 단체협약 위반 등과 같은 사안에 대해서도 쟁의행위를 할 수 없다고 해석되고 있어, 그러한 분쟁을 노동쟁의에 포함시켜 정당한 쟁의행위의 범위를 확대하려는 취지이다. 노동3

A. 당사자 사이의 근로조건의 결정 등에 관한 분쟁 (1) 노동관계 당사자, 즉 노동조합과 사용자 또는 사용자단체 사이의 분쟁이라야 노동쟁의가 된다. 따라서 노사협의회에서 노사위원 사이에 합의 노력이 실패한 상태는 노동쟁의가 아니다. 또 노동조합과 정부 사이, 노동조합과 근로자 사이, 노동조합 상호간의 분쟁도 노동쟁의는 아니다.

(2) 노동쟁의의 대상은 '근로조건'의 결정으로 규정되어 있다. 근로조건에는 임금·근로시간·복지·해고 기타 대우뿐만 아니라 '근로자의 지위'도 포함된다.[1] 근로자의 지위란 그 앞에 명시한 해고 이외에도, 그 밖에 인사상의 지위를 말한다. 인사이동, 배치전환, 영업양도 등 기업변동으로 인한 근로자의 지위 변경, 고용형태의 변경(정규직 전환 등), 정년 연장 등을 널리 포함한다.

한편 '근로조건'의 결정으로 규정된 점과 관련하여 전임자, 근로시간 중의 조합활동, 시설이용의 편의 제공 등 집단적 노동관계 또는 노동조합의 활동에 관한 분쟁을 노동쟁의로 볼 수 있는지가 문제된다.

부정설은 법문상의 '근로조건'은 노동쟁의의 대상을 한정한 것이고 따라서 근로조건이 아닌 노동조합의 활동에 관한 분쟁은 노동쟁의가 아니라고 한다. 이에 대하여 긍정설은 법문상의 '근로조건'은 예시적인 것으로 보아야 한다는 점, 집단적 노동관계는 근로조건과 불가분의 관계를 가지므로 단체교섭의 대상이 되는데 이를 조정·중재의 대상에서 제외하면 쟁의조정제도의 목적을 달성할 수 없다는 점에서 집단적 노동관계에 관한 분쟁도 노동쟁의에 포함된다고 본다.

판례는 한때 집단적 노동관계에 관한 분쟁도 노동쟁의라고 보았으나,[2] 그 후에는 노동쟁의가 아니므로 특별한 사정이 없는 이상 중재의 대상이 되지 않는다고 보는 입장을 유지하고 있다.[3] 다만 한편으로는 중재절차는 노동쟁의의 자주적 해결과 신속한 처리를 위한 광의의 노동쟁의 조정절차의 일부분이므로 당사자 쌍방이 합의하여 단체협약의 대상이 될 수 있는 사항에 대하여 중재를 해 줄 것을 신청한 경우이거나 이와 동일시할 수 있는 사정이 있는 경우에는 근로조건 이외의 사항에 대하여도 중재재정을 할 수 있다고 한다.[4] 조정제도의 목적 달

권을 실질화하려는 개정 취지는 수긍되나, 노동쟁의는 조정·중재의 대상인 분쟁을 의미하므로 쟁의행위의 정당한 목적을 확대하려는 방법으로 적절한지 의문이다.

1) 2025년에 이 부분을 추가하였다. 근로자의 지위도 근로조건임을 명백히 하려는 취지이다.
2) 대법 1990. 5. 15, 90도357; 대법 1990. 9. 28, 90도602.
3) 대법 1996. 2. 23, 94누9177; 대법 1997. 10. 10, 97누4951 등.
4) 대법 2003. 7. 25, 2001두4818(그동안 당사자가 근로조건과 함께 노동조합 활동에 관한 사항에 대하여 교섭을 해 온 점, 직권중재에서 노동조합의 활동에 관한 조항을 제외해 달라고 요

성을 고려하여 상당 부분 그 입장을 바꾼 것으로 보인다.

(3) 노동쟁의의 대상은 근로조건의 '결정'으로 규정되어 있다.[1] 그 취지는 노동쟁의를 이익분쟁으로 한정하고 민사소송이나 부당노동행위 구제절차 등을 통하여 해결될 수 있는 권리분쟁은 조정·중재의 대상에서 제외하려는 데 있다.[2] 다만 '92조 2호 가목부터 라목까지의 사항에 관한 사용자의 명백한 단체협약 위반으로 인하여 발생한 분쟁상태'는 노동쟁의에 포함되므로,[3] 그 제한된 범위에서 권리분쟁도 노동쟁의 대상이 된다.

(4) 노동쟁의의 대상에는 '근로조건에 영향을 미치는 사업경영상의 결정에 관한 주장의 불일치로 인하여 발생한 분쟁상태'가 포함된다. 모든 사업경영상의 결정이 노동쟁의의 대상이 되는 것이 아니라, '근로조건에 영향을 미치는' 사업경영상의 결정만이 해당된다. 예건대 인적 구조조정 계획, 정리해고, 배치전환 등과 같은 사업경영상의 결정은 근로자의 지위나 작업조건 등의 근로조건과 밀접하게 관련되어 영향을 미치는 사업경영상의 결정이므로 그 결정 자체가 노동쟁의에 포함된다. 또 사업의 일부 폐지·통합, 사업 양도·분할 등의 사업경영상의 결정이 임금·근로시간·작업조건, 퇴직이나 근로자의 지위 또는 배치전환 등의 근로조건에 구체적·현실적으로 영향을 미치는 경우라면 그 결정 자체도 노동쟁의에 포함된다. 반면 해외 투자, 신기술 도입 등의 사업경영상의 결정이 근로조건에 영향을 미치는 정도가 구체적·현실적이지 않은 상황이라면 그 결정 자체는 노동쟁의에 포함된다고 볼 수 없다.

(5) 임의적 교섭사항은 노동쟁의의 대상에서 제외된다고 보아야 할 것이다. 임의적 교섭사항은 본래 사용자가 일방적으로 결정할 수 있고 사용자가 임의로 응하여 교섭을 진행해 왔더라도 언제든지 교섭을 거부할 수 있는 사항이어서 이에 대하여 노동위원회 등 제3자가 조정·중재를 하는 것은 월권이라 생각되기 때

청하지 않은 점 등에서 쌍방이 합의하여 중재를 신청한 것과 동일시할 수 있으므로 노동조합 활동에 관한 사항도 중재의 대상이 된다).

1) 1997년에 '근로조건'을 '근로조건의 결정'으로 개정했다.

2) 1997년 개정 이전의 판례(대법 1990. 5. 15, 90도357 등)가 권리분쟁도 노동쟁의에 포함된다고 본 입장은 더 이상 유지될 수 없게 되었다.

3) 2025년에 이 부분을 추가하였다. 92조 2호는 단체협약의 내용을 위반하면 처벌되는 단체협약의 내용을 정하고 있는데, 그 중 가. 임금·복리후생비, 퇴직금에 관한 사항, 나. 근로 및 휴게시간, 휴일, 휴가에 관한 사항, 다. 징계 및 해고의 사유와 중요한 절차에 관한 사항, 라. 안전보건 및 재해부조에 관한 사항 등의 명백한 위반으로 인한 분쟁상태가 노동쟁의가 될 수 있다. 반면 마. 시설·편의제공 및 근무시간중 회의참석에 관한 사항, 바. 쟁의행위에 관한 사항 등은 해당되지 않는다.

문이다.[1]

B. 주장의 불일치로 인한 분쟁 노동조합법은 노동쟁의 정의규정에 포함되어 있는 '주장의 불일치'란 노동관계 당사자 사이에 합의를 위한 노력을 계속해도 더 이상 자주적 교섭을 통한 합의의 여지가 없는 경우를 말한다고 규정하고 있다(2조 5호 후단). 주장의 불일치는 단체교섭이 결렬된 경우를 의미한다는 것이다. 따라서 노동조합법의 정의규정을 간단히 요약하면 '노동쟁의'란 노동관계 당사자 사이의 근로조건의 결정 등에 관한 단체교섭의 결렬로 생긴 분쟁을 말하는 것이다.

'분쟁상태'란 쟁의행위가 발생할 우려가 있는 상태 또는 쟁의행위가 발생한 상태(긴급조정은 쟁의행위가 발생한 상태를 대상으로 함)를 말한다. 쟁의행위는 노동조합 측이 선도하는 것이므로 노동조합이 단체교섭의 결렬을 타개하기 위하여 파업·태업 등 쟁의행위를 할 용의를 가지는 때에 노동쟁의는 발생한 것이다. 이론상으로는 단체교섭이 결렬되었더라도 노동조합이 쟁의행위를 감행할 용의가 없으면 노동쟁의는 발생하지 않은 것이지만, 실제로는 그러한 경우는 매우 드물 것이다.

사용자가 노동조합의 주장을 거절한다는 의미에서 단체교섭을 거부하는 경우에 노동조합은 부당노동행위 구제신청을 거치지 않고 노동쟁의 조정신청을 할 수도 있다.[2] 형식적으로 단체교섭을 여러 차례 진행하다가 도중에 결렬된 것만이 아니라 실질적으로 단체교섭을 통한 해결의 전망이 없는 경우에도 단체교섭의 결렬로서 노동쟁의에 해당한다고 보아야 하기 때문이다.

C. 노동쟁의와 쟁의행위 정당성 노동쟁의의 개념은 그 분쟁이 조정·중재의 대상인지 여부의 문제일 뿐, 그 분쟁과 관련된 쟁의행위가 정당한지 여부와는 직접 관계가 없다. 노동쟁의인지 여부는 노동위원회의 조정·중재로 해결할 만한 분쟁의 범위를 어느 정도로 할 것인가의 입법정책에 따라 결정되지만, 쟁의행위가 정당한지 여부는 궁극적으로는 헌법상 단체행동권의 보장범위에 관한 해석에 맡겨져 있기 때문이다. 예컨대 동정파업을 하려는 경우에도 노동쟁의는 없지만 동정파업이 정당한지 여부에 대해서는 논란이 있으며, 법외노조와 관련된 분쟁이

1) 이와 같이 권리분쟁사항이나 임의적 교섭사항은 노동쟁의의 대상이 아니므로 노동위원회 조정·중재의 대상이 될 수 없다. 그러나 당사자 쌍방이 이들 사항에 대한 조정·중재를 원하는 경우에는 조정·중재의 대상으로 할 수도 있다. 또 調停은 당사자를 구속하지 않기 때문에 이들 사항이 근로조건의 결정에 관한 사항과 불가분의 관계에 있는 경우에는 이들 사항까지 포함하여 調停의 대상으로 할 수도 있다.
2) 대법 1991. 5. 14, 90누4006.

조정·중재의 대상은 아니지만 법외노조의 쟁의행위가 정당한 경우도 있는 것이다. 또 거꾸로 이미 발생한 쟁의행위에 위법의 요소가 수반되는 경우에도 당사자 사이의 분쟁이 노동쟁의에 해당되는 이상 조정·중재의 대상이 될 수 있고 긴급조정의 대상도 될 수 있는 것이다.

나. 공익사업과 필수공익사업

A. 공익사업 　노동조합법에 따르면 '공익사업'이란 공중의 일상생활과 밀접한 관련이 있거나 국민경제에 미치는 영향이 큰 사업으로서 ① 정기노선 여객운수사업 및 항공운수사업, ② 수도사업, 전기사업, 가스사업, 석유정제사업 및 석유공급사업, ③ 공중위생사업, 의료사업 및 혈액공급사업, ④ 은행[1] 및 조폐사업, ⑤ 방송 및 통신사업을 말한다(71조 1항). 공익사업 이외의 것을 흔히 '일반사업'이라 부른다.

공익사업의 노동쟁의에 대해서는 법률상 특별한 취급이 예정되어 있다. 즉 ① 그 쟁의조정은 우선적으로 신속히 처리해야 하고(51조), ② 조정위원회가 아니라 특별조정위원회가 조정을 담당하며(72조-73조), ③ 調停기간이 15일로서 일반사업의 경우보다 길고(54조), ④ 긴급조정의 대상이 될 수 있다(76조).

B. 필수공익사업 　'필수공익사업'이란 공익사업 중에서 그 업무의 정지 또는 폐지가 공중의 일상생활을 현저히 위태롭게 하거나 국민경제를 현저히 저해하고 그 업무의 대체가 용이하지 않은 사업으로서 ① 철도사업·도시철도사업 및 항공운수사업, ② 수도사업, 전기사업,[2] 가스사업, 석유정제사업 및 석유공급사업, ③ 병원사업 및 혈액공급사업, ④ 한국은행사업, ⑤ 통신사업을 말한다(71조 2항).[3]

1) 새마을금고연합회가 아닌 지역새마을금고가 영위하고 있는 금융사업은 은행사업에 해당하지 않는다(대법 2003. 12. 26, 2003두8906).

2) A회사의 발전·송전·배전설비 등에 대한 정비업무를 수행하는 사업체라도 그 정비업무가 A회사의 발전업무 등과 불가분적으로 결합되어 전력공급의 본질적 요소를 구성하는 이상 필수공익사업의 일종인 전기사업에 해당한다(서울행법 2001. 9. 13, 2001구12870).

3) 종전에는 필수공익사업에 대한 노동쟁의 調停이 실패한 경우에 노동위원회가 직권으로 중재에 회부할 수 있었으나, 2006년 개정법은 필수공익사업의 직권중재제도를 폐지하고, 그 대신 필수공익사업에 대해서는 필수유지업무의 정지·폐지·방해를 금지하면서 대체근로를 허용하는 것으로 했다. 이로써 필수공익사업은 노동쟁의 조정제도에 관련된 개념에서 쟁의행위에 관련된 개념으로 전환되었으므로 필수공익사업의 정의규정도 제5장에서 제4장으로 옮겨야 할 것이다.

3. 쟁의조정의 기본원칙

가. 자주적 해결

노동조합법은 쟁의조정에 관하여 자주적 해결의 원칙을 강조하고 있다. 즉 노동관계 당사자는 노동쟁의가 발생한 때에는 자주적으로 해결하도록 노력해야 하고(48조 후단), 국가 및 지방자치단체는 노동관계 당사자 사이에 노동관계에 관한 주장이 일치하지 않을 경우에 당사자가 이를 자주적으로 조정할 수 있도록 조력해야 한다는 것이다(49조 전단). '노동관계 당사자 사이에 노동관계에 관한 주장이 일치하지 않을 경우'란 '노동쟁의가 발생한 때'를 의미한다. 자주적 해결 또는 자주적 조정은 공식·비공식의 단체교섭을 통한 해결, 노동위원회에 대한 조정·중재의 자발적인 신청을 통한 해결, 사적 조정을 통한 해결을 널리 포함한다고 생각된다.

노동조합법은 이 법의 쟁의조정에 관한 규정들은 노동관계 당사자가 직접 노동관계에 관한 주장의 불일치를 조정하고 이에 필요한 노력을 하는 것을 방해하지 않는다고 규정하고 있다(47조).[1] 여기서 '직접'은 자주적으로, '노동관계에 관한 주장의 불일치'는 노동쟁의를 의미하는 것으로서 이 규정은 노동위원회의 조정이나 중재가 진행되고 있는 경우에도 노동쟁의를 자주적으로 해결할 수 있다는 당연한 이치를 주의환기의 의미에서 설정한 것이다.

나. 신속·공정한 해결

노동조합법은 쟁의조정에 관하여 신속·공정한 해결의 원칙도 규정하고 있다. 즉 국가나 지방자치단체는 노동쟁의의 자주적 해결에 조력함으로써 쟁의행위를 가능한 한 예방하고 노동쟁의의 신속·공정한 해결에 노력하며(49조 후단), 노동관계의 調整[2]을 할 경우에는 노동관계 당사자와 노동위원회나 그 밖의 관계기관

---

1) 제47조 전단의 '노동관계 당사자가 직접 노사협의 또는 단체교섭을 통하여 근로조건이나 그밖의 노동관계에 관한 사항을 정하는 것'을 방해하지 않는다거나 제48조 전단의 '단체협약에 노동관계의 적정화를 위한 노사협의 또는 단체교섭의 절차와 방식을 규정하'도록 노력하라는 것은 쟁의조정보다는 단체교섭에 관계되는 규정으로서 쟁의조정의 부분에 위치시키는 입법이 바람직한지 의문스럽다. 또 이들 규정에서 '노사협의'를 언급한 것은 1960-1970년대에 노동조합법에서 노사협의회의 설치 의무를 규정한 것에서 비롯된 것으로서 1980년대 이래 노사협의회에 관한 법률이 차원을 달리하여 입법된 것에 어울리지 않는다.

2) 현행법은 법령의 명칭에서부터 일본의 예에 따라 '노동관계'의 조정이라는 용어를 사용하고 있는데, '노동쟁의'의 조정 이외에 별도로 '노동관계'를 조정하는 절차가 규정되어 있지 않다는 점에서 '노동관계'의 조정이라는 불명확한 용어는 사용하지 않는 것이 바람직하다.

은 사건을 조속히 처리하도록 노력해야 한다는 것이다(50조). 노동쟁의를 방치하면 쟁의행위를 일으키거나 장기화하게 된다는 점에서 신속·공정한 해결의 원칙은 당연한 이치를 주의환기의 의미에서 규정한 것이다.

한편, 노동조합법은 국가·지방자치단체·국공영기업체·방위산업체 및 공익사업에 대한 노동쟁의의 조정은 우선적으로 취급하고 신속히 처리해야 한다고 규정하고 있다(51조). 이들 사업의 분쟁이 미치는 악영향을 우려한 때문에 설정한 규정이지만, 한편으로는 신속한 처리에 못지않게 공정하고 신중하게 처리해야 하기 때문에 노동조합법은 공익사업의 조정기간을 일반사업의 경우보다 길게 규정하고 있다(54조 참조).

Ⅱ. 공적 調整의 절차

1. 調停

노동조합법이 설정한 제1의 쟁의조정절차인 調停은 노동위원회에 설치된 조정위원회가 조정안을 작성하고, 그 수락을 당사자에게 권고하는 절차이다. 공익사업에 대해서는 조정담당자와 조정기간에 관한 특칙이 있다.

가. 조정의 시작

(1) 노동조합법에 따르면, 노동위원회는[1)] 노동관계 당사자 일방이 신청한 때에는 지체 없이 조정을 시작해야 한다(53조 전단). 긴급조정 시를 제외하고는 노동위원회가 직권으로 조정을 시작할 수는 없다. 그러나 쟁의행위는 調停절차를 거치지 않으면 할 수 없으므로(조정전치; 45조 2항), 쟁의행위를 하려는 노동조합은 조정을 신청하지 않을 수 없다. 조정의 신청을 간접적으로 강제하는 것이다.

조정은 관계 당사자 일방의 신청으로 시작하므로 노동조합만이 아니라 사용자 쪽에서도 신청할 수 있지만, 쟁의행위를 하려는 노동조합 쪽에서 신청하기 마련이다.[2)] 법내노조는 조정을 신청할 수 있지만 법외노조는 그렇지 않다(노조 7조 1

1) 하나의 지방노동위원회 관할 구역에서 발생한 노동쟁의에 대해서는 그 노동위원회가, 선원법 등 관계 법률로 정한 노동쟁의에 대해서는 특별노동위원회가, 2 이상의 지방노동위원회의 관할 구역에 걸친 노동쟁의에 대해서는 중앙노동위원회가 각각 그 조정 사건을 관장한다(노위 3조 1항-3항).

2) 노동쟁의가 발생한 때에는 노동관계 당사자 일방은 상대방에게 그 사실을 서면으로 통보해야 한다(45조 1항). 노동쟁의 발생은 단체교섭의 결렬을 의미하고 쌍방은 그 시점을 잘 알기 마련인데, 이 통보가 과연 의미 있을지 의문스럽다. 이 규정을 삭제하거나 조정신청 사실의 통보로 개정함이 바람직하다고 생각한다.

항). 무릇 법적 의무는 가능을 전제로 하므로 조정 신청을 할 수 없는 법외노조는 조정전치 의무를 부담하지 않는다.[1] 노동조합은 조정을 신청할 때에 사전에 총회의 의결을 받을 필요는 없다.[2]

(2) 시행령은 노동위원회는 조정신청의 내용이 조정의 대상이 아니라고 인정하는 경우에는 그 사유와 다른 해결방법을 알려 주어야 한다고 규정하고 있다(영 24조 2항; 실무상으로는 '행정지도'라 부른다). 노동쟁의가 아닌 것에 대해서는 조정을 하지 않는다는 것이다. 단체교섭의 당사자가 아닌 자를 상대로 주장을 관철하려는 경우, 노동쟁의의 대상이 아닌 것에 관한 분쟁인 경우 또는 자주적 교섭을 통한 합의의 여지(노조 2조 5호 후단 참조)가 있는 상태(교섭미진)에서 조정신청을 한 경우 등이 행정지도의 대상이 된다.

나. 조정의 담당자

A. 일반사업의 경우 (1) 노동조합법에 따르면, 노동쟁의의 조정을 위하여 노동위원회에 조정위원회를 둔다(55조 1항). 조정위원회는 3명의 조정위원으로 구성하며, 조정위원은 그 노동위원회의 위원 중에서 사용자위원·근로자위원·공익위원 각 1명을 그 노동위원회 위원장이 지명하되, 근로자 쪽 조정위원은 사용자가,[3] 사용자 쪽 조정위원은 노동조합(또는 교섭대표노조)이 각각 추천하는 노동위원회의 위원 중에서 지명해야 하고, 다만 조정위원회 회의 3일 전까지 관계 당사자가 추천 위원의 명단을 제출하지 않으면 위원장이 그 위원을 따로 지명할 수 있다(55조 2항·3항). 조정위원회의 위원장은 공익위원이 된다(56조 2항 본문).

노동조합법에 따르면, 노동위원회 위원장은 근로자위원 또는 사용자위원의 불참 등으로 조정위원회 구성이 어려운 경우에는 공익위원 중에서 3명을 조정위원으로 지명할 수 있으며, 다만 관계 당사자 쌍방의 합의로 선정한 노동위원회의 위원이 있으면 그 위원을 조정위원으로 지명한다(55조 4항). 이 경우 조정위원회의

1) 대법 2007. 5. 11, 2005도8005는 A 산업별 단위노조 산하의 B 지부가 설립신고를 하지 않았으므로[법외노조이므로] B 지부 소속 조합원들이 노동위원회의 조정을 거치지 않은 채 쟁의행위를 했다 하여 노동조합법 위반[조정전치 의무 위반]이 되는 것은 아니라고 한다.

2) 1997년 개정 시에 '노동쟁의에 관한 사항'이 총회 의결사항에서 삭제되었을 뿐 아니라(16조), 구법 아래서도 '단체협약에 관한 사항'이 단체협약의 체결을 포함하지 않는 것처럼 '노동쟁의에 관한 사항'이 노동쟁의 발생신고(조정신청의 의미도 가지고 있었음)를 포함하지 않기 때문이다.

3) 노동쟁의의 주체는 '노동관계 당사자'이고 이에는 사용자단체가 포함되는데(2조 5호) 노동쟁의에 관한 규정 중에서 유독 조정위원회와 특별조정위원회 구성에 관한 규정(55조 3항과 72조 3항)에서는 사용자단체가 제외되는 듯한 표현을 사용하고 있다. 오해를 피하기 위하여 '사용자가'를 '사용자 또는 사용자단체가'로 개정해야 할 것이다.

위원장은 조정위원 중에서 호선한다(56조 2항 단서).

(2) 노동위원회는 관계 당사자 쌍방의 신청 또는 동의가 있으면 조정위원회를 갈음하여 단독조정인에게 조정을 하게 할 수 있고(57조 1항), 단독조정인은 해당 노동위원회의 위원 중에서 관계 당사자의 합의로 선정된 자를 그 노동위원회 위원장이 지명한다(57조 2항). 3명의 조정위원회가 신속하지 못하고 공식적이라는 단점을 보완하기 위한 제도이다.

B. 공익사업의 경우　　노동조합법에 따르면, 공익사업의 노동쟁의의 조정을 위하여 노동위원회에 특별조정위원회를 둔다(72조 1항). 특별조정위원회는 3명의 특별조정위원으로 구성하며, 특별조정위원은 그 노동위원회의 공익위원 중에서 노동조합(또는 교섭대표노조)과 사용자가 순차적으로 배제하고 남은 4명부터 6명까지 중에서 노동위원회 위원장이 지명하되, 관계 당사자의 합의로 그 노동위원회의 위원이 아닌 자를 추천하면 그 추천된 자를 지명한다(72조 2항·3항). 특별조정위원회의 위원장은 노동위원회의 공익위원인 특별조정위원 중에서 호선하고 그 노동위원회의 위원이 아닌 자만으로 구성된 경우에는 그 중에서 호선하며, 공익위원인 특별조정위원이 1명인 경우에는 그 위원이 위원장이 된다(73조).

일반사업에 대한 조정에서는 관계 당사자 쌍방의 양보의사나 이익이 가장 중요한 요소가 되지만, 공익사업의 경우에는 이 밖에 공익, 특히 공중의 일상생활이나 국민경제에 대한 영향도 고려해야 하기 때문에 그 노동위원회의 공익위원만으로 구성하거나 노동위원회 외부의 인사도 조정위원으로 참여할 수 있도록 한 것이다.

다. 조정의 방법

(1) 노동조합법에 따르면, 조정담당자(조정위원회나 단독조정인)는 기일을 정하여 관계 당사자 쌍방을 출석하게 하고 주장의 요점을 확인해야 하며(58조), 관계 당사자와 참고인 이외의 자의 출석을 금지할 수 있다(59조).

조정담당자는 조정안을 작성하여 이를 관계 당사자에게 제시하고 그 수락을 권고하는 동시에 그 조정안에 이유를 붙여 공표할 수 있으며, 필요한 때에는 신문 또는 방송에 보도 등 협조를 요청할 수 있다(60조 1항). 조정안의 공표나 언론의 협조 요청은 여론의 압력에 따라 당사자가 수락할 가능성이 있는 경우에 대처하기 위한 것이다.

(2) 조정은 신청일부터 일반사업은 10일, 공익사업은 15일의 조정기간 이

내에 종료해야 한다(54조 1항). 신속한 해결의 원칙에 따른 것이고 또 조정기간 중에는 쟁의권 행사가 제한된다는 점을 고려한 것이다. 그러나 조정기간은 관계 당사자 사이의 합의로 일반사업의 경우에는 10일, 공익사업의 경우에는 15일 이내의 범위에서 연장할 수 있다(54조 2항).

라. 조정의 종료

(1) 노동조합법에 따르면, 관계 당사자 쌍방이 조정안을 수락하면 조정위원 전원 또는 단독조정인은 조정서를 작성하고 관계 당사자와 함께 서명 또는 날인해야 한다(61조 1항). 이로써 노동쟁의는 해결된 것이다.

조정서의 내용은 단체협약과 같은 효력을 가진다(61조 2항). 따라서 조정서는 규범적 효력이나 채무적 효력을 가지며 일정한 요건을 갖춘 경우에는 일반적 구속력도 가진다. 한편, 조정서의 내용을 준수하지 않으면 벌칙(92조)이 적용된다.

(2) 조정담당자는 관계 당사자가 조정안의 수락을 거부하여 조정이 성립할 여지가 없다고 판단하면 조정종료를 결정하고 이를 관계 당사자 쌍방에 통보한다(60조 2항). 이 결정이나 통보는 조정의 성립 여부와 종료 시기를 명확히 하기 위한 것이다.[1)]

마. 조정서의 해석

노동조합법에 따르면, 조정이 성립된 후에 조정서의 해석 또는 이행방법에 관하여 관계 당사자 사이에 의견의 불일치가 있는 때에는 관계 당사자는 해당 조정담당자에게 그 해석 또는 이행방법에 관한 명확한 견해의 제시를 요청해야 한다(60조 3항). 조정담당자에게 견해제시를 '요청해야 한다'는 것은 쟁의행위로 해결하려 하지 말라는 것을 의미할 뿐이며, 민사소송을 통한 해결을 금지하려는 것은 아니다.

관계 당사자가 견해의 제시를 요청한 경우 조정담당자는 7일 이내에 명확한 견해를 제시해야 하고(60조 4항),[2)] 조정담당자가 제시한 견해는 중재재정과 같은 효력을 가진다(61조 3항).

---

1) 이 밖에 '부득이한 사유로 조정을 계속할 수 없다고 인정되는 경우 조정안을 제시하지 않고 그 사유를 쌍방에 통지'함으로써(노위칙 155조 6항; 조정중지) 절차를 종료하는 경우도 있다.

2) 견해제시를 7일 이내에 하는 것은 쌍방 당사자의 주장을 조사하고 해당 조정위원회의 위원(비상근 위원)이 회의 일정을 정하여 회의를 여는 절차를 고려하면 너무 어려운 일이다. 단체협약의 경우(34조 2항)처럼 30일로 개정하는 것이 바람직하다고 생각한다.

2. 조정전지원 및 사후조정

노동조합법에 따르면, 노동위원회는 調停 신청 전이라도 원활한 조정을 위하여 교섭을 주선하는 등 관계 당사자의 자주적인 분쟁해결을 지원할 수 있다(53조 2항; 조정전지원). 한편, 노동위원회는 調停의 종료가 결정된 후에도 노동쟁의의 해결을 위하여 조정을 할 수 있다(61조의2 1항; 사후조정). 노동위원회가 조정 전후에 관계없이 분쟁해결의 행정적 서비스를 적극적으로 제공할 수 있도록 권한을 부여한 것이다.

조정전지원과 사후조정은 그 시작 요건에 제한이 없다. 따라서 관계 당사자 일방 또는 쌍방의 신청으로 시작할 수도 있지만, 관계 당사자의 신청이 없더라도 노동위원회가 필요하다고 인정하는 때에 언제든지 직권으로 시작할 수 있다. 물론 관계 당사자 쌍방이 함께 신청하면 그만큼 성공 가능성도 높아질 것이다. 조정전지원과 사후조정은 조정과 달리 그 절차에 기간의 제한이 없으므로, 다소 긴 기간에 걸쳐 할 수도 있다.

사후조정의 경우에는 그 담당자, 절차, 성립한 때의 효력 등에 관하여 조정에 관한 규정이 준용된다(61조의2 2항). 따라서 그 담당자는 조정위원회 또는 단독조정인이고, 담당자가 조정안(합의안)을 제시하고 관계 당사자에게 그 수락을 권고하며, 관계 당사자 쌍방이 수락하는 경우에는 단체협약과 같은 효력을 가진다.

이에 대하여 조정전지원의 경우에는 담당자에 관하여 제한이 없으므로, 노동위원회 위원장이 노동위원회규칙 등으로 정하는 바에 따라 조정담당 공익위원 또는 조사관 등을 담당자로 위촉할 수 있다. 또 그 담당자는 조정안을 제시할 수도 있고 제시하지 않을 수도 있으며, 조정안을 제시하는 경우에도 관계 당사자 쌍방이 수락해야 비로소 구속력을 가진다.

3. 중재

노동조합법이 설정한 제2의 쟁의조정절차인 중재는 노동위원회에 설치된 중재위원회가 당사자 쌍방에게 구속력 있는 중재재정을 하는 절차이다.

가. 중재의 시작

(1) 노동조합법에 따르면, 노동위원회는[1] 노동관계 당사자 쌍방이 함께 중재를 신청한 때 또는 일방이 단체협약에 따라 중재를 신청한 때에 중재를 시작한

---

1) 노동위원회의 관할은 調停 사건의 경우와 같다.

다(62조).[1]

이 경우 '단체협약'은 일정한 요건 아래서는 중재를 신청해야 한다거나 일방이 중재를 신청할 수 있다는 취지의 단체협약 조항을 말한다.[2] 따라서 '일방이 단체협약에 따라 중재를 신청한 때'에 시작하는 중재도 신청하지 않는 당사자의 의사에 반하여 강제로 시작하는 것은 아니므로 임의중재에 속한다.

중재는 일반사업이든 공익사업이든 관계없이 신청할 수 있다. 또 중재는 일반적으로 조정이 실패한 경우에 신청하지만 조정을 거치지 않고 신청할 수도 있다. 법외노조는 노동위원회에 중재를 신청할 수 없다고 해석된다(7조 1항 참조).

(2) 시행령은 노동위원회는 중재신청의 내용이 중재의 대상이 아니라고 인정하는 때에는 그 사유와 다른 해결방법을 알려 주어야 한다고 규정하고 있다(영 24조 2항; 실무상 '행정지도'라 부른다). 노동쟁의가 아닌 것에 대해서는 중재를 하지 않는다는 것이다.

나. 중재의 담당자

노동조합법은 노동쟁의의 중재 또는 재심을 위하여 노동위원회에 중재위원회를 둔다고 규정하고 있다(64조 1항). 중재위원회는 중재위원 3명으로 구성하며, 그 노동위원회의 공익위원 중에서 관계 당사자의 합의로 선정된 자를 그 노동위원회 위원장이 지명하되, 관계 당사자 사이에 합의가 성립되지 않은 경우에는 공익위원 중에서 지명한다(64조 2항·3항). 중재위원회의 위원장은 중재위원 중에서 호선한다(65조). 조정의 경우와 달리 1명이 단독으로 담당하는 것은 허용되지 않으며, 공익사업의 노동쟁의라 하여 별도의 중재위원회를 구성하지도 않는다.

---

1) 종전에는 필수공익사업에 대하여 노동위원회 위원장이 직권으로 중재에 회부한다는 결정을 하면 중재를 시작할 수 있었다. 이러한 제도 아래서는 직권중재에 회부되면 15일 동안 쟁의행위를 할 수 없고(63조), 이 기간에 노동위원회가 중재재정을 한 이상 당사자는 이에 따라야 하므로(69조 4항, 70조 1항) 필수공익사업의 근로자들은 쟁의행위를 할 수 없게 된다. 이 때문에 직권중재제도에 대한 위헌론 또는 폐지해야 한다는 입법론이 제기되어 왔다. 헌재 2003. 5. 15, 2001헌가31 등은 헌법 위반이 아니라고 했다. 사실 1980년 개정법에서 공익사업은 물론 일반사업까지 직권중재의 대상으로 규정했으나, 1986년 개정 시에 공익사업으로 한정되었고, 1997년 개정 시에 더 좁게 필수공익사업으로 한정했다. 그렇지만 해당 근로자들의 쟁의권 행사를 근본적으로 제약하는 점은 변하지 않았다. 마침내 2006년 개정법은 직권중재제도를 폐지했다.

2) 이러한 조항이 한번 성립하면 이에 따라 사용자측이 중재를 신청하고 노동위원회는 노동조합의 의사에 반하여 그 조항을 유지하는 방향으로 중재재정을 하는 경우가 적지 않다. 노동위원회의 이와 같은 중재재정은 쟁의권을 침해하는 위법의 요소가 있으므로 신중을 기해야 할 것이다.

다. 중재의 방법

노동조합법에 따르면, 중재위원회는 기일을 정하여 관계 당사자 쌍방 또는 일방을 회의에 출석하게 하고 주장의 요점을 확인해야 한다(66조 1항). 중재위원회의 위원장은 관계 당사자와 참고인 외의 자에 대하여 회의출석을 금지할 수 있다(67조). 관계 당사자가 지명한 노동위원회의 노·사위원은 중재위원회의 동의를 받아 그 회의에 출석하여 의견을 진술할 수 있다(66조 2항). 중재재정은 당사자를 구속하는 것이므로 공익위원들이 책임지고 하도록 하되, 노·사위원의 의견을 참작할 수 있도록 배려한 것이다.

중재기간에 대해서는 직접 명문의 규정을 두고 있지 않으나 노동쟁의가 중재에 회부된 때에는 그 날부터 15일 동안은 쟁의행위를 할 수 없는 점(63조), 이 기간에 중재가 이루어지지 않는 경우에는 쟁의행위를 할 수 있는 점(45조 2항 단서)에 비추어 이 쟁의행위 금지 기간에 중재를 끝내야 한다고 보아야 할 것이다. 다만 당사자가 쟁의행위 돌입을 유예하고 교섭을 재개하여 타결의 전망이 있다고 인정되는 등 특별한 사정이 있는 경우에는 예외가 될 것이다.

라. 중재의 종료

(1) 중재재정은 효력발생 기일을 명시한 서면으로 한다(68조 1항). 명문의 규정은 없으나 조정서의 경우와 마찬가지로(61조 1항) 중재위원회 위원 전원의 서명 또는 날인을 요한다고 보아야 할 것이다.

(2) 중재재정은 단체협약과 같은 효력을 가진다(70조 1항). 따라서 중재재정의 내용에 대해서는 단체협약의 경우와 같이, 이행의무와 평화의무가 발생한다. 당사자는 그 내용이 불만스럽더라도 이를 성실히 이행해야 하고, 그 변경을 목적으로 쟁의행위를 할 수 없는 것이다.

(3) 중재는 관계 당사자의 의사에 관계없이 당사자 쌍방을 구속하므로 불복절차가 필요하다. 관계 당사자는 관할 지방노동위원회 또는 특별노동위원회의 중재재정이 위법이거나 월권에 따른 것이라고 인정하는 경우에는 그 중재재정서를 송달받은 날부터 10일 이내에 중앙노동위원회에 재심을 신청할 수 있다(69조 1항). 또 관계 당사자는 중앙노동위원회의 중재재정이나 재심결정이 위법이거나 월권에 따른 것이라고 인정하는 경우에는 중재재정서나 재심결정서를 송달받은 날부터 15일 이내에 행정소송을 제기할 수 있다(69조 2항). 이와 같이 중재재정에 대한 불복은 관계 당사자가 중재재정이 '위법이거나 월권에 따른 것'이라 인정하는 경

우에만 허용되고 중재재정의 내용이 불만스럽다거나 어느 일방에게 불리하여 부당하거나 불합리하다는 것만으로는 허용되지 않는 것이다.[1]

중재재정 또는 재심결정이 예컨대 근로기준법에 위반하는 등 단체협약의 내용이 될 수 없는 것을 포함하거나 절차에 관하여 노동조합법의 규정을 위반하는 경우가 '위법'인 경우에 해당하고, 노동쟁의의 대상이 아닌 사항이나 정당한 이유 없이 관계 당사자의 분쟁범위를 벗어나는 부분에 대하여 이루어진 경우에는 '월권에 따른 것'에 해당한다(위법과 월권을 엄격히 구별할 필요는 없을 것이다). 그러나 종전의 근로조건을 저하하는 내용이라는 것만으로 위법이라 할 수 없고,[2] 쌍방 주장(최종제안)의 중간수준에서 재정하는 절충식 중재가 아니라 쌍방의 주장 중 어느 하나를 선택하는 택일식 중재라 하여 월권에 따른 것으로 볼 수 없다.[3]

(4) 소정의 기간 내에 재심 신청 또는 행정소송 제기를 하지 않으면 그 중재재정 또는 재심결정은 확정되며(69조 3항), 중재재정 또는 재심결정이 확정되면 관계 당사자는 이에 따라야 한다(69조 4항; 벌칙 90조). 중재재정 또는 재심결정은 재심 신청 또는 행정소송 제기로 그 효력이 정지되지 않으므로(70조 2항), 확정되기 전에도 관계 당사자는 이를 준수해야 한다(벌칙 92조).[4]

마. 중재재정의 해석

중재재정의 해석 또는 이행방법에 관하여 관계 당사자 사이에 의견의 불일치가 있는 때에는 해당 중재위원회의 해석에 따르며 그 해석은 중재재정과 같은 효력을 가진다(68조 2항). 중재재정의 해석에 관한 분쟁은 그 재정을 한 중재위원회가 내용을 누구보다도 정확하게 알고 있다는 점에서 그 중재위원회를 통한 해

1) 대법 1992. 7. 14, 91누8944; 대법 1994. 1. 11, 93누11883; 대법 1997. 12. 26, 96누10669.

2) 근로조건 저하의 중재재정이라도 그것이 확정되면 단체협약과 같은 효력을 가지며, 근로자 과반수를 대표하는 노동조합이 동의하지 않아 종전의 취업규칙이 유효하게 변경되지 않더라도 단체협약(중재재정 포함)의 기준은 최저기준이자 최고기준으로서 규범적 효력을 가지므로 취업규칙에 대하여 우선 적용된다.

3) 중재담당자가 절충식 중재를 하기로 한 경우에는 양보를 많이 한 쪽이 불리하게 되므로 당사자는 양보를 꺼리게 된다. 반면에 당사자의 주장 중 어느 하나를 선택하는 양자택일식 중재를 하기로 한 경우에는 당사자는 자기쪽 주장이 합리적이라는 인상을 주어 채택될 것을 기대하면서 가능한 최대의 양보를 하게 된다. 그러나 당사자 쌍방이 충분히 양보하지 않는 경우에는 양자택일식 중재는 매우 불합리한 결과를 빚는다. 이 점을 고려하여 당사자 쌍방의 주장 및 제3자가 제시한 권고안의 중에서 선택하는 3자택일식 중재가 이용되기도 한다.

4) 미확정 단계의 중재재정 위반에 대한 벌칙은 헌법재판소가 미확정의 부당노동행위 구제명령에 대한 벌칙을 위헌으로 보고(헌재 1995. 3. 23, 92헌가14), 또 2001년 개정 전의 단체협약 위반에 대한 벌칙도 위헌으로 본 점(헌재 1998. 3. 26, 96헌가20)과의 균형상 그 효력이 의문시된다.

결의 길을 열어준 것이다. 따라서 중재위원회의 해석(견해제시)은 적어도 관계 당사자 일방이 신청해야 할 수 있다고 생각한다.[1)]

4. 긴급조정

노동조합법이 설정한 제3의 쟁의조정절차이다. 이미 착수된 쟁의행위로 국민경제나 국민의 일상생활이 위태롭게 되는 경우에 그 쟁의행위를 일단 중지시키고 그 원인이 된 노동쟁의를 중앙노동위원회의 직권조정 또는 강제중재를 통하여 해결하는 비상한 절차이다.[2)]

가. 결정·공표

노동조합법에 따르면, 고용노동부장관은 쟁의행위가 공익사업에 관한 것이거나 규모가 크거나 성질이 특별한 것으로서 현저히 국민경제를 해하거나 국민의 일상생활을 위태롭게 할 위험이 현존하는 때에는 중앙노동위원회 위원장의 의견을 들어 긴급조정을 결정할 수 있다(76조 1항·2항). 공익사업에서의 쟁의행위, 대규모 쟁의행위 또는 성질이 특별한 쟁의행위라 하여 당연히 긴급조정을 결정할 수 있는 것은 아니고, 현저히 국민경제나 국민의 일상생활을 위태롭게 할 위험이 현존할 것이 요구된다. '성질이 특별'하다는 것은 일반사업에 관한 것이고 규모가 크지 않으면서도 국민경제나 국민의 일상생활에 악영향을 주는 경우를 말한다.

고용노동부장관은 긴급조정의 결정을 한 때에는 지체 없이 그 이유를 붙여 이를 공표함과 동시에 중앙노동위원회와 관계 당사자에게 각각 통보해야 한다(76조 3항). 관계 당사자는 긴급조정이 공표된 때에는 즉시 쟁의행위를 중지해야 하며, 공표일부터 30일이 지나지 않으면 쟁의행위를 재개할 수 없다(77조).

나. 긴급조정 시의 조정·중재

중앙노동위원회는 긴급조정의 통고를 받으면 지체 없이 調停을 시작해야 한다(78조). 직권조정으로서 그 방법 및 종료에 관해서는 원칙적으로 조정에 관한

1) 중재위원회의 해석을 받기 위한 절차에 관해서는 규정하고 있지 않은데, 단체협약의 해석에 관한 분쟁 및 조정서의 해석에 관한 분쟁에 대한 규정(34조 및 60조)과 균형을 맞추어야 할 것이고 기술적으로 어느 하나의 규정을 '준용'하는 것으로 규정함이 바람직하다.

2) 정부의 결정으로 쟁의행위를 일시 중지시키는 제도는 미국이 1947년 Taft-Hartley법에서 도입한 이래 일본 등에서도 도입했으나 유럽에서는 정부의 결정으로 쟁의행위를 중지시키는 이러한 제도를 찾아보기 어렵다. 또 미국이나 일본에서는 긴급조정 아래서도 강제중재는 허용되지 않는다는 점이 우리나라의 경우와 대조를 이룬다.

규정(55조-61조, 72조)이 준용된다고 해석된다. 중앙노동위원회 위원장은 조정이 성립될 가망이 없다고 인정하면 공익위원의 의견을 들어 그 사건을 중재에 회부할 것인가 여부를 결정해야 하며, 이 결정은 긴급조정의 결정을 통고받은 날부터 15일 이내에 해야 한다(79조 1항·2항). 이 '15일 이내'의 기간이 조정기간이 되는 셈이다.

중앙노동위원회는 그 위원장이 중재회부를 결정한 때 또는 관계 당사자의 일방이나 쌍방의 신청이 있는 때에는 중재를 시작해야 한다(80조). '일방'이 신청한 때에도 중재를 시작하고, 위원장의 결정으로도 중재를 시작할 수 있으므로 강제중재를 허용하고 있는 것이다. 중재의 방법 및 종료에 관해서는 중재에 관한 규정(64조-70조)이 준용된다고 해석된다. 중재기간은 직접 규정되어 있지 않으나 30일의 쟁의행위 중지 기간 내에 조정과 중재를 모두 종료해야 하므로 30일에서 조정기간을 뺀 기간이 중재기간이 될 것이다.

Ⅲ. 사적 조정·중재

노동조합법에 따르면, 노동쟁의의 조정·중재에 관한 이 법의 규정에 불구하고 노동관계 당사자는 '쌍방의 합의 또는 단체협약으로 정하는 바에 따라 각각 다른 조정 또는 중재 방법에 따라 노동쟁의를 해결'할 수 있다(52조 1항). 당사자 사이의 합의 또는 단체협약(조정·중재 협정)이 있으면 법정 조정·중재를 갈음하여 민간인을 조정인·중재인으로 하는 유연한 절차·방법에 따라 노동쟁의를 해결할 수 있도록 허용한 것이다.

사적 조정·중재의 절차와 방법은 당사자 사이의 조정·중재 협정으로 자유롭게 정할 수 있지만 몇 가지 제한이 있다.

첫째, 노동관계 당사자는 사적 조정·중재를 하기로 한 때에는 이를 노동위원회에 신고해야 한다(52조 2항). 노동위원회가 조정·중재 업무를 적절하게 수행할 수 있도록 하려는 것이다. 특히 당사자가 노동위원회에 조정·중재를 신청한 후 사적 조정·중재를 하기로 한 경우[1] 노동위원회는 자주적 해결을 존중하여 그 절차의 진행을 중지하게 될 것이다.

둘째, 노동관계 당사자는 사적 조정을 하기로 한 때에도 노동조합법의 조정 전치 및 조정기간에 관한 규정(기간은 조정을 시작한 날부터 계산)은 준수해야 한다(52

1) 그 신고는 노동위원회의 조정·중재가 진행 중인 경우에도 할 수 있다(영 23조 2항).

조 3항 1호). 따라서 노동조합은 사적 조정이 실패한 경우라야 쟁의행위를 할 수 있다. 사적 조정을 전후하여 공적 조정도 신청한 경우[1] 어느 한 쪽의 조정이 실패하면 조정전치 의무는 준수한 것이므로 다른 쪽 조정이 종료되지 않았더라도 노동조합의 쟁의행위는 허용된다고 보아야 한다. 다만 사적 조정이 실패한 경우에 쟁의행위 돌입을 보류하고 다른 어떤 절차를 진행할 것인지는 조정 협정으로 정한 바에 따른다. 사적 조정인은 조정안을 제시하여 당사자의 수락을 권고할 수도 있고 단순히 당사자 사이의 원만한 타결을 유도·권고할 수도 있다. 당사자 쌍방이 조정안을 수락하거나 합의에 도달하면 그것은 단체협약과 같은 효력을 가진다(52조 4항).

셋째, 노동관계 당사자는 사적 중재를 하기로 한 때에도 중재 시의 쟁의행위 금지 기간에 관한 규정(기간은 중재를 시작한 날부터 계산)은 준수해야 한다(52조 3항 2호). 사적 중재인이 제시한 중재결정은 단체협약과 같은 효력을 가지므로, 당사자는 중재결정에 이의가 있으면 민사소송으로 다툴 수는 있지만 쟁의행위로 다툴 수는 없다.

넷째, 사적 조정인이나 중재인은 지방노동위원회 조정담당 공익위원의 자격을 가져야 하며, 노동관계 당사자로부터 수수료·수당·여비 등을 받을 수 있다(52조 5항). 사적 조정인이나 중재인의 인원수는 제한이 없으므로 협정에서 정한 바에 따른다. 공인노무사,[2] 변호사 등이 사적 조정인이나 중재인으로 선정되는 경우가 많을 것이다.

---

1) 사적 조정·중재가 실패한 경우 노동위원회에 조정·중재를 신청할 수 있다(영 23조 3항). 다만 당사자 간의 조정·중재 협정에서 이와 달리 정하는 경우에는 그렇지 않다.

2) 공인노무사는 공인노무사법이 정하는 바에 따라 소정의 자격시험에 합격한 자로서 노동관계 기관에 대한 신고·신청·청구·권리구제 등의 대행·대리, 노동법이나 노무관리에 대한 상담·지도, 근로기준법 적용 사업장에 대한 노무관리진단, 노동쟁의에 대한 사적 조정·중재 등의 직무를 수행한다.

제6장 부당노동행위제도

제1절 부당노동행위제도의 의의

Ⅰ. 구제제도와 처벌제도

헌법이 노동3권(단결활동권)을 보장하고 있더라도 사용자가 그 정당한 행사를 방해하거나 사용자가 단체교섭을 거부하는 상태가 방치된다면 노동3권 보장의 실효성은 떨어지고, 단체교섭관계를 중심으로 하는 노사자치는 왜곡될 것이다. 이 때문에 노동조합법은 근로자나 노동조합의 노동3권 행사에 대한 사용자의 방해 능 일정한 유형의 행위(부당노동행위)를 금지하고, 이 금지의 위반에 대하여 노동위원회를 통한 특별한 구제절차와 처벌을 정하고 있다. 우리나라에서 부당노동행위제도는 노동조합법이 설정한 이 금지규범 및 그 위반에 대한 행정적 구제제도와 처벌제도를 총칭하는 것이다.[1)]

다만 제도의 실질적 중요성은 금지규범에 대한 행정적 구제에 있고, 이를 특히 '부당노동행위 구제제도'라 부른다. 이 구제제도는 담당기관 및 절차의 면에서 특수성을 가지고 있다. 즉 부당노동행위에 대한 노동조합법상의 구제는 노동위원회라는 노사관계 전문의 행정위원회가 준사법적 절차로서 판정을 하고 구제명령을 발하는 것이다. 이러한 구조를 설정한 이유는 사용자의 부당노동행위로 발생한 상태를 공적 기관이 직접 시정하되 노사관계에 전문적인 행정기관이 다양한

1) 1953년 노동조합법은 사용자의 부당노동행위를 금지하고 노동쟁의조정법은 정당한 쟁의행위에 대한 사용자의 불이익취급을 금지하면서 각각 그 위반을 처벌하는 규정을 두었다. 1963년 노동조합법은 사용자의 부당노동행위를 체계적으로 정비하는 한편, 처벌규정을 삭제하고 노동위원회를 통한 준사법적 행정구제절차(노동위원회 구제명령의 불이행에 대한 벌칙은 존치)를 설정함으로써 '처벌주의'에서 '구제주의'로 입법방향을 전환했다. 1986년 개정 노동조합법은 노동위원회의 구제명령 이행 여부에 관계없이 사용자의 부당노동행위 그 자체를 처벌하되 반의사불벌죄로 하는 규정을 신설했다. 이로써 구제주의에서 구제주의와 처벌주의의 '병용주의'로 전환하게 되었다. 1997년 노동조합법은 노동조합 전임자에 대한 급여 지급을 부당노동행위에 포함시키고, 부당노동행위 자체의 처벌을 반의사불벌죄가 아닌 것으로 하면서, 중앙노동위원회의 구제명령에 대한 이행명령제도를 도입했다.

사건의 개별적 특성에 따라 적절한 시정조치를 결정하도록 재량권을 부여하는 한편,[1] 무료로 신속하게 사건을 처리하게 하자는 데 있다.

Ⅱ. 우리 제도의 특색

우리나라의 부당노동행위제도는 제도를 처음 도입한 미국[2] 및 우리의 입법 모델이라 할 수 있는 일본의 경우와 비교할 때에 몇 가지 특색이 있다.

첫째, 미국의 경우[3]와 달리 사용자의 부당노동행위만을 대상으로 하고 있고 근로자측의 부당노동행위가 규정되어 있지 않다.[4]

둘째, 일본의 경우와 달리 부당노동행위에 대하여 구제주의 이외에 처벌주의를 병용하는 입법정책을 취하고 있다. 구제주의가 부당노동행위에 따른 피해의 구제에는 효과적이지만, 금지된 부당노동행위 자체를 예방하는 데는 소홀한 단점을 가지는 반면, 처벌주의는 그와 반대되는 장단점을 가진다. 현행 제도는 얼핏 양자의 장점을 살릴 수 있을 것처럼 보이지만, 처벌이 실현되는 일은 실제로 매우 드문데다가 처벌 가능성은 구제를 어렵게 만들기도 한다.[5]

셋째, 미국의 경우[6]와 달리 구제기관으로서의 노동위원회는 부당노동행위에

1) 시정조치의 내용은 해고자를 복직시키는 경우처럼 부당노동행위가 없었던 상태로 회복시키는 이른바 '원상회복'을 내용으로 하는 경우가 있다. 이 때문에 행정구제의 목적을 원상회복에 있다고 생각할 여지도 있다. 이에 따르면 원상회복을 넘는 구제를 부여하는 구제명령은 위법이라고 결론짓게 되고 구제명령에 관한 노동위원회의 재량권을 제약하게 된다. 그러나 그러한 생각은 법률상 근거가 없고 엄밀한 의미에서 '원상'으로의 회복은 불가능하고 또 시정의 내용을 엄밀하게 그러한 원상회복에 그치게 하는 것도 아니다.

2) 미국의 뒤를 이어 캐나다, 인도, 멕시코, 일본 등이 비슷한 제도를 도입했으나 유럽 국가들에서는 찾아보기 힘들다.

3) 1935년 Wagner법은 사용자의 노동운동 방해행위(사용자의 부당노동행위)를 금지했으나, 1947년 Taft-Hartley법에 따른 개정으로 이에 추가하여 근로자나 노동조합의 일정한 행위(근로자측의 부당노동행위)도 금지하고 있다.

4) 그러나 노동조합의 운영이나 단체협약의 내용에 대한 행정관청의 관여(21조, 27조, 31조 3항), 쟁의행위에 대한 광범한 제한 규정과 위반에 대한 벌칙 등을 고려하면 근로자측 부당노동행위가 도입된 미국의 경우보다 근로자나 노동조합에 대한 행위 제한의 범위가 넓고 제재의 강도도 높다고 할 수 있다.

5) 처벌에 관해서는 죄형법정주의가 적용되므로 금지규정을 엄격하게 해석할 수밖에 없고 이론상 동일한 금지규정을 구제에 관해서는 달리 해석할 수 있는지 의문이 제기될 수 있다. 또 노동위원회 위원 등은 구제명령을 하면 사용자가 처벌받게 된다고 생각하여 구제명령에 신중을 기하려는 경향도 있다. 이런 점들을 고려하면 순수한 구제주의로 개정함이 바람직하다고 생각한다.

6) 1935년 Wagner법은 부당노동행위를 전담처리하는 연방노동관계위원회(National Labor Relations Board; NLRB)를 대통령 직속기구로 설치하고 수사·소추의 권한과 구제절차를 직권으로 시작·

대하여 형사소추하거나 구제절차를 시작할 권한이 없고, 구제절차는 피해자의 신청이 있어야 시작되고 심사와 구제명령도 피해자가 신청한 사항에 대해서만 할 수 있는 구조(신청주의)가 채택되고 있다. 게다가 사건을 담당하는 위원의 대부분이 비상근이어서 구제절차의 진행은 노동위원회가 주도하기보다는 쌍방 당사자들이 주도하는 경향이 생긴다.

넷째, 미국이나 일본과 달리 노동위원회는 부당노동행위 사건뿐 아니라 부당해고·징계 등 사건도 맡고 있어 노동조합에 가입한 근로자가 부당해고·징계 등에 대하여 구제신청을 하는 경우에 부당노동행위 구제신청도 함께 하는 경향이 있고, 그만큼 부당노동행위 사건에 대한 구제율은 낮아지는 경향이 생긴다.

Ⅲ. 제도의 목적

부당노동행위제도의 목적을 어떻게 이해할 것인가에 관해서는 다양한 이론적 설명이 제시되고 있으나 크게 보면 두 가지 견해로 요약된다. 그리고 이 문제는 노동조합법상 부당노동행위 구제제도와 노동3권 침해행위에 대한 사법적 구제의 관계를 어떻게 파악할 것인가와 관련된다.

기본권구체화설은 부당노동행위는 사용자가 노동3권을 침해하는 행위의 유형을 확인적으로 규정한 것이고, 부당노동행위제도는 헌법상 노동3권의 보장을 구체화하려는 데 그 목적이 있다고 설명한다. 즉 부당노동행위제도를 헌법상 노동3권 보장의 직접적인 효과에 포함되어 있는 제도라고 이해하는 것이다.

공정질서확보설은 부당노동행위제도는 헌법상의 노동3권의 보장을 실효성 있게 하기 위한 제도이기는 하지만, 노동3권의 보장 그 자체를 목적으로 하는 것이 아니라 공정한 노사관계질서의 확보 또는 원활한 단체교섭관계의 실현을 목적으로 하는 것이며, 부당노동행위는 그러한 공정한 노사관계질서에 위반하는 행위의 유형이라고 설명한다.

판례는 부당노동행위제도는 집단적 노사관계의 질서를 파괴하는 사용자의 행위를 예방·제거함으로써 노동3권을 확보하여 노사관계의 질서를 신속하게 정상화하기 위하여 노동조합법이 특별히 설정한 것이라고 한다.[1]

진행할 권한을 부여하고 있다.

1) 대법 1998. 5. 8, 97누7448.

제2절 부당노동행위의 성립요건

Ⅰ. 부당노동행위의 주체·객체 및 유형

1. 부당노동행위의 주체

노동조합법은 사용자는 부당노동행위를 해서는 안 된다고 규정하고 있다(81조 1항). 따라서 현행법상 부당노동행위의 주체는 사용자이다.

가. 금지행위의 주체와 구제명령 이행의 주체

(1) 노동조합법은 '사용자'란 사업주, 사업의 경영담당자 및 그 사업의 근로자에 관한 사항에 대하여 사업주를 위하여 행동하는 자(관리자)를 의미한다고 광의로 규정하고 있다(2조 2호). 부당노동행위에서 금지행위의 주체는 광의의 사용자가 해당된다. 즉 금지된 행위를 사업주가 한 경우는 물론, 경영담당자나 관리자가 한 경우에도 부당노동행위가 성립한다.[1] 경영담당자(예: 주식회사의 경우 대표이사)는 사업주로부터 사업 경영에 대하여 포괄적 위임을 받은 자이므로, 그가 부당노동행위를 현실적으로 실행한 경우 그 행위는 사용자의 행위로서 부당노동행위가 인정된다. 반면 사업 조직 내에서 관리자나 그 밖의 근로자 등이 노동조합의 조직·운영을 방해하는 행위를 한 경우 사용자의 부당노동행위에 해당하는지가 문제된다.

첫째, 사용자인 관리자(그 사업의 근로자에 관한 사항에 대하여 사업주를 위하여 행동하는 자)는 근로자의 인사, 급여, 후생, 노무관리 등 근로조건의 결정 또는 업무상의 명령이나 지휘·감독을 하는 등의 사항에 대하여 사업주로부터 일정한 권한과 책임을 부여받았으므로,[2] 그 권한과 책임의 범위 내에서 사업주를 위하여 한 행위가 노동조합의 조직·운영을 방해하는 행위인 경우에는 그 관리자의 부당노동행위일 뿐만 아니라 사업주의 부당노동행위로도 인정된다. 다만 사업주가 선임 및 업무수행상 감독에 상당한 주의를 하였음에도 불구하고 부당노동행위가 행해진 경우와 같은 특별한 사정이 있다면 사업주의 부당노동행위는 아니며 관리자의 부당노동행위에만 해당한다.[3]

1) 대법 2022. 5. 12, 2017두54005.
2) 대법 1989. 11. 14, 88누6924; 대법 2011. 9. 8, 2008두13873.
3) 대법 2022. 5. 12, 2017두54005(관리자의 지배개입의 발언을 관리자 및 사업주의 부당노동행위로 인정한 사례). 이때 특별한 사정에 대한 주장·증명 책임은 사업주에게 있다고 한다.

둘째, 근로자에 관한 사항에 대하여 부여받은 권한과 책임의 범위 외에서의 관리자의 행위이거나 그 밖의 근로자 또는 제3자(예컨대 하청업체 등 해당 사업과 거래관계에 있는 사업체의 종사자, 해당 노동조합과 경쟁관계에 있는 노동조합의 간부)의 행위가 노동조합의 조직·운영을 방해하는 행위인 경우라도 사용자(사업주 또는 경영담당자)의 의향에 따라 또는 그 묵시적 승인 아래 한 것이라면 이를 사용자의 행위로 보아 부당노동행위 성립을 인정하여야 한다. 그 현실적 행위를 사용자의 행위로 볼 것인지 아니면 행위자 개인의 독자적 행위로 볼 것인지는 사용자의 관여 유무, 중간관여자의 회사 내 지위, 지시·공모·용인·묵인 등 관여의 형태와 정도, 노동조합에 대한 사용자의 최근 태도, 행위자의 회사 내 지위, 행위자와 사용자의 관계 등 여러 사정을 종합하여 개별적으로 판단해야 할 것이다.

(2) 노동조합법은 사용자의 부당노동행위로 그 권리를 침해당한 근로자 또는 노동조합이 노동위원회에 구제를 신청할 수 있고(82조 1항), 노동위원회는 부당노동행위가 성립한다고 판정한 때에 사용자에게 구제명령을 발하며(84조 1항), 구제명령이 있을 때 관계 당사자는 이에 따라야 한다고 정하고 있다(84조 3항, 85조 4항). 구제명령은 사용자에게 발하므로 이에 따라야 하는 관계 당사자 즉 구제명령의 이행 주체는 사용자를 의미한다. 노동위원회 구제 절차는 구제명령의 이행 주체를 '피신청인'으로 하여 구제를 신청하여야 한다. 구제명령의 이행 주체의 범위(피신청인 적격)는 금지행위의 주체의 범위와 마찬가지로 광의의 사용자 모두가 해당한다.[1] 경영담당자, 관리자나 그 밖의 자가 부당노동행위의 현실적 행위자인 경우에도 그 행위는 사업주의 행위로 인정되고 그 행위로 인한 침해상태를 시정할 권한과 책임은 사업주에게 있으므로 사업주는 1차적으로 구제명령의 이행 주체로서 피신청인 적격이 인정된다. 그럼에도 불구하고 현실적으로 발생하는 부당노동행위의 유형이 다양하고 노사관계의 변화에 따라 그 영향도 다각적이어서 부당노동행위의 예방·제거를 위한 구제명령의 방법과 내용은 유연하고 탄력적일 필요가 있으므로, 구제명령을 발령할 상대방도 구제명령의 내용이나 그 이행 방법, 구제명령을 실효적으로 이행할 수 있는 법률적 또는 사실적인 권한이나 능력을 가지는지 여부 등을 고려하여 결정하여야 한다. 이에 따라 구제의 상대방으로 사업주 이외에 경영담당자나 관리자도 아울러 추가하여야 하는 경우를 인정할 수 있을 것이다.

---

1) 대법 2022. 5. 12, 2017두54005. 이 판결에서 사업주 이외에 관리자는 피신청인 적격이 없다는 노동위원회의 결정이 타당하지 않다고 한다.

나. 사용자 개념의 확대

노동조합의 구성원인 근로자와 근로계약을 맺고 있는 사용자가 불이익취급 등의 부당노동행위를 한 경우 그 사용자는 부당노동행위의 주체로서 구제명령을 받게 된다. 문제는 근로계약상의 사용자(고용주)가 아닌 자가 단체교섭거부나 지배개입 등의 행위를 하여 노동3권의 행사에 방해가 된 경우에 고용주가 아니어서 구제명령을 할 수 없는지에 있다. 이 경우 사용자성을 부인하고 구제명령을 할 수 없다고 하면 노동조합이나 그 구성원인 근로자에 대한 사용자의 노동3권 침해행위를 예방·제거하여 노동3권을 구체적으로 확보하고 정상적인 노사관계 질서를 유지·회복하려는 부당노동행위 구제제도의 취지가 몰각될 수도 있다.

따라서 부당노동행위의 주체로서의 사용자는 근로계약관계가 존재하는 고용주로 한정되지 않고 해당 근로자의 근로조건(고용 보장·안정 포함)에 실질적인 영향력 또는 지배력을 가지는 자도 널리 포함된다고 보아야 할 경우가 있다.

총론에서 살펴보았듯이 노동조합법 2조 2호는 전단에서 사업주 등을 사용자라 규정하면서, 후단에서 "이 경우 근로계약 체결 당사자가 아니더라도 근로자의 근로조건에 대하여 실질적이고 구체적으로 지배·결정할 수 있는 지위에 있는 자도 그 범위에 있어서는 사용자로 본다."고 규정한다. 근로조건에 대해 실질적·구체적으로 지배·결정할 수 있는 지위에 있는 자도 사용자이므로 부당노동행위의 주체에 해당한다.

A. 근로계약 근접 사례　　가까운 과거에 근로계약관계가 있었거나 가까운 장래에 근로계약을 맺을 가능성이 있는 경우에는 단체법상의 사용자로서 부당노동행위의 주체로 인정된다. 예컨대 해고자가 속한 노동조합이 해고 철회나 퇴직 조건에 관한 단체교섭을 요구한 때에는 그 근로자를 해고한 사용자는 이에 응할 의무가 있고, 종전처럼 계절근로자를 계속 사용할 기업은 그 근로자가 소속한 노동조합이 그 재채용 또는 근로조건에 관하여 교섭을 요구한 경우에 이에 응할 의무가 있다.

B. 기업 소멸 사례　　회사 합병의 과정에서 존속회사가 미리 소멸회사의 근로자나 그 소속 노동조합에 부당노동행위를 한 경우에는 그 존속회사도 사용자로 인정된다. 그리고 노동조합을 소멸시키기 위하여 폐업하면서 새로운 사업의 형식으로 실질적으로는 종전과 동일한 사업을 계속하는 이른바 '위장폐업'의 경우에는 그 사업은 폐업한 사업의 사용자로서의 지위를 승계한다고 해석된다.

C. 원청회사와 하청업체 사례 등 (1) 사내 하청업체에 소속된 근로자들이 조직한 노동조합이 원청회사를 상대로 부당노동행위 구제신청을 한 사건에서, 판례는 근로자의 기본적인 노동조건 등을 실질적·구체적으로 지배·결정할 수 있는 지위에 있는 자가 근로자의 노동조합 조직·운영을 지배하거나 개입하는 행위를 한 경우 부당노동행위 구제명령의 대상인 사용자에 해당한다고 전제한 다음, 이 사건 원청회사는 하청업체 소속 근로자들의 기본적인 노동조건 등에 관하여 하청업체의 권한과 책임을 일정 부분 담당하고 있다고 볼 정도로 실질적·구체적으로 지배·결정할 수 있는 지위에 있고 하청업체의 폐업을 유도하여 노동조합의 활동을 위축시키는 지배개입행위를 한 것이므로 구제명령의 대상인 사용자에 해당한다고 인정했다.[1]

이 경우 근로자를 고용한 사내 하청업체는 기본적인 근로조건(임금)만 지배·결정하고 원청회사가 취업에 관한 근로조건(근로시간·작업방법 등)을 지배·결정한다면 부당노동행위에서 사용자의 지위는 이들 지배력의 비율에 따라 분담해야 할 것이다.

(2) 판례는 노동조합에 가입한 골프장 캐디가 그 고용주가 아닌 골프장 시설운영자한테서 제명처분 등 징계를 받은 사건에서 골프장 시설운영자는 캐디의 기본적인 노동조건을 실질적·구체적으로 지배·결정할 수 있는 지위에 있다고 인정되므로 부당노동행위 구제명령의 대상인 사용자에 해당한다고 판시했다.[2]

(3) 2개의 회사가 주식 소유나 임원 파견 등으로 모회사와 자회사의 관계에 있고, 모회사가 자회사의 경영을 지배하면서 자회사 근로자의 임금·인사 등 근로조건을 실질적·구체적으로 지배·결정한 경우에는 모회사도 고용주인 자회사와 함께 부당노동행위의 주체로서 사용자로 인정된다.

(4) 직접 근로계약을 체결하지 않은 2조 2호 후단 규정의 사용자가 조합활동을 이유로 직접사용자의 근로자에게 불이익을 주는 경우도 불이익취급의 부당노동행위에 해당한다. 근로자에 대한 불이익은 근로계약상의 지위나 내용에서의 불이익뿐만 아니라 경제상·정신활동상 또는 단결활동상에서 사실상의 불이익을 주는 경우도 포함되기 때문이다. 그러한 불이익 취급의 부당노동행위는 노동조합에 대한 지배개입의 부당노동행위에도 해당한다.

---

1) 대법 2010. 3. 25, 2007두8881<핵심판례>. 이 판례는 15년 전에 나온 일본의 판례(最判 平7. 2. 28, 朝日放送사건)에서 영향을 받은 것으로 보인다.

2) 대법 2014. 2. 13, 2011다78804.

다. 사용자단체

사용자단체도 부당노동행위의 주체가 될 수 있는가, 특히 사용자단체가 산업별 통일교섭을 요구하는 노동조합에 대하여 정당한 이유 없이 단체교섭을 거부·해태하는 것이 부당노동행위가 되는가도 문제된다.

노동조합법은 사용자단체도 성실교섭 의무를 가진다고 규정하고 있는데(30조 1항·2항), 사용자단체가 이에 위반하는 경우에 부당노동행위가 되지 않는다고 보는 것은 불합리하고, 노동조합법이 부당노동행위의 주체를 '사용자'로 규정한 것(81조 1항)은 예시적 의미를 갖는 데 불과하다. 그 동안 노동위원회와 법원도 사용자단체를 상대로 하는 부당노동행위 구제신청사건에서 사용자단체를 부당노동행위의 주체에서 배제하지 않은 것 같다. 다만 부당노동행위 처벌제도(90조)에 있어서는 죄형법정주의 원칙상 명문의 규정이 없는 사용자단체의 교섭거부나 지배개입은 부당노동행위로 보기 곤란하다.[1]

2. 부당노동행위의 객체

부당노동행위의 객체는 근로자와 노동조합이다. 부당노동행위의 객체로서의 노동조합이 법내노조로 한정되는지 여부가 문제된다. 이 문제는 법외노조에 대한 사용자의 행위가 부당노동행위가 될 수 있는지, 이에 따라 처벌의 대상 또는 민사구제의 대상이 되는지와 관련하여 의미를 가진다.

부당노동행위 금지 규정의 대부분은 헌법상 노동3권 보장의 효과를 확인하는 성질을 가지고 있다. 노동3권 방해의 불이익취급, 반조합계약, 단체교섭거부, 지배개입의 금지가 그렇다. 따라서 이들 규정에서 행위의 객체인 노동조합은 헌법상 노동3권 행사를 위한 요건을 갖추었으나 노동조합법에 따라 설립되지 않은 이른바 '헌법상의 노조'도 포함하며, 법내노조로 한정되는 것이 아니라고 보아야 한다.

그러나 나머지 금지 규정, 즉 제도방해의 불이익취급의 금지는 노동조합법이 창설한 규정이므로 그 행위의 객체인 노동조합은 법내노조로 한정된다.

3. 부당노동행위의 유형

(1) 노동조합법 제81조 제1항은 사용자의 부당노동행위를 제1호부터 제5호

---

1) 노동조합법 제81조 제1항을 개정하여 부당노동행위의 주체에 사용자단체도 명시적으로 포함하여 규정할 필요가 있다고 생각한다.

에 걸쳐 ① 근로자의 노동조합 조직·가입이나 그 밖의 정당한 조합활동을 이유로 하는 불이익취급, ② 반조합계약, ③ 단체교섭거부, ④ 지배개입 및 운영비원조, ⑤ 근로자의 정당한 쟁의행위 참가 또는 부당노동행위의 신고·증언·증거제출을 이유로 하는 불이익취급의 다섯 가지로 나누어 규정하고 있다.

이들 행위유형은 노동3권의 행사와 관련된 반조합적 행위로서의 성격을 가지고 있지만, 부당노동행위의 신고·증언·증거제출을 이유로 하는 제5호 후단의 불이익취급만은 근로자가 부당노동행위제도에 호소하는 것을 방해하는 행위로서의 성격을 가지고 있다('제도방해의 불이익취급'이라 부르기로 한다).[1] 그리고 정당한 쟁의행위의 참가를 이유로 하는 제5호 전단의 불이익취급은 노동3권 방해행위의 성격을 가진다는 점에서 제1호의 불이익취급과 동질적이다. 또 운영비원조는 지배개입에 속하는 특별한 형태라 볼 수 있다.

따라서 부당노동행위는 기본적으로는 노동3권 방해의 불이익취급(제1호의 불이익취급과 제5호 전단의 불이익취급), 반조합계약, 단체교섭거부, 지배개입의 4개 유형으로 분류되고, 여기에 제도방해의 불이익취급의 특별유형이 부가되는 것으로 볼 수 있다. 다만 설명의 편의상 제도방해의 불이익취급을 노동3권 방해의 불이익취급과 합쳐서 살펴보기로 한다.

(2) 단체교섭거부 및 지배개입은 노동조합이라는 단체에 대한 부당노동행위이고, 불이익취급 및 반조합계약은 근로자 개인에 대한 부당노동행위이다. 다만 불이익취급 및 반조합계약은 노동조합에도 직접 피해를 줄 수 있다는 점에서 단체에 대한 부당노동행위의 성격도 아울러 가진다.

그런데 예컨대 법외노조가 구제신청을 할 수 없는(7조 1항) 부당노동행위는 단체에 대한 부당노동행위일 것이지만, 법외노조의 구성원이 구제신청을 할 수 있는(7조 2항 참조) 부당노동행위는 개인에 대한 부당노동행위이다. 따라서 부당노동행위의 유형을 이와 같이 개인에 대한 것과 노동조합에 대한 것으로 구분하는 것도 의미가 있다.

(3) 불이익취급, 반조합계약, 단체교섭거부, 지배개입의 각 유형의 상호관계에 대해서는 지배개입의 규정이 원칙규정 또는 포괄규정이고 다른 것은 그 특칙이라는 견해가 있다.

1) 흔히 '보복적 불이익취급'이라 부르지만 노동3권의 행사에 대한 보복으로 하는 불이익취급과 혼동하기 쉽다는 점에서 본문과 같이 부르기로 한다. 그리고 이 유형은 부당노동행위 금지규정에서 분리하여 법 위반 사실의 신고를 이유로 하는 불이익처분의 금지(근기 104조, 기간16조 2호-4호) 등의 경우처럼 별도의 금지행위로 규정함이 바람직하다고 생각한다.

그러나 이들은 대등한 의의를 가지고 병렬되어 있는 것으로 보아야 할 것이다. 따라서 신청된 행위가 어느 부당노동행위에 해당하는가 여부는 각 유형마다 판단되고 그 결과 2 이상의 유형에 동시에 해당하는 부당노동행위도 존재하게 된다(예컨대 노동조합 대표자의 해고는 불이익취급과 지배개입 양쪽에 해당). 그리고 각 유형에 따라 구제의 내용이 한정되어 있는 것은 아니므로, 노동위원회는 각 유형을 준별하지 않고 상호보완적으로 활용하여 사안의 내용이나 성격에 따라 적절한 구성과 구제명령을 할 수 있다.

(4) 이하 불이익취급, 반조합계약, 단체교섭거부, 지배개입의 유형별로 성립요건을 살펴보기로 한다.

Ⅱ. 불이익취급

노동조합법은 근로자가 노동조합에 가입 또는 가입하려고 하였거나 노동조합을 조직하려고 하였거나 정당한 단체행위에 참가한 것 기타 노동조합의 업무를 위한 정당한 행위를 한 것을 이유로 또는 노동위원회에 사용자가 이 규정에 위반한 것을 신고하거나 그에 관한 증언을 하거나 기타 행정관청에 증거를 제출한 것을 이유로 사용자가 그 근로자를 해고하거나 그 근로자에게 불이익을 주는 행위를 불이익취급의 부당노동행위로 규정하고 있다(81조 1항 1호·5호). 불이익취급이 성립하려면, 첫째로 노동조합 가입·조직 등 근로자의 정당한 단결활동 등의 행위가 있어야 하고, 둘째로 사용자의 불이익처분이 있어야 하며, 셋째로 사용자의 불이익처분이 근로자의 정당한 단결활동 등을 이유로 했어야 한다.

1. 근로자의 정당한 단결활동 등

가. 노동조합의 가입·조직

'근로자가 노동조합에 가입 또는 가입하려고 했거나 노동조합을 조직하려고 한 것'을 이유로 불이익을 준 경우에는 불이익취급이 성립한다(81조 1항 1호).

노동조합에 '가입 또는 가입하려고 한 것'이란 노동조합을 스스로 조직하고 이에 가입했거나 기존의 노동조합에 가입한 것 또는 기존의 노동조합에 가입하려 한 것을 말한다. 노동조합에 가입하여 조합원으로 머무는 것은 물론, 노동조합에서 탈퇴하지 않은 것, 예컨대 임원이나 대의원 등 특정 종류의 조합원이 된 것 또는 노동조합 내부의 특정 계파, 특히 집행부를 비판하는 조직에 속한 것을 이유로 불이익을 주는 경우는 노동조합에 가입한 것을 이유로 불이익을 주는 것으로 보아야 한다. 가입하려는 것은 가입 신청을 하는 경우뿐만 아니라 가입하려는 희망을 표명하거나 가입에 관한 상담이나 준비 등을 하는 것도 포함한다고 보아야 할 것이다.

노동조합의 '조직'이란 노동조합의 설립총회를 하여 규약을 결정하고 임원을 선출하여 노동조합으로서의 체제를 갖추는 것을 말하고, 넓게는 설립신고를 하여 신고증을 받는 것도 포함한다. 노동조합을 '조직하려고 한 것'이란 노동조합을 조직하려는 희망을 표명하거나 동조자를 규합하는 등 조직을 위한 준비를 한 것을 말한다. 미조직근로자가 특정의 근로조건에 관한 불만이 있어 동조자를 규합하고 단체교섭을 준비하는 등의 행위를 하는 경우에는 노동조합을 조직하려는 의사나 준비가 포함된 것으로 볼 수 있는 경우가 많다.

법외노조 중 자주성도 없는 것을 노동조합의 실체적 요건을 갖추도록 하거나 법내노조로 전환하기 위하여 가입한 경우에 불이익취급의 보호를 부여할 수 없다는 견해가 있으나, 이 경우에는 '노동조합을 조직하려고 한 것'에 해당된다고 볼 수 있으므로 불이익취급의 보호 범위에 들어간다고 보아야 할 것이다.

다른 노동조합의 조직·가입에 대해서는 불이익처분을 하지 않으면서 특정 노동조합의 조직·가입에 대해서만 불이익처분을 하는 경우에도 불이익취급의 부당노동행위가 성립될 수 있다. 예컨대 근로자에 대한 인사고과가 상여금의 지급 기준이 되는 사업장에서 사용자가 특정 노동조합의 조합원이라는 이유로 다른 노동조합의 조합원 또는 비조합원보다 불리하게 인사고과를 하여 상여금을 적게 지급하는 것은 부당노동행위가 될 수 있고, 이 경우 부당노동행위가 성립되는지 여부는 특정 노동조합의 조합원 집단과 다른 노동조합의 조합원 또는 비조합원 집단을 전체적으로 비교하여 통계적으로 유의미한 격차가 있었는지 등을 심리하여 판단해야 한다.[1]

나. 정당한 조합활동

근로자가 '노동조합의 업무를 위한 정당한 행위를 한 것'을 이유로 불이익을 준 경우에도 불이익취급이 성립한다(81조 1항 1호). 근로자의 '노동조합의 업무를 위한' '행위'는 조합활동을 의미한다. 근로자의 조합활동과 관련하여 불이익취급

1) 대법 2009. 3. 26, 2007두25695(증거 불충분으로 부당노동행위의 성립을 부정); 대법 2018. 12. 27, 2017두37031<핵심판례>(부당노동행위의 성립을 인정).

의 부당노동행위가 성립하려면 그 조합활동이 정당성을 가져야 한다. 조합활동의 정당성에 관해서는 앞에서 이미 자세히 살펴본 바와 같다.

다. 정당한 쟁의행위 참가

근로자가 '정당한 단체행위에 참가한 것'을 이유로 불이익을 주는 경우에도 불이익취급이 성립한다(81조 1항 5호).

(1) 법문상 '단체행위'는 쟁의행위(또는 단체행동)를 말한다고 보아야 할 것이다.[1] 쟁의행위의 '참가'는 노동조합의 결정·지시에 따라 쟁의행위에 수동적으로 참가하는 것만이 아니라, 쟁의행위를 기획하거나 지도하는 등 능동적으로 참가하는 것도 포함한다.

(2) 근로자의 쟁의행위 참가와 관련하여 불이익취급의 부당노동행위가 성립하려면 그 쟁의행위가 정당한 것이어야 한다.

다만 쟁의행위에 대한 민·형사 사건에서의 정당성 판단과 쟁의행위에 대한 부당노동행위 사건에서의 정당성 판단이 반드시 일치하는 것은 아니다. 전자는 쟁의권이 사용자의 권리나 근로자의 의무를 어떻게 수정하고 있는가의 관점에서 근로자나 노동조합의 행위에 대하여 어떠한 책임을 물을 것인가를 규명하기 위한 평가인 데 대하여, 후자는 사용자의 불이익처분이 장래 있어야 할 공정한 노사관계질서를 수립하기 위하여 구체적으로 타당한가의 관점에서 근로자의 행위에 대하여 평가하는 것이다. 물론 부당노동행위 사건에서도 권리·의무의 체계가 무시되어도 좋은 것은 아니지만, 권리·의무의 체계를 먼저 점검한 후에 그러한 노사관계적 판단을 더 중요시해도 좋을 것이다.

그 결과 근로자가 정당하지 않은 쟁의행위에 참가한 경우라도 그에 대한 사용자의 불이익처분이 이례적이거나 상당성을 넘는 경우에는 불이익취급이 성립된다고 해석된다.[2]

라. 부당노동행위 구제신청 등

근로자가 '노동위원회에 대하여 사용자가 이 조의 규정에 위반한 것을 신고하거나, 그에 관한 증언을 하거나 그 밖의 행정관청에 증거를 제출한 것'을 이유

1) 노동조합법은 유독 부당노동행위 금지규정에서만 '단체행위'라는 용어를 사용하고 있는데, '쟁의행위' 또는 '단체행동'의 오류인 듯하다. 일본의 노동조합법에는 '정당한 단체행위에 참가한 것'이라는 조항이 아예 없다. 정당한 쟁의행위에 참가하는 것은 정당한 조합활동(넓은 의미)에 포함되기 때문일 것이다.

2) 대법 1990. 11. 27, 90누3683은 야간근무 중 2시간 정도 무단이탈한 것을 이유로 한 징계해고를 부당노동행위라고 본다.

로 불이익을 주는 경우에도 불이익취급의 부당노동행위가 성립한다(81조 1항 5호). 근로자의 행위가 노동3권의 행사와 직접 관련되지 않고 근로자가 부당노동행위제도에 호소하는 것을 방해하는 특별한 형태의 불이익취급이다.

'노동위원회에 대하여 사용자가 이 조의 규정에 위반한 것을 신고'한다는 것은 사용자가 부당노동행위를 한 것에 대하여 노동위원회에 구제신청 또는 재심신청을 하는 것을 말한다고 보아야 할 것이다. '그 밖의 행정관청'은 부당노동행위 형사사건의 수사를 전담하여 수행하는 검사와 근로감독관을 말한다고 보아야 한다. 문언상 노동위원회가 포함되지 않는 것이 명백하고 노동조합법의 다른 규정(13조, 21조 등)에서의 행정관청은 부당노동행위에 관하여 아무런 권한이 없기 때문이다.

근로자가 노동위원회에 증거를 제출한 것, 재심 판정에 대하여 행정소송을 제기한 것, 근로감독관 등에 부당노동행위를 한 사용자를 고소·고발한 것, 근로감독관 등에 증언을 한 것 등을 이유로 사용자가 불이익을 주는 경우에 불이익취급의 부당노동행위가 성립되는지 문제된다. 이 경우에도 부당노동행위제도에 호소하거나 그 기능이 수행되는 것을 방해한다는 점에서 긍정적으로 보아야 할 것이다. 다만 부당노동행위 처벌제도(90조)에서는 죄형법정주의 원칙상 위와 같은 경우는 명문의 규정이 없으므로 부당노동행위로 보기 곤란하다.[1)]

2. 사용자의 불이익처분

불이익취급의 부당노동행위가 성립하려면 사용자가 노동조합의 조직·가입 등의 행위를 한 '근로자를 해고하거나 그 근로자에게 불이익을 주'었어야 한다(81조 1항 1호·5호).

여기서 '불이익을 주는 행위'란 종전의 통례 또는 다른 근로자와 비교하여 불리하게 처분하는 것을 말하고, 종류와 형태는 매우 다양하다.

첫째, 종업원 지위의 득실에 관한 불이익처분으로서 해고가 대표적인 것이다. 해고는 통상해고든 징계해고든 관계없다. 또 채용내정자나 시용 중의 근로자에 대한 본채용의 거부, 정년의 차별적 적용, 휴직 후 복직의 거부, 기간제근로자에 대한 계약 갱신의 거절도 불이익처분에 해당된다.

1) 노동조합법 제81조 제1항 제5호의 규정이 이처럼 '신고', '행정관청' 등 부적절한 용어를 사용하는 등 미비한 것은 1953년 처벌주의를 채택한 당시의 규정을 그 후의 입법방향의 전환에 맞추어 적절하게 개정하지 않은 데서 빚어진 것으로 보인다. 제도의 기능이 저해되지 않도록 한다는 입법취지에 걸맞게 규정이 대폭 수정·보완되어야 할 것이다.

둘째, 인사상의 불이익처분으로서 근로자에게 불리한 교육훈련, 전직, 전출, 전적, 휴직, 인사평정 등이 이에 해당한다. 불이익인지 여부는 지위, 직종, 임금이나 그 밖의 대우, 통근 사정, 가정의 사정 등에 비추어 판단해야 한다. 강등 또는 승진의 탈락,[1] 징계처분(경고·감봉·출근정지·정직 등)도 같은 종류에 속한다.

셋째, 경제상의 불이익처분으로서 각종의 임금, 퇴직금, 복리후생적 급여 등에 관하여 불리하게 처리하는 것이 이에 속한다. 임금 산정 또는 삭감 기준의 차별적 적용이 임금에 관한 불이익처분의 전형이다. 연장·야간·휴일근로를 본인의 의사에 반하여 시키지 않거나[2] 연차휴가 신청에 대하여 정당한 사유 없이 시기변경권을 행사하는 것도 같은 종류의 불이익처분에 속한다.

넷째, 정신생활상의 불이익처분으로서 예컨대 잡일을 시키거나 회사 행사에 참가시키지 않거나 생활근거지에서 먼 곳으로 전직시키는 것[3]이 있다.

다섯째, 단결활동상의 불이익처분으로서 예컨대 열성적인 조합활동가를 이례적으로 관리직으로 승진시켜 조합원자격을 상실하게 하는 경우[4]가 이에 해당한다. 승진으로 임금 수입이 증가하더라도 그 근로자가 단결활동의 계속을 희망하는데도 이를 불가능하게 한다는 점에서 불리한 처분으로 인정된다. 이례적 승진을 본인이 동의한 경우에는 불이익취급의 부당노동행위는 성립되지 않지만 지배개입의 부당노동행위가 성립될 가능성이 있다. 그러나 근로자의 단결활동 등과 무관하게 경영상의 필요와 합리적인 기준에 따라 선발하여 승진시킨 경우에는 결과적으로 조합원자격이 상실되더라도 불이익취급 또는 지배개입이 성립되지 않는다. 열성적인 활동가를 조합원과 접촉이 어려운 근무지로 전직 또는 장기 출장을 시켜 단결활동을 곤란하게 하는 것도 같은 부류에 속한다.

3. 이유로 하는 것

가. 부당노동행위 의사

불이익취급의 부당노동행위가 성립하려면 사용자의 불이익처분이 근로자의 정당한 단결활동 등을 이유로 해야 한다. '이유로' 한다는 것이 무엇을 의미하는지에 관해서는 이론상 견해의 대립이 있다.

---

1) 대법 2011. 7. 28, 2009두9574는 노동조합 전임자에 대하여 다른 영업사원과 동일하게 판매실적에 따른 승격기준만 적용하여 승진에서 배제한 것을 부당노동행위로 인정한다.
2) 대법 2006. 9. 8, 2006도388.
3) 대법 1993. 2. 23, 92누11121.
4) 대법 1992. 10. 27, 92누9418.

A. 의욕설 '이유로' 한다는 것은 부당노동행위 의사를 가지고 한다는 것을 의미하고 부당노동행위 의사는 반조합적 의욕이나 동기라고 설명하는 견해(의욕설, 주관적 인과관계설)가 주장되어 왔다.[1] 불이익취급이 성립하려면 반조합적인 의도나 동기가 필요하다는 것이고, 다만 그러한 주관적 요소는 제반 사정(간접사실)에서 인정되는 추정적 의사로 족하다고 한다.

B. 객관적 인과관계설 불이익취급의 성립에 부당노동행위 의사를 요하지 않는다고 하면서 근로자의 단결활동 등의 행위와 사용자의 불이익처분 사이에 객관적으로 인과관계가 인정되면 족하다고 하는 견해(객관적 인과관계설)가 있다. 이 견해도 사용자의 내심의 의도를 무시해야 한다는 것은 아니고 사용자의 반조합적 의사가 확인되는 경우에는 이를 고려하여 인과관계의 존부를 판단하고 그 반조합적 의사는 제반 사정에서 인정되는 추정적 의사로 족하다고 설명한다.

그런데 또 이 견해를 지지하는 일각에서는 불이익취급의 성립을 위하여 "객관적 인과관계만 있으면 족하다"고 하여 주관적 요소의 필요성을 배제하면서도 이와 모순되게 "객관적 인과관계에 있다는 사실만을 인식하는 것으로 족하다"고 하여 주관적 요소를 필요로 한다고 설명하고 있다.

C. 부당노동행위 의사의 내용 불이익취급이 성립하려면 부당노동행위 의사의 존재가 필요하다는 견해에 찬동한다. 다만 부당노동행위 의사의 내용에 관해서는 이를 반조합적 의도나 동기라고 설명하는 것은 너무 막연하여, 예컨대 평소 노동조합을 혐오하던 사용자가 하는 불이익처분은 언제나 불이익취급의 부당노동행위가 된다고 오해할 여지가 있다. 따라서 근로자가 정당한 단결활동 등의 행위를 했다는 사실의 인식(정당성 유무에 관한 판단의 착오는 문제되지 않음) 및 그 사실 때문에 그 근로자에게 불이익을 주려는 의욕을 부당노동행위 의사라고 보아야 할 것이다.

D. 부당노동행위 의사의 추정 (1) 부당노동행위 의사는 사용자의 내심의 상태인 데다가 사용자는 흔히 근무성적 불량, 경영질서 위반 등 불이익처분에 대한 정당화이유를 주장하기 때문에 피해자인 근로자가 이를 증명하기도 어렵고 노동위원회가 그 존부를 확인하기도 쉽지 않다. 따라서 부당노동행위 의사는 노동위원회가 노사관계의 경험법칙에 따라 제반 사정(간접사실)에서 인정되는 추정적 의사로 족하다고 해석된다.

---

1) 대법 1998. 12. 23, 97누18035; 대법 2007. 11. 15, 2005두4120 등 판례도 한결같이 부당노동행위 의사가 필요하다는 전제에서 그 존부를 검토하고 있다.

그리하여 사용자가 불이익처분을 노동조합의 설립·총회·단체교섭·쟁의행위 전후한 시기에 한 경우, 평소 노동조합의 존재나 단체교섭 또는 해당 근로자의 활동을 혐오하는 등 부정적 반응을 보여 온 경우, 처분이 노동조합의 조직이나 의사결정에서 중요한 역할을 한 자를 대상으로 한 경우, 같은 종류의 사례에서 불이익처분을 받은 근로자 중 조합원의 비율이 현저히 높은 경우, 사용자가 주장하는 처분사유가 불명확하거나 불합리한 경우(근무성적 불량으로 해고했다고 주장하는데 해고자보다 성적이 더 불량한 자를 해고하지 않는 등), 처분이 종래의 관행에 비하여 이례적인 경우, 처분 이후 노동조합의 조직이 약화되거나 조합원의 단결활동이 위축되는 등의 경우에는 부당노동행위 의사가 있다고 추정되기 쉽다.

(2) 대체로 부당노동행위 사건에서는 사용자가 근로자의 정당한 단결활동 등을 이유로 불이익처분을 한 것이 아니라 근로자의 근무 성적이나 태도의 불량 등 귀책사유가 있어 이를 이유로 불이익처분을 한 것이라고 주장하는 경우가 많다. 그러나 사용자가 표면적으로 내세우는 불이익처분의 이유와 달리 실질적으로는 근로자의 정당한 단결활동 등을 이유로 불이익처분을 한 것으로 인정되는 경우에는 부당노동행위가 성립된다.

근로자의 정당한 단결활동 등을 실질적인 불이익처분의 이유로 한 것인지 여부는 사용자가 내세우는 불이익처분의 이유와 근로자가 한 정당한 단결활동의 내용, 사용자가 불이익처분을 한 시기, 사용자와 노동조합의 관계, 같은 종류의 사례에서 조합원과 비조합원에 대한 불이익처분의 불균형 유무, 종래의 관행에 부합 여부, 사용자의 조합원에 대한 언동이나 태도, 기타 부당노동행위 의사의 존재를 추정할 수 있는 제반 사정 등을 비교·검토하여 종합적으로 판단해야 한다.[1)]

나. 처분이유의 경합

사용자의 불이익처분에 대하여 부당노동행위 의사를 추정할 만한 사정도 있고 근무태도 불량 등 다른 정당화사유도 존재하는 경우에 불이익취급의 부당노동행위가 성립되는지 문제된다. 예컨대 사용자가 특정 노동조합 간부의 적극적인 조합활동을 혐오하여 해고하겠다고 위협하던 중 그 간부가 회사 자재를 횡령하는 비위행위를 하게 되자 해고한 경우, 정당한 해고이유도 있고 부당노동행위 의사도 추정되는데 불이익취급이 성립되는지 문제된다.

이 경우 부당노동행위 의사가 추정되는 이상 부당노동행위가 된다고 보는

1) 대법 1996. 7. 30, 96누587; 대법 1999. 11. 9, 99두4273.

견해(긍정설), 정당한 해고이유가 있는 이상 부당노동행위가 되지 않는다고 보는 견해(부정설), 해고의 결정적 원인이 근로자의 조합활동에 대한 혐오인지 아니면 자재 횡령인지에 따라 부당노동행위가 되는지 여부가 결정된다고 보는 견해(결정적 원인설),[1] 노사관계의 경험칙상 근로자의 적극적 조합활동이 없었더라면 해고처분도 없었을 것이라고 판단되는 경우에는 부당노동행위가 된다고 보는 견해(상당인과관계설) 등이 주장될 수 있다.

판례는 사용자가 근로자를 해고할 때에 표면적으로 내세우는 해고사유와는 달리 실질적으로 근로자의 정당한 조합활동을 이유로 해고한 것으로 인정되는 경우에는 그 해고는 부당노동행위라고 보아야 하고, 정당한 해고사유가 있어 해고한 경우에는 비록 사용자가 근로자의 조합활동을 못마땅하게 여긴 흔적이 있다거나 사용자에게 반노동조합의 의사가 추정된다고 하여도 그 해고사유가 단순히 표면상의 구실에 불과하다고 할 수 없는 것이므로 부당노동행위가 안 된다고 한다.[2] 부정설의 입장에 선 것이다.

판례의 입장에 찬동하기 어렵다. 상당인과관계설에 기본적으로 찬동한다. 다만 제반 사정을 종합하여 부당노동행위 의사가 있다고 추정되는 경우에 이 추정은 불이익처분의 정당화이유가 없거나 불충분하면(허위이거나 불합리한 경우) 완전하게 되지만, 정당화이유가 충분히 인정되면 번복될 것이다. 따라서 처분이유가 경합하는 경우에도 부당노동행위 의사의 존재를 추정할 수 있는지 및 정당화이유가 충분한지를 검토하여 해결될 문제라 생각되며 별도의 이론구성, 더구나 인과관계를 전제로 하는 이론구성이 필요하다고는 생각되지 않는다.

Ⅲ. 반조합계약

노동조합법은 근로자가 어느 노동조합에 가입하지 아니할 것 또는 탈퇴할 것을 고용조건으로 하거나 특정한 노동조합의 조합원이 될 것을 고용조건으로 하는 사용자의 행위를 반조합계약의 부당노동행위로 규정하고 있다(81조 1항 2호

1) 대법 1991. 2. 22, 90누6132는 "근로자를 해고할 때 근로자의 노동조합 업무를 위한 정당한 행위를 그 '결정적'인 이유로 삼았으면서도 '표면적'으로 다른 해고 사유를 들어 해고한 것으로 인정되는 경우"에 부당노동행위가 된다고 한다. 여기서 '결정적' 이유는 '진정한' 이유 또는 '실질적' 이유를 말하는 것이지 우월적 원인을 의미하는 것이 아니므로 이 판결이 결정적 원인설에 입각한 것은 아니다.

2) 대법 1999. 3. 26, 98두4672; 대법 2000. 6. 23, 98다54960; 대법 2017. 11. 14, 2017두52924.

본문).

1. 두 가지 반조합계약

가. 단결방해의 반조합계약

반조합계약(비열계약, 황견계약; yellow-dog contract)의 부당노동행위는 우선 사용자가 '근로자가 어느 노동조합에 가입하지 않을 것 또는 탈퇴할 것을 고용조건으로 하는 행위'를 함으로써 성립한다(81조 1항 2호 본문 전단; 단결방해의 반조합계약). 특정 노동조합의 축소·약화를 원하는 사용자가 고용(근로계약)에 관한 권한을 이용하여 근로자가 조합원이 되지 않도록 강제하는 것을 금지하려는 것이다.

'어느 노동조합'은 기존의 특정 노동조합을 말하지만, 여러 개의 노동조합일 수도 있다.

'고용조건으로' 한다는 것은 고용(채용)이나 계속고용의 조건으로 하는 것을 말한다. 따라서 어느 노동조합에 가입하지 않을 것 또는 탈퇴할 것을 고용조건으로 한다는 것은 어느 노동조합에 가입하거나 어느 노동조합에서 탈퇴하지 않으면 고용을 않거나 고용을 종료(해고)한다는 것이다.[1)]

노동조합 불가입 또는 탈퇴를 '고용조건으로 하는 행위'는 사용자의 행위로써 사용자가 근로자에게 노동조합 불가입 또는 탈퇴를 고용조건으로 하기로 약정(흔히 서약서나 각서의 형태)을 하자고 제안하는 것으로 성립하고 반드시 근로자가 이에 동의하여 약정이 이루어져야 성립하는 것은 아니다. 약정이 이루어진 경우 그러한 약정이 이루어지는 과정에 사용자의 압력이 어느 정도였는지, 그러한 약정을 근로자가 마지못해 받아들였는지 여부는 중요하지 않다.

한편, 노동조합을 조직하지 않을 것 또는 노동조합에 가입은 하더라도 적극적인 활동은 하지 않을 것을 고용조건으로 하는 경우도 노동조합에 가입하지 않을 것 또는 탈퇴할 것을 고용조건으로 하는 경우에 준하여 반조합계약의 부당노동행위가 된다고 해석된다.[2)]

나. 단결강제의 반조합계약

반조합계약의 부당노동행위는 사용자가 '근로자가 특정한 노동조합의 조합

---

1) 반조합계약의 주체인 사용자가 노동조합에 가입하거나 탈퇴하지 않는 근로자를 결국은 해고하게 된다는 점에서 반조합계약은 불이익취급의 특수한 형태로 분류되기도 한다.
2) 다만 부당노동행위 처벌제도(90조)에 있어서는 죄형법정주의 원칙상 위와 같은 경우는 명문의 규정이 없으므로 처벌대상으로서의 부당노동행위로 보기는 곤란할 것이다.

원이 될 것을 고용조건으로 하는' 경우에도 성립한다(81조 1항 2호 본문 후단; 단결강제의 반조합계약). 드문 일이지만 사용자가 고용(근로계약)에 관한 권한을 이용하여 근로자가 특정 노동조합의 조합원이 되도록 강제하는 경우가 있고 이러한 행위를 금지하려는 것이다. 사용자의 의도는 특정 노동조합을 확대·강화하려는 것이 아니라 근로자가 다른 노동조합, 자주적인 노동조합의 조합원이 되지 않도록 하려는 데 있다.

'근로자가 특정한 노동조합의 조합원이 될 것'을 추구하는 점에서 어느 노동조합의 조합원이 되지 않을 것을 추구하는 단결방해의 반조합계약과 다르다. 여기서 '특정한 노동조합'이란 어용노조를 말한다고 보는 견해가 있다. 노동조합의 자주성을 싫어하기 마련인 사용자는 어용노조가 아닌 이상 근로자에게 그 조합원이 될 것을 강제하지 않을 것이라는 점에서 수긍할 만하다. 다만 노동조합법상 노동조합은 자주성을 필수적 요건으로 하므로(2조 4호), '특정한 노동조합'이란 자주성을 결한 노동조합이 아니라, 법률상으로는 자주성을 갖추었으나 그 자주성이 미약하여 사용자가 선호하는 노동조합, 즉 사실상의 어용노조를 말한다고 볼 수 있다.

근로자가 특정 노동조합의 조합원이 될 것을 고용조건으로 하기로 사용자와 근로자가 약정한 경우, 사용자가 그렇게 하기로 취업규칙으로 정한 경우는 물론, 그렇게 약정하자고 사용자가 근로자에게 제안하는 경우에도 반조합계약의 부당노동행위가 된다.

2. 유니언숍 협정

노동조합법은 노동조합이 해당 사업장에 종사하는 근로자의 3분의 2 이상을 대표하고 있을 때에 근로자가 그 노동조합의 조합원이 될 것을 고용조건으로 하는 단체협약의 체결은 예외적으로 반조합계약의 부당노동행위에 해당하지 않는다고 규정하고 있다(81조 1항 2호 단서 전단). 근로자가 특정한 노동조합의 조합원이 될 것을 고용조건으로 하더라도 이를 지배적 노동조합과의 단체협약(유니언숍 협정) 체결을 통하여 하는 경우에는 적법한 행위로 허용한다는 것이다.

유니언숍 협정은 노동조합이 해당 사업장에 종사하는 근로자의 3분의 2 이상을 대표하고 있어야 체결할 수 있다. 해당 사업장에 종사하는 근로자의 3분의 2 이상을 대표하지 못하는 노동조합이 유니언숍 협정을 체결한 경우에는 반조합계약의 부당노동행위가 된다.

노동조합과 사용자가 유니언숍 협정을 체결하는 경우에도 사용자는 근로자가 그 노동조합에서 제명된 것 또는 그 노동조합을 탈퇴하여 새로 노동조합을 조직하거나 다른 노동조합에 가입한 것을 이유로 신분상 불이익한 행위를 할 수 없다(81조 1항 2호 단서 후단).

유니언숍 협정에 관하여 자세한 것은 노동조합의 운영과 관련하여 이미 살펴본 바와 같다.

Ⅳ. 단체교섭거부

노동조합법은 사용자가 노동조합의 대표자 또는 노동조합으로부터 위임을 받은 자와의 단체협약 체결이나 그 밖의 단체교섭을 정당한 이유 없이 거부하거나 해태하는 행위를 단체교섭거부의 부당노동행위로 규정하고 있다(81조 3호). 단체교섭의 거부·해태를 부당노동행위로 금지한 취지는 헌법상의 단체교섭권을 사용자가 존중하도록 함으로써 이를 실효적으로 보장하려는 데 있다.

(1) 단체교섭을 '거부'한다는 것은 노동조합이 요구하는 단체교섭에 응하지 않는 것을 말하고, 넓은 의미로는 단체교섭의 해태도 포함한다. 단체교섭을 '해태'한다는 것은 형식상으로는 단체교섭에 응하면서 성실하게 임하지 않는 것을 말한다.

노동조합이 단체교섭을 요구하더라도 정당한 이유가 있으면 단체교섭을 거부할 수 있다. 정당한 교섭거부의 이유가 되는지 여부는 단체교섭의 주체, 대상, 방법이 적법한지 여부 등에 달려 있다. 또 단체교섭의 진행은 동태적이므로 노동조합측의 교섭권자, 노동조합측이 요구하는 교섭시간, 교섭장소, 교섭사항 및 그의 교섭태도 등을 종합하여 사회통념상 사용자에게 단체교섭의무의 이행을 기대하는 것이 어려운 경우라면 사용자의 교섭거부에 정당한 이유가 있다 하겠다.[1]

예컨대 부당노동행위 주체로서의 사용자가 아닌데도 노동조합이 교섭을 요구하는 것, 복수의 노동조합이 법률상 교섭창구 단일화가 요구되는데도 각각 사용자에게 교섭을 요구하는 것, 단체교섭의 대상이 되지 않는 사항을 요구 내용으로 하는 것, 적법하지 않거나 불합리한 방법으로 교섭하자고 요구하는 것 등은 교섭거부의 정당한 이유가 된다. 그러나 예컨대 노동조합에 가입한 근로자가 소수라는 것, 교섭위원에 사업장 근로자가 아닌 제3자가 포함되어 있다는 것, 단체

1) 대법 1998. 5. 22, 97누8076; 대법 2006. 2. 24, 2005도8606.

교섭 대상이 되긴 하지만 사용자가 꺼리는 것을 노동조합의 요구 내용에 포함시킨 것 등은 교섭거부의 정당한 이유가 되지 않는다.

또 쟁의행위는 단체교섭을 촉진하려는 수단이므로 쟁의기간 중이라는 사정이 사용자가 단체교섭을 거부할 만한 정당한 이유가 될 수 없다. 단체교섭이 교착상태에 빠져 교섭의 진전이 더 이상 기대될 수 없는 교섭결렬의 상황은 교섭거부의 정당한 이유가 된다. 다만 이후 노동조합이 새로운 타협안을 제시하는 등 교섭재개가 의미 있도록 사정변경이 생겼다면 사용자는 다시 단체교섭에 응할 의무가 있고, 그럼에도 계속 교섭을 거부하는 것은 정당한 이유가 없게 된다.[1]

사용자가 정당한 이유 없이 단체교섭을 거부하는 행위를 한 이상 정당한 이유가 있다고 잘못 믿었더라도 부당노동행위는 성립된다.[2]

(2) 정당한 이유 없이 단체협약의 체결을 거부하는 것도 부당노동행위가 되지만, 단순히 단체협약을 이행하지 않는 것은 부당노동행위가 아니고 제한된 범위에서 처벌의 대상이 될 뿐이다(92조).

Ⅴ. 지배개입

노동조합법은 근로자가 노동조합을 조직 또는 운영하는 것을 사용자가 지배하거나 이에 개입하는 행위와 근로시간 면제한도를 초과하여 급여를 지급하거나 노동조합의 운영비를 원조하는 행위를 지배개입의 부당노동행위로 규정하고 있다(81조 1항 4호 본문).

1. 지배개입의 형태

지배개입의 부당노동행위는 우선 사용자가 '근로자가 노동조합을 조직하거나 운영하는 것을 지배하거나 이에 개입하는 행위'를 함으로써 성립한다(81조 1항 4호 본문 전단; 협의의 지배개입). 지배개입을 부당노동행위로 규정한 것은 노동조합이 사용자와 대등한 교섭주체가 되기 위하여 필요한 자주성(독립성)과 조직력(단결력)을 보호하기 위한 것이다.

노동조합의 '조직'에는 그 준비행위도 포함되며, 노동조합의 '운영'에는 노동조합의 회의나 선거 등 내부적 관리만이 아니라 단체교섭이나 쟁의행위 등 대외

1) 대법 2006. 2. 24, 2005도8606.
2) 대법 1998. 5. 22, 97누8076.

적 활동도 포함된다. 요컨대 노동조합의 조직·운영은 근로자의 단결활동 전반을 의미하는 것이다.

'지배'는 사용자가 지배력을 미쳐 노동조합의 의사결정을 좌우할 정도의 간섭·방해를 말하고 '개입'은 이 정도에 이르지 않는 것을 말하지만, 양자를 굳이 구별할 필요는 없다. 요컨대 지배개입은 노동조합 활동에 대한 사용자의 간섭·방해 행위 전반을 의미하는 것이다. 그러나 지배개입의 부당노동행위가 성립하기 위하여 사용자의 간섭·방해 행위 때문에 노동조합의 자주성이나 조직력이 침해되는 결과가 발생해야 하는 것은 아니다.[1)]

노동조합의 조직·운영에 대한 지배개입을 성립시키는 행위는 매우 다양한 형태로 나타난다. 예컨대 노동조합 탈퇴나 불가입의 종용, 노동조합 집행부 비판 조직의 격려·원조, 다른 노동조합, 특히 어용노조의 조직이나 그 지원, 다른 노동조합 또는 그 조합원의 우대 또는 차별, 노동조합 회의나 임원 선거에 대한 감시나 영향력 행사, 노동조합 간부의 해고·전근·매수·향응제공, 단체교섭·쟁의행위·조합활동 등에 대한 비난이나 방해 등이 이에 해당한다.

그러나 다음 몇 가지 경우에는 지배개입의 부당노동행위가 성립되는지, 어떤 조건 아래서 성립되는지 문제된다.

가. 사용자의 의견표명과 지배개입

노동조합의 방침이나 활동에 관한 사용자의 의견표명(발언)은 어떤 경우에 지배개입의 부당노동행위가 되는가, 바꾸어 말하자면 사용자의 언론의 자유는 지배개입 금지 때문에 어느 정도 제한되는가가 문제된다.

미국의 경우 노동조합에 대한 사용자의 발언은 '보복이나 폭력의 위협 또는 이익의 약속'을 포함하는 경우에 부당노동행위를 구성한다고 법률로 명확하게 규정하고 있다.[2)] 우리나라에는 이와 같은 명문의 규정이 없으므로 사용자의 발언에 보복이나 폭력의 위협 또는 이익의 제공이 포함되어 있지 않더라도 지배개입의 부당노동행위가 될 수 있다고 해석된다. 문제는 지배개입이 성립되는 발언은 어떤 경우인가에 있다.

사용자의 반조합적 발언이 시민의 일원으로서 한 것이 아니라 약자인 근로자에 대한 우월적 지위에서 위압적으로 한 것이면 지배개입이 성립된다고 보는 견해가 있다. 그러나 지배개입의 부당노동행위를 규정한 취지에 비추어 보면 우

---

1) 대법 1997. 5. 7, 96누2057.

2) Taft-Hartley법 8조 c.

월적 지위에서의 발언인지 여부가 아니라, 노동조합의 자주성이나 조직력을 저해할 우려가 있는 발언인지 여부가 중요하다. 따라서 사용자의 반조합적 발언이 지배개입에 해당하려면 보복이나 폭력의 위협 등을 포함할 필요는 없지만, 노동조합의 자주성이나 조직력을 저해할 우려는 있어야 하고, 그러한 우려의 존부는 발언의 내용, 장소, 방법, 상황, 노동조합에 대한 영향, 추정되는 사용자의 의도 등을 종합하여 개별적으로 판단해야 할 것이다.[1)]

일반적으로 말하자면, 보복이나 폭력의 위협 등을 내용으로 하는 발언('탈퇴하지 않으면 폐업하겠다', '중단하지 않으면 좌시하지 않겠다'는 등)은 노동조합의 자주성·조직력을 저해할 우려가 있어 지배개입으로 인정되기 쉬운 반면, 단순히 역사적 사실이나 향후 사태의 전망을 내용으로 하거나 자숙·협력의 호소를 내용으로 하는 발언('경영상태로 보아 쟁의행위를 하면 회사는 도산한다'는 등)은 지배개입으로 인정되기 어렵다. 또 노동조합의 내부운영(상부단체 가입, 통제권 행사, 조합선거, 회의 개최 등)에 관한 부정적·간섭적 발언은 노동조합의 내부문제에 관한 노동조합의 자주성이 존중되어야 한다는 점에서 지배개입으로 인정되기 쉬유 반면, 사용자를 상대로 하는 활농(단체교섭, 쟁의행위 등)에 관한 발언은 이에 대하여 사용자도 직접적인 이해관계를 가지고 그 의견을 표명할 자유도 있으므로 지배개입으로 인정되기 어려울 것이다. 한편, 사용자의 발언이 예컨대 사용자가 종업원 집회에서 공식적으로 연설하는 것처럼 우월적 지위에서 한 것이면 지배개입으로 인정되기 쉽지만, 종업원을 상대로 한 발언이라도 사석에서 환담 중에 나온 것이라면 지배개입으로 인정되기 어려우며, 학술단체나 시민단체가 주최한 사업장 밖의 토론회 등에서 한 발언이라면 더욱 그렇다. 그러나 사용자의 발언으로 근로자의 단결이 약화되어 내부 갈등이 야기되거나 활동이 위축되거나 반대세력의 활동이 증가하는 경우에는 지배개입으로 인정되기 쉽다.

판례는 회사 간부가 쟁의행위의 적법성 여부와 회사나 근로자에 미치는 쟁의행위의 영향 등에 관하여 설명하는 행위는 거기에 불이익의 위협 또는 이익제공의 약속 등이 포함되어 있거나 노동조합의 자주성을 해칠 수 있는 요소가 연관되어 있지 않다면 지배개입의사가 있다고 가볍게 단정할 것은 아니라고 한다.[2)]

1) 대법 1998. 5. 22, 97누8076; 대법 2006. 9. 8, 2006도388.

2) 대법 2013. 1. 10, 2011도15497<핵심판례>(파업이 임박한 시점에서 회사 간부가 직원들을 상대로 파업 관련 순회설명회를 하려고 건물에 들어가려는 것을 노동조합이 위력으로 저지하여 업무방해죄로 기소된 사건으로서 설명행위가 업무방해죄로 보호하려는 업무에 해당하는지와 관련).

나. 시설관리권 행사와 지배개입

(1) 사용자가 노동조합 집회를 위한 기업시설 이용을 승낙하지 않았는데도 노동조합이 강행한 집회에 대하여 사용자가 해산이나 퇴거를 요구하는 등 시설관리권을 행사한 것이 지배개입의 부당노동행위가 되는지도 문제된다.

부당노동행위의 금지가 공정한 노사관계질서를 실현하려는데 있다는 점을 강조하는 입장에서는 그 집회가 긴요한 필요성이 있어 이루어지고 기업의 시설 이용이나 업무운영에 미친 지장도 최소한에 머무른 사정 아래서는 해산 요구 등 사용자의 조치가 지배개입에 해당한다고 결론짓게 될 것이다.

그러나 기업시설의 관리권은 사용자에게 전속되어 있다는 점에서 사용자가 시설이용을 거부한 것이 시설관리권의 남용으로 인정되는 특별한 사정이 없는 이상 해산 요구 등의 조치가 지배개입에 해당된다고 보기는 곤란하다. 물론 그 특별한 사정의 유무는 노동조합이 그 시설을 이용할 필요성, 시설관리상의 실질적 지장의 유무와 정도, 사용자가 한 구체적 조치의 상당성 등을 종합적으로 검토해 판단해야 하고, 또 노동조합의 기업시설 이용은 본래 노사간의 합의로 설정된 자주적인 준칙에 따라 하는 것이 바람직하다는 점에서 노동조합과 사용자가 이 준칙의 정립에 대하여 어떤 태도를 취해왔는지도 고려해야 할 것이다.

(2) 해당 사업장 소속 근로자가 아닌 자로서 노동조합으로부터 교섭을 위임받은 교섭위원에 대하여 사용자가 사업장 출입을 거부한 것이 지배개입의 부당노동행위가 되는지 문제된다. 종사근로자가 아닌 조합원은 사용자의 효율적인 사업 운영에 지장을 주지 아니하는 범위에서 사업 또는 사업장 내에서 노동조합 활동을 할 수 있으므로(5조 2항), 교섭위원으로서의 업무를 위한 사업장 출입을 거부한 것은 지배개입의 부당노동행위이다. 판례도 해당 교섭위원이 단체교섭의 개최 여부 및 그 후속 조치 등과 관련한 준비나 방어를 위하여 사업장 내 노동조합 사무실을 방문할 만한 충분한 이유가 있는 경우 이는 정당한 조합활동에 포함되는 것으로서 사업장 출입이 허용되어야 하므로 사용자가 이 교섭위원의 출입을 거부한 것은 지배개입의 부당노동행위가 된다고 한다.[1]

다. 노조 게시판 게시물의 철거와 지배개입

단체협약에 근거하여 사업장 안에 노동조합 게시판을 설치하되 게시물의 내용이 회사의 신용을 훼손하거나 개인을 비방하고 직장질서를 문란하게 하는 등

1) 대법 2020. 9. 3, 2015도15618.

의 경우에는 사용자가 게시물을 철거할 수 있다는 취지를 정한 경우가 있는데, 이러한 철거규정에 따른 게시물 철거행위가 지배개입이 되는지도 문제된다.

철거규정의 게시판 이용 조건은 문언 그대로 이해되어야 한다는 점을 강조하는 입장에서는 게시물의 세부적 내용이 이용 조건을 위반한 것이 명백한 이상 사용자의 철거행위는 지배개입이 되지 않는다고 결론짓게 된다.

그러나 이용 조건을 위반했는지 여부는 그 게시물의 세부적 표현이 아니라 전체적인 취지가 무엇인지에 따라 실질적으로 판단해야 하므로, 이러한 견지에서 게시물에 관련되는 노사관계의 상황, 조합활동으로서의 필요성, 게시의 경위, 게시물의 내용이 회사의 신용이나 업무수행에 미치는 영향 등을 종합적으로 고려하여 그 게시물의 게시가 정당한 조합활동으로 인정된다면 사용자의 철거행위는 정당한 조합활동에 대한 방해로서 지배개입이 된다고 보아야 할 것이다.

2. 지배개입의 의사

지배개입의 부당노동행위가 성립하기 위하여 사용자에게 부당노동행위 의사로서 지배개입의 의사가 필요한가, 필요하다면 그것은 어떤 내용의 것인가가 이론상 문제된다. 이 문제가 미묘한 것은 우선 지배개입의 구성요건이 광범·불명확하고 그것에 해당할 수 있는 행위도 다종다양한 것에 기인한다. 게다가 극단적 사례를 상정하면서 상반되는 결론이 도출될 수 있다는 복잡함도 있다. 예컨대 노동조합 조직이 은밀하게 진행되고 있는 것을 사용자가 정말 알지 못한 채 그 주동 인물을 전근시킨 사례에서는 사용자의 인식 결여를 이유로 지배개입의 성립을 부정하게 되지만, 반대로 객관적으로 조합활동에 대한 비난과 보복을 암시하는 발언으로 노동조합 운영에 영향을 준 사례에서는 발언자에게 주관적 인식이나 의도가 없었더라도 지배개입이 성립된다고 보게 되는 것이다.

'지배개입'에 해당하는지 여부는 노동위원회(행정소송에서는 법원)가 해야 할 법적 평가이므로 '지배개입'이라고 평가되는 행위를 하려는 의사(인식이나 의도)가 성립요건이 되는 것은 아니다. 그러나 지배개입을 구성하는 사용자의 행위는 구체적인 모습에 있어서 예컨대 노동조합의 조직을 저지·방해하려 하거나, 노동조합을 회유·어용화하여 약체화하려 하거나, 노동조합의 운영·활동을 방해하려 하거나, 노동조합의 자주적 결정에 간섭하려 하는 행위라고 평가되는 행위이고, 이들은 일정한 구체적인 의사를 가진 행위이다. 그렇다면 지배개입에 대해서는 사용자의 이와 같은 구체적인 행위, 즉 반조합적 행위의 의사가 성립요건으로 된다고 보아야 할 것이다.[1] 물론 그 의사는 반조합적 의도나 동기이어야 하는 것은 아니고 반조합적 행위의 인식으로 족하다.

그리고 사용자의 지배개입 의사의 유무는 불이익취급에서 부당노동행위 의사의 경우와 마찬가지로 노동위원회가 전문적 경험·능력에 근거하여 제반 사정(간접사실)을 종합하여 합리적으로 추정할 수밖에 없을 것이다.

3. 복합적 형태의 지배개입

현실에서 발생하는 부당노동행위 중에는 노동조합법에 규정된 몇 가지 유형 중 어느 하나에만 해당하는 것이 아니라 예컨대 불이익취급이나 단체교섭거부 등의 유형과 지배개입의 유형에 걸쳐 일어나는 경우도 있다.

가. 파업참가자에 대한 임금 삭감

파업참가자에 대한 임금 삭감의 범위(임금청구권 유무)에 관한 문제는 이미 살펴본 바와 같다. 이와 별개로 파업참가자에 대한 임금 삭감이 어떤 경우에 불이익취급 및 지배개입의 부당노동행위가 되는지도 문제된다. 이 문제는 우선 그 삭감이 적법한지 여부와 관련된다. 즉 임금 삭감이 적법하다면 부당노동행위 의사가 인정되지 않아 부당노동행위가 성립되지 않지만, 임금 삭감이 위법하다면 부당노동행위 의사가 인정될 수 있다. 그러나 삭감의 적법성만 고려해서는 안 되고, 오히려 사용자에게 조합원에 대한 보복이나 노동조합 약체화의 의도가 인정되는지 여부를 더 중시해야 한다. 예컨대 합리적 이유도 없이 종래의 관행과 달리 더 불리하게 삭감하거나 평소의 결근에 비하여 파업에 따른 결근을 더 불리하게 삭감하는 등의 경우에는 그러한 의도가 인정되기 쉬운 것이다.

나. 직장폐쇄

사용자의 직장폐쇄가 불이익취급 및 지배개입의 부당노동행위에 해당하는지 여부가 문제된다. 이 문제는 직장폐쇄가 노사의 대항관계 속에서 야기한 실제적 효과를 종합적으로 보아 그것이 조합원의 정당한 쟁의행위에 대한 보복적 억압조치(불이익취급)로 볼 수 있거나 노동조합의 동요나 약체화를 꾀하는 행위(지배개입)로 볼 수 있는가에 따라 결정해야 한다. 다만 일반적으로 말하자면 대항적·방어적 성격의 직장폐쇄는 부당노동행위로 인정되기 어렵지만, 선제적·공격적 성

---

1) 대법 1998. 3. 24, 96누16070은 지배개입 의사가 필요하다는 전제 아래 사용자가 유니언숍 협정에 따른 해고 의무가 없다고 잘못 알았기 때문에 노동조합에서 탈퇴한 근로자를 해고하지 않은 것은 지배개입의 부당노동행위가 되지 않는다고 한다.

격의 직장폐쇄 또는 필요한 정도를 넘는 과잉의 방어행위의 경우에는 노동조합 약체화의 의도나 조합원에 대한 보복의 의도가 인정되기 쉽다.

다. 폐업에 따른 전원 해고

사용자가 상대방 노동조합의 존재나 활동을 혐오한 나머지 노동조합을 궤멸시키기 위하여 또는 사업을 계속할 의욕을 상실했기 때문에 사업을 폐지하고 근로자들을 전원 해고하는 경우에 불이익취급이나 지배개입의 부당노동행위가 되는지 문제된다.

부당노동행위의 금지는 사용자에게 폐업의 자유까지 제한하는 것은 아니다. 그러므로 사용자가 진정으로 폐업을 하고 근로자 전원을 해고하는 것은 원칙적으로 기업경영의 자유에 속하고,[1] 폐업에 따라 근로자가 복귀할 사업장이 없어진 이상 부당노동행위 구제신청의 이익은 없다.[2] 설령 폐업이 노동조합을 혐오하고 그 궤멸의 의도 아래 이루어져 지배개입에 해당하더라도 이는 사법상 유효한 행위로서 노동위원회는 예컨대 해산결의 후 청산이 종료될 때까지 한시적으로 원직복귀 등의 구제명령을 할 수 있을 뿐이고 사업이 재개를 명하거나 사업의 존속을 전제로 하는 구제명령은 할 수 없는 것이다.

이에 대하여 사용자가 노동조합을 궤멸할 의도 아래 사업체를 폐지한 후 형식상 새로운 사업체를 설립하여 사실상 종전과 동일한 사업을 재개하는 이른바 '위장폐업'의 경우에는 근로자 전원을 해고하고 폐업한 사업체와 새로이 설립된 사업체는 법인격을 달리 할 뿐 실제로는 동일한 사업체이므로 근로자 전원 해고는 불이익취급 및 지배개입에 해당한다. 따라서 노동위원회는 해고된 근로자들을 신설 사업체의 근로자로 취급하고 해고 기간 동안의 임금을 소급하여 지급할 것을 명할 수 있다.[3]

라. 노사관계 관행의 파기

노동조합과 사용자 사이에는 단체교섭이나 조합활동의 절차·조건, 노동조합에 대한 편의제공 등 집단적 노동관계상의 제반 사항에 관하여 일정한 조치나 취급이 사실상 쌍방의 양해 아래 장기간 반복되는 경우가 많다. 이러한 노사관계 관행은 일반적으로 노사자치 및 노사관계 안정의 관점에서 노사간의 자주적인

1) 대법 1992. 5. 12, 90누9421 및 대법 1993. 6. 11, 93다7457.
2) 대법 1990. 2. 27, 89누6501; 대법 1991. 12. 24, 91누2762.
3) 이 경우 부당노동행위 구제신청의 제척기간은 폐업에 따라 근로자들이 해고된 날이 아니라 위장폐업에 따른 해고임이 확인된 날, 즉 그 사용자가 사실상 종전과 동일한 사업체를 설립하여 사업을 재개한 날부터 계산하기 시작해야 할 것이다.

준칙의 일종으로 존중되어야 하므로, 당사자가 이를 파기하려면 상대방에게 그 이유를 제시하고 준칙 변경을 위한 교섭을 요청해야 한다. 사용자가 이러한 절차를 밟지 않고 노사관계 관행을 파기하는 경우에는 노동조합 운영에 대한 방해로서 지배개입 등의 부당노동행위가 성립된다.

예컨대 사용자가 단체협약에 따라 그 동안 제공해 온 노동조합의 사무실을 일방적으로 폐쇄하는 것은 지배개입의 부당노동행위가 된다.1) 그러나 사용자가 노동조합 사무실을 제공하기로 한 단체협약에 따라 사무실 공간과 책상·의자, 전기시설 등 부대시설을 제공하면서 이를 넘어 전기요금도 지원해 온 관행이 있더라도 이는 구속력 있는 관행도 아니고 운영비원조의 성격도 있어 사용자가 전기요금 지원을 중단하는 것은 지배개입에 해당하지 않는다.2)

마. 개별교섭에서의 노동조합간 차별

사용자가 교섭대표노조를 자율적으로 결정하는 기한 내에 단체교섭을 요구하는 복수의 노동조합과 개별교섭을 하는 데 동의한 경우 사용자는 각 노동조합을 독자의 단체교섭 주체로 인정하고 노동조합의 성격이나 운동방침의 차이에 따라 합리적 이유 없이 차별하거나 특정 노동조합의 약체화를 의도해서는 안 된다. 따라서 예컨대 사용자가 이미 다른 노동조합에 부여한 일정한 근로조건이나 편의제공을 합리적인 이유 없이 특정 노동조합에는 부여하지 않으려고 교섭 타결을 지연하는 것은 단체교섭 거부 및 지배개입의 부당노동행위가 될 수 있다.

이에 대하여 노동조합 규모에 현격한 차이가 있는 경우 사용자는 사업장의 통일적 근로조건 형성을 위하여 노사관계를 다수노조와의 단체교섭 및 합의를 중심으로 운영할 필요가 있다. 따라서 사용자가 각 노동조합에 대하여 대체로 같은 시기에 동일한 노동조건을 제안하여 개별교섭을 진행한 결과 다수노조와는 합의에 도달하고 소수노조와는 타결이 지연되는 경우 사용자가 소수노조에 대하여 다수노조와 합의한 내용을 받아들이라고 주장하는 것은 교섭에서 충분한 설명과 협의를 진행하는 이상 이를 부당노동행위로 볼 수 없다.

한편, 개별교섭이 진행되던 중에 사용자가 특정 노동조합과 체결한 단체협약의 내용에 따라 그 노동조합의 조합원에게만 격려금 등 금품을 지급한 행위가 다른 노동조합에 대한 지배개입의 의사에 따른 것이라면 지배개입의 부당노동행위에 해당할 수 있다.3)

---

1) 대법 2008. 10. 9, 2007두15506.
2) 대법 2014. 2. 27, 2011다109531.

4. 운영비원조

가. 운영비원조의 요건

지배개입(광의)의 부당노동행위는 사용자가 근로시간면제 한도를 초과하여 급여를 지급하거나 노동조합의 운영비를 원조하는 경우에도 성립된다(81조 1항 4호 본문 후단). 운영비원조를 부당노동행위로 금지한 것은 운영비원조가 노동조합 운영의 자주성을 침해할 우려가 있기 때문이고 그 점에서 운영비원조는 지배개입의 특수한 형태라 할 수 있다.

사용자가 근로시간면제자(유급전임자)에게 급여를 지급하는 것 그 자체로서 부당노동행위가 되지는 않지만,[1] '근로시간면제 한도를 초과하여 급여를 지급'하는 것은 운영비원조의 부당노동행위가 된다.

나. 운영비원조 제외사유

사용자가 노동조합의 운영비를 원조하는 것은 부당노동행위가 된다. 그러나 노동조합법은 근로자가 근로시간 중에 근로시간면제자에게 허용된 소정의 활동을 하는 것을 사용자가 허용함은 무방하며, 또한 근로자의 후생자금 또는 경제상의 불행 그 밖에 재해의 방지와 구제 등을 위한 기금의 기부와 최소한의 규모의 노동조합사무소의 제공 및 그 밖에 이에 준하여 노동조합의 자주적인 운영 또는 활동을 침해할 위험이 없는 범위에서의 운영비 원조행위는 예외로 한다고 규정하고 있다(81조 1항 4호 단서).

A. 근로시간면제자 규정에 따른 급여 지급 '근로자가 근로시간 중에 근로시간면제자에 관한 규정에 따른 활동을 하는 것을 사용자가 허용하는 것'은 예외로 규정되어 있다. 여기서 '근로시간면제자에 관한 규정에 따른 활동을 하는 것'은 근로시간면제자가 소정의 근로시간면제 한도 안에서 소정의 대상 업무를 수행하는 하는 것을 말한다. 그러한 활동을 '사용자가 허용'한다는 것은 그러한 활동에 대하여 사용자가 근로계약에 따른 근로제공을 한 것으로 보아 급여를 지

3) 대법 2019. 4. 25, 2017두33510<핵심판례>.

1) 2021년 개정법은 전임자 급여 지원을 부당노동행위로 명시하여 금지한 규정을 삭제했다. 한편, 2010년 이전에는 전임자에 대한 급여 지급이 노동조합 운영비를 사용자가 지원하는 것으로서 부당노동행위가 된다고 보는 견해가 있었고, 이에 대하여 판례는 노동조합의 적극적 요구로 체결한 단체협약에 따라 지급하는 경우에는 부당노동행위가 되지 않는다고 보았는데(대법 1991. 5. 28, 90누6392 등), 이 명시적 규정이 시행됨에 따라 그와 같은 해석론상의 다툼은 해소되었다.

급한다는 것을 말한다. 이와 같이 근로시간면제자에게 소정의 근로시간면제 한도를 초과하지 않는 범위에서 급여를 지급하는 것은 노동조합의 자주적 운영을 저해하지 않는다는 점에서 예외로 한 것이다. 다만 단체협약 등 노사간의 합의가 있더라도 타당한 근거 없이 과다하게 책정된 급여를 지급하는 경우에는 부당노동행위가 된다.[1]

B. 후생자금 등의 기부 '근로자의 후생자금 또는 경제상의 불행이나 그 밖에 재해의 방지와 구제 등을 위한 기금의 기부'도 예외로 규정되어 있다. 이러한 자금 또는 기금은 노동조합의 운영비라 보기도 어렵고 이러한 자금이나 기금을 기부한다 하여 노동조합의 자주적 운영에 영향을 미치지 않는다는 점에서 예외로 규정한 것이다.

C. 노동조합 사무소 제공 '최소한 규모의 노동조합 사무소의 제공'도 예외로 규정되어 있다. 노동조합 사무소를 사용자가 제공하는 것은 운영비원조에 해당하지만, 그 사무소가 노동조합의 자주적 운영을 저해하지 않을 정도로 '최소한 규모'인 경우는 예외로 한 것이다.

D. 자주성 침해 없는 운영비 원조 '그 밖에 이에 준하여 노동조합의 자주적인 운영 또는 활동을 침해할 위험이 없는 범위에서의 운영비 원조행위'도 예외로 규정되어 있다.[2] 이에 따라 앞의 세 가지 예외에 해당하지 않는 그 밖의 운영비(광열비, 사무용품비 등) 원조라도 최소한 규모의 사무소 제공의 경우에 준하여 노동조합의 자주적인 운영 또는 활동을 침해할 위험이 없는 정도이면 부당노동행위가 되지 않도록 한 것이다.

노동조합법은 '노동조합의 자주적 운영 또는 활동을 침해할 위험'이 있는지

---

1) 대법 2016. 4. 28, 2014두11137; 대법 2018. 5. 15, 2018두33050(급여 지급이 과다하여 부당노동행위가 되는지는 해당 근로자가 받은 급여 수준이나 지급 기준이 그가 일반 근로자로 근로했다면 동일 또는 유사 직급·호봉의 일반 근로자의 통상 근로시간과 근로조건 등을 기준으로 받을 수 있었던 급여 수준이나 지급 기준을 사회통념상 수긍할 만한 합리적인 범위를 초과할 정도로 과다한지 등의 사정을 살펴서 판단해야 한다). 본문과 같은 취지: 대법 2018. 4. 26, 2012다8239.

2) 2020년 개정법에서 신설된 규정이다. 종전에는 운영비원조의 부당노동행위가 성립되려면 노동조합의 자주성이 침해되었거나 침해될 위험이 있어야 하는지에 관하여 학설상 실질설과 형식설이 대립되었는데, 대법원 판례는 사무보조비 또는 사무소 관리비와 차량유지비 등을 지원하는 경우까지 부당노동행위로 보았다(대법 2016. 1. 28, 2012두12457; 대법 2016. 3. 10, 2013두3160). 마침내 헌법재판소는 이 규정이 노동조합의 자주성을 침해할 위험이 없는 운영비 원조까지 금지하고 있다고 하여 헌법불합치 결정을 했다(헌재 2018. 5. 31, 2012헌바90). 이에 따라 이 규정이 신설된 것이다.

여부를 판단할 때에는 운영비 원조의 목적과 경위, 원조된 운영비 횟수와 기간, 원조된 운영비 금액과 원조방법, 원조된 운영비가 노동조합의 총수입에서 차지하는 비율, 원조된 운영비의 관리방법 및 사용처 등을 고려해야 한다고 규정하고 있다(81조 2항).

제3절 부당노동행위의 행정적 구제

사용자의 부당노동행위에 대하여 형사제재를 가할 수도 있고, 민사소송을 통한 구제도 가능하지만, 피해자에게 가장 효과적인 것은 노동위원회를 통한 신속한 구제절차이다.[1)]

부당노동행위 구제절차는 크게 초심절차, 재심절차, 행정소송으로 나누어진다. 초심은 지방노동위원회 또는 특별노동위원회(선원노동위원회를 말함)가, 재심은 중앙노동위원회가 관장한다. 초심과 재심은 신청, 조사, 심문, 판정의 순서로 절차가 진행된다. 그러나 이 사이에 신청의 취하나 화해로 사건이 종결될 수도 있다. 행정소송에 대해서는 제소 기간, 재심절차와의 관계, 이행명령에 관한 노동조합법의 규정(85조 2항·3항·5항, 86조)을 제외하고는 행정소송법에 따른다.

부당노동행위의 구제절차에 관하여 노동조합법은 기본적인 사항만 규정하면서 어떤 부분은 노동위원회법에서, 더 자세한 것은 노동위원회규칙에서 규정하고 있다. 이하 노동조합법의 규정을 중심으로 살펴보기로 한다.

Ⅰ. 초심의 절차

1. 구제의 신청

가. 신청인

(1) 노동조합법에 따르면, 부당노동행위로 권리를 침해당한 근로자나 노동조합은 노동위원회에 구제를 신청할 수 있다(노조 82조 1항).

불이익취급이나 반조합계약 사건의 경우에는 해당 근로자가 구제를 신청할 수 있다. 조합원 개인에 대한 부당노동행위는 노동조합에 대한 침해행위일 수도 있기 때문에 그 근로자가 소속한 노동조합(처분 이후에 가입한 경우도 포함)도 신청인

1) 민사적 구제와 비교하면, 노동위원회를 통한 구제절차는 노동법·노동문제에 대한 전문성이 더 높고, 비용이 들지 않으며, 절차가 신속하고 간편하다(예컨대 엄격한 증거법칙이 적용되는 민사소송과 달리 노동위원회가 증거의 취사선택이나 증명력 평가를 자유로이 할 수 있고, 신청인의 증명책임도 어느 정도 경감하거나 전환할 수 있다). 그러나 위원이 대부분 비상근이어서 사건 처리에 전념하지 못하고 상당수의 위원이 법률전문가가 아니어서 법률에 대한 전문성이 부족할 수 있는 한계도 있다.

이 될 수 있다.

단체교섭의 주체는 어디까지나 노동조합이지 조합원은 아니기 때문에 단체교섭거부 사건의 경우에는 노동조합만이 신청인이 될 수 있다. 지배·개입 사건의 경우 해당 노동조합 이외에 피해를 입은 조합원 개인도 구제신청을 할 수 있다고 보아야 할 것이다. 노동조합은 물론 조합원 개인도 지배·개입으로 피해를 입을 수 있고 노동조합이 구제신청을 기피하는 경우에도 피해를 입은 조합원은 구제를 받을 필요가 있기 때문이다.

(2) 법외노조는 노동위원회에 부당노동행위 구제를 신청할 수 없다(7조 1항). 다만 불이익취급과 반조합계약 금지에 따른 근로자 개인의 보호를 부인하는 취지로 해석해서는 안 된다(7조 2항). 따라서 사용자가 법외노조 또는 그 구성원 개인에 대하여 부당노동행위를 한 경우 법외노조는 노동위원회에 구제를 신청할 할 수 없지만, 그 구성원인 근로자 개인은 불이익취급이나 반조합계약에 대하여 구제를 신청할 수 있는 것이다.

나. 신청 방법

노동위원회규칙은 구제의 신청은 소정 서식의 구제신청서에 따라야 하고, 신청서에는 근로자의 성명·주소, 신청 취지(근로자나 노동조합이 구제받고자 하는 사항), 신청 이유(사건 경위와 부당한 이유) 등 소정의 사항을 기재해야 한다고 규정하고 있다(39조).

신청 취지는 민사소송의 청구 취지처럼 엄격하게 해석할 것은 아니고 신청의 전체 취지로 보아 어떠한 내용의 구제를 구하고 있는지를 알 수 있을 정도면 되는 것으로서, 노동위원회는 그 재량으로 신청된 구체적 사실에 대응하여 적절·타당하다고 인정되는 구제를 명할 수 있으므로 신청서에 구제의 내용이 구체적으로 특정되어 있지 않더라도 부당노동행위를 구성하는 구체적인 사실을 주장하고 있다면, 그에 대한 구제도 신청하고 있는 것으로 보아야 한다.[1]

다. 신청기간

노동조합법은 구제의 신청은 부당노동행위가 있은 날(계속하는 행위는 그 종료일)부터 3개월 이내에 해야 한다고 규정하고 있다(82조 2항).

근로자나 노동조합이 부당노동행위로 권리를 침해당하여 구제를 신청하려면 그 부당노동행위가 있은 날부터 3개월[2] 이내에 해야 하고, 이 기간이 지나면 권

1) 대법 1999. 5. 11, 98두9233.

2) 미국의 6개월, 일본의 1년에 비하여 짧다. 적어도 6개월로 늘리는 개정이 필요하다.

리 침해가 남아 있더라도 구제를 신청할 수 없다는 것이다. 그리고 3개월의 신청기간은 부당노동행위가 있은 날부터 계산하기 시작한다. 예컨대 사용자가 해고처분의 부당노동행위를 하고 해고의 예고도 했다면 예고한 날이 아니라 해고하려는 날(효력 발생일)부터 계산하기 시작하고,[1] 해고통지서를 교부했다면 통지서에 기재된 해고일부터 계산하기 시작한다.[2]

한편, 해당 부당노동행위가 계속하는 행위인 경우에는 구제의 신청은 그 행위가 종료한 날부터 3개월 이내에 해야 한다. '계속하는 행위'란 1개의 행위가 바로 완결되지 않고 일정 기간 계속되는 경우(예컨대 직장폐쇄)뿐만 아니라, 수 개의 행위라도 각 행위 사이에 부당노동행위 의사의 단일성, 행위의 동일성·동종성, 시간적 연속성이 인정될 경우도 포함한다.[3] 예컨대 한 단위기간(1년)마다 인사고과나 승격 심사를 하고 그 결과에 따라 임금을 결정하는 경우 하위 인사고과 부여나 승격 탈락과 아울러 같은 단위기간의 임금 지급은 하나의 계속하는 행위를 구성한다. 또한 신청기한이 3개월로 비교적 짧다는 점을 고려한다면, 반조합적 발언, 탈퇴 권유나 협박, 조합원에 대한 폭행, 불이익한 처분 등 여러 개의 행위가 잇달아 있는 경우 그 전부를 단일한 부당노동행위 의사에 따른 계속하는 행위로 보아야 한다.

2. 조사와 심문

노동조합법에 따르면, 노동위원회는 부당노동행위의 구제신청을 받은 때에는 지체없이 필요한 조사와 관계 당사자의 심문을 해야 한다(83조 1항).[4] 조사는 관계 당사자의 주장과 그 증명 방법을 명확하게 하여 쟁점을 정리하는 절차로서 심문을 위한 준비절차라 할 수 있다.[5] 심문은 조사된 자료를 토대로 관계 당사자

---

1) 대법 2002. 6. 14, 2001두11076.

2) 이 밖에 근로자가 해고 이외의 징계 처분을 받은 경우에는 그 징계에 관한 통지(구술통지 포함)를 받은 날부터, 그리고 징계 재심절차를 거친 경우에는 원처분일부터 계산하기 시작함을 원칙으로 한다(노위칙 40조).

3) 대법 2025. 4. 3, 2023두41864<핵심판례>.

4) 노동위원회는 구제신청 접수 후 지체 없이 심판위원회를 구성하여 사건을 담당하게 한다(노위칙 44조 1항). 그러나 신청기간을 넘기는 등 신청의 요건을 갖추지 못한 경우 또는 관계 당사자 양쪽의 동의를 받은 경우에는 단독심판위원 1명에게 사건을 담당하게 할 수 있다(노위 15조의2).

5) 노동위원회는 구제신청 접수 후 지체 없이 조사관을 지정해야 하며(노위칙 45조 1항), 필요한 경우에 관계 당사자에게 관련 자료의 제출을 요구하고 관계 당사자와 증인 또는 참고인을 출석시켜 조사하거나 진술서를 작성·제출하게 할 수 있다(노위칙 46조 1항·2항).

에게 질문을 하고 답변을 듣는 등 사실의 인정과 판정을 하기 위한 준비절차라 할 수 있다.

노동위원회는 심문을 할 때에 관계 당사자의 신청이나 직권으로 증인을 출석하게 하여 필요한 사항을 질문할 수 있고, 관계 당사자에게 증거의 제출과 증인에 대한 반대심문을 할 수 있는 충분한 기회를 주어야 한다(83조 2항·3항).[1)]

심문은 주로 사실 인정(확인)을 위한 것이다. 사실을 인정하려면 증거가 필요하지만, 증거조사의 범위 및 방법에 관해서는 특별한 제한이 없으므로 노동위원회는 증거의 취사선택 및 증명력의 평가를 자유로이 할 수 있다. 즉 민사소송의 경우처럼 엄격한 증거법칙이 적용되지 않고 보다 자유로운 심증주의가 가능하다. 따라서 예컨대 자백한 사실이나 당사자가 다투지 않은 사실에 관해서도 노동위원회는 직권으로 증거를 조사하고, 이를 통하여 사실을 인정할 수 있다. 다만 재심 판정은 행정소송의 대상이 되기 때문에 행정소송에서도 지지받을 수 있는 정도의 증명도(확신도)가 요구된다.

부당노동행위를 구성하는 사실에 대한 증명책임은 구제신청을 한 자가 부담하는 것이 원칙이다.[2)] 그러나 노동위원회는 증명사실의 난이도와 성질, 당사자 사이의 형평을 고려하여 구제제도의 취지에 어긋나지 않는 범위에서 신청인의 증명책임을 경감하거나 부분적으로 증명책임을 사용자에게 전환할 수 있다. 예컨대 신청인이 인사고과의 차별을 주장하는 경우에 고과 자료가 다른 근로자와의 비교를 포함하고 있어 공개할 수 없는 성질을 갖고 있지만, 이 자료 없이는 부당노동행위의 증명이 곤란하면 사용자가 그 자료를 열람시키는 등의 방법으로 인사고과에 차별이 없었다는 것을 증명해야 한다.

3. 판정 및 화해

가. 판정의 종류와 방법

(1) 노동조합법에 따르면, 노동위원회는 심문을 끝내고 부당노동행위가 성립한다고 판정한 때에는 사용자에게 구제명령을 하고, 부당노동행위가 성립하지 않는다고 판정한 때에는 구제신청을 기각하는 결정을 해야 한다(84조 1항).

---

1) 심문회의는 정당한 사유가 없는 이상 관계 당사자 쌍방이 참석한 가운데 진행하며, 근로자위원과 사용자위원 각 1명을 참여하도록 해야 한다(노위칙 54조 2항·5항). 심문회의는 심판위원회가 반대의 의결을 하지 않는 이상 공개한다(노위 19조).

2) 대법 1991. 7. 26, 91누2557.

한편, 신청기간이 지나 신청하는 등 신청의 요건을 충족하지 못한 경우이거나 구제 절차를 진행할 필요가 없는 사정이 명백한 경우에는 부당노동행위 성립 여부의 실체에 대한 심리까지 가지도 않고 신청을 각하함으로써 사건을 종결한다.[1)]

(2) 노동위원회의 판정은 근로자나 노동조합이 구제를 신청한 취지·내용을 대상으로 그 인정 여부를 판정하는 데 그쳐야 한다. 예컨대 근로자가 구제신청을 한 후 사용자가 원 처분을 변경하더라도 근로자가 신청 취지를 변경하지 않는 이상 노동위원회의 판정은 당초의 처분을 대상으로 해야 한다.[2)]

(3) 판정·명령 및 결정은 서면으로 하되, 이를 신청인과 해당 사용자에게 각각 교부해야 한다(84조 2항). 교부는 직접 교부로 한정되지 않고 우편을 통한 송달도 포함한다고 해석된다.

나. 구제명령의 내용

현행법상 구제명령의 내용을 제한하는 특별한 규정은 없으므로 구제명령의 내용은 노동위원회의 합리적 재량에 맡겨진다. 이에 따라 노동위원회는 부당노동행위 구제제도의 취지에 맞추어 일반적으로 침해된 권리를 회복(정상적인 노사관계 수립 포함)하는 조치를 내용으로 다양한 형태의 구제명령을 하게 된다.

예컨대 ① 불이익취급에 대하여 해고나 징계 등 불이익처분 이전의 지위로 복귀시키라는(원직복귀) 명령, ② 해고·징계 등의 불이익처분에 대하여 해고·징계 등이 없었더라면 그 기간에 근로자가 받을 수 있었던 임금 상당액을 지급하라는(임금상당액지급, 소급임금지급; back pay) 명령, ③ 문제의 단체교섭거부를 중지하고 성실하게 교섭하라는 명령, ④ 문제의 지배·개입행위를 중단하라는 명령, ⑤ 문제의 행위에 대하여 구제명령을 받았다는 취지, 문제의 행위에 대하여 잘못을 시인하거나 앞으로 그러한 행위를 하지 않겠다는 취지가 담긴 문서를 게시하라는(공고

1) 각하의 대상은 ① 신청기간을 지나서 신청한 경우, ② 신청서에 대하여 2회 이상 보정 요구에 응하지 않은 경우, ③ 같은 당사자가 같은 취지의 신청을 거듭하여 제기하거나 같은 취지의 확정된 판정·화해조서가 있는데도 신청을 한 경우 또는 판정이 있은 후 신청을 취하했다가 다시 신청을 한 경우, ④ 신청하는 구제의 내용이 법률상·사실상 실현할 수 없음이 명백한 경우, ⑤ 신청인이 2회 이상 출석에 불응하거나 주소·소재 불명으로 2회 이상 출석통지서가 반송되거나 그 밖의 사유로 신청 의사를 포기한 것으로 인정될 경우이다(노위칙 60조 1항). 종전에는 각하의 대상이었던 ① 당사자 적격이 없는 경우, ② 신청의 내용이 노동위원회의 구제명령 대상이 아닌 경우, ③ 신청의 이익이 없는 경우 등을 삭제하여 이제는 그러한 경우 기각 결정을 내리도록 하고 있다.

2) 대법 1995. 4. 7, 94누1579.

문게시; post notice) 명령 등이다. 그리고 해고나 징계 등에 대하여 원직복귀 명령을 할 때에는 이와 더불어 임금상당액지급 명령도 하는 것이 보통이다.

그러나 구제명령의 내용이 이러한 전형적인 것으로 한정되는 것은 아니고 노동위원회가 전문적·합목적적인 판단에 따라 다양한 개별 사건에 적합한 시정조치를 고안하도록 노동위원회의 합리적 재량에 맡겨져 있다고 해석된다. 부당노동행위제도의 취지 및 행정구제의 탄력성에 비추어 침해된 권리를 회복하고 노사관계를 정상화하려면 노동위원회가 이러한 재량권을 가져야 할 것이기 때문이다.

다. 구제명령의 한계

A. 일반적 한계 구제명령의 내용을 결정하는 데 노동위원회가 재량권을 가진다고 하더라도 부당노동행위 구제제도의 목적에 비추어 일정한 한계를 가지는 것은 당연하다. 따라서 구제명령은 사용자의 노동3권 침해행위로 생긴 상태를 직접 시정함으로써 정상적인 노사관계 질서의 신속한 회복·확보를 도모하는 것이어야 하고, 또 부당노동행위에 따른 피해를 구제한다는 성질을 가지는 것이어야 한다.

또 구제명령은 부당노동행위를 사실상 시정하기 위한 행정상의 조치이므로 그 적법성 여부는 행정처분으로서의 적법성을 갖추면 되는 것이며, 그 명령이 사법상 가능(적법)한지 여부에 따른 것은 아니다. 다만 행정처분도 국가법 체계 안에서 하는 것이므로 근로기준법 등 강행법에 위반해서는 안 된다.

B. 중간수입 공제 여부 해고 기간에 대한 임금상당액지급의 구제명령을 받은 근로자가 해고된 기간에 다른 곳에 취업하여 얻은 수입(중간수입)이 있더라도 그 공제 여부 또는 공제의 정도는 노동위원회의 합리적 재량에 맡겨진다. 중간수입 공제에 관해서는 해고자 개인의 피해를 구제한다는 관점만이 아니라 해고에 따른 단결활동 전반에 대한 침해를 제거한다는 관점에서도 검토해야 하고, 전자의 관점에서는 중간수입의 공제가 원칙이지만, 재취직의 난이, 취직직장에서의 노무의 성질·내용 및 임금의 다과, 해고가 단결활동에 미친 제약적 효과 등을 고려하면서 양자의 관점에서 종합적으로 결정해야 하기 때문이다. 오늘날 노동위원회로서는 중간수입의 공제 여부는 당사자 사이에 해결할 민사문제로 여기고 언급을 하지 않는 것이 당연시되고 있다.

C. 추상적 부작위 명령 노동위원회가 구제명령으로서 향후 일정한 행위의 금지를 내용으로 하는 부작위 명령을 할 경우에 금지되는 행위를 특정하지 않

고 광범한 행위를 일반적·포괄적으로 금지하는 추상적 부작위 명령을 할 수 있는지도 문제된다.

추상적 명령이라도 그 내용이 명령의 이유를 통하여 구체적으로 확정될 수 있는 이상 법규형성행위라 볼 수 없고 적법하다고 생각할 수도 있다. 그러나 추상적 명령은 장래의 제재에 근거를 제공하는 일반적 법규를 형성하는 것이고, 또 과거에 있었던 부당노동행위를 사실상 시정함으로써 노사관계의 정상화를 꾀한다는 구제명령의 목적을 벗어나는 것이어서 허용되지 않는다고 보아야 할 것이다.

D. 공고문게시 명령과 양심의 자유 공고문게시에는 여러 가지가 있다. 사과와 장래의 부작위를 약속하는 엄격한 형태가 있는가 하면 노동위원회에서 부당노동행위로 인정된 것을 유감으로 여긴다는 뜻을 싣는 느슨한 형태도 있고, 게시판에 지정한 크기와 형상으로 게시하는 방법이 있는가 하면 노동조합에 단순히 문서를 교부하는 방법도 있다.

엄격한 형태의 경우 사용자의 양심의 자유를 침해하여 위법하다고 볼 여지도 있다. 그러나 정상적인 노사관계의 회복을 위한 형식적 조치로서 반성까지 강요하는 것은 아니므로 양심의 자유를 침해하는 것은 아니라고 보아야 할 것이다.

E. 승급 차별에 대한 구제명령 승급 차별의 부당노동행위에 대해서는 노동위원회가 일정한 기준에 따른 재사정과 함께 재사정에 따른 임금 차액의 지급을 명할 수 있다. 또 노동위원회 스스로 차별대우를 받은 조합원에게 지급되어야 할 승급액을 결정하고 지급된 임금과의 차액을 지급하라고 명할 수도 있다.

F. 승진 차별과 승진 명령 승진 차별의 부당노동행위에 대해서는 노동위원회가 직접 승진을 명할 수 있는지 문제되는데, 승진이 갖는 의미와 성격에 따라 결정된다.

승진이 단순히 자격의 상승 및 이에 따른 임금 상승을 가져오는 데 불과한 경우에는 노동위원회가 승진을 명할 수 있다. 또 승진이 관리상의 직책을 상승시킨다 하더라도 그 직책의 수준이나 권한이 상급 직책 담당자를 보조하는 것에 그치는 경우 또는 승진이 연공·연령·학력 등의 객관적 요소에 따라 기계적으로 시행되는 경우에는 그 직책으로 승진시키라고 명할 수 있을 것이다. 이에 대하여 관리상의 주요한 직책으로의 승진이 적격성을 종합적으로 판정하여 결정되고 있는 경우에는 사용자의 판정권한을 배려하지 않고 승진시키라고 명하는 것은 적법하지 않다고 보아야 한다.

라. 구제이익

노동위원회로부터 구제명령을 받을 이익(구제이익)이 없는 경우에는 노동위원회가 부당노동행위의 성립 여부에 대한 실체적 판단을 하지 않고 신청을 기각하게 된다. 따라서 구제이익이 있느냐 여부가 문제될 수 있는 것이다.

예컨대 징계를 받은 근로자가 구제신청을 하였지만 노동위원회의 판정 전에 회사를 사직한 경우, 해고된 근로자가 부당노동행위 구제신청을 하여 구제절차가 진행되는 도중에 같은 사유로 법원에 제기한 해고무효 확인소송에서 패소의 확정판결을 받은 경우, 구제신청을 한 근로자가 신청을 취하하지는 않았지만 구제받기를 포기한 것으로 인정되는 경우에는 원직복귀명령을 내릴 구제이익은 없다. 또 예컨대 사용자가 단체교섭을 정당한 이유 없이 거부했으나 구제신청 이후 단체교섭이 원만하게 타결된 경우, 부당노동행위를 한 사용자가 구제신청 이후 폐업 등으로 소멸하거나 단체교섭거부에 대하여 구제신청을 한 노동조합이 해산한 경우에도 구제이익은 없다.

그러나 예컨대 근로자를 해고한 사용자가 구제신청 이후 그 근로자의 직무에 다른 근로자를 채용 또는 배치했거나 조직의 개편으로 원직이 소멸한 것, 구제신청을 한 근로자가 그 후 다른 사업에 취업하여 근무하고 있는 것, 구제신청 이후 사업의 합병·양도가 이루어진 것만으로 구제이익이 소멸한 것은 아니다. 그리고 노동조합이 근로자와 별도로 해고 등에 따른 노동조합의 피해를 구제받기 위하여 구제신청을 했다면 노동조합의 피해에 대한 구제(공고문게시 등)의 이익은 영향을 받지 않는다.

문제는 근로자가 해고되어 구제절차가 진행되는 중에 근로계약기간 만료 등의 사유로 노동관계가 종료되어 원직복귀가 불가능하게 된 경우에 구제이익이 있는지 여부에 있다. 부당해고 구제사건에 관한 것이지만, 판례는 근로자가 해고 이후 노동관계 종료 시까지의 기간에 지급받지 못한 임금상당액을 지급받을 필요가 있는 이상 임금상당액 지급의 구제명령을 받을 이익이 유지된다고 판시했다.[1)]

마. 판정의 효력

A. 행정처분으로서의 효력 노동위원회의 판정은 행정처분의 일종으로서 그 서면이 당사자에게 교부된 날부터 효력을 발생하고, 그 후에는 판정을 한 노

1) 대법 2020. 2. 20, 2019두52386(전합).

동위원회도 이를 취소하거나 변경할 수 없으며(불가변경력), 당연무효가 아닌 이상 권한 있는 기관이 취소할 때까지는 계속 효력을 가진다(공정력).

따라서 지방노동위원회 또는 특별노동위원회의 판정은 관계 당사자의 재심 신청으로 효력이 정지되지 않는다(86조). 관계 당사자는 노동위원회의 구제명령에 따라야 하고(84조 3항), 재심 신청을 한 경우에도 그렇다. 다만 이 단계에서는 구제 명령이 아직 확정되지 않았고, 미확정의 구제명령을 이행하지 않은 경우에 대해서는 벌칙이 없다.[1)]

B. 판정의 확정과 벌칙 지방노동위원회 또는 특별노동위원회의 판정에 대하여 관계 당사자가 판정서를 받은 날부터 10일 이내에 재심 신청을 하지 않으면 그 판정은 확정되고(85조 1항·3항) 더 이상 다툴 수 없게 된다.

사용자가 확정된 구제명령을 이행하지 않으면 벌칙(노조 89조)이 적용된다. 벌칙의 적용은 구제명령의 이행을 확보하기 위한 것이다.

C. 구제명령의 효력 노동위원회의 구제명령은 당연히 사법상의 법률관계에 영향을 미치는 것은 아니다. 예컨대 불이익취급에 대한 원직복귀 명령이 있더라도 근로자가 사용자의 복직발령에 따라 실제로 복직하여 근로를 제공해야 비로소 임금 청구권이 발생한다.[2)]

그러나 원직복귀 명령의 원인이 된 해고는 부당노동행위 금지의 강행법규에 위반하는 행위로서 무효가 된다.[3)] 한편, 노동위원회의 임금상당액지급 명령은 민사소송법상 강제집행의 기초가 되는 집행권원(집행명의)에 해당하지 않는다.

바. 화해

화해에 관해서는 노동위원회법에서 규정하고 있다. 이에 따르면, 노동위원회는 부당노동행위 구제의 신청에 대한 판정·명령·결정이 있기 전까지 관계 당사자의 신청을 받아 또는 직권으로 화해를 권고하거나 화해안을 제시할 수 있다(노위 16조의3 1항). 노동위원회는 관계 당사자가 화해안을 수락한 경우에는 화해조서를 작성해야 하며, 화해조서에는 관계 당사자와 화해에 관여한 위원 전원이 서명 또는 날인해야 한다(같은 조 3항·4항). 이와 같은 서명 또는 날인으로 화해가 성립된 후에는 관계 당사자가 이를 번복하는 것은 허용되지 않는다. 화해조서는 민사소송법에 따른 재판상 화해의 효력을 가진다(같은 조 5항).

1) 구 노동조합법 제46조는 미확정의 구제명령 위반에 대한 벌칙도 두었으나 헌재 1995. 3. 23, 92헌가14는 헌법불합치 결정을 한 바 있다.
2) 대법 1996. 4. 23, 95다53102.
3) 대법 1993. 12. 21, 93다11463.

관계 당사자 사이에 합의나 화해를 하고(노동위원회의 권고나 화해안에 따른 경우도 포함) 신청인이 신청을 취하하더라도 화해조서를 작성하지 않은 경우에는 그 화해는 사법상 계약으로서의 효력을 가질 뿐 재판상 화해의 효력은 가지지 않는다.

Ⅱ. 재심의 절차

1. 재심의 신청

노동조합법에 따르면 지방노동위원회 또는 특별노동위원회의 구제명령이나 기각결정에 불복이 있는 관계 당사자는 구제명령서나 기각결정서의 송달을 받은 날부터 10일 이내에 중앙노동위원회에 재심을 신청할 수 있다(85조 1항). 초심 판정에 불복하는 경우에 재심을 신청할 수 있다는 취지이므로 초심의 각하결정도 재심 신청의 대상이 된다고 해석된다.

재심 신청은 초심 판정에 불복하는 관계 당사자가 할 수 있다. 그러나 관계 당사자는 초심에서 신청인과 그 상대방인 사용자이었던 자로 한정되는 것은 아니므로, 예컨대 초심에서는 노동조합만이 신청인이었던 경우에 그 사건에 대하여 당사자 자격이 있는 근로자 개인도 재심을 신청할 수 있다고 보아야 한다.

재심 신청은 초심에서 구제를 신청한 사실(예컨대 특정의 불이익취급이나 지배·개입의 사실)의 범위 안에서만 허용된다. 초심에서 구제를 신청하지 않은 사실에 대해서는 재심 신청을 통하여 새삼스럽게 구제를 구할 수는 없는 것이다.

그러나 초심에서 구제를 신청한 사실의 범위에서는 초심에서 신청한 구제의 내용도 재심 신청에서 변경할 수 있다. 예컨대 특정의 지배·개입 전반에 대하여 초심에서 그 지배·개입행위 중지만 청구한 경우라도 재심 신청을 할 때에 공고문게시를 추가로 청구할 수 있는 것이다.

따라서 초심의 신청인은 초심의 기각결정 또는 각하결정에 대하여 그 결정의 취소·변경을 청구하는 재심 신청을 할 수도 있고, 초심의 구제명령에 대하여 그 추가·변경을 청구하는 재심 신청을 할 수도 있다. 그리고 사용자는 초심의 구제명령에 대하여 그 취소·변경을 구하는 재심 신청을 할 수 있다.

2. 재심의 판정 및 그 밖의 절차

(1) 중앙노동위원회의 판정은 재심 신청이 이유 있다고 인정되는지, 달리 말하자면 초심판정을 취소·변경할 것인지 아니면 재심 신청을 기각할 것인지를 결

정하는 것이다.

중앙노동위원회의 재심 판정은 당사자가 재심을 신청한 사실의 범위에서 해야 하고 재심 신청인이 재심을 신청하지 않은 사실에 대해서는 그 당부를 판정할 수 없다. 그러나 재심을 신청한 사실의 범위에서는 초심 구제명령의 내용을 전체적으로 재검토하여 부분적으로 변경할 수도 있다.

중앙노동위원회의 재심 판정은 관계 당사자의 행정소송 제기로 효력이 정지되지 않는다(86조). 재심 판정에 구제명령이 포함되어 있는 경우 관계 당사자는 이에 따라야 하고(84조 3항), 행정소송을 제기한 경우에도 그렇다. 다만 이 단계에서는 구제명령이 아직 확정되지 않았으므로 그 불이행은 처벌의 대상이 아니다.

중앙노동위원회의 재심 판정에 대하여 관계 당사자가 판정서의 송달을 받은 날부터 15일 이내에 행정소송을 제기하지 않으면 재심 판정은 확정되고(85조 2항·3항) 더 이상 다툴 수 없게 된다.

(2) 그 밖의 재심 절차에 관해서는 초심의 절차가 준용된다고 해석된다. 즉 조사, 심문, 판정의 대상·절차·방법, 구제명령의 내용과 한계, 신청의 이익, 확정된 구제명령의 불이행에 대한 벌칙 적용, 재심 판정의 효력, 화해에 관해서는 초심 절차의 해당 사항이 준용되는 것이다.

다만, 신청의 이익과 관련하여 부분적으로 초심의 경우와 다른 경우가 있다. 예컨대 초심에서 원직복귀의 구제명령이 있었으나 해고된 근로자가 원직복귀를 포기한 경우라도 실무상으로는 사용자가 구제명령 불이행죄로 처벌될 가능성이 있다는 점에서 신청의 이익은 있다. 또 사용자가 재심 신청 후 구제명령을 이행한 경우라도 그 이행이 잠정적으로 법률이나 단체협약을 준수하려는 것에 불과한 것이라면 사용자에게 재심 신청의 이익은 있다.

Ⅲ. 행정소송

1. 행정소송의 제기

노동조합법은 중앙노동위원회의 재심 판정에 대하여 관계 당사자는 재심 판정서의 송달을 받은 날부터 15일 이내에 행정소송을 제기할 수 있다고 규정하고 있다(85조 2항).

행정소송의 원고는 재심 판정에 불복하여 그 취소를 구하는 관계 당사자가 된다. 재심 판정에서 당사자였던 근로자 또는 노동조합은 당연히 원고가 될 수 있지만, 예컨대 재심에서 노동조합만 당사자였던 불이익취급 구제사건에서 중앙노동위원회가 불이익취급의 성립을 부인하는 판정을 한 경우에 불이익취급의 직접적인 피해자인 근로자는 재심 판정의 당사자가 아니었지만 행정소송의 원고가 될 수 있다.

행정소송은 재심 판정을 한 중앙노동위원회를 상대로 하는 것이다. 그리고 사용자가 제소한 경우에는 상대방인 근로자나 노동조합이, 근로자나 노동조합이 제소한 경우에는 상대방인 사용자가 피고인 중앙노동위원회에 대하여 보조참가를 할 수 있다.

2. 이행명령

노동조합법에 따르면, 사용자가 재심 판정에 대하여 행정소송을 제기한 경우에 관할 법원은 중앙노동위원회의 신청으로 결정으로써 판결이 확정될 때까지 중앙노동위원회 구제명령의 전부 또는 일부를 이행하도록 명할 수 있고, 당사자의 신청에 의하여 또는 직권으로 그 결정을 취소할 수 있다(85조 5항).

재심 판정은 행정소송의 제기로 그 효력이 정지되지는 않으므로(86조), 사용자는 행정소송을 제기한 경우에도 재심의 구제명령을 이행해야 한다. 그러나 미확정의 구제명령 불이행을 처벌할 수는 없기 때문에 실제로는 사용자의 이행을 확보하기 곤란하다. 초심도 아니고 재심에서의 구제명령의 실효성이 확보되지 않는 것은 제도의 의미를 반감하게 되므로 행정소송의 진행 도중에 관할 법원이 사용자에게 구제명령의 이행을 잠정적으로 강제할 수 있도록 하려는 것이다.

가. 이행명령의 요건

A. 일반적 요건　　관할 법원이 이행명령('긴급이행명령'이라 부르기도 한다)을 하려면 '사용자가 재심 판정에 대하여 행정소송을 제기'했어야 하고, 피고인 '중앙노동위원회의 신청'이 있어야 한다. 또 명문의 규정은 없지만 제도의 취지로 보아 잠정적으로 구제명령의 이행을 강제할 필요성이 있어야 한다. 즉 구제명령을 즉시 이행하지 않으면 그 소기의 효과(부당노동행위의 시정에 따른 노사관계의 정상화)를 거두기 곤란하게 될 급박한 사정이 있어야 한다.

B. 심사권의 한계　　중앙노동위원회의 구제명령이 위법한 경우도 있을 것이기 때문에 중앙노동위원회의 신청을 받은 법원은 잠정적으로나마 구제명령의 적법성(유지 가능성)에 관하여 검토하지 않을 수 없다.

구제명령의 적법성은 본안 심리에서 심사할 것이므로 이행명령의 인정 여부에 영향을 미칠 수 없고, 이행명령의 취지는 노동위원회의 실체적 판단을 존중하여 구제명령의 실효성을 확보하는 데 있으며, 구제명령의 적법성에 중대한 의심이 있는 경우에는 이행명령을 취소할 수도 있다. 그렇다면 법원이 제출받은 심사기록이나 소명 자료를 통하여 구제명령에 중대하고 명백한 하자가 인정되는 등 특별한 사정이 없는 이상 구제명령은 적법한 것으로 추정되고 이행명령을 할 수 있다고 보아야 할 것이다.

나. 이행명령의 내용과 효력

관할 법원의 이행명령은 판결이 확정될 때까지 잠정적으로 중앙노동위원회 구제명령의 전부 또는 일부를 이행하도록 명하는 것이다. '중앙노동위원회의 구제명령'에는 초심의 판정을 취소·변경하면서 한 중앙노동위원회의 구제명령은 물론, 초심의 구제명령을 취소·변경하지 않는 중앙노동위원회의 판정도 포함된다.

이행명령은 당사자에게 송부된 날부터 효력을 발생하고, 행정소송의 판결이 확정될 때까지 효력을 가진다. 그러나 관할 법원은 당사자의 신청이나 직권으로 이행명령을 취소할 수 있다(85조 5항 후단). 주로 이행명령의 필요성에 관한 사정이 변경되거나 구제명령의 적법성을 인정하기 곤란한 특별한 사정이 발견된 경우에 취소하게 될 것이다. 관할 법원의 이행명령에 위반하면 벌칙(과태료; 95조)이 적용된다.[1]

3. 본안 심리 및 판결

가. 심리의 범위

재심 판정에 대한 행정소송은 재심 판정의 취소를 구하는 취소소송에 속하므로 재심 판정을 취소해야 할 위법성이 있는지 여부 전체가 판단의 대상이 된다. 따라서 이 소송에서 심리의 대상이 되는 것은 중앙노동위원회의 사실 인정의 당부, 인정된 사실이 부당노동행위를 성립시키는지 여부에 관한 중앙노동위원회의 판정이 적법한 지 여부, 구제명령의 내용이 적법한지 여부의 세 가지이다. 또 경우에 따라서는 재심 판정에 이른 절차의 위법성이 주장되어 그 점이 판단 대상이 되는 수도 있다.

A. 사실 인정의 당부 　　사실 인정의 심사에 관하여 법원은 노동위원회에

1) 이행명령 위반에 대한 과태료는 500만원을 한도로 하되, 이행명령이 작위를 명하는 것이면 그 명령을 이행하지 않는 일수 1일에 50만원 이하의 비율로 산정한 금액으로 한다.

제출된 증거만을 대상으로 하는 것이 아니라, 그동안 제출되지 않은 증거도 포함하여 다시 증거를 조사하고 독자적으로 사실 인정을 한다. 이 때문에 법원이 전문적인 행정위원회인 중앙노동위원회의 사실 인정을 존중하지 않는 결과가 되지만, 사법적 통제의 권한을 수행하는 법원에 대하여 중앙노동위원회의 사실 인정을 존중하라고 강제하기도 곤란하다.[1)]

그러나 중앙노동위원회의 사실 인정에 잘못이 있다 하여 언제나 재심 판정 취소의 이유가 되는 것은 아니고, 그 잘못이 부당노동행위의 성립 여부에 관한 중앙노동위원회의 결론에 영향을 주는 경우에만 취소의 이유가 된다.

B. 재심 판정의 적법 여부 부당노동행위의 성립 여부에 관한 중앙노동위원회의 판정이 적법한지 여부에 대해서는 부당노동행위의 성립요건 중 '정당한' 행위, '정당한 이유', '지배·개입' 등 일반개념의 해석·적용에 노동위원회의 재량(요건재량)이 인정되는가, 즉 법원이 이들 일반적 개념에 관한 노동위원회의 전문적 해석을 존중해야 하는가가 문제된다.

이들 일반개념의 해석·적용에 대해서는 그 사건 노사관계의 구체적 상황에 따라 미묘한 판단을 요한다는 점에서 법원은 노동위원회의 전문적 판단, 요건재량에 따른 판단을 존중하고 그 판단이 현저히 불합리하지 않는 이상 이를 번복할 수 없다고 생각할 수도 있다.

그러나 부당노동행위 금지 규정은 노사 양측의 이익에 중대한 영향을 주는 행정처분의 발동 요건을 정한 것이므로 그 해석·적용은 법률의 원칙적인 해석·적용 권한을 가진 법원에 맡겨질 성질이라는 점에서 노동위원회의 요건재량은 인정되지 않는다고 볼 수밖에 없다. 다만 이것은 법원이 노동위원회의 판단을 우월적으로 심사할 수 있음을 의미하는 데 그치고, 부당노동행위의 요건이 독특한 것이라는 점까지 부정하는 것은 아니다. 법원은 부당노동행위의 성립 여부가 1차적으로는 노동위원회의 전문적 판단에 맡겨진 노사관계상의 문제라는 것을 고려하여 판단해야 할 것이다.

C. 구제명령의 적법 여부 중앙노동위원회 구제명령의 내용이 적법한지 여부에 대해서는 노동위원회가 전문적 행정위원회로서 일정한 한계는 있지만 재량권을 가진다고 해석된다. 구제명령의 한계에 관해서는 이미 검토한 바와 같다.

1) 미국에서는 행정구제 단계의 사실 인정을 제한된 범위에서 존중하도록 제도화되어 있다. 즉 연방노동관계법에 따르면 법원은 연방노동관계위원회(NLRB)가 주장하지 않은 사유를 특별한 사정이 없는 이상 고려하지 않으며, 연방노동관계위원회의 사실인정은 기록상 전체적으로 실질적인 증거로 지지되는 이상 결정적인 것이다(11조 e).

나. 위법성 판단의 기준 시점과 소의 이익

법원은 재심 판정의 위법성 여부에 관하여 판결(구두변론 종결)할 때가 아니라 처분(재심 판정)한 때를 기준으로 판단해야 한다.

재심 판정 후에 구제명령을 그대로 유지할 수 없는 사정이 발생한 경우가 문제되지만, 이것은 재심 판정의 적부 문제가 아니라 소의 이익 유무의 문제가 된다. 예컨대 지배·개입의 성립을 인정한 재심 판정 이후에 해당 노동조합이 해산·소멸한 경우, 근로자의 원직복귀를 명한 재심 판정 이후에 또 한 번의 해고가 유효하게 시행된 경우, 단체교섭거부의 성립을 부정한 재심 판정 이후에 당사자 사이에 단체교섭이 타결된 경우,[1] 또는 노동조합의 조합원이 없어져 사용자가 단체교섭 요구에 응할 수 없게 된 경우[2]에는 재심 판정의 취소를 구할 소의 이익이 없어 소송은 각하된다.

그리고 사용자가 재심의 구제명령을 구두변론 종결 시까지 이행명령에 따라 또는 임의로 이행했다 하더라도 사용자는 그 구제명령의 취소를 계속 구할 수 있다. 재심 구제명령의 이행으로 그 취소를 구할 법률상의 이익이 소멸된다고 본다면 사용자는 임의 이행을 하지 않으려 할 것이고, 구제명령은 이를 한 때부터 효력을 발생한다는 원칙에 어긋나기 때문이다.

다. 판결

행정소송에서 법원은 중앙노동위원회의 재심 판정을 취소하는 판결을 하거나 청구를 기각하는 판결을 한다. 경우에 따라서는 결정으로 소를 각하하기도 한다.

청구를 기각하는 법원의 판결이 확정되면 중앙노동위원회의 재심 판정은 확정된다.[3] 그리고 사용자가 행정소송을 제기한 후 확정된 구제명령을 이행하지 않으면 벌칙(89조)이 적용된다.

1) 대법 1995. 4. 7, 94누3209.
2) 서울고법 2002. 9. 6, 2001누15391.
3) 중앙노동위원회의 재심 판정을 취소하는 판결이 확정되면 중앙노동위원회는 소송 당사자의 신청이나 직권으로 취소판결의 취지에 따라 그 사건에 대하여 재판정을 해야 한다(노위칙 99조).

제4절 부당노동행위의 형사제재와 민사구제

Ⅰ. 부당노동행위의 형사제재

사용자가 노동조합법상 부당노동행위 금지 규정을 위반하면 벌칙(90조)이 적용된다.[1] 사용자가 부당노동행위를 했더라도 구제명령이 확정된 후에 이를 이행하기만 하면 아무런 제재를 받지 않게 된다면, 부당노동행위가 반복될 우려가 있다는 점을 고려하여 구제주의를 보완하려고 벌칙을 둔 것이다.

처벌요건은 사용자의 부당노동행위이다. 부당노동행위의 성립요건에 대해서는 이미 살펴본 바와 같이 합리적인 이유가 있는 경우 유추해석이나 확대해석이 상당한 정도로 이루어지고 있다. 그것은 노동위원회의 구제명령을 염두에 둔 것이기 때문이다. 그러나 처벌요건으로서의 부당노동행위에 대해서는 죄형법정주의가 적용되기 때문에 피해자의 구제를 염두에 둔 유추해석이나 확대해석은 인정되기 어려울 것이다.

사용자가 노동위원회의 구제명령을 이행한 경우 또는 구제의 필요성(구제 이익)이 없어 구제신청이 기각된 경우에도 처벌요건이 결여되는 것은 아니다. 또 반의사불벌죄로 하는 구법상의 규정이 삭제되었으므로 피해자의 명시적 의사에 반하여 처벌할 수도 있다.

처벌은 국가의 형벌권 행사에 따른 것으로서 노사관계에 전문적인 행정기관인 노동위원회의 판단에 의존하는 것은 아니다. 따라서 검사는 노동위원회의 구제절차와 관계없이 독자적으로 부당노동행위 금지 규정에 위반한 자를 기소할 수 있다. 다만 검사는 범행의 동기·수단·결과, 피해자에 대한 관계, 범행 후의 정황 등을 참작하여 불기소처분을 할 권한도 가지기 때문에(형사소송법 247조 참조), 우선은 노동위원회의 구제명령 유무와 그 확정 여부를 참작하게 될 것이다. 또 피해자가 명시적으로 처벌을 원하지 않는 의사를 표시하거나 사용자가 피해를 충분히 구제한 경우에도 검사는 이 점을 참작하여 기소하지 않을 가능성이 많을

1) 부당노동행위와 관련된 벌칙에는 부당노동행위 자체에 적용되는 벌칙(90조), 확정된 구제명령에 위반하는 경우에 적용되는 벌칙(89조), 미확정의 구제명령에 대한 법원의 이행명령에 위반하는 경우에 적용되는 벌칙(95조)의 세 가지가 있다. 그러나 미확정의 구제명령에 위반한 것만으로는 처벌되지 않는다(종전의 벌칙은 위헌결정으로 삭제되었다).

것이다.

처벌 대상은 부당노동행위 금지 규정에 위반한 자, 즉 부당노동행위의 현실적 행위를 한 자이다. 따라서 예컨대 사실행위로서 이루어지는 경우가 많은 지배개입의 부당노동행위에서는 사업주(흔히 법인인 회사)가 아니라 현실적 행위자인 경영담당자(예컨대 회사의 대표이사) 또는 관리자가 처벌되지만, 노동조합법은 양벌규정을 두어 그 사업주에게도 추가적으로 벌금형을 과하도록 규정하고 있다(94조 본문). 다만 사업주가 부당노동행위를 방지하기 위하여 해당 업무에 관하여 상당한 주의와 감독을 게을리하지 않은 경우에는 사업주에 대한 벌금형 추가 부과는 하지 않는다(94조 단서).[1)]

Ⅱ. 부당노동행위의 민사구제

1. 민사구제의 법적 근거

노동조합법상 부당노동행위 금지 규정(81조 1항)은 부당노동행위제도의 취지에 비추어볼 때에 기본적으로는 노동3권의 보장 위에서 노사관계의 장래적 정상화를 위하여 설정한 행정구제상의 규범으로서 권리(법률관계)의 확정, 의무의 강제, 손해의 전보 등을 목적으로 하는 사법상 권리·의무에 관한 규범은 아니다. 다만 불이익취급 및 반조합계약 등의 금지는 헌법상 노동3권의 효과를 확인한 것으로서 강행법규로서의 성격도 가지고, 행정구제의 근거규정이면서 또 사법상의 강행규정이기도 한 복합적 성격을 가진다고 보아야 할 것이다.

판례는 부당노동행위 금지 규정에 위반하는 행위에 대하여 처벌규정을 두면서 행정상의 구제절차까지 규정하고 있는 점에 비추어 이는 효력규정인 강행법규라고 풀이되므로 위 규정에 위반된 법률행위는 무효라고 한다.[2)] 그렇다면 노동조합법상의 부당노동행위 금지 규정에 위반하는 법률행위에 대하여 그 피해자인 근로자 또는 노동조합은 민사소송을 제기하여 그 무효 확인, 손해배상 또는 작위·부작위 명령 등을 청구할 수 있는 것이다.

1) 헌재 2019. 4. 11, 2017헌가30은 사업주에 대한 추가적인 벌금형을 과하는 규정에 대하여 헌법불합치 결정을 했고, 이에 따라 2020년 개정 노동조합법은 단서를 신설하여 벌금형 면제의 길을 터주었다.
2) 대법 1993. 12. 21, 93다11463.

가. 헌법상 노동3권

헌법상 보장된 노동3권은 사용자에 대한 효과도 가지고 사용자의 노동3권 존중을 사법상의 사회질서(민법 103조)로서 설정하고 있으므로, 노동3권을 침해·방해하는 사용자의 행위는 무효가 되고 불법행위(민법 750조)의 위법성을 가진다. 예컨대 단결활동에 대한 침해로서의 불이익처분은 그것이 해고, 전직, 징계처분 등과 같은 법률행위라면 무효가 되고, 성과급·승진에 관한 사정 차별, 택시회사에서의 배차 차별 등과 같은 사실행위라면 해당 근로자에 대한 불법행위가 될 수 있다. 또 이러한 불이익처분을 통하여 노동조합의 약체화나 억압을 꾀하는 행위도 그 노동조합에 대한 불법행위가 될 수 있다. 이에 근거하여 근로자 또는 노동조합은 무효확인이나 손해배상을 청구할 수 있는 것이다.

나. 노동조합법상 단체교섭 관련 규정

노동조합법은 노동조합의 보호요건(2조 4호, 12조), 노동조합 대표자의 교섭 권한(29조 1항), 사용자측의 성실교섭 의무(30조, 81조 1항 3호), 단체협약의 규범적 효력(33조) 등에 관하여 규정하고 있다. 이들 규정을 종합하면 노동조합법은 보호요건을 갖춘 노동조합에 사용자 또는 사용자단체에 대하여 단체교섭의 대상에 관하여 단체교섭을 구할 수 있는 기초적인 법적 지위를 설정하고 있다고 보아야 할 것이다. 이 법적 지위를 근거로 노동조합은 사용자에 대하여 일정한 경우에 지위확인 청구를 할 수 있다.

2. 민사구제의 독자성

민사구제는 사법상의 권리·의무 체계의 틀에 따라야 하는 것이고, 따라서 구제를 받을 수 있는 행위의 범위나 구제의 내용도 부당노동행위 구제제도의 경우와는 다르다.

가. 구제 대상의 범위

(1) 노동3권을 침해하여 민법상 불법행위가 되는 행위의 범위는 노동조합법상 부당노동행위로 규정된 행위의 범위와 반드시 일치하는 것은 아니고 법원의 독자적 판단을 받는다.

예컨대 사용자가 단체교섭거부의 정당한 이유가 있다고 오인한 것에 대하여 부득이한 사정이 인정되는 경우에 노동위원회는 단체교섭거부에 대한 구제명령을 하지만, 법원에서는 위법성의 인식가능성의 결여로 불법행위의 성립이 부정된다. 또 노동3권 침해를 사용자가 아니라 그 모회사나 거래처가 한 경우, 이들이 노동위원회의 구제명령의 대상이 되는 사용자는 아니더라도 노동3권 침해의 불법행위에 따른 손해배상 청구의 대상이 될 수는 있다. 그리고 단체교섭을 요구할 수 있는 법적 지위에 기하여 확인 청구를 할 수 있는 것도 상대방이 일반적으로 또는 특정의 사항에 대하여 그 지위를 부인한 경우에 한정된다. 이것은 단체교섭 거부의 부당노동행위와 같은 광범·유연한 법리는 아니다.

(2) 노동3권을 침해하여 무효가 되는 행위의 범위는 노동조합법상 부당노동행위로 규정된 행위의 범위와 대체로 일치한다고 볼 수 있다.

나. 구제의 내용

해고가 노동3권을 침해하는 것으로서 무효가 되는 경우에도 근로자에게는 취업 청구권이 인정되지 않는다. 따라서 민사구제의 경우에는 해고자에 대하여 종업원으로서의 지위의 확인(본안소송)이나 보전(가처분)을 하는 데 그치고 직장복귀까지 강제하지는 않는다. 이에 대하여 부당노동행위로서의 해고를 노동위원회가 구제하는 경우에는 원직복귀 그 자체를 명령하고 강제한다.

이 밖에 위자료나 무형손해의 배상까지 포함하는 손해배상은 민사구제에 독특한 것이고 노동위원회에서는 할 수 없는 구제이다. 그러나 한편으로 그것은 어디까지나 손해배상 법리에 따라 하는 것이므로, 예컨대 임금인상에서의 사정 차별이 문제되는 경우 법원은 과거의 차별액을 전보할 수는 있지만 장래를 향한 임금액의 시정은 할 수 없다. 이에 대하여 노동위원회는 부당노동행위를 사실상 시정하고 노사관계를 미래지향적으로 정상화시키기 위하여 사건의 내용에 따라 여러 가지 작위·부작위 명령을 할 수 있다.

3. 단체교섭거부와 민사구제

부당노동행위에 대한 민사구제 중에서 당사자에게 실제적 의미를 가지는 것은 단체교섭응낙 가처분 등 단체교섭거부에 대한 민사구제이다.

가. 지위확인 청구와 가처분 신청

노동조합법은 노동조합에 사용자나 사용자단체와 교섭할 권한이 있음을 확인하고(29조 1항), 사용자나 사용자단체에 노동조합과의 교섭을 정당한 이유 없이 거부하는 것을 금지하고 있다(30조 2항, 81조 1항 3호). 이로써 노동조합법은 노동조합에 민사상 단체교섭을 구할 수 있는 기초적인 법적 지위(단체교섭의 기초적 권리·의무관계)를 설정하고 있는 것이다. 따라서 사용자나 사용자단체가 정당한 이유 없이 노동조합과의 단체교섭을 거부(노동조합의 부인도 포함)하는 경우 노동조합은 사용자나 사용자단체를 상대로 단체교섭을 구할 수 있는 지위를 확인해달라는 청구 또는 단체교섭응낙 이행의 청구를 할 수 있다.[1] 또 이러한 청구를 피보전권리로 하여 '단체교섭에 응하라'거나 '단체교섭을 거부해서는 안 된다'는 가처분(단체교섭응낙 가처분)을 신청할 수도 있다.[2]

한편, 단체교섭을 구할 수 있는 지위는 교섭사항의 내용에 따라 좌우되므로, 특정의 교섭사항에 대하여 위와 같은 지위를 인정받지 못한 노동조합은 그 사항에 관하여 단체교섭을 구할 수 있는 지위의 확인이나 보전을 청구할 수 있다고 보아야 할 것이다.

그러나 단체교섭에 관한 그 밖의 구체적·유동적 분쟁(교섭담당자, 교섭 개시의 조건, 교섭의 성실성 등)은 단체교섭의 기초적 권리·의무관계(단체교섭을 구할 수 있는 지위)의 범위에서 생기는 상대적·유동적 분쟁이므로, 전문적인 절차인 조정절차나 부당노동행위 구제절차에 맡겨져야 하고 민사구제의 대상이 되지는 않는다고 보아야 한다.

나. 손해배상 청구

(1) 사용자가 정당한 이유 없이 단체교섭을 거부한 경우 노동조합이 사용자를 상대로 불법행위(민법 750조)에 근거한 손해배상을 청구하려면 우선 그 행위가 위법한 것으로 인정되어야 한다. 그런데 단체교섭권은 사인 간에도 존중해야 할 사회질서(민법 103조)를 설정하는 법적 효과를 가지므로 사용자의 부당한 단체교섭 거부는 원칙적으로 불법행위의 위법성을 가진다.

이와 관련하여 판례는 정당한 이유 없이 단체교섭을 거부했다 하여 바로 위법한 행위로 평가되는 것은 아니지만, 그 교섭거부가 원인과 목적, 과정과 행위 태양, 행위의 결과 등에 비추어 건전한 사회통념이나 사회상규상 용인될 수 없는 정도에 이른 경우에는 단체교섭권을 침해하는 위법한 행위로 평가된다고 전제하면서, 단체교섭응낙 가처분 결정을 받고서도 계속 교섭을 거부한 경우에는 위법한 것으로 평가되지만, 가처분 결정 이전의 교섭거부는 그렇지 않다고 한다.[3]

---

1) 대법 2012. 8. 17, 2010다52010(노동조합의 대표자는 사용자 또는 사용자단체가 단체교섭에 응하라는 요구를 거부하는 경우에는 소로써 그 이행을 청구할 수 있다).

2) 노동조합은 단체교섭거부의 부당노동행위에 대하여 노동위원회에 구제신청을 하는 대신 법원에 단체교섭응낙 가처분 신청을 하는 경향이 있다. 그 원인이 무엇인지를 파악하여 노동위원회가 적극적 역할을 할 수 있도록 대응책이 강구되어야 할 것이다.

(2) 정당한 이유 없는 교섭거부가 민법상 불법행위가 되려면 사용자에게 고의·과실이 있어야 한다. 사용자가 교섭거부에 정당한 이유가 있다거나 성실한 교섭을 하고 있다고 오인한 것이 제반 사정상 불가피하다고 인정되는 경우에는 과실(위법성의 인식가능성)이 없는 것으로 인정될 수도 있다.

4. 지배개입과 손해배상

사용자가 노동조합의 조직·운영에 지배개입하는 행위가 건전한 사회통념이나 사회상규상 용인될 수 없는 정도에 이른 부당노동행위로 인정되는 경우 그 지배개입행위는 헌법이 보장하고 있는 노동조합의 단결권을 침해하는 위법한 행위로 평가되어 노동조합에 대한 민법상 불법행위가 되고, 사용자는 이로 인한 노동조합의 비재산적 손해에 대하여 위자료 배상책임을 부담한다.[1)]

한편, 사용자가 교섭대표노조와의 임금협약에서 통상임금 소송의 취하를 무쟁의 격려금의 수급 조건으로 한 것은 통상임금 소송을 유지하려는 소수노조 조합원들에게 무쟁의 격려금을 지급받을 수 없게 하는 것으로서 불이익취급 또는 지배개입의 부당노동행위에 해당하고 소수노조 조합원들에 대하여 불법행위에 따른 손해배상책임을 부담한다.[2)]

3) 대법 2006. 10. 26, 2004다11070.
1) 대법 2020. 12. 24, 2017다51603; 대법 2020. 12. 24, 2017다52118.
2) 대법 2021. 8. 19, 2019다200386.

제7장 교원 · 공무원의 단결활동

헌법은 '공무원인 근로자는 법률로 허용된 자에 한하여' 노동3권을 가진다고 규정하고(33조 2항), 노동조합법은 "공무원과 교원의 노동조합 조직·가입에 대해서는 따로 법률로 정한다"고 규정하고 있다(5조 1항 단서). 공무원과 교원도 근로자로서 단결활동이 허용되어야 하지만, 그 특수성을 고려하여 그 단결활동에 대해서는 일반근로자의 경우와 달리 특별한 규율을 하고 노동조합법이 아닌 특별법으로 규율할 것을 예정하고 있는 것이다.

그럼에도 불구하고 국가공무원법 등은 '사실상 노무에 종사하는 공무원'(현업공무원)의 경우를 제외하고 공무원의 노동운동을 금지해 왔다(국가공무원법 66조 1항, 지방공무원법 58조 1항).[1] 그 결과 노동운동이 허용되는 공무원의 범위가 불합리하게 좁고 국제적 기준에 전혀 부합되지 않았다. 한편, 교원의 노동운동도 오랫동안 금지되어 왔다.[2] 국공립학교 교원에 대해서는 공무원이라는 이유로 노동운동이 금지되고, 사립학교의 교원에 대해서는 공무원이 아닌데도 국가공무원법의 노동운동[3] 금지 규정이[4] 준용되었던 것이다(사립학교법 55조). 교원에 대한 노동운동

1) 현업공무원에게는 일찍부터 노동운동이 허용되고 노동조합법이 적용되어 왔다. 행정부 소속 현업공무원의 범위는 우체국 등 우정사업장에서 노무에 종사하는 우정직 공무원으로 한정되어 있다(국가공무원 복무규정 28조). 과거에는 전매청, 전화국, 철도청 및 국립의료원에 종사하는 기능직·고용직 공무원도 포함되어 있었다. 한편, 공무원 직장협의회의 설립·운영에 관한 법률은 일정한 범위의 공무원에게 직장협의회를 설립하고 기관장과 일정한 사항을 협의할 수 있도록 허용하지만 노동운동을 허용한 것은 아니다.

2) 1960년대 초에 교원노조가 조직되고 1980년대 말에 다시 교원노조가 조직되었으나 그때마다 해고 등 대규모 제재가 따랐다. 한편, 교육기본법 등에 따라 중앙과 각 지방자치단체별로 조직된 교원단체는 교원의 처우개선·근무조건·복지후생 등에 관하여 해당 정부기관과 교섭·협의할 수 있지만, 학교장도 일반교원과 함께 구성원이 되고 법인설립 허가를 받는 등 노동단체로서의 성격은 미약한 것으로 평가되고 있다.

3) 사립학교 교원에게 준용되는 국가공무원법상 노동운동 금지 규정에서 '노동운동'이란 그 금지의 근거가 되는 헌법 제33조 제2항의 취지에 비추어 노동3권을 기초로 하여 이에 직접 관련된 행위를 의미하는 것으로 좁게 해석해야 하고, 따라서 사립대학 교수가 각종 집회 등을 개최·주관하거나 대학과 무관한 특정 노동조합의 쟁의행위를 지지하며 유인물을 배포한 행위는 노동운동에 해당하지 않는다(대법 2003. 1. 24, 2002두9179).

4) 헌재 2017. 9. 28, 2015헌마653은 청원경찰법 제5조 제4항 중 공무원이 아닌 청원경찰에 대하여 국가공무원법의 노동운동 금지 규정을 준용한다는 부분에 대하여 헌법불합치(2018. 12. 31. 시한으로 개정될 때까지만 적용) 결정을 했다. 종전에는 헌재 2008. 7. 31, 2004헌바9가

금지에 대해서는 합리적·헌법적 근거가 없다거나 국제적 기준에 저촉된다는 등의 비판이 있었다.

마침내 교원의 노동운동을 허용하는 특별법이 제정되고, 상당한 범위의 공무원에 대하여 노동운동을 허용하는 특별법도 제정되었다.

I. 교원의 단결활동

교원의 단결활동을 허용·규율하는 특별법은 교원노조법이다. 교원의 노동조합 조직·가입 그 밖에 노동조합에 관련된 활동에 대해서는 국가공무원법 등의 노동운동 금지 규정이나 이를 준용하는 사립학교법의 규정이 적용되지 않고(교조 1조 참조) 교원노조법을 적용하되, 이 법에 특별히 규정된 것을 제외하고는 노동조합법이 준용된다(14조 1항·2항).

교원노조법의 핵심은 교원에 대하여 단결권·단체교섭권은 보장하되 쟁의권은 인정하지 않는 것으로서 그 주요 내용은 다음과 같다.

1. 노동조합의 조직과 운영

가. 노동조합 가입

노동조합(교원노조)에 가입할 수 있는 '교원'이란 ① 유치원의 교원, ② 초·중등 교육법에 따른 학교(초등학교·중학교·고등학교 등)의 교원, ③ 대학의 교원(교수·부교수·조교수를 말하고, 강사는 제외)을 말한다(2조 본문). 초·중등 교육법에 따른 교원은 물론, 유치원의 교원, 대학의 교원도 포함된다.[1] 교원의 소속 학교가 국·공립이냐 사립이냐에 관계 없이 이들 교원은 교원노조에 가입할 수 있는 것이다.[2] 그러나 학교에 근무하는 직원은 교원이 아니므로 교원노조에 가입할 수 없다.

한편, 교원은 물론, 교원으로 임용되어 근무했던 사람으로서 노동조합 규약으로 정하는 사람도 노동조합에 가입할 수 있다(4조의2). 전직 교원의 가입 범위를

국가공무원법의 노동운동 금지에 위반한 청원경찰을 처벌하는 제11조에 대하여 헌법 위반이 아니라고 보았으나 입장을 바꾼 것이다.

1) 종전에는 초·중등 교육법에 따른 교원으로 한정되어 있었는데, 대학 교원의 단결권을 침해하여 헌법에 합치하지 않는다는 헌법재판소의 결정(헌재 2018. 8. 30, 2015헌가38)에 따라 2020년 개정법에서 교원의 범위를 넓힌 것이다.

2) 제3자가 특정인의 교원노동조합 가입 사실을 공개하는 것은 해당 교원들의 개인정보 자기결정권을 침해하고 또 해당 노동조합의 단결권을 침해하는 것이 된다(대법 2014. 7. 24, 2012다49933).

규약에 맡김으로써 그 가입을 허용한 것이다.[1)]

노동조합법의 유니언숍 허용 규정은 교원노조에는 적용되지 않으므로(14조 2항), 교원노조는 유니언숍 협정을 체결할 수 없다. 교원의 신분보장과 모순되지 않게 하려는 것이다.

나. 노동조합의 조직형태와 설립

유치원의 교원과 초·중등 교육법에 따른 교원은 특별시·광역시·특별자치시·도·특별자치도(이하 '시·도'로 약칭) 또는 전국 단위로만 노동조합을 설립할 수 있다(4조 1항).[2)] 개별 학교 단위로 설립하는 것은 허용되지 않는 것이다. 이에 대하여 대학의 교원은 시·도 단위 또는 전국 단위는 물론 개별 학교 단위로도 노동조합을 설립할 수 있다(4조 2항).

교원노조를 설립하려는 경우에는 고용노동부장관에게 설립신고를 하여(4조 3항) 설립신고증을 받아야 한다.

다. 노동조합의 운영과 활동

교원은 임용권자의 동의를 받아 교원노조에서 급여를 받는 전임자가 될 수 있다(5조 1항). 전임자는 전임기간 동안 휴직명령을 받은 것으로 보며, 전임자임을 이유로 승급이나 그 밖에 신분상의 불이익을 받지 않는다(5조 2항·4항). 한편, 단체협약으로 정하거나 임용권자가 동의하는 경우 소정의 근무시간 면제 한도 안에서 보수의 손실 없이 단체교섭, 안전·보건활동 등 노동조합의 유지·관리업무에 종사하는 근무시간 면제자가 될 수 있다(5조의2 1항). 전임자는 급여를 교원노조에서 받는데 대하여 근무시간 면제자는 임용권자에게서 보수를 받는다.

교원노조는 어떤 정치활동도 할 수 없다(교조 3조). 교육 및 교원의 정치적 중립성을 확보하려는 것이다. 여기서 '정치활동'이란 정당이나 그 밖의 정치단체의 결성에 관여하거나 이에 가입하는 행위, 공직선거에서 특정 정당 또는 특정인을 지지 또는 반대하기 위한 행위를 말한다(국가공무원법 65조 참조).

---

1) 2021년 개정법은 이 규정을 신설하면서, 전직 교원의 가입을 금지하는 효과를 가졌던 '해고된 자'를 일정한 조건 아래서 '교원으로 본다'는 규정을 삭제했다.

2) 전국교직원노동조합(민주노총 계열)과 한국교원노동조합(한국노총 계열)은 모두 전국 단위로 조직되어 있고 시·도에 지부 또는 지역본부를 두고 있다.

2. 단체교섭과 단체협약

가. 단체교섭의 주체

(1) 유치원의 교원 또는 초·중등 교육법에 따른 교원으로 구성된 노동조합의 대표자는 교원의 근무조건 등 소정의 교섭 대상에 대하여 교육부장관, 시·도 교육감 또는 사립학교 설립·경영자와 교섭하고 단체협약을 체결할 권한을 가지며, 이 경우 사립학교 설립·경영자는 전국 또는 시·도 단위로 연합하여 교섭에 응해야 한다(6조 1항 1호).

국·공립학교의 경우 교원의 근무조건을 결정할 실질적 권한은 개별 학교가 아니라 교육부장관이나 시·도 교육감에게 있다는 점을 고려하여 이들을 교섭 상대방으로 정한 것이다.

사립학교의 경우는 교원의 근무조건을 결정할 실질적 권한은 개별 사립학교 설립·경영자가 가진다는 점을 고려하여 이를 교섭 상대방으로 정한 것이다. 그런데 교원노조의 단체교섭 요구를 받은 사립학교 설립·경영자는 전국 또는 시·도 단위로 연합하여 교섭에 응하도록 규정되어 있다. 이것은 사립학교 설립·경영자가 전국 단위 또는 시·도 단위로 조직된 교원노조를 상대로 대등하게 교섭할 여력이 부족하다는 점을 고려하여 연합체를 구성하여 대응하도록 노력하라는 취지의 훈시적 규정이지 사립학교 설립·경영자의 교섭의무를 면제한다거나 이 규정을 이유로 단체교섭을 거부할 수 있다는 의미는 아니라고 보아야 한다. 사립학교가 연합하여 교섭에 응할 준비가 되지 않았다는 이유로 교섭을 거부할 수 있다면 노동조합의 단체교섭권은 무의미하게 될 것이기 때문이다.

(2) 대학의 교원으로 구성된 노동조합의 대표자는 교원의 근무조건 등 소정의 교섭 대상에 대하여 교육부장관, 특별시장·광역시장·특별자치시장·도지사·특별자치도지사(이하 '시·도지사'로 약칭), 국·공립학교의 장 또는 사립학교 설립·경영자와 교섭하고 단체협약을 체결할 권한을 가진다(6조 1항 2호). 공립대학 교원에게 영향을 미칠 권한은 시·도 교육감이 아니라 시·도지사에게 있다는 점을 고려하여 시·도지사를 교섭 상대방에 포함한 것이다. 한편 대학의 경우는 개별 대학을 상대방으로 하여 교섭하는 것도 허용된다.

나. 단체교섭의 대상

교원노조가 상대방과 교섭하고 단체협약을 체결할 수 있는 것은 '그 노동조합 또는 조합원의 임금 · 근무조건·후생복지 등 경제적·사회적 지위 향상에 관한 사항'으로 규정되어 있다(6조 1항 전단). 조합원인 교원의 임금 그 밖의 근무조건으로 한정되는 것이 아니라 그 밖에 교원의 경제적·사회적 지위 향상에 관한 사항에 관해서도 교섭할 수 있는 것이다. 또 해당 노동조합에 관한 사항도 교섭 대상에 포함된다. 그러나 교육과정 등 정책결정에 관한 사항이나 교육기관·교육행정기관의 관리·운영에 관한 사항으로서, 국민의 교육받을 권리의 보장을 위한 교육기관·교육행정기관의 본질적·근본적 권한을 침해·제한하는 사항은 단체교섭의 대상이 되지 않는다(따라서 중재재정의 대상으로도 볼 수 없다).[1)]

다. 단체교섭의 절차

단체교섭을 할 때 노동조합의 교섭위원은 해당 노동조합의 대표자와 그 조합원으로 구성해야 한다(6조 2항). 해당 노동조합의 조합원이 아닌 자는 교섭위원이 될 수 없도록 한 것이다.

노동조합의 대표자는 교육부장관 등 교섭 상대방과 단체교섭을 하려는 경우에는 교섭하려는 사항에 대하여 권한을 가진 자에게 서면으로 교섭을 요구해야 한다(4항). 교육부장관 등 교섭 상대방이 노동조합으로부터 교섭을 요구받았을 때에는 교섭을 요구받은 사실을 공고하여 관련된 노동조합이 교섭에 참여할 수 있도록 해야 한다(5항). 교육부장관 등 교섭 상대방은 교섭을 요구하는 노동조합이 둘 이상인 경우에는 해당 노동주합에 교섭칭구를 난일화하도록 요청할 수 있으며, 이 경우 교섭창구가 단일화된 때에는 교섭에 응해야 한다(6항). 교섭창구 단일화의 방법·절차에 관해서는 특별한 제한이 없으므로 해당 노동조합이 교섭권 위임 등의 방법으로 교섭창구를 단일화하는 것도 허용된다.[1)]

교육부장관 등 교섭 상대방은 위와 같은 절차에 따라 노동조합과 단체협약을 체결한 경우 그 유효기간 중에는 그 단체협약의 체결에 참여하지 않은 노동조합이 교섭을 요구하여도 이를 거부할 수 있다(7항).

단체교섭을 하거나 단체협약을 체결하는 경우에 관계 당사자는 국민여론과 학부모의 의견을 수렴하여 성실하게 교섭하고 단체협약을 체결해야 하며, 그 권한을 남용해서는 안 된다(8항).

---

1) 대법 2024. 4. 16, 2022두57138. 어떠한 사항이 교육기관 및 교육행정기관의 본질적·근본적 권한을 침해하거나 제한하는지는 해당 근로조건의 내용과 성격, 국민의 교육을 받을 권리에 미치는 영향, 사용자 측에게 부과하는 부담의 정도 등을 종합하여 판단한다고 한다.

1) 대법 2010. 4. 29, 2007두11542.

라. 단체협약의 효력

당사자 사이에 체결된 단체협약의 내용 중 법령·조례·예산으로 규정되는 내용과 법령·조례의 위임을 받아 규정되는 내용은 단체협약으로서의 효력을 가지지 않는다(7조 1항). 교원의 근무조건·후생복지 등 경제적·사회적 지위 향상에 관한 사항은 단체교섭의 대상이 되지만, 한편으로는 특히 공무원인 교원의 근무조건 등이 의회의 통제를 받기 때문에, 단체협약의 내용이 법령·조례·예산에 어긋나면 무효가 된다는 점을 확인한 것이다.

그러나 교육부장관 등 교섭 상대방은 이와 같이 단체협약으로서의 효력을 가지지 않는 내용에 대해서는 그 내용이 이행될 수 있도록 성실하게 노력해야 한다(7조 2항).[1] 법령 등에 위반하여 무효가 될 사정 아래서 단체협약을 체결하는 것은 불성실하고 단체교섭 자체를 무의미하게 만드는 것이므로, 단체협약을 체결한 이상 그 내용이 법령·조례·예산에 반영되어 효력을 발생할 수 있도록 성실하게 노력하라는 것이다.

3. 노동쟁의 調整과 쟁의행위

(1) 단체교섭이 결렬된 경우에는 당사자 일방 또는 쌍방은 중앙노동위원회에[2] 調停을 신청할 수 있고, 조정은 신청이 있는 날부터 30일 이내에 종료해야 한다(9조 1항·3항).

중앙노동위원회는 당사자 쌍방이 함께 중재를 신청한 경우, 중앙노동위원회가 제시한 조정안을 당사자 일방 또는 쌍방이 거부한 경우, 또는 중앙노동위원회 위원장이 직권 또는 고용노동부장관의 요청으로 중재에 회부한다는 결정을 한 경우에 중재를 한다(10조). 따라서 노동쟁의 조정을 신청한 이상 직권중재로 종결하게 될 가능성이 있다. 관계 당사자는 중앙노동위원회의 중재재정이 위법하거나 월권에 의한 것이라고 인정하는 경우에는 중재재정서를 송달받은 날부터 15일 이내에 행정소송을 제기할 수 있다(12조 1항).[3] 불복기간 내에 행정소송을 제기하

1) 사용자는 비효력 사항에 대한 이행 결과를 다음 교섭 시까지 교섭노동조합에 서면으로 알려야 한다(영 5조).

2) 교원노조와 상대방 사이의 노동쟁의를 조정·중재하기 위하여 중앙노동위원회에 교원노동관계 조정위원회를 둔다(11조 1항). 이 위원회는 중앙노동위원회 위원장이 지명하는 조정담당 공익위원 3명으로 구성하되, 당사자의 합의로 중앙노동위원회의 조정담당 공익위원이 아닌 자를 추천하는 경우에는 그 추천된 자를 지명해야 한다(11조 2항). 교원의 특수성을 고려하여 그 노동쟁의의 조정·중재를 전담할 위원회를 별도로 구성하도록 한 것이다.

3) 대법 2024. 4. 16, 2022두57138은 ① 교원노조법 7조 1항에서 단체협약으로서 효력을 가지지

지 않으면 중재재정은 확정되며, 확정된 중재재정의 내용은 단체협약과 같은 효력을 가진다(같은 조 2항·5항).

노동조합법상 사적 조정·중재에 관한 규정은 교원노조에는 적용되지 않으므로(14조 2항), 교원노조와 상대방 사이의 노동쟁의에 대해서는 사적 조정·중재가 허용되지 않는다.

(2) 교원노조와 그 조합원은 파업·태업, 그 밖에 업무의 정상적인 운영을 저해하는 어떤 쟁의행위도 할 수 없다(8조; 벌칙 15조). 교원의 파업·태업 등 쟁의행위로 학생들의 학업 결손이 발생하는 것을 방지하기 위하여 쟁의권 행사를 제한한 것이다.

Ⅱ. 공무원의 단결활동

공무원의 단결활동을 허용·규율하는 특별법은 공무원노조법이다. 공무원의 노동조합 조직·가입 및 이와 관련된 정당한 활동에 대해서는 국가공무원법 등의 노동운동 금지 규정을 적용하지 않고(공노 3조 1항) 이 법을 적용하되, 이 법에 특별히 규정된 것을 제외하고는 노동조합법이 준용된다(17조 2항·3항).

공무원노조법의 핵심은 일정 범위의 공무원에 대하여 단결권·단체교섭권을 보장하되 쟁의권은 인정하지 않는 것으로서[1] 그 주요 내용은 다음과 같다.

1. 노동조합의 조직과 운영

가. 노동조합 가입

(1) 공무원노조법상 '공무원'이란 국가공무원법과 지방공무원법에서 규정한 공무원을 말하고, 다만 노동조합법의 적용을 받는 현업공무원과 교원노조법의 적용을 받는 교원인 공무원은 제외한다(2조).

않는다고 정한 내용에 관한 사항도 중재재정의 대상이 될 수 있으므로, 중재재정이 이에 관하여 정하였다는 이유만으로 위법하지 않으나, ② 교육과정 등 정책결정에 관한 사항이나 교육기관·교육행정기관의 관리·운영에 관한 사항으로서, 국민의 교육받을 권리의 보장을 위한 교육기관·교육행정기관의 본질적·근본적 권한을 침해·제한하는 내용을 정한 중재재정은 위법다고 본다.

1) 헌재 2008. 12. 26, 2005헌마971은 공무원노조에 가입할 수 있는 자격을 제한한 규정(6조), 단체교섭의 대상을 제한한 규정(8조 1항 단서), 단체협약의 효력을 제한한 규정(10조 1항), 쟁의행위를 금지한 규정(11조) 등이 공무원의 노동3권을 본질적으로 침해하는 것은 아니라고 한다.

(2) 공무원 중에서 노동조합(공무원노조)에 가입할 수 있는 사람의 범위는 ① 일반직 공무원, ② 외무영사직렬·외교정보기술직렬 외무공무원, 소방공무원 및 교원이 아닌 교육공무원, ③ 별정직공무원, ④ 위 세 가지 중 어느 하나에 해당하는 공무원이었던 자로서 노동조합 규약으로 정하는 자이다(6조 1항). 6급 이하로 한정되는 것이 아니며, 전직 공무원이라도 규약의 정함에 따라 가입할 수도 있는 것이다.

그러나 이들 공무원에 해당하더라도 ① 업무의 주된 내용이 다른 공무원에 대하여 지휘감독권을 행사하거나 다른 공무원의 업무를 총괄하는 업무에 종사하는 공무원, ② 업무의 주된 내용이 인사·보수 또는 노동관계의 조정·감독 등 노동조합의 조합원 지위를 가지고 수행하기에 적절하지 아니한 업무에 종사하는 공무원, ③ 교정·수사 등 공공의 안녕과 국가안전보장에 관한 업무에 종사하는 공무원은 노동조합에 가입할 수 없으며, 그 구체적인 범위는 시행령으로 정한다(같은 조 2항·4항).

(3) 노동조합법의 유니언숍 허용 규정은 공무원노조에는 적용되지 않으므로(17조 3항), 공무원노조는 유니언숍 협정을 체결할 수 없다. 공무원의 신분보장과 모순되지 않게 하려는 것이다.

나. 노동조합의 조직형태와 설립

공무원노조를 설립하려면 국회·법원·헌법재판소·선거관리위원회·행정부, 특별시·광역시·특별자치시·도·특별자치도·시·군·구 또는 특별시·광역시·특별자치시·도·특별자치도의 교육청을 최소단위로 해야 한다(5조 1항). 위 기관별로 공무원 임용권을 독자적으로 행사하고 세부적인 근무조건도 달리 결정한다는 점을 고려하여 이들을 노동조합의 최소 설립단위로 규정한 것이다. 물론 2개 이상의 기관에 걸쳐 하나의 단위노조를 설립하거나 단위 기관의 하부 관청에 지부를 두는 것은 허용된다.

공무원노조를 설립하려면 고용노동부장관에게 설립신고서를 제출하여(5조 2항) 설립신고증을 받아야 한다.

다. 노동조합의 운영과 활동

공무원은 임용권자의 동의를 받아 공무원노조의 전임자가 될 수 있다(7조 1항). 국가나 지방자치단체는 전임자에 대하여 그 기간 동안 휴직명령을 해야 하고 보수를 지급해서는 안 되지만, 전임자임을 이유로 승급이나 그 밖의 신분에 관한 불리한 처우를 해서는 안 된다(7조 2항-4항). 한편, 단체협약으로 정하거나 정부교섭대표가 동의하는 경우 소정의 근무시간 면제 한도 안에서 보수의 손실 없이 단체교섭, 안전·보건활동 등 노동조합의 유지·관리업무에 종사하는 근무시간 면제자가 될 수 있다(7조의2 1항). 전임자는 국가나 지방자치단체에서 보수를 못 받는데 대하여 근무시간 면제자는 국가나 지방자치단체에서 보수를 받는다.

공무원은 노동조합 활동을 할 때에 다른 법령이 규정하는 공무원의 의무에 반하는 행위를 해서는 안 된다(3조 2항). 노동조합에 가입하여 조합원으로서 활동을 하더라도 국가공무원법 등에 따른 의무를 성실하게 이행하라는 것이다.

공무원노조와 그 조합원은 정치활동을 해서는 안 된다(공노 4조). 공무원의 정치적 중립 의무를 확인하려는 것이다. 여기서 '정치활동'이란 정당이나 그 밖의 정치단체의 결성에 관여하거나 이에 가입하는 행위, 공직선거에서 특정 정당 또는 특정인을 지지 또는 반대하기 위한 행위를 말한다(국가공무원법 65조 참조).

2. 단체교섭과 단체협약

가. 단체교섭의 방식과 주체

공무원노조의 대표자는 그 노동조합에 관한 사항 또는 조합원의 보수·복지, 그 밖의 근무조건에 관한 사항에 대하여 기관별로 정해진 정부교섭대표(국회사무총장·인사혁신처장, 도지사 등)와 교섭하고 단체협약을 체결할 권한을 가진다(공노 8조 1항). 공무원노조의 조직대상 여하와 관계없이 단체교섭은 공무원의 근무조건을 결정할 권한을 가진 기관별로 하라는 것이다.

정부교섭대표는 효율적인 교섭을 위하여 필요한 경우 다른 정부교섭대표와 공동으로 교섭하거나, 다른 정부교섭대표 또는 정부교섭대표가 아닌 관계 기관의 장에게 교섭 및 단체협약 체결 권한을 위임할 수 있다(8조 3항·4항).

정부교섭대표는 단체교섭을 요구하는 노동조합이 2 이상인 경우에는 해당 노동조합에 교섭창구 단일화를 요청할 수 있고, 교섭창구가 단일화된 때에는 교섭에 응해야 한다(9조 4항). 또 노동조합과 단체협약을 체결한 경우 그 유효기간 동안에는 해당 단체협약의 체결에 참여하지 않은 노동조합이 교섭을 요구하더라도 이를 거부할 수 있다(9조 5항).

나. 단체교섭의 대상

공무원노조가 정부교섭대표와 교섭할 대상은 '그 노동조합에 관한 사항과 조합원의 보수·복지, 그 밖의 근무조건에 관한 사항'(8조 1항 본문)으로서 정부교섭대표가 '스스로 관리하거나 결정할 수 있는 권한을 가진 사항'으로 한정되며, '국가나 지방자치단체가 그 권한으로 행하는 정책결정에 관한 사항, 임용권의 행사 등 그 기관의 관리·운영에 관한 사항으로서 근무조건과 직접 관련되지 않는 사항'은 교섭의 대상에서 제외된다(8조 1항 단서).[1] 물론 기관의 관리·운영에 관한 사항이라도 근무조건에 직접 관련되어 있는 사항은 교섭의 대상이 된다.

다. 단체협약의 효력

단체협약의 내용 중 법령·조례 또는 예산으로 규정되는 내용과 법령·조례에 따른 위임을 받아 규정되는 내용은 단체협약으로서의 효력을 가지지 않는다(10조 1항). 민주주의 국가에서 정부교섭대표의 행위는 입법부의 통제를 받고 기관은 권한을 넘는 행위를 할 수 없기 때문에 단체협약의 내용이 법령·조례·예산의 내용에 어긋나면 단체협약으로서 효력을 발생하지 않는다는 취지를 밝힌 것이다.

그러나 정부교섭대표는 이와 같이 단체협약으로서의 효력을 가지지 않는 내용에 대해서는 그 내용이 이행될 수 있도록 성실하게 노력해야 한다(10조 2항). 법령·예산의 내용에 어긋나 무효가 될 것을 예상하면서 단체협약을 체결하면 단체교섭과 단체협약은 무의미하게 되므로, 단체협약을 체결한 이상 그 내용이 법령·조례·예산에 반영되어 효력을 발생할 수 있도록 성실하게 노력하라는 것이다.

3. 노동쟁의 調整과 쟁의행위

(1) 단체교섭이 결렬된 경우에 당사자의 어느 한쪽 또는 양쪽은 중앙노동위원회에 調停을 신청할 수 있으며, 조정은 30일(당사자가 합의하면 30일 이내로 연장한 기간) 이내에 종료되어야 한다(12조 1항·4항). 조정신청이 강제되는 것은 아니다.

중앙노동위원회는 단체교섭이 결렬되어 당사자 쌍방이 함께 중재를 신청한 경우 또는 조정이 이루어지지 않아 공무원노동관계 조정위원회[2]에서 중재회부의 결정을 한 경우에는 중재를 한다(13조). 따라서 노동쟁의 조정을 신청한 이상 직

---

1) 헌재 2013. 6. 27, 2012헌바169는 기관의 정책결정에 관한 사항 등을 교섭대상에서 제외한 규정이 헌법에 위반되지 않는다고 한다.

2) 공무원노조와 상대방 사이의 노동쟁의를 조정·중재하기 위하여 중앙노동위원회에 공무원노동관계 조정위원회를 둔다(14조 1항). 이 위원회는 조정·중재를 전담하는 7명 이내의 공익위원으로 구성하되, 공무원 문제 또는 노동 문제에 관한 지식과 경험을 갖춘 사람 또는 사회적 덕망이 있는 사람 중에서 중앙노동위원회 위원장의 추천과 고용노동부장관의 제청으로 대통령이 위촉한다(14조 2항·3항).

권중재로 종결하게 될 가능성이 있다.

노동조합법상 사적 조정·중재에 관한 규정은 공무원노조에는 적용되지 않으므로(17조 3항), 공무원노조와 상대방 사이의 노동쟁의에 대해서는 사적 조정·중재가 허용되지 않는다.

(2) 공무원노조와 그 조합원은 파업·태업, 그 밖에 업무의 정상적인 운영을 저해하는 어떤 행위도 해서는 안 된다(11조; 벌칙 18조). 공무원의 파업·태업 등 쟁의행위로 정부기관의 업무가 정지되거나 저해되는 것을 방지하기 위하여 쟁의권 행사를 제한한 것이다.

제 3 편

개별적 노동관계법

제1장 근로기준법

Ⅰ. 노동관계의 특성과 근로기준법

1. 노동관계의 특성

개별적 노동관계법은 근로자 개인과 사용자 사이의 노동관계, 즉 근로계약관계를 규율의 대상으로 한다. 노동관계는 상호연관성을 가지는 몇 가지 특성을 가진다.

첫째 특성은 인적·계속적 관계성이다. 노동관계는 노동력의 제공과 이용을 목적으로 하는 고도의 인적 관계를 계속적으로 전개하는 것을 그 내용으로 한다. 여기에서 노동력의 이용을 위한 사용자의 지휘명령권이 예정되고, 또 당사자 사이의 신뢰관계, 즉 성실·배려관계가 중시된다.

둘째 특성은 조직적 노동성이다. 사용자는 근로계약으로 다수 근로자를 고용하고 사업 목적을 이루기 위하여 그들을 유기적으로 조직하여 그 노동력을 최대한으로 활용하려 한다. 여기에서 사용자는 노동조직의 편성과 근로자 배치를 통하여 근로자를 조직화하고, 작업의 시간·형태 등에 관한 조직적 노동의 준칙과 복무규율을 설정하며, 근로조건을 통일적·집합적으로 처리하게 된다.

셋째 특성은 계약 내용의 백지성과 탄력성이다. 근로계약 자체는 간략하게 하면서 나머지 내용은 취업규칙으로 정하는 경우가 많다. 또 취업규칙에서 아무리 상세히 정하더라도 근로계약의 상당 부분은 그때그때 근로자와 사용자의 합의 또는 사용자의 지휘·명령 등을 통하여 구체화될 수밖에 없는 성질을 가진다. 그러한 의미에서 근로계약의 내용은 탄력성을 가지며 이것은 사업의 효율적 경영을 위하여 필연적으로 요청되는 것이다.

넷째 특성은 근로자의 종속성이다. 사용자는 그 경제적 실력 때문에 근로자에 대하여 우월적 지위에 서기 마련이고, 또 노동력의 이용에 관하여 조직체로서의 모든 통제를 한다. 여기에서 근로계약 체결 시에 근로조건의 일방적 결정이나 근로계약 전개과정에서 근로자의 종속적인 지위가 생긴다. 이 때문에 근로자보호의 법령(노동보호법)이 필요하게 된다.

2. 노동보호법과 근로기준법

노동관계는 근로자와 사용자라는 사인 간의 법률관계이므로 기본적으로는 민법의 관련규정(특히 법률행위, 채무불이행, 불법행위, 고용계약 등에 관한 규정)에 따라 규율된다. 그러면서 다른 한편으로는 민법의 규율을 수정하려는 근로기준법 등 노동보호법에 따라 규율된다. 또 노동관계는 단체협약이나 취업규칙에 따라 규율되기도 한다. 이와 같이 개별적 노동관계법은 노동관계를 민법의 관련 규정, 노동보호법, 단체협약, 취업규칙 등으로 규율하는 복합적 구조로 이루어진다.

그러나 노동관계를 규율하는 가장 중요한 법규범은 근로기준법, 남녀고용평등법, 최저임금법, 퇴직급여법, 산업안전보건법, 기간제법 등 노동보호법이다. 이들 노동보호법은 노동관계에서 노동의 보호나 기회균등을 위하여 강행적인 준칙을 설정하고, 이를 실시하기 위한 행정적 감독의 기구와 권한을 정비하며, 그 밖의 국가적 서비스계획을 규정한다. 특히 근로기준법은 노동관계의 기본원칙, 임금, 근로시간, 취업규칙 등의 기본적 사항들을 포괄적으로 규제하고 있어 노동보호법의 기본법이자 개별적 노동관계법의 기본법으로서의 위치를 차지하고 있다.

Ⅱ. 근로기준법의 적용

1. 적용범위

근로기준법은 이 법은 상시 5명 이상의 근로자를 사용하는 모든 사업 또는 사업장에 적용한다고 규정하고 있다(11조 1항 본문).

가. 5명 이상 사용

근로기준법이 적용되려면 해당 사업 또는 사업장에서 상시 5명 이상의 근로자를 사용해야 한다.[1)] '상시 5명 이상의 근로자를 사용'한다는 것은 사용하는 근로자의 수가 상시(상태적으로) 5명 이상이라는 뜻이므로 일시적으로 5명 미만이 되더라도 상태적으로 5명 이상이면 이에 해당하고, 이 경우 근로자에는 계속 근무

---

1) 헌재 2019. 4. 11, 2017헌마820은 상시 사용 근로자수 5명을 기준으로 근로기준법의 전면적용 여부를 달리함이 ① 근로기준법의 확대적용을 위한 지속적인 노력, ② 영세사업장의 열악한 현실, ③ 국가의 근로감독능력의 한계 등을 고려하여, 근로기준법의 법규범성을 실질적으로 관철하기 위한 입법정책적 결정으로서 합리적 이유가 있으므로 평등원칙에 위배되지 않는다고 한다. 그러나 최저임금법 등은 이미 근로자수가 1명 이상인 모든 사업에 적용되는 것으로 변한 것에 비추어, 헌법재판소가 드는 이유가 타당한지는 적용이 제외되는 조항들과 관련하여 재검토가 필요하다.

하는 근로자뿐만 아니라 그때그때의 필요에 따라 사용하는 일용근로자도 포함된다.[1)]

근로자의 수는 수시로 변화하기 마련이고 특히 어떤 때는 5명 이상이고 어떤 때는 5명 미만인 경우 상시 5명 이상 사용한 것으로 볼 것인지가 문제된다. 근로기준법과 시행령은 상시 5명 이상을 사용하는지 여부에 관하여 다음과 같은 명확한 산정 방법을 정하고 있다(근기 11조 3항, 영 7조의2 1항-4항 참조).

첫째, 산정 사유(법 적용 여부를 판단해야 할 사유) 발생 전 1개월의 산정기간(설립 1개월 미만 사업에서는 설립 이후의 기간) 동안 사용한 근로자의 연인원을 같은 기간 중의 가동 일수로 나누어 산정한다.[2)] 산정기간을 1개월로 하여 하루 평균 몇 명의 근로자를 사용했는지에 따라 5명 이상 사용했는지를 가리려는 것이다. 이 경우 근로자의 연인원에는 파견근로자를 제외하고 기간제근로자·단시간근로자·동거하는 친족인 근로자 등 해당 사업 또는 사업장에서 사용한 모든 근로자를 포함한다. 파견근로자를 제외한다고 명시한 것은 그 사용자가 따로 있기 때문이고, 같은 이유로 사내도급근로자도 제외된다고 해석된다. 그러나 외국인근로자라 하여 제외되는 것은 아니다. 통상적인 사용 상태를 제대로 반영하여야 하므로 주휴일에 실제 근무하지 않은 근로자는 연인원 및 일별 근로자 수(아래 둘째 참고)에 포함하지 않는다.[3)]

둘째, 위와 같은 산정 방법에 불구하고 산정기간에 속하는 일별로 근로자 수를 파악했을 때 5명에 미달한 일수가 50% 미만이면 5명 이상, 50% 이상이면 5명 미만 사용한 것으로 본다.

셋째, 연차휴가(월차형 휴가는 제외)에 관한 규정의 적용 여부를 판단할 때에는 월 단위로 근로자 수를 산정한 결과 산정 사유 발생 전 1년 동안 계속하여 사용한 근로자가 5명 이상이면 5명 이상 사용한 것으로 본다.

나. 사업 또는 사업장

(1) '사업'이란 노동력을 유기적으로 조직하여 경영상의 일체를 이루는 하나의 사업조직(사업체)을 말한다. 사업의 목적, 관청의 허가나 영업감찰 등의 유무, 적법 여부, 사업의 종류(업종) 등은 어떻든 관계없다. 영리 목적이든 비영리 또는

---

1) 대법 1995. 3. 14, 93다42238; 대법 1997. 11. 28, 97다28971; 대법 2000. 3. 14, 99도1243.

2) 예컨대 상점에서 1개월 동안 바쁜 날 15일은 6명을 사용하고 한가한 날 5일은 4명을 사용하면서 평일 20일을 영업한 경우, 연인원은 (15×6)+(5×4)=110일이며, 이를 20일로 나누면 근로자 수는 5.5명이다.

3) 대법 2023. 6. 15, 2020도16228.

공익 목적이든 무방하므로 예컨대 교회, 사회사업조직, 교육·연구기관, 노동조합, 정당, 정부투자기관, 국가·지방자치단체도 사업에 포함된다. 법인이나 단체는 물론, 개인사업체도 포함된다. 자영업자가 타인을 고용하여 일시적·계절적으로 업무를 하는 경우라도 사업에 해당한다. 그러나 예컨대 개인이 가옥 수리 등의 일시적 필요에서 인력을 사용하는 경우에는 민법상 고용계약이 성립되는 것은 별론으로 하고 사업은 아니라고 해석된다.

'사업장'이란 사업의 일부분으로서 업무·노무관리·회계를 독자적으로 수행하는 것(공장 내의 진료소, 사업부 등) 또는 독자성은 없지만 장소적으로 분리되어 있는 것(본사와 분리된 공장, 공사장, 지점, 출장소 등)을 말한다.

(2) 근로기준법은 5명 이상의 모든 사업 또는 사업장에 적용한다고 규정하므로(11조 1항), 사업이든 사업장이든 어느 기준이라도 5명 이상이라면 근로기준법이 적용된다. 또 5명 이상의 사업에 해당하면 5명 미만의 사업장에도 근로기준법이 적용된다.

또 별개의 법인격을 가진 기업조직들이 실질적으로 동일한 경제적·사회적 활동단위로 볼 수 있을 정도로 경영상의 일체성과 유기적 관련성이 인정되는 특별한 사정이 있는 경우 예외적으로 이들을 하나의 사업(장)으로 보아 5명 이상인지를 판단한다.[1]

(3) 근로기준법이 적용되려면 사업이 국내에서 운영되고 근로계약관계가 존재해야 한다. 사업이 국내에서 운영되는 이상, 사업주가 내국인 또는 국내법인인지 여부에 관계없이 적용된다. 따라서 본사가 국내에 있는 경우에 그 외국 지점·출장소에 근무하는 내국인 근로자에게도 적용된다.[2] 그러나 외국에서 운영되는 사업에 대해서는 그 사업주가 내국인 또는 국내법인이라도 적용되지 않는다.

다. 적용 제외

근로기준법은 상시 5명 이상의 근로자를 사용하는 사업 또는 사업장이라도 동거하는 친족만을 사용하는 사업 또는 사업장과 가사사용인에 대해서는 이 법을 적용하지 않는다고 규정하고 있다(11조 1항 단서).

A. 친족 사업 동거하는 친족만을 사용하는 사업 또는 사업장은 사용자

1) 대법 2024. 10. 25, 2023두57876(외국법인의 한국영업소와 한국법인을 합산하여 5명 이상이라 판단).
2) 외국기업의 국내 법인이나 영업소 등의 경우 국내에서 사용하는 근로자 수를 기준으로 상시 근로자 수를 판단한다(대법 2024. 10. 25, 2023두37391).

와 근로자 사이의 지배종속관계보다 친족 사이의 정분이 더 중요시되는 점을 고려하여 적용을 배제한 것이다.

'동거하는 친족만을 사용'한다는 것은 해당 사업 또는 사업장의 근로자가 모두 사용자와 친족관계에 있으면서 동시에 사용자와 동거하는 것을 말한다.

B. 가사사용인 '가사사용인'이란 일반 가정에서 청소, 세탁, 주방일과 가구 구성원의 보호·양육 등 가사를 돕게 할 목적으로 고용한 자를 말한다. 가사사용인과 그 고용주 사이의 인간적 신뢰관계 또는 사적 공간에 근로감독의 한계 등을 고려하여 법 적용을 배제한 것이다.[1] 그러나 사업체에 고용되어 주로 사업주나 경영담당자의 가사를 보조하는 업무에 종사하는 자는 가사사용인에 포함되지 않는다.

2. 영세사업장의 부분적 적용

근로기준법은 상시 4명 이하의[2] 근로자를 사용하는 사업 또는 사업장에 대해서는 시행령으로 정하는 바에 따라 근로기준법의 일부 규정을 적용한다고 규정하고 있다(11조 2항).

시행령 제7조는 평등대우(6조), 중간착취 배제(9조), 공민권 행사 보장(10조), 근로조건 명시(17조), 위약금 예정 금지(20조), 해고 금지 기간(23조 2항), 해고 예고(26조), 해고 예고의 적용 제외(35조), 금품청산(36조), 특별지연이자(37조), 근로자 명부(41조), 임금의 지급 방법(43조), 휴게시간(54조), 주휴일(55조 1항), 근로시간 등 적용 제외(63조), 취직 최저 연령(64조), 임산부와 연소자의 유해·위험업무 사용 금지(65조 1항·3항), 미성년자 보호(67조·68조), 연소자의 근로시간(69조), 임산부와 연소자의 휴일·야간근로(70조 2항·3항), 출산전후휴가 등(74조), 재해보상(78조-92조) 등에 관한 규정들은 5명 미만 사업장에도 적용할 것으로 규정하고 있다.[3]

1) 퇴직급여법에서는 '가사사용인' 대신에 '가구 내 고용활동'의 용어로 바꾸었다.

2) 4명 초과 5명 미만의 경우에 적용 관계에 관한 명시적인 규정이 없다는 점에서 '4명 이하'는 '5명 미만'을 의미하는 것으로 해석되지만, 오해를 피하기 위하여 '5명 미만'으로 개정해야 할 것이다.

3) 그 밖에 강제근로 금지(7조), 폭행의 금지(8조), 적용범위(11조·12조), 보고·출석(13조), 법 위반의 근로계약(15조), 단시간근로자의 근로조건(18조), 근로조건 위반(19조 1항), 전차금 상계 금지(21조), 강제저축 금지(22조), 임금채권 우선변제(38조), 특별지연이자(37조), 사용증명서(39조), 기피명부 금지(40조), 서류 보존(42조), 도급사업에 대한 임금 지급(44조), 비상시 지급(45조), 도급근로에 대한 임금 보장(47조), 임금대장(48조), 임금의 시효(49조), 연소자증명서(66조), 산후 1년 미만자의 연장근로(71조), 여성과 연소자의 갱내근로(72조), 근로감독관(101-106조), 관련 벌칙 규정 등도 포함되어 있다.

이에 따라 예컨대 부당한 해고·징계 등의 금지(23조 1항), 부당한 해고·징계 등에 대한 구제(28조-33조), 휴업수당(46조), 법정근로시간(50조), 공휴일과 대체공휴일(55조 2항), 가산임금(56조), 연차휴가(60조), 생리휴가(73조) 등에 관한 규정들은 5인 미만 사업장에 적용되지 않는다.

3. 국가 등에 대한 적용

가. 국가·지방자치단체에 대한 적용

근로기준법은 이 법과 그 시행령은 국가, 특별시·광역시·도, 시·군·구, 읍·면·동, 그 밖에 이에 준하는 것에 대해서도 적용된다고 규정하고 있다(12조). 국가나 지방자치단체 등이 공무원 또는 공무직 등 공무원 아닌 근로자를 사용하는 경우에도 근로기준법이 적용된다는 점을 주의적으로 규정한 것이다.[1] 다만 공무원의 임면·복무·근무조건·신분보장에 대해서는 국가공무원이나 지방공무원 등에서 별도의 규정을 두고 있으므로 이들 규정이 근로기준법에 우선하여 적용된다.

국가나 지방자치단체가 공무원이 아닌 근로자를 사용하는 경우에는 그 인원수가 5명 이상인지 여부와 관계없이 적용된다.[2]

나. 선원 등에 대한 특별법

선원의 근로조건에 대해서는 선원법이, 기간제근로자와 단시간근로자의 근로조건에 대해서는 기간제법이, 파견근로자의 근로조건에 대해서는 파견법이 별도의 규정을 두고 있다. 따라서 선원, 기간제근로자와 단시간근로자, 파견근로자에 대해서는 이들 특별법의 규정이 근로기준법에 우선하여 적용된다. 또 사립학교 교원과 직원[3]도 근로자로서 근로기준법이 적용되지만, 사립학교법에서 이들의 임면·복무·신분보장에 대해서는 별도의 규정을 두고 있어 이들 규정이 근로기준법에 우선하여 적용된다.

---

1) 대법 1979. 3. 27, 78다163은 공무원에게도 근로기준법이 원칙적으로 적용된다고 한다(다만 근로기준법 제12조를 원용하지 않고 공무원도 근로자에 해당한다고 설시한 부분, 공무원연금법상의 퇴직급여제도가 근로기준법상의 퇴직금제도에 대하여 특별법으로서 공무원에게 우선 적용된다고 하지 않고 근로기준법상의 퇴직금규정의 취지를 구체화한 것이라고 설시한 부분은 논란의 여지가 있을 것이다).

2) 대법 1987. 6. 9, 85다카2473은 국가기관(철도역) 소속 일용잡부가 1명뿐이라 하더라도 근로기준법이 적용된다고 한다.

3) 사립대학교 부설 한국어학당 강사로서 그 학교에 근로를 제공하는 자가 사립학교법상 교원이나 직원이 아니라 하여 그 근로자성을 부인할 수 없다(대법 2008. 3. 27, 2007다87061).

4. 적용대상으로서의 근로자와 사용자

근로기준법은 그 적용범위에 들어가는 사업 또는 사업장의 근로자와 사용자에게 적용된다.

가. 근로자

(1) 근로기준법의 적용을 받는 '근로자'란 임금을 목적으로 사업이나 사업장에 근로를 제공하는 자(근기 2조 1항 1호)를 말한다. 총론에서 이미 살펴본 바와 같이 근로의 의사를 갖고 있더라도 현재 어느 사업이나 사업장에 사용되어 근로를 제공하고 있지 않은 퇴직자나 실직자 등에게는 근로기준법이 적용되지 않는다.

그러나 근로자가 체결한 근로계약이 강행법규에 위반했다고 하여 그 계약 자체가 당연히 무효가 되는 것이 아니고 근로기준법의 적용이 배제되는 것은 아니다. 예컨대 불법으로 취업한 외국인이라도 근로자가 근로계약상의 근로제공을 사실상 이행했거나 이행하고 있는 이상 출입국관리법 위반의 제재와는 별도로 근로기순법은 적용된다.[1] 한편, 근로계약이 의사표시의 하자(민법 109조, 110조 이하)로 취소된 경우라도 그 이전의 근로제공에 대해서는 근로기준법이 적용된다.[2]

(2) 회사 임원이 근로자에 해당하는지 문제되는 경우가 있다. 회사나 법인의 이사나 감사 등 임원은 회사와 근로계약관계에 있지 않으므로 근로자라 볼 수 없다.[3] 그러나 임원이 위임받은 사무를 처리하는 이외에 업무집행권을 가지는 대표이사 등의 지휘·감독 아래 근로를 제공하여 그 대가로 보수를 받는 경우에는 근로자에 해당한다.[4] 물론 그 담당하는 업무 전체의 성격이나 실질이 위와 같은 근로 제공으로 보기 곤란한 경우에는 그 임원은 위임받은 사무를 처리하는 지위에 있고 근로자로 볼 수 없다.[5]

---

1) 대법 1995. 9. 15, 94누12067은 출입국관리법상의 고용제한은 취업자격 없는 외국인의 고용이라는 사실적 행위 자체를 금지하려는 것일 뿐이고, 취업자격 없는 외국인이 사실상 제공한 근로에 따른 권리 등의 법률효과까지 부인하려는 것은 아니며, 위 법의 고용제한을 위반하여 근로계약을 체결했다 하여 근로계약이 당연히 무효라고는 할 수 없다고 한다.
2) 대법 2017. 12. 22, 2013다25194는 근로계약이 취소된 경우에도 취소 이후 장래에 대해서만 근로계약의 효력이 소멸된다고 한다.
3) 대법 1992. 12. 22, 92다28228; 대법 2001. 2. 23, 2000다61312.
4) 대법 2003. 9. 26, 2002다64681; 대법 2017. 9. 7, 2017두46899; 대법 2020. 6. 4, 2019다297496.
5) 대법 2017. 11. 9, 2012다10959.

나. 사용자

근로기준법의 적용을 받는 '사용자'란 사업주와 사업의 경영담당자, 그 밖에 근로자에 관한 사항에 대하여 사업주를 위하여 행위하는 자를 말한다(근기 2조 1항 2호). 총론에서 이미 살펴본 바와 같이 근로자에 대한 근로계약의 상대방 당사자는 협의의 사용자인 사업주이지만, 경영담당자와 관리자가 근로기준법 소정 사항에 대하여 실질적 권한을 가진 현실의 행위자이기 때문에 이들도 사용자로 보아 법준수의 책임을 지도록 하려는 취지에서 넓게 정의한 것이다.

다. 사용자 개념의 확대

경영 전략의 변화와 고용 형태의 다양화에 따라 근로자의 근로조건에 근로자와 근로계약을 맺고 있는 사용자(고용주)가 아닌 외부의 사업이 영향을 미치는 경우가 생긴다. 이 경우에 고용주가 아닌 외부의 사업도 근로계약상의 사용자로 볼 것인지, 외부의 사업에까지 사용자 개념(지위, 책임)이 확대되는지가 문제된다. 전형적인 유형은 모자기업의 관계와 제공·사용기업의 관계이다.

A. 모자기업의 관계 두 기업이 주식 소유나 임원 등으로 모회사와 자회사의 관계에 있는 유형이다. 자회사(원고용주)가 고용한 근로자에 대하여 모회사를 근로계약상의 사용자로 인정할 수 있으려면 형식상으로는 자회사가 근로자를 고용했으나 실질적으로는 모회사가 근로자를 사용하기 위하여 자회사의 법인격을 이용한 것에 불과하다고 볼 만한 사정이 있어야 한다.

판례는 모회사가 자회사(업무도급계약에 따라 모회사 업무의 일부를 수행)[1]의 근로자 채용을 위한 면접시험에 자회사의 임원과 함께 참석한 사실, 자회사의 근로자들에 대하여 모회사 소속의 정규직원과 구분함이 없이 업무 지시나 휴가 승인 등의 제반 인사관리를 직접 시행한 사실, 조직이나 팀의 구성표에서도 자회사 근로자와 모회사 정규직원이 섞여 있는 사실 등 제반 사정에 비추어 보면, 모회사가 위장도급의 형식으로 근로자를 사용하기 위하여 자회사의 법인격을 이용한 것에 불과하므로 실질적으로는 모회사가 근로자를 직접 채용한 것과 같아 모회사와 자회사의 근로자들 사이에 근로계약관계가 성립되어 있다고 본다.[2]

B. 제공·사용기업의 관계 근로자와 근로계약을 맺은 어느 기업(제공기업)이 업무도급계약이나 근로자파견계약 등에 근거하여 그 근로자를 다른 기업

---

1) 이 사건의 경우 모회사와 자회사가 업무도급계약을 맺고 있는 점에서 제공·사용기업의 관계로 분류될 수도 있다.

2) 대법 2003. 9. 23, 2003두3420.

(사용기업)의 사업장에 보내 그 업무에 종사하게 하는 관계의 유형이다. 제공기업(원고용주)이 고용한 근로자에 대하여 사용기업을 근로계약상의 사용자로 볼 수 있기 위해서는 제공기업이 기업으로서의 독자성을 결하여 사용기업의 노무대행기관과 동일시 할 수 있는 등 그 존재가 형식적·명목적인 것에 불과하고, 실질적으로는 근로자와 사용기업 사이에 종속적인 관계에서 근로를 제공하고 임금을 지급하는 묵시적 근로계약관계가 성립되어 있다고 인정할 만한 사정이 있어야 한다.[1)]

예컨대 판례는 제공기업이 외관과 달리 업무수행이나 사업 경영의 독자성을 갖추지 못한 채 사용기업의 일개 사업부나 노무대행기관의 역할을 수행했을 뿐이고, 실질적으로는 사용기업이 근로자들로부터 종속적인 관계에서 근로를 제공받고 임금을 포함한 제반 근로조건을 정한 사정에 비추어 제공기업의 근로자와 사용기업 사이에 묵시적 근로계약관계가 성립된 것으로 인정하고 있다.[2)]

Ⅲ. 근로기준법의 실효성 확보

1. 근로계약에 대한 효력

근로기준법은 이 법에서 정한 기준에 미치지 못하는 근로조건을 정한 근로계약은 그 부분에 한정하여 무효로 하고(15조 1항; 강행적 효력), 이 경우 무효가 된 부분은 근로기준법에서 정한 기준에 따른다고 규정하고 있다(2항; 보충적 효력).

사용자가 그 경제적 이해관계 때문에 낮은 근로조건으로 근로자를 고용하려 하고, 근로자가 실업을 두려워하여 이를 감수하려 하는 경우, 근로기준법의 기준에 미달하는 근로조건을 근로계약으로 정하게 된다. 이는 근로기준법에서 정하는 근로조건은 최저기준(3조 전단)이라는 것에 어긋난다. 따라서 근로기준법의 준수를 확보하려면 근로기준법의 기준이 직접 근로계약의 내용이 되고, 이를 통하여 당사자가 사법상의 권리와 의무를 가지도록 할 필요가 있다. 이를 위하여 근로기준법은 근로계약에 대한 강행적·보충적 효력을 규정한 것이다.

그렇다면 근로기준법의 강행적·보충적 효력은 취업규칙이나 단체협약에도 미치고, 보충적 효력은 근로계약이나 취업규칙으로 정하지 않은 사항에도 미친다

1) 대법 1999. 11. 12, 97누19946; 대법 2004. 6. 25, 2002다56130; 대법 2008. 7. 10, 2005다75088; 대법 2010. 7. 22, 2008두4367; 대법 2015. 2. 26, 2011다78316.
2) 대법 2008. 7. 10, 2005다75088; 대법 2020. 4. 9, 2019다267013.

고 보아야 할 것이다.

2. 벌칙

근로기준법의 규정에 대해서는 대체로 그 위반에 대한 벌칙(107조 이하)이 규정되어 있다.[1] 법의 실효적 준수를 확보하기 위한 것이다. 벌칙을 적용받을 자는 물론 사용자이고 여기서 '사용자'란 고용주로서의 사업주는 물론 경영담당자와 관리자도 포함하는 광의의 사용자(2조 1항 2호)를 말한다. 따라서 관리자는 원래는 근로자이지만 현실적으로 근로기준법 위반의 행위자인 경우에는 사용자로 처벌될 수도 있는 것이다.

한편, 근로기준법은 양벌규정을 두어 관리자 등이 위반의 행위자인 경우에 사업주도 벌금형으로 처벌할 수 있도록 규정하고 있다. 즉 사업주의 대리인, 사용인, 그 밖의 종업원이 해당 사업의 근로자에 관한 사항에 대하여 벌금·자격정지·징역의 형벌이 규정된 위반행위를 하면 그 행위자를 벌하는 외에 그 사업주에게도 해당 조문의 벌금형을 과하며, 다만 사업주가 그 위반행위를 방지하기 위하여 해당 업무에 관하여 상당한 주의와 감독을 게을리하지 않은 경우에는 예외로 한다는 것이다(115조).

3. 근로감독관

근로기준법 등 노동보호법의 실효적인 준수를 확보하려면 전문적 행정기관의 감독이 필요하다. 근로기준법은 근로조건의 기준을 확보하기 위하여 고용노동부와 그 소속기관에 근로감독관을 둔다고 규정하고 있다(101조 1항). 근로감독관의 자격·임면·직무배치에 관한 사항은 대통령령인 근로감독관규정으로 정한다(101조 2항).

근로기준법에 따르면, 근로감독관은 사업장·기숙사, 그 밖의 부속 건물을 현장조사하고 장부와 서류의 제출을 요구할 수 있으며 사용자와 근로자에 대하여 심문할 수 있다(102조 1항).[2] 의사인 근로감독관이나 근로감독관의 위촉을 받

1) 근로기준법상 벌칙에 따른 제재는 형벌(징역형과 벌금형)과 과태료로 크게 나누어진다. 근로기준법 제116조의 벌칙은 주로 서류의 작성, 보존, 제출, 교부, 보고, 신고, 통보 등의 의무를 위반한 경우에 벌금형이 아닌 과태료(500만원 이하)를 부과하려는 것이고, 시행령으로 정하는 바에 따라 고용노동부장관이 부과·징수한다. 부과에 대한 이의 절차 등에 관해서는 과태료 부과·징수에 관한 일반법인 질서위반행위규제법에 따른다.

2) 또한 고용노동장관은 근로기준법에서 정하는 근로조건 보호를 위하여 중앙행정기관의 장과 지방자치단체의 장 또는 근로복지공단 등 관련 기관·단체의 장에게 종합소득에 관한 자료,

은 의사는 취업을 금지해야 할 질병에 걸릴 의심이 있는 근로자에 대하여 검진할 수 있다(102조 2항). 이에 따른 현장조사·검진을 방해·기피하고 그 심문에 대하여 진술을 하지 않거나 거짓된 진술을 하거나 장부·서류를 제출하지 않거나 거짓 장부·서류를 제출한 자에게는 벌칙(116조)이 적용된다.

근로기준법에 따르면, 근로감독관은 근로기준법이나 그 밖의 노동관계법령 위반의 죄에 관하여 '사법경찰관리의 직무를 수행할 자와 그 직무범위에 관한 법률'로 정하는 바에 따라 사법경찰관의 직무를 수행한다(102조 5항). 근로기준법이나 그 밖의 노동관계법령에 따른 현장조사, 서류제출, 심문 등의 수사는 근로감독관의 직무에 관한 범죄의 수사를 제외하고는 검사와 근로감독관이 전담하여 수행한다(105조). 이로써 근로감독관은 근로기준법 위반의 벌칙 규정을 배경으로 수사하는 과정에서 시정의 지도를 할 수 있게 된다.

근로감독관은 직무상 알게 된 비밀을 엄수해야 하며, 근로감독관을 그만둔 때에도 그렇다(103조; 벌칙 114조). 근로감독관이 고의로 근로기준법에 위반한 사실을 묵과하면 벌칙(108조)이 적용된다.

4. 감독행정에 관련된 사용자의 의무

근로기준법은 그 실효적 준수나 감독행정의 실효를 확보하기 위하여 사용자에게 관계기관에 보고·출석할 의무, 관계 법령을 널리 알릴 의무, 근로감독관 등에 대한 통보를 방해하지 않을 의무를 부과하고 있다. 또 근로자명부 등 소정의 서류를 작성, 보존 또는 교부할 의무도 부과하고 있다.

가. 보고·출석 등

근로기준법에 따르면, 사용자 또는 근로자는 근로기준법의 시행에 관하여 고용노동부장관·노동위원회 또는 근로감독관의 요구가 있으면 지체 없이 필요한 사항에 대하여 보고하거나 출석해야 한다(근기 13조; 벌칙 116조 2항).

사용자는 근로기준법과 그 시행령의 주요 내용을 근로자가 자유롭게 열람할 수 있는 장소에 항상 게시하거나 갖추어 두어 근로자에게 널리 알려야 한다(14조 1항; 벌칙 116조 2항).

사업 또는 사업장에서 근로기준법 또는 그 시행령을 위반한 사실이 있으면 근로자는 그 사실을 고용노동부장관이나 근로감독관에게 통보할 수 있다(104조 1

피보험자격에 관한 신고자료 등의 정보 또는 자료의 제공 및 관계 전산망의 이용을 요청할 수 있으며, 그 요청을 받은 자는 요청에 따라야 한다(102조 1항·2항).

항). 사용자는 이 통보를 이유로 근로자에게 해고나 그 밖에 불리한 처우를 하지 못한다(104조 2항; 벌칙 110조). 근로감독관은 근로자의 통보로 또는 직권으로 근로기준법 위반에 대하여 수사를 하게 되는데, 사용자가 근로자의 통보를 저지·방해하지 못하도록 하려는 것이다.

나. 각종 서류의 작성·보존·교부

A. 근로자명부　　근로기준법에 따르면, 사용자는 각 사업장별로 근로자명부를 작성하고 근로자의 성명, 생년월일, 이력, 그 밖에 시행령으로 정하는 사항을 적고, 적을 사항이 변경된 경우에는 지체 없이 정정해야 하며, 다만 시행령으로 정하는 일용근로자에 대해서는 근로자명부를 작성하지 않아도 된다(41조, 벌칙 116조 2항).

B. 임금대장　　사용자는 각 사업장별로 임금대장을 작성하고 임금과 가족수당[1] 계산의 기초가 되는 사항, 임금액, 그 밖에 시행령으로 정하는 사항을 임금을 지급할 때마다 적어야 한다(48조 1항; 벌칙 116조 2항).

C. 중요 서류의 보존　　사용자는 근로자명부와 시행령으로 정하는 근로계약에 관한 중요한 서류를 3년동안 보존해야 한다(42조; 벌칙 116조 2항).[2]

D. 임금명세서　　사용자는 임금을 지급하는 때에는 근로자에게 임금의 구성항목·계산방법, 임금의 일부를 공제한 경우의 내역 등 시행령으로 정하는 사항을 적은 임금명세서를 서면(전자문서 포함)으로 교부해야 한다(48조 2항; 벌칙 116조 2항).

E. 사용증명서　　사용자는 근로자가 퇴직한 후라도 사용 기간, 업무의 종류, 지위와 임금, 그 밖에 필요한 사항에 관한 사용증명서를 청구하면 사실대로 적은 증명서를 내주어야 하며, 사용증명서에는 근로자가 요구한 사항만 적어야 한다(39조; 벌칙 116조 2항).

사용증명서(흔히 '재직증명서'라 부른다)는 금융기관의 대출이나 직장 이동 등 다

1) 임금과 가족수당을 병렬적으로 규정한 것은 가족수당이 임금에 속하지 않는다고 전제하는 것인지 의문스럽고, 여러 가지 수당 중에서 왜 가족수당만 규정한 것인지도 의문스럽다. '임금과 가족수당'은 '항목별 임금'으로 개정하는 방안을 검토해야 할 것이다.

2) 시행령에서 보존할 서류로 규정한 것은 근로자명부, 근로계약서, 임금대장, 임금의 결정·지급방법·계산기초에 관한 서류, 고용·해고·퇴직에 관한 서류, 승급·감급·휴가 에 관한 서류, 특별연장근로 규정 등에 따른 인가·승인에 관한 서류, 탄력적 근로시간 규정 등에 따른 서면합의 서류, 연소자증명에 관한 서류이다(22조 1항). 보존 기간 3년의 기산일은 그 서류의 최초 작성일이 될 수도 있지만, 많은 경우 최종 작성일이 되도록 규정되어 있다. 예컨대 서면합의 서류는 서면 합의한 날이지만, 임금대장은 마지막으로 적은 날이고, 근로계약서나 고용·해고·퇴직에 관한 서류는 노동관계가 종료된 날이다(영 22조 2항 참조).

양한 용도로 근로자에게 필요한 서류이다. 근로자가 청구하면[1] 재직 중은 물론이고 퇴직한 후에도 교부해야 한다.

사용증명서는 흔히 사업체 고유의 서식을 이용하여 작성되지만, 여기에는 '사용 기간, 업무의 종류, 지위와 임금, 그 밖에 필요한 사항'을 '사실대로' 적어야 한다. 그러나 '근로자가 요구한 사항만 적어야' 하므로, 예컨대 근로자가 사용 기간과 업무의 종류 및 지위만 적으라고 요구하면, 사용자는 임금·근무평정 결과·징계 기록·쟁의 참가 등에 관한 사항을 적어서는 안 된다(사실관계의 문의에 대하여 사용자가 사실대로 답하는 것은 별개의 문제). 근로자에게 불리한 사실이 적힘으로써 직장 이동 등에 방해를 받지 않도록 하려는 것이다. 한편 사용증명서에는 노동조합 경력 등에 관하여 취업 방해의 목적으로 비밀기호를 사용해서도 안 된다(40조).

1) 사용증명서를 청구할 수 있는 자는 계속하여 30일 이상 근무한 근로자로 하되, 청구할 수 있는 기한은 퇴직 후 3년 이내로 한다(영 19조).

제2장 노동관계 규율의 기초

제1절 근로계약

Ⅰ. 근로계약의 의의

근로기준법상 '근로계약'이란 근로자가 사용자에게 근로를 제공하고 사용자는 이에 대하여 임금을 지급하는 것을 목적으로 체결된 계약을 말한다(근기 2조 1항 4호). 한편, 민법상 '고용'계약이란 당사자 일방이 상대방에 대하여 노무를 제공하고 상대방이 이에 대하여 보수를 지급할 것을 약정하는 것을 말한다(민법 655조). 그렇다면 근로계약과 고용계약은 같은 것일까?

타인을 위하여 노동을 하고 보수를 받는 관계(노동관계)는 현실적으로 매우 다양하지만 민법은 크게 세 가지 형태의 노무공급계약에 관하여 규정하고 있다. 즉 상대방의 지휘·명령 아래서 노무를 제공하는 경우는 고용으로(민법 655조), 일의 완성을 일임받는 경우는 도급으로(민법 664조), 사무의 처리를 일임받는 경우는 위임으로(민법 680조) 계약형태를 분류하고 있는 것이다. 물론 이 중에서 고용계약이 노동관계의 계약형태로서 가장 널리 이용되고 있다. 민법의 고용계약에 관한 규정의 특징은 당사자 쌍방에 평등한 권리·의무를 부여하는 데 있지만, 실제로는 대체로 사용자의 강대한 실력 아래서 지배·종속의 노동관계가 형성되기 마련이다. 그리고 간혹 도급이나 위임계약에서도 그렇다.

여기서 이들 노동관계의 일방 당사자인 근로자를 사용자로부터 특별히 보호할 필요가 생겼고, 근로기준법은 이를 위하여 수많은 계약상의 원칙·기준을 설정하면서 이들이 적용되는 노동관계를 표현하기 위하여 '근로계약'이라는 개념을 도입하게 된 것이다. 그렇다면 '근로계약'이란 사실상의 지배·종속의 노동관계 때문에 근로기준법의 적용을 받는 노무공급계약이라고 정의할 수 있을 것이다.

근로계약은 민법상의 고용계약에 해당하는 경우가 대부분이지만 그것과 반드시 일치하는 것은 아니며, 도급 또는 위임의 형식을 취하는 노무공급계약일 수도 있고 또 민법상의 고용·도급 또는 위임의 계약형식을 취하지 않는 비전형의 노무공급계약일 수도 있다.[1] 사업 또는 사업장이 아닌 곳에서의 계약, 동거하는 친족만을 사용하는 사업 또는 사업장에서의 친족 또는 가사사용인 등에 관한 계약은 민법상 고용계약임에는 틀림이 없지만 근로계약이라고 볼 수 없을 것이다.

요컨대 어떠한 노무공급계약이 근로계약에 해당되는지 여부는 노무를 공급하는 자가 상대방과의 지배·종속의 노동관계 때문에 근로기준법의 적용을 받는 근로자(근기 2조 1항 1호)라 할 수 있는지 여부에 달려 있다고 할 수 있다.

Ⅱ. 근로계약 당사자의 권리·의무

1. 근로계약상의 주된 의무

근로계약은 근로의 제공과 임금의 지급을 목적으로 하는 계약이므로(근기 2조 1항 4호, 민법 655조), 근로계약의 체결에 따라 근로자는 당연히(명시적 합의가 없더라도) 근로제공 의무를 지고 사용자는 이에 대하여 임금지급 의무를 진다.

가. 근로제공 의무

A. 의무의 내용 (1) 근로자는 사용자에게 자신의 근로(노동력)를 제공해야 하며 타인의 근로로 이를 갈음할 수 없다(민법 657조 2항). 근로의 제공은 근로자 본인이 해야 한다는 것이다.

(2) 근로제공 의무는 단순히 기계적으로 근로를 제공할 의무에 그치지 않고 성실하게 근로할 의무(성실노동 의무, 직무전념 의무)를 포함한다. 그러나 사용자는 약정하지 않은 근로의 제공을 요구할 수 없다(민법 658조 1항).

(3) 제공할 근로의 내용·장소·수행방법 등은 근로계약의 취지와 당사자 사이의 약정에 따른다. 그런데 이들에 관하여 당사자 사이에 미리 구체적으로 약정하기 어려운 경우가 많기 때문에 근로계약을 체결할 때에는 요강만을 약정하고 구체적인 것은 그때그때 사용자의 지휘명령에 따르기로 약정하게 된다. 즉 근로제공 의무는 근로자가 노동력을 사용자의 처분에 맡기고 근로의 내용·장소·수행방법 등에 관한 사용자의 구체적인 지휘명령에 따른 근로를 제공할 의무를 말하는 것이다. 이와 같이 근로제공 의무는 사용자의 지휘명령권(지시권)을 예정하고 있고, 이 권한의 행사로 근로계약의 내용이 구체적으로 확정·실현되는 것이다.

게다가 사업의 규모가 커지면 사용자는 사업의 효율적 수행을 위하여 노동

---

1) 대법 2006. 12. 7, 2004다29736 등 근로자인지 여부를 다투는 대부분의 판례들은 계약의 형식이 중요하지 않다고 밝히고 있다.

조직을 편성하고 그 속에서 근로자의 위치와 역할을 정하며 또 근로제공의 능력·의욕·능률을 높여 조직을 활성화하기 위한 여러 가지 시책을 펴는 등 근로자를 체계적으로 관리(인사·노무관리)할 필요가 있다. 또 조직적 노동의 원활한 수행을 위해서는 조직체로서의 규율·질서(기업질서 또는 경영질서)를 설정하고 그것을 유지할 필요도 있다. 근로자로서도 근로계약을 체결할 때에 사용자의 이와 같은 인사나 징계의 권한을 인정하고 이를 전제로 근로를 제공할 것을 약정하게 된다.

사용자의 지휘명령권·인사권·징계권은 사업 경영상 불가피한 요소이지만, 근로자의 생활을 불안하게 할 우려도 있기 때문에 그 한계를 어떻게 설정할 것인가가 개별적 노동관계법의 중요한 과제가 된다.

(4) 근로제공은 근로계약이나 취업규칙으로 정한 시간에 해야 한다. 즉 근로제공은 정기행위의 성질을 가지고 있어 소정의 시간이 지난 다음에는 특약이 없는 이상 이행불능이 된다.

(5) 근로제공은 반드시 노동력을 목적에 따라 실현(처분)할 것을 요하는 것은 아니고, 노동력을 사용자가 처분할 수 있는 상태에 두는 것으로 족하다. 따라서 노동력을 사용자가 처분할 수 있는 상태에 두었다면 사용자가 이를 처분하지 못한 경우(예컨대 기계 고장으로 잠시 대기하는 경우)에도 근로제공 의무는 이행한 것으로 본다.

B. 의무의 위반 근로자가 그 책임 있는 사유로 근로제공 의무를 이행하지 않으면 민법상 채무불이행이 되고 사용자는 근로자에게 그 이행을 갈음하여 손해배상을 청구하거나 계약을 해지할 수도 있다. 그러나 근로제공은 근로자의 인격과 불가분의 관계에서 이루어지므로 그 의무의 불이행에 대해서는 직접강제든 간접강제든 강제이행은 허용되지 않는다.

근로계약의 해지(해고)는 근로자에게는 실직과 수입 상실을 의미하기 때문에 개별적 노동관계법은 이를 어느 정도 제한하는 것을 그 중요한 과제로 하게 된다.

나. 사용자의 임금지급 의무

사용자는 근로자의 근로제공에 대한 보상이나 대가로서 임금을 지급할 의무를 진다. 임금의 금액, 산정의 기초와 방법, 지급의 방법 등은 근로계약으로 당사자 사이에 약정하지만, 근로계약으로 정하는 대신 취업규칙에서 정한 바에 따르기로 약정하는 경우가 많다.

임금은 근로자 및 그 가족에게는 생계의 원천이 되므로 그 수준(액수)이나 지급 등에 관하여 사용자에게 어느 정도의 의무를 부과할 것인가가 개별적 노동관계법의 중요한 과제의 하나가 된다.

다. 근로제공과 임금 지급의 관계

임금은 제공된 근로에 대한 반대급부 또는 대가이므로, 근로자가 결근·조퇴 등 그 책임 있는 사유로 근로제공을 하지 못한 부분에 대해서는 임금지급 의무가 발생하지 않고, 일정한 기간에 대하여 약정된 임금에서 근로제공 의무를 이행하지 못한 시간에 대응하는 임금을 삭감할 수 있다.

그러나 사용자가 근로제공의 수령을 거부하거나(민법 400조) 부당해고 등 사용자의 책임 있는 사유로 근로자가 근로제공을 할 수 없었던 경우(민법 538조 1항)에는 임금을 지급해야 한다. 또 근로자가 그 책임 없는 사유로 하자 있는 근로를 제공한 경우(예컨대 사용자가 제공한 기계, 원료 자체의 결함에 따른 경우)라도 임금을 삭감할 수는 없다. 그리고 노동관계는 계속적 채권관계이기 때문에 단순히 일시적으로 하자 있는 근로제공을 했다 하여 하자담보 책임으로서 임금(대금)을 삭감하는 것은 특약이 없는 이상 허용되지 않는다.

2. 근로계약상의 부수적 의무

노동관계는 인적·계속적인 관계이므로 당사자가 근로제공·임금지급 의무에 덧붙여 신의칙상 성실·배려의 의무를 당연히 부담한다고 해석되고 있다.

가. 근로자의 성실의무

노동관계는 인적·계속적 관계로서 근로자는 사용자의 이익을 현저히 침해하는 행위를 하지 않고 그 이익을 보호할 신의칙상의 의무, 즉 성실의무를 진다고 설명된다. 성실의무의 내용으로서 흔히 영업비밀유지 의무, 경업피지 의무, 사고대처 의무 등이 거론되고 있다.

A. 영업비밀유지 의무 '영업비밀'이란 공공연히 알려져 있지 않고 독립된 경제적 가치를 가지는 것으로서 상당한 노력으로 비밀로 유지된 생산방법·판매방법, 그 밖에 영업활동에 유용한 기술상·경영상의 정보를 말한다(부정경쟁방지 및 영업비밀보호에 관한 법률 <약칭: 부정경쟁방지법> 2조 2호). 근로제공과 관련하여 사용자의 영업비밀을 알게 된 근로자는 신의칙상 이를 유지할 의무를 가진다. 취업규칙이나 근로계약에서 이를 명시하지 않았더라도 그렇다.

당사자 사이에 근로자가 퇴직 후 일정 기간 동안 영업비밀을 침해하지 않고 경쟁업체에 취업하지 않는다는 취지의 약정(전직금지 약정)이 있는 경우에는, 이 약정이 직업선택의 자유 등 근로자의 권리와 자유로운 경쟁을 지나치게 제한함으로써 사회질서(민법 103조)에 어긋나 무효가 아닌 이상, 근로자는 퇴직 후에도 영업비밀유지 의무를 가진다. 또 이러한 약정이 없더라도 부정경쟁방지법 제10조에서 사용자는 영업비밀 침해행위를 하거나 하려는 자에 대하여 법원에 그 침해행위의 금지·예방 등을 청구할 수 있다고 규정하고 있고, 이에 근거하여 해당 근로자의 전직금지 조치를 청구할 수 있기 때문에[1] 그 범위에서 영업비밀유지 의무는 퇴직 후까지 미치게 된다.

B. 경업피지 의무　　대외적으로 사용자의 영업활동을 보조하는 직무를 수행하는 근로자(상업사용인)는 신의칙상 또는 상법 제17조에 의거하여 경쟁기업을 설립·경영하는 등 경업행위를 하지 않을 의무를 가진다. 당사자 사이에 약정이 없더라도 그렇다.

당사자 사이에 근로자가 퇴직 후 일정 기간 동안 경업을 하지 않는다는 취지의 약정(경업피지 약정)이 있는 경우에는, 직업선택의 자유 등 근로자의 권리와 자유로운 경쟁을 지나치게 제한함으로써 사회질서(민법 103조)에 어긋나 무효가 아닌 이상, 경업피지 의무는 퇴직 후에도 존속한다. 이 약정이 무효인지 여부는 보호할 가치 있는 사용자의 이익(영업비밀, 그 정도는 아니라도 사용자만 가지는 지식·정보로서 타인에게 누설 않기로 약정한 것, 고객관계, 영업상 신용의 유지도 포함), 근로자의 퇴직 전 지위, 경업제한의 기간·지역·직종, 근로자에 대한 대가의 제공 유무, 근로자의 퇴직 경위, 공공의 이익 등 여러 사정을 종합적으로 고려하여 판단해야 한다.[2]

C. 사고대처 의무　　근로자는 근로시간 내외를 불문하고 작업시설·설비·원료 등에 결함을 발견한 경우에 사용자가 적절한 대책을 강구할 수 있도록 이를 지체 없이 사용자에게 고지하되, 고지할 여유가 없을 정도로 사정이 급박하면 고장·사고 등을 방지하기 위한 응급조치를 해야 한다. 작업시설 등의 결함은 고장·사고, 그 밖에 사용자에게 중대한 손해를 야기할 가능성이 있지만, 그 결함 유무 등의 상태는 근로자가 더 발견하기 쉽기 때문에 근로자는 근로제공 의무의 범위를 넘어 이러한 발견에 대처하여 사용자의 이익을 보호할 신의칙상의 의무가 있다고 보는 것이다.

D. 성실의무 위반　　근로자가 그 책임 있는 사유로 성실의무를 위반한 경

---

1) 대법 2003. 7. 16, 2002마4380.
2) 대법 2010. 3. 11, 2009다82244.

우에도 근로제공 의무 위반의 경우처럼 사용자는 근로자에 대하여 손해배상을 청구하거나 계약을 해지할 수 있다. 그리고 성실의무 위반으로 근로자가 경영질서를 침해하면 취업규칙으로 정하는 바에 따라 징계할 수도 있다. 또 영업비밀유지 의무나 경업피지 의무 위반에 대해서는 영업비밀 침해행위(경쟁업체 전직 포함) 또는 경업행위의 금지·중지를 청구할 수도 있다.

나. 사용자의 배려의무

노동관계는 인적·계속적 관계로서 사용자는 안전·건강 등 근로자의 이익을 보호할 신의칙상의 의무, 즉 배려의무를 진다. 배려의무의 내용으로서 거론되는 대표적인 것은 안전배려 의무이다.

A. 안전배려 의무 사용자는 사업시설·기계 등의 위험으로부터 근로자의 생명·신체의 안전과 건강을 보호할 의무가 있다. 근로제공은 근로자가 자신의 인격·신체와 불가분의 일체를 이루는 노동력을 사용자의 처분에 맡기는 것, 즉 근로자의 안전·건강을 사용자의 지배 아래 두는 것이므로 안전배려 의무는 당사자 사이에 약정이 없더라도 근로자가 사용자의 사업장 또는 경영체에 편입됨으로써 당연히 발생하는 의무이다.[1)]

이 의무는 사용자가 근로자의 안전과 건강을 침해하지 않을 소극적 의무뿐만 아니라, 예상되는 작업시설의 위험으로부터 근로자를 안전·건강하게 보호하기 위하여 적절한 조치를 강구할 적극적인 의무도 포함한다.

B. 그 밖의 배려의무 사용자는 근로자가 근로제공을 위하여 사업장에 가지고 들어오는 물건(예를 들면 자전거·의류 등)에 대하여 도난·훼손 등을 방지하도록 배려할 의무 및 근로제공의 과정에서 근로자의 인격·인권이 침해되지 않도록 배려할 의무도 있다. 또 논자에 따라서는 균등대우 의무, 정리해고 시의 해고 회피 및 협의 의무를 배려의무로 거론하기도 한다.

C. 배려의무 위반 사용자가 그 책임 있는 사유로 배려의무를 위반하면 근로자는 사용자에 대하여 채무불이행에 따른 손해배상을 청구할 수 있고,[2)] 또 사용자에게 적절한 조치를 강구할 것을 청구하거나 배려의무에 위반되는 행위를 중지할 것을 청구할 수도 있다.

---

1) 대법 1989. 8. 8, 88다카33190.

2) 대법 2021. 8. 19, 2018다270876. 또한 근로자의 생명, 신체, 건강 침해 등으로 인한 손해의 전보에 관한 것으로서 그 성질상 정형적이고 신속하게 해결할 필요가 있다고 보기 어려우므로 손해배상청구권은 10년의 민사 소멸시효기간이 적용된다고 본다.

3. 근로자의 취업 청구권

근로자가 근로를 제공하려 했으나 사용자가 취업을 거부한 경우에 수령지체(민법 400조)가 되어 근로자에게 임금을 지급해야 한다는 점에는 이의가 없다. 문제는 이 경우에 근로자의 취업 청구권(사용자의 근로수령 의무)을 인정할 것인가에 있다. 이 문제는 실제로는 취업을 거부당한 근로자가 사용자에 대하여 채무불이행에 따른 손해배상을 청구할 수 있는가, 그리고 근로자가 취업방해금지 가처분을 신청한 경우에 그 피보전권리로서 취업 청구권이 인정되는가의 형태로 제기된다.

부정설은 근로제공 의무는 의무일 뿐 권리는 아니라는 생각, 즉 사용자는 임금을 지급하기만 하면 그 근로자의 노동력을 사용할 것인가 여부는 자유이고 근로수령 의무 자체를 가지는 것은 아니라는 생각에 근거하여 취업 청구권은 원칙적으로 인정할 수 없다고 한다. 다만 이 견해도 당사자 사이에 특약이 있는 경우 또는 특수한 기능자(연수생·기술자·의사·연구원·배우 등)의 경우에는 예외적으로 취업 청구권을 인정한다.

이에 대하여 긍정설은 근로제공은 임금획득을 위한 수단적 활동으로 그치지 않고 그 자체가 목적인 활동 또는 근로자의 인격실현행위로서 법률상 두텁게 보호받아야 하고 사용자가 정당한 이유 없이 취업을 거부하는 것은 채무불이행에 해당한다고 하면서 취업 청구권을 인정한다. 다만 이 견해도 당사자 사이에 특약이 있는 경우, 경영상 불가피한 조업의 정지나 단축 등의 경우, 경영질서의 유지를 위하여 필요한 경우(예컨대 절도의 우려), 해고 예고 기간 등의 경우에는 예외적으로 취업 청구권이 부정된다고 한다.

확실히 근로제공은 임금획득의 이익만 주는 것이 아니라 근로자의 자아실현적 충족감도 부여할 수 있다. 이 점에서 사용자의 취업 거부는 인격적 법익을 침해한 행위로서 사용자는 그 침해에 따른 정신적 고통에 대하여 배상할 의무가 있다.[1] 그러나 이 때문에 일반적으로 근로자가 취업 청구권을 가진다거나 취업 거부가 근로수령 의무 위반으로서 채무불이행에 해당된다고 볼 수는 없다. 더구나

1) 대법 1996. 4. 23, 95다6823은, 사용자는 특별한 사정이 없으면 근로계약의 체결을 통하여 자신의 업무지휘권·업무명령권의 행사와 조화를 이루는 범위에서 근로자가 근로제공을 통하여 참다운 인격의 발전을 도모함으로써 자신의 인격을 실현시킬 수 있도록 배려해야 할 신의칙상의 의무를 부담하므로, 사용자가 근로자의 의사에 반하여 정당한 이유 없이 근로자의 근로제공을 계속 거부하면 근로자의 인격적 법익을 침해한 것이 되므로, 사용자는 그에 따른 근로자의 정신적 고통에 대하여 배상할 의무를 부담한다고 한다.

근로제공의 실현은 근로계약이 고도의 인적인 관계라는 점에서 근로자에 대하여 근로제공 의무의 이행을 강제할 수 없는 것처럼 사용자의 조직적 또는 인격적 수용에 의존하지 않을 수 없다. 이러한 수용은 특별히 명확한 법적 근거가 있는 경우(예컨대 부당해고등에 대한 원직복귀 명령), 당사자 사이의 특약이 있는 것으로 인정되는 경우(예컨대 취업규칙에서 취업 금지 사유를 명확하게 한정적으로 열거), 특수한 기능자의 경우(연수생·기술자·의사·연구원·배우 등)를 제외하고는 법적으로 강제할 수 있는 것이 아니므로 취업 청구권을 인정하기 곤란하다.

제2절 취업규칙

Ⅰ. 취업규칙의 의의와 법적 성질

1. 취업규칙의 의의

'취업규칙'은 사용자가 다수 근로자에게 획일적으로 적용하기 위하여 그 근로조건(직장규율포함)에 관하여[1] 설정한 준칙이라고 정의할 수 있다. 명칭은 취업규칙이 아닐 수도 있다.[2]

사업 또는 사업장에 다수 근로자가 취업하는 경우에는 이들의 근로조건을 공평·통일적으로 설정하는 것이 효율적인 사업 경영을 위하여 필요하게 된다. 이 때문에 원래 사용자와 개별 근로자 사이의 합의로 결정해야 할 근로조건이 실제로는 취업규칙으로 결정되는 경우가 많게 된다. 노동조합이 있는 기업에서 근로조건을 단체협약으로 정하는 경우에도 비조합원을 포함한 전 종업원에 적용하려면 취업규칙이 필요하게 되고, 노동조합이 없는 대다수 기업에서 취업규칙은 근로계약의 내용을 세부적으로 정하는 거의 유일한 준칙이 된다.

사용자가 설정하는 취업규칙은 다수 근로자의 근로조건을 획일화하는 중대한 기능을 가지기 때문에 근로기준법은 근로자보호의 목적에서 취업규칙에 대하여 그 작성·변경의 절차 등에 관하여 규제를 하면서 근로계약에 대한 규범적 효력을 인정하고 있다.

---

1) 취업규칙에서 정하는 복무규율과 근로조건은 근로관계의 존속을 전제로 하지만, 근로관계 종료 후의 권리·의무에 관한 사항(예컨대 계약직 재채용)도 근로관계와 직접 관련되는 것으로서 근로자의 대우에 관하여 정한 사항이라면 취업규칙의 내용이 된다(대법 2022. 9. 29, 2018다301527). 반면 채용 기준을 정한 인사규정은 내부방침에 불과하고 취업규칙이 아니다(대법 1992. 8. 14, 92다1995).

2) 근로조건을 내부기안으로서 관행화시킨 경우 그 내부기안도 넓은 의미의 취업규칙에 해당한다(근기 68207-1873, 2000. 6. 20). 경영 위기를 극복하기 위하여 임금·상여금 반납 등을 포함하는 내용의 자구계획서도 취업규칙에 해당한다(대법 2004. 2. 12, 2001다63599; 대법 2005. 5. 12, 2003다52456). 근로자 과반수로 조직된 노동조합의 동의를 받은 부실근무자 관리방안은 취업규칙인 인사규정의 내용이 되었다(대법 2016. 8. 17, 2016두38280).

2. 취업규칙의 법적 성질

근로기준법에 따르면 사용자는 근로자에게 불리하게 변경하는 경우를 제외하고는 근로자의 집단적 의견을 듣는 절차만으로 취업규칙을 작성·변경할 수 있으며(94조 1항), 근로계약으로 정한 근로조건이 취업규칙으로 정한 기준에 미달하는 경우에는 취업규칙이 우선 적용된다(97조). 이와 같이 취업규칙은 사용자가 개별 근로자와 합의하지 않고 일방적으로 정한 것인데도 당사자 사이의 합의로 성립된 근로계약을 무효로 하고 우선 적용되는 효력(규범적 효력)을 가지는 근거가 무엇인가, 취업규칙의 법적 성질이 무엇인가가 문제된다. 이에 관한 학설은 매우 다양하지만 크게 법규범설과 계약설로 나누어진다.

가. 법규범설

법규범설은 취업규칙은 그 자체가 법률상으로도 근로계약 당사자를 구속하는 법규범이라고 본다.[1] 취업규칙이 어떻게 법규범성을 가지는가에 관하여 여러 견해가 있었으나 오늘날 주목되는 것은 수권설(보호법설)이다.

수권설은 취업규칙이 원래는 단순한 사회규범에 불과하지만 국가가 사용자의 지배력을 억지하고 근로자를 보호하기 위하여 근로기준법 제97조를 통하여 법규범적 효력을 가지는 취업규칙 제정권한을 사용자에게 수권했고, 이 수권에 근거하여 취업규칙은 근로계약 당사자에 대한 구속력을 가진다고 설명한다.[2] 이 견해에 따르면 취업규칙은 근로자의 동의 유무에 관계없이 구속력을 가지지만, 불이익변경의 경우에는 근로자의 기득이익을 침해하고 근로자보호라는 취업규칙 제도의 목적에 어긋나므로 예외적으로 근로자의 동의, 그것도 법규범을 변경하는 경우처럼 개인적 동의가 아니라 집단적 동의가 있어야 구속력을 미친다(근기 94조 1항 단서의 규정은 확인규정에 불과하다)는 결론에 도달한다.[3]

나. 계약설

계약설은 취업규칙 그 자체는 법규범이 아니지만 근로자의 동의를 매개로 근로계약의 내용이 되어 당사자를 구속한다고 본다. 어떻게 취업규칙이 근로계약

1) 대법 2003. 3. 14, 2002다69631; 대법 2022. 9. 29, 2018다301527(법규범의 성격에 비추어 취업규칙은 원칙적으로 객관적인 의미에 따라 해석하여야 하고, 문언의 객관적 의미를 벗어나는 해석은 신중하고 엄격하여야 한다).

2) 대법 1977. 7. 26, 77다355.

3) 대법 1977. 7. 26, 77다355 및 그 후의 판례는 일관되게 취업규칙 불이익변경은 근로자집단의 동의를 받아야 효력을 발생한다고 보았고, 1989년에 삽입된 제94조 제1항 단서의 규정은 판례의 입장을 반영하여 주의를 환기시키려는 것이라 볼 수 있다.

의 내용이 되는가에 관하여 여러 견해가 있었으나 오늘날 주목되는 것은 사실관습설과 정형계약설이다.

(1) 사실관습설은 일반적으로 사용자와 근로자 사이에 근로조건은 취업규칙에 따른다는 사실인 관습(민법 106조)이 있어 이를 매개로 취업규칙이 근로계약의 내용이 된다고 설명한다. 이에 따르면 취업규칙은 이에 반대 의사를 표명한 근로자를 구속하지 않는 것이 원칙이지만, 불이익변경의 경우에는 예외적으로 법률이 특별히 창설한 규정(근기 94조 1항 단서)에 따라 근로자의 집단적 동의를 받은 이상 반대 의사를 표명한 개별 근로자에게도 구속력을 미친다고 결론짓게 된다.

(2) 정형계약설은 취업규칙 그 자체는 사용자가 일방적으로 정하는 보통거래약관과 같은 것으로서 근로자가 현실적으로 이에 동의하지는 않았지만, 일반적으로 사용자와 근로자 사이에 근로조건은 취업규칙에 따른다는 사실인 관습이 있기 때문에 이를 매개로 취업규칙이 근로계약의 내용이 된다고 한다. 이에 따르면 취업규칙은 반대 의사를 표명한 근로자에게는 구속력이 없지만 근로조건의 집합적·획일적 결정을 목표로 하는 취업규칙의 성질상 그 내용이 사회통념상 합리적인 것으로 인정되는 경우에는 예외적으로 반대 의사를 표명한 근로자에게도 효력을 미친다는 결론에 도달한다.

(3) 취업규칙을 처음 작성하는 경우 사용자와 근로자 사이에 근로조건은 취업규칙에 따른다는 관습이 있다고 볼 수 있는지 의문스러운 점, 사실관습설에 따라 취업규칙에 반대의 의사를 표명한 근로자에게 구속력이 미치지 않는다고 보면 취업규칙의 근로조건 획일화 기능이 상실되게 된다는 점, 정형계약설은 일본과 달리 불이익변경의 경우 변경 내용의 합리성 유무와 관계없이 근로자의 집단적 동의를 받아야 효력을 발생한다고 규정한 우리나라에는 적합하지 않다는 점 등에서 수권설을 지지한다.

한편, 취업규칙의 법적 성질이 무엇인가는 주로 근로자에게 불리하게 변경된 취업규칙의 효력발생요건 문제를 해명하기 위하여 논의되는 것인데, 근로기준법은 이에 관하여 명문의 규정을 두고 있으므로 논의의 실익은 그만큼 줄어들었다고 보아도 좋을 것이다.

Ⅱ. 취업규칙의 작성·변경

1. 작성

근로기준법은 상시 10명 이상의 근로자를 사용하는 사용자는 소정의 사항에 관한 취업규칙을 작성해야 한다고 규정하고 있다(93조).

가. 작성 의무자

취업규칙 작성 의무는 상시 10명 이상의 근로자를 사용하는 사용자에게만 적용된다.[1] 따라서 상시 10명 미만의 근로자를 사용하는 사용자는 취업규칙을 작성하지 않아도 되지만, 임의로 취업규칙을 작성할 수도 있다.

나. 필요기재사항

취업규칙에 기재해야 할 사항(필요기재사항)은 ① 업무의 시작과 종료 시각, 휴게시간, 휴일, 휴가 및 교대근로, ② 임금의 결정·계산·지급 방법, 임금의 산정기간·지급 시기[2] 및 승급, ③ 가족수당[3]의 계산·지급 방법, ④ 퇴직, ⑤ 퇴직급여·상여 및 최저임금, ⑥ 근로자의 식비, 작업용품 등의 부담, ⑦ 근로자를 위한 교육시설, ⑧ 출산전후휴가·육아휴직 등 모성 보호 및 일·가정 양립 지원, ⑨ 안전과 보건, ⑩ 근로자의 성별·연령·신체적 조건 등의 특성에 따른 사업장 환경의 개선, ⑪ 업무상과 업무 외의 재해 부조,[4] ⑫ 직장내 괴롭힘의 예방 및 발생 시 조치 등에 관한 사항, ⑬ 표창과 제재 각각에 관한 사항, ⑭ 그 밖에 해당 사업 또는 사업장의 근로자 전체에 적용될 사항이다(93조).

'휴일'과 '휴가'에는 주휴일과 연차휴가 등 법률에서 정한 것뿐만 아니라 해당 사업장에서 임의로 설정한 휴일과 휴가(계절휴가, 경조사휴가, 질병휴가 등)도 포함된다. '상여'에는 임금의 성질을 가지는 것도 포함된다. '그 밖에 해당 사업 또는 사업장의 근로자 전체에 적용될 사항'(근무규율, 인사이동 등)은 필요기재사항이지만,

---

1) 상시 사용하는 근로자가 10명 이상인지 여부의 산정 방법은 근로기준법 적용 여부와 관련하여 상시 5명 이상인지 여부를 산정하는 방법과 같다(영 7조의2 참조).

2) '임금의 산정기간'은 '임금의 결정·계산' 방법에, '임금의 지급 시기'는 임금의 지급 방법에 포함되는 사항이라 생각된다(근기 43조 참조). '임금의 결정·계산·지급 방법, 임금의 산정기간·지급 시기'는 '임금의 구성 항목·계산 방법·지급 방법'(근기 17조 2항 참조)으로 개정함이 바람직하다.

3) 가족수당을 임금과 별도로 규정한 것은 가족수당이 임금에 속하지 않는다고 전제하는 듯하다. '가족수당'을 삭제하거나 '가족수당 등 복리후생적 급여'로 개정함이 바람직하다.

4) '부조'는 '보상'으로 고치는 것이 바람직하다.

근로자 일부에 적용될 사항은 그렇지 않다.

필요기재사항으로 규정되어 있다 하여 빠짐없이 취업규칙에 기재해야 하는 것은 아니다. 예컨대 교대근로, 가족수당, 상여금 등에 관한 사항은 근로기준법 등에서 해당 사항에 대한 최저기준이 규정되지 않으므로 해당 사업 또는 사업장에서 이를 시행하는 경우에만 기재할 의무가 생긴다.

다. 작성 방법

작성의 방법은 필요기재사항을 망라하여 하나의 규칙에 포함시키는 것을 원칙으로 하지만, 예컨대 인사이동·퇴직금 등 특정 사항에 관하여 별도의 규칙을 작성해도 된다. 따라서 표제의 명칭은 중요하지 않다.[1] 또 평등대우(근기 6조)와 퇴직급여 차등제도 금지(퇴급 4조 2항)에 위반되지 않는 범위에서 근무형태나 직종에 따라 일부 근로자에게만 적용할 별도의 취업규칙을 작성하는 것도 허용된다.[2]

라. 작성 의무 위반

취업규칙 작성 의무를 위반하면 벌칙(116조)이 적용된다. 작성 의무를 가지는 자가 필요기재사항의 일부를 누락한 경우에는 작성 의무 위반으로 벌칙의 적용을 받지만, 그 취업규칙의 효력발생에 영향을 주지는 않는다.

2. 의견청취

근로기준법은 사용자는 취업규칙의 작성·변경에 관하여 해당 사업 또는 사업장에 근로자의 과반수로 조직된 노동조합이 있는 경우에는 그 노동조합,[3] 근로자의 과반수로 조직된 노동조합이 없는 경우에는 근로자 과반수의 의견을 들어야 한다고 규정하고 있다(94조 1항 본문).[4] 취업규칙 작성·변경에 관하여 근로자들의 의견을 반영할 기회를 갖게 하려는 것이다. 그러나 근로자들의 의견을 듣는

1) 대법 2002. 6. 28, 2001다77970.
2) 대법 2000. 2. 25, 98다11628.
3) 근로기준법은 노동조합 유무에 관계없이 적용되는 것이므로 노동조합의 존재를 염두에 둔 규정은 바람직하지 않다. 더구나 노동조합법에서 복수의 노동조합 사이에 교섭창구 단일화를 요구하고 있는데 그 취지를 살리려면 근로기준법의 근로자대표에 관한 규정에 '교섭대표노조가 있는 경우에는 그 교섭대표노조'라는 규정을 일일이 삽입해야 한다. 또 '근로자 과반수'는 의사결정 주체가 되기 어려워 그 의견 청취 여부를 둘러싸고 분쟁이 빈발하기 마련이다. 취업규칙에 대한 의견제시의 주체를 '근로자 과반수를 대표하는 자'로 하고 그 요건을 명확하게 또 근로자의 의견이 민주적으로 반영되도록 규정하는 것이 바람직하다고 생각한다.
4) 이 규정은 상시 5명 이상 10명 미만의 근로자를 사용하는 사용자가 임의로 취업규칙을 작성·변경하는 경우에도 적용된다고 보아야 한다(11조 1항, 93조 참조).

것으로 족하고 협의하거나 합의할 의무 또는 반대의견을 반영할 의무가 있는 것은 아니므로, 사용자의 일방적 작성·변경 권한이 이로써 영향을 받지는 않는다.

가. 근로자집단의 의견청취

(1) 근로자의 과반수로 조직된 노동조합이 있는 경우에는 그 노동조합, 그러한 노동조합이 없는 경우에는 근로자의 과반수(이하 취업규칙에 관해서는 '근로자집단'으로 약칭)의 의견을 들어야 한다.

'근로자의 과반수로 조직된 노동조합'과 '근로자의 과반수의 의견'에서 말하는 '근로자'는 일반적으로 전체 근로자를 말한다. 다만 일부 근로자에게만 적용되는 취업규칙의 경우에는 전체근로자가 아니라 그 취업규칙의 적용을 받는 근로자(장차 적용받을 것으로 예상되는 자 포함)를 말한다.[1] 취업규칙에 근로자집단의 의견을 듣도록 한 취지는 그 취업규칙으로 이해관계에 영향을 받을 자, 즉 적용대상 근로자의 의견을 반영하도록 노력하라는 데 있기 때문이다.

한편, 해당 사업 또는 사업장의 근로자인 이상, 상용근로자냐 기간제근로자 또는 단시간근로자냐, 직종이나 직급이 무엇이냐, 노동조합 가입 자격이 있느냐 여부 등에 관계없이 근로자 수에 포함된다.

(2) 근로자의 과반수로 조직된 노동조합은 기업별 단위노조든 초기업적 단위노조든 관계없다. 또 해당 사업장에 조직된, 초기업적 단위노조의 기업별 지부라도 실질적으로 단체성과 단체교섭 능력을 갖춘 경우에는 독자적인 노동조합으로 인정되므로, 근로자 과반수로 조직된 노동조합에 포함된다. 따라서 그러한 기업별 지부가 근로자 과반수로 조직되어 있다면 사용자는 근로자들이 가입한 초기업적 단위노조가 아니라 그 기업별 지부의 의견을 들어야 한다.

'노동조합의 의견'이란 노동조합 대표자의 의견을 말하고 그 대표자가 그 의견을 제시하는 데 총회나 대의원회의 의결을 거쳐야 하는 것은 아니다.

(3) 근로자의 과반수로 조직된 노동조합이 없는 경우에는 근로자의 과반수를 대표하는 자가[2] 아니라 근로자 과반수의 의견을 들어야 한다. 근로자 과반수의 의견을 듣는 방법은 근로자 과반수가 참석한 회의에서 듣는 것이 원칙이지만,

---

1) 취업규칙의 적용대상에 따라 의견청취 대상자의 범위가 달라지는 것은 바람직하지 않다. 따라서 '전체' 근로자의 과반수를 대표하는 자가 취업규칙의 적용대상 여하에 관계없이 의견제시의 주체가 되도록 하되, 소수 근로자의 이익도 공정하게 대표할 의무를 과하는 것이 바람직하다고 생각한다.

2) '근로자의 과반수를 대표하는 자'로 규정되어 있었으나 1989년 개정 시에 불이익변경에 관한 단서 규정이 신설되면서 '대표하는 자' 부분이 삭제되었다.

소집단(예컨대 부서별) 회의의 누적이나 회람·서명을 통하더라도 근로자 개개인의 의견표시의 자유가 보장되는 이상 무방하다고 보아야 할 것이다.

나. 의견청취 의무의 위반

사용자가 의견청취 의무에 위반하면 벌칙(114조)이 적용된다. 문제는 이 경우에 취업규칙의 효력발생이 저지되는가, 즉 의견청취는 취업규칙의 효력발생요건으로 볼 것인가에 있다.

의견청취가 근로자보호를 위한 절차라는 점, 불이익변경 시의 동의취득 의무는 효력발생요건으로 보면서 같은 법조의 의견청취 의무는 단속규정으로 보는 것은 모순이라는 등의 이유로 이를 긍정하는 견해가 있다. 그러나 의견청취는 의견반영의 기회를 부여함으로써 근로자를 보호하려는 것일 뿐이고, 의견청취 없이 근로자에 불리하지 않게 취업규칙을 작성·변경한 경우에 이를 무효로 보는 것은 불합리하다는 점에서 효력발생요건은 아니라고 보아야 할 것이다.[1)]

3. 불이익변경

취업규칙 작성·변경에는 근로자집단의 의견을 듣는 것으로 족하다. 그러나 근로기준법은 취업규칙을 근로자에게 불리하게 변경하는 경우에는 그 동의를 받아야 한다고 규정하고 있다(94조 1항 단서).[2)] 이미 정한 근로조건을 사용자가 일방적으로 저하시키는 것을 방지하려는 취지에서 설정된 것이다.

가. 근로자집단의 동의

법문상의 '그' 동의는 근로자 개개인의 동의가 아니라 근로자집단의 동의, 즉 근로자의 과반수로 조직된 노동조합이 있는 경우에는 그 노동조합의 동의를, 근로자의 과반수로 조직된 노동조합이 없는 경우에는 근로자 과반수의 동의를 말한다.[3)] 노사협의회에서 근로자위원 전원의 동의를 받았다 하여 근로자집단의 동의를 받은 것으로 볼 수 없다.[4)]

---

1) 대법 1999. 6. 22, 98두6647. 또 대법 1994. 12. 23, 94누3001은 한 걸음 더 나아가서 단체협약으로 취업규칙의 작성·변경에 관하여 노동조합의 동의를 받아야 한다고 규정하고 있더라도 불이익변경의 경우를 제외하고는 노동조합의 동의를 받지 않았다 하여 변경된 취업규칙의 효력을 부정할 수 없다고 한다.

2) 이 규정은 상시 5명 이상 10명 미만의 근로자를 사용하는 사용자가 임의로 취업규칙을 작성·변경하는 경우에도 적용된다(11조 1항, 93조 참조).

3) 대법 1977. 7. 26, 77다355. 그 밖에 대법 1988. 5. 10, 87다카2578; 대법 1990. 3. 13, 89다카24780; 대법 1993. 1. 26, 92다49324 등 수많은 판례도 이 단서규정이 신설된 1989년 전후에 관계없이 일관하여 근로자집단의 동의를 요하는 것으로 해석하고 있다.

A. 동의의 주체 '근로자의 과반수로 조직된 노동조합'과 '근로자의 과반수'에서 말하는 '근로자'는 의견청취와 관련하여 살펴본 바와 같이 일반적으로 전체 근로자를 말한다. 다만 근로자 일부에게만 적용되는 취업규칙의 경우에는 변경된 취업규칙의 적용으로 불이익을 받게 될 근로자, 즉 종전 취업규칙의 적용을 받던 근로자만을 말하고, 이 기준에 따른 근로자집단의 동의를 받아야 한다.[1] 취업규칙의 변경에 따라 불이익을 받지 않는 근로자의 동의까지 받아야 할 이유가 없기 때문이다. 따라서 전체 근로자를 기준으로 한 근로자집단의 동의를 받았더라도 그 취업규칙을 적용받던 근로자를 기준으로 한 근로자집단의 동의를 받지 않았다면 그 변경된 취업규칙은 적용근로자에게는 효력이 없다.[2] 그러나 변경 당시에는 일부 근로자집단만 직접 불이익을 받더라도 장차 그 취업규칙이 다른 근로자집단에도 적용될 것으로 예상되는 경우에는 그 적용이 예상되는 다른 근로자집단을 포함한 근로자집단이 동의의 주체가 되고, 그런 근로자집단이 없으면 변경된 취업규칙의 적용으로 불이익을 받는 근로자집단이 동의의 주체가 된다.[3]

근로자의 과반수로 조직된 노동조합은 의견청취의 부분에서 살펴본 바와 같다. 그리고 근로자의 과반수로 조직된 노동조합의 동의는 그 노동조합의 대표사의 동의로 족하고 별도로 조합원 과반수의 동의를 받을 필요는 없다.[4]

B. 동의의 방법 근로자의 과반수로 조직된 노동조합이 없는 경우에 근로자 과반수의 동의는 집단의 의사결정방식 또는 회의방식에 따라야 한다. 즉 근로자가 같은 장소에 집합한 회의에서 근로자 개개인의 의견표명을 자유롭게 할 수 있는 적절한 방법(무기명 투표 등)으로 의결한 결과 근로자의 과반수가 찬성하는 방식이어야 한다.[5] 다만 기구별 또는 단위 부서별로 사용자의 개입·간섭이 배제된 상태에서 근로자 사이에 의견을 교환하여 찬반 의견을 집약한 후 이를 전체적으로 취합하는 방식도 허용된다.[6] 여기서 사용자의 개입·간섭은 사용자가 근로

---

4) 대법 1994. 6. 24, 92다28556.

1) 대법 2008. 2. 29, 2007다85997(종전 취업규칙의 적용을 받던 근로자 과반수를 대표하는 노동조합의 동의를 얻었으면 적법·유효하다); 부산고법 2007. 11. 7, 2007나1319(근로자의 부류에 따라 근로조건을 달리 정하고 있는 경우 근로자 전원의 과반수가 아니라 그 취업규칙 중 변경되는 부분의 적용을 받던 부류의 근로자만을 기준으로 한 과반수의 동의를 받아야 한다).

2) 대법 1990. 12. 7, 90다카19647(사원과 노무원으로 2원화된 퇴직금규정이 불리하게 개정된 경우 압도적 다수인 노무원이 퇴직금 개정안에 동의했다 하더라도 그 개정 취업규칙은 노무원에게만 효력이 있을 뿐 개정에 동의하지 않은 사원에게는 효력이 없다).

3) 대법 2008. 2. 29, 2007다85997; 대법 2009. 5. 28, 2009두2238<핵심판례>.

4) 대법 1997. 5. 16, 96다2507; 대법 2003. 6. 13, 2002다65097.

5) 대법 1977. 7. 26, 77다355 등.

자의 자율적·집단적인 의사결정을 저해할 정도로 명시적·묵시적인 방법으로 동의를 강요하는 경우를 의미하고, 단순히 변경될 취업규칙의 내용을 근로자에게 설명하고 홍보하는 데 그친 것은 개입·간섭이라고 볼 수 없다.[1)]

그러나 개별적 회람·서명을 통하여 근로자 과반수의 찬성을 받은 것만으로는 근로자집단의 동의를 받은 것으로 볼 수 없다.

나. 불이익변경 여부의 판단

근로자집단의 동의를 받아야 하는 것은 '취업규칙을 근로자에게 불리하게 변경하는 경우'로 한정된다. 취업규칙을 처음으로 작성하거나 불리하지 않게 변경하는 경우에는 근로자집단의 동의를 받을 필요가 없다. '취업규칙을 근로자에게 불리하게 변경하는 경우'에는 기존의 취업규칙 규정을 근로자에게 불리하게 변경한 경우뿐만 아니라, 근로자에게 불리한 취업규칙의 규정을 신설(삽입)한 경우[2)]도 포함된다. 불이익은 근로조건이나 복무규율에 관한 근로자의 기득의 권리나 이익을 박탈하고 근로자에게 저하된 근로조건이나 강화된 복무규율을 일방적으로 부과하는 것이다. 이 경우 근로자의 기득의 권리나 이익은 종전 취업규칙의 보호영역에 의하여 보호되는 직접적이고 구체적인 이익을 말한다.[3)]

문제는 불이익한 변경인지 여부를 무엇을 기준으로 판단할 것인가에 있다. 특정한 근로조건이 불리하게 변경되고 다른 근로조건이 유리하게 변경되는 경우 이를 비교·종합하여 불이익변경인지 여부를 판단해야 한다고 본 판례가 있다.[4)]

---

6) 대법 1992. 2. 25, 91다25055; 대법 2005. 5. 12, 2003다52456.

1) 대법 2003. 11. 14, 2001다18322<핵심판례>; 대법 2005. 3. 11, 2004다54909; 대법 2010. 1. 28, 2009다32362.

2) 대법 1997. 5. 16, 96다2507(취업규칙에 정년규정이 없던 운수회사에서 55세 정년규정을 신설한 경우는 불이익변경에 해당한다).

3) 취업규칙으로 보호되는 직접적이고 구체적인 이익임을 긍정하는 대법 2022. 3. 17, 2020다219928(종전 취업규칙에 따라 임금이 인상되는 가능성도 기득의 권리나 이익이다); 대법 2022. 9. 29, 2018다301527(임금피크제 적용자가 특별퇴직을 선택하면 계약직 재채용한다는 규정을 재채용 신청의 기회만을 부여하도록 변경하면 재채용 지위가 보장되지 않을 수 있어 불리한 변경이다). 이를 부정하는 대법 2022. 4. 14, 2021다280781(예산의 범위에서 교원에게 연구보조비를 지급한다는 보수규정에 따라 매 학년도마다 새로 정하는 연구보조비 액수는 보수규정에 따라 보호되는 직접적이고 구체적인 이익이 아니다).

4) 대법 1984. 11. 13, 84다카414(퇴직금 지급률의 인하와 함께 임금 인상과 근로시간 단축 등 다른 요소가 유리하게 변경된 것을 종합해 보면 취업규칙의 불이익변경이라 볼 수 없다); 대법 2022. 3. 11. 2018다255488(근무형태 개편조치는 설령 일부 근로조건이 다소 저하되었더라도 밤샘근무가 대폭 축소되는 등 근로조건이 향상된 부분도 있어 종합해 보면 취업규칙이 불이익하게 변경되었다고 보기 어렵다).

그러나 하나의 근로조건과 서로 성질이 다른 근로조건(예컨대 정년과 주당 근로시간)을 비교할 수 있는지 의문스럽고 그 특정의 근로조건은 불리하게 변경된 만큼 불이익변경으로 보아야 할 것이다. 다만 하나의 근로조건을 구성하는 요소 중 일부가 불이익하게 변경된 경우 그 근로조건 자체가 불이익한 변경인지를 판단해야 한다. 예를 들면 근속연수와 평균임금의 두 가지 요소로 산정되는 퇴직금은 하나의 근로조건이므로, 누진제퇴직금에서 근속연수에 연동되는 지급률을 인하하면서 평균임금에 해당하는 요소를 유리하게 변경하는 경우에는 변경된 취업규칙에 따라 산정한 퇴직금이 종전보다 불리한지 여부를 판단해야 한다.[1] 취업규칙에 정년을 연령과 퇴직기준일로 규정하다가 퇴직기준일이 당겨지는 변경이더라도 연령이 높아진 경우는 정년에 대해 불이익한 변경이 아니다.[2] 또한 임금을 구성하는 어느 항목에서 유리한 변경과 다른 항목에서의 불리한 변경이 대가관계나 연계성이 있는 경우 임금 전체를 하나의 근로조건으로 보아 변경 전후의 수령액에서 불리하지 않다면 불이익한 변경은 아니다.[3]

취업규칙의 변경이 일부 근로자에게는 유리하고 다른 일부 근로자에게는 불리한 경우에는 각 근로자의 수에 관계없이 불이익변경으로 보아야 한다.[4]

근로자의 과반수를 조직한 노동조합과 사용자 사이에 특정의 근로조건을 종전보다 저하시키는 내용의 단체협약을 체결한 경우에는 사용자가 이 단체협약과 같은 내용으로 취업규칙을 변경하는 것은 해당 근로조건의 변경에 대하여 근로자집단의 동의가 이미 존재하기 때문에 이를 취업규칙의 불이익변경이라 보기 곤란하다고 생각된다. 또 특정의 근로조건을 저하시키는 내용으로 노동쟁의 중재재정이 확정된 때에는 그 중재재정은 단체협약과 같은 효력을 가지므로 이 경우에도 같은 내용으로 취업규칙을 변경하는 것은 불이익변경에 해당한다고 보기 곤란할 것이다.

다. 동의 취득 여부의 효과

취업규칙의 불이익변경에 대하여 근로자집단의 동의를 받은 경우에는 이에 동의하지 않거나 반대 의사를 표명한 근로자에게도 구속력이 미친다. 그러나 그보다 유리한 근로조건을 정한 기존의 개별 근로계약 부분에 우선하는 효력을 가

1) 대법 1995. 3. 10, 94다18072.
2) 대법 2022. 4. 14, 2020도9257(만 58세 되는 해의 6월 30일 또는 12월 31일에 퇴직하는 것을 만 60세에 도달하는 날에 퇴직하는 것으로 변경한 사례).
3) 대법 2025. 2. 20, 2024다293092.
4) 대법 1993. 5. 14, 93다1893; 대법 1993. 12. 28, 92다50416 등.

질 수 없고 불리하게 변경된 근로조건을 적용하려면 개별 근로자의 동의를 받아야 한다.[1] 취업규칙의 강행적 효력은 취업규칙으로 정한 근로조건에 미달하는 근로계약의 부분에만 미치기 때문이다. 다만 취업규칙에서 정한 기준을 상회하는 근로조건을 개별 근로계약에서 따로 정한 경우에 한하여 그러하며, 개별 근로계약에서 근로조건에 관하여 구체적으로 정하지 않고 있는 경우에는 취업규칙에서 정하는 근로조건이 근로자에게 적용된다.[2]

취업규칙의 불이익변경에 대하여 근로자집단의 동의를 받을 의무를 위반하면 벌칙(114조)이 적용된다. 그리고 이 경우 의견청취 등 위반의 경우와 달리 그 변경된 취업규칙은 종전 취업규칙의 적용을 받던 근로자에게는 효력을 발생하지 못한다. 또한 취업규칙의 불이익변경에 근로자집단의 동의를 받지 않은 경우에는 개인적으로 이에 동의한 근로자에게도 구속력이 없다.[3]

A. 집단적 동의권 남용 법리 판례에 따르면 노동조합이나 근로자들이 집단적 동의권을 남용하였다고 볼 만한 특별한 사정이 있는 경우에는 그 동의가 없더라도 취업규칙의 불이익변경은 유효하다.[4] 집단적 동의권을 남용한 경우란 관계 법령이나 근로관계를 둘러싼 사회 환경의 변화로 취업규칙을 변경할 필요성이 객관적으로 명백히 인정되고, 나아가 근로자의 집단적 동의를 구하고자 하는 사용자의 진지한 설득과 노력이 있었음에도 불구하고 노동조합이나 근로자들이 합리적 근거나 이유 제시 없이 취업규칙의 변경에 반대하였다는 등의 사정이 있는 경우이다. 또한 판례는 취업규칙을 근로자에게 불리하게 변경하는 경우에 근로자의 집단적 동의를 받도록 한 근로기준법(94조 1항 단서)의 입법 취지와 절차적 권리로서 동의권이 갖는 중요성을 고려할 때, 노동조합이나 근로자들이 집단적 동의권을 남용하였는지는 엄격하게 판단할 필요가 있다고 한다.

《검토 의견》

오랫동안 판례는 취업규칙의 불이익변경에 해당하더라도 그 내용이 사회통념상 합리적이라고 인정되는 경우에는 근로자집단의 동의를 받지 않아도 효력이 발생한다고 보았다. 취업규칙의 변경이 그 필요성과 내용의 양면에서 보아 그로써 근로자가 입게 될 불이익의 정도를 고려하더라도 여전히 그 규정의 법적 규범성을 시인할 수 있을 정도로 사회통념상 합리성이 있다고 인정되는 경

1) 대법 2019. 11. 14, 2018다200709<핵심판례>(임금피크제의 효력이 문제된 사건).
2) 대법 2022. 1. 13, 2020다232136<핵심판례>(호봉제를 연봉제로 변경한 사건).
3) 대법 1991. 3. 27, 91다3031.
4) 대법 2023. 5. 11, 2017다35588, 35595(전합)<핵심판례>.

우에는 근로자집단의 동의를 받지 않았더라도 종전 근로자에게 적용할 수 있다는 것이다.[1)]

이와 같은 판례의 입장은 일본의 판례를[2)] 여과 없이 답습한 것으로 보인다. 그러나 우리나라는 일본과 달리 근로기준법에 취업규칙을 근로자에게 불리하게 변경할 때에는 근로자집단의 동의를 받아야 한다는 명문의 규정을 두고 있다. 그런데 판례가 사회통념상 합리성 법리를 채택하여 근로자집단의 동의가 없어도 된다고 하는 것은 법률상 명문 규정을 외면·무시하는 것이고 법률로 정한 취업규칙 불이익변경의 요건을 해석을 통하여 배제함으로써 사법권의 한계를 벗어나는 것이라고 생각한다.

최근 대법원은 이 점을 자각하고 사회통념상 합리성 법리를 폐기하였다.[3)] 대신 신의성실의 원칙과 권리남용금지 원칙으로부터 집단적 동의권 남용 법리를 새로이 제시한다.

종전의 사회통념상 합리성 법리는 실체적 합리성을 강조하였으나 집단적 동의권 남용 법리는 절차적 정당성을 강조한다는 점에서 진일보하였다. 다만 판례가 강조하듯이 집단적 동의권 남용 법리는 제한적으로 엄격하게 해석·적용해야 한다는 점에 유의하여야 한다.

B. 소급적 동의 해당 근로자들이 불리하게 변경된 취업규칙에 대하여 사후에 동의하여 그 변경 당시로 소급적 효력을 발생하게 할 수도 있다. 다만 이 경우 근로자 과반수의 사후적 동의는 기존 근로자에게는 변경된 취업규칙이 무

1) 대법 2001. 1. 5, 99다70846; 대법 2015. 8. 13, 2012다43522 등 다수의 판례. 그리고 사회통념상 합리성이 있다고 볼 것인지 여부는 취업규칙의 변경에 따라 근로자가 입게 될 불이익의 정도, 사용자측의 변경 필요성의 내용과 정도, 변경 후의 취업규칙 내용의 상당성, 대상조치 등을 포함한 다른 근로조건의 개선 상황, 노동조합 등과의 교섭 경위 및 노동조합이나 다른 근로자의 대응, 같은 종류의 사항에 관한 국내의 일반적인 상황 등을 종합적으로 고려하여 판단해야 하며, 그 변경에 사회통념상 합리성이 있다고 보는 것은 제한적으로 엄격하게 해석해야 한다고 보았다.

2) 일본에서는 노동기준법에서 취업규칙의 불이익변경에 대한 요건을 규정하지 않은 가운데 판례가 일찍부터 근로자의 동의 없이 근로자에게 불이익하게 변경된 취업규칙이라도 그 내용이 사회통념상 합리적이면 유효하다고 보아 왔다. 이후 제정된 노동계약법에서는 이 법리가 명문화되었다. 즉 근로자와 합의하지 않고 일방적으로 취업규칙을 변경해서는 안 되지만(9조 본문), 근로자에게 불이익하게 변경된 취업규칙이 근로자가 받는 불이익의 정도, 변경의 필요성, 변경된 취업규칙 내용의 상당성, 노동조합 등과의 교섭 상황, 그 밖에 변경과 관련된 사정에 비추어 합리적인 경우에는 근로자의 동의가 없더라도 유효하다(10조)고 규정하고 있다.

3) 대법 2023. 5. 11, 2017다35588, 35595(전합). 그 이유로 ① 집단적 동의에 관한 근로기준법의 명문 규정, 근로조건의 노사대등결정 원칙을 실현, 절차적 정당성의 요청, ② 사회통념상 합리성의 불확정적 개념 및 사후적 평가로 법적 불안정성, ③ 집단적 동의권을 남용한 경우 변경된 취업규칙의 유효성을 인정할 수 있는 점을 설명한다.

효여서 종전 취업규칙이 적용된다는 사정을 알고 있는 상황에서 한 것이어야 하고, 이를 알지 못한 경우에는 그 취업규칙은 동의한 날 이후부터 효력을 가진다.[1] 그러나 근로자집단의 동의 없이 변경된 취업규칙에 대하여 사후에 노동조합과 사용자가 변경된 취업규칙의 내용과 동일한 단체협약을 체결한 경우에는 기존 근로자에 대하여 변경된 취업규칙이 무효임을 알았는지 여부에 관계없이 그 단체협약은 기존 근로자에게도 적용된다.[2]

C. 변경 후 입사자에 대한 효력 근로자에게 불리하게 변경된 취업규칙은 근로자집단의 동의를 받지 않은 경우에는 종전부터 취업규칙을 적용받던 근로자에게 무효가 된다. 문제는 변경 이후에 입사한 자에게도 무효가 되는지(절대적 무효설), 변경 후 입사한 자에 대해서는 유효가 되는지(상대적 무효설)에 있다.

절대적 무효설[3]은 취업규칙은 그 자체가 법규범으로서 그 효력발생요건을 결한 이상 변경 후 입사자에 대해서도 무효로 보아야 하며, 그렇지 않으면 종전 근로자에게 적용되는 구 취업규칙과 변경 후 입사한 자에게 적용되는 신 취업규칙이 병존하는 불합리한 결과가 되고 종전 근로자와 변경 후 입사한 자의 근로조건이 달라짐으로써 취업규칙의 근로조건 획일화의 기능이 상실된다고 한다.

이에 대하여 상대적 무효설[4]은 변경된 취업규칙은 기득이익 침해 문제로 그 효력이 종전 근로자에게 미치지 않을 뿐 유일한 현행 취업규칙이므로 신·구 취업규칙이 병존한다고 볼 수 없고, 근로자의 입사 시기에 따라 근로조건이 다르다 하여 취업규칙의 근로조건 획일화의 기능이 상실되는 것은 아니며, 경영상의 사정 변화에 대응하여 부득이 불리하게 변경한 취업규칙을 신규 채용자에게 적용하는 것은 계약자유의 원칙에 합치된다는 등을 이유로 내세운다.

이 밖에도 취업규칙 불이익변경에 대하여 근로자집단의 동의가 있어야 효력을 발생한다는 법리는 어디까지나 종전의 취업규칙을 적용받았던 근로자를 보호하려는 것이므로 종전의 취업규칙을 적용받지 않았던 신규 입사자에게 적용될

1) 대법 2004. 8. 16, 2003두13526.
2) 대법 1997. 8. 22, 96다6967; 대법 2002. 6. 28, 2001다77970; 대법 2005. 3. 11, 2003다27429. 이로써 변경된 취업규칙이 기존 근로자에게 무효임을 알았어야 사후의 단체협약이 적용된다고 본 판례(대법 1992. 9. 14, 91다46922)는 변경된 셈이다.
3) 대법 1990. 4. 27, 89다카7754; 대법 1991. 12. 10, 91다8777.
4) 대법 1992. 12. 22, 91다45165(전합)<핵심판례>; 대법 1996. 12. 23, 95다32631; 대법 2003. 12. 18, 2002다2843(전합) 등은 사용자가 근로자들에게 불리하게 취업규칙을 변경하면서 근로자집단의 동의를 받지 않았더라도 현행 취업규칙은 변경된 취업규칙이고 다만 기득이익이 침해되는 기존 근로자에 대해서는 종전의 취업규칙이 적용될 뿐이라고 한다.

성질이 아니라는 점, 상대적 무효설이 취업규칙의 법적 성질에 관한 수권설과 모순되는 것도 아니라는 점 등에 비추어 상대적 무효설이 타당하다고 생각한다.

4. 신고

근로기준법은 상시 10명 이상의 근로자를 사용하는 사용자가 취업규칙을 작성·변경한 경우에는 고용노동부장관에게 신고하도록 규정하고 있다(93조). 신고 의무는 취업규칙의 내용에 대한 행정감독을 위하여 부과한 것이다.

(1) 신고의 기간에는 특별한 제한이 없으므로 취업규칙의 작성·변경 후 아무 때나 신고하면 된다.[1)]

(2) 상시 10명 이상의 근로자를 사용하는 사용자가 취업규칙을 신고할 때에는 근로자집단의 의견을 적은 서면을 첨부해야 한다(94조 2항; 벌칙 114조).

(3) 취업규칙 신고 의무를 위반하면 벌칙(116조)이 적용된다. 문제는 이 경우에 취업규칙이 무효인가, 즉 신고가 취업규칙의 효력발생요건인가에 있다.

취업규칙의 작성·변경에 관한 모든 절차를 취업규칙의 효력발생요건이라고 주장하면서 이를 긍정하는 견해가 있다. 그러나 취업규칙의 효력은 근로계약 당사자를 구속하는 효력으로서 사용자가 신고 의무를 이행하지 않음으로써 그 구속을 면하는 것이 불합리한 점, 상시 10명 미만의 근로자를 사용하여 취업규칙의 작성·신고 의무가 없는 사용자의 취업규칙도 효력을 발생한다는 점에서 신고 의무의 이행은 효력발생요건은 아니라고 보아야 할 것이다.

5. 감급의 제한

근로기준법은 취업규칙에서 근로자에 대하여 감급의 제재를 정할 경우에 그 감액은 1회의 금액이 평균임금 1일분의 50%를, 총액이 1임금지급기 임금 총액의 10%를 초과하지 못한다고 규정하고 있다(95조; 벌칙 114조).[2)] 감액의 한도에 관하여 자세한 것은 징계처분에 관한 부분에서 살펴보기로 한다.[3)]

---

1) 신고 의무를 설정한 취지를 살리려면 작성·변경 후 예컨대 단체협약의 경우처럼 15일 이내에 신고하도록 보완입법을 할 필요가 있다고 생각한다.

2) 이 규정은 상시 5명 이상 10명 미만의 근로자를 사용하는 사용자가 임의로 취업규칙을 작성·변경하는 경우에도 적용된다(11조 1항, 93조 참조).

3) 취업규칙 기재사항으로 되어 있는 여러 근로조건 중에서 유독 감급의 제재만 취업규칙의 장에서 규정한 것은 이례적이다. '취업규칙에서 근로자에 대하여 감급의 제재를 정할 경우에'를 '사용자는 근로자에 대하여 감급의 제재를 할 경우에'로 고치고 조문의 위치를 임금 또는 부당해고등의 제한 부근으로 옮김이 바람직하다고 생각한다.

Ⅲ. 취업규칙의 효력

1. 근로계약에 대한 효력

근로기준법은 취업규칙에 정한 기준에 미달하는 근로조건을 정한 근로계약은 그 부분에 관해서는 무효로 하고(97조 전단; 강행적 효력), 이 경우 무효가 된 부분은 취업규칙에 정한 기준에 따른다고 규정하고 있다(후단; 보충적 효력).[1] 취업규칙은 법규범이 아닌데도 근로기준법처럼 근로계약에 대한 강행적·보충적 효력(규범적 효력; 15조 참조)을 부여한 것이다. 명시적인 규정은 없으나 근로계약으로 정하지 않은 사항도 취업규칙에 정한 기준에 따른다고 해석된다.

취업규칙에 정한 기준에 '미달'하는 근로계약의 부분은 강행적 효력에 따라 무효가 되지만, 취업규칙의 기준을 웃도는 근로계약은 유효하다. 이 점에서 단체협약의 규범적 효력과 다를 수 있다. 취업규칙의 규범적 효력에 따라 취업규칙에 정한 기준은 해당 사업 또는 사업장에서 적용대상 근로자에게 최저기준으로서 근로계약의 내용이 되고, 취업규칙이 근로조건을 획일화하는 기능을 가지게 된다.

2. 취업규칙의 주지와 효력

근로기준법은 사용자는 취업규칙을 근로자가 자유롭게 열람할 수 있는 장소에 항상 게시하거나 갖추어 두어 근로자에게 널리 알려야 한다고 규정하고 있다(14조 1항; 벌칙 116조 2항).[2] 취업규칙의 내용을 다수 근로자에게 주지시킴으로써 취업규칙이 실효적으로 준수될 수 있도록 하려는 취지에서 설정된 규정이다.

(1) 취업규칙은 항상 게시하거나 갖추어 두어야 하므로 일시적으로 게시하거나 갖추어 둔 뒤 철거 또는 회수하는 것은 허용되지 않는다.

(2) 주지 규정을 위반하면 해당 벌칙이 적용된다. 문제는 이 경우에 취업규칙의 효력발생이 저지되는가, 즉 주지 규정 준수를 취업규칙의 효력발생요건으로 볼 것인가에 있다.

---

1) 이 규정은 상시 5명 이상 10명 미만의 근로자를 사용하는 사용자가 임의로 취업규칙을 작성·변경하는 경우에도 적용된다(11조 1항, 93조 참조). 근기 68207-1980, 2001. 6. 19도 같은 취지이다.

2) 이 규정은 상시 5명 이상 10명 미만의 근로자를 사용하는 사용자가 임의로 취업규칙을 작성·변경하는 경우에도 적용된다(11조 1항, 93조 참조).

주지 규정 준수를 효력발생요건으로 보면 일시 게시·비치를 중단하는 경우에 '항상' 게시·비치하지 않았기 때문에 취업규칙이 무효가 되어 불합리하다. 그렇다고 효력발생요건이 아니라고 하면[1] 내부적 경영지침도 취업규칙으로서의 효력을 발생할 수 있게 되고 양자의 구별이 분명하지 않아 불합리하다.

(3) 취업규칙은 단순한 내부적 경영지침이 아니라 다수 근로자의 근로조건을 규율하는 규범으로서의 효력을 가진다(97조 참조). 따라서 취업규칙이 효력을 가지기 위해서는 근로기준법에서 규정한 방법은 아니라도 법령의 공포에 준하는 절차로 작성·변경된 취업규칙이 새로운 기업 내 규범임을 알게 하는 절차, 즉 적절한 방법에 따른 실질적 주지가 있어야 효력을 발생한다고 보아야 한다.[2]

3. 법령·단체협약 위반의 취업규칙

근로기준법은 취업규칙은 법령이나 해당 사업 또는 사업장에 대하여 적용되는 단체협약에 어긋나서는 안 되며, 고용노동부장관은 법령이나 단체협약에 어긋나는 취업규칙의 변경을 명할 수 있다고 규정하고 있다(96조 1항·2항).[3]

가. 법령 위반의 취업규칙

취업규칙이 법령에 어긋나서는 안 된다는 것은 취업규칙이 근로기준법 등 강행법규에 어긋나서는 안 된다는 당연한 사리를 확인한 것이다.

취업규칙 내용 중 법령(강행법규)에 어긋나는 부분은 효력이 없다고 해석된다. 법령에 어긋나는 취업규칙에 대한 고용노동부장관의 변경명령은 해당 취업규칙의 부분이 법적으로는 효력이 없음에도 사실상 사용자와 다수 근로자 사이에 시행되는 혼선을 방지하기 위한 것이다.[4] 사용자가 변경명령에 위반하면 벌칙(114조)을 적용한다.

나. 단체협약 위반의 취업규칙

취업규칙이 단체협약에 어긋나서는 안 된다는 것은 취업규칙이 언제나 단체

---

1) 서울고법 1994. 11. 8, 94나13864.

2) 대법 2004. 2. 12, 2001다63599. 한편, '근로자가 자유롭게 열람할 수 있는 장소에 항상 게시하거나 갖추어 두어 근로자에게 널리 알려야 한다'는 현행 규정을 예컨대 '작성·변경 후 10일 이내에 게시판 부착, 홈페이지 게시 등 근로자가 그 내용을 널리 알 수 있도록 해야 하며, 근로자가 요구하면 언제든지 열람 또는 교부해야 한다'로 개정할 필요가 있다.

3) 이 규정은 상시 5명 이상 10명 미만의 근로자를 사용하는 사용자가 임의로 작성·변경한 취업규칙에도 적용된다(11조 1항, 93조 참조).

4) 법령에 '어긋나서는 안 된다'는 표현은 제15조의 경우처럼 법령에 '어긋나는 부분은 무효로 한다'는 취지로 개정하고, 변경명령 제도는 폐지함이 바람직하다고 생각한다.

협약과 일치해야 한다는 것이 아니라, 단체협약의 적용을 받는 근로자에 한정하여 취업규칙이 단체협약에 어긋나서는 안 된다는 것, 즉 단체협약이 우선적용된다는 것을 의미한다. 단체협약은 원칙적으로 이를 체결한 노동조합의 조합원에게만 적용되는 데 대하여 취업규칙은 조합원이 아닌 자에게도 적용되고, 양자는 적용대상이 다른 만큼 그 내용(근로조건)도 당연히 다를 수 있기 때문이다. 취업규칙이 언제나 단체협약과 일치해야 한다면 원칙적으로 단체협약이 적용되지 않는 비조합원에게 단체협약의 적용을 강제하는 불합리한 결과가 된다.

노동조합법은 단체협약의 기준에 위반하는 취업규칙의 부분은 무효로 한다고 규정하고 있다(노조 33조 1항). 따라서 단체협약에 어긋나는 취업규칙은 단체협약의 적용대상자인 조합원에게는 효력이 없지만 단체협약의 적용을 받지 않는 근로자에게는 효력을 가진다.[1]

단체협약에 어긋나는 취업규칙에 대하여 고용노동부장관이 변경명령을 할 수 있도록 규정되어 있지만, 단체협약에 어긋나는 취업규칙도 노동조합의 조합원이 아닌 근로자에게는 효력을 가지므로 변경명령을 할 수는 없다고 보아야 한다.[2]

---

1) 대법 1992. 12. 22, 92누13189.

2) 근로기준법에서는 원칙적으로 노동조합이나 단체협약을 전제로 하는 규정을 두지 않아야 한다는 점, 취업규칙에 대한 단체협약의 강행적 효력을 확인하는 규정에 불과한 것임에도 취업규칙이 언제나 단체협약과 일치해야 한다고 오해될 소지가 많다는 점에서 단체협약에 어긋나는 취업규칙에 관한 규정은 삭제함이 바람직하다고 생각된다.

제3절 노동관계의 기본원칙

근로기준법, 남녀고용평등법 등은 노동관계의 성립·전개(내용 형성)·종료의 전 과정에 걸친 기본적인 규제로서 근로조건 대등결정, 평등대우, 공민권 행사 등의 보장 등 여러 가지 원칙을 규정하고 있다.

Ⅰ. 근로조건 대등결정의 원칙

근로기준법은 근로조건은 근로자와 사용자가 동등한 지위에서 자유의사에 따라 결정해야 한다고 규정하고 있다(4조). 이 규정은 사용자가 사회·경제적으로 우월한 힘을 가졌다고 하여 일방적으로 근로조건을 결정해서는 안 되고 근로조건은 적어도 근로자와 동등한 지위에서 자유로운 합의(근로계약)로 결정해야 한다는 당연한 사리를 밝힌 것이다. 근로조건을 '동등한 지위에서' 결정한다는 취지에 가장 부합하는 방식은 단체협약이지만, 근로기준법은 근로자집단의 의견을 듣거나 동의를 얻어 작성·변경되는 취업규칙의 방식도 이 취지에 어긋나지 않는 것으로 보고 있다.

근로기준법은 사용자와 근로자는 각자가 단체협약과 취업규칙 및 근로계약을 지키고 성실하게 이행할 의무가 있다고 규정하고 있다(5조). 이 규정은 근로조건을 단체협약,[1] 취업규칙 또는 근로계약의 어느 방식으로 결정했든 상관없이 성실하게 이행하라는 점을 밝힌 것이다.

근로기준법은 이 법에서 정한 근로조건은 최저기준이므로 근로관계 당사자는 이 기준을 이유로 근로조건을 낮출 수 없다고 규정하고 있다(3조). 이 규정은 근로기준법의 기준이 근로자의 '인간의 존엄성을 보장'하기 위하여(헌법 32조 3항) 필요한 최저기준으로 정해진 것이므로, 근로조건을 당사자가 자유로이 결정한다 하여 기존의 근로조건을 법정기준으로 낮추는 것까지 허용되는 것은 아니라는 점을 밝힌 것이다. '이 기준'을 이유로 근로조건을 낮출 수 없으므로 기존의 근로조건을 법정기준이 아니라 경제·경영상의 상황 변화 등을 이유로 낮추는 합의는 허용된다.

---

1) 개별적 노동관계를 규율하는 근로기준법이 단체협약을 준수하라고 규정하는 것은 매우 어색하다. 이 규정에서 '단체협약'은 삭제함이 바람직하다고 생각한다.

이들 규정은 당사자에 대한 기본적인 훈시규정에 그치며, 위반에 대한 벌칙의 제재는 없다.

Ⅱ. 평등대우의 원칙

근로기준법 등 노동보호법령은 사용자에게 근로자를 평등하게 대우하고 차별하지 않도록 평등대우(균등처우, 차별금지)의 원칙을 규정하고 있다. 처음에는 근로기준법이 남녀 차별과 국적·신앙·사회적 신분에 따른 근로조건의 차별을 금지했고,[1] 이어서 남녀고용평등법이 남녀 차별에 관하여 금지되는 분야를 명시했다. 이후 기간제법, 파견법 등이 차별의 분야와 이유를 확대하여 금지하면서[2] 특별한 행정적 시정절차까지 마련하기에 이르렀다.[3]

고용상 '차별'이란 일반적으로 사용자가 임금 등 근로조건이나 채용과 관련하여 합리적인 이유 없이 특정 근로자를 다른 근로자에 비하여[4] 달리 조치하거나 불리하게 대우하는 것을 말한다고 할 수 있다.[5] 따라서 다른 근로자보다 불리하게 대우하더라도 성별, 국적, 신념 등 불합리한 이유에 따른 것이 아니라 근속연수, 직무의 종류와 내용, 능률이나 성과, 책임이나 권한, 작업 조건 등 합리적인 이유에 따른 것이라면 차별이라 볼 수 없고,[6] 노동조합의 조합원을 단체협약에 따라 비조합원보다 유리하게 대우하는 것도 그렇다.[7]

---

1) 대법 2019. 3. 14, 2015두46321은 평등대우의 원칙은 헌법이 정한 국민평등의 원칙을 근로관계에서 실질적으로 실현하기 위한 것이므로 성별이나 사회적 신분에 따른 차별은 물론 그 밖에 근로계약상의 근로 내용과는 무관한 다른 사정을 이유로 한 차별(국립대학 시간강사를 전업과 비전업으로 구분하여 강사료에 차등을 두는 것)도 금지된다고 한다.

2) 이 밖에 고용정책 기본법 제7조는 근로자를 모집·채용할 때에 성별, 신앙, 연령, 신체조건, 사회적 신분, 출신지역, 학력, 출신학교, 혼인·임신 또는 病歷 등을 이유로 차별하는 것을 금지하고, 고용상 연령차별금지 및 고령자고용촉진에 관한 법률 제4조의4는 연령을 이유로 모집·채용, 임금, 임금 외의 금품 지급 및 복리후생, 교육·훈련·배치·전보·승진, 퇴직·해고의 분야에서 차별하는 것을 금지하며, 장애인고용촉진 및 직업재활법 제5조는 장애인이라는 이유로 채용·승진·전보·교육훈련 등 인사관리상 차별하는 것을 금지하고 있다.

3) 각 법률에 규정된 차별 금지와 시정절차 등을 정비하여 통일적·체계적인 고용차별제도를 도입할 필요성이 점차 커지고 있다.

4) 차별에 해당하기 위해서는 차별을 받았다고 주장하는 사람과 그가 비교대상자로 지목하는 사람이 본질적으로 동일한 비교집단에 들어가 있어야 한다(대법 2015. 10. 29, 2013다1051).

5) 남녀고용평등법 제2조 제1호, 기간제법 제2조 제3호, 파견법 제2조 제7호, 국가인권위원회법 제2조 제3호는 '차별', '차별적 처우' 또는 '차별행위'에 관한 정의규정을 두고 있다.

6) 대법 1991. 4. 9, 90다16245.

7) 단체협약의 사업장단위 일반적 구속력은 조합원의 상대적 우대를 전제로 한 제도이다.

기간제법과 파견법에서 정한 차별 금지에 관해서는 비정규근로자의 부분에서 다루기로 하고, 여기서는 근로기준법과 남녀고용평등법에서 정한 평등대우의 원칙에 관해서만 살펴보기로 한다.

1. 성차별 금지

가. 근로기준법상의 성차별 금지

근로기준법은 사용자는 근로자에 대하여 남녀의 성을 이유로 차별적 대우(차별)를 해서는 안 된다고 규정하고 있다(6조 전단; 벌칙 114조). 근로기준법상의 성차별 금지는 주로 사용자가 여성 근로자를 남성 근로자보다 불리하게 대우하던 불합리한 관행을 시정하려는 것이다. 이로써 임금, 근로시간·휴일·휴가, 인사, 재해보상, 해고 등 각종 근로조건에 대하여 여성임을 이유로 하는 차별이 금지되는 것이다.[1)]

나. 남녀고용평등법

근로기준법상의 성차별 금지는 우리 사회의 여성 근로자에 대한 뿌리 깊은 차별을 해소하는 데 미흡했다. 이에 따라 남녀고용평등법이 제정되어 차별 금지 분야를 자세히 규정하는 한편, 법의 실효성을 높이기 위하여 벌칙도 강화했다. 이로써 근로기준법의 성차별 금지는 사실상 그 기능을 상실한 셈이다.

A. 적용 범위　　남녀고용평등법은 헌법의 평등이념에 따라 고용에서 남녀의 평등한 기회와 대우를 보장하고 모성 보호와 남녀고용평등을 실현할 것 등을 목적으로 한다(남녀 1조). 이 법은 근로자를 사용하는 모든 사업(사업장 포함: 이하 남녀고용평등법에서 같음)에 적용하며, 다만 시행령으로 정하는 사업에 대해서는 이 법의 전부 또는 일부를 적용하지 않을 수 있다(3조 1항).[2)]

B. 차별의 개념　　남녀고용평등법은 '(성)차별'의 개념을 다음 세 가지 측면으로 나누어 자세하게 규정하고 있다(2조 1호).

---

1) 근로기준법은 원칙적으로 채용 이후 근로조건의 기준을 다루고 있다는 점, 규정의 문언상 '근로자'는 이미 고용된 자를 의미한다는 점을 강조하면 근로기준법의 성차별 금지는 근로조건에 대한 차별로 한정된다고 볼 여지가 있다. 그러나 근로기준법의 성차별 금지는 헌법상 여성이 '고용', 임금 및 근로조건에 관하여 부당한 차별을 받지 않는다는 요청(헌법 32조 4항 후단)에 부응한 입법이라는 점, '남녀의 성을 이유로 차별'하지 못한다고 규정하여 국적·신앙·사회적 신분을 이유로 '근로조건에 대한 차별'을 하지 못한다는 규정과 구별하고 있다는 점에서 근로기준법상의 성차별 금지는 모집·채용의 분야까지 포함한다고 보아야 할 것이다.

2) 시행령은 동거하는 친족만으로 이루어지는 사업과 가사사용인을 적용 제외 대상으로 규정하고 있다(2조).

첫째, '차별'이란 사업주가 근로자에게 성별, 혼인 또는 가족 안에서의 지위, 임신 또는 출산[1] 등의 사유로 합리적인 이유 없이 채용[2] 또는 근로의 조건을 달리하거나 그 밖의 불리한 조치를 하는 것이라고 규정하고 있다. 차별의 일반적 정의규정을 둔 것이다.

둘째, 동일한 조건을 적용하더라도 그 조건을 충족할 수 있는 특정 성이 다른 성에 비하여 현저히 적고 그에 따라 특정 성에게 불리한 결과를 초래하는 경우도 차별에 포함된다고 규정하고 있다. 이른바 '간접차별'을 특별히 강조한 것이다.

셋째, ① 직무의 성격에 비추어 특정 성이 불가피하게 요구되거나, ② 여성 근로자의 임신·출산·수유 등 모성보호를 위한 조치를 하거나, ③ 그 밖에 법률에 따라 적극적 고용개선조치를 하는 경우에는 차별에서 제외된다고 규정하고 있다. 다른 성에 대한 이른바 '역차별' 논란을 배제하려는 것이다.

다. 남녀고용평등법상의 성차별 금지

남녀고용평등법은 근로기준법의 경우와 달리 성차별의 유형을 아래와 같이 구체적으로 예시하여 금지하고 있다.

A. 임금에 관한 성차별　　남녀고용평등법은 동일노동 동일임금의 원칙을 명시적으로 규정하고 있다. 이에 따르면, 사업주는 동일한 사업 내의 동일 가치 노동에 대해서는 동일한 임금을 지급해야 한다(8조 1항; 벌칙 37조 2항). 이 규정에서 남녀를 명시하지는 않았지만 그 취지는 동일 가치의 노동인데도 여성 근로자의 임금을 남성 근로자보다 적게 지급하는 관행, 즉 임금에 관한 성차별을 시정하려는 것이다.

동일 가치 노동의 기준은 직무 수행에서 요구되는 기술·노력·책임 및 작업 조건 등으로 하며, 사업주가 그 기준을 정할 때에는 노사협의회 근로자위원의 의견을 들어야 한다(8조 2항). 판례에 따르면, '동일 가치의 노동'이란 해당 사업 내의 서로 비교되는 남녀의 노동이 동일하거나 실질적으로 거의 같은 성질의 노동 또는 그 직무가 다소 다르더라도 객관적인 직무평가 등을 통하여 본질적으로 동일한 가치가 있다고 인정되는 노동에 해당하는 것을 말하고, 동일 가치의 노동인지 여부는 직무 수행에서 요구되는 기술·노력·책임·작업조건과 학력·경력·근속기간 등의 기준을 종합적으로 고려하여 판단해야 하며, 이 경우 ① '기술'은 자

1) '혼인 또는 가족 안에서의 지위, 임신 또는 출산'은 여성 근로자에 대한 차별에서 흔히 나타나는 것을 강조하기 위하여 예시한 것으로서 '성별'에 포함된다고 보아도 좋을 것이다.
2) 근로의 조건만이 아니라 채용의 조건까지 포함한 것은 남녀고용평등법이 모집·채용 과정에서의 성차별까지 금지한다는 것을 밝히기 위한 것이다.

격증·학위·습득된 경험 등에 따른 직무 수행 능력 또는 솜씨의 객관적 수준을, ② '노력'은 육체적·정신적 노력, 작업수행에 필요한 물리적·정신적 긴장, 즉 노동 강도를, ③ '책임'은 업무에 내재한 의무의 성격·범위·복잡성, 사업주가 해당 직무에 의존하는 정도를, ④ '작업조건'은 소음, 열, 물리적·화학적 위험, 고립, 추위 또는 더위의 정도 등 당해 업무에 종사하는 근로자가 통상적으로 처하는 물리적 작업환경을 각각 말한다.[1)]

여성 근로자의 임금을 일률적으로 남성 근로자보다 낮게 책정하는 것, 특히 남녀별로 임금표(호봉표)를 설정하거나 학력·경력·직무·직책 등이 같은데도 여성에게는 남성보다 낮은 호봉을 부여하는 것, 주택수당·가족수당 등의 지급 대상을 남성으로 한정하는 것, 남성은 월급제로 하면서 여성은 일급제로 하는 것은 임금에 관한 성차별에 해당한다.

동일 가치의 노동인지 여부는 동일한 사업에서 이루어지는 노동을 비교 대상으로 한다. 그러나 사업주가 임금 차별을 목적으로 설립한 별개의 사업은 동일한 사업으로 본다(8조 3항).

B. 복리후생에 관한 성차별 사업주는 근로자의 생활을 보조하기 위한 금품의 지급 또는 자금의 융자 등 복리후생에서 남녀를 차별해서는 안 된다(9조; 벌칙 37조 4항). 예컨대 경조비 등 임금이 아닌 금품, 사택 제공이나 주택융자 등에 관한 성차별이 이에 해당한다.

C. 교육·배치·승진에 관한 성차별 사업주는 근로자의 교육·배치 및 승진에서 남녀를 차별해서는 안 된다(10조; 벌칙 37조 4항). '배치'는 근로자의 직무 내용과 근무 장소를 정하는 것을 말하므로 채용 시의 배치뿐 아니라 그 후의 전직·전출·전적도 포함된다고 보아야 할 것이다.

D. 정년·해고·퇴직에 관한 성차별 (1) 사업주는 근로자의 정년·퇴직 및 해고에서 남녀를 차별해서는 안 된다(11조 1항; 벌칙 37조 1항).[2)]

정년에 관하여 예컨대 같은 부서임에도 남자는 55세, 여자는 53세로 정하는 것은 성차별에 해당한다.[3)] 또 남녀별로가 아니라 직종별로 정년을 정하더라도

1) 대법 2003. 3. 14, 2002도3883(연속된 작업공정에 배치되어 근무하는 일용직 남녀 근로자들이 하는 일에 다소간의 차이가 있기는 하지만 임금의 결정에 있어서 차등을 둘 만큼 기술과 노력에서 차이가 있지 않고 책임과 작업 조건은 같으므로 그들의 노동은 실질적으로는 거의 같은 성질의 노동, 즉 동일 가치의 노동이다); 대법 2013. 3. 14, 2010다101011.

2) 대법 2019. 10. 31, 2013두20011은 남녀고용평등법 제11조와 근로기준법 제6조는 특별한 규정이 없는 이상 국가와 공무원 사이의 공법상 근무관계에도 적용되므로 여성 공무원에 대한 차별적 정년 규정은 무효라고 한다.

대부분이 여성인 사무보조원은 다른 직종보다 현저히 낮은 30세로 정하는 것,[1] 대부분이 여성으로 구성된 전화교환직은 다른 직종보다 12년 낮은 43세로 정하는 것[2]도 간접차별로서 성차별에 해당한다.

퇴직이나 해고에 관하여 예컨대 부부사원 중 1명을 정리해고의 대상으로 정하고 부부사원 중 여성에게 사표 제출을 종용하는 것,[3] 여성 근로자의 조기 퇴직에 대하여 퇴직위로금을 남성보다 우대하는 것, 자녀를 둘 이상 가진 여성 또는 30세 이상의 여성을 해고의 대상으로 하는 것은 성차별에 해당한다.

(2) 사업주는 여성 근로자의 혼인·임신·출산을 퇴직 사유로 예정하는 근로계약을 체결해서는 안 된다(11조 2항; 벌칙 37조 1항). 여성 근로자의 혼인·임신·출산을 퇴직(흔히 당연퇴직)의 사유로 하는 것은 퇴직에 관한 성차별에 해당한다고 해석되지만, 젊은 여성을 채용하면서 혼인·임신 또는 출산을 하게 되면 퇴직하기로 합의하고 이 합의를 근거로 퇴직시키는 고용관행을 시정하기 위하여 별도의 규정을 둔 것이다.

E. 모집·채용에 관한 성차별　　남녀고용평등법은 위에서 살펴본 바 임금·복리후생·해고 등 근로조건에 관한 성차별 이외에 모집·채용 단계의 성차별도 명시적으로 금지하고 있다.

(1) 사업주는 근로자를 모집하거나 채용할 때 남녀를 차별해서는 안 된다(7조 1항; 벌칙 37조 4항). 여성의 채용을 기피하거나 직종을 제한하여 채용하는 고용관행을 시정하려는 규정이다.

예컨대 모집 광고에서 모집 직종을 남성 선반공, 여성 비서, 웨이트리스로 한정하거나 응모 자격을 병역을 필한 남자로 한정하는 것은 모집에 관한 성차별에 해당한다. 또 여성 또는 남성이라는 이유로 채용을 거절(불합격으로 처리)하는 것은 채용에 관한 성차별에 해당한다.

(2) 사업주는 근로자를 모집·채용할 때 그 직무의 수행에 필요하지 않은 용모·키·체중 등의 신체적 조건, 미혼 조건, 그 밖에 시행규칙으로 정하는 조건을 제시하거나 요구해서는 안 된다(7조 2항; 벌칙 37조 4항). 직무 수행에 불필요한 용모

3) 대법 1993. 4. 9, 92누15765.

1) 감독 68200-788, 1995. 3. 27.

2) 대법 1988. 12. 27, 85다카657. 다만 대법 1996. 8. 23, 94누13589는 그 후 전화교환직의 정년을 53세로 하고 다른 직종은 58세로 정한 것에 대하여 해당 직종의 인력의 잉여 정도, 연령별 인원구성, 정년 차이의 정도, 근로자의 의견 등에 비추어 합리성을 인정할 수 있으므로 성차별에 해당하지 않는다고 판시했다.

3) 대법 2002. 7. 26, 2002다19292.

나 키 등의 조건을 여성에게만 요구하는 폐단을 시정하려는 데서 비롯된 규정이지만, 남성에게 요구하는 것도 금지된다.

라. 금지 위반의 효과

사용자가 성차별 금지를 위반하면 근로기준법과 남녀고용평등법 소정의 벌칙이 적용된다. 한편, 성차별 금지는 강행법규이므로 이에 위반하는 단체협약·취업규칙 등의 규정이나 인사처분은 무효가 된다. 그리고 성차별로 손해를 입은 근로자에 대하여 사용자는 불법행위(민법 750조)에 따른 손해배상 책임을 진다.

한편, 남녀고용평등법에 따르면, 사용자가 성차별 금지에 위반하는 행위를 한 경우에는 피해를 입은 근로자는 노동위원회에 그 시정을 신청하여 구제를 받을 수 있다(남녀 26조 1항). 그 절차에 관해서는 나중에 별도로 살펴보기로 한다. 이 절차를 포함하여 성차별과 관련된 분쟁을 해결하는 절차에서 입증책임은 사업주가 부담한다(30조).

2. 국적 등에 따른 차별 금지

근로기준법은 사용자는 근로자에 대하여 국적·신앙 또는 사회적 신분을 이유로 근로조건에 대한 차별적 처우(차별)를 해서는 안 된다고 규정하고 있다(근기 6조 후단; 벌칙 114조).

이 규정은 채용 이후에 근로조건 분야의 차별을 금지하는 것이므로 국적·신앙 등을 이유로 모집이나 채용의 분야에서 차별하는 것은 고용정책기본법 등 위반은 별론으로 하고 근로기준법 위반은 아니다.

가. 국적에 따른 차별

'국적'이란 국적법상의 지위를 말하고 인종과는 구별된다. 사용자가 합리적인 이유 없이 임금 등의 근로조건에서 외국인을 내국인보다 불리하게 대우하는 것은 국적에 따른 차별에 해당한다.

합리적인 이유 없이 내국인을 외국인보다 불리하게 대우하는 것도 국적에 따른 차별에 해당한다. 그러나 예컨대 항공회사가 인력 수급 차질 때문에 외국인 조종사를 내국인 조종사보다 높은 임금으로 채용하더라도 내국인 조종사에게는 복리후생, 승진 및 직장 보장 등의 혜택이 있다면 국적에 따른 차별로 보기 곤란하다.[1]

1) 임금 68207-852, 1994. 5. 25.

나. 신앙에 따른 차별

'신앙'이란 사람의 내심의 사고방식을 의미하고 종교적 신앙뿐만 아니라 정치적 사상이나 그 밖의 신념도 널리 포함한다.

신앙·사상 그 자체와 신앙·사상을 표현하는 행위는 별개의 것이므로, 특정의 신앙·사상을 표현하는 행위를 이유로 차별하는 것, 예컨대 사업장에서 정치적 내용의 유인물을 배포했다는 이유로 징계하는 것은 신앙에 따른 차별에 해당하지 않는다. 그러나 표현행위를 이유로 한 적법한 차별인지, 신앙을 이유로 한 위법한 차별인지의 구별은 미묘한 문제이다. 결국 차별대우의 내용·정도가 그 표현행위에 따른 기업질서 침해의 내용·정도와 균형을 이루는 것인가, 즉 그 기업질서 침해행위가 그 차별대우를 정당화하기에 충분할 정도인가에 따라 판단해야 할 것이다.

정당이나 종교단체와 같이 특정의 사상·이념이나 신앙을 공유·전파하는 것을 목적으로 하는 이른바 '경향사업'의 경우에는 신앙에 따른 차별 금지의 예외로 인정되고, 따라서 그 사상이나 신앙을 지지·신봉하지 않는 것을 이유로 해고하거나 그 밖에 불이익을 주는 것도 허용된다고 보아야 할 것이다.[1] 그러나 예컨대 회교 국가나 사회주의 국가를 상대로 하는 무역회사나 여행사는 경향사업에 해당하지 않는다.

다. 사회적 신분에 따른 차별

'사회적 신분'이란 사회에서 장기간 차지하는 지위로서 일정한 사회적 평가를 수반하는 것 또는 자기의 의사로 회피할 수 없는 사회적 분류를 말한다. 문벌, 출신지, 인종 등 선천적인 것뿐만 아니라 수형자, 파산자 등 후천적인 것도 포함된다. 공무원, 교원, 생산직, 임시직도 이에 포함된다고 볼 수 있지만, 단시간근로자나 노동조합의 임원은 제외된다고 보아야 할 것이다.[2]

---

1) 독일에서는 정치·노동조합·신앙·과학·예술·자선·교육, 그 밖에 이와 같은 사명을 수행하는 사업을 '경향사업'(Tendenzbetrieb)이라 부르고, 이러한 사업에서는 근로자의 신앙·사상에 뿌리를 둔 인격이나 행동이 그 사업의 특수성과 조화되지 않아 해고한 경우에 정당한 해고로 인정된다.

2) 대법 2023. 9. 21, 2016다255941(전합)은 국가와 근로계약을 체결한 국도관리원의 '공무직(무기계약직) 근로자'로서의 고용상 지위는 공무원에 대한 관계에서 근기법 6조에서 정한 사회적 신분에 해당하지 않으며, 공무원을 동일한 비교집단으로 삼을 수 없다고 한다(국가가 공무원에게 지급하는 수당, 성과상여금 등을 공무직 근로자에게 지급하지 않은 것이 차별적 처우에 해당하는지 않는다고 본 사례). 그러나 이 판결의 <반대의견>은 국도관리원의 공무직 근로자라는 고용상 지위는 자신의 의사나 능력 발휘에 의해 쉽게 회피할 수 없고 한번 취득하면 장기간 점하게 되는 성격을 지니는 점과 공무직 근로자에 대한 열악한 근로조건과 낮은 사회적

라. 금지 위반의 효과

사용자가 국적·신앙·사회적 신분을 이유로 근로조건에서 차별을 하면 근로기준법 소정의 벌칙이 적용된다. 한편, 국적 등에 따른 차별 금지는 강행법규이므로 이에 위반하는 단체협약·취업규칙 등의 규정이나 인사처분은 무효가 된다. 그리고 이에 위반하는 차별로 손해를 입은 근로자에 대하여 사용자는 불법행위(민법 750조)에 따른 손해배상 책임을 진다.

Ⅲ. 공민권 행사 보장의 원칙

근로기준법은 사용자는 근로자가 근로시간 중에 선거권, 그 밖의 공민권 행사 또는 공의 직무를 집행하기 위하여 필요한 시간을 청구하면 거부하지 못하고, 다만 그 권리 행사나 공의 직무를 수행하는 데에 지장이 없으면 청구한 시간을 변경할 수 있다고 규정하고 있다(10조; 벌칙 110조). 근로제공 의무 때문에 근로자의 공민권 행사나 공의 직무 수행에 지장을 초래하지 않도록 하려는 것이다.

(1) '공민권'이란 선거권 등 국민 또는 공민 일반에 보장되는 참정권을 말한다. 공직 선거의 선거인명부 열람 및 투표의 권리, 피선거권(입후보의 권리), 국민투표의 권리 등이 이에 속한다.

'공의 직무'란 공민권 행사 이외에 법령에 따라 하는 공적 성질을 가진 사무를 말한다. 공직 당선자로서의 직무, 노동위원회의 위원이나 공직 선거에서 선거관리위원의 직무, 법원이나 노동위원회 등의 증인·감정인의 직무, 예비군의 동원·훈련, 주민등록 일제갱신 등이 이에 속한다. 그러나 공직 선거에서 타인을 위한 선거운동, 법원이나 노동위원회 사건에서 당사자로서의 활동, 정당 활동, 노동조합 활동 등은 공의 직무가 아니라고 해석된다.

(2) 공민권 행사 등에 '필요한 시간'은 그 근로자가 공민권 행사 등을 위하여 실제로 필요한 시간을 말하고, 직접 공민권 행사 등을 하는 시간은 물론, 왕복시간 또는 사전 준비나 사후 정리의 부수적인 시간도 포함된다.[1]

'거부하지 못한다'는 것은 필요한 시간에 근로제공 의무를 면제해야 한다는 것을 말한다. 그러나 근로자가 필요한 시간(시작 및 종료의 시각 포함)을 특정하여 청구한 경우에도 사용자는 공민권 행사 등에 지장이 없으면 근로자가 청구한 시간

평가가 고착되고 있는 우리 사회의 현실에 비추어 보면 사회적 신분에 해당한다고 한다.

1) 서울민지법 1993. 1. 19, 91가합19495.

을 변경할 수 있다.

(3) 근로자가 청구한 경우에 사용자는 공민권 행사 등에 필요한 시간을 거부할 수 없다는 것이고, 공민권 행사 등에 필요하여 근로하지 못한 시간에 대하여 임금까지 지급해야 한다는 것은 아니다. 따라서 그 시간을 유급으로 할 것인가는 취업규칙 또는 사용자의 자유로운 결정에 맡겨진다. 다만 관련 법령에서 휴무 또는 휴업으로 하지 않도록 규정된 공직 선거에서의 선거인명부 열람 및 투표(공직선거법 6조 3항), 예비군 및 민방위대원의 동원·교육·훈련(예비군법 10조, 민방위 기본법 27조)으로 근로하지 못한 시간에 대해서는 유급으로 해야 한다.

(4) 근로자가 회사의 승인 없이 공직에 취임한 때에는 징계해고한다고 정한 취업규칙의 규정은 공민권 행사 보장 규정에 어긋나 무효가 된다. 그러나 공직 취임으로 상당 기간 근로제공 의무를 이행할 수 없고 공직 수행과 양립할 수 있는 업무로 전환하기도 곤란한 경우에는 통상해고를 할 수 있다. 또 공직 취임을 휴직 사유로 규정하고 있고, 공직 수행이 근로제공과 양립할 수 없는 경우에는 휴직 처리를 할 수도 있다.

Ⅳ. 인격 존중의 원칙

1. 강제근로의 금지

근로기준법은 사용자가 폭행·협박·감금, 그 밖에 정신상 또는 신체상의 자유를 부당하게 구속하는 수단으로써 근로자의 자유의사에 어긋나는 근로를 강요하는 것을 금지하고 있다(7조; 벌칙 107조). 존엄한 인격을 가진 근로자에게 노예처럼 강제근로를 시켜서는 안 된다는 당연한 사리를 밝힌 것이다.

구타, 족쇄, 급식 중단이나 해고 등의 위협, 작업 중 출입문 폐쇄, 주민등록증·여권·외출복 등 중요한 생활용품의 보관이나 반환거부의 방법으로 근로자가 원하지 않는 근로를 하게 하는 것은 강제근로에 해당한다. 그러나 근로계약에 따른 근로제공 의무를 이행하도록 지시·감독하거나 적법한 제재를 가하는 것은 강제근로가 아니다.

'정신상 또는 신체상의 자유'에는 퇴직의 자유도 포함되므로 퇴직의 자유를 실질적으로 제한하는 행위도 강제근로가 된다. 다만 전차금 상계, 위약금 예정, 강제 저축, 장기 계약도 자유로운 퇴직을 방해할 수 있지만 근로기준법은 이들에 대하여 별도의 제한 규정을 두고 있다.

2. 폭행의 금지

근로기준법은 사용자가 사고의 발생이나 그 밖의 어떠한 이유로도 근로자에게 폭행을 하는 것을 금지하고 있다(8조; 벌칙 107조). 근로자가 사고를 발생시켰거나 그 밖의 잘못을 저질렀다 하더라도 존엄한 인격을 가진 근로자에게 폭행을 해서는 안 된다는 당연한 사리를 밝힌 것이다.

3. 기숙사 생활의 보호

근로기준법은 근로자의 기숙사 생활을 보호하기 위한 규정들을 두고 있다.

(1) 사용자는 사업 또는 사업장의 부속기숙사에 기숙하는 근로자의 사생활의 자유를 침해하지 못하며, 기숙사 생활의 자치에 필요한 임원 선거에 간섭하지 못한다(98조 1항·2항; 벌칙 116조 2항).

'부속기숙사'란 효율적인 노무관리상의 필요에서 사업장 내 또는 지근거리에 설치되어 상태적으로 상당수의 근로자가 숙박하며 공동생활의 실체를 갖춘 것을 말한다. 따라서 복리후생시설로서 설치된 아파트식 기숙사나 사택처럼 근로자가 각각 독립의 생활을 하는 것, 소수의 근로자가 사업주와 동거하는 것은 부속기숙사라 볼 수 없다.

(2) 사용자는 외출·외박·식사 등 기숙사 생활에 관하여 기숙사규칙을 작성해야 하며, 그 작성·변경에 관해서는 기숙하는 근로자의 과반수를 대표하는 자의 동의를 받아야 한다(99조; 벌칙 116조 2항). 또 기숙사에 관한 시행령의 규정과 기숙사규칙을 기숙사에 게시하거나 갖추어 두어 기숙하는 근로자에게 널리 알려야 한다(14조 2항; 벌칙 116조 2항).

(3) 사용자는 부속기숙사를 설치·운영할 때 그 구조와 설비, 그 설치 장소, 그 주거 환경 조성, 그 면적, 그 밖에 근로자의 안전하고 쾌적한 주거를 위하여 필요한 사항에 관하여 시행령으로 정하는 기준을 충족하도록 해야 하고, 이렇게 설치한 부속기숙사에 대하여 근로자의 건강 유지, 사생활 보호 등을 위한 조치를 해야 한다(근기 100조, 100조의2).

4. 성희롱의 방지

가. 직장내 성희롱

A. 금지 행위 남녀고용평등법은 사업주, 상급자 또는 근로자는 직장 내

성희롱을 해서는 안 된다고 규정하고 있다(12조).

(1) '직장내 성희롱'이란 사업주·상급자 또는 근로자가 직장 내의 지위를 이용하거나 업무와 관련하여 다른 근로자에게 성적인 언동 등으로 성적 굴욕감 또는 혐오감을 느끼게 하거나 성적 언동 또는 그 밖의 요구 등에 따르지 않았다는 이유로 근로조건 및 고용에서 불이익을 주는 것을 말한다(2조 2호).

여기서 '성적인 언동 등'이란 남녀 간의 육체적 관계나 남성 또는 여성의 신체적 특징과 관련된 육체적·언어적·시각적 행위로서 당사자의 관계, 행위의 장소·상황, 상대방의 반응, 행위의 내용·정도, 행위의 계속성 여부 등의 구체적 사정에 비추어 객관적으로 상대방과 같은 처지에 있는 일반적·평균적인 사람으로 하여금 성적 굴욕감이나 혐오감을 느끼게 할 수 있는 행위를 말한다.[1] 그리고 그러한 성적 언동 등에는 피해자에게 직접 성적 굴욕감 또는 혐오감을 준 경우뿐만 아니라 다른 사람이나 매체 등을 통해 전파하는 간접적인 방법으로 성적 굴욕감 또는 혐오감을 느낄 수 있는 환경을 조성하는 경우도 포함된다.[2]

한편, '지위를 이용하거나 업무와 관련하여'라는 요건은 포괄적인 업무관련성을 나타낸 것이다. 업무수행 기회나 업무수행에 편승하여 성적 언동이 이루어진 경우뿐만 아니라 권한을 남용하거나 업무수행을 빙자하여 성적 언동을 한 경우도 이에 포함된다. 어떠한 성적 언동이 업무관련성이 인정되는지는 쌍방 당사자의 관계, 행위가 이루어진 장소와 상황, 행위 내용과 정도 등 구체적인 사정을 참작해서 판단해야 한다.[3]

(2) 직장내 성희롱의 주체는 사업주, 상급자 또는 근로자이다. 직장내 성희롱은 자연인만 할 수 있는 행위이므로 그 주체로서의 '사업주'는 그 사업의 경영담당자를 말한다. 또 상급자가 별도로 규정되어 있으므로 '근로자'는 직장내 성희롱 피해자와 동급 또는 하급의 근로자를 말한다.

B. 예방교육 남녀고용평등법에 따르면, 사업주는 시행령으로 정한 방법·내용·횟수 등에 따라 직장내 성희롱 예방교육을 매년 실시해야 하며(13조 1항·5항; 벌칙 39조 3항), 이 교육은 근로자는 물론 사업주도 받아야 한다(13조 2항). 사업주는 성희롱 예방교육의 내용을 근로자가 자유롭게 열람할 수 있는 장소에 항상 게시하거나 갖추어 두어 근로자에게 널리 알려야 한다(13조 3항; 벌칙 39조 3항). 한

1) 대법 2007. 6. 14, 2005두6461; 대법 2008. 7. 10, 2007두22498 참조.
2) 대법 2021. 9. 16, 2021다219529.
3) 대법 2006. 12. 21, 2005두13414; 대법 2021. 9. 16, 2021다219529.

편, 사업주는 이 교육을 고용노동부장관이 지정하는 기관에 위탁하여 실시할 수 있다(13조의2 1항). 파견근로가 이루어지는 사업장에서는 이 교육의 실시를 사용사업주가 해야 한다(34조).

사업주는 시행규칙으로 정하는 기준에 따라 직장 내 성희롱 예방 및 금지를 위한 조치를 해야 한다(13조 4항).

C. 신고·조사·대응조치 남녀고용평등법에 따르면, 누구든지 직장내 성희롱 발생 사실을 해당 사업주에게 신고할 수 있다(14조 1항). 사업주는 이 신고를 받거나 직장내 성희롱 발생 사실을 알게 된 경우 지체 없이 그 사실 확인을 위한 조사를 해야 하고, 이 경우 피해를 입은 근로자 또는 피해를 입었다고 주장하는 근로자(이하 '피해근로자등')가 조사 과정에서 성적 수치심 등을 느끼지 않도록 해야 한다(14조 2항; 벌칙 39조 3항). 사업주는 조사 기간 동안 피해근로자등을 보호하기 위하여 필요한 경우 해당 피해근로자등에 대하여 근무장소의 변경, 유급휴가 명령 등 적절한 조치를 해야 하고, 이 경우 피해근로자등의 의사에 반하는 조치를 해서는 안 된다(14조 3항).

사업주는 조사 결과 직장내 성희롱 발생 사실이 확인된 때에는 피해근로자가 요청하면 그에게 근무장소의 변경, 배치전환, 유급휴가 명령 등 적절한 조치를 해야 한다(14조 4항; 벌칙 39조 3항). 한편, 사업주는 조사 결과 직장내 성희롱 발생 사실이 확인된 때에는 지체 없이 가해자에게 징계나 근무장소의 변경 등 필요한 조치를 해야 하고, 징계 등의 조치에 대하여 미리 피해자의 의견을 들어야 한다(14조 5항; 벌칙 39조 3항). 피해자가 상급자 또는 동료근로자인 경우에는 사업주는 징계(징계해고도 포함)나[1] 근무장소 변경 등의 조치를 해야 하지만, 가해자에 대한 벌칙은 없다. 이에 대하여 가해자가 사업주인 경우에는 소정의 벌칙(39조 2항)이 적용된다. 가해자에 대한 이와 같은 징계나 처벌과 별도로 피해자는 가해자 또는 사업주에게 손해배상을 청구할 수도 있다.[2]

사업주는 성희롱 발생 사실을 신고한 근로자 및 피해근로자등에게 ㉮ 파면, 해임, 해고, 그 밖에 신분상실에 해당하는 불이익 조치, ㉯ 징계, 정직, 감봉, 강

1) 대법 2008. 7. 10, 2007두22498은 부하 여직원에게 반복적으로 성희롱을 한 카드회사 지점장에 대한 징계해고가 정당하다고 한다.

2) 대법 2017. 12. 22, 2016다202947은 사업주가 직장내 성희롱에 관한 피해근로자와 그 조력자에게 불리한 조치를 한 경우 손해배상책임의 존부와 근거 및 요건, 해당 조치가 성희롱과 무관하다는 점 등에 대한 증명책임의 소재, 성희롱 사건의 조사에 대한 조사참여자의 비밀누설 금지 의무 등에 대하여 판단하고 있다.

등, 승진 제한 등 부당한 인사조치, ㉰ 직무 미부여, 직무 재배치, 그 밖에 본인의 의사에 반하는 인사조치, ㉱ 성과평가 또는 동료평가 등에서 차별이나 그에 따른 임금 또는 상여금 등의 차별 지급, ㉲ 직업능력 개발 및 향상을 위한 교육훈련 기회의 제한, ㉳ 집단 따돌림, 폭행 또는 폭언 등 정신적·신체적 손상을 가져오는 행위를 하거나 그 행위의 발생을 방치하는 행위, ㉴ 그 밖에 신고를 한 근로자 및 피해근로자등의 의사에 반하는 불리한 처우를 해서는 안 된다(14조 6항; 벌칙 37조 2항).[1] 해당 근로자에게 불이익을 줌으로써 직장내 성희롱을 은폐하거나 반복하는 사태가 발생하지 않도록 하려는 것이다.

직장내 성희롱 발생 사실을 조사한 사람, 조사 내용을 보고 받은 사람 또는 그 밖에 조사 과정에 참여한 사람은, 조사와 관련된 내용을 사업주에게 보고하거나 관계 기관의 요청에 따라 필요한 정보를 제공하는 경우를 제외하고는, 해당 조사 과정에서 알게 된 비밀을 피해근로자등의 의사에 반하여 다른 사람에게 누설해서는 안 된다(14조 7항; 벌칙 39조 3항).

나. 고객 등의 성희롱

남녀고용평등법에 따르면, 사업주는 고객 등 업무와 밀접한 관련이 있는 자가 업무수행 과정에서 성적인 언동 등을 통하여 근로자에게 성적 굴욕감 또는 혐오감 등을 느끼게 하여 해당 근로자가 그로 인한 고충 해소를 요청할 경우 근무장소 변경, 배치전환, 유급휴가의 명령 등 적절한 조치를 해야 한다(14조의2 1항). 고객을 상대하는 사업장에서 고객의 성희롱으로 고충을 겪는 근로자를 보호하려는 것이다.

사업주는 근로자가 고객 등의 성희롱과 관련하여 피해를 주장하거나 고객 등으로부터의 성적 요구 등에 불응한 것을 이유로 해고나 그 밖의 불이익한 조치를 해서는 안 된다(14조의2 2항; 벌칙 39조 3항). 해당 근로자에게 불이익을 줌으로써 고객 등의 성희롱이 은폐되거나 반복되는 것을 방지하려는 하려는 것이다.

다. 시정절차 및 입증책임

직장내 성희롱이나 고객의 성희롱이 발생하여 피해근로자가 근무장소의 변경 등 적절한 조치(14조 4항, 14조의2 1항)를 요청했음에도 사용자가 이를 하지 않는 경우 또는 사용자가 직장내 성희롱이나 고객의 성희롱 피해근로자 등에게 해고

1) 대법 2017. 3. 9, 2016도18138은 사용사업주도 사업주에 해당하고 사용사업주가 파견근로자인 피해근로자에 대하여 파견근로계약의 해제를 통보하고 파견사업주에게 해당 근로자의 교체를 요구한 것은 '그 밖의 불리한 처우'를 한 것으로서 벌칙 적용의 대상이 된다고 한다.

나 그밖에 불이익을 주는 행위(14조 6항, 14조의2 2항)를 한 경우에는 해당 근로자는 노동위원회에 그 시정을 신청하여 구제를 받을 수 있다(26조 1항). 그 절차에 관한 것은 나중에 별도로 차별 시정절차에서 살펴보기로 한다.

이 절차를 포함하여 직장내 성희롱 또는 고객 등의 성희롱과 관련된 분쟁의 해결 절차에서 입증책임은 사업주가 부담한다(30조).

5. 직장내 괴롭힘 금지

근로기준법은 사용자 또는 근로자는 직장에서의 지위나 관계 등의 우위를 이용하여 업무상 적정 범위를 넘어 다른 근로자에게 신체적·정신적 고통을 주거나 근무환경을 악화시키는 행위(직장내 괴롭힘)를 해서는 안 된다고 규정하고 있다(76조의2).

근로기준법에 따르면, 누구든지 직장내 괴롭힘 발생 사실을 사용자에게 신고할 수 있다(76조의3 1항). 사용자는 직장내 괴롭힘 발생 사실을 신고한 근로자 및 피해근로자등에게 해고나 그 밖의 불리한 처우를 해서는 안 된다(76조의3 6항; 벌칙 109조).

사용자는 직장내 괴롭힘 발생 사실의 신고를 접수하거나 직장내 괴롭힘 발생 사실을 인지한 경우에는 지체 없이 당사자 등을 대상으로 그 사실 확인을 위하여 객관적으로 조사를 실시해야 한다(76조의3 2항; 벌칙 116조 3항). 사용자는 조사기간 동안 직장내 괴롭힘과 관련하여 피해를 입은 근로자 또는 피해를 입었다고 주장하는 근로자(이하 '피해근로자등')를 보호하기 위하여 필요한 경우 해당 피해근로자등에게 근무장소의 변경, 유급휴가 명령 등 적절한 조치를 해야 하고, 이 경우 피해근로자등의 의사에 반하는 조치를 해서는 안 된다(76조의3 3항).

사용자는 조사 결과 직장내 괴롭힘 발생 사실이 확인된 때에는 피해근로자가 요청하면 그에게 근무장소의 변경, 배치전환, 유급휴가의 명령 등 적절한 조치를 해야 하며, 지체 없이 행위자에게 징계, 근무장소의 변경 등 필요한 조치를 해야 하고, 징계 등의 조치에 관하여 사전에 피해근로자의 의견을 들어야 한다(76조의3 4항·5항; 벌칙 116조 2항).

직장내 괴롭힘 발생 사실을 조사한 사람, 조사 내용을 보고받은 사람 및 그 밖에 조사 과정에 참여한 사람은, 조사와 관련된 내용을 사용자에게 보고하거나 관계 기관의 요청에 따라 필요한 정보를 제공하는 경우를 제외하고는, 해당 조사 과정에서 알게 된 비밀을 피해근로자등의 의사에 반하여 다른 사람에게 누설해서는 안 된다(76조의3 7항; 벌칙 116조 2항).

사용자 또는 그 친족 중 시행령으로 정한 범위의 사람으로서 해당 사업 또는 사업장의 근로자인 사람이 직장내 괴롭힘을 한 경우에는 벌칙(116조 1항)이 적용된다.

Ⅴ. 취업 개입 금지의 원칙

1. 중간착취의 배제

근로기준법은 누구든지 법률에 따르지 않고는 영리로 다른 사람의 취업에 개입하거나 중간인으로서 이익을 취득하지 못한다고 규정하고 있다(9조; 벌칙 107조). 다른 사람의 취업에 개입하거나 근로제공과 관련하여 부당하게 소개비·수수료 등을 받는 악습을 제거하려는 것이다. 근로자에 대한 사용자의 의무가 아니라 모든 사람에 대한 금지규범이다.[1]

'영리로 다른 사람의 취업에 개입'한다는 것은 제3자가 영리로 근로자의 취업을 소개·알선하는 등 노동관계의 성립 또는 갱신에 영향을 주는 것을 말하고, '중간인으로서 이익을 취득'한다는 것은 노동관계의 존속 중에 사용자와 근로자 사이에서 근로자의 근로제공과 관련하여 사용자 또는 근로자로부터 이익을 받는 것을 말한다.[2]

'영리로'는 이익을 받을 의사로 하는 것을 말하고, 반드시 계속할 것 또는 계속할 의사로 할 것을 요하지 않는다.[3] '영리로 타인의 취업에 개입'하는 행위는 취업을 알선해 주기로 하면서 그 대가로 금품을 수령하는 정도이면 되고 반드시 구체적인 소개나 알선행위까지 해야 하는 것은 아니다.[4] 노동관계의 존속에 관여하는 것은 '취업에 개입'하는 것이 아니라 '중간인으로서' 관여한 것에 해당한다.[5]

영리로 다른 사람의 취업에 개입하거나 중간인으로서 이익을 취득하더라도

---

1) 이 점에서 이 규정은 근로기준법이 아니라 직업안정법에 두는 것이 더 바람직할 것이다.
2) 대법 2007. 8. 23, 2007도3192(노동조합 사무국장이 조카의 취업을 알선하고 그 아버지인 형으로부터 돈을 받았지만, 제반 사정상 '영리로' 개입한 것이라 볼 수 없다).
3) 일본에서는 노동기준법이 '영리로'가 아니라 '업으로서'라고 규정하고 있기 때문에 개입행위의 계속성(적어도 계속할 의사)이 있어야 한다고 해석된다.
4) 대법 2008. 9. 25, 2006도7660.
5) 일본 노동기준법에는 '중간인으로서'라는 규정이 없기 때문에 노동관계의 존속에 관여하는 것도 '취업에 개입'하는 것에 포함된다고 해석된다.

'법률에 따'른 경우에는 이 규정에 위반되지 않는다. 직업안정법에 따른 유료 직업소개사업이나 근로자공급사업(19조, 33조) 또는 파견법에 따른 근로자파견사업(7조) 등이 그렇다.

2. 기피 명부의 금지

근로기준법은 누구든지 근로자의 취업을 방해할 목적으로 비밀 기호 또는 명부를 작성·사용하거나 통신을 해서는 안 된다고 규정하고 있다(40조; 벌칙 107조). 노동운동가 등 기피 인물의 명부를 이용하여 해당 근로자의 취업을 방해하지 못하도록 하려는 것이다. 근로자에 대한 사용자의 의무가 아니라 모든 사람에 대한 금지규범이다.[1)]

'비밀기호'의 작성은 기피 대상자의 사용증명서 등에 미리 약속한 사람만 알 수 있는 기호로 기재하는 것을 말하고, '명부'의 작성은 기피 대상자의 성명을 집합적으로 누구나 알 수 있게 기재하는 것(흔히 '블랙리스트'라 부름)을 말한다.

취업을 방해할 목적으로 근로자의 국적, 신조, 노동운동 경력, 징계 경력 등 사실상 취업에 영향을 미칠 만한 사항을 기재하거나 이를 사용하거나 타인에게 알리는 경우에는 기피 명부 금지에 위반된다. 그러나 취업 방해의 목적이 없이 구체적 사실에 대한 조회에 대하여 사실대로 회답하는 것은 그렇지 않다.

1) 이 점에서 또 취업에 관한 것이라는 점에서 이 규정을 근로기준법이 아니라 직업안정법에 두는 것이 바람직하다고 생각한다.

제3장 노동관계의 성립

Ⅰ. 채용의 자유

노동관계(개별적 노동관계)는 사용자와 근로자가 근로계약을 체결함으로써 성립한다. 근로계약을 체결하려면 사용자가 특정인을 근로자로 채용해야 한다.

한편, 노동관계의 쌍방은 계약의 자유를 가지며, 노동관계 성립에 관한 사용자측 계약의 자유는 채용의 자유를 의미한다. 노동관계의 전개 및 종료에 관한 사용자측 계약의 자유는 일찍부터 근로기준법 등에 의하여 광범하게 제약을 받아 왔다. 이에 비하여 노동관계의 성립에 관한 사용자측 계약의 자유, 즉 채용의 자유는 제약을 받는 일이 드물었다. 그러나 점차 근로자의 인권이나 고용촉진 등의 관점에서 법률상의 제약이 강화되었다.

1. 채용 준비 단계

가. 채용인원 결정의 자유

사용자는 그 사업을 위하여 근로자를 채용할 것인가 여부, 채용한다면 몇 명의 근로자를 채용할 것인가를 결정할 자유를 가진다. 이 자유는 사업 경영상의 필요성과 지불능력에 비추어 사용자가 재량껏 할 수 있는 성질의 것으로서 영업의 자유에 속하는 것이다. 사용자에게 일정 수의 근로자를 채용하도록 강제하는 제약 법규는 없다.[1]

나. 모집방법 결정의 자유

사용자는 채용할 인원을 어떤 방법으로 모집할 것인가를 결정할 자유를 가진다. 공개모집(공모)을 하든 연고모집을 하든 자유이고, 공모의 방법이라도 직업안정기관·직업소개소·학교·광고·문서·정보통신망 등 어느 것을 통하든 자유이며, 또 사용자가 직접 모집하든 타인에게 위탁하여 모집하든 자유이다.

---

1) 예컨대 장애인고용촉진 및 직업재활법 제28조는 장애인 의무고용률을 규정하고 있지만 해당 사업의 근로자 총수는 사용자의 자유로운 결정에 맡기고 있기 때문에 이 규정이 채용인원 결정의 자유를 제약하는 것은 아니다.

모집방법 결정의 자유에 대해서는 약간의 제약이 있다. 직업안정법은 국외에 취업할 근로자를 모집한 경우에는 고용노동부장관에게 신고하도록 규정하고, 근로자 모집과 관련한 금품 수령을 금지하고 있다(30조 1항, 32조).[1]

다. 조사의 자유

응모자의 채용 여부를 판단하려면 응모자 각자에 대하여 판단할 재료가 필요하기 때문에, 사용자는 응모자에게 판단에 필요한 일정 사항에 관하여 질문을 하거나 정보 제공을 요청하는 등 조사를 할 자유를 가진다. 이 자유는 선발의 자유에서 파생하는 사용자의 자유이다.

그러나 조사의 자유는 응모자의 인격적 존엄이나 프라이버시 등의 관점에서 조사의 사항과 방법에 관하여 스스로 제약을 받지 않을 수 없다. 사용자가 질문이나 조사를 할 수 사항은 응모자의 직업상의 능력·기능이나 근로자로서의 적격성에 관련된 것에 한정되므로, 그 밖의 사항에 대한 조사로 확대해서는 안 된다.[2] 조사는 사회통념상 타당한 방법으로 해야 하고, 응모자의 인격이나 프라이버시 등이 침해되지 않도록 신중하게 해야 한다.

2. 채용 마무리 단계

가. 선발의 자유

사용자는 일정 수의 근로자를 채용할 때에 어떤 사람을 어떤 기준에서 채용할 것인가를 결정할 자유를 가진다. 선발의 자유는 채용의 자유에서 핵심적 요소로서 어떤 자질을 가진 근로자를 채용할 것인가, 그 결정을 위하여 기능·지능·학력·연령·경험·식견·성격·적성·건강·용모 등 여러 가지 중 어느 것을 사용·중시할 것인가에 관한 자유이다. 어떤 근로자를 채용할 것인가는 경영 실적을 좌우할 수 있는 중요한 결정이므로, 경영 위험을 부담하는 사용자에게 포괄적으로 맡길 성질의 것이라고 생각되어 왔다.

그러나 선발의 자유에도 일찍부터 약간의 제약이 있었다. 근로기준법은 15세 미만인 자의 채용을 원칙적으로 금지해 왔고(64조 1항), 노동조합법은 노동조합에

1) 한편, 채용절차법은 거짓의 채용광고를 내는 것과 고용노동부장관의 승인 없이 채용심사비용을 구직자에게 부담시키는 것을 금지하고 있다(4조 1항, 9조). 또 채용의 공정성을 침해하는 행위로서 채용에 관한 부당한 청탁·압력·강요 등을 하거나 채용과 관련하여 금전 기타 재산상의 이익을 제공·수수하는 행위도 금지하고 있다(4조의2, 벌칙 17조).

2) 채용절차법은 구인자가 구직자에게 용모·출신지역·가족의 직업과 재산 등에 관한 정보를 요구하는 것을 금지하고 있다(4조의3).

가입하지 않거나 탈퇴할 것 또는 특정 노동조합의 조합원이 될 것을 조건으로 채용하는 것을 부당노동행위의 일종으로 금지해 왔다(81조 1항 2호 본문).

선발의 자유는 남녀고용평등법이 여성에 대한 차별적인 채용을 금지하면서(7조) 제약의 범위가 넓어졌다. 또 고용정책 기본법에서 근로자를 모집·채용할 때에 합리적인 이유 없이 성별, 신앙, 연령, 신체조건, 사회적 신분, 출신지역, 학력, 출신학교, 혼인·임신 또는 병력(病歷) 등을 이유로 하는 차별을 금지하기에 이르렀다(7조). 따라서 사용자는 합리적인 이유 없이 예컨대 여성, 사상·신조, 연령, 학력을 이유로 특정 응모자의 채용을 거부할 수 없다.

나. 계약체결의 자유

사용자는 특정인과 근로계약을 체결하도록 강제되지 않는다는 의미의 계약체결의 자유도 가진다. 예를 들어 사용자가 합리적인 이유 없이 연령 또는 사상을 이유로 특정 응모자의 채용을 거부하더라도 이는 민사상 불법행위(민법 750조)로서 손해배상 책임을 발생시키는 데 그치고, 사용자에게 해당 근로자의 채용(근로계약의 체결) 그 자체를 강제할 수는 없다.

그러나 파견법은 소정의 중요한 불법 파견의 경우 사용사업주가 해당 파견근로자를 직접 고용하도록 규정함으로써(6조의2 1항) 계약체결의 자유에 제약을 가하고 있다.

Ⅱ. 근로계약 체결에 따르는 사용자의 의무

1. 근로조건의 명시

가. 단순 명시

근로기준법은 사용자는 근로계약을 체결하거나 변경할 때에 근로자에게 ① 임금, ② 소정근로시간, ③ 주휴일과 공휴일, ④ 연차휴가, ⑤ 그 밖에 시행령으로 정하는 근로조건을 명시하라고 규정하고 있다(17조 1항). 사용자가 취업이나 직장 유지에 급급한 근로자의 약점을 이용하여 근로조건을 명확히 하지 않은 채 근로를 제공하게 하고 이 때문에 나중에 근로계약의 내용에 관하여 분쟁이 발생하는 것을 예방하려는 것이다.

(1) '임금'에는 임금의 구성 항목·계산 방법·지급 방법이 포함된다. '소정근로시간'은 적어도 1일 단위와 1주 단위로 명시되어야 하므로 소정근로일(거꾸로 말

하면 휴일)을 함께 명시해야 한다.

(2) '명시'란 보통의 근로자라면 사용자가 제시한 내용을 그대로 기억할 수 있는 상태에 두는 것을 말한다. 명시의 방법에는 제한이 없으므로 구두로 할 수도 있다. 그러나 1일 8시간씩 5일 동안만 채용하는 등 특별한 경우가 아닌 이상 일반적으로 사용자가 명시할 근로조건은 매우 많기 때문에, 명시했다고 볼 수 있으려면 적어도 서면을 제시하여 근로자가 이를 메모할 수 있도록 해야 할 것이다. 다만 근로자가 쉽게 취업규칙의 내용을 알 수 있는 상태에서 일부 근로조건에 대해서는 취업규칙이 정한 바에 따른다고 밝히는 것은 명시로 볼 수 있다.

한편, 임금, 소정근로시간, 주휴일과 공휴일, 연차휴가에 관해서는 서면을 교부하도록 되어 있으므로(17조 2항 본문), 서면 교부가 아닌 단순 명시의 방법으로 할 수 있는 것은 '그 밖에 시행령으로 정하는 근로조건'이다.[1)]

나. 서면 교부

(1) 근로기준법은 사용자는 임금의 구성 항목·계산 방법·지급 방법, 소정근로시간, 주휴일과 공휴일, 연차휴가에 관한 사항을 명시한 서면(전자문서 포함)을 근로자에게 교부하도록 규정하고 있다(17조 2항 본문). 사용자가 명시할 많은 근로조건 중에서 임금, 소정근로시간, 주휴일과 공휴일, 연차휴가에 관한 사항은 가장 기본적인 근로조건이요 당사자의 가장 관심이 높은 사항이므로 단순히 명시하는 것으로는 부족하고 서면에 기재하여 근로자에게 교부하도록 한 것이다.[2)]

교부할 서면은 근로계약서에 포함될 수도 있고, 근로계약서 첨부 서류일 수도 있으며, 취업규칙의 해당 사항을 발췌하여 적은 서면일 수도 있다.

(2) 서면의 교부는 근로자의 요구가 있든 없든 해야 한다. 다만 근로기준법은 서면에 기재할 사항이 단체협약이나 취업규칙의 변경 등 시행령으로 정하는 사유로 변경되는 경우에는 근로자의 요구가 있으면 그 근로자에게 교부해야 한다고 규정하고 있다(17조 2항 단서). 임금, 소정근로시간, 주휴일·공휴일 및 연차휴가가 단체협약이나 취업규칙의 변경 등에 따라 변경되는 경우에는 그 적용을 받는 근로자가 다수이고 따라서 근로자들이 그 변경 내용을 쉽게 알 수 있을 것이

1) 취업의 장소와 종사해야 할 업무에 관한 사항, 취업규칙의 필요기재사항, 사업장의 부속 기숙사에 근로자를 기숙하게 하는 경우에는 기숙사 규칙에서 정한 사항이 이에 해당한다(영 8조).
2) 주휴일·공휴일과 연차휴가는 대부분의 사업장에서 법정 최저기준을 획일적으로 시행하고 있다. 반면에 취업의 장소와 종사 업무, 상여금은 임금, 소정근로시간과 마찬가지로 사업장마다 또 근로자마다 다를 수 있다. 따라서 주휴일·공휴일과 연차휴가를 삭제하고 그 대신 취업의 장소와 종사 업무를 포함시키는 것이 바람직할 것이다.

므로 교부를 요구하는 근로자에게만 교부하도록 한 것이다. 이 규정에 따라 사용자가 교부해야 할 서면은 변경된 단체협약이나 취업규칙이 아니라 변경된 사항이 명시된 근로계약서 등 서면이다.[1]

다. 명시 의무 위반

근로조건 명시 의무에 위반하면 벌칙(114조)이 적용되지만, 근로계약이 무효가 되는 것은 아니다. 한편, 사용자가 명시 의무를 위반함으로써 근로계약의 체결 또는 변경 시에 근로조건이 어떻게 결정되었는지에 관하여 당사자 사이에 분쟁이 발생하는 경우가 있다. 이 경우 명시 의무 위반에 따른 불이익은 사용자가 부담해야 하므로 자기 주장이 진정한 것임을 증명할 책임은 사용자에게 있다고 보아야 할 것이다.

라. 근로조건 위반

근로기준법은 명시된 근로조건이 사실과 다를 경우 근로자는 근로조건 위반을 이유로 노동위원회에 손해배상 청구를 신청할 수 있고, 즉시 근로계약을 해제할 수도 있으며, 이에 따라 근로계약이 해제된 경우 사용자는 취업을 목적으로 거주를 변경하는 근로자에게 귀향여비를 지급해야 한다고 규정하고 있다(19조).

'명시된 근로조건이 사실과 다를 경우'란 명시된 근로조건을 사용자가 이행하지 않는 경우를 말하고, 예컨대 근로자를 유인하기 위하여 이행할 의사도 없이 유리한 근로조건을 제시한 경우가 이에 해당한다. 근로조건 위반을 이유로 하는 손해배상의 청구는 법원에 할 수도 있지만 근로자의 편의를 위하여 노동위원회에 신청할 수도 있도록 한 것이다. 그러나 노동위원회에 대한 손해배상 신청은 명시된 근로조건이 사실과 다를 경우에만 할 수 있고, 예컨대 부당해고로 입은 손해의 배상은 노동위원회에 신청할 수 없다.[2] 이 규정에 따라 노동위원회는 사용자에게 손해배상을 명할 수 있지만, 이 명령의 불이행에 대한 벌칙은 없고, 이 규정에 따라 노동위원회에 손해배상을 신청하는 사례는 지극히 드물다.[3]

손해배상 청구권은 임금의 시효에 준하여 3년 이내에, 즉시해제권은 취업 후 상당 기간 이내에 행사하지 않으면 소멸된다.[4]

---

1) 대법 2016. 1. 28, 2015도11659.
2) 대법 1985. 11. 12, 84누576 등.
3) 피해를 입은 근로자에게는 벌칙을 통하여 이행이 강제되지 않는 손해배상 명령을 구하는 것보다 예컨대 사용자가 명시된 임금을 체불했다는 것을 근로감독관에게 통보하는 것이 더 효과적이기 때문일 것이다. 이 규정 중 손해배상에 관한 부분은 사실상 무의미하므로 삭제함이 바람직하다.

2. 위약금 예정의 금지

근로기준법은 사용자가 근로계약 불이행에 대한 위약금 또는 손해배상액을 예정하는 계약을 체결하지 못하도록 금지하고 있다(20조). 근로자의 계약 불이행을 이유로 사용자에게 실제로 발생한 손해의 종류나 정도를 묻지 않고 일정 금액을 배상하도록 미리 약정함으로써 근로자의 의사에 반하여 근로의 계속을 강제당하는 것을 방지하려는 취지의 규정이다.[1] 민사상의 계약관계에서는 계약이행을 담보하기 위하여 위약금 또는 손해배상액을 약정하는 것이 널리 허용되지만(민법 398조), 사용자가 우수한 인력을 장기간 확보하기 위하여 근로계약 불이행에 대한 위약금을 예정하면 근로자는 위약금 지급의 부담 때문에 퇴직을 원하더라도 계속 근로를 강제당하게 된다는 점을 고려하여 근로기준법은 민법상의 원칙에 수정을 가한 것이다.

이 규정에 위반하면 벌칙(근기 114조)이 적용되고, 위약금을 예정한 약정은 무효가 된다.

가. 퇴직에 대한 금전상의 제재

근로자가 일정한 의무재직기간 도중에 퇴직하면 일정한 금전상의 제재를 받기로 약정하거나 취업규칙으로 규정하는 것이 위약금 예정에 해당하여 무효가 되는지 여부가 핵심 문제이다. 다음 몇 가지 전형적인 사례로 나누어 살펴볼 필요가 있다.

첫째, 의무재직기간 도중에 퇴직하면 사용자에게 '일정액의 금원을 지급'(배상)하거나 그 동안 근로자가 받은 '임금을 반환'한다는 취지로 약정한 경우이다. 이러한 약정은 근로자의 퇴직의 자유를 부당하게 제약하려는 것이므로 무효라고 해석된다. 예컨대 의무재직기간 도중에 퇴직하면 영업비밀 보호를 위하여 특정 금액을 배상한다는 약정,[2] 연수 후 의무재직기간 도중에 퇴직하면 연수 기간 동안 사용자로부터 받은 임금 상당액을 반환한다는 약정,[3] 해외 파견근무의 실질이 연수나 교육훈련이 아닌 근로를 제공한 것인데도 회사가 파견근무에 들인 체재비 등의 비용을 의무재직기간 도중에 퇴직하면 반환한다는 약정,[4] 외국 회사

4) 대법 1997. 10. 10, 97누5732.

1) 대법 2004. 4. 28, 2001다53875.

2) 대법 2008. 10. 23, 2006다37274.

3) 대법 1996. 12. 6, 95다13104.

4) 대법 2025. 4. 15, 2022다208755.

에 연수 목적으로 파견 근무 후 의무재직기간 도중에 퇴직하면 그 회사로부터 받은 임금과 집세 등을 반환한다는 약정[1] 등이 그렇다.

둘째, 의무재직기간 도중에 퇴직하면 사용자가 대여(대신 지출)한 '교육(연수)비용을 반환'(상환)하되 의무재직기간의 근무를 이행하면 반환 의무를 면제한다는 취지로 약정하는 경우이다. 종전의 판례는 이러한 약정은 대여금 약정이지 위약금 약정은 아니라고 보았다.[2] 그러한 약정 중에는 근로자의 이익과 희망을 고려하여 원래 근로자가 부담할 성질의 비용을 사용자가 대여(지출)하는 성질이 아니라 우수 인력의 확보라는 기업의 필요와 이익을 위하여 기업의 비용으로 교육(연수)을 시키는 성질을 가진 경우가 포함되어 있고 이 경우에는 위약금 약정으로 보아야 한다는 점을 간과했다. 물론 이러한 약정은 근로자를 위하여 필요할 수도 있기 때문에 무효로 볼 수 없는 경우도 있다. 이후 판례는 그 비용 지출이 사용자의 업무상 필요와 이익을 위하여 원래 사용자가 부담하는 성질뿐만 아니라 근로자의 자발적 희망과 이익을 위하여 근로자가 전적으로 또는 공동으로 부담할 비용을 사용자가 대신 지출하는 성질도 함께 가지고 있고, 의무재직기간 및 상환비용이 합리적이고 타당한 범위 내에 있는 경우에는 퇴직의 자유를 부당하게 제한하지 않으므로 유효하다고 본다.[3]

셋째, 인수합병, 영업양도 등 기업변동 시 매각에 대해 위로하는 매각위로금을 근로자들에게 지급하면서 매각 후 사업 운영에 차질 없게 계속 근로하도록 일정 기간 계속근로를 하지 않는 경우 반환하도록 약정하는 경우이다. 이처럼 일정한 금전을 지급하면서 의무근로기간을 지키지 못하면 그 전부 또는 일부를 반환받는 약정은, 의무근로기간의 설정 양상, 반환 대상인 금전의 법적 성격 및 규모·액수, 반환 약정을 체결한 목적이나 경위 등을 종합하여 근로자의 퇴직의 자유를 제한하거나 의사에 반하는 계속 근로를 강요하는 것이 아니라면 위약금 예정 금지에 해당하지 않고 유효하다.[4]

나. 신원보증계약

위약금을 지급할 자를 근로자 본인으로 하든 친권자·신원보증인·보증인 등으로 하든 관계없이 위약금 예정은 금지된다. 또 예컨대 자동차 운전업무 종사자에 대하여 교통사고 발생 시 실제 손해 유무 또는 손해액에 관계없이 매월 20만

1) 대법 1996. 12. 6, 95다24944.
2) 대법 1992. 2. 25, 91다26232; 대법 1996. 12. 6, 95다24944 등.
3) 대법 2008. 10. 23, 2006다37274<핵심판례>.
4) 대법 2022. 3. 11, 2017다202272.

원씩 지급하기로 되어 있는 무사고승무수당을 3개월간 임금에서 공제하기로 하는 약정은 위약금 예정에 해당하여 무효이다.[1)]

그러나 근로자의 계약 위반이나 불법행위로 손해가 실제로 발생한 경우에 사용자가 근로자에 대하여 그 손해의 배상을 청구하는 것까지 금지되는 것은 아니다. 따라서 이에 대비하기 위한 신원보증계약은 위약금 예정에 해당하지 않는다.[2)]

3. 강제저축의 금지

(1) 근로기준법은 사용자는 근로계약에 덧붙여 강제저축 또는 저축금의 관리를 규정하는 계약을 체결하는 것을 금지하고 있다(근기 22조 1항). 이 규정은 근로자의 퇴직의 자유를 부당하게 제약하는 것을 방지함과 동시에 근로자의 재산을 보전하려는 것이다.

'근로계약에 덧붙여'란 근로계약의 체결 또는 존속의 조건으로 한다는 것을 말한다. '강제저축을 규정하는 계약'이란 근로자의 의사에 반하여 근로자가 사용자 또는 제3자(보통은 금융기관)에게 저축을 하는 계약을 말한다. '저축금의 관리를 규정하는 계약'으로 예컨대 사용자가 직접 근로자의 저금을 받아 관리하는 계약, 사용자가 받은 근로자의 저금을 일괄하여 자기 명의로 또는 근로자 개개인의 명의로 금융기관에 예입하여 그 통장과 인장을 보관하는 계약을 들 수 있다.

이 규정에 위반하면 벌칙(110조)이 적용되고 강제저축 등을 정한 계약은 무효가 된다.

(2) 근로기준법은 사용자가 근로자의 위탁으로 저축금을 관리하게 될 경우에는 저축의 종류·기간 및 금융기관을 근로자가 결정하고 근로자 본인의 이름으로 저축해야 하며 근로자가 저축증서 등 관련 자료의 열람 또는 반환을 요구할 때에는 즉시 이에 따라야 한다고 규정하고 있다(22조 2항; 벌칙 114조). 강제근로의 위험성이 없는 근로자의 저축재산을 사용자가 임의로 처분·유용하지 못하도록 하려는 취지의 규정이다.

---

1) 대법 2019. 6. 13, 2018도17135.
2) 대법 1980. 9. 24, 80다1040.

Ⅲ. 채용내정

1. 채용내정의 의의

가. 채용내정의 개념과 기능

'채용내정'이란 본채용(정식채용) 훨씬 전에 채용할 자를 미리 결정해 두는 것을 말한다.

대기업은 흔히 학교 졸업예정자를 대상으로 모집·전형을 거쳐 선발된 자에게 채용내정을 통지하고 그 후 서약서 등을 제출받는 등의 절차를 거쳐 예정된 입사일에 일괄하여 본채용(발령)을 하는 방법을 사용하고 있다. 이와 같이 채용내정을 거쳐 본채용을 하는 고용방법은 사용자로서는 우수한 인재를 조기에 확보하고 내정자 쪽에서도 졸업 전에 직장을 미리 확보해 두는 기능을 가진다. 그러나 사용자가 본채용을 지연하거나 뒤늦게 채용내정을 취소하면 내정자가 다른 기업체에 취업할 기회마저 상실하는 등의 불이익을 받게 되는 것이 문제이다.

나. 채용내정의 법적 성질

채용내정의 법적 성질에 관하여 전통적인 계약이론은 채용내정을 근로계약 체결과정의 일부 또는 근로계약 체결의 예약에 불과하다고 보았다(근로계약예약설). 이에 따르면 사용자가 자의적으로 채용내정을 취소하는 경우에는 채무불이행(예약불이행)이나 불법행위(신뢰이익이나 기대이익의 침해)에 따른 손해배상의 책임을 지지만, 그렇다고 하여 내정자가 종업원의 지위를 가진다고 주장할 수는 없었다.

그러나 오늘날의 통설과 판례는[1] 채용내정으로써 근로계약이 체결된 것으로 본다(근로계약성립설). 즉 기업에서의 모집은 근로계약 청약의 유인에 해당하고, 이에 대하여 근로자가 응모·응시한 것은 근로계약의 청약이고 이에 대한 사용자의 채용내정 통지는 그 청약에 대한 승낙이므로 채용내정의 통지로써 사용자와 내정자 사이에 근로계약이 성립된다. 다만 그것은 서약서에 기재된 채용내정 취소사유가 생긴 경우 또는 학교를 예정대로 졸업할 수 없는 경우에는 채용내정을 해약(취소)할 수 있다는 취지의 합의가 포함되어 있다는 점에서 사용자에게 해약권이 유보된(또는 소정의 취소사유를 해제조건으로 한) 특수한 근로계약으로 본다.

---

1) 예컨대 대법 2002. 12. 10, 2000다25910은 채용내정을 통지함으로써 해약권이 유보된 근로계약관계가 성립되고 내정자는 통지받은 입사 예정일 이후에는 종업원의 지위를 가지고 임금 청구권도 당연히 가진다고 설명하고 있다.

2. 채용내정의 취소

가. 허용 범위

채용내정의 취소는 어느 범위까지 허용되는지가 문제된다. 채용내정으로써 근로계약이 성립하는 이상, 사용자가 일방적으로 채용내정을 취소하여 본채용을 않기로 하는 것은 해고에 해당하므로, 사용자가 채용내정을 취소하여 내정자를 해고하려면 정당한 이유가 있어야 한다. 다만 정당한 이유의 범위는 채용내정이 해약권을 사용자에게 유보한 특수한 계약관계라는 점에 비추어 해약권이 유보되지 않은 일반 근로자의 경우보다는 넓게 해석될 수밖에 없을 것이다.

예컨대 '졸업의 실패', '건강의 악화', '직무수행 능력의 감퇴'가 채용내정 취소사유로 기재되어 있고 내정자가 이에 해당하는 사정이 생긴 경우 사용자는 채용내정을 취소할 수 있다. 그러나 예컨대 '제출서류의 허위기재'가 취소사유로 기재되었다 하더라도 허위기재의 내용·정도가 경미하면 채용내정을 취소할 수 없다고 해석된다. 한편, 내정자에게는 특별한 채용내정의 취소사유가 없지만, 채용내정 이후에 긴박한 경영상의 필요가 생겨 근로자를 정리해고하게 되는 경우도 있다. 판례는 내정자를 다른 근로자보다 우선하여 해고대상자로 선정하더라도 합리적이고 공정한 선정이 아니라고 볼 수 없다고 하며,[1] 또 근로자대표와의 사전협의 의무가 적용되지 않는다고 한다.[2]

나. 위법한 채용내정 취소

채용내정 취소사유에 해당하지 않는데도 채용내정을 취소한 경우에는 정당한 이유 없이 한 해고로서 무효가 된다.

또 사용자가 본채용 예정일이 지나서 채용내정을 취소하고 본채용을 하지 않기로 결정한 경우에는, 채용내정의 법적 성질을 어떻게 파악하든, 사용자는 다른 취직의 기회를 포기하고 본채용만을 기다려 온 내정자에 대하여 채무불이행(예약 불이행 또는 성실의무 위반) 또는 불법행위(신뢰이익이나 기대이익의 침해)에[3] 따른 손해배상 책임을 진다.

---

1) 서울고법 2000. 4. 28, 99나41468은 내정자들이 현실적으로 근로를 제공하지 않은 상태로써 근로관계에 대한 밀접도가 다른 근로자에 비하여 떨어진다는 것을 그 이유로 든다.

2) 대법 2000. 11. 28, 2000다51476은 해약권이 유보되어 있다는 점을 그 이유로 든다.

3) 예컨대 대법 1993. 9. 10, 92다42897은 내정자에게 발령(본채용)을 수차례 지연하다가 1년이 지난 다음에 발령을 할 수 없다고 통지한 사건에 대하여 사용자는 불법행위로서 내정자가 사용자의 약속을 신뢰하여 직원으로 채용되기를 기대하면서 다른 취직의 기회를 포기함으로써 입은 손해를 배상할 책임이 있다고 판시했다.

한편, 채용내정으로써 근로계약이 체결된 것이므로 내정자는 사용자가 통보한 본채용 예정일 이후에는 근로계약의 이행을 주장할 수 있는 지위를 가진다. 따라서 본채용 예정일이 지났는데도 본채용을 계속 지연하는 경우 또는 본채용을 하지 않기로 통보한 경우에는 다른 취직의 기회를 포기하고 본채용만을 기다려 온 내정자는 근로제공의 수령을 요구하며 임금을 청구할 수 있다.

다. 채용내정 취소와 해고예고

사용자가 채용내정을 취소할 때에는 원칙적으로 근로기준법상의 해고예고는 적용되지 않는다고 보아야 할 것이다. 계속 근로한 기간이 3개월 미만인 근로자에게는 해고예고가 적용되지 않는데(근기 26조 단서) 채용내정자를 이보다 두텁게 보호하는 것은 형평에 반할 것이기 때문이다.

Ⅳ. 시용

1. 시용의 의의

가. 시용의 개념과 기능

'시용'이란 본채용(정식발령) 직전의 일정한 기간 동안 정규 종업원으로서의 적격성 유무 및 본채용 가부를 판정하기 위하여 시험적으로 사용하는 것을 말한다. 시용은 정규적 노동관계에 이르는 과도적 노동관계이다.

상당수 기업에서는 정규 종업원의 채용에 있어서 입사 후 수개월의 일정한 기간을 시용 또는 수습[1] 기간으로 정하고 이 사이에 업무수행 능력을 양성·견습함과 동시에 해당 근로자의 직업적 능력·자질·인품·성실성 등 업무적격성을 관찰·평가하여 정규 종업원으로 본채용을 할 것인가 여부를 결정하는 제도를 시행하고 있다. 취업규칙이나 근로계약에서 일정한 기간을 시용기간으로 정하고 예컨대 '사원으로서 부적격이라 판정될 때에는' 해고할 수 있다고 규정하면서 시용기간을 정규 종업원으로서의 근속기간에 산입한다고 정하는 것이 보통이다.

나. 시용관계의 성립

시용 또는 시용관계가 성립하려면 해당 근로자와 사용자 사이에 시용에 관한 명시적인 합의, 즉 시용계약이 있어야 한다. 따라서 취업규칙에서 시용기간을 근로자 개개인에 따라 선택적으로 적용하기로 정한 경우에도 해당 근로자와의

1) 근로기준법 제35조 제5호의 '수습'이 반드시 '시용'을 의미하는 것은 아니다. 종업원으로서의 적격성을 판정하기 위한 것이라야 시용으로 인정된다.

근로계약에 시용기간을 명시하지 않은 경우에는 정규 종업원으로 채용된 것이라고 보아야 한다.[1]

시용기간의 길이에 관해서는 특별한 정함이 없어 당사자의 자유로운 계약에 맡겨지지만, 적격성의 판정 등 시용의 목적을 객관적으로 달성하기에 족한 정도의 기간을 초과할 수 없다고 보아야 한다. 그리고 시용기간의 연장은 시용근로자의 지위를 불안하게 만들기 때문에 근로계약에 연장의 가능성 및 사유·기간 등이 명시되어 있지 않으면 원칙적으로 인정되지 않는다.

다. 시용계약의 법적 성질

시용계약의 법적 성질에 관하여 전통적인 계약이론은 시용계약을 근로계약 체결 과정의 일부 또는 근로계약 체결의 예약에 불과하다고 보았다. 그러나 오늘날의 통설·판례는 시용계약은 그 자체로서 근로계약이고, 다만 정규 종업원으로서의 적격성이 없다고 판단되는 경우에는 본채용을 거절할 수 있다는 의미에서 사용자에게 해약권이 유보된 특수한 근로계약이라고 본다.[2]

2. 본채용의 거절과 시용기간 경과

가. 본채용의 거절

(1) 유보된 해약권의 행사, 즉 본채용의 거절(시용기간 중의 해고 포함)은 어느 범위까지 허용되는지가 문제된다. 시용계약으로써 근로계약이 성립되는 이상, 사용자가 일방적으로 시용기간 도중이나 종료 시에 본채용을 거절하는 것은 해고에 해당하므로, 사용자가 본채용을 거절하려면 정당한 이유가 있어야 한다고 보아야 할 것이다. 다만 해당 근로자의 직업적 능력·자질·인품·성실성 등 업무적격성을 관찰·판단하고 평가하려는 시용제도의 취지·목적에 비추어 볼 때, 사용자가 본채용을 거부하는 정당한 이유의 범위는 일반적인 해고보다 넓게 해석할 수밖에 없다. 판례가 객관적으로 합리적인 이유가 존재하여 사회통념상 상당성이 있어야 한다고 설명하는 것도 실질적인 결과에는 차이가 없다고 생각된다.[3]

예컨대 버스 운전사로 고용된 자가 3개월의 시용기간에 추돌사고를 일으켜

---

1) 대법 1991. 11. 26, 90다4914; 대법 1999. 11. 12, 99다30473.

2) 대법 2001. 2. 23, 99두10889.

3) 대법 2006. 2. 24, 2002다62432; 대법 2015. 11. 27, 2015두48136. 이와 같은 논리는 시용근로자에 대한 해고의 '정당한 이유'가 일반 근로자에 대한 해고의 '정당한 이유'보다 넓다는 점을 암시하려는 것처럼 보이기도 하지만, 정당한 이유 없이는 해고할 수 없다는 법규가 없었던 일본에서 나온 판례의 설명을 답습한 면도 있는 듯하다.

75일의 운전면허 정지처분까지 받게 된 경우에는 정규 운전사로서의 적격성이 없다고 판단하여 본채용을 거절할 수 있다.[1] 그리고 입사 선발 시 또는 시용 도중의 적법한 조사에 대한 사실의 은폐나 허위신고는 관찰을 통한 적격성 판단을 그릇되게 하거나 종업원으로서의 적격성에 필요한 신뢰관계를 상실하게 하는 것으로서 이를 이유로 본채용을 거절할 수 있을 것이다.

(2) 사용자가 정당한 이유가 없는데도 시용근로자의 본채용을 거절하는 것은 근로기준법상 부당한 해고에 해당하여 무효가 된다.

(3) 사용자가 시용근로자의 본채용을 거절하는 경우에는 해고에 해당하므로 그 사유와 시기를 서면으로 통지해야 한다.[2]

나. 시용기간의 경과

시용근로자에 대하여 사용자가 본채용을 거절하지 않은 채 시용기간이 지나면 사용자의 해약권은 소멸하고 시용근로자는 정규 종업원으로 전환된다고 해석된다. 따라서 시용 중의 부당해고로 시용관계가 사실상 중단된 상태에서도 그 후 적법한 본채용 거절이 없이 시용기간이 지난 이상, 그 구제신청이나 해고무효소송 등에서 해당 근로자에게 정규 종업원의 지위를 인정해야 할 것이다.

시용근로자가 본채용 또는 시용기간의 경과 등으로 정규 종업원이 된 경우, 시용기간은 퇴직금이나 연차휴가에 관해서는 계속근로기간에 포함된다.[3]

---

1) 대법 1987. 9. 8, 87다카555.
2) 대법 2015. 11. 27, 2015두48136은 본채용의 거절을 해고로 보지는 않지만 사용자가 근로자에게 그 사유를 파악하여 대처할 수 있도록 구체적·실질적인 사유를 서면으로 통지해야 한다고 한다.
3) 대법 2022. 2. 17, 2021다218083.

제4장 노동관계의 전개

제1절 임금

Ⅰ. 임금의 의의

1. 임금의 개념

근로기준법은 임금의 개념에 관하여 '사용자가 근로의 대가로 근로자에게 임금, 봉급, 그 밖에 어떠한 명칭으로든지 지급하는 모든 금품'을 말한다고 정의하고 있다(2조 1항 5호).

가. 사용자가 근로자에게 지급하는 것

'사용자가 근로자에게 지급하는 것'이라야 임금이다. 따라서 산재보험·국민연금 등 각종 사회보험제도에 따라 사용자가 부담하는 보험료 및 근로자가 받는 보험급여나 연금은 임금이 아니다. 그러나 근로자 부담의 보험료나 근로소득세 등은 사용자가 원천징수를 한 것에 불과하므로 임금에 포함된다.

고객이 종업원에게 주는 사례비(tip)도 이 점에서 임금이 아니지만, 사례비가 종업원의 유일하거나 주된 수입인 경우에는 임금으로 인정될 수 있다. 택시회사가 운송수입금 중 일정액의 사납금 초과부분을 운전기사의 수입으로 인정하는 경우에 그 초과부분은 임금에 해당한다.[1] 사용자가 고객으로부터 봉사료라는 명목으로 받은 것을 당일 근무자에게 분배하는 경우에는 이것은 고객이 아니라 사용자가 지급하는 것으로서 임금에 해당한다.[2]

나. 근로의 대가

'근로의 대가', 즉 근로제공에 대한 반대급부로 지급하는 것이어야 임금이다. 또 근로의 대가로 지급하는 것인 이상, 그 '명칭'이 어떻든 '금품' 중 어느 것이든

1) 대법 1993. 12. 24, 91다36192.
2) 대법 1992. 4. 28, 91누8104. 그러나 학교가 육성회비를 거두어 육성회 명의로 교직원에게 지급한 보조수당은 임금으로 인정되지 않는다(대법 1973. 11. 27, 73다498).

관계없이 모두 임금이다. 사용자가 근로자에게 지급하는 것은 그 이름, 지급의 조건과 형태 등이 매우 다양하여 근로의 대가인지에 관하여 종종 다툼이 생긴다. 판례는 근로의 대가로서 임금인지 여부를 대체로 계속적·정기적으로 지급하는지와 단체협약·취업규칙·근로계약에 따라 사용자에게 지급 의무가 있는지 여부에 따라 판단하고 있다.[1)]

A. 실비변상적 급여 특수한 업무를 수행하거나 특수한 조건·환경 아래 업무를 수행하는 데 추가적으로 소요되는 비용을 변상하기 위하여 지급되는 것은 근로의 대가로 인정되지 않는다. 출장비, 정보비, 접대교제비, 해외근무수당,[2)] 숙·일직수당,[3)] 연구용역비 등이 이에 해당한다.

그러나 실비변상이 명목에 불과하고 일정액을 지급하는 경우 그 실질은 임금이다. 예컨대 종합병원 과장급 의사에게 연구 수행 여부와 관계없이 정기적·계속적으로 지급한 의학연구비,[4)] 운전기사에게 개인 휴대전화를 업무수행에 사용하면서 매월 일정 금액을 지급하는 통신비[5)] 등은 근로의 대가로서 임금에 속한다.

B. 의례적·호의적 급여 사용자가 의례적·호의적(임의적·은혜적)으로 지급하는 것은 임금이 아니다. 결혼수당·조위금·격려금·포상금 등이 이에 해당한다.[6)] 특히 근로자 개인의 특수하거나 우연한 사정을 지급 사유로 하는 것은 취업규칙 등으로 미리 지급 의무와 조건이 규정되어 있더라도 임금이 아니다.[7)]

그러나 금품지급의무의 발생이 근로제공과 직접적으로 관련되거나 밀접하게 관련된다면 근로의 대가로 지급하는 임금에 해당한다.[8)] 근로자 개인의 업무 실적·성과에 따라 차등적으로 지급하는 포상금·성과급은 의례적·호의적 급여가 아니라 근로의 대가이다.[9)] 근로소득세 등을 사용자가 대납하기로 하는 근로계약에 따라 사용자가 대납한 근로소득세 등 상당액도 임금에 속한다.[10)]

---

1) 대법 1990. 11. 27, 90다카23868; 대법 2005. 9. 9, 2004다41217 등.
2) 대법 1990. 11. 9, 90다카4683.
3) 대법 1990. 11. 27, 90다카10312.
4) 대법 1994. 9. 13, 94다21580.
5) 대법 2024. 11. 14, 2020다227189.
6) 대법 1994. 5. 24, 93다4649.
7) 대법 1995. 5. 12, 94다55934(자기 차량을 보유하여 운전해야 지급되는 자가운전보조비).
8) 대법 2011. 7. 14, 2011다23149<핵심판례>(차량판매 인센티브).
9) 대법 2002. 5. 31, 2000다18127(판매사원에 대한 판매포상금); 대법 2011. 3. 10, 2010다77514(병원 의사에 대한 진료포상금). 그러나 대법 2004. 5. 14, 2001다76328이 성과급에 대하여 임금이 아니라고 본 것은 납득하기 곤란하다.

상여금은 계속적·정기적으로 지급되고 그 지급액이 확정되어 있는 경우(흔히 '정기상여금'이라 부름)에는 근로의 대가로 지급되는 임금의 성질을 가지지만, 그 지급 사유의 발생이 불확정적이고 일시적으로 지급되는 경우에는 임금으로 볼 수 없다.[1] 근로자에게 지급되는 금품이 근로제공의 대가로서 지급하는 경우 외에도, 근로자들의 사기 진작, 근로의욕 고취, 근로복지의 차원에서 경영성과를 근로자들에게 사후적으로 배분하는 경우도 있을 수 있다. 따라서 성과상여금의 경우 그 지급기준이 근로의 제공과 직접·밀접하게 관련되어 '근로성과의 사후적 정산'의 성격을 갖는 경우 임금에 해당하나(개인 또는 집단성과상여금), 반면 그 지급조건이 경영성과처럼 근로의 제공과 직접·밀접하게 관련이 없는 요소에 따라 결정되어 지급 여부가 유동적이어서 '경영성과의 사후적 배분'의 성격을 갖는 경우 임금에 해당하지 않는다(경영성과상여금).[2] 또한 예컨대 공기업에서 지급되는 경영평가성과급(성과상여금)이 계속적·정기적으로 지급되고 지급의 대상과 조건 등이 확정되어 사용자에게 지급의무가 있다면 임금이라고 보아야 하고, 평가기관의 경영실적 평가결과에 따라 그 지급 여부나 지급률이 달라지더라도 그렇다.[3]

C. 복리후생적 급여　근로시간에 직접 대응하지 않고 복리후생·생활보조의 명목으로 지급되는 급여를 임금으로 볼 것인지 문제된다.

판례는 전체 근로자에게 지급된 통근수당과 급식비,[4] 체력단련비,[5] 개인연금 보조비,[6] 하계휴가비[7] 등을 임금으로 본다. 또 일정한 요건을 갖춘 근로자에게만 지급되는 가족수당[8] 또는 학비보조금,[9] 차량 소유에 관계없이 일정 직급에 해당하는 자에게 지급되는 차량유지비[10]도 임금으로 인정한다. 복리후생적 급여

10) 대법 2021. 6. 24, 2016다200200(평균임금 포함 여부가 문제된 사건).

1) 대법 2002. 6. 11, 2001다16722; 대법 2005. 9. 9, 2004다41217; 대법 2006. 5. 26, 2003다54322.

2) 대법 2026. 1. 29, 2021다249506; 대법 2026. 1. 29, 2022다255454.

3) 대법 2018. 10. 12, 2015두36157; 대법 2018. 12. 13, 2018다231536.

4) 대법 1996. 5. 10, 95다2227(통상임금에 포함된다고 본 사례).

5) 대법 1993. 5. 27, 92다20316.

6) 대법 2005. 9. 9, 2004다41217.

7) 대법 2006. 5. 26, 2003다54322. 다만 하계휴가비가 휴가를 실시한 자에게만 지급된다면 임금이 아니다(대법 1996. 5. 14, 95다19256).

8) 대법 1990. 11. 27, 90다카23868; 대법 2002. 5. 31, 2000다18127.

9) 대법 1996. 2. 27, 95다37414(반대 판례: 대법 1991. 2. 26, 90다15662).

10) 대법 1997. 5. 28, 96누15084; 대법 2002. 5. 31, 2000다18127. 물론 차량 보유를 조건으로 지급되거나 개인 차량을 업무용으로 사용하는 데 필요한 비용을 보조하기 위하여 지급된다면 실비변상으로서 임금이 아니다(대법 1997. 10. 24, 96다33037; 대법 1995. 5. 12, 94다55934).

라도 근로자 전체 또는 일정한 요건을 갖춘 일부 근로자에게 모두 지급되는 경우에는 임금으로 보는 것이다.

그러나 사내외 운동·레저 등 복리후생 시설 또는 이들 시설 내에서 간식·음료·후생용품 등을 이용하는 이익은 임금으로 인정되지 않는다. 또 사용자가 직원 전용 온라인 쇼핑사이트에서 물품을 구매하는 방식 등으로 사용할 수 있도록 배정한 복지포인트는 근로의 대가가 아니므로 취업규칙 등에 근거하여 계속적·정기적으로 지급했더라도 임금으로 인정되지 않는다.[1] 현물로 제공하는 식사는 그 식사를 하지 않는 자에게 그에 상당하는 금원을 따로 지급하는 경우에는 임금이지만,[2] 그런 금원을 지급하지 않는 경우에는 임금이 아니다.[3]

다. 임금의 법적 성질

복리후생적 급여의 상당 부분이 임금이라면 이들은 그 밖의 임금과 법적 성질을 달리하는 것인지가 문제된다.

임금은 현실적으로 근로를 제공한 것에 대하여 지급되는 교환적 임금과 근로제공과는 무관하게 해당 사업에서 근로자의 지위를 가지는 것에 대하여 지급되는 생활보장적 임금으로 구성된다고 보는 견해가 있다(임금2분설).[4] 근로계약은 근로자가 사업조직에 편입되어 근로자의 지위나 노동관계를 가지기로 약정하는 한편, 사용자의 지시에 따라 구체적인 근로를 제공하기로 약정하는 2중구조를 가지고 있으며, 임금도 이에 상응하여 두 가지 부분으로 나누어진다는 것이다. 대체로 가족수당 등 복리후생적 급여가 생활보장적 임금에 속한다고 한다.

그러나 법률상 임금이 근로의 대가로 규정되어 있는 이상, 어떤 명목의 임금이든 모두 근로제공의 대가이며, 근로제공과 무관하게 근로자의 지위에 근거하여 지급되는 생활보장적 임금이란 있을 수 없다(임금일체설). 가족수당 등도 근로시간에 직접·비례적으로 대응하지 않는다는 의미에서 근로제공과의 밀접도가 약하기는 하지만, 실질적으로는 사용자가 의도하는 근로를 제공한 것에 대한 대가로서 지급되는 것이다.[5]

---

1) 대법 2019. 8. 22, 2016다48785(전합); 대법 2021. 6. 3, 2015두49481.
2) 대법 1993. 5. 11, 93다4816; 대법 2003. 2. 11, 2002다50828.
3) 대법 2002. 7. 23, 2000다29370; 대법 2005. 9. 9, 2004다41217; 대법 2006. 5. 26, 2003다54322.
4) 대법 1992. 3. 27, 91다36307 및 대법 1992. 6. 23, 92다11466의 판결이유 부분에서 제시한 견해. 또 1995년 대법원 전원합의체 판결에서의 소수의견도 이와 같다.
5) 대법 1995. 12. 21, 94다26721(전합). 이로써 판례는 종전의 임금2분설에서 임금일체설로 입장을 변경한 것이다.

2. 평균임금

임금은 당사자 사이에 근로계약으로 정하는 것이지만, 근로자의 실제 근로 시간이나 근무실적 등에 따라 증감·변동될 수 있고, 임금의 지급 여부나 지급액이 구체적인 근로의 질이나 양과 관계없는 조건에 좌우될 수도 있다. 근로기준법 등은 이와 같은 임금의 증감·변동성 등을 고려하여 그 산정 기준이 되는 도구개념으로서 평균임금과 통상임금 두 가지를 사용하고 있다.

평균임금은 휴업수당(근기 46조), 재해보상금(근기 79조 등), 감급제재 한도액(근기 95조), 산재보험급여(산재 52조 등), 퇴직금(퇴급 8조 1항), 실업급여(고보 45조-46조)를 산정하는 기준이 된다.

가. 평균임금의 개념

근로기준법은 '평균임금'이란 이를 산정해야 할 사유가 발생한 날 이전 3개월 동안에 그 근로자에게 지급된 임금의 총액을 그 기간의 총일수로 나눈 금액을 말하고, 근로자가 취업한 후 3개월 미만인 경우도 이에 준한다고 규정하고 있다(근기 2조 1항 6호). 산정기간 동안 지급된 임금의 총액을 기준으로 산정하는 평균임금 제도의 취지는 평소의 생활임금을 사실대로 반영하려는 데 있다.[1)]

'산정해야 할 사유가 발생한 날'은 예컨대 휴업수당의 경우는 사용자의 귀책사유로 휴업한 날, 퇴직금의 경우는 근로자가 퇴직한 날 등을 말한다. 산정기간은 산정 사유가 발생한 날 '이전 3개월 동안'이다.

'임금의 총액'이란 해당 근로자에게 근로의 대가로 지급된 임금의 합계 금액을 말한다. 명칭이나 금품 여하에 관계없이 임금에 해당하는 것은 모두 포함된다.[2)] 산정기간 동안에 '지급된' 임금은 산정기간 동안에 제공된 근로에 대한 임금을 말한다. 근로자에게 실제로 산정기간에 지급되지 않았더라도 산정기간에 제공된 근로에 대하여 지급되어야 할 임금은 평균임금에 산입되어야 하고,[3)] 거꾸로 실제로 산정기간에 지급되었더라도 그 기간 이외의 근로에 대한 임금(정기상여

1) 대법 1995. 2. 28, 94다8631 등.

2) 시행령은 임시로 지급된 임금·수당과 통화 이외의 것으로 지급된 임금은 고용노동부장관이 정한 것을 제외하고는 산입하지 않는다고 규정하고 있으나(2조 2항), 모법의 취지에 정면으로 어긋난다고 생각된다.

3) 근로자가 현실적으로 지급받은 금액뿐 아니라 평균임금을 산정하여야 할 사유가 발생한 때를 기준으로 사용자가 지급 의무를 부담하는 금액도 포함된다(대법 2023. 4. 13, 2022두64518). 한편 그때를 기준으로 지급 사유의 발생이 확정되지 아니한 금품은 포함되지 않는다(대법 2024. 1. 25, 2022다215784).

금이나 연차휴가수당이 이에 해당할 수도 있음)은 평균임금 산정에서 제외된다.

3개월 '기간의 총일수'는 3개월 동안의 근로일수가 아니라 달력상의 총일수(89일부터 92일)를 말한다.

근로자가 '취업한 후 3개월 미만'인 경우에도 그렇지 않은 경우에 '준한다'는 것은 산정 사유가 발생한 날 이전의 산정기간(3개월 미만)에 받은 임금의 총액을 그 기간의 총일수로 나눈 금액을 평균임금으로 한다는 의미이다.

나. 평균임금의 최저액

평균임금 금액이 통상임금보다 적으면 그 통상임금액을 평균임금으로 한다(근기 2조 2항). 산정기간 동안 잦은 결근 등으로 평균임금이 대폭 줄어드는 경우 통상임금액을 최저한으로 함으로써 근로자가 받을 불이익을 최소화하려는 것이다.

다. 평균임금 산정의 특례

근로기준법 시행령은 평균임금 산정의 특례를 다음과 같이 규정하고 있다.

(1) 평균임금 산정기간에 ① 근로계약을 체결하고 수습 중에 있는 근로자가 수습을 시작한 날부터 3개월 이내의 기간, ② 사용자의 귀책사유로 휴업한 기간, ③ 출산전후휴가(유산·사산휴가 포함)의 기간, ④ 업무상 부상·질병의 요양을 위하여 휴업한 기간, ⑤ 육아휴직의 기간, ⑥ 쟁의행위의 기간, ⑦ 병역의무, 예비군 또는 민방위 의무 이행을 위한 휴직·결근으로 임금을 받지 못한 기간, ⑧ 업무 외의 부상·질병, 그 밖의 사유로 사용자의 승인을 받아 휴업한 기간이 포함된 경우에는 그 기간과 그 기간에 지급된 임금을 평균임금 산정에서 각각 제외한다(2조 1항).[1] 근로자의 정당한 권리행사 또는 근로자에게 책임을 돌리기에 적절하지 않은 사유로 근로자가 평균임금 산정에서 불이익을 입지 않도록 하려는 취지에서 특별히 설정한 규정이다.

제외기간이 3개월 미만인 경우에는 3개월에서 제외기간을 뺀 나머지 기간을 산정기간으로 하여 평균임금을 산정하고, 제외기간이 3개월 이상인 경우에는 제외기간 이전의 3개월을 산정기간으로 하여 평균임금을 산정해야 할 것이다. 3개월 이내의 기간 동안 수습 중에 있는 근로자로서 산정 사유가 수습기간 도중에 발생한 경우에는 그 이전의 기간이 없으므로 제외기간의 적용을 배제하고 취업 후 3개월 미만인 경우로 보아 평균임금을 산정할 수밖에 없을 것이다.[2]

---

1) 남녀고용평등법은 육아기 근로시간단축의 기간, 가족돌봄 휴직과 가족돌봄휴가의 기간, 그리고 가족돌봄 등을 위한 근로시간단축의 기간을 평균임금 산정기간에서 제외한다고 규정하고 있다(19조의3 4항, 22조의2 6항, 22조의4 4항).

한편 '쟁의행위의 기간'은 제외기간 규정의 취지에 비추어 볼 때 정당한 쟁의행위의 기간만을 의미한다고 해석된다.[1] 직장폐쇄의 기간에 관해서는 정당한 직장폐쇄의 결과 사용자가 임금지급 의무를 면하는 기간은 원칙적으로 쟁의행위의 기간에 해당하지만(직장폐쇄 기간이 근로자들의 위법한 쟁의행위 참가 기간과 겹치는 경우는 제외), 위법한 직장폐쇄로 임금지급 의무를 부담하는 경우에는 쟁의행위의 기간에 해당하지 않는 것으로 해석된다.[2]

(2) 일용근로자의 평균임금은 고용노동부장관이 정하는 바에 따른다(3조).

(3) 근로기준법상의 재해보상금과 업무상 부상·질병을 당한 근로자의 퇴직금을 산정할 때의 평균임금은 일정한 범위 안에서 동료 근로자의 임금 변동을 반영하는 방법으로 산정하도록 별도의 특례가 마련되어 있다(5조 참조).

(4) 이상의 방법으로 평균임금을 산정할 수 없는 경우에는 고용노동부장관이 정하는 바에 따른다(4조). '산정할 수 없는 경우'는 기술상 산정이 불가능한 경우뿐만 아니라 근로기준법과 시행령의 관련 규정에 따라 산정하는 것이 현저하게 부적당한 경우도 포함하는 것이고, 고용노동부장관이 정하지 않았으면 제소사건의 해결을 위하여 법원이 정해야 하며, 근로자 개인의 특별한 사유로 산정기간 동안 지급된 임금의 총액이 평소보다 현저하게 적거나 많을 경우에는 평균임금 제도의 취지에 맞는 합리적이고 타당한 다른 방법으로 그 평균임금을 따로 산정해야 한다.[3]

이에 따라 판례는 구속 수감으로 3개월 이상 휴직한 후 퇴직한 경우 휴직 전 3개월간의 임금을 기준으로 평균임금을 산정하고,[4] 일정한 기간 동안 평균임금을 늘리려는 의도적인 근무행위를 하여 평소보다 현저히 증가한 특정명목의 임금과 해당 기간은 평균임금 산정에서 제외하며,[5] 산정기간에 임금을 지급받지 못한 기간이 있는 경우 그 직전의 시점을 기준으로 1년 동안을 산정기간으로 하여 산정하기도 한다.[6]

---

2) 대법 2014. 9. 4, 2013두1232는 수습기간 도중에 산정 사유가 발생한 경우에는 수습기간 이후의 정상적 근로에 대한 임금이 아니라 산정 사유가 발생한 당시의 임금, 즉 수습근로자로서의 임금을 기준으로 평균임금을 산정한다.

1) 대법 2009. 5. 28, 2006다17287.

2) 대법 2019. 6. 13, 2015다65561.

3) 대법 1999. 11. 12, 98다49357; 대법 2013. 10. 11, 2012다12870.

4) 대법 1999. 11. 12, 98다49357. 이에 대하여 대법 1994. 4. 12, 92다20309는 구속 수감으로 직위해제 처분을 받은 기간과 그 기간에 지급받은 임금은 평균임금의 산정에서 제외할 수 없고, 통상임금을 평균임금으로 해야 한다고 한다.

5) 대법 1995. 2. 28, 94다8631; 대법 2009. 10. 15, 2007다72519.

3. 통상임금

통상임금은 연장·휴일·야간근로에 대한 가산임금(근기 56조), 해고예고수당(근기 26조), 연차휴가수당(근기 60조 5항)을 산정하는 기준이 된다. 또 통상임금은 평균임금의 최저액 또는 조정 기준이 되기도 한다(근기 2조 2항, 영 5조 참조). 그리고 주휴일 등 유급휴일에 쉬더라도 당연히 지급되어야 할 임금도 통상임금을 기준으로 산정해야 할 것으로 이해되고 있다.

통상임금의 개념에 관하여 그동안 논란이 많았는데, 2013년 대법원 전원합의체가 그 동안의 논란을 정리하는 의미의 판결을 내놓았다.[1] 이후 2024년 대법원 전원합의체가 통상임금의 개념을 다시 수정하는 판결을 내놓았다.[2] 이로써 이 판결과 배치되는 행정해석이나 종전 판결의 견해는 무의미하게 되었다. 이하 2024년 대법원 전원합의체 판결을 중심으로 판례가 제시하는 통상임금의 개념과 산입 범위 등에 관하여 살펴보기로 한다.

가. 통상임금의 개념 및 판단기준

근로기준법 시행령은 '통상임금'이란 근로자에게 정기적이고 일률적으로 소정근로 또는 총 근로에 대하여 지급하기로 정한 시간급 금액, 일급 금액, 주급 금액, 월급 금액 또는 도급 금액이라고 규정하고 있다(영 6조 1항). '소정근로'란 근로자가 소정근로시간(1일 8시간, 1주 40시간 등의 법정근로시간 범위에서 당사자 사이에 정한 근로시간; 근기 2조 1항 8호)에 통상적으로 제공하는 근로를 말한다.[3]

판례에 따르면, 통상임금은 소정근로의 대가로서 정기적, 일률적으로 지급하기로 정한 임금을 말한다. 근로자와 사용자가 소정근로시간에 제공하기로 정한 근로의 대가라는 '소정근로 대가성', 임금의 지급 시기와 지급 대상이 미리 일정하게 정해졌을 것을 요구하는 '정기성'과 '일률성'의 개념을 통하여 통상임금에 해당하는지 여부를 판단한다. 통상임금은 근로기준법이 규정한 여러 임금을 산정하는 기준이 되므로, 그 본질은 근로자가 소정근로시간에 제공하기로 정한 근로의 가치를 평가한 기준임금이라는 데에 있다. 정기성과 일률성은 그 임금이 소정

---

6) 대법 2013. 10. 11, 2012다12870.

1) 대법 2013. 12. 18, 2012다89399(전합)<핵심판례>; 대법 2013. 12. 18, 2012다94643(전합).

2) 대법 2024. 12. 19, 2020다247190(전합)<핵심판례>; 대법 2024. 12. 19, 2023다302838(전합).

3) '총 근로'는 도급임금인 경우를 상정한다. 즉 도급임금으로 지급되는 경우 통상임금은 총 근로에 대하여 지급하기로 정한 도급임금을 말한다.

근로의 대가인 임금임을 뒷받침하는 개념적 징표이다.

근로자가 소정근로를 온전하게 제공하면 그 대가로서 정기적, 일률적으로 지급하도록 정해진 임금은 그에 부가된 조건의 존부나 성취 가능성과 관계없이 통상임금에 해당한다. 임금에 부가된 조건은 해당 임금의 객관적 성질을 실질적으로 판단하는 과정에서 소정근로 대가성이나 정기성, 일률성을 부정하는 요소 중 하나로 고려될 수는 있지만, 단지 조건의 성취 여부가 불확실하다는 사정만으로 통상임금성이 부정된다고 볼 수는 없다.[1]

통상임금은 '소정근로의 온전한 제공'이라는 요건이 충족되면 이를 이유로 지급되는 가상의 임금이므로, 통상임금의 개념에는 '임금 지급에 관한 일정한 사전적 규율'의 의미가 내포되어 있다.[2] 이 점에서 일정 기간 실제 지급된 임금의 총액을 기초로 사후적으로 산정되는 평균임금과 구별된다.

A. 소정근로의 대가 통상임금은 소정근로의 대가로 지급하기로 정한 임금이다. 기본급[3]은 물론, 직책·직급·특수 업무·기술·자격·경력을 조건으로 지급되는 수당도 기본급에 준하는 것으로서 통상임금에 포함된다.[4] 그러나 소정근로시간을 초과한 근로에 대한 임금[5] 또는 소정근로의 온전한 제공 이외에 추가적인 다른 조건을 성취하여야 지급되는 임금은[6] 소정근로의 대가가 아니므로 통

1) 이 점에서 2024년 전원합의체 판결은 '고정성'을 통상임금의 개념적 징표에서 제외한다.

2) 따라서 설령 근로자의 소정근로의 온전한 제공을 하지 못해 조건부 임금을 지급받지 못했더라도 그 임금도 그 근로자에게 통상임금에 해당한다.

3) '기본급'은 일반적으로 1시간, 1일 또는 1개월에 대하여 일정한 금액으로 정한다. 다시 개개인의 학력·경력·근속 기간 등 속인적 요소에 따라 결정되는 '연공급'(속인급), 직무 내용에 따라 정해지는 '직무급', 해당 사업에서의 직무수행 능력(자격·직능)에 따라 정해지는 '직능급'으로 구분된다. 물론 이들은 병용되기도 한다.

4) 임금 협상이 타결되면 기본급 인상분을 소정의 기준일에 소급하여 지급하기로 한 경우 기본급 인상 소급분은 통상임금에 포함된다(대법 2021. 8. 19, 2017다56226).

5) 월급제에서 고정시간외수당(고정 OT)은 초과근로에 대한 대가를 초과시간 수에 상응하지 않게 고정적으로 계산된 금액을 지급하지만, 그 실질이 소정근로시간을 초과하여 제공하는 근로의 대가로 지급되는 시간외근로수당이라면 통상임금에 속하지 않는다(대법 2021. 11. 11, 2020다224739).

6) 후술하는 성과급이 그러하다. 대법 2025. 2. 13, 2020다272646은 여객운수업의 운전기사에게 '무사고' 또는 '교통사고 발생 시 근로자의 과실이 일정 비율 이하일 것'을 추가적인 지급요건으로 하는 특별수당·무사고수당을 소정근로 대가성이 결여되었다고 보았다. 그러한 수당은 일종의 성과급에 해당하므로 통상임금에 해당하지 않는다. 대법 2025. 1. 23, 2019다204876은 장애인수첩 소지자에게 지급되는 장애인수당은 소정근로의 가치 평가와 무관하므로 소정근로의 대가로 볼 수 없다지만, 장애인 근로자의 노동의 가치를 높게 평가하는 것으로 통상임금에 해당한다고 보는 것이 타당하다.

상임금에 속하지 않는다.

B. 정기적 지급 통상임금은 지급 시기가 미리 일정하게 정해져 정기적으로 지급되는 임금이다. 즉 통상임금이 되려면 일정한 간격을 두고 미리 정한 시기에 계속적으로 지급되는 것이어야 한다.

통상임금은 1개월 이내의 주기마다 지급되는 임금으로 한정되는 것이 아니다. 근로기준법 시행령에서 통상임금을 '시간급·일급·주급·월급' 금액으로 규정한 것은 산정·지급 주기가 다양한 임금의 형태를 예시한 것에 불과하다. 따라서 지급 주기가 1개월을 넘는 정기상여금(지급 시기와 지급액이 미리 정해 있는 상여금) 등도 통상임금에 포함될 수 있다.[1)]

C. 일률적 지급 통상임금은 지급 대상이 미리 일정하게 정해져 일률적으로 지급되는 임금이다. 즉 통상임금에 속하려면 일률적으로 지급되는 것이어야 한다.

급식비나 통근수당 등 복리후생적 급여라도 모든 근로자에게 지급되는 것은 일률적으로 지급된 것으로서 통상임금에 포함된다.[2)] 뿐만 아니라 일정한 조건(작업 내용이나 기술·경력 등 소정근로의 가치평가와 관련된 조건)을 충족하는 근로자에게만 지급되는 것도 일률적으로 지급되는 것에 포함된다. 따라서 예컨대 일정한 자격을 가진 근로자에게 자격수당 등의 명목으로 금품을 지급하는 경우에 그러한 자격의 유무나 내용이 소정근로의 질이나 내용에 영향을 미칠 수 있다면 소정근로의 가치 평가와 관련된 일정한 조건이라고 볼 수 있으므로 자격수당 등의 명목으로 지급된 금품은 통상임금에 해당할 수 있다.[3)]

휴직자·복직자 또는 징계대상자 등에 대하여 특정 임금을 지급하지 않거나 감액하여 지급하는 경우라도 이는 해당 근로자의 개인적인 특수성을 고려하여 지급을 제한하는 것에 불과하므로 그러한 사정을 들어 정상적인 근로자에게 일률성을 부정할 수는 없다.[4)]

가족수당은 부양가족이 있는 근로자에게만 지급되는 경우에는 소정근로의 가치평가와 무관한 조건에 따라 지급되는 것이므로 일률성이 없고 통상임금에서

1) 대법 2013. 12. 18, 2012다89399(전합).
2) 대법 1996. 5. 10, 95다2227; 대법 2007. 6. 15, 2006다13070; 대법 2011. 9. 8, 2011다22061 등.
3) 대법 2020. 6. 25, 2015다61415(항공운송회사가 국제선 승무원들에게 공인어학자격시험 취득 점수 등을 기준으로 어학자격등급을 부여한 후 등급에 따라 지급한 '캐빈어학수당'은 통상임금에 포함된다).
4) 대법 2013. 12. 18, 2012다89399(전합).

제외된다. 다만 모든 근로자에게 기본 금액을 지급하면서 부양가족이 있는 자에게만 일정액을 추가적으로 지급하는 경우 그 기본 금액은 통상임금에 속한다.[1)]

나. 여러 임금 항목의 판단

A. 근속기간에 따른 임금 근속기간에 따라 지급 여부 또는 지급액이 달라지는 임금(근속수당)의 경우[2)] 근속기간은 소정근로의 가치평가와 관련된 일정한 조건에 해당하여 일률성이 있고, 근속기간이 얼마인지에 따라 계속 지급되어 정기성도 있어 소정근로의 가치를 정한 통상임금에 해당한다.

B. 근무일수에 따른 임금 근무일마다 일정액이 지급되는 임금(근무일수에 따라 일할 계산하여 지급되는 임금)은[3)] 하루 소정근로의 대가로서 정한 일급 임금에 속하므로 정기성이 인정되어 통상임금이다. 소정근로일수 이내로 정해진 근무일수 조건을 충족하여야 지급되는 임금은 그 조건이 소정근로를 온전하게 제공하는 근로자라면 충족할 조건이므로 통상임금성이 부정되지 않는다.[4)] 반면 소정근로일수를 초과하는 근무일수를 조건으로 하는 임금은 소정근로를 제공하였다고 하여 지급되는 것이 아니고 소정근로를 넘는 추가 근로의 대가이므로 통상임금이 아니다.[5)]

C. 근무실적에 따른 임금 근로자의 근무실적에 따라 지급되는 성과급은 단순히 소정근로를 제공하였다고 지급되는 것이 아니라 실근로를 제공하여 일정한 업무성과를 달성하거나 그에 대한 평가결과가 어떠한 기준에 이르러야 지급된다. 이처럼 성과급은 소정근로의 대가를 사전에 정한 임금이 아니므로 통상임금에 해당되지 않는다. 다만 근무실적과 무관하게 최소한도의 일정액을 지급하기로 정한 경우 그 금액은 소정근로에 대한 대가에 해당하므로 통상임금이다.[6)] 한편 전년도 근무실적에 따라 당해 연도에 특정 임금의 지급 여부나 지급액을 정하는 경우 그 임금은 당해 연도의 소정근로의 대가로 정한 임금으로 통상임금에 해

1) 대법 2013. 12. 18, 2012다89399(전합).
2) 대법 2014. 8. 28, 2013다74363.
3) 대법 2014. 8. 28, 2013다74363(교통목욕비); 대법 2015. 6. 24, 2012다118655(근무일에 1천원씩 지급된 일비).
4) 대법 2024. 12. 19, 2023다302838(전합)(15일의 근무일수 조건이 있는 상여금).
5) 소정근로일수는 근로기준법이 정한 범위 내에서 기본적으로 근로관계 당사자가 자유롭게 정할 수 있지만, 오로지 어떤 근무일수 조건부 임금을 통상임금에서 제외할 의도로 근무실태와 동떨어진 소정근로일수를 정하는 경우처럼 통상임금의 강행성을 잠탈하려는 경우에는 그 합의의 효력이 부정된다.
6) 대법 2024. 12. 19, 2020다247190(전합)(기관장 성과급 중 월 최소 지급분); 대법 2025. 8. 14, 2023다216777.

당하지만,[1] 그 임금이 전년도 근무실적에 따른 임금인데 지급 시기만 당해 연도로 정한 것이라고 볼 만한 특별한 사정이 있는 경우에는 전년도에 대한 성과급 임금이어서 통상임금에 해당하지 않는다.[2]

D. 재직 조건이 부가된 임금 어떠한 임금을 지급받기 위하여 특정 시점에 재직 중이어야 한다는 조건이 부가되어 있다는 사정만으로 그 임금의 소정근로 대가성이나 통상임금성이 부정되지 않는다.[3] 왜냐하면 통상임금은 실근로와 구별되는 소정근로의 가치를 반영하는 도구개념이므로, 계속적인 소정근로의 제공이 전제된 근로관계를 기초로 산정하기 때문이다. 퇴직은 실근로의 제공을 방해하는 장애사유일 뿐, 근로자와 사용자가 소정근로시간에 제공하기로 정한 근로의 대가와는 개념상 아무런 관련이 없다.

다. 새로운 법리의 효력 범위

2013년 전원합의체 판결은 '조건의 충족 여부와 관계없이 임금의 지급 여부나 지급액이 사전에 확정될 것'을 의미하는 고정성을 통상임금의 개념적 징표로 제시하였다. 그에 따라 재직조건이 부가된 임금은 지급기준일에 재직이라는 조건의 성취 여부가 불확실하므로 고정성이 부정되고, 근무일수 조건이 부가된 임금은 일정 근무일수의 충족이라는 조건의 성취 여부가 불확실하므로 고정성이 부정된다고 판단했다. 그러나 이러한 의미의 고정성 개념은 근로기준법 시행령의 통상임금에 관한 정의규정(6조 1항)을 비롯한 근로관계법령 어디에도 근거가 없다. 고정성 개념은 통상임금의 범위를 법령상 근거 없이 축소시킨다. 이로써 연장근로 등에 대한 정당한 보상이 이루어지지 못해 연장근로 등을 억제하려는 근로기준법의 취지에 부합하지 않는다. 또한 고정성을 통상임금의 개념적 징표로 삼으면 근로관계 당사자가 어떤 임금에 재직조건이나 근무일수 조건과 같은 지급조건을 부가하여 쉽게 그 임금을 통상임금에서 제외할 수 있도록 허용함으로써 통상임금의 강행성을 잠탈할 위험도 초래된다. 통상임금은 법적 개념이자 강행적 개념이므로, 원칙적으로 법령의 정의와 취지에 충실하면서도 당사자가 이를 임의로 변경할 수 없도록 해석해야 한다. 그리하여 2024년 전원합의체 판결은 고정성을 통상임금의 개념적 징표에서 제외했고, 재직조건이 부가된 임금 및 근무일수 조건이 부가된 임금에 대해 그러한 조건이 있더라도 통상임금에 해당한다고 해석을 변경했다.

1) 대법 2015. 11. 26, 2013다69705와 대법 2015. 11. 27, 2012다10980(전년도의 인사평가 등급에 따라 소정 금액으로 책정되어 해당연도 1년 동안 매월 분할 지급되는 업적연봉); 대법 2016. 1. 14, 2012다96885(전년도 인사평가 결과에 따라 그 지급액이 달라지는 정기상여금).

2) 대법 2020. 6. 11, 2017다206670.

3) 대법 2024. 12. 19, 2020다247190(전합)(재직조건부 상여금)

또한 2024년 전원합의체 판결은 새로운 판례의 관철 필요성과 신뢰보호의 필요성을 형량한 결과로 새로운 법리의 소급효를 제한한다고 밝혔다. 즉 판결 선고일인 2024. 12. 19. 이후 제공한 연장근로 등에 대한 법정수당은 새로운 법리에 따른 통상임금의 범위를 기초로 지급액을 산정하고, 그날 전까지 제공한 연장근로 등에 대한 법정수당은 종래 법리에 따른 통상임금을 기초로 산정한다. 다만 이미 소송이 제기되어 법원에 계속 중인 사건은 적극적으로 권리구제를 도모한 당사자의 구제를 위해 새로운 법리가 소급적으로 적용된다.

라. 통상임금 제외 합의와 추가임금의 청구

법률상 통상임금에 해당하는 임금을 통상임금에서 제외하기로 하는 노사합의(단체협약, 취업규칙, 묵시적 합의 등)는 무효이고 근로자는 그 제외된 임금을 포함시켜 연장근로수당 등 추가임금을 청구할 수 있다.[1] 예컨대 노사합의에 따라 통상임금의 성질을 가지는 임금을 일부 제외한 채 연장근로수당 등을 계산한 금액(소정수당 금액)이 근기법에 따라 계산한 금액(법정수당 금액)에 미달할 때에는 그 미달하는 범위 내에서 무효이므로 사용자는 차액을 지급하여야 한다. 또한 시급제나 일급제 근로자는 법상의 통상임금에 속하는 매월 지급되는 고정수당을 포함하여 새로 산정한 시간급 통상임금을 기준으로 계산한 주휴수당액과 이미 지급받은 주휴수당액의 차액을 청구할 수 있다.[2]

그런데 2013년 대법원 전원합의체 판결은 노사 간에 정기상여금이 통상임금에 해당하지 않는다고 신뢰한 상태에서 정기상여금을 제외하기로 합의를 했는데, 근로자가 그 합의의 무효를 주장하며 정기상여금을 통상임금에 산입하여 추가임금을 청구함으로써 기업에 중대한 경영상 어려움을 초래하게 되는 경우에는 신의칙 위배로 보아 그 추가임금의 청구를 배척했다.[3]

그러나 그 후에는 정기상여금과 관련하여 통상임금을 재산정하여 추가임금을 청구하는 것에 대하여 기업을 경영하는 주체는 사용자이고 기업의 경영 상황은 기업 내외의 여러 경제적·사회적 사정에 따라 수시로 변할 수 있는데 통상임금 재산정에 따른 근로자의 추가 법정수당 청구를 중대한 경영상의 어려움을 초래하거나 기업 존립을 위태롭게 한다는 이유로 배척한다면 기업 경영에 따른 위험을 사실상 근로자에게 전가하는 결과가 초래될 수 있으므로 신의칙 위배인지 여부는 신중하고 엄격하게 판단해야 한다고 신중론을 펴는 판

1) 대법 2013. 12. 18, 2012다89399(전합).
2) 대법 2025. 1. 23, 2019다204876.
3) 대법 2013. 12. 18, 2012다89399(전합). 그 후 대법 2014. 5. 29, 2012다116871; 대법 2020. 6. 25, 2015다61415 등도 신의칙 위배로 보았다.

결이 많이 나왔다.[1] 또 정기상여금이 아니라 근속수당 등을 통상임금에 가산하여 추가 법정수당 등의 지급을 구한 것은 신의칙 위배가 아니다.[2]

마. 임금의 형태와 시간급 통상임금

근로자에게 지급되는 임금은 그 산정기간에 따라 시급·일급·월급 등 다양한 형태를 보인다. 통상임금은 기본적으로 연장근로나 야간근로 등에 대한 임금을 산정하는 기준임금이어서 시간급으로 환산·산출할 필요가 있다(시급은 그 자체가 통상임금이므로 제외). 한편, 동일한 근로자에게 형태와 명목을 달리하는 2개 이상의 임금이 지급되는 경우 통상임금을 산정하려면 각각의 임금에 대하여 시간급 통상임금을 환산한 다음 이들을 합산해야 한다.

(1) 근로자가 근로기준법상의 휴일(주휴일과 공휴일·대체공휴일)에 쉬고 1주와 1일의 법정근로시간을 초과하지 않고 근로할 것(야간근로도 없이)을 전제로 일급·월급 등의 형태로 임금이 정해진 경우에는 그 일급·월급 등으로 정해진 금액을 일·월 등 산정기간 중의 총근로시간으로 나눈 금액이 시간급 통상임금이 된다. 일급 형태에서는 1일의 약정근로시간(흔히 8시간)이 총근로시간이 되지만, 월급 형태에서는 1월간의 약정근로시간에 1개월간 근로기준법상의 휴일에 근로한 것으로 간주되는 시간을 합산한 시간을 총근로시간으로 한다.[3]

(2) 근로자가 법정근로시간을 초과하여 근로할 것을 전제로 일급·월급 형태의 임금이 정해진 경우에는 시간급 통상임금을 산정할 때에 총근로시간을 어떻게 산정할 것인가가 문제된다.

당사자 사이에 소정의 일급·월급 형태의 임금은 연장근로에 대한 가산임금(예컨대 통상임금의 50% 가산)을 포함한 것이라는 합의가 있다고 인정되는 경우에는 시간급 통상임금의 산정 기초가 되는 총근로시간에 약정근로시간을 합산할 때에 가산임금 산정을 위한 가산율(앞의 예에서는 50%) 고려한 연장근로시간 수를 합산하

---

1) 대법 2019. 2. 14, 2015다217287; 대법 2019. 4. 23, 2014다27807; 대법 2019. 4. 23, 2016다37167; 대법 2020. 8. 20, 2019다14110; 대법 2021. 1. 14, 2020다242423; 대법 2021. 3. 11, 2017다259513; 대법 2021. 12. 16, 2016다7975는 신의칙 위배가 아니라고 결론짓는다.

2) 대법 2019. 6. 13, 2015다69846.

3) 예컨대 약정근로시간이 1주 40시간이고 1주에 유급휴일 1일인 경우, 1주의 총근로시간은 40시간에 8시간을 더한 48시간이 되고, 여기에 1월의 평균 주 수 4.345(= 365 ÷ 7 ÷ 12)를 곱한 209시간이 1월의 총근로시간이 된다. 또한 토요일과 일요일을 유급휴일로 하는 경우 1주의 총근로시간은 56시간이 되어, 1월의 총근로시간은 243시간이 된다(대법 2024. 12. 19, 2020다247190(전합)).

는 것이 적절하다.

그러나 당사자 사이에 일급·월급 형태의 임금이 연장근로에 대한 가산임금을 포함한 것인지, 가산율은 얼마인지 등에 관하여 아무런 정함이 없는 경우에는 시간급 통상임금의 산정 기초가 되는 총근로시간에 약정근로시간을 합산할 때에 근로자가 실제로 근로를 제공하기로 약정한 시간 자체를 합산해야 할 것이지 가산임금 산정을 위한 가산율을 고려한 연장근로시간 수를 합산할 것은 아니다.[1)]

Ⅱ. 임금 수준의 보호

1. 최저임금

가. 최저임금제도의 의의

최저임금제란 국가가 임금 수준의 최저한도를 정하고 이를 사용자가 준수하도록 강제하는 제도이다. 임금 수준, 즉 임금액은 본래 근로계약 당사자 사이에 자유롭게 정해야 하지만(근기 4조) 사적 자치에만 맡겨 두면 힘의 불균형 등 때문에 근로자의 인간다운 생활을 해칠 정도의 낮은 임금이 결정될 우려가 있다. 단체교섭을 통한 임금의 결정도 노동조합이 없거나 있더라도 교섭력이 약하면 크게 도움이 되지 않는다. 이 때문에 국가가 노사의 임금 수준 결정에 개입하여 그 최저기준을 설정할 필요가 있다.

최저임금법은 '근로자에 대하여 임금의 최저수준을 보장하여 근로자의 생활안정과 노동력의 질적 향상을 기'할 것을 목적으로(최임 1조) 제정되었고, 고용노동부장관이 결정·고시하는 최저임금액 이상의 임금이 지급되도록 강제하려는 것이다.

최저임금법은 근로자를 사용하는 모든 사업 또는 사업장(이하 최저임금법에서는 '사업'이라 함)에 적용하며, 다만 동거하는 친족만을 사용하는 사업, 가사사용인, 그리고 선원법의 적용을 받는 선원이나 선원을 사용하는 선박소유자에 대해서는 적용하지 않는다(3조 1항·2항).[2)]

나. 최저임금의 결정·고시

(1) 최저임금법은 고용노동부장관은 매년 8월 5일까지 최저임금을 결정하되

1) 대법 2020. 1. 22, 2015다73067(전합).
2) 공직선거에서 선거운동원에게 수당이나 실비를 보상하는 것에는 최저임금법이 적용되지 않는다(대법 2020. 1. 9, 2019도12765).

최저임금위원회에 심의를 요청하여 이 위원회가 심의·의결한 최저임금안에 따라 최저임금을 결정해야 한다고 규정하고 있다(8조 1항). 국가가 최저임금을 결정하는 방식에는 일정한 지역에서 지배적으로 적용되는 단체협약을 확장적용하는 방식과 전문위원회의 심의에 기초하여 결정하는 방식 및 양자를 병용하는 방식이 있는데, 현행법은 심의방식을 채택한 것이다.

최저임금법에 따르면, 최저임금위원회는 근로자·사용자·공익을 대표하는 각 9명의 위원으로 구성한다(14조 1항). 회의는 재적위원 과반수의 출석(노사위원 각 3분의 1 이상 출석)과 출석위원 과반수의 찬성으로 의결함을 원칙으로 한다(17조 3항).

(2) 최저임금은 근로자의 생계비, 유사근로자의 임금, 노동생산성, 소득분배율 등을 고려하여 정해야 하며, 이 경우 사업의 종류별로 구분하여 정할 수 있다(4조 1항). 그러나 지금까지 사업의 종류별로 구분하지 않고 전 사업에 적용할 단일의 최저임금을 정해 왔다.

최저임금액은 시간·일·주 또는 월을 단위로 정해야 한다(5조 1항). 지금까지 시간급을 기본단위로 정해 왔다.

(3) 1년 이상의 기간을 정하여 근로계약을 체결하고 수습 중에 있는 근로자로서 수습을 시작한 날부터 3개월 이내인 자에 대해서는 시행령으로 정하는 바에 따라 고시된 최저임금액과 다른 최저임금액을 정할 수 있으며,[1] 다만 단순노무업무로 고용노동부장관이 정하여 고시한 직종에 종사하는 근로자는 제외한다(5조 2항). 집중적으로 업무를 숙련하는 기간에 대해서는 최저임금액보다 적은 임금을 지급할 수 있도록 하되, 단순노무업무의 경우 기능 숙련 기간이 필요하지 않다는 점에서 단순업무 종사자는 감액 대상에서 제외한 것이다.

(4) 고용노동부장관은 최저임금을 결정한 때에는 지체 없이 그 내용을 고시해야 하고, 최저임금은 다음 연도 1월 1일부터 효력이 발생한다(10조).[2]

다. 최저임금의 적용

(1) 최저임금법에 따르면, 사용자는 최저임금의 적용을 받는 근로자에 대하여 최저임금액 이상의 임금을 지급해야 하며, 최저임금법에 따른 최저임금을 이유로 종전의 임금 수준을 저하시켜서는 안 된다(6조 1항·2항; 벌칙 28조 1항). 최저임

1) 시행령은 이 규정에 따른 수습 근로자에 대해서는 고시된 최저임금액의 90%를 해당 근로자의 최저임금액으로 한다고 규정하고 있다(영 3조 1항).

2) 2024. 1. 1.-12. 31. 기간에 사업의 종류별 구분 없이 모든 사업장에 동일하게 적용하기로 결정·고시된 최저임금액은 시간급 9,860원이고, 월환산액(주 소정근로 40시간 근무할 경우, 주당 주휴일 8시간 포함하여 월 209시간 기준)은 2,060,740원이다.

금액에 미달하는 임금을 정한 근로계약은 그 부분에 한하여 무효이며, 무효가 된 부분은 최저임금액과 동일한 임금을 지급하기로 정한 것으로 본다(6조 3항). 따라서 당사자 사이에 최저임금액에 미달하는 임금을 지급하기로 합의했더라도 사용자는 최저임금액을 지급해야 한다.

고시된 최저임금액에 미달하는지 여부를 판단할 때에 근로자에게 실제로 지급된 임금(비교대상임금)을 놓고 비교해야 한다. 비교대상임금에 매월 1회 이상 정기적으로 지급하는 임금은 산입하고, ① 소정근로시간[1] 또는 소정의 근로일에 대하여 지급하는 임금 외의 임금으로서 시행규칙으로 정하는 임금,[2] ② 식비, 숙박비, 교통비 등 근로자의 생활보조 또는 복리후생을 위한 성질의 임금으로서 통화 이외의 것으로 지급하는 임금은 산입하지 않는다(6조 4항; 부칙 2조 1·2항).[3]

최저임금법은 사용자가 비교대상임금에 포함시키기 위하여 수개월 주기로 지급하던 상여금 등을 총액의 변동 없이 매월 지급하도록 취업규칙을 변경할 경우에는 해당 사업 또는 사업장에 근로자의 과반수로 조직된 노동조합이 있는 경우에는 그 노동조합, 근로자의 과반수로 조직된 노동조합이 없는 경우에는 근로자의 과반수(근로자집단)의 의견을 들어야 한다고 규정하고 있다(6조의2; 벌칙 28조 3항). 이와 같은 취업규칙 변경에 근로자집단의 동의를 받는 번거로운 절차가 아니라 근로자집단의 의견을 듣는 손쉬운 절차를 거치도록 한 것이다.

비교대상임금이 주 또는 월 단위로 지급된 경우 시간급으로 정해진 최저임금액에 미달하는지를 판단하려면 비교대상임금을 시간급으로 환산하여 비교해야 한다. 이에 관하여 시행령은 주 또는 월 단위로 지급된 비교대상임금을 해당 기간의 소정근로시간 수와 주휴수당 지급 시간 수를 합산한 시간 수로 나눈 금액을

1) 소정근로시간은 근기법 2조 1항 8호에 따른 근로시간, 즉 기준근로시간 범위 내에서 근로자와 사용자가 정한 근로시간을 뜻한다. 기준근로시간을 초과하는 근로시간을 근로계약에서 근로하기로 정한 경우 약정 연장근로시간일 뿐 소정근로시간에 해당하지 않는다(대법 2024. 12. 26, 2020다300299).

2) 연장근로수당·휴일근로수당까지 합산하여야 최저임금액 이상이 된다면 연장근로·휴일근로를 사실상 강제하는 것이며 근로자의 생활 안정이라는 취지에 어긋난다. 시행규칙은 '소정근로시간 또는 소정의 근로일에 대하여 지급하는 임금 외의 임금'에 대해 ① 연장근로 또는 휴일근로에 대한 임금 및 연장·야간 또는 휴일 근로에 대한 가산임금, ② 연차 유급휴가의 미사용수당, ③ 유급으로 처리되는 휴일(주휴일 제외)에 대한 임금, ④ 그 밖에 명칭에 관계없이 이에 준하는 것으로 인정되는 임금이라 규정한다(2조 1항).

3) 종전에는 ① 상여금이나 이에 준하는 것으로서 월 환산액의 일정 비율과 ② 통화로 지급되는 생활 보조 또는 복리후생 성질의 임금으로서 월 환산액의 일정 비율을 비교대상임금에서 제외하였었는데, 이제는 부칙의 경과규정에 따라 제외되는 비율이 없어져 그 전액을 비교대상임금에 산입한다.

시간급 비교대상임금으로 하도록 규정하고 있다(5조 1항).[1]

비교대상임금에서 제외되는 임금을 비교대상임금의 범위에 산입하여 최저임금액에 미달하는 부분을 보전하기로 약정한 경우 그 임금 약정은 무효이다.[2] 또 최저임금법 등 강행법규 위반을 모면할 의도로 실제 근무형태나 근무시간의 변경 없이 소정근로시간 수만 변경하는 합의도 무효이다.[3]

비교대상임금이 최저임금에 미달하면 비교대상임금 총액을 증액해야 하므로 이에 따라 비교대상임금에 산입된 개별 임금도 증액되고 통상임금도 다시 산정해야 한다.[4]

(2) 최저임금법은 적용 사업의 근로자라 하더라도 정신장애나 신체장애로 근로능력이 현저히 낮은 자로서 사용자가 고용노동부장관의 인가를 받은 자에 대해서는 최저임금을 적용하지 않는다고 규정하고 있다(7조).

(3) 최저임금법은 최저임금의 적용을 받는 사용자는 시행령으로 정하는 바에 따라 해당 최저임금액을 그 사업의 근로자가 쉽게 볼 수 있는 장소에 게시하거나 그 밖에 적당한 방법으로 이를 근로자에게 널리 알려야 한다고 규정하고 있다(11조; 벌칙 31조).

라. 도급사업과 최저임금 지급

최저임금법은 도급으로 사업을 하는 경우 도급인이 책임져야 할 사유로 수급인이 근로자에게 최저임금액에 미치지 못하는 임금을 지급한 때에는 도급인은 해당 수급인과 연대하여 책임을 진다고 규정하고 있다(6조 7항; 벌칙 28조 2항). 건축·토목업 등에서 수급인이 대체로 그 지불능력을 도급인에게 의존하는 현실을 고려하여 수급인의 근로자에 대한 최저임금 지급을 확보하려는 취지에서 설정된 제도이다.

이 경우 '도급인이 책임져야 할 사유'의 범위는 도급인이 도급계약의 체결

1) 이에 따르면 예컨대 1주 소정근로시간이 40시간인 경우 월 단위로 지급된 비교대상임금(주휴수당 포함)을 209시간(〈1주의 소정근로시간 수 40 + 1주의 주휴수당 지급 시간 수 8〉 × 1월의 평균주 수 4.345)으로 나눈 금액이 시간급 비교대상임금이 된다. 약정휴일을 유급으로 하고 지급하는 휴일임금과 그 휴일에 대한 시간은 산정에서 제외한다.

2) 대법 2007. 1. 11, 2006다64245.

3) 대법 2019. 4. 18, 2016다2451(전합).

4) 대법 2017. 12. 28, 2014다49074. 이에 따라 부산고법 2019. 7. 11, 2018나18은 최저임금 미달로 비교대상임금을 증액할 때에는 비교대상임금 총액 중 개별 비교대상임금의 비율을 먼저 구한 뒤 비교대상임금 총액과 최저임금액의 비율에 따라 개별 비교대상임금을 안분하여 증액하는 방법으로 '최저임금에 해당하는 개별임금액'을 산정하고 이를 기초로 통상임금을 산정한다.

당시 인건비 단가를 최저임금액에 미치지 못하는 금액으로 결정하는 행위 및 도급인이 도급계약 기간 중 인건비 단가를 최저임금에 미치지 못하는 금액으로 낮춘 행위로 한다(6조 8항). 2차례 이상의 도급으로 사업을 하는 경우 하수급인의 근로자에게 최저임금을 확보할 필요는 더욱 절실하므로 위 규정들이 준용된다. 이 경우 위 규정들의 '수급인'은 '하수급인'으로, '도급인'은 '직상수급인'(하수급인에게 직접 하도급을 준 수급인)으로 본다(6조 9항).

2. 휴업수당

근로기준법은 사용자의 귀책사유로 휴업하는 경우에 사용자는 그 기간 동안 해당 근로자에게 평균임금의 70% 이상을 휴업수당으로 지급해야 한다고 규정하고 있다(46조 1항 본문; 벌칙 109조).

가. 제도의 의의

민법에 따르면 근로자가 사용자의 책임 있는 사유로 근로제공 의무를 이행할 수 없게 된 때에는 근로자는 임금 지급을 청구할 수 있다(538조 1항 전문). 그리고 '책임 있는 사유'란 고의·과실(또는 이와 동등시할 만한 사유)이 있는 것을 말하므로 사용자가 고의·과실 없이 휴업한 경우에는 근로자가 임금 청구권을 갖지 않는다. 그런데 현실적으로 발생하는 휴업은 사용자에게 고의·과실이 없지만 경영상의 장애에 기인한 것이 많은데, 이 경우 근로자에게 임금 상실을 감수하게 하면 근로자의 생활은 매우 불안하게 될 것이다. 게다가 사용자의 고의·과실이 있어 근로자에게 임금청구권은 있지만 사용자가 임금을 지급하지 않는 경우에 임금을 받기 위하여 민사소송을 제기할 수밖에 없다면 직장생활에 쫓기는 근로자에게는 매우 번거롭고 부담스러워 자칫 그 권리행사를 포기하게 될 우려도 있다.

이 점을 고려하여 근로기준법은 민법의 제도와 별도로 사용자의 고의·과실 유무에 관계없이 휴업에 따른 위험을 주로 사용자에게 부담시켜 임금의 일정 비율에 해당하는 금액을 휴업수당으로 지급하게 하면서 사용자의 지급 의무를 행정감독과 벌칙으로 확보하는 제도를 도입하게 된 것이다. 이와 같이 근로기준법상의 휴업수당제도는 근로자에게 귀책사유도 없고 사용자에게 불가항력적 사유가 없는데도 근로를 제공할 수 없게 된 경우에 임금상실의 위험으로부터 근로자를 보호하여 그 생활안정을 꾀하는 데 그 취지가 있다.

나. 휴업수당의 지급 사유

휴업수당은 '사용자의 귀책사유로 휴업'하는 경우에 지급하는 것이다. 휴업이 있더라도 사용자의 귀책사유에 따른 휴업이 아니면 휴업수당을 지급하지 않아도 된다.

A. 휴업 '휴업'이란 근로를 제공할 의무가 있는 시간에 근로를 할 수 없게 하는 것(민법상으로는 채무의 이행불능)을 말한다. 근로자가 그 노동력을 사용자의 처분에 맡겼으나 사용자가 이를 처분하지 않은 경우에는 근로를 제공한 것이므로 휴업이라 볼 수 없다. 근로자 전체에 대한 휴업만이 아니라 특정 개인에 한정하는 휴업[1])도 포함되고, 1일 전체의 휴업만이 아니라 1일 소정근로시간 중의 일부에 한정되는 휴업도 포함된다. 또 휴직이나 대기발령도 휴업에 포함된다.[2])

B. 사용자의 귀책사유 사용자의 '귀책사유'가 무엇을 의미하는지가 문제이다. 앞에서 언급한 바와 같이, 근로기준법상 휴업수당제도는 민법상 임금 청구권(538조 1항)의 경우와 별도의 취지에서 설정된 것이므로, 휴업수당제도에서 사용자의 '귀책사유'는 민법상 사용자의 '책임 있는 사유'(고의·과실)보다 넓은 개념이라고 해석된다. 사용자에게 고의·과실(방지 가능성)이 있어 민법상 임금 청구권이 인정되는 경영장애는 물론이고, 사용자의 고의·과실이 없어 민법상 임금 청구권이 부정되는 경영장애이지만 천재지변 등 불가항력에 기인한 것은 아니고 사용자의 세력범위(지배권)에서 발생한 경우도 휴업수당제도의 경우에는 사용자의 '귀책사유'로 인정된다. 요컨대 휴업수당제도에서 사용자의 '귀책사유'란 고의·과실 유무에 관계없이 사용자의 세력 범위에서 발생한 경영장애를 말한다.

예컨대 공장 이전,[3]) 공장이나 기계의 파손, 원자재 부족(거래기업의 계약 위반 때문이든 유통과정상의 차질 때문이든), 주문 감소나 판매 부진, 작업량 감소,[4]) 원도급업체의 공사 중단에 따른 하도급업체의 조업 중단,[5]) 전력회사의 전력공급 중단,[6]) 감독관청의 적법한 권고나 명령에 따른 조업 정지 등이 사용자의 귀책사유로 인정된다.

그러나 천재지변이나 그 밖에 이에 준하는 사유, 징계처분으로서의 정직·출

1) 대법 1991. 12. 13, 90다18999.
2) 대법 2013. 10. 11, 2012다12870(사용자가 자신의 귀책사유에 해당하는 경영상의 필요에 따라 근로자에게 대기발령을 한 경우에는 휴업수당 지급 사유가 된다).
3) 기준 1455.9-2428, 1970. 2.
4) 대법 1969. 3. 4, 68다1972.
5) 대법 1970. 5. 26, 70다523.
6) 기준 1455.9-8444, 1968. 9. 7. 그러나 법무 811-8509, 1979. 4. 6.은 반대의견.

근정지, 질병 등에 따른 결근이나 휴직은 사용자의 귀책사유로 볼 수 없고 휴업수당 지급사유가 되지 않는다. 부분파업 등 때문에 근로희망자만으로 정상조업이 불가능하여 휴업한 경우에 휴업수당의 지급대상이 되는지 여부가 문제되는데 이에 관해서는 쟁의행위와 근로계약관계의 부분에서 이미 살펴본 바와 같다. 그리고 사용자의 직장폐쇄가 정당성을 가지지 않는 경우에는 휴업수당이 아니라 정상적인 임금을 지급해야 한다.

다. 휴업수당의 금액

근로기준법에 따르면 휴업수당의 금액은 평균임금의 70% 이상이어야 한다(46조 1항 본문). 다만 평균임금의 70%에 해당하는 금액이 통상임금을 초과하는 경우에는 통상임금을 휴업수당으로 지급할 수 있다(1항 단서).[1] 단서의 규정은 과다한 연장·휴일근로수당이나 특별급여 등으로 평균임금이 통상임금보다 현저히 많아 휴업한 근로자가 정상적으로 근로한 자보다 수입이 많아지는 현상을 시정하려는 것이다.

사용자의 귀책사유로 휴업한 기간 동안 근로자가 다른 사업 또는 사업장에 임시로 취업하여 수입(중간수입)을 받은 경우에 이를 휴업수당에서 공제할 수 있는지가 문제된다. 민법상 근로불능 시의 임금 청구권에 대해서는 중간수입이 있으면 이를 공제할 수 있지만(538조 2항 참조), 휴업수당은 강행적으로 설정된 기준금액이므로 중간수입이 있다 하여 이를 공제하고 그 차액만 지급하는 것은 허용되지 않는다.[2]

사용자의 귀책사유에 따른 휴업에 대하여 사용자의 고의·과실이 있으면 근로기준법상의 휴업수당 청구권만 발생하는 것이 아니라 민법상 근로불능 시의 임금 청구권도 발생하며, 양자는 경합관계에 서게 된다. 따라서 휴업수당을 지급받은 경우에는 그 금액만큼 민법에 따라 청구할 수 있는 임금액은 줄어들고, 거꾸로 민법에 따라 임금 전액[3]을 지급받은 경우에는 휴업수당은 별도로 청구할 수 없다.

---

1) 사용자의 귀책사유로 휴업한 기간 동안 근로자가 임금의 일부를 지급받은 경우에 대하여 시행령은 휴업수당의 산출방법을 별도로 규정하고 있다(영 26조 참조). 그러나 근로자가 휴업 기간 동안 지급받은 임금은 휴업수당의 일부를 가지급한 것으로 보아야 하고 평균임금은 그 가지급에 영향을 받지 않으므로, 차기 임금지급일에 정산(차액의 지급)하면 충분하다고 생각된다.

2) 대법 1991. 6. 28, 90다카25277; 대법 1993. 11. 9, 93다37915.

3) 민법상 청구할 수 있는 '임금 전액'은 평상시와 같이 근로제공을 했더라면 받을 수 있었던 임금 전액을 의미하므로 근로기준법상 평균임금에 해당하는 금액이 될 것이다.

라. 부득이한 사유의 휴업

부득이한 사유로 사업을 계속하는 것이 불가능하여 노동위원회의 승인을 받은 경우에는 휴업수당의 법정기준에 못 미치는 휴업수당을 지급할 수 있다(근기 46조 2항). 부득이한 사유로 휴업하는 경우에 휴업수당을 감액함으로써 사용자의 지나친 부담을 완화할 수 있도록 하려는 것이다.

'사업을 계속하는 것이 불가능'하다는 것은 사용자로서는 노력을 다해도 조업을 일시 중단(휴업)할 수밖에 없다는 것을 말한다.

'부득이한 사유'가 무엇을 의미하는지가 문제된다. 천재지변이나 그 밖에 불가항력적인 사유를 말한다고 보는 견해가 있다. 그러나 이 규정이 '제1항의 규정에 불구하고'라는 표현을 사용하여 사용자의 귀책사유로 휴업한 경우를 전제로 하고 있는 점, 천재지변이나 그 밖에 불가항력적 사유라면 원래부터 지급사유에 해당하지 않아 감액지급의 필요성도 없다는 점에서 해당 사업 외부의 사정에 기인하면서도 사용자의 귀책사유에 해당하는 사유를 말한다고 보아야 할 것이다. 예컨대 금융위기나 전염병 확산으로 경기침체가 지속되고 사회통념상 사용자가 최선을 다했음에도 사업의 경영이 어려워진 경우는 부득이한 사유의 휴업에 해당한다.

'노동위원회의 승인을 받은 경우'에 휴업수당을 감액할 수 있다고 규정되어 있으므로 부득이한 사유에 따른 휴업의 요건은 갖추었더라도 노동위원회의 승인을 받지 않으면 감액할 수 없다는 데 이론이 없다. 노동위원회의 승인을 받을 대상은 부득이한 사유로 사업계속이 불가능한지 여부로 한정되고, 감액의 정도는 승인의 대상이 아니다.

감액의 정도, 즉 어느 수준의 휴업수당을 지급할 것인가에 대해서는 제한이 없으므로 사용자의 재량에 맡겨지고, 감액의 하한선에 대한 제한이 없으므로 휴업수당을 전혀 지급하지 않는 것도 허용된다.

3. 성과급근로자의 보장급

근로기준법은 사용자는 도급이나 그 밖에 이에 준하는 제도로 사용되는 근로자에 대해서는 근로시간에 따라 일정액의 임금을 보장하도록 규정하고 있다(47조; 벌칙 114조). 성과급근로자의 경우 근로자에게 책임 없는 사유로 실수임금이 현저히 저하되는 것을 방지하기 위한 것이다.

'도급이나 그 밖에 이에 준하는 제도'란 임금의 전부 또는 일부분이 근로의 실적·성과·능률에 따라 결정되는 것을 근로계약의 내용으로 하는 것을 말한다. 이러한 제도 아래서는 고객 부족이나 설비·원료 등의 조잡 등 근로자에게 책임 없는 사유로 실적이 떨어지고 이 때문에 임금이 저하되어 근로자의 생활안정을 위태롭게 만들 우려가 있기 때문에 실적이 어떠냐에 관계없이 그 제공한 '근로시간에 따라' 일정액의 임금을 보장하도록 한 것이다.

'일정액의 임금'이 어느 정도의 것을 말하는지에 관해서는 규정이 없지만, 보장급의 취지가 통상적 실수임금의 현저한 저하를 방지하는 데 있으므로 실수임금보다 너무 낮지 않을 정도의 수입이 보장되는 금액이 되어야 한다. 그러나 보장급이라 하여 근로자가 근로제공을 하지 않은 경우에도 지급할 의무가 있는 것은 아니다.

Ⅲ. 임금의 지급

1. 전차금 상계의 금지

근로기준법은 사용자는 전차금이나 그 밖에 근로할 것을 조건으로 하는 전대채권과 임금을 상계하지 말라고 금지하고 있다(21조; 벌칙 114조). 이 규정도 퇴직의 자유가 부당하게 제약되는 것을 방지하려는 것이다.

근로자는 사용자로부터 목돈을 빌리고 추후 상당한 기간에 걸쳐 임금으로 분할 변제하되 도중에 퇴직·도망하면 이자와 위약금을 일시 변제하기로 약정(전차금계약)하는 경우가 있는데, 이것이 근로자의 자유로운 퇴직을 가로막고 심지어 강제근로를 시키는 데 악용되기도 한다. 다만 이것이 또 다른 측면으로는 '임금의 전차'라는 서민금융의 수단으로 이용되기도 한다는 점에서 전차금 그 자체를 금지하지는 않고 임금과의 상계만 금지한 것이다.

(1) '전차금이나 그 밖에 근로할 것을 조건으로 하는 전대채권'이란 장래 근로를 하여 그 임금으로 변제할 것을 조건으로 근로자가 사용자로부터 받는 대여금 일체를 말하는 것이 아니라, 그 중에서 퇴직의 자유를 제약하여 강제근로의 위험성이 있는 것으로 한정된다고 해석된다. 강제근로의 위험성 유무는 대여의 원인·기간·금리의 유무 등을 종합하여 판단해야 한다. 따라서 근로복지 차원에서 장래의 근로에 대하여 임금을 전차(가지급)하거나 학자금·주택자금을 융자하는 것은 전대채권에 해당하지 않는다.

'상계'란 전차금 변제 부분을 근로자의 임금채권에서 소멸시키는 일방적 의사표시를 말한다. 사용자가 주택융자금의 분할변제 부분을 근로자의 임금에서 적법하게 상계한 때에는 근로자는 해당 부분에 대하여 임금채권을 가지지 않는다.

(2) 이 규정에 위반하면 벌칙이 적용되고, 그 상계 조치는 무효가 되어 본래의 임금 전액을 지급해야 한다. 이 경우 사용자는 전차금을 임금상계 이외의 방법으로 반환받을 수밖에 없다. 그러나 근로의 내용이 매춘·도굴 등 강행법규나 사회질서(민법 103조)에 위반하여 근로계약이나 전차금계약이 무효인 경우에는 전차금의 반환 의무 자체가 없다.

2. 임금 지급의 방법

근로기준법은 임금은 근로자의 생활의 원천이므로 근로기준법은 그 지급 방법에 관하여 통화로 직접 근로자에게 그 전액을 매월 1회 이상 일정한 날짜를 정하여 지급해야 한다고 하여(43조; 벌칙 109조) 4개의 원칙을 규정하고 있다.

가. 통화지급의 원칙

임금은 통화로 지급해야 하며, 다만 법령 또는 단체협약[1]에 특별한 규정이 있는 경우에는 통화 이외의 것으로 지급할 수 있다(43조 1항). 통화지급의 원칙은 근로자가 임금을 안전하게 수령하여 편리하게 처분할 수 있도록 하려는 데 그 취지가 있다.

A. 통화지급 '통화'란 우리나라에서 강제통용력 있는 화폐를 말하는 것으로서 외국통화는 포함되지 않는다. 현물(특히 과잉 생산된 제품)로 지급하면 대체로 이를 매각해야 하는데, 가격이 불확실하고 매각에 불편이 따르기 때문에 통화지급의 원칙은 현물급여(truck system)를 금지하는 데 1차적 의의가 있다.

또 상품교환권·식권·승차권·주식으로 지급하는 것은 물론, 어음이나 수표로 지급하는 것도 근로자에게 불편과 위험을 주므로 허용되지 않는다. 다만 은행발행 자기앞수표(보증수표)는 불편이 거의 없고 거래상 거의 현금과 같이 통용되므로 근로자의 동의를 받은 경우에는 허용된다고 보아야 할 것이다.

그러나 사용자가 임금(주로 미지급 임금)의 지급을 갈음하여 제3자에 대한 채

---

1) 근로기준법은 임금 통화지급의 원칙에 대하여 '단체협약'에 따른 예외를 규정하고 있다. 그러나 노동조합이 없거나 있더라도 근로자 다수를 대표하지 못할 수도 있는 점, 근로시간·휴가 등에 대한 다른 예외 규정(51-52조, 57조, 59조, 62조)과의 균형 등을 고려하면 통화지급의 원칙에 대한 예외도 단체협약이 아니라 '근로자대표와의 서면합의'에 따르도록 개정함이 바람직하다고 생각한다.

권을 근로자에게 양도하기로 하는 합의는 원칙적으로 무효이다.[1)]

B. 통화지급의 예외　법령이나 단체협약에 특별한 규정이 있으면 예외적으로 통화 이외의 것으로 지급할 수 있다. 따라서 예컨대 단체협약의 규정이 있으면 조합원 개개인의 동의가 없더라도 상여금 등의 임금을 현물·주식·상품교환권 등으로 지급할 수 있다. 단체협약상 통화지급 예외 규정은 규범적 부분이므로 해당 노동조합의 조합원에게만 적용된다고 보아야 할 것이다.

근로자 과반수를 대표하는 자와의 서면합의나 노사협의회의 합의는 단체협약이 아니므로 이들이 통화지급원칙에 대한 예외의 근거가 될 수 없다.

나. 직접지급의 원칙

임금은 근로자에게 직접 지급해야 한다(43조 1항 본문).[2)] 직접지급의 원칙은 제3자가 근로자의 임금을 가로채는 일 없이 근로자가 확실하게 수령하도록 하려는 데 그 취지가 있다.

A. 직접지급　친권자나 후견인 또는 근로자의 위임을 받은 임의대리인에게 지급하는 것은 직접지급의 원칙에 위반된다.

근로자가 임금채권을 타인에게 양도한 경우에도 양수인에게 임금을 지급할 수 없고 직접 근로자에게 지급해야 한다.[3)] 마찬가지로 근로자가 임금에서 제3자(자기의 채권자)에 대한 채무를 변제할 것을 사용자에게 위임한 경우에도 채권자에게 지급하는 것은 허용되지 않는다.

B. 직접지급의 예외　처분권이 없는 단순한 심부름꾼(예컨대 비서나 배우자 등)에게 지급하는 것은 직접지급의 원칙에 위배되지 않는다.[4)] 또 임금을 은행 등 금융기관에 입금하는 것도 근로자가 지정하는 본인 명의의 예금계좌에 입금하여 전액을 임금지급일에 자유롭게 인출할 수 있도록 하는 경우에는 통화지급 또는 직접지급의 원칙에 위반하지 않는다.

단체협약에서 해당 부분을 임금에서 공제할 수 있다는 취지를 명확히 규정한 경우에는 사용자가 이를 공제하여 양수인이나 채권자에게 인도하더라도 단체

---

1) 대법 2012. 3. 29, 2011다101308(민법 제138조의 무효행위 전환의 법리에 따라 그 채권양도 합의가 임금의 지급을 위하여 한 것으로 인정되는 것은 별개의 문제이다).
2) 해상근로에 종사하는 선원의 경우에는 직접지급에 대한 예외가 인정된다(선원법 52조 3항).
3) 대법 1988. 12. 13, 87다카2803(전합).
4) 대법 2025. 6. 12, 2025다209645(사회통념상 본인에게 지급하는 것과 동일시되는 사람 또는 본인에게 그대로 전달할 것이 확실하다고 판단되는 사람만이 사자에 해당한다고 엄격히 판단해야 함).

협약에 따른 공제로서 직접지급 또는 전액지급의 원칙에 위반되지 않는다. 또 축의금·수재의연금 등을 근로자가 자발적 의사로 제3자에게 기부할 것을 사용자에게 의뢰한 경우 이를 임금에서 공제하여 제3자에게 인도하는 것은 사용자가 호의적으로 심부름을 한 것으로 볼 수 있고 직접지급의 원칙에 위반되지 않는다.

근로자가 사망한 경우에는 재산상속권자에게 지급해야 한다. 한편, 민사집행법 또는 국세징수법 등에 따라 임금이 압류된 경우에는 직접지급 또는 전액지급의 원칙이 적용되지 않는다. 다만 압류는 임금의 50% 범위에서만 할 수 있다(민사집행법 246조 1항).

다. 전액지급의 원칙

임금은 전액을 지급해야 하며, 다만 법령 또는 단체협약[1]에 특별한 규정이 있는 경우에는 임금의 일부를 공제할 수 있다(43조 1항). 전액지급의 원칙은 임금의 부당한 공제로 근로자의 생활불안이 초래되지 않도록 하기 위한 것이다.

A. 임금의 공제 　　임금의 '공제'란 지급 시기가 도래한 임금의 일부를 다른 용도에 충당할 목적으로 근로자에게 지급하지 않는 것을 말한다. 그러므로 저축금, 적립금 등의 명목으로 임금을 공제할 수 없다. 그러나 '법령 또는 단체협약에 특별한 규정이 있는 경우'에는 예외적으로 임금의 일부를 공제할 수 있다. 법령에 따라 공제가 허용되는 것에는 소득세, 각종의 사회보험료 등이 있다. 단체협약에 따라 공제가 허용되는 대표적인 것은 노동조합의 조합비이다. '단체협약에 특별한 규정이 있는 경우'에는 조합비를 공제할 수 있으므로 조합비공제 협정이 있는 경우에는 조합원 본인의 동의가 없더라도 조합비를 공제할 수 있다고 보아야 한다.[2]

---

1) 근로기준법이 임금 전액지급의 원칙에 대하여 '단체협약'에 따른 예외를 규정한 것은 조합비 공제를 염두에 둔 것이라 생각된다. 그러나 조합비 이외에도 임금 일부의 공제를 인정해야 할 경우도 있는 점, 노동조합이 없거나 있더라도 근로자 다수를 대표하지 못할 수도 있는 점, 근로시간·휴가 등에 대한 다른 예외 규정(51-52조, 57조, 59조, 62조)과의 균형 등을 고려하면 전액지급의 원칙에 대한 예외는 '단체협약 또는 근로자대표와의 서면합의'에 따르도록 개정함이 바람직하다고 생각한다.

2) 조합비공제 협정이 효력을 가지려면 개개 조합원의 동의가 있거나 또는 조합규약 내의 조합비공제 규정에 대한 조합원의 승인이 있어야 한다는 주장이 있다. 이 협정이 있더라도 조합원 본인의 동의나 규약상의 조합비공제 규정에 대한 본인의 승인이 없이 조합비를 공제하면 전액지급의 원칙에 위반된다고 보는 듯하다. 그러나 규약상의 조합비공제 규정이 있다는 것은 조합원 3분의 2 이상이 이미 조합비공제를 승인한 것이라는 점, 근로기준법은 전액지급 원칙에 대하여 단체협약의 특별한 규정(조합비공제 협정 등)을 예외요건으로 규정할 뿐, 본인의 동의나 승인을 요건으로 규정하고 있지 않은 점 등에서 찬동하기 곤란하다.

B. 임금의 상계　　임금의 상계도 공제에 준하여 원칙적으로 금지된다. 따라서 사용자가 근로자로부터 받을 수 있는 손해배상금이나 대출상환금 등을 일방적으로 임금(퇴직금포함)과 상계할 수 없다.[1] 또 전차금을 임금과 상계하는 것은 전차금 상계 금지에도 위반되고 전액지급의 원칙에도 위반된다.

그러나 대출받은 학자금·주택자금 또는 유용금 등을 근로자의 요구에 따르거나 근로자의 동의를 받아 임금채권에서 상계하는 것은 그 요구나 동의가 근로자의 자유로운 의사에 따른 것으로 인정되는 이상 전액지급의 원칙에 위반하지 않는다고 해석된다.[2]

한편, 계산착오 또는 기술상의 문제로(예컨대 결근 등 임금 감액 사유가 임금지급일에 임박하여 발생) 임금이 초과지급된 경우에 그 초과분을 그 후에 지급되는 임금에서 공제하는 것(조정적 상계)은 일정한 한도에서 허용된다. 즉 공제의 시기가 초과지급이 있었던 시기와 임금의 청산·조정의 실질을 잃지 않을 만큼 합리적으로 근접해 있고, 금액과 방법이 미리 근로자에게 예고되는 등 근로자의 경제생활의 안정을 해할 우려가 없는 경우 또는 근로자가 퇴직하여 미지급의 임금과 퇴직금을 청구하는 경우에는 조정적 상계가 허용된다.[3] 이 경우 초과지급의 불가피성이 있는데다가 임금과 관계 없는 다른 채권을 임금과 상계하는 경우와 달리 본래 지급되어야 할 임금은 전액 지급되기 때문이다. 비슷한 이유로 지급 날짜에 앞서서 미리 지급한 임금을 정산하기 위하여 그 후의 임금과 상계하는 것도 허용된다.

C. 임금채권의 포기　　지급 시기가 도래한 임금은 근로자의 재산이므로 근로자는 임금채권을 포기할 수도 있다. 그러나 경영 위기를 타개하기 위하여 상여금 지급을 중지한 것에 대하여 이의를 제기하지 않았다 하여 임금청구권을 포기한 것으로 볼 수는 없고,[4] 노동조합이 사용자와 단체협약을 체결하더라도 임금청구권을 가지는 개별 근로자의 명시적인 수권이나 동의 없이는 임금채권 포기의 효력은 발생하지 않는다.[5] 또 퇴직금 지급사유가 발생하기도 전에 퇴직금 청구권을 사전에 포기하거나 퇴직금 청구소송을 제기하지 않겠다는 특약도 임금채권 포기로서의 효력을 발생하지 않는다.[6] 그러나 근로자가 퇴직한 후 퇴직금

1) 대법 1990. 5. 8, 88다카26413.
2) 대법 2001. 10. 23, 2001다25184.
3) 대법 1995. 12. 21, 94다26721(전합); 대법 2010. 5. 20, 2007다90760(전합).
4) 대법 1999. 6. 11, 98다22185.
5) 대법 2000. 9. 29, 99다67536.

의 일부에 대한 청구권을 포기하겠다는 약정은 유효하다.[1]

라. 정기일지급의 원칙

임금은 매월 1회 이상 일정한 날짜를 정하여 지급해야 하며, 다만 임시로 지급하는 임금, 수당, 그 밖에 이에 준하는 것 또는 시행령으로 정하는 임금에 대해서는 예외로 한다(43조 2항). 이 원칙은 임금지급기일의 간격이 지나치게 길고 지급기일이 일정하지 않음으로써 야기될 수 있는 근로자의 생활불안을 방지하려는 것이다.

연공보다 능력·성과를 중시하는 연봉제의 경우에도 이 원칙이 적용되므로 연봉액의 일정한 부분을 매월 1회 이상 정한 날짜에 지급해야 한다.

A. 임금지급기일 임금지급일은 취업규칙이나 근로계약으로 자유로이 정할 수 있다. 다만 '매월 1회 이상 일정한 날짜를 정하여' 지급해야 하므로 예컨대 '매주 월요일'이나 '매월 20일'을 임금지급일로 정할 수 있지만, '매 홀수달의 20일'이나 '매월 15일부터 20일까지의 어느 날'로 정할 수는 없다.

그러나 예컨대 2조 2교대 격일제 근무자 또는 특정 요일에만 출근하는 단시간근로자에 대해서는 '매월 15-16일' 또는 '둘째 ○요일부터 ○요일'로 정하는 것도 무방하다. 임금의 산정기간(예컨대 매월 1일부터 30일)을 기준으로 그 경과 후 조속한 기일(매월 10일)로 정할 수도 있고 그 기간 도중의 어느 날(매월 20일)로 정할 수도 있다. 후자의 경우에는 임금을 제대로 계산하지 않은 채 가지급한 것이므로 차기 지급일에 정산하게 된다.

B. 정기일지급의 예외 시행령은 '임시로 지급하는 임금' 등 정기일지급 원칙의 예외에 속하는 것으로 정근수당, 근속수당, 장려금·능률수당·상여금, 그 밖에 부정기적으로 지급되는 모든 수당을 규정하고 있다(23조).

이와 관련하여 수개월을 주기로 지급되는 정기상여금은 근로의 대가로서의 성격을 가지고 있으므로 지급기준일 전(산정기간 도중)에 퇴직했다 하더라도 그 산정기간 중 해당 근로자의 실제 근무기간에 비례하는 등의 방법으로 분할 산정하여 지급해야 한다. 정기상여금의 지급 대상을 지급기준일에 재직 중인 자로 정한 경우[2] 그 규정은 지급기준일에 재직 중인 자에게는 해당 상여금 전액을 지급하

6) 대법 1998. 3. 27, 97다49732.

1) 대법 2018. 7. 12, 2018다21821.

2) 재직 조건에 따라 중도퇴직자는 정기상여금을 전혀 지급받을 수 없다고 해석하면서 그럼에도 정기상여금이 통상임금의 산입범위에 포함된다고 판단하는 판례들이 있다(대법 2024. 12. 19, 2020다247190(전합); 대법 2025. 1. 23, 2019다204876).

라는 의미이고, 중도퇴직자에게 전혀 분할하여서도 지급하지 않는다는 의미까지는 포함하지 않는다.[1] 정기상여금을 중도퇴직자에게 전혀 지급하지 않도록 정하는 것은 근로자가 이미 제공한 근로의 대가를 지급하지 않는 것으로서 임금 전액지급의 원칙이나 강제노동금지의 원칙 등에 어긋날 수 있다. 당사자가 임금에 관한 조건을 자유롭게 부가할 수 있는 것이 원칙이지만[2] 근로의 대가를 지급하지 않으려는 편법적인 조건은 인정할 수 없다. 구체적인 임금항목의 성질이나 특성에 비추어 볼 때 중도퇴직자에게 지급하지 않을 합리적인 이유가 없거나 지급하지 않는 임금항목의 범위가 과도하여 합리적인 이유에 따른 것이라 보기 어렵다면 중도퇴직자에게 지급하지 않는다는 조건은 강행규정에 위반되거나 탈법행위에 해당하여 무효라고 보아야 한다.

C. 임금의 체불　　임금은 소정의 지급일에 지급하여야 한다. 그럼에도 실제 임금을 지급하지 않는 체불이 많이 발생한다. 근로기준법은 이에 대해 벌칙뿐 아니라 특별지연이자와 3배 배상, 상습적인 체불에 대한 각종 행정적 제재를 규정하고 있다.[3]

사용자가 정기일지급의 원칙에 위반하여 소정의 지급기일에 임금을 지급하지 않으면 벌칙(109조; 반의사불벌죄이나 '명단공개 체불사업주'인 경우 반의사불벌에서 제외)이 적용된다.[4] 다만 불가피한 자금 사정 등 사용자가 최선을 다했음에도 임금 체불을 방지할 수 없는 사정이 있으면 적법행위의 기대가능성이 없어 처벌되지 않는다.[5]

사용자는 근로자가 재직 중 체불한 임금 및 퇴직으로 청산하여야 하는 임금에 대하여 원래의 지급일 다음 날부터 지급하는 날까지의 지연일수에 대한 연 20% 이율에 따른 지연이자를 지급하여야 한다(근기 37조 1항, 영 17조). 상당히 높은 비율의 지연이자(특별지연이자)를 부담하게 함으로써 임금 체불을 방지하고 조기에 청산하도록 독려하려는 것이다.

---

1) 대법 1981. 11. 24, 81다카174.
2) 대법 2025. 2. 13, 2020다272646.
3) 임금체불을 방지하기 위해 2024년 개정 근로기준법은 반의사불벌죄 제외, 특별지연이자, 3배 손해배상, 명단공개, 정보제공, 상습체불사업주 지정 등 여러 조항들을 개정하거나 추가하였다(2025. 10. 28. 시행).
4) 여러 명의 근로자에 대하여 임금을 체불한 경우 정기일지급 위반의 죄가 각 지급기마다 그리고 각 근로자마다 1죄가 성립하고 이들이 상상적 경합관계에 있는지 아니면 각 지급기마다 포괄적으로 1죄가 성립되는지에 관하여 판례는 그 범의가 하나라고 인정하기 어려운 경우에는 해당 근로자 각자에 대하여 범의가 있어 수죄가 성립된다고 한다(대법 1995. 4. 14, 94도1724).
5) 대법 1998. 6. 26, 98도1260; 대법 2008. 10. 9, 2008도5984.

사용자가 임금(퇴직급여는 제외)을 ⅰ) 명백한 고의로 체불하거나 ⅱ) 1년 동안 3개월 이상 체불하거나 ⅲ) 체불액이 통상임금 3개월 이상 금액인 경우, 근로자는 법원에 사업주가 지급하여야 하는 임금의 3배 이내의 금액을 지급할 것을 청구할 수 있다(34조의8 1항). 법원은 ① 임금의 체불 기간·경위·횟수 및 체불된 임금의 규모, ② 사업주가 임금을 지급하기 위하여 노력한 정도, ③ 특별지연이자 지급액, ④ 사업주의 재산상태 등을 고려하여 배상금액을 결정한다(같은 조 2항).

고용노동부장관은 상습적인 체불사업주에 대해 명예·신용을 위협하거나 공공 보조·거래를 제한하는 방법 등을 통해 제제함으로써 임금체불을 예방한다.

첫째, 고용노동부장관은 임금(보상금, 수당, 퇴직청산금품, 퇴직급여 등 포함)의 체불이 일정 조건에 해당하는[1] 사업주(법인인 경우에는 그 대표자 포함)의 명단을 공개할 수 있다(43조의2). 또한 명단 공개된 체불사업주는 고용노동부장관이 법무부장관에게 출국금지를 요청할 수 있으며(43조의7), 명단공개 기간 중에 체불한 경우 반의사불벌에서 제외되어 처벌된다(109조 2항).[2]

둘째, 고용노동부장관은 임금의 체불이 일정 조건에 해당하는[3] 사업주의 임금체불 자료를 종합신용정보 집중기관(한국신용정보원)에 제공할 수 있다(43조의3). 이에 따라 금융기관에서는 대출 신청이나 연장, 이자율 산정 등 금융거래의 심사에 체불사업주의 정보를 활용할 수 있다.

셋째, 고용노동부장관은 매년 임금체불정보심의위원회의 심의를 거쳐 ⅰ) 직전 연도 1년간 3개월분 임금 이상 체불(퇴직급여는 제외)한 사업주 또는 ⅱ) 직전 연도 1년간 5회 이상 임금을 체불하고 체불총액이 3천만원 이상인 사업주에 대해 '상습체불사업주'로 지정할 수 있다(43조의4 1항). 상습체불사업주는 ① 신용정보기관에 체불자료가 제공되는 사업주로 지정되어 금융기관의 거래에 그 정보가 활용될 수 있으며(43조의3), ② 국가나 자치단체, 공공기관에서 지원하는 보조금·지원금에서 참여가 배제되거나 수급이 제한되며(43조의4 3항 1호), ③ 국가나 자치단체, 공공기관이 발주하는 공사에 참여하고자 하는 경우 임금체불 여부가 반영되어 자격이 제한되거나 감점 등의 불이익을 받게 된다(43조의4 3항 2호).

1) '명단공개 체불사업주'는 이전 3년 이내 임금을 체불하여 2회 이상 유죄가 확정된 자로서 이전 1년 이내 임금의 체불총액이 3천만원 이상인 경우로 고용노동부장관이 임금체불정보심의위원회의 심의를 거쳐 정한다.

2) 또한 직업안정법상 구인신청이나 직업소개 등에서도 불이익을 받는다.

3) '자료제공 체불사업주'는 ⅰ) 이전 3년 이내 임금을 체불하여 2회 이상 유죄가 확정된 자로서 이전 1년 이내 임금의 체불총액이 2천만원 이상인 체불사업주 또는 ⅱ) 고용노동부장관이 지정한 '상습체불사업주'가 대상이다.

3. 비상시의 선지급

근로기준법과 그 시행령은 사용자는 근로자가 ① 출산·질병·재해의 경우, ② 혼인·사망의 경우, 또는 ③ 부득이한 사유로 1주일 이상 귀향하게 되는 경우의 비용에 충당하기 위하여 임금 지급을 청구하면 지급기일 전이라도 이미 제공한 근로에 대한 임금을 지급해야 한다고 규정하고 있다(근기 45조; 영 25조; 벌칙 113조). 근로자의 급박한 경비지출의 필요에 대응하도록 하기 위한 것이다.

'이미 제공한 근로에 대한 임금'을 계산하여 '지급기일 전'에 미리 지급하는 것은 지급 후 근로자가 퇴직하더라도 반환의 문제가 없으므로 비상한 사유로 청구하는 경우에 지급을 강제하는 것이다.

4. 도급사업 근로자의 임금 보호

가. 하수급인의 임금 체불과 책임 확장

근로기준법은 사업이 한 차례 이상의 도급에 따라 이루어지는 경우에 하수급인(도급이 한 차례 행하여진 경우에는 수급인)이 직상수급인(도급이 한 차례 행하여진 경우에는 도급인)의 귀책사유로 근로자에게 임금을 지급하지 못한 때에는 그 직상수급인은 그 하수급인과 연대하여 책임을 지며, 다만 직상수급인의 귀책사유가 그 상위수급인의 귀책사유로 발생한 경우에는 그 상위수급인도 연대하여 책임을 진다고 규정하고 있다(44조 1항; 벌칙 109조).[1] 사업이 한 차례 이상의 도급으로 이루어지는 경우 하수급인(또는 수급인)은 대체로 그 지불능력을 직상수급인(또는 도급인)에게 의존하고 있어 하수급인(또는 수급인)이 고용한 근로자의 임금이 안전하게 지급되도록 보호하려는 것이다. 근로자에 대한 임금 지급은 사용자가 책임질 뿐 제3자가 책임지지 않는 것이 원칙이지만 그에 대한 예외를 인정한 것이다.

A. 책임확장의 구분 이 규정에 따라 사용자가 아닌 자가 근로자의 임금 체불에 대하여 사용자와 함께 연대하여 책임을 지는 것은 세 가지로 나누어볼 수

1) 이 규정은 원래 사업이 '여러 차례의 도급'으로 이루어진 경우를 전제로 한 것이었으나, 한 차례의 도급으로 이루어진 경우에도 수급인이 그 지불능력을 도급인에게 의존하고 있어 수급인이 고용한 근로자의 임금이 안전하게 지급되도록 보호할 필요가 있기 때문에 이 규정이 적용된다고 해석되어 왔다(예컨대 대법 1990. 10. 12, 90도1794; 대법 1999. 2. 5, 97다48388 등). 마침내 2020년 3월 개정법은 해석상 논란의 우려를 피하기 위하여 '한 차례'의 도급이 이루어진 경우도 포함하여 규정하기에 이르렀다. 그러나 도급이 두 차례 이상 행하여진 경우는 이미 하수급인 근로자가 귀책사유 있는 직상수급인 혹은 상위 수급인에 대하여 연대책임을 물을 수 있으므로 상위 수급인에는 최초 도급인은 포함되지 않는다(대법 2024. 7. 25, 2022다233874).

있다. 첫째, 도급이 두 차례 이상에 걸쳐 이루어지고 하수급인이 그 직상수급인의 귀책사유로 근로자에게 임금을 체불하는 경우에는 그 직상수급인도 연대하여 책임을 진다. 이 경우 '하수급인'이란 재도급 이하의 수급인, 즉 직상수급인으로부터 도급을 받은 수급인을 의미하고, 반드시 최종 수급인이어야 하는 것은 아니다. 둘째, 하수급인의 임금체불에 대하여 직상수급인이 연대하여 책임을 지게 된 경우로서 그 직상수급인의 귀책사유가 그 상위수급인의 귀책사유로 발생한 경우에는 그 상위수급인도 연대하여 책임을 진다. 이 경우 직상수급인의 '상위수급인'은 그 직상수급인과 직접 도급계약을 맺은 자로 한정되지 않고 여러 차례의 도급관계에서 그 직상수급인의 상위에 있는 모든 수급인을 포함한다고 보아야 할 것이다. 셋째, 도급이 한 차례만 이루어지고 수급인이 도급인의 귀책사유로 근로자에게 임금을 체불한 경우에는 그 도급인도 연대하여 책임을 진다.

B. 귀책사유의 범위　　어떤 경우에 귀책사유가 있다고 볼 것인가가 문제된다. 시행령은 모법의 위임(근기 44조 2항)에 따라 귀책사유의 범위를 ① 정당한 사유 없이 도급계약에서 정한 기일에 도급 금액을 지급하지 않는 경우, ② 정당한 사유 없이 도급계약에서 정한 원자재 공급을 늦게 하거나 공급하지 않는 경우, ③ 정당한 사유 없이 도급계약의 조건을 이행하지 않아 하수급인이 도급사업을 정상적으로 수행하지 못한 경우로 규정하고 있다(24조).

C. 책임의 내용　　직상수급인(또는 도급인)이 하수급인(또는 수급인)과 함께 '연대하여 책임을 진다'는 것은 직상수급인(또는 도급인)이 사용자는 아니지만 체불된 임금을 지급할 의무를 진다는 것을 말한다. 그 의무는 직상수급인(또는 도급인)과 하수급인(또는 수급인)의 연대채무로 해석된다. 따라서 이들은 체불임금을 각자 지급해야 하고, 이들 중 어느 1인이 지급하면 다른 사람의 채무는 면제된다. 직상수급인의 상위수급인이 '연대하여 책임을 진다'는 것도 이에 준한다.

나. 건설업에 대한 특례

근로기준법은 건설업 분야에서 하수급인의 임금 체불이 심각한 현실을 고려하여 이에 대한 별도의 특례를 규정하고 있다. 요약하면 다음과 같다.

A. 건설사업 중심의 책임　　건설업에서 2차례 이상 공사도급이 이루어진 경우에 건설사업자가 아닌 하수급인이 그 근로자에게 해당 건설공사에서 발생한 임금을 지급하지 못한 때에는 그 직상수급인은 하수급인과 연대하여 지급할 책임을 지며,[1] 직상수급인이 건설사업자가 아닌 때에는 그 상위수급인 중에서 최

1) 건설업자가 아닌 하수급인의 직상 수급인은 자신에게 귀책사유가 있는지 또는 하수급인에게

하위의 건설사업자를 직상수급인으로 본다(44조의2 1항·2항; 벌칙 109조).[1)]

B. 상위수급인의 직접 지급 건설업에서 공사도급이 이루어진 경우로서 직상수급인과 하수급인 사이에 합의가 있는 등 소정의 사유에 해당하는 때에는 직상수급인은 하수급인에게 지급할 하도급 대금 범위에서 근로자가 청구하면 하수급인이 지급할 임금을 근로자에게 직접 지급해야 한다(44조의3 1항).

발주자의 수급인(원수급인)으로부터 공사도급이 2차례 이상 이루어진 경우로서 근로자에게 하수급인(재하수급인 포함)에 대한 집행권원이 있는 경우에는 근로자가 요구하면 원수급인은 근로자가 자신에 대하여 채권자대위권을 행사할 수 있는 금액의 범위에서 근로자에게 임금을 지급해야 한다(같은 조 2항).

5. 임금채권의 시효

근로기준법은 이 법에 따른 임금채권은 3년 동안 행사하지 않으면 시효로 소멸한다고 규정하고 있다(49조). 근로기준법에 따른 임금채권에는 기본급·각종 수당·상여금 등 임금에 대한 청구권뿐만 아니라 그 밖에 노동관계에 따른 채권(저축금·해고예고수당 등)도 널리 포함되는 것으로 해석된다.

소멸시효는 해당 임금채권이 발생한 때부터 진행되며, 근로자가 퇴직한 경우에도 금품청산 기한(근기 36조, 퇴급 9조)이 지난 때부터 진행되는 것이 아니다.[2)]

대금을 지급하였는지와 관계없이 그 하수급인이 사용한 근로자의 임금을 연대하여 지급할 책임을 부담한다. 이 규정은 개인의 의사로 적용을 배제할 수 없는 강행규정으로 봄이 타당하다(대법 2021. 6. 10, 2021다217370; 대법 2024. 6. 27, 2024도4055).

1) 벌칙을 적용할 때에는 피해자의 명시적인 의사와 다르게 공소를 제기할 수 없게 되어 있는데, 근로자가 하수급인의 처벌을 희망하지 않는 의사를 표시한 경우에는 여러 사정을 참작하여 여기에 직상수급인의 처벌을 희망하지 않는 의사도 포함되어 있는지 살펴야 한다(대법 2015. 11. 12, 2013도8417).

2) 대법 2001. 10. 30, 2001다24051(퇴직금의 소멸시효에 관한 사건).

제2절 근로시간과 휴식

Ⅰ. 법정근로시간

장시간노동은 근로자의 건강·안전과 문화적 생활을 위협하기 때문에 20세기 초에는 세계적으로 근로자의 저항운동을 불러왔고 노동능률도 저하시킨다는 점이 널리 인식되기에 이르렀다. 마침내 1919년에 국제노동기구 제1호 협약은 1일 8시간, 1주 48시간의 근로시간 기준을 채택했고 선진국을 중심으로 많은 나라가 이 기준을 노동입법에 도입하기 시작했다. 나아가 1935년 국제노동기구 제47호 협약은 1주 40시간의 새로운 기준을 채택했다. 우리나라는 1953년 근로기준법에서 1일 8시간, 1주 48시간의 기준을 도입하고 2003년에는 1주 40시간 기준도 도입했다.[1)]

근로기준법은 근로시간은 휴게시간을 제외하고 1주간에 40시간, 1일에 8시간을 초과할 수 없도록 제한하고 있다(50조 1항·2항; 벌칙 110조). 법률이 설정한 1주 및 1일에 대한 근로시간의 한도를 '법정근로시간'이라 부른다.[2)]

(1) 법정근로시간 규정에서 '1주'는 취업규칙 등에서 별도로 정하지 않았으면 일요일부터 토요일까지 달력상의 1주를 말한다. '1일'은 오전 0시부터 오후 12시까지의 달력상의 하루를 말하고, 다만 달력상 2일에 걸쳐 연속근무가 이루어진 경우에는 그것은 하나의 근무로서 연속근무 전체가 시업시각이 속하는 날의 근로로 취급된다.

'휴게시간을 제외'한다는 것은 근로시간 도중에 부여하는 휴게시간은 근로시간이 아니라는 당연한 사리를 확인한 규정에 불과하다. 이 규정이 없더라도 휴게시간은 근로시간에서 당연히 제외된다.

(2) 연소자와 고기압 작업 종사자에게 적용될 법정근로시간은 별도로(근기 69조, 산안 139조 1항) 규정되어 있다. 이에 대해서는 연소자와 안전보건의 부분에서

---

1) 1989년 개정 시에 1주 48시간에서 1주 44시간으로 단축했고, 2003년 개정 시에 1주 40시간으로 단축하여 2004. 7. 1.부터 2011. 7. 1. 사이에 여러 단계로 나누어 시행했다.

2) 법정근로시간은 근로시간의 절대적 상한은 아니고 이를 기준 또는 원칙으로 하여 일정한 요건 아래 광범한 예외, 즉 법정근로시간의 유연화제도와 연장근로를 허용하고 있다. 이 점에서 법정근로시간을 '기준근로시간'이라 부르기도 한다.

자세히 살펴보기로 한다.

(3) 실근로시간이 법정근로시간을 초과한 경우에는 법정근로시간 규정(50조) 위반으로서 소정의 벌칙이 적용된다. 그러나 현행법은 법정근로시간의 유연화제도나 일정한 요건 아래서의 연장근로 등 법정근로시간에 대한 광범한 예외를 허용하고 있으므로, 실근로시간이 법정근로시간을 초과하더라도 이들 예외에 해당하는 경우에는 벌칙이 적용되지 않는다.

Ⅱ. 법정근로시간의 유연화제도

근로시간을 1주 및 1일 단위로 규제하는 법정근로시간은 근로자가 매주 5-6일씩 출근하여 8시간 또는 그 가까이 근로하는 규칙적인 근로형태를 전제로 하고 있다. 그러나 산업의 서비스화 등 여건 변화와 근로자 개개인의 다양한 필요에 대응하여 집중적으로 근로하고 집중적으로 쉬는 불규칙적인 근로형태가 확산되고 있다. 이러한 근로형태에 대해서는 근로시간을 1주 및 1일 단위로 규제하는 대신, 세계적 입법 추세에 따라 일정한 기간 동안의 평균적인 근로시간으로 규제하는 유연한 제도를 도입한 것이다. 탄력적 근로시간제(근기 51조)와 선택적 근로시간제(52조)가 여기에 속한다.

1. 탄력적 근로시간제

'탄력적 근로시간제'(변형근로 시간제)란 미리 정한 바에 따라 특정한 주 또는 날에는 법정근로시간을 초과하여 근로하더라도 일정한 기간(단위기간) 동안의 평균 근로시간이 1주 40시간을 초과하지 않으면 법정근로시간을 초과하지 않은 것으로 취급하는 제도를 말한다.

이 제도는 일부 제조업이나 서비스산업에서 연속조업이나 장시간 조업을 위한 교대제근무를 할 경우, 시기적으로 업무량의 차이가 심하여 시기에 따라 소정근로시간을 달리 배분할 경우, 연간 실근로시간을 줄이고 휴일을 늘이려는 경우 등에 유용하다.

탄력적 근로시간제에는 단위기간에 따라 2주 이내 탄력적 근로시간제, 3개월 이내 탄력적 근로시간제, 6개월 이내 탄력적 근로시간제의 세 가지가 있다.

가. 2주 이내 탄력적 근로시간제

근로기준법은 사용자는 취업규칙 또는 이에 준하는 것으로 정하는 바에 따라 2주 이내의 일정한 단위기간을 평균하여 1주간의 근로시간이 40시간을 초과하지 않는 범위에서 특정한 주에 40시간을 초과하고 특정한 날에 8시간을 초과하여 근로하게 할 수 있으며, 다만 특정한 주의 근로시간은 48시간을 초과할 수 없다고 규정하고 있다(51조 1항).

A. 취업규칙으로 규정 사용자가 사업장에서 2주 이내 탄력적 근로시간제를 실시하려면 취업규칙 또는 이에 준하는 것에서 관련사항을 미리 정해야 한다.[1] 상시 10명 이상의 근로자를 사용하는 사업 또는 사업장의 경우에는 취업규칙(93조-94조 참조)으로 정해야 하고, 그 밖의 사업 또는 사업장의 경우에는 취업규칙에 준하는 것으로 정할 수도 있다. 근로자대표와의 서면합의나 단체협약은 취업규칙에 준하는 것으로 볼 수 있다.

B. 규정할 사항 (1) 취업규칙 또는 이에 준하는 것에서는 2주 이내의 일정한 기간을 단위기간으로 정해야 한다. 따라서 예컨대 1주, 10일, 2주 등을 단위기간으로 정할 수 있는 것이다.

(2) 단위기간의 근로일과 그 근로일별 근로시간을 구체적으로 정해야 하는지에 관하여 명문의 규정은 없으나, 긍정적으로 해석해야 할 것이다. 근로일 및 해당 근로일별 근로시간을 미리 정하지 않은 채 사용자의 그때그때의 요구에 따라 근로하는 것은 '취업규칙 또는 이에 준하는 것에서 정하는 바에 따라' '근로' 하는 것이라 볼 수 없다는 점, 바꾸어 말하자면, 탄력적 근로시간제는 근로시간의 불규칙한 배분이 예정되어 있고 근로자가 이에 따라 계획적으로 생활할 수 있도록 할 것을 전제로 허용된 것이라는 점에서 그렇다.

단위기간의 근로일과 그 근로일별 근로시간을 정할 때에는 단위기간을 평균하여 1주간의 근로시간이 40시간을 초과하지 않는 범위에서 특정한 주에 40시간을 초과하고(48시간 한도) 특정한 날에 8시간을 초과하도록 정할 수 있다.[2] 따라서 예컨대 단위기간을 1주로 하는 경우에는 주 4일 동안 10시간씩으로 정하거나 주

---

1) 근로계약이나 근로자의 개별적 동의를 통하여 도입할 수 없다(대법 2023. 4. 27, 2020도16431).

2) 제51조 제1항에서 특정한 날의 근로시간에 대한 상한선을 규정하지 않은 것은 법률규정의 흠결로서 제51조 제2항과의 유기적 관련 아래서 상한선을 12시간으로 보아야 한다는 견해가 있다. 그러나 탄력적 근로시간제는 근로시간의 탄력적 배분을 허용하는 제도이고 특정한 주 또는 날의 근로시간에 상한선을 두지 않는 입법례도 많기 때문에 이를 법률규정의 흠결로 볼 수 없으며, 3개월 이내 탄력적 근로시간제는 2주 이내 탄력적 근로시간제에 비하여 근로자의 생활규칙을 위협하는 정도가 더 심하기 때문에 특별히 특정한 날의 근로시간에 상한선을 둔 것이다. 따라서 특정한 날의 근로시간에 대한 법률상의 한도는 없다.

4일 동안 각 12, 8, 12, 8시간으로 정하거나 할 수 있다. 단위기간을 2주로 하는 경우에는 제1주에는 6일 동안 8시간씩으로 하면서 제2주에는 4일 동안 8시간씩 또는 3일 동안 각 10, 11, 11시간씩으로 정하거나 할 수 있다. 그리고 연속조업이 요구되는 사업장에서는 근무조에 따라 근로시간 배분을 달리하여 교대로 근로하게 할 수도 있다.

C. 취업규칙 불이익변경 해당 여부 규칙적인 근로형태를 취하던 사업장에서 이 규정에 따라 2주 이내 탄력적 근로시간제를 실시하려는 경우에는 취업규칙의 변경이 수반되어야 한다. 문제는 그 취업규칙의 변경이 불이익변경에 해당하고 따라서 근로자집단의 동의를 받아야 하는지 여부에 있다.

(1) 사업장에서 탄력적 근로시간제가 실시됨으로써 종전 같으면 1주에 40시간 또는 1일에 8시간을 초과한 부분에 대하여 지급받을 수 있었던 연장근로수당(가산임금)을 지급받지 못하는 불이익이 있기 때문에 취업규칙의 불이익변경에 해당한다고 보는 견해가 있다. 예컨대 종전부터 사용자의 요구에 따라 매주 4일 동안 10시간씩 근로해 왔는데 취업규칙으로 이 근로형태를 명문화하여 탄력적 근로시간제를 실시하는 경우에 근로자는 종전에 지급받았던 1일 2시간씩 매주 8시간에 대한 연장근로수당을 받을 수 없게 된다.

그러나 이 경우 사용자가 임금보전방안을 강구하는 이상(51조 4항), 종전에 비하여 불이익은 없으므로 이를 취업규칙의 불이익변경이라 할 수 없을 것이다.

(2) 한편, 예컨대 취업규칙을 변경하여 매주 5일 동안 8시간씩 근로하던 것을 매주 4일 동안 10시간씩 근로하게 된 경우에는 종전에도 연장근로수당을 지급받지 않았으므로 탄력적 근로시간제의 실시에 따라 임금에 대한 불이익이 발생하는 것은 아니다. 다만 이 경우 근로자의 생활을 불규칙하게 만드는 문제는 있다. 이 점에 착안하여 탄력적 근로시간제의 실시를 취업규칙의 불이익변경으로 보는 견해가 있다.

그러나 2주 이내 탄력적 근로시간제는 일반적으로 근로자의 생활규칙을 불안하게 만드는 정도가 심하지 않은 점, 근로시간이 특정한 주 또는 날에 많아진 만큼 다른 주 또는 날에 출퇴근 및 근로의 구속에서 해방되는 이익도 수반되는 점, 이러한 점들을 고려하여 입법자가 근로자대표와의 서면합의가 아니라 취업규칙으로 정하여 실시할 수 있도록 한 점 등을 종합해 보면, 2주 이내 탄력적 근로시간제의 실시가 반드시 취업규칙의 불이익변경이라고 단정할 수는 없을 것이다.

나. 3개월 이내 탄력적 근로시간제

근로기준법은 사용자는 근로자대표와의 서면합의에 따라 소정의 사항을 정하면 3개월 이내의 단위기간을 평균하여 1주간의 근로시간이 40시간을 초과하지 않는 범위에서 특정한 주에 40시간을 초과하고 특정한 날에 8시간을 초과하여 근로하게 할 수 있으며, 다만 특정한 주의 근로시간은 52시간을, 특정한 날의 근로시간은 12시간을 초과할 수 없다고 규정하고 있다(51조 2항).

A. 서면합의로 규정 (1) 사용자가 사업장에서 3개월 이내 탄력적 근로시간제를 실시하려면 소정의 사항을 '근로자대표와의 서면합의[1]에 따라' 미리 정해야 한다. 3개월 이내 탄력적 근로시간제는 근로자의 생활규칙을 위협하는 정도가 2주 이내 탄력적 근로시간제에 비하여 심하기 때문에 사용자가 취업규칙에 따라 일방적으로 실시하는 것을 방지하자는 데 그 취지가 있다.

(2) '근로자대표'란 '해당 사업 또는 사업장에 근로자의 과반수로 조직된 노동조합이 있는 경우에는 그 노동조합, 그러한 노동조합이 없는 경우에는 근로자의 과반수를 대표하는 자'를 말한다(24조 3항 참조).[2]

'근로자의 과반수로 조직된 노동조합'과 '근로자의 과반수를 대표하는 자'에서 말하는 '근로자'는 탄력적 근로시간제의 대상 근로자나 그 밖에 이에 영향을 받는 근로자로 한정되고, 반드시 전체 근로자를 말하는 것은 아니라고 생각한다. 탄력적 근로시간제의 실시로 아무런 영향을 받지 않는 근로자의 동의까지 요구할 이유가 없기 때문이다.

근로자 과반수로 조직된 노동조합이 없는 경우에 '근로자 과반수를 대표하는 자'를 어떻게 결정해야 하는지에 관해서는 더 이상 구체적인 규정은 없으나,[3]

1) 근로기준법은 3개월 이내 탄력적 근로시간제 이외에도 선택적 근로시간제, 외근 간주시간제, 재량근로 간주시간제, 특례업종의 연장근로 및 휴게시간 변경, 휴가의 대체 등의 요건으로 근로자대표와의 서면합의에 따르도록 규정하고 있다. 이 서면합의는 사용자가 주도적으로 제안하여 근로자대표의 동의를 받는다는 점, 근로자측이 노동조합일 수도 있고 아닐 수도 있다는 점에서 단체협약이나 취업규칙과 구별되고, 흔히 '노사협정'이라 부른다. 다만 '노사협정'은 원래 노사협의회 노사위원 사이에 합의된 협정(의결된 사항 포함)을 일컫는 것이므로 근로기준법 특유의 협정을 이것과 구별하려면 '시간협정'(근로시간·휴가에 관한 것이라는 의미) 또는 '51협정'(51조에서 규정된 협정이라는 의미)이라 부르는 것이 더 적절할 것이다.

2) 근로기준법 제24조 제3항은 근로자대표를 직접 정의한 것이 아니고 규정의 형식을 보면 근로자 과반수로 조직된 노동조합은 근로자대표가 아니라고 주장할 여지도 있다. 정의규정을 별도로 두어야 할 것이다.

3) 근로기준법 제24조 제3항에서 규정한 '근로자 과반수를 대표하는 자'가 어떻게 결정되는지 불명확하므로, 그 선출방법을 법령으로 규정할 필요가 있다.

민주적인 선출방법으로 근로자 과반수의 지지를 받아 결정해야 한다고 보아야 할 것이다. 반드시 투표로 선출해야 하는 것은 아니지만, 사용자가 지명·임명해서는 안 된다. 노사협의회 근로자위원의 대표자를 근로자대표로 볼 수 있는지가 문제된다. 근로자위원이 각자 민주적인 방법으로 선출되었다 하더라도 그들의 호선으로 선출된 대표자는 근로자 과반수의 지지를 받아 선출되지 않은 이상 근로기준법상 근로자대표로 볼 수 없다고 생각한다.

B. 규정할 사항 근로자대표와의 서면합의에서는 대상 근로자의 범위, 3개월 이내의 일정한 단위기간, 단위기간의 근로일과 그 근로일별 근로시간, 그 밖에 시행령으로 정하는 사항을 미리 정해야 한다(51조 2항).

'대상 근로자'란 탄력적 근로시간제에 따라 근로할 근로자를 말하고, 부서·직종·직급 등으로 그 범위를 정해야 한다. '단위기간'은 '3개월 이내의 일정한 기간'으로 정해야 한다. 따라서 단위기간을 3개월, 1개월, 4주 등으로 정할 수 있다. 단위기간을 정할 때에는 단위기간이 시작되는 날도 특정해야 할 것이다.

'단위기간의 근로일과 그 근로일별 근로시간'을 정할 때에는 단위기간을 평균하여 1주간의 근로시간이 40시간을 초과하지 않는 범위에서 특정한 주에 40시간을 초과하고(52시간 한도), 특정한 날에 8시간을 초과하게(12시간 한도) 정할 수 있다. 따라서 예컨대 단위기간을 4주로 하는 경우에 제1주와 제3주에는 각 52시간씩, 제2주와 제4주에는 각 28시간씩으로 하고 각 근로일에 12시간을 한도로 정하는 등 매우 다양한 근로형태를 택할 수 있다.

다. 6개월 이내 탄력적 근로시간제

근로기준법은 사용자는 근로자대표와의 서면합의에 따라 소정의 사항을 정하면 3개월을 초과하고 6개월 이내의 단위기간을 평균하여 1주간의 근로시간이 40시간을 초과하지 않는 범위에서 특정한 주에 40시간을 초과하고 특정한 날에 8시간을 초과하여 근로하게 할 수 있으며, 다만 특정한 주의 근로시간은 52시간을, 특정한 날의 근로시간은 12시간을 초과할 수 없다고 규정하고 있다(51조의2 1항).

A. 근로자대표와의 서면합의 사용자가 사업장에서 6개월 이내 탄력적 근로시간제를 실시하려면 대상 근로자의 범위, 단위기간(3개월을 초과하고 6개월 이내의 일정한 기간), 단위기간의 주별 근로시간, 그 밖에 시행령으로 정하는 사항을 '근로자대표와의 서면합의에 따라' 미리 정해야 한다. 이들 사항을 취업규칙으로 정해

서 실시할 수는 없다.

'단위기간'은 3개월을 초과하되 6개월을 초과하지 않아야 하므로 예컨대 4개월, 20주, 5개월, 6개월 등으로 정할 수 있다. 단위기간을 정할 때에는 단위기간이 시작되는 날도 특정해야 할 것이다.

'단위기간의 주별 근로시간'을 정할 때에는 단위기간을 평균하여 1주간의 근로시간이 40시간을 초과하지 않는 범위에서 특정한 주에 40시간을 초과하되 52시간을 초과하지 않도록 정하게 된다. 예컨대 단위기간을 20주로 하는 경우 제1주부터 제10주까지는 각 주에 52시간, 제11주부터 제10주까지는 각 주에 28시간으로 하는 등 매우 다양하게 할 수 있다. 주별 근로시간을 정하면 주별 근로일도 특정될 것이다.

B. 1일 근로시간 등　　앞에서 언급한 바와 같이 대상 근로자의 경우 1일 근로시간은 8시간을 초과할 수 있지만 12시간을 초과해서는 안 된다. 한편, 사용자는 천재지변 등 시행령으로 정하는 불가피한 경우로서 근로자대표와 서면합의로 달리 정한 때를 제외하고는, 근로일 종료 후 다음 근로일 개시 전까지 근로자에게 연속하여 11시간 이상의 휴식 시간을 주어야 한다(51조의2 2항; 벌칙 110조).

사용자는 근로자대표와의 서면합의에서 주별 근로시간을 정한 각 주의 근로일이 시작되기 2주 전까지 근로자에게 해당 주의 근로일별 근로시간을 통보해야 한다(51조의2 3항). 사용자는 근로자대표와의 서면합의 당시에 예측하지 못한 천재지변, 기계 고장, 업무량 급증 등 불가피한 사유가 발생한 경우에는 당초에 정한 단위기간 내에서 평균하여 1주간의 근로시간이 유지되는 범위에서 근로자대표와의 협의를 거쳐 단위기간의 주별 근로시간을 변경할 수 있고, 이 경우 해당 근로자에게 변경된 근로일이 개시되기 전에 변경된 근로일별 근로시간을 통보해야 한다(같은 조 4항).

라. 탄력적 근로시간제의 실시

A. 연장근로 해당 여부　　취업규칙 또는 근로자대표와의 서면합의에서 '정하는 바에 따라' 특정한 주에 40시간, 특정한 날에 8시간을 초과하여 근로하더라도, 단위기간을 평균하여 1주간의 근로시간이 40시간을 초과하지 않고 특정한 주 또는 날의 근로시간이 소정의 상한선을 초과하지 않는 이상, 법정근로시간을 준수한 것으로 인정되고 연장근로(따라서 가산임금 지급)도 거론할 여지가 없다.

B. 임금 보전 등　　근로기준법은 사용자는 2주 이내 탄력적 근로시간제나

3개월 이내 탄력적 근로시간제를 실시하는 경우에는 기존의 임금 수준이 낮아지지 않도록 임금보전 방안을 강구해야 하고(51조 4항), 6개월 이내 탄력적 근로시간제를 실시하는 경우에는 근로자대표와의 서면합의로 임금보전방안을 마련하지 않은 이상, 기존의 임금 수준이 낮아지지 않도록 임금항목을 조정·신설하거나 가산임금 지급 등의 임금보전 방안을 마련하여 고용노동부장관에게 신고해야 한다고 규정하고 있다(51조의2 5항; 벌칙 116조 2항). 탄력적 근로시간제에서는 연장근로(이에 대한 가산임금도 포함)가 1주 또는 1일의 법정근로시간이 아니라 단위기간 내 1주간의 평균적 근로시간을 기준으로 산정되기 때문에 이 제도 실시 전후의 근로시간이 같은 경우(예: 매주 4일 동안 1일 10시간 근로)에는 제도의 실시로 종전부터 지급받아 온 연장근로수당의 수입이 줄어들게 된다. 이 규정은 가산임금이 줄어드는 만큼 다른 방법으로 보전하여 임금 수준을 유지함으로써 탄력적 근로시간제가 원활하게 실시될 수 있도록 하려는 취지에서 마련된 것이다.

근로기준법은 사용자는 탄력적 근로시간제의 대상 근로자가 근로한 기간이 그 단위기간보다 짧은 경우에는 그 단위기간 중 해당 근로자가 근로한 기간을 평균하여 1주간에 40시간을 초과하여 근로한 시간 전부에 대해서는 가산임금을 지급해야 한다고 규정하고 있다(51조의3; 벌칙 109조). 단위기간보다 근무기간이 짧은 경우에는 집중적으로 많이 일하고 집중적으로 쉬는 탄력적 근로시간제의 의미를 살릴 수 없다는 점을 고려한 것이다.

C. 적용 제외 근로기준법은 탄력적 근로시간제 허용 규정은 연소자와 임신 중인 여성 근로자에게는 적용되지 않는다고 규정하고 있다(51조 3항, 51조의2 6항). 탄력적 근로시간제의 실시에 따른 생활규칙의 불안으로부터 연소자의 건강 및 임신 중인 여성 근로자의 건강과 모성을 보호하려는 취지의 규정이다. 또 탄력적 근로시간제는 1주 40시간, 1일 8시간의 법정근로시간을 전제로 하는 것이므로 법정근로시간이 이와 다른 연소자와 고기압 작업 종사자에게도 적용되지 않는다.

2. 선택적 근로시간제

'선택적 근로시간제'(자유출퇴근제; flex-time제)란 특정한 주 또는 날에는 법정근로시간을 초과하여 근로하더라도 일정한 기간(정산기간) 동안의 평균 근로시간이 1주 40시간 이내이고 근로자가 출퇴근시각을 자유롭게 결정하도록 하는 경우에는 법정근로시간을 초과하지 않은 것으로 취급하는 제도를 말한다. 탄력적 근로시간제가 주로 업무의 번한이라는 사용자측의 사정·필요에 따라 근로시간을 획일적으로 배분하는 것인 데 대하여, 선택적 근로시간제는 대상 근로자의 개성과 편의에 따라 자유롭게 출퇴근하도록 허용한다는 점에서 양자는 구별된다.

가. 선택적 근로시간제의 요건

근로기준법은 사용자는 취업규칙(취업규칙에 준하는 것 포함)에 따라 업무의 시작 및 종료 시각을 근로자의 결정에 맡기기로 한 근로자에 대하여 근로자대표와의 서면합의에 따라 소정 사항을 정하면 1개월(신상품 또는 신기술의 연구개발 업무의 경우에는 3개월) 이내의 정산기간을 평균하여 1주간의 근로시간이 40시간을 초과하지 않는 범위에서 1주간에 40시간을, 1일에 8시간을 초과하여 근로하게 할 수 있다고 규정하고 있다(52조 1항).

A. 자유출퇴근 취지의 취업규칙 사용자가 사업장에서 선택적 근로시간제를 실시하려면 우선 취업규칙(취업규칙에 준하는 것 포함)에서 업무의 시작 및 종료 시각을 근로자의 결정에 맡긴다는 취지를 정해야 한다. 그러므로 사용자가 필요에 따라 시업·종업시각을 근로자에게 명령할 수 있도록 하거나 시업·종업시각의 결정에 관하여 사용자의 허가를 받게 하는 것은 선택적 근로시간제로서 허용되지 않는다.

B. 서면합의로 규정할 사항 사용자가 사업장에서 선택적 근로시간제를 실시하려면 근로자대표와의 서면합의에 따라 ① 대상 근로자의 범위(연소자 제외), ② 정산기간, ③ 정산기간의 총근로시간, ④ 반드시 근로해야 할 시간대(의무시간대)를 정하는 경우에는 그 시작 및 종료 시각, ⑤ 근로자가 그 결정에 따라 근로할 수 있는 시간대(선택시간대)를 정하는 경우에는 그 시작 및 종료 시각, ⑥ 그 밖에 시행령으로 정하는 사항을 미리 정해야 한다(52조 1항).[1)]

대상 근로자의 범위는 제도의 성질상 주로 전문적·도급적 근로에 종사하는 자 등으로 한정될 가능성이 높다. 연소자는 법정근로시간 자체가 다르기 때문에 당연히 대상 근로자에 포함시킬 수 없음을 주의적으로 규정한 것이다. 같은 이유에서 고기압 작업 종사자도 대상이 될 수 없다고 보아야 한다. 그러나 탄력적 근로시간제의 경우와 달리 임신 중인 여성 근로자도 그 편의를 위하여 대상 근로자

1) 시행령은 '표준근로시간(유급휴가 등의 계산 기준으로 사용자와 근로자대표가 합의하여 정한 1일의 근로시간을 말한다)'도 정하도록 규정하고 있다(29조 1항). 연차휴가의 경우에는 출근율, 즉 소정근로일수에 대한 해당 근로자의 출근일수의 비율이 중요하지만, 선택적 근로시간제의 경우에는 소정근로일수와 출근일수가 불명확하므로, 총근로시간과 정산기간 동안 해당 근로자의 실제 근로시간을 각각 표준근로시간으로 나누어 산정할 수 있도록 한 것이다.

의 범위에 포함시킬 수 있다.

정산기간은 1개월 이내의 일정한 기간으로 정해야 한다. 다만, 신상품 또는 신기술의 연구개발 업무의 경우에는 3개월 이내의 일정한 기간으로 정할 수 있다. 근로기준법은 1개월을 초과하는 정산기간을 정할 때에는 천재지변 등 시행령으로 정하는 불가피한 경우로서 근로자대표와 서면합의로 달리 정한 때를 제외하고는, 근로일 종료 후 다음 근로일 시작 전까지 사용자는 근로자에게 연속하여 11시간 이상의 휴식 시간을 주고(52조 2항 1호; 벌칙 110조), 매 1개월마다 평균하여 1주간의 근로시간이 40시간을 초과한 시간에 대해서는 근로자에게 통상임금의 50%을 가산하여 지급해야 하며,[1] 이 경우 연장근로수당 지급 규정은 적용하지 않는다고 규정하고 있다(52조 2항 2호; 벌칙 109조). 한편, 정산기간을 정할 때에는 그 기간이 시작하는 날도 특정해야 한다.

정산기간의 총근로시간(약정시간)은 정산기간을 평균하여 1주간의 근로시간이 40시간을 초과하지 않는 범위에서 정해야 한다. 예컨대 정산기간을 4주로 정한 경우에는 총근로시간이 160시간을 초과하지 않아야 한다.

조직적 업무수행 또는 직장 내의 원활한 의사소통을 위하여 조업시간의 일부분을 의무시간대(core time)로 정할 수 있고 의무시간대를 전후하여 선택시간대(flexible time)를 정할 수 있다. 의무시간대가 지나치게 길거나 선택시간대가 지나치게 짧은 것은 근로자에게 선택의 여지가 거의 없기 때문에 선택적 근로시간제로서의 의미가 없다. 의무시간대 또는 선택시간대를 정하는 경우에는 그 시작 및 종료 시각을 정해야 한다. 예컨대 오전 11시-오후 2시를 의무시간대로 정하면서 오전 7시-11시와 오후 2시-10시를 선택시간대로 정할 수 있을 것이다. 의무시간대를 정하지 않아도 무방하지만, 조업시간은 근로자의 근로시간 선택과 불가분의 관계를 가지므로 정해야 한다. 예컨대 의무시간대 없이 조업시간을 오전 7시-오후 10시로 정할 수 있다.

나. 선택적 근로시간제의 실시

A. 근로시간의 배분 선택적 근로시간제 아래서는 근로자가 근로자대표와의 서면합의로 정한 총근로시간(약정시간)을 준수하는 이상, 선택적 근로시간대에 대하여 또는 의무시간대가 특정되지 않은 근로일에 대하여 그 전부 또는 일부

1) 선택적 근로시간제의 단위기간을 3개월까지 확대한 것은 근로시간 운용을 더욱 유연하게 하려는 취지이므로, 인건비를 절감하려는 오·남용의 소지를 방지하기 위해 1개월마다 가산임금을 지급하게 한다.

를 근로할 것인지, 아니면 전혀 근로하지 않을 것인지를 자유로이 선택하고 전체의 근로시간을 배분할 수 있다.

근로자의 선택에 따라 1주간에 40시간을, 1일에 8시간을 초과하여 아무리 많이 근로하더라도,[1] 정산기간을 평균하여 1주간의 근로시간이 40시간을 초과하지 않으면, 법정근로시간을 준수한 것으로 인정되고 연장근로(따라서 가산임금 지급)도 거론할 여지가 없다.

B. 총근로시간의 초과·미달 정산기간 동안의 실제 근로시간이 총근로시간을 초과하거나 이에 미달하는 경우에는 이를 임금 계산에서 정산해야 한다.

실제 근로시간이 총근로시간을 초과하는 경우에 그 초과분을 다음 정산기간으로 이월하는 것은 임금의 일부가 해당 기간의 임금지급일에 지급되지 않는 것이므로 임금 전액지급의 원칙에 반한다고 보아야 할 것이다.[2] 거꾸로 실제 근로시간이 총근로시간에 미달한 경우에 그 미달한 부분을 다음 정산기간의 총근로시간에 더하여(이월하여) 근로하게 하고 약정된 총근로시간에 대한 소정의 임금을 지급(가지급)한 후 다음 임금지급일에 정산하는 것은 임금 전액지급의 원칙에 반하지 않는다. 또 정산기간이 2주 또는 15일 등인 경우에는 1임금지급기에 두 차례의 정산기간이 포함되므로 제1정산기간에서의 근로시간의 과부족을 제2정산기간에 이월하더라도 임금전액지급의 원칙에 반하지 않는다.

Ⅲ. 연장근로

지금까지 살펴본 바와 같이 근로기준법은 규칙적인 근로형태에 대해서는 1주 40시간, 1일 8시간의 법정근로시간을 초과할 수 없도록 규제하고(50조), 탄력적 근로시간제 또는 선택적 근로시간제에 대해서는 일정한 기간을 평균하여 1주

1) 근로기준법 제52조에서 1일 근로시간의 상한선을 규정하지 않은 것은 입법상의 흠결이라고 하면서 제51조 제2항의 '1일 12시간 한도'를 유추적용해야 한다고 보는 견해가 있지만, 입법자가 당사자의 자유로운 결정에 맡긴 것으로서 근거 없는 주장이라 생각한다.

2) 이에 대한 반대의견은 정산기간이란 자유출퇴근제에서의 약정근로시간(총근로시간)을 정하는 단위기간에 불과하므로 그 기간의 근로시간은 모두 해당 정산기간에 정산해야 하는 것은 아니며, 임금전액지급의 원칙도 임금 일부의 지급유보 및 상계를 원칙적으로 금지하는 데 지나지 않으므로 임금액이 근로시간의 길이에 대응하여 결정되어야 한다는 것을 의미하는 것은 아니라고 전제한다. 따라서 정산기간 동안의 실제 근로시간 여하에 관계없이 일정한 기간에 대하여 일정액의 임금을 지급하고, 근로시간의 과부족에 대해서는 해당 정산기간과 다음 정산기간의 근로시간을 정산하여 처리할 수 있다고 본다.

간의 근로시간이 40시간을 초과하거나 1주 또는 1일에 대한 소정의 상한 근로시간을 초과할 수 없도록 규제하고 있다(51조-52조). 근로시간에 대하여 이와 같이 법률로 정한 한도나 기준을 초과하여 근로하는 것을 '연장근로'라 부른다.

연장근로가 일상화되고 길어지면 근로자의 건강과 문화적 생활을 위협하게 되므로 근로기준법은 연장근로를 일정한 요건 아래서 제한적으로 허용하고 있다. 당사자 사이의 합의로 1주 12시간을 한도로 허용하는 통상적 연장근로, 고용노동부장관의 인가 등을 요건으로 허용되는 특별연장근로, 소정의 운송사업이나 보건사업에서 근로자대표와의 합의를 요건으로 허용되는 특례업종 연장근로의 세 가지 제도가 있다.

1. 통상적 연장근로

근로기준법은 당사자 간에 합의하면 일정한 한도에서 연장근로를 할 수 있도록 허용하고 있다(53조 1항·2항). 당사자 간의 합의 없이 연장근로를 시킨 경우 또는 당사자 간의 합의는 있지만 소정의 한도를 초과하여 연장근로를 시킨 경우에는 법정근로시간 또는 연장근로 제한 위반으로서 벌칙(110조)이 적용된다.

가. 규칙적 근로형태의 경우

근로기준법은 당사자 사이에 합의하면 1주 12시간을 초과하지 않는 범위에서 1주 40시간, 1일 8시간의 법정근로시간을 초과하는 연장근로를 하게 할 수 있다고 규정하고 있다(53조 1항).[1)]

A. 당사자 사이의 합의 '당사자 사이의 합의'란 근로계약 당사자, 즉 근로자 개인과 사용자 사이의 합의를 말한다.[2)] 사용자에게는 근로자 개인과 합의하는 것이 어렵지 않으므로, 현행법은 연장근로를 손쉽게 할 수 있도록 허용한 셈이다. 기업운영을 원활하게 할 필요와 근로자의 낮은 임금 수준을 연장근로 등에 따른 가산임금으로 보충할 필요를 고려하여 당사자 사이의 합의로 손쉽게 연장근로를 할 수 있도록 허용하되, 한편으로는 연장근로의 길이에 한도를 설정하고, 다른 한편으로는 가산임금 지급의 경제적·간접적 압력으로 연장근로를 억제하려는 것이 현행법의 기본입장이라 할 수 있다.

1) 법문은 '제50조의 근로시간을 연장할 수 있다'는 것인데 '제50조의 근로시간'은 법정근로시간이므로 법문의 표현은 법정근로시간 자체를 연장할 수 있는 것으로 오해될 소지가 있으므로 법정'근로시간을 초과하여 근로하게 할 수 있다'는 방식으로 개정함이 바람직하다.

2) 대법 2000. 6. 23, 98다54960. 한편, 일본 노동기준법은 근로자대표와 서면협정을 체결하고 이를 행정관청에 신고해야 연장근로나 휴일근로를 시킬 수 있도록 규정하고 있다.

합의는 서면으로 하든 구두로 하든, 어떤 사유로 하든 상관없으며, 연장근로의 일수·시간수, 대상 업무의 범위, 합의의 유효기간[1] 등을 구체적으로 정할 수도 있고 사용자의 결정에 맡긴다고 포괄적으로 합의할 수도 있다고 보아야 한다. 합의를 서면합의로 보면서 그 합의서면에는 연장근로의 사유·일수·시간수, 대상 업무의 범위, 합의의 유효기간 등을 기재해야 한다고 보는 견해는 지지하기 곤란하다. 현행법이 연장근로를 손쉽게 허용하려는 기본입장을 취하고 있을 뿐 아니라, '당사자 사이의 합의'와 '근로자대표와의 서면합의' 또는 단체협약을 엄연히 구분하고 있고, 근로계약조차도 서면계약을 요하지 않는다는 점에서 그렇다.

당사자 사이의 '합의'는 반드시 그때그때 연장근로를 할 때마다 개별적으로 해야 하는 것은 아니고 근로계약 등으로 미리 이를 약정할 수도 있다.[2] 또 개별 근로자의 합의권을 박탈·제한하지 않는 범위에서는 단체협약에 따른 합의도 무방하다.[3] 그러나 단체협약이나 근로자대표와의 서면합의 등에서 '사용자는 업무상 필요하면 연장근로를 명할 수 있다'는 취지를 정한 경우에는 당사자 간에 연장근로에 대한 합의가 있다고 보기 곤란하다.

B. 연장근로의 한도 1주 40시간, 1일 8시간의 법정근로시간을 초과하는 연장근로는 1주 12시간을 초과하지 않는 범위에서만 허용된다. 1일에 대한 연장근로에는 제한이 없으므로 특정 근로일에 연장근로를 집중시킬 수도 있지만, 1주에 대한 연장근로는 12시간까지만 허용된다는 것이다.[4]

(1) 근로기준법은 '1주'란 휴일을 포함한 연속된 7일을 말한다고 규정하고 있다(2조 1항 7호).[5] 따라서 1주에 허용되는 최대 근로시간은 휴일근로를 포함하여 68시간이 아니라 52시간이 된다. 흔히 '주52시간제'라 부른다.

---

1) 대법 1995. 2. 10, 94다19228은 연장근로에 관한 사전 합의에서 특별히 기간을 정하지 아니한 경우 그 근로계약은 기간의 약정이 없는 것으로서 매년 당사자가 근로계약을 갱신해야 하는 것은 아니므로 근로자가 근로계약을 해지하지 아니한 이상 연장근로에 관한 합의의 효력은 유효하다고 한다.

2) 대법 1995. 2. 10, 94다19228; 대법 2000. 6. 23, 98다54960.

3) 대법 1993. 12. 21, 93누5796.

4) 대법 2023. 12. 7, 2020도15393은 53조 1항이 연장근로시간의 한도를 1주간을 기준으로 설정하고 있을 뿐이고 1일을 기준으로 삼고 있지 아니하므로, 1주간의 연장근로가 12시간을 초과하였는지는 '근로시간이 1일 8시간을 초과하였는지를 고려하지 않고' 1주간의 근로시간 중 40시간을 초과하는 근로시간을 기준으로 판단하여야 한다고 한다. 53조 1항 위반의 처벌 사건에서 위반죄의 해당 여부를 엄격히 해석한 것이다. 한편 56조 1항의 연장근로수당의 지급은 1주 40시간을 초과하거나 1일 8시간을 초과하는 경우 모두가 해당된다는 점에서 상이하다.

5) 2018년 개정법은 1주가 휴일을 포함한 연속된 7일임을 명시함으로써 주휴일이 1주에 포함되는가의 해석론상의 다툼을 해소하였다.

(2) 사용자가 기술상·경영상의 사정으로 사업을 연중무휴·24시간 완전가동하거나 이에 준하는 정도로 가동하려면 근로자를 수개조로 편성하여 주기적으로 근로시간대를 교대하면서 근로하게 한다. 이러한 교대제 아래서는 근로자가 다른 근로자의 주휴일 사용을 위하여 주기적으로 휴일근로를 하게 되고 야간·연장근로도 하게 된다. 연중무휴·24시간 완전가동을 전제로 한 교대제가 현행법상 적법한지 문제된다. 3조 3교대제의 경우에는 1주의 총근로시간이 주기에 따라 42시간(1시간 휴게시간 제외하고 7시간씩 6일) 또는 56시간(주휴일의 14시간 추가)이 되므로 부분적으로 연장근로의 한도를 위반하게 된다. 더구나 2조 2교대제(12시간 2교대제, 24시간 격일근무제)의 경우에는 1주의 총근로시간이 주기에 따라 60시간(2시간 휴게시간 제외하고 10시간씩 6일, 4시간 휴게시간 제외하고 20시간씩 3일) 또는 80시간이 되므로 적법한 것으로 볼 수 없다.

나. 탄력적 근로시간제의 경우

근로기준법은 당사자 사이에 합의하면 1주간에 12시간을 초과하지 않는 범위에서 탄력적 근로시간제에 따른 단위기간을 평균한 1주 40시간과 특정한 주 또는 날의 상한 근로시간을 초과하는 연장근로를 허용하고 있다(53조 2항 전단). 단위기간을 평균한 1주 40시간의 제한을 초과하여 1주 12시간 한도로 연장근로가 허용되므로 단위기간을 평균한 근로시간은 1주 52시간까지 허용된다. 그리고 이렇게 52시간을 채택한 사업장에서 대상 근로자에게 허용되는 1주간의 총근로시간은, 단위기간이 2주 이내인 경우에는 특정한 주의 상한 근로시간 48시간(51조 1항 단서)에 12시간의 연장근로를 더하여 60시간이고, 단위기간이 3개월 이내인 경우에는 특정한 주의 상한 근로시간 52시간(2항 단서)에 12시간의 연장근로를 더하여 64시간이라고 보아야 한다.[1)]

다. 선택적 근로시간제의 경우

근로기준법은 당사자 사이에 합의하면 선택적 근로시간제에 따른 정산기간을 평균하여 1주간에 12시간을 초과하지 않는 범위에서 정산기간을 평균한 1주 40시간을 초과하는 연장근로를 하게 할 수 있다고 규정하고 있다(53조 2항 후단).

1) 당사자의 합의에 따른 연장근로는 어떠한 경우에도 1주 40시간의 법정근로시간을 기준으로 12시간(총근로시간 52시간)을 초과할 수 없고 따라서 탄력적 근로시간제나 선택적 근로시간제의 경우에도 특정한 주의 근로시간은 52시간을 절대로 초과할 수 없다고 보는 견해도 있다. 그러나 제53조 제2항이 '제51조의 근로시간' 또는 '제52조의 근로시간'을 연장할 수 있다고 명시하고 있고, '제50조의 근로시간'을 연장할 수 있다고 규정한 것이 아니므로 이 견해는 근거가 없는 주장이라고 생각된다.

연장근로의 한도는 1주간에 12시간이 아니라 '정산기간을 평균하여 1주간에 12시간'이다. 따라서 특정한 주 또는 날에 대한 총근로시간에는 아무런 제한이 없는 것이다.

2. 특별연장근로

근로기준법에 따르면, 사용자는 특별한 사정이 있으면 고용노동부장관의 인가와 근로자의 동의를 받아 통상적 연장근로의 한도를 초과하는 연장근로를 하게 할 수 있으며, 다만 사태가 급박하여 고용노동부장관의 인가를 받을 시간이 없는 경우에는 사후에 지체 없이 승인을 받아야 한다(53조 4항; 벌칙 110조).

가. 특별연장근로의 요건

A. 특별한 사정 특별한 사정이 무엇을 말하는지가 중요한데 근로기준법에는 아무런 규정이 없고 하위 법령에 위임하는 규정도 없다. 시행규칙에서 규정하고 있을 뿐이다. 이에 따르면, '특별한 사정'이란 ① 재난 또는 이에 준하는 사고가 발생하여 이를 수습하거나 재난 등의 발생이 예상되어 이를 예방하기 위해 긴급한 조치가 필요한 경우, ② 사람의 생명을 보호하거나 안전을 확보하기 위해 긴급한 조치가 필요한 경우, ③ 갑작스런 시설·설비의 장애·고장 등 돌발적인 상황이 발생하여 이를 수습하기 위해 긴급한 조치가 필요한 경우, ④ 통상적인 경우에 비해 업무량이 대폭적으로 증가한 경우로서 이를 단기간 내에 처리하지 않으면 사업에 중대한 지장을 초래하거나 손해가 발생하는 경우, 또는 ⑤ 소재·부품 및 장비의 연구개발 등 연구개발을 하는 경우로서 고용노동부장관이 국가경쟁력 강화 및 국민경제 발전을 위하여 필요하다고 인정하는 경우를 말한다(근기칙 9조 1항).

'재난'이란 국민의 생명·신체·재산 등에 피해를 줄 수 있는 것으로서 태풍·홍수 등 자연재난과 화재·붕괴 등 사회재난을 말한다(재난 및 안전관리 기본법 3조). '이에 준하는 사고'에는 예컨대 기계나 보일러의 갑작스런 고장, 그 밖에 인명이나 안전에 피해를 가져올 위험한 사태가 포함된다. 그러나 업무량의 급격한 증가 등과 같이 인명이나 안전에 피해를 가져올 위험이 없는 경우는 포함되지 않는다.

시행규칙은 수십년 동안 '특별한 사정'의 범위를 위 ①의 경우(예방조치 제외)로 한정해왔는데, 2020년에 이를 대폭 확대했다. 다만 ②와 ③의 사유는 사람의 생명과 안전에 긴박한 사정이 생긴 경우로서 종전의 규정에 따르더라도 '특별한 사정'에 포함될 수 있을 것이다. ④와 ⑤의 경우는 경영사정 또는 국민경제 차원의 필요에서 특별한 사정의 범위를 실질적으로 확대한 것이다.[1)]

B. 고용노동부장관의 인가와 근로자의 동의　특별한 사정이 있더라도 사용자가 근로자에게 특별연장근로를 시키려면 고용노동부장관의 인가를 받아야 하고, 다만 사태가 급박하여 사전 인가를 받을 시간이 없는 경우에는 사후에 지체 없이 승인을 받아야 한다.

사용자는 특별연장근로를 시키려면 근로자의 동의도 받아야 한다.[2)] '근로자의 동의'란 본인의 동의를 말한다. 그리고 자연재해 등의 긴급한 구조·수습이 필요한 경우에는 계속적 신뢰관계로서의 근로계약관계의 특성에 비추어 근로자는 연장근로에 동의할 신의칙상의 의무를 진다고 볼 수 있다. 따라서 질병 등 부득이한 사유가 없는데도 특별연장을 거부하는 것은 근로계약 위반이 될 수 있다.

나. 연장근로의 한도 및 건강보호 조치

특별한 사정이 있어 고용노동부장관의 사전 인가나 사후 승인을 받은 경우에는 규칙적 근로형태에서의 연장근로의 한도인 1주 12시간(근기 53조 1항) 또는 탄력적 근로시간제나 선택적 근로시간제에서의 연장근로의 한도(53조 2항)를 초과하는 연장근로가 허용된다. 1일은 물론 1주에 대한 상한시간도 없는 무제한의 연장근로가 허용되는 것이다.

근로기준법은 사용자는 특별한 사정이 있어 연장근로를 하는 근로자의 건강보호를 위하여 건강검진 실시 또는 휴식시간 부여 등 고용노동부장관이 정하는 바에 따라 적절한 조치를 하도록 규정하고 있다(53조 7항; 벌칙 110조). 연장근로가 길어짐으로써 초래되는 근로자의 건강 악화에 대비하려는 것이다.

다. 대휴명령

근로기준법은 고용노동부장관은 이미 실시된 근로시간의 연장이 부적당하다고 인정하면 그 후 연장시간에 상당하는 휴게시간이나 휴일을 줄 것을 명할 수

1) 시행규칙의 개정은 최근의 심각한 경기 침체 상황, 주52시간제의 확대 시행에 즈음한 중소기업의 적응능력 보완책으로 거론되는 탄력적 근로시간제의 확대 입법이 진척되지 않는 사정 등을 고려한 것이다. 다만 이로써 우리나라 근로자들이 처한, 세계적으로 주목받는 장시간근로 상태를 개선하기 더 어렵게 될 것이라는 비판이 뒤따를 뿐 아니라 이와 같은 입법은 헌법이 정한 근로조건 법정주의 원칙(33조 2항)에 어긋나는 것 아니냐는 반론도 제기된다. 6개월 이내 탄력적 근로시간제의 시행에 맞추어 원래의 규정으로 복귀하고 특별한 사정의 의미와 범위는 시행규칙이 아니라 근로기준법에 규정해야 할 것이다.

2) 시행규칙은 근로자의 동의는 고용노동부장관에 대한 인가·승인 신청서에 해당 근로자의 동의서를 첨부하는 방식으로 받도록 규정하고 있다(9조 2항).

있다고 규정하고 있다(53조 5항; 대휴명령).

'근로시간의 연장이 부적당하다'는 것은 사용자가 고용노동부장관의 인가·승인을 받을 수 있다고 보아 1주 12시간의 한도 등을 넘는 연장근로를 실시했으나 인가·승인의 사유에 해당되지 않는 것을 말한다. '그 후 연장시간에 상당하는 휴게시간이나 휴일'을 준다는 것은 1주 12시간 등의 한도를 넘어 실시한 연장시간에 상당하는 시간만큼 향후의 근로일에 근로제공 의무를 면하되 연장시간 8시간에 대하여 1일의 휴일(무급)을, 8시간 미만에 대해서는 그만큼의 휴식시간(근로시간 도중에 부여하지 않아도 무방)을 주는 것을 말한다. 사용자가 대휴명령을 따르지 않으면 벌칙(110조)이 적용된다.

3. 특례업종 연장근로

근로기준법은 통계청장이 고시하는 표준산업분류(중분류 또는 소분류) 중 ① 육상운송 및 파이프라인 운송업(노선여객자동차운송사업은 제외), ② 수상운송업, ③ 항공운송업, ④ 기타 운송관련 서비스업, 또는 ⑤ 보건업에 대하여 사용자가 근로자대표와 서면합의를 한 경우에는 규칙적 근로형태에 대한 연장근로의 한도인 1주 12시간을 초과하는 연장근로를 허용하고 있다(59조 1항).

대상 사업(특례업종)은 표준산업분류 중 육상운송 및 파이프라인 운송업 등 4가지 운송업과 보건업으로 한정되어 있다. 그러나 노선여객자동차운송사업은 특례업종에서 제외된다.[1)]

특례업종에 해당하더라도 사용자와 근로자대표 사이의 서면합의가 있어야 연장근로를 시킬 수 있다. 근로자대표와의 서면합의가 있더라도 실제로 통상적 연장근로의 한도를 넘는 연장근로를 시키려면 개별 근로자의 동의를 받아야 한다.

특례업종에 해당하더라도 탄력적 근로시간제나 선택적 근로시간제를 적용하는 경우에는 특례업종 연장근로는 적용되지 않는다. 법문이 허용하는 연장근로가 '제53조 제1항에 따른 주 12시간', 즉 규칙적 근로형태에 대한 1주 12시간을 초과하는 것으로 한정되어 있기 때문이다.

특례업종 연장근로를 실시하는 경우 사용자는 근로일 종료 후 다음 근로일

---

1) 종전에 특례업종 연장근로의 대상 사업은 근로자 생활보호의 관점은 고려하지 않고 '공중의 편의 또는 업무의 특성상 필요'한지 여부의 관점에서 매우 광범하게 정해져 있었으나 2018년 개정법에서 대폭(표준산업분류를 기준으로 하면 26개 업종을 5개 업종으로) 축소했다. 종전에 대상 사업이었던 노선여객자동차운송사업, 물품 판매 및 보관업, 금융보험업, 통신업, 접객업, 사회복지 사업 등은 개정법의 시행으로 제외되었다.

개시 전까지 근로자에게 연속하여 11시간 이상의 휴식시간을 주어야 한다(59조 2항; 벌칙 110조). 특례업종 연장근로 허용규정에 따라 장시간 근로를 하더라도 다음 근로일 개시 전까지 최소 연속 11시간의 휴식시간을 주라는 것이다. 1일 13시간을 초과하는 근로가 금지된다는 의미는 아니다.

Ⅳ. 근로시간의 산정

1. 기본 원칙

가. 근로시간의 개념

근로기준법은 근로시간을 규제하면서 '근로시간은 휴게시간을 제외'한다는 것(50조 1항)과 작업을 위하여 '근로자가 사용자의 지휘·감독 아래에 있는 대기시간 등은 근로시간으로 본다'는 것(50조 3항)을 명시하고 있을 뿐, 근로시간의 개념에 관하여 더 이상 규정하지 않고 있다. 그러나 근로자가 현실적으로 작업에 종사한 시간이 아니더라도 예컨대 대기시간, 작업준비시간 또는 참가할 의무가 있는 교육 시간은 근로시간에 포함되고, 거꾸로 명분의 규정이 없더라도 휴게시간은 근로시간에 포함되지 않는다는 데 이의가 없다.

그리하여 종전의 지배적 견해는 근로시간의 개념에 관하여 '근로자가 사용자의 지휘·감독 아래 근로계약상의 근로를 제공하는 시간'이라고[1] 정의해 왔다(지휘감독설). 이에 따르면 예컨대 참가 의무가 있는 교육 시간이 근로시간에 포함되는 것은 사용자의 지휘·감독 아래 있는 것으로 의제되기 때문이라고 한다.

그러나 사용자의 지휘·감독을 이와 같이 추상화하거나 의제하는 것은 무리한 이론구성이고, 또 근로자의 작업이 반드시 사용자의 작업상의 지휘·감독 아래 이루어지는 것만은 아니다. 따라서 근로시간인지 여부에 관해서는 해당 활동의 업무성도 지휘·감독을 보충하는 중요한 기준이 된다. 요컨대 근로시간의 개념은 '사용자의 작업상의 지휘·감독 아래 있는 시간 또는 사용자의 명시 또는 묵시의 지시·승인에 따라 그 업무에 종사하는 시간'이라고 정의하는 것이 적절하다(업무성보충설). 근로기준법이 근로시간에 포함되는 범위를 '작업을 위하여 근로자가 사용자의 지휘·감독 아래에 있는 대기시간 등'이라고 규정하여(50조 3항) 사용자의 지휘·감독 아래 있는 대기시간으로 한정하지 않은 것도 이러한 견지에 입각한 것이라 볼 수 있다.

1) 예컨대 대법 1992. 10. 9, 91다14406.

나. 대기시간

근로자가 작업시간 도중에 실제로 작업에 종사하지 않은 대기시간이나 휴식·수면시간이라 하더라도 근로자에게 자유로운 이용이 보장된 것이 아니라 실질적으로 사용자의 지휘·감독을 받는 것이라면 휴게시간이 아니라 근로시간에 포함된다.[1] 근로계약에서 정한 휴식·수면시간이 근로시간에 속하는지 휴게시간에 속하는지는 특정 업종에 따라 일률적으로 판단할 것이 아니라, 근로계약이나 취업규칙 등의 규정, 업무의 내용·방식, 휴식 중인 근로자에 대한 사용자의 간섭·감독 여부, 자유롭게 이용할 수 있는 휴게 장소의 구비 여부, 그 밖에 근로자의 실질적 휴식을 방해하거나 사용자의 지휘·감독을 인정할 만한 사정이 있는지와 그 정도 등 여러 사정을 종합하여 개별 사안에 따라 구체적으로 판단해야 한다.[2]

판례는 예컨대 우편물운송차량의 운전근로자가 격일제 근무형태로 근무하면서 대기 상태에서 틈틈이 수면이나 식사 등 휴식을 취한 시간은 휴게시간이 아니라 근로시간에 해당하고,[3] 아파트 경비원이 근무시간 18시간, 휴게시간 6시간의 격일제로 근무하는 경우 휴게시간 중 상당 부분은 근로시간에 해당하지만,[4] 버스운송회사에 소속된 운전기사가 노선 운행을 마친 후 다음 노선 운행의 배차를 기다리는 시간 전부가 근로시간에 포함되는 것은 아니라고 한다.[5]

작업 도중에 정전·기계 고장·원료 공급 중단 등에 따른 대기시간이나 식당·호텔 등의 접객원이 근무 장소에서 고객을 기다리는 시간 등은 근로시간에 포함된다고 보아야 할 것이다. 그러나 집이나 다른 장소에서 자유로이 보내면서 연락이 오면 즉시 출근하여 작업을 하기로 하는 호출대기의 시간은 근로시간에 포함된다고 보기 곤란하다.

다. 업무활동시간

사용자는 흔히 취업규칙 등으로 근로자의 작업시간을 명확히 하기 위하여 시업시각과 종업시각을 정하고 근로일을 확정하는 의미에서 휴일을 특정해 둔다. 근로자가 근로일의 시업시각에서 종업시각 사이의 시간대(근무시간)에 활동한 시

---

1) 대법 1993. 5. 27, 92다24509; 대법 2006. 11. 23, 2006다41990; 대법 2017. 12. 13, 2016다243078 등.
2) 대법 2017. 12. 5, 2014다74254; 대법 2018. 7. 12, 2013다60807; 대법 2020. 8. 20, 2019다14110.
3) 대법 1993. 5. 27, 92다24509.
4) 대법 2017. 12. 13, 2016다243078; 대법 2017. 12. 13, 2016다243085.
5) 대법 2018. 6. 28, 2013다28926; 대법 2018. 7. 12, 2013다60807.

간은 근로시간이 되고, 거꾸로 시업시각 이전이나 종업시각 이후의 시간대 또는 휴일에 활동한 시간은 연장근로나 휴일근로에 종사한 시간이 아닌 이상 근로시간에 포함되지 않는 것이 원칙이다. 그러나 다음과 같이 예외적인 경우도 있다.

(1) 시업시각 이전의 활동이라도 예컨대 작업지시의 수령, 작업조의 편성, 작업의 인수, 기계·기구의 점검·정리 등은 원칙적으로 업무에 종사한 것이므로 근로시간에 포함된다.[1] 또 조회·회의·체조 등도 사용자의 지휘·감독 아래 의무적으로 한 경우에는 근로시간에 포함된다. 그러나 출근카드의 입력, 작업복 착용 등은 업무에 종사하기 위한 준비에 불과하므로, 그 자체가 의무화되고 조심스러운 작업을 요하는 경우를 제외하고는 근로시간에 포함되지 않는다. 다만 안전보호구의 착용은 재해방지·직무질서유지 등을 위해 작업시작에 필수불가결한 업무관련 행위이므로 근로시간에 포함된다고 보아야 할 것이다.

(2) 종업시각 이후의 활동이라도 기계·기구의 점검·청소·정리, 작업의 인계 등 차후의 작업에 필요한 마무리작업은 업무활동의 최종부분으로서 근로시간에 포함된다.[2] 그러나 목욕, 작업복 탈의 등은 특별한 사정이 없는 이상 업무에 종사하는 것이 아니어서 근로시간에 포함되지 않는다.

(3) 지하작업에 있어서 입·출갱시간은 근로시간에 포함된다.[3]

(4) 근무시간 외에 사업장 밖에서 하는 연수·교육이나 회사 행사(체육대회, 창립기념식 등)에 참가하는 것도 그 참가가 의무적이고 회사의 업무로서의 성격(회사에 이익이 되는 등)이 강하면 근로시간에 포함된다.[4]

(5) 근로자가 사용자의 묵시의 지시나 승인 아래 작업에 종사하는 시간도 근로시간에 포함된다.

라. 지각·조퇴 등의 시간

근무시간대에 속하더라도 근로자가 지각·조퇴·결근·업무면제 등에 따라 작업에 종사하지 않은 시간은 근로시간에 포함되지 않는다. 따라서 예컨대 지각한 시간만큼을 종업 시각 이후에 계속하여 근로하더라도 그것은 근로하지 않은 시

1) 대법 1993. 9. 28, 93다3363.
2) 대법 1993. 3. 9, 92다2270.
3) 대법 1992. 2. 25, 91다18125; 대법 1994. 12. 23, 93다53276 등. 근로기준법과 시행령은 지하작업에 대한 1일 법정근로시간을 6시간으로 하되, 입·출갱시간은 근로시간에 포함되지 않는다고 규정했으나, 1990년 근로기준법과 시행령 및 산업안전보건법은 1일 법정근로시간을 8시간으로 늘리되 입·출갱시간에 대한 규정은 삭제했다.
4) 근기 01254-14835, 1988. 9. 28. 등.

간을 보전하는 것일 뿐이고 연장근로라 볼 수 없다.

숙·일직 근무는 주기적 순찰, 전화·문서의 접수, 비상사태 대응 등의 임무를 가지고 사업장 안에서 대기하는 특수한 근무로서 노동 강도가 약하고 감시·단속적 근로의 성격도 가진다. 따라서 숙·일직 시간은 그 근무의 방법·내용·질이 통상근무와 마찬가지라고 인정될 때에만 근로시간에 포함된다.[1)]

생후 1년 미만의 유아를 가진 여성 근로자의 청구가 있는 경우에 주도록 되어 있는 소정의 유급육아시간(75조)은 임금은 지급되지만, 근로시간에는 포함되지 않는다고 생각된다.

2. 외근 간주시간제

근로자가 사업장 밖에서 근로하여 보통의 방법으로는 근로시간을 산정하기 어려운 경우에 근로시간의 계산을 합리적으로 또 명확하게 하기 위하여 근로기준법은 실제의 근로시간에 관계없이 일정한 시간을 근로한 것으로 간주(인정)하는 특례제도 세 가지를 마련해 두었다.

가. 소정근로시간 간주

근로기준법은 근로자가 출장이나 그 밖의 사유로 근로시간의 전부 또는 일부를 사업장 밖에서 근로하여 근로시간을 산정하기 어려운 경우에는 소정근로시간을 근로한 것으로 본다고 규정하고 있다(58조 1항 본문). 근로시간 간주의 1차적, 기본적인 방법이다.

(1) 근로자가 사업장 밖에서 근로(외근)한 사유는 출장의 경우처럼 임시적인 것이든 취재기자·외근판매사원 등의 경우처럼 상태적인 것이든 관계없다. 또 근로시간의 전부를 외근하든 그 일부만 외근하고 나머지는 내근하든 관계없다.

(2) 외근하여 '근로시간을 산정하기 어려운 경우'란 근로자의 외근 때문에 근로자가 실제로 몇 시간 동안 근로했는지를 확정하기 곤란한 것을 말한다.

따라서 근로자가 외근하더라도 보통의 방법으로 근로시간을 산정하기 쉬운 경우, 예컨대 여러 명이 집단으로 외근에 종사하고 그 구성원 중에 근로시간을 관리하는 자가 포함되어 있는 경우, 휴대폰 등을 통하여 수시로 지시를 받으면서 근로하는 경우, 사업장에서 미리 방문처와 귀사시각 등 당일의 업무에 관한 구체적인 지시를 받아 그 지시대로 업무에 종사하고 그 후 사업장에 복귀하는 경우에는 외근 간주시간제가 적용되지 않는다.

1) 대법 1990. 12. 26, 90다카13465.

(3) 근로자의 외근으로 그 근로시간 산정이 어려운 때에는 소정근로시간을 근로한 것으로 본다. 근로기준법에 따르면, '소정근로시간'이란 법정근로시간의 범위에서 당사자 사이에 정한 근로시간을 말한다(2조 1항 8호).

근로시간의 일부만 외근하고 나머지 근로시간은 1일 조업시간대의 일부를 이용하여 내근한 경우에는 그 내근시간도 포함하여 1일 소정근로시간만 근로한 것으로 간주한다.

나. 통상적 필요시간 간주

근로기준법은 그 업무를 수행하기 위하여 통상적으로 소정근로시간을 초과하여 근로할 필요가 있는 경우에는 그 업무의 수행에 통상 필요한 시간을 근로한 것으로 본다고 규정하고 있다(58조 1항 단서). 근로시간 간주의 기본적인 방법에 대한 예외라 할 수 있다. 외근하는 근로자가 그 업무를 수행하는 데 소정근로시간을 초과할 수밖에 없는 경우가 있고, 이 경우에도 소정근로시간만 근로한 것으로 보는 것은 불합리하므로 '그 업무의 수행에 통상 필요한 시간'(통상적 필요시간)을 근로한 것으로 보는 제도이다.

소정근로시간이 아니라 통상적 필요시간을 근로한 것으로 보려면, 그 업무 수행에 '통상적으로 소정근로시간을 초과하여 근로할 필요'(초과근로의 필요)가 있어야 한다. 초과근로의 필요가 있는지 여부는 해당 근로자의 경험에서 주관적으로 판단하는 것이 아니라 평균인이라면 통상 상태에서 그럴 필요가 있는지 여부에 따라 객관적으로 판단해야 한다.

그리고 소정근로시간의 일부만 외근하는 경우에는 그 '업무'는 외근으로 수행할 업무와 내근으로 수행할 업무를 합한 것을 의미한다. 외근 업무만으로는 초과근로의 필요가 없지만 내근 업무까지 포함하면 초과근로의 필요가 있을 수 있기 때문이다.

통상적 필요시간은 그 업무수행에 그 근로자가 사용한 시간이 아니라 평균인이 통상의 상태에서 객관적으로 필요로 하는 시간을 말한다. 예컨대 그 업무수행에 8시간 40분이 소요되는 경우도 있고 9시간 20분이 소요되는 경우도 있다면 일반적으로 그 평균치인 9시간이 통상적 필요시간이 된다. 물론 통상적 필요시간은 초과근로의 필요에 대응한 것이므로 소정근로시간을 상회해야 한다.

다. 서면합의 시간 간주

근로기준법은 해당 업무에 관하여 근로자대표와 서면합의를 한 경우에는 그 합의로 정한 시간을 그 업무의 수행에 통상 필요한 시간으로 본다고 규정하고 있다(58조 2항). 통상적 필요시간을 각 업무마다 수시로 산정하는 번거로움과 그 산정 방법에 관하여 당사자 사이에 다툼이 발생할 우려를 줄이기 위한 것이다. 근로자대표와 서면합의를 한 경우에는 '그 합의로 정한 시간'을 통상적 필요시간으로 보므로, 결국 그 합의로 정한 시간을 근로한 것으로 간주하게 된다.

3. 재량근로 간주시간제

근로기준법은 업무의 성질에 비추어 업무수행 방법을 근로자의 재량에 위임할 필요가 있는 업무로서 시행령으로 정하는 업무는 사용자가 근로자대표와의 서면합의로 정한 시간을 근로한 것으로 본다고 규정하고 있다(58조 3항 전단). 정보화·기술혁신·서비스경제화 등의 새로운 경향에 따라 업무수행 방법에 대한 근로자의 재량이 넓어지는 전문적 업무(근로의 양보다 질이나 성과가 중시되는 업무)가 증가하고 이 경우에 근로시간을 일일이 계산하는 것이 적절하지 않으므로 일정한 시간 근로한 것으로 간주하는 특례를 설정한 것이다.

가. 요건

A. 대상업무 재량근로 간주시간제는 '업무의 성질에 비추어 업무수행 방법을 근로자의 재량에 위임할 필요가 있는 업무로서 시행령으로 정하는 업무'에만 허용된다. 이에 따라 시행령은 ① 신상품·신기술의 연구개발이나 인문사회과학·자연과학 분야의 연구 업무, ② 정보처리시스템의 설계·분석 업무, ③ 신문·방송·출판 사업의 기사 취재·편성·편집 업무, ④ 의복·실내장식·공업제품·광고 등의 디자인·고안 업무, ⑤ 방송프로그램·영화 등의 제작 사업의 프로듀서·감독 업무, ⑥ 그 밖에 고용노동부장관이 정하는 업무를 대상업무로 규정하고 있다(31조).

B. 서면합의의 내용 근로기준법은 재량근로 간주시간제를 시행하기 위한 서면합의에는 ① 대상업무, ② 사용자가 업무의 수행수단 및 시간배분 등에 관하여 근로자에게 구체적인 지시를 하지 않는다는 내용, ③ 근로시간의 산정은 그 서면합의로 정하는 바에 따른다는 내용을 명시해야 한다고 규정하고 있다(58조 3항 후단).

대상업무는 법령에 따라 재량근로 간주시간제가 허용되는 업무 중에서 사용자가 필요한 것을 선택하게 될 것이다. 그러나 대상업무의 종사자에 대하여 사용자가 업무의 수행수단 및 시간배분 등에 관하여 근로자에게 구체적인 지시를 하지 않는다는 내용을 명시해야 한다. 이들에게 적용할 시업·종업시각을 정하여 이를 강제하는 것은 시간배분에 관하여 구체적인 지시를 하는 것과 같으므로 허용되지 않는다고 보아야 할 것이다. 업무수행 방법에 관하여 구체적인 지시는 할 수 없지만, 업무수행의 기본적 방침을 지시하거나 각 단계에서 진행상황의 보고를 의무화하는 것은 허용된다.

또 근로자대표와의 서면합의에서는 "근로시간의 산정은 해당 서면합의로 정하는 바에 따른다"는 내용을 명시해야 하므로, 근로시간으로 간주할 1일 또는 1주의 근로시간수를 정해야 한다. 간주할 근로시간수는 대상 근로자들이 실제로 1일 또는 1주에 근로하는 통상적인 근로시간수의 평균치로 정할 수도 있고(근로시간수에 따라 임금액을 정하는 경우) 해당 사업장의 소정근로시간으로 정할 수도 있다(연봉제 등 근로의 질이나 성과를 중시하는 임금제도의 경우). 또 재량근로 간주시간제는 법정근로시간에 대한 특칙으로서의 의미도 가지기 때문에, 1일 및 1주의 간주근로시간의 수는 탄력적 근로시간제의 경우처럼 법정근로시간을 초과할 수도 있을 것이다.

나. 서면합의 시간 간주

근로기준법은 재량근로 간주시간제가 시행되는 소정의 업무에 대해서는 근로자대표와의 서면합의로 정한 시간을 근로한 것으로 본다고 규정하고 있다(58조 3항 전단). 따라서 실제의 근로시간이 서면합의로 정한 시간에 미달하든 초과하든 중요하지 않다. 그러나 휴일·야간근로, 휴일, 휴가에 관한 법률규정의 적용이 배제되는 것은 아니므로 사용자는 해당 근로자의 출·퇴근을 점검·확인할 수 있다.

Ⅴ. 휴게시간 및 휴일

1. 휴게시간

가. 휴게시간의 부여

근로기준법은 사용자는 근로시간이 4시간인 경우에는 30분 이상, 8시간인 경우에는 1시간 이상의 휴게시간을 근로시간 도중에 주도록 규정하고 있다(54조 1항; 벌칙 110조). 계속적 근로에 따른 피로의 누적을 줄이려는 것이다.

'휴게'란 1일의 근로시간 도중에 잠시 사용자의 지배에서 벗어나 휴식을 취하는 것을 말한다.

근로시간이 8시간인 경우에는 1시간 이상의 휴게시간을 주어야 하므로, 근로시간이 4시간인 경우에는 30분 이상의 휴게시간을 주라는 것은 근로시간이 4시간 미만인 경우에는 휴게시간을 주지 않아도 되지만, 근로시간이 4시간 이상 8시간 미만인 경우는 30분 이상의 휴게시간을 주라는 것을 의미한다. 근로시간이 8시간을 초과하는 경우에 대해서는 명문의 규정이 없지만 근로자의 휴식권을 보장한다는 취지에서 연장근로에 대해서도 동일한 휴게시간을 부여하여야 한다. 즉 8시간을 초과하여 4시간의 연장근로를 하게 할 때에는 연장근로시간 도중에 30분 이상의 휴게시간을 부여하여야 한다.[1]

휴게시간은 '근로시간 도중'에 주어야 하므로 작업 종료 후 또는 작업 시작 전에 부여해서는 안 된다. 그러나 근로시간 도중에 부여하는 이상 어느 시간대라도 무방하다. 휴게시간은 일시에 주도록 명시되어 있지 않으므로 분할하여 주어도 무방하지만, 자유이용이 불가능할 정도로 미세하게(5분, 10분 등) 분할해서는 안 된다.

생후 1년 미만의 유아를 가진 여성 근로자가 청구하는 경우에 주도록 되어 있는 소정의 유급육아시간(75조)은 휴게시간이라 볼 수 없다.

나. 휴게시간의 자유 이용

근로기준법은 휴게시간은 근로자가 자유로이 이용할 수 있다고 규정하고 있다(54조 2항; 벌칙 110조). 휴게시간은 원래 사용자의 지배를 받지 않는 자유로운 시간이지만, 주의를 환기하는 의미에서 자유로운 이용을 규정한 것이다.

휴게시간 중에는 근로자가 외출도 자유로이 할 수 있다. 다만 직장질서나 시설관리를 위하여 필요한 최소한의 제한조치(외출신고제, 객관적 기준에 따른 외출허가제 등)는 허용된다. 그러나 휴게실 등에서 자유로이 휴식을 하게 하면서 간혹 있을 수 있는 방문객의 응접이나 전화의 당번을 맡기는 것은 적어도 휴게실 등에서의 외출이 제한되는 점에서 자유이용의 원칙에 어긋나므로 휴게시간이 아니라 대기시간으로 인정된다.

사업장 안에서 휴식하는 경우에 근로자는 직장질서나 시설관리상의 합리적인 제약을 받는다. 예컨대 집회실 등 시설의 이용에 관하여 허가제가 규정되어 있다면 이에 따르고, 출입금지구역은 여전히 준수해야 한다. 또 다른 근로자의 휴식을 방해해서는 안 된다.

---

1) 대법 2023. 12. 7, 2020도15393.

휴게시간 중의 유인물배포 등 조합활동은 이미 살펴본 바와 같이 취업규칙으로 정한 사용자의 허가를 받지 않았더라도 다른 근로자들의 휴식을 방해하거나 구체적으로 직장질서를 문란하게 하지 않는 이상 정당하다고 보아야 한다.[1]

다. 휴게시간의 변경

근로기준법은 통계법에 따른 표준산업분류(중분류 또는 소분류) 중 ① 육상운송 및 파이프라인 운송업(노선여객자동차운송사업은 제외), ② 수상운송업, ③ 항공운송업, ④ 기타 운송관련 서비스업, 또는 ⑤ 보건업에 대하여 근로자대표와 서면 합의를 한 경우에는 휴게시간 변경을 할 수 있다고 규정하고 있다(59조 1항). 이른바 특례업종에 대하여 연장근로와 함께 휴게시간 변경도 허용한 것이다.

'휴게시간 변경'이란 휴게시간의 길이를 법률이 정한 것보다 줄이거나 휴게시간의 자유로운 이용에 어느 정도의 제한을 가하는 것을 말한다. 휴게시간을 전혀 주지 않는 것 또는 업무 시작 전이나 업무 종료 후에 주는 것은 휴게시간 배제이지 휴게시간 변경이라 할 수 없을 것이다.

대상 업종에 해당하더라도 근로자대표와 서면합의가 있어야 휴게시간을 변경할 수 있다.

2. 휴일

'휴일'이란 넓은 의미로는 사업장의 근로자 전체 또는 상당수가 근로를 하지 않기로 정해진 날을 말한다. 일반적으로 취업규칙 등에서 휴일을 특정하고 그 밖의 날을 근로일로 한다. 따라서 소정의 근로일인 상태를 변경하지 않은 채 임시로 근로자를 취업시키지 않은 날은 휴업일이지 휴일은 아니다. 또 소정의 근로일에 근로자가 법률이나 취업규칙 등에 따른 권리로서 근로제공 의무를 면제받게 된 날은 휴일이 아니라 휴가일이다.

어느 날을 휴일로 할 것인가는 원칙적으로 근로자와 사용자 사이에 자유롭게 정할 수 있다. 다만 근로기준법은 사용자가 근로자에게 적어도 주휴일과 공휴일(대체공휴일 포함)의 두 가지 유급휴일을 주도록 규정하고 있다.

가. 주휴일

근로기준법은 사용자는 근로자에게 1주에 평균 1회 이상의 유급휴일을 보장해야 한다고 규정하고 있다(55조 1항).

---

1) 대법 1991. 11. 12, 91누4164.

A. 1주 1일의 휴일 '1주 평균 1회'란 일요일부터 토요일까지의 연속되는 7일에 평균 1회를 말하고, '1회'의 휴일은 1일의 휴일을 말한다. 1주에 1일 이상의 휴일을 주라는 것이다. 1주에 1일의 휴식일을 주는 제도(주휴일제)는 기독교의 안식일 전통에서 유래하여 오늘날 전 세계에 보편적인 것으로 되었고 우리나라 제도도 이에 따른 것이다. 게다가 우리나라에서는 단순한 주휴일제에서 한 걸음 더 나아가 유급주휴일제라는 점이 특징이다. 근로기준법상 주휴일제의 취지는 근로자가 연속적 근로로 인한 피로를 회복하고, 근로제공 의무에서 벗어나 자유로운 시간에 문화적 생활을 할 수 있도록 하려는 데 있다.[1)]

1일의 휴일은 달력상 특정 날짜의 0시부터 24시까지의 휴식 부여를 의미한다. 다만 교대제 등 특별한 사정이 있는 경우에는 달력상 2일에 걸쳐 계속 24시간의 휴식을 주는 것도 1일의 휴일로 인정된다.

1일의 주휴일은 어느 요일로 하든 관계없고 계절에 따라 또는 부서나 직종 또는 작업조에 따라 요일을 달리할 수도 있다. 그러나 공휴일과 대체공휴일도 유급휴일로 보장되기 때문에 교대제근무 등 특별한 사정이 없는 이상, 일요일을 주휴일로 정하는 경우가 많을 것이다.

취업규칙 등으로 토요일을 무급휴일로 하고 일요일을 주휴일로 정하는 사업장이 적지 않지만, 1주에 1일 이상의 휴일이면 족하므로 일요일이 아닌 요일로 정해도 무방하다. 또 계절에 따라 또는 부서나 직종 또는 작업조에 따라 요일을 달리 할 수도 있으며, 이미 정한 요일을 변경할 수도 있다.

B. 유급휴일 주휴일은 유급휴일로 보장해야 한다.[2)] '유급휴일'이란 임금 지급이 보장되는 휴일, 즉 근로제공을 하지 않더라도 정상적으로 근로제공을 한 것으로 보아 임금(유급휴일임금)이 지급되는 날을 말한다.

일반적으로 월급제임금에서 소정의 월급액은 1개월 동안 소정근로일을 개근하여 소정근로시간 근로하고 1주 1일씩은 유급주휴일로 쉬는 데 대한 대가로 지급되는 것이므로 그 월급액에는 주휴일에 대한 유급휴일임금(주휴수당)이 포함되어 있다고 해석된다.[3)] 그러나 일급제 또는 시급제 임금에서 소정의 일급, 시간급

1) 대법 2004. 6. 25, 2002두2857.
2) '유급'주휴일은 임금의 계산, 개근의 요건 등과 관련하여 번잡하고 때로는 불합리한 문제를 발생시키므로 선진국의 경우처럼 개근 요건을 삭제하고 무급휴일로 개정하는 것이 바람직하다고 생각된다. 다만 개정에 따라 통상임금이 증가하거나(월급제의 경우) 기존의 임금 수준이 저하되거나(일급제의 경우) 하는 부작용이 있으므로 이를 동시에 해결하는 방안을 강구해야 할 것이다.
3) 대법 1990. 12. 26, 90다카12493; 대법 1998. 4. 24, 97다28421.

에는 주휴수당이 포함되어 있지 않으므로, 해당 일급 또는 시간급의 8시간분에 해당하는 금액을 주휴수당으로 지급해야 한다. 흔히 주휴수당은 통상임금을 기준으로 산정한다고 말하는 것은[1] 바로 이러한 법리를 염두에 둔 것이라 생각한다.

C. 주휴일의 요건　근로기준법 시행령은 주휴일은 1주 동안의 소정근로일을 개근한 자에게 주어야 한다고 규정하고 있다(30조 1항).[2] 소정근로일을 개근하지 않은 근로자에게는 유급주휴일을 받을 자격을 인정하지 않는다는 취지이므로 그 근로자에게는 주휴일로 정해진 날이 무급휴일로 처리된다.[3] 또 개근하지 않은 근로자에게도 1주 1일의 무급휴일은 주어야 한다고 보는 것이 주휴일제의 취지에 부합한다.[4]

'소정근로일'이란 법률이 허용하는 범위에서 취업규칙 등으로 정한 근로일, 즉 산정기간의 총 일수에서 주휴일과 공휴일, 법정휴일인 근로자의날,[5] 그 밖의 휴일(약정휴일)을 뺀 날을 말한다. 1주 중 적어도 1일은 주휴일로 해야 하므로 1주의 소정근로일은 6일을 초과할 수 없다. 1주 6일이 아니라 소정근로일을 개근한 자에게는 주휴일을 주어야 하므로, 예컨대 소정근로일이 4일인 어느 주에 출근일수가 4일에 불과하더라도 주휴일을 주어야 한다. 격일제나 복격일제(2일 근무에 1일 휴일)로 근로하는 자에게도 그렇다.[6]

연차휴가나 출산전후휴가(유산·사산휴가 포함)를 사용한 기간, 업무상 부상·질병으로 휴업한 기간, 사용자의 귀책사유로 휴업한 기간, 정당한 파업에 참가한 기간 등을 출근율 산정에서 어떻게 처리할 것인지가 문제된다. 연차휴가의 출근율 산정과 공통된 문제이므로 그 부분의 설명에 준하여 처리해야 할 것이다.[7]

---

1) 예컨대 대법 2018. 12. 27, 2016다39538.

2) 대법 1979. 10. 16, 79다1489는 주휴일의 부여요건을 정한 시행령의 규정이 모법 위반으로 볼 수 없다고 한다. 그러나 법률에 요건이 명시적으로 규정된 연차휴가나 출산전후휴가(유산·사산휴가 포함) 등의 경우와 균형을 맞춘다는 의미에서도 시행령의 규정을 모법에 옮겨야 할 것이다.

3) 예컨대 1주 5일의 소정근로일수를 개근한 자는 1주 6일분의 임금을 지급받지만, 1주 1일 결근한 자는 1주 4일분의 임금을 지급받게 된다. 1일의 결근으로 2일분의 임금 손실을 가져오게 되는 것은 합리적이라 볼 수 없다.

4) 대법 2004. 6. 25, 2002두2857.

5) 근로자의날법은 "5월 1일을 근로자의날로 하고 이 날을 근로기준법에 따른 유급휴일로 한다"고 규정하고 있다. '근로기준법에 따른 유급휴일'이므로 근로기준법이 적용되는 모든 사업 또는 사업장에 적용되고(유급주휴일 규정이 5인 미만 사업장에도 적용된다는 점에서 이 법률도 5인 미만 사업장에 적용된다고 보아야), '유급휴일'이므로 임금의 지급이 보장되는 휴일이다.

6) 대법 1989. 11. 28, 89다카1145 등.

7) 그러나 대법 1979. 10. 16, 79다1489는 연차휴가일의 산정에 대하여 업무상 부상 또는 질병으로 휴업한 기간을 출근한 것으로 본다(60조 6항)고 하여 이 규정이 주휴제에도 적용되는 것

D. 주휴일의 근로 사용자는 주휴일을 유급으로 보장해야 하며 이에 위반하면 벌칙(110조)이 적용된다. 문제는 사용자가 주휴일에 근로자에게 근로를 제공하게 하는 것이 적법한지, 벌칙의 적용 대상이 되는지 여부에 있다.

연장근로의 경우와 달리 주휴일의 근로에 대해서는 이를 제한적으로 허용하는 명시적 규정이 없는 점과 근로를 제공한 것을 휴일을 준 것으로 볼 수 없는 점을 고려하면 주휴일의 근로는 유급휴일임금과 휴일근로수당의 지급 여부에 관계없이 주휴일을 보장할 의무에 위반된다고 보게 될 것이다. 그러나 주휴일의 근로에 대하여 연장근로의 경우와 달리 제한 규정을 두고 있지 않은 것은 당사자 사이에 합의만 있으면 이를 허용하려는 것이라 볼 수 있으며, 현행법이 가산임금의 지급사유로 적법한 연장근로를 명시하면서 휴일근로도 포함하여 규정한 것(56조)은 적법한 휴일근로를 전제로 한 것이라 볼 수 있다. 그렇다면 주휴일의 근로는 그에 대하여 유급휴일임금과 휴일근로수당을 지급하는 이상 위법하다고 보기는 곤란할 것이다.[1)]

나. 공휴일

(1) 근로기준법과 그 시행령은 사용자는 근로자에게 시행령으로 정하는 휴일, 즉 관공서의 공휴일에 관한 규정(대통령령)에 따른 공휴일(일요일은 제외)과 대체공휴일을 유급으로 보장해야 한다고 규정하고 있다(근기 55조 2항 본문, 영 30조 2항). 공휴일(편의상 대체공휴일 포함; 이하 같음)은 원래 공무원에게 적용되던 휴일인데 오랫동안 우리 산업현장에 만연한 장시간 근로의 악습을 개선하고 공무원과 일반 근로자가 공평하게 휴일을 누릴 수 있도록 휴일을 늘린 것이다.

한편, 관공서의 공휴일에 관한 규정은 ① 일요일, ② 국경일 중 3·1절, 광복절, 개천절 및 한글날, ③ 1월 1일, ④ 설날과 그 전후날, ⑤ 부처님오신날, ⑥ 5월 5일, ⑦ 6월 6일, ⑧ 추석과 그 전후날, ⑨ 12월 25일, ⑩ 공직선거법상 임기만료에 따른 선거의 선거일, ⑪ 기타 정부에서 수시 지정하는 날을 공휴일로 정하고, 설날과 그 전후날 또는 추석과 그 전후날이 다른 공휴일과 겹칠 경우 또는 5월 5일이 토요일이나 다른 공휴일과 겹칠 경우에는 원래 공휴일 다음의 첫 번째 비공휴일을 공휴일(대체공휴일)로 정하고 있다.[2)]

은 아니라고 한다.

1) 연장근로를 일정한 요건 아래 허용하는 것처럼 주휴일의 근로도, 예컨대 당사자 사이의 합의 또는 근로자대표와의 서면합의가 있거나 특별한 사정이 있을 때에 허용하는 등의 제한 규정을 두어야 할 것이다. 일본의 경우 연장근로와 마찬가지로 휴일근로도 근로자대표와의 노사협정이 있어야 허용된다.

(2) 공휴일을 '유급으로 보장'하라는 것은 공휴일을 유급휴일로 보장하라는 것이다. 유급휴일은 임금 지급이 보장되는 휴일, 즉 근로제공을 하지 않더라도 근로제공을 한 것으로 보아 임금(유급휴일임금)이 지급되는 날을 말한다.

일반적으로 월급제임금에서 소정의 월급액은 1개월 동안 소정근로일을 개근하여 소정근로시간 근로하고 주휴일과 공휴일에는 유급휴일로 쉬는 데 대한 대가로 지급되는 것이므로 그 월급액에는 공휴일에 대한 유급휴일임금(공휴수당)도 포함되어 있다고 해석된다. 그러나 일급제 또는 시급제 임금에서 소정의 고정급에는 공휴수당이 포함되어 있다고 볼 수 없으므로, 해당 일급 또는 시간급의 8시간분에 해당하는 금액을 공휴수당으로 지급해야 한다.

주휴일과 달리 공휴일의 경우는 소정근로일을 개근할 것이 유급휴일 보장의 요건으로 규정되어 있지 않다.

사용자가 공휴일을 유급으로 보장할 의무에 위반하면 벌칙(근기 110조)이 적용된다. 문제는 사용자가 공휴일에 근로자에게 근로를 제공하게 하는 것이 적법한지, 벌칙의 적용 대상이 되는지 여부에 있다. 다만 이 문제는 앞에서 주휴일 근로에 관해서 살펴본 것이 그대로 적용될 것이다.

(3) 사용자는 공휴일을 유급휴일로 보장해야 하지만, 근로기준법은 근로자대표와 서면으로 합의한 경우에는 특정한 근로일로 대체할 수 있다고 규정하고 있다(55조 2항 단서). 특정의 공휴일에 조업할 필요가 있는 사업장에서 근로자대표와의 서면합의로 그날을 근로일로 하는 대신 특정한 근로일을 유급휴일로 대체할 수 있도록 한 것이다. 근로자대표와 서면합의에서는 근로일로 대체할 공휴일, 유급휴일로 전환할 근로일, 휴일 대체를 적용할 근로자의 범위 등을 정해야 할 것이다.

---

2) 공휴일에 관한 법률(공휴일법)이 제정되어 2022. 1. 1.부터 시행되었다. 이 법은 ① 국경일 중 3·1절, 광복절, 개천절 및 한글날, ② 1월 1일, ③ 설날과 그 전날 및 다음 날, ④ 부처님 오신 날, ⑤ 어린이날, ⑥ 현충일, ⑦ 추석과 그 전날 및 다음 날, ⑧ 기독탄신일, ⑨ 임기 만료에 따른 공직선거의 선거일, ⑩ 기타 정부에서 수시 지정하는 날을 공휴일로 규정하는 한편(2조), 이와 같은 공휴일이 토요일이나 일요일, 다른 공휴일과 겹칠 경우에는 대통령령으로 정하는 바에 따라 대체공휴일을 지정할 수 있도록 규정하고 있다(3조). 관공서의 공휴일에 관한 규정과 달리 일요일은 공휴일에서 아예 제외하고, '관공서'의 공휴일이 아니라 '국가'의 공휴일, '사회 각 분야'의 공휴일로 규정되어 있다. 이 법이 제정된 이상 이에 맞추어 근로기준법과 시행령의 규정도 개정되었어야 했다.

Ⅵ. 가산임금과 관련제도

1. 가산임금

근로기준법은 사용자가 근로자에게 연장근로, 휴일근로 또는 야간근로를 하게 한 경우에는 통상적인 근로와 달리 가산임금(할증임금)을 지급하도록 규정하고 있다(56조). '연장근로수당', '휴일근로수당', '야간근로수당'이라 부르고, 합쳐서 '법정수당'이라 부르기도 한다. 가산임금은 사용자에 대한 경제적 부담을 통하여 연장·휴일·야간근로를 억제하는 한편, 이러한 근로에 따른 근로자의 건강 및 문화생활의 침식을 경제적으로 보상하기 위하여 제도화한 것이다.

가. 연장근로수당

근로기준법은 사용자는 소정의 연장근로, 즉 통상적 연장근로와 특별연장근로(53조), 특례업종 연장근로(59조), 연소자의 연장근로(69조 단서)에 대해서는 통상임금의 50% 이상을 가산하여 근로자에게 지급해야 한다고 규정하고 있다(56조 1항; 벌칙 109조).

A. 지급 대상　　근로기준법은 위와 같이 연장근로 허용규정에 따른 통상적 연장근로 등을 연장근로수당의 지급 대상으로 규정하고 있다. 이 규정은 적법한 연장근로를 지급 대상으로 예시한 것에 불과하고[1] 연장근로수당의 지급 대상을 적법한 연장근로로 한정하려는 것은 아니다. 연장근로가 적법하지 않다 하여 연장근로수당의 지급 대상에서 제외하는 것은 가산임금제도의 취지에 맞지 않기 때문이다.

연장근로에 해당하는지 여부는 그 근로가 적법한지 여부에 관계없이, 규칙적 근로형태의 경우에는 1주 40시간 또는 1일 8시간의 법정근로시간을 기준으로,[2] 탄력적 근로시간제나 선택적 근로시간제로 근무하는 경우에는 단위기간 또는 정산기간을 평균한 1주 40시간을 초과하거나 특정한 주 또는 날에 1주 또는 1일에 대하여 규정된 상한 근로시간(51조 1항 단서, 2항 단서)을 기준으로 이 기준을 초과하는지 여부에 따라 결정된다.

한편, 규칙적 근로형태의 경우 실제의 근로시간이 소정근로시간을 초과하더

---

1) 산후 1년이 지나지 않은 여성에 대한 소정 한도(71조) 내의 연장근로도 적법한 연장근로에 포함되지만 근로기준법은 이를 예시에 포함하지 않았다.
2) 법정근로시간이 별도로 규정된 연소자와 고기압 작업 종사자의 경우에는(근기 69조, 산안 139조 1항) 해당 법정근로시간을 초과한 부분이 연장근로가 된다.

라도(초과근로, 소정외근로) 법정근로시간을 초과하지 않는다면 법률상 연장근로는 아니므로 가산임금을 지급하지 않아도 된다.[1] 예컨대 소정근로시간을 1일 7시간, 1주 35시간으로 정한 25세 근로자가 어느 날 8시간 근로한 경우 소정근로시간은 초과하지만 법정근로시간은 준수한 것(법내초과근로)이므로 연장근로에 해당하지 않는다. 물론 당사자 사이에 법내초과근로에 대하여 일정 비율의 가산임금을 지급하기로 약정한 때에는 그에 따라야 한다.

1주 기준으로 계산할 때와 1일 기준으로 계산할 때의 연장근로 시간 수가 다른 경우에는 많은 쪽으로 산정한다. 예컨대 근로자가 어느 주에 3일 동안 10시간씩, 2일 동안 6시간씩 총 42시간 근로한 경우 연장근로시간은 1주 법정근로시간을 기준으로 계산한 2시간이 아니라, 1일 법정근로시간 기준으로 계산한 6시간(2시간씩 3일)이 된다.

숙·일직 근무(감시·경비·긴급보고의 수수 등 업무수행. 당직근무라고도 함)는 통상의 근로에 비하여 경미한 점에 그 특징이 있으므로 원칙적으로 연장근로로 인정되지 않는다(별도로 계산한 대가지급은 있어야 함). 다만 업무의 내용과 질이 통상의 근로와 같은 경우에는 그 숙·일직 근무는 근로시간에 포함되므로 연장근로에 해당한다.[2] 또 당직근무가 전체적으로 보아 근무의 밀도가 낮더라도 통상의 근로를 실제로 종사한 시간만은 근로시간으로 보아야 한다.

B. 수당의 지급 연장근로에 대해서는 통상임금의 50% 이상을 가산하여(통상임금의 150% 이상을) 지급해야 한다. 바꾸어 말하면, 연장근로 1시간을 임금계산에서는 1.5시간 이상으로 처리해야 한다는 것이다.[3]

연장근로수당은 그 연장근로가 적법한지 여부에 관계없이 지급해야 하지만, 연장근로수당을 지급했다 하여 법률의 제한을 위반한 연장근로가 정당화되는 것은 아니다.

나. 휴일근로수당

근로기준법은 연장근로수당 지급 규정에 불구하고 사용자는 8시간 이내의

1) 대법 1991. 6. 28, 90다카14758; 대법 1996. 2. 9, 93다54057.

2) 대법 1995. 1. 20, 93다46254; 대법 2024. 11. 14, 2021다220062(통상의 근로와 마찬가지인지는 통상근무시간의 구속에서 완전히 벗어났는지 또는 통상근무의 태양이 그대로 계속되는지, 당직근무 도중에 본래업무에 종사하는 빈도나 시간의 장단, 충분한 수면시간이 보장되는지 여부 등을 고려해 판단함).

3) 연장근로에 대한 가산임금 산정방식에 관하여 근로기준법과는 다른 산정방식을 노사간에 합의한 경우 그 합의에 따라 계산한 금액이 근로기준법에서 정한 기준에 미치지 치지 못하면 그러한 노사합의는 무효이다(대법 2020. 11. 26, 2017다239984).

휴일근로에 대해서는 통상임금의 50% 이상을, 8시간을 초과한 휴일근로에 대해서는 통상임금의 100% 이상을 각각 가산하여 지급해야 한다고 규정하고 있다(56조 2항; 벌칙 109조).

A. 지급 대상 휴일근로수당은 휴일근로, 즉 휴일에 근로하는 것에 대하여 지급하는 것으로서 그 휴일이 유급휴일인지, 무급휴일인지와 관계없고 그 근로의 적법 여부와도 관계없다. 그리고 휴일에는 주휴일과 공휴일 이외에 법정휴일인 근로자의날도 포함되고 취업규칙 등에 따른 약정휴일도[1] 포함된다.

단체협약 등에 규정이 있거나 근로자의 동의를 받은 경우에는 합리적인 기간 전에 근로자에게 고지하여 특정의 휴일을 근로일로 하고 대신 통상의 근로일을 휴일로 교체할 수 있다. 이 경우 원래의 휴일은 통상의 근로일이 되고 그 날의 근로는 휴일근로가 아닌 통상근로가 된다.[2]

B. 수당의 지급 8시간 이내의 휴일근로에 대해서는 통상임금의 50% 이상을 가산하여(통상임금의 150% 이상을) 지급하고, 8시간을 초과한 휴일근로에 대해서는 통상임금의 100%를 가산하여(통상임금의 200%를) 지급해야 한다. 휴일근로수당에 관해서는 연장근로수당 지급 규정에 '불구하고' 그와 같이 지급하여야 하므로, 8시간 이내의 휴일근로가 주간 단위의 연장근로에 해당하는 경우라도 주간 단위의 연장근로 가산을 중복하여 계산하지 않는다.[3]

한편, 유급휴일에 근로한 경우에는 휴일근로수당 이외에 쉬더라도 당연히 지급되는 유급휴일임금도 지급해야 한다(흔히 통상임금의 250%로 설명).

다. 야간근로수당

근로기준법은 사용자는 야간근로, 즉 오후 10시부터 다음날 오전 6시 사이의 근로에 대해서는 통상임금의 50% 이상을 가산하여 근로자에게 지급해야 한다고 규정하고 있다(56조 3항; 벌칙 109조).

야간근로에 해당하면 야간근로수당을 지급해야 하고 그 야간근로가 적법한 것인지 여부는 묻지 않는다.

1) 대법 1991. 5. 14, 90다14089; 대법 2020. 4. 9, 2015다44069는 휴일근로에는 주휴일의 근로만이 아니라 단체협약이나 취업규칙으로 정한 휴일의 근로도 포함된다고 한다.
2) 대법 2008. 11. 13, 2007다590.
3) 2018년 개정법은 1주 단위의 연장근로에 휴일근로가 포함된다는 취지에서 1주는 7일을 말한다고 명시(2조 1항 7호)하는 한편, 휴일근로수당에 관해서는 연장근로수당 지급 규정(56조 1항)에 '불구하고' 8시간 이내의 휴일근로에 대해서는 통상임금의 50%, 8시간을 초과하는 경우에는 100% 이상을 지급하도록 별도로 규정했다(56조 2항). 이로써 중복 가산에 관한 종전의 해석론상의 다툼은 해소되었다.

연장근로나 휴일근로이면서 동시에 야간근로에도 해당되는 경우에는 통상임금의 50% 이상을 중복 가산해야 한다. 예컨대 연장근로에 해당하는 1시간이 야간근로에도 해당하면 통상임금의 100% 이상을 가산하고, 8시간을 초과하는 휴일근로에 해당하면서 야간근로에 해당하면 통상임금의 150% 이상을 가산해야 하는 것이다.

2. 보상휴가

근로기준법은 사용자는 근로자대표와의 서면합의가 있는 경우 ① 연장·야간·휴일근로에 대한 가산임금의 지급, ② 탄력적 근로시간제의 단위기간보다 짧게 근무한 근로자에 대한 가산임금 지급, ③ 선택적 근로시간제의 정산기간이 1개월을 초과하는 자에 대한 가산임금의 지급을 갈음하여 휴가를 줄 수 있다고 규정하고 있다(57조). 가산임금에 따른 임금 수입을 높이기 위하여 무리하게 연장·야간·휴일근로를 늘리는 일부 산업 현장의 경향을 개선하고 근로자의 실근로시간을 줄이기 위하여 가산임금 대신에 이를 보상하는 휴가를 줄 수 있도록 한 것이다.

보상휴가의 조건·내용·절차 등은 각 사업장에서 근로자대표와의 서면합의로 자유롭게 정할 수 있다. 다만 가산임금에 대한 기대는 존중되어야 할 것이므로, 예컨대 연장근로 1시간의 연장근로수당에 갈음하는 보상휴가는 1.5시간 이상의 휴식이 되어야 한다.

3. 포괄임금제

(1) 근로기준법상 근로조건 명시 및 가산임금 규정 등에 비추어 보면 당사자는 근로계약을 체결할 때에 소정의 근로일에 법정근로시간 이내의 근로를 할 것을 전제로 일정한 기본임금을 정하고(그 결과 통상임금도 미리 확정) 연장·휴일·야간근로를 하게 되면 연장근로수당 등을 추가로 계산하여 지급하는 것이 원칙이다. 그런데 예컨대 24시간 격일근무제처럼 당사자 사이에 연장근로 등이 당연히 예상되는 근로형태에서는 기본임금을 미리 정하지 않은 채 연장근로수당 등을 포함한 일정한 금액을 월급 또는 일급 임금(포괄임금)으로 정하는 경우(협의의 포괄임금제)가[1] 있고, 기본임금은 미리 정하되 연장근로수당 등으로 일정한 금액을 지

1) 기본임금을 정하지는 않았지만 필요할 때 포괄임금에서 통상임금과 소정 근로에 대한 임금을 역산할 수 있다(예컨대 1일 10시간 근로에 대한 일급 임금을 11만원으로 약정한 경우, 그 11

급하기로 하는 경우(정액수당제)도 있다.

(2) 아파트경비원, 청원경찰 등 관련 근로자가 평상시 지급받은 소정의 임금과 별도로 연장근로수당 등의 추가 지급을 청구한 사건에서 종전의 판례는 가산임금 계산의 편의 등을 위하여 당사자 사이에 합의한 것이라는 점, 근로자에게 불이익이 없고 제반사정에 비추어 정당하다고 인정된다는 점 등을 들어 포괄임금제 약정의 효력을 넓게 인정하여 추가 임금의 지급을 부정했었다.[1)]

그러나 현재의 판례는 포괄임금제의 성립 및 유효성에 관하여 과거보다 다소 엄격하게 판단하고 있다. 포괄임금제의 성립에 관한 판례에 따르면, 포괄임금제 약정이 당사자 사이에 성립했는지 여부는 근로시간, 근로형태와 업무의 성질, 임금 산정의 단위, 취업규칙 등의 내용, 동종 사업장의 실태 등 여러 사정을 전체적·종합적으로 고려하여 구체적으로 판단해야 하고,[2)] 개별 사안에서 근로형태나 업무의 성격상 연장근로 등이 당연히 예상되더라도 기본임금과 별도로 연장근로수당 등을 세부항목으로 명백히 나누어 지급하도록 취업규칙 등으로 정한 경우는 포괄임금제에 해당하지 않는다.[3)] 또 포괄임금제의 성립을 인정하려면 근로형태의 특수성으로 실제 근로시간을 정확하게 산정하기 곤란하거나 일정한 연장근로 등이 예상되는 등 실질적인 필요성이 인정될 뿐 아니라, 근로시간, 정하여진 임금의 형태나 수준 등 제반 사정에 비추어 소정의 월급액이나 일급액 이외에 어떠한 수당도 지급하지 않거나 특정한 수당을 지급하지 않기로 하는 합의가 있었다고 객관적으로 인정되어야 한다.[4)] 단체협약 등에 일정 근로시간을 초과한 연장근로시간에 대한 합의가 있다거나 기본급에 수당을 포함한 금액을 기준으로 임금 인상률을 정했다는 등만으로 포괄임금제에 관한 합의가 있었다고 단정할 수는 없다.[5)]

또한 포괄임금제의 유효성에 관한 판례에 따르면, 포괄임금제 약정이 유효하기 위해서는 감시·단속적 근로 등과 같이 근로시간, 근로형태와 업무의 성질을 고려할 때 근로시간의 산정이 어려운 경우에 해당해야 하므로, 근로시간을 산정하기 어려운 경우가 아니고 포괄임금제에 따른 소정의 연장근로수당 등이 근

만원을 역산하면 통상임금이 1만원, 8시간 근로에 대한 임금 8만원, 2시간 연장근로에 대한 가산임금 3만원이 된다)는 의미에서 '포괄역산임금제'라 부르기도 한다.

1) 대법 1992. 2. 28, 91다30828; 대법 1997. 4. 25, 95다4056; 대법 2005. 8. 19, 2003다66523 등.
2) 대법 2009. 12. 10, 2008다57852.
3) 대법 2012. 3. 29, 2010다91046.
4) 대법 2016. 10. 13, 2016도1060<핵심판례>.
5) 대법 2020. 2. 6, 2015다233579.

로기준법에 따라 산정된 연장근로수당 등에 미달하는 경우에는 해당 약정 부분은 무효가 되고 사용자는 근로자에게 그 미달되는 수당액을 추가로 지급해야 한다.[1] 물론, 포괄임금제를 적용함으로써 최저임금에 미달하는 임금이 지급된 경우에는 해당 약정 부분은 최저임금법 위반으로 무효가 된다.[2]

Ⅶ. 연차휴가

근로기준법은 사용자는 1년 동안 80% 이상 출근한 근로자에게 15일의 유급휴가를 주고, 3년 이상 계속근로한 자에게는 휴가일수를 가산해 주는 등 연차휴가제도를 마련하고 있다.

1. 휴가권의 발생

사용자가 일정한 요건을 갖춘 근로자에게 일정한 일수의 유급휴가를 주어야 한다는 것은 근로자가 그러한 요건을 충족하면 당연히 일정한 일수의 연차휴가를 받을 권리(휴가권)를 취득한다는 것을 의미하다 휴가권 발생의 요건, 휴가일수는 연차휴가의 종류에 따라 다르다. 현행법상 연차휴가는 크게 본래의 연차휴가(기본휴가와 가산휴가)와 월차형 연차휴가로 나누어진다.

가. 연차휴가의 종류와 휴가권

A. 본래의 연차휴가 (1) 근로기준법은 사용자는 1년 동안 80% 이상 출근한 근로자에게 15일의 유급휴가를 주어야 한다고 규정하고 있다(60조 1항; 벌칙 110조). 근로자의 건강하고 문화적인 생활(휴식, 오락 및 능력개발 등)을 실현하기 위하여 주휴일 등 유급휴일과 별도로 매년 일정한 기간의 휴가를 유급으로 보장하려는 것이다.

이 기본휴가는 지난 '1년 동안 80% 이상 출근'한 자라야 받을 수 있다. 1년간의 계속근로는 근로자가 근로를 개시한 날로부터 기산하나, 사업장 내의 모든 근로자에 대한 연차휴가를 일률적으로 시행하기 위하여 단체협약이나 취업규칙

1) 대법 2010. 5. 13, 2008다6052(구내식당 종사자에게 연장근로수당을 정액수당으로 지급해 오다가 그 수당을 대폭 감액한 사건)

2) 대법 2016. 9. 8, 2014도8873. 한편 정액급 포괄임금인 경우 이를 시간급으로 환산한 금액, 즉 월급여액을 {월 환산 1개월의 최저임금 적용기준 시간 수(유급 주휴시간 수가 포함됨) + 가산율을 반영한 월 연장·야간·휴일근로시간}으로 나눈 금액을 비교대상임금으로 계산하여 최저임금액과 비교한다.

으로 연차휴가권 발생의 기준이 되는 시점을 정할 수 있다.[1] 휴가일수는 15일이고, 출근율의 개별적 차이, 예컨대 80%, 90%, 100% 등에 따라 영향을 받지 않는다.

연차휴가는 전년도 1년간의 근로에 대한 대가이므로 연차휴가를 사용할 권리는 전년도 1년간의 근로를 마친 다음 날 발생한다.[2]

(2) 근로기준법은 사용자는 3년 이상 계속 근로한 근로자에게 기본휴가 15일에 최초 1년을 초과하는 계속근로연수 매 2년에 대하여 1일을 가산한 유급휴가(총 휴가일수는 25일 한도)를 주어야 한다고 규정하고 있다(60조 4항; 벌칙 114조).

이 가산휴가는 '3년 이상 계속 근로'한 자만 받을 수 있다. 그러나 계속근로기간 동안 계속 80% 이상 출근해야 하는 것은 아니다. 가산휴가는 근로자의 계속근로연수에 연동된 일정한 일수를 기본휴가에 더해 주는 것이므로, 1년 동안 80% 이상 출근하여 기본휴가를 받게 된 근로자에게만 적용된다.

가산휴가의 일수는 '최초 1년을 초과하는 계속근로연수 매 2년에 대하여 1일'이다. 따라서 예컨대 계속근로기간이 3년 이상 5년 미만이면 1일, 9년 이상 11년 미만이면 4일, 15년 이상 17년 미만이면 7일, 21년 이상이면 10일(총 휴가일수의 한도가 25일이므로) 등으로 산출된다.

B. 월차형 휴가 (1) 근로기준법은 사용자는 계속근로기간이 1년 미만인 근로자 또는 1년 동안 80% 미만 출근한 근로자에게 1개월 개근 시 1일의 유급휴가를 주어야 한다고 규정하고 있다(60조 2항; 벌칙 110조).

이 월차형 휴가는 '계속근로기간이 1년 미만'인 근로자[3] 또는 '1년 동안 80% 미만 출근'한 근로자(1년 이상 계속근로 전제),[4] 바꾸어 말하자면 기본휴가를

1) 대법 2000. 12. 22, 99다10806(기준일 이전 1년 이내에 채용된 근로자에 대하여 잔여기간을 출근한 것으로 보고 1년간 계속근로한 것으로 취급하여 연차휴가를 실시한다면 근로자에 대하여 불리하지 아니한 것으로서 적법하다); 대법 2024. 12. 12, 2023도5476.

2) 대법 2022. 9. 7, 2022다245419(1년 근로계약기간이 만료되어 근로계약관계가 종료하면 15일의 연차휴가는 부여되지 않는다). 이 경우 후술하듯이 월차휴가로 최대 11일의 휴가가 인정되어 연차미사용수당은 최대 11일분이다. 반면 최초 1년을 경과하여 하루라도 더 근무하면 전년도의 최대 11일의 월차휴가와 당해 연도 15일의 연차휴가가 인정되어 연차미사용수당은 최대 26일분이다.

3) 2003년 개정법에서 계속근로기간이 1년 미만인 자에게 월차형 연차휴가를 주도록 했다. 계속근로기간이 1년 미만인 근로자도 구법 아래서는 월차휴가를 받을 수 있었던 점, 연차휴가가 국제기준에 못 미치는 점 등을 고려한 것이지만, 연차휴가는 연단위로 주는 것이라는 점에서 예외적인 형태이고 정확하게 말하자면 '월차휴가'이다.

4) 2012년 개정법에서 1년 동안 80% 미만 출근한 자에게도 월차형 휴가를 주도록 했다. 우리나라 연차휴가제도가 요건과 휴가일수 모두 국제적 기준에 못 미치는 점을 보완하려는 것이지

받을 수 없는 자가 '1개월 개근'해야 받을 수 있다. '계속근로기간이 1년 미만'인 경우는 입사 초기에 해당할 수도 있고 1년 이상 계속근로한 자가 퇴직할 때에도 해당할 수 있다.

휴가일수는 1개월 개근에 대하여 1일씩이다. 따라서 계속근로기간이 1년 미만인 경우는 계속근로한 월수와 각 월의 개근 여부에 따라 최대 11일이 되고, 1년 동안 출근율이 80% 미만인 근로자의 휴가일수는 개근한 월수에 따라 최대 9일이 될 것이다.

(2) 입사 후 최초 1년 미만의 기간 동안 월차형 휴가를 받은 근로자가 그 후 계속 근로하여 최초 1년 동안의 출근율이 80% 이상이 된 경우에는 이미 사용한 월차형 휴가일수에 관계없이 15일의 기본휴가를 중첩하여 받을 수 있다.[1)]그러나 1년 기간제 근로계약을 체결하여 1년만 근무한 근로자의 경우는 최대 11일의 월차형 연차휴가만 받을 수 있다.[2)]

나. 산정기간

계속근로기간이 1년 이상인 근로자는 1년 마다 연차휴가(기본휴가)를 받을 수 있는지 여부가 결정되고, 계속근로기간이 1년 이상이지만 기본휴가를 받을 수 없는 자 또는 계속근로기간이 1년 미만인 근로자는 1개월 마다 월차형 휴가를 받을 수 있는지 여부가 결정된다. 본래의 연차휴가는 1년, 월차형 휴가는 1개월을 그 산정기간으로 하는 것이다.

최초의 산정기간 1년 또는 1개월은 해당 근로자의 입사일부터 기산한다. 그러나 각 근로자의 입사일이 다름에 따른 휴가일수 산정 등의 번거로움을 피하기 위하여 사용자가 예컨대 매년 1월 1일 또는 매월 1일 등 특정한 날을 전체 근로자에 대한 산정기간의 기산일로 정하더라도 각 근로자의 입사일을 기산일로 하는 것과 비교하여 근로자에게 불리하지 않도록 처리한다면 적법하다고 해석된다. 예컨대 최초 6개월의 계속근로기간에 대하여 80% 이상 출근을 요건으로 또는 80% 이상 출근한 것으로 보아 8일의 기본휴가를 주고, 그 6개월의 다음 날을 산

만, 월차형으로 한 것은 합리적이라 보기 곤란하다.

1) 근로자의 최초 1년에 대한 연차휴가는 월차형 휴가를 포함하여 15일로 하고, 근로자가 월차형 휴가를 이미 사용한 경우에는 그 사용한 일수를 15일에서 뺀다는 규정(60조 3항)이 삭제되었기 때문이다.

2) 대법 2021. 10. 14, 2021다227100(연차휴가<기본휴가>를 사용할 권리는 전년도 1년간의 근로를 마친 다음 날 발생하므로, 그 전에 퇴직 등으로 근로계약관계가 종료한 경우에는 휴가를 사용할 권리에 대한 보상으로서의 연차수당도 청구할 수 없는 점 등에 비추어 그렇다).

정기간의 기산일로 정하는 경우가 이에 해당한다.

다. 미출근 사유와 출근율

1년 동안의 출근율이 80% 이상이어야 15일의 연차휴가(기본휴가)를 받을 수 있고, 1개월 동안의 출근율이 100%(개근)이어야 1일의 월차형 휴가를 받을 수 있다.

'출근율'은 소정근로일수에 대한 출근일수의 비율을 말한다. '소정근로일'은 법이 허용하는 범위에서 취업규칙 등으로 정한 근로일을 말한다. 따라서 주휴일과 공휴일, 근로자의날, 그 밖에 취업규칙 등에 따른 휴일을 제외한 날이 소정근로일이 된다.

근로자가 현실적으로 출근하지 않은 경우 그 사유는 매우 다양한데 그 출근하지 않은 기간을 출근율 산정에서 어떻게 처리할 것인가가 문제된다.

A. 출근 간주　근로기준법은 ① 업무상 부상·질병으로 휴업한 기간, ② 출산전후휴가(유산·사산휴가 포함)를 사용한 기간, ③ 육아휴직으로 휴업한 기간, ④ 육아기 근로시간 단축을 사용하여 단축된 근로시간, ⑤ 임신기 근로시간 단축을 사용하여 단축된 근로시간은 연차휴가의 출근율 산정에 관해서는 출근한 것으로 본다고 규정하고 있다(60조 6항).[1] 이들 기간(시간)에 현실적으로 출근하지 않았다 하여 연차휴가에서 불리하게 대우해서는 안 된다는 것을 명시한 것이다. '출근한 것으로 본다'는 것은 출근율 산정에서 문제의 기간(시간)을 소정근로일수와 출근일수에 모두 산입한다는 것을 말한다.

연차휴가·생리휴가의 기간처럼 성질상 결근으로 처리할 수 없는 기간과 공민권 행사, 예비군 훈련, 민방위 훈련·동원의 기간처럼 관계 법령상 휴무일로 보지 않도록 규정되어 있는 기간도 출근한 것으로 보는 데 이의가 없다.

B. 소정근로일 제외 여부　판례는 정당한 직장폐쇄로 근로자가 출근하지 못한 기간은 원칙적으로 소정근로일수에서 제외되어야 한다고 본다.[2] 또 근로자가 정당한 파업에 참가한 기간(출근한 것으로 본다고 개정되기 전의 육아휴직 기간 포함)에 대하여 소정근로일수에서 제외(출근일수에서도 제외)하여 출근율을 산정하되, 휴가일수는 그 출근율에 따라 산정된 휴가일수에 '소정근로일수에서 문제의 기간을 제외한 일수'를 '소정근로일수'로 나눈 비율을 곱하여 최종 휴가일수로 확정한다.[3]

1) 그간 육아휴직은 근로기준법에 따라 출근한 것으로 간주되어 연차를 부여받은 반면, 육아기·임신기 근로시간 단축은 근로시간에 비례하여 연차휴가가 산정되었다. 2024년 개정법은 육아기·임신기에 단축된 근로시간도 출근으로 간주하여 이러한 불이익을 해소하였다.

2) 대법 2017. 7. 11, 2013도7896; 대법 2019. 2. 14, 2015다66052.

3) 대법 2013. 12. 26, 2011다4629.

문제의 기간이 소정근로일수에 포함된 비율만큼 휴가일수를 삭감하는 것이다(비례적 삭감). 원래 행정해석이 정당한 파업의 기간과 사용자의 귀책사유로 휴업한 기간 등에 대하여 휴가일수를 산정한 방법[1])을 합리적이라 보아 수용한 것이다.

그러나 이와 같은 비례적 삭감 방법은 근로제공 의무가 없는 기간 때문에 주휴일이나 연차휴가에 관하여 근로자에게 불이익을 주어[2]) 불합리하다. 법령상 출근으로 간주한다는 규정이 없지만, 그렇다고 하여 법령상 근거 없이 휴가일수를 삭감해서는 안 되며 출산전후휴가 등을 출근으로 간주하는 규정의 취지에 맞게 해석해야 할 것이다. 또 이 방법은 문제의 기간을 소정근로일수에서 제외하는데 그 기간이 산정기간 전체에 걸친 경우에는 출근율 산정조차 불가능하게 된다.[3])

따라서 부당한 해고·징계·휴직 등으로 출근하지 못한 기간은[4]) 물론, 사용자의 귀책사유로 휴업한 기간, 정당한 파업에 참가한 기간, 위법한 직장폐쇄로 출근하지 못한 기간,[5]) 배우자 출산휴가의 기간도 출근한 것으로 보아야 할 것이다.

C. 산정기간 전체에 걸친 문제의 기간 행정해석은 주휴일이나 연차휴가의 성질상 현실적으로 출근하지 않았지만 소정근로일에서 제외되거나 출근으로 간주되는 기간이 주·월·연의 산정기간 전체에 걸친 경우에는 이를 주지 않아도 된다고 한다.[6]) 예컨대 출산전후휴가 기간이 특정한 달의 근로일 전체에 걸쳐 있는 경우에는 그 달의 월차형 휴가를 주지 않아도 되고, 연차휴가 사용기간이 특

1) 노동부 지침 2007. 10. 25, 임금근로시간정책팀-3228(연차유급휴가 등의 부여시 소정근로일수 및 출근여부 판단기준).

2) 예컨대 1년간 휴일이 109일로서 소정근로일수가 256일이고, 정당한 파업에 참가한 기간 45일, 개인 사정으로 결근한 날이 24일인 경우, 출근율 및 기본휴가일수는 파업에 참가한 45일의 처리 방법에 따라 아래와 같이 산정된다.

45일의 처리	출근율	기본휴가일수
소정근로일 제외	0.89 = (256-45-24)÷(256-45)	15일
비례적 삭감	위와 같음	12.36일 = 15×{(256-45)÷256}
출근 간주	0.91 = (256-24)÷256	15일

3) 예컨대 5월 1일부터 31일까지 사용자의 귀책사유로 휴업한 경우, 5월의 월차형 휴가에 관하여 소정근로일수는 0이 되고 수학적으로 출근율 산정이 불가능하게 된다.

4) 대법 2014. 3. 13, 2011다95519는 부당해고로 근로자가 출근하지 못한 기간을 출근한 것으로 보아야 한다고 한다.

5) 대법 2019. 2. 14, 2015다66052는 위법한 직장폐쇄로 근로자가 출근하지 못한 기간은 원칙적으로 출근한 것으로 보는 것이 타당하다고 전제하고, 다만 위법한 직장폐쇄 중 근로자가 쟁의행위에 참가했거나 쟁의행위 중 위법한 직장폐쇄가 이루어지고 위법한 직장폐쇄가 없었어도 그 근로자가 쟁의행위에 참가했을 것이 명백한 경우에는 그 쟁의행위가 정당하면 소정근로일수에서 제외하고, 정당하지 않으면 결근한 것으로 처리할 수 있다고 한다.

6) 앞의 노동부 지침.

정 주의 근로일 전체에 걸친 경우에는 주휴일을 주지 않아도 된다는 것이다. 주휴일이나 연차휴가의 성질을 계속적인 근로에 따른 피로의 누적을 회복하기 위한 것으로 보기 때문일 것이다.

그러나 주휴일이나 연차휴가는 근로자에게 자유로운 시간과 문화적 생활을 위한 시간적 여유를 주려는 것이므로 현실적으로 산정기간 전부를 출근했느냐 여부는 중요하지 않다. 또 이 견해는 근로기준법이 각종의 휴일이나 휴가를 별개 독립의 것으로 정하는 한편, 연차휴가에 관하여 출산전후휴가(유산·사산휴가 포함) 기간을 출근한 것으로 본다고 정한 취지에 어긋난다고 생각한다. 판례는 부당해고의 기간 또는 업무상 재해로 휴업한 기간이 1년 전체에 걸치거나 소정근로일 전체를 차지하는 경우에 대해서는 출근한 것으로 처리하여 연차휴가를 주어야 한다고 본다.[1] 그러나 노동조합 전임 기간은 소정근로일수에서 제외되어야 하고 그 기간이 연간 근로일 전체에 걸친 경우에는 연차휴가를 주지 않아도 된다고 한다.[2]

D. 결근 처리 여부 근로자의 귀책사유로 휴업(결근, 휴직 등)한 기간은 사용자의 승인 유무 또는 무단결근 여부에 관계없이 결근으로 처리할 수 있다. 위법한 파업에 참가한 기간도 근로자의 책임 있는 사유로 근로를 제공하지 않은 것이므로 그렇다.

징계의 일종인 정직·출근정지·대기발령(직위해제)의 기간에 대하여 판례는 이 기간에도 근로자로서의 신분이 유지된다는 등의 이유에서 결근으로 처리할 수 있다고 본다.[3]

지각·조퇴는 결근과 다르므로 지각·조퇴가 있는 날을 결근일로 처리해서는 안 된다. 취업규칙 등에 일정 횟수 이상의 지각 등을 1회의 결근으로 본다는 규정이 있더라도 그렇다. 또 휴일에 근로하라는 지시에 따르지 않았다 하여 결근으로 처리해서도 안 된다.[4]

---

1) 대법 2014. 3. 13, 2011다95519; 대법 2017. 5. 17, 2014다232296<핵심판례>.
2) 대법 2019. 2. 14, 2015다66052. 또한 전임기간을 소정근로일수에서 제외하고 휴가일수는 비례적으로 삭감하되, 출근일수가 원래의 연간 소정근무일수의 80% 이상인 경우에는 삭감하지 않는다고 본다.
3) 대법 2008. 10. 9, 2008다41666. 이에 대하여 앞의 노동부 지침은 결근으로 처리하면 2중의 불이익을 준다는 점에서 소정근로일에서 제외된다고 본다..
4) 근기 1455-15761, 1981. 5. 21.

2. 휴가의 시기

휴가는 휴일의 경우와 달리 미리 시기가 특정되어 있지 않기 때문에 요건이 충족되어 휴가권이 발생하더라도 근로자가 휴가권을 행사(휴가를 사용)하려면 휴가의 구체적 시기가 특정되어야 한다.

근로기준법은 사용자는 연차휴가를 근로자가 청구한 시기에 주어야 하며(60조 5항 본문 전단; 벌칙 110조), 다만 근로자가 청구한 시기에 휴가를 주는 것이 사업 운영에 막대한 지장이 있는 경우에는 그 시기를 변경할 수 있다고 규정하고 있다(60조 5항 단서).

가. 근로자의 시기지정

휴가의 시기는 휴가권을 가진 근로자가 청구(지정)할 수 있고(시기지정권) 사용자는 근로자가 지정한 시기에 휴가를 주어야 하므로, 근로자가 휴가의 시기를 지정하면 사용자가 적법하게 시기를 변경하지 않는 이상 휴가의 시기는 특정된다. 이런 의미에서 시기지정권은 형성권이다.

A. 휴가일수의 분할, 적치　시기지정은 휴가권이 발생한 휴가일수 전부에 대하여 할 수도 있고, 휴가일수를 조금씩 나누어 여러 차례 사용할 구상 아래 그 일부에 대하여 할 수도 있다. 연차휴가는 시간이 아니라 일 단위로 부여된다는 점에서 분할의 최소단위는 1일로 보아야 할 것이다. 다만, 당사자 사이에 합의가 있으면 예컨대 반일에 대해서도 할 수 있다.

한편, 월차형 휴가에 대한 시기의 지정은 휴가권이 발생한 1일에 대하여 그 때그때 할 수도 있고, 수개월에 걸친 수일의 휴가를 모아서 할 수도 있다.

B. 시기의 명시와 시한　시기지정은 휴가의 시기를 구체적으로 특정하려는 것이므로 휴가의 시작일과 종료일을 명시(예컨대 9월 12일부터 18일까지)해야 한다. 시작일과 종료일을 명시하지 않는 것(예컨대 9월 중순 경부터 7일 동안)은 시기지정이 아니라 시기지정에 관하여 사용자의 의향을 타진하는 것에 불과하다.[1]

휴가권의 소멸시효는 1년이다(60조 7항 본문). 따라서 휴가의 시기(시작일부터 종료일까지)는 휴가권이 발생한 날, 즉 산정기간이 경과한 다음 날부터 1년의 기간에

1) 대법 1997. 3. 25, 96다4930은 "연차휴가권을 구체화하기 위해서는 근로자가 자신에게 맡겨진 시기지정권을 행사하여 어떤 휴가를 언제부터 언제까지 사용할 것인지에 관하여 특정해야 하며, 근로자가 이렇게 특정하지 않은 채 시기지정을 한 경우에는 이는 적법한 시기지정이라고 할 수 없으므로 그 효력이 발생하지 않"고 그 후 근로자가 출근하지 않은 것은 무단결근이 된다고 한다.

자리 잡도록 지정해야 한다.

C. 지정의 대상 휴가는 소정근로일의 근로제공 의무를 면제받는 것이므로 소정근로일을 휴가일로 지정해야 하고, 휴일을 휴가일로 지정할 수는 없다. 따라서 휴가의 시작일과 종료일 사이에 휴일이 있는 경우 그 휴일은 휴가일수에 포함되지 않는다.

특정된 1근로일은 1휴가일로 처리되며, 특별한 사정이 없는 이상 이를 시간단위로 분할할 수 없다. 근로일(휴가일)은 역일 계산에 따르는 것이 원칙이다. 따라서 예컨대 1회의 주야 교대근무가 휴가로 특정된 경우에는 2일의 휴가로 계산된다. 거꾸로 2회의 근무가 예정된 1근로일이 휴가로 특정된 경우라도 이는 1일의 휴가로 계산된다. 다만 8시간 3교대제의 경우 2역일의 근무에 대해서는 해당 근무를 포함한 계속 24시간이 1근로일(휴가일)로 계산된다.

근로자가 사정상 결근한 날을 사후에 휴가일로 지정할 수 있는지가 문제된다. 판례는 근로자가 결근한 날을 휴가일로 지정한 경우 사용자가 시기변경권을 행사하지 않은 이상 무단결근이라 볼 수 없다고 하여 이를 긍정하고 있다.[1]

D. 시기지정의 시기·절차 시기지정을 언제 해야 하는지에 관해서는 특별한 제한이 없다.[2] 다만 근로자의 시기지정에 대하여 사용자가 시기를 변경할 수도 있으므로, 휴가 시작일까지 시기변경권 행사 여부를 검토하는데 필요한 합리적인 시간적 여유를 두고 해야 한다. 따라서 취업규칙 등에서 근로자가 원하는 휴가 시작일의 일정 기간 전에 시기지정을 하도록 제한하는 규정을 두더라도 그 기간이 합리적이라면 이를 위법한 것으로 볼 수 없다.

한편, 취업규칙에서 휴가의 시기는 사전에 신청하여 사용자의 승인을 받아야 한다고 규정하더라도 이것은 근로자의 시기지정권을 박탈하려는 것이 아니라 사용자에게 유보된 시기변경권의 적절한 행사를 가능하게 하기 위한 규정으로서 위법·무효는 아니라고 해석된다.[3]

나. 사용자의 시기변경

근로기준법은 사용자는 근로자가 청구한 시기에 휴가를 주는 것이 사업 운영

1) 대법 1992. 4. 10, 92누404.
2) 대법 1992. 4. 10, 92누404는 근로자가 업무 외의 부상으로 출근하지 않으면서 회사에 전화로 치료 기간을 연차휴가로 대체해 줄 것을 청구한 것은 취업규칙상 휴가 청구 절차에 관하여 달리 정한 바가 없으면 적법하므로, 이에 대하여 사용자가 시기변경권을 행사하지 않은 이상 연차휴가권의 행사는 정당하고 출근하지 않은 날을 결근으로 처리할 수 없다고 한다.
3) 대법 1992. 6. 23, 92다7542.

에 막대한 지장이 있는 경우에는 그 시기를 변경할 수 있다고 규정하고 있다(60조 5항 단서). 사용자가 적법하게 시기변경권을 행사한 경우에는 근로자의 시기지정은 그 효력발생이 저지되어 그 시기에 대한 근로제공 의무는 면제되지 않는다.

A. 사업 운영의 지장　'사업 운영에 막대한 지장이 있는 경우'에 해당하려면 근로자가 지정한 시기의 근로가 본인의 담당업무를 포함하는 상당한 단위(과, 계, 팀 등)의 업무운영에 불가결하고 또 대체근로자를 확보하기 곤란해야 한다.[1]

따라서 사업 운영에 불가결한 자가 휴가시기를 지정하더라도 사용자가 대체근로자 확보의 노력을 하지 않은 채 곧바로 시기변경을 할 수는 없다. 인력부족 때문에 대체근로자의 확보가 항상 곤란한 사정이라면 연차휴가제도의 취지에 비추어 시기변경을 할 수 없다고 보아야 한다.

B. 시기변경의 한계와 범위　시기변경은 근로자의 휴가 사용을 저지하려는 것이 아니라 휴가의 시기를 변경하려는 것이므로 시기변경을 하려면 다른 시기에 휴가를 줄 수 있어야 한다. 따라서 예컨대 근로자가 퇴직 직전에 미사용 휴가일수에 대하여 한꺼번에 시기를 지정하는 경우에는 시기변경을 할 수 없다.

근로자가 여러 휴가일수에 대하여 시기지정을 한 경우 사용자는 그 일부에 대해서만 시기를 변경할 수도 있다. 또 특정 근로일에 대하여 여러 근로자의 시기지정이 경합하여 일부 근로자에 대해서만 시기변경을 할 수도 있으며, 이 경우 누구에 대하여 시기변경을 할 것인가는 사용자의 합리적 재량에 맡겨진다.

C. 시기변경의 방법　시기변경은 근로자가 지정한 시기에 휴가를 사용하면 사업 운영에 막대한 지장이 있다는 내용의 의사표시로써 족하다. 시기변경의 통보에 대하여 근로자는 언제든지 다른 날을 휴가일로 지정할 수 있으므로 사용자는 대체 가능한 시기를 제안할 필요는 없을 것이다. 따라서 단순히 청구된 휴가를 '승인하지 않는다'는 의사표시도 시기변경의 의사표시에 해당한다.

1) 대법 2025. 7. 17, 2021도11886은 근로자가 담당하는 업무의 내용과 성격, 근로자가 지정한 휴가 시기의 예상 근무인원과 업무량, 근로자의 휴가 청구 시점, 대체근로자 확보의 필요성 및 그 확보에 필요한 시간 등 여러 사정을 종합적으로 고려하여 판단한다면서, 특히 노선 여객자동차운송 사업처럼 운영의 정시성이 중요한 사업은 휴가 시기까지의 대체근로자 확보가 객관적으로 어려운 상황인지를 중심으로 판단하였다.

3. 휴가의 사용

가. 휴가 사용의 효과

연차휴가의 시기가 특정되면 사용자는 그 시기에 해당 근로자의 근로제공 의무를 면제하여 쉬게 해야 한다.

또 연차휴가는 유급휴가, 즉 임금 지급이 보장되는 휴가이므로, 사용자는 근로자가 휴가를 사용한 기간에 대하여 정상적으로 근로한 것으로 보아 임금(유급휴가임금, 휴가수당)을 지급해야 한다. 근로기준법은 연차휴가를 사용한 '기간에 대해서는 취업규칙 등에서 정하는 통상임금 또는 평균임금을 지급'하도록 규정하고 있다(60조 5항 본문 후단). 따라서 평균임금을 지급한다는 특별한 정함이 없으면 통상임금을 지급함으로써 충분하고,[1] 취업규칙 등에서 정하지 않았더라도 통상임금을 지급해야 한다.[2]

일반적으로 월급제임금에서 소정의 월급액은 1개월 동안 소정근로일을 개근한다는 것을 전제로 정해진 것이므로 그 월급액에는 휴가 사용에 대한 휴가수당이 포함되어 있고, 휴가 사용에 대하여 소정의 월급을 감액하지 않고 지급하면 휴가수당을 지급한 것으로 인정된다. 그러나 시급제 또는 일급제 임금에서 소정의 시급 또는 일급은 1시간의 근로 또는 1일의 소정근로시간에 대한 임금에 불과하므로, 시급제 또는 일급근로자의 휴가 사용에 대해서는 별도로 해당 시간급의 8시간분 또는 일급에 해당하는 금액을 1일분 휴가수당으로 지급해야 한다. 휴가 사용에 대하여 통상임금을 지급해야 한다는 것은 이러한 법리를 염두에 둔 것이라 생각한다.

나. 휴가의 매수

근로기준법은 휴가의 시기가 특정되면 사용자는 그 시기에 휴가를 주어야 한다고 규정하고 있다(60조 5항 본문 전단). 그 시기에 근로자의 휴가 사용을 저지 또는 방해하는 것은 휴가 부여 의무에 위반된다. 따라서 사용자가 휴가를 사용할 것으로 특정된 시기에 근로자에게 해당 근로에 대한 임금에 유급휴가임금을 추가로 지급하면서 근로하게 하는 것(휴가의 매수·환가)은 휴가 사용을 저지하는 것으로서 허용되지 않는다.[3]

---

1) 이 규정에서만 유독 '통상임금 또는 평균임금을 지급'하라고 하여 두 가지 산정기준을 선택적으로 규정한 것은 근로기준법의 다른 규정에 비하여 이례적이다. 단순하게 '통상임금을 지급해야 한다'로 개정함이 바람직하다.

2) 대법 2019. 10. 18, 2018다239110.

다. 휴가의 용도

A. 자유이용의 원칙 휴가 사용의 목적에 관해서는 법률상 제한이 없고 휴가를 어떻게 사용할 것인가는 근로자의 자유에 속한다(휴가 자유이용의 원칙). 따라서 근로자가 휴가의 용도를 사용자에게 통보할 필요도 없고, 또 설혹 통보한 용도와 다른 용도로 휴가를 사용하더라도 이를 휴가가 아니라고 볼 수는 없다.

B. 유상근로 종사 근로자가 휴가 중에 유상근로에 종사하는 것이 휴가제도의 목적에 반하는지, 바꾸어 말하면 유급휴가임금을 지급할 사용자의 의무를 면제할 사유가 되는지가 문제될 수 있다. 그러나 이는 근로자 개인의 취향이나 생활사정과 관련된 사사로운 문제이므로, 권리남용으로 볼 만한 특별한 사정이 없으면 휴가제도의 목적에 반하는 것이라고 단정할 수 없을 것이다.

C. 쟁의 목적 사용 적법하게 시기가 특정된 휴가를 쟁의 목적에 사용하는 경우에도 사용자가 유급휴가임금을 지급해야 하는지 여부가 문제된다.[1]

휴가 자유이용의 원칙을 강조하면 휴가를 쟁의 목적으로 사용하더라도 유급휴가임금을 지급할 의무는 영향을 받지 않는다고 결론짓게 될 것이다. 반면에 휴가를 쟁의 목적에 사용하는 것은 본래의 휴가권 행사가 아니라 휴가라는 이름을 빌린 파업에 불과하다고 보면 유급휴가임금을 지급할 의무는 발생하지 않는다고 결론짓게 된다.

쟁의 목적으로 휴가를 사용한다 하더라도 근로자들이 그 주장을 관철할 목적으로 휴가를 사용하는 경우와 휴가 중의 근로자가 다른 근로자의 쟁의행위 등에 참가하거나 이를 지원하는 경우는 구분해야 할 것이다. 전자의 경우는 휴가라는 이름을 빌린 파업이고 이를 휴가라고 볼 수는 없으므로 유급휴가임금을 지급할 의무도 없다고 생각된다.[2] 그러나 후자의 경우에는 유급휴가임금을 지급할 의무를 부정할 수 없다고 보아야 할 것이다.

---

3) 대법 1995. 6. 29, 94다18553(가산휴가를 합한 총 휴가일수의 한도를 초과하는 일수에 대하여 '통상임금을 지급하고 유급휴가를 주지 않을 수 있다'는 2003년 개정 이전의 규정은 그 한도를 초과한 일수에 대하여 휴가의 환가를 예외적으로 허용한 것일 뿐, 그 한도 안의 휴가일수에 대한 휴가의 환가는 근로기준법 위반으로서 허용될 수 없다).

1) 일제휴가 방식의 준법투쟁이 쟁의행위에 해당되는가, 즉 쟁의제한 법규의 적용을 받는가는 별개의 문제이다.

2) 대법 2010. 7. 15, 2008다33399는 연차휴가를 사용하여 파업에 참가한 경우 그 참가 기간에 포함된 연차휴가에 대해서는 유급휴가임금을 지급하지 않아도 된다고 한다.

4. 휴가의 대체·소멸·사용촉진

가. 휴가의 대체

근로기준법은 사용자는 근로자대표와의 서면합의에 따라 연차휴가일을 갈음하여 특정한 근로일에 근로자를 휴무시킬 수 있다고 규정하고 있다(62조). 일시적으로 업무량이 현저히 부족한 날 또는 징검다리 근로일이나 명절 전후의 근로일 등 특정 근로일에 상당수 근로자를 휴무하게 하는 대신 그 날을 휴가일로 처리할 수 있도록 특례를 인정한 것이다. 그렇게 처리함으로써 조업 성과가 낮은데도 정상적인 임금을 지급하는 사용자의 부담을 줄이고, 연속되는 휴식을 즐기려는 근로자의 편의도 도모하며, 근로자가 연차수당을 받을 목적으로 휴가 사용을 기피하는 폐단도 완화하려는 취지의 제도이다.

'휴가일을 갈음하여 특정한 근로일에 근로자를 휴무'시킨다는 것은 특정한 근로일에[1] 근로자를 쉬게 하는 대신 그 날을 휴가일로 처리(휴가일수에서 삭감)한다는 것을 말한다. 근로자가 그 날을 휴가일로 지정하지 않았지만 근로자가 휴가를 사용한 것으로 처리한다는 것이다.

사용자가 특정 근로일을 휴가일로 대체하려면 '근로자대표와의 서면합의에 따라' 해야 한다. 휴가일의 대체는 근로자의 시기지정권을 제약하는 측면이 있으므로 사용자가 이를 일방적 의사로 할 수 없도록 한 것이다. 서면합의에서는 휴가일로 대체할 근로일을 특정해야 하고, 그 특정된 날에 휴무하는 대신 그날을 휴가일로 처리한다는 취지를 규정해야 한다.

'근로자대표'란 '해당 사업 또는 사업장에 근로자의 과반수로 조직된 노동조합이 있는 경우에는 그 노동조합, 그러한 노동조합이 없는 경우에는 근로자의 과반수를 대표하는 자'를 말한다(24조 3항 참조).

근로자대표와의 서면합의에 따라 사용자가 특정 근로일에 휴무시키면 휴가일을 갈음하는 효과가 발생한다. 따라서 근로자는 사용자가 휴무시킨 날에 근로하는 대신 다른 날을 휴가일로 지정할 수는 없다고 보아야 할 것이다.[2]

나. 휴가의 소멸

A. 사용 시한과 연차수당 (1) 근로기준법은 연차휴가는 1년(계속근로기간이

---

1) 휴일을 대체휴가일로 정하는 것은 허용되지 않는다(대법 2019. 10. 18, 2018다239110).

2) 반대의견은 서면합의가 있더라도 개별근로자의 연차유급휴가의 시기지정권은 인정되어야 하며, 다만 휴가의 대체를 시행하는 이유가 사업운영에 막대한 지장을 막기 위한 것인 때에는 사용자에게 변경권이 인정된다고 한다.

1년 미만인 자의 월차형 휴가는 최초 1년의 근로가 끝날 때까지의 기간) 동안 행사하지[1] 않으면 소멸한다고 규정하고 있다(60조 7항 본문). 따라서 근로자가 휴가권을 취득한 날부터 1년 동안 시기지정을 하지 않아 휴가일수의 전부 또는 일부를 사용하지 않은 경우 그 1년이 경과한 후에는 휴가를 청구·사용할 수 없게 된다.

(2) 1년의 경과로 휴가를 사용할 수 없게 된 경우에도 사용하지 않은 휴가에 대한 보상으로서의 연차수당(연차미사용수당)을 받을 권리는 존속한다고 해석된다.[2] 연차수당을 받을 권리까지 소멸한다면 휴가를 사용한 근로자와 휴가를 사용하지 않고 계속 근로한 근로자의 임금이 같아지는 불합리한 결과가 되기 때문이다. 따라서 근로자가 퇴직하여 휴가를 사용할 수 없게 된 경우에도 퇴직할 때까지 사용하지 않은 휴가일수에 대한 임금 청구권은 존속하는 것이다.[3] 또 근로자가 업무상 재해 등의 사정으로 연차휴가를 사용할 해당 연도에 전혀 출근하지 못한 경우에도 이미 부여받은 연차휴가를 사용하지 않은 데 따른 연차수당은 청구할 수 있다.[4] 연차수당도 임금이므로 사용자가 그 전액을 지급기일에 지급하지 않은 경우에는 임금지급 방법에 관한 법규 위반죄(109조)가 성립한다.[5]

휴가를 사용하지 않은 것은 휴일근로와 성질이 다르므로 가산임금에 관한 규정이 적용되지 않는다.[6] 연차수당의 소멸시효는 3년이고(49조), 그 기간은 휴가권 취득일부터 1년의 경과로 휴가를 사용할 수 없게 된 다음날부터 기산한다.[7]

B. 휴가소멸의 예외 　근로기준법은 사용자의 귀책사유로 사용 시한 1년 동안 휴가를 사용하지 못한 경우에는 휴가가 소멸하지 않는다고 규정하고 있다(60조 7항 단서). 따라서 사용자의 귀책사유로 연차휴가를 사용하지 못한 경우에는 그 사용하지 않은 휴가일수를 다음 해로 이월하여 사용할 수 있다.

'사용자의 귀책사유'란 근로자가 휴가를 사용하기 위하여 시기를 지정했으나 사용자가 이를 취소하게 하거나 시기변경권을 행사하는 등의 사유를 말한다.

다. 휴가 사용의 촉진

근로기준법은 사용자가 연차휴가의 사용을 촉진하기 위하여 소정의 휴가사

1) 연차휴가의 '행사'는 적절하지 않은 용어로서 단서에서와 같이 '사용'으로 개정해야 한다.
2) 소멸한 미사용 휴가에 대하여 연차수당을 받을 수 있다는 것일 뿐, 휴가의 매수가 허용된다는 것은 아니다.
3) 대법 1990. 12. 26, 90다카13465; 대법 2005. 5. 27, 2003다48556 등.
4) 대법 2017. 5. 17, 2014다232296.
5) 대법 2017. 7. 11, 2013도7896.
6) 대법 1991. 6. 28, 90다카14758; 대법 1991. 7. 26, 90다카11636.
7) 대법 1995. 6. 29, 94다18553; 대법 2023. 11. 16, 2022다231403.

용 촉진조치를 했는데도 근로자가 휴가를 사용하지 않고 1년이 지나 휴가가 소멸한 경우에는 사용자는 그 사용하지 않은 휴가에 대하여 보상할 의무가 없고, 휴가 소멸을 저지하는 사용자의 귀책사유에도 해당하지 않는 것으로 본다고 규정하고 있다(61조 1항·2항). 근로자가 그 사용하지 않은 휴가에 대한 임금을 받을 목적으로 휴가의 사용을 회피하는 것은 휴가제도의 취지에 반한다는 점을 고려하여 휴가 사용을 촉진하려는 특례를 규정한 것이다.

A. 휴가사용 촉진조치 　특례가 적용되기 위해서는 사용자가 소정의 휴가사용 촉진조치를 해야 한다. 이 조치는 근로자의 계속근로기간에 따라 두 가지로 나누어져 있다.

근로기준법은 근로자의 계속근로기간이 1년 이상인 경우에는 ① 연차휴가의 사용 시한 1년이 끝나기 6개월 전을 기준으로 10일 이내에 사용자가 근로자별로 사용하지 않은 휴가일수를 알려주면서 근로자가 그 사용 시기를 정하여 사용자에게 통보하도록 서면으로 촉구하고, ② 그런데도 10일 이내에 사용 시기를 정하여 사용자에게 통보하지 않으면 사용 시한 2개월 전까지 사용자가 휴가의 사용 시기를 정하여 근로자에게 서면으로 통보한다고 규정하고 있다(61조 1항).

한편, 근로자의 계속근로기간이 1년 미만인 경우에는 ① 최초 1년의 근로기간이 끝나기 3개월 전을 기준으로 10일 이내에 사용자가 근로자별로 사용하지 않은 월차형 휴가의 휴가일수를 알려주면서 근로자가 그 사용 시기를 정하여 사용자에게 통보하도록 서면으로 촉구하되, 서면 촉구 이후 발생한 휴가에 대해서는 최초 1년의 근로기간이 끝나기 1개월 전을 기준으로 5일 이내에 촉구하며, ② 그런데도 10일 이내에 사용 시기를 정하여 사용자에게 통보하지 않으면 최초 1년의 근로기간이 끝나기 1개월 전까지 사용자가 휴가의 사용 시기를 정하여 근로자에게 서면으로 통보하되, 서면 촉구 이후 발생한 휴가에 대해서는 최초 1년의 근로기간이 끝나기 10일 전까지 서면으로 통보한다고 규정하고 있다(61조 2항).

B. 특례의 효과 　사용자가 위와 같은 휴가사용 촉진조치를 했음에도 근로자가 휴가를 사용하지 않고 1년이 지나 휴가가 소멸한 경우에는 그 사용하지 않은 휴가에 대하여 보상할 의무, 즉 사용하지 않은 휴가에 대한 임금지급 의무를 면한다.[1] 또 사용자의 귀책사유에 해당하지 않는 것으로 보므로, 근로자는 사

1) 이 경우 휴가를 사용하지 않은 것은 근로자의 자발적인 의사에 따른 것이어야 하며, 근로자가 지정된 휴가일에 출근하여 근로를 제공한 경우 사용자가 근로 수령 거부의 의사를 표시하지 않거나 오히려 근로자에게 업무 지시를 했다면 근로자가 자발적인 의사에 따라 휴가를 사용하지 않은 것으로 볼 수 없어 사용자는 이러한 방식으로 사용하지 않은 휴가에 대하여 여전히

용하지 않은 휴가를 다음 해로 이월하여 사용할 수도 없게 된다.

노동조합과 사용자 사이에 이 특례의 적용을 배제하고 사용하지 않은 휴가에 대하여 일정한 보상을 하도록 단체협약으로 정한 경우에는 이 특례는 적용되지 않는다.[1)]

Ⅷ. 근로시간 규정의 적용 제외

근로기준법은 소정의 농수산업에 종사하는 자, 감시·단속적 근로에 종사하는 자로서 사용자가 고용노동부장관의 승인을 받은 자, 시행령으로 정하는 업무에 종사하는 근로자에 대해서는 근로기준법의 근로시간·휴게·휴일에 관한 규정을 적용하지 않는다고 규정하고 있다(63조).[2)]

1. 대상 근로자

가. 농수산업 종사자

근로기준법에 따르면, 토지의 경작·개간, 식물의 식재·재배·채취 사업, 그 밖의 농림사업,[3)] 동물의 사육,[4)] 수산동식물의 채취·포획·양식사업, 그 밖의 축산·양잠·수산사업에 종사하는 근로자에 대하여 적용이 제외된다(63조 1호-2호). 이들 소정의 농수산업은 일반적으로 기후·계절 등 자연조건의 영향을 강하게 받기 때문에 인위적으로 근로시간을 규제하기 곤란하다는 점에서 적용 제외 대상으로 설정한 것이다.

보상할 의무를 부담한다(대법 2020. 2. 27, 2019다279283).

1) 대법 2015. 10. 29, 2012다71138(근로기준법에 따른 휴가 사용 촉진제도의 도입에 노동조합이 반대하고 결국 단체협약으로 사용하지 않은 휴가에 대하여 통상임금의 150%의 휴가보상금을 지급하기로 정한 경우).

2) '규정을 적용하지 않는다'는 것은 사용자에게 규정을 준수할 의무가 없다는 것일 뿐, 취업규칙 등으로 대상 근로자에게 예컨대 1일 8시간을 초과하는 근로에 대하여 가산임금을 지급한다고 정한 때에는 이에 따라야 한다(대법 2009. 12. 10, 2009다51158).

3) 어느 산림조합이 일용직 근로자를 고용하여 그 건설현장에서 산림피해지 복구공사 등에 종사하게 한 경우, 그 근로의 내용이 일반적인 건설 근로자와 크게 차이가 없고, 건설현장은 주된 사업장인 영림 사업장과 장소적으로 분리되어 있으며, 건설현장에는 연중 상시적으로 이들 근로자를 투입한 사정 등에 비추어 이 산림조합이 그 건설현장에서 하는 사업은 '그 밖의 농림사업'에 해당한다고 볼 수 없다(대법 2020. 2. 6, 2018다241083).

4) 헌재 2021. 8. 31, 2018헌마563은 동물의 사육 사업 기타 축산업에 종사하는 근로자에 대하여 근로기준법상의 근로시간·휴게·휴일에 관한 규정을 적용하지 않는다는 조항이 해당 근로자의 근로의 권리와 평등권을 침해하지 않는다고 한다.

나. 감시·단속적 근로 종사자

감시 또는 단속적으로 근로에 종사하는 자로서 사용자가 고용노동부장관의 승인을 받은 자에 대해서도 적용이 제외된다(63조 3호).

'감시적 근로'란 감시하는 것을 본래의 업무로 하며 근로제공에 따르는 정신적·육체적 피로가 적은 업무를 말한다.[1] '단속적 근로'란 근로가 간헐적으로 이루어져 휴게시간 또는 대기시간이 많은 업무를 말한다. 감시·단속적 근로에 종사하는 자는 근로하면서 휴식을 충분히 취하기 때문에 근로시간을 엄격히 규제할 필요가 높지 않다는 점에서 적용 제외 대상으로 설정한 것이다.

수위·경비·물품감시원 등 심신의 피로가 적은 업무가 감시적 근로에 해당하지만, 이러한 업무 중에서도 고도의 정신적 긴장을 요하거나 건강상 유해·위험하거나 수시로 다른 업무를 겸하는 경우에는 제외된다. 그리고 평소의 업무는 한가하지만 기계고장수리 등 돌발적인 사고의 발생에 대비하여 대기하는 업무, 실근로시간이 대기시간의 절반 이하 정도인 업무로서 8시간 이내인 경우, 대기시간에 이용할 수 있는 수면·휴게시설이 확보되어 있는 경우로 유해·위험작업이 아닌 것이 단속적 근로에 해당한다.[2]

감시·단속적 근로에 종사하는 자라 하더라도 근로시간에 관한 규정이 적용되지 않기 위해서는 사용자가 고용노동부장관의 승인을 받아야 한다. 적용 제외의 법적 효과를 고용노동부장관의 승인을 통하여 부여하기 위한 것이다.

다. 감독·관리·기밀 업무 종사자

시행령으로 정하는 업무에 종사하는 근로자, 즉 감독·관리 업무에 종사하는 자 또는 기밀을 취급하는 업무에 종사하는 자에 대해서도 적용이 제외된다(근기 63조 4호, 영 34조).

'감독·관리 업무에 종사하는 자'란 회사를 감독 또는 관리하는 지위에 있는 자로서 기업경영자와 일체를 이루는 입장에 있고 자기의 근무시간에 대한 자유재량권을 가지고 있는 자를 말한다.[3] 예컨대 공장장·부장 등이 경영자처럼 근로조건의 결정이나 그 밖에 인사·노무관리의 업무를 하면서 아울러 출·퇴근 등에 엄격한 제한을 받지 않는 경우가 해당된다. '기밀을 취급하는 업무에 종사하는 자'란 비서 등 그 직무가 경영자 또는 관리의 지위에 있는 자의 활동과 불가분하

---

1) 대법 2024. 2. 8, 2018다206899.
2) 근로감독관 집무규정(2012. 7. 31, 훈령 제77호) 제68조.
3) 대법 2024. 4. 12, 2019다223389.

게 이루어짐으로써 출·퇴근 등에 엄격한 제한을 받지 않는 자를 말한다.

2. 적용 제외 규정의 범위

대상 근로자에게 적용이 배제되는 규정은 근로기준법 제4장과 제5장(조문으로는 50조-75조)에서 정한 '근로시간, 휴게와 휴일에 관한 규정'이다. 따라서 법정근로시간(50조), 휴게시간(54조), 주휴일과 공휴일(55조), 가산임금(56조), 연소자의 법정근로시간(69조), 여성의 연장근로 제한(71조)에 관한 규정들은 대상 근로자에게 적용이 배제된다.

그러나 야간근로는 근로시간의 규제와는 성질을 달리하므로 가산임금 규정(56조) 중 야간근로수당 관련 부분이나 연소자와 여성에 대한 야간근로 제한 규정(70조)은 적용이 배제되지 않는다. 또 휴가는 휴일과 성질을 달리하므로 연차휴가(60조), 생리휴가(73조), 출산전후휴가 또는 유산·사산휴가(74조 1항-3항)에 관한 규정도 적용이 배제되지 않는다고 보아야 한다. 육아시간에 관한 규정(근기 75조)도 근로시간·휴게시간과 무관하므로 적용이 배제되지 않는다.

근로자의날을 유급휴일로 하는 규정(근로자의날법) 및 고기압 작업 종사자의 법정근로시간에 관한 규정(산안 139조 1항), 배우자 출산휴가·육아휴직·육아기 근로시간단축에 관한 규정(남녀 18조의2, 19조, 19조의2) 등은 근로기준법의 규정이 아니므로 적용이 배제되지 않는다.

제3절 안전과 보건

Ⅰ. 산업안전보건법

산업안전보건법은 산업재해를 예방하고 노무를 제공하는 자의 안전 및 보건을 유지·증진함을 주된 목적으로 한다(산안 1조). 이 법은 모든 사업에 적용하되, 유해·위험의 정도, 사업의 종류, 사업장의 상시근로자 수(건설공사의 경우에는 건설공사 금액) 등을 고려하여 시행령으로 정하는 사업에 대해서는 전부 또는 일부의 적용을 제외할 수 있다(3조).

산업안전보건법에 따르면, 근로자는 사업장에서 이 법과 이 법에 따른 명령에 위반한 사실이 있으면 이를 고용노동부장관 또는 근로감독관에게 신고할 수 있고, 사업주는 이 신고를 이유로 해당 근로자에게 해고나 그 밖의 불리한 처우를 해서는 안 된다(157조 1항·3항; 벌칙 167조).

또 고용노동부장관은 이 법에 따른 업무 중 일정한 범위의 업무를 산업안전보건공단 등에 위탁할 수 있다(165조 2항).

Ⅱ. 안전·보건 관리체제

산업안전보건법에 따르면, 사업주는 사업장의 생산과 관련되는 업무와 그 소속 직원을 직접 지휘·감독하는 직위에 있는 사람(관리감독자)에게 안전·보건에 관한 일정한 업무를 수행하게 해야 한다(16조 1항; 벌칙 175조 5항). 시행령으로 정하는 사업의 사업주는 안전과 보건 각각에 관한 기술적인 사항에 관하여 사업주를 보좌하고 관리감독자에게 조언·지도하는 업무를 수행하는 안전관리자와 보건관리자를 두어야 한다(17조 1항·2항, 18조 1항·2항; 벌칙 175조 5항).

고용노동부령으로[1] 정하는 사업의 사업주는 사업장의 안전·보건을 유지하기 위하여 안전보건관리규정을 작성해야 한다(25조 1항·3항; 벌칙 175조 5항). 이 규정을 작성·변경할 때에는 산업안전보건위원회의 심의·의결을 거쳐야 하고, 이

1) 산업안전보건법과 관련된 고용노동부령은 산업안전보건법 시행규칙, 산업안전보건기준에 관한 규칙, 유해·위험작업의 취업 제한에 관한 규칙으로 나누어져 있다.

위원회가 설치되어 있지 않은 사업장에서는 근로자대표의 동의를 받아야 한다(26조; 벌칙 175조 5항). 산업안전보건위원회는 안전·보건에 관한 중요 사항을 심의·의결하기 위하여 근로자와 사용자가 같은 수로 구성하는 것으로서 소정 사업의 사업주는 이를 구성·운영해야 한다(24조 1항·3항; 벌칙 175조 5항). '근로자대표'란 근로자의 과반수로 조직된 노동조합이 있는 경우에는 그 노동조합을, 그러한 노동조합이 없는 경우에는 근로자의 과반수를 대표하는 자를 말한다(2조 5호).

Ⅲ. 유해·위험 방지조치 등

가. 안전상·보건상의 조치

산업안전보건법에 따르면, 사업주는 ① 기계·기구나 그 밖의 설비, 폭발성·발화성·인화성 물질 등, 전기·열이나 그 밖의 에너지에 의한 위험으로 인한 산업재해, ② 굴착, 채석, 하역, 벌목, 운송, 조작, 운반, 해체, 중량물 취급이나 그 밖의 작업을 할 때 불량한 작업방법 등에 의한 위험으로 인한 산업재해, 또는 ③ 근로자가 추락할 위험이 있는 장소, 토사·구축물 등이 붕괴할 우려가 있는 장소, 물체가 떨어지거나 날아올 위험이 있는 장소, 천재지변으로 인한 위험이 발생할 우려가 있는 장소에서 작업을 할 때 발생할 수 있는 산업재해를 예방하기 위하여 필요한 안전상의 조치를 해야 한다(38조 1항-3항; 벌칙 168조).

또 사업주는 ① 원재료·가스·증기·분진·흄·미스트·산소결핍·병원체 등에 의한 건강장해, ② 방사선·유해광선·고열·한랭·초음파·소음·진동·이상기압 등에 의한 건강장해, ③ 사업장에서 배출되는 기체·액체 또는 찌꺼기 등에 의한 건강장해, ④ 계측감시, 컴퓨터 단말기 조작, 정밀공작 등의 작업에 의한 건강장해, ⑤ 단순반복작업 또는 인체에 과도한 부담을 주는 작업에 의한 건강장해, ⑥ 환기·채광·조명·보온·방습·청결 등의 적정기준을 유지하지 않아 발생하는 건강장해, 또는 ⑦ 폭염·한파에 장시간 작업함에 따라 발생하는 건강장해를 예방하기 위하여 필요한 보건상의 조치를 해야 한다(39조 1항; 벌칙 168조).

나. 고객의 폭언 등으로 인한 건강장해 예방조치

산업안전보건법에 따르면, 사업주는 주로 고객을 직접 대면하거나 정보통신망을 통하여 상대하면서 상품을 판매하거나 서비스를 제공하는 업무에 종사하는 고객응대근로자에 대하여 고객의 폭언, 폭행, 그 밖에 적정 범위를 벗어난 신체적·정신적 고통을 유발하는 행위(이하 '폭언등'으로 약칭)로 인한 건강장해를 예방하기 위하여 고용노동부령으로 정하는 바에 따라 필요한 조치를 해야 한다(41조 1항). 고객응대근로자들이 이른바 '감정노동'에 종사하면서 받는 건강장해 등으로부터 건강권을 보장하기 위한 것이다.

업무와 관련하여 고객 등 제3자의 폭언등으로 근로자에게 건강장해가 발생하거나 발생할 현저한 우려가 있는 경우에는 사업주는 업무의 일시적 중단 또는 전환 등 시행령으로 정하는 필요한 조치를 해야 하며(41조 2항; 벌칙 175조 4항), 근로자는 사업주에게 업무의 일시적 중단이나 전환 등의 조치를 요구할 수 있고 사업주는 이 요구를 이유로 해고나 그 밖의 불리한 처우를 해서는 안 된다(41조 3항; 벌칙 170조). 고객 등 제3자의 폭언등으로부터 근로자(고객응대근로자든 아니든)의 건강을 지키려는 것이다.

다. 작업중지

산업안전보건법에 따르면, 사업주는 산업재해가 발생할 급박한 위험이 있을 때에는 즉시 작업을 중지시키고 근로자를 작업장소에서 대피시키는 등의 조치를 해야 한다(51조; 벌칙 168조).

근로자는 산업재해가 발생할 급박한 위험이 있는 경우에는 작업을 중지하고 대피할 수 있다(52조 1항). 이에 따라 작업중지권을 행사한 근로자는 지체 없이 그 사실을 관리감독자나 그 밖에 부서의 장에게 보고해야 한다(52조 2항). 사업주는 산업재해가 발생할 급박한 위험이 있다고 근로자가 믿을 만한 합리적인 이유가 있을 때에는 작업중지권을 행사한 근로자에게 해고나 그 밖의 불리한 처우를 해서는 안 된다(52조 4항). 따라서 작업중지권의 행사가 정당화되기 위해서는 근로자가 산업재해 발생의 급박한 위험이 있다고 믿을 만한 합리적인 이유가 있어야 한다.[1]

사업주는 중대재해가 발생했을 때에는 즉시 해당 작업을 중지시키고 근로자를 작업장소에서 대피시키는 등 안전·보건에 관하여 필요한 조치를 해야 한다(54조 1항; 벌칙 168조).[2] '중대재해'란 산업재해 중 사망 등 재해의 정도가 심하거나

---

1) 대법 2023. 11. 9, 2018다288662(근로자가 인근 공장에서 발생한 화학물질 누출사고를 이유로 작업중지권을 행사한 사건).

2) 한편, 중대재해 처벌 등에 관한 법률은 사업주 등이 소정의 안전·보건 확보의무를 위반하여 ① 산업안전보건법상 산업재해 중 소정의 중대산업재해에 이르게 한 경우(상시 근로자가 5명 이상 사업장에만 적용) 또는 ② 특정 원료·제조물, 공중이용시설·공중교통수단의 설계·제조·설치·관리상의 결함을 원인으로 하여 발생한 재해(중대시민재해)에 이르게 한 경우에

다수의 재해자가 발생한 경우로서 노동부령으로 정하는 재해를 말한다(2조 2호).

라. 사내 도급의 규제

산업안전보건법에 따르면, 사업주는 근로자의 안전·보건에 유해·위험한 작업으로서 ① 도금작업, ② 수은·납·카드뮴의 제련·주입·가공·가열 작업, 또는 ③ 고용노동부장관의 허가 대상 물질을 제조·사용하는 작업을 도급하여 자신의 사업장에서 수급인의 근로자가 그 작업을 하도록 해서는 안 된다(58조 1항). 일정한 범위의 위험 작업에 대하여 사내 도급을 금지한 것이다. 다만 수급인이 보유한 기술이 전문적이고 도급인인 사업주의 사업 운영에 필수 불가결한 경우로서 고용노동부장관의 승인을 받은 경우 또는 일시·간헐적으로 하는 작업을 도급하는 경우에는 위와 같은 도급 제한 대상 작업을 도급하여 자신의 사업장에서 수급인의 근로자가 그 작업을 하도록 할 수 있다(58조 2항).

도급인[1]은 관계수급인 근로자가 도급인의 사업장에서 작업을 하는 경우 자신의 근로자와 관계수급인 근로자의 산업재해를 예방하기 위하여 안전·보건 시설의 설치 등 필요한 안전·보건조치를 해야 하며,[2] 다만 보호구 착용의 지시 등 관계수급인 근로자의 작업행동에 관한 직접적인 조치는 제외한다(63조; 벌칙 169조).

Ⅳ. 근로자의 보건관리

가. 작업환경측정 및 휴게시설

(1) 산업안전보건법에 따르면, 사업주는 인체에 해로운 작업을 하는 작업장으로서 고용노동부령으로 정하는 작업장에 대하여 일정한 자격을 가진 자로 하여금 작업환경측정을 하도록 해야 한다(125조 1항; 벌칙 175조 4항). 사업주는 근로자대표(관계수급인의 근로자대표 포함)가 요구하면 작업환경측정을 할 때에 근로자대표를 참석시켜야 하고, 작업환경측정 결과를 해당 작업장의 근로자(관계수급인 및 관계수급인 근로자 포함)에게 알려야 한다(125조 4항·6항; 벌칙 175조 5항).

사업주나 경영책임자 등을 무겁게 처벌하도록 규정하고 있다(3조, 6조, 9조).

1) 산업안전보건법상 '도급인'이란 물건의 제조·건설·수리 또는 서비스의 제공, 그 밖의 업무를 도급하는 사업주를 말한다(2조 7호). 도급인에 해당하는지는 산업재해 예방과 관련된 유해·위험요소에 대하여 실질적인 지배·관리 권한을 가지고 있었는지를 중심으로 판단하여야 한다(대법 2024. 11. 14, 2023도14674).

2) 38조의 안전조치 및 39조의 보건조치가 도급인의 안전·보건조치에 관하여도 적용된다(대법 2025. 8. 14, 2025도4428).

(2) 사업주는 근로자(관계수급인의 근로자 포함)가 신체적 피로와 정신적 스트레스를 해소할 수 있도록 휴식시간에 이용할 수 있는 휴게시설을 갖추어야 한다(128조의2 1항; 벌칙 175조 3항).

나. 건강진단

산업안전보건법에 따르면, 사업주는 상시 사용하는 근로자의 건강관리를 위하여 소정의 건강진단기관에서 일반건강진단을 실시해야 하고, 고용노동부령으로 정하는 유해인자에 노출되는 업무에 종사하는 근로자 등의 건강관리를 위하여 특수건강진단을 실시해야 한다(129조 1항·2항, 130조 1항; 벌칙 157조 4항). 근로자는 사업주가 실시하는 일반건강진단과 특수건강진단을 받아야 하며, 다만 사업주가 지정한 건강진단기관이 아닌 건강진단기관에서 이에 상응하는 건강진단을 받아 그 결과를 증명하는 서류를 사업주에게 제출하는 경우에는 사업주가 실시하는 건강진단을 받은 것으로 본다(133조).

건강진단기관은 일반건강진단과 특수건강진단의 결과를 근로자와 사업주에게 통보해야 한다(134조 1항; 벌칙 157조 6항). 사업주는 개별 근로자의 건강진단 결과를 본인의 동의 없이 공개해서는 안 되고(132조 2항; 벌칙 157조 5항), 건강진단의 결과를 근로자의 건강 보호 및 유지 외의 목적으로 사용해서는 안 된다(132조 3항; 벌칙 157조 6항).

다. 건강관리

산업안전보건법에 따르면, 사업주는 감염병, 정신질환 또는 근로로 인하여 병세가 크게 악화될 우려가 있는 질병으로서 고용노동부령으로 정하는 질병에 걸린 사람에게는 의사의 진단에 따라 근로를 금지하거나 제한해야 하고, 이에 따라 근로가 금지되거나 제한된 근로자가 건강을 회복하면 지체 없이 근로를 할 수 있도록 해야 한다(138조 1항·2항; 벌칙 171조).

사업주는 유해·위험한 작업으로서 높은 기압에서 하는 작업 등 시행령으로 정하는 작업에 종사하는 근로자에게는 1일 6시간, 1주 34시간을 초과하여 근로하게 해서는 안 된다(산안 139조 1항; 벌칙 169조). 고기압에서 작업하는 근로자의 안전과 건강을 보호하기 위하여 법정근로시간을 특별히 줄인 것이다. 이 법정근로시간을 초과하는 연장근로는 근로기준법의 경우와 같은, 이를 제한적으로 허용하는 규정이 없기 때문에 당사자 간의 합의 등이 있더라도 허용되지 않는다. 한편, 근로기준법 시행령은 이 규정의 근로시간도 휴게시간을 제외한 것을 말한다고 규

정하고 있다(41조).[1]

산업안전보건법에 따르면, 사업주는 유해·위험한 작업으로서 상당한 지식이나 숙련도가 요구되는 고용노동부령으로 정하는 작업의 경우 그 작업에 필요한 자격·면허·경험 또는 기능을 가진 근로자가 아닌 사람에게 그 작업을 하게 해서는 안 된다(산안 140조 1항; 벌칙 169조).

1) 산업안전보건법에 규정된 법정근로시간에 대하여 그 시행령이 아니라 근로기준법 시행령에서 규정한 것은 합리적이라 볼 수 없으므로 바로 잡아야 한다.

제4절 재해보상

Ⅰ. 재해보상제도의 의의

1. 근로기준법의 재해보상 제도

시민법의 원칙에 따르면, 근로자가 업무를 수행하다가 부상을 입거나 사망하는 등 재해를 당한 경우에 구제나 보호를 받으려면 사용자에 대하여 손해배상책임을 묻는 방법밖에 없다. 이 책임은 과실책임의 원칙에 따르기 때문에 피해근로자나 그 유족은 사용자의 고의·과실의 존재 및 그것과 재해 사이에 인과관계의 존재를 증명해야 한다. 또 피해근로자 등은 현실적으로 입은 손해액을 증명해야 하며, 피해근로자에게도 과실이 있으면 과실상계에 따라 배상액은 그만큼 감액된다. 게다가 손해배상을 구하는 민사소송에 들어갈 비용과 시간 등은 피해근로자로서는 감당하기 어려운 부담이 된다.

생산조직의 기계화·대규모화·위험화에 따라 근로자의 재해는 빈번히 일어나지만 이러한 난점 때문에 피해근로자 및 그 가족은 생존을 위협받게 되었다. 따라서 이들의 생존권 보호를 위하여 기업활동으로 이익을 받는 사용자가 기업활동에 수반하는 손해도 보상해야 한다는 논의가 확산되면서 과실책임의 원칙은 점차 완화·수정되고 드디어 무과실 책임을 인정하는 새로운 보상제도가 도입되었다. 근로기준법의 재해보상제도(근기 78조-92조)가 그것이다.

재해보상제도의 주요한 특징은 보상을 받기 위하여 사용자의 고의·과실을 요하지 않고 근로자의 과실 유무를 묻지 않으며, 배상액이 실질적인 손해액과 관계없이 정액으로 되어 있는 것 등이다.

2. 산재보험법

가. 산재보험법의 목적과 적용

재해보상제도가 마련되어 있더라도 사용자가 재해보상의 책임을 다할 현실적 능력이나 의지가 부족하면 근로자는 보상을 받기가 어렵게 된다. 이 문제를 해결하기 위하여 재해보상 책임의 위험을 가진 모든 사용자를 공공보험에 가입시키고 특정 사용자의 근로자에게 재해가 발생하면 보험사업자가 사용자를 대신하여 신속하고 확실하게 재해보상을 갈음하는 보험급여를 지급하는 제도가 도입되었다. 그것이 바로 산재보험법이다.

산재보험법의 중요한 목적은 보험 사업을 통하여 근로자의 업무상 재해를 신속하고 공정하게 보상하고, 재해근로자의 재활 및 사회복귀를 촉진하기 위한 보험시설을 설치·운영하는 데 있다(산재 1조). 보험 사업은 고용노동부장관이 관장하되(산재 2조), 근로복지공단이 고용노동부장관의 위탁을 받아 보험 사업을 수행한다(산재 10조 참조).

산재보험법은 근로자를 사용하는 모든 사업 또는 사업장(이하 이 법에 관해서는 '사업'으로 약칭)에[1] 적용하며, 다만 위험률·규모 및 장소 등을 고려하여 시행령으로 정하는 사업에는 적용하지 않는다(산재 6조).[2] 근로기준법과 달리 상시 5명 미만의 근로자를 사용하는 사업에도 적용된다.

산재보험에서 보험관계의 성립과 소멸, 보험료의 납부와 징수 등을 별도로 규율하는 고용보험 및 산업재해보상보험의 보험료징수 등에 관한 법률(이하 '보험료징수법'으로 약칭)에 따르면, 산재보험법 적용 사업의 사업주는 당연히 산재보험의 가입자가 되고, 적용 제외 사업의 사업주는 근로복지공단의 승인을 받아 산재보험에 가입할 수 있다(보험료징수법 5조 3항·4항). 이와 같이 산재보험은 당연가입을 원칙으로 하면서 임의가입을 예외적으로 허용하고 있다.

한편, 산재보험 사업에 드는 비용에 충당하기 위하여 가입자로부터 보험료를 징수한다(보험료징수법 13조 1항).

나. 근로기준법과의 관계

산재보험법이 적용되는 모든 사업에서 사업주가 산재보험의 당연가입자가 되고 보험료를 납부한 이상 재해를 당한 근로자는 산재보험법에 따라 보험급여를 받을 수 있게 되고, 근로자가 보험급여를 받게 되면 사업주는 동일한 재해에 대하여 근로기준법에 따른 재해보상 책임을 면하므로(산재 80조 1항) 그 범위에서

1) 산재보험관계의 적용단위인 '사업 또는 사업장'은 일정한 장소를 바탕으로 유기적으로 단일하게 조직되어 계속적으로 행하는 경제적 활동단위를 말하므로, 장소적으로 분리된 복수의 경제적 활동단위라도 여러 사정으로 보아 독립된 하나의 사업 또는 사업장으로 보아야 할 경우가 있다(대법 2015. 3. 12, 2012두5176).

2) 적용제외 사업은 ① 공무원연금법이나 선원법 등에 따라 재해보상이 되는 사업, ② 가구내 고용활동, ③ 농업, 임업(벌목업 제외), 어업 및 수렵업 중 법인이 아닌 자의 사업으로서 상시근로자 수가 5명 미만인 사업이다(산재영 2조 1항). 한편, 헌재 2018. 1. 25, 2016헌바466은 적용제외 사업을 시행령에 위임한 규정(산재 6조)에 대하여 헌법에 위배되지 않는다고 한다.

사업주에게는 근로기준법상의 재해보상이 무의미하게 된다.

그런데도 근로기준법상의 재해보상이 여전히 의미를 가지는 측면도 있다. 예컨대 산재보험의 적용 사업이 아니고 임의가입도 하지 않은 사업의 경우에는 근로자의 재해보상은 근로기준법에 따라 이루어질 수밖에 없다. 그리고 산재보험에 가입한 사업의 경우라도 3일 이내의 요양급여나 휴업급여는 지급되지 않으므로, 이 부분은 근로기준법에 따른 요양보상이나 휴업보상으로 해결될 수밖에 없다. 또 산재보험법상 평균임금에는 상한선이 있고 장례비 등 일부 보험급여에도 상한선이 있어 평균임금이 높은 근로자의 경우 근로기준법에 따른 보상이 더 유리할 수 있다.

그러나 산재보험법은 오랜 세월 그 적용의 범위를 단계적으로 확대하여 이제는 일부 사업을 제외하고는 5명 미만의 영세사업장까지 포함하여 모든 사업에 당연히 적용되고 있는 점,[1)] 산재보험법에 따른 보험급여가 근로기준법에 따른 재해보상보다 재해근로자에게 전반적으로 유리하다는 점, 산재보험법상 근로자가 아닌 자인데도 일정한 범위에서 근로자로 보아 보험급여를 지급하는 특례를 두고 있는 점, 근로기준법상의 재해보상책임을 확보한다는 차원에서 한 걸음 더 나아가 사회보장으로서의 성격을 강화해 왔다는 점 등에 비추어 근로기준법의 재해보상 규정은 현실적으로 그 의미가 반감되었다고 보아도 좋을 것이다.

따라서 재해보상에 관해서는 근로기준법이 아니라 산재보험법을 중심으로 살펴보는 것이 적절하다고 생각한다.

Ⅱ. 업무상 재해

근로자에게 부상·질병·장해·사망의 재해가 발생한 경우 산재보험법상 보험급여나 근로기준법상 재해보상의 대상이 되는지 여부는 그 재해가 업무상 재해인지, 업무외 재해인지에 달려 있다.

1. 업무상 재해의 개념

'업무상' 재해에 관하여 근로기준법은 정의규정을 두지 않고 있다. 산재보험법은 '업무상 재해'란 업무상의 사유에 따른 근로자의 부상·질병·장해 또는 사

1) 산재보험법이 처음 시행된 1964년에는 상시 500명 이상을 사용하는 광업과 제조업에만 적용했으나 점차 그 범위를 확대했다.

망을 말한다고 포괄적으로 정의하고 있다(5조 1호). 업무상 재해는 '업무상 사유에 따른' 것이므로 업무에 기인한다는 '업무기인성'이 요구된다. '업무기인성'이란 일반적인 경험에 비추어 업무수행에 내재·수반하는 위험이 현실화한 것으로 인정되는 것, 바꾸어 말하면 업무와 재해가 상당인과관계를 가지는 것을 말한다.

사고인 재해(부상이나 사고사)가 업무상 재해인지의 판단에서는 1차적으로 업무수행중인지 여부가 중요하다. 이 때 '업무수행성'이란 근로자가 '현실적으로 업무를 수행하는 중'이라는 좁은 의미가 아니라, 근로자가 '사용자의 지배나 관리 아래 있는 중'이라는 것을 말한다. 이로써 현실적 업무수행이 없는 휴게시간·통근·행사 중의 재해도 사용자의 지배관리 아래 있으면 업무상 재해로 인정할 수 있게 된다. 판례도 업무상 재해를 사용자의 지배관리 아래 해당 근로업무의 수행 또는 그에 수반되는 통상적인 활동 과정에서 그러한 업무에 기인하여 발생한 재해로 파악하고 있다.[1] 업무수행성이 없으면 업무기인성은 성립하지 않는다. 그러나 업무수행성이 있더라도 다시 업무기인성의 판단이 필요하고, 업무기인성이 없으면 업무상 재해가 되지 않는다.

질병인 재해가 업무상 재해인지의 판단에서는 업무수행성 여부가 중요하지 않다. 업무와 질병 사이의 상당인과관계가 있는지 라는 업무기인성의 충족 여부가 중요하다.

2. 업무상 재해의 인정 기준

근로자에게 부상·질병·장해·사망의 재해가 발생한 경우 그 사유나 형태는 매우 다양하기 마련이고 그만큼 그 재해가 업무상 재해에 해당하는지 여부를 둘러싸고 다툼과 논란이 생길 수 있다. 산재보험법은 근로자에게 발생하는 다양한 재해가 업무상 재해에 해당하는지 여부를 신속·공평하게 판단할 수 있도록 하기 위하여 업무상 재해의 인정 기준을 정하고 있다(37조 1항-4항). 그리고 산재보험법 시행령은 모법의 위임(37조 5항)에 따라 업무상 재해를 인정하는 구체적인 기준을 정하고 있다(27조-36조).

인정 기준의 골격은 첫째 소정의 업무상 사고나 업무상 질병에 따른 재해와 출퇴근 재해는 업무상 재해로 인정하고, 둘째 자해행위 등은 원칙적으로 업무상 재해로 보지 않는다는 것이다.

---

1) 대법 1996. 2. 9, 95누16769; 대법 2007. 9. 28, 2005두12572(전합); 대법 2010. 4. 29, 2010두184.

가. 업무상 사고에 따른 재해

산재보험법은 업무상 사고, 즉 ㉮ 근로자가 근로계약에 따른 업무나 그에 따르는 행위를 하던 중 발생한 사고, ㉯ 사업주가 제공한 시설물 등을 이용하던 중 그 시설물 등의 결함이나 관리소홀로 발생한 사고, ㉰ 사업주가 주관하거나 사업주의 지시에 따라 참여한 행사 또는 행사준비 중에 발생한 사고, ㉱ 휴게시간 중 사업주의 지배관리 아래 있다고 볼 수 있는 행위로 발생한 사고, 또는 ㉲ 그 밖에 업무와 관련하여 발생한 사고로 근로자에게 부상·질병·장해·사망의 재해가 발생하면 업무상 재해로 보며, 다만 업무와 재해 사이에 인과관계(상당인과관계)가 없으면 그렇지 않다고 규정하고 있다(37조 1항 1호). 이와 같이 크게 다섯 가지 중 어느 하나에 해당하는 업무상 사고로 발생한 재해이면 업무상 재해로 인정된다는 것인데, 업무상 사고에 관하여 경우를 나누어 좀 더 자세히 살펴보기로 한다.

A. 업무수행 중의 사고 업무수행 중의 사고는 '근로계약에 따른 업무나 그에 따르는 행위를 하던 중 발생한 사고'(산재 37조 1항 1호 가목)이다.

시행령은 근로자가 ① 근로계약에 따른 업무수행 행위, ② 업무수행 과정에서 하는 용변 등 생리적 필요 행위, ③ 업무를 준비하거나[1] 마무리하는 행위, 그 밖에 업무에 따르는 필요적 부수행위, 또는 ④ 천재지변·화재 등 사업장에서 발생한 돌발적인 사고에 따른 긴급피난·구조행위 등 사회통념상 예견되는 행위를 하던 중에 발생한 사고는 업무상 사고로 본다고 규정하고 있다(27조 1항).

그리고 근로자가 사업주의 지시에 따라 사업장 밖에서 업무를 수행하던 중에 발생한 사고도 업무상의 사고로 보며, 다만 사업주의 구체적 지시에 위반한 행위나 근로자의 사적 행위 또는 정상적인 출장 경로를 벗어났을 때 발생한 사고는 그렇지 않다고 한다(27조 2항).

한편, 업무의 성질상 업무수행 장소가 정해져 있지 않은 근로자가 최초로 업무수행 장소에 도착하여 업무를 시작한 때부터 최후로 업무를 완수한 후 퇴근하기 전까지 업무와 관련하여 발생한 사고도 업무상 사고로 본다고 규정하고 있다(27조 3항).

B. 시설물 결함에 따른 사고 시설물 결함에 따른 사고는 '사업주가 제공한 시설물 등을 이용하던 중 그 시설물 등의 결함이나 관리소홀로 발생한 사고'

---

1) 대법 1996. 10. 11, 96누9034(다음 날의 작업준비를 위해 도구를 운반하던 중); 대법 2009. 10. 15, 2009두10246(지속적인 육체노동이 요구되는 업무에 종사하는 자가 근무시간 전에 체력단련 운동을 하던 중).

(산재 37조 1항 1호 나목)이다.

시행령은 사업주가 제공하는 시설물 등(장비·차량 포함)의 결함이나 사업주의 관리 소홀로 발생한 사고는 업무상 사고로 보며, 다만 사업주가 제공한 시설물 등을 사업주의 구체적인 지시를 위반하여 이용한 행위로 발생한 사고와 그 시설물 등의 관리 또는 이용권이 근로자의 전속적 권한에 속하는 경우에 그 관리 또는 이용 중에 발생한 사고는 그렇지 않다고 규정하고 있다(28조).

C. 행사 중의 사고 행사 중의 사고는 '사업주가 주관하거나 사업주의 지시에 따라 참여한 행사 또는 행사준비 중에 발생한 사고'(산재 37조 1항 1호 라목)이다.

시행령은 운동경기·야유회·등산대회 등 각종 행사에 근로자의 참가가 노무관리나 사업운영상 필요한 경우로서 ① 사업주가 행사에 참가한 근로자에 대하여 그 참가한 시간을 근무시간으로 인정하거나 ② 사업주가 행사에 참가하도록 지시하거나 ③ 사전에 사업주의 승인을 받아 행사에 참가하거나 ④ 그 밖에 이들 경우에 준하는 경우로서 사업주가 그 근로자의 행사 참가를 통상적·관례적으로 인정한 경우에 근로자가 그 행사에 참가(행사 참가를 위한 준비·연습도 포함)하여 발생한 사고는 업무상 사고로 본다고 규정하고 있다(30조).

이에 대하여 근로자들끼리 친목을 도모하기 위하여 임의로 사업장 밖에서 하는 행사[1] 또는 노동조합 간부가 조합원의 단결을 강화·과시하기 위하여 주관하는 체육대회에[2] 참가하던 중 발생한 재해는 업무상 재해로 인정되지 않는다.

또 사업주의 지배나 관리를 받는 행사나 모임에 참가한 경우라도 근로자가 그 행사나 모임의 순리적인 경로를 벗어나 발생한 재해라면 업무상 재해로 인정되지 않는다. 그러나 예컨대 사업주의 지배나 관리를 받는 상태에 있는 회식 과정에서 근로자의 과음이 주된 원인이 되어 재해가 발생한 경우라도 회식과 음주와 재해의 발생에 인과관계가 인정되는 이상 업무상 재해로 볼 수 있고, 이 경우 인과관계는 사업주가 과음행위를 만류·제지했는데도 근로자 스스로 독자적·자발적으로 과음을 한 것인지, 업무와 관련된 회식 과정에 통상적으로 따르는 위험의 범위 내에서 재해가 발생한 것인지, 아니면 과음으로 인한 심신장애와 무관한 다른 비정상적인 경로를 거쳐 재해가 발생한 것인지 등 여러 사정을 고려하여 판

1) 대법 1992. 10. 9, 92누11107(근로자들이 회사 소유의 버스만 제공받고 소요비용은 각자 갹출하여 마련한 친목행사); 대법 1995. 5. 26, 94다60509(사용자가 주관한 정례회식이 끝난 후에 근로자들이 여흥을 즐기기 위한 모임).

2) 대법 1997. 3. 28, 96누16179.

단해야 한다.[1)]

D. 휴게시간 중의 사고 휴게시간 중의 사고는 '휴게시간 중 사업주의 지배관리 아래 있다고 볼 수 있는 행위로 발생한 사고'(산재 37조 1항 1호 마목)이다.

예컨대 사업장 안에서 휴게시간 중에 용변·보행·이동, 업무 재개를 위한 준비·휴식(짧은 수면 포함)·적절한 운동이나 사생활 활동 등의 행위를 하던 중[2)] 발생한 사고가 이에 해당할 것이다. 그러나 휴게시간 중에 노동조합 대의원들끼리 구내 운동장에서 친선경기를 하던 중의 사고는 그렇지 않다.[3)]

E. 그 밖에 업무와 관련하여 발생한 사고 시행령은 근로자가 사업장 안에서 할 수 있는 성질의 행위를 하던 중 태풍·홍수·지진·눈사태 등의 천재지변이나 돌발적인 사태로 발생한 사고는 근로자의 사적 행위, 업무 이탈 등 업무와 관계없는 행위를 하던 중에 발생한 경우를 제외하고는 업무상 사고로 본다고 규정하고 있다(31조).

그리고 업무상 부상·질병으로 요양을 하고 있는 근로자에게 ① 요양급여와 관련하여 발생한 의료사고, ② 요양 중인 산재보험 의료기관 내에서 업무상 부상·질병의 요양과 관련하여 발생한 사고, ③ 업무상 부상·질병의 치료를 위하여 거주지나 근무지에서 요양 중인 산재보험 의료기관으로 통원하는 과정에서 발생한 사고도 업무상 사고로 본다고 한다(32조).

한편, 제3자의 행위로 근로자에게 발생한 사고도 그 근로자가 담당한 업무가 제3자의 가해행위를 유발할 수 있는 성질인 경우에는 업무상 사고로 본다(33조).

나. 업무상 질병에 따른 재해

산재보험법은 업무상 질병, 즉 ㉮ 업무수행 과정에서 물리적 인자·화학물질·분진·병원체·신체에 부담을 주는 업무 등 근로자의 건강에 장해를 일으킬 수 있는 요인을 취급하거나 이에 노출되어 발생한 질병, ㉯ 업무상 부상으로 인한 질병, ㉰ 직장내 괴롭힘이나 고객의 폭언 등으로 인한 업무상 정신적 스트레스가 원인이 되어 발생한 질병, 또는 ㉱ 그 밖에 업무와 관련하여 발생한 질병으로 근로자에게 부상·질병·장해·사망의 재해가 발생하면 업무상 재해로 보며, 다만 업무와 재해 사이에 인과관계(상당인과관계)가 없으면 그렇지 않다고 규정하

1) 대법 2015. 11. 12, 2013두25276; 대법 2017. 5. 30, 2016두54589; 대법 2020. 3. 26, 2018두35391.
2) 대법 2000. 4. 25, 2000다2023(구내매점에 간식을 사기 위하여 제품 하치장을 통과하던 중 발생한 사고).
3) 대법 1996. 8. 23, 95누14633.

고 있다(37조 1항 2호).

㉮의 업무상 질병은 업무수행 과정에서 근로자의 건강에 장해를 일으킬 수 있는 요인(유해·위험요인)을 취급하거나 이에 노출되어 발생한 것으로서 흔히 '직업성 질병'(직업병)이라 부른다. ㉰의 업무상 질병은 업무상 정신적 스트레스로 발생한 질병이므로 직업성 질병의 일종이지만, 인과관계 증명 문제로 업무상 재해로 인정되기가 매우 어려운 점, 최근 근로기준법과 산업안전보건법에 도입된 직장내 괴롭힘과 고객응대근로자에 대한 고객의 폭언 등에 관한 규정과 밀접한 관련성을 가진다는 점을 고려하여 별도의 규정을 둔 것이다.

이들을 포함하여 네 가지 중 어느 하나에 해당하는 업무상 질병으로 재해가 발생하면 업무상 재해로 인정된다. 시행령은 이와 같은 인정 기준을 더 구체화하고 있다.

A. 직업성 질병 산재보험법 시행령은 근로자가 근로기준법 시행령으로 정한 업무상 질병에[1] 속하는 질병에 걸린 경우(임신 중 유산·사산 또는 조산 포함; 이하 34조에서 같음) ① 근로자가 업무수행 과정에서 유해·위험요인을 취급하거나 이에 노출된 경력이 있고, ② 유해·위험요인을 취급하거나 이에 노출되는 업무시간, 그 업무에 종사한 기간 및 업무 환경 등에 비추어 근로자의 질병을 유발할 수 있다고 인정되며, ③ 근로자가 유해·위험요인을 취급하거나 이에 노출된 것이 원인이 되어 그 질병이 발생했다고 의학적으로 인정되는 경우에는 직업성 질병으로 본다고 규정하고 있다(34조 1항).

B. 업무상 부상으로 인한 질병 업무상 부상을 입은 근로자에게 발생한 질병이 업무상 부상과 질병 사이의 인과관계가 의학적으로 인정되고 기초질환 또는 기존 질병이 자연발생적으로 나타난 증상이 아닌 경우에는 업무상 부상으로 인한 질병으로 본다고 규정하고 있다(34조 2항).

C. 업무상 질병의 예시 시행령은 직업성 질병과 업무상 부상으로 인한 질병에 관하여 뇌혈관 질환, 직업성 암, 피부 질환 등 신체부위나 질병의 성질 등에 따라 12개 종류로 나누어 인과관계가 인정되는 세부적인 질병의 목록을 구체적으로 예시하고[2] 경우에 따라서는 업무 또는 유해·위험요인의 접촉 등에 관련

1) 근로기준법은 업무상 질병의 범위를 시행령으로 정하도록 규정하고(78조 1항) 이에 근거하여 시행령은 직업성 질병에 관하여 물리적 요인으로 인한 질병, 화학적 요인으로 인한 질병, 직업성 암 등 7개 원인으로 나누어 세부적인 병명 목록을 예시하고 있다(44조 1항).

2) 대법 2014. 6. 12, 2012두24214도 산재보험법 시행령에 규정된 업무상 질병(영 34조 3항)이 한정적 규정이 아니라 예시적 성격의 규정임을 확인하고 있다.

된 조건도 언급하고 있다(34조 3항 참조).[1]

다. 출퇴근 재해

산재보험법은 사업주가 제공한 교통수단이나 그에 준하는 교통수단을 이용하는 등 사업주의 지배관리 아래서 출퇴근하는 중 발생한 사고, 또는 그 밖에 통상적인 경로와 방법으로 출퇴근하는 중 발생한 사고로 근로자에게 부상·질병·장해·사망의 재해가 발생하면 업무상 재해로 보며, 다만 업무와 재해 사이에 인과관계(상당인과관계)가 없으면 그렇지 않다고 규정하고 있다(37조 1항 3호). 출퇴근 재해는 출퇴근의 경로나 방법에 따라 두 가지로 나누어지는 것이다.

(1) 첫 번째 출퇴근 재해는 '사업주가 제공한 교통수단이나 그에 준하는 교통수단을 이용하는 등 사업주의 지배관리 아래서 출퇴근하는 중' 발생한 사고로 재해가 발생한 경우이다. 이와 관련하여 시행령이 정한 구체적 인정 기준은 사업주가 출퇴근용으로 제공한 교통수단이나 사업주가 제공한 것으로 볼 수 있는 교통수단을 이용하던 중에 발생한 사고이고 또 출퇴근용으로 이용한 교통수단의 관리 또는 이용권이 근로자측의 전속적 권한에 속하지 않는 경우에는 출퇴근 재해로 본다는 것이다(영 35조 1항).

(2) 두 번째 출퇴근 재해는 '그 밖에 통상적인 경로와 방법으로 출퇴근하는 중' 발생한 사고로 재해가 발생한 경우이다. 사업주가 제공한 교통수단이 아니라 대중교통수단이나 도보로 또는 자전거나 자가용차 등을 이용하는 등 통상적인 경로와 방법으로 출퇴근하던 중 발생한 사고로 인한 재해도 출퇴근 재해로 본다는 것이다.[2]

산재보험법은 통상적인 경로와 방법으로 출퇴근하던 중 발생한 사고라도 출퇴근 경로 일탈 또는 중단이 있는 경우에는 해당 일탈 또는 중단 중의 사고 및 그 후 이동 중의 사고에 대해서는 출퇴근 재해로 보지 않으며, 다만 일탈 또는 중단이 일상생활에 필요한 행위로서 시행령으로 정하는 사유가 있는 경우에는 출퇴근 재해로 본다고 규정하고 있다(37조 3항).[3]

---

1) 산재보험법은 시행령의 규정과 별도로 암석·금속·유리섬유 등을 취급하는 작업 등 시행규칙으로 정하는 분진작업에 종사하여 걸린 진폐증도 직업성 질병으로 인정하고 있다(91조의2).

2) 종전의 산재보험법 시행령은 통상적인 경로와 방법으로 출퇴근하던 중에 발생한 재해를 업무상 재해로 인정하지 않았다. 대법 1996. 2. 9, 95누16769; 대법 2007. 9. 28, 2005두12572(전합) 등 판례도 그러한 재해를 업무상 재해로 인정하지 않았다. 그러다가 헌재 2016. 9. 29, 2014헌바254는 시행령의 해당 규정이 공무원과 근로자를 달리 대우함으로써 헌법상 평등원칙에 위반된다고 결정했다. 이에 따라 2017년 개정법은 '통상적인 경로와 방법으로 출퇴근하는 중 발생한 사고'에 따른 재해도 업무상 재해에 포함된다고 명시적으로 규정했다.

한편, 출퇴근 경로와 방법이 일정하지 않은 직종으로서 시행령으로 정하는 경우에는 두 번째 출퇴근 재해에 관한 산재보험법의 규정을 적용하지 않는다고 규정하고 있다(37조 4항).[1]

(3) 근로자가 출장근무를 위한 출장지 왕복 이동과 출장근무에 필요한 숙박이나 회식을 위한 이동에 대해서도 출퇴근 재해에 관한 규정이 적용된다고 보아야 할 것이다. 산재보험법은 '출퇴근'이란 취업과 관련하여 주거와 취업장소 사이의 이동뿐만 아니라, 한 취업장소에서 다른 취업장소로의 이동도 포함한다고 규정하고 있기(5조 8호) 때문이다.

라. 업무와 재해 사이의 인과관계

사고에 따른 재해이든 업무상 질병에 따른 재해이든 또 출퇴근 재해이든 업무상 재해로 인정되려면 업무와 재해 사이에 인과관계가 있어야 한다는 것은 당연하다. 산재보험법이 '인과관계(상당인과관계)가 없는 경우에는' 업무상 재해로 보지 않는다고 명시한 것(37조 1항)은[2] 이 당연한 사리를 강조한 것에 불과하다.

그런데 업무와 재해 사이의 인과관계는 자명한 경우도 있지만 증명하기 어려운 경우도 많다. 특히 법령에 예시되지 않은 직업성 질병의 경우[3] 그 질병(그 악화도 포함)이 업무수행 과정에서 유해·위험요인을 취급하거나 이에 노출되어 발생한 것인지, 더구나 그것이 '의학적으로 인정'된 것인지에 관해서는 논란이 생기기 마련이다.

이에 관한 판례의 법리를 요약하면 ① 인과관계의 증명책임은 원칙적으로

---

3) '일상생활에 필요한 행위'란 ① 일상생활 용품을 구입하는 행위, ② 대학이나 직업교육훈련기관에서 직업능력 개발향상에 기여할 수 있는 교육이나 훈련 등을 받는 행위, ③ 선거권이나 국민투표권의 행사, ④ 근로자가 사실상 보호하고 있는 아동이나 장애인을 보육기관이나 교육기관에 데려주거나 그곳에서 데려오는 행위, ⑤ 의료기관이나 보건소에서 진료를 받는 행위, ⑥ 근로자의 돌봄이 필요한 가족 중 의료기관 등에서 요양 중인 가족을 돌보는 행위, 또는 ⑦ 이들에 준하는 행위로서 고용노동부장관이 일상생활에 필요한 행위라고 인정한 행위를 말한다(영 35조 2항).

1) ① 여객자동차운송사업, ② 개인택시운송사업, 또는 ③ 퀵서비스업(근로복지공단의 승인을 받아 산재보험에 가입한 중소기업 사업주로서 근로자를 사용하지 않는 사람)이 본인의 주거지에 업무에 사용하는 자동차 등의 차고지를 보유하고 있는 경우가 이에 해당한다(영 35조의2).

2) 헌재 2015. 6. 25, 2014헌바269는 산재보험법 제37조 제1항이 업무상 재해의 인정요건 중 하나로 업무와 재해 사이에 상당인과관계를 요구한 것(이에 따라 근로자 쪽에 그에 대한 증명책임을 부담시키는 것)은 합리성이 인정된다고 한다.

3) 산재보험법 시행령 34조 3항 및 별표 3은 업무상 질병에 대해 예시적으로 규정한 것이고 그 기준 외의 업무상 질병을 모두 배제하는 규정이 아니다(대법 2023. 4. 13, 2022두47391). 따라서 예시적 기준을 벗어나는 경우 상당인과관계가 있는지가 특히 문제된다.

근로자 쪽에 있지만,[1] ② 인과관계는 반드시 의학적·자연과학적으로 명백히 증명되어야 하는 것은 아니고 법적·규범적 관점에서 상당인과관계가 인정되면 증명이 있으며, ③ 재해의 발생 원인에 관한 직접적인 증거가 없더라도 근로자의 취직 당시 건강상태, 질병의 원인, 작업장에 발병원인이 될 만한 물질이 있었는지, 발병원인 물질이 있는 작업장에서 근무한 기간 등 제반 사정에 비추어 경험칙과 사회통념에 따라 합리적인 추론을 통하여 인과관계를 인정할 수 있고, ④ 질병의 주된 원인이 업무수행과 직접 관계가 없더라도 업무상의 과로나 스트레스 등이 질병의 주된 원인에 겹쳐서 질병이 유발 또는 악화된 경우에는 인과관계가 증명된 것이며, ⑤ 평소에 정상적인 근무가 가능한 기초 질병이나 기존 질병이 직무의 과중 등이 원인이 되어 자연적인 진행 속도 이상으로 급격하게 악화된 때에도 인과관계가 증명된 것이고, ⑥ 인과관계 유무는 사회 평균인이 아니라 해당 근로자의 건강과 신체조건을 기준으로 판단해야 한다는 것이다.[2]

마. 자해행위 등에 따른 재해

산재보험법은 근로자의 고의·자해행위나 범죄행위[3] 또는 그것이 원인이 되어 발생한 부상·질병·장해·사망의 재해는 업무상의 재해로 보지 않으며, 다만 그 재해가 정상적인 인식능력 등이 뚜렷하게 저하된 상태에서 한 행위로 발생한 경우로 시행령으로 정하는 사유가[4] 있으면 업무상의 재해로 본다고 규정하고 있

1) 대법 2021. 9. 9, 2017두45933(전합)은 업무와 재해 사이에 인과관계가 있어야 한다는 명시적 규정(37조 1항)이 신설된 2007년 이후에도 인과관계의 증명책임은 근로자 쪽에 있다고 보는 것이 타당하다고 판시했다.

2) 대법 2001. 7. 27, 2000두4538; 대법 2004. 9. 3, 2003두12912(업무의 과중으로 인한 과로와 감원 등으로 인한 스트레스가 기존 질환인 고혈압을 악화시켜 심근경색증을 유발하거나 고혈압에 겹쳐 급성 심근경색증을 유발하여 심장마비로 사망에 이르게 한 것으로 보아 업무상 재해로서 과로사를 인정); 대법 2017. 8. 29, 2015두3867과 대법 2017. 11. 14, 2016두1066(그 밖에 희귀질환 또는 첨단산업현장에서 새롭게 발생하는 유형의 질환이 발병한 경우 희귀질환의 평균 유병률에 비해 특정 사업장에서 그 질환의 발병률이 높거나 사업주의 협조 거부 등으로 작업환경상 유해요소들을 구체적으로 특정할 수 없었다는 등의 특별한 사정은 상당인과관계를 인정하는 단계에서 근로자에게 유리한 간접사실로 고려할 수 있다).

3) 범죄행위로 인해 산재보험의 급여가 제한되는 것은 근로자의 범죄행위가 재해의 직접 원인이 되는 경우를 의미하며, 사고의 발생 경위와 양상, 운전자의 운전 능력 등과 같은 사고 발생 당시의 상황을 종합적으로 고려하였을 때 망인의 중앙선 침범으로 사고가 일어났다는 이유만으로 망인의 사망이 범죄행위가 직접 원인이 되어 발생한 것으로 단정할 수 없다(대법 2022. 5. 26, 2022두30072).

4) 시행령은 그 사유를 ① 업무상의 사유로 발생한 정신질환으로 치료를 받았거나 받고 있는 사람이 정신적 이상 상태에서 자해행위를 한 경우, ② 업무상의 재해로 요양 중인 사람이 그 업무상의 재해로 인한 정신적 이상 상태에서 자해행위를 한 경우, 또는 ③ 그 밖에 업무상의 사

다(37조 2항).[1)]

Ⅲ. 재해보상의 종류와 내용

1. 산재보험법에 따른 보상

가. 요양급여

산재보험법은 근로자가 업무상의 사유로 부상을 당하거나 질병에 걸린 경우에는 요양급여를 지급하며(40조 1항), 그러나 부상 또는 질병이 3일 이내의 요양으로 치유될 수 있으면 요양급여를 지급하지 않는다고 규정하고 있다(40조 3항).

부상의 대상인 신체는 생래적 신체로 한정되지 않고 장애자의 신체를 기능적·물리적·실질적으로 대체하는 의족 등의 장치도 포함하므로 의족의 파손도 부상으로서 요양보상의 대상이 된다.[2)] 임신한 여성 근로자에게 업무에 기인하여 발생한 태아의 건강손상은 여성 근로자의 노동능력에 미치는 영향의 정도와 관계없이 요양보상의 대상이 된다.[3)]

산재보험법에 따르면, 요양급여의 범위는 ① 진찰 및 검사, ② 약제 또는 진료재료와 의지, 그 밖의 보조기의 지급, ③ 처치·수술, 그 밖의 치료, ④ 재활치료, ⑤ 입원, ⑥ 간호 및 간병, ⑦ 이송, ⑧ 그 밖에 시행규칙으로 정하는 사항으로 한다(40조 4항).

요양급여는 소정의 산재보험 의료기관에서 요양을 하게 하며, 다만 부득이한 경우에는 요양을 갈음하여 요양비를 지급할 수 있다(40조 2항). 재해를 입은 근로자가 무료로 산재보험 의료기관에서 요양하는 것을 원칙으로 하고 본인이 부담한 요양비용을 현금으로 지급하는 것은 예외적인 경우로 한정한다는 것이다.

나. 간병급여

산재보험법에 따르면, 요양급여를 받은 자 중 치유 후 의학적으로 상시 또는 수시로 간병이 필요하여 실제로 간병을 받는 자에게는 시행령으로 정하는 바에

유로 인한 정신적 이상 상태에서 자해행위를 했다는 인과관계가 인정되는 경우로 정하고 있다(36조).

1) 대법 2017. 5. 31, 2016두58840(극심한 업무상의 스트레스와 그로 인한 정신적인 고통으로 우울증세가 악화되어 정상적인 인식 능력 등이 현저히 저하되어 합리적인 판단을 기대할 수 없을 정도의 상황에서 자살에 이른 것으로 추단되는 경우에는 업무상 재해로 볼 수 있다).

2) 대법 2014. 7. 10, 2012두20991.

3) 대법 2020. 4. 29, 2016두41071(또 요양급여 수급관계가 성립한 후 출산으로 모체와 단일체를 이루던 태아가 분리된 경우에도 이미 성립한 요양급여 수급관계가 소멸하지 않는다).

따라 간병급여를 지급한다(61조). 요양 중의 간병과 달리 업무상의 부상 또는 질병 그 자체는 치유되었지만, 거동이 어렵다든가 하여 간병이 필요한 경우에 지급되는 것이다.

다. 휴업급여

산재보험법은 업무상 사유로 부상을 당하거나 질병에 걸린 근로자에게는 요양으로 취업하지 못한 기간 중 1일에 평균임금[1]의 70%에 상당하는 금액의 휴업급여를 지급한다고 규정하고 있다(52조 본문). 업무상 부상·질병의 요양을 위하여 휴업한 기간 동안 근로자가 임금을 받지 못하지만 생계는 유지할 수 있도록 하려는 것이다. 그러나 취업하지 못한 기간이 3일 이내이면 휴업급여를 지급하지 않는다(52조 단서).

'요양으로 취업하지 못한 기간'이란 근로자가 업무상 재해로 요양을 하느라고 근로를 제공할 수 없어 임금을 받지 못한 기간을 의미하는 것이라고 해석되므로, 근로자가 의료기관에서 업무상 부상을 치료받은 기간뿐만 아니라 자기 집에서 요양을 하느라고 취업하지 못한 기간도 포함된다.[2]

업무상의 부상·질병이 근로자의 중대한 과실로 발생한 경우에도 근로기준법에서와 같은 보상 제외 규정이 없으므로 휴업급여는 지급해야 한다.

라. 상병보상연금

산재보험법은 요양급여를 받는 근로자가 요양을 시작한 지 2년이 지난 날 이후에 그 부상이나 질병이 치유되지 않은 상태이고 그 부상이나 질병에 따른 중증요양상태의 정도가 일정한 등급 기준에 해당하며 또 휴업으로 인하여 취업하지 못한 경우에는 휴업급여 대신 소정의 방법으로 산정한 상병보상연금을 지급한다고 규정하고 있다(66조). 좀처럼 완치되지 않는 중증요양상태로 요양과 휴업이 장기화되는 근로자의 생계안정에 도움을 주려는 것이다.

---

1) 휴업급여·장해급여·유족급여 등 보험급여를 산정할 때의 '평균임금'은 근로기준법에 따른 평균임금을 말한다(산재 5조 2호 본문). 그러나 재해 발생 후 1년이 지나거나 근로자가 60세가 된 경우에는 일정하게 평균임금을 증감하고(36조 3항), 근로형태가 특이하거나 진폐 등 특수한 직업병에 걸린 경우에는 평균임금을 다른 방법으로 산정한다(36조 5항·6항). 그리고 평균임금은 상용근로자 5명 이상 사업체의 전체 근로자의 임금 평균액의 1.8배를 최고액으로 하고 그 50%를 최저액(적어도 최저임금법에 따른 시간급 최저임금의 8시간분이 되어야 함)으로 하며, 다만 휴업급여 및 상병보상연금을 산정할 때에는 최저액을 적용하지 않는다(36조 7항).

2) 대법 1989. 6. 27, 88누2205.

마. 장해급여

산재보험법에 따르면, 업무상의 사유로 부상을 당하거나 질병에 걸려 치유된 후 신체 등에 장해가 있는 근로자에게는 장해급여를 지급한다(57조 1항). 신체 등의 장해에 따른 노동능력의 감소·상실로 근로자가 장래 임금 수입을 얻을 이익이 상실·감소된 것 등의 손해를 어느 정도 보전하려는 것이다.

장해급여는 장해등급(1급-14급)에 따라 평균임금의 일정한 일수분으로 정해진 장해보상연금(적게는 7급의 138일, 많게는 1급의 329일분) 또는 장해보상일시금(적게는 14급의 55일분, 많게는 1급의 1,474일분)으로 하되, 그 장해등급의 기준은 시행령으로 정한다(57조 2항).

장해보상연금 또는 장해보상일시금은 수급권자의 선택에 따라 지급하며, 다만 노동력을 완전히 상실한 근로자에게는 장해보상연금을 지급하고, 외국인으로서 외국에서 거주하는 근로자에게는 장해보상일시금을 지급한다(57조 3항). 장해보상연금은 수급권자가 신청하면 그 연금의 일정한 기간에 대한 부분을 미리 지급할 수 있다(57조 4항).

업무상의 부상·질병이 근로자의 중대한 과실로 발생한 경우에도 근로기준법에서와 같은 보상 제외 규정이 없으므로 장해급여는 지급해야 한다.

바. 직업재활급여

산재보험법은 장해급여를 받았거나 받을 것이 명백한 자로서 시행령으로 정하는 자(장해급여자) 중 취업을 위하여 직업훈련이 필요한 자에게는 직업훈련에 드는 비용과 직업훈련수당을 지급하고, 원래의 직장에 복귀한 장해급여자에게 사업주가 고용을 유지하거나 직장적응훈련 또는 재활운동을 실시하는 경우에는 지원금을 지급한다고 규정하고 있다(72조 1항). 업무상의 재해로 장해를 입은 근로자가 직장이나 사회에 원활하게 복귀할 수 있도록 촉진하려는 것이다.

사. 유족급여

산재보험법은 근로자가 업무상의 사유로 사망한 경우에는 그 유족에게 유족급여를 지급한다고 규정하고 있다(62조 1항). 근로자가 사망하여 장래 임금 수입을 얻을 이익이 상실된 것 등의 손해를 일정 부분 전보하여 그 유족의 생계유지에 도움을 주도록 하려는 것이다.

A. 지급 형태 유족급여는 유족보상연금이나 유족보상일시금으로 하되, 연금은 1년분 평균임금의 47%에 상당하는 금액에 연금 수급권자 및 근로자가 사

망할 당시 생계를 같이 하던 연금 수급자격자 1명당 1년분 평균임금의 5%에 상당하는 금액의 합산액(1년분 평균임금의 20% 한도)을 가산한 금액으로 하며, 일시금은 평균임금의 1,300일분으로 한다(62조 2항 전단).

유족급여는 유족의 장기적인 생활안정을 위하여 연금으로 지급함을 원칙으로 하는 것이다. 즉 유족보상일시금은 근로자가 사망할 당시 유족보상연금 수급자격자가 없는 경우에 지급하되(62조 2항 후단), 유족보상연금의 수급자격자가 원하면 유족보상일시금의 50%에 상당하는 금액을 일시금으로 지급하고, 유족보상연금은 50%를 감액하여 지급한다(62조 3항).

B. 연금의 수급자격 '유족'이란 사망한 자의 배우자(사실상 혼인 관계에 있는 자를 포함), 자녀, 부모, 손자녀, 조부모 또는 형제자매를 말한다(5조 3호). 유족이라 하여 모두 유족보상연금 수급자격이 있는 것은 아니다. 유족보상연금 수급자격은 근로자가 사망할 당시 생계를 같이 하던 유족(사망 당시 외국인으로서 외국에 거주하던 유족 제외) 중에서 ① 배우자, ②부모 또는 조부모로서 각각 60세 이상인 자, ③ 자녀 또는 손자녀로서 25세 미만인 자, ④ 형제자매로서 19세 미만이거나 60세 이상인 자, ⑤ 위 ②-④에 해당하지 않는 남편·자녀·부모·손자녀·조부모 또는 형제자매로서 시행규칙으로 정하는 장애 정도에 해당하는 장애인에게만 인정된다(63조 1항).

유족보상연금 수급자격자 중 유족보상연금을 받을 권리의 순위는 배우자·자녀·부모·손자녀·조부모 및 형제자매의 순서로 한다(63조 3항).

C. 일시금 수급권의 순위 유족보상일시금을 지급하는 경우 유족 간의 수급권의 순위는 ① 근로자가 사망할 당시 생계를 같이 하던 배우자·자녀·부모(양부모, 실부모의 순; 이하 같음)·손자녀 및 조부모(양부모의 부모, 실부모의 부모 또는 부모의 양부모, 부모의 실부모의 순; 이하 같음), ② 근로자가 사망할 당시 생계를 같이 하지 않던 배우자·자녀·부모·손자녀 및 조부모 또는 근로자가 사망할 당시 생계를 같이 하던 형제자매, ③ 형제자매의 순서로 하되 각 번호 안에서는 각각 적힌 순서에 따르며, 같은 순위의 수급권자가 2명 이상이면 그 유족에게 똑같이 나누어 지급한다(65조 1항·2항).

아. 장례비

산재보험법에 따르면, 근로자가 업무상의 사유로 사망한 경우에는 평균임금 120일분의 장례비를 그 장례를 지낸 유족에게 지급하며, 다만 장례를 지낼 유족이 없거나 그 밖에 부득이한 사유로 유족이 아닌 사람이 장례를 지낸 경우에는 평균임금의 120일분의 범위에서 실제 드는 비용을 그 장례를 지낸 자에게 지급한다(71조 1항).

한편, 시행령으로 정하는 바에 따라 근로자가 업무상의 사유로 사망했다고 추정되는 경우에는 장례를 지내기 전이라도 유족의 청구에 따라 고용노동부장관이 고시한 장례비의 최저금액을 장례비로 미리 지급할 수 있다(71조 3항).

2. 근로기준법에 따른 보상

가. 요양보상

근로기준법은 근로자가 업무상 부상 또는 질병에 걸리면 사용자는 그 비용으로 필요한 요양을 하거나 필요한 요양비를 부담해야 한다고 규정하고 있다(78조 1항; 벌칙 110조).

산재보험법상 요양급여의 경우와 달리 3일 이내의 요양으로 치유될 수 있는 부상·질병에 대해서도 사용자는 요양보상을 해야 한다. 요양보상은 휴업보상이나 장해보상과는 달리 근로자에게 중대한 과실이 있었더라도 전액 지급해야 한다.[1]

나. 휴업보상

근로기준법은 사용자는 업무상의 질병·부상으로 요양하고 있는 근로자에게 그 근로자의 요양 중 평균임금의 60%에 해당하는 휴업보상을 지급해야 한다고 규정하고 있다(79조 1항; 벌칙 110조). 산재보험법상 휴업급여의 경우와 달리 요양으로 취업하지 못한 기간이 3일 이내인 경우에도 사용자는 휴업보상을 지급해야 한다.

근로기준법은 근로자가 중대한 과실로 업무상의 부상이나 질병에 걸리고 사용자가 그 과실에 대하여 노동위원회의 인정을 받은 경우에는 휴업보상을 하지 않아도 된다고 규정하고 있다(81조).[2]

다. 장해보상

근로기준법에 따르면, 근로자가 업무상 부상 또는 질병에 걸리고, 완치된 후

1) 대법 2008. 11. 27, 2008다40847.
2) 재해보상의 본질이 사용자의 지배 아래 있는 위험이 현실화된 것을 보상하는 것이므로 근로자의 중대한 과실을 이유로 휴업보상과 장해보상의 책임을 면제하는 것은 타당성의 근거가 의문스럽다. 또 근로자의 '고의'에 따른 재해에 대해서는 보상 책임이 면제되는지에 관하여 아무런 규정이 없다는 점에서도 그렇다.

신체에 장해가 있으면 사용자는 평균임금에 장해등급(1급-14급)에 따른 일정 일수(많게는 1,340일, 적게는 50일)를 곱하여 얻은 금액을 장해보상으로 지급해야 한다(80조 1항; 벌칙 110조). 장해보상을 할 신체장해 등급의 결정 기준은 시행령으로 정한다(80조 3항).

근로자가 중대한 과실로 업무상의 부상 또는 질병에 걸리고 사용자가 그 과실에 대하여 노동위원회의 인정을 받은 경우에는 장해보상을 하지 않아도 된다(81조).

라. 일시보상

근로기준법은 요양보상을 받는 근로자가 요양을 시작한 지 2년이 지나도 부상 또는 질병이 완치되지 않는 경우에는 사용자는 그 근로자에게 평균임금 1,340일분의 일시보상을 하여 그 후의 근로기준법에 따른 모든 보상 책임을 면할 수 있다고 규정하고 있다(84조). 사용자가 한꺼번에 상당한 금액을 지급함으로써 그 후의 요양보상, 휴업보상, 장해보상 등 모든 재해보상 책임을 면제받을 수 있게 한 것이다.

마. 유족보상

근로기준법에 따르면, 근로자가 업무상 사망한 경우에는 사용자는 근로자가 사망한 후 지체 없이 평균임금 1,000일분의 유족보상을 그 유족에게 지급해야 하고(82조 1항; 벌칙 110조), 유족의 범위와 유족보상의 순위 및 보상을 받기로 확정된 자가 사망한 경우 유족보상의 순위는 시행령으로 정한다(82조 2항).[1]

바. 장례비

근로기준법에 따르면, 근로자가 업무상 사망한 경우에는 사용자는 근로자가 사망한 후 지체 없이 평균임금 90일분의 장례비를 지급해야 한다(83조; 벌칙 110조). 장례비는 반드시 사망한 근로자의 유족에게 지급해야 하는 것은 아니고, 실제 장례를 치르고 그 경비를 부담하는 자에게 지급할 수도 있다.[2]

Ⅳ. 재해보상과 손해배상

산재보험이나 재해보상으로 하면 피해자는 사용자나 제3자에게 고의·과실이 없더라도 평균임금을 기준으로 하여 정형화된 금액을 간편·신속·확실하게 지

1) 시행령에서 유족보상을 지급받을 유족의 범위와 유족보상의 순위 등을 자세히 규정하고 있는데(48조-50조), 그 내용은 산재보험법상 유족보상일시금 수급권에 대한 그것과 같다.
2) 대법 1994. 11. 18, 93다3592.

급받을 수 있다. 그러나 그 보상액이 현실적인 손해에 미치지 못하고 업무상 재해가 사용자나 제3자의 고의·과실로 발생한 경우에는 산재보험이나 재해보상을 지급받는다 하더라도 이와 병행하여 민법상의 손해배상 청구는 여전히 허용된다('병존주의'라 부른다).[1]

1. 사용자의 고의·과실에 따른 재해

가. 손해배상 책임의 근거

사용자의 고의·과실로 재해가 발생한 경우에 사용자에게 민법상의 손해배상 책임을 인정하는 법적 근거는 근로계약상 채무불이행 책임(민법 390조)이다.[2] 근로계약 당사자의 권리·의무와 관련하여 이미 살펴본 바와 같이, 사용자는 근로계약을 체결함으로써 당연히 사업 시설·기계 등의 위험으로부터 근로자의 생명·신체의 안전과 건강을 보호할 의무, 즉 안전배려 의무를 가지는데 사용자가 이 의무를 위반하여 근로자에게 재해를 발생케 한 경우에는 근로계약의 채무불이행 책임이 발생하는 것이다.

근로자는 사용자의 안전배려 의무 위반에 근거하여 손해배상을 청구하는 것이므로 그 손해가 이 의무 위반으로 발생했다는 사실만 증명하면 된다. 이에 대하여 사용자가 책임을 면하려면 이 의무가 존재하지 않는다는 사실, 이 의무에 따른 제반 조치를 구체적으로 이행했다는 사실 또는 발생한 재해가 근로자 자신의 과실이나 불가항력과 같은 사유로 발생했다는 사실 등을 증명해야 한다.

안전배려 의무는 근로계약상의 의무로서 근로자가 사용자의 지배관리에서 벗어난 경우에는 안전배려 의무도 존속하지 않으므로, 재해 발생에 대하여 사용자의 고의·과실이 있더라도 그 재해가 근로제공과 무관하게 발생한 때에는 채무불이행 책임이 아니라 불법행위 책임(민법 750조)을 지게 된다.

나. 보험급여·재해보상과 손해배상의 관계

A. 중복 전보의 회피 산재보험법은 동일한 사유에 대하여 수급권자가 산

1) 외국의 입법례 중에는 재해보상을 받을 수 있는 경우에 사용자에 대한 민법상의 손해배상 청구를 허용하지 않는 경우(미국의 많은 주, 프랑스)가 있고 근로자에게 재해보상과 손해배상의 어느 한 쪽을 선택하게 하는 경우(영국)도 있다.

2) 예컨대 대법 1989. 8. 8, 88다카33190. 이전에는 흔히 불법행위 책임(민법 750조)이나 공작물 하자에 따른 책임(민법 758조)에 따른 주의의무 위반을 법적 근거로 했으나(예: 대법 1971. 8. 31, 71다1194) 이 경우 피해자의 증명책임 부담, 사용자 책임의 면책 가능성, 청구권의 단기 소멸시효 등의 문제로 근로자의 권리구제에 어려움이 있었다.

재보험급여를 받으면 보험가입자인 사용자는 그 금액의 한도에서 손해배상의 책임을 면한다고 규정하고 있다(80조 2항). 보험급여를 받은 수급권자는 사용자에 대한 손해배상채권에서 그 받은 금액을 공제한 후 나머지만 받을 수 있다는 것이다. 그런데 근로자가 업무상 사유로 사망하고 유족급여의 수급권자와 손해배상채권(사망한 근로자의 일실수입 상당)의 상속인이 다른 경우에(예: 수급권자는 배우자이고 상속인은 배우자와 자녀) 유족급여의 공제를 어떻게 해야 하는지 문제된다. 판례는 이 경우에 유족급여를 받지 않은 상속인은 위 법규에 불구하고 손해배상채권을 가지므로, 손해배상채권은 모두 상속인들에게 상속되고, 유족급여의 공제는 수급권자의 손해배상채권에서만 할 수 있다고 한다(상속 후 공제).[1]

산재보험법은 수급권자가 동일한 사유로 산재보험급여에 상당하는 손해배상을 받으면, 그 금액을 시행령으로 정하는 방법에 따라 환산한 금액의 한도 안에서 산재보험급여는 지급하지 않는다고 규정하고 있다(80조 3항).[2] 한편, 근로기준법은 수급권자가 산재보험법에 따라 근로기준법상의 재해보상에 상당하는 금품을 받으면, 그 가액의 한도 안에서 사용자는 재해보상의 책임을 면한다고 규정하고 있다(87조). 이와 같이 병존주의 아래서도 산재보험급여나 재해보상과 민법상의 손해배상의 중복 전보는 허용되지 않는 것이다.[3]

산재보험이나 재해보상을 지급받으면서 민법상의 손해배상 청구권을 포기한다는 내용의 합의가 있는 경우에 이는 유효하고 사용자는 이에 따라 손해배상책임을 면한다.[4] 다만 그 합의가 착오 또는 사기·강박에 따른 경우에는 이를 취소할 수 있고 합의의 내용이 선량한 풍속 기타 사회질서(민법 103조)에 위반하거나 불공정하면 무효가 된다. 정신적 손해에 대한 위자료는 산재보험이나 재해보상의 범위에 속하는 것이 아니기 때문에 산재보험이나 재해보상을 지급받았다 하여

---

1) 대법 2009. 5. 21, 2008다13104(전합). 이로써 유족급여의 공제 후 손해배상채권이 상속된다는 취지의 종전 판례는 변경되었다.

2) 산재보험법은 보험가입자가 소속 근로자의 업무상의 재해에 관하여 이 법에 따른 보험급여의 지급 사유와 동일한 사유로 민법이나 그 밖의 법령에 따라 보험급여에 상당하는 금품을 수급권자에게 미리 지급한 경우로서 그 금품이 보험급여에 대체하여 지급한 것으로 인정되는 경우 보험가입자는 시행령으로 정하는 바에 따라 그 수급권자의 보험급여를 받을 권리를 대위한다고 규정하고 있다(89조).

3) 근로자재해보장보험(근재보험)의 보험자가 피해 근로자에게 산재보상분에 해당하는 손해까지 보상한 경우 이는 근로복지공단의 산재보험급여 지급의무를 대신 이행한 것으로서 민법 제469조에 따라 산재보험급여 지급의무가 소멸하고 근재보험의 보험자는 근로복지공단에 산재보상분 상당을 구상할 수 있다(대법 2020. 7. 23, 2016다271455).

4) 대법 1992. 12. 22, 91누6368.

사용자가 그 배상 책임을 면할 수 없다.[1)]

B. 손해배상 대체 급여 재해를 입은 근로자 등은 산재보험급여에 만족하지 않고 손해배상을 청구할 수 있지만 이를 위하여 민사소송을 제기하는 경우 피해자는 물론 사용자도 상당한 비용을 치르게 된다. 이를 고려하여 산재보험법은 손해배상의 문제를 간편하게 해결하기 위한 제도를 도입했다. 즉 산재보험법은 보험가입자인 사업주의 고의·과실로 발생한 업무상의 재해로 근로자가 소정의 장해등급에 해당하는 장해를 입거나 사망한 경우에 근로자나 수급권자가 사업주와 합의한 후 민법상 손해배상 청구를 갈음하여 청구하면 장해급여나 유족급여 외에 시행령으로 정하는 장해특별급여나 유족특별급여를 지급할 수 있다고 규정하고 있다(78조 1항, 79조 1항).

이들 특별급여의 청구는 손해배상 청구를 갈음하는 것이다. 따라서 산재보험법은 수급권자가 특별급여를 받으면 같은 사유에 대하여 보험가입자에게 민법이나 그 밖의 법령에 따른 손해배상의 청구를 할 수 없다고 규정하고 있다(78조 2항, 79조 2항).[2)]

2. 제3자의 고의·과실에 따른 재해

(1) 제3자의 고의·과실로 근로자에게 업무상 재해가 발생한 경우, 피해자는 근로복지공단에서 산재보험급여를 받을 수도 있고[3)] 사용자에게서 재해보상을 받을 수도 있다.[4)]

(2) 이 밖에 고의·과실에 대한 손해배상 책임이 문제되는데 가해자인 제3자가 동일한 사용자에게 고용된 근로자인가, 아니면 그 밖의 제3자인가에 따라 책

1) 대법 1985. 5. 14, 85누12; 대법 1990. 2. 23, 89다카22487 등.

2) 이들 특별급여는 보험재정에서 지급하는 보험급여의 일종이 아니라(36조 1항 참조) 손해배상 문제를 간편하게 해결하기 위하여 근로복지공단이 일시 편의를 제공하는 것이므로, 근로복지공단은 수급권자에게 지급한 특별급여 전액을 보험가입자로부터 징수한다(78조 3항, 79조 2항).

3) 산재보험법은 이런 경우 근로복지공단의 제3자에 대한 구상권에 관한 규정을 두고 있다(87조 1항). 이와 관련하여 대법 2011. 7. 28, 2008다12048은 동일한 사업주에게 고용된 동료근로자는 구상권 대상인 제3자에서 제외되고, 사업주가 사업의 일부를 도급을 주어 같은 사업장에서 사업주의 근로자와 수급인의 근로자가 작업하도록 한 경우에는 위 규정 단서가 적용되어 구상권을 행사할 수 없다고 한다. 또 대법 2016. 5. 26, 2014다204666은 하수급인에게 고용된 근로자가 하수급인의 행위로 업무상 재해를 입은 경우 하수급인이 구상권 대상인 제3자에서 제외된다고 한다.

4) 사용자가 재해보상을 지급한 경우에는 그 가액의 한도 안에서 제3자에 대하여 근로자의 손해배상 청구권을 대위할 수 있다(민법 399조).

임의 주체 및 손해배상의 근거가 달라진다.

업무상의 재해가 동일한 사용자에게 고용된 근로자(동료근로자)의 고의·과실로 발생한 경우에는 사용자는 민법상 사용자 책임(민법 756조)을 지게 되고, 그 근로자는 일반 불법행위 책임(민법 750조)을 지게 된다. 이 경우 가해 근로자와 사용자의 손해배상 책임은 부진정 연대책임의 관계에 있다. 또 그 근로자는 사용자의 이행보조자의 지위에 있고 그 고의·과실은 사용자의 고의·과실로 볼 수 있으므로(민법 391조) 피해근로자는 사용자에게 계약책임으로서의 채무불이행에 따른 손해배상 청구를 할 수도 있을 것이다.

업무상의 재해가 동료근로자가 아닌 일반 제3자의 행위로 발생한 경우(예: 제3자의 교통사고나 강도행위로 피해를 입은 경우)에는 재해보상과는 별도로 가해자인 제3자가 일반 불법행위 책임(민법 750조)을 진다.

(3) 이 경우에도 중복 전보는 허용되지 않는다. 따라서 제3자는 피해자가 근로복지공단에서 받은 보험급여 또는 사용자로부터 받은 재해보상 금액의 한도에서 손해배상 책임을 면한다.[1)] 거꾸로 피해자가 제3자로부터 손해배상을 받은 경우에는 사용자는 그 금액의 한도에서 재해보상 책임을 면한다고 해석된다. 그리고 이 경우에 대하여 산재보험법은 근로복지공단은 제3자로부터 받는 손해배상 금액을 시행령으로 정하는 방법에 따라 환산한 금액의 한도에서 보험급여를 지급하지 않는다고 규정하고 있다(87조 2항).

Ⅴ. 재해보상의 실시

1. 산재보험법의 급여 실시

가. 보험급여의 지급 절차

(1) 산재보험법에 따르면, 산재보험급여는 수급권자의 청구에 따라 지급한다(36조 2항). 따라서 보험급여를 받으려는 자는 근로복지공단에 그 지급을 청구(신청)해야 하는 것이다. 사용자는 보험급여 신청을 이유로 근로자에게 해고 등 불이

1) 대법 2022. 3. 24, 2021다241618(전합)은 산재보험법에 따라 보험급여를 받은 재해근로자가 제3자를 상대로 손해배상을 청구할 때 그 손해 발생에 재해근로자의 과실이 경합된 경우에, 재해근로자의 손해배상청구액은 보험급여와 같은 성질의 손해액에서 먼저 보험급여를 공제한 다음 과실상계를 하는 '공제 후 과실상계' 방식으로 산정하여야 한다고 한다. 대법 2025. 6. 26, 2023다297141은 제3자의 개입 없이 사업주의 불법행위로 산업재해를 입었고 손해 발생에 재해근로자의 과실이 경합된 경우도 마찬가지라고 한다.

익한 처우를 해서는 안 된다(111조의2; 벌칙 127조 2항).

요양급여를 받으려는 자는 근로복지공단에 신청을 해야 하며, 근로자를 진료한 산재보험 의료기관은 그 근로자의 동의를 얻어 신청을 대행할 수 있다(41조). 요양급여의 신청을 한 자는 근로복지공단의 결정이 있기까지는 국민건강보험법에 따른 요양급여 또는 의료급여법에 따른 의료급여를 받을 수 있고, 그 과정에서 납부한 본인 부담금은 요양급여 결정이 난 뒤에 근로복지공단에 청구할 수 있다(42조).

보험급여를 받을 권리는 3년간 행사하지 않으면 시효로 말미암아 소멸하며, 다만 장해급여, 유족급여, 장례비를 권리는 5년간 행사하지 않으면 시효의 완성으로 소멸한다(112조 1항). 따라서 요양급여, 휴업급여, 간병급여, 상병보상연금, 직업재활급여의 경우는 소멸시효 기간이 3년이다. 보험급여를 받을 권리의 소멸시효는 보험급여의 청구로 중단된다(113조).

사업주는 보험급여를 받을 자가 사고로 보험급여의 청구 등의 절차를 따르기 곤란하면 이를 도와야 하고, 보험급여를 받는 데에 필요한 증명을 요구하면 부득이한 사유가 없는 이상 그 증명을 해야 한다(116조).

(2) 근로복지공단은 보험급여의 신청에 대하여 업무상 재해로 인정되는지 여부, 어떤 종류의 보험급여를 어떤 내용으로 지급할 것인지 등을 결정하게 된다. 이 경우 업무상 질병의 인정 여부는 업무상질병 판정위원회가 심의·결정한다(38조). 업무상 부상·장해·사망과 달리 업무상 질병의 인정 여부는 미묘한 판단을 요하는 경우가 있기 때문에 전문가로 구성된 위원회의 판정에 맡긴 것이다.

(3) 근로복지공단은 보험급여 신청에 대하여 보험급여를 지급하기로 결정하면 그 날부터 14일 이내에 지급해야 한다(82조 1항). 근로복지공단은 수급권자가 신청하면 보험급여를 수급권자 명의의 지정된 계좌로 입금해야 한다(82조 2항).

나. 보험급여 결정에 대한 이의 절차

산재보험법에 따르면, 근로복지공단의 보험급여 결정에 불복하는 자는 그 결정이 있음을 안 날부터 90일 이내에 근로복지공단에 심사 청구를 할 수 있다(103조 1항·3항).[1] 근로복지공단은 소정의 기간 내에 산재보험 심사위원회의 심의를 거쳐 심사 청구에 대한 결정을 해야 한다(105조 1항).

심사 청구에 대한 결정 또는 업무상질병 판정위원회의 결정에 불복하는 자

1) 산재보험법은 보험급여 결정에 대해서는 행정심판을 제기할 수 없다고 규정하고 있다(103조 5항).

는 결정을 안 날부터 90일 이내에 산재보험 재심사위원회에 재심사 청구를 할 수 있다(106조 1항·3항). 심사 청구 및 재심사 청구의 제기는 시효의 중단에 관하여 민법상 재판상의 청구로 본다(111조 1항).

재심사 청구에 대한 산재보험 재심사위원회의 재결은 근로복지공단을 기속하며(109조 2항), 행정소송법을 적용할 때 행정심판에 대한 재결로 본다(111조 2항). 따라서 재결에 대하여 불복하는 자는 행정심판을 거치지 않고 근로복지공단을 상대로 재결의 취소를 구하는 행정소송(취소소송)을 제기할 수 있다.

다. 보험급여 받을 권리의 보호

산재보험법에 따르면, 보험급여를 받을 근로자의 권리는 퇴직해도 소멸하지 않는다(88조 1항). 근로자가 퇴직했다 하더라도 재직 중에 발생한 질병·부상이 완치될 때까지 요양급여·휴업급여 등을 지급해야 한다는 당연한 사리를 규정한 것이다.[1] '퇴직'에는 사직·해고·계약 기간 만료 등 노동관계 종료의 모든 사유가 포함된다.

산재보험법상의 보험급여를 받을 권리는 양도 또는 압류하거나 담보로 제공할 수 없다(88조 2항). 보험급여를 받을 권리가 제3자의 지배나 영향을 받지 않도록 보호하려는 것이다. 한편, 수급권자가 보험급여를 받기 위하여 지정한 계좌의 예금 중 시행령으로 정하는 액수 이하의 금액에 관한 채권은 압류할 수 없다(산재 88조 3항).

라. 도급 사업 재해의 보호

보험료징수법은 건설업 등 시행령으로 정하는 사업이 여러 차례의 도급에 따라 이루어지는 경우에는 원수급인을 사업주로 보며,[2] 다만 시행령으로 정하는 바에 따라 근로복지공단의 승인을 받으면 하수급인을 사업주로 본다고 규정하고 있다(9조). 하수급인은 대체로 산재보험료를 납부할 능력이 부족하지만, 그 근로자의 업무상 재해에 대해서도 보험급여는 지급되어야 하기 때문에 하수급인에게 영향을 미치는 원수급인을 사용자로 보는 것을 원칙으로 한 것이다.

따라서 원수급인이 산재보험의 당연가입자가 되어 하수급인의 근로자까지 고용한 것으로 보아 보험료를 납부해야 하고, 하수급인의 근로자에게 업무상의

1) 판례는 퇴직 후 새로 발생한 질병도 근로계약관계 존속 중에 그 원인이 있다고 인정되면 산재보험급여의 수급권을 인정하고 있다(대법 1992. 5. 12, 91누10466).

2) 헌재 2004. 10. 28, 2003헌바70은 원수급인을 사업주로 보아 보험료를 징수한다는 취지의 규정이 헌법에 위반되지 않는다고 본다.

재해가 발생하면 하수급인의 보험가입 여부와 관계없이 보험급여를 받을 수 있게 되는 것이다.

마. 산재보험법 적용의 특례

산재보험법은 근로자 또는 사업에 해당하지 않더라도 산재보험법의 적용을 받는 근로자 또는 사업으로 보는 등의 특례를 두어 산재보험법의 보호 범위를 확대하고 있다.

A. 건강손상자녀 임신 중인 근로자가 업무수행 과정에서 업무상 사고나 출퇴근 재해 또는 유해인자의 취급·노출로 인하여 출산한 자녀가 부상·질병·장해를 입거나 사망한 경우 업무상의 재해로 보며, 이 경우 그 출산한 자녀(건강손상자녀)는 이 법을 적용할 때 해당 업무상 재해의 사유가 발생한 당시 임신한 근로자가 속한 사업의 근로자로 본다(91조의12). 대법원은 최근 임신한 여성 근로자에게 그 업무에 기인하여 발생한 태아의 건강손상에 대해서도 업무상 재해에 해당한다고 인정했다.[1] 이에 따라 판례의 법리를 명문화하면서 건강손상자녀가 부상·질병·장해를 입거나 사망한 경우에 그 자녀를 근로자로 보아 각종 보험급여를 지급하는 특례를 규정하게 된 것이다.

B. 노무제공자 노무제공자는 산재보험법의 적용을 받는 근로자로 보며, 노무제공자의 노무를 제공받는 사업은 산재보험법의 적용을 받는 사업으로 본다(91조의16). '노무제공자'란 다른 사람의 사업을 위하여, ① 사업주로부터 직접 노무제공을 요청받는 방법 또는 ② 사업주로부터 일하는 사람의 노무제공을 중개·알선하기 위한 전자적 정보처리시스템(온라인 플랫폼)을 통해 노무제공을 요청받는 방법에 따라, 자신이 직접 노무를 제공하고 그 대가를 지급받는 사람으로서 업무상 재해로부터의 보호 필요성, 노무제공 형태 등을 고려하여 시행령으로 정하는 직종에 종사하는 사람을 말한다(91조의15).

종전에는 특수형태근로종사자에 대한 특례가 시행되어 왔으나, 배달앱 등 온라인 플랫폼 등을 통해 복수의 사업에 노무를 제공하는 경우에는 특수형태근로종사자의 '특정 사업에의 전속성' 요건을 충족하지 못하여 이 특례의 적용이 배제되는 문제가 발생했다. 이에 따라 '특정 사업에의 전속성' 요건을 폐지하고, 기존 특수형태근로종사자 및 온라인 플랫폼 종사자 등을 포괄하는 '노무제공자' 개념을 도입하여 이에 대한 특례를 신설하게 된 것이다.

C. 현장실습생 산재보험법이 적용되는 사업에서 현장 실습을 하고 있는

1) 대법 2020. 4. 29, 2016두41071.

학생 및 직업훈련생(현장실습생) 중 고용노동부장관이 정하는 자는 산재보험법을 적용할 때에는 그 사업에 사용되는 근로자로 본다(123조 1항).

D. 학생연구자 연구실 안전환경 조성에 관한 법률에 따른 대학·연구기관등은 산재보험법의 적용을 받는 사업으로 보며, 이들 대학·연구기관등이 수행하는 연구개발과제에 참여하는 자로서 시행령으로 정하는 학생연구자는 산재보험법을 적용할 때는 그 사업의 근로자로 본다(123조의2 1항·2항).

E. 중소기업 사업주 등 시행령으로 정하는 중소기업 사업주(근로자를 사용하지 않는 자 포함)는 근로복지공단의 승인을 받아 자기 또는 유족을 보험급여를 받을 수 있는 자로 하여 산재보험에 가입할 수 있다(124조 1항). 그리고 중소기업 사업주의 배우자(사실상 혼인관계에 있는 자 포함) 또는 4촌 이내의 친족으로서 시행령으로 정하는 요건을 갖추어 해당 사업에 노무를 제공하는 자도 근로복지공단의 승인을 받아 산재보험에 가입할 수 있다(같은 조 2항).

F. 자활급여 수급자 근로자가 아닌 자로서 국민기초생활 보장법에 따른 자활급여 수급자 중 고용노동부장관이 정하는 사업에 종사하는 자는 산재보험법의 적용을 받는 근로자로 본다(산재 126조 1항).

2. 근로기준법상의 보상 실시

가. 재해보상의 절차

근로기준법은 재해보상을 받을 권리는 3년 동안 행사하지 않으면 시효로 소멸한다고 규정하고 있다(92조). 그러므로 재해보상을 받으려는 자는 재해가 발생한 날부터 3년 이내에 사용자에게 청구해야 한다.

근로기준법 시행령은 요양보상 및 휴업보상은 매월 1회 이상 해야 하고(46조),[1] 장해보상은 근로자의 부상 또는 질병이 완치된 후 지체없이 해야 한다고 규정하고 있다(51조 1항). 한편, 근로기준법은 장해보상과 유족보상 및 일시보상은 사용자가 지급 능력이 있는 것을 증명하고 보상을 받는 자의 동의를 받으면 1년에 걸쳐 분할 보상을 할 수 있다고 규정하고 있다(85조).

또 근로기준법은 사용자는 재해보상에 관한 중요한 서류를 재해보상이 끝나거나[2] 재해보상 청구권이 시효로 소멸되기 전에 폐기해서는 안 된다고 규정하고

1) 요양보상은 적어도 그 달의 말일까지는 지급해야 하며, 그렇지 않으면 그 때부터 벌칙이 적용된다(대법 1992. 2. 11, 91도2913).

2) 조문의 '끝나지 않거나'는 '끝나거나'의 오류인 듯하다.

있다(91조; 벌칙 116조 2항).

나. 재해보상에 대한 이의 절차

근로기준법에 따르면, 업무상 부상·질병·사망의 인정, 요양의 방법, 보상금액의 결정, 그 밖에 보상의 실시에 관하여 이의가 있는 자는 고용노동부장관에게 심사나 중재를 청구할 수 있다(88조 1항). 고용노동부장관이 1개월 이내에 심사나 중재를 하지 않는 경우 또는 심사나 중재의 결과에 불복하는 경우에는 노동위원회에 심사나 중재를 청구할 수 있다(89조 1항).

이러한 심사·중재는 관계자의 권리·의무에 영향을 주는 행정처분이 아니라 단순히 권고적 성질을 갖는 행위에 불과하므로,[1] 심사·중재의 결과에 불복이 있는 경우 사용자를 상대로 민사소송을 제기할 수는 있지만 행정소송을 제기할 수는 없다고 해석된다.[2]

다. 재해보상 받을 권리의 보호

재해보상을 받을 근로자의 권리는 퇴직 때문에 변경되지 않고 양도 또는 압류하지 못한다(86조).

라. 도급 사업 재해의 보호

사업이 여러 차례의 도급에 따라 이루어지는 경우의 재해보상에 대해서는 원수급인을 사용자로 본다(90조 1항). 하수급인의 근로자에게 업무상 재해가 발생한 경우에 재해보상은 지급능력이 없는 하수급인이 아니라 원수급인이 떠맡아야 한다는 것이다.

그러나 원수급인이 서면상 계약으로 하수급인에게 보상을 담당하게 한 경우에는 그 수급인도 사용자로 보며, 다만 2명 이상의 하수급인이 똑같은 사업에 대하여 중복하여 보상을 담당하게 하지는 못한다(90조 2항). '그 수급인도 사용자로 보므로' 보상을 담당하기로 계약을 맺은 하수급인도 원수급인과 함께 재해보상에 관하여 연대책임을 진다. 이 경우 하수급인에게 보상을 담당하게 한 원수급인이 보상의 청구를 받으면, 그 하수급인이 파산의 선고를 받거나 행방이 알려지지 않는 경우를 제외하고는 그 하수급인에게 우선 최고(독촉)할 것을 청구할 수 있다(90조 3항).

---

1) 심사·중재가 권고적 성질을 갖는 데 불과하기 때문에 거의 활용되지 않고 있다. 이 제도를 폐지하거나 구속력 있는 절차로 개편할 필요가 있다.

2) 대법 1995. 3. 28, 94누10443.

제5절 이동인사·휴직·징계

사용자는 사업의 목적 달성을 위한 활동을 계속하기 위하여 인력을 효율적으로 활용·관리할 필요가 있다. 이를 위하여 사용자는 일반적으로 취업규칙에 사용자가 근로자에 대하여 전직·휴직·징계 등 인사처분을 할 수 있다는 포괄적인 근거규정을 두기 마련이다. 이에 근거하여 사용자는 대등한 계약 당사자인 근로자에 대하여 전직·휴직 등 인사처분을 할 수 있는 권한(인사권)을 가지게 된다. 취업규칙에 그러한 규정이 없더라도 근로계약을 체결할 때 또는 계약 이행 중에 사용자가 근로자와 전직·휴직 등의 인사처분을 할 수 있다는 취지의 명시적·묵시적 합의를 함으로써 사용자는 인사권을 가지게 된다. 전직·휴직·징계 등은 사용자의 인사권에 속하는 것으로서 원칙적으로 사용자의 상당한 재량에 맡겨지지만 근로기준법은 근로자를 보호하기 위하여 정당한 이유를 요구하고 있다.

Ⅰ. 전직

1. 전직의 의의

'전직'(전보, 배치전환)이란 인력을 사업 목적에 적합하게 배치하기 위하여 근로자의 직무내용(직종·부서)이나 근무지를 상당한 기간에 걸쳐 변경하는 인사처분을 말한다. 같은 근무지 내 직무내용의 변경을 '전직'이라 부르고 근무지의 변경을 '전근'이라 부르기도 하지만, 양자 사이에 본질적 차이가 없고 직무내용과 근무지를 모두 변경하는 경우도 있기 때문에 법률상 양자를 엄격하게 구별할 필요는 없을 것이다.

전직은 노동력의 효율적 활용과 인사의 공정성 확보를 위한 인사이동의 일환으로 정기적으로 또는 수시로 실시되는 것이 보통이지만, 고용조정(정리해고 회피) 또는 근로자에 대한 제재의 수단으로 이용되기도 한다.

2. 전직의 제한

근로기준법은 정당한 이유 없는 전직(부당전직)을 금지하고 있다(23조 1항).[1)]

---

1) 근로기준법에 정당한 이유 없이 인사·징계·해고할 수 없다는 제한 규정을 두고 있음에도 불

가. 직무내용·근무지의 한정이 없는 경우

취업규칙상 포괄적 근거규정 등에 따라 사용자가 전직명령권을 가진다 하더라도 사용자는 이를 남용하여서는 안 되며 근로기준법에 따라 정당한 이유가 있어야 한다. 전직이 정당한지 여부는 전직의 업무상 필요와 그에 따른 근로자의 생활상의 불이익과의 비교교량, 근로자와의 협의 등 전직을 하는 과정에서 신의칙상 요구되는 절차를 거쳤는지의 여부 등에 따라 결정된다.[1]

A. 업무상 필요　전직은 업무상 필요에 따른 것이어야 정당한 것으로 인정된다.

'업무상 필요'란 인원 배치를 변경할 필요가 있고 그 변경에 어떠한 근로자를 포함시키는 것이 적절한가 하는 인원 선택의 합리성을 말하며, 여기에는 업무능률의 증진, 직장질서의 유지나 회복, 근로자 간 인화 등의 사정도 포함된다.[2] 예컨대 사업장의 이전이 불가피한 경우에 그 사업장에 소속된 근로자의 전직,[3] 또는 상사의 지시 거부 및 동료 근로자와의 불화 등을 해결하기 위한 전직[4]은 업무상 필요성이 인정된다.

그러나 근로자의 정당한 노동3권 행사, 성별·국적·신앙·사회적 신분, 사용자의 근로기준법 위반 사실에 대한 진정·고발 등을 이유로 하는 전직은 업무상 필요가 인정되지 않는다(노조 81조 1항 5호, 근기 6조 및 104조 참조).

B. 생활상의 불이익　전직은 업무상의 필요성과 전직에 따른 근로자의 생활상의 불이익이 균형을 이루도록 배려되어야 정당한 것으로 인정된다.

생활상의 불이익은 통근의 소요시간, 노동의 강도, 임금의 차이 등 근로조건상의 불이익은 물론, 주거생활의 수준이나 가족·사회생활 등 근로조건 이외의 불이익도 포함한다. 또 생활상의 불이익의 정도를 판단할 때에는 통근차량이나 숙소의 제공, 특별수당의 지급 등 불이익을 완화하기 위한 조치를 했는지 여부도 고려해야 한다.

구하고 오랫동안 판례는 인사·징계·해고의 권한을 남용하였는지를 판단하는 태도를 가져왔다. 이는 법률에 정당한 이유를 제한하는 명문의 규정을 두고 있지 못한 일본에서의 판례 법리를 답습해온 것이다. 근로기준법에 따라 인사·징계·해고가 정당한지 여부를 판단하여야 한다.

1) 대법 1997. 7. 22, 97다18165; 대법 2000. 4. 11, 99두2963; 대법 2018. 10. 25, 2016두44162 <핵심판례>.

2) 대법 2013. 2. 28, 2010두20447.

3) 대법 1991. 7. 12, 91다12752.

4) 대법 1991. 9. 24, 90다12366; 대법 1994. 5. 10, 93다47677.

그리하여 업무상 필요성이 크지 않은데도 통근의 곤란성 등 생활상의 불이익이 크거나 생활상의 불이익이 사회통념상 전보에 따르는 통상의 정도(감수할 만한 정도)를 현저히 넘는 경우에는 부당전직이 된다.[1] 판례는 업무상의 필요성이 크지 않은데도 한쪽 다리가 절단된 근로자를 인천에서 서울로 전직하는 경우,[2] 또는 교통·자녀교육·부부생활 등의 점에서 생활상의 불이익이 있는 데 비하여 서울에서 제주로 전직할 업무상의 필요성이 인정되지 않는 경우[3]에는 부당전직으로 본다.

그러나 장기간 거주하던 지역에서 노모를 부양하며 자녀를 중·고등학교에 보내고 본인도 대학에 다니는 근로자를 다른 지역으로 전직하더라도 업무상 고도의 필요성이 있고 숙소 및 근무수당과 식사의 제공, 대외호칭의 상향조정 등 불이익 감소를 위한 배려를 한 경우에는 정당한 전직으로 본다.[4] 그렇다면 맞벌이부부의 별거를 불가피하게 하는 전직의 경우라도 반드시 부당한 것이라 볼 수 없을 것이다.

C. 협의 절차　　전직이 권리남용에 해당하는지 여부를 판단할 때에는 본인과의 협의 등 신의칙상 요구되는 절차를 거쳤는지도 고려해야 하며, 다만 그러한 절차를 거치지 않았다 하여 권리남용에 해당한다고 인정되는 것은 아니다.[5] 물론 전직의 절차에 관하여 취업규칙 등에 근로자와의 협의나 합의 등의 절차가 규정되어 있으면 이러한 절차에 위반한 전직은 부당한 것으로 인정된다.

나. 직무내용·근무지의 한정이 있는 경우

당사자 사이에 근로계약상 근로자의 직무내용(직종)이나 근무지를 명시적·묵시적으로 한정한 경우에는 이로써 사용자의 전직명령권이 제약되므로 근로자를 다른 직종이나 근무지로 전직하려면 근로자의 동의가 있어야 정당한 것으로 인정된다.[6]

문제는 직종이나 근무지에 대한 한정의 존부 및 내용에 있는데 근로자의 종류, 노동관계 성립이나 전개의 방식 등에 비추어 개별적으로 결정할 수밖에 없다.

A. 직종 한정　　의사·간호사·아나운서·보일러기사 등 특수한 기술·기능·

1) 대법 1995. 2. 17, 94누7959.
2) 대법 1995. 5. 9, 93다51263.
3) 대법 1997. 12. 12, 97다36316.
4) 대법 1997. 7. 22, 97다18165.
5) 대법 1995. 10. 13, 94다52928; 대법 1997. 7. 22, 97다18165.
6) 대법 2013. 2. 28, 2010다52041. 또 대법 1992. 1. 21, 91누5204는 근무지가 특정 장소로 한정되어 있는 미화원에 대한 전직처분이 '본인의 의사에 반하'는 등의 점에서 부당하다고 한다.

자격을 가진 근로자의 경우에는 당사자 사이에 그 직종으로 한정한다는 합의가 있는 것으로 볼 수 있다.

특별한 훈련·양성을 거쳐 일정한 기능·숙련을 습득하고 장기간 그 직종에 종사하는 근로자의 경우에는 직종의 한정이 있다고 볼 여지도 있지만, 오늘날 기술혁신·업종전환·경영다각화 등이 심하고 근로자의 다기능이 요구되는 사정 아래서는 직종의 한정을 인정하기가 쉽지 않을 것이다. 따라서 예컨대 기술직 근로자를 그 기술에 관한 전문지식을 요하는 서비스업무나 판매직으로 전직했다 하여 부당하다고 볼 수 없다.[1]

영업직, 사무직, 생산직, 경비직 등에 종사하는 근로자의 경우에는 직종의 한정이 있다고 보기 곤란하다. 따라서 예컨대 경비원 직제가 폐지되어 경비원으로 근무하던 근로자를 생산직으로 전직했다 하여 부당하다고 볼 수는 없다.[2]

B. 근무지 한정　　사업장 인근 지역에 연고가 있는 자를 전제로 채용(현지채용)하면서 관행상 전근이 없었던 직원, 생활의 본거지가 고정되어 있음을 전제로 채용된 반농반공의 근로자나 주부 근로자, 단시간근로자, 사무보조직 근로자 등은 근무지가 한정된 것으로 볼 여지가 많을 것이다. 따라서 이들 근로자를 본인의 동의 없이 다른 지역으로 전근하는 것은 부당한 것으로 인정되기 쉽다.

이와 달리 본사에서 채용한 대졸 간부요원의 경우에는 당사자 사이에 전국의 지점·영업소·공장 등 어디에서나 근무한다는 양해가 있어 근로계약상 근무지의 한정[3]이 있다고 보기 어렵다.

다. 제한 위반의 효과

사용자가 근로자에게 부당전직을 한 경우에 대한 벌칙은 없다. 그러나 해당 근로자는 노동위원회에 신청하여 구제를 받을 수 있고(근기 28조 1항 참조), 법원에 제소하여 사법적 구제를 받을 수도 있다. 또 부당전직은 사법상 무효가 된다.

근로자가 전직에 불응하여 출근 또는 근로제공을 거부하면 징계 또는 해고의 사유가 될 수 있다. 그러나 전직이 객관적으로 부당하여 무효인 경우에는 그 전직에 불응했다는 이유로 근로자를 징계하거나 해고할 수 없다.

---

1) 대법 1995. 8. 11, 95다10778.
2) 대법 1989. 2. 28, 86다카2567; 대법 1994. 4. 26, 93다10279.
3) 근래 근무지의 한정·비한정을 명확히 하는 인사관리로서 종업원의 경력형성을 전근이 예정되는 간부사원코스(종합직)와 전근이 예정되지 않는 평사원코스(일반직)로 나누어 종업원에게 선택의 기회를 부여하는 코스별 고용제(근무지 한정제)가 점차 보급되고 있다.

Ⅱ. 전출과 전적

1. 전출·전적의 의의

가. 전출·전적의 개념

'전출'(파견근무, 사외근무, 재적전출, 출향)이란 근로자가 사용자와의 기본적인 근로계약관계는 유지하면서 상당히 장기간에 걸쳐 다른 사용자(제2사용자)의 업무에 종사하도록 하는 인사처분을 말하고, '전적'(이적)이란 근로자의 근로계약 상대방을 변경하여 새로운 사용자(제2사용자)의 업무에 종사하도록 하는 인사처분을 말한다. 전출과 전적은 근로자를 소속 기업 외부로 보내는 인사이동이라는 점에서 기업 내부의 인사이동인 전직과 구별된다. 그러나 전출은 근로자가 소속 기업에 재적하는 것인데 대하여 전적은 소속 기업에서 제2사용자의 기업으로 적을 옮기는 것이다.[1)]

전출은 사용자의 업무에 종사하던 근로자를 제2사용자에게 보내고 복귀도 예정되어 있다는 점에서 처음부터 제2사용자에 보낼 것을 전제로 하는 근로자파견과도 구별된다.

나. 전출·전적의 활용

전출·전적은 모자기업 등 상호 밀접한 관련 아래 사업을 하는 복수의 기업 사이에 경영·기술을 지도·전수하거나 근로자의 능력·경력을 개발하기 위한 수단으로 활용되지만, 때로는 고용조정(정리해고 회피)의 목적으로 이용되기도 한다.

전출·전적은 기업 외부로의 인사이동이므로 사용자와 제2사용자 사이에 해당 근로자를 보내고 받는다는 합의(전출계약·전적계약)를 전제로 한다. 전출계약이나 전적계약에서는 근로자의 이익을 고려하여 근로자의 직무, 근로조건, 전출·전적 기간 등을 정하고, 전출계약에서는 근로자의 복귀 방법도 정하게 된다.

2. 전출·전적의 제한

근로기준법은 정당한 이유 없는 전출(부당전출) 또는 전적(부당전적)을 금지하고 있다(근기 23조 1항).[2)]

---

1) 대법 1997. 3. 28, 95다51397은 같은 기업그룹 내의 다른 계열사로의 전적을 전출로 표현함으로써 전출과 전적을 구분하지 않는다.

2) 법문상 '해고, 휴직, 정직, 전직, 감봉 그 밖의 징벌'은 예시에 불과한 것이므로 예시되지 않은 전출 또는 전적의 경우에도 이 규정이 적용된다고 해석된다.

가. 제한의 내용

(1) 전출은 사용자가 근로자에 대한 지휘명령권을 제3자인 제2사용자에게 양도하는 것이고, 전적은 사용자와의 근로계약관계를 소멸시키고 제2사용자와의 근로계약관계를 새로 맺는 것, 달리 말하자면 사용자가 당사자로서의 권리를 제3자인 제2사용자에게 양도하는 것이므로 근로자의 동의가 있어야 정당한 것으로 인정된다(민법 657조 1항 참조).[1] 취업규칙에 전출이나 전적을 명할 수 있다는 취지의 포괄적인 근거규정이 있다는 것만으로는 전출이나 전적이 정당화되지 않는다.

그러나 전출에 관하여 미리(근로자가 입사할 때 또는 근무하는 동안에) 근로자의 포괄적인 동의를 받은 경우, 기업그룹 내에서 계열사 간의 전적이 동일 기업 내의 전직처럼 일상적·관행적으로 빈번하게 이루어져 왔고 전적에 관하여 미리(근로자가 입사할 때 또는 근무하는 동안에) 근로자의 포괄적인 동의를 받은 경우에는 전출 또는 전적 시에 따로 근로자의 동의를 받지 않더라도 그 전출 또는 전적은 정당한 것으로 인정된다. 이 경우 포괄적인 사전동의는 전출 또는 전적할 기업(복수라도 무방)을 특정하고 그 기업에서 종사할 업무에 관한 사항 등 기본적인 근로조건을 명시하여 근로자의 동의를 얻는 방법이어야 한다.[2]

또 근로자의 동의 없이 근로자를 전출 또는 전적시키는 관행이 있고 그 관행이 근로계약의 내용이 되어 있는 경우에는 동의가 없더라도 정당한 것으로 인정된다. 그러한 관행이 근로계약의 내용이 되어 있다고 인정하기 위해서는 그 관행이 기업사회에서 규범적인 사실로 명확히 승인되거나 구성원이 이의 없이 당연한 것으로 받아들여 기업 내에서 사실상의 제도로서 확립되어 있어야 한다.[3]

(2) 한편, 사용자가 취업규칙상의 포괄적 근거규정 등에 따라 전출명령권을 갖는다 하여 이를 남용할 수는 없다. 전출은 업무상 필요성이 없거나 근로자의 생활상의 불이익이 현저한 경우에는 권리남용으로서 부당전출이 된다. 또 복귀가 예정되어 있지 않은 전출은 정리해고의 회피 등 전출을 수긍할 만한 경영상의 사정이 있는 경우를 제외하고는 부당전출로 인정된다.

나. 제한 위반의 효과

사용자가 근로자에게 부당전출이나 부당전적을 한 경우에 대한 벌칙은 없다. 그러나 해당 근로자는 노동위원회에 신청하여 구제를 받을 수 있고(근기 28조 1항

1) 대법 1993. 1. 26, 92누8200; 대법 1993. 1. 26, 92다11695.
2) 대법 1993. 1. 26, 92누8200; 대법 1993. 1. 26, 92다11695.
3) 대법 1993. 1. 26, 92다11695; 대법 2006. 1. 12, 2005두9873.

참조), 법원에 제소하여 사법적 구제를 받을 수도 있다. 또 부당전출이나 부당전적은 무효가 된다.

3. 전출·전적 후의 노동관계

가. 전출근로자의 노동관계

전출이 정당하게 이루어진 경우 사용자와 전출근로자 사이의 근로계약관계는 존속하지만, 전출자가 제2사용자에게 근로를 제공하므로 사용자와의 근로제공관계는 정지된다(흔히 휴직으로 처리된다). 그러나 사용자의 취업규칙 중 근로제공을 전제로 하지 않는 부분은 계속 적용되고, 전출근로자는 제2사용자에 대하여 그 지휘·명령 아래 근로를 제공하므로 제2사용자의 근무형태(근로시간·휴일·휴가 등)나 복무규율에 따라야 한다.

A. 사용자책임의 귀속 근로기준법 등 노동보호법상의 책임을 사용자와 제2사용자 중 어느 쪽이 부담하는지가 문제되지만, 이것은 해당 사항에 대하여 실질적 권한을 가지는 자가 어느 쪽인가에 따라 결정된다. 즉 근로기준법의 각 규정에 대해서는 그 내용에 따라 해당 사항을 관리하고 있는 쪽이 사용자로서의 책임을 부담하고, 산업안전보건법상의 사업주 책임은 현실적으로 근로제공을 받고 있는 제2사용자가 부담하며, 산재보험법 및 고용보험법상의 사업주는 원칙적으로 임금을 지급하는 쪽이 된다고 보아야 할 것이다.

흔히 해고(징계해고 포함)의 권한은 사용자가 가지고 징계의 권한은 제2사용자가 가지지만, 이들 권한을 양자가 병유하는 경우도 있다. 또 임금은 제2사용자가 지급하되 전출 전의 임금과의 차액을 사용자가 보상하는 경우도 있고, 사용자가 계속 임금을 지급하되 제2사용자가 일부를 분담하는 경우 또는 그 반대의 경우 등 다양하다. 퇴직금에 관련된 계속근로기간은 두 기업에서의 근무 기간을 통산하는 것이 보통이다. 그리고 복귀는 전출계약의 정함에 따라 사용자가 명하는 것이 보통이다.

B. 제2사용자와의 근로계약관계 전출자와 제2사용자 사이에 근로계약관계가 성립하는지도 문제된다. 예컨대 안전배려의무 등 근로계약상의 부수적 의무는 현실의 근로제공관계에 비추어 당연히 인정되지만, 이를 넘어 포괄적인 근로계약관계가 인정되는지가 문제되는데, 결국 제2사용자가 취득한 권한의 실태에 대응하여 결정할 수밖에 없다.

예컨대 임금의 결정·지급을 여전히 사용자가 하는 경우 또는 제2사용자가 임금을 지급하지만 인사고과·징계·해고·복귀 등의 인사권은 모두 사용자가 여전히 장악하고 있는 경우에는 전출자와 제2사용자 사이의 포괄적 근로계약관계는 인정할 수 없을 것이다. 이런 경우에 전출자와 제2사용자의 노동관계는 전출노동을 내용으로 하고 근로기준법이 부분적으로 적용되는 독특한 계약관계('부분적 근로계약관계'라 부른다)인 데 불과하다.[1] 물론 이것은 어디까지나 사용자와의 기본적 근로계약관계를 전제로 하는 것이므로 전출자와 사용자 사이의 관계가 단절되면 제2사용자에 대한 관계도 소멸하게 된다.

나. 전적근로자의 노동관계

전적이 정당하게 이루어진 경우 사용자와의 근로계약관계는 종료되고[2] 제2사용자와의 근로계약관계가 시작된다. 따라서 근로기준법 등 노동보호법에 관해서는 오로지 제2사용자가 사용자로서의 책임을 진다. 그리고 종전 사용자와의 노동관계는 특약이 없으면 제2사용자에게 승계되지 않는다.[3] 따라서 전적근로자의 퇴직금이나 연차휴가에 관한 계속근로기간에 종전 기업에서의 근무기간은 포함되지 않는다.

Ⅲ. 휴직과 직위해제

1. 휴직

가. 휴직의 의의

'휴직'이란 근로제공이 불가능하거나 부적당한 경우에 근로계약관계를 유지하면서 일정한 기간 동안 근로제공을 금지하거나 근로제공 의무를 면제하는 인사처분을 말한다. 휴직(특히 직권휴직)은 근로자의 비행을 이유로 하는 제재가 아니라는 점에서 징계의 일종인 정직과 구별된다.

---

1) 전출의 경우에는 전출자가 사용자와 제2사용자 쌍방과 이중의 근로계약관계를 가지는 데 대하여 근로자파견의 경우에는 파견근로자가 제2사용자에 해당하는 사용사업주의 사업장에서 그 지휘·명령에 따라 근로를 제공하지만 사용사업주와의 사이에는 아무런 계약관계(사법상의 관계)를 가지지 않는다. 물론 근로자파견에서도 사용사업주에 대하여 근로기준법과 산업안전보건법의 일부 규정이 적용되지만(파견 34조, 35조), 이것은 어디까지나 파견법 관계에서의 '사용자로 보아' 적용하는 것일 뿐 사법상의 계약관계를 전제로 하는 것은 아니다.

2) 대법 2003. 10. 23, 2003다38597은 근로자의 동의를 받아 유효한 전적이 이루어진 경우에는, 종전 기업과의 근로관계를 승계하기로 하는 특약이 있는 등의 특별한 사정이 없는 이상, 종전 기업과의 근로관계는 단절된다고 한다.

3) 대법 1993. 6. 11, 92다19315 등.

휴직의 사유나 목적은 매우 다양하지만, 그 방식에 따라 사용자의 일방적 의사표시에 따른 직권휴직(명령휴직)과 근로자와의 합의(근로자의 신청과 사용자의 승인)에 따른 의원휴직(임의휴직)으로 나누어진다. 전염병 등 상병, 전출, 병역복무, 형사사건의 기소 등을 이유로 하는 휴직 또는 징계 절차의 진행, 정리해고 회피의 목적으로 하는 휴직은 직권휴직에 속한다. 이에 대하여 상병, 가사, 그 밖에 일신상의 사정을 이유로 하는 휴직 또는 노동조합 전임,[1)] 공직 수행, 육아, 학업(특히 해외유학)을 목적으로 하는 휴직은 의원휴직에 속한다.

나. 휴직의 제한

근로기준법은 정당한 이유 없는 휴직(부당휴직)을 금지하고 있다(23조 1항). 이 규정은 직권휴직에만 적용된다고 보아야 한다. 의원휴직의 경우에는 근로자의 신청에 대하여 사용자가 승인함으로써 성립되므로 이를 특별히 제한할 필요가 없기 때문이다.

(1) 취업규칙에 포괄적 근거규정을 두는 등으로 사용자가 휴직명령권을 가진다 하여 이를 남용할 수는 없다. 따라서 휴직명령이 정당한 이유를 가진다고 보기 위해서는 취업규칙 등으로 정한 휴직 사유에 해당하는 것만으로는 부족하고 그 규정의 목적, 그 실제의 기능, 휴직명령의 합리성 여부 및 휴직에 따라 근로자가 받게 될 불이익 등 제반 사정에 비추어 근로자가 상당한 기간에 걸쳐 근로제공을 할 수 없거나 근로제공이 매우 부적당하다고 인정되어야 한다.[2)]

예컨대 상병을 이유로 하는 휴직은 상당한 기간 동안 정상적인 업무수행이 곤란한 정도의 상병이 있어야 정당한 것으로 인정된다. 고용조정을 목적으로 하는 휴직은 조편성, 휴직의 기간, 그 동안의 대우 등이 공정하고 합리적이어야 정당한 휴직으로 인정될 것이다. 그리고 기소를 이유로 하는 휴직은 근로자가 형사사건으로 기소된 것만으로는 부족하고 그 기소 때문에 직장질서, 기업의 사회적 신용, 직무수행 등의 점에서 근로제공을 금지할 필요성이 인정되는 경우 또는 구속이나 공판기일 출석 때문에 현실적으로 근로제공이 곤란하게 되는 경우에 해당해야 정당한 것으로 인정된다.[3)]

1) 교원과 공무원의 경우에는 직권휴직으로 한다. 교원의 노동조합 전임기간에 대해서는 휴직명령을 받은 것으로 보며(교조 5조 2항), 공무원의 노동조합 전임기간에 대해서는 휴직명령을 해야 하기(공노 7조) 때문이다.
2) 대법 1992. 11. 13, 92다16690; 대법 2005. 2. 18, 2003다63029.
3) 대법 2005. 2. 18, 2003다63029(근로자가 구속되었다가 구속취소로 석방된 경우 그 후에도 휴직명령을 계속 유지하는 것은 정당하지 않다).

(2) 사용자가 근로자에게 부당휴직을 한 경우에 대한 벌칙은 없다. 그러나 해당 근로자는 노동위원회에 신청하여 구제를 받을 수 있고(28조 1항 참조), 법원에 제소하여 사법적 구제를 받을 수도 있다. 또 부당휴직은 무효가 된다.

다. 의원휴직의 승인

의원휴직은 근로자의 신청에 대하여 사용자가 이를 승인함으로써 성립된다. 따라서 취업규칙상 근거규정 등이 없더라도 할 수 있고 그 승인 여부는 원칙적으로 사용자의 재량에 속한다.

그러나 공직 수행이나 육아를 목적으로 하는 휴직은 법률상 보장된 것이므로(근기 10조, 남녀 19조 참조), 근로자가 적법하게 신청하면 사용자는 이를 승인해야 한다. 그 밖의 사유에 따른 의원휴직의 경우라도 취업규칙에 그 사유와 절차가 미리 규정되어 있고 근로자의 휴직 신청이 이에 합치하면 사용자는 휴직을 명해야 하고 휴직의 승인을 거부할 수 없다.

라. 휴직자의 복직

A. 휴직 사유의 소멸　　휴직 기간 중이라도 휴직의 사유가 소멸하여 근로자가 복직을 신청한 경우에는 사용자는 근로자를 복직시켜야 한다. 휴직의 성질상 그렇다. 복직의 절차에 관하여 취업규칙 등에서는 휴직의 사유가 소멸함으로써 당연히 복직하는 것으로 규정하는 경우도 있고 근로자의 복직 신청과 이에 대한 사용자의 승인을 거쳐 복직하는 경우도 있으며 휴직의 종류에 따라 절차를 달리하는 수도 있다.

예컨대 전염병을 이유로 직권휴직을 한 근로자가 그 전염병이 치유된 경우에는 휴직 기간에도 복직을 신청할 수 있다. 이 경우 휴직한 근로자가 복직 신청서에 병이 완치되었다는 진단서를 첨부·제출했다면, 휴직 전의 직무를 수행할 수 있을 정도로 치유된 것이 아니더라도, 사용자는 즉시 복직시켜야 하며 직무복귀의 지연이나 직무 감당 능력의 부족 등을 이유로 해고할 수 없다.[1)]

또 기소를 이유로 휴직시켰으나 휴직 기간에 무죄 판결이나 보석 등으로 휴직의 사유가 소멸된 경우에는 지체 없이 복직시켜야 한다.

의원휴직의 경우, 휴직의 사유가 소멸하면 근로자는 휴직 기간 중이라도 즉시 복직을 신청할 의무가 있다고 보아야 한다. 휴직에 기간을 붙이는 것은 그 기간까지는 휴직 사유의 소멸을 기다리며 근로제공 의무를 면제한다는 것이지 휴

1) 대법 1992. 10. 27, 92다23933.

직 사유의 존부에 관계없이 그 기간까지 근로제공 의무를 면제한다는 의미는 아니기 때문이다. 의원휴직의 사유가 소멸하여 복직을 신청한 이상 사용자는 이를 승인할 의무가 있다.

B. 휴직 사유의 존속 휴직 기간이 만료된 후에도 휴직의 사유가 소멸하지 않거나 복직 신청이 없는 경우에 휴직근로자를 해고할 수 있는지 여부가 문제된다. 이러한 경우에 취업규칙에서 '당연퇴직(자연퇴직)한 것으로 본다'고 규정했다 하더라도 당연히 노동관계가 종료되는 것은 아니고 해고할 수 있다는 것을 의미할 뿐이다.[1] 따라서 이 경우에도 정당한 이유가 있어야 해고할 수 있으며, 근로계약에 따른 기본적 의무인 근로의 제공을 이후에도 장기간 할 수 없게 되는지를 기준으로 판단하여야 한다. 의원휴직의 경우 휴직 기간이 지났는데도 근로자가 복직 신청을 하지 않거나 휴직 기간의 만료에 따른 사용자의 복직명령에 불응하거나 사용자가 이를 이유로 당연퇴직이나 징계해고하는 경우에도 마찬가지의 기준으로 판단하여야 한다.

예컨대 기소를 이유로 휴직을 한 근로자가 취업규칙에 규정된 퇴직사유인 '1심에서 실형을 선고받은 때'에 해당하더라도 그에 대한 해고는 조기 석방 가능성 유무, 구속이 직장에 미치는 영향, 해당 형사사건의 성질 등 제반 사정을 종합하여 이후에도 장기간 근로제공을 할 수 없다는 정당한 이유가 있어야 한다.[2]

2. 직위해제

가. 직위해제의 의의

'직위해제'(대기발령)란 근로자가 향후 계속 직무를 담당하게 될 경우 예상되는 업무상의 장애 등을 예방하기 위하여 일시적으로 직무에 종사하지 못하도록 하는 인사처분을 말한다. 일반적으로 출근은 하되 직무에 종사하지 못하게 한다는 점에서 휴직과 다르지만, 자택에서 대기하도록 하는 경우에는 휴직과 다를 바 없다. 또 직위해제는 반드시 근로자의 비행을 이유로 하는 것은 아니라는 점에서 징계의 일종인 정직과 구별되지만, 취업규칙 등에서 직위해제를 징계의 일종으로 규정한 경우에는 그렇지 않다.

직위해제는 근로자가 직무수행 능력이 부족한 경우, 근무 성적이나 태도가 불량한 경우, 근로자에 대한 징계절차가 진행 중인 경우, 형사사건으로 기소된

1) 대법 1993. 11. 9, 93다7464.
2) 대법 1992. 11. 13, 92누6082.

경우 등의 사유가 있을 때 하는 것이 보통이다.

한편, 사용자가 자신의 귀책사유에 해당하는 경영상의 필요에 따라 근로자에게 대기발령을 한 경우에는 사용자의 귀책사유로 휴업하는 것(근기 46조 1항)에 해당한다.[1)]

나. 직위해제의 제한

근로기준법은 정당한 이유 없는 직위해제(부당직위해제)를 금지하고 있다(근기 23조 1항).[2)]

(1) 취업규칙상 포괄적인 근거규정이 있는 등 사용자가 직위해제권을 가지는 경우라도 이를 남용해서는 안 된다. 따라서 직위해제가 정당한 이유가 있는 것으로 인정되는지 여부는 직위해제를 할 업무상의 필요성과 그에 따른 근로자의 생활상의 불이익과의 비교교량, 근로자와의 협의 등 직위해제를 하는 과정에서 신의칙상 요구되는 절차를 거쳤는지의 여부 등에 의하여 결정되어야 하며, 다만 근로자와의 협의절차를 거치지 않았다는 것만으로 직위해제가 권리남용에 해당된다고 볼 수는 없다.[3)]

예컨대 은행 사업체에서 관리직 직원을 영업실적이 부진하거나 경영관리능력이 미흡하다는 이유로 직위해제하고 후선에 배치한 것은 그 결과 근로자가 직무수당이 없어 임금 수입이 상당히 줄었더라도 정당한 직위해제 및 전보라 볼 수 있다.[4)]

또 취업규칙 등에서 직위해제가 징계의 일종으로 규정되어 있지 않은 경우에는 징계절차를 거치지 않았다는 이유만으로 직위해제가 부당하다고 볼 수 없다.[5)]

(2) 사용자가 근로자에게 부당직위해제를 한 경우에 대한 벌칙은 없다. 그러나 해당 근로자는 노동위원회에 신청하여 구제를 받을 수 있는 것으로 해석되고(28조 1항 참조), 법원에 제소하여 사법적 구제를 받을 수도 있다. 또 부당직위해제는 무효가 된다.

다. 직위해제 후의 인사조치

직위해제는 근로자의 직무수행으로 야기될 수도 있는 업무상의 장애 등을

1) 대법 2013. 10. 11, 2012다12870.
2) 법문상 '해고, 휴직, 정직, 전직, 감봉 그 밖의 징벌'은 예시에 불과한 것이므로 예시되지 않은 직위해제에도 이 규정이 적용된다고 해석된다.
3) 대법 2005. 2. 18, 2003다63029; 대법 2013. 5. 9, 2012다64833.
4) 대법 2023. 7. 13, 2020다253744<핵심판례>.
5) 대법 2013. 5. 9, 2012다64833.

예방할 목적으로 하는 잠정적인 인사처분이다. 따라서 처분 당시에는 정당한 경우라도 처분의 목적과 실제 기능, 유지의 합리성 여부 및 그로 인하여 근로자가 받게 될 신분상·경제상의 불이익 등 구체적인 사정을 모두 참작하여 그 기간은 합리적인 범위 내에서 이루어져야 하고 부당하게 장기간 직위해제의 상태를 유지하는 것은 특별한 사정이 없는 이상 정당화될 수 없다.[1] 그러므로 사용자는 수시로 직위해제의 사유가 소멸했는지 점검하여 소멸한 때에는 직위를 부여해야 하고 이러한 노력 없이 장기간 근로자를 직위해제의 상태에 두는 것은 권리남용에 해당한다.

직위해제 후 같은 사유로 징계처분을 한 경우 직위해제 처분은 효력을 상실하지만, 소급적으로 소멸하는 것이 아니라 사후적으로 효력이 소멸되므로 직위해제에 따른 효과로서 인사규정 등에서 정한 불이익이 제거되는 것은 아니므로 실효된 직위해제처분에 대한 구제를 신청할 이익이 있다.[2]

직위해제 후 일정한 기간 내에 직위를 받지 못하면 당연퇴직한다는 취업규칙의 규정에 따라 당연퇴직 처리를 하는 경우가 있다. 이 경우 직위해제와 그에 이은 면직처분은 이를 일체로서 관찰할 때 실질상 해고에 해당하므로 당연퇴직 처리가 정당하다고 인정되기 위해서는 직위해제 당시에 이미 정당한 해고 사유가 존재했거나 직위해제 기간 중 정당한 해고 사유가 확정되어야 하고,[3] 직위해제 후 일정한 기간 만료에 따라 보직을 받지 못했음을 이유로 당연퇴직 처리를 한 경우 해당 근로자는 직위해제의 무효확인을 구할 법률상 이익이 있다.[4]

Ⅳ. 징계

1. 징계의 의의

'징계'(징벌)란 종업원의 근무규율이나 그 밖의 직장질서 위반행위에 대한 제재로서 근로자에게 노동관계상의 불이익을 주는 조치를 말하고, 흔히 경고·감봉·정직·징계해고 등의 조치에 따른다.

---

1) 대법 2007. 7. 23, 2005다3991<핵심판례>; 대법 2024. 9. 12, 2024다250873(부당하게 장기간 유지된 기간은 무효이지만 그 이유만으로 이전 기간까지 당연히 무효로 되지는 않음).
2) 대법 2010. 7. 29, 2007두18406.
3) 대법 1995. 12. 5, 94다43351; 대법 2005. 11. 25, 2003두8210; 대법 2007. 5. 31, 2007두1460.
4) 대법 2018. 5. 30, 2014다9632.

오늘날의 기업은 다수인이 종사하여 경영목적을 달성하는 조직체로서 그 존립과 운영에는 규율과 질서의 정립·유지가 불가결하다. 그리하여 사용자는 좁게는 근로제공에 관한 행위규범(작업규율)을 설정하고, 넓게는 사업 재산의 관리·보전 등을 위한 행위규범(근무규율)까지 설정하여 기업의 존립·운영에 필요한 질서(직장질서·경영질서·기업질서)를 확립하려 하고 그 위반에 대하여 제재를 가하게 된다.

2. 징계의 제한

근로기준법은 정당한 이유 없는 정직, 감봉, 그 밖의 징벌(부당징계)을 금지하고 있다(23조 1항). 실무상 징계가 정당한가는 사유, 절차, 양정으로 나누어 판단하기도 한다.

가. 징계의 사유

근로자에 대한 징계가 정당한 것으로 인정되기 위해서는 우선 징계의 사유가 정당해야 한다. 근로자의 어떤 비위행위가 징계 사유로 되어 있느냐 여부는 구체적인 자료들을 통하여 징계위원회 등에서 그것을 징계 사유로 삼았는가 여부에 따라 결정되어야 하고, 징계처분서 등에 기재된 취업규칙 소정의 근거 사유로 징계 사유가 한정되는 것은 아니다.[1] 그리고 징계위원회 등에서 징계 사유로 삼은 그 비위행위가 정당한 징계 사유에 해당하는지 여부는 취업규칙상 징계 사유를 정한 규정의 객관적인 의미를 합리적으로 해석하여 판단해야 한다.[2]

이하 취업규칙에서 흔히 징계 사유로 규정된 것을 크게 몇 가지 유형으로 나누어 정당한 징계 사유로 평가할 수 있는지 살펴보기로 한다.

A. 근무 태만 무단결근·지각·조퇴, 근무 성적 불량 등이 이에 해당한다. 다만 이들은 그 자체로서는 단순한 근로제공 의무의 위반(채무불이행)이지만 그것이 다른 근로자의 근무 태도에 악영향을 주는 등 직장질서에 반한다고 인정되는 경우에는 정당한 징계 사유가 된다.

근로자가 결근·지각 등으로 근로제공 의무를 이행하지 못한 경우 이를 정당화하려면 사용자의 사전 또는 사후 승인을 받아야 하며, 근로자의 일방적 통지만으로는 정당화될 수 없다.[3] 따라서 예컨대 정당한 결근사유가 있더라도 취업규칙 소정의 결근계 등을 제출하지 않거나[4] 노동조합 대표자로 선출된 근로자가

1) 대법 2009. 4. 9, 2008두22211.
2) 대법 2020. 6. 25, 2016두56042.
3) 대법 1997. 4. 25, 97다6926; 대법 2002. 12. 27, 2002두9063.
4) 대법 1995. 1. 24, 93다29662; 대법 2002. 12. 27, 2002두9063.

결근계만 제출하고 승인을 받지 않은 경우[1]에는 무단결근으로 인정된다. 그러나 근로자가 결근 기간을 연차휴가를 사용한 것으로 처리해 달라고 요구하고 사용자가 시기변경권을 행사하지 않은 경우에는 무단결근이라 볼 수 없다.[2] 노동조합 전임자라도 취업규칙 소정의 결근계 없이 노동조합 사무소에 출근하지 않으면 무단결근에 해당한다.[3]

취업규칙상 '연속 3일 무단결근'을 징계해고 사유로 규정하더라도 근로기준법에 위배되어 무효라 할 수는 없고 6개월 동안 10일의 무단결근까지 고려하면 연속 3일 무단결근은 정당한 징계해고 사유로 인정된다.[4] 또 '7일 이상 무단결근'을 징계해고 사유로 규정한 경우, 이는 일정한 시간적 제한이 없이 합계 7일 이상의 무단결근을 한 모든 경우를 의미하는 것이 아니라 상당한 기간 내에 7일 이상 무단결근한 것을 말한다고 제한적으로 해석된다.[5]

'근무 성적 불량'에 해당하는 것으로는 상당한 기간에 걸쳐 근무평정이 현저히 낮은 경우, 영업실적이 극히 저조한 경우,[6] 직무능력이 현저히 부족한 경우, 지휘·감독 태만으로 하급자가 범법행위 등을 한 경우 등을 들 수 있다. 그러나 근무 성적이 나쁘더라도 정당한 사유가 있거나 일시적인 경우에는 정당한 징계 사유가 되지 않는다.[7]

B. 업무명령 위반 연장근로명령·출장명령·전직명령 등의 위반, 소지품 검사 거부, 경위서(시말서) 제출 거부[8] 등이 이에 해당한다. 그러나 업무명령에 구체적으로 위반한 사실이 없이 이에 항의의 의사표시를 한 것만으로는 업무명령 위반으로 볼 수 없다.[9] 업무명령 위반도 근무태만의 경우와 마찬가지로 그 자체로서는 단순한 채무불이행에 불과하므로 그 명령 위반에 따라 근무규율이나 직장질서에 위반하게 되어야 정당한 징계 사유가 된다.

업무명령 위반의 경우에는 그 명령이 강행법규나 사회질서(민법 103조)에 위반하는지, 명령 위반에 부득이한 이유가 있는지가 그 징계의 적법·유효 여부에

1) 대법 1997. 4. 25, 97다6926.
2) 대법 1992. 4. 10, 92누404.
3) 대법 1995. 4. 11, 94다58087.
4) 대법 1990. 4. 27, 89다카5451.
5) 대법 1995. 5. 26, 94다46596.
6) 대법 1991. 3. 27, 90다카25420.
7) 대법 1991. 11. 26, 90다4914.
8) 대법 1991. 12. 24, 90다12991; 대법 1995. 3. 3, 94누11767.
9) 대법 1990. 12. 7, 90다6095.

영향을 미친다. 예컨대 버스 회사의 배차 대기시간이 근로시간에 포함되어 연장근로 허용의 한도를 초과한다면 그 초과하는 부분의 배차 명령은 위법하며,[1] 시말서가 단순히 사건의 경위를 보고하는 데 그치지 않고 사죄문 또는 반성문을 의미하는 것이라면 이는 헌법이 보장한 양심의 자유를 침해하는 것이고 그러한 시말서 제출 명령은 위법하므로[2] 그러한 업무명령 위반을 이유로 한 징계는 위법·무효이다.

C. 업무방해　　예컨대 폭력·파괴행위를 수반한 위법한 쟁의행위가 이에 속하며, 이러한 위법한 쟁의행위를 기획하거나 적극적으로 수행하는 등 주도적 역할을 한 경우에는 정당한 징계 사유가 된다. 또 근로자 개인과 사용자 또는 관리자 사이의 몸싸움이 업무방해로 발전되는 경우도 있다. 예컨대 정직처분에 따르지 않고 실력으로 출근·근로하려는 시도를 집요하게 반복하여 업무방해에 이르면 정당한 징계 사유가 될 것이다.

D. 근무규율 위반　　(1) 근무태만·업무명령 위반·업무방해의 유형과 일부 중복되지만, 업무의 수행이나 그 밖에 직장에서의 행동에 관한 규정에 위반하는 행위가 이에 해당한다. 예컨대 기업에 대한 횡령·배임, 기업물품의 절도·손괴, 동료나 상사에 대한 폭행, 상사에 대한 지나친 폭언[3] 등 비위행위가 이에 속한다. 또 폭발위험이 있는 장소에서의 흡연,[4] 부하직원에 대한 성희롱,[5] 동료들 사이 대화의 비밀녹음,[6] 출근카드의 부정입력 등도 작업규율에 위반하거나 직장의 풍기·질서를 문란하게 하는 행위로서 정당한 징계 사유로 인정된다.

그러나 취업규칙으로 정한 '과실에 따른 중대한 사고를 일으킨 경우'란 중대한 과실로 교통사고를 일으키고, 이 때문에 인명 피해와 물적 손해가 중대한 경우를 말한다고 한정해석해야 한다.[7] 그리고 항공운송회사가 소속 기장에게 비행업무를 일시 정지시킨 조치의 근거가 되는 '수염을 길러서는 안 된다'는 취업규칙의 규정은 헌법상 일반적 행동자유권을 침해하므로 무효로 보아야 한다.[8]

1) 대법 1992. 4. 14, 91다20548.
2) 대법 2010. 1. 14, 2009두6605
3) 서울고법 1995. 1. 19, 94구6378.
4) 대법 1991. 8. 27, 91다20418.
5) 대법 2008. 7. 10, 2007두22498(은행 지점장이 반복적으로 여러 여직원에게 성희롱을 한 것은 징계해고의 대상이 된다).
6) 대법 1995. 10. 13, 95다184.
7) 대법 1997. 4. 25, 96누9508; 대법 1997. 4. 8, 96다33556.
8) 대법 2018. 9. 13, 2017두38560.

(2) 취업규칙상 사업장 내에서의 정치활동을 포괄적으로 금지하거나 연설·집회·유인물 배포·벽보 부착 등의 행위를 허가제도로 하는 규정을 둔 경우에 이에 위반하는 행위가 정당한 징계 사유가 되는지 여부가 문제된다.

취업규칙상의 정치활동 금지제도는 정치활동 때문에 근로자 상호간의 대립·항쟁이 발생하여 직장질서가 저해되지 않도록 하려는 것이고, 유인물 배포 등의 허가제도는 유인물 배포 등의 행위로 시설관리나 직장질서를 해치는 일이 없도록 하려는 것이라고 한정해석해야 한다.[1] 따라서 취업규칙상 금지 또는 허가절차에 반하여 사업장 안에서 정치활동이나 유인물 배포 등의 행위를 했더라도 구체적으로 직장질서 문란을 발생시키거나 발생할 우려가 있는 경우라야 정당한 징계 사유가 된다. 예컨대 허위사실을 적시하여 사용자에 대한 적개심을 야기할 우려가 있는 내용의 유인물을 은밀히 뿌린 경우[2]가 이에 해당한다.

그러한 행위를 하더라도 실질적으로 직장질서를 해칠 우려가 없거나 극히 적은 경우, 예컨대 한낮의 휴식시간에 구내식당에서 특정 정당의 선거유인물을 평온하게 배포한 경우 또는 휴게시간에 휴게실이나 식당에서 유인물을 평온하게 배포한 경우에는 규율 위반도 아니므로 정당한 징계 사유가 될 수 없다.

(3) 사내 전자게시판에 게시된 문서에 기재된 내용이 성실한 직무수행, 품위 손상행위 금지 등의 근무규율에 위반이 되는지 문제된다. 사내 전자게시판이 의사소통과 의견수렴을 위하여 직원에게 개방되어 있다는 점을 고려하여 정당한 활동범위 내이면 징계대상이 되지 않는다. 게시된 문서의 문언에 의해 타인의 인격·신용·명예 등이 훼손·실추된다 하더라도, 문서를 배포한 목적이 근로조건의 유지·개선과 근로자의 복지증진 기타 경제적·사회적 지위의 향상을 도모하기 위해서라면 정당한 활동범위에 속한다. 또 기재된 사실관계가 일부 허위이거나 표현에 다소 과장·왜곡이 있다 하더라도, 문서 내용이 전체적으로 보아 진실하다면 근로자의 정당한 활동범위에 속한다.[3]

E. 경력 사칭　　'경력 사칭'이란 고의로 채용 시에 제출하는 이력서 등에 학력, 직업경력, 학생운동이나 노동운동 등의 경력, 전과사실 등을 허위로 기재하는 것을 말한다.

---

1) 그러나 대법 1994. 5. 13, 93다32002는 휴게시간의 집회가 취업규칙 소정의 절차에 위반하여 이루어진 이상 징계 사유에 해당된다고 본다.
2) 대법 1992. 6. 23, 92누4253은 시설관리권을 침해하고 직장질서를 문란하게 할 구체적인 위험성이 있다고 한다.
3) 대법 2012. 1. 27, 2010다100919<핵심판례>.

(1) 경력 사칭이 정당한 징계 사유, 특히 징계해고의 사유가 되는지 문제된다. 경력 사칭은 채용 후의 직장질서에 위반한 행위가 아니므로 징계의 대상은 될 수 없고 신의칙상의 진실고지 의무 위반으로서 통상해고를 할 수 있을 뿐이라고 보는 견해가 있다.

(2) 이에 대하여 판례는 일관하여 일정한 요건을 충족한 경우에는 징계해고의 대상이 된다고 본다. 즉 기업이 근로자를 채용하면서 학력·경력을 기재한 이력서나 그 증명서를 요구하는 이유는 근로자의 근로능력을 평가하기 위한 것에 그치지 않고 노사 간의 신뢰형성과 기업질서 유지를 위해서는 근로자의 지능·경험, 교육 정도, 정직성 및 직장에 대한 정착성과 적응성 등 전인격적 판단을 거쳐 채용 여부를 결정할 필요가 있어 그 판단자료로 삼기 위한 것이므로, 사용자가 학력·경력의 허위기재 사실을 사전에 알았더라면 그 근로자를 채용하지 않았거나 적어도 같은 조건으로는 채용하지 않았을 것으로 인정되는 경우에만 경력사칭이 정당한 징계해고의 사유가 된다는 것이다.[1)]

그리하여 예컨대 고등학교와 전문대학 졸업의 학력을 은폐하여 중학교 졸업으로 기재한 것을 이유로 한 징계해고는 정당하다고 인정한다.[2)] 그러나 택시회사에 입사하면서 대학 중퇴나 다른 회사 근무경력을 누락하더라도 회사가 학력과 경력을 중시하지 않는 등의 사정이 있을 때에는 부당한 해고로 본다.[3)]

한편, 학력 등의 허위 기재를 이유로 한 징계해고가 정당한지 여부는 고용 당시의 사정뿐 아니라, 고용 후 해고에 이르기까지 근로자가 종사한 근로 내용과 기간, 허위기재를 한 학력 등이 종사한 근로의 정상적인 제공에 지장을 가져오는지 여부 등 여러 사정도 종합적으로 판단해야 할 것이라고 한다.[4)] 이에 따라 예컨대 범죄사실 등을 은폐했더라도 13년 동안 성실하게 근무한 경우에는 경력 사칭을 이유로 한 징계해고는 부당해고로 보며,[5)] 사용자가 경력 사칭을 알았음에도 근로자가 이를 이유로 징계하지 않을 것으로 신뢰할 만한 상당한 기간이 지난 때에도 그렇다.[6)]

F. 허위·왜곡의 고소·고발 취업규칙에서 근로자가 사실을 허위로 기재

1) 대법 1993. 10. 8, 93다30921; 대법 2004. 2. 27, 2003두14338 등.
2) 대법 1989. 1. 31, 87다카2410.
3) 대법 2004. 2. 27, 2003두14338.
4) 대법 2012. 7. 5, 2009두16763.
5) 대법 1993. 10. 8, 93다30921.
6) 대법 1994. 1. 28, 92다45230(다만 1년 3개월 경과로는 부족하다).

하거나 왜곡하여 소속 직장의 대표자나 관리자 등을 수사기관 등에 고소·고발·진정하는 행위를 징계 사유로 규정하는 수가 있다. 그러나 범죄에 해당한다고 의심할 만한 행위에 대해 처벌을 구하고자 고소·고발 등을 하는 것은 합리적인 근거가 있는 이상 적법한 권리행사이므로 수사기관이 불기소처분을 했다면 고소·고발 등은 정당한 징계 사유에 해당하지 않고, 허위나 왜곡의 고소·고발 등이 정당한 징계 사유에 해당하는지는 그 내용과 진위, 고소·고발 등에 이르게 된 경위와 목적, 횟수 등에 따라 신중하게 판단해야 한다.[1)]

G. 직장 외 비행 사생활의 비행, 겸직 제한 위반, 외부활동상의 성실의무 위반 등이 이에 속한다.

흔히 취업규칙에 '회사의 명예·체면·신용을 훼손하는 행위' 또는 '범법행위' 등을 징계 사유로 규정하고 있고, 이를 근거로 근로자의 사생활상의 범죄행위나 그 밖의 비행이 징계의 대상으로 되는 경우가 많다. 그러나 징계권은 기업활동을 원활하게 수행하는 데 필요한 범위에서 인정되는 데 불과하고 근로자의 사생활에 대한 사용자의 일반적 지배까지 허용하는 것은 아니다. 따라서 근로자의 사생활상의 언동은 기업활동에 직접 관련되고 또 기업의 사회적 평가의 훼손을 초래하는 경우에만 정당한 징계 사유로 인정된다.[2)]

사용자가 취업규칙상 겸직을 제한하고 그 위반을 징계 사유로 규정한 경우도 있다. 이 경우 겸직 제한은 직장질서에 영향을 미치고, 또 회사에 대한 근로제공에 특별히 지장을 발생시키는 정도·태양의 겸직만 금지하는 취지로 한정해석된다.

이 밖에 사업장 밖에서의 행위라 하더라도 영업비밀을 누설하거나 회사를 중상·비방하는 내용의 유인물을 배포하는 등의 행위는 근로계약상 성실의무의 위반이면서 정당한 징계 사유로도 인정된다.

나. 이중징계

정당한 징계 사유가 있는 경우에도 같은 사유에 대하여 이중으로 징계를 할 수는 없다(이중징계 금지의 원칙). 그러나 종전의 징계가 절차상의 흠 또는 징계 수단의 상당성 결여를 이유로 노동위원회의 구제절차 또는 소송절차에서 부당한 것으로 판명된 경우에 사용자가 같은 사유에 대하여 적정절차를 밟거나 징계의

---

1) 대법 2020. 8. 20, 2018두34480.

2) 대법 1994. 12. 13, 93누23275는 도시개발공사 직원의 부동산투기는 공사의 사회적 평가에 중대한 악영향을 미친 것으로 인정한다.

수준을 낮추어 다시 징계하거나[1] 사용자 스스로 종전의 징계를 취소하고 새로이 징계하는 것[2]은 이중징계에 해당하지 않는다. 또 징계 사유가 된 비위행위에 대하여 종전에 징계를 받았던 점을 징계 여부 및 징계 수단의 결정에 참고하는 것도 이중징계는 아니다.

다. 징계 수단의 상당성과 형평성

사용자가 취업규칙에 미리 징계의 수단(종류 또는 정도)을 규정한 경우에도 징계 수단은 징계 사유에 해당하는 비위행위의 종류, 정도, 반복성, 직장질서에의 영향 등에 비추어 상당한 것이어야 하고 과잉징계가 아니어야 한다(상당성의 원칙; 과잉금지의 원칙). 예컨대 경위서 제출 거부에 대하여 가장 무거운 징계해고를 하거나,[3] 익숙하지 못한 새 직장에서 안정을 찾지 못한 점을 고려하지 않고 가장 무거운 징계해고를 한 것[4]은 유효한 징계로 인정되지 않는다.

또 같은 비위행위에 대하여 종전에 또는 다른 근로자에게 과한 징계 수단과 동등하거나 비슷한 수단이어야 한다(형평성의 원칙). 예컨대 같은 비위행위에 대하여 다른 근로자보다 현저히 무거운 징계를 결정하는 것은 유효하다고 볼 수 없다. 다만 종전의 상벌경력, 비위행위에 대한 반성의 정도를 종합적으로 고려하여 징계 수단을 달리한 경우에는 그렇지 않다. 또 종전에 묵인해 왔거나 경고 정도의 가벼운 징계를 하던 비위행위에 대하여 갑자기 징계를 하거나 무거운 징계처분을 과하는 것도 형평성의 원칙에 비추어 정당한 것으로 볼 수 없다. 다만 그 비위행위에 대하여 앞으로는 취업규칙을 엄격히 적용하여 묵인하지 않겠다거나 무거운 징계를 과하겠다는 방침을 사전에 충분히 주지시킨 경우에는 그렇지 않다.

라. 징계 수단의 유형

각 사업장의 취업규칙에서 정하는 징계의 수단(종류 또는 정도)은 다양하지만, 크게 보면 경고·감급·정직·징계해고로 구분할 수 있다.

A. 경고(견책) 장래를 훈계하는 징계 수단이며 가장 가벼운 것이다. 경위서의 제출을 요구하는 경우와 그렇지 않은 경우를 구분하여 전자를 '견책', 후자를 '경고'라고 부르기도 한다. 경고는 그 자체로서는 근로조건상 직접적·실질

---

1) 대법 1995. 12. 5, 95다36138.
2) 대법 1994. 9. 30, 93다26496.
3) 대법 1991. 12. 24, 90다12991; 대법 1995. 3. 3, 94누11767.
4) 대법 1991. 11. 26, 90다4914.

적 불이익이 아니지만, 승급·승진의 시기나 상여금 지급률 등에 불리하게 영향을 미치도록 하는 경우도 있다.

B. 감급(감봉)　　(1) 근로제공에 대응하여 산정된 임금액에서 일정액을 삭감하는 징계 수단이며, 흔히 경고와 함께 경징계로 분류된다. 근로의 양이나 질에 따라 임금이 결정되는 경우에 결근·지각이나 생산량 또는 불량품생산에 대응하여 임금이 삭감되는 것은 임금계산의 방법에 불과하고 감급의 징계는 아니다. 그러나 그 정한 비율을 넘어 감액하는 것은 감급에 해당된다고 보아야 할 것이다. 인사처분 또는 정직 등 다른 징계처분을 받은 결과 임금이 감소하는 것은 감급이 아니다.

(2) 임금은 근로자의 생활원천이 되는 수입이므로 근로자에게 징계 사유가 있더라도 감급의 정도가 지나치면 근로자의 생활을 위협하게 된다. 이 점을 고려하여 근로기준법은 취업규칙에서 근로자에 대하여 감급의 제재를 정할 경우에는 그 감액은 1회의 금액이 평균임금 1일분의 50%를, 총액이 1임금지급기 임금 총액의 10%를 초과하지 못한다고 규정하고 있다(95조; 벌칙 114조).

'1회의 금액'이란 1임금지급기(월급제이면 1개월, 주급제이면 1주)에 대한 감급액을 말하고, '총액'이란 수회의 임금지급기에 걸친 감급액을 말한다. 1회의 금액과 총액의 양면에서 제한을 가한 것이다. 따라서 예컨대 월급제 아래서 1일의 평균임금이 8만원, 1개월의 임금 총액이 240만원인 근로자에게 3개월의 감급처분을 한 경우, 1개월의 감급액이 4만원을 초과하지 않아야 하고, 3개월 동안의 감급 총액이 24만원을 초과하지 않아야 하므로, 결국 4만원씩 3개월 동안 총액 12만원까지만 감급할 수 있게 된다.[1)]

C. 정직(출근정지, 자택근신, 징계휴직)　　근로계약을 존속시키면서 근로자의 출근 또는 근로제공을 일시 금지하는 징계 수단이며, 흔히 징계해고와 함께 중징계로 분류된다. 징계처분의 일종이라는 점에서 전염병이나 기소 등을 이유로 하는 직권휴직과 구별된다. 정직 기간에는 대개 임금이 지급되지 않지만, 평소 임금의 일부를 지급하는 경우도 있다. 정직의 기간이 길수록 임금의 상실이나 감소 상태가 길어지지만 법률상 특별히 그 기간을 제한하고 있지는 않다.

D. 징계해고(징계면직, 파면)　　근로자를 해고하는 징계 수단이며 가장 무거운 것이다. 직장질서 위반을 문제삼지 않고 단순히 근로계약을 해지하는 통상해고와 다르다. 법률상으로는 통상해고와 징계해고가 특별히 구별되는 것은 아니

1) 근기 68207-997, 1999. 12. 30.

지만, 징계해고의 경우에는 직장질서 위반행위가 문제되어 해고되었음이 드러나고 이로써 다른 사업에의 취직에 장애가 되는 등 사실상의 불이익을 입을 수도 있다. 또 경우에 따라서는 누진퇴직금의 감액을 수반하기도 하고 해고예고 의무가 배제되기도 한다.

근로기준법은 정당한 이유 없는 해고를 금지하고 있으므로, 취업규칙 등에 규정된 징계해고 사유가 인정된다고 하더라도 사회통념상 고용관계를 계속할 수 없을 정도로 근로자에게 책임 있는 사유가 있어야 징계해고를 할 수 있다.1)

징계해고의 가혹성을 완화하기 위하여 권고사직 조치를 하는 경우도 있다. 즉 징계해고를 할 만한 사유가 있는 근로자에게 먼저 사직원 제출을 권고하여 근로자가 이에 응하면 즉시 퇴직시키되, 소정의 기간 내에 사직원을 제출하지 않는 경우에는 징계해고를 하는 것이다. 권고사직은 법형식상으로는 사직(임의퇴직)이지만, 징계해고와 불가분의 관계에 있는 것으로서 권고사직이 징계해고를 하기 위한 전단계의 독립된 절차가 아니므로 권고사직에 따라 사직원을 제출하지 않아 징계해고를 당한 근로자는 징계해고와 권고사직 각각에 대하여 그 법적 효력을 다툴 수 없다.2)

마. 징계의 절차와 시기

(1) 징계의 절차에 관해서는 법률상 구체적인 제한이 없으므로 취업규칙에 예컨대 변명의 기회를 부여하라는 규정이 없으면 변명의 기회를 부여하지 않았다 하여 그 징계가 절차상 부당하다고 볼 수 없다.3) 그러나 취업규칙에 사전 통지, 변명의 기회 부여, 징계위원회 등의 의결, 징계위원회의 구성,4) 재심의 기회 부여 등의 절차가 규정된 경우에는 그 절차에 위반하여 한 징계는 징계사유와 관계없이 정당한 것으로 인정되지 않는다.5)

취업규칙으로 정한 변명의 기회 부여를 위해서는 변명과 소명자료 준비를

1) 대법 2012. 7. 5, 2009두16763.
2) 대법 1991. 11. 26, 91다22070.
3) 대법 1992. 4. 14, 91다4775; 대법 2006. 11. 23, 2006다49901 등.
4) 기업별 단위노조와 체결한 단체협약에서 근로자측 징계위원의 자격에 관하여 아무런 규정을 두지 않은 경우에 그 자격은 해당 기업에 소속된 근로자로 한정되고, 이 노동조합이 산업별 단위노조의 기업별 지부로 변경된 후 단체협약을 변경하지 않은 경우에도 그렇다(대법 2015. 5. 28, 2013두3351). 한편, 징계위원에 대한 기피신청 규정이 있는 사업장에서 징계대상자가 징계위원 대부분에 대하여 동시에 기피신청을 하는 등 절차의 지연을 목적으로 함이 명백한 경우에는 기피신청권의 남용에 해당하여 그 신청은 위법·무효이다(대법 2015. 11. 27, 2015다34154).
5) 대법 1991. 7. 9, 90다8077.

위한 상당한 시간적 여유를 주고 징계위원회 개최 일시와 장소를 통지해야 한다. 예컨대 2일 전에 전화로 통지했더라도 그 기간이 부족했다고 볼 수 없지만,[1] 30분 전에 통지한 것[2] 또는 출석통지서를 당일에 받게 한 것은[3] 너무 촉박하여 변명의 기회를 주었다고 볼 수 없다. 그러나 변명의 기회를 부여하기 위하여 징계위원회에 출석을 요구했으나 정당한 이유 없이 출석을 하지 않은 경우에는 변명의 기회를 주지 않았다고 볼 수 없다. 변명의 기회를 부여할 때에는 징계위원회에서 대상자에게 징계혐의 사실을 알리고 그에 대하여 진술할 기회를 부여하면 충분하고 혐의사실 개개의 사항에 대하여 구체적으로 질문하여 빠짐없이 진술하도록 해야 하는 것은 아니다.[4]

징계의결 요구권자가 요구한 징계사유에 대해 징계위원회가 징계대상자에게 변명과 소명자료를 제출할 기회를 부여하고 징계를 의결하는 절차를 둔 경우 징계위원회는 징계의결이 요구된 징계사유를 근본적으로 수정하거나 추가하여 징계의결을 할 수 없다.[5]

(2) 단체협약에 노동조합 간부 등의 징계에 대한 노동조합의 동의나 협의, 징계위원회의 구성 등 징계의 절차에 관한 규정을 둔 경우에는 이에 따라야 정당한 징계로 인정된다. 이에 관해서는 단체협약 부분에서 이미 살펴본 바와 같다.

(3) 단체협약에 징계 사유가 발생하면 일정한 시한 내에 징계위원회를 개최하도록 규정한 경우에는 이에 따라야 정당한 징계로 인정된다. 다만 징계를 할 수 없는 부득이한 사정이 있었던 경우에는 징계위원회 개최 시한은 징계 사유가 발생한 때부터가 아니라 그러한 사정이 없어져 사용자가 징계를 할 수 있게 된 때부터 계산하기 시작한다고 보아야 한다.[6]

바. 부당징계의 효과

사용자가 근로자에게 부당징계를 한 것에 대한 벌칙은 없다. 그러나 해당 근

1) 대법 1992. 5. 12, 91다27518.
2) 대법 1991. 7. 9, 90다8077.
3) 대법 2004. 6. 25, 2003두15317<핵심판례>.
4) 대법 1995. 7. 14, 94누11491; 대법 2020. 6. 25, 2016두56042.
5) 대법 2012. 1. 27, 2010다100919<핵심판례>.
6) 대법 2013. 2. 15, 2010두20362(징계 사유가 쟁의기간 중에 발생했지만 단체협약상 쟁의기간 중에는 징계를 할 수 없도록 규정되어 있으므로 징계위원회 개최 시한은 쟁의행위가 종료된 때부터 계산하기 시작한다); 대법 2017. 3. 15, 2013두26750(징계 사유는 있었지만 수사기관에서도 혐의를 밝히지 못하는 등 그 사유가 나중에 밝혀지기 전까지 징계를 할 수 없었던 부득이한 사정이 있다면, 징계위원회의 개최 시한은 사용자가 징계 절차를 개시해도 충분할 정도로 징계 사유에 대한 증명이 있다는 것을 알게 된 때부터 계산하기 시작한다).

로자는 노동위원회에 신청하여 구제를 받을 수 있고(28조 1항 참조), 법원에 제소하여 사법적 구제를 받을 수도 있다. 또 부당징계는 무효가 된다.

제6절 사업주변경과 노동관계

사업의 합병 또는 분할이나 사업의 양도 등으로 근로계약의 한 쪽 당사자인 사업주가 변경된 경우[1] 이것이 관련 근로자의 노동관계(고용) 존속에 영향을 미치는지, 즉 해당 근로자와 종전 사업주 사이의 노동관계가 새로운 사업주에게 승계되는지, 승계된다면 어떤 조건에서 승계되는지, 종전의 근로조건이나 단체협약은 어떤 영향을 받는지 등이 문제된다.

Ⅰ. 사업주변경과 노동관계의 승계

1. 사업의 합병과 분할

가. 사업의 합병

사업의 합병은 2개 이상의 사업이 그 존속 중에 계약에 따라 1개의 사업으로 전환되는 것으로서 상법상 회사의 합병이 그 전형이다. 종전의 사업이 모두 소멸하면서 사업을 신설하는 경우도 있고(신설합병), 종전의 사업 중 1개는 존속하면서 나머지는 이에 흡수되어 소멸하는 경우도 있다(흡수합병).

사업의 합병이 있는 경우 존속한 사업(신설된 사업 포함)은 소멸된 사업의 권리·의무를 승계한다(상법 235조 참조). 따라서 소멸된 사업과 근로자 사이의 노동관계도 존속한 사업에 당연히 승계된다. 합병계약으로 특정 근로자에 대하여 그 노동관계의 승계를 배제할 수는 없다.

나. 사업의 분할

사업의 분할은 사업이 그 존속 중에 그 의사결정에 따라 그 사업부문을 분리하여 1개 이상의 사업을 신설하는 것으로서 상법상 회사의 분할이 그 전형이다.

사업의 분할이 있는 경우 분할로 신설된 사업은 분할하는 사업의 권리·의무를 분할계획서가 정하는 바에 따라 승계한다(상법 530조의10 참조). 따라서 분할하는 사업과 관련 근로자 사이의 노동관계는 분할계획서가 정하는 바에 따라 신설된 사업에 승계된다. 합병의 경우처럼 당연히 승계되는 것이 아니라, 분할하는 사업

1) 주식 매매로 인한 지배구조의 변동, 경영담당자(대표이사)의 교체, 단순한 회사 명칭(상호)의 변경은 근로자의 법적 지위에 직접 영향을 미치지 않고, 노동법의 관심사항도 아니다.

의 계획 여하에 따라 승계의 대상이 될 수도 있고 승계에서 배제될(해당 근로자는 분할하는 사업에 잔류) 수도 있는 것이다.

문제는 분할하는 사업에서 승계의 대상에 포함된 근로자의 의사가 노동관계 승계의 효력발생과 어떤 관계에 있는지에 있다. 판례에 따르면,[1] 관련 사항에 대하여 근로자들의 이해와 협력을 구하는 절차를 거친 경우에는 해당 근로자의 동의가 없더라도 노동관계가 신설된 사업에 승계되지만, 해고제한 법령의 적용을 회피하기 위한 방편으로 이용되는 등의 특별한 사정이 있는 경우에는 해당 근로자는 승계를 거부하는 의사를 표시함으로써 분할하는 사업에 잔류할 수 있다.

2. 사업의 양도

사업의 양도는 유기적 조직체로서의 사업의 전부 또는 일부를 당사자 사이의 계약 등 법률행위를 통하여 양수인에게 이전하는 것으로서 상법상 영업의 양도가 그 전형이다.

사업의 양도가 있는 경우 양수인이 양도인과 근로자 사이의 노동관계를 당연히 승계하는지, 노동관계의 승계를 선택적으로 배제할 수 있는지 여부가 문제된다. 우리나라에서는 노동관계 승계 여부를 명시한 법률규정이[2] 없기 때문에 학설상 약간의 논란이 있었지만, 판례는 일찍부터 노동관계의 당연 승계를 인정해 왔고 지금은 학자들 사이에서도 판례의 견해와 다른 견해를 찾기 어렵다.

가. 노동관계 승계에 관한 판례의 법리

판례의 법리를 요약하면 다음과 같다. 사업의 양도가 있으면 양도인과 근로자 사이의 노동관계는 반대의 특약이 없는 이상 원칙적으로 양수인에게 포괄적으로 승계된다. 당사자(양도인과 양수인) 사이에 노동관계를 승계하기로 하는 특약이 없더라도 당연히 승계된다. 또 노동관계의 일부를 승계의 대상에서 제외하기로 하는 반대의 특약이 있는 경우 그것은 실질적으로는 해고와 같으므로 정당한 해고이유가 있는 경우에는 유효하지만, 정당한 이유가 없는 경우에는 무효이다.[3]

1) 대법 2013. 12. 12, 2011두4282.
2) 예컨대 1972년에 개정된 독일민법은 "사업 또는 사업부분이 법률행위에 의하여 다른 사업주에게 양도되는 경우 그 사업주는 양도 당시에 존재하는 노동관계상의 권리·의무를 승계한다"는 등의 명시적 규정을 두었다(613조a).
3) 대법 1991. 11. 12, 91다12806; 대법 1994. 6. 28, 93다33173; 대법 1995. 9. 29, 94다54245; 대법 2002. 3. 29, 2000두8455<핵심판례>.

나. 사업 양도의 존부

(1) 양수인이 노동관계를 포괄적으로 승계하기 위해서는 사업의 양도가 이루어져야 한다. '사업(영업)의 양도'란 계약으로 일정한 사업 목적에 따라 조직화된 업체, 즉 물적·인적 조직을 그 동일성을 유지하면서 일체로서 이전하는 것,[1] 또는 일정한 사업 목적에 따라 조직화된 유기적 일체로서의 기능적 재산을 이전하는 것[2]을 말한다. 사업의 양도라고 인정할 수 있는지 여부는 양수인이 조직화된 유기적 일체로서의 기능적 재산을 이전받아 양도인이 하던 영업적 활동을 계속하고 있다고 볼 수 있는지 여부에 따라 판단해야 한다.[3]

따라서 예컨대 명시적인 사업양도계약은 없었다 하더라도 다른 회사 사업시설의 일부를 인수·사용하여 종전과 같은 내용의 사업을 수행하고 근로자도 전원 종전과 같은 근로조건으로 계속 근무한 경우,[4] 종전의 근로자를 신규채용의 절차를 밟아 사용하고 채권의 전부와 채무의 일부를 인수하지 않았으며 조직의 일부가 양도 이후에 달라진 사실이 있다 하더라도 승계한 물적·인적 조직을 이용하여 종전 사업부문의 기본골격을 그대로 유지한 채 이를 토대로 그 사업을 수행하고 있는 경우[5]에는 사업 양도가 이루어진 것으로 인정된다. 그러나 양도인이 경영하던 특정의 사업부문을 인수할 때에 공장의 자산은 인수하고 채권·채무는 전혀 인수하지 않으면서 양도인 소속 근로자 대다수를 채용했지만 수습기간을 거쳐 재배치하는 등 그 인적 조직을 해체하고 양수인의 방침에 따라 재구성한 경우에는 사업의 양도가 아니라 자산양도로 인정된다.[6]

결국, 사업의 양도로 볼 수 있는지 여부는 사업 재산이 어느 정도로 이전되어 있는지가 아니라 종래의 사업조직이 전부 또는 중요한 일부로서의 기능을 유지할 수 있는지 여부(조직의 동일성 유지 여부)에 따라 판단해야 하고, 따라서 사업 재산의 일부만 양도하더라도 그 양도한 부분만으로 종래의 조직이 유지되고 있는 경우에는 사업의 양도로 볼 수 있지만, 사업 재산의 전부를 양도하더라도 그

---

1) 대법 1991. 8. 9, 91다15225; 대법 2003. 5. 30, 2002다23826 등.
2) 대법 1997. 11. 25, 97다35085; 대법 1998. 4. 14, 96다8826 등.
3) 대법 1997. 11. 25, 97다35085(영업 양도의 경우 유기적 일체로서의 기능적 재산이란 영업을 구성하는 유·무형의 재산과 경제적 가치를 갖는 사실관계가 서로 유기적으로 결합하여 수익의 원천으로 기능한다는 것과 이 수익의 원천으로서의 기능적 재산이 마치 하나의 재화와 같이 거래의 객체가 된다는 것을 말하기 때문이라고 한다).
4) 대법 1991. 11. 12, 91다12806.
5) 대법 2002. 3. 29, 2000두8455.
6) 대법 2001. 7. 27, 99두2680.

조직을 해체하여 양도한 경우에는 사업의 양도로 볼 수 없다.[1)]

(2) 아파트의 관리주체가 변경되는 경우 새 관리주체가 종전 관리주체에 고용된 근로자의 노동관계를 승계하는지가 문제되는데, 관리업무가 관리주체의 변경 전후에 동질성을 갖는다고 하여 사업의 양도로 인정되는 것이 아니다.

아파트 입주자대표회가 자치관리를 하다가 관리업무를 관리업자에 위탁한 경우 또는 그 반대의 경우는 사업의 양도에 해당한다.[2)] 그러나 입주자대표회가 관리업자를 변경한 경우,[3)] 또는 입주 초기의 의무관리 기간 동안 건설업체로부터 관리업무를 위탁받은 관리업자가 관리업무를 수행하다가 그 기간의 만료에 따라 입주자대표회가 건설업체로부터 관리업무를 인계받자 즉시 다른 관리업자에 위탁한 경우에는[4)] 사업의 양도가 존재하지 않는다.

다. 승계 대상자의 범위

A. 정당한 해고이유 있는 자 이미 살펴본 바와 같이 사업의 양도가 있는 경우 노동관계는 당연히(승계하기로 하는 특약이 없더라도) 양수인에게 승계되지만, 정당한 해고이유가 있는 근로자의 노동관계를 승계하지 않기로 하는 반대의 특약이 있는 경우에는 그에 따른다. 따라서 이러한 반대의 특약이 있는 경우 양도 당시에 정당한 해고이유가 있는 자에게는 노동관계의 승계가 배제될 수 있다.

한편, 근로기준법은 '경영악화를 방지하기 위한 사업의 양도'는 정리해고 요건의 하나인 '긴박한 경영상의 필요가 있는 것으로 본다'고 규정하고 있다(24조 1항 후단). 이것은 근로자의 직장보호가 경영악화의 방지를 위한 사업 양도의 장애물이 되지 않도록 하기 위하여 설정된 것이다. 따라서 양도인이 경영악화를 방지하기 위하여 사업의 전부 또는 일부를 양도하는 경우에는 해고 회피의 노력을 하고 공정하고 합리적인 기준에 따라 대상자를 선정하고 근로자대표와 협의를 했다면 그 대상자의 노동관계를 양수인과의 특약으로 승계의 대상에서 제외할 수도 있을 것이다. 그러나 사업의 양도가 경영악화를 방지하기 위한 것이라는 이유만으로는 정당한 해고이유가 충족되지 않으므로 노동관계의 승계가 배제되지 않는다.

---

1) 대법 2001. 7. 27, 99두2680; 대법 2002. 3. 29, 2000두8455; 대법 2005. 6. 24, 2005다8200 등.
2) 근기 68206-564, 1999. 11. 9(아파트 종사근로자의 근로조건보호에 관한 지침).
3) 대법 1999. 7. 12, 99마628(입주자대표회가 직원의 인사·노무관리에 지나치게 개입하더라도 관리업자와 직원 사이의 근로계약이 형식에 불과한 정도의 것이 아닌 이상 입주자대표회의 관리업자에 대한 결정·감독 권한의 행사에 불과).
4) 대법 2000. 3. 10, 98두4146.

B. 해고된 자　　노동관계가 양수인에게 승계되기 위해서는 그 근로자가 사업양도계약 체결일 현재 해당 사업부문에 근무하고 있어야 하므로, 그 이전에 해고된 자로서 해고의 효력을 다투고 있는 근로자와의 노동관계까지 승계되는 것은 아니다.[1] 그러나 양수인이 사업 양수 당시에 해고가 무효임을 알았던 경우[2] 또는 영업양도일 이전에 정당한 이유 없이 해고된 후 영업 전부의 양도가 이루어진 경우에는[3] 양수인이 그 해고된 근로자와의 노동관계를 원칙적으로 승계한다.

C. 승계 거부자　　사업의 전부 또는 일부가 양도된 경우 그 사업의 전체 근로자 또는 해당 사업부문에 소속된 근로자의 노동관계는 양수기업에 승계된다.[4] 근로자의 동의가 없더라도 그렇다.

그러나 사업의 일부가 양도된 경우에 양도되는 사업부문에 소속된 근로자라도 승계를 거부하는 의사를 표시함으로써 양수기업에 승계되지 않고 양도기업에 잔류할 수 있고,[5] 그 밖에 양도기업과 양수기업 모두에서 퇴직하거나 양도기업에서 퇴직하면서(퇴직금을 받기 위하여) 양수기업에 새로이 입사할 수도 있다.[6] 양수기업에 입사할 의사를 표시했더라도 입사 확정 전에 그 의사표시를 철회하는 방법으로 승계 거부의 의사를 표시함으로써 양도기업에 잔류할 수 있다.[7] 승계를 거부하는 의사는 근로자가 영업양도가 이루어진 사실을 안 날부터 상당한 기간 내에 양도기업 또는 양수기업에 표시해야 한다.[8]

양수기업에 승계를 거부하는 근로자가 양도기업에 잔류함으로써 양도기업에는 과잉인원이 발생하고 이 때문에 그 근로자를 해고하는 경우에는 정리해고의 요건을 갖추어야 한다.[9]

---

1) 대법 1993. 5. 25, 91다41750.
2) 대법 1996. 5. 31, 95다33238.
3) 대법 2020. 11. 5, 2018두54705(이 경우 영업양도 당사자 사이에 정당한 이유 없이 해고된 근로자를 승계의 대상에서 제외하기로 하는 특약이 있다면 그 특약은 실질적으로 해고나 다름이 없으므로 정당한 이유가 있어야 유효하다).
4) 대법 1991. 11. 12, 91다12806; 대법 1994. 11. 18, 93다18938 등.
5) 대법 2000. 10. 13, 98다11437; 대법 2010. 9. 30, 2010다41089 등.
6) 대법 2012. 5. 10, 2011다45217.
7) 대법 2002. 3. 29, 2000두8455.
8) 대법 2012. 5. 10, 2011다45217(상당한 기간 내에 표시했는지는 양도기업 또는 양수기업이 근로자에게 영업양도 사실, 양도 이유, 양도가 근로자에게 미치는 영향, 근로자와 관련하여 예상되는 조치 등을 고지했는지 여부, 그와 같은 고지가 없었다면 근로자가 그러한 정보를 알았거나 알 수 있었던 시점, 통상적인 근로자라면 그와 같은 정보를 바탕으로 근로관계 승계에 대한 자신의 의사를 결정하는 데 필요한 시간 등 제반 사정을 고려하여 판단해야 한다).

3. 용역업체 변경과 고용승계기대권

도급인이 그 사업장 내 업무의 일부를 용업업체에 기간을 정하여 위탁하고 용역업체는 위탁받은 업무의 수행을 위하여 용역계약 기간의 만료 시까지 기간제근로자를 사용해 왔으나 그 용역계약 기간이 만료되고 새로운 용역업체가 해당 업무를 위탁받은 경우 영업 양도가 있는 것도 아니어서 해당 근로자의 노동관계는 새 용역업체에 승계되지 않고 종료되는 것이 원칙이다.

그러나 이와 같이 용역업체가 변경되었더라도 새 용역업체가 해당 근로자들의 고용을 승계하여 새로운 근로관계가 성립될 것이라는 신뢰관계가 형성되어 근로자에게 고용승계에 대한 기대권이 인정되는 경우에는 새 용역업체가 합리적 이유 없이 고용승계를 거절하는 것은 부당해고와 마찬가지로 근로자에게 효력이 없다.[1)]

또한 도급업체가 용역업체와의 위탁계약을 종료하고 자회사를 설립하여 자회사에 해당 업무를 위탁하는 경우 자회사가 용역업체 소속 근로자를 정규직으로 채용하여 새롭게 근로관계가 성립될 것이라는 신뢰관계가 형성되었다면 근로자에게 자회사의 정규직으로 전환 채용되리라는 기대권이 되며, 도급업체 자회사의 합리적 이유 없는 채용 거절은 무효이다.[2)]

Ⅱ. 노동관계 승계의 효과

1. 개별적 노동관계

사업의 합병이나 분할 또는 사업의 양도에 따라 근로자의 노동관계가 승계되는 경우 그것은 근로계약의 상대방 당사자인 사업주가 소멸된 사업, 분할하는

---

9) 대법 2000. 10. 13, 98다11437.

1) 대법 2021. 4. 29, 2016두57045; 대법 2021. 6. 3, 2020두45308(이 경우 고용승계에 대한 기대권이 인정되는지는 새 용역업체가 해당 근로자에 대한 고용을 승계하기로 하는 규정이 있는지 여부를 포함한 구체적인 계약 내용, 해당 용역계약의 체결 동기와 경위, 해당 사업장에서의 용역업체 변경에 따른 고용승계 관련 기존 관행, 근로자가 수행하는 업무의 내용, 새 용역업체와 근로자들의 인식 등 여러 사정을 종합적으로 고려하여 판단해야 한다).

2) 대법 2023. 6. 15, 2021두39034(근로자에게 정규직 전환 채용에 대한 기대권이 인정되는지는 자회사의 설립 경위 및 목적, 정규직 전환 채용에 관한 협의의 진행경과 및 내용, 정규직 전환 채용 요건이나 절차의 설정 여부 및 실태, 기존의 고용승계 관련 관행, 근로자가 수행하는 업무의 내용, 자회사와 근로자의 인식 등 해당 근로관계 및 용역계약을 둘러싼 여러 사정을 종합적으로 고려하여 판단해야 한다).

사업 또는 사업 양도인에서 각각 존속한 사업, 신설된 사업, 또는 사업 양수인으로 변경되는 것(사업주의 변경)을 의미한다. 즉 신 사업주는 근로자에 대한 구 사업주의 근로계약상의 권리·의무를 포괄적으로 승계하고, 특별한 사정이 없는 이상 구 사업주의 근로계약상의 권리·의무는 소멸한다.

가. 미지급 임금

구 사업주가 임금을 체불한 경우에는 신 사업주가 그 지급 책임을 승계한다. 다만 임금의 체불을 구 사업주가 야기한 것이고 신 사업주가 지급능력이 부족한 경우도 있기 때문에 구 사업주도 신 사업주와 함께 연대책임을 진다고 보아야 할 것이다. 퇴직금은 후불적임금의 성격을 가지므로 퇴직금을 체불한 경우에도 신 사업주와 구 사업주가 연대책임을 진다.

나. 근로조건의 변경

노동관계 승계의 효과는 근로계약 당사자의 변경에 불과하고 근로조건의 변경을 당연히 수반하는 것은 아니다. 따라서 신 사업주는 구 사업주로부터 승계한 취업규칙이나 근로계약에서 정한 근로조건을 준수해야 한다. 신 사업주의 취업규칙이 구 사업주의 취업규칙보다 승계된 근로자에게 불리한 경우에는 승계된 근로자집단의 동의 없이는 신 사업주의 취업규칙을 적용할 수 없다.[1] 그 결과 승계된 근로자에게 적용되던 종전의 취업규칙에 따른 퇴직금이 신 사업주의 취업규칙에 따른 퇴직금과 다른 결과가 되더라도 퇴직급여 차등제도금지(퇴급 4조 2항)에 반한다고 볼 수 없다.[2] 그러나 상이한 취업규칙, 상이한 근로조건의 병존은 사용자에게나 근로자에게나 바람직하지 않기 때문에 이를 조정·통일할 필요가 있을 것이다. 신 사업주가 근로자에게 더 유리한 구 사업주의 취업규칙을 폐기하고 자신의 취업규칙을 획일적으로 적용하는 것은 승계된 근로자에게는 취업규칙의 불이익변경에 해당하므로 근로자집단의 동의(근기 94조 1항 단서)를 받지 않으면 신 사업주의 취업규칙을 적용할 수 없다.[3]

다. 계속근로기간

퇴직금이나 연차휴가 산정을 위한 계속근로기간이나 출근율 등은 회사 합병 또는 사업 양도 전후를 통산해야 한다. 예컨대 노동관계의 포괄적 합의에서 퇴직

1) 대법 1991. 9. 24, 91다17542; 대법 1994. 3. 8, 93다1589.
2) 대법 1992. 12. 22, 91다45165(전합); 대법 1995. 12. 26, 95다41659.
3) 대법 1995. 12. 26, 95다41659; 대법 1997. 12. 26, 97다17575; 대법 2010. 1. 28, 2009다32362.

금 산정기간에 한정하여 종전의 근속기간은 승계 회사의 근속기간에 산입하지 않기로 했다 하더라도 근로자의 동의가 없으면 무효이다.[1] 물론 노동관계의 승계에 수반하여 근로자의 요구에 따라 적법하게 퇴직금을 중간정산한 경우에는 그 이후의 퇴직금 산정을 위한 계속근로기간은 정산 시점부터 새로 계산한다(퇴급 8조 2항).

2. 집단적 노동관계

사업의 합병이나 분할 또는 양도로 신 사업주가 해당 근로자들을 승계한 경우에 이들이 종전부터 노동조합에 가입해 있었고 구 사업주가 그 노동조합과 체결한 단체협약이 존속한다면, 그 노동조합은 그대로 존속하고 신 사업주는 이 단체협약도 승계한다.[2] 그 단체협약의 한쪽 당사자가 구 사업주에서 신 사업주로 변경되는 것이다.

사업의 합병 등이 있기 전부터 신 사업주가 근로자들을 고용하고 있었고 그들이 가입한 노동조합과 단체협약을 체결했다면, 신 사업주가 이행해야 할 단체협약은 2개가 되고 그 내용에 충돌되는 부분이 있기 마련이다. 신 사업주가 구 사업주로부터 승계한 단체협약의 내용을 변경하려면 종전부터 신 사업주에 고용되어 있던 근로자들과 새로 승계된 근로자들까지 아우른 전체 근로자들을 대표하는 노동조합과 새로운 단체협약의 체결 또는 합의가 있어야 한다. 이와 같은 자율적 조정·단일화가 있을 때까지는 충돌되는 각각의 단체협약은 종전대로 계속 준수되어야 한다. 예컨대 합병된 회사에서 합병회사로 승계된 근로자에게는 오픈숍 협정이 적용되고 합병회사의 사업장에는 원래부터 유니언숍 협정이 적용되어 온 경우, 새로운 단체협약이 체결될 때까지는 승계된 근로자들에게 유니언숍 협정이 적용되지 않는다.[3]

1) 대법 1991. 11. 12, 91다12806.
2) 대법 2002. 3. 26, 2000다3347(사업 양도의 경우); 대법 2004. 5. 14, 2002다23192(사업 합병의 경우).
3) 대법 2004. 5. 14, 2002다23192.

제5장 노동관계의 종료

노동관계는 해고, 사직, 합의해지, 계약 기간의 만료, 정년의 도달, 당사자의 소멸 등으로 종료·소멸된다. 근로기준법에서는 근로자의 직장보호를 특별히 위협하는 해고에 관하여 규정하고 있다.

제1절 해고

해고는 민법상으로는 사용자측에서 하는 고용계약의 해지로서 사용자는 광범한 해고의 자유를 가진다.[1] 물론 근로자도 이에 대응하여 동등한 사직의 자유를 가진다. 그러나 해고의 자유는 경제적·사회적으로 약자의 지위에 있는 근로자에게는 더 좋은 직장의 보장이 없는 대부분의 경우 직장상실의 위험을 의미하게 된다. 이에 따라 근로기준법은 해고의 자유를 여러 방면에서 제한하고 있다. 정당한 이유 없는 해고의 금지, 정리해고의 제한, 해고 시기의 제한, 해고 절차의 제한(해고의 예고와 해고의 서면 통지)이 그것이다.

근로기준법에서 규제하는 해고는 사용자가 근로자에게 하는 근로계약의 해지, 즉 사용자의 일방적 의사표시로 근로계약관계를 종료하는 것을 말한다.[2] 취업규칙상 일정한 사유가 발생하면 자연퇴직(당연퇴직)한다는 취지의 규정을 둔 경

1) 민법은 해고에 관하여 고용계약 기간의 약정 유무 또는 계약 기간에 따라 취급을 달리하고 있다. 즉 기간의 약정이 없는 경우, 기간을 약정했으나 만료 후 묵시의 갱신이 이루어진 경우, 또는 3년이 넘는 기간을 약정했으나 3년이 경과한 경우에는 일정한 통고 기간만 두면 언제든지(특별한 사유가 없더라도) 해고할 수 있고(660조, 662조, 659조), 기간의 약정 유무에 관계없이 노무제공의 대체·기능의 상실·부득이한 사유·사용자의 파산선고가 있는 경우에는 예고도 없이 즉시 해고할 수 있다(657조, 658조, 661조, 663조).

2) 대법 2023. 2. 2, 2022두57695. 또한 해고는 명시적 또는 묵시적 의사표시에 의해서도 이루어질 수 있으며, 묵시적 의사표시에 의한 해고가 있는지는 사용자의 노무 수령 거부 경위와 방법, 노무 수령 거부에 대하여 근로자가 보인 태도 등 제반 사정을 종합적으로 고려하여 사용자가 근로관계를 일방적으로 종료할 확정적 의사를 표시한 것으로 볼 수 있는지 여부에 따라 판단한다고 한다.

우에도 사용자의 일방적 의사표시로 근로계약관계를 종료하는 것인 이상 해고에 속한다.[1] 또 퇴직할 의사가 없는 근로자가 사용자의 압력으로 사직서를 제출한 것도 해고이다.[2] 그러나 정년퇴직 또는 기간 만료에 즈음한 계약갱신의 거절은 근로계약의 해지가 아니므로 해고에 해당하지 않는다.

해고는 근로자측 사정에 따른 해고와 사용자측 사정, 즉 경영상 이유에 따른 해고(정리해고)로 크게 나누어지고, 전자는 다시 징계처분의 일종인 징계해고와 징계와 무관한 통상해고로 나누어진다.

Ⅰ. 정당한 이유 없는 해고의 금지

근로기준법은 정당한 이유 없는 해고(부당해고)를 금지하고 있다(23조 1항). 정당한 이유 없이 해고하는 것은 민법상 권리남용에 해당할 뿐 아니라 해고근로자를 양산하여 사회적 문제를 야기한다는 점에서 이를 명시적으로 금지한 것이다.[3] 이 규정은 현행법상 해고제한 규정 전체에 대하여 총칙 또는 기본원칙으로서의 의미를 가지고 있다.

(1) '정당한 이유'가 구체적으로 무엇을 의미하는지에 관하여 근로기준법은 더 이상 규정을 두고 있지 않다.[4] 그러나 일반적으로 말하자면 '정당한 이유'란 사회통념상 고용관계를 계속할 수 없을 정도로 근로자에게 책임이 있는 사유가 있거나 부득이한 경영상의 필요가 있는 경우를 말한다.[5] 고용관계를 계속할 수 없을 정도인지 여부는 사업의 목적·성격, 사업장의 여건, 근로자의 지위·직무의 내용, 비위행위의 동기·경위, 그 행위의 기업질서에 대한 영향, 과거의 근무태도 등 여러 사정을 종합적으로 검토하여 판단해야 한다.[6]

현행법은 노동조합의 조직·가입 등을 이유로 하는 해고, 감독기관에 대한

1) 대법 1993. 10. 26, 92다54210; 대법 2018. 5. 30, 2014다9632.
2) 대법 1992. 3. 13, 91누10046; 대법 1992. 4. 10, 91다43138 등.
3) 독일은 일찍부터 해고제한법(해고보호법)에서 정당한 이유 없는 해고를 명시적으로 금지해 왔다. 일본은 노동기준법에 이런 규정을 두지 않은 채 권리남용의 법리를 적용해 오다가 이후 노동계약법을 제정하여 "해고는 객관적으로 합리적인 이유가 없고 사회통념상 상당하다고 인정되지 않는 경우에는 그 권리를 남용한 것으로서 무효로 한다"고 규정했다(16조).
4) 독일의 해고제한법은 근로자의 일신상의 사유, 근로자의 행태상의 사유 및 긴박한 경영상의 사유를 말한다고 명시하고 있다.
5) 대법 1992. 4. 24, 91다17931; 대법 2003. 7. 8, 2001두8018 등.
6) 대법 2002. 5. 28, 2001두10455; 대법 2008. 7. 10, 2007두22498; 대법 2009. 5. 28, 2007두979.

근로기준법 위반 사실의 통보를 이유로 하는 해고, 육아휴직을 이유로 하는 해고, 기간제근로자나 단시간근로자의 차별 시정신청 등을 이유로 하는 해고 등을 금지하고 있다(노조 81조 1항 1호·5호, 근기 104조 2항, 남녀 19조 3항, 기간 16조 등). 이와 같이 근로자의 일정한 행위나 상태를 이유로 해고를 할 수 없도록 한 규정은 소정의 사유가 해고의 정당한 이유가 되지 않는다는 것을 확인하려는 것에 불과하다. 따라서 이들 금지 규정에 위반하는 경우에는 근로기준법상 정당한 이유 없는 해고에도 해당한다.

(2) 사용자가 정당한 이유 없이 근로자를 해고한 것에 대한 벌칙은 없다. 그러나 해당 근로자는 노동위원회에 신청하여 구제를 받을 수 있고(근기 28조 1항 참조), 법원에 제소하여 사법적 구제를 받을 수도 있다. 또 정당한 이유 없이 한 해고는 무효가 된다.

1. 정당한 해고 사유의 유형

근로자측 사정에 따른 해고의 경우 해고의 사유는 매우 다양하지만 크게 몇 가지 유형으로 나누어 볼 수 있다.

가. 업무 능력 결여

근로계약은 근로의 제공과 임금의 지급을 목적으로 하는 계약이므로 근로 제공 능력, 즉 업무수행 능력의 결여는 정당한 해고 사유가 된다.

업무수행 능력의 결여는 질병·부상이나 신체장애로 발생하는 경우가 많다. 그러나 사용자는 질병·부상·신체장애가 생겼다는 이유만으로는 해고할 수 없고, 질병·부상을 입은 근로자에게 우선 적절한 치료의 기회를 주어야 하고, 이러한 기회를 주었는데도 건강과 업무수행 능력이 회복되지 않는 경우에 비로소 해고할 수 있게 된다. 특히 질병 등이 사용자의 귀책사유 또는 업무상의 재해로 발생한 경우에는 사용자는 안전배려 의무를 가지기 때문에 이를 이유로 해고할 수 없고, 잔존 능력으로 감당할 수 있는 쉬운 업무에 전직(배치전환)하도록 노력해야 하고, 그러한 가능성이 없거나 근로자가 쉬운 업무를 거부하거나 그 업무조차 감당할 수 없는 경우에 비로소 해고 사유가 된다.[1] 음주벽이나 마약중독으로 정상적인 업무수행이 곤란하게 된 경우에는 정당한 해고 사유가 된다.

1) 신체장애가 발생한 경우에 정당한 해고 사유가 되는지 여부는 발생의 원인·경위, 특히 사용자의 귀책사유 또는 업무상의 재해에 따른 것인지, 치료 기간 및 노동능력 상실의 정도, 잔존 능력으로 감당할 수 있는 업무의 존부 및 사용자의 대체업무 전환노력, 대체업무에 대한 근로자의 적응노력 등을 종합하여 판단해야 한다(대법 1996. 12. 6, 95다45934).

다른 근로자와의 협력으로 수행해야 할 업무를 담당하는 자가 통솔력·협동 정신 등이 부족한 경우에도 정당한 해고 사유가 된다.

업종에 따라서는 업무 실적이 현저히 불량한 경우 업무수행 능력의 결여로 인정될 수 있다. 판례는 보험회사에서 자의적 기준이 아니라 여러 가지 객관적 사정을 참작하여 거수실적(보험계약을 체결하여 보험료를 입금시킨 실적)이 현저히 불량한 경우에 정당한 해고 사유로 인정한다.[1] 그러나 근무능력(근무성적 포함)이 불량하여 직무를 수행할 수 없는 경우에 해고할 수 있다고 정한 취업규칙에 따라 해고한[2] 경우, 근무능력에 대한 평가가 공정하고 객관적인 기준에 따라 이루어져야 하고 해당 근로자의 근무능력이 다른 근로자에 비하여 낮은 정도를 넘어 상당한 기간 동안 일반적으로 기대되는 최소한에도 미치지 못하고 향후에도 개선될 가능성을 인정하기 어렵다는 등 사회통념상 고용관계를 계속할 수 없을 정도에 이르러야 해고의 정당성을 인정한다.[3]

나. 적격성의 결여

직무에 따라서는 그 직무수행에 필요한 자격·면허·지식·기능 등의 상실 또는 미비도 정당한 해고 사유가 될 수 있다. 그러나 이러한 사유의 발생만으로 해고할 수 있는 것은 아니다. 예컨대 적성검사의 미필로 운전면허가 취소되었으나 신청만 하면 간단히 재발급을 받을 수 있는 경우처럼[4] 자격상실이 간단한 절차로 단기간에 회복될 수 있거나 합리적인 훈련·연수의 기회를 주면 자격·기능 등을 취득·회복할 수 있는 때에는 해고할 수 없다.

다. 계약상의 의무 위반

근로자가 근로계약상의 의무, 즉 근로제공 의무와 성실의무를 중대하게 위반한 경우에도 정당한 해고 사유가 된다. 또 계약 위반은 직장질서 위반에도 해당되는 경우가 많기 때문에 정당한 징계, 특히 징계해고의 사유가 되기도 한다.

A. 무단결근 무단결근·지각·조퇴를 반복 또는 계속하는 것은 근로제공

1) 대법 1991. 3. 27, 90다카25420.
2) 대기발령 후 일정 기간이 경과하도록 보직을 다시 부여받지 못하여 자동 면직된 경우도 해고이므로 마찬가지이다(대법 2022. 9. 15, 2018다251486).
3) 대법 2021. 2. 25, 2018다253680<핵심판례>(이때 사회통념상 고용관계를 계속할 수 없을 정도인지는 근로자의 지위와 담당 업무의 내용, 그에 따라 요구되는 성과나 전문성의 정도, 근무능력이 부진한 정도와 기간, 사용자가 근무능력 개선을 위한 기회를 부여했는지 여부, 개선의 기회가 부여된 이후 근무능력의 개선 여부, 근로자의 태도, 사업장의 여건 등 여러 사정을 종합적으로 고려하여 합리적으로 판단해야 한다).
4) 서울고법 1991. 1. 23, 90구10997.

의무의 위반으로서 정당한 해고 사유가 된다.[1] 그러나 취업규칙에 일정 일수 이상의 무단결근을 해고사유로 규정하고 있더라도 형식적으로 소정의 결근일수에 도달한 것만으로는 해고할 수 없고 종전의 근무 태도, 사업장의 여건, 해당 근로자의 지위·직종·직무내용 등 정상을 참작해야 할 것이다. 따라서 예컨대 '3일 이상의 무단결근'을 해고 사유로 규정하고 있는 경우에 3일 동안 무단결근한 사실 이외에 과거 6개월 동안 3회에 걸쳐 합계 10일의 무단결근을 이유로 해고한 것은 정당한 것으로 인정된다.[2]

B. 성실의무 위반 근로제공 의무는 성실하게 근로할 의무를 말하므로 근로자가 불성실하거나 불량한 근로제공을 반복한 경우에는 근로제공 의무 위반으로서 정당한 해고 사유가 된다. 예컨대 계약관리와 미수금 회수를 담당하는 판매관리사원이 불성실한 업무 태도 때문에 미수금 회수실적이 극히 저조한 경우,[3] 택시운전사가 부주의로 교통사고를 자주 일으킨 경우,[4] 업무와 관련하여 절도·횡령·배임·상해 등 범죄행위를 한 경우가 그렇다.

또 영업비밀유지 의무를 가진 근로자가 영업비밀을 누설한 경우에는 이를 정당화할 만한 특별한 사정이 없으면 근로계약상 성실의무 위반으로서 정당한 해고 사유가 된다.

C. 인사·지시 거부 근로제공 의무의 구체적인 내용은 일반적으로 사용자의 인사권이나 지휘명령권의 행사에 따라 확정되므로 인사처분이나 지휘·명령에 따르지 않으면 근로제공 의무 위반으로서 정당한 해고 사유가 된다. 예컨대 사내 대기발령을 받은 자가 대기하지 않거나 출근조차 하지 않은 경우,[5] 적법한 전근명령에 불응하여 부임을 거부하는 경우,[6] 운수업체에서 사용자의 배차지시를 거부하는 경우,[7] 근로자가 안전보건규칙을 위반한 경우,[8] 상사에게 폭언을 한 경우[9] 등이 그렇다. 그러나 인사처분이나 지휘·명령이 강행법규나 사회질서 (민법 103조) 또는 취업규칙에 위반하여 무효인 경우에는 이에 따르지 않더라도 해

1) 대법 1987. 4. 14, 86다카1875.
2) 대법 1990. 4. 27, 89다카5451.
3) 대법 1987. 4. 14, 86다카1875.
4) 대법 1997. 4. 25, 96누5421.
5) 대법 1987. 4. 14, 86다카1875.
6) 대법 1995. 8. 11, 95다10778.
7) 대법 1994. 9. 13, 94다576.
8) 대법 1994. 9. 23, 94다5434.
9) 대법 1995. 6. 30, 95누2548.

고 사유가 되지 않는다.

D. 위법한 조합활동·쟁의행위 쟁의행위와 근로계약관계의 부분에서 이미 살펴본 바와 같이 근로자가 정당한 쟁의행위에 참가한 것은 근로제공 의무 위반이 아니지만, 위법한 쟁의행위나 조합활동에 참가함으로써 근로를 제공하지 않거나 작업능률을 저하시키는 경우에는 근로제공 의무 위반으로서 정당한 해고 사유가 된다. 따라서 단체협약 체결 내용에 불만을 가진 일부 조합원들이 근무를 이탈하여 사용자의 경고를 무시하고 장기간 농성을 한 경우에는 정당한 해고 사유가 된다.[1)]

라. 사생활상의 비행

근로자의 사생활상의 비행은 원칙적으로 정당한 해고 사유가 되지 않는다. 그러나 근로자가 형사사건으로 구속되거나 형을 받아 장기간 근로제공이 불가능하게 된 경우 정당한 해고 사유가 된다.[2)] 또한 근로제공이 사실상 불가능한 경우는 아니라도 유죄 판결을 받은 사실이 해당 사업의 특수성을 고려해 고용관계를 계속하기 어렵다고 판단되는 경우에는 유죄판결을 직원의 결격사유 또는 해고 사유로 정한 법률이나 취업규칙 등에 따른 해고도 정당하다. 예컨대 공익법인인 농협중앙회가 금고 이상의 형의 집행유예를 받고 그 기간이 종료되지 않은 자를 해고한 것은 정당하고,[3)] 금고 이상의 형의 집행유예를 받은 자를 당연퇴직 대상으로 정한 사립학교법 제57조에 근거하여 해고했는데 이 규정은 헌법에 위반되지 않으며,[4)] 단체협약에서 '금고 이상의 형이 확정되었을 때'를 해고 사유로 정한 경우에 '금고 이상의 형'이 반드시 실형만을 의미하는 것은 아니다.[5)]

마. 징계 사유에 해당하는 비행

근로자가 징계를 받을 만한 비행을 저질렀다 하여 당연히 정당한 해고 사유가 되는 것은 아니다. 그러나 그 비행의 성질·정도와 직장질서에 미치는 영향, 과거의 징계경력, 반성의 유무 등을 고려하여 사회통념상 근로관계를 계속할 수 없을 정도에 이른다면 정당한 징계해고사유가 된다. 예컨대 업무상 횡령, 직장내 폭언·폭행·상해·손괴, 직장내 성희롱·괴롭힘 등이 심각한 경우 징계해고가 정당할 수 있다.

---

1) 대법 1990. 11. 9, 90누3621.
2) 대법 1993. 5. 25, 92누12452.
3) 대법 1988. 5. 10, 87다카2853.
4) 헌재 2010. 10. 28, 2009헌마442.
5) 대법 2008. 9. 25, 2006두18423.

2. 취업규칙의 해고 사유

(1) 취업규칙(또는 단체협약)에서 해고할 수 있는 사유를 열거하여 규정하는 경우가 있다. 이 경우 규정된 사유는 당사자가 주관적으로 설정한 것이므로 여기에 해당한다 하여 그것이 언제나 법적으로 유효한 것은 아니다. 객관적으로 정당한 이유가 아닌 것을 해고 사유로 규정한 취업규칙 등의 부분은 무효가 되고, 취업규칙 등으로 정한 해고 사유에 해당하여 해고한 경우에도 법원이나 노동위원회는 그 해고에 정당한 이유가 존재하는지를 별도로 판단할 수밖에 없다.[1]

한편, 취업규칙상의 해고 사유 열거는 예시열거가 아니라 한정열거로 보아야 할 것이다. 따라서 취업규칙 등에서 해고 사유를 제한하고 있는 경우에는 이러한 제한을 위반한 해고는 정당한 이유가 없는 것으로서 무효가 된다.[2] 다만 대부분의 취업규칙에는 해고 사유를 열거하면서 '그 밖에 위에서 기재한 사유에 준하는 중대한 사유', '그 밖에 사회통념상 근로계약관계를 존속시키기 곤란하다고 인정되는 사유' 등 포괄조항을 두고 있기 때문에, 그러한 대부분의 경우에는 한정열거로 보든 예시열거로 보든 실제로는 차이가 없다고 볼 수 있다.

(2) 징계해고와 통상해고가 취업규칙상 구별되어 있는 기업에서 사용자가 징계해고를 했으나 징계해고의 정당한 사유가 인정되지 않는 경우에 통상해고로서는 유효라고 볼 수 있는지 문제된다.

징계해고는 경영질서 위반에 대한 제재벌로서 통상해고와는 제도상 구별되는 것이고 실제로도 통상해고에 비하여 큰 불이익을 근로자에게 주는 것이므로, 징계해고의 의사표시는 어디까지나 징계해고로서 독자적으로 그 유·무효를 검토해야 할 것이다. 다만 사용자는 동일한 비위사실에 대하여 징계해고의 의사표시와 동시에 예비적으로 통상해고의 의사표시를 하는 것은 허용되고, 이 경우에는 해당 비위사실이 징계해고의 사유가 되지 않더라도 통상해고의 사유에 해당하면 해고로서 정당하다고 해석될 것이다.

(3) 취업규칙상 징계제도가 존재하지 않는 기업에서 사용자가 하는 징계해고는 법률상으로는 통상해고에 불과하다고 보아야 할 것이다.

---

1) 예컨대 대법 1992. 5. 12, 91다27518(취업규칙으로 정한 징계해고 사유에 해당한다 하더라도 당연히 그 징계해고 처분이 정당한 이유가 있다고는 볼 수 없고 고용관계를 유지하는 것이 현저히 부당 또는 불공평하다고 인정될 정도에 이르러야 해고의 정당성이 인정된다).

2) 대법 1992. 9. 8, 91다27556.

Ⅱ. 정리해고의 제한

1. 정리해고 제한의 의의

'정리해고'(경영상의 이유에 따른 해고)란 사용자측 사정에 따른 해고를 말한다. 근로자측의 사정에 따른 해고보다 일반적으로 대상인원이 많고 근로자들이 수용하려 들지 않아 사회문제로 비화할 우려가 높다. 이 때문에 근로기준법은 정리해고를 여러 방면에서 엄격하게 제한하고 있다.

근로기준법은 사용자가 정리해고를 하려면 ① 긴박한 경영상의 필요가 있고(경영악화를 방지하기 위한 사업의 양도·인수·합병은 긴박한 경영상의 필요가 있는 것으로 본다), ② 해고를 피하기 위한 노력을 다하며, ③ 합리적이고 공정한 해고의 기준을 정하여 이에 따라 그 대상자를 선정하고(이 경우 남녀의 성을 이유로 차별해서는 안된다), ④ 해고를 피하기 위한 방법과 해고의 기준 등에 관하여 해당 사업 또는 사업장의 근로자대표에게 해고를 하려는 날의 50일 전까지 통보하고 성실하게 협의해야 한다고 규정하고 있다(24조 1항-3항). 그리고 이들 요건을 갖추어 근로자를 해고한 경우에는 정당한 이유가 있는 해고를 한 것으로 본다고 규정하고 있다(24조 5항).

정리해고도 해고의 일종이므로 명문의 규정이 없더라도 정당한 이유 없는 해고를 제한하는 일반적인 규정이 적용된다. 그리하여 1997년 개정 전의 통설·판례는 정리해고가 정당한 이유를 가진 것으로 인정되기 위해서는 긴박한 경영상의 필요성이 있고, 해고를 회피하기 위한 노력을 다해야 하며, 해고대상자를 공정하고 합리적인 기준에 따라 선정해야 하고, 노동조합 및 근로자측과 성실한 사전협의를 거쳐야 한다고 판시해 왔다. 현행법의 규정은 정리해고의 요건에 관한 종전 판례의 법리를 계승하는 한편, 이를 더 구체화하면서 더 엄격하게 제한한 것이다.

2. 정리해고의 요건

가. 긴박한 경영상의 필요

사용자가 정리해고를 하려면 긴박한 경영상의 필요가 있어야 한다.

'긴박한 경영상의 필요'란 고도의 경영위기를 회피하기 위하여 필요한 경우 또는 기업의 경쟁력의 유지·강화를 위한 신기술 도입 등 구조조정 조치에 수반하여 객관적으로 인원삭감이 필요한 경우를 말한다. 긴박한 경영상의 필요가 있는지를 판단할 때에는, 어느 사업부문이 다른 사업부문과 인적·물적·장소적으로 분리되고 재무·회계가 분리되어 있으며 경영여건도 서로 달리하는 예외적인 경우가 아닌 이상, 기업의 일부 사업부문의 수지만 기준으로 할 것이 아니라 기업 전체의 경영사정을 종합적으로 검토하여 결정해야 한다.[1)]

A. 적자 등 경영위기 근로계약관계는 기업의 존립을 전제로 하고, 기업의 적자는 그 존립을 위협하는 가장 전형적인 요인이 된다. 따라서 예컨대 2개 사업부를 둔 회사에서 1개 사업부가 막대한 적자를 발생하고 경영사정이 호전될 가능성이 없어 이 사업부를 폐지한 경우,[2)] 사업물량의 감소에 따른 경영난을 해소하기 위하여 해당 사업부의 업종을 폐지·전환하는 경우,[3)] 계속된 적자로 일정 사업부를 하도급제로 운영하기로 한 경우,[4)] 회비·찬조금 등으로 유지되는 사업체에서 회비 등의 납부가 중단된 경우,[5)] 기업재정상 심히 곤란한 처지에 놓일 개연성이 있어 장래 기업재정의 악화를 방지하기 위하여 일부 사업을 대폭 축소한 경우[6)]에는 긴박한 경영상의 필요가 있다고 인정된다.

B. 인원삭감의 필요성 긴박한 경영상의 필요는 기업의 적자·도산 등 고도의 경영위기를 회피하기 위한 경우로 한정되는 것은 아니고, 신기술 도입·작업형태 변경·조직 개편 등 기업의 경쟁력 강화를 위하여 객관적으로 보아 인원삭감의 합리성(필요성)이 인정되는 경우도 포함한다.[7)] 시장경제체제 아래서 기업이 존립하려면 경쟁력을 가져야 하는데, 신기술 도입·작업형태 변경 등의 조치를 하지 않고서는 경쟁력을 유지·강화할 수 없는 사정 아래서는 인원삭감이 필요하다(과잉인원이 존재한다)고 인정하지 않을 수 없기 때문이다.[8)]

따라서 예컨대 회사의 민영화과정에서 경쟁력 저하를 타개하고 적자요인을 해소하기 위하여 기구를 축소한 경우,[9)] 경영합리화를 위하여 직제를 개편한 경

1) 대법 2015. 5. 28, 2012두25873<핵심판례>.
2) 대법 1992. 5. 12, 90누9421.
3) 대법 1997. 9. 5, 96누8031.
4) 대법 1995. 12. 22, 94다52119.
5) 대법 1995. 12. 5, 94누15783.
6) 대법 1990. 1. 12, 88다카34094.
7) 대법 2002. 7. 9, 2001다29452; 대법 2015. 5. 28, 2012두25873<핵심판례>.
8) 판례가 "장래에 올 수도 있는 위기에 미리 대처하기 위하여 인원삭감이 객관적으로 보아 합리성이 있다고 인정되는 경우도 포함"된다고 판시하는 것도 이러한 의미이다. 또한 이와 같은 긴박한 경영상 필요가 있는지는 정리해고를 할 당시의 사정을 기준으로 판단한다(대법 2022. 6. 9, 2017두71604)
9) 대법 1994. 6. 14, 93다48823.

우에는[1] 도산 등의 경영위기가 없지만 객관적으로 인원삭감의 필요가 인정된다. 회사의 경영위기가 상당기간 신규 설비 및 기술 개발에 투자하지 못한 데서 비롯된 계속적·구조적인 경우에도 긴박한 경영상의 필요가 인정된다.[2] 또 정부투자기관 등 정부의 지휘·감독을 받는 공기업의 경우는 정부의 예산 삭감 조치나 구조조정 방침 등이 있으면 긴박한 경영상의 필요가 인정될 수 있을 것이다.

그러나 경쟁력의 유지·강화를 위한 구조조정 조치에 수반하는 인원삭감이 객관적으로 필요하지 않는데도 사용자가 주관적으로 기업발전을 위하여 인원삭감이 필요하다고 판단한 경우에는 긴박한 경영상의 필요가 있다고 볼 수 없다. 예컨대 쟁의행위로 일시 정상적인 경영이 어려운 경우,[3] 재정적자를 예상하고 정리해고를 했으나 경영실적이 호전된 경우,[4] 정리해고 당시 사업체의 자금사정 및 해고 후의 경영상태 등이 양호한 경우,[5] 회사가 다수의 직원과 임원을 신규로 채용하고 상당한 성과급을 지급하는 경우[6] 등이 그렇다.

C. 사업의 양도·인수·합병 근로기준법은 경영악화를 방지하기 위한 사업의 양도·인수·합병은 긴박한 경영상의 필요가 있는 것으로 본다고 규정하고 있다(24조 1항 후단).

(1) 사업의 양도에 관해서는 이미 살펴본 바와 같다. '사업의 인수·합병'이란 기업체의 경영지배권 획득을 목적으로 하는 행위를 포괄적으로 지칭하는 것이다(흔히 'M&A'라 부른다). 다른 기업으로부터 사업을 양도받거나 다른 기업과 합병하거나 다른 회사 주식의 상당한 부분을 매입하는 등의 방법으로 이루어진다. 기업 간의 경쟁이 치열해지고 더구나 세계화(globalization) 시대를 맞아 자본의 이동이 자유롭게 되면서 인수·합병은 기업의 경쟁력을 유지·강화하는 수단으로 널리 이용되고 있다.

(2) 사업의 양도·인수·합병은 경영악화를 방지하기 위한 것이어야 정리해고를 할 수 있게 된다. 문제는 양도·인수·합병의 당사자 중에서 어느 쪽에 경영악화 방지의 목적이 있어야 하는가, 달리 말하자면 어느 쪽이 정리해고의 주체가 되는가에 있다.

---

1) 대법 1991. 1. 29, 90누4433.
2) 대법 2014. 11. 13, 2014다20875.
3) 대법 1993. 1. 26, 92누3076.
4) 대법 1989. 5. 23, 87다카2132.
5) 대법 1995. 11. 24, 94누10931.
6) 대법 2019. 11. 28, 2018두44647.

사업 양도의 경우에는 양수인이, 인수·합병의 경우에는 인수·합병인이 정리해고의 주체가 된다고 보는 견해가 있다. 그러나 양수인 또는 인수·합병인이 인계받은 근로자를 정리해고하기 위해서는 긴박한 경영상의 필요가 있음(24조 1항 전단에 해당함)으로써 족하고 그에게 경영악화를 방지하기 위한 양도·인수·합병인 것(24조 1항 후단에 해당할 것)을 요하지 않는다. 또 경영악화의 우려가 있는 기업은 다른 사업을 양수하거나 인수·합병할 경제적 여력도 없다. 따라서 경영악화 방지의 목적은 양도인 또는 피인수·합병인에게 있어야 하고, 이들이 정리해고의 주체가 된다고 보아야 한다. 경영악화의 우려에 직면한 기업이 사업의 양도·인수·합병 전에 그 근로자를 정리해고함으로써 경영악화를 방지하고 경쟁력을 가질 수 있도록 하려는 것이 이 규정을 둔 취지라 할 것이다.

나. 해고 회피 노력

사용자가 근로자를 정리해고하려면 해고를 피하기 위한 노력을 다해야 한다. 긴박한 경영상의 필요가 있더라도 과잉인원을 해고하지 않고 노동관계를 유지할 수 있는 방안을 최대한 모색해야 하며, 해고는 그러한 방안이 강구될 수 없는 경우에 보충적 수단으로서만 허용된다는 것이다.

해고 회피의 노력은 해고의 범위를 최소화하기 위하여 경영방침이나 작업방식의 합리화, 외주·도급의 해약, 일시휴직, 희망퇴직의 활용, 전직(배치전환) 등 가능한 조치를 취하는 것을 의미한다.[1] 그러나 해고 회피 노력의 방법과 정도는 확정적·고정적인 것이 아니라 해당 사용자가 직면한 경영위기의 정도, 정리해고를 해야 할 이유, 사업의 내용과 규모, 직급별 인원 상황 등에 따라 달라질 수밖에 없고, 근로자대표와 성실하게 협의하여 정리해고 실시에 관한 합의에 도달한 경우에는 이러한 사정도 해고 회피 노력의 판단에 참작해야 한다.[2]

그리하여 판례는 배치전환이나 조업단축도 없이 해고한 경우,[3] 희망퇴직을 실시했지만 해고 대상자와 면담 등을 통하여 직무전환이나 재취업을 알선하는 등 고용유지를 위한 노력이 없었던 경우[4]에는 해고 회피 노력을 인정하지 않는다. 그러나 폐지된 부서의 상용직근로자를 일부는 본사 및 다른 사업장에 배치전환하고 일부는 의원사직 처리하며 임시일용직을 일차적으로 정리했음에도 더 이상 다른 사업소에 배치전환을 할 수 없는 경우,[5] 작업의 성질이나 근로조건에 비

1) 대법 1992. 12. 22, 92다14779; 대법 1999. 4. 27, 99두202.
2) 대법 2002. 7. 9, 2001다29452<핵심판례>.
3) 대법 1990. 3. 13, 86다카24445.
4) 대법 2005. 9. 29, 2005두4403.

추어 특정 사업장에 종사하는 근로자를 지역이 다른 사업장으로 배치전환할 여지가 없고 다른 해고 회피 수단이 존재하지 않는 경우,[1] 업무내용이나 인적 구성에 비추어 배치전환이나 희망퇴직자 모집이 불가능하여 사무실 축소·임원임금 동결·촉탁직원 권고사직 등의 조치를 한 경우[2]에는 해고 회피 노력을 다한 것으로 인정하고 있다.

다. 합리적이고 공정한 선정

사용자는 근로자를 정리해고하려면 합리적이고 공정한 해고의 기준을 정하고 이에 따라 그 대상자를 선정해야 한다.

A. 해고 기준의 요소 (1) 일반적으로 합리적이고 공정한 해고기준이기 위해서는 근로자의 근속기간, 연령, 부양가족, 재산 정도, 건강 상태 등에 비추어 사회적 보호의 필요성(재취업의 어려움, 가정경제의 어려움 등)이 상대적으로 낮은 근로자를 선정해야 하고(근로자보호 요소), 근무성적, 경력, 업무능력, 숙련도 등 경영상의 이익에 비추어 손실이 상대적으로 적은 근로자를 선정해야 한다(경영이익 요소). 그러나 합리적이고 공정한 기준은 확정적·고정적인 것이 아니라 해당 사용자가 직면한 경영위기의 강도와 정리해고를 해야 할 경영상의 이유, 정리해고를 실시한 사업부문의 내용과 근로자의 구성, 정리해고 당시의 사회경제사정 등에 따라 달라질 수밖에 없고, 근로자대표와 성실하게 협의하여 해고기준에 관한 합의에 도달한 경우에는 이러한 사정도 해고 회피 노력의 판단에 참작해야 한다.[3]

그리하여 판례는 상용근로자보다 촉탁직원을,[4] 근속 기간이 긴 자보다 짧은 자를,[5] 연령이 많은 고위 직급자와 장기 재직자 및 근무성적 불량자를[6] 우선적으로 해고하는 것은 합리적이고 공정한 것으로 인정한다. 그러나 근무태도에 대한 주관적 평가에서 현격한 점수 차이를 내도록 하여 해고하는 것,[7] 장기근속자를 우선적으로 해고하는 것은[8] 합리적이고 공정한 것으로 인정하지 않는다.

---

5) 대법 1990. 1. 12, 88다카34094.
1) 대법 1992. 12. 22, 92다14779.
2) 대법 1995. 12. 5, 94누15783.
3) 대법 2002. 7. 9, 2001다29452.
4) 대법 1995. 12. 5, 94누15783.
5) 서울고법 1996. 5. 9, 95구19784.
6) 대법 2002. 7. 9, 2001다29452(노동조합과 합의한 점, 고위 직급자와 장기 재직자는 고임금을 받고 있어 그와 같은 기준이 해고 인원을 최소화하게 된다는 점이 고려된 것이다).
7) 대법 2012. 5. 24, 2011두11310.
8) 대법 1993. 12. 28, 92다34858. 또 미국에서는 노동조합의 요구에 따라 연장자·고참(seniority)이 더 보호받도록 하기 위하여 연령이 적은 자, 근속 기간이 짧은 자부터 해고한다는 규정을

(2) 전술한 근로자보호 요소들과 경영이익 요소들 중 어떤 것을 어느 정도 반영해야 합리적이고 공정하다고 볼 것인지가 문제된다.

현행법상 정리해고는 근로자의 직장보호를 위하여 엄격히 제한되고 있고 그러한 제한은 근로자의 직장상실이 가져올 수 있는 사회문제를 최소화하려는 것이라는 점에서 보면 근로자보호 요소를 우선적으로 고려해야 한다고 결론짓게 될 것이다. 한편, 현행법상 정리해고는 고도의 경영위기를 벗어나거나 기업의 경쟁력 유지·강화를 위하여 허용된다는 점에서 보면 경영이익 요소를 우선적으로 고려해야 한다고 결론짓게 될 것이다.

종래의 판례는 두 가지 요소를 임의로 혼합하여 해고의 기준으로 만든 대부분의 경우는 물론, 인사고과에 따른 근무성적 한 가지 또는 근무성적과 업무능력 두 가지의 경영이익 요소만을 반영하여 해고의 기준으로 한 경우에도[1] 합리성과 공정성을 부인할 수 없다고 한다. 어떤 요소를 어느 정도 반영할 것인가는 여러 경영 사정과 사용자의 재량에 맡겨지는 것이고 근로자보호 요소를 무시한다 하여 정리해고가 무효로 되는 것은 아니라는 것이다.

그러나 정리해고의 기준에는 경영이익 요소 외에 근로자보호 요소도 균형 있게 반영하고, 특히 독일의 경우처럼 최소한 근로자의 연령, 근속기간, 부양가족, 신체적 장애 여부는 반영해야 합리적이고 공정하다고 보아야 할 것이다. 판례도 최근에는 종전과 달리, 해고 기준이 단체협약 등으로 미리 정해져 있는 경우에는 그에 따르되 그렇지 않은 경우에는 근로자의 건강상태, 부양의무의 유무, 재취업 가능성 등 근로자 각자의 주관적 사정과 업무능력, 근무성적, 징계 전력, 임금 수준 등 사용자의 이익 측면을 적절히 조화시키되 사회적·경제적 보호의 필요성이 높은 근로자들을 배려할 수 있는 합리적이고 공정한 기준을 설정해야 한다고 본다.[2] 근로자보호 요소를 극히 일부만 반영한 경우나, 재취업의 가능성이 낮고 가족부양의 사정이 있어 사회적·경제적 보호의 필요성이 높은 근로자를 일률적으로 포함시킨 결과를 초래한 경우 합리적이고 공정한 해고기준이 될 수 없다.

(3) 정리해고에 앞서 배치전환을 실시하는 경우 그 대상자 선정기준이 최종적으로 이루어지는 해고 대상자 선정에도 영향을 미치게 된다면 배치전환 선

단체협약에 규정하고 있는 경우가 많다.

1) 대법 1992. 11. 10, 91다19463; 대법 2001. 1. 16, 2000두1454.

2) 대법 2021. 7. 29, 2016두64876<핵심판례>.

정기준도 해고대상자 선정기준에 준하여 합리성과 공정성을 갖추어야 한다.[1)]

B. 위법한 선정 기준 성별·국적·신앙·사회적 신분을 선정기준으로 하거나 노동조합의 조합원 또는 정당한 조합활동을 하거나 정당한 쟁의행위에 참가한 자를 우선적으로 선정하는 기준은 허용되지 않는다(근기 6조, 남녀 11조 1항, 노조 81조 1항 참조). 또 근로기준법은 해고 대상자의 선정에 관하여 '남녀의 성을 이유로 차별'하는 것을 금지하고 있다(근기 24조 2항 후단). 여성 근로자를 우선적으로 선정하는 경향이 있어 이를 특별히 방지하기 위하여 당연한 이치를 주의적·확인적으로 규정한 것이다.

라. 근로자대표와의 협의

정리해고하려면 해고를 피하기 위한 방법과 해고의 기준 등에 관하여 근로자대표에게 해고하려는 날의 50일 전까지 통보하고 성실하게 협의해야 한다.[2)]

A. 근로자대표 근로기준법은 '근로자대표'란 해당 사업 또는 사업장에 근로자의 과반수로 조직된 노동조합이 있으면 그 노동조합, 그러한 노동조합이 없으면 근로자의 과반수를 대표하는 자[3)]를 말한다고 규정하고 있다(24조 3항).

'근로자의 과반수로 조직된 노동조합'과 '근로자의 과반수를 대표하는 자'에서 말하는 '근로자'는 전체 근로자를 말하는지, 아니면 정리해고에 직접 이해관계를 가지는 근로자만 의미하는지가 문제된다. 특히 사용자가 노동조합에 가입하지 않은 일정 직급 이상의 근로자만 정리해고를 하기로 예정했는데, 전체 근로자의 과반수를 조직한 노동조합과 협의한 경우에 협의의 요건을 충족한 것인지, 아니면 일정 직급 이상의 근로자 과반수를 대표하는 자와 협의했어야 하는지가 문제된다. 근로기준법이 '그 사업(장)의 근로자에 과반수'라고 규정하고 있으며, 협의하는 내용인 해고 회피 노력방안과 해고 대상자 선정기준은 정리해고의 직접적인 대상인 근로자 집단의 이해관계만을 고려하기보다 사업(장) 전체의 이해관계를 고려하는 것이 적절하므로 전체 근로자 과반수의 대표자가 협의의 주체가 된

1) 대법 2021. 7. 29, 2016두64876.

2) 근로자들을 대표할 만한 노동조합이나 그 밖의 근로자집단도 없고, 취업규칙에도 그러한 협의조항이 없는 등 특별한 사정이 있는 때에는 사용자가 근로자측과 사전협의절차를 거치지 않았다 하여 정리해고를 무효라고 할 수는 없다는 판례(대법 1992. 11. 10, 91다19463)는 현행법 아래서는 타당하지 않다. 노동조합이 없더라도 '근로자대표'는 존재하고, 취업규칙에 '협의조항'이 없더라도 법률상 사전협의가 의무화되어 있기 때문이다.

3) 대법 2006. 1. 26, 2003다69393은 협의의 상대방이 형식적으로는 근로자 과반수의 대표로서의 자격을 명확히 갖추지 못했더라도 실질적으로 근로자의 의사를 반영할 수 있는 대표자로 인정된다면 근로자대표와의 협의 요건은 충족된다고 한다.

다고 보아야 할 것이다.[1)]

한편, 해당 사업 또는 사업장의 근로자인 이상, 상용근로자냐 기간제근로자 또는 단시간근로자냐, 직종이나 직급이 무엇이냐, 노동조합 가입 자격이 있느냐 여부 등에 관계없이 근로자 수에 포함된다.

B. 협의 '협의'란 자기 의견을 상대방에게 설명한 다음 상대방의 의견을 듣거나 질문에 답변하면서 수용할 것은 최대한 수용하고 그렇지 못한 것은 그 이유를 설명하는 일련의 의견교환이나 논의과정을 말하고 합의와 다르다. 협의과정에서 합의에 이를 수 있고 그것이 가장 바람직하지만, 합의되지 않았다 하여 정리해고를 할 수 없게 되는 것은 아니다.

근로자대표와의 협의가 필수적인가에 관하여 판례는 근로자측과 협의해도 별다른 효과를 기대할 수 없는 특별한 사정 아래서는 협의를 거치지 않더라도 무방하다고 한다.[2)] 그러나 협의 과정에서 근로자들의 의견이 부분적으로 반영되거나 근로자들이 정리해고 방침을 수긍할 수도 있기 때문에 협의는 반드시 거쳐야 한다고 생각한다.

마. 요건 결여의 효과

이상의 네 가지 요건을 갖추어 해고한 경우에는 정당한 이유가 있는 해고를 한 것으로 본다. 거꾸로 이들 네 가지 요건을 갖추지 못하면 정당한 이유가 없는 해고(부당해고)로서 해당 근로자는 노동위원회에 구제신청을 할 수 있고(28조 1항) 그 해고는 무효가 된다.

A. 일부 요건의 결여 문제는 정리해고가 이들 요건 중 하나라도 갖추지 않으면 무효가 되는지 여부에 있다.

판례는 정리해고가 정당하다고 하기 위해서는 이들 요건의 구비 여부를 전체적·종합적으로 고려하여 그 해고가 객관적 합리성과 사회적 상당성을 지닌 것으로 인정되어야 한다고 본다.[3)] 그리하여 예컨대 건물관리회사가 경영상 필요하여 건물의 시설관리업무를 전문용역업체에 위탁함에 따라 직제가 폐지되는 근로자를 수탁업체가 인수하도록 합의했으나 이에 불응한 근로자를 해고한 경우,[4)]

1) 이로써 종전의 견해를 변경한다. 대법 2002. 7. 9, 2001다29452는 전체 직원의 과반수로 조직된 노동조합과 협의했고 그 과정에서 대상 인원이 대폭 감소되는 등을 고려하면 정리해고 대상인 3급 이상 직원들만의 대표와 협의하지 않았더라도 협의의 요건을 충족한다고 보아, 마찬가지로 전체 근로자의 과반수를 기준으로 한다.

2) 대법 1992. 11. 10, 91다19463; 대법 1994. 5. 10, 93다4892; 대법 1995. 12. 5, 94누15783.

3) 대법 1995. 12. 5, 94누15783; 대법 1999. 5. 11, 99두1809.

4) 대법 1999. 5. 11, 99두1809.

정리해고의 다른 요건은 충족되지만 근로자대표에 대한 통지·협의의 기간이 법정기준에 미달하는 경우[1]에는 정당한 해고로 인정한다. 그러나 본사 사업장을 폐쇄하면서 사업을 계속하고 있는 다른 사업장 소속의 근로자까지 해고한 경우에는 정당한 것으로 인정하지 않는다.[2]

B. 폐업·파산 등에 따른 해고 판례는 사업체의 소멸이 불가피하여 다른 합작기업으로의 전적을 권유했으나 이에 불응한 근로자에 대한 해고,[3] 파산선고를 받아 사업을 폐지하기 위하여 청산과정에서 한 해고[4]는 정리해고가 아니라 통상해고라고 전제하면서 정리해고 제한 규정이 적용되지 않는다고 한다. 폐업이나 도산 등에 불가피하게 수반되는 해고의 경우에는 해고 회피 노력, 대상자 선정의 공정성과 합리성, 근로자대표와의 협의가 무의미하다는 점을 고려한 듯하다.[5] 다른 한편, 사용자가 일부 사업 부문을 폐지하고 그 사업 부문에 속한 근로자를 해고한 경우 정리해고의 요건은 갖추지 못했더라도 폐업에 따른 통상해고로서 예외적으로 정당하기 위해서는 일부 사업의 폐지·축소가 사업 전체의 폐지와 같다고 볼 만한 특별한 사정이 인정되어야 한다고 한다.[6]

3. 그 밖의 제한과 사후조치

가. 대규모 정리해고의 신고

근로기준법은 사용자는 정리해고를 할 때에 대상 인원이 시행령으로 정하는 일정한 규모 이상인 경우에는 시행령으로 정하는 바에 따라 고용노동부장관에게 신고하라고 규정하고 있다(24조 4항).[7] 사용자에게 이러한 신고 의무를 부여한 것은 대량 해고에 대한 행정적 감독·지도를 하고 해당 근로자들의 고용안정을 지

1) 대법 2003. 11. 13, 2003두4119.
2) 대법 1993. 1. 26, 92누3076.
3) 대법 1996. 10. 29, 96다22198.
4) 대법 2001. 11. 13, 2001다27975; 대법 2003. 4. 25, 2003다7005. 한걸음 더 나아가 대법 2004. 2. 27, 2003두902는 파산선고에 따른 해고의 경우에는 파산선고의 존재 그 자체가 정당한 해고 사유가 된다고 한다.
5) 그러나 무리한 해석이라는 비판을 받을 여지가 있으므로, 파산 등의 경우에 정리해고 제한을 적용하지 않는다는 취지의 규정을 신설하는 입법적 해결이 바람직하다고 생각된다.
6) 대법 2021. 7. 29, 2016두64876.
7) 시행령은 사용자는 해당 사업 또는 사업장의 상시 근로자수가 99명 이하인 경우에는 10명 이상을, 100명 이상 999명 이하인 경우에는 10% 이상을, 1,000명 이상인 경우에는 100명 이상을 각각 1개월 동안 해고하려면 최초로 해고하려는 날의 30일 전까지 해고 사유, 해고 예정 인원, 근로자대표와의 협의 내용, 해고 일정을 포함하여 신고해야 한다고 규정하고 있다(10조).

원하려는 것이다.

신고는 정리해고의 요건으로 규정되어 있지 않으므로 신고하지 않았다 하여 그 해고가 부당한 것으로 인정되는 것은 아니다. 또 신고 의무 위반에 대한 벌칙도 없다.

나. 해고자의 우선재고용

근로기준법은 근로자를 정리해고한 사용자는 해고한 날부터 3년 이내에 해고된 근로자가 해고 당시 담당했던 업무와 같은 업무를 할 근로자를 채용하려고 할 경우, 정리해고된 근로자가 원하면 그 근로자를 우선적으로 고용하라고 규정하고 있다(25조 1항). 긴박한 경영상의 사정으로 정리해고를 한 후 3년 이내에 경영사정이 호전되어 해고된 근로자가 담당했던 업무를 수행할 근로자를 다시 채용하게 된 경우에는 정리해고된 근로자를 우선적으로 재고용하라는 것이다.

'정리해고된 근로자가 원하면' 우선적으로 고용하라는 것은 그 근로자가 고용계약 체결을 원하지 않거나 고용계약 체결을 기대하기 어려운 객관적인 사유가 있는 등의 특별한 사정이 없는 이상 우선적으로 고용하라는 것을 말하므로, 사용자가 그 근로자에게 고용계약 체결을 원하는지 여부를 확인하지 않은 채 제3자를 채용했다면, 위와 같은 특별한 사정이 없는 한 우선재고용 의무를 위반한 것으로 볼 수 있다.[1)]

사용자가 우선재고용 의무를 위반한 경우 이에 대한 벌칙은 없다. 그러나 이 경우 해고 근로자는 사용자를 상대로 고용의 의사표시를 갈음하는 판결을 구하는 민사소송을 할 수 있고 판결이 확정되면 고용관계가 성립한다.[2)]

Ⅲ. 해고 시기의 제한

1. 해고 금지 기간

근로기준법은 근로자가 업무상 부상 또는 질병의 요양을 위하여 휴업한 기간과 그 후 30일 동안, 산전·산후의 여성이 이 법에 따라 휴업한 기간과 그 후 30일 동안은 해고를 금지하고 있다(23조 2항 본문).[3)] 이 규정은 근로자가 노동력을

1) 대법 2020. 11. 26, 2016다13437<핵심판례>.

2) 대법 2020. 11. 26, 2016다13437(이 경우 근로자는 사용자의 우선재고용 의무가 발생한 때부터 고용관계가 성립할 때까지의 임금 상당 손해배상금을 청구할 수 있으며, 근로자가 다른 직장에 근무하여 얻은 수입은 손해배상액 산정에서 공제해야 하고 이때 근로기준법의 휴업수당에 관한 규정은 적용하지 않는다).

상실하고 있는 기간과 노동력을 회복하기에 상당한 그 후의 30일 동안에는 근로자를 실직의 위협으로부터 절대적으로 보호하려는 취지에서 설정한 것이다.[1]

가. 금지 기간의 범위

A. 업무상 상병 요양 목적의 휴업 업무상 부상 또는 질병의 요양을 위하여 휴업한 기간과 그 후 30일에 대하여 해고가 금지된다. '휴업'이란 근로를 하지 못한 것, 즉 결근한 것을 말하며, 휴직을 했느냐 여부는 중요하지 않다.

업무상 부상·질병의 요양을 받는 자가 업무상 부상·질병의 요양 이외의 목적·이유로 휴업한 때에는 해고가 금지되지 않는다. 그러나 예컨대 트럭운전사가 업무상의 부상으로 요양을 받는 기간에 쟁의행위를 주도했다 하더라도 본래의 업무를 정상적으로 수행할 수 있는 정도로 회복된 것은 아니므로 요양을 위하여 휴업한 기간으로 보아야 한다.[2] 병원에 입원하여 치료를 받는 기간은 물론, 집에서 통원치료하면서 취업하지 못한 기간도 요양을 위하여 휴업한 기간에 해당한다.

틈틈이 출근 또는 취업하면서 통원치료 등 요양을 위한 휴업을 계속하는 기간도 해고가 금지된다고 볼 것인지가 문제된다. 이에 대하여 판례는 '요양을 위하여 필요한 휴업'에는 정상적인 노동력을 상실하여 출근을 전혀 할 수 없는 경우뿐만 아니라, 노동력을 일부 상실하여 정상적인 노동력으로 근로를 제공하기 곤란한 상태에서 치료 등 요양을 계속하면서 부분적으로 근로를 제공하는 부분적 휴업도 포함된다고 본다.[3]

B. 출산전후휴가와 유산·사산휴가 산전·산후의 여성이 근로기준법에 따라 휴업한 기간, 즉 임신한 여성이 출산전후휴가 또는 유산·사산휴가를 사용한 기간과 그 후 30일에 대해서도 해고가 금지된다. 임신 중의 여성이 산전에는 휴가를 사용하지 않고 계속 근로하다가 산후에만 휴가를 사용한 경우도 이에 포함된다.

---

3) 남녀고용평등법은 육아휴직의 기간에도 해고하지 못한다고 규정하고 있다(19조 3항).

1) 대법 1991. 8. 27, 91누3321. 같은 취지: 대법 2021. 4. 29, 2018두43958(한편, 이 규정에 따른 해고 제한의 필요성은 시용 근로자에 대하여도 인정되므로, 시용관계에 있는 근로자가 업무상 부상 등으로 요양이 필요한 휴업 기간 중에는 사용자가 시용근로자를 해고하거나 본계약 체결을 거부하지 못한다).

2) 대법 1991. 8. 27, 91누3321.

3) 대법 2021. 4. 29, 2018두43958.

나. 기간 중의 해고 예고

근로자에 대한 해고 금지 기간에는 해고의 예고를 하는 것도 금지된다고 보는 견해가 있다.

그러나 근로기준법은 해고와 해고의 예고를 명확히 구분하고 있고, 해당 휴업 기간만이 아니라 정상상태가 회복된 휴업기간 이후의 30일 동안도 해고 금지 기간으로 규정하고 있는 점에 비추어 보면, 이 기간에 금지하는 것은 해당 기간에 효력이 발생하는 해고로 한정되고 해고의 예고까지 포함하는 것은 아니라고 보아야 한다. 예컨대 출산전후휴가 또는 유산·사산휴가 기간이 만료되는 날에 31일의 기간을 두어 해고예고를 하는 것은 해고 금지 기간에 해고의 효력이 발생하지 않으므로 허용된다고 보아야 할 것이다.

다. 위반의 효과

해고 금지 기간에 근로자를 해고하면 벌칙(107조)이 적용된다. 또 금지 기간에 한 해고는 위법한 해고로서 무효이고, 해고 후 금지 기간이 지났다 하여 무효였던 해고가 유효로 될 수 없다.[1)]

2. 해고 시기 제한의 예외

근로기준법은 사용자가 업무상의 부상·질병에 대하여 일시보상을 지급한 경우 또는 사업을 계속할 수 없게 된 경우에는 예외적으로 해고 시기의 제한을 받지 않는다고 규정하고 있다(23조 2항 단서).

(1) 근로자가 업무상의 부상·질병에 대하여 일시보상을 받은 경우에는 요양의 비용과 요양 기간 중의 생활비를 확보했기 때문에 해고되더라도 효과적인 구직활동을 할 필요가 없게 된다. 이 점을 고려하여 해고 금지 기간으로 규정된 기간에도 예외적으로 해고를 허용한 것이다.

산재보험법에 따라 요양급여를 받는 근로자가 요양을 시작한 후 3년이 지난 날 이후에 상병보상연금을 지급받고 있으면 근로기준법상 해고 시기 제한 규정을 적용할 때 그 사용자는 그 3년이 지난 날 이후에는 일시보상을 지급한 것으로 본다(산재 80조 4항).

(2) '사업을 계속할 수 없게 된 경우'란 해당 근로자가 소속한 사업장 또는 부서의 업무운영(조업)을 상당한 기간 동안 중지하게 된 경우를 말하고, 반드시

1) 대법 2001. 6. 12, 2001다13044(선원법상의 해고 시기 제한 규정과 관련).

해당 사업이 폐업하게 되거나 주요 사업장의 조업을 계속할 수 없게 될 것을 요하지 않는다. 또 조업 중지의 사유는 천재·사변, 그 밖의 부득이한 사유에 따른 것이든 불경기나 관리 소홀에 따른 것이든 관계없다. 그러나 일시적으로 조업이 중지되는 경우까지 예외로 인정하려는 취지는 아니므로 조업 중지의 시점에서 제반 사정에 비추어 해당 근로자가 적어도 업무상 재해의 요양을 위한 휴업 등을 종료하고 복귀할 때까지 조업 중지가 계속될 것으로 예상되는 경우로 한정된다고 보아야 할 것이다.

Ⅳ. 해고의 예고

1. 해고예고 의무

근로기준법은 사용자는 근로자를 해고(정리해고 포함)하려면 적어도 30일 전에 예고해야 하고, 30일 전에 예고를 하지 않은 때에는 30일분 이상의 통상임금을 지급하도록 규정하고 있다(26조 본문). 근로기준법이 이와 같이 사용자에게 해고예고 의무(해고예고수당 지급 의무 포함; 이하 해고의 예고에 관하여 같음)를 부과한 것은 정당한 이유가 있어 해고된 근로자에게 새 직장을 구할 수 있는 시간적 또는 경제적 여유를 주려는 것이다.

해고예고 의무는 해고에 정당한 이유가 있는 경우에 추가적으로 적용되는 절차상의 제한이므로, 해고예고 의무를 이행했다 하여 해고가 정당화되는 것은 아니다.[1)]

가. 30일 전 예고

근로자를 '해고하려면 적어도 30일 전에 예고'해야 한다. 따라서 예고를 할 때에는 해고하려는 날, 즉 해고의 효력 발생 예정일을 특정하여 예고해야 하며, 불확정한 기한이나 조건을 붙이는 등 언제 해고되는지를 근로자가 알 수 없는 방법으로 하는 것은 예고로서의 효력이 없다.[2)] 예고는 해고하려는 날부터 적어도 30일 전에(30일 이상의 기간을 두어) 해야 하므로 예고 기간이 30일 미만인 경우에는 예고로서의 효력이 없다.

---

1) 대법 1990. 10. 10, 89도1882; 대법 1992. 3. 31, 91누6184.

2) "후임자가 정해졌다. 당분간 근무를 계속하다가 후임자가 오면 인계하라"고 말한 것은 해고의 예고로 볼 수 없다(대법 2010. 4. 15, 2009도13833).

나. 해고예고수당

30일 전에 예고를 하지 않은 때에는 '30일분 이상의 통상임금'을 해고예고수당으로 지급해야 한다. 해고예고수당은 '30일 전에 예고를 하지 않은 때'에 지급해야 하므로, 아무런 예고 없이 당일에 해고하는 경우(즉시해고)는 물론, 예고는 했지만 그 기간이 30일에 미치지 못하는 경우에도 지급해야 한다.

해고예고수당은 30일 전의 예고를 하지 않은 것에 대한 경제적 보상으로서 30일 전의 예고를 갈음하는 법적 효과를 가진다. 사용자는 30일 이상의 예고 기간을 두고 해고하는 방법과 해고예고수당을 지급하고 일정 기간 후 또는 즉시 해고하는 방법 중 어느 하나를 임의로 선택할 수 있다. 해고예고수당은 해고를 할 때 거쳐야 할 절차이므로 근로자를 해고하려는 날까지 지급해야 한다.

해고예고수당은 해고가 유효한지 여부와 관계없이 지급되어야 하는 돈으로서 그 해고가 부당해고에 해당하여 효력이 없게 되었다 하더라도 이미 지급된 해고예고수당을 부당이득이라 볼 수는 없다.[1)]

다. 예고 기간 중의 결근

근로자는 30일 전에 예고를 받았더라도 계약상의 근로제공 의무를 면하는 것은 아니므로 예고 기간 동안 근로를 제공해야 임금을 지급받을 수 있다. 이에 비하여 해고예고수당은 근로를 제공하지 않고 지급받는 것이므로, 새로운 직장을 구하기 위한 활동을 일과시간 중에 해야 하는 근로자의 입장에서는 30일 전의 예고보다 30일분 이상의 통상임금에 해당하는 해고예고수당 쪽이 경제적으로는 더 유리하게 된다. 양자 사이의 이러한 불균형은 최소화되어야 한다는 점에서 예고 기간에 근로자가 새로운 직장을 구할 목적으로 부득이 결근한 경우에는 사용자는 이에 대하여 임금을 지급할 의무를 진다고 보아야 할 것이다.

라. 해고예고 의무 위반의 효과

(1) 사용자가 해고예고 의무에 위반하여 근로자를 해고하면 벌칙(110조)이 적용된다. 30일 전에 예고하지 않은 것만으로 해고예고 의무 위반이 되지 않고, 30일 전에 예고를 하지 않은 채 해고예고수당도 지급하지 않은 경우라야 해고예고 의무 위반이 된다.

(2) 30일 전의 예고도 없고 해고예고수당의 지급도 없이 해고의 통지(예고의 의미 포함)를 한 경우 그 효력이 문제된다.

1) 대법 2018. 9. 13, 2017다16778<핵심판례>.

무효설은 해고예고 의무 규정은 강행법규이므로 이에 위반하는 해고의 통지는 언제나 무효라고 한다. 이에 따르면 사용자가 해고의 예고를 하여 30일 이상의 예고 기간이 만료될 때까지 또는 해고예고수당을 지급하면서 다시 해고의 통지를 할 때까지 노동관계는 종료되지 않게 된다.

유효설(판례)은 해고예고 의무 규정은 강행법규가 아니라 단속법규이므로 이에 위반하더라도 해고의 통지 그 자체는 유효라고 한다.[1] 이에 따르면 사용자가 해고예고수당의 지급을 지연한 책임은 져야 하지만, 사용자가 당초에 근로자를 해고하려 했던 날에 노동관계는 종료된다.

무효설에 따르면 근로자가 해고를 수용하기로 하고 해고예고수당을 받으려는 경우에도 해고 자체가 무효여서 해고예고수당을 청구할 수 없는 불합리한 결과가 된다. 근로기준법의 규정은 원칙적으로 강행법규이지만, 해고예고 의무에 관해서는 30일 전의 예고를 하지 않은 경우에 해고를 무효로 하지 않고 오히려 해고예고수당만 지급하면 즉시해고도 할 수 있도록 허용하고 있는 점에서 보통의 강행법규와는 성질을 달리하고 있다. 유효설이 타당하다고 생각한다.[2]

2. 해고예고 의무의 예외

근로기준법은 ① 근로자가 계속 근로한 기간이 3개월 미만인 경우, ② 천재·사변, 그 밖의 부득이한 사유로 사업을 계속하는 것이 불가능한 경우, 또는 ③ 근로자가 고의로 사업에 막대한 지장을 초래하거나 재산상 손해를 끼친 경우로서 시행규칙으로 정하는 사유에 해당하는 경우에 해당하면 예외적으로 해고예고 의무가 배제된다고 규정하고 있다(26조 단서). 이러한 경우까지 근로자에게 재취직을 위한 시간적·경제적 여유를 주도록 하는 것은 사용자에게 가혹하다고 보아 예외로 규정한 것이다. 이러한 예외적 사유에 해당하면 사용자는 근로자를 해고예고수당의 지급 없이 또 30일 전의 예고도 없이 즉시해고를 할 수 있는 것이다.

'계속 근로한 기간이 3개월 미만'인 근로자인 이상 일용근로자이든 아니든

---

1) 대법 1993. 9. 24, 93누4199; 대법 1993. 11. 9, 93다7464.

2) 이 밖에 해고예고 의무를 위반한 해고의 통지는 즉시해고로서는 효력을 발생하지는 않지만, 사용자가 즉시해고를 고집하는 취지가 아닌 이상 통지 후 30일의 기간이 지나거나 해고예고수당을 지급하면 해고의 효력이 발생한다고 보는 상대적 무효설, 해고예고 의무에 위반한 해고의 통지에 대하여 근로자가 무효임을 주장할 수도 있고 유효임을 전제로 해고예고수당의 지급을 청구할 수도 있다고 보는 선택권설도 있다.

관계없고, 계절적 업무에 종사하느냐 또는 수습사용 중에 있느냐 여부 등도 관계없이 일률적으로 해고예고 의무가 배제된다.

'천재·사변, 그 밖의 부득이한 사유'란 천재·사변, 그 밖에 기업의 외부에 원인이 있고 또 사용자로서는 불가항력적인 사유를 말한다. 풍수해·화재 등 돌발적인 사태로 사업의 주된 건물·기계·시설 등의 전부 또는 일부가 멸실 또는 소실되거나 조업계속에 영향을 미치는 내용으로 법령이 개폐되는 경우가 이에 해당하지만, 일반적인 불경기나 관리 소홀에 따른 기계 고장 등은 그렇지 않다고 보아야 할 것이다.

'사업을 계속하는 것이 불가능'하다는 것은 해당 근로자가 소속한 사업장 또는 부서의 업무운영(조업)이 상당한 기간 동안 중지될 수밖에 없는 것을 말한다.

'근로자가 고의로 사업에 막대한 지장을 초래하거나 고의로 재산상의 손해를 끼친 경우'에 해고예고 의무가 배제되므로 부주의로 기계를 손상하는 등 사업에 지장을 초래한 경우, 고의는 있었지만 사업에 초래된 지장이 경미한 경우에는 예외사유가 되지 않는다. 해고예고 의무가 배제되는 이들 근로자 귀책사유의 구체적 내용은 시행규칙으로 정하도록 위임되어 있다.[1)]

Ⅴ. 해고의 서면 통지

근로기준법은 사용자는 근로자를 해고하려면 해고의 사유와 시기를 서면으로 통지해야 한다고 규정하고 있다(27조 1항). 이 규정은 사용자가 근로자를 해고하는 데 신중을 기하게 하는 한편(같은 내용이라도 글로 하라면 더 신중하기 마련), 해고의 존부 및 시기와 그 사유를 명확하게 하여 사후에 이를 둘러싼 분쟁이 적정하고 용이하게 해결되고, 근로자에게는 해고에 적절히 대응할 수 있도록 하려는 것이다.[2)]

1) 근로기준법 시행규칙은 ① 납품업체로부터 금품·향응을 제공받고 불량품을 납품받아 생산에 차질을 가져온 경우, ② 영업용 차량을 임의로 타인에게 대리운전하게 하여 교통사고를 일으킨 경우, ③ 사업의 기밀이나 그 밖의 정보를 경쟁관계에 있는 다른 사업자 등에 제공하여 사업에 지장을 가져온 경우, ④ 허위사실을 날조·유포하거나 불법 집단행동을 주도하여 사업에 막대한 지장을 가져온 경우, ⑤ 영업용 차량 운송수입금을 부당하게 착복하는 등 직책을 이용하여 공금을 착복·장기유용·횡령하거나 배임한 경우, ⑥ 제품·원료 등을 절취 또는 불법 반출한 경우, ⑦ 인사·경리·회계 담당 직원이 근로자의 근무상황 실적을 조작하거나 허위 서류 등을 작성하여 사업에 손해를 끼친 경우, ⑧ 사업장의 기물을 고의로 파손하여 생산에 막대한 지장을 가져온 경우를 예시하고 있다(4조).

1. 서면 기재

'서면'이란 일정한 내용을 종이에 적은 문서를 말하고 이메일 등 전자문서와는 구별된다. 다만 근로자가 이메일을 수신하는 등으로 내용을 알고 있는 이상 이메일로 해고를 통지하는 것이라도 구체적 사정에 따라 서면에 의한 해고통지로서 유효하다고 보아야 할 경우도 있다.[1]

서면에 기재할 '해고의 사유'는 근로자의 처지에서 해고사유가 무엇인지를 구체적으로 알 수 있어야 하며, 징계해고의 경우에는 해고의 실질적 사유가 되는 구체적 사실 또는 비위 내용을 적어야 하고 단순히 단체협약 등의 관련 조문만 나열하는 것으로는 불충분하다.[2] 정리해고의 경우에는 적어도 정리해고의 불가피성 및 그 근로자를 해고대상자로 선정한 이유를 적어야 할 것이다. 그러나 근로자가 이미 해고사유가 무엇인지 구체적으로 알고 있고 그에 충분히 대응할 수 있는 상황이었다면 해고통지서에 해고사유를 상세하게 기재하지 않아도 된다.[3] 다만, 그러한 상황이었다고 하더라도 사용자가 해고를 서면으로 통지하면서 해고사유를 전혀 기재하지 않는 것은 해고사유 서면 통지로 인정하기 곤란하다.[4]

한편, 해고사유를 서면으로 통지할 때 해고통지서 등 명칭이어야 하는 것은 아니고 근로자의 처지에서 해고사유가 무엇인지를 구체적으로 알 수 있는 서면이면 충분하다.[5]

서면에 기재할 '해고의 시기'는 해고를 통지하는 시기가 아니라 해고의 효력을 발생시키려는 시기를 말한다. 적어도 연월일을 적어야 할 것이다.

---

2) 대법 2011. 10. 27, 2011다42324. 같은 취지: 대법 2021. 10. 28, 2021두45114(기간제 근로계약이 종료된 후 사용자가 갱신 거절의 통보를 하는 경우에는 이 규정이 적용되지 않는다).

1) 대법 2015. 9. 10, 2015두41401(근로자가 징계위원회에 출석·소명한 후, 구제신청에 필요하다면서 관련 자료를 특정 노무사에게 보내도록 요청했고, 노무사를 통해 이메일로 보낸 징계결과 통보서를 수령한 사정 등을 고려하여 유효로 인정); 서울중지법 2009. 9. 11, 2008가합42794(해외연수 기간 중 이메일로 교신해왔고 해고 사실을 기재한 이메일에 해고 사유가 담긴 '인사위원회 의결통보서'를 첨부한 사정 등을 참작하여 유효로 인정).

2) 대법 2011. 10. 27, 2011다42324.

3) 대법 2015. 7. 9, 2014다76434; 대법 2022. 1. 14, 2021두50642.

4) 대법 2021. 2. 25, 2017다226605<핵심판례>.

5) 대법 2021. 7. 29, 2021두36103(해고사유가 된 근로자의 비위가 다소 축약적으로 기재된 회의록 사본을 교부했더라도 해고사유 서면 통지에 위반한 것은 아니다).

2. 통지의 방법과 시기

서면으로 통지하는 방법에는 제한이 없으므로 우편이나 인편으로 하든 직접 교부하든 관계없지만, 근로자에게 서면이 도달해야 한다.

서면 통지의 시기에는 제한이 없으므로 근로자를 해고하려는 날에 할 수도 있고 일정 기간 전에 미리 할 수도 있지만, 해고 통지의 성질상 해고하려는 날 이후에 할 수는 없다. 따라서 예컨대 해고하려는 날에 구두로 통지하고 며칠 후에 해고의 시기를 며칠 전 날짜로 기재하여 서면 통지를 했다면 해고의 효력은 서면에 기재한 날짜가 아니라 서면 통지를 한 날에 발생한다.

사용자가 해고의 예고를 해고의 사유와 시기를 명시한 서면으로 한 경우에는 해고의 서면 통지를 한 것으로 본다(27조 3항). 해고의 사유와 시기를 명시하여 서면으로 해고의 예고를 한 경우에는 서면 통지의 취지가 달성된 것(해고의 예고와 해고의 서면 통지를 동시에 한 것)이므로 별도로 서면 통지를 하지 않아도 된다는 점을 명시한 것이다.

3. 위반의 효과

사용자가 서면 통지 규정을 위반하여 근로자를 해고한 것에 대한 벌칙은 없다. 그러나 근로기준법은 근로자에 대한 해고는 해고의 사유와 시기를 서면으로 통지해야 그 효력이 있다고 규정하고 있다(27조 2항).[1]

따라서 예컨대 구두로 해고를 통지한 경우에는 정당한 이유가 없이 해고를 한 경우처럼 해고는 무효가 된다. 이 경우 근로자는 노동위원회에 부당해고 구제신청을 할 수 있고, 노동위원회는 해고 사유나 절차가 적법한지 여부에 관계없이 서면으로 통지하지 않았다는 이유만으로도 근로자의 원직복귀와 임금소급지급의 구제명령을 해야 할 것이다.[2]

---

1) 근로기준법의 규정은 대부분 사용자에게 일정한 의무를 과하고 있을 뿐 그 의무의 이행이 효력 발생 요건인지 여부를 규정하고 있지는 않다. 그 점에서 이 규정은 매우 이례적이지만, 단속규정이 아니라 효력규정이라는 점을 강조하기 위하여 그렇게 입법했을 것이다.

2) 서울고법 2009. 7. 29, 2009누1619; 서울고법 2010. 1. 28, 2009누19764는 서면에 의하지 않은 해고는 무효라고 하여 노동위원회가 부당해고로 판정한 것을 지지한다.

제2절 해고 이외의 노동관계 종료사유

Ⅰ. 사직 및 합의해지

노동관계는 사직이나 합의해지로 종료될 수도 있다. '사직'(임의퇴직)이란 근로자 쪽에서 하는 근로계약의 해지, 즉 근로자 일방의 의사표시로 노동관계를 종료하는 것을 말한다. '합의해지'란 근로계약 당사자 사이의 합의로, 예컨대 근로자가 사직의 의사표시(청약)를 하고 사용자가 이를 수리(승낙)함으로써 노동관계를 종료하는 것을 말한다.[1)]

사직이나 합의해지에 관하여 근로기준법 등에 특별한 규정이 없으므로 민법이 적용된다. 민법에 따르면 계약 기간을 약정하지 않은 근로자는 언제든지(특별한 사유가 없더라도) 해지(사직)의 통고를 할 수 있고 이 경우 사용자가 통고를 받은 날부터 1개월(월급제 근로자는 통고한 달의 다음 달)이 지나면 노동관계가 종료된다(민법 660조 참조).[2)]

1. 사직 통고와 합의해지 청약

(1) 근로자가 사직서를 제출하면 소정의 통고 기간이 지남으로써 노동관계가 종료되거나 사용자가 승낙함으로써 노동관계가 종료되며, 사용자가 이에 따른 노동관계 종료를 통지하는 것은 관념(사실)의 통지이지 해고의 의사표시가 아니다.[3)] 근로자의 사직서 제출이 사직의 통고(해약 고지)인지 합의해지의 청약인지는 사직서의 기재 내용, 사직서 작성·제출의 동기 및 경위, 사직 의사표시 철회의

1) 대법 2000. 4. 25, 99다34475(의원면직 처분은 근로자의 사직의 의사표시에 대하여 사용자가 이를 수락하는 것으로서, 사직의 의사표시가 진의 아닌 의사표시에 해당하여 무효인 경우가 아닌 이상, 사용자가 사직의 의사표시를 수락함으로써 노동관계는 합의해지로 종료된다).

2) 근로자는 기간의 약정 유무에 관계없이 사용자가 일방적으로 근로자의 지위를 제3자에게 양도한 경우, 약정하지 않은 노무제공을 요구한 경우, 부득이한 사유가 있는 경우 또는 사용자가 파산선고를 받은 경우에는 통고 기간 없이 즉시 사직할 수 있다(민법 657조, 658조, 661조, 663조 참조).

3) 대법 1996. 7. 30, 95누7765. 또 회사가 근로자에게 개업·취업 준비를 위하여 일정한 기간 동안 종전과 동일한 임금을 지급하면 근로자는 그 기간 종료 시에 자진 퇴사하기로 하는 조건부 합의에 따라 회사가 이 조건을 준수하고 그 기간 종료 시에 당연퇴직을 통보한 것은 합의해지의 통지이지 해고가 아니다(대법 2007. 12. 27, 2007두15612).

동기 등 여러 사정에 따라 결정된다. 예컨대 사직일자 또는 사직서 작성일자를 장래의 특정일로 기재한 경우에는 합의해지의 청약으로 볼 수 있다. 그러나 근로자의 퇴직의 자유가 사용자의 수락 의사에 따라 제한되는 것은 예외적인 경우에만 허용되어야 할 것이므로 사직서의 제출은 특별한 사정이 없는 한 사직의 통고로 보아야 한다.[1)]

(2) 근로자가 합의해지를 청약한 경우 사용자가 이를 승낙하기 전까지는 사용자에게 예측할 수 없는 손해를 주는 등 신의칙에 반하는 특별한 사정이 없는 이상 사직의 의사표시를 철회할 수 있다.[2)] 그러나 근로자가 사직을 통고한 경우에는 통고기간이 경과하기 전이라도 그 의사표시를 철회할 수 없다.[3)]

(3) 취업규칙에 근로자가 사직하려면 일정 기간(민법상의 통고기간보다 짧은 기간) 전에 사직서를 제출하여 사용자의 승인을 얻도록 규정하는 경우가 있다. 이 경우 근로자가 사직서를 제출했으나 사용자가 합리적인 이유가 없는데도 승인을 하지 않으면 그 기간의 경과로 노동관계는 종료된다.[4)]

2. 사직원의 효력 발생

사직이나 합의해지는 노동법상 특별히 제한을 받지 않는 데 비하여 해고는 여러 가지 제한을 받는다. 이 때문에 사용자는 종종 해고제한을 회피하기 위하여 근로자가 사직원을 제출하도록 권유하거나 압박하고, 근로자가 이에 따라 사직원을 제출한 후 나중에 그 효력을 다투는 경우가 있다. 이 경우 사직의 의사표시가 무효인지, 취소할 수 있는지 여부에 대해서는 민법상 하자 있는 의사표시의 효력에 관한 규정(민법 107조-110조)이 적용된다.

가. 진의가 아닌 사직원 제출

민법에 따르면 사직의 의사표시가 진의가 아니고 사용자가 이를 알았거나 알 수 있었던 경우 또는 통정의 허위표시인 경우에는 무효가 된다. '진의'란 특정한 내용의 의사표시를 하려는 표의자의 생각을 말하므로, 근로자가 진정으로 마음속에서 사직하고자 하지 않았더라도 당시의 상황에서는 그것을 최선이라고 판단하여 사직의 의사표시를 했다면 진의가 아니라고 할 수 없다.[5)]

---

1) 대법 2000. 9. 5, 99두8657.
2) 대법 1992. 4. 10, 91다43138; 대법 1994. 8. 9, 94다14629; 대법 2000. 9. 5, 99두8657.
3) 대법 2000. 9. 5, 99두8657.
4) 대법 1997. 7. 8, 96누5087; 대법 2000. 9. 5, 99두8657.
5) 대법 1996. 12. 20, 95누16059; 대법 2000. 4. 25, 99다34475.

사직의 의사표시가 비진의로서 무효가 되는지에 관하여 판례는, 퇴직금을 중간정산하기 위하여 형식상 사직서를 제출한 경우,[1] 특채에 반발하는 노동조합과 협상용으로만 사용하겠다고 하여 사직서를 제출한 경우,[2] 경영 주체 변경에 불구하고 노동관계가 포괄적으로 승계되지만 근로자들이 회사방침에 따라 퇴직금을 받고 사직과 재입사의 형식을 거친 경우,[3] 사용자의 지시에 따라 사직할 의사 없는 근로자들이 일괄 사직서를 제출한 경우,[4] 기간제근로자의 사용 기간 제한에 관한 법규의 적용을 회피하기 위한 방편으로 사용자의 요구에 따라 기간제근로자가 사직서를 제출한 후 다시 계약을 체결한 경우에는[5] 사직의 의사표시는 진의가 아니므로 무효라고 본다. 이에 대하여 조직개편에 따라 우선순위로 정리해고 될 것을 예상하거나,[6] 향후 예상되는 인사상 불이익과 명예퇴직 위로금 등 금전상의 이익을 고려했거나,[7] 회사를 비롯한 동종 업계의 실정, 경영 상황, 명예퇴직의 조건, 퇴직할 경우와 계속 근무할 경우의 이해관계 등을 종합적으로 고려했거나[8] 하여 사직의 의사표시를 한 경우에는 비진의 의사표시라 볼 수 없다고 한다.

나. 착오·사기·강박에 따른 사직원

사직의 의사표시가 착오나 사기 또는 강박에 따른 경우에는 근로자가 그 의사표시를 취소할 수 있다. 강박에 따른 의사표시는 강박의 정도가 단순한 불법적 해악의 고지로 공포를 느끼게 하는 정도를 넘어 의사결정을 스스로 할 수 있는 여지를 완전히 박탈한 상태에서 이루어진 경우에는 취소 여부에 관계없이 무효가 된다.[9]

따라서 예컨대 사용자가 해당 근로자에 관하여 객관적으로는 징계해고 사유가 존재하지 않는 것을 알면서 그것이 있는 것처럼 근로자에게 오신하게 하여 사

1) 대법 1988. 5. 10, 87다카2578 등.
2) 대법 1992. 3. 27, 91다44681.
3) 대법 1999. 6. 11, 98다18353.
4) 대법 1991. 7. 12, 90다11554; 대법 1994. 4. 29, 93누16185 등. 그러나 대법 2000. 11. 14, 99두5481은 공직자 숙정계획의 일환으로 일괄사표를 제출한 것에 대하여 강압으로 의사결정의 자유를 박탈당한 상태에서 이루어진 것이라고 할 수 없고, 민법상 비진의 의사표시의 무효에 관한 규정은 사인의 공법행위에 적용되지 않는다는 등의 이유로 무효가 되지 않는다고 한다.
5) 대법 2017. 2. 3, 2016다255910(이 경우 사용자의 일방적 의사로 근로계약관계를 종료시킨 것이어서 해고에 해당한다).
6) 서울행법 2000. 11. 3, 99구36217.
7) 서울행법 2000. 11. 21, 99구15784.
8) 서울지법 2000. 11. 30, 99가합48608.
9) 대법 2003. 5. 13, 2002다73708.

직의 의사표시를 하게 한 경우에는 착오나 사기가 성립되어 근로자가 이를 취소할 수 있다. 또 근로자를 장시간 감금하고 징계해고를 암시하여 사직서를 강요한 경우에는 강박에 따른 의사표시로서 취소할 수 있다. 한편, 객관적으로 상당한 이유가 없지만 징계해고나 고소를 할 수 있다고 말하면서 사직서를 제출하게 하는 경우에도 강박이 성립될 수 있다.

Ⅱ. 계약 기간 만료 및 정년 도달

1. 계약 기간의 만료

가. 계약 갱신 거절의 자유

당사자 사이에 근로계약의 기간을 약정한 경우에는 특별한 사정이 없는 이상 그 기간의 만료에 따라 노동관계는 당연히(노동관계 종료 사실의 통지나 해고가 없더라도) 종료된다. 기간의 만료에 즈음하여 사용자가 계약의 갱신을 거절하는 것은 해고(근로계약의 해지)가 아니므로 정당한 이유를 요하지 않는다.[1] 계약 갱신의 거절은 당사자의 자유에 맡겨지는 것이다.[2]

나. 갱신 거절의 자유에 대한 예외

계약 갱신 거절의 자유를 철저히 관철하면 사용자는 근로기준법 등에 따른 해고 제한을 손쉽게 회피할 수 있게 된다.[3] 따라서 특별한 사정이 있는 경우에는 예외를 인정하지 않을 수 없다.

---

1) 대법 1995. 6. 30, 95누528; 대법 1998. 1. 23, 97다42489; 대법 1998. 5. 29, 98두625 등. 또 대법 1996. 8. 29, 95다5783(전합)은 계약 기간이 근로기준법의 제한(종전에 1년으로 제한하던 제16조는 2007. 7. 1. 실효)을 초과한 3년으로 되어 있는 경우에도 그렇다고 판시했다. 이와 같은 판례 중 상당 부분은 노동위원회가 종종 정당한 이유 없는 갱신의 거절을 부당해고로 판정한 것에 대응한 것이다. 노동위원회의 판정은 근로자의 의사에 반한 계약갱신의 거절도 근로자의 직장상실을 야기한다는 점에서 해고의 개념에 포함된다(해고란 근로자의 의사에 반하여 노동관계를 종료하는 것 전반을 의미한다)고 보는 발상에 기초한 것이라고 볼 수 있다.

2) 계약기간의 만료와 계약해지 사유는 구분된다. 대법 2009. 2. 12, 2007다62840은 시설관리업체가 건물주와 용역계약을 체결하여 청소·경비 등의 용역을 제공하면서 근로자와는 '용역계약이 해지되면 근로계약도 해지된 것으로 본다'고 약정했을 때에 용역계약이 해지되었다 하여 이를 근로계약 기간 만료의 경우처럼 노동관계가 당연히 종료되는 사유로 볼 수는 없다(해고 제한 규정이 적용된다)고 한다.

3) 이 점을 강조할 때에는 일정한 사유(근로자의 휴가, 출산 등)가 있는 경우에만 기간의 약정을 허용하거나, 갱신의 거절에 정당한 이유를 요하도록 하거나, 기간이 만료된 자에게 일정한 요건 아래 갱신을 의무화하는 등의 입법적 해결을 주장하게 될 것이다.

A. 갱신 의무 법령이나 근로계약 등에 따라 기간이 만료된 근로자와 계약을 갱신할 의무가 사용자에게 부여되거나 그 요건 등에 관한 규정을 둔 경우에는 계약 갱신의 거절에 해고와 마찬가지로 정당한 이유를 요한다.[1]

B. 무기근로계약 간주 기간의 정함이 형식에 불과한 것으로 인정되는 경우에는 사실상 기간의 정함이 없는 것(무기근로계약)과 같기 때문에 계약 갱신의 거절에 해고와 마찬가지로 정당한 이유를 요한다.

기간을 정한 근로계약을 여러 차례 갱신한 경우에 그 기간의 정함이 형식에 불과하다고 볼 것인지가 문제된다. 이와 관련하여 판례는 한결같이 '장기간에 걸쳐 반복 갱신됨으로써 그 기간의 정함이 단지 형식에 불과하게 된 경우'에는 사실상 기간의 정함이 없는 것과 다를 바가 없게 된다고 한다.[2] 그러나 위 표현과 달리 반복 갱신만으로 그 기간의 정함이 형식에 불과하다고 보는 것은 아니고,[3] 계약의 내용, 기간을 정한 목적, 갱신의 조건·절차, 갱신 거절의 사례·동기 등 여러 사정을 고려하여 그 기간의 정함이 형식에 불과한 것인지 여부를 판단하고 있다. 예컨대 학원 강사들이 계약서 양식에 서명·날인하여 제출하는 간단한 절차만으로 매년 반복 갱신하고 그 동안 갱신을 거절당한 사례가 없었던 경우,[4] 인건비 전액을 국가에서 지원받는 공익단체에서 감독관청이 가급적 계약을 갱신하도록 권고하고 근로자들이 해마다 별다른 문제없이 근로계약을 갱신해 온 경우,[5] 기간의 정함이 없이 10여년 근무하다가 6년 전부터 기간을 정하여 종전과 동일한 업무를 수행하고 매년 갱신해 온 경우[6]에는 그 기간의 정함은 형식에 불과한 것으로 인정한다. 그러나 예컨대 동료 근로자 상당수가 그 동안 갱신을 거절당한 경우,[7] 갱신될 때마다 종전 근로계약이 단절되고 새로운 고용조건으로 근로계약이 다시 체결된 경우[8]에는 기간의 정함을 형식에 불과한 것으로 인정하지 않는다. 심지어 그 동안 재계약을 거부당한 자가 없으며 근로계약서에 기간 만료 2개월 전까지 재계약 신청을 하면 자동으로 계약이 갱신된다는 규정이 포함되어 있다는 사정만

1) 대법 2005. 7. 8, 2002두8640(재임용될 수 있으리라는 정당한 기대권을 인정).
2) 대법 1994. 1. 11, 93다17843; 대법 1995. 7. 11, 95다9280; 대법 1998. 1. 23, 97다42489; 대법 2003. 11. 29, 2003두9336; 대법 2007. 9. 7, 2005두16901 등.
3) 대법 2005. 1. 14, 2004두10821은 위와 같은 표현을 하면서도 '계약이 반복되어 갱신되었다는 사정만으로는 근로계약기간이 단순히 형식적인 것이라고 볼 수 없다'고 한다.
4) 대법 1994. 1. 11, 93다17843; 대법 2003. 11. 29, 2003두9336.
5) 대법 2006. 2. 24, 2005두5673.
6) 대법 2006. 12. 7, 2004다29736.
7) 대법 1995. 6. 30, 95누528.
8) 대법 2005. 10. 13, 2005두7648.

으로 그 기간의 정함이 형식에 불과한 것으로 볼 수 없다고도 한다.[1]

한편, 처음으로 기간을 정한 근로계약을 체결하는 경우 그 기간의 정함이 단지 형식에 불과한 것인지 여부를 판단할 때에는 근로계약의 내용, 근로계약이 체결된 동기 및 경위, 기간을 정한 목적과 당사자의 진정한 의사, 같은 종류의 근로계약 체결 방식에 관한 관행, 근로자 보호법규 등을 종합적으로 고려해야 하고, 따라서 먼저 입사한 근로자들이 그 동안 계약 갱신을 거절당한 적이 없었다는 것은 중요하지 않다.[2]

C. 갱신기대권 판례에 따르면, 제반 사정에 비추어 근로계약 당사자 사이에 일정한 요건이 충족되면 근로계약이 갱신된다는 신뢰관계가 형성되어 있어 근로자에게 근로계약이 갱신될 수 있으리라는 정당한 기대권이 인정되는 경우에는 사용자가 이에 반하여 합리적 이유 없이 근로계약의 갱신을 거절하는 것은 부당해고와 마찬가지로 아무런 효력이 없고 이후의 근로관계는 종전의 근로계약이 갱신된 것으로 인정된다.[3] 이 경우 갱신기대권이 인정되는지 여부는 근로계약의 내용과 근로계약이 이루어지게 된 동기 및 경위, 계약 갱신의 기준 등 갱신에 관한 요건이나 절차의 설정 여부 및 그 실태, 근로자가 수행하는 업무의 내용 등 해당 근로관계를 둘러싼 여러 사정을 종합하여 판단해야 한다.

한편, 기간제근로자에게 갱신기대권이 형성된 이상 그 후 기간제법이 시행되었다 하여 이 기대권이 배제되거나 제한되는 것은 아니고, 기간제법상 기간제근로자의 사용 기간 제한에 관한 규정 때문에 갱신기대권 형성이 제한되는 것도 아니다.[4] 그리고 기간제 근로계약이 기간제법 시행 후에 체결된 경우 그에 근거한 근로관계가 2년 내에 종료되거나 총 사용기간이 2년을 넘게 되는 갱신기대권이 부정되는 것은 아니며,[5] 기간제근로자가 기간제법상 사용 기간 제한의 예외사유에 해당한다는 것만으로 갱신기대권에 관한 법리의 적용이 배제되는 것이 아니다.[6]

그리고 갱신기대권이 있음에도 사용자가 근로계약의 갱신을 거절할 합리적

1) 대법 1998. 1. 23, 97다42489.
2) 대법 1998. 5. 29, 98두625; 대법 2006. 2. 24, 2005두5673.
3) 대법 2011. 4. 14, 2007두1729; 대법 2016. 11. 10, 2014두45765; 대법 2017. 2. 3, 2016두50563.
4) 대법 2014. 2. 13, 2011두12528; 대법 2016. 11. 10, 2014두45765.
5) 대법 2017. 10. 12, 2015두59907.
6) 대법 2017. 2. 3, 2016두50563(정년이 지난 고령자로서 기간제근로계약을 체결했다 하더라도 사정에 따라 갱신기대권을 인정할 여지가 있다).

이유가 있는지 여부는 사업의 목적·성격, 사업장 여건, 근로자의 지위 및 담당 직무의 내용, 근로계약 체결 경위, 근로계약의 갱신에 관한 요건이나 절차의 설정 여부와 운용 실태, 근로자에게 책임 있는 사유가 있는지 등 당해 근로관계를 둘러싼 여러 사정을 종합하여 판단해야 하고, 그러한 사정에 관한 증명책임은 사용자가 부담한다.[1)]

부당한 갱신거절로 근로자가 실제로 근로를 제공하지 못한 기간도 계약갱신에 대한 정당한 기대권이 존속하는 범위에서는 기간제법에서 정한 2년의 사용 제한 기간에 포함된다.[2)]

D. 상용근로자 전환기대권 더 나아가 판례는 제반 사정에 비추어 근로계약 당사자 사이에 일정한 요건이 충족되면 상용근로자로 전환된다는 신뢰관계가 형성되어 근로자에게 상용근로자로 전환될 수 있으리라는 정당한 기대권이 인정되는 경우에는 사용자가 이에 반하여 합리적 이유 없이 상용근로자로의 전환을 거절하며 근로계약의 종료를 통보하는 것은 부당해고와 마찬가지로 효력이 없고, 그 이후의 근로관계는 상용근로자로 전환된 것과 동일하다고 한다.[3)]

다. 묵시의 갱신

기간 만료 후 근로자의 계속 근로에 대하여 사용자가 상당한 기간 내에 이의를 제기하지 않으면 종전의 근로계약과 동일한 조건으로 갱신된 것으로 본다(민법 662조 1항; 묵시적 갱신). 문제는 묵시적으로 갱신된 근로계약의 기간이 어떻게 되는가에 있다.

묵시적으로 갱신된 계약은 기간의 정함이 없는 근로계약이 된다고 보는 견해가 있다. 민법 제662조 제1항 단서에서 언급한 민법 제660조는 기간의 정함이 없는 계약에 관한 규정이라는 점, 사용자가 상당한 기간 내에 이의를 제기하지 않는 것은 종전의 계약 기간의 약정을 무의미하게 보는 의사를 말하므로 종전과 '동일한 조건'에서 계약 기간은 제외된다고 보아야 한다는 점에 비추어 그렇다는 것이다.

그러나 묵시적으로 갱신된 경우 민법 제662조 제1항의 규정에 따라 종전의 계약과 동일한 조건으로 고용한 것으로 보도록 되어 있으므로 특별한 사정이 없는 이상 종전과 동일한 기간의 계약이 된다고 보아야 할 것이다.[4)]

1) 대법 2017. 10. 12, 2015두44493.
2) 대법 2018. 6. 19, 2013다85523.
3) 대법 2016. 11. 10, 2014두45765.
4) 대법 1986. 2. 25, 85다카2096.

2. 정년의 도달

정년제 아래서는 일정한 연령(정년)의 도달로써 노동관계가 종료된다. '정년제'란 근로자가 취업규칙 등으로 미리 정한 연령에 도달하면 근로계약이 당연히 종료된다는 취지를 정한 것을 말한다. 정년제는 정년 도달 전의 자유로운 퇴직을 제한하지 않으므로 근로계약의 기간을 약정한 것이 아니라 근로계약의 종료 사유에 관한 특약이라 볼 수 있다. 따라서 정년에 도달한 자에 대한 퇴직의 통지는 해고(형성행위)가 아니라 근로계약 종료의 확인(민법상 관념의 통지)에 불과하다.[1)]

가. 정년제의 적법성

(1) 정년제는 근로자가 노동능력이나 적격성을 가지고 있는데도 일정한 연령 도달만을 이유로 노동관계를 종료한다는 점에서 정당한 이유가 없는 해고에 해당하고 무효가 아닌가 하는 의문을 가질 수 있다. 그러나 기업으로서 고용할 수 있는 인원에 한계가 있고, 더구나 청년근로자를 계속 채용하여 근로자의 연령 구성상의 균형을 어느 정도 유지할 필요가 있으며, 이를 위해서는 고령 근로자를 일정한 기준에 따라 배제하는 제도가 불가피하다. 그런데 고령 근로자를 개개인의 능력·적격성 등을 평가하여 선별하여 퇴직시키는 것보다는 일정한 연령 기준에 따라 획일적으로 배제하는 정년제가 더 합리적이고 공정하다는 것이 노사 쌍방의 인식이다. 이에 따라 정년제는 그 정년이 특별히 법령으로 정한 기준에 위반하거나, 불합리·불공정한 것이 아닌 이상 적법·유효한 것으로 인정된다.

고용상 연령차별금지 및 고령자고용촉진에 관한 법률(이하 '고령자고용법'으로 약칭)은 "사용자는 근로자의 정년을 60세 이상으로 정해야 하며, 60세 미만으로 정한 경우에는 60세로 정한 것으로 본다"고 규정하고 있다(19조).[2)] 근로자의 정년을 55세에서 59세 사이의 어느 하나의 연령으로 정하는 경우가 많은데, 고령 근로자의 고용안정을 추진하기 위하여 정년을 연장하도록 의무화한 것이다.[3)]

1) 대법 1994. 12. 27, 91누9244; 대법 2008. 2. 29, 2007다85997.

2) 대법 2018. 11. 29, 2018두41082는 이 규정의 시행에 따라 근로자의 정년을 60세 미만으로 정한 근로계약, 취업규칙이나 단체협약의 해당 부분은 무효이고, 이 경우 '정년'은 실제의 생년월일을 기준으로 산정하라고 한다.

3) 고령자고용법은 이 규정이 시행됨에 따라 정년을 연장하는 사업(장)의 사업주와 근로자의 과반수로 조직된 노동조합(그러한 노동조합이 없는 경우에는 근로자의 과반수를 대표하는 자)은 그 사업 또는 사업장의 여건에 따라 임금체계 개편 등 필요한 조치를 해야 한다고 규정하고 있다(19조의2 1항). 기존의 정년을 연장·보장하는 것에 상응하여 단체협약 등을 통하여 일정한 나이, 근속시점 또는 임금액을 기준으로 임금을 줄이는 제도(임금피크제)를 도입하라는 것이다. 다만 합리적인 이유 없이 연령을 이유로 하는 차별은 금지되므로(고령자고용법 4조의

(2) 같은 사업 내에서 정년에 차등을 두는 것이 적법한지가 문제된다. 이미 살펴본 바와 같이 성별·국적·신앙·사회적 신분에 따른 차등 정년제는 허용되지 않는다(근기 6조, 남녀 11조 1항 참조). 그러나 근로자가 제공하는 근로의 성질·내용·근무형태 등 제반 여건에 따라 합리적인 기준을 둔다면 같은 사업장 내에서 직책 또는 직급에 따라 정년을 달리하는 것도 허용된다고 해석된다.[1)] 또 해당 직종에서의 인력의 정도, 연령별 인원 구성, 정년 차이의 정도, 근로자의 의견 등을 종합하여 직종에 따라 정년을 달리하는 것도 허용된다.[2)]

나. 정년퇴직자의 재고용

사업주가 정년에 도달한 근로자를 촉탁 등으로 계속하여 재고용하는 경우도 있다.[3)] 정년퇴직자를 계속하여 재고용하는 것은 종전의 노동관계를 일단 종료하고 새로운 근로계약을 체결하는 것이다.

사용자는 재고용 여부에 대해 재량권을 갖으나, 정년퇴직자에게 기간제근로자로의 재고용 기대권이 인정되는 경우 사용자가 재고용을 합리적 이유 없이 거절하는 것은 부당해고와 마찬가지로 효력이 없다.[4)] 재고용 기대권이 인정되려면, 근로계약, 취업규칙, 단체협약 등에서 정년에 도달한 근로자가 일정한 요건을 충족하면 기간제근로자로 재고용해야 한다는 취지의 규정을 두고 있거나, 여러 사정(재고용을 실시하게 된 경위 및 실시기간, 해당 직종 또는 직무 분야에서 정년에 도달한 근로자 중 재고용된 사람의 비율, 재고용이 거절된 근로자가 있는 경우 그 사유 등)을 종합해 볼 때 재고용 관행이 확립되어 있다고 인정되는 등 근로계약 당사자 사이에 근로자가 정년에 도달하더라도 일정한 요건을 충족하면 기간제근로자로 재고용될 수 있다는

---

4 1항) 60세로 정년을 연장한다는 사정뿐만 아니라 불이익의 정도, 다른 근로조건(업무, 근로시간 등)의 변경, 대상조치 등 여러 사정을 고려하여 합리성이 인정되어야 연령차별에 해당하지 않는다. 참고로 정년을 그대로 둔 채 임금피크제를 도입한 사례에서 대법 2022. 5. 26, 2017다292343은 임금피크제 도입 목적의 타당성, 대상 근로자들이 입는 불이익의 정도, 임금 삭감에 대한 대상 조치의 도입 여부 및 그 적정성, 임금피크제로 감액된 재원이 임금피크제 도입의 본래 목적을 위하여 사용되었는지 등의 여러 사정을 고려하여 합리적인 이유가 없다면 연령차별이므로 무효라고 판단한다.

1) 대법 1991. 4. 9, 90다16245.
2) 대법 1996. 8. 23, 94누13589.
3) 고령자고용법은 정년에 도달한 자가 그 사업장에 다시 취업하기를 희망할 때 그 직무수행 능력에 맞는 직종에 재고용하도록 '노력'할 의무를 규정하고 있지만(21조 1항), 재고용 의무는 아니다.
4) 대법 2023. 6. 29, 2018두62492; 대법 2023. 11. 2, 2023두41727(기간제 근로자가 정년을 이유로 퇴직하게 된 경우에도 마찬가지로 적용된다).

신뢰관계가 형성되어 있는 경우이어야 한다.[1]

사업주가 정년퇴직자를 재고용하는 경우 근로조건을 종전과 같이 해야 하는 것은 아니다. 고령자고용법은 사업주는 고령자인 정년퇴직자를 재고용할 때 당사자 간의 합의에 따라 퇴직금과 연차휴가 일수의 계산을 위한 계속근로기간에서 종전의 근로기간을 제외할 수 있고 임금을 종전과 달리 결정할 수 있다고 규정하고 있다(21조 2항).

Ⅲ. 당사자의 소멸

근로계약은 사업주와 근로자 사이의 계약이므로 당사자가 소멸하면 근로계약도 당연히 소멸한다.

(1) 근로자 본인이 사망하면 근로계약은 당연히 종료된다. 근로계약에 따른 근로제공 의무는 일신전속적인 것으로서 근로자의 지위는 상속 대상이 되지 않기 때문이다(민법 657조 2항 참조).

(2) 개인사업의 경우 사업주 본인의 사망으로 근로계약은 당연히 종료된다. 문제는 사업주가 사망한 뒤에 그 사업이 상속인에게 상속되어 계속 운영되는 경우에 사업주의 근로계약상의 지위도 상속인에게 상속되는지(근로계약이 상속인에게 이전되는지) 여부에 있다.

근로계약상의 지위는 일신전속적인 것으로서 상속의 대상이 되지 않는다고 보는 견해가 있다. 그러나 사용자는 근로자의 동의를 받아 근로자의 지위를 제3자에게 양도할 수 있으므로(민법 657조 1항의 반대해석), 양도할 수 있는 것은 상속도 할 수 있다고 보아야 할 것이다. 그렇다면 이 경우 근로자의 지위는 본인이 동의하는 이상 새 사업주인 상속인에게 이전된다고 보아야 한다. 다만 이러한 입장에 서면서도 사업주와의 인적 관계가 중요시되는 간병인, 전속 운전기사, 개인비서는 제외된다고 보는 견해가 있다. 그러나 종업원 중에서 누가 사업주와 긴밀한 인적 관계를 가지는지 명백하지 않고 사업주 개인과의 인적 관계가 더 중요한 자는 스스로 근로계약관계의 이전에 동의하지 않을 것이라는 점에서 찬동하기 곤란하다.

물론, 개인사업주가 사망하더라도 그가 경영하던 사업이 존속하는 경우에는

---

1) 대법 2023. 6. 1, 2018다275925(재고용 기대권을 인정한 사례); 대법 2023. 6. 29, 2018두62492(재고용 기대권을 부정한 사례).

근로계약관계는 종료되지 않는다. 거꾸로 개인사업주가 생존하는 경우에도 그 사업을 완전히 폐지한 경우에는 근로계약관계는 당연히 종료된다.

(3) 사업주가 법인인 경우에는 그 법인이 해산하면 근로계약관계는 청산의 종료(법인격의 소멸)로써 종료된다. 그러나 보통은 청산 종료 전에 해고·사직·합의해지가 이루어진다. 사업주가 법인격 없는 사단인 경우도 이에 준한다.

(4) 회사의 합병이나 사업의 양도로 노동관계가 종료되는 것이 아니라는 점에 관해서는 이미 살펴본 바와 같다.

제3절 노동관계 종료에 따른 법률관계

노동관계가 종료되면 근로자는 퇴직급여법에 따라 일정한 조건 아래 퇴직급여를 받을 수 있고, 근로기준법에 따라 경우에 따라서는 귀향 여비도 받을 수 있으며, 고용보험법에 따라 일정한 조건 아래 실업급여를 지급받을 수도 있다. 노동관계가 종료되면 사용자는 지급하지 못한 임금이나 퇴직급여 등 금품을 청산해야 하고, 근로자가 청구하면 사용증명서를 내주어야 한다. 한편, 도산의 경우에는 근로기준법에 따라 미지급의 임금 등은 사용자의 총재산에 대하여 우선변제의 대상이 되고, 임금채권법에 따라 일정한 조건 아래 국가가 대신 지급하는 등의 특례가 적용된다. 이들에 대하여 자세한 것은 해당되는 곳의 설명에 맡기기로 하고, 여기서는 퇴직급여, 퇴직에 따른 금품 청산, 도산에 따른 임금 청산의 특례에 대해서만 살펴보기로 한다.

Ⅰ. 퇴직급여

1. 퇴직급여법

근로기준법은 종전에 "사용자는 계속근로기간 1년에 대하여 30일분 이상의 평균임금을 퇴직금으로 퇴직하는 근로자에게 지급할 수 있는 제도를 설정해야 한다"고 규정했다. 이로써 법정기준 이상의 퇴직금 지급을 사용자의 의무로 규정한 것이다. 선진국에서 종종 사용자가 임의로 지급하거나 단체협약에 따라 지급하는 것과 대조된다.

퇴직금은 근로자가 퇴직할 때마다 연령과 관계없이 일시금으로 받기 때문에 근로자의 안정적인 노후소득 확보에 기여하지 못했다. 이 문제를 해결하기 위하여 2005년에 제정된 퇴직급여법은 퇴직금에 관한 근로기준법의 규정은 그 골격을 그대로 이어받으면서도[1] 다른 한편으로는 퇴직금을 갈음하여 일정한 연령에 도달한 때부터 장기간 연금으로 받을 수 있는 새로운 제도를 도입했다.

퇴직급여법은 근로자를 사용하는 모든 사업 또는 사업장(이하 퇴직급여에 관해서

---

1) 근로기준법에는 '퇴직급여 제도에 관해서는 퇴직급여법이 정하는 대로 따른다'는 매개조항만 남겨두었다(34조).

는 '사업'이라 함)에 적용하며, 다만 동거하는 친족만을 사용하는 사업 및 가구내 고용활동에[1] 대해서는 적용하지 않는다(3조).

2. 퇴직급여제도의 설정·변경

가. 설정 의무

A. 선택적 설정 퇴직급여법은 사용자는 퇴직하는 근로자에게 퇴직급여를 지급하기 위하여 퇴직급여제도 중 하나 이상을 설정해야 한다고 규정하고 있다(4조 1항 본문).

'퇴직'이란 사직이나 합의해지뿐만 아니라 해고, 근로자의 사망, 사업체의 소멸, 계약 기간의 만료, 정년의 도달 등 노동관계가 종료되는 모든 경우를 말한다.

퇴직급여제도에는 확정급여형 퇴직연금제도, 확정기여형 퇴직연금제도, 중소기업 퇴직연금기금제도 및 퇴직금제도의 네 가지 종류가 있다(2조 6호). 이들 중에서 하나 이상의 제도를 선택·설정해야 하므로 이들 중 하나만 설정할 수도 있고 두 가지 이상을 병용할 수도 있다. 예컨대 계속근로기간의 일부에 대해서는 퇴직금제도를 설정하면서 나머지 부분은 확정급여형 또는 확정기여형 퇴직연금제도를 설정할 수도 있다. 또 확정급여형 퇴직연금제도와 확정기여형 퇴직연금제도를 함께 설정할 수도 있다(6조 참조).

사용자가 퇴직급여제도를 설정하지 않은 경우에는 퇴직금제도를 설정한 것으로 본다(11조).[2] 따라서 사용자는[3] 퇴직금제도를 설정하지 않았더라도 법정퇴직금을 지급할 의무가 있는 것이다.

B. 설정·변경의 절차 퇴직급여법에 따르면, 사용자가 퇴직급여제도를 설정하거나 설정된 퇴직급여제도를 다른 종류의 퇴직급여제도로 변경하려는 경우에는 근로자대표의 동의를 받아야 한다(4조 3항; 벌칙 46조). 그러나 기존 퇴직급

---

1) 2011년 개정법에서 '가사사용인'을 '가구내 고용활동'으로 고쳤다. 가사사용인의 의미가 명확하지 않고 적용제외의 타당성에도 의문이 제기되는 점을 고려한 듯하다. '가구내 고용활동'은 가구 내로 한정된 업무(예: 가구원을 위한 식사 조리, 세탁, 청소, 간병 등)를 위하여 타인을 고용하는 것을 말한다고 생각된다.

2) 이 규정이 없던 시기에는 퇴직금 지급제도를 설정하지 않은 사용자도 법정 기준의 퇴직금을 지급해야 하는지 문제된 경우가 간혹 있었으나 대법 1991. 11. 8, 91다27730 등은 이를 적극적으로 해석했다.

3) 법정퇴직금을 지급할 의무가 있는 사용자는 근로자의 근로제공에 대하여 임금을 지급할 의무를 가진 자를 말하므로, 항만 하역근로자로 구성된 항운노동조합은 법정퇴직금을 지급할 의무가 없다(대법 2007. 3. 3, 2004다8333).

여제도의 내용을 변경하려는 경우에는 근로자대표의 의견을 들어야 하며, 다만 근로자에게 불리하게 변경하려는 경우에는 근로자대표의 동의를 받아야 한다(4조 4항; 벌칙 46조).

'근로자대표'란 해당 사업에 근로자의 과반수가 가입한 노동조합이 있는 경우에는 그 노동조합, 그런 노동조합이 없는 경우에는 근로자의 과반수를 말한다(4조 3항).[1]

C. 신규 사업에 대한 특례 2012. 7. 26. 이후 새로 성립(합병·분할된 경우는 제외)된 사업의 사용자는 근로자대표의 의견을 들어 사업의 성립 후 1년 이내에 확정급여형 또는 확정기여형 퇴직연금제도를 설정해야 한다(5조). 근로자의 노후생활의 안정을 확보하는 데 주력하기 위하여 향후 설립된 사업에 대해서만 퇴직금제도의 선택·설정을 배제하는 특례를 설정한 것이다.

D. 설정 의무의 예외 계속근로기간이 1년 미만이거나 4주간을 평균하여 1주간의 소정근로시간이 15시간 미만인 근로자에 대해서는 퇴직급여의 지급 및 퇴직급여제도의 설정 의무가 없다(4조 1항 단서).[2] 또 공무원·군인·사립학교 교직원 등 별도의 연금제도를 적용받는 자에게도 그렇다고 해석된다. 그러나 공무원연금법의 적용을 받지 않는 공무원[3] 또는 국가나 지방자치단체가 고용한 공무원이 아닌 근로자에게는 퇴직급여제도를 설정해야 한다. 한편, 국민연금법의 적용을 받는다고 하여 퇴직급여제도 설정에서 배제되는 것은 아니다.

나. 퇴직급여 차등제도 금지

퇴직급여법은 퇴직급여제도를 설정하는 경우에 하나의 사업에서 급여 및 부담금 산정 방법의 적용 등에 관하여 차등을 두어서는 안 된다고 규정하고 있다(4조 2항; 벌칙 45조). 근로기준법상의 퇴직금 차등제도 금지를[4] 이어받아 퇴직급여제

---

1) 근로자의 과반수가 가입한 노동조합이 없는 경우, 퇴직급여법에서는 '근로자의 과반수'가 근로자대표인 데 대하여, 근로기준법에서는 '근로자의 과반수를 대표하는 자'가 근로자대표이다. 그러나 퇴직급여법에서의 근로자대표는 근로기준법상의 취업규칙 작성·변경에 관한 근로자집단과는 같다.

2) 이들 근로자에 대하여 퇴직금 지급 의무가 없다는 근로기준법의 규정을 퇴직급여법이 이어받아 퇴직급여 전반에 적용하려는 규정이다. 한편, 헌재 2021. 11. 25, 2015헌바334는 이 규정이 헌법에 위배되지 않는다고 한다.

3) 대법 1979. 3. 27, 78다163 등은 국가가 잡급직공무원(임시공무원)에게도 퇴직금을 지급해야 한다고 판시했다.

4) 1980년 개정 근로기준법에 퇴직금제도를 설정할 때에 하나의 사업 내에 차등제도를 두어서는 안 된다는 규정이 신설되었는데, 그 입법 의도는 생산직의 퇴직금 지급률과 사무·관리직의 지급률 사이에 격차를 제거함으로써 노동운동 탄압 입법(노동조합 설립의 제한, 초기업적

도 전반에 적용하려는 것이다. 퇴직금 차등제도 금지는 하나의 사업에서 직종, 직위, 업종별로 서로 다른 퇴직금제도를 두어 차별하는 것을 금지하고 하나의 퇴직금제도를 적용하게 하려는 취지의 규정이다.[1)]

따라서 예컨대 퇴직금 누진제를 실시하면서 사무직과 생산직, 정규직과 임시직(기간제근로자), 남성과 여성 사이에 지급률을 달리하는 것이 그 전형에 속한다. 이 밖에 경영상 일체를 이루는 서울 본사와 부산 공장 사이의 차별,[2)] 국내 직원과 해외 기능공 사이의 차별,[3)] 대학교와 부속의료원·병원 사이의 차별,[4)] 해운회사의 육상근로자와 해상근로자 사이의 차별,[5)] 방송회사의 일반직원과 징수원 사이의 차별,[6)] 입사 시기에 따른 지급률의 차별도[7)] 차등제도 금지에 위반된다.

그러나 계속근로기간에 따라 지급률에 차이를 두는 것, 단체협약의 적용에 따라 노동조합 조합원과 비조합원 사이에 차이가 생기는 것,[8)] 근로자집단의 동의 없이 취업규칙을 불리하게 변경하여 종전 근로자와 변경 후 입사자 사이에 지급률의 차이가 생기는 것,[9)] 기업의 합병이나 사업의 양도 등으로 기존 근로자와 승계된 근로자 사이에 차이가 생기는 것[10)] 등은 차등제도라 볼 수 없다.

3. 퇴직금제도

퇴직급여법은 퇴직금제도를 설정하려는 사용자는 계속근로기간 1년에 대하여 30일분 이상의 평균임금을 퇴직금으로 퇴직하는 근로자에게 지급할 수 있는 제도를 설정해야 한다고 규정하고 있다(8조 1항). 한편, 사용자가 퇴직급여제도를 설정하지 않거나 상시 10명 미만의 근로자를 사용하는 사업의 사용자가 개인형

단위노조의 금지, 직권중재의 일반사업에의 적용, 방위산업체의 쟁의행위 금지, 제3자 개입 금지 등)에 대한 근로자의 불만을 무마하려는 데 있었던 것으로 추측된다.

1) 대법 1995. 12. 26, 95다41659; 대법 1999. 8. 20, 98다765 등.
2) 대법 1993. 10. 12, 93다18914.
3) 대법 1997. 11. 28, 97다24511.
4) 서울민지법 1997. 6. 27, 96가합69956.
5) 서울민지법 1995. 9. 22, 95나10159.
6) 대법 1993. 2. 12, 91다22308.
7) 대법 2002. 6. 28, 2001다77970.
8) 대법 1987. 4. 28, 86다카2507.
9) 대법 1992. 12. 22, 91다45165(전합); 대법 1997. 7. 11, 97다14934; 대법 2003. 12. 18, 2002다2843(전합)은 취업규칙 중 퇴직금규정을 기존 근로자들에게 불리하게 변경하여 신규입사자에게 이를 적용하면서 부칙에 경과규정을 두어 변경 전의 근속기간에 대해서는 종전의 퇴직금규정에 따르도록 하는 것은 퇴직금 차등제도 금지에 위배되지 않는다고 한다.
10) 대법 1995. 12. 26, 95다41659.

퇴직연금제도를 설정하지 않는 경우에는 퇴직금제도를 설정한 것으로 본다고 규정하고 있다(11조).

가. 퇴직금의 법적 성질

퇴직금의 법적 성질 관하여는, 계속근로를 통한 기업에의 공로를 보상하기 위한 급여로 보는 견해(공로보상설), 퇴직 후의 생활안정을 보장하기 위한 급여로 보는 견해(생활보장설, 사회보장설), 재직중의 전체 근로에 대하여 퇴직 시에 일시에 지급하는 임금으로 보는 견해(후불임금설) 등이 있을 수 있다. 일반적으로 퇴직금이 퇴직 후의 생활안정에 기여하고 있는 것도 사실이지만, 현행법상의 퇴직금은 기업에 대한 공로의 유무나 다과에 관계없이 지급되고 퇴직자가 안정된 수입원을 갖고 있거나 부양가족이 없는 근로자가 사망한 경우에도 지급된다는 점에서 본질적으로 후불적 임금(임금의 일종)이라고 볼 수밖에 없고,[1] 통설·판례의 입장이기도 하다.

그러나 퇴직금이 후불적 임금이라 하여 근로자의 근로제공에 대하여 그때그때 지급해야 할 임금의 일부를 축적한 것이라는[2] 의미가 아니라, 재직 기간의 전체 근로에 대하여 포괄적으로 책정·지급되는 임금, 즉 노동관계가 종료되는 때에 비로소 지급 의무가 발생하는 임금이라는 의미에 불과하다. 그리고 누진제 퇴직금의 경우에는 공로보상의 성격도 아울러 가진다고 볼 수 있다.[3]

나. 퇴직금의 액

사용자가 퇴직하는 근로자에게 지급해야 할 퇴직금은 '계속근로기간 1년에 대하여 30일분 이상의 평균임금'이다. 즉 30일분의 평균임금에 계속근로연수를 곱한 금액이 법률상 사용자가 지급해야 할 퇴직금의 최저액(법정퇴직금)이다.

A. 평균임금 퇴직급여법은 이 법에서 '평균임금'이란 근로기준법상의 평균임금을 말한다고 규정하고 있다(퇴급 2조 4호). 다만 월의 중도에 퇴직하고서도 취업규칙에 따라 그 달의 임금 전액을 지급받은 경우에는 그 임금 전액이 아니라 퇴직일까지의 근로에 대한 임금 부분만 평균임금에 포함된다.[4]

1) 따라서 퇴직금 청구권을 사전에 포기하거나 사전에 그에 관한 민사소송을 제기하지 않겠다는 부제소 특약을 하는 것은 무효이다(대법 1998. 3. 27, 97다49732).

2) 대법 2007. 3. 3, 2004다8333.

3) 대법 1995. 10. 12, 94다36186은 누진제 퇴직금에 대하여 후불임금으로서의 성격 이외에 공로보상으로서의 성격과 사회보장적 급여로서의 성격도 아울러 가진다고 한다.

4) 대법 1993. 5. 27, 92다24509는 이러한 임금이 퇴직일까지의 근로에 대한 임금으로 지급된 것이지 그 달 말까지의 계속근무를 전제로 한 대가의 성질을 지니는 것으로 볼 수 없으므로 그 임금 전액을 평균임금 계산에 포함하여 이를 기준으로 평균임금을 계산해야 한다고 판시했다.

B. 계속근로기간　'계속근로기간'이란 근로계약관계가 사실상 중단 없이 지속된 기간을 말한다. 따라서 기간제근로자(일용근로자 포함)의 근로계약 기간이 만료되면서 다시 근로계약을 맺어 그 기간을 갱신하거나 동일한 조건의 근로계약을 반복하여 체결한 경우에는 갱신 또는 반복된 계약기간을 합산한다.[1] 이 경우 갱신되거나 반복 체결된 근로계약 사이에 일부 공백 기간이 있다 하더라도 그 기간이 상대적으로 짧고 계절적 요인이나 당해 업무의 특성 등의 사정이 있으면 근로관계의 계속성은 그 기간에도 유지된 것으로 인정된다.[2] 따라서 상용직·정규직이 되기 전에 일용직·임시직·촉탁직 등으로 근무한 기간,[3] 시용·수습의 기간도 계속근로기간에 포함된다. 그러나 고령자고용법은 정년퇴직자를 재고용한 경우에는 당사자 사이의 합의로 그 이전의 재직기간을 계속근로기간에서 제외할 수 있다고 규정하고 있다(21조 2항).

계속근로기간은 실제로 근로를 제공한 기간으로 한정되는 것이 아니다. 근로자의 귀책사유로 휴업(결근)한 기간, 사용자의 귀책사유로 휴업한 기간, 업무상 재해의 요양을 위하여 휴업한 기간, 연차휴가나 출산전후휴가(유산·사산휴가 포함)를 사용한 기간은 물론, 파업에 참가한 기간, 노동조합 전임자로 종사한 기간, 개인 사정으로 휴직한 기간, 정직·출근정지의 징계를 받은 기간이라 하여 계속근로기간에서 제외되지 않는다고 보아야 한다. 다만 군복무를 위한 휴직 기간은 병역법의 관련규정에 따라 복직이 보장되고 승진에서 불이익이 금지될 뿐이므로 퇴직금 계산의 계속근로기간에서는 제외된다고 해석된다.[4] 또 사용자가 명예퇴직자로 확정시킴과 동시에 그때부터 일정한 기간 동안 전직 지원 교육을 실시하고 그 기간을 유급휴직기간으로 처리하되 계속근로기간에서 제외하기로 한 경우

그러나 대법 1999. 5. 12, 97다5015(전합)는 종전 판결의 취지대로 처리하게 되면 동일한 사업체에서 같은 월급을 받고 같은 기간 동안 근무한 근로자들이 같은 달에 퇴직하더라도 단지 그 퇴직일자가 다르다는 사정만으로 그 퇴직금에 심한 차이가 생기는 불균형이 나타나고, 더구나 같은 달의 퇴직일이 빠를수록 평균임금이 높아져 퇴직금이 많이 지급되는 불합리한 결과가 되므로, 월의 중도에 퇴직하더라도 그 월의 보수 전액을 지급한다는 취업규칙상의 규정은 퇴직하는 근로자에 대한 임금 계산에 정책적·은혜적 배려가 포함된 취지에 불과하고 퇴직자에게 실제 근무일수와 무관하게 퇴직 해당 월의 임금을 인상하여 전액 지급한다는 취지는 아니라고 하여 종전 판결을 변경했다.

1) 대법 1979. 4. 10, 78다1753; 대법 1995. 7. 11, 93다26168(전합).
2) 대법 2006. 12. 7, 2004다29736; 대법 2011. 4. 14, 2009다35040(기간제 겸 단시간근로자로서 겨울철 2-4개월 동안 휴업을 하더라도 장기간 계약을 반복 갱신해 온 경우 계속근로기간의 산정에서 휴업기간을 제외하지 않는다).
3) 대법 1980. 5. 27, 80다617; 대법 1995. 7. 11, 93다26168(전합).
4) 대법 1993. 1. 15, 92다41986.

에는 사실상 근로계약관계는 종료된 상태에서 명예퇴직자의 이익을 위하여 특별히 설정한 기간이라는 점에 비추어 그 휴직기간은 계속근로기간에서 제외된다.[1]

계속근로기간에 정상적인 근무 기간과 병가나 휴직의 기간이 섞여 있는 경우에도 퇴직금은 정상적인 근무 기간과 병가·휴직 기간을 구분·계산하여 합산한 금액으로 산정할 수 없고,[2] 퇴직 시의 평균임금과 전체 계속근로기간을 근거로 통합하여 산정해야 한다. 퇴직금 지급 의무는 근로계약이 존속하는 동안에는 발생할 여지가 없고 근로계약이 종료되는 때에 비로소 생기기 때문이다.

기업의 합병이나 사업의 양도 등으로 근로계약관계가 다른 기업에 포괄적으로 승계된 경우에는 그 승계 이전의 근속기간도 계속근로기간에 포함된다.[3] 종전 사업에서 퇴직금을 받았다고 하여 달라질 것은 아니지만, 근로자가 종전 사업에서 자의로 사직한 경우에는 계속근로기간은 단절된다.[4] 그러나 형식상 폐업을 하고 같은 사업을 명의만 바꿔 재개하는 경우(위장폐업)에도 계속근로기간은 단절되지 않는다.[5]

퇴직금 지급에 관한 법규가 적용되지 않던 사업이 법령의 개정으로 적용을 받게 된 경우 계속근로기간은 그 개정법령의 시행일부터 계산한다.[6]

다. 퇴직금 중간정산

퇴직급여법은 사용자는 주택 구입 등 시행령으로 정하는 사유로 근로자가 요구하는 경우에는 근로자가 퇴직하기 전에 그 근로자의 계속근로기간에 대한 퇴직금을 미리 정산하여 지급할 수 있으며, 이 경우 미리 정산하여 지급한 후의 퇴직금 산정을 위한 계속근로기간은 정산 시점부터 새로 계산한다고 규정하고 있다(퇴급 8조 2항). 퇴직금은 근로자가 퇴직해야 지급하는 것이지만, 당사자는 그 필요에 따라[7] 근로자가 퇴직하지 않으면서도(형식상으로만 퇴직) 그 동안의 계속근로기간에 대한 퇴직금(중간퇴직금)을 지급하는 경우가 있고, 나중에 퇴직금을 둘러싼 분쟁이 끊이지 않아 퇴직금 중간정산의 요건과 효과를 명확하게 규정한 것

1) 대법 2007. 11. 29, 2005다28358.
2) 대법 1991. 6. 28, 90다14560.
3) 대법 1990. 11. 27, 90다5429; 대법 1991. 11. 12, 91다12806 등.
4) 대법 2001. 11. 13, 2000다18608.
5) 대법 1987. 2. 24, 84다카1409.
6) 대법 1996. 12. 10, 96다42024.
7) 근로자 쪽에서는 긴급자금의 조달, 인플레현상에 따른 현물투자, 사용자의 지불능력 부족에 대한 대처 등을 위하여 이를 필요로 하고, 사용자 쪽에서는 장기근속자에 대한 퇴직금의 증액에 따른 부담증가를 완화하기 위하여 이를 필요로 하게 된다.

이다.

A. 중간정산의 요건 (1) 적법한 중간정산으로 인정되려면 첫째, '근로자의 요구'에 따라 중간퇴직금을 지급했어야 한다. 근로자의 요구는 자유로운 의사에 근거한 것이어야 하고, 사용자가 근로자에게 요구하도록 해서는 안 된다.[1]

(2) 적법한 중간정산으로 인정되려면 둘째, 근로자의 요구가 '주택 구입 등 시행령으로 정하는 사유'에 따른 것이어야 한다.[2] 퇴직금이 근로자의 노후에 사용할 재원으로 보존될 수 있도록 무주택자인 근로자의 주택 구입 등에 사용하려는 경우 등으로 엄격하게 한정하려는 것이다. 따라서 예컨대 근로자가 부동산·주식 투자를 위하여 또는 친밀한 사람에게 대여·증여하기 위하여 요구하는 경우에는 적법한 중간정산으로 인정되지 않는다.

(3) 적법한 중간정산으로 인정되기 위하여 근로자가 형식상 퇴직(중간퇴직)했다가 다시 입사하는 절차를 밟을 필요는 없다.[3] 계속근로기간의 계산에 관한 법문이 형식상 다시 입사한 시점이 아니라 '정산 시점'으로 규정되어 있기 때문이다.

B. 중간정산의 재량 위와 같은 요건을 갖춘 경우에 사용자는 중간퇴직금을 미리 정산하여 지급'할 수 있다'. 중간정산은 사용자의 의무가 아니라 재량에 맡겨져 있는 것이다. 따라서 사용자는 근로자가 요구한 중간퇴직금을 지급할 수도 있지만, 근로자의 중간정산 요구를 거절할 수도 있다. 그렇다면 근로자가 요

---

1) 대법 2012. 10. 25, 2012다41045는 반드시 근로자가 먼저 중간정산을 적극적으로 요구한 경우뿐만 아니라 개별 근로자의 자유로운 의사에 따라 중간정산이 이루어진 경우도 적법한 중간정산에 포함된다고 한다.

2) '시행령으로 정한 사유'란 ① 무주택자인 근로자가 본인 명의로 주택을 구입하거나 주거를 목적으로 전세금 또는 주택임차 보증금을 부담하는 경우(하나의 사업에 근로하는 동안 1회로 한정), ② 근로자가 6개월 이상 요양이 필요한 본인, 배우자, 또는 이들 부양가족의 질병·부상에 대한 의료비를 해당 근로자가 연간 임금총액의 12.5%를 초과하여 부담하는 경우, ③ 중간정산을 신청하는 날부터 거꾸로 계산하여 5년 이내에 근로자가 파산선고 또는 개인회생절차개시 결정을 받은 경우, ④ 사용자가 기존의 정년을 연장·보장하는 조건으로 단체협약 등을 통하여 일정한 나이·근속시점·임금액을 기준으로 임금을 줄이는 제도(임금피크제)를 시행하는 경우, ⑤ 사용자가 근로자와의 합의에 따라 소정근로시간을 1일 1시간 또는 1주 5시간 이상 변경하고 이에 따라 근로자가 3개월 이상 계속 근로하기로 한 경우, ⑥ 2018년 개정근로기준법 시행에 따른 근로시간의 단축으로 근로자의 퇴직금이 감소되는 경우, ⑦ 그 밖에 천재지변 등으로 피해를 입는 등 고용노동부장관이 정하는 사유와 요건에 해당하는 경우를 말한다(영 3조).

3) 이 규정이 신설된 1997년 이전에는 중간퇴직금의 지급을 위해서는 근로자가 중간퇴직을 한 후 재입사하는 절차를 밟았는데 근로자의 중간퇴직의 의사표시가 진의에 따른 것인지가 문제되었다. 판례는 대체로 근로자 자신의 이익을 위하여 한 경우에는 중간퇴직의 의사표시 및 중간퇴직금 지급을 유효한 것으로 보고, 반대로 사용자의 이익을 위하거나 경영방침에 따라 한 경우에는 중간퇴직금 지급을 무효로 보았다.

구한 계속근로기간의 일부에 대해서만 중간정산을 할 수도 있다.[1)]

C. 중간정산의 효과 적법한 중간정산이 이루어진 경우에는 근로자가 그 후 실제로 퇴직한 때에 퇴직금 산정을 위한 계속근로기간은 '정산 시점부터 새로 계산'한다.

적법한 중간정산의 요건이 갖추어지지 않았는데도 사용자가 근로자에게 중간퇴직금을 지급한 경우에는 그 후 퇴직금 산정을 위한 계속근로기간은 정산 시점이 아니라 입사 시점부터 계산한다. 이 경우 이미 지급한 퇴직금은 부당이득으로서 사용자가 그 반환을 청구(퇴직금에서 공제)할 수 있다. 그러나 이미 지급한 중간퇴직금은 착오로 변제기 전에 채무를 변제한 경우에 해당하지 않으므로 그에 대한 법정이자 상당액은 부당이득으로 청구(퇴직금에서 공제)할 수 없다.[2)] 사업 양도에 있어서 양도회사가 그 방침에 따라 근로자에게 퇴직금을 지급하고 양수회사에 입사하는 형식을 취하게 한 경우에는 적법한 중간정산의 요건이 결여된 채 중간퇴직금을 지급한 경우와 동일하게 처리된다.[3)]

라. 퇴직금 분할 지급

매월 지급하는 월급이나 매일 지급하는 일당과 함께 퇴직금 명목으로 일정한 금원을 미리 지급한다는 당사자 사이의 약정(퇴직금분할 약정)에 따라 그 금원을 지급하는 경우가 있다. 이 약정에 따라 퇴직금을 분할 지급하는 것은 적법한 퇴직금 중간정산으로 인정되는 경우를 제외하고는 근로자의 퇴직금 청구권을 사전에 포기하게 하는 것이므로 퇴직금 지급으로서의 효력이 없고, 퇴직금은 입사 시점부터 퇴직 시점까지를 계속근로기간으로 보아 산정해야 한다.[4)]

이 경우 퇴직금분할 약정에 따라 근로자가 퇴직금 명목으로 지급받은 금원은 근로의 대가로서의 임금이 아니라 법률상 원인 없이 근로자가 받은 부당이득이므로 근로자는 이를 사용자에게 반환해야 하고, 사용자는 계산의 착오 등으로 임금을 초과 지급한 경우처럼 그 반환해야 할 부분을 퇴직금에서 상계(공제)할 수 있으며, 다만 그 상계는 퇴직금의 50%를 초과하는 부분에 해당하는 금액에 대해

1) 근로자의 요구에 대하여 일부의 근속기간에 대해서만 중간퇴직금을 지급했더라도 근로자가 아무런 이의를 제기하지 않은 경우에는 적법한 중간정산으로 인정된다(대법 2008. 2. 1, 2006다20542).
2) 대법 1993. 1. 15, 92다3767; 대법 2005. 4. 29, 2003다55493.
3) 대법 2005. 2. 25, 2004다34790.
4) 대법 2002. 7. 1, 2002도2211; 대법 2002. 7. 26, 2000다27671; 대법 2006. 9. 22, 2006도3898; 대법 2007. 11. 16, 2007도3725.

서만 허용된다.[1] 따라서 사용자는 근로자가 퇴직한 때에 종전에 퇴직금 명목으로 지급한 금원과 관계없이 다시 퇴직금을 산정하여 그 50%를 초과하지 않는 범위에서 종전에 지급한 금원을 공제한 나머지를 지급해야 하고, 종전에 지급한 금원 중 반환받지 못한 부분에 대해서는 별도로 부당이득반환을 청구할 수밖에 없는 것이다.

퇴직금분할 약정에 따라 근로자가 퇴직금 명목으로 지급받은 금원이 임금이 아니라 부당이득에 해당한다는 법리는 당사자 사이에 실질적인 퇴직금분할 약정이 존재하는 경우, 즉 임금과 구별하여 추가로 퇴직금 명목으로 일정한 금원을 실질적으로 지급할 것을 약정한 경우에만 적용되고 퇴직금분할 약정이 그 실질은 임금을 정한 것임에도 불구하고 사용자가 퇴직금의 지급을 면탈하기 위하여 퇴직금분할 약정의 형식만 취한 경우에는 적용되지 않는다.[2]

마. 퇴직금 누진제

'퇴직금 누진제'란 취업규칙 등에 따라 소정의 산정기초임금에 소정의 지급률을 곱한 금액을 퇴직금으로 지급하되 지급률이 계속근로기간에 따라 체증되도록 하는 것(예: 계속근로기간 5년, 10년, 15년에 대하여 지급률을 각각 5, 13, 20으로 정함)을 말한다. 퇴직금에 관하여 장기근속자를 우대하려는 취지의 제도이다.

퇴직금 누진제에서는 산정기초임금을 반드시 근로기준법상의 평균임금으로 할 필요는 없지만, 소정의 산정기초임금에 따라 산출된 금액은 법정퇴직금에 미달해서는 안 된다. 산정기초임금을 '평균임금'이라 부르면서 그 평균임금에서, 예컨대 연료보조비·식사비·체력단련비 등의 임금을 제외한다고 규정하는 경우에 누진제상의 평균임금이 근로기준법상의 평균임금에 미달하기 때문에 그 퇴직금 규정의 효력이 문제된다. 문제의 평균임금에 따라 산출된 퇴직금이 법정퇴직금에 미달하면 그 퇴직금 규정은 해당 근로자에게는 무효이고 사용자는 그 근로자에게 법정퇴직금을 지급해야 한다.[3] 그러나 문제의 평균임금을 기초로 산출된 퇴직금이 법정퇴직금에 미달하지 않는다면 퇴직금 규정은 유효라고 해석된다.[4]

---

1) 대법 1993. 12. 28, 93다38529; 대법 2010. 5. 20, 2007다90760(전합).

2) 대법 2010. 5. 27, 2008다9150; 대법 2012. 10. 11, 2010다95147.

3) 산정기초임금에 관한 규정만 무효이고 지급률에 관한 규정은 유효가 되는 것이 아니라, 퇴직금규정 전체가 해당 근로자에게는 무효이다(대법 1987. 2. 24, 84다카1409; 대법 1994. 12. 31, 94다6789).

4) 대법 1990. 11. 27, 90다카23868; 대법 1991. 12. 13, 91다32657 등. 또 누진제 여부에 관계없이 대법 2003. 12. 11, 2003다40538; 대법 2007. 7. 12, 2005다25113은 노사간에 근로기준법

임시직과 정규직 등 직류 사이에 지급률에 차이를 둔 퇴직금 누진제 아래서 임시직으로 근무하던 근로자가 정규직으로 직류가 변경된 경우에는 특별한 규정이 없으면 직류변경 전후의 전 기간을 계속근로기간으로 보아야 하고, 그 기간에 대한 정규직의 지급률을 기초로 퇴직금을 산정해야 한다.[1)]

바. 퇴직금의 지급

(1) 퇴직급여법에 따르면, 사용자는 근로자가 퇴직하면 그 지급사유가 발생한 날부터 14일 이내에 퇴직금을 지급해야 하며, 다만 특별한 사정이 있는 경우에는 당사자 사이의 합의로 지급기일을 연장할 수 있다(9조 1항; 벌칙 44조).[2)]

퇴직금은 근로자가 55세 이후에 퇴직하여 급여를 받는 경우 등 시행령으로 정하는 사유가 있는 경우를 제외하고는 근로자가 지정한 개인형 퇴직연금제도의 계정 또는 중소기업 퇴직연금기금제도 가입자부담금 계정(이하 '개인형 퇴직연금제도의 계정등')으로 이전하는 방법으로 지급해야 하며, 근로자가 개인형 퇴직연금제도의 계정등을 지정하지 않은 경우에는 근로자 명의의 개인형 퇴직연금제도의 계정으로 이전한다(같은 조 2항·3항). 개인형 퇴직연금제도를 활성화하여 근로자의 노후생활 안정을 지원하려는 것이다.

(2) 법정퇴직금은 근로자가 형사처벌을 받거나 퇴직의 사유가 징계해고라고 하여 이를 감액할 수 없다.[3)] 그러나 퇴직금 누진제 아래서는 재직 중의 사유로 형사처벌을 받거나 징계해고된 자에 대하여 법정퇴직금에 미달되지 않는 범위에서 감액할 수 있다.[4)]

(3) 퇴직금의 재원은 전액 사용자가 부담한다. 따라서 사용자와 근로자가 각각 일정한 금액을 출연·적립한 재원을 사용자가 관리하다가 근로자가 퇴직할 때에 법정퇴직금 상당액으로 지급하는 경우에는 퇴직금 지급의 효력이 없다. 퇴직

상 평균임금에 포함되는 임금의 일부를 퇴직금 산정기초에서 제외하기로 합의했더라도 이 합의에 따라 산출한 퇴직금이 법정퇴직금에 미달하지 않으면 그 합의는 유효라고 한다.

1) 대법 1995. 7. 11, 93다26168(전합). 종전 판례는 이러한 경우에 임시직 근무 기간에 대한 지급률과 정규직 근무 기간에 대한 지급률을 합한 것을 기초로 퇴직금을 산출해야 한다고 판시했으나(대법 1994. 2. 22, 93다11654), 변경된 판결은 그와 같이 분할계산을 한다는 특별한 규정이 있으면 그에 따르고, 없으면 일괄 계산해야 한다는 것이다.

2) 연장한 지급기일까지 퇴직금을 지급하지 아니한 경우 9조 위반죄가 성립한다(대법 2023. 7. 13, 2023도188).

3) 공무원연금의 경우에는 일정 한도의 감액이 허용되고(공무원연금법 64조 1항), 이것이 헌법 위반은 아닌 것으로 해석된다(헌재 1995. 6. 29, 91헌마50).

4) 대법 1995. 10. 12, 94다36186(누진제 퇴직금은 후불적 임금의 성질 이외에 공로보상의 성격도 가진다는 것을 감액의 근거로 한다).

금은 사용자가 자기 재산에서 지급하면 족하고 근로자의 계속근로기간 1년마다 주기적으로 기업 내·외에 적립할 의무가 있는 것은 아니다.

사. 퇴직금 채권의 시효

퇴직급여법은 퇴직금을 받을 권리는 3년 동안 행사하지 않으면 시효로 소멸한다고 규정하고 있다(10조). 퇴직금 채권의 시효 기간은 퇴직한 다음날부터 진행한다.[1)]

4. 퇴직연금제도

퇴직연금제도에는 확정급여형, 확정기여형, 개인형의 세 종류의 제도가 있다(2조 7호). 확정급여형과 확정기여형은 퇴직급여제도 설정 의무에 따라 사용자가 선택하는 것으로서, 전자는 근로자가 받을 급여의 수준이 사전에 결정되어 있는 데 대하여, 후자는 사용자가 부담할 부담금의 수준이 사전에 결정되어 있는 제도이다(2조 6호·8호·9호). 개인형은 근로자의 선택에 따라 설정하는 것으로서 급여의 수준과 부담금의 수준이 모두 확정되지 않은 제도이다(2조 10호).

가. 확정급여형 퇴직연금제도

퇴직급여법에 따르면, 확정급여형 퇴직연금제도를 설정하려는 사용자는 퇴직연금사업자의 선정,[2)] 가입자와 가입기간, 급여 수준, 급여 지급능력 확보, 급여의 종류와 수급요건, 급여의 지급 사유와 지급절차, 부담금의 부담과 납입 등에 관한 사항을 포함한 확정급여형 퇴직연금규약을 작성하여 고용노동부장관에게 신고해야 한다(13조; 벌칙 48조).

이 경우 가입기간은 퇴직연금제도 설정 이후에 해당 사업에 근무한 기간으로 하되, 설정 이전의 근무기간(퇴직금 중간정산 기간은 제외)도 포함시킬 수 있으며(14조), 급여 수준은 가입자의 퇴직일을 기준으로 산정한 일시금이 적어도 법정퇴직금의 수준이 되어야 한다(15조).

확정급여형 퇴직연금제도를 설정한 사용자는 퇴직연금사업자에게 매년 소정의 방법으로 산출한 금액 이상을 적립금으로 적립해야 한다(16조 1항).

---

1) 대법 1992. 5. 12, 91다28979.

2) '퇴직연금사업자'란 보험회사나 은행 등 소정의 자격을 가진 자로서 재무건전성 등 소정의 요건을 갖추어 고용노동부장관에게 등록한 자를 말한다(2조 13호, 26조). 사용자나 가입자는 퇴직연금사업자로부터 적립금 운용방법을 제시받아 마음에 드는 퇴직연금사업자를 선정한 다음 근로자 또는 가입자를 피보험자 또는 수익자로 하는 보험계약이나 신탁계약을 체결함으로써 연금관련 업무를 수행하게 된다(28-29조 참조).

급여의 종류는 연금과 일시금으로 구분하되, 퇴직한 가입자가 55세 이상으로서 가입기간이 10년 이상일 것의 요건(연금 수급요건)을 갖춘 경우에는 5년 이상 연금으로 지급하고, 연금 수급요건을 갖추지 못하거나 일시금 수급을 원하는 경우에는 일시금으로 지급한다(17조 1항; 벌칙 44조). 급여의 지급은 가입자가 55세 이후에 퇴직하는 등의 경우를 제외하고 가입자가 지정한 개인형 퇴직연금제도의 계정으로 이전하는 방법으로 한다(17조 4항).

나. 확정기여형 퇴직연금제도

퇴직급여법에 따르면, 확정기여형 퇴직연금제도를 설정하려는 사용자는 부담금의 부담과 산정·납입, 적립금의 운용, 퇴직연금사업자의 선정, 가입자와 가입기간, 급여의 종류와 수급요건, 급여의 지급 사유와 지급절차 등에 관한 사항을 포함하는 확정기여형 퇴직연금규약을 작성하여 고용노동부장관에게 신고해야 한다(19조 1항; 벌칙 48조).

확정기여형 퇴직연금제도를 설정한 사용자는 가입자의 연간 임금총액의 12분의 1 이상에 해당하는 부담금을 매년 1회 이상 정기적으로 가입자의 계정에 납입해야 한다(20조 1항·3항).[1] 가입자는 이와 별도로 스스로 부담하는 추가 부담금을 그 계정에 납입할 수 있다(20조 2항).

가입자는 퇴직연금사업자가 위험과 수익구조를 달리하여 제시한 세 가지 이상의 적립금 운용방법 중에서 한 가지를 스스로 선정할 수 있다(21조 1항·2항).

급여의 종류, 수급요건과 급여 지급의 방법에 관해서는 확정급여형 퇴직연금제도의 해당 규정(17조 1항·4항)을 준용한다(19조 2항). 가입자는 퇴직할 때 받을 급여 지급을 갈음하여 그 운용 중인 자산을 퇴직연금사업자로부터 가입자의 개인형 퇴직연금제도 계정으로 이전받을 수 있고(20조 6항·7항), 주택구입 등 시행령으로 정하는 사유가 발생하면 적립금을 중도인출할 수도 있다(22조).

다. 개인형 퇴직연금제도

(1) 퇴직급여법에 따르면, 퇴직연금사업자가 운영하는 개인형 퇴직연금제도를 설정할 수 있는 자는 ① 퇴직급여제도의 일시금을 수령한 자, ② 확정급여형 또는 확정기여형 퇴직연금제도의 가입자로서 자기의 부담으로 개인형 퇴직연금

1) 대법 2021. 1. 14, 2020다207444는 사용자가 퇴직한 가입자에 대하여 가입기간 동안 매년 납입한 부담금이 연간 임금총액의 12분의 1에 미치지 못하는 경우, 근로자는 사용자에게 직접 정당한 부담금액과 이미 납입된 부담금액의 차액 및 그에 대한 소정의 지연이자를 지급할 것을 청구할 수 있을 뿐, 가입자인 근로자가 퇴직금제도에 따라 평균임금의 재산정을 통해 계산하는 방식으로 추가 퇴직금의 지급을 청구할 수는 없다고 한다.

제도를 추가로 설정하려는 자, ③ 자영업자 등 안정적인 노후 소득 확보가 필요한 자로서 시행령으로 정하는 자로 한다(24조 1항·2항).

개인형 퇴직연금제도에 가입한 자는 자기의 부담으로 일정한 한도에서 개인형 퇴직연금제도의 부담금을 납입하고, 퇴직연금사업자가 위험과 수익구조를 달리하여 제시한 세 가지 이상의 적립금 운용방법 중에서 한 가지를 스스로 선정할 수 있다(24조 3항·4항).

(2) 상시 10명 미만의 근로자를 사용하는 사업의 사용자가 개별 근로자의 동의를 받거나 근로자의 요구에 따라 개인형 퇴직연금제도를 설정한 경우에는 해당 근로자에 대하여 퇴직급여제도를 설정한 것으로 본다(25조 1항). 영세 사업에서는 인력의 이동이 잦고 확정급여형 또는 확정기여형 퇴직연금제도를 운영할 인력이 부족한 점을 고려하여 퇴직급여제도의 선택적 설정에 대한 특례를 인정한 것이다.

상시 10명 미만의 근로자를 사용하는 사업에서 개인형 퇴직연금제도를 설정한 사용자는 가입자별로 연간 임금총액의 12분의 1 이상에 해당하는 부담금을 매년 1회 이상 정기적으로 가입자의 개인형 퇴직연금제도 계정에 납입해야 한다(25조 2항 2호-4호).

라. 중소기업 퇴직연금기금제도

퇴직급여법에 따르면, '중소기업 퇴직연금기금제도'란 중소기업(상시 30명 이하의 근로자를 사용하는 사업에 한정) 근로자의 안정적인 노후생활 보장을 지원하기 위하여 둘 이상의 중소기업 사용자 및 근로자가 납입한 부담금 등으로 공동의 기금을 조성·운영하여 근로자에게 급여를 지급하는 제도를 말한다(2조 14호).

중소기업 퇴직연금기금제도는 근로복지공단에서 운영한다(23조의2 1항). 중소기업의 사용자는 중소기업 퇴직연금기금 표준계약서에서 정하고 있는 사항에 관하여 근로자대표의 동의를 받는 등의 절차를 거쳐 공단과 계약을 체결함으로써 중소기업 퇴직연금기금제도를 설정할 수 있다(23조의6 1항).

마. 수급권의 보호 및 퇴직연금제도의 폐지·중단

퇴직급여법에 따르면, 퇴직연금제도(중소기업 퇴직연금기금제도 포함)의 급여를 받을 권리(수급권)는 양도 또는 압류하거나 담보로 제공할 수 없으며, 다만 가입자는 주택구입 등 시행령으로 정하는 사유와 요건을 갖춘 경우에는 시행령으로 정하는 한도에서 그 수급권을 담보로 제공할 수 있다(7조).

퇴직연금제도가 폐지되거나 운영이 중단된 경우에는 폐지된 이후 또는 중단된 기간에 대해서는 퇴직금제도를 적용한다(38조 1항). 사용자와 퇴직연금사업자는 퇴직연금제도가 폐지되어 가입자에게 급여를 지급하는 경우에 가입자가 지정한 개인형 퇴직연금제도의 계정으로 이전하는 방법으로 지급해야 하고, 이 경우 퇴직금을 중간정산한 것으로 본다(퇴급 38조 4항·5항).

Ⅱ. 퇴직에 따른 금품 청산

1. 청산 기한

근로기준법은 사용자는 근로자가 사망 또는 퇴직한 경우에는 그 지급사유가 발생한 때부터 14일 이내에 임금, 보상금, 그 밖의 모든 금품을 지급해야 하고, 다만 특별한 사정이 있는 경우에는 당사자 사이의 합의로 기일을 연장할 수 있다고 규정하고 있다(36조; 벌칙 109조). 한편, 퇴직급여법도 퇴직금에 대하여 이와 같은 취지의 규정을 두고 있다(9조 1항; 벌칙 44조).

'퇴직'이란 사직(임의퇴직)만이 아니라 해고·합의해지·정년도달 등 사용자가 존속하면서 노동관계가 종료되는 모든 경우를 말한다. 사망도 퇴직에 포함되지만 이 규정에서는 주의를 환기하기 위하여 사망을 별도로 규정했다. 노동관계가 종료되면 사용자는 근로자의 청구 유무에 관계없이 모든 금품을 당연히 지급·반환할 의무가 있으므로 '지급사유가 발생한 때'란 특별한 의미는 없고 '사망 또는 퇴직한 때'를 말한다.[1)]

'임금·보상금'에는 임금·연차수당·재해보상금·휴업수당·해고예고수당 등이 포함된다. '그 밖의 모든 금품'이란 적립금·보증금·저축금 또는 기숙사나 탈의실에 비치한 물품 등 근로자에게 귀속할 모든 금품을 말한다.

금품의 일부에 대하여 사용자에게 지급 의무가 있는지 여부에 관하여 다툼이 있는 경우에는 다툼이 없는 나머지 부분에 대해서만 14일 이내에 지급할 의무가 있다고 보아야 할 것이다.

근로자가 사망한 경우에는 금품을 유족에게 지급해야 한다.

지급 기일을 연장할 수 있는 '특별한 사정'이란 천재지변이나 그 밖에 이에 준하는 부득이한 사정 및 사용자가 성의와 전력을 다하여 노력했는데도 체불을

1) 임금이나 보상금은 재직 중에 지급사유가 발생하는 경우가 많으므로 '지급사유가 발생한 때'는 '퇴직한 날'로 개정함이 바람직할 것이다.

막을 수 없었던 사정을 말한다고 보아야 하고, 사업 부진 등으로 자금 압박을 받아 지급할 수 없었다는 것만으로는 퇴직금 지급 기일을 연장할 수 있는 특별한 사정이라 할 수 없다.[1]

2. 특별지연이자

근로기준법과 그 시행령에 따르면, 사용자는 근로자의 사망 또는 퇴직에 따라 지급해야 하는 임금 및 퇴직급여(일시금만 해당)의 전부 또는 일부를 그 지급 사유가 발생한 날부터 14일 이내에 지급하지 않는 경우, 그 다음 날부터 지급하는 날까지의 지연일수에 대하여 연 20% 이율에 따른 지연이자를 지급해야 한다(근기 37조 1항, 영 17조). 상당히 높은 비율의 지연이자(특별지연이자)를 부담하게 함으로써 금품 청산 의무의 이행을 독려하려는 것이다.

그러나 사용자가 ① 천재·사변, ② 회생절차 개시의 결정 등 임금채권보장법에 따라 고용노동부장관이 미지급 임금을 사업주 대신 지급할 사유가 발생하거나, ③ 관계 법령의 제약에 따라 임금·퇴직금을 지급할 자금을 확보하기 어렵거나, ④ 지급이 지연되고 있는 임금·퇴직금의 존부를 법원·노동위원회에서 다투는 것이 적절하다고 인정되거나, ⑤ 그 밖에 이들에 준하는 사유로 임금 지급을 지연하는 경우에는 그 사유가 존속하는 기간에 대하여 특별지연이자를 지급하지 않아도 된다(근기 37조 3항, 영 18조).

금품 청산의 대상은 임금·보상금·퇴직금, 그 밖의 모든 금품으로 규정되어 있지만, 특별지연이자의 지급 대상은 임금과 퇴직금으로 규정되어 있기 때문에 보상금이나 그 밖의 금품에 대해서는 특별지연이자가 적용되지 않는다.[2]

특별지연이자는 근로자의 사망 또는 퇴직에 따른 금품 청산을 지연하는 경우뿐만 아니라, 재직 중의 임금 체불에 대해서도 적용된다. 임금 체불로 특별지연이자의 지급의무가 발생한 이후 근로자가 사망·퇴직한 경우는 그 임금의 원래 지급일을 기준으로 특별지연이자를 산정한다(37조 2항).

---

1) 대법 1987. 5. 26, 87도604.

2) 특별지연이자의 대상을 금품 청산의 대상과 같게 고치면서 금품 청산 위반의 벌칙은 삭제하는 것이 바람직하다고 생각한다.

Ⅲ. 임금 청산의 특례

1. 임금채권의 우선변제

가. 제도의 의의

임금의 체불은 전액지급 또는 정기일지급의 원칙(근기 43조)에 위반되지만 사용자가 도산하는 등 실제로 지불능력이 없게 된 경우에는 형사처벌을 하기도 곤란하게 된다. 또 이러한 경우에 사용자는 임금채무 이외에도 조세·공과금이나 거래상의 채무를 지고 있기 때문에 사용자의 잔여재산이 있더라도 변제순위가 낮으면 근로자는 임금을 청산받기가 곤란하게 된다. 그러나 임금은 근로자의 유일·중요한 생활근거이기 때문에 근로자보호를 위하여 임금채권의 변제순위를 일정하게 높여주는 조치가 필요하게 된다.

이에 따라 근로기준법은 임금이나 그 밖에 근로관계에 따른 채권은 사용자의 총재산에 대하여 질권·저당권·담보권[1]에 따라 담보된 채권 외에는 조세·공과금이나 다른 채권에 우선하여 변제되는 한편, 임금의 일정한 부분과 재해보상금은 질권·저당권·담보권에 따라 담보된 채권에도 우선하여 제1순위로 변제되도록 규정하고 있다(38조). 한편, 퇴직급여법도 사용자가 지급해야 할 퇴직급여, 퇴직연금제도상 사용자가 부담해야 할 부담금 중 미납분과 이에 대한 지연이자(이하 '퇴직급여등'이라 함)에 대하여 근로기준법의 임금에 준하여 처리하는 규정을 두고 있다(12조).

나. 최우선변제의 대상

(1) 최종 3개월분의 임금과 재해보상금 및 최종 3년간의 퇴직급여등은 사용자의 총재산에 대하여 질권·저당권·담보권(퇴직급여등에 대해서는 담보권 제외; 이하 같음)에 따라 담보된 채권, 조세·공과금 및 다른 채권에 우선하여 변제되어야 한다(근기 38조 2항, 퇴급 12조 2항). 최종 3개월분의 임금과 재해보상금 및 최종 3년간의 퇴직급여등은 일반채권 및 조세·공과금은 물론, 질권·저당권·담보권에 따라 담보된 채권에 우선하여 제1순위로 변제되어야 한다는 것이다.[2]

---

1) 동산·채권 등의 담보에 관한 법률에 따른 담보권을 말한다.

2) 이들 규정에 따라 우선변제청구권을 갖는 임금채권자라고 하더라도 강제집행절차나 임의경매절차에서 우선배당을 받으려면 배당요구의 종기까지 적법하게 배당요구를 해야 하고, 이 경우 최종 3년간의 퇴직금은 근로자가 배당요구 종기일 이전에 퇴직한 경우의 것만을 말한다(대법 2015. 8. 19, 2015다204762).

'최종 3개월분의 임금'이란 최종 3개월에 지급사유가 발생한 임금 중 사용자가 지급하지 못한 것을 말한다.[1] 각종의 수당이나 상여금을 제외한 정기임금 또는 기본급만을 말한다고 보는 견해가 있다. 그러나 그렇게 해석할 만한 근거가 없고 또 평균임금을 기초로 산정되는 퇴직금의 일정 부분이 최우선변제의 대상이 되는 것과의 균형을 고려하더라도 최종 3개월분의 임금 전체로 보아야 할 것이다.

'재해보상금'이란 업무상의 재해에 대하여 사용자가 지급하지 못한 근로기준법상의 보상금을 말한다.

'최종 3년간의 퇴직급여등'이란 최종 3년만을 계속근로기간으로 보았을 때의 퇴직급여등을 말한다.

(2) 최종 3개월분의 임금 등은 사용자의 총재산에 대하여 질권·저당권 등에 따라 담보된 채권에 우선하여 변제되어야 하므로, 사용자의 총재산에 대한 질권·저당권 등의 설정 시기가 사용자 지위의 취득 전이냐 후이냐는 중요하지 않고 사용자가 사용자 지위를 취득하기 전에 설정한 질권·저당권에 따라 담보된 채권에도 우선하여 변제되어야 한다.[2]

다. 그 밖의 임금채권 우선변제

임금, 재해보상금,[3] 그 밖에 근로관계에 따른 채권 및 퇴직급여등은 사용자의 총재산에 대하여 질권·저당권·담보권에 따라 담보된 채권 외에는 조세·공과금 및 다른 채권에 우선하여 변제되어야 하며, 다만 질권·저당권·담보권에 우선하는 조세·공과금에 대해서는 그렇지 않다(근기 38조 1항, 퇴급 12조 1항). 임금이나 그 밖에 근로관계에 따른 채권 및 퇴직급여등은 질권·저당권·담보권에 우선하는 조세·공과금이나 질권·저당권·담보권에 따라 담보된 채권보다 우선하지는 않지만, 질권·저당권·담보권에 우선하지 않는 조세·공과금 및 그 밖의 채권(질권·저당권·담보권에 따라 담보되지 않은 채권)보다는 우선하여 변제되어야 한다는 것이다.

(1) '임금'은 사용자가 지급하지 못한 임금 중 최우선변제의 대상이 되는 최

1) 대법 2008. 6. 26, 2006다1930은 최종 3개월인 8월부터 10월의 기간에 8월분 임금만 지급한 경우 최종 3개월분의 임금은 미지급 임금 중 최종 3개월분(7월, 9월, 10월분)이 아니라 최종 3개월의 기간 동안의 미지급 임금(9월과 10월분)이라고 판시한다.

2) 대법 2011. 12. 8, 2011다68777.

3) '재해보상금'이 우선변제 대상(근기 38조 1항)에도 포함되어 있는 것은 최우선변제 규정(38조 2항)이 우선변제 대상 규정에 '불구하고' 재해보상금은 최우선변제의 대상이 된다는 형식으로 되어 있기 때문이다.

종 3개월분의 임금을 제외한 나머지 부분을 말한다.

'그 밖에 근로관계에 따른 채권'은 임금은 아니지만, 근로계약관계에 따라 근로자가 사용자에 대하여 가지는 채권을 말한다. 예컨대 저축금·보증금·보관금·해고예고수당 등이 이에 해당한다.

'퇴직급여등'은 사용자가 지급·납입하지 못한 퇴직급여등 중 최우선변제의 대상이 되는 최종 3년간의 퇴직급여등을 제외한 나머지 부분을 말한다.

(2) 조세·공과금은 질권·저당권·담보권에 우선하는 경우도 있고 그렇지 않은 경우도 있는데, 이에 관해서는 조세법령으로 정한 바에 따른다.[1] 따라서 일반 임금채권은 질권·저당권·담보권에 따라 담보된 채권의 다음 순위로 우선 변제된다.

라. 사용자의 총재산

(1) 임금채권을 변제할 '사용자'의 총재산이란 사업주 소유의 총재산을 말한다. 따라서 예컨대 주식회사의 경우에 회사(법인) 자체의 재산만을 말하고, 주주는 물론 광의의 사용자에 속하는 사업의 경영담당자(대표이사)나 관리자(공장장·지배인·인사부장 등)의 개인재산도 제외되는 것으로 해석된다. 합자회사의 무한책임사원의 개인재산도 제외된다.[2] 다만 법인기업이라 하더라도 그 실체가 개인기업과 같아 이른바 법인격부인의 법리가 적용되는 경우에는 개인재산도 포함될 것이다.[3]

하수급인이 직상수급인의 귀책사유로 근로자에게 임금을 지급하지 못하여 이 임금 지급에 대하여 직상수급인이 하수급인과 연대책임을 지게 된 경우에도 그 직상수급인을 이들 근로자에 대한 관계에서 임금채권의 우선변제권이 인정되는 사용자로 볼 수는 없으므로 하수급인의 근로자들이 직상수급인 소유의 재산을 사용자의 총재산에 해당한다고 보아 이에 대하여 임금 우선변제권을 주장할 수 없다.[4]

(2) 사용자의 '총재산'은 사용자의 동산·부동산은 물론, 각종 유형·무형의

---

1) 국세·지방세·가산금은 다른 공과금이나 그 밖의 채권에 우선하여 징수하는 것이 원칙이며, 다만 질권·저당권의 설정을 법정기일 전에 등기 또는 등록한 사실이 증명된 재산을 매각하는 때에 그 매각 대금 중에서 국세·지방세·가산금(그 재산에 대하여 부과된 것 제외)을 징수하는 경우의 질권·저당권에 따라 담보된 채권은 국세·지방세·가산금보다 먼저 변제된다(국세기본법 35조, 지방세기본법 69조). 도로점용료 등 공과금이 체납된 경우에도 국세·지방세체납처분의 예에 따라 징수할 수 있으므로(예컨대 도로법 69조 등 참조), 공과금과 질권·저당권에 따라 담보된 채권의 우선순위도 국세·지방세의 경우에 준한다고 볼 수 있다.

2) 대법 1996. 2. 9, 95다719는 합자회사의 무한책임사원이 근로자들에 대한 회사의 임금채무를 변제할 책임을 지게 되었다 하더라도 무한책임사원 개인재산까지 임금우선변제의 대상이 되는 사용자의 총재산에 포함되지는 않는다고 한다.

3) 대법 1988. 11. 22, 87다카1671은 개인재산으로 법인의 임금채무를 변제해야 한다고 한다.

4) 대법 1997. 12. 12, 95다56798.

재산권도 포함한다. 따라서 사용자의 제3자에 대한 채권도 총재산에 포함된다. 그러나 이 규정에 따른 우선변제특권은 사용자의 재산에 대하여 강제집행 또는 경매를 했을 때에 그 환가금에서 임금채권을 우선하여 변제·배당받을 수 있는 권리이므로, 사용자가 이미 제3자에게 처분한 재산,[1] 사용자가 재산을 특정승계 취득하기 전에 설정된 담보권,[2] 다른 채권자가 이미 한 압류처분[3]에 대해서는 미치지 않는다. 따라서 사용자의 재산에 대하여 담보권의 실행을 위하여 임의경매 또는 강제경매 절차가 시작된 경우에는 경락기일까지 배당요구 신청을 해야 우선배당을 받을 수 있는 것이다.[4]

2. 임금채권 보장

기업이 도산하여 지급불능 상태에 빠지고 근로자들이 체불임금을 받지 못한 채 퇴직함으로써 생활이 곤궁하게 되는 경우가 있다. 임금채권보장법은 도산 등에 따르는 사용자의 임금 지급 책임의 위험을 전체 사용자에게 분산하여 퇴직한 근로자 등이 신속·간편하게 체불된 임금 등을 지급받을 수 있도록 했다. 이러한 의미에서 이 법은 사회보험제도의 일종이라 할 수 있다.

임금채권보장법은 산재보험법이 적용되는 사업 또는 사업장에 적용하되, 국가나 지방자치단체가 직접 하는 사업 또는 사업장에는 적용하지 않는다(3조). 이 법에 따른 고용노동부장관의 권한을 산재보험법에 따른 권한의 경우와 마찬가지로 근로복지공단에 위탁하여 수행한다는 점을 고려하여 적용범위를 이렇게 규정한 것이다.

가. 퇴직 근로자에 대한 대지급금

임금채권보장법은 고용노동부장관은 사업주가 ① 회생절차개시 결정이 있는 경우, ② 파산선고의 결정이 있는 경우, ③ 고용노동부장관이 미지급 임금 등을 지급할 능력이 없다고 인정하는 경우, ④ 사업주가 근로자에게 미지급 임금 등을 지급하라는 소정의 판결·명령·조정·결정 등이 있는 경우, 또는 ⑤ 고용노동부장관이 근로자에게 체불임금등과 체불사업주 등을 증명하는 서류를 발급한 경우에 퇴직한 근로자가 청구하면 그 근로자의 미지급 임금등을 사업주를 대신하여 지급한다고 규정하고 있다(7조 1항). 사업주가 회생절차개시 결정 등 사유의 어느

1) 대법 1988. 6. 14, 87다카3222; 대법 1994. 12. 27, 94다19242 등.
2) 대법 1994. 1. 11, 93다30938; 대법 2004. 5. 27, 2002다65905.
3) 대법 1988. 4. 12, 87다카1886; 대법 1995. 7. 25, 94다54474.
4) 대법 1997. 7. 25, 96다10263.

하나에 해당하더라도 미지급 임금 등을 지급하기 위해서는 퇴직한 근로자의 청구가 있어야 한다.

임금채권보장법에 따르면, 퇴직한 근로자에게 고용노동부장관이 사업주를 대신하여 지급하는 체불 임금등 대지급금(이하 '대지급금'으로 약칭)의 범위는 ① 최종 3개월분의 임금, ② 최종 3년간의 퇴직급여등, ③ 휴업수당(최종 3개월분으로 한정), ④ 출산전후휴가 기간 중 급여(최종 3개월분으로 한정)로 한다(7조 2항).[1]

'최종 3개월분의 임금'이란 최종 3개월에 지급사유가 발생한 임금 중 사용자가 지급하지 못한 것을 말한다. '최종 3년간의 퇴직급여등'이란 최종 3년만을 계속근로기간으로 보았을 때의 퇴직급여등을 말한다.

나. 재직 근로자에 대한 대지급금

임금채권보장법에 따르면, 고용노동부장관은 ① 사업주가 근로자에게 미지급 임금 등을 지급하라는 소정의 판결·명령·조정·결정 등이 있는 경우 또는 ② 고용노동부장관이 근로자에게 체불임금등과 체불사업주 등을 증명하는 서류를 발급한 경우에 재직 중인 근로자가 지급받지 못한 임금등의 지급을 청구하면 대지급금을 지급한다(7조의2 1항). 퇴직 근로자에 비하여 대지급금 지급 사유의 범위가 좁은 것은 아직은 임금을 받으면서 생계를 유지할 가능성이 더 크기 때문일 것이다.

재직 근로자에게 고용노동부장관이 지급하는 대지급금의 범위는 ① 재직 근로자가 체불임금에 대하여 판결·명령·조정·결정 등을 위한 소송 등을 제기하거나 해당 사업주에게 진정·청원·탄원·고소·고발 등을 제기한 날을 기준으로 맨 나중의 임금 체불이 발생한 날부터 소급하여 3개월 동안에 지급되어야 할 임금 중 지급받지 못한 것, ② 위와 같은 기간 동안에 지급되어야 할 휴업수당 중 지급받지 못한 것, ③ 위와 같은 기간 동안에 지급되어야 할 출산전후휴가 기간 중 급여에서 지급받지 못한 것으로 한다(7조의2 2항).

다. 수급권의 보호 등

임금채권보장법에 따르면, 대지급금을 지급받을 권리는 양도 또는 압류하거나 담보로 제공할 수 없다(11조의2 1항). 고용노동부장관은 근로자의 신청이 있으면 대지급금을 시행령으로 정한 불가피한 사유가 없는 이상 해당 근로자 명의의 지정된 계좌(대지급금 수급계좌)로 입금해야 한다(11조 1항). 대지급금 수급계좌의 예

---

1) 대지급금은 일정한 상한액이 있으며, 고용노동부장관이 고시한다(영 6조).

금에 관한 채권은 압류할 수 없다(11조의2 4항).

고용노동부장관은 대지급금의 지급 등 임금채권보장사업에 드는 비용에 충당하기 위하여 적용 사업의 사업주로부터 부담금을 징수한다(9조 1항).[1)]

1) 산림조합, 농업협동조합, 수산업협동조합, 중소기업은행, 협동조합의 경우 관련 법령에서 부담금을 면제한다고 규정하고 있는데, 판례는 이를 근거로 산림조합 등에 임금채권 부담금을 징수할 수 없다고 판시한 바 있다(대법 2016. 10. 13, 2015다233555 등). 이에 따라 2018년 개정법에서 임금채권보장법은 사업주의 부담금에 관하여 다른 법률에 우선하여 적용한다고 명시했으므로(9조 5항), 앞으로는 산림조합 등에도 임금채권 부담금을 징수할 수 있게 되었다.

제6장 연소자와 여성

헌법은 연소자와 여성의 근로에 대하여 그들의 생존과 건강 및 모성보호 등을 위한 특별한 보호를 선언하고 있다(32조 4항·5항). 이에 따라 근로기준법은 연소자와 여성에 대한 보호의 내용을 구체적으로 규정하고 있다. 한편, 남녀고용평등법은 모성 보호의 지원, 일과 가정의 양립 지원을 위한 육아휴직 등의 제도를 두고 있다.

Ⅰ. 연소자의 보호

1. 근로계약 체결에 대한 보호

가. 취직 최저 연령

근로기준법은 15세 미만인 자(중학교에 재학 중인 18세 미만인 자 포함)는 근로자로 사용하는 것을 금지하고 있다(64조 1항 본문; 벌칙 110조). 근로에 종사함으로써 의무교육을 소홀히 하는 일이 없도록 하기 위하여 근로자로 사용할 수 있는 최저 연령을 15세로 규정한 것이다.

그러나 근로기준법은 15세 미만인 자라도 시행령으로 정하는 기준에 따라 고용노동부장관이 발급한 취직인허증을 지닌 자는 근로자로 사용하는 것을 허용하고 있다(64조 1항 단서). 이 경우 취직인허증은 본인의 신청에 따라 의무교육에 지장이 없는 경우에 발급하되 직종을 지정해야 한다(64조 2항). 예컨대 아역배우처럼 15세 미만의 근로자가 필요한 경우에 대비하여 예외적으로 취직을 허가하되, 의무교육에 지장이 없는 경우에만 직종도 지정하여 허가하도록 한 것이다.

나. 미성년자의 근로계약

A. 법정대리인의 대리 계약 (1) 근로기준법은 친권자나 후견인은 미성년자의 근로계약을 대리할 수 없다고 규정하고 있다(67조 1항).

'미성년자의 근로계약을 대리할 수 없다'는 것은 미성년자를 대신하여 근로계약을 체결할 수 없다는 것을 의미한다. 민법상으로는 법정대리인(친권자나 후견인)은 미성년자의 동의를 받아 미성년자를 대신하여 고용계약을 체결할 수 있지만(민법 920조 단서, 949조 2항 참조), 근로기준법에서 이를 수정하여 법정대리인이 미성년자를 대신하여 근로계약을 체결할 수 없도록 규정한 것은 친권 남용의 가능성으로부터 임금 수입으로 살아가야 할 미성년 근로자를 보호하기 위한 것이다.[1] 따라서 사용자는 미성년자를 채용할 때에는 법정대리인과 근로계약을 체결해서는 안 되고 직접 본인과 체결해야 한다.

이 규정에 위반하면 벌칙(114조)이 적용되며, 사용자가 법정대리인과 체결한 근로계약은 무효이다.

(2) 미성년자와의 근로계약 체결에 법정대리인의 동의를 요한다고 보는 견해가 있다. 그러나 미성년자가 법정대리인의 동의를 받지 않고 체결한 계약은 본인 또는 법정대리인이 이를 취소할 수 있을 뿐(민법 5조 2항 참조), 당연히 무효가 되는 것은 아니라는 점, 근로기준법이 18세 미만인 자(연소자)에 대해서만 법정대리인의 동의를 받도록 한 점(66조 참조)에서 보면 미성년자와의 근로계약이 적법·유효하기 위하여 법정대리인의 동의를 요하는 것은 아니라고 보아야 할 것이다. 다만, 사용자로서는 미성년자와의 근로계약이 그 의사에 어긋나게 취소되는 것을 예방하기 위하여 법정대리인의 동의를 받는 것이 보통일 것이다.

B. 법정대리인 등의 계약 해지 근로기준법은 친권자나 후견인 또는 고용노동부장관은 근로계약이 미성년자에게 불리하다고 인정하는 경우에는 이를 해지할 수 있다고 규정하고 있다(67조 2항). 근로자는 근로계약을 체결한 이상 불리하다 하여 계약 기간 도중에 해지할 수 없지만, 미성년자의 경우는 예외적으로 법정대리인 또는 고용노동부장관이 미성년자 보호를 위하여 해지할 수 있도록 한 것이다.

따라서 미성년자 본인이 불리하다고 느껴 계약을 해지하기를 원하고 동시에 법정대리인 또는 고용노동부장관으로서도 불리하다고 인정하는 경우에는 해지할 수 있으며, 이에 대하여 사용자가 해지의 무효를 주장할 수 없다고 보아야 한다.

다. 근로조건 명시서면 교부

근로기준법은 사용자는 18세 미만인 자(연소자)와 근로계약을 체결하는 경우

1) 같은 취지에서 근로기준법은 "미성년자는 독자적으로 임금을 청구할 수 있다"고 규정하고 있다(68조).

에는 ① 임금, ② 소정근로시간, ③ 주휴일과 공휴일, ④ 연차휴가, ⑤ 그 밖에 시행령으로 정하는 근로조건을 서면(전자문서 포함)으로 명시하여 교부해야 한다고 규정하고 있다(67조 3항, 17조 1항; 벌칙 114조). 사용자가 취업에 급급하고 사리분별력이 미흡한 연소자의 약점을 이용하여 근로조건을 명확히 하지 않은 채 근로하게 하고 이 때문에 나중에 법적 분쟁이 발생하는 것을 예방하려는 것이다.

서면으로 명시하여 교부할 대상은 '제17조에 따른 근로조건'으로 규정되어 있으나 제17조 제2항이 나중에 도입된 점에서 '제17조 제1항에 따른 근로조건', 즉 위 ①-⑤를 말한다고 보아야 한다. 일반근로자에 대한 명시서면 교부의 대상이 ①-④로 한정되어 있지만(17조 2항), 연소자의 경우에는 그 범위가 더 넓다.

라. 연소자증명서와 취직동의서

근로기준법은 사용자는 연소자에 대해서는 그 연령을 증명하는 가족관계 기록사항에 관한 증명서와 친권자 또는 후견인의 동의서를 사업장에 갖추어 두어야 한다고 규정하고 있다(66조; 벌칙 116조 2항).

연령을 증명하는 '가족관계 기록사항에 관한 증명서'를 갖추어 두도록 한 것은 연소자를 성인으로 취급하지 않도록 주의를 환기시키고 해당 근로자에게 연소자에 관한 규정이 적용되는지 여부를 둘러싼 분쟁에 대비하도록 하려는 것이다. 친권자 또는 후견인의 동의서는 연소자의 취직, 즉 근로계약 체결에 대한 동의서를 말하고, 이를 갖추어 두도록 한 것은 연소자와 근로계약을 체결할 때에 이들의 동의가 필요하다는 것을 의미한다.

2. 업무에 대한 보호

가. 유해·위험업무 사용 금지

근로기준법은 사용자는 연소자를 도덕상·보건상 유해·위험한 사업으로서 시행령으로 정한 직종[1]에 사용하지 못한다고 규정하고 있다(65조 1항·3항; 벌칙 109조). 아직 성장과정에 있는 연소자의 도덕과 정신적·육체적 건강을 지키기 위하여 소정의 업무에 연소자의 사용을 금지한 것이다.[2]

---

1) 시행령은 고압·잠수 작업, 청소년 보호법 등에 따라 연소자의 고용·출입을 금지하는 직종·업종, 소각·도살 업무, 정신병원 업무, 유류 취급 업무(주유 업무는 제외)·양조 업무, 2-브로모프로판 취급·노출 업무 등을 사용금지 직종으로 규정하고 있다(40조).
2) 근로기준법 제65조 각항과 이에 관련된 시행령의 규정에서는 '사업', '직종', '업무'의 용어를 혼용하고 있는데, '업무'로 통일함이 바람직하다고 생각한다.

나. 갱내근로 제한

근로기준법은 사용자는 연소자를 갱내에서 근로시키지 못하며, 다만 보건·의료, 보도·취재 등 시행령으로 정하는 업무[1]를 수행하기 위하여 일시적으로 필요한 경우에는 그렇지 않다고 규정하고 있다(72조; 벌칙 109조). 아직 성장과정에 있는 연소자의 안전과 건강을 보호하려는 것이다.

3. 근로시간에 대한 보호

가. 법정근로시간·연장근로

(1) 근로기준법은 18세 미만인 자(연소자)의 근로시간은 1일에 7시간, 1주에 35시간을 초과하지 못한다고 규정하고 있다(69조 본문; 벌칙 110조).[2] 연소자는 정신적·신체적으로 근로를 감당할 능력이 아직 부족하고 교육시간을 확보할 필요도 있다는 점을 고려하여 그 법정근로시간을 성인근로자보다 짧게 규정한 것이다. 시행령은 이 규정에서의 '근로시간'도 휴게시간을 제외한 것을 말한다고 규정하고 있는데(41조), 당연한 사리를 확인한 것이다.

법문에서는 보호대상을 '15세 이상' 18세 미만인 자로 규정하고 있으나, 15세 비반인 자는 원칙적으로 근로자로 사용할 수 없다는 점에 착안한 것일 뿐, 15세 미만인 자에게 1일 8시간, 1주 40시간의 법정근로시간(50조)을 적용한다는 취지는 아니라고 보아야 한다. 따라서 취직인허증을 지닌 15세 미만자에게도 연소자의 법정근로시간이 적용된다고 보아야 할 것이다.[3]

(2) 근로기준법은 연소자의 경우 당사자 사이에 합의하면 1일에 1시간, 1주에 5시간을[4] 한도로 법정근로시간을 초과하는 연장근로를 하게 할 수 있다고 규정하고 있다(69조 단서). 연소자의 보호를 위하여 그 연장근로를 허용하되 성인근로자보다 더 엄격하게 제한한 것이다. 따라서 연장근로를 포함한 총근로시간은 1일에 8시간, 1주에 40시간까지 허용되는 것이다.

---

1) 시행령은 일시적으로 갱내근로를 허용하는 업무를 보건·의료·복지 업무, 신문·출판·방송프로그램 제작 등을 위한 보도·취재 업무, 학술연구를 위한 조사 업무, 관리·감독 업무, 이들 업무와 관련된 분야에서 하는 실습 업무로 규정하고 있다(42조).
2) 2003년 개정법에서 1주 법정근로시간 42시간이 40시간으로 단축되었고, 2018년 개정법에서 1주 40시간이 35시간으로 단축되었다.
3) 그러나 반대의 해석론도 제기될 수 있으므로 '15세 이상'이라는 한정은 삭제함이 바람직하다.
4) 2018년 개정법에서 1주의 연장근로 한도 6시간이 5시간으로 단축되었다.

나. 야간·휴일근로의 제한

근로기준법은 사용자는 연소자에게 야간근로나 휴일근로를 시키지 못하며, 다만 본인의 동의가 있고 또 고용노동부장관의 인가를 받은 경우에는 그렇지 않으며(70조 2항; 벌칙 110조), 이 경우 사용자는 고용노동부장관의 인가를 받기 전에 근로자의 건강을 위하여 그 시행 여부와 방법 등에 관하여 그 사업 또는 사업장의 근로자대표와 성실하게 협의해야 한다고 규정하고 있다(70조 3항; 벌칙 114조). 아직 성장과정에 있는 연소자의 도덕과 건강을 지키기 위하여 야간근로나 휴일근로를 제한한 것이다. 물론 적법한 야간근로나 휴일근로에 대해서도 가산임금은 지급해야 한다.

Ⅱ. 여성의 보호

1. 업무에 대한 보호

가. 유해·위험업무 사용 금지

근로기준법은 사용자는 임신 중이거나 산후 1년이 지나지 않은 여성(이하 '임산부'라 함)을 도덕상·보건상 유해·위험한 사업으로서 시행령으로 정한 직종[1]에 사용하지 못한다고 규정하고 있다(65조 1항·3항; 벌칙 109조). 임산부의 건강과 모성을 보호하기 위하여 소정의 업무에 임산부의 사용을 금지한 것이다.

근로기준법은 사용자는 임산부가 아닌 18세 이상의 여성을 보건상 유해·위험한 사업 중 임신 또는 출산에 관한 기능에 유해·위험한 사업으로서 시행령으로 정한 직종[2]에 사용하지 못한다고 규정하고 있다(65조 2항·3항; 벌칙 109조). 18세 이상의 여성은 임산부가 될 가능성이 있으므로 그 모성을 보호하려는 것이다.

나. 갱내근로 제한

근로기준법은 사용자는 여성을 갱내에서 근로시키지 못하며, 다만 보건·의료, 보도·취재 등 시행령으로 정하는 업무[3]를 수행하기 위하여 일시적으로 필요

1) 시행령은 임신 중인 여성에 대해서는 건물 해체 작업, 터널 작업, 고압·잠수 작업, 고열·한랭 작업, 납·수은 등 유해물질 취급 업무 등을 사용금지 직종으로 규정하는 한편, 산후 1년이 지나지 않은 여성에 대해서는 납·비소 취급 업무, 2-브로모프로판 취급·노출 업무 등을 사용금지 직종으로 규정하고 있다(40조).

2) 시행령은 일반 여성에 대하여 2-브로모프로판 취급·노출 업무 등을 사용금지 직종으로 규정하고 있다(40조).

3) 시행령은 일시적으로 갱내근로를 허용하는 업무를 보건·의료·복지 업무, 신문·출판·방송프

한 경우에는 그렇지 않다고 규정하고 있다(72조; 벌칙 109조). 상대적으로 연약한 여성의 안전과 건강을 보호하기 위하여 갱내근로를 금지하되, 일정한 범위에서 예외를 허용한 것이다.

다. 쉬운 근로 전환

근로기준법은 사용자는 임신 중의 여성 근로자가 요구하는 경우에는 쉬운 종류의 근로로 전환해야 한다고 규정하고 있다(74조 5항 후단; 벌칙 110조). 임신 여성의 건강과 모성을 보호하려는 것이다.

'쉬운 종류의 근로'란 임신 여성 본인이 그 신체적 조건에서 감당할 수 있는 업무로서 원칙적으로 본인이 요구한 업무를 말한다. 쉬운 종류의 근로로 전환할 의무는 임신 여성의 요구가 있는 경우에 발생한다.

2. 근로시간에 대한 보호

가. 탄력적 근로시간제의 배제

이미 살펴본 바와 같이 임신 중인 여성 근로자에게는 탄력적 근로시간제를 적용하지 않는다(51조 3항 참조).

나. 연장근로의 제한

(1) 근로기준법은 사용자가 임신 중인 여성 근로자에게 시간외근로(연장근로)를[1] 시키는 것을 금지하고 있다(74조 5항 전단; 벌칙 110조). 임신한 여성의 건강과 모성을 보호하기 위하여 그 연장근로를 전면 금지한 것이다.

연소자인 여성이 임신한 경우 연소자의 연장근로 제한(69조 단서)을 적용하면, 임신 중인데도 일정한 한도에서 연장근로가 허용되는 결과가 된다. 따라서 연소자인 임신 여성에 대해서는 연소자의 연장근로 제한 규정이 아니라, 임신 중인 여성의 연장근로 금지 규정(74조 5항 전단)이 적용된다고 보아야 할 것이다.

(2) 근로기준법은 사용자가 산후 1년이 지나지 않은 여성 근로자에게는 단체협약이 있는 경우라도 1일에 2시간, 1주에 6시간, 1년에 150시간을 초과하는 시간외근로(연장근로)를 시키는 것을 금지하고 있다(71조; 벌칙 110조). 산후 1년이 지

로그램 제작 등을 위한 보도·취재 업무, 학술연구를 위한 조사 업무, 관리·감독 업무, 이들 업무와 관련된 분야에서 하는 실습 업무로 규정하고 있다(42조).

1) 시간외근로는 소정근로시간을 초과하는 근로(초과근로)를 의미하는 것이 아니라 법정근로시간을 초과하는 근로(연장근로)를 의미한다고 해석된다. 여성 보호 규정에서만 '시간외근로'의 용어를 사용하는 것은 오해의 소지도 있기 때문에 '연장근로'로 개정해야 할 것이다.

나지 않은 여성과 영아의 건강을 보호하기 위하여 연장근로는 허용하되 그 한도를 엄격하게 제한한 것이다.

'단체협약이 있는 경우라도'라고 표현한 것은 당사자 사이의 합의가 있는 경우는 물론, 근로자대표와의 서면합의나 단체협약이 있는 경우에도 그렇다는 의미를 강조한 것에 불과하다.[1] 사용자가 산후 1년이 지나지 않은 여성과 합의한 경우에는 연장근로를 시킬 수는 있지만, 이 경우에도 소정의 한도를 초과할 수는 없는 것이다.

산후 1년이 지나지 않은 여성이 연소자이면 이 규정과 연소자에 대한 연장근로 제한 규정(69조 단서) 중에서 어느 하나의 규정이 획일적으로 적용되는 것이 아니라, 법률이 제시한 보호의 단위(1일, 1주, 1년)에 따라 본인의 보호에 더 유리한 부분이 우선 적용되어야 한다고 생각한다. 즉 이 경우 연장근로의 한도는 1일에 1시간, 1주에 5시간, 1년에 150시간이 된다고 보아야 할 것이다.

다. 야간·휴일근로의 제한

(1) 근로기준법은 사용자는 임산부에게 야간근로나 휴일근로를 시키지 못하고, 다만 산후 1년이 지나지 않은 여성의 동의가 있거나 임신 중인 여성이 명시적으로 청구하고 또 고용노동부장관의 인가를 받은 경우에는 그렇지 않으며(70조 2항; 벌칙 110조), 이 경우 고용노동부장관의 인가를 받기 전에 근로자의 건강 및 모성 보호를 위하여 그 시행 여부와 방법 등에 관하여 해당 사업 또는 사업장의 근로자대표와 성실하게 협의해야 한다고 규정하고 있다(70조 3항; 벌칙 114조). 임산부의 건강과 모성을 보호하기 위하여 야간근로나 휴일근로를 제한한 것이다. 물론 적법한 야간근로나 휴일근로에 대해서도 가산임금은 지급해야 한다.

(2) 근로기준법은 사용자는 18세 이상의 여성에게 야간근로나 휴일근로를 시키려면 그 근로자의 동의를 받아야 한다고 규정하고 있다(70조 1항; 벌칙 110조). 여성 근로자에게 가능한 한 야간근로나 휴일근로를 시키지 말라는 의미의 느슨한 보호규정이다.[2]

---

1) 법정근로시간의 예외를 인정하는 다른 규정에서 '당사자 사이의 합의'나 '고용노동부장관의 인가' 또는 '근로자대표와의 서면합의'를 요건으로 하면서 유독 이 규정에서만 '단체협약'을 거론한 것은 적절하지 않다. '단체협약이 있는 경우라도'를 삭제하거나 '당사자 사이의 합의 또는 근로자대표와의 서면합의가 있더라도'나 '어떤 이유로도'로 개정함이 바람직하다.

2) 여성 근로자 본인의 동의만 있으면 야간근로 등을 시킬 수 있고 그 동의를 받는 것은 사용자에게 어려운 일이 아니라는 점, 여성은 남성보다 연약하다는 기본적 인식 아래 야간근로나 휴일근로를 제한해 왔다는 점, 18세 이상의 남성에게도 그 근로자의 동의 없이 야간근로나 휴일근로를 시킬 수 없다는 점에서 그렇다. 근로기준법상 '본인의 동의'나 '당사자 사이의 합의'만

라. 태아검진시간

근로기준법은 사용자는 임신한 여성 근로자가 모자보건법에 따른 임산부 정기건강진단을 받는데 필요한 시간을 청구하면 이를 허용해 주어야 하고, 이 건강진단시간을 이유로 그 근로자의 임금을 삭감해서는 안 된다고 규정하고 있다(74조의2). 임신한 여성 근로자의 건강과 모성을 보호하기 위한 것이다.

해당 근로자가 청구하면 정기건강진단에 필요한 시간에 대하여 근로제공 의무를 면제하되 그 시간에 대하여 정상적인 근로를 한 것처럼 임금을 지급해야 한다. 위반에 대한 벌칙은 없지만, 근로자가 그 진단을 받는 데 소요된 시간에 대하여 임금을 지급하지 않으면 임금 체불에 해당하여 벌칙이 적용될 것이다.

마. 임신기 근로시간단축

근로기준법에 따르면, 사용자는 임신 후 12주 이내 또는 32주 이후에 있는 여성 근로자(시행규칙으로 정하는 유산, 조산 등 위험이 있는 여성 근로자의 경우 임신 전 기간[1])가 1일 2시간의 근로시간단축을 신청하는 경우 이를 허용해야 하고, 다만 1일 근로시간이 8시간 미만인 근로자에 대해서는 1일 근로시간이 6시간이 되도록 근로시간단축을 허용할 수 있다(74조 7항; 벌칙 116조 2항). 임신 후 유산 또는 조산의 위험이 높은 시기에 모성을 보호하려는 것이다.

사용자는 임신기 근로시간단축을 이유로 해당 근로자의 임금을 삭감해서는 안 된다(74조 8항). 근로시간을 2시간 단축하더라도 정상근무 때와 같은 임금을 지급하라는 것이다.

바. 출퇴근시각 변경

근로기준법은 사용자는 임신 중인 여성 근로자가 1일 소정근로시간을 유지하면서 업무의 시작 및 종료 시각의 변경을 신청하면, 정상적인 사업 운영에 중대한 지장을 초래하는 경우 등 시행령으로 정하는 경우를 제외하고는, 이를 허용해야 한다고 규정하고 있다(74조 9항; 벌칙 116조 2항). 임신한 여성 근로자의 건강과 모성을 보호하기 위한 것이다.

사. 유급육아시간

근로기준법은 사용자는 생후 1년 미만의 유아를 가진 여성 근로자가 청구하면 1일 2회 각각 30분 이상의 유급수유시간(육아시간)을 주어야 한다고 규정하고

으로 금지에 대한 예외를 허용하는 규정은 무의미하므로 삭제함이 바람직하다고 생각한다.

1) 조기 진통, 다태아 임신 등 고위험 임산부는 의사의 진단을 받아 임신한 모든 기간에 대해 근로시간 단축을 사용할 수 있다.

있다(75조; 벌칙 110조). 모성 보호의 취지에서 설정된 규정이다.

'1일 2회 각각 30분 이상'은 본인의 청구를 전제로 하므로, 근로자의 청구에 따라 1일 1회만 주더라도 이 규정을 위반한 것으로 볼 수 없을 것이다. '수유시간'은 반드시 수유 목적으로만 사용해야 하는 것은 아니고, 유아를 보살피려는 목적으로 사용하면 족하다. 수유시간은 유급이므로 이에 대하여 임금을 지급해야 하고, 휴게시간으로 처리할 수 없다.

3. 생리휴가

근로기준법은 사용자는 여성인 근로자가 청구하면 월 1일의 생리휴가를 주어야 한다고 규정하고 있다(73조; 벌칙 114조). 여성의 생리기간에 발생하는 정신적·육체적 이상상태를 완화하는 한편, 간접적으로는 모성 보호에도 기여하기 위하여 본인의 청구를 요건으로 월 1일 근로제공 의무를 면하려는 것이다.

(1) 생리휴가는 그 성질이 여성의 생리를 전제로 하는 휴가이므로, 여성 근로자라 하더라도 고령 등으로 생리가 없는 자 또는 임신 때문에 생리가 일시 중단되는 자는 생리휴가를 청구할 자격이 없다.

생리휴가는 여성 근로자가 청구하면 부여하는 것이므로 생리를 가진 여성 근로자라 하더라도 청구하지 않으면 생리휴가를 받을 수 없다. 생리휴가의 청구는 본인의 생리기간 중 특정한 날에 근로제공 의무를 면하는 청구이므로, 월 1일의 범위에서 생리기간 중의 특정한 근로일을 휴가일로 지정하여 청구해야 한다. 청구의 성질상 그 시기는 지정한 휴가일 이전이어야 하고,[1] 또 휴가일 이전이면 족하다. 근로자가 이러한 요건을 갖추어 생리휴가를 청구하면 사용자는 휴가를 주어야 하고, 휴가의 부여를 거부하거나 휴가일을 변경할 수는 없다.

근로자가 생리휴가를 받을 자격이 있다거나 지정한 휴가일이 생리기간에 속한다는 사실을 본인이 증명하도록 하는 것은 인권침해의 우려가 있다. 따라서 생리휴가를 받을 자격의 유무 또는 근로자가 지정하는 휴가일이 생리기간에 속하는지 여부의 증명책임은 사용자에게 있다고 보아야 할 것이다.

(2) 생리휴가는 '유급'휴가가 아니므로 사용자는 휴가일에 대하여 임금을 지급할 의무가 없다. 월급근로자의 월급액은 일반적으로 월의 소정근로일수 전체를

1) 단체협약에 월 1일 결근은 생리휴가로 대체한다는 규정이 있는 경우에는 사후에 생리휴가 대체의 취지를 통지·요청함으로써 대체의 효과가 발생하여 결근으로 처리할 수 없지만, 이러한 통지·요청이 없는 경우에는 무단결근으로 처리할 수 있다(대법 1991. 3. 27, 90다15631).

근로할 것을 전제로 결정된 임금이라고 해석된다. 여성 근로자의 월급액도 마찬가지이지만, 특별한 사정이 없는 이상 월 1일의 생리휴가를 사용했다고 하여 1일분의 임금을 감액하지 않을 것(사실상 유급 처리)을 전제로 하는 것으로 보아야 할 것이다.

4. 출산전후휴가와 유산·사산휴가

가. 출산전후휴가

근로기준법은 사용자는 임신 중인 여성에게 출산 전과 출산 후를 통하여 90일(미숙아를 출산한 경우에는 100일,[1] 한 번에 둘 이상의 자녀를 임신한 경우에는 120일)의 출산전후휴가를 주어야 하고, 그 기간의 50% 이상이 출산 후로 배정되어야 한다고 규정하고 있다(74조 1항; 벌칙 110조). 출산 전후의 상당한 기간 동안 근로제공 의무를 면하여 산모와 태아·유아의 건강을 보호하려는 것이다.

(1) 출산전후휴가는 임신 중인 여성에게 본인의 신청 여부에 관계없이 주어야 하고, 휴가기간은 근로자의 직급, 건강, 출근성적 등과 관계없이 고정적으로 정해져 있다. 근로자가 법정 기간보다 짧은 휴가를 청구하더라도 사용자는 법정 기간의 휴가를 주어야 한다.

임신 중인 여성이 출산전후휴가를 사용하려면 출산 예정일을 참작하여 휴가기간이 출산 전후에 걸치면서 그 50% 이상이 출산 후에 배정되도록 휴가시기를 지정(청구)해야 한다. 출산이 예상보다 늦어져 출산 전에 전체 휴가기간의 50% 이상을 사용했더라도 출산 후에 배정되어야 할 휴가기간은 준수해야 한다. 다만 이 경우 법정 기간을 초과하는 앞부분의 휴가 사용 일수에 대해서는 출산전후휴가가 아닌 것(무급 등)으로 처리할 수 있다.[2]

(2) 출산전후휴가의 휴가일수는 근로일이 아니라 역일을 기준으로 산정되는 것이므로 휴가기간에 주휴일 등 법정휴일, 그 밖의 휴일이 포함되어 있더라도 이를 휴가일수에서 제외하지 않는다.[3] 이 점에서 연차휴가와 다르다.[4]

(3) 사용자는 임신 중인 여성이 유산의 경험 등 시행령으로 정하는 사유로[5]

---

1) 미숙아의 범위, 휴가 부여 절차 등에 필요한 사항은 시행규칙으로 정한다. 미숙아를 출산하여 신생아 집중치료실에 입원하는 경우에는 출산전후휴가가 100일로 확대되었다.

2) 근기 01254-4937, 1991. 4. 9. 참조.

3) 근기 68207-2385, 2000. 8. 10; 여성고용정책과-2961, 2017. 7. 19.

4) 그러나 오해의 소지를 제거하기 위하여 이 점을 밝히는 개정이 필요하다고 생각한다.

5) 시행령은 그 사유를 임신한 근로자가 ① 유산·사산의 경험을 가졌거나 ② 출산전후휴가 청구

출산전후휴가를 청구하는 경우 출산 전 어느 때라도 휴가를 나누어 사용할 수 있도록 해야 하며, 이 경우 전체 휴가기간의 50% 이상이 연속하여 출산 후에 배정되어야 한다(74조 2항). 과거의 경험 등으로 보아 유산·사산의 위험이 있는 경우에 그 위험의 극복을 위하여 출산전후휴가를 일찍부터 조금씩 나누어 사용할 수 있도록 보장하려는 것이다.

출산전후휴가의 분할 사용은 근로자 본인이 청구하면 사용자는 이를 거절할 수 없다. 분할의 횟수, 1회 사용의 기간(일수)에는 제한이 없다. 그러나 출산 후로 배정되어야 할 휴가기간은 분할하여 사용할 수 없다.

나. 유산·사산휴가

근로기준법은 사용자는 임신 중인 여성이 유산·사산한 경우로서 본인이 청구하면 시행령으로 정하는 바에 따라 유산·사산휴가를 주어야 하며, 다만 인공임신중절 수술(모자보건법상 적법한 수술은 제외)에 따른 유산의 경우는 그렇지 않다고 규정하고 있다(74조 3항; 벌칙 110조). 출산에 실패하여 유산·사산한 경우에도 상당한 기간 동안 근로제공 의무를 면하여 산모의 건강을 보호하려는 것이다.

인공 임신중절 수술에 따른 유산을 원칙적으로 제외한 것은 법률상 금지되어 있는 낙태에 대해서까지 산모를 보호하지는 않겠다는 취지이다.

유산·사산휴가는 출산전후휴가와 달리 근로자의 청구에 따라 부여 여부 및 휴가일수가 달라진다. 시행령으로 정해진 휴가일수는 임신기간에 따라 짧게는 5일 이내에서 길게는 90일 이내로 차등화되어 있다.[1] 유산·사산휴가의 휴가일수도 출산전후휴가의 경우처럼 근로일이 아니라 역일을 기준으로 산정된다.

다. 최초 60일의 유급휴가

출산전후휴가 및 유산·사산휴가 중 최초 60일(한 번에 둘 이상의 자녀를 임신한 경우에는 75일)은 유급으로 한다(근기 74조 4항 본문; 벌칙 110조). 따라서 이 최초의 기간에 대해서는 사용자가 해당 근로자에게 근로계약 소정의 임금, 즉 통상임금을 지급해야 한다.

당시 만 40세 이상이거나 ③ 유산·사산의 위험이 있다는 의료기관의 진단서를 제출한 경우로 규정하고 있다(43조 1항).

1) 시행령은 유산·사산휴가의 기간은 ① 임신기간이 11주 이내이면 유산·사산한 날부터 5일까지, ② 임신기간이 12-15주이면 유산·사산한 날부터 10일까지, ③ 임신기간이 16-21주이면 유산·사산한 날부터 30일까지, ④ 임신기간이 22-27주이면 유산·사산한 날부터 60일까지, ⑤ 임신기간이 28주 이상이면 유산·사산한 날부터 90일까지로 한다고 규정하고 있다(43조 3항).

그 이후의 휴가기간에 대해서는 사용자가 임금을 지급하지 않아도 된다. 이와 같이 휴가기간 일부를 무급으로 하는 것은 해당 근로자의 생계를 위태롭게 하고, 다른 한편으로는 휴가기간 일부를 유급으로 하는 것이 기업에 지나친 부담이 될 수 있다. 이 점을 고려하여 그 기간의 전부 또는 일부에 대하여 해당 근로자에게 생계비를 국가가 지급하는 제도가 마련되어 있다. 즉 고용보험법은[1] 소정의 요건을 갖춘 경우 휴가를 사용한 근로자에게 일정한 기간 동안 통상임금 상당액을 보험급여로 지급하도록 규정하고 있다.[2]

라. 휴가 후의 복귀

근로기준법은 사용자는 출산전후휴가가 끝난 후에는 휴가 전과 동일한 업무 또는 동등한 수준의 임금을 지급하는 직무에 복귀시켜야 한다고 규정하고 있다(74조 6항; 벌칙 114조). 출산전후휴가 후의 업무 또는 직무에 대한 불이익이 없도록 하려는 것이다.

5. 남녀고용평등법상의 모성보호

가. 배우자 출산휴가

남녀고용평등법은 사업주는 근로자가 배우자의 출산을 이유로 배우자 출산휴가를 고지하는 경우에 20일 이상의 휴가를 주어야 하고, 이 경우 배우자 출산휴가로 사용한 기간은 유급으로 한다고 규정하고 있다(18조의2 1항; 벌칙 39조 3항). 남편인 근로자가 근로의무에서 벗어나 출산한 배우자를 돌볼 수 있도록 하려는 것이다.

---

1) 남녀고용평등법은 출산전후휴가 등을 사용한 근로자 중 일정한 요건에 해당하는 자에게 국가가 그 휴가기간에 대하여 통상임금 상당액을 국가재정이나 사회보험에서 지급할 수 있다고 규정하고 있다(18조 1항·3항). 출산전후휴가 등을 무급휴가로 하되, 휴가기간에 대하여 건강보험에서 생계를 지원하고 있는 선진국의 추세를 따르려는 것이다. 다만 건강보험 재정의 취약성 때문에 당분간은 고용보험에서 지급하도록 했다.

2) 요점만 간추려 보면, 고용노동부장관은 출산전후휴가나 유산·사산휴가를 받은 근로자가 피보험자로서 휴가가 끝난 날 이전에 피보험 단위기간이 통산하여 180일 이상이고 소정의 기간 내에 신청한 경우에 '출산전후휴가 급여등'의 보험급여를 지급한다(고보 75조). 그 급여는 휴가의 기간 전체에 대해서 지급하되, 고용보험법상 우선지원 대상기업이 아닌 경우에는 휴가기간 중 60일을 초과한 일수에 대해서만 지급한다(고보 76조 1항). 그 급여는 지급 기간에 대하여 휴가를 시작한 날을 기준으로 산정한 통상임금(일액)에 해당하는 금액을 지급하되, 시행령으로 정한 상한액과 하한액의 범위를 넘을 수 없다(고보 76조 1항·2항). 이 급여가 지급된 경우에는 사용자는 그 금액의 한도에서 최초 60일의 휴가기간에 대한 임금 지급의 책임을 면한다(근기 74조 4항 단서; 남녀 18조 2항).

남녀고용평등법에 따르면, 배우자 출산휴가는 근로자의 배우자가 출산한 날부터 120일이 지나면 청구할 수 없고(18조의2 3항), 3회에 한정하여 나누어(즉 네 번으로 나누어) 사용할 수 있다(18조의2 4항).

배우자 출산휴가는 출산전후휴가와 달리 근로자의 고지를 전제로 사용자가 주는 것이다. 휴가일수는 근로자가 나누어 사용한 총 기간이 20일 이상이 되어야 한다. 배우자 출산휴가도 연차휴가의 경우처럼 소정근로일에 대하여 근로의무를 면하는 것이므로 휴가의 기간에 휴일이 포함되어서는 안 된다.

배우자 출산휴가로 사용한 기간은 유급이므로 그 기간에 대한 임금은 사업주가 지급해야 한다. 이에 따른 사용자의 부담을 완화하기 위하여 고용보험법은 휴가기간에 대해서는 국가가 생계비를 지원하는 제도를 마련하고 있다.[1]

사업주는 배우자 출산휴가를 이유로 근로자를 해고하거나 그 밖의 불리한 처우를 해서는 안 된다(18조의2 5항; 벌칙 37조 2항).

나. 난임치료휴가

남녀고용평등법에 따르면, 사업주는 근로자가 인공수정 또는 체외수정 등 난임치료를 받기 위하여 난임치료휴가를 청구하는 경우에 연간 6일 이내의 휴가(최초 2일은 유급)를 주어야 하며,[2] 다만 근로자가 청구한 시기에 휴가를 주는 것이 정상적인 사업 운영에 중대한 지장을 초래하는 경우에는 근로자와 협의하여 그 시기를 변경할 수 있다(18조의3 1항; 벌칙 39조 3항). 난임치료가 필요한 근로자가 근로의무에서 벗어나 그 치료를 받을 수 있도록 함으로써 모성을 보호하려는 것이다.

난임치료휴가는 최초 2일 동안 유급이므로 그 기간에 동안의 사용자의 부담을 완화하기 위하여 고용보험법은 휴가급여를 지급하도록 규정하고 있다.[3]

---

1) 이에 따르면, 고용노동부장관은 배우자 출산휴가를 받은 자가 피보험자로서 휴가가 끝난 날 이전에 피보험 단위기간이 통산하여 180일 이상이고 소정의 기간 내에 신청한 경우에 '출산전후휴가 급여등'의 보험급여를 지급한다(고보 75조 1항). 이 급여는 소속 사업장이 고용보험법상 우선지원 대상기업인 경우에만 휴가기간(20일)에 대하여 통상임금 상당액으로 지급한다(고보 76조 1항). 이 급여가 지급된 경우 사업주는 그 금액의 한도에서 휴가기간에 대한 임금지급의 책임을 면한다(남녀 18조의2 2항).

2) 난임치료시술에 평균 5~6일이 소요됨을 감안하여 최소한 1회의 시술은 난임치료휴가로 사용할 수 있도록 휴가일수를 6일로 확대하였다.

3) 이에 따르면, 고용노동부장관은 난임치료휴가를 받은 자가 피보험자로서 휴가가 끝난 날 이전에 피보험 단위기간이 통산하여 180일 이상이고 소정의 기간 내에 신청한 경우에 '출산전후휴가 급여등'의 보험급여를 지급한다(고보 75조 1항). 이 급여는 소속 사업장이 고용보험법상 우선지원 대상기업인 경우에만 휴가기간 중 최초 2일에 대하여 통상임금 상당액으로 지급한다(고보 76조 1항). 지급된 휴가급여는 그 금액의 한도에서 사업주가 유급을 지급한 것으로

사업주는 난임치료휴가를 이유로 해고, 징계 등 불리한 처우를 해서는 안 되며(18조의3 2항), 난임치료휴가의 청구 업무를 처리하는 과정에서 알게 된 사실을 난임치료휴가를 신청한 근로자의 의사에 반하여 다른 사람에게 누설하여서는 안 된다(18조의3 3항).

Ⅲ. 일과 가정의 양립 지원

여성 근로자에게는 직장 일과 가사를 돌보는 일이 양립할 수 있도록 지원해야 한다. 또 남녀평등의 시대에 일과 가정의 양립은 남성 근로자에게도 요구되고 있다. 이에 따라 남녀고용평등법은 육아휴직, 육아기 근로시간단축, 가족돌봄휴직과 가족돌봄휴가 등의 제도를 시행하고 있다.[1]

1. 육아휴직

남녀고용평등법은 사업주는 근로자가 만 8세 이하 또는 초등학교 2학년 이하의 자녀(입양한 자녀 포함; 이하 같음)를 양육하거나 임신 중인 여성 근로자가 모성을 보호하기 위하여 육아휴직을 신청하면 시행령으로 정하는 경우를 제외하고 이를 허용해야 한다고 규정하고 있다(19조 1항; 벌칙 37조 4항).

가. 육아휴직의 신청과 허용

만 8세 이하 또는 초등학교 2학년 이하의 자녀(입양한 자녀 포함)를 양육하려는 근로자는 육아휴직을 신청할 수 있다. 그 자녀가 혼인에 따라 태어났는지 여부는 관계없고, 근로자가 대상 자녀의 어머니인지 아버지인지도 관계없다. 근로자가 상당기간 동안 휴직을 하여 자녀의 양육에[2] 전념할 수 있도록 하려는 것

본다(남녀 18조 2항).

1) 아울러 남녀고용평등법은 사업주가 육아지원을 위한 그 밖의 조치를 할 노력의무를 규정한다(19조의5). 즉 사업주는 육아기 근로자(만 8세 이하 또는 초등학교 2학년 이하의 자녀를 양육하는 근로자)의 육아를 지원하기 위하여, ① 업무를 시작하고 마치는 시간 조정, ② 연장근로의 제한, ③ 근로시간의 단축, 탄력적 운영 등 근로시간 조정, ④ 그 밖에 소속 근로자의 육아를 지원하기 위하여 필요한 조치 중에서 어느 하나의 조치를 하도록 노력해야 한다. 따라서 사업주는 소속 육아기 근로자의 일·가정 양립을 지원하기 위한 배려의무를 부담하며, 시용기간 및 평가과정에서도 육아기 근로자에 대하여 일·가정 양립을 위한 배려를 다해야 한다(대법 2023. 11. 16, 2019두59349).

2) 육아휴직은 대상 자녀의 '양육'을 전제로 하지만, 근로자가 대상 자녀를 국내에 두고 해외에 체류한 경우에도 대상 자녀의 양육에 해당하는지는 근로자의 양육 의사, 체류의 장소·기간·목적·경위, 육아휴직 전후의 양육의 형태와 방법 및 정도 등 여러 사정을 종합하여 사회통념에

이다.

한편, 임신 중인 여성 근로자가 모성을 보호하기 위하여 필요한 경우에도 육아휴직을 신청할 수 있다. 임신 중인 여성 근로자가 상당 기간 휴직을 하여 그 모성을 보호할 수 있도록 활용할 수 있도록 한 것이다.

사업주는 자격 있는 근로자가 육아휴직을 신청하면 시행령으로 정하는 경우[1]를 제외하고 이를 허용해야 한다.

나. 육아휴직의 기간과 사용

남녀고용평등법에 따르면, 육아휴직의 기간은 1년 이내로 하되, ① 같은 자녀를 대상으로 부모가 모두 육아휴직을 각각 3개월 이상 사용한 경우의 부 또는 모, ② 「한부모가족지원법」에 따른 부 또는 모, ③ 시행규칙으로 정한 장애아동의 부 또는 모에 해당하는 근로자의 경우 6개월 이내에서 추가로 육아휴직을 사용할 수 있다(19조 2항). 이 기간은 출산전후휴가처럼 달력상의 일수로 산정하는 것이므로 그 기간 중에 휴일이 있더라도 이를 제외하지 않는다.

기간제근로자 또는 파견근로자의 육아휴직 기간은 기간제근로자의 사용 기간 또는 근로자 파견기간에 산입하지 않는다(19조 5항). 사용 기간 또는 파견기간의 제한 때문에 사업주가 기간제근로자나 파견근로자의 육아휴직을 꺼리는 일이 없도록 하려는 것이다.

근로자는 육아휴직을 3회에 한정하여 나누어 사용할 수 있으며, 이 경우 임신 중인 여성 근로자가 모성보호를 위하여 육아휴직을 사용한 횟수는 육아휴직을 나누어 사용한 횟수에 포함하지 않는다(19조의4 1항).

다. 해당 근로자의 보호 및 생계 지원

남녀고용평등법에 따르면, 사업주는 육아휴직을 이유로 해고나 그 밖의 불리한 처우를 해서는 안 되며, 육아휴직의 기간 동안은 사업을 계속할 수 없는 경우 외에는 해당 근로자를 해고하지 못한다(19조 3항; 벌칙 37조 2항). 또 육아휴직을 마친 후에는 휴직 전과 같은 업무 또는 같은 수준의 임금을 지급하는 직무에 복귀시켜야 하며,[2] 육아휴직 기간은 근속기간에 포함한다(4항; 벌칙 37조 4항).

따라 판단해야 한다(대법 2017. 8. 23, 2015두51651: 다만 이 사건은 육아휴직 급여의 지급에 관한 다툼이었다).

1) 시행령은 육아휴직을 신청한 근로자가 휴직 개시 예정일 전날까지 해당 사업에서 계속근로한 기간이 6개월 미만인 경우에는 육아휴직을 허용하지 않아도 된다고 규정하고 있다(10조).

2) 같은 업무에 해당하려면 직책이나 직위의 성격과 내용·범위 및 권한·책임 등에서 사회통념상 차이가 없어야 하며, 다른 직무로 복귀시키는 경우 단순히 임금 수준만을 비교하는 것이 아니

육아휴직은 유급휴직이 아니므로 근로자는 육아휴직의 기간에 생계가 어렵게 된다. 이 점을 고려하여 고용보험법은 국가가 육아휴직을 한 근로자의 생계를 지원하는 제도를 마련하고 있다.[1)]

2. 육아기 근로시간단축

남녀고용평등법은 사업주는 근로자가 만 12세 이하 또는 초등학교 6학년 이하의 자녀를 양육하기 위하여 육아기 근로시간단축을 신청하면 이를 허용해야 한다고 규정하고 있다(19조의2 1항 본문; 벌칙 39조 3항). 전일제 육아휴직을 갈음하여 직장 근무와 육아를 병행할 수 있도록 하려는 것이다.

가. 육아기 근로시간단축의 신청과 허용

육아기 근로시간단축은 만 12세 이하 또는 초등학교 6학년 이하의 자녀를 양육하려는 근로자가 신청할 수 있다. 해당 자녀의 아버지든 어머니든 관계없다. 육아기 근로시간단축은 육아휴직과 달리 초등학교 6학년까지 인정된다.

자격 있는 근로자의 신청에 대하여 사업주는 육아기 근로시간단축을 허용해야 한다. 다만 남녀고용평등법에 따르면, 시행령으로 정하는 경우에는 육아기 근로시간단축을 허용하지 않을 수 있다(19조의2 1항 단서). 그리고 이 규정에 따라 육아기 근로시간단축을 허용하지 않는 경우 사업주는 해당 근로자에게 그 사유를 서면으로 통보하고 육아휴직을 사용하게 하거나 출근 및 퇴근 시간 조정 등 다른 조치를 통하여 지원할 수 있는지를 해당 근로자와 협의해야 한다(같은 조 2항; 벌칙 39조 3항).

사업주가 해당 근로자에게 육아기 근로시간단축을 허용하는 경우 근로시간 단축 후 근로시간은 주당 15시간 이상 35시간 이내이어야 한다(같은 조 3항). 사업주는 육아기 근로시간단축을 이유로 해고나 그 밖의 불리한 처우를 해서는 안 된다(같은 조 5항; 벌칙 37조 2항). 또 근로자의 육아기 근로시간단축 기간이 끝난 후에 그 근로자를 종전과 같은 업무 또는 같은 수준의 임금을 지급하는 직무에 복귀시켜야 한다(같은 조 6항; 벌칙 37조 4항).

라 육아휴직을 이유로 불리한 처우를 해서는 안 되므로 근로자에게 실질적인 불이익이 있어서는 안 된다(대법 2022. 6. 30, 2017두76005).

1) 고용보험법은 고용노동부장관은 육아휴직을 30일(출산전휴휴가 기간과 중복되는 기간 제외) 이상 한 근로자가 피보험자로서 육아휴직을 시작한 날 이전에 피보험 단위기간이 통산하여 180일 이상이고 소정 기간 내에 신청한 경우에는 시행령으로 정하는 금액의 육아휴직 급여를 지급한다고 규정하고 있다(70조 1항·2항·4항).

나. 육아기 근로시간단축의 기간과 사용

남녀고용평등법에 따르면, 육아기 근로시간단축의 기간은 1년 이내로 하며, 다만 육아휴직을 신청할 수 있는 근로자가 육아휴직 기간(1년의 기간) 중 사용하지 않은 기간이 있으면 그 기간의 두 배를 가산한 기간 이내로 한다(같은 조 4항).

근로자는 육아기 근로시간단축을 나누어 사용할 수 있고, 이 경우 나누어 사용하는 1회의 기간은 1개월(근로계약기간의 만료로 1개월 이상 근로시간단축을 사용할 수 없는 기간제근로자에게는 남은 근로계약기간) 이상이 되어야 한다(19조의4 2항).[1)]

다. 해당 근로자의 근로조건 및 생계 지원

(1) 남녀고용평등법에 따르면, 사업주는 육아기 근로시간단축을 하고 있는 근로자에 대하여 근로시간에 비례하여 적용하는 경우 외에는 육아기 근로시간단축을 이유로 그 근로조건을 불리하게 해서는 안 된다(19조의3 1항; 벌칙 37조 2항). 따라서 임금은 종전보다 불리하게 되겠지만, 전직·휴직·징계·재해보상 등은 불리하게 할 수 없게 된다.

육아기 근로시간단축을 한 근로자의 근로조건(단축 후 근로시간 포함)은 사업주와 그 근로자 사이에 서면으로 정한다(19조의3 2항; 벌칙 39조 3항). 사업주는 육아기 근로시간단축을 하고 있는 근로자에게 단축된 근로시간 외에 연장근로를 요구할 수 없으며, 다만 그 근로자가 명시적으로 청구하는 경우에는 주 12시간 이내에서 연장근로를 시킬 수 있다(19조의3 3항; 벌칙 37조 3항). 여기서 '연장근로'는 법정근로시간을 초과하는 근로가 아니라 단축된 근로시간을 초과하는 근로를 말한다.

육아기 근로시간단축을 한 근로자의 평균임금을 산정하는 경우에는 그 근로자의 육아기 근로시간단축 기간을 산정기간에서 제외한다(19조의3 4항).

(2) 근로자가 육아기 근로시간단축을 하면 임금이 줄어들어 생계가 그만큼 어려워진다. 이 점을 고려하여 고용보험법은 국가가 육아기 근로시간단축을 한 근로자의 생계를 지원하는 제도를 마련하고 있다.[2)]

---

1) 2025년부터는 종전 3개월인 최소 사용단위기간을 1개월로 단축하여 방학 등 단기적 돌봄 수요에도 사용할 수 있게 되었다.

2) 고용보험법에 따르면, 고용노동부장관은 육아기 근로시간단축을 30일(출산전후휴가 기간과 중복되는 기간 제외) 이상 한 근로자가 피보험자로서 육아기 근로시간단축을 시작한 날 이전에 피보험 단위기간이 통산하여 180일 이상이고, 소정 기간 내에 신청한 경우에는 시행령으로 정하는 금액의 육아기 근로시간단축 급여를 지급한다(73조의2 1-3항).

3. 가족돌봄휴직과 가족돌봄휴가

(1) 남녀고용평등법에 따르면, 사업주는 근로자가 가족(조부모·부모·배우자·배우자의 부모·자녀·손자녀)의 질병·사고·노령으로 그 가족을 돌보기 위하여 가족돌봄휴직을 신청하는 경우 이를 허용해야 한다(22조의2 1항 본문; 벌칙 39조 3항). 근로자가 상당한 기간 근로의무에서 벗어나 질병 등의 사유가 있는 가족을 돌보는 일에 전념할 수 있도록 하려는 것이다. 근로자의 신청을 받은 사업주는 대체인력 채용이 불가능한 경우, 정상적인 사업 운영에 중대한 지장을 초래하는 경우, 본인 외에도 조부모의 직계비속 또는 손자녀의 직계존속이 있는 경우 등 시행령으로 정하는 경우에는 가족돌봄휴직을 허용하지 않아도 된다(같은 조 1항 단서).

가족돌봄휴직의 기간은 연간 최장 90일로 하며, 이를 1회 30일 이상의 기간이 되도록 나누어 사용할 수 있다(같은 조 4항 1호).

(2) 남녀고용평등법에 따르면, 사업주는 근로자가 가족(조부모 또는 손자녀의 경우 근로자 본인 외에 직계비속 또는 직계존속이 있는 등 시행령으로 정하는 경우는 제외)의 질병·사고·노령 또는 자녀의 양육으로 인하여 긴급하게 그 가족을 돌보기 위한 가족돌봄휴가를 신청하는 경우 이를 허용해야 한다(같은 조 2항 본문; 벌칙 39조 3항). 가족돌봄휴직보다는 짧은 기간 동안 근로제공의무에서 벗어나 긴급하게 가족을 돌볼 수 있도록 한 것이다.

근로자의 신청을 받은 사업주는 근로자가 청구한 시기에 가족돌봄휴가를 주는 것이 정상적인 사업 운영에 중대한 지장을 초래하는 경우에는 근로자와 협의하여 그 시기를 변경할 수 있다(22조의2 2항 단서). 가족돌봄휴가 그 자체를 거절할 수는 없지만 휴가의 시기를 변경할 수 있도록 여지를 준 것이다.

가족돌봄휴가의 기간은 연간 최장 10일로 하되, 고용노동부장관이 특별한 조치가 필요하다고 인정하여 기간을 연장한 경우에는[1] 20일(한부모 가족의 모 또는 부에 해당하는 근로자의 경우 25일)로 하며, 이를 일단위로 사용할 수 있고 가족돌봄휴가 기간은 가족돌봄휴직 기간에 포함된다(같은 조 4항 2호).

(3) 사업주는 가족돌봄휴직 또는 가족돌봄휴가를 이유로 해당 근로자를 해

---

1) 고용노동부장관은 감염병의 확산 등 재난이 발생한 경우로서 근로자에게 가족을 돌보기 위한 특별한 조치가 필요하다고 인정되는 경우 가족돌봄휴가 기간을 연간 10일(한부모 가족의 모 또는 부에 해당하는 근로자의 경우 15일)의 범위에서 연장할 수 있다(22조의2 4항 3호). 이에 따라 연장된 가족돌봄휴가는 감염병과 관련하여 정해진 일정한 사유에 해당하는 경우에만 사용할 수 있다(같은 조 5항).

고하거나 근로조건을 악화시키는 등 불리한 처우를 해서는 안 된다(같은 조 6항; 벌칙 37조 2항). 가족돌봄휴직 및 가족돌봄휴가의 기간은 근속기간에 포함하되 평균임금 산정기간에서는 제외한다(22조의2 7항). 가족돌봄휴직 및 가족돌봄휴가는 무급이다.[1)]

4. 가족돌봄 등 목적의 근로시간단축

남녀고용평등법에 따르면, 사업주는 근로자가 ① 가족의 질병·사고·노령으로 인하여 그 가족을 돌보기 위한 경우, ② 근로자 자신의 질병이나 사고로 인한 부상 등의 사유로 자신의 건강을 돌보기 위한 경우, ③ 55세 이상의 근로자로서 은퇴를 준비하기 위한 경우, ④ 근로자의 학업을 위한 경우 중 어느 하나에 해당하는 사유로 근로시간단축을 신청하면 이를 허용해야 한다(22조의3 1항 본문). 다만 대체인력 채용이 불가능한 경우, 정상적인 사업 운영에 중대한 지장을 초래하는 경우 등 시행령으로 정하는 경우에는 근로시간단축을 허용하지 않아도 된다(같은 조 1항 단서).

사업주가 해당 근로자에게 가족돌봄 등을 위한 근로시간단축을 허용하는 경우 단축 후 근로시간은 주당 15시간 이상 30시간 이내가 되어야 한다(같은 조 3항). 가족돌봄 등을 위한 근로시간단축의 기간은 1년 이내로 하되, 근로자가 위 신청사유 중 근로자의 학업을 위한 경우를 제외한 나머지 경우에 해당하고 합리적 이유가 있는 경우에는 추가로 2년의 범위 안에서 그 기간을 연장할 수 있다(같은 조 4항). 사업주는 가족돌봄 등을 위한 근로시간단축을 이유로 해당 근로자에게 해고나 그 밖의 불리한 처우를 해서는 안 되며(같은 조 5항; 벌칙 37조 2항), 근로자의 근로시간단축 기간이 끝난 후에 그 근로자를 근로시간단축 이전과 같은 업무 또는 같은 수준의 임금을 지급하는 직무에 복귀시켜야 한다(22조의3 6항).

사업주는 가족돌봄 등을 위한 근로시간단축을 하고 있는 근로자에게 근로시간에 비례하여 적용하는 경우 외에는 가족돌봄 등을 위한 근로시간단축을 이유로 그 근로조건을 불리하게 해서는 안 된다(22조의4 1항; 벌칙 37조 2항). 가족돌봄 등을 위한 근로시간단축을 한 근로자의 근로조건(단축 후 근로시간 포함)은 사업주와 그 근로자 간에 서면으로 정한다(22조의4 2항). 사업주는 가족돌봄 등을 위한 근로시간단축을 하고 있는 근로자에게 단축된 근로시간 외에 연장근로를 요구할 수

1) 근로자의 생계를 지원하는 제도는 코로나19 관련하여 한시적으로 있었을 뿐이며, 고용보험법에 상시적인 제도는 아직 없다.

없으며, 다만 그 근로자가 명시적으로 청구하는 경우에는 주 12시간 이내에서 연장근로를 시킬 수 있다(같은 조 3항; 벌칙 37조 3항). 가족돌봄 등을 위한 근로시간단축을 한 근로자에 대하여 평균임금을 산정하는 경우에는 그 근로자의 근로시간 단축 기간을 평균임금 산정기간에서 제외한다(22조의4 4항).

제7장 비정규근로자

기업이 경기의 변동, 기술의 변화 등에 탄력적으로 대응할 필요에 직면하면서 정규근로자 주변에 기간제근로자, 단시간근로자, 사내도급근로자 및 파견근로자 등 비정규근로자[1]가 생겼고 또 점차 증가하는 경향을 보이고 있다. 여기서는 각 유형의 비정규근로자에 특유한 보호제도와 법리를 살펴보기로 한다.

Ⅰ. 기간제근로자

1. 기간제법

(1) '기간제근로자'란 기간의 정함이 있는 근로계약을 체결한 근로자를 말한다(기간 2조 1호). 기간제근로자가 아닌 자, 즉 기간의 정함이 없는 근로계약을 체결한 자를 흔히 '상용근로자'라 부른다. 기간제근로자는 상용근로자의 주변에 일용직,[2] 임시직,[3] 촉탁직,[4] 계약직,[5] 아르바이트[6] 등의 이름·형태로 광범하게 흩어져 있다. 단시간근로자·사내도급근로자 또는 파견근로자이면서 한편으로는 기간제근로자에 해당되는 경우도 적지 않다.

(2) 기간제근로자도 근로자이므로 노동조합법, 근로기준법, 최저임금법, 퇴직급여법 등은 기간제근로자에게도 적용된다. 그러나 기존의 법률을 적용하는 것

---

1) 비정규근로자(비전형근로자)는 아직 통일적으로 정의된 개념이 아니다. 논자에 따라서는 사내도급근로자를 비정규근로자에서 제외하는가 하면, 근로자와 비슷하지만 자영업자로서의 특성도 가지고 있어 판례상 근로자로 인정되지 않는 여러 직종의 도급적 노무자를 비정규근로자에 포함시키기도 한다.

2) 엄격한 의미로는 건설 현장의 일용근로자처럼 1일 단위로 고용되는 자를 말하지만, 1개월 또는 30일 미만 고용되는 자를 의미하기도 한다(고보 2조 6호; 근기영 21조 참조). 또 고용 기간과 무관하게 청소, 경비 등 특별한 지식·기술·기능을 요하지 않는 미숙련·단순근로자의 직종을 의미하는 용어로 사용되기도 한다.

3) 계약 기간이 1년 이내의 수개월인 경우를 의미한다.

4) 계약 기간이 수개월인 경우도 있고 1년 이상인 경우도 있다.

5) 계약 기간이 2년을 넘어 다소 긴 경우를 의미한다.

6) '아르바이트'는 독일어의 Arbeit(영어의 work에 해당)에서 유래한 우리 사회의 속어로서, 학생이나 전업주부가 수입을 받기 위하여 일시적으로 부업을 하는 것을 의미한다. 기간을 정하기 때문에 기본적으로는 기간제근로자이지만, 때로는 단시간근로자 또는 파견근로자를 겸하기도 한다.

만으로는 고용 불안과 열악한 근로조건 등으로부터 기간제근로자를 보호하기 어렵기 때문에 특별한 보호입법이 필요하다.

이러한 필요를 충족하기 위하여 제정된 것이 기간제법이다. 이 법은 상시 5명 이상의 근로자를 사용하는 모든 사업 또는 사업장에 적용하며, 다만 동거하는 친족만 사용하는 사업 또는 사업장과 가사사용인에 대해서는 적용하지 않는다(3조 1항). 그러나 상시 4명 이하의 근로자를 사용하는 사업 또는 사업장에 대해서도 시행령으로 정하는 바에 따라 이 법의 일부 규정을 적용할 수 있다(3조 2항). 국가 및 지방자치단체의 기관에 대해서는 상시 사용하는 근로자의 수와 관계없이 이 법을 적용한다(3조 3항).

2. 기간제근로자의 사용 기간

가. 사용 기간의 제한

기간제법은 사용자는 2년(기간제 근로계약의 반복 갱신 등의 경우에는 그 계속근로한 총기간이 2년)을 초과하지 않는 범위에서 기간제근로자로 사용할 수 있다고 규정하고 있다(4조 1항 본문).[1] 사용자가 특정인을 기간제근로자로 사용할 수 있는 기간을 2년 이내로 제한한 것이다. 이와 같이 기간제법은 기간제근로자의 사용 사유를 제한하지 않는 대신, 사용 기간을 2년으로 제한하고 있으며,[2] 이로써 기간제 근로계약의 남용으로 인한 고용불안의 폐해를 어느 정도 완화하려는 것이다.

근로계약의 기간은 당사자 사이에 자유로이 정할 수 있지만,[3] 기간제근로자를 사용하는 기간은 예외 사유에 해당하지 않는 이상 2년을 넘지 않아야 한다. 수습 또는 시용의 기간도 사용 기간에 합산한다. 부당한 갱신거절로 근로자가 실제로 근로를 제공하지 못한 기간도 계약갱신에 대한 정당한 기대권이 존속하는 범위에서는 사용 기간에 포함된다.[4] 그러나 기간제법은 기간제근로자로서 육아

1) 헌재 2013. 10. 24, 2010헌마219는 이 규정이 헌법에 위반되지 않는다고 한다.

2) 프랑스에서는 출산·휴가·휴직에 따른 결원의 보충, 계절적 업무, 업무량의 일시적 폭증 등 임시적 필요가 있는 경우에만 기간제근로자의 사용이 허용된다(노동법전 124조 2항 2호). 또 독일에서는 계절적 업무 등 경영상 일시적 필요, 과도적 계약, 업무수행의 일시적 대행, 시용관계, 근로자 일신상의 사정, 공공부문 재정상의 필요 등의 경우로 기간제근로자의 사용 사유를 제한하고 있다(단시간 및 기간제 근로계약법 14조 1항).

3) 일정한 사업 완료에 필요한 기간을 정하는 경우를 제외하고는 근로계약 기간을 1년 이내로 제한하는 근로기준법의 규정(16조)은 근로자가 더 좋은 직장으로 떠날 자유를 부당하게 제한하지 못하게 하려는 것이었으나, 현실적으로는 기간제근로자의 고용불안을 증폭시키는 데 기여한 측면도 있어 기간제법의 시행과 동시에 효력을 상실했다(근기 부칙 3조).

휴직을 한 기간은 사용 기간에 산입하지 않는다고 규정하고 있다(19조 5항).

기간제 근로계약을 반복 갱신하는 경우에는 '계속근로한 총기간'이 2년을 넘지 않아야 한다. 기간제 근로계약이 반복하여 체결되거나 갱신되어 일정한 공백기 없이 계속 근로한 경우에는 최초 계약에서 최종 계약에 이르기까지 기간 전체가 '계속근로한 총기간'에 포함된다. 다만 당사자 사이에 기존 기간제 근로계약의 단순한 반복 또는 갱신이 아닌 새로운 근로관계가 형성되었다고 평가할 수 있는 특별한 사정이 있는 경우에는 계속된 근로에도 불구하고 그 시점에 근로관계가 단절되었다고 보아야 하고, 그 시점을 전후한 기간제 근로계약 기간은 '계속근로한 총기간'에서 제외된다.[1] 한편, 반복하여 체결된 기간제 근로계약 사이에 공백기간이 있더라도 그 전후의 근로계약관계가 단절 없이 계속되었다고 평가될 수 있다면 공백기간 전후의 기간을 합산한 것이 '계속근로한 총기간'이 된다.[2] 또 반복하여 체결된 기간제 근로계약 사이에 기간제 사용 기간 제한의 예외사유에 해당하는 기간이 있더라도 그 기간 전후의 근로계약관계가 단절 없이 계속되었다고 평가되는 경우에는 그 기간 전후의 근로기간을 합산하여 '계속근로한 총기간'을 산정해야 한다.[3]

나. 사용 기간 제한의 예외

기간제법은 ① 사업의 완료 또는 특정한 업무의 완성에 필요한 기간을 정한 경우,[4] ② 휴직·파견 등으로 결원이 발생하여 해당 근로자가 복귀할 때까지 그 업무를 대신할 필요가 있는 경우,[5] ③ 근로자가 학업·직업훈련 등을 이수함에 따라 그 이수에 필요한 기간을 정한 경우, ④ 고령자고용법에 따른 고령자(55세 이

4) 대법 2018. 6. 19, 2013다85523.

1) 대법 2020. 8. 20, 2018두51201; 대법 2020. 8. 20, 2017두52153; 대법 2020. 8. 27, 2017두61874.

2) 그와 같은 공백기간이 있는 경우에는 그 길이와 비중, 그 기간이 발생한 경위, 그 기간을 전후한 업무내용과 근로조건의 유사성, 사용자가 그 기간 동안 해당 기간제근로자의 업무를 대체한 방식과 기간제근로자에게 한 조치, 그 기간에 대한 당사자의 의도나 인식, 다른 기간제근로자들에 대한 근로계약 반복·갱신 관행 등을 종합하여 공백기간 전후의 근로관계가 단절 없이 계속되었다고 평가될 수 있는지 여부를 가려야 한다(대법 2019. 10. 17, 2016두63705).

3) 대법 2018. 6. 19, 2017두54975(이 경우 기간제 근로계약이 단절 없이 계속되었는지 여부는 계약체결의 경위와 당사자의 의사, 근로계약 사이의 시간적 단절 여부, 업무내용 및 근로조건의 유사성 등에 비추어 평가해야 한다).

4) 사용 기간 제한 규정의 적용을 회피하기 위하여 형식적으로 사업의 완료 또는 특정한 업무의 완성에 필요한 기간을 정한 근로계약을 반복갱신하여 체결했으나 각 근로관계의 계속성을 인정할 수 있는 경우에는 예외 사유의 하나인 '사업의 완료 또는 특정한 업무의 완성에 필요한 기간을 정한 경우'에 해당한다고 볼 수 없다(대법 2017. 2. 3, 2016다255910).

5) '파견'이란 파견법에 따른 근로자파견이 아니라 전출을 말한다고 보아야 할 것이다.

상인 자)와 근로계약을 체결하는 경우, ⑤ 전문적 지식·기술의 활용이 필요한 경우[1]와 정부의 복지정책·실업대책 등에 따라 일자리를 제공하는 경우로서 시행령으로 정하는 경우,[2] 또는 ⑥ 그 밖에 이들 경우에 준하는 합리적인 사유가 있는 경우로서 시행령으로 정하는 경우에는[3] 예외적으로 2년을 초과하여 기간제근로자로 사용할 수 있다고 규정하고 있다(4조 1항 단서).

2년을 넘어 상당한 기간 동안 기간제근로자를 사용하는 것이 불가피하거나 사용 기간을 제한하지 않아도 다시 취업할 가능성이 높다는 등의 특성을 고려하여 예외를 둔 것이다.[4]

다. 사용 기간 제한 위반의 효과

기간제법은 사용 기간 제한의 예외 사유가 없거나 소멸되었음에도 불구하고 사용자가 2년을 초과하여 기간제근로자로 사용하는 경우에는 그 기간제근로자는 기간의 정함이 없는 근로계약을 체결한 근로자로 본다고 규정하고 있다(4조 2항). 2년의 제한을 위반하여 계속하는 경우에 해당 근로자가 2년을 초과한 날부터 기간제근로자에서 기간의 정함이 없는 근로계약을 체결한 근로자(흔히 '상용근로자'라 부름)로 전환된다는 것이다.

---

1) '전문적 지식·기술의 활용이 필요한 경우'는 ① 박사 학위를 소지하거나 ② 기술사 등급의 국가기술자격을 소지하거나 또는 ③ 건축사·관세사·공인회계사·공인노무사·변리사·변호사·감정평가사·세무사·의사·항공사 등 전문자격 등 전문자격을 소지한 자로서 각각 해당 분야에 종사하는 경우를 말한다(영 3조 1항).

2) '정부의 복지정책·실업대책 등에 따라 일자리를 제공하는 경우'는 ① 직업능력 개발, 취업 촉진 및 사회적으로 필요한 서비스 제공 등을 위하여, ② 제대군인의 고용증진 및 생활안정을 위하여 또는 ③ 국가보훈 대상자에 대한 복지 증진 및 생활 안정을 위하여 각각 필요한 인력을 제공·운영하는 경우를 말한다(영 3조 2항). 한편, 국가나 지방자치단체가 공공서비스를 위하여 일자리를 제공하는 경우로서 공공도서관 개관시간 연장 사업(대법 2012. 12. 26, 2012두18585) 또는 방과후학교 학부모 코디네이터(전담보조인력) 사업(대법 2016. 8. 18, 2014다211053)은 위 ①에 해당한다.

3) '그 밖에 이들 경우에 준하는 합리적인 사유가 있는 경우'는 ① 다른 법령상 별도의 계약 기간을 허용한 경우, ② 군사적 전문적 지식·기술을 가지고 관련 직업에 종사하거나 안보 및 군사학 과목을 강의하는 경우, ③ 국가안전보장, 국방·외교 또는 통일과 관련된 업무에 종사하는 경우, ④ 대학의 강사·겸임교원·초빙교원 등, ⑤ 일정한 직업에 종사하는 자로서 근로소득이 상위 25%에 해당하는 경우, ⑥ 1주 동안의 소정근로시간이 뚜렷하게 짧은 단시간근로자, ⑦ 체육선수와 체육지도사, ⑧ 국공립 연구기관 등에서 연구업무에 직접 종사하는 등의 경우를 말한다(영 3조 3항). 한편, 기간제근로자가 학교·직장·지역사회 또는 체육단체 등에서 체육을 지도하는 업무에 종사하는 경우에는 앞의 ⑦에 해당한다(대법 2017. 11. 9, 2015두57611).

4) 대법 2014. 11. 27, 2013다2672는 이러한 예외 사유에 해당하여 일정 기간 동안 기간제근로자로 사용한 근로자를 새로이 예외 사유 없는 기간제근로자로 사용한 경우 종전의 사용 기간은 2년으로 제한되는 사용 기간에 포함되지 않는다고 한다.

기간제근로자가 상용근로자로 전환되는 경우[1] 그 근로자의 근로조건에 대해서는 해당 사업 또는 사업장 내 동종 또는 유사한 업무에 종사하는 상용근로자가 있을 경우, 달리 정함이 없는 이상, 그 상용근로자에게 적용되는 취업규칙 등이 동일하게 적용된다.[2]

3. 차별의 금지

기간제법은 사용자는 기간제근로자임을 이유로 그 사업 또는 사업장에서 동종 또는 유사한 업무에 종사하는 상용근로자에 비하여 차별적 처우(차별)를 해서는 안 된다고 규정하고 있다(8조 1항). 기간제근로자임을 이유로 하는 차별이 근로기준법상 사회적 신분을 이유로 하는 차별에 해당하는지 해석론상 다툼의 여지가 있으나, 기간제법은 이를 금지하는 명문의 규정을 둔 것이다.

기간제근로자에 대한 차별인지 여부는 그 근로자가 소속된 '사업 또는 사업장에서 동종 또는 유사한 업무에 종사하는 상용근로자'와 비교하여 판단해야 한다.[3] 다른 사업의 근로자나 같은 사업장에서 다른 업무에 종사하는 상용근로자는 비교대상이 아니다. 그 사업의 직제에 없는 근로자를 설정하더라도 이는 비교대상이 될 수 없다.[4] 비교대상 근로자의 업무가 기간제근로자의 업무와 동종 또는 유사한 업무에 해당하는지 여부는 취업규칙이나 근로계약 등에서 정한 업무내용이 아니라 근로자가 실제 수행해 온 업무를 기준으로 판단하되, 이들이 수행하는 업무가 서로 완전히 일치하지 않고 업무의 범위나 책임과 권한 등에서 다소 차이가 있더라도 주된 업무의 내용에 본질적인 차이가 없다면 특별한 사정이 없는 이상 이들은 동종 또는 유사한 업무에 종사한다고 보아야 한다.[5]

기간제법은 '차별'이란 ① 임금, ② 정기상여금·명절상여금 등 정기적으로 지급되는 상여금, ③ 경영성과에 따른 성과금, ④ 그 밖에 근로조건 및 복리후생

1) 기간 만료에 따른 노동관계의 종료와 관련하여 이미 살펴본 바와 같이, 판례는 사용자가 상용근로자 전환기대권이 인정되는 기간제근로자에게 이에 반하여 합리적 이유 없이 근로계약 종료를 통보한 경우에도 상용근로자로 전환된 것으로 본다. 한편, 사용 기간 제한의 예외사유에 해당하는 초중등학교 영어회화 전문강사라도 기간제 근로계약을 반복 갱신하여 근무기간 한도로 규정된 4년을 초과하여 계속근로한 경우에는 상용근로자로 전환된다(대법 2020. 8. 20, 2018두51201; 대법 2020. 8. 20, 2017두52153).
2) 대법 2019. 12. 24, 2015다254873.
3) 대법 2014. 11. 27, 2011두5391은 사용자가 국가나 지방자치단체의 기관인 경우 공무원도 비교대상 근로자가 될 수 있다고 한다.
4) 대법 2019. 9. 26, 2016두47857.
5) 대법 2012. 3. 29, 2011두2132; 대법 2012. 10. 25, 2011두7045.

등에 관한 사항에서 합리적인 이유 없이 불리하게 처우하는 것을 말한다고 규정하고 있다(2조 3호). 여기서 '불리한 처우'란 사용자가 임금 등의 사항에서 기간제근로자와 비교대상 근로자를 다르게 처우함으로써 기간제근로자에게 발생하는 불이익 전반을 의미하고, '합리적인 이유가 없는 경우'란 기간제근로자를 달리 처우할 필요성이 인정되지 않거나 그럴 필요성은 인정되지만 처우의 방법·정도 등이 적정하지 않은 경우를 의미하며, 합리적인 이유가 있는지 여부는 문제된 불리한 처우의 내용과 사용자가 불리한 처우의 사유로 삼은 사정을 기준으로 기간제근로자의 고용형태, 업무의 내용과 범위·권한과 책임, 임금 등의 결정요소 등을 종합적으로 고려하여 판단해야 한다.[1] 불리한 처우가 상용근로자와 비교하여 기간제근로자만이 가질 수 있는 속성을 원인으로 하는 경우 '기간제근로자임을 이유로 한 불리한 처우'에 해당하며, 일부 기간제근로자만이 불리한 처우를 받는 경우도 마찬가지이다.[2]

차별의 내용은 임금 등 근로조건으로 한정되지 않고 경영성과에 따른 성과금 또는 복리후생 등도 널리 포함된다.[3] 그러나 기간제근로자의 임금 등이 비교대상 근로자의 임금 등보다 불리하더라도 기간제근로자임을 이유로 한 것이 아니라 근로자의 기술·노력·책임·작업조건 등 합리적 이유에 따른 경우에는 차별에 해당하지 않는다.

1) 대법 2012. 3. 29, 2011두2132; 대법 2012. 10. 25, 2011두7045(중식대와 통근비를 영업마케팅·내부점검통제자 등보다 적게 지급한 것은 합리적 이유가 없는 불이익 처우로 인정); 대법 2014. 9. 24, 2012두2207(상용근로자는 전체 근무 기간을 근속기간에 포함하면서 기간제근로자에서 상용근로자로 전환된 근로자의 경우는 종전에 기간제근로자로 근무한 기간을 근속기간에서 제외하여 장기근속수당을 지급하지 않은 것은 합리적 이유가 있는 불이익 처우로 인정). 한편, 대법 2019. 9. 26, 2016두47857은 기간제근로자가 임금에서 차별을 받았는지 여부는 원칙적으로 임금의 세부 항목별로 비교대상 근로자와 비교하여 판단해야 하고, 다만 항목별로 비교하는 것이 곤란한 경우 등 특별한 사정이 있는 경우에는 상호 관련된 항목들을 범주별로 구분하고 각각의 범주별로 판단해야 한다고 한다.

2) 대법 2023. 6. 29, 2019두55262(근로계약기간과 계속근로기간이 1년 미만인 기간제근로자인 경우만 불리한 처우도 차별로 인정).

3) 처음에는 차별의 내용이 '임금 그 밖의 근로조건 등'으로 규정되어 있었고 그 해석을 둘러싸고 특히 복리후생적 급여가 포함되는지가 문제되었으나, 대법 2012. 3. 29, 2011두2132 등 판례는 이를 긍정해 왔다. 이에 따라 2013년 개정법에서 차별의 내용을 확장하게 되었다.

4. 그 밖의 보호

가. 근로조건의 서면명시

기간제법은 사용자는 기간제근로자와 근로계약을 체결하는 때에는 ① 근로계약의 기간, ② 근로시간·휴게, ③ 임금의 구성 항목·계산 방법 및 지급 방법, ④ 휴일과 휴가, ⑤ 취업의 장소와 종사해야 할 업무를 서면으로 명시해야 한다고 규정하고 있다(17조; 벌칙 24조 2항). 사용자가 취업에 급급한 기간제근로자의 약점을 이용하여 근로조건의 주요 부분을 명확히 하지 않은 채 채용하는 것을 방지하려는 것이다.

여기서 '휴일과 휴가'는 근로기준법상 근로자에게 명시하도록 되어 있는 주휴일·공휴일과 연차휴가(근기 17조 1항·2항)와는 다른 것이다. 따라서 주휴일·공휴일과 연차휴가는 물론 그 밖의 휴일과 휴가도 포함된다고 볼 수밖에 없다.[1]

'서면으로 명시'하라는 것은 해당 사항을 기재한 서면을 단순히 보여주기만 하면 된다는 것이 아니라 해당 사항을 명시한 서면을 근로자에게 교부하거나 적어도 근로자가 복사하여 보관할 수 있도록 하라는 의미라고 보아야 할 것이다. '서면으로 명시'하는 것은 단순히 '명시'하는 것(근기 17조 1항)과 현저히 다르고, '명시한 서면을 교부'하는 것(근기 17조 2항, 67조 3항) 또는 서면으로 통지하는 것(근기 27조)에 가까운 것으로 보아야 하기 때문이다. 또 기간제법에서 '서면으로 명시'할 사항 중 임금의 구성 항목·계산 방법·지급 방법, 소정근로시간, 주휴일·공휴일 및 연차휴가에 관한 사항에 관해서는 이후 개정된 근로기준법에서 이들 사항을 명시한 서면을 교부하도록 되어 있고(근기 17조 2항) 이 규정이 기간제근로자에게도 적용되어야[2] 하기 때문이다.[3]

나. 불이익 처우 금지

기간제법은 사용자는 기간제근로자가 기간제법 또는 이에 따른 하위법규의 위반 사실을 고용노동부장관 또는 근로감독관에게 통지한 것을 이유로 해고나 그 밖의 불리한 처우를 하지 못한다고 규정하고 있다(16조 4호; 벌칙 21조).

'그 밖의 불리한 처우'는 다른 근로자 또는 종전의 예에 비교하여 불리하게

---

1) 기간제근로자에게만 휴일·휴가 전반에 관하여 명시해야 할 합리적 이유가 무엇인지 이해되지 않는다. 주휴일·공휴일 및 연차휴가로 한정하는 개정이 바람직하다고 생각한다.
2) 대법 2024. 6. 27, 2020도16541(근로기준법 위반으로 처벌 인정).
3) 기간제근로자를 상용근로자보다 더 두텁게 보호하려는 당초의 입법취지를 살리기 위해서는 기간제법의 이 규정도 명시한 서면을 교부하도록 개정하거나 삭제해야 할 것이다.

대우하는 것을 말한다. 경제적인 불이익, 인사상의 불이익이 모두 포함되고, 기간제 근로계약의 갱신을 거절하는 것도 이에 해당한다.

다. 기간제근로자의 우선 고용

기간제법은 사용자는 상용근로자를 채용하려면 그 사업 또는 사업장의 동종 또는 유사한 업무에 종사하는 기간제근로자를 우선적으로 고용하도록 노력해야 한다고 규정하고 있다(5조).

5. 기간제 근로계약의 종료

(1) 기간제 근로계약은 기간 도중의 사직, 해고, 합의해지, 사업의 소멸, 근로자의 사망에 따라 종료된다.

(2) 기간제 근로계약은 그 기간의 만료에 따라 당연히(해고 등 별도의 조치가 없더라도) 종료되고, 기간의 만료에 즈음하여 사용자가 계약의 갱신(재계약)을 거절하는 것은 해고가 아니므로 정당한 이유를 요하지 않는다.

이 원칙에 따르면 기간제근로자는 고용불안과 실직의 위험에서 벗어나기 어렵게 된다. 이 때문에 특별한 사정이 있는 경우에는 예외적으로 계약갱신의 거절에 정당한 이유 또는 합리적인 이유를 요한다고 해석된다. 특히 판례는 기간제근로자에게 갱신기대권이 인정되는데도 사용자가 합리적 이유 없이 갱신을 거절하는 경우에는 종전의 근로계약이 갱신된 것으로 보며, 기간제근로자에게 상용근로자 전환기대권이 인정되는데도 사용자가 합리적 이유 없이 전환을 거절하며 근로계약의 종료를 통보하는 경우에는 그 근로자가 상용근로자로 전환된 것으로 본다. 이에 관해서는 기간 만료에 따른 노동관계 종료의 부분에서 이미 살펴본 바와 같다.

(3) 사용자가 기간제근로자를 그 계약 기간이 만료되기 전에 해고하는 경우에는 근로기준법 등의 해고제한 규정이 당연히 적용되므로, 예컨대 그 해고에는 정당한 이유를 요한다.

긴박한 경영상의 사정이 있어 근로자를 해고하는 경우 기간제근로자를 상용근로자에 우선하여 해고대상자로 선정하는 것이 공정하고 합리적인지가 문제된다. 판례는 기간제근로자를 우선적으로 정리해고의 대상자로 선정하는 것도 적법·유효하다고 한다.[1] 기간제근로자는 채용이 간편하고 계약 기간을 약정한 것인 데 대하여, 상용근로자는 엄정한 전형을 거쳐 채용되고 정년까지 고용된다

1) 대법 1995. 12. 5, 94누15783.

는 기대 아래 기간을 약정하지 않은 점에서 여전히 차이가 있다는 점을 고려하면 같은 결론에 도달할 수도 있을 것이다.

Ⅱ. 단시간근로자

1. 단시간근로자와 적용 법령

(1) 근로기준법과 기간제법은 단시간근로자(시간제근로자; part-timer)의 개념을 '1주간의 소정근로시간이 해당 사업장에서 같은 종류의 업무에 종사하는 통상근로자의 1주간의 소정근로시간에 비하여 짧은 근로자'로 정의하고 있다(근기 2조 1항 9호; 기간 2조 2호). 그리고 근로기준법은 '소정근로시간'이란 법정근로시간의 범위에서 당사자 사이에 정한 근로시간을 말한다고 규정하고 있다(근기 2조 1항 8호).

단시간근로자는 '해당 사업장에서 같은 종류의 업무에 종사하는 통상근로자'와 비교하여 '1주간의 소정근로시간'이 짧은 것으로 족하고, 반드시 근로일이 1주 며칠 이내라든가 1일 또는 1주의 근로시간이 몇 시간 이내이어야 하는 것은 아니다. 단시간근로자와 통상근로자의 차이는 1주간의 '소정'근로시간에 있으므로 실제의 근로시간이 통상근로자의 근로시간보다 짧지 않다 하여 단시간근로자에서 제외되는 것은 아니다.

(2) 단시간근로자도 근로자이므로 노동조합법, 근로기준법, 최저임금법, 퇴직급여법 등은 단시간근로자에게도 적용된다. 다만 근로기준법의 경우, 단시간근로자의 소정근로시간이 짧은 정도에 따라 일부 규정은 비례적으로 적용되거나 극단적인 경우에는 일부 규정의 적용이 배제되기도 하지만, 그 밖의 규정은 통상근로자와 아무런 차이 없이 단시간근로자에게도 적용된다.

그러나 기존의 법률을 적용하는 것만으로는 단시간근로자의 보호에 미흡한 부분도 있고, 이런 부분에 대해서는 특별한 보호입법이 필요하다. 이러한 필요도 충족하기 위하여 제정된 것이 기간제법이다.

2. 근로기준법 적용의 특례

가. 근로시간 비례의 원칙

근로기준법이 정한 근로조건은 대체로 법정근로시간에 일치하거나 근접한 근로시간을 근로하는 통상근로자를 전제로 한 것이어서 이를 단시간근로자에게 그대로 적용하면 통상근로자에게 상대적으로 불이익을 줄 수 있다. 그렇다고 하여 단시간근로자에 대하여 근로기준법의 적용을 배제하거나 소정근로시간이 짧다는 것과 합리적인 관련이 없는 근로조건에 대하여 통상근로자보다 불리한 특칙을 적용하면 단시간근로자에게 상대적으로 불이익을 주게 된다.

이 점을 고려하여 근로기준법은 단시간근로자의 근로조건 결정에 관하여 근로시간 비례의 원칙을 규정하고 있다. 즉 단시간근로자의 근로조건은 해당 사업장의 같은 종류의 업무에 종사하는 통상근로자의 근로시간을 기준으로 산정한 비율에 따라 결정되어야 한다(18조 1항)는 것이다.

근로기준법 시행령은 모법의 위임(18조 2항)에 따라 단시간근로자의 근로조건 결정에 기준이 되는 사항 등을 구체적으로 규정하고 있다(9조 1항).[1] 그 내용을 요약하면 다음과 같다.

(1) 단시간근로자의 임금산정 단위는 시간급을 원칙으로 하며, 시간급 임금을 일급 통상임금으로 산정할 경우에는 1일 소정근로시간 수에 시간급 임금을 곱하여 산정하되, 이 경우 '1일 소정근로시간 수'는 4주 동안의 소정근로시간을 그 기간의 통상근로자의 총 소정근로일 수로 나눈 시간 수로 한다. 통상근로자의 일급 통상임금처럼 시간급 통상임금에 단순히 1일의 소정근로시간을 곱하여 산정하는 것이 아니다.[2]

(2) 사용자는 단시간근로자에게 근로기준법에서 정한 유급휴일을 주어야 하고, 유급휴일에 대하여 지급할 유급휴일임금은 일급 통상임금을 기준으로 한다.

(3) 사용자는 단시간근로자에게 연차휴가를 주어야 하며, 다만 휴가일수는 통상근로자의 연차휴가일수에 단시간근로자의 소정근로시간을 통상근로자의 소정근로시간으로 나눈 시간수를 곱하고 이에 8시간을 곱하여 시간 단위로 산정한다. 연차휴가에 대하여 사용자가 지급할 유급휴가임금은 시간급을 기준으로 한다.

(4) 사용자는 여성인 단시간근로자에게 생리휴가 및 출산전후휴가와 유산·사산 휴가를 주어야 하고, 출산전후휴가와 유산·사산 휴가에 대하여 사용자가

1) 단시간근로자에 대하여 근로기준법과 기간제법에서 분산하여 규율하는 것은 바람직하지 않다. 기간제법이 제정된 이상 근로기준법의 단시간근로자에 관한 규정은 기간제법으로 옮기는 것이 바람직하다고 생각한다.

2) 예컨대 통상근로자가 매주 5일간 8시간씩 근로하는 데 대하여 단시간근로자는 매주 4일간 7시간씩 근로하기로 한 경우, 단시간근로자의 시간급 통상임금이 1만원이라면 일급 통상임금은 7만원이 아니라 5.6만원={1만원×(7시간×4일×4주)시간÷(5일×4주)}이다.

지급할 임금은 일급 통상임금을 기준으로 한다.

(5) 사용자는 단시간근로자에게 적용되는 별도의 취업규칙을 작성하려면 단시간근로자 과반수의 의견을 들어야 하며, 단시간근로자에게 불리하게 변경하는 경우에는 그 동의를 얻어야 한다. 이러한 별도의 취업규칙이 없으면 통상 근로자에게 적용되는 취업규칙이 적용되며, 다만 그 취업규칙에서 단시간근로자에 대한 적용을 배제한다거나 달리 적용한다는 규정을 둔 경우에는 이에 따른다. 단시간근로자에게 적용되는 취업규칙에는 근로시간비례의 원칙에 어긋나는 내용이 포함되어서는 안 된다.

(6) 사용자는 단시간근로자에게 소정근로일이 아닌 날에 근로(휴일근로)를 하게 하려면 근로계약서나 취업규칙 등에 그 내용 및 정도를 명시해야 한다.[1]

나. 초단시간근로자

근로기준법은 4주간(4주 미만으로 근로한 경우에는 그 기간)을 평균하여 1주간의 소정근로시간이 15시간 미만인 근로자에 대해서는 주휴일과 공휴일 및 연차휴가에 관한 규정을 적용하지 않는다고 규정하고 있다(18조 3항). 이러한 근로자(흔히 '초단시간근로자'라 부름)에 대하여 근로기준법의 일부 규정을 적용하지 않는 것은 계산상의 번거로움에 비하여 소정근로시간에 비례하는 보호를 할 의미가 적기 때문일 것이다.[2] 한편, 퇴직급여법은 초단시간근로자에 대하여 퇴직급여제도를 설정할 의무가 없다고 규정하고 있다(4조 1항 단서).

이들 규정에 따르면 초단시간근로자는 주휴일과 공휴일, 연차휴가 및 퇴직급여를 받을 권리가 없다.

3. 기간제법에 따른 특별 보호

가. 초과근로의 제한

기간제법은 사용자는 단시간근로자에 대하여 소정근로시간을 초과하여 근로하게 하려면 그 근로자의 동의를 받아야 하고, 이 경우 1주간에 12시간을 초과하여 근로하게 할 수 없으며(6조 1항; 벌칙 22조), 단시간근로자는 사용자가 그 동의를

1) 물론 휴일근로에 대해서는 근로기준법 소정의 가산임금, 즉 통상임금의 50% 이상을 가산한 금액을 지급할 의무가 따른다.

2) 대학의 시간강사가 초단시간근로자에 해당하는지는 강의와 그 밖에 강의에 수반되는 업무를 수행하는데 통상적으로 필요한 근로시간 수를 기준으로 판단한다(대법 2024. 7. 11, 2023다217312). 강의시간을 정한 것이 곧 소정근로시간을 정한 것이 아니며, 통상 필요한 시간을 소정근로시간으로 정하는 묵시적 합의가 인정된다.

받지 않고 초과근로를 하게 하는 경우에 이를 거부할 수 있다고 규정하고 있다(6조 2항). 사용자가 단시간근로자에 대한 제도를 악용하여 단시간근로자에게 일상적으로 초과근로를 시켜 실 근로시간이 통상근로자와 같게 하면서 주휴일이나 연차휴가 등에 관해서는 특례를 적용받는 경우를 고려하여 그 초과근로를 제한한 것이다.[1)]

기간제법은 사용자는 단시간근로자의 초과근로에 대하여 통상임금의 50% 이상을 가산하여 지급해야 한다고 규정하고 있다(6조 3항).[2)] 사용자는 초과근로를 시켰더라도 법정근로시간을 초과하지 않는 이상 연장근로수당을 지급할 의무는 없지만, 사용자에게 경제적 부담을 주어 단시간근로자의 초과근로를 악용하는 폐단을 시정하려는 것이다.

나. 차별의 금지

기간제법은 사용자는 단시간근로자임을 이유로 그 사업 또는 사업장의 동종 또는 유사한 업무에 종사하는 통상근로자에 비하여 차별적 처우(차별)를 해서는 안 된다고 규정하고 있다(8조 2항). 단시간근로자임을 이유로 하는 차별이 근로기준법상 사회적 신분을 이유로 하는 차별에 해당하는지 해석론상 다툼의 여지가 있으나, 기간제법은 이를 금지하는 명문의 규정을 둔 것이다.

단시간근로자에 대한 차별인지 여부는 그 근로자가 소속된 '사업 또는 사업장의 동종 또는 유사한 업무에 종사하는 통상근로자'와 비교하여 판단해야 한다. '차별'의 개념에 관해서는 기간제근로자의 부분에서 살펴본 바와 같다. 아울러 단시간근로자의 경우 합리적인 이유인지를 판단할 때 분할 가능한 금전적 가치는 근로시간 비례의 원칙이 적용되지만,[3)] 그 밖의 사항은 균등하게 보장되어야 한다.

다. 근로조건의 서면명시

기간제법은 사용자는 단시간근로자와 근로계약을 체결하는 때에는 다음의 사항을 모두 서면으로 명시해야 한다고 규정하고 있다(17조; 벌칙 24조 2항). ① 근로계약의 기간에 관한 사항, ② 근로시간·휴게에 관한 사항, ③ 임금의 구성 항목·계산 방법 및 지급 방법에 관한 사항, ④ 휴일과 휴가에 관한 사항, ⑤ 취업

1) 그러나 사용자의 초과근로 요구에 단시간근로자가 동의하지 않거나 거부하기 어렵기 때문에 초과근로 억지에 실효성이 있는지 의문스럽고, 초과근로를 방치하는 제도라 볼 수 있다. 삭제함이 바람직하다.

2) 이 규정의 신설로써 이와 모순되는 근로기준법 시행령의 가산임금 규정(9조 1항 별표2 3가)은 효력을 상실했고 혼선을 방지하기 위하여 삭제되어야 한다.

3) 대법 2024. 2. 29, 2020두49355.

의 장소와 종사해야 할 업무에 관한 사항, ⑥ 근로일 및 근로일별 근로시간이 그 것이다. 사용자가 취업에 급급한 단시간근로자의 약점을 이용하여 근로조건을 명확히 하지 않는 일이 없도록 하려는 것이다.

단시간근로자에게 '근로계약의 기간'을 명시하라는 것은 단시간근로자가 대체로 기간제근로자이기도 하다는 사정을 고려하여 근로계약의 기간을 정한 경우에는 그 기간을 명시하라는 의미라고 보아야 한다.[1)]

'휴일과 휴가'는 기간제근로자에 관하여 이미 살펴본 바와 같이 주휴일·공휴일 및 연차휴가로 한정되는 것이 아니라 휴일과 휴가 전반을 의미하는 것으로 보아야 할 것이다. '서면으로 명시'한다는 것의 의미는 기간제근로자의 해당 부분에서 이미 살펴본 바와 같다.

라. 불이익 처우 금지

기간제법은 사용자는 단시간근로자가 사용자의 부당한 초과근로 요구를 거부한 것 또는 기간제법과 이에 따른 하위법규 위반 사실을 고용노동부장관 또는 근로감독관에게 통지한 것을 이유로 해고나 그 밖에 불리한 처우를 하지 못한다고 규정하고 있다(16조 1호·4호; 벌칙 21조).

'불리한 처우'의 의미는 기간제근로자의 해당 부분에서 살펴본 바와 같다.

마. 우선 고용과 전환 노력

기간제법에 따르면, 사용자는 통상근로자를 채용하려면 그 사업 또는 사업장의 동종 또는 유사한 업무에 종사하는 단시간근로자를 우선적으로 고용하도록 노력해야 한다(7조 1항).

거꾸로 통상근로자가 가사·학업, 그 밖의 이유로 단시간근로를 신청하는 때에는 그 근로자를 단시간근로자로 전환하도록 노력해야 한다(7조 2항).

Ⅲ. 사내도급근로자

(1) '사내도급근로자'(사내하청근로자, 용역근로자)[2)]란 타인(도급기업, 원청기업)의 업무처리를 도급·위탁받은 사용자(수급기업, 하청기업)에 고용되어 사용자의 지휘·명

1) 그러나 단시간근로자이면서 상용근로자인 경우도 없지 않기 때문에 '근로계약의 기간에 관한 사항'은 '근로계약의 기간을 정한 경우에는 그 기간에 관한 사항'으로 고치거나 삭제하는 것이 바람직하다고 생각한다.
2) '하청'의 용어가 널리 사용되고 있으나 일본식 용어이므로(일본에서는 '도급'을 '청부', '하도급'을 '하청'이라 부른다) 우리 민법상의 용어 '도급'을 사용함이 바람직하다.

령 아래 도급기업의 작업현장에서 근로를 제공하는 자를 말한다.

업무도급은 그 형식이 민법상 도급계약 또는 위임계약에 따른 것이든, 이들과 비슷한 무명계약에 따른 것이든 관계없다. 종전에는 단순한 근로자였다가 어떤 계기에 경영주체로서의 외관을 갖추고 종전 사용자와 도급계약을 맺고 타인을 고용하여 종전과 동일 또는 유사한 일을 하는 이른바 '소사장'은 사내업무도급의 극단적 형태에 속한다고 볼 수 있다.

(2) 사내도급근로자는 도급기업의 작업현장에서 근로를 제공하지만, 근로계약은 그와 별개의 수급기업과 체결하고 근로제공도 고용주인 수급기업의 지휘·명령 아래 하므로 그 근로계약상의 사용자는 도급기업이 아니라 수급기업이다. 그러나 사내도급근로자에 대하여 도급기업이 근로계약상의 사용자로 인정되는 경우도 있다. 이에 관해서는 근로계약상 사용자 개념의 확대와 관련하여 이미 살펴본 바와 같다.

(3) 사내도급근로자의 사용자인 수급기업은 독자적인 경영주체이기는 하지만, 일반적으로 규모가 영세하고 자금력이 약하기 때문에 사업 경영에 관하여 도급인에게 어느 정도 의존하지 않을 수 없는 특성을 가지고 있다. 사업이 여러 차례의 도급에 따라 이루어질수록 더 그렇다. 이 점을 고려하여 현행법은 사업이 여러 차례의 도급에 따라 이루어지는 경우에 사내도급근로자의 임금 지급, 재해보상 또는 산재보상보험, 실업급여 등 고용보험, 최저임금, 안전·보건 등에 관하여 일정한 조건 아래서 사용자가 아닌 도급기업(직상수급인 또는 원도급인)에게 사용자로서의 책임을 부담시키는 등의 보호조치를 강구하고 있다(근기 44조, 90조, 보험료징수법 9조, 최임 6조 7항, 산안 63조). 이에 관하여 자세한 것은 해당 부분의 설명에 맡기기로 한다.

Ⅳ. 파견근로자

1. 적용 법률

사용자가 근로자를 고용하여 다른 사업(사용사업)에 제공·파견하여 그 사업의 지휘·명령 아래 그 사업의 업무를 수행하도록 하는 경우가 있다. 이러한 근로자파견은 오랫동안 직업안정법을 통하여 원칙적으로 금지해 왔다. 파견근로의 허용은 중간착취 금지(근기 9조)를 무의미하게 하는 등의 문제가 있다는 비판 때문이었다. 그런데도 특별법에 따라 일부 업종에서는 파견근로가 점차 허용되는가 하면,[1] 노동시장에서는 원활한 인력수급의 필요에 따라 음성적인 파견근로가 급속히 증가해 왔다. 이에 따라 파견근로를 둘러싼 생활관계를 합리적으로 규제할 필요도 절실하게 되었다. 이러한 필요에 호응하여 제정된 것이 파견법이다.

파견법은 근로자파견사업의 적정한 운영을 도모하고 파견근로자의 근로조건 등에 관한 기준을 확립하여 파견근로자의 고용안정과 복지증진에 이바지하고 인력수급을 원활하게 함을 목적으로 한다(1조). 즉 파견법은 인력수급을 원활하게 하되, 파견사업주의 파견근로자 착취를 방지하고 근로조건 등에 대한 책임소재를 명확히 하여 파견근로자를 보호하는 것을 기본적 목표로 설정하고 있는 것이다.

2. 근로자파견의 개념

파견법에 따르면, '근로자파견'이란 파견사업주가 근로자를 고용한 후 그 고용관계를 유지하면서 근로자파견계약의 내용에 따라 사용사업주의 지휘·명령을 받아 사용사업주를 위한 근로에 종사하게 하는 것을 말한다(2조 1호). 근로자파견을 업으로 하는 것이 근로자파견사업(이하 '파견사업'으로 약칭)이다(2조 2호). '근로자파견계약'이란 파견사업주와 사용사업주 사이에 근로자파견을 약정하는 계약을 말한다(2조 6호). 파견사업주는 근로자를 파견하고, 사용사업주는 이에 대하여 대가를 지급할 것을 목적으로 하는 쌍무계약이 근로자파견계약(이하 '파견계약'으로 약칭)이다. 그리고 파견사업주가 고용한 근로자로서 근로자파견(이하 '파견'으로 약칭)의 대상이 되는 자를 '파견근로자'라 한다(파견 2조 5호).

가. 파견과 전출·근로자공급

파견은 자기가 고용하는 근로자를 일정한 기간 동안 다른 기업에 보내 그 기업의 지휘·명령 아래 근로하게 한다는 점에서 전출(파견근무)과 비슷하다. 그러나 파견은 처음부터 근로자를 제2사용자에게 보낼 것을 전제로 사업으로 한다는 점에서 사용자의 업무에 종사하던 근로자를 제2사용자에게 보내고 복귀도 예정된 전출과 다르다.[2]

파견은 근로자를 타인에게 공급하여 사용하게 하는 측면을 가지지만, 파견

---

1) 경비업법(구 용역경비업법), 공중위생관리법(구 공중위생법), 엔지니어링산업 진흥법(구 엔지니어링기술진흥법) 등이 이에 해당한다.

2) 대법 2022. 7. 14, 2019다299393(계열회사 간의 전출이 파견사업에 해당하지 않는다고 본 사례).

법상의 파견에 해당하면 직업안정법상의 근로자공급에는 포함되지 않는다(직업안정법 2조의2 7호).

나. 파견과 업무도급

(1) 파견과 업무도급은 원고용주가 근로자를 제3자의 사업장에서 그 제3자를 위한 근로에 종사하게 하는 점에서 비슷하다. 그러나 일반적으로 근로제공에 대한 지휘·명령을 누가 하느냐에 따라 양자는 구별된다고 한다. 즉 파견의 경우는 원고용주가 아닌 제3자의 지휘·명령 아래 근로를 제공하는 데 대하여 업무도급의 경우는 원고용주의 지휘·명령 아래 근로를 제공한다는 것이다.

그러나 실제의 고용형태는 매우 다양하고 때로는 파견의 속성과 업무도급의 속성이 혼합·착종되는 경우도 있기 때문에 누구의 지휘·명령을 받는지는 관련 당사자의 실질적 권한과 책임 등 제반 요소를 종합적으로 고려하여 판단해야 하고, 이 때문에 양자의 구별이 복잡·미묘해지기도 한다. 이 점과 관련하여 당사자가 노동법상 사용자의 책임 또는 파견법상 사용사업주의 책임을 회피할 목적으로 업무도급의 형식을 취하는 경우(흔히 '위장도급'이라 부름)도 생기고, 이 경우에는 사용자 개념의 확대(묵시적 근로계약관계) 또는 불법 파견이 문제될 수 있다.

(2) 원고용주가 근로자를 제3자의 사업장에서 그 제3자를 위한 근로에 종사하게 하는 경우 이것이 파견에 해당하는지와 관련하여, 판례는 얼마 전에 어느 도급기업과 업무도급계약을 맺은 협력업체(수급기업)의 근로자들이 도급기업의 사업장 내 컨베이어벨트 좌우에서 도급기업의 정규직원들과 함께 단순·반복적인 업무를 수행하고 그 과정에서 도급기업이 근로자들의 작업 배치·변경 권한을 가진 사실, 도급기업이 직접 근로자들을 지휘하거나 협력업체의 현장관리인을 통해 구체적인 작업지시를 하고 근로시간의 배치나 작업의 속도 등을 결정한 사실 등 제반 사정에 비추어 실질적으로는 파견(불법 파견)에 해당한다고 인정한 바 있다.[1]

마침내 판례는 파견에 해당하는지 여부에 대한 일반적 판단기준을 제시하기에 이르렀다. 즉 원고용주가 어느 근로자로 하여금 제3자를 위한 업무를 수행하도록 하는 경우에 그 법률관계가 파견에 해당하는지는 당사자가 붙인 계약의 명칭이나 형식에 구애될 것이 아니라, ① 제3자가 해당 근로자에 대하여 직·간접적으로 업무수행 자체에 관한 구속력 있는 지시를 하는 등 상당한 지휘·명령을

1) 대법 2010. 7. 22, 2008두4367(해당 근로자들이 파견법의 고용간주 규정이 고용의무로 개정되어 시행된 날까지 2년 넘게 그와 같은 방식으로 업무에 종사해왔기 때문에 개정 전의 고용간주 규정이 적용된다. 또 불법 파견이라 하여 이 규정이 적용되지 않는다고 볼 근거는 없다).

하는지, ② 해당 근로자가 제3자 소속 근로자와 하나의 작업집단으로 구성되어 직접 공동 작업을 하는 등 제3자의 사업에 실질적으로 편입되었다고 볼 수 있는지, ③ 원고용주가 작업에 투입될 근로자의 선발이나 근로자의 수, 교육 및 훈련, 작업·휴게시간, 휴가, 근무태도 점검 등에 관한 결정 권한을 독자적으로 행사하는지, ④ 계약의 목적이 구체적으로 범위가 한정된 업무의 이행으로 확정되고 해당 근로자가 맡은 업무가 제3자 소속 근로자의 업무와 구별되며 그러한 업무에 전문성·기술성이 있는지, ⑤ 원고용주가 계약의 목적을 달성하기 위하여 필요한 독립적 기업조직이나 설비를 갖추고 있는지 등의 요소를 바탕으로 근로관계의 실질에 따라 판단해야 한다고 판시했다.[1] 계약의 명칭이나 형식에 관계없이 실질에 따라 판단하고, 다섯 가지 요소를 종합하여 개별적으로 판단해야 한다는 것이다.

3. 파견의 규제

가. 파견 대상의 제한

파견을 무제한으로 허용하면 파견근로자를 보호하기 어렵고, 정규근로자의 지위가 불안하게 될 우려가 있을 뿐 아니라 노동시장에서 파견근로자의 비중이 지나치게 높아져 고용 불안을 야기할 우려가 있기 때문에 파견법은 파견사업의 허용 대상을 일정하게 제한하고 있다.

A. 파견대상업무 파견법은 파견사업은 제조업의 직접생산공정 업무를 제외하고 전문지식·기술·경험 또는 업무의 성질 등을 고려하여 적합하다고 판단되는 업무로서 시행령으로 정하는 업무를 대상으로 한다고 규정하고 있다(5조 1항). 이에 따라 시행령은 파견대상업무를 컴퓨터 관련 전문가, 행정·경영·재정 전문가 등 32종의 업무로 규정하고 있다. 이와 같이 현행법은 금지할 업무를 열거하는 방식(negative list)이 아니라 허용할 업무를 열거하는 방식(positive list)을 택함으로써 파견의 대상을 가급적 좁게 한정하려 하고 있으며, 제조업의 직접생산공정 업무는 파견 대상에서 제외하고 있다.

B. 임시적 파견 허용 파견법은 이들 파견대상업무가 아니더라도 출산·

---

1) 그 결과 대법 2015. 2. 26, 2010다106436; 대법 2015. 2. 26, 2010다93707; 대법 2020. 5. 14, 2016다239024; 대법 2020. 3. 26, 2017다217724; 대법 2025. 9. 25, 2021다218755에서는 파견에 해당한다고 보았고, 대법 2015. 2. 26, 2012다96922; 대법 2025. 9. 26, 2022다276369에서는 파견에 해당하지 않는다고 보았다.

질병·부상 등으로 결원이 생긴 경우 또는 일시적·간헐적으로 인력을 확보할 필요가 있는 경우에는 파견사업을 허용하고 있다(5조 2항). 다만 이와 같은 임시적 파견으로 파견근로자를 사용하려는 경우 사용사업주는 해당 사업 또는 사업장에 근로자의 과반수로 조직된 노동조합이 있는 경우에는 그 노동조합, 그러한 노동조합이 없는 경우에는 근로자의 과반수를 대표하는 자와 미리 성실하게 협의해야 한다(5조 4항).

C. 파견금지업무 파견법은 ① 건설공사 현장에서 이루어지는 업무, ② 항만·철도 등에서의 하역업무로서 근로자공급사업 허가를 받은 지역의 업무, ③ 선원법상 선원의 업무, ④ 산업안전보건법상 유해·위험한 업무, ⑤ 그 밖에 근로자보호 등의 이유로 파견의 대상으로서 적절하지 못하다고 인정되어 시행령으로 정하는 업무에 대해서는 파견사업을 금지하고 있다(5조 3항).

그 결과 제조업의 직접생산공정 업무에 대해서는 임시적 파견이 허용되지만, 이들 금지업무에 대해서는 임시적 파견도 금지되는 것이다.

D. 파견 제한의 준수 파견법은 누구든지 파견 대상의 제한에 위반하여 파견사업을 하거나 근로자를 파견하는 자로부터 파견의 역무를 제공받아서는 안 된다고 규정하고 있다(5조 5항). 파견사업주나 사용사업주가 이를 위반하면 벌칙(43조)이 적용된다.[1]

나. 파견기간의 제한

파견이 허용되는 경우에도 파견근로자로서는 가급적 빠른 시일 안에 사용사업주가 직접 고용하는 근로자로 전환되는 것이 바람직하기 때문에 파견법은 파견기간을 일정하게 제한하고 있다.

(1) 파견법에 따르면, 파견대상업무에 대한 파견의 기간은 1년을 초과해서는 안 된다(6조 1항). 다만 파견사업주·사용사업주·파견근로자 사이의 합의가 있으면 파견기간을 연장할 수 있고, 이 경우 1회를 연장할 때에는 그 연장 기간은 1년을 초과해서는 안 되며 연장된 기간을 포함한 총파견기간은 2년을 초과해서는 안 된다(6조 2항). 예컨대 최초 1회의 파견기간이 1년 3개월인 경우 1년을 초과한 3개월의 파견은 3당사자의 합의에 따라 연장한 것으로 보아야 할 것이므로, 최초 1회의 파견기간을 1년으로 제한한 규정은 실질적 의미가 없다고 생각된다. 이와 같

1) 헌재 2013. 7. 25, 2011헌바395는 파견 대상의 제한 전반을 대상으로 하는 벌칙 규정에 대하여, 헌재 2017. 12. 28, 2016헌바346은 '제조업의 직접생산공정 업무'에 대한 파견 금지와 이에 대한 벌칙 규정의 부분에 대하여 헌법에 위배되지 않는다고 한다.

이 연장 횟수에는 제한이 없지만 연장 기간을 포함한 총파견기간은 2년 이내로 제한되는 것이다. 그러나 고령자[1]에 대해서는 2년을 초과하여 파견기간을 연장할 수 있다(6조 3항).

(2) 임시적 파견의 경우 파견기간은 그 사유에 따라 두 가지 경우로 나누어 진다.

첫째, 출산·질병·부상 등으로 결원이 생겨 그 사유가 객관적으로 명백한 경우의 파견기간은 그 사유가 없어지는데 필요한 기간으로 한다(6조 4항 1호). 출산 등의 임시적 사유가 없어지기까지 필요한 기간은 짧은 것이 보통이지만 2년을 초과하는 장기간일 수도 있다.

둘째, 일시적·간헐적으로 인력을 확보할 필요가 있어 파견을 하는 경우의 파견기간은 3개월 이내의 기간으로 하며, 다만 그 사유가 없어지지 않고 파견사업주·사용사업주·파견근로자 사이의 합의가 있는 경우 3개월의 범위에서 한 차례만 그 기간을 연장할 수 있다(6조 4항 2호). 한 차례의 연장을 포함하여 최장 6개월로 제한되는 것이다.

(3) 파견사업주나 사용사업주가 이상의 파견기간 제한에 위반하면 벌칙(43조)이 적용된다.

다. 파견사업 허가제

파견사업주의 자질·능력 등은 파견근로자의 지위에 상당한 영향을 미치기 때문에 파견법은 허가제를 통하여 파견사업을 규제할 수 있도록 하고 있다.

(1) 파견법에 따르면, 파견사업을 하려는 자는 시행규칙으로 정하는 바에 따라 고용노동부장관의 허가를 받아야 하고, 허가받은 사항 중에서 소정의 중요 사항을 변경하는 경우에도 그렇다(7조 1항; 벌칙 43조).

파견사업의 허가를 받으려면 미성년자나 피성년후견인 또는 금고 이상의 형(집행유예 제외)을 선고받고 그 집행이 끝나거나 집행을 받지 않기로 확정된 후 2년이 지나지 않은 자 등 소정의 결격사유에 해당하지 않아야 하며(8조), 그 파견사업을 적정하게 수행할 수 있는 자산 및 시설 등을 갖추고 있어야 하고, 그 사업이 특정한 소수의 사용사업주를 대상으로 하여 파견을 하는 것이 아니어야 한다(9조). 파견이 '특정한 소수의 사용사업주를 대상'으로 하면 사용사업주의 실질적인 지배를 받는 불공정한 파견계약이 체결되고, 그 결과 파견근로자의 근로조건에 계속 나쁜 영향을 미칠 것이기 때문에 허가 제외 사유로 정한 것이다.

1) '고령자'는 55세 이상인 사람을 말한다(고령자고용법 2조 1호, 영 2조 1항).

식품접객업이나 숙박업 등을 겸업하는 자는 파견사업을 할 수 없다(14조).

(2) 사용사업주는 고용노동부장관의 허가를 받지 않고 파견사업을 하는 자로부터 파견의 역무를 제공받아서는 안 된다(7조 3항; 벌칙 43조).

라. 불법 파견과 직접고용

파견법은 파견 대상의 제한, 파견기간의 제한 및 파견사업 허가제를 위반하는 경우에 사용사업주와 파견사업주를 처벌할 수 있도록 규정하고 있지만, 불법 파견의 관계자를 처벌한다 하여 파견근로자의 고용관계나 근로조건이 달라지는 것은 아니다. 이 점을 고려하여 파견법은 소정의 중요한 불법 파견의 경우에 사용사업주에게 파견근로자를 직접 고용할 의무를 부과하고 있다. 이처럼 직접고용 의무는 근로자파견의 상용화·장기화를 방지하면서 파견근로자의 고용안정을 도모할 목적에서 사용사업주와 파견근로자 사이에 발생하는 법률관계 및 이에 따른 법적 효과를 설정하는 것이다.[1)]

A. 불법 파견과 직접고용 의무 (1) 파견법은 사용사업주는 ① 파견대상업무에 해당하지 않는데도 파견근로자를 사용한 경우(임시적 파견 사유에 따른 경우는 제외), ② 파견금지업무에 해당하는데도 파견근로자를 사용한 경우, ③ 파견대상업무에 해당하지만 파견기간을 연장하면서 총파견기간의 제한(6조 2항)을 위반하여 2년을 초과하여 계속적으로 파견근로자를 사용한 경우, ④ 임시적 파견에 대한 파견기간의 제한(6조 4항)을 위반하여 파견근로자를 사용한 경우, 또는 ⑤ 허가를 받지 않은 파견사업주에게서 파견의 역무를 제공받은 경우(7조 3항 위반)에는 해당 파견근로자를 직접 고용해야 한다고 규정하고 있다(6조의2 1항).

①과 ②는 파견이 허용되지 않거나 금지되어 있는데도 파견근로자를 사용한 경우이고, ⑤는 무허가 파견사업주로부터 파견근로자를 제공받아서는 안 되는데 제공받은 경우로서 이들 경우에는 그 사용한 기간에 관계없이 바로 직접고용 의무가 발생한다.

③은 파견대상업무에서 파견기간을 연장하면서 총파견기간의 한도 '2년'을 넘어 '계속적'으로 사용한 경우이다. 따라서 예컨대 파견기간을 연장하면서 1회 연장기간의 한도 1년을 초과했다 하더라도 총사용기간이 2년 이내이면 직접고용 의무가 발생하지 않는다. 또 예컨대 파견이 시작된 때부터 2년 2개월이 지났더라도 중간에 2개월의 단절이 있었다면 '계속' 사용한 기간은 2년을 넘지 않으므로 직접고용 의무가 발생하지 않는다. 다만 사용사업주가 직접고용 의무의 적용을

1) 대법 2022. 1. 27, 2018다207847.

회피할 목적으로 파견기간의 단절을 이용한 경우에는 단절 기간의 길이, 파견근로자의 구직활동 내역, 재사용의 사유 등 제반 사정을 종합하여 직접고용 의무의 발생을 인정할 수 있을 것이다.[1] 파견기간 중 파견사업주의 변경은 기간의 단절에 속하지도 않아 직접고용 의무의 발생에 영향을 주지 않는다.[2]

④는 임시적 파견에 대한 파견기간 제한을 위반한 경우로서 계속 사용한 기간이 2년을 초과해야 하는 것은 아니고, 임시적 파견의 사유에 따라 정해진 파견기간의 제한을 위반하여 사용한 경우이면 그 기간이 예컨대 1개월에 불과하더라도 직접고용 의무가 발생한다.

사용사업주에게 직접고용 의무(직접고용 간주의 효과도 포함)가 발생한 이상 그 후에 파견근로자가 파견사업주에 대한 관계에서 사직하거나 해고를 당했다 하더라도 원칙적으로 직접고용 의무에 영향을 미치지 않는다.[3]

(2) 파견법에 따르면, 위와 같은 직접고용 의무는 해당 파견근로자가 명시적으로 반대의사를 표시하거나[4] 그 밖에 시행령으로 정하는 정당한 이유가 있는 경우에는[5] 적용되지 않는다(6조의2 2항).

(3) 사용사업주가 직접고용 의무를 이행하지 않는 경우에는 벌칙(46조 2항)이 적용된다. 이 경우 파견근로자는 사용사업주를 상대로 고용 의사표시를 갈음하는 판결을 구할 수 있고 판결이 확정되면 사용사업주와 파견근로자 사이에 직접고용관계가 성립하며,[6] 또 사용사업주의 직접고용의무 불이행에 대하여 직접고용관계가 성립할 때까지의 임금 상당 손해배상금을 청구할 수 있다.[7]

---

1) 비정규직대책팀-1195, 2007. 4. 13.
2) 파견기간 중 파견사업주가 변경되었다는 이유만으로 직접고용 의무(또는 구법의 직접고용 간주) 규정의 적용이 배제되는 것은 아니다(대법 2015. 11. 26, 2013다14965).
3) 대법 2019. 8. 29, 2017다219072. 다만 판례는 장기간 권리를 행사하지 않은 경우 실효의 원칙에 따라 민사소송으로 구제받을 권리가 부인될 수 있다고 한다(대법 2024. 11. 20, 2024다269143).
4) '파견근로자가 명시적으로 반대의사를 표시'한다는 것은 근로자가 사용사업주에게 직접고용되는 것에 명시적으로 반대의사를 표시하는 것을 말하므로 파견근로자가 파견사업주에게 사직의 의사표시를 한 것은 이 경우에 해당하지 않는다(대법 2019. 8. 29, 2017다219072; 대법 2020. 5. 14, 2016다239024).
5) 시행령에서 정한 직접고용 의무의 예외는 ① 파산 선고 등 임금채권보장법에 따라 고용노동부장관이 미지급 임금을 사업주 대신 지급할 사유가 발생한 경우, ② 천재·사변, 그 밖의 부득이한 사유로 사업의 계속이 불가능한 경우이다(파견영 2조의2).
6) 대법 2015. 11. 26, 2013다14965; 대법 2024. 7. 11, 2021다274069(고용 의사표시 청구권에는 10년의 민사시효가 적용됨).
7) 대법 2020. 5. 14, 2016다239024.

B. 직접고용 시의 근로조건 파견법은 직접고용 의무에 따라 사용사업주가 파견근로자를 직접고용하는 경우에 파견근로자의 근로조건은 사용사업주의 근로자 중 그 파견근로자와 같은 종류의 업무나 유사한 업무를 수행하는 근로자가 있는 경우에는 그 근로자에게 적용되는 취업규칙 등에서 정하는 근로조건에 따르고, 사용사업주의 근로자 중 해당 파견근로자와 같은 종류의 업무나 유사한 업무를 수행하는 근로자가 없는 경우에는 그 파견근로자의 기존 근로조건의 수준보다 낮아져서는 안 된다고 규정하고 있다(6조의2 3항).[1] 직접고용 시의 근로조건에 관하여 사용사업주에 직접 고용되어 그 파견근로자와 같은 종류의 업무나 유사한 업무를 수행하는 근로자의 근로조건과 같게 하고, 그러한 근로자가 없는 경우에는 사용사업주와 파견근로자가 자치적으로 근로조건을 형성하되 파견근로자의 기존의 근로조건보다 낮지 않아야 한다는 의미이다.[2]

한편 직접고용에서 근로관계는 특별한 사정이 없는 한 원칙적으로 기간을 정함이 없는 근로계약으로 체결하여야 한다. 근로계약기간도 근로조건에 해당하지만, 직접고용의무 규정이 근로자파견의 상용화·장기화를 방지하면서 파견근로자의 고용안정을 도모한다는 취지이므로 무기계약이 원칙이다.[3] 다만 파견근로자가 기간제 근로계약을 희망하거나, 사용사업주의 근로자 중 파견근로자와 같은 종류의 업무나 유사한 업무를 수행하는 근로자가 대부분 기간제 근로계약이어서 파견근로자와 무기계약의 체결을 기대하기 어려운 경우 등 특별한 사정이 존재하는 경우에는 사용사업주가 기간제 근로계약으로 체결할 수 있다.[4] 그러한 특별한 사정이 없음에도 기간을 정한 부분은 강행규정 위반으로 무효이다.

1) 구법 아래서 사용사업주가 직접 고용한 것으로 간주되는 파견근로자의 근로조건도 이와 같다고 보아야 한다(대법 2016. 1. 14, 2013다74592; 대법 2024. 3. 12, 2019다223303).
2) 다만 판례는 사용사업주가 근로자파견관계를 부인하는 등으로 인하여 자치적으로 근로조건을 형성하지 못한 경우에는 법원은 개별적인 사안에서 사용사업주와 파견근로자가 합리적으로 정하였을 근로조건을 적용할 수 있다고 한다(대법 2024. 3. 12, 2019다223303). 예컨대 직접고용의무의 이행 사건이나 직접고용간주 사건의 경우 법원은 당사자가 합리적으로 정하였을 임금의 근로조건을 적용하여 임금상당액의 배상 또는 임금의 지급을 인정할 수 있다(대법 2025. 3. 27, 2021다245528은 외주화 이전에 동종·유사한 업무를 수행했던 직군의 근로조건을 적용함).
3) 대법 2022. 1. 27, 2018다207847. 구법 아래에서 사용사업주가 직접 고용한 것으로 간주되는 경우도 마찬가지로 무기계약이 원칙이다(대법 2008. 9. 18, 2007두22320(전합); 대법 2016. 3. 10, 2012두9758).
4) 대법 2022. 1. 27, 2018다207847(그러한 특별한 사정의 존재는 사용사업주가 증명책임을 부담한다).

마. 그 밖의 파견 제한

(1) 파견법에 따르면, 성매매 행위가 이루어지는 업무, 부정식품·부정의약품·부정유독물 제조 등 행위 및 부정의료 행위가 이루어지는 업무, 위해식품 또는 병든 동물 고기 등의 판매 등 행위가 이루어지는 업무, 그 밖에 이들에 준하는 업무로서 시행령으로 정하는 업무에[1] 취업시킬 목적으로 파견을 하면 벌칙(42조)이 적용된다.

(2) 파견사업주는 쟁의행위 중인 사업장에 그 쟁의행위로 중단된 업무의 수행을 위하여 근로자를 파견해서는 안 된다(16조 1항; 벌칙 44조). 사용사업주가 쟁의행위 중인 사업장에 새로 파견근로자를 파견 받아 쟁의행위로 중단된 업무를 수행하게 하는 것은 노동조합법상 대체근로 제한에 위반되지만, 대체근로 제한의 실효성을 확보하기 위하여 파견사업주에게 별도의 의무를 과한 것이다.

쟁의행위 중인 사업장에 그 쟁의행위로 중단된 업무의 수행을 위하여 새로 근로자를 파견하는 것은 금지되지만, 종전부터 파견하던 근로자를 쟁의행위 중에 계속 파견하는 것은 그 쟁의행위로 중단된 업무의 수행을 위하여 파견하는 것이 아니므로 금지되지 않는다. 또 후자의 계속 파견이 금지된다면 사용사업주의 근로자가 쟁의행위를 한 경우에 파견근로자는 본의 아니게 휴업을 강요당하는 불합리한 결과가 될 것이다.

(3) 누구든지 정리해고를 한 후 시행령으로 정하는 일정한 기간[2]이 지나기 전에는 해당 업무에 파견근로자를 사용해서는 안 된다(파견 16조 2항; 벌칙 44조). 이 규정은 근로기준법상 정리해고된 자의 우선재고용 의무(근기 25조 1항)를 실효화하기 위한 것이다.

4. 파견근로자의 근로조건

가. 파견계약

A. 파견계약의 체결 파견법에 따르면, 당사자(사용사업주와 파견사업주)는 시행규칙으로 정하는 바에 따라 ① 파견근로자의 수, ② 파견근로자가 종사할 업무

1) 당초 '공중위생 또는 공중도덕상 유해한 업무'로 규정되어 있었는데 헌재 2016. 11. 24, 2015헌가23이 이 규정 중 '공중도덕상 유해한 업무' 부분에 대하여 헌법위반이라고 결정함에 따라 2017년에 개정한 것이다.

2) 시행령은 그 기간은 2년으로 하되, 해당 사업 또는 사업장에 근로자의 과반수로 조직된 노동조합이 있는 경우 그 노동조합(그러한 노동조합이 없는 경우에는 근로자의 과반수를 대표하는 자)이 동의한 때에는 6개월로 한다고 규정하고 있다(4조).

의 내용, ③ 임시적 파견을 할 경우 그 사유, ④ 파견근로자가 파견되어 근로할 사업장의 명칭·소재지나 그 밖에 파견근로자의 근로 장소, ⑤ 파견근로 중인 파견근로자를 직접 지휘·명령할 사람에 관한 사항, ⑥ 파견기간 및 파견근로 시작일에 관한 사항, ⑦ 업무의 시작과 종료 시각과 휴게시간에 관한 사항, ⑧ 휴일·휴가에 관한 사항, ⑨ 연장·야간·휴일근로에 관한 사항, ⑩ 안전·보건에 관한 사항, ⑪ 파견의 대가, ⑫ 그 밖에 시행규칙으로 정하는 사항이 포함되는 파견계약을 서면으로 체결해야 한다(20조 1항).

파견계약은 서면의 형식으로 체결해야 하고 그 내용에는 언제 어느 사업장, 어떤 업무에 몇 명을 파견하고 이들을 누가 지시하며 그 대가는 얼마로 할 것인가 등만이 아니라 파견근로자의 출퇴근 시각과 근로시간 등도 포함되어야 한다는 것이다. 파견근로자의 근로조건이 파견사업주 못지않게 사용사업주의 영향을 받는 점을 고려하여 근로시간 등을 미리 명확하게 정해 두려는 것이다.

B. 취업조건의 고지 일반적으로 파견사업주는 파견계약이 체결된 후에 이 계약을 이행하기 위하여 필요한 파견근로자를 새로 모집·채용하여 파견을 한다. 파견사업주는 파견을 하기 전에 파견근로자에게 파견계약의 내용과 그 밖에 시행규칙으로 정하는 사항을 서면으로 알려주어야 한다(26조 1항; 별칙 46조 3항). 일반 근로자에 대한 근로조건 명시에 상응하는 것이라 볼 수 있다.

파견근로자는 파견사업주에게 파견계약에 따른 해당 파견의 대가에 관하여 그 내역의 제시를 요구할 수 있으며, 파견사업주는 이 요구를 받은 때에는 지체 없이 그 내역을 서면으로 제시해야 한다(26조 2항-3항). 해당 파견 대가의 내역을 파견근로자가 원하면 알 수 있도록 해야 한다는 것인데, 파견사업주가 과다한 수수료를 책정하는 것 또는 파견근로자가 그 임금 수준에 불필요한 불만을 품는 것을 억제하는 데 도움을 주려는 것이다.

C. 파견계약 해지의 제한 사용사업주는 파견근로자의 성별·종교·사회적 신분이나 파견근로자의 정당한 노동조합의 활동 등을 이유로 파견계약을 해지해서는 안 된다(22조 1항). 파견계약의 해지는 일반적으로 파견근로자의 실직으로 연결되기 때문에 그 고용안정을 위하여 불합리한 사유로 파견계약을 해지할 수 없도록 규정한 것이다.

나. 차별의 금지

(1) 파견법은 파견사업주와 사용사업주는 파견근로자라는 이유로 사용사업

주 사업 내의 같은 종류의 업무나 유사한 업무를 수행하는 근로자에 비하여 파견근로자에게 차별적 처우를 해서는 안 된다고 규정하고 있다(21조 1항). '차별적 처우'(차별)란 근로조건 등에 있어서 합리적인 이유 없이 불리하게 처우하는 것을 말한다(2조 7호).

파견근로자에 대한 차별인지 여부의 비교대상은 사용사업주에 직접 고용된 근로자로서 해당 파견근로자와 같은 종류의 업무나 유사한 업무를 수행하는 자이다. '파견근로자라는 이유로' '합리적인 이유 없이' 차별하는 것은 금지되지만, 능력·책임·성실성 등 합리적인 이유에 근거하여 불리하게 처우하는 것까지 금지되는 것은 아니다.

파견법상 차별의 정의규정은 '임금, 정기상여금·명절상여금 등 정기적으로 지급되는 상여금'에 대한 차별뿐만 아니라 '경영성과에 따른 성과금, 그 밖에 근로조건 및 복리후생 등에 관한 사항'에 대한 차별도 차별에 속한다고 명시하고 있다.

(2) 파견법은 파견근로자에 대한 차별의 금지는 사용사업주가 상시 4명 이하의 근로자를 사용하는 경우에는 적용하지 않는다고 규정하고 있다(21조 4항).

다. 근로기준법 등 준수의 사용자 책임

파견법에 따르면, 파견근로자에게는 근로계약의 상대방인 파견사업주도 사용자이고 근로제공의 상대방인 사용사업주도 사용자이다. 따라서 파견에 대하여 근로기준법을 적용할 때에는 양자를 모두 근로기준법상의 사용자로 보며(34조 1항 본문), 양자가 근로기준법 위반의 파견계약을 체결하여 파견을 함으로써 근로기준법을 위반하면 양자에게 모두 근로기준법 소정의 벌칙을 적용한다(34조 4항).

근로기준법의 준수와 관련하여 근로계약 체결, 해고나 그 밖의 노동관계 종료, 임금, 가산임금, 휴업수당, 재해보상에 관한 규정에 대해서는 파견사업주를 사용자로 보고, 근로시간, 휴일, 휴가에 관한 규정에 대해서는 사용사업주를 사용자로 본다(34조 1항 단서). 다만 파견사업주가 시행령으로 정하는 사용사업주의 귀책사유로 임금을 지급하지 못하면 사용사업주도 파견사업주와 연대하여 책임을 진다(34조 2항). 그리고 사용사업주가 파견근로자에게 유급휴일 및 출산전후휴가(유산·사산휴가 포함)를[1] 주는 경우 그 휴일 또는 휴가에 대하여 유급으로 지급되는 임금은 파견사업주가 지급해야 한다(34조 3항).

1) 생리휴가에 관한 규정도 유급휴가라는 전제 아래 규정되어 있는데 근로기준법에서 생리휴가가 무급휴가로 개정된 데 따라 파견법의 이 규정도 개정되어야 했다.

산업안전보건법의 적용에 대해서는 원칙적으로 사용사업주를 같은 법상의 사업주로 보되, 건강진단에 관한 일부 규정에 대해서는 파견사업주와 함께 또는 파견사업주를 사업주로 본다(파견 35조).

제8장 부당해고등의 구제 및 차별의 시정

Ⅰ. 부당해고등의 구제

근로기준법은 정당한 이유 없는 해고, 휴직, 정직, 전직, 감봉, 그 밖의 징벌(이하 '부당해고등'이라 함)을 금지하고 있다(근기 23조 1항). 사용자가 이를 위반하여 부당해고등을 한 경우 민사소송을 통한 구제는 시간과 경비 및 엄격한 절차 등으로 근로자가 이용하기 어렵다. 이 점을 고려하여 근로기준법은 간이·신속하고 경비 부담 없이 이용할 수 있도록 하려는 취지에서[1] 노동위원회를 통한 행정적 구제절차를 마련해 두었다.[2]

부당해고등 구제절차는 기본적으로 부당노동행위 구제절차와 거의 같다. 이하에서는 부당노동행위 구제절차와 다른 부분, 근로기준법에 특별히 규정을 둔 것을 중심으로 살펴보기로 한다. 이에 덧붙여 관련 민사구제의 쟁점사항도 간단히 살펴보기로 한다.

1. 구제신청

근로기준법은 사용자가 근로자에게 부당해고등을 하면 근로자는 노동위원회에 구제를 신청할 수 있다고 규정하고 있다(28조 1항).

(1) 구제신청의 대상은 '부당해고등', 즉 정당한 이유 없이 한 해고·휴직·전직·정직·감봉 그 밖의 징벌이다. 그러나 해고나 징계 등 근로기준법에 명시된 것은 예시에 불과하므로 이들과 비슷한 성질을 가진 전출, 전적, 휴직자의 복직 거부 등 인사처분은 정당한 이유 없이 한 이상 구제신청의 대상에 포함된다. 그러나 단순한 임금의 체불, 임금 산정의 과오, 근로조건에 대한 차별, 휴가 사용의

1) 대법 1992. 11. 13, 92누11114.
2) 1989년에 도입된 이 제도는 그 입법취지가 갖는 장점도 있지만, 한편으로는 해고·휴직·징계 등의 효력에 관한 권리분쟁을 법관의 자격이 없거나 심지어 법률가가 아닌 노동위원회 공익위원에게 맡긴다는 점, 그 때문에 엄격한 법적 판단이 결여될 여지가 있다는 점, 노동위원회에 사건이 많거나 인력이 부족하면 신속하게 처리되지도 못한다는 점 등에서 한계도 지니고 있다. 장기적으로는 독일의 경우처럼 특수법원으로서의 노동법원을 설립하여 해고나 그 밖의 노동법상 권리분쟁을 전담하게 하는 것이 더 바람직하다고 생각한다.

거부, 근로계약이나 취업규칙의 위반 등은 노동위원회에 대한 부당해고등 구제신청의 대상이 되지 않는다.

한편, 해고나 징계 등에 '정당한 이유'는 있지만, 취업규칙 등으로 정한 중대한 절차(소명의 기회부여, 인사위원회 의결, 노동조합과의 합의나 협의 등)를 위반한 경우, 징계의 종류·정도가 상당성을 초과한 경우, 징계가 형평성을 잃은 경우, 해고를 금지 기간에 한 경우, 해고를 그 사유 등의 서면통지 없이 한 경우와 같이 '부당한' 해고나 징계 등도 널리 구제신청의 대상에 포함되는 것으로 처리되어 왔다.

(2) 부당해고등의 구제신청을 할 수 있는 자는 부당해고등의 대상이 된 근로자이다. 근로자에 대한 해고나 징계 등이 노동조합의 조직·가입이나 정당한 조합활동 등을 이유로 한 경우에는 불이익취급의 부당노동행위에도 해당하고 부당해고등에도 해당하지만, 부당해고등의 구제신청은 근로자 개인만이 할 수 있고 노동조합이 할 수는 없다.[1]

(3) 근로기준법은 구제신청은 부당해고등이 있었던 날부터 3개월 이내에 해야 한다고 규정하고 있다(28조 2항). 사용자가 해고를 예고한 때에는 3개월의 신청기간(제척기간)은 예고한 날이 아니라 해고하려는 날(효력 발생일)부터 계산하기 시작한다.[2]

현대의 고용형태는 점차 다변화되고 있어. 근로자로서는 자신의 사용자가 누구인지를 처음부터 정확하게 특정하기 어려운 경우가 많다. 구제신청 이후 노동위원회의 조사나 심문과정에서 실질적인 사용자가 밝혀진 경우처럼 피신청인을 추가하거나 변경할 사정이 발생한다. 그러므로 부당해고등의 구제절차에서 최초 구제신청의 대상이 된 불이익처분을 다투는 범위에서 피신청인의 추가·변경이 허용된다. 이때 제척기간 준수 여부는 최초 구제신청이 이루어진 시점을 기준으로 판단한다. 다만 피신청인의 추가·변경은 최초 구제신청의 대상이 된 불이익처분을 다투는 범위로 한정되고, 노동위원회는 새로운 피신청인에게 주장의 기회를 충분히 부여하여야 한다.[3]

2. 조사와 심문

근로기준법에 따르면, 노동위원회는 부당해고등 구제신청을 받으면 지체 없

1) 대법 1992. 11. 13, 92누11114.
2) 대법 2002. 6. 14, 2001두11076.
3) 대법 2024. 7. 25, 2024두32973.

이 필요한 조사를 해야 하며 관계 당사자를 심문해야 한다(29조 1항).

노동위원회가 관계 당사자를 심문할 때에는 관계 당사자의 신청이나 직권으로 증인을 출석하게 하여 필요한 사항을 질문할 수 있으며, 관계 당사자에게 증거 제출과 증인에 대한 반대심문을 할 수 있는 충분한 기회를 주어야 한다(29조 2항·3항).

3. 판정

가. 판정의 종류

근로기준법에 따르면, 노동위원회는 심문을 끝내고 부당해고등이 성립한다고 판정하면 사용자에게 구제명령을 하고, 부당해고등이 성립하지 않는다고 판정하면 구제신청을 기각하는 결정을 해야 한다(30조 1항).[1)]

나. 원직복귀 명령과 임금상당액지급 명령

구제명령의 내용에 대해서는 특별한 규정이 없어 노동위원회의 합리적 재량에 맡겨진다. 노동위원회는 부당해고등에 대하여 해고나 징계 등이 있기 전의 지위로 복귀시키라는(원직복귀) 명령을 하며, 이와 동시에 해고 사건에 대해서는 그 해고가 없었더라면 지급받을 수 있었던 임금상당액을 지급하라는(임금상당액지급) 명령을 한다.[2)] 제도의 성질상 부당노동행위의 경우처럼 문제된 행위의 중지 또는 공고문 게시 등의 구제명령은 할 수 없다.

노동위원회는 부당해고에 대하여 임금상당액지급을 명하는 경우 그 금액을 특정하지는 않으며, 근로자가 해고 기간에 다른 사업장에 취업하여 얻은 수입(중간수입)이 있더라도 그 공제 여부에 대하여 언급하지 않는 것이 보통이다. 근로자가 부당하게 해고된 사건에서 노동위원회의 핵심적 역할은 해고된 근로자를 원직에 복직시키는 데 있다는 인식, 임금상당액의 구체적인 금액이나 중간수입의 유무 및 금액은 노동위원회가 파악하기 번거롭고 당사자 사이에 해결할 민사문제라는 인식 때문인 듯하다.

---

1) 노동위원회는 당사자 적격이 없는 경우나 신청의 이익이 없는 경우 종전에 신청을 각하하였던 것을 기각하는 것으로 변경하였다. 신청기간을 지나서 구제신청을 한 경우, 신청인이 2회 이상 심문회의 출석에 불응하는 경우 등은 신청을 각하한다(노위칙 60조 1항).

2) 노동위원회는 사용자에게 구제명령을 할 때에는 이행기한을 정해야 하고, 이 경우 이행기한은 사용자가 구제명령을 서면으로 통지받은 날부터 30일 이내로 한다(근기영 11조).

다. 금전보상 명령

A. 복직포기 금전보상 　근로기준법에 따르면, 노동위원회는 사용자에게 부당해고에 대한 구제명령을 할 때에 근로자가 원직복직을 원하지 않으면 원직복직을 명하는 대신 근로자가 해고 기간 동안 근로를 제공했더라면 받을 수 있었던 임금 상당액 이상의 금품을 근로자에게 지급하도록 명할 수 있다(30조 3항). 부당해고에 대한 구제 방식을 원직복직이 아닌 금전보상으로 할 수 있도록 허용하되, 근로자가 원직복직을 원하지 않는(포기한) 경우로 한정한 것이다.

이러한 금전보상(복직포기 금전보상) 명령은 부당해고를 전제로 한 것이므로 부당전직, 부당휴직, 부당징계 등의 경우에는 할 수 없다. 또 이 금전보상 명령은 해고가 부당한 것으로 인정되어 노동위원회가 원직복직 명령을 할 수 있지만 근로자가 원직복직을 포기한 경우에만 허용된다. 해고가 정당한 것으로 인정되는 경우 또는 근로자가 원직복직을 계속 원하는 경우에는 할 수 없다. 그리고 복직포기 금전보상 명령은 원직복직이 객관적으로 가능한 것을 전제로 하는 것이므로 원직복직의 실현가능성이 없을 때에도 할 수 없다.

노동위원회가 복직포기 금전보상 명령을 할 때에는 지급액을 특정해야 한다. 그 수준은 '해고 기간 동안 근로를 제공했더라면 받을 수 있었던 임금상당액 이상'이어야 한다. 적어도 임금상당액이어야 하는데 그 구체적인 금액은 노동위원회의 합리적 재량에 맡겨진다. 따라서 노동위원회는 근로자가 부당해고로 입은 피해의 정도, 원직복직 포기로 사용자가 얻을 이익, 그 동안 화해 의사의 타진 등을 통하여 파악한 쌍방의 의향(어느 수준의 보상금이면 원직복직을 포기하겠다는 등) 등을 종합하여 해당 사건에 구체적으로 타당한 수준을 결정해야 할 것이다.

B. 복직불능 금전보상 　근로기준법에 따르면, 노동위원회는 근로계약기간의 만료, 정년의 도래 등으로 근로자가 원직복직(해고 이외의 경우는 원상회복)이 불가능한 경우에도 구제명령이나 기각결정을 해야 하며, 이 경우 부당해고등이 성립한다고 판정하면 근로자가 해고 기간 동안 근로를 제공했더라면 받을 수 있었던 임금 상당액에 해당하는 금품(해고 이외의 경우에는 원상회복에 준하는 금품)을 사업주가 근로자에게 지급하도록 명할 수 있다(30조 4항). 근로계약기간 만료 등으로 복직불능인 경우에도 구제를 받을 이익을 인정하면서 금전보상 구제명령을 할 수 있도록 한다.

이러한 금전보상(복직불능 금전보상) 명령은 복직포기 금전보상 명령과 달리 근로자가 해고된 경우로 한정되지 않고 부당전직, 부당휴직, 부당징계 등을 당한 경우에도 허용된다. 그리고 이 금전보상 명령은 부당해고등이 인정되고 근로자가 원직복직 등을 계속 원하고 있지만 근로계약기간의 만료 등으로 원직복직 등이 불가능하게 된 경우에 할 수 있다.

노동위원회가 복직불능 금전보상 명령을 할 때에 특정할 지급액의 수준은 근로자가 '해고 기간 동안 근로를 제공했더라면 받을 수 있었던 임금상당액(해고 이외의 경우에는 원상회복에 준하는 금품)'이다. 복직포기 금전보상 명령의 경우와 달리 임금상당액 '이상'이어야 하는 것은 아니다.

라. 구제이익

노동위원회로부터 구제명령을 받을 이익(구제이익)이 없는 경우에는 노동위원회가 부당해고등의 성립 여부에 대한 실체적 판단을 하지 않고 신청을 기각하게 된다. 구제의 이익이 있느냐 여부는 구제명령을 할 당시, 즉 판정 시를 기준으로 판단한다.[1)]

예컨대 근로자가 부당징계 구제신청을 하였지만 노동위원회의 판정 전에 회사를 사직한 경우,[2)] 부당해고 구제절차가 진행되는 중에 근로자가 같은 사유로 법원에 제기한 해고무효 확인소송에서 패소의 확정판결을 받은 경우,[3)] 구제신청을 한 근로자가 신청을 취하하지는 않았지만 구제받기를 포기한 것으로 인정되는 경우에는 구제이익은 없다.

그러나 예컨대 근로자를 해고한 사용자가 구제신청 이후 그 근로자의 직무에 다른 근로자를 채용 또는 배치했거나 조직의 개편으로 원직이 소멸한 것, 구제신청을 한 근로자가 그 후 다른 사업에 취업하여 근무하고 있는 것,[4)] 구제신청 이후 사업의 합병·양도가 이루어진 것, 직위해제(대기발령) 후에 같은 사유로 징계처분이 있었음에도 직위해제에 따른 불이익의 해소를 위하여 직위해제에 대한 구제신청을 한 것만으로[5)] 구제이익이 소멸한 것은 아니다. 또 부당해고 구제신

1) 대법 2025. 3. 13, 2024두54683.
2) 대법 2009. 12. 10, 2008두22136.
3) 대법 1992. 7. 28, 92누6099.
4) 대법 1993. 4. 27, 92누14434(해고된 근로자가 노동조합에서 매월 해고 당시의 통상임금에 상당하는 금원을 지급받아 왔고 중앙노동위원회의 재심 판정 후 인지도와 규모가 종전 직장과 같은 회사에 같은 직책으로 채용되어 1년 이상 근무하고 있다는 점만으로 원직복귀 의사가 없다고 볼 수 없다).
5) 대법 2010. 7. 29, 2007두18406; 대법 2024. 9. 13, 2024두40493(육아휴직이 개시되어 대기발령이 실효되었지만 취업규칙에 대기발령의 효과로 승진·승급의 불이익이 규정된 경우).

청 후 사용자가 해고를 취소하여 원직복직을 명하고 임금 상당액을 지급했더라도 근로자가 금전보상명령을 신청한 경우, 사용자가 임금 상당액 이상의 정당한 금전보상을 하지 아니한 이상 금전보상명령의 구제이익이 소멸되지 않는다.[1)]

문제는 근로자가 해고되어 구제절차가 진행되는 중에 근로계약기간이 만료하는 등의 사유로 노동관계가 종료되어 원직복귀가 불가능하게 된 경우에 구제이익이 있는지 여부에 있다. 이에 관하여 최근 대법원 전원합의체는 근로자가 해고 이후 노동관계 종료 시까지의 기간에 지급받지 못한 임금상당액을 지급받을 필요가 있는 이상 임금상당액 지급의 구제명령을 받을 이익이 유지된다고 판시했다.[2)] 근로기준법도 개정되어 전술하였듯이 복직불능 시에도 금전보상 구제명령이 가능하다(30조 4항).[3)]

4. 구제명령 등의 확정과 효력

가. 구제명령 등의 확정

근로기준법에 따르면, 지방노동위원회의 구제명령이나 기각결정에 불복하는 사용자나 근로자는 구제명령서나 기각결정서를 통지받은 날부터 10일 이내에 중앙노동위원회에 재심을 신청할 수 있다(31조 1항). 중앙노동위원회의 재심판정에 대하여 사용자나 근로자는 재심판정서를 송달받은 날부터 15일 이내에 행정소송을 제기할 수 있다(31조 2항).[4)]

---

1) 대법 2025. 3. 13, 2024두54683. 원직복직명령만의 구제신청에서는 사용자의 원직복직조치의 진정성에 따라 구제이익 여부가 판단되겠지만, 금전보상명령의 구제신청에서는 임금상당액 지급 '이상의 정당한 보상'이 있었는지에 따라 구제이익 여부를 판단한다는 의미이다.

2) 대법 2020. 2. 20, 2019두52386(전합). 종전의 판례는 부당해고 구제신청이 원직복귀를 전제로 한 것이라고 전제하면서 해고 기간 중 지급받지 못한 임금상당액은 민사소송을 해결할 수 있어 구제이익은 소멸한 것으로 보았으나(대법 2009. 12. 10, 2008두22136; 대법 2012. 6. 28, 2012두4036), 전원합의체 판결은 이러한 법리를 폐기한 것이다.

3) 한편 대법 2022. 7. 14, 2020두54852는 근로자가 부당해고 구제신청을 할 당시 이미 정년에 이르거나 근로계약기간 만료, 폐업 등의 사유로 근로계약관계가 종료하여 근로자의 지위에서 벗어난 경우에는 노동위원회의 구제명령을 받을 이익이 소멸한다고 한다. 그러나 이러한 해석은 정년 또는 근로계약기간의 만료가 임박한 근로자가 해고된 경우 해고되자마자 구제를 신청하여야 하는 불합리한 결과를 초래한다. 근로기준법 30조 4항에 따라 구제이익을 인정하는 것이 타당하다.

4) 재심판정이 위법하다고 취소를 구하는 행정소송에서 판정이 적법한지는 판정이 이루어진 시점을 기준으로 판단하고, 판정 후에 생긴 사유를 들어 적법 여부를 판단할 수는 없으나, 그 판정의 기초가 된 사실이 동일하다면 노동위원회에서 주장하지 아니한 사유도 행정소송에서 주장할 수 있다(대법 2021. 7. 29, 2016두64876 - 재심판정에서 해고가 경영해고로서 정당한지를 다퉜는데 행정소송에서 그 해고가 통상해고로서 정당한지도 다툴 수 있음).

이들 기간 이내에 재심을 신청하지 않거나 행정소송을 제기하지 않으면 그 구제명령, 기각결정 또는 재심판정은 확정된다(31조 3항).

부당노동행위 구제절차에서는 당사자가 행정소송을 제기한 경우 법원의 이행명령제도가 적용되지만, 부당해고등 구제절차에서는 행정소송과정에서 법원의 이행명령제도는 적용되지 않는다.

나. 확정된 구제명령 불이행의 처벌

(1) 노동위원회의 판정에 대한 불복 기간을 넘겨 확정되거나 행정소송을 제기하여 확정된 구제명령(구제명령을 내용으로 하는 재심판정 포함; 이하 벌칙과 이행강제금에 관하여 같음)을 이행하지 않으면 벌칙(111조)이 적용된다. 구제명령의 실효성을 확보하기 위한 것이다.[1)]

'구제명령을 내용으로 하는 재심판정'이란 초심의 구제명령을 취소·변경하지 않은 재심판정을 말한다. 재심에서 초심의 판정을 취소하면서 구제명령을 한 것에 대하여 소정의 기간 내에 행정소송을 제기하지 않은 경우에는 '불복 기간을 넘겨 확정'된 구제명령에 해당하기 때문이다.

(2) 근로기준법에 따르면, 확정된 구제명령을 이행하지 않는 위반행위는 노동위원회의 고발이 있어야 공소를 제기할 수 있고, 검사는 이러한 위반행위가 있음을 노동위원회에 통보하여 고발을 요청할 수 있다(112조). 노동위원회의 고발을 기소·처벌의 요건으로 한 것은 노동위원회가 부당해고등의 반복성, 재발 가능성, 구제명령의 이행 상태, 향후 직장생활의 전망 등 제반 사정을 구체적으로 파악하여 처벌의 필요성이 있는지를 1차적으로 판단하도록 하려는 것이다. 그러나 노동위원회가 검사의 소추권을 부당하게 제약하지 않아야 하므로 검사에게 고발 요청의 권한을 부여한 것이다.

다. 구제명령 이행강제금

(1) 근로기준법에 따르면, 노동위원회의 구제명령, 기각결정 또는 재심판정은 중앙노동위원회에 대한 재심 신청이나 행정소송 제기로 그 효력이 정지되지 않는다(32조). 따라서 구제명령에 불복하는 사용자는 구제명령이 아직 확정되지 않은 단계에서도 일단 이를 이행해야 한다.[2)]

---

1) 종전에는 부당해고등의 행위에 벌칙을 적용하되 확정된 구제명령 불이행에 대해서는 벌칙이 없었으나, 2007년 개정법은 부당해고등에 대한 벌칙을 삭제하고 그 대신 확정된 구제명령 불이행에 대한 벌칙(111조)과 구제명령 불이행에 대한 이행강제금 제도(33조)를 신설했다.

2) 대법 2023. 6. 15, 2019두40260(구제명령에 반하는 업무지시를 거부하였다는 이유로 한 징계해고는 정당하지 않다).

(2) 노동위원회는 구제명령(구제명령을 내용으로 하는 재심판정 포함; 이하 33조에서 같음)을 받은 후 이행기한까지 이행하지 않은 사용자에게 3천만원 이하의 이행강제금을 부과한다(33조 1항).[1] 구제명령은 그 확정 여부에 관계없이 이행되도록 사용자에게 경제적 압박을 가하려는 것이다.

이행강제금은 최초의 구제명령을 한 날을 기준으로 매년 2회의 범위에서 구제명령이 이행될 때까지 반복하여 부과·징수할 수 있으며, 이 경우 2년을 초과하여 부과·징수하지 못한다(33조 5항). 이행강제금은 구제명령이 이행될 때까지 반복하여 부과할 수 있지만, 2년 이내의 기간 동안 1년 2회 이내로 부과하도록 제한을 한 것이다. 그러나 노동위원회는 구제명령을 받은 자가 구제명령을 이행하면 새로운 이행강제금을 부과하지 않으며, 다만 구제명령을 이행하기 전에 이미 부과된 이행강제금은 징수해야 한다(33조 6항).

노동위원회는 이행강제금 납부 의무자가 납부 기한까지 이행강제금을 내지 않으면 기간을 정하여 독촉을 하고, 지정된 기간에 이행강제금을 내지 않으면 국세 체납처분의 예에 따라 징수할 수 있다(근기 33조 7항).

(3) 부당해고등 구제사건의 경우에는 부당노동행위 구제사건의 경우와 달리 행정소송 단계에서 관할법원이 노동위원회의 구제명령에 대한 이행명령을 할 수 있는 법적 근거가 없다.

5. 임금상당액과 중간수입

노동위원회가 임금상당액지급을 명령할 때에는 일반적으로 그 금액을 특정하지 않으며, 중간수입의 공제 여부에 대하여 언급을 하지 않는다. 그것은 당사자 사이에 해결할 문제로 남겨두는 것이다.

가. 임금상당액의 지급

A. 지급의 근거 노동위원회가 부당해고가 성립된다고 인정하여 임금상당액지급 명령을 하면 사용자는 이 명령을 이행할 법률상의 의무를 진다. 한편, 민사소송을 통해 해고가 무효임이 확인된 때에는 임금상당액지급의 명령이 없더라도 근로자는 임금상당액을 받을 권리가 있다. 해고가 무효인 이상, 해고 기간에 사용자(채권자)의 책임 있는 사유로 근로자(채무자)가 근로제공을 이행할 수 없었던 것에 해당하여(민법 538조 1항) 근로자는 계속 근로했을 경우에 받을 수 있는

1) 헌재 2014. 5. 29, 2013헌바171은 근로기준법의 이행강제금 부과 규정(33조 1항·5항)이 이중처벌 금지 원칙에 위배되지 않고 재산권을 침해하지 않는다고 한다.

임금의 지급을 청구할 수 있기 때문이다.[1] 다만 해고 기간에 근로자가 교도소에 수감되는 등 근로제공이 사실상 불가능한 상태에 있었던 경우에는[2] 사용자의 책임 있는 사유가 부정되므로 근로자는 임금상당액 지급을 청구할 수 없다.

B. 임금상당액의 산정　　임금상당액은 근로자가 해고되지 않고 계속 근로했더라면 받을 수 있었던 임금 전부이므로,[3] 평균임금의 기초가 되는 모든 임금이 이에 포함된다.[4] 예컨대 연장근로수당, 상여금, 근속수당도 해고되지 않았더라면 받을 수 있었을 것이라고 기대되는 이상 임금상당액 산정에 포함된다.[5] 또 단체협약상 1년간 개근 또는 정근한 자에게 표창으로써 교부하도록 되어 있는 물품도 이에 포함된다.[6]

해고 기간 중에 동종의 근로자에게 임금 수준의 변경이 있었을 경우에는 개연성이 높은 기준(예컨대 동종 근로자의 평균 인상액)을 해당 근로자의 임금상당액의 산정에 반영해야 한다. 그러나 승급이나 승진에 따른 임금 수준의 변경은 승급이나 승진이 사용자의 발령(의사표시)이 있어야 비로소 성취되는 것이므로 이를 반영하지 않아도 된다.

나. 중간수입의 공제

A. 공제의 근거　　근로자가 해고 기간에 다른 곳에 취업하여 수입(중간수입)을 받은 경우에 사용자가 이를 임금상당액에서 공제할 수 있는지가 문제된다.

중간수입은 해고된 근로자가 어려운 노력으로 받은 것인데, 그 공제를 인정하면 사용자는 부당해고를 했는데도 경제적 손해는 거의 또는 별로 입지 않는 불합리한 결과가 된다는 점 등을 강조하면 중간수입의 공제를 부정하게 된다. 그러나 중간수입은 근로자가 근로제공의 '채무를 면함으로써 얻은 이익'에 해당하므로 사용자는 그 상환을 청구할 수 있고(민법 538조 2항), 이 경우 사용자는 상환 청구의 방법이 아니라 직접 임금상당액에서 공제(상계)할 수도 있다고 해석된다.

물론 공제(상환청구)할 수 있는 중간수입은 해고에 따른 근로제공 채무의 면제와 상당인과관계에 있어야 하므로, 예컨대 부업으로 받은 수입은 해고가 없었더라도 당연히 취득할 수 있는 것이므로 공제의 대상이 되지 않는다.[7] 또 공제할

1) 대법 1995. 11. 21, 94다45753; 대법 2012. 2. 9, 2011다20034.
2) 대법 1994. 10. 25, 94다25889; 대법 1995. 1. 24, 94다40987.
3) 대법 1981. 12. 22, 81다626; 대법 1992. 12. 8, 92다39860.
4) 대법 1993. 12. 21, 93다11463.
5) 대법 1991. 12. 13, 90다18999; 대법 1992. 5. 22, 91다22100; 대법 1992. 12. 8, 92다39860.
6) 대법 2012. 2. 9, 2011다20034.
7) 대법 1991. 5. 14, 91다2656(부당해고 기간 동안에 노동조합 기금에서 지급받은 금액은 근로

수 있는 중간수입은 공제하려는 임금과 같은 기간에 발생한 것이라야 하므로, 특정 기간을 대상으로 하여 지급되는 임금에서 그것과는 시기적으로 다른 기간에 받은 중간수입을 공제할 수는 없다.

중간수입의 공제는 임금상당액지급을 명하는 경우의 문제이므로, 노동위원회가 금액을 특정하는 금전보상 명령의 경우에는 허용되지 않는다.

B. 공제의 한도 문제는 임금상당액에서 중간수입 전체를 공제할 수 있는가에 있다. 이를 긍정하는 견해도 있지만,[1] 판례는 휴업수당을 초과하는 금액의 범위에서만 공제할 수 있다고 한다.

판례의 입장은 다음과 같다. 즉 사용자의 귀책사유에 따른 휴업(근기 46조)에는 근로자가 근로계약에 따라 근로를 제공할 의사가 있는데도 그 의사에 반하여 취업이 거부되거나 불가능하게 된 경우도 포함되므로, 부당하게 해고된 근로자는 중간수입이 있더라도 휴업수당을 받을 수 있다. 따라서 중간수입은 휴업수당을 초과하는 금액의 범위에서만 공제할 수 있고, 그 범위에서 공제하는 이상 임금전액지급의 원칙에 반하지 않는다고 한다.[2] 달리 말하자면 사용자는 휴업수당상당액은 그 지급을 보장해야 하고, 임금상당액 중 휴업수당을 초과하는 부분에 대해서만 중간수입을 공제할 수 있다는 것이다.[3]

판례의 입장은 이론적으로는 납득하기 어려운 면도 있지만,[4] 구체적 사례에 적응하여 형평성을 가지는 간명한 해결기준을 구성했다는 점에서는 지지할 만하다고 생각한다.

6. 관련 민사소송의 쟁점사항

사용자의 부당해고등에 대하여 근로자는 법원에 해고·전직·휴직·징계 등의

제공을 면한 것과 상당인과관계에 있는 수입이 아니므로 상환 의무가 없다).

1) 사용자의 귀책사유로 휴업한 기간에도 근로자는 중간수입을 받을 수 있다는 등의 이유로 부당해고(사용자의 귀책사유에 따른 해고)를 사용자의 귀책사유에 따른 휴업과 동일시하여 휴업수당 청구권을 인정하는 것은 부당하고, 중간수입의 공제 범위가 휴업수당 초과액의 범위로 제한된다고 볼 수 없다고 한다.

2) 대법 1991. 6. 28, 90다카25277; 대법 1996. 4. 23, 94다446 등.

3) 예컨대 임금상당액이 10백만원인 근로자의 휴업수당은 대체로 7백만원이므로, 중간수입 공제액은 중간수입이 휴업수당을 초과하는 3백만원을 초과하느냐 여부에 따라 달라진다. 중간수입이 5백만원이라면 사용자는 3백만원까지만 공제할 수 있으므로 나머지 7백만원을 지급해야 하고(근로자의 총 수입은 12백만원), 중간수입이 2백만원이라면 그 전액을 공제할 수 있으므로 나머지 8백만원을 지급해야 한다(근로자의 총 수입은 10백만원).

4) 특히 부당하게 해고된 기간을 사용자의 귀책사유로 휴업한 기간으로 전제하는 것이 그렇다.

무효를 확인하는 소송을 제기하여 구제받을 수도 있다.[1] 신속한 구제를 위하여 이 소송을 본안으로 한 지위 보전의 가처분신청이나 임금 지급의 가처분신청을 할 수도 있다.

(1) 해고나 징계 등 무효확인 소송의 경우, 해고나 징계 등에 정당한 이유가 있다는 점[2] 또는 절차가 적법했다는 점[3] 등은 사용자가 주장·증명해야 한다.

(2) 부당해고를 당한 근로자가 해고 무효확인의 소송을 언제든지 또는 어떤 경우에나 할 수 있느냐가 문제된다. 이에 관하여 다수의 사건을 통하여 판례가 밝힌 기본입장은 해고의 효력을 다투지 않는 등 제반 사정에서 근로자가 그 해고의 효력을 인정한 것으로 볼 수 있는 경우, 또는 해고 후 아무런 다툼 없이 오랜 기간이 지난 경우에는 신의칙(금반언의 원칙, 실효의 원칙)에 비추어 해고 무효확인 소송을 제기할 수 없다는 것이다.[4]

예컨대 근로자가 퇴직금을 수령하기 전에 이미 해고의 효력을 다투는 소를 제기한 경우에는 퇴직금을 수령함으로써 해고의 효력을 인정했다고 볼 수 없고,[5] 해고 직후 근로자가 이의 없이 퇴직금을 수령했더라도 해고의 효력을 인정하지 않고 다투고 있었다고 볼 수 있는 객관적인 사정이 있는 경우에는 근로자가 해고의 효력을 인정한 것으로 볼 수 없다고 한다.[6] 그러나 근로자가 퇴직금을 수령하면서 해고예고수당을 수령하지 않은 사정만으로는 해고에 대한 불복을 표시한 것으로 볼 수 없고,[7] 퇴직금을 수령하면서 아무런 이의의 유보나 조건을 제기하지 않은 경우에는 특별한 사정이 없는 이상 해고의 효력을 인정한 것으로 볼 수 있다고 한다.[8]

그리고 근로자가 해고의 효력을 인정한 다음 장기간이 지난 후에 해고 무효소송을 제기하는 것은 신의칙 위반으로 허용되지 않는다고 한다.[9] 그러나 구체적으로는 해고된 지 1년 7개월이 지난 후의 제소는 허용되지 않는다고 본 예가

---

1) 대법 1991. 7. 12, 90다9353은 근로기준법이 부당한 해고를 당한 근로자에게 노동위원회에 구제신청을 할 수 있는 길을 열어 놓았다 하여 해고를 둘러싼 쟁송에 대한 민사소송의 관할권을 박탈한 것은 아니라고 한다.
2) 대법 1992. 8. 14, 91다29811.
3) 대법 1991. 7. 12, 90다9353.
4) 대법 1992. 4. 14, 92다1728; 대법 1996. 3. 8, 95다51847.
5) 대법 1987. 9. 28, 86다카1873; 대법 1992. 3. 31, 90다8763 등.
6) 대법 1993. 9. 24, 93다21736.
7) 대법 1991. 4. 12, 90다8084.
8) 대법 1992. 4. 14, 92다1728; 대법 2000. 4. 25, 99다34475.
9) 대법 1992. 1. 21, 91다30118; 대법 1993. 1. 26, 91다38686 등.

있고,[1] 해고된 지 6일 만에 다른 회사에 입사하고 복직 의사가 없었던 상태에서 9개월이 지난 후의 제소는 허용되지 않는다고 본 예가 있는가 하면,[2] 근로자가 변제공탁된 퇴직금을 수령하고 2년이 지난 후의 제소는 허용된다고 본 예도 있다.[3] 이와 같은 판례의 입장은 구체적 타당성을 기하려는 것이지만, 결과적으로 제소 기간을 제한하면서 명확하고 통일적인 기준을 제시하지 않은 것은 문제가 될 수도 있다.[4]

(3) 부당해고에 대하여 근로자가 해고 무효확인의 소송을 제기한 경우 같은 해고에 대하여 이미 노동위원회의 구제명령이 확정되었더라도 그 구제명령은 사용자에게 이에 따를 공법상 의무를 부담시킬 뿐 직접 사법상의 법률관계를 변경 또는 발생시키는 것은 아니므로 사용자는 민사소송에서 해고의 효력을 다툴 수 있다.[5]

(4) 부당해고에 대하여 사용자의 고의·과실이 있는 경우에는[6] 불법행위(민법 750조)가 된다. 예컨대 아무런 해고 사유도 없이 노동조합을 혐오하여 위장폐업을 하고 근로자들을 해고한 경우에는 부당해고로서 불법행위가 되며, 이 경우 근로자들은 해고가 무효임을 이유로 부당해고 기간에 대한 임금의 지급을 구하거나 선택적으로 해고가 불법행위에 해당함을 이유로 손해배상을 구할 수 있는 것이다.[7] 그리고 부당해고가 불법행위를 구성하는 경우에는 사용자는 근로자가 부당해고로 입은 정신적 고통에 대하여 위자료도 배상해야 한다.

(5) 해고가 무효로 확인되어 임금상당액을 지급받고 직장에 복귀했다 하더

---

1) 대법 1991. 4. 12, 90다8084.
2) 대법 1993. 4. 13, 92다49171.
3) 대법 1991. 5. 14, 91다2663. 또 대법 1994. 9. 30, 94다9092도 같은 취지(A회사에서 분리된 B회사에 고용승계되었으나 B회사의 폐업으로 해고되자 다른 회사에 취업한 근로자가 2년 8개월이 지난 후 A회사를 상대로 고용관계존재 확인의 소를 제기한 사건).
4) 해고 무효확인 소송의 제소 기간은 법률로 규율함이 바람직하고, 원칙적으로 행정구제의 신청 기간과 같이 하는 것이 무난하다고 생각한다.
5) 대법 2006. 11. 23, 2006다49901.
6) 해고가 무효라는 사유만으로 불법행위를 구성한다 할 수는 없지만, 해고할 만한 사유가 없는데도 오로지 사업장에서 몰아내려는 의도로 어떤 명목상의 사유를 내세워 해고한 경우이거나 해고할 만한 정당한 사유가 없는 것이 객관적으로 명백하고 조금만 주의를 기울였다면 이러한 사정을 알 수 있었는데도 해고한 경우에는 고의·과실이 인정된다(대법 1993. 10. 12, 92다43586). 징계양정에 관한 판단이 단순히 법령 해석을 잘못한 것에 기인하거나 당시의 사정에 비추어 그렇게 판단하는 데 무리가 없다고 인정되는 경우에는 과실이 인정되지 않는다(대법 1996. 4. 23, 95다6823).
7) 대법 2011. 3. 10, 2010다13282.

라도 사회적 사실로서의 해고가 소급적으로 소멸한다거나 그 해고로 입은 명예의 침해나 정신적 고통은 완전히 치유되는 것은 아니므로 사용자에게 고의·과실이 있는 경우에는 위자료를 배상해야 한다.[1)]

(6) 해고가 부당하여 무효로 확인되는 경우에도 근로자에게는 취업 청구권이 없으므로, 민사구제의 경우에는 해고자에 대하여 종업원 지위의 확인(본안소송)이나 보전(가처분)을 하는 데 그치고 직장복귀까지 강제되지는 않는다. 그러나 해고 무효 판결이 확정되었는데도 임금만 지급하고 복직 및 취업을 시키지 않는 경우에는 사용자는 근로자의 인격권 침해로 입은 정신적 고통에 대하여 위자료를 배상해야 한다.[2)]

Ⅱ. 차별의 시정

앞에서 살펴본 바와 같이 기간제법과 파견법은 기간제근로자나 단시간근로자 및 파견근로자(이하 '근로자'로 통칭)임을 이유로 하는 차별을 금지하고 있다(기간 8조 1항·2항, 파견 21조 1항). 사용자 또는 사용사업주와 파견사업주(이하 '사용자'로 통칭)가 이에 위반하여 차별을 한 경우에 민사소송을 통한 구제는 시간과 경비 및 엄격한 절차 등으로 근로자가 이용하기 어렵다. 이 점을 고려하여 기간제법과 파견법은 간이·신속하고 경비 부담 없이 이용할 수 있도록 하려는 취지에서 노동위원회를 통한 행정적 시정(구제)절차를 마련해 두었다.

한편, 이미 살펴본 바와 같이 남녀고용평등법은 사업주(사용자)에게 모집·채용, 임금, 복리후생 등에 관한 성차별을 금지하는 한편(남녀 7조-11조), 직장내 성희롱이나 고객의 성희롱 피해근로자의 보호와 관련하여 사업주에게 일정한 의무를 부과하고 있다(14조 4항·6항, 14조의2 1항·2항). 사용자가 이에 위반하여 근로자에게 성차별을 하는 등 소정의 사유에 해당한 행위로 근로자에게 피해를 준 경우 남녀고용평등법은 기간제법이나 파견법의 경우와 같은 취지에서 노동위원회를 통한 행정적 시정절차를 마련해 두었다.

이들 차별 시정절차는 기본적으로 부당노동행위 구제절차와 거의 같다. 이하에서는 부당노동행위 구제절차와 다른 부분, 기간제법과 파견법 및 남녀고용평등법에 특별히 규정을 둔 것을 중심으로 살펴보기로 한다.

1) 대법 1993. 12. 24, 91다36192; 대법 1996. 4. 23, 95다6823; 대법 1999. 2. 23, 98다12157 등.
2) 대법 1996. 4. 23, 95다6823; 대법 2021. 11. 25, 2018다272698.

1. 시정신청

(1) 기간제법은 기간제근로자나 단시간근로자는 이 법이 금지하는 차별을 받은 경우 노동위원회에 그 시정을 신청할 수 있다고 규정하고 있다(9조 1항 본문). 또 파견법은 파견근로자는 이 법이 금지하는 차별을 받은 경우 노동위원회에 그 시정을 신청할 수 있다고 규정하고 있다(21조 2항).[1]

한편, 남녀고용평등법은 근로자는 ① 사용자로부터 남녀고용평등법이 금지하는 모집·채용, 임금, 복리후생, 교육·배치·승진, 또는 정년·퇴직·해고에 관한 성차별(남녀 7조-11조)을 받은 경우, ② 직장내 성희롱이나 고객의 성희롱이 발생하여 피해근로자가 요청한 근무장소의 변경 등 적절한 조치(14조 4항, 14조의2 1항)를 사용자가 하지 않는 경우, 또는 ③ 사용자가 직장내 성희롱이나 고객의 성희롱 피해근로자 등에게 해고나 그밖에 불이익을 주는 행위(14조 6항, 14조의2 2항)를 한 경우(이하 단순히 '성차별등'으로 통칭) 노동위원회에 그 시정을 신청할 수 있다고 규정하고 있다(26조 1항 본문).

노동위원회에 대한 시정신청은 차별 또는 성차별등을 받은 해당 근로자만 할 수 있고, 그 근로자가 가입한 노동조합은 시정신청을 할 수 없다.

(2) 기간제법 등에 따르면, 시정신청은 차별(성차별등을 포함; 이하 같음)을 받은 날부터 6개월, 계속되는 차별은 그 종료일부터 6개월이 지나면 할 수 없다(기간 9조 1항 단서, 파견 21조 3항, 남녀 26조 1항 단서).[2] 차별적인 취업규칙 등을 적용하여 차별적으로 임금을 지급해 온 경우 특별한 사정이 없는 이상 그와 같은 임금의 차별은 계속되는 차별에 해당한다. 따라서 신청기간(제척기간) 중의 임금 차별만이 아니라 그 이전의 임금 차별에 대해서도 시정신청을 할 수 있다.[3] 복지포인트를 배정받지 못함으로 인하여 발생하는 차별 상태는 해당 연도 동안 계속되므로 해당 연도의 말일을 종료일로 하는 '계속되는 차별적 처우'에 해당한다.[4]

(3) 근로자가 차별에 대하여 시정신청을 할 때에는 차별의 내용을 구체적으

---

1) 한편, 학습근로자가 해당 사업장의 동종 또는 유사한 업무에 종사하는 다른 근로자에 비하여 합리적인 이유 없이 차별적 처우를 받은 경우에는 노동위원회에 그 시정을 신청할 수 있다(산업현장 일학습병행 지원에 관한 법률 28조 2항).

2) 기간제법에서는 차별 시정의 절차에 관하여 자세한 규정을 두고 파견법에서는 그 중요한 부분(기간 9조-15조)을 준용한다는 규정을 두었다(파견 21조 3항). 이하 본문에서는 편의상 파견법상 준용 규정의 기재를 생략한다.

3) 대법 2011. 12. 22, 2010두3237; 대법 2012. 3. 29, 2011두2132.

4) 대법 2024. 2. 29, 2020두49355.

로 명시해야 한다(기간 9조 2항 본문, 남녀 26조 2항). 비교대상 근로자, 차별의 내용(임금, 인사, 복리후생 등)·정도·시기 등을 명시해야 하고, 그것으로 충분하다고 보아야 한다. 차별시정 절차에 관련된 분쟁에서 입증책임은 사용자가 부담하기(기간 9조 4항, 남녀 30조) 때문이다.

2. 조사·심문과 조정·중재

가. 조사와 심문

기간제법 등에 따르면, 노동위원회는 차별에 대한 시정신청을 받은 때에는 지체 없이 필요한 조사와 관계 당사자에 대한 심문을 해야 한다(기간 10조 1항, 남녀 27조 1항).

노동위원회는 심문을 할 때에는 관계 당사자의 신청이나 직권으로 증인을 출석하게 하여 필요한 사항을 질문할 수 있으며, 관계 당사자에게 증거의 제출과 증인에 대한 반대심문을 할 수 있는 충분한 기회를 주어야 한다(기간 10조 2항·3항, 남녀 27조 2항·3항).

나. 조정과 중재

기간제법 등에 따르면, 노동위원회는 심문의 과정에서 관계 당사자 쌍방 또는 일방의 신청이나 직권으로 조정절차를 시작할 수 있고, 관계 당사자가 미리 노동위원회의 중재결정에 따르기로 합의하여 중재를 신청한 경우에는 중재를 할 수 있다(기간 11조 1항, 남녀 28조 1항). 판정을 하기에 앞서서 관계 당사자 사이의 원만한 해결을 모색해 보도록 한 것이다.

조정 또는 중재의 신청은 노동위원회의 승낙 또는 인정이 있는 경우를 제외하고는 시정신청을 한 날부터 14일 이내에 해야 한다(기간 11조 2항, 남녀 28조 2항). 노동위원회는 조정 또는 중재를 하는 경우 관계 당사자의 의견을 충분히 들어야 하며, 특별한 사유가 없으면 조정절차를 시작하거나 중재 신청을 받은 때부터 60일 이내에 조정안을 제시하거나 중재결정을 해야 한다(기간 11조 3항·4항, 남녀 28조 3항·4항). 조정안이나 중재결정의 내용에는 차별의 중지, 임금 등 근로조건의 개선(취업규칙, 단체협약 등의 제도개선 명령 포함) 또는 적절한 배상 등을 포함할 수 있다(기간 13조 1항, 남녀 29조의2 1항).

노동위원회는 관계 당사자 쌍방이 조정안을 수락한 경우에는 관계 당사자와 관여한 위원 전원이 서명·날인한 조정조서를 작성하고, 중재결정을 한 경우에는 관여한 위원 전원이 서명·날인한 중재결정서를 작성해야 한다(기간 11조 5항·6항, 남녀 28조 5항·6항). 조정조서 또는 중재결정은 민사소송법에 따른 재판상 화해와 같은 효력을 가진다(기간 11조 7항, 남녀 28조 7항).

3. 판정

가. 판정의 구분

기간제법 등에 따르면, 노동위원회는 조사와 심문을 끝내고 차별에 해당된다고 판정하면 사용자에게 시정명령을 하고, 차별에 해당하지 않는다고 판정하면 시정신청을 기각하는 결정을 해야 한다(기간 12조 1항, 남녀 29조 1항). 노동위원회는 신청기간이 지나 시정신청을 하는 경우에는 시정신청을 각하하는 결정을 한다. 신청의 이익이 없는 경우에는 노동위원회는 시정신청을 기각하는 결정을 한다. 그러나 기간제근로자가 차별 시정신청을 한 후 노동위원회의 판정이 있기 전에 근로계약기간이 만료된 경우, 그것만으로 차별의 시정을 신청할 이익이 소멸되는 것은 아니므로 금전보상이나 배상을 내용으로 하는 시정명령은 할 수 있다.[1)]

판정·시정명령·기각결정은 그 이유를 구체적으로 명시한 서면으로 작성하여 관계 당사자에게 각각 교부(통보)해야 하며, 시정명령을 할 때에는 시정명령의 내용 및 이행기한 등을 구체적으로 적어야 한다(기간 12조 2항, 남녀 29조 2항).

나. 시정명령의 내용

(1) 시정명령의 내용에는 차별의 중지, 임금 등 근로조건의 개선(취업규칙, 단체협약 등의 제도개선 명령 포함) 또는 적절한 배상 등을 포함할 수 있다(기간 13조 1항, 남녀 29조의2 1항).

시정명령은 장래를 향한 차별 중지나 근로조건 개선의 명령일 수 있고, 과거의 피해에 대한 배상의 명령일 수 있으며, 양자를 병행하는 명령일 수도 있다. 또 근로조건 개선명령은 해당 근로자에 대한 것으로 그치지 않고 차별의 근거가 되는 취업규칙 등의 제도를 개선하라는 명령일 수도 있다. 제도개선명령은 해당 근로자에 대한 장래의 차별 시정을 담보하지만, 이와 더불어 동료 근로자에 대한 차별 시정도 기할 수 있게 된다. 요컨대 노동위원회는 문제된 차별을 개선하는데 필요하고 적절하다고 인정되는 조치를 선택할 재량을 가지는 것이다.

(2) 배상명령에서 배상액은 차별로 근로자에게 발생한 손해액을 기준으로

1) 대법 2016. 12. 1, 2014두43288.

정하되, 사용자의 차별에 명백한 고의가 인정되거나 차별이 반복되는 경우에는 손해액의 3배를 넘지 않는 범위에서 배상을 명령할 수 있다(기간 13조 2항, 남녀 29조의2 2항). 고의적·반복적 차별에 대해서는 실손해의 배상을 넘어 징벌적 배상을 허용한 것이다.

다. 판정의 확정

지방노동위원회의 시정명령이나 기각결정에 불복하는 관계 당사자는 시정명령서나 기각결정서를 송달받은 날부터 10일 이내에 중앙노동위원회에 재심을 신청할 수 있다(기간 14조 1항, 남녀 29조의3 1항). 그리고 중앙노동위원회의 재심결정에 불복하는 관계 당사자는 재심결정서를 송달받은 날부터 15일 이내에 행정소송을 제기할 수 있다(기간 14조 2항, 남녀 29조의3 2항).

소정의 기간 내에 재심을 신청하지 않거나 행정소송을 제기하지 않은 때에는 시정명령·기각결정·재심결정은 확정된다(기간 14조 3항, 남녀 29조의3 3항).

부당노동행위 구제절차에서는 당사자가 행정소송을 제기한 경우 법원의 이행명령제도가 적용되지만, 차별 시정절차에서는 행정소송과정에서 법원의 이행명령제도는 적용되지 않는다.

라. 확정된 시정명령의 효력과 이행

(1) 기간 내에 재심의 신청 또는 행정소송의 제기를 하지 않아 확정된 시정명령을 정당한 이유 없이 이행하지 않으면 벌칙(기간 24조 1항, 파견 46조 1항, 남녀 39조 1항)이 적용된다.

그러나 확정되지 않은 시정명령에 대해서는 벌칙이 적용되지 않는다. 행정소송을 제기한 후 확정된 시정명령 또는 시정명령을 내용으로 하는 재심판정을 정당한 이유 없이 이행하지 않는 경우에도 처벌할 수는 없다고 보아야 할 것이다. 부당해고등 구제절차의 경우와 같은 명문의 벌칙 규정(근기 111조)이 없기 때문이다.

(2) 고용노동부장관은 확정된 시정명령에 대하여 사용자에게 이행상황의 제출을 요구할 수 있다(기간 15조 1항, 남녀 29조의4 1항). 차별 시정신청을 한 근로자는 사용자가 확정된 시정명령을 이행하지 않는 경우 이를 고용노동부장관에게 신고할 수 있다(기간 15조 2항, 남녀 29조의4 2항).

4. 절차의 실효성 제고

가. 참여 근로자의 보호

기간제법 등에 따르면, 사용자는 근로자가 ① 노동위원회에 차별 시정을 신청한 것, ② 노동위원회에 참석하거나 노동위원회에서 진술한 것, ③ 노동위원회의 판정에 대하여 재심 신청이나 행정소송 제기를 한 것, ④ 확정된 시정명령의 불이행을 고용노동부장관에게 신고한 것을 이유로 해고나 그 밖의 불리한 처우를 하지 못한다(기간 16조 2호-3호; 벌칙 기간 21조, 파견 43조의2; 남녀 29조의7; 벌칙 37조 2항).

'그 밖의 불리한 처우'는 다른 근로자 또는 종전의 예에 비교하여 불리하게 대우하는 것을 말한다. 경제적인 불이익, 인사상의 불이익이 모두 포함되고 근로계약 갱신의 거절도 이에 해당한다.

나. 고용노동부 관여에 따른 절차 개시

기간제법 등에 따르면, 고용노동부장관은 사용자가 기간제법이나 파견법이 금지하는 차별을 한 경우 또는 사업주가 남녀고용평등법이 금지하는 성차별등을 한 경우에는 그 시정을 요구할 수 있고, 사용자가 이 시정 요구에 따르지 않으면 노동위원회에 차별 또는 성차별등의 구체적 내용을 명시하여 통보해야 하며, 통보를 받은 노동위원회는 지체 없이 차별 시정절차를 개시해야 한다(기간 15조의2, 파견 21조의2, 남녀 29조의5). 근로자가 사용자로부터 보복을 당할까 두려워 시정신청을 꺼리는 현실을 고려하여 근로자의 시정신청이 없더라도 고용노동부장관의 적극적 관여를 통하여 시정절차가 개시될 수도 있도록 한 것이다.[1)]

다. 시정명령 효력의 확대

고용노동부장관은 확정된 시정명령을 이행할 의무가 있는 사용자의 사업 또는 사업장에서 해당 시정명령의 효력이 미치는 근로자 이외의 근로자에 대하여 차별이 있는 경우 그 시정을 요구할 수 있고, 사용자가 이에 불응한 경우에는 노동위원회에 차별의 구체적 내용을 명시하여 통보해야 하며, 통보를 받은 노동위원회는 지체 없이 차별 시정절차를 개시해야 한다(기간 15조의3, 파견 21조의3, 남녀 29조의6).

---

1) 이에 따라 근로감독관 또는 지방고용노동관서의 장은 노동조합이나 이해관계인의 제보나 진정 등에 따라 또는 직권으로 차별이 있는지 여부를 조사하고 사용자에게 그 시정을 요구할 수 있게 되었다.

확정된 시정명령이 시정신청을 한 근로자에만 미치고 동료 근로자에 대한 차별이 존속되는 경우 그 시정명령의 효력을 사실상 확대함으로써 근로자에 대한 차별을 완전히 해소하려는 것이다. 다만 노동위원회의 시정명령에 취업규칙 등 제도의 개선이 포함된 경우에는 이 규정이 적용될 실익은 적을 것이다.

제 4 편

노동법의 그 밖의 부문

제1장 노동위원회제도

Ⅰ. 노동위원회제도의 의의

(1) 노동위원회는 노동조합법에 따라 노동쟁의를 조정하고 부당노동행위 구제신청 사건을 심판하며, 근로기준법이나 기간제법 등에 따라 부당해고 구제신청 사건이나 차별 시정신청 사건을 심판하고, 그 밖에도 관계법령에 따라 다양한 권한을 수행하는 독립적 합의제 행정기관이다. 노동위원회의 설치·구성·운영 등에 관한 사항은 노동위원회법에 규정되어 있다.

(2) 노동위원회제도는 다음 몇 가지 특징을 가지고 있다.

첫째, 노동위원회는 독립의 전문적 행정위원회이다. 즉 노동위원회는 노사관계상의 분쟁이나 문제를 전문적으로 처리하기 위하여 설치된 독립적인 합의제 행정기관(행정위원회)이다. 고용노동부장관 등 행정기관에 소속되지만, 업무의 처리는 그 지휘·감독을 받지 않고 독립적으로 하며, 노동위원회가 하는 업무는 그 기본성격이 전문적인 행정적 절차·조치로서 사법적 절차·조치와는 다르다.

둘째, 노동위원회는 노·사·공익을 대표하는 3자로 구성되어 있다. 이것은 노동위원회에 노사관계의 전문기관으로서의 실질을 부여하려는 것이고 이 때문에 그 절차는 민사소송에서는 찾아볼 수 없는 독특한 성격을 가지고 있다.

셋째, 노동위원회의 권한에는 권리분쟁에 대한 준사법적(심판적) 권한과 이익분쟁에 대한 조정적 권한이 병존하고 있고, 또 이 밖에 중앙노동위원회에는 입법적 권한(규칙제정권)도 인정되고 있다. 특히 부당노동행위 구제와 노동쟁의 조정의 권한이 병존하는 것은 미국에서 부당노동행위 구제를 연방노동관계위원회(NLRB)가 맡고 노동쟁의 조정은 연방조정위원회(FMCS)가 맡는 것과는 판이한 특징이다.

넷째, 제도 전체의 구조로서, 중앙노동위원회와 지방노동위원회 및 특별노동위원회의 2층구조(상하관계)가 채택되고 있고, 중앙노동위원회는 노동위원회 규칙을 제정하고 업무처리의 기본방침에 관하여 지시하며 재심의 권한을 가진다. 이것은 한편으로는 사건처리에 관하여 재심을 통한 공정성·신중성을 기하기 위한 것이고, 다른 한편으로는 효율적인 업무 통합을 기하기 위한 것이라 볼 수 있다.

Ⅱ. 노동위원회의 종류와 관할

1. 위원회의 종류

노동위원회는 중앙노동위원회, 지방노동위원회 및 특별노동위원회로 구분한다(노위 2조 1항).

중앙노동위원회와 지방노동위원회는 고용노동부장관 소속으로 두고,[1] 특별노동위원회는 관계 법률에서 정하는 사항을 관장하기 위하여 해당 사항을 관장하는 중앙행정기관의 장 소속으로 둔다(2조 2항·3항).[2]

그러나 노동위원회는 그 권한에 속하는 업무를 독립적으로 수행한다(4조 1항). '독립적'이란 그 업무처리에 관하여 고용노동부장관 등의 지휘·감독을 받지 않는다는 것을 의미한다. 노동위원회가 그 업무를 공정·신속하게 처리하고 노·사의 신뢰를 받으려면 독립성이 확보되어야 한다. 이를 위하여 노동위원회법은 중앙노동위원회 위원장을 정무직으로 하며(9조 3항),[3] 중앙노동위원회 위원장에게 중앙노동위원회와 지방노동위원회의 예산·인사·교육훈련이나 그 밖의 행정사무를 총괄하고 소속 공무원을 지휘·감독할 권한(4조 2항), 지방노동위원회 위원장과 상임위원을 추천할 권한(9조 2항, 11조 1항), 지방노동위원회의 위원을 위촉할 권한(6조 3항·4항)을 부여하는 한편, 노동위원회 위원에게 신분을 보장하고 있다(13조 1항).

2. 위원회의 업무와 관할

(1) 노동위원회는 노동조합법, 근로기준법, 기간제법 등에 따른 교섭창구 단일화와 관련된 분쟁의 처리, 노동쟁의의 調整, 부당노동행위의 구제, 부당해고등의 구제, 기간제근로자 등에 대한 차별의 시정, 남녀고용평등법에서 금지하는 성차별등의 시정, 그 밖에 관계 법률에서 규정한 의결·승인·인정·중재 등의 업무

---

1) 지방노동위원회는 서울특별시, 부산광역시, 경기도, 대전광역시(충청남도와 세종특별자치시도 관할), 광주광역시(전라남도도 관할), 대구광역시(경상북도도 관할), 경상남도, 인천광역시, 울산광역시, 강원도, 충청북도, 전라북도, 제주특별자치도에 각각 1개를 설치한다(노위영 2조).

2) 특별노동위원회로서 선원노동위원회가 해양수산부장관 소속으로 설치되어 있다(선원법 4조). 이 위원회에 대해서는 노동위원회법의 일부 규정이 적용되지 않거나 특례가 허용된다(노위 5조).

3) 1997년 개정법이 국회에서 통과될 때의 여·야당 합의에 따라 '고용노동부와 그 소속기관 직제'(대통령령) 제39조 제1항은 '장관급'으로 규정하고 있다.

를 관장한다(2조의2).

중앙노동위원회는 노동위원회의 운영에 필요한 사항에 관한 규칙(노동위원회규칙)을 제정할 수 있다(25조). 또 중앙노동위원회는 지방노동위원회나 특별노동위원회에 대하여 사무 처리에 관한 기본방침과 법령의 해석에 관하여 필요한 지시를 할 수 있다(24조). 그러나 지방노동위원회나 특별노동위원회가 관장하는 구체적인 사건에 대하여 해결방침을 지시할 수는 없다.

(2) 중앙노동위원회는 ① 지방노동위원회·특별노동위원회의 처분에 대한 재심사건, ② 2 이상의 지방노동위원회의 관할 구역에 걸친 노동쟁의 조정사건,[1] ③ 다른 법률에서 그 권한에 속하는 것으로 규정된 사건을 관장한다(3조 1항).

지방노동위원회는 해당 관할 구역에서 발생하는 사건을 관장하되, 2 이상의 관할 구역에 걸친 사건(노동쟁의 조정사건은 제외)은 주된 사업장의 소재지를 관할하는 지방노동위원회에서 관장한다(3조 2항).[2]

노동위원회는 접수된 사건이 다른 노동위원회의 관할인 경우에는 사건에 대한 조사의 시작 전후를 불문하고 지체 없이 해당 사건을 관할 노동위원회로 이송해야 하며, 이렇게 이송된 사건은 관할 노동위원회에 처음부터 접수된 것으로 본다(3조의2 1항·2항).

Ⅲ. 노동위원회의 조직

1. 노동위원회 위원

가. 3자구성

노동위원회는 근로자위원, 사용자위원 및 공익위원으로 구성한다(6조 1항). 이 3자구성에 따라 노동위원회는 독특한 전문기관으로서의 성격을 가지게 된다.

노동위원회 위원의 수는 근로자위원과 사용자위원의 경우는 각 10-50명, 공익위원의 경우는 10-70명의 범위에서 각 노동위원회의 업무량을 고려하여 시행령으로 정하고, 근로자위원과 사용자위원은 같은 수로 한다(6조 2항).

---

1) 중앙노동위원회 위원장은 효율적인 노동쟁의 조정을 위하여 필요하다고 인정하면 지방노동위원회를 지정하여 그 사건을 처리하게 할 수 있다(노위 3조 4항).

2) 중앙노동위원회 위원장은 주된 사업장을 정하기 어렵거나 주된 사업장의 소재지를 관할하는 지방노동위원회에서 처리하기 곤란한 사정이 있으면 직권으로 또는 관계 당사자나 지방노동위원회 위원장의 신청에 따라 지방노동위원회를 지정하여 그 사건을 처리하게 할 수 있다(노위 3조 5항).

나. 위원의 위촉

(1) 근로자위원과 사용자위원은 각각 노동조합과 사용자단체가 추천한 자 중에서 중앙노동위원회의 경우는 고용노동부장관의 제청으로 대통령이 위촉하고, 지방노동위원회의 경우는 지방노동위원회 위원장의 제청으로 중앙노동위원회 위원장이 위촉한다(6조 3항).

(2) 공익위원은 해당 노동위원회 위원장, 노동조합 및 사용자단체가 각각 추천한 자 중에서 노동조합과 사용자단체가 순차적으로 배제하고 남은 자를 위촉대상 공익위원으로 하며, 그 위촉대상 공익위원 중에서 중앙노동위원회의 경우는 고용노동부장관의 제청으로 대통령이 위촉하고, 지방노동위원회의 경우는 지방노동위원회 위원장의 제청으로 중앙노동위원회 위원장이 위촉한다(6조 4항). 순차적 배제는 지나치게 편향적인 사람이 공익위원으로 위촉되지 않도록 하려는 것이다. 공익위원은 심판담당 공익위원, 차별시정담당 공익위원 및 조정담당 공익위원으로 구분하여 위촉한다(6조 6항).

공익위원의 자격기준은 중앙노동위원회와 지방노동위원회에 따라 또 담당분야에 따라 약간의 차이가 있으나, 대체로 대학교수, 법조인, 공인노무사, 노동관련 고위직 공무원, 그 밖에 노동관계 업무 종사자로서의 경력이 상당한 자로서 노동문제에 관한 지식과 경험이 있는 자로 규정되어 있다(8조 1항·2항).

(3) 국가공무원의 결격사유에 해당하는 자는 위원이 될 수 없고(12조), 위원 중 이에 해당하는 자는 당연히 면직되거나 위촉이 해제된다(13조 2항).

(4) 위원의 임기는 3년으로 하되 연임할 수 있다(7조 1항). 위원이 궐위된 경우 보궐위원의 임기는 전임자 임기의 남은 기간으로 하되, 노동위원회 위원장 또는 상임위원이 궐위되어 후임자를 임명한 경우 후임자의 임기는 새로 시작된다(7조 2항). 임기가 끝난 위원은 후임자가 위촉될 때까지 계속 그 직무를 집행한다(7조 3항).

다. 위원의 책무와 신분보장

위원은 법과 양심에 따라 공정하고 성실하게 업무를 수행해야 하며, 중앙노동위원회는 위원이 공정·성실한 업무수행을 위하여 준수해야 할 행위규범을 정할 수 있다(11조의2 1항·2항).

위원은 ① 국가공무원의 결격사유에 해당하게 된 경우, ② 장기간의 심신쇠약으로 직무를 수행할 수 없게 된 경우, ③ 직무와 관련된 비위사실이 있거나 위원직을 유지하기에 적합하지 않은 비위사실이 있는 경우, ④ 중앙노동위원회가 정한 행위규범을 위반하여 위원으로서 직무를 수행하기 곤란하게 된 경우, ⑤ 공익위원으로 위촉된 후 공익위원의 자격기준에 미달하게 된 것으로 밝혀진 경우를 제외하고는 그 의사에 반하여 면직되거나 위촉이 해제되지 않는다(13조 1항).

2. 위원장·상임위원·조사관

(1) 노동위원회에 위원장 1명을 둔다(9조 1항). 중앙노동위원회 위원장은 중앙노동위원회 공익위원의 자격을 가진 자 중에서 고용노동부장관의 제청으로 대통령이 임명하며, 지방노동위원회 위원장은 지방노동위원회 공익위원의 자격을 가진 자 중에서 중앙노동위원회 위원장의 추천과 고용노동부장관의 제청으로 대통령이 임명한다(9조 2항).

노동위원회에 시행령으로 정하는 수의 상임위원을 두며,[1)] 상임위원은 해당 노동위원회 공익위원의 자격을 가진 자 중에서 중앙노동위원회 위원장의 추천과 고용노동부장관의 제청으로 대통령이 임명한다(11조 1항·3항).

노동위원회 위원장(이하 '위원장'으로 약칭)과 상임위원은 해당 노동위원회의 공익위원이 되며, 심판사건·차별시정사건·조정사건을 담당할 수 있다(9조 4항, 11조 2항).

(2) 중앙노동위원회에는 사무처를, 지방노동위원회에는 사무국을 두며, 고용노동부장관은 노동위원회 사무처·사무국 소속 직원을 고용노동부와 노동위원회 사이에 전보할 때에 중앙노동위원회 위원장의 의견을 들어야 한다(14조 1항·3항).

사무처·사무국에는 조사관을 두며, 조사관은 위원장·부문별 위원회의 위원장 또는 주심위원의 지휘를 받아 노동위원회의 소관 업무에 대한 조사를 하고 부문별 위원회에 출석하여 의견을 진술할 수 있다(14조의3 1항·3항).

Ⅳ. 노동위원회의 업무 처리

1. 전원회의와 부문별 위원회

노동위원회에 전원회의와 노동위원회의 권한에 속하는 업무를 부문별로 처리하기 위한 소정의 부문별 위원회를 둔다(15조 1항).

1) 노동위원회의 핵심 업무를 맡는 공익위원은 위원장과 상임위원을 제외하고는 비상근이다. 공익위원 비상근제는 각 분야의 자기 직업에 종사하는 노동문제 전문가가 관할사건을 오로지 법과 양심에 따라 처리할 수 있게 하는데 기여하지만, 반면에 자기 직업에 바쁘기 때문에 노동위원회 사건 처리에 전념할 수 없다. 이 점을 보완하기 위하여 상임위원을 대폭 증원할 필요가 있다.

가. 전원회의

노동위원회의 전원회의는 해당 노동위원회 소속 위원 전원으로 구성하며, 노동위원회의 운영 등 일반적인 사항의 결정, 관계 행정기관에 대한 근로조건 개선 권고에 관한 사항을 처리한다(15조 2항 1호-2호). 이 밖에 중앙노동위원회의 전원회의는 노동위원회규칙의 제정, 지방노동위원회·특별노동위원회에 대한 사무 처리 방침과 법령 해석의 지시에 관한 사항을 처리한다(2항 3호).

나. 부문별 위원회

노동위원회는 다른 법률에 특별한 규정이 있는 경우를 제외하고는 부문별 위원회로서 심판위원회, 차별시정위원회, 조정위원회, 특별조정위원회, 중재위원회, 교원노동관계 조정위원회 및 공무원노동관계 조정위원회를 둔다(15조 1항).

(1) 심판위원회는 심판담당 공익위원 중에서 위원장이 지명하는 3명으로 구성하며, 노동조합법·근로기준법·근로자참여법이나 그 밖의 법률에 따른 판정·의결·승인·인정 등과 관련된 사항을 처리한다(15조 3항). 부당노동행위의 구제, 교섭창구 단일화 절차와 관련된 시정·이의, 부당해고등의 구제, 성차별 또는 기간제근로자에 대한 차별의 시정, 직장내 성희롱의 시정 등 해당 법률에서 노동위원회를 통한 권리구제절차를 정한 경우 등이 이에 해당한다.

차별시정위원회는 차별시정담당 공익위원 중에서 위원장이 지명하는 3명으로 구성하며, 기간제법과 파견법 및 '산업현장 일학습병행 지원에 관한 법률'에 따른 차별 시정과 관련된 사건을 처리한다(15조 4항).

조정위원회, 특별조정위원회 및 중재위원회는 노동조합법의 규정에 따라 구성하되 공익위원은 조정담당 공익위원 중에서 지명하며, 노동쟁의의 조정·중재 그 밖에 이와 관련된 사항을 처리한다(15조 5항).

교원노동관계 조정위원회와 공무원노동관계 조정위원회는 각각 교원노조법과 공무원노조법으로 정하는 바에 따라 구성하며, 교원노조법과 공무원노조법의 노동쟁의 조정·중재 그 밖에 이와 관련된 사항을 처리한다(15조 8항·9항).

(2) 위원장은 심판위원회와 차별시정위원회를 구성할 때 위원장 또는 상임위원의 업무가 과도하여 정상적인 업무수행이 곤란하게 되는 등 부득이한 사유가 있는 경우 외에는 위원장 또는 상임위원 1명이 포함되도록 위원을 지명해야 한다(15조 6항).

위원장은 심판위원회·차별시정위원회·조정위원회·특별조정위원회·중재위원회를 구성할 때에 특정 부문별 위원회에 사건이 집중되거나 다른 분야의 전문지식이 필요하다고 인정하는 경우에는 공익위원을 그 담당 분야와 관계없이 다른 부분별 위원회의 위원으로 지명할 수 있다(15조 7항).

위원장은 신청기간을 넘기는 등 신청의 요건을 명백하게 갖추지 못한 경우 또는 관계 당사자 양쪽이 모두 단독심판을 신청하거나 단독심판으로 처리하는 것에 동의한 경우에는 심판담당 또는 차별시정담당 공익위원 1명을 지명하여 사건을 처리하게 할 수 있다(15조의2).

다. 회의 운영

전원회의는 위원장이 소집하고, 부문별 위원회는 그 위원회의 위원장(원칙적으로 그 위원회의 위원 중에서 호선)이 소집하되, 위원장이 필요에 따라 소집할 수도 있다(16조 1항·2항). 위원장 또는 부문별 위원회 위원장은 업무수행과 관련된 조사 등 노동위원회의 원활한 운영을 위하여 필요한 경우 노동위원회가 설치된 위치 외의 장소에서 부문별 위원회를 소집하거나 단독심판을 하게 할 수 있다(현장 소집; 16조 4항).

전원회의는 구성위원 과반수의 출석으로 개의하고 출석위원 과반수의 찬성으로 의결하며, 부문별 위원회의 회의는 구성위원 진원(공무원노동관계 조정위원회의 전원회의는 재적위원 과반수)의 출석으로 개의하고 출석위원 과반수의 찬성으로 의결한다(17조 1항-3항). 전원회의 또는 부문별 위원회의 회의에 참여한 위원은 그 의결사항에 서명 또는 날인해야 한다(17조 4항).

노동위원회의 회의는 공개하되, 해당 회의의 의결에 따라 공개하지 않을 수 있다(19조). 위원장 또는 부문별 위원회의 위원장은 소관 회의의 공정한 진행을 방해하거나 질서를 문란하게 하는 자에 대하여 퇴장명령, 그 밖에 질서유지에 필요한 조치를 하고(20조), 소관 회의에 부쳐진 사항에 관하여 구성위원 또는 조사관으로 하여금 회의에 보고하게 할 수 있다(18조 1항).

심판위원회 및 차별시정위원회는 의결하기 전에 해당 노동위원회의 노·사위원 각 1명 이상의 의견을 들어야 하며, 다만 노·사위원이 출석요구를 받고도 정당한 이유 없이 출석하지 않은 경우에는 그렇지 않다(18조 2항).

부문별 위원회의 위원장은 부문별 위원회의 원활한 운영을 위하여 필요한 경우에는 주심위원을 지명하여 사건의 처리를 주관하도록 할 수 있다(16조의2).

2. 위원회의 사건 처리

가. 위원의 제척·기피·회피

위원은 ① 위원 또는 그 배우자이거나 배우자였던 자가 그 사건의 당사자가 되거나 그 사건의 당사자와 공동권리자 또는 공동의무자의 관계에 있는 경우, ② 위원이 그 사건의 당사자와 친족이거나 친족이었던 경우, ③ 위원이 그 사건에 관하여 진술이나 감정을 한 경우, ④ 위원이 당사자의 대리인으로서 업무에 관여하거나 관여했던 경우, ⑤ 위원이 속한 법인·단체 또는 법률사무소가 해당 사건에 관하여 당사자의 대리인으로서 관여하거나 관여했던 경우, ⑥ 위원이나 위원이 속한 법인·단체 또는 법률사무소가 위원이 사건의 원인이 된 처분 또는 부작위에 관여한 경우 중 어느 하나에 해당하면 그 사건에 관한 직무집행에서 제척된다(21조 1항). 위원장은 위원 제척의 사유가 있으면 관계 당사자의 신청을 받아 또는 직권으로 제척의 결정을 할 수 있다(같은 조 2항).

관계 당사자는 공정한 심의·의결 또는 조정 등을 기대하기 어려운 위원이 있는 경우 그 사유를 적어 위원장에게 기피 신청을 할 수 있고, 위원장은 관계 당사자의 기피 신청이 이유 있다고 인정하면 기피의 결정을 해야 한다(같은 조 3항·4항).

위원장은 사건이 접수되는 즉시 사건 당사자에게 제척 및 기피 신청을 할 수 있음을 알려야 한다(같은 조 5항).

위원에게 제척 또는 기피 사유가 있는 경우 해당 위원은 위원장에게 그 사유를 소명하고 스스로 그 사건에 관한 직무집행에서 회피할 수 있다(같은 조 6항).

나. 답변서 및 권리구제 대리

노동위원회는 심판위원회와 차별시정위원회 소관 사건의 신청인이 제출한 신청서 부본을 다른 당사자에게 송달하고 이에 대한 답변서를 제출하도록 하며, 이에 따라 다른 당사자가 제출한 답변서의 부본을 지체 없이 신청인에게 송달해야 한다(23조 4항·5항).

노동위원회는 심판위원회와 차별시정위원회 소관 사건의 경우 사회취약계층을 위하여 변호사 또는 공인노무사로 하여금 권리구제 업무를 대리하게 할 수 있다(6조의2 1항).

다. 조사권 및 화해

노동위원회는 부문별 위원회의 소관 업무와 관련하여 사실관계를 확인하는 등 그 업무 처리를 위하여 필요하다고 인정하면 근로자·노동조합·사용자·사용자단체, 그 밖의 관계인에 대하여 출석·보고·진술 또는 필요한 서류의 제출을 요구하거나 위원장 또는 부문별 위원회의 위원장이 지명한 위원 또는 조사관으로 하여금 사업 또는 사업장의 업무상황·서류, 그 밖의 물건을 조사하게 할 수 있다(23조 1항).

노동위원회는 공정대표의무 위반 시정요청, 부당노동행위 구제신청 또는 부당해고등 구제신청에 대한 판정·명령·결정이 있기 전까지 관계 당사자의 신청을 받아 또는 직권으로 화해를 권고하거나 관계 당사자의 의견을 충분히 들어 화해안을 제시할 수 있다(16조의3 1항·2항). 관계 당사자가 화해안을 수락한 경우에는 관계 당사자와 화해에 관여한 위원 전원이 서명하거나 날인한 화해조서를 작성해야 하며, 화해조서는 민사소송법에 따른 재판상 화해의 효력을 갖는다(16조의3 3항-5항).

라. 그 밖의 사항

노동위원회는 부문별 위원회의 의결 결과와 처분 결과를 당사자에게 서면으로 송달해야 하며, 처분의 효력은 판정서·명령서·결정서 또는 재심판정서를 송달받은 날부터 발생한다(17조의2 1항·2항).

노동위원회는 서류의 송달을 받아야 할 자가 주소가 분명하지 않은 등 소정의 사유에 해당하는 경우 노동위원회의 게시판이나 인터넷 홈페이지에 게시하는 방법으로 공시송달을 할 수 있으며, 공시송달은 게시한 날부터 14일이 지난 때에 효력이 발생한다(17조의3 1항-3항).

노동위원회는 그 사무집행을 위하여 필요하다고 인정하는 경우에 관계 행정기관에 협조를 요청할 수 있으며, 협조를 요청받은 관계 행정기관은 특별한 사유가 없으면 이에 따라야 한다(22조 1항). 또 노동위원회는 관계 행정기관으로 하여금 근로조건의 개선에 필요한 조치를 하도록 권고할 수도 있다(22조 2항).

노동위원회 위원·직원 또는 위원·직원이었던 자는 직무에 관하여 알게 된 비밀을 누설하면 안 되며, 노동위원회 사건 처리에 관여한 위원·직원 또는 위원·직원이었던 변호사·공인노무사 등은 영리를 목적으로 그 사건에 관한 직무를 하면 안 된다(28조; 벌칙 30조). 공무원이 아닌 위원은 형법이나 그 밖의 법률에 따른 벌칙을 적용할 때에는 공무원으로 본다(29조).

3. 재심과 행정소송

중앙노동위원회는 지방노동위원회 또는 특별노동위원회의 처분에 대하여 당사자의 신청이 있으면 그 처분을 재심하여 이를 인정·취소·변경할 수 있고, 재심신청은 관계법령에 특별한 규정이 있는 경우를 제외하고는 지방노동위원회 또는 특별노동위원회가 한 처분을 통지받은 날부터 10일(이 기간은 불변기간으로 한다) 이내에 해야 한다(26조 1항-3항).

중앙노동위원회의 처분에 대한 행정소송은 중앙노동위원회 위원장을 피고로 하여 처분의 통지를 받은 날부터 15일(이 기간은 불변기간으로 한다) 이내에 이를 제기해야 한다(27조 1항·3항). 중앙노동위원회의 처분은 이 행정소송의 제기로 그 효력이 정지되지 않는다(27조 2항).

제2장 노사협의제도

Ⅰ. 노사협의제도의 의의

노사협의제는 나라와 시대에 따라 다양하여 한마디로 정의하기 어렵다. 일반적으로 '노사협의제'란 기업 내에서 단체교섭과는 별도로 사용자가 종업원대표와 일정한 사항에 대하여 정보를 교환하고 협의하거나 경우에 따라서는 공동결정(합의)하는 제도를 말한다.

1. 제도의 성립 과정과 성격

(1) 유럽의 노동조합운동은 단체교섭을 통한 근로조건의 향상에 한계를 느끼면서 한편으로는 사회·경제체제를 변혁하려는 정치지향성을 띠면서 다른 한편으로는 산업별 노조 및 산업별 통일교섭으로는 충족시키기 어려운 사업장 단위의 근로자의 요구를 해결하기 위하여 기업의 경영에 참가하려고 했다. 독일·프랑스 등의 입법자는 근로자의 경영참가가 자유로운 기업경영을 제약하는 측면도 있지만, 다른 한편으로는 기업 단위의 노사협력을 증진하여 산업별 단체교섭의 전투성(쟁의행위의 가능성)을 감쇄하고 또 노동조합의 체제변혁적 운동노선을 완화하는 의미도 있다고 판단했다.

그 결과 여러 형태의 경영참가제도가 도입되었다. ① 회사 발행 주식의 일정 부분을 종업원에게 할당하게 하는 종업원지주제도 등 자본참가제, ② 기업경영의 성과인 이윤의 일정 부분을 종업원에게 배당하게 하는 등의 이윤참가제, ③ 주주총회·감사회·이사회 등 경영기구의 구성원 중 일정 부분을 근로자에게 할당하게 하는 경영기구참가제,[1] ④ 종업원단체 또는 종업원평의회를 구성하게 하여 사용자의 보고·협의 또는 공동결정을 하게 하는 경영의사참가제[2] 등이 그것이다. 일반적으로 경영참가제는 경영기구참가제와 경영의사참가제를 말한다. 좁은 의미

1) 프랑스에서는 한때 종업원 구성원으로 하는 노동주주총회와 주식소유자를 구성원으로 하는 자본주주총회를 병존시키는 제도가 시행되었고, 독일에서는 주식회사 감사회 구성원의 약 50% 및 이사 1명을 노동조합이 추천하는 자로 선임하도록 하는 공동결정법이 시행되고 있다.
2) 독일의 사업장조직법이 그 전형에 속한다.

로는 경영의사참가제만을 말하고, 이것을 노사협의제라 부르기도 한다.

(2) 일본에서는 노동조합과 사용자 사이의 자발적인 합의에 따라 본격적인 단체교섭에 앞서서 정보를 제공하고 의사를 타진하기 위한 교섭예비단계로서의 노사협의회, 교섭사항에 대한 단체교섭을 배제·대체하는 성격의 노사협의회, 단체교섭과는 별도로 경영·생산에 관한 사항에 대하여 협의·협력하기 위한 경영참가적 노사협의회 등 다양한 성격으로 운영하고 있다. 그러나 어느 것이든 산업평화를 꾀한다는 공통성을 가지고 있다.

(3) 우리나라에서는 1963년 노동조합법에서 예비교섭 또는 교섭배제적 성격의 노사협의회를 설치·운영하도록 강제하다가, 1980년 노사협의회법 제정으로 미조직 사업장에도 설치를 강제하고 일정한 사항에 관한 보고와 협의를 의무화하는 등 경영참가적 요소를 부분적으로 도입했다. 1997년 근로자참여법은 일정한 사항에 대하여 노사협의회의 의결을 거치도록 의무화하는 등 경영참가적 요소를 한층 강화했다.

2. 단체교섭과 노사협의

단체교섭과 노사협의는 모두 노사 간의 의사소통 수단이다. 그러나 양자는 그 주체 및 쟁의행위의 가능성 등에서 구별된다.

(1) 단체교섭의 주체는 근로자가 자발적으로 조직·가입하는 노동조합인 데 대하여 노사협의의 주체는 대체로 노동조합 가입 여부나 조합원자격 유무와 관계없이 전체 종업원이 선출하는 종업원대표이다. 다만 노동조합의 간부가 사실상 종업원대표로 선출되거나 노사협의회가 단체협약에 따라 설치되고 노동조합이 종업원대표를 추천할 권한을 가지는 경우에는 이러한 차이는 무의미하게 될 것이다.

(2) 단체교섭은 초기업적으로 이루어지는 경우도 있지만, 노사협의는 언제나 기업을 단위로 이루어진다.

(3) 단체교섭의 경우에는 합의에 실패하면 근로자측이 쟁의행위에 호소할 수 있지만, 노사협의의 경우에는 합의에 도달하지 않았다 하여 근로자측이 쟁의행위를 할 수 없고, 일정한 사항에 대하여 공동결정이나 합의가 강제되는 경우에도 중재를 통하여 해결할 뿐이다.

(4) 단체교섭의 대상은 근로조건 등 노사 간에 이해가 대립되는 사항인 데 대하여 노사협의의 대상은 경영·생산 등 노사 간에 이해가 공통된 사항이라고

설명되기도 한다. 그러나 이해대립사항과 이해공통사항의 구별이 상대적일 뿐만 아니라, 독일이나 일본에서 근로조건도 협의사항이나 공동결정사항에 포함되어 있는 점에서 취급 대상을 기준으로 구별하기는 곤란하다. 다만 독일의 경우, 단체교섭은 임금의 수준과 근로시간의 길이 등 실질적 근로조건을 대상으로 하고, 노사협의는 임금의 구성·지급과 근로시간의 배치 등 형식적 근로조건을 대상으로 한다고 구별하기도 한다.

Ⅱ. 노사협의회의 설치와 구성

근로자참여법은 '근로자와 사용자 쌍방이 참여와 협력을 통하여 노사 공동의 이익을 증진함으로써 산업평화를 도모'함을 목적으로(근참 1조) 노사협의회의 설치·운영에 관한 사항을 규율하고 있다.

근로자참여법에서 말하는 '노사협의회'란 근로자와 사용자가 참여와 협력을 통하여 근로자의 복지 증진과 기업의 건전한 발전을 도모하기 위하여 구성하는 협의기구를 말한다(3조 1호). '근로자' 및 '사용자'란 근로기준법에서 정한 근로자 및 사용자를 말한다(3조 2호·3호).

1. 노사협의회의 설치

(1) 노사협의회는 근로조건의 결정권이 있는 사업 또는 사업장 단위로 설치해야 하며, 다만 상시 30명 미만의 근로자를 사용하는 사업이나 사업장은 그렇지 않다(4조 1항; 벌칙 30조).[1)]

노동조합이 조직되어 있는지, 그 노동조합에 가입한 근로자의 비율이 어떠한지에 관계없이 노사협의회를 설치해야 한다. 근로자 개개인은 노사협의회 설치를 주도할 권능을 갖지 않고, 노동조합은 노사협의제도의 주체가 아니므로 노사협의회 설치 의무는 사용자에게 부여된 것이라고 보아야 한다.

노사협의회는 하나의 사업에 지역을 달리하는 사업장이 있을 경우에는 그 사업장에 대해서도 설치할 수 있다(4조 2항).

(2) 노사협의회는 그 조직과 운영에 관한 규정(노사협의회규정)을 제정하고 이를 노사협의회 설치일부터 15일 이내에 고용노동부장관에게 제출해야 하며, 이를

1) 시행령은 하나의 사업에 종사하는 전체 근로자 수가 30명 이상이면 해당 근로자가 지역별로 분산되어 있더라도 그 주된 사무소에 노사협의회를 설치해야 한다고 규정하고 있다(2조).

변경한 경우에도 그렇다(18조 1항; 벌칙 33조).

2. 노사협의회의 구성

노사협의회는 근로자와 사용자를 대표하는 같은 수의 위원으로 구성하되, 각 3명 이상 10명 이하로 한다(6조 1항).

가. 근로자위원

(1) 근로자를 대표하는 위원(근로자위원)은 근로자 과반수가 참여하여 직접·비밀·무기명 투표로 선출하며, 다만 사업 또는 사업장의 특수성으로 인하여 부득이한 경우에는 부서별로 근로자 수에 비례하여 근로자위원을 선출할 근로자(위원선거인)를 근로자 과반수가 참여한 직접·비밀·무기명 투표로 선출하고 위원선거인 과반수가 참여한 직접·비밀·무기명 투표로 근로자위원을 선출할 수 있다(6조 2항). 전체 근로자의 직접 선거를 원칙으로 하되 부득이한 사정이 있으면 간접선거도 허용한다는 것이다.

(2) 그러나 근로자의 과반수로 조직된 노동조합이 있는 경우에는 노동조합의 대표자와 그 노동조합이 위촉하는 자로 한다(6조 3항). 여기서 '근로자의 과반수'의 산정은 전체 근로자수를 기준으로 해야 한다. 다만 '근로자에 관한 사항에 대하여 사업주를 위하여 행위하는 자'(관리자)는 사용자에도 해당하므로 근로자에 산입되지 않는다고 보아야 할 것이다.

근로자의 과반수로 조직된 노동조합이 있는 경우에 근로자위원 전원을 노동조합이 위촉하도록 한 것은 조합원·비조합원을 포함하는 근로자 전체의 대표성을 약하게 만들지만, 노사협의제도의 목적을 실질적으로 달성하려면 다수노조의 역할을 존중할 필요가 있다는 취지에서 그렇게 한 것으로 생각된다.

사용자는 근로자위원의 선출에 개입하거나 방해해서는 안 된다(10조 1항). 고용노동부장관은 사용자가 근로자위원의 선출에 개입·방해를 한 때에는 그 시정을 명할 수 있다(11조). 그러나 최초의 근로자위원 선출을 사용자가 노사협의회규정(안)에 따라 그 주도 아래 했다 하여 근로자위원의 선출에 개입·방해한 것으로 볼 수 없을 것이다. 노사협의회 설치 의무가 사용자에게 부과되어 있으며, 근로자위원이 선출되어야 노사협의회규정을 제정하고 노사협의회규정은 그 선출 절차 등에 관하여 규정해야 하기 때문이다.

나. 사용자위원

사용자를 대표하는 위원(사용자 위원)은 해당 사업 또는 사업장의 대표자와 그 대표자가 위촉하는 자로 한다(6조 3항).

다. 위원의 임기 및 의장

위원의 임기는 3년으로 하되 연임할 수 있고, 보궐위원의 임기는 전임자 임기의 남은 기간으로 하며, 위원은 그 임기가 끝난 경우라도 그 후임자가 선출될 때까지 계속 그 직무를 담당한다(8조).

노사협의회에 그 업무를 총괄하고 노사협의회를 대표하는 의장을 두며, 의장은 위원 중에서 호선하되, 근로자위원과 사용자위원 중 각 1명을 공동의장으로 할 수 있다(7조 1항·2항).

Ⅲ. 노사협의회의 임무와 운영

1. 노사협의회의 임무

가. 보고

사용자는 정기회의에 다음 사항에 관하여 성실하게 보고하거나 설명해야 한다(22조 1항). ① 경영계획 전반 및 실적에 관한 사항, ② 분기별 생산계획과 실적에 관한 사항, ③ 인력계획에 관한 사항, 또는 ④ 기업의 경제적·재정적 상황이 그것이다. 사용자가 보고·설명을 이행하지 않는 경우에는 근로자위원은 이 사항들에 대한 자료의 제출을 요구할 수 있고, 사용자는 이에 성실히 응해야 한다(22조 3항; 벌칙 31조). 노사 간의 협력을 달성하려면 먼저 근로자가 경영의 실적·상황에 관하여 정보를 공유해야 하기 때문에 사용자에게 보고 의무를 부과한 것이다.

사용자가 보고·설명해야 할 사항에 대해서는 협의할 의무는 없지만 노사협의회 의결 또는 노사합의가 있는 경우에는 협의할 수도 있다.

근로자위원은 근로자의 요구사항을 보고하거나 설명할 수 있다(22조 2항).

나. 협의

노사협의회는 다음 사항에 대하여 협의해야 한다(20조 1항). ① 생산성 향상과 성과 배분, ② 근로자의 채용·배치 및 교육훈련, ③ 근로자의 고충처리, ④ 안전·보건, 그 밖의 작업환경 개선과 근로자의 건강증진, ⑤ 인사·노무관리의 제도 개선, ⑥ 경영상 또는 기술상의 사정에 따른 인력의 배치전환·재훈련·해고 등 고용조정의 일반원칙, ⑦ 작업 및 휴게시간의 운용, ⑧ 임금의 지급방법·체계·구조 등의 제도 개선, ⑨ 신기계·기술의 도입 또는 작업 공정의 개선, ⑩ 작업 수칙의 제정 또는 개정, ⑪ 종업원지주제와 그 밖에 근로자의 재산형성에 관한 지원, ⑫ 직무발명 등과 관련하여 해당 근로자에 대한 보상, ⑬ 근로자의 복지 증진, ⑭ 사업장 내 근로자 감시 설비의 설치,[1] ⑮ 여성 근로자의 모성보호 및 일·가정생활의 양립 지원, ⑯ 직장내 성희롱 및 고객 등에 의한 성희롱의 예방, ⑰ 그 밖의 노사협조에 관한 사항이 그것이다.

이들 사항에 대하여 협의해야 할 법률상의 책임은 보고나 의결의 경우와 마찬가지로 사용자에게 있다고 보아야 할 것이다.[2]

'협의'란 자기 의견을 상대방에게 설명한 다음 상대방의 의견을 듣거나 질문에 답변하면서 수용할 것은 최대한 수용하고 그렇지 못한 것은 그 이유를 설명하는 일련의 의견교환이나 논의과정을 말한다. 합의를 목적으로 하거나 합의가 강제되는 것은 아니다. 따라서 이들 협의해야 할 사항에 대하여 노사협의회가 의결하거나 노사가 합의할 의무는 없지만, 의결할 수도 있다(20조 2항).

근로자의 고충처리에 관한 사항을 협의하라는 것은 고충처리에 관한 사항을 바로 노사협의회에서 협의하라는 의미가 아니라 고충처리위원이 처리하기 곤란하게 된 때에 협의하라는 것(28조 2항)으로 보아야 할 것이다.

다. 의결

사용자는 다음 사항에 대해서는 노사협의회의 의결을 거쳐야 한다(21조). ① 근로자의 교육훈련 및 능력개발 기본계획의 수립, ② 복지시설의 설치와 관리, ③ 사내 근로복지기금의 설치, ④ 고충처리위원회에서 의결되지 않은 사항, ⑤ 각종 노사공동위원회의 설치에 관한 사항이 그것이다.[3]

A. 의결할 사항 이들 사항에 관하여 '의결을 거쳐야 한다'고 규정한 취

1) '근로자 감시 설비'란 실질적으로 근로자를 감시하는 효과를 갖는 설비를 의미하고, 설치의 주된 목적이 근로자를 감시하기 위한 것이 아니더라도 해당할 수 있다(대법 2023. 6. 29, 2018도1917).

2) 의결, 보고에 관한 규정(21조-22조)에서는 그 책임의 주체를 사용자로 규정하면서 이 규정(20조 1항)에서만 노사협의회를 주체로 규정한 것은 입법상의 과오에 따른 것으로서 '사용자는 … 노사협의회에서 협의해야' 한다고 개정해야 할 것이다.

3) 의결을 거쳐야 할 사항이 매우 제한적이고 사업장에 따라서는 적용의 여지가 없는 경우도 있다는 점에서 형식적인 것에 불과하다고 볼 여지도 없지 않으나 사용자의 일방적 결정을 제한하는 제도를 도입했다는 점에서는 획기적이라고 평가할 여지도 있다. 장기적으로는 협의할 사항 중 근로조건에 관련된 것 또는 근로기준법상 취업규칙 기재사항 등을 의결을 거쳐야 할 사항으로 하는 것이 바람직하고 그렇게 해야 쟁의행위도 줄일 수 있을 것이다.

지는 사용자가 일방적으로 의사결정을 하지 말고 근로자위원의 동의를 받도록 하자는 데 있다고 보아야 할 것이다.[1] 따라서 사용자는 해당 사항에 대한 구상이나 계획을 일방적으로 시행할 수 없고 노사협의회의 의결을 거쳐야 하며 이 의결을 따라야 한다.

'고충처리위원회에서 의결되지 않은 사항'이란 현행법이 고충처리위원'회'를 상정하고 있지 않은 점,[2] 근로자의 고충처리에 관한 사항이 협의사항으로 되어 있는 점 등에 비추어 고충처리위원이 처리하기 곤란하여 협의 안건으로 상정했으나 해결되지 않은 사항을 말한다고 보아야 할 것이다.

B. 의결의 실패 의결을 거쳐야 할 사항에 관하여 의결에 실패한 경우에는 근로자위원과 사용자위원의 합의로 노사협의회에 중재기구를 두어 해결하거나 노동위원회나 그 밖의 제3자의 중재를 받을 수 있다(25조 1항). 의결이 실패한 경우에 제3자의 중재를 받도록 강제되는 것이 아니라 제3자의 중재를 받을 수 있다는 것에 불과하다.[3]

'근로자위원과 사용자 위원의 합의'는 각측의 위원이 복수라는 점에서 근로자위원 과반수와 사용자 사이의 합의를 말한다고 보아야 할 것이다.

제3자의 중재결정이 있으면 노사협의회의 의결을 거친 것으로 보며, 근로자와 사용자는 이에 따라야 한다(25조 2항; 벌칙 30조). 그러나 의결할 사항에 관하여 의결이 실패하고 또 중재에 관한 합의도 실패한 경우에는 해당 사항에 관한 사용자의 원래의 구상이나 계획은 변경하거나 포기할 수밖에 없을 것이다.

2. 노사협의회의 운영

가. 회의

노사협의회는 3개월마다 정기적으로 회의를 하고(12조 1항; 벌칙 32조),[4] 필요

1) '의결을 거쳐야 한다'는 것은 '근로자위원과 합의해야 한다'거나 '근로자위원과 공동으로 결정해야 한다'로 개정하는 것이 바람직하다고 생각한다.

2) 입법상의 과오에 기인한 규정으로서 개정을 요한다.

3) 의결(합의)을 거칠 사항에 관하여 의결(합의)이 실패한 때에는 독일의 경우처럼 제3자의 중재를 의무화할 필요가 있다.

4) 제32조의 벌칙에서 '사용자가 … 정기회의를 개최하지 않은' 경우를 처벌한다는 것은 정기회의 개최(소집) 의무가 노사협의회의 대표인 의장에게 있는 점 등에 비추어 특별한 사정이 없는 이상 노사협의회 의장이 회의를 개최하지 않았고 그 의장이 사용자위원인 경우에 사용자를 처벌한다는 의미라고 해석해야 한다(대법 2008. 12. 24, 2008도8280). 협의사항이나 의결사항이 없더라도 사용자는 법상의 보고사항을 보고하여야 하므로 노사협의회 의장은 반드시 정기회를 매번 개최여야 한다(대법 2025. 5. 1, 2025도2059).

에 따라 임시회의를 개최할 수 있다(12조 2항). 노사협의회 의장은 노사협의회의 회의를 소집하며 그 의장이 된다(13조 1항). 의장은 노사 일방의 대표자가 회의의 목적을 문서로 밝혀 회의의 소집을 요구하면 이에 따라야 한다(13조 2항). 노사 일방의 '대표자'를 선출하는 방법에 관하여 규정이 없으나, 각측 위원의 호선으로 선출해야 한다고 보아야 할 것이다. 의장은 회의 개최 7일 전에 회의 일시, 장소, 의제 등을 각 위원에게 통보해야 한다(13조 3항).

회의는 근로자위원과 사용자위원의 각 과반수의 출석으로 개최하고 출석 위원 3분의 2 이상의 찬성으로 의결한다(15조). 대체로 노사 쌍방의 합의로 의결되겠지만, 노사 어느 일방의 의사만으로 의결되는 경우도 생길 수 있다. 예컨대 일방이 6명 전원 출석·찬성하고 타방이 6명중 4명 출석하여 그 중 2명만 찬성하는 경우에 노사 쌍방의 합의는 아닌데도 의결은 성립된다.[1)]

회의는 공개하되 노사협의회의 의결로 공개하지 않을 수 있다(16조). 노사협의회는 ① 개최 일시와 장소, ② 출석 위원, ③ 협의 내용 및 의결된 사항, ④ 그 밖의 토의사항을 기록한 회의록을 작성하여 갖추어 두어야 하고, 작성한 날부터 3년간 보존해야 한다(19조).

나. 위원의 지위

위원은 비상임·무보수로 하되(9조 1항), 위원의 노사협의회 출석 시간과 이와 직접 관련된 시간으로서 노사협의회규정으로 정한 시간은 근로한 것으로 본다(9조 3항). '근로한 것으로 본다'는 것은 현실적으로 근로를 제공하지 않았지만 근로한 것으로 보아 임금을 지급하라는 것을 의미한다. 사용자는 근로자위원의 업무를 위하여 장소 사용 등 기본적 편의를 제공해야 한다(10조 2항).

근로자위원은 회의 소집 시에 통보된 의제 중에서 협의해야 할 사항 및 의결을 거쳐야 할 사항과 관련된 자료를 노사협의회 회의 개최 전에 사용자에게 요구할 수 있고, 사용자는 그 요구자료가 기업의 경영·영업상의 비밀 또는 개인정보에 해당하는 경우를 제외하고는 이에 성실히 따라야 한다(14조).

사용자는 위원으로서 직무수행과 관련하여 근로자위원에게 불리한 처분을

---

1) 근로자참여법은 노사합의가 아니라 다수결에 따른 의결로 노사협의회를 운영하기로 하고, 이에 따라 노사위원 동수의 원칙을 규정하고 있다. 얼핏 보면 민주적인 것처럼 보이지만, 현실적으로 사용자위원의 의견이 분열되는 경우는 거의 없고 근로자위원의 의견이 분열될 가능성은 적지 않다는 점에서 민주적이라고 볼 수 없다. 노사위원 동수의 원칙을 폐기하고 독일의 경우처럼 근로자측에 일정수의 종업원대표로 평의회를 조직하게 하고 사용자측 인원수는 특별히 규정하지 않는 것이 바람직하다고 생각한다.

해서는 안 된다(9조 2항). 이에 위반하여 불리한 처분을 한 경우에는 고용노동부장관은 그 시정을 명할 수 있다(11조). 위원은 노사협의회에서 알게 된 비밀을 누설해서는 안 된다(17조).

다. 의결된 사항의 이행

노사협의회는 의결된 사항을 신속히 근로자에게 공지해야 한다(23조).[1] 근로자와 사용자는 노사협의회에서 의결된 사항을 성실하게 이행해야 한다(24조; 벌칙 30조). 근로자에게도 이행 의무를 과한 것은 특히 근로자의 협력이 필요한 경우를 염두에 둔 것이라 볼 수 있지만, 의결에 참여하지 않은 근로자가 의결된 사항을 이행하지 않았다 하여 벌칙을 적용할 수 있을지는 의문스럽다.[2]

의결된 사항의 해석이나 이행 방법 등에 관하여 의견이 일치하지 않는 경우에는 의결을 거칠 사항에 관하여 의결이 실패한 경우와 마찬가지로 노사협의회 내의 중재기구, 노동위원회나 그 밖의 제3자의 중재를 받을 수 있다(25조 1항).

라. 노동조합 활동과의 관계

노동조합의 단체교섭이나 그 밖의 모든 활동은 근로자참여법 때문에 영향을 받지 않는다(5조). 따라서 예컨대 협의사항 중에는 안전·보건이나 그 밖의 작업환경, 작업 및 휴게시간, 임금의 지불방법 등 근로조건에 관한 사항으로서 단체교섭의 대상이 되는 것이 포함되어 있지만, 이 때문에 이들 사항이 단체교섭의 대상에서 제외되는 것은 아니다. 그러나 이들 사항에 관하여 노사협의회에서 의결 또는 합의되지 않았다 하여 근로자위원이 쟁의행위를 주도하거나 노동조합이 단체교섭을 거치지 않은 채 쟁의행위를 할 수는 없다.

3. 고충처리

(1) 상시 30명 이상의 근로자를 사용하는 사업 또는 사업장에는 근로자의 고충을 청취하고 이를 처리하기 위하여 고충처리위원을 두어야 한다(26조; 벌칙 30조). 고충처리위원은 노사를 대표하는 3명 이내의 위원으로 구성하되,[3] 노사협의회가 그 위원 중에서 선임하며(27조 1항),[4] 임기에 관해서는 노사협의회 위원의

---

1) 다른 규정과의 균형 및 실효성 확보를 고려할 때에 공지의 주체는 노사협의회가 아니라 사용자라고 보아야 하고 이 점을 법문에서 밝히도록 개정함이 바람직하다.

2) '근로자'를 '근로자위원'으로 개정함이 바람직하다고 생각한다.

3) 고충처리위원'회'가 아니라 고충처리'위원'을 일정한 수의 위원으로 '구성'한다는 것은 입법상의 오류이므로 바로잡아야 할 것이다.

4) 고충처리위원의 자격과 선임에 관하여 노사협의회가 설치되어 있는 경우와 그렇지 않은 경우

임기에 관한 규정을 준용한다(27조 2항).

(2) 고충처리위원은 근로자로부터 고충사항을 청취한 경우에는 10일 이내에 조치 사항과 그 밖의 처리 결과를 그 근로자에게 통보해야 하고, 고충처리위원이 처리하기 곤란한 사항은 노사협의회에 부쳐 협의 처리한다(28조).

'고충사항'이란 근로조건 등에 관한 근로자 개인의 불만이나 애로사항을 말한다.[1] 그리고 노사협의회에 부쳐 '협의 처리한다'는 것은 다른 규정(20조-21조)과 관련지어 보면, 먼저 협의 안건으로 상정하여 협의하되, 이 단계에서 해결되지 않는 경우에는 의결을 거칠 사항으로 상정하여 처리해야 한다는 것을 말한다.

를 구별하여 규정하고 있으나, 현행법은 상시 30명 이상의 근로자를 사용하는 모든 사업장에 노사협의회 설치를 강제하고 있으므로 이러한 구별은 불필요하게 되었다. 이 규정을 그대로 두는 것은 자칫 설치 의무 위반을 조장하는 결과를 초래할 수도 있으므로 조속히 정비되어야 할 것이다.

1) 미국에서의 고충처리절차(grievance procedure)는 당사자 사이의 합의로 단체협약의 해석 적용에 관한 분쟁을 처리하기 위한 절차를 말하고 처음에는 노사 쌍방의 실무급위원이 처리 방안을 협의하고 다음에는 책임자급 사이의 협의를 통하여 처리하되 최종적으로는 사적 중재(private arbitration)에 의뢰하는 것이 일반적이다.

제3장 실업급여제도

노동시장에서는 불특정 다수의 사업주(기업)와 근로자들이 구인·구직의 활동을 한다. 이 과정에 대하여 근로자의 취직(고용)을 촉진하고 산업계에 필요한 인력을 공급하기 위한 법적 규율, 즉 고용증진제도가 이루어진다.

고용증진제도에는 두 가지 기본원칙이 있다. 첫째는 헌법상 근로의 권리, 바꾸어 말하면 근로자의 고용의 증진에 노력할 국가의 책무이다. 고용증진제도의 방향 또는 목표를 정한 원칙이다. 둘째는 계약체결 및 직업선택에 관한 근로자와 사용자의 시민법적 자유(근로자에게는 취직의 자유, 사용자에게는 채용의 자유)이다. 고용증진제도의 한계를 정한 원칙이다. 그러므로 근로의 권리에 치중한 나머지 근로자와 사용자의 시민법적 자유, 특히 채용의 자유를 침해·제한해서는 안 된다. 고용정책기본법도 제2조에서 '근로자의 직업선택의 자유'와 '근로의 권리'만이 아니라 '사업주의 고용관리에 관한 자주성'을 존중해야 한다고 명시하고 있다.

우리나라 고용증진제도의 실질은 과거 오랫동안 직업안정법과 국민평생 직업능력 개발법(종전의 '직업훈련법', '직업능력개발법' 등)을 중심으로 이루어졌다. 국민경제가 발전하고 노동시장이 활성화되면서 고용증진제도도 남녀고용평등법, 고용보험법, 고령자고용법, 장애인고용촉진 및 직업재활법, 외국인근로자의 고용 등에 관한 법률 등으로 확대·전개되기에 이르렀다. 특히 고용보험법은 실업자에 대한 생활비 지급뿐만 아니라 그 보험재정을 기초로 고용안정·직업능력개발 사업도 하기 때문에 현재로서는 고용증진제도의 핵심이라고 말할 수 있다.

이하 고용보험법과 이 법에 따른 실업급여에 관하여 주요 내용을 간단히 살펴보기로 한다.

Ⅰ. 고용보험법의 의의

1. 고용보험법의 목적과 적용

고용보험법은 '실업의 예방, 고용의 촉진 및 근로자의 직업능력의 개발과 향상을 꾀하고', '근로자가 실업한 경우에 생활에 필요한 급여를 실시하여 근로자의 생활안정과 구직 활동을 촉진'할 것을 주된 목적으로 한다(1조).

이 법은 산업별 특성 및 규모 등을 고려하여 시행령으로 정하는 경우를 제외하고는 근로자를 사용하는 모든 사업 또는 사업장(이하 고용보험법에서는 '사업'이라 함)에 적용한다(8조 1항). 이에 따라 적용사업의 근로자는 당연히 고용보험의 가입자이자 피보험자가 된다.[1] 그러나 ① 소정근로시간이 시행령으로 정하는 시간 미만인 자, ② 공무원(다만 별정직·임기제 공무원은 실업급여에 한하여 고용보험에 가입할 수 있음), ③ 사립학교 교원과 사무직원, ④ 그 밖에 시행령으로 정하는 자에 대해서는 고용보험법을 적용하지 않는다(10조 1항). 그리고 65세 이후에 고용된 자(65세 전부터 피보험 자격을 유지하던 사람이 65세 이후에 계속하여 고용된 경우는 제외)에게는 고용안정·직업능력개발 사업에 관한 규정만 적용되고 실업급여와 육아휴직 급여 등에 관한 규정은 적용되지 않는다(10조 2항).[2]

2. 고용보험 사업

고용보험법은 그 목적 달성을 위하여 ① 고용안정·직업능력개발 사업, ② 실업급여 사업 ③ 육아휴직 급여 등의 사업을 실시한다(4조 1항).

고용보험 사업 중 '고용안정·직업능력개발 사업'은 취업할 의사를 가진 사람에 대한 실업의 예방, 취업의 촉진, 고용기회의 확대, 직업능력개발·향상의 기회 제공 및 지원, 그 밖에 고용안정과 사업주에 대한 인력 확보를 지원하기 위하여 고용노동부장관이 하는 것으로서(19조 1항) 매우 다양하고 탄력적인 것으로 되어 있다(20조-34조 참조).

'육아휴직 급여 등'의 사업에는 육아휴직 급여 이외에 육아기 근로시간단축 급여와 출산전후휴가등 급여가 포함되어 있고, 이들에 관해서는 '연소자와 여성'의 장에서 이미 살펴본 바와 같다.

---

1) 근로자가 아닌 사람에게 생활안정과 재취업 촉진을 위하여 고용보험을 적용하는 특례가 있다. ① 자영업자는 일정한 요건을 갖춘 경우에 구직급여를 지급하고(고보 69조의3), ② 근로자가 아닌 예술인이 일정한 요건을 갖춘 경우에 소정의 구직급여를 지급하고, 출산 또는 유산·사산으로 노무제공이 불가능한 경우에 소정의 출산전후휴가등 급여를 지급하며(77조의3, 77조의4), ③ 근로자가 아닌 노무제공자가 일정한 요건을 갖춘 경우에 소정의 구직급여를 지급하고, 출산 또는 유산·사산으로 노무제공을 할 수 없는 경우에 소정의 출산전후휴가등 급여를 지급한다는 것이다(77조의8, 77조의9).

2) 헌재 2018. 6. 28, 2017헌마238은 2019년 1월 개정 전 고용보험법에서 '65세 이후에 고용된 자'를 고용보험 적용대상에서 배제한 규정이 헌법에 위배되는 것은 아니라고 한다.

'실업급여' 사업은 근로자가 일정 기간 이상 근무하다가 정리해고, 권고사직, 계약기간 만료 등으로 퇴직하여 실업상태에 있을 때 일정 기간 동안 생계비나 훈련 경비 등을 지급하여 재취업을 촉진하려는 것이라 할 수 있다.

Ⅱ. 실업급여

실업급여는 크게 구직급여와 취업촉진수당으로 구분된다(37조 1항). 이하 실업급여의 핵심이 되는 구직급여를 중심으로 주요 내용을 살펴보기로 한다.

1. 구직급여의 수급자격

구직급여는 이직한 피보험자가 ① 기준기간 동안의 피보험 단위기간이 통산하여 180일 이상일 것, ② 근로의 의사와 능력이 있음에도 불구하고 취업(영리를 목적으로 사업을 영위하는 경우도 포함)하지 못한 상태에 있을 것, ③ 이직 사유가 소정의 수급자격의 제한 사유에 해당하지 않을 것, ④ 재취업을 위한 노력을 적극적으로 할 것의 요건을 모두 갖추어야 지급한다(40조 1항 본문).

가. 기준기간

기준기간은 이직일 이전 18개월로 하되, 질병·부상 등으로 계속하여 30일 이상 보수의 지급을 받을 수 없었던 경우 또는 단시간근로자로서 1주 소정근로일수가 2일 이하였던 경우에는 별도로 정한 기간에 따른다(40조 2항).

나. 피보험 단위기간

근로자의 피보험 단위기간은 피보험기간 중 보수 지급의 기초가 된 날을 합하여 계산한다(41조 1항). 근로를 제공하여 임금을 지급받은 날은 물론, 유급휴일이나 유급휴가를 사용한 날도 임금이 지급되므로 피보험 단위기간에 포함된다. 그러나 무급휴일, 임금이 지급되지 않은 결근·휴직·휴가·정직·파업 참가 등의 날은 제외된다.

다. 수급자격 제한 사유

이직은 해고, 사직, 근로계약의 합의해지, 계약기간의 만료, 사업체의 소멸 등 여러 가지 사유로 발생한다. 그런데 근로자가 중대한 귀책사유로 해고되거나 자기 사정으로 이직한 것으로 직업안정기관의 장이 인정하는 경우에는 구직급여 수급자격이 없는 것으로 본다(58조).

'중대한 귀책사유로 해고'된 것은 ① 형법 또는 직무와 관련된 법률을 위반하여 금고 이상의 형을 선고받은 경우, ② 사업에 막대한 지장을 초래하거나 재산상 손해를 끼친 경우로서 시행규칙으로 정하는 기준에 해당하는 경우, 또는 ③ 정당한 사유 없이 근로계약 또는 취업규칙 등을 위반하여 장기간 무단결근하는 경우를 말한다. 그리고 '자기 사정으로 이직'한 것은 ① 전직 또는 자영업을 하기 위하여 이직한 경우, ② 중대한 귀책사유가 있는 자가 해고되지 않고 사업주의 권고로 이직한 경우, 또는 ③ 그 밖에 시행규칙으로 정하는 정당한 사유에 해당하지 않는 사유로 이직한 경우를 말한다.

따라서 예컨대 도산·폐업 또는 장기간의 임금 체불로 이직한 경우, 정리해고를 당한 경우, 경미한 귀책사유로 해고된 경우, 계약 기간의 만료로 이직한 경우는 물론, 조직개편으로 예상되는 정리해고나 불이익을 피하기 위하여 사직한 경우에도 수급자격은 인정된다.

라. 일용근로자의 수급자격

최종 이직 당시 일용근로자[1]였던 사람의 경우에는 앞에서 언급한 네 가지 수급자격 이외에 ⑤ 수급자격 인정신청일 이전 1개월 동안의 근로일수가 10일 미만이거나 건설일용근로자의 경우 수급자격 인정신청일 이전 14일간 연속하여 근로내역이 없을 것, ⑥ 피보험 단위기간 180일 중 다른 사업에서 수급자격 제한 사유에 해당하는 사유로 이직한 사실이 있으면 그 기간 중 90일 이상을 일용근로자로 근로했을 것의 요건도 갖추어야 구직급여를 받을 수 있다(40조 1항 단서).

2. 구직급여의 지급

가. 지급 절차

구직급여를 지급받으려면 이직 후 지체 없이 직업안정기관에 출석하여 실업의 신고와 구직의 신청을 하고(42조 1항·2항), 직업안정기관의 장에게 수급자격을 인정해 줄 것을 신청해야 한다(43조 1항).

구직급여는 수급자격을 인정받은 자(수급자격자)가 실업한 상태에 있는 날 중에서 직업안정기관의 장으로부터 실업의 인정을 받은 날에 대하여 지급한다(44조 1항). 실업의 인정을 받으려는 수급자격자는 실업의 신고일부터 계산하기 시작하여 1주부터 4주의 범위에서 직업안정기관의 장이 지정한 날(실업인정일)에 출석하

1) 고용보험법상 '일용근로자'란 1개월 미만 고용된 자를 말한다(2조 6호).

여 재취업을 위한 노력을 했음을 신고해야 하고, 직업안정기관의 장은 직전 실업인정일의 다음 날부터 그 실업인정일까지의 각각의 날에 대하여 실업의 인정을 한다(44조 2항). 수급자격자는 이렇게 하여 실업의 인정을 받은 날에 대하여 주기적으로 구직급여를 받게 된다. 그러나 실업의 신고일부터 계산하기 시작하여 7일간은 대기기간으로 보아 구직급여를 지급하지 않으며, 다만 최종 이직 당시 건설일용근로자였던 사람에 대해서는 실업의 신고일부터 계산하여 구직급여를 지급한다(49조).

나. 구직급여 일액

구직급여의 산정기초가 되는 임금일액(기초일액)은 수급자격자의 마지막 이직 당시를 기준으로 산정한 평균임금으로 한다(45조 1항). 이직 당시 일용근로자였던 경우를 제외하고 평균임금이 통상임금보다 적으면 그 통상임금액을 기초일액으로 한다(45조 2항). 기초일액은 최저임금액 1일분을 하한액으로 하고, 시행령으로 정하는 금액을 상한액으로 한다(45조 4항·5항).

실업의 인정을 받은 1일분 급여액(구직급여 일액)은 기초일액의 60%로 하되, 최저임금액 1일분의 80%를 하한액으로 한다(46조 1항). 물론 기초일액에 상한액이 설정되어 있으므로 구직급여일액은 그 금액의 60%를 넘을 수 없게 된다.

다. 소정급여일수와 그 연장

(1) 수급자격자가 실업 상태에 있다고 하여 구직급여를 장기간 지급할 수는 없으므로 지급 일수에 상한(소정급여일수)이 설정되어 있다. 소정급여일수는 대기기간이 끝난 날부터 계산하기 시작하여 수급자격자의 연령(장애인은 50세 이상과 동등 취급)과 피보험기간에 따라 구분하여 정해진 120일, 150일, 180일, 210일, 240일 또는 270일 중 어느 하나의 일수가 되는 날까지로 한다(50조 1항).

피보험기간은 이직 당시의 적용 사업에 고용된 기간으로 하되, 적용 제외 근로자로 고용되었거나 외국인근로자에 대한 고용보험법 적용 이전에 외국인근로자로 고용된 기간은 제외한다(50조 3항).

(2) 소정급여일수를 초과하여 구직급여를 지급할 수 있는 예외도 있다(연장급여). ① 직업안정기관의 장의 지시에 따라 수급자격자가 직업훈련 등을 받는 기간 중 실업의 인정을 받은 날에 대하여 지급하는 훈련연장급여(51조 2항), ② 취업이 특히 곤란하고 생활이 어려운 수급자격자로서 시행령으로 정하는 자에게 실업의 인정을 받은 날에 대하여 지급하는 개별연장급여(52조 1항), ③ 실업의 급증 등 시

행령으로 정하는 사유가 발생한 경우에 60일의 범위에서 수급자격자가 실업의 인정을 받은 날에 대하여 지급하는 특별연장급여(53조 1항)가 그것이다.

훈련연장급여를 지급하는 경우에 그 일액은 해당 수급자격자의 구직급여일액의 100%로 하고, 개별연장급여 또는 특별연장급여를 지급하는 경우에 그 일액은 해당 수급자격자의 구직급여일액의 70%로 한다(54조 2항).

라. 수급기간

구직급여는 이직일의 다음날부터 12개월(수급기간) 내에 소정급여일수를 한도로 지급한다(48조 1항). 구직급여를 지급하는 시한을 이직 후 12개월 이내로 설정한 것이다. 따라서 실업의 신고는 이직 후 아무 때나 할 수 있지만 너무 늦게 하면(예: 소정급여일수가 210일인 근로자가 이직 후 6개월이 지나 실업의 신고를 한 경우) 이 시한에 걸려 소정급여일수 일부에 대하여 구직급여를 받을 수 없게 된다.

연장급여를 지급하는 경우 수급자격자의 수급기간은 연장급여로 연장되는 구직급여일수만큼 연장된다(54조 1항).

3. 실업급여 수급권의 보호 등

실업급여를 받을 권리는 양도 또는 압류하거나 담보로 제공할 수 없다(38조 1항). 직업안정기관의 장은 수급자격자가 신청하는 경우 실업급여를 실업급여 전용계좌에 지급해야 하고(37조의2 1항·2항), 이 계좌의 예금 중 시행령으로 정하는 액수 이하의 금액에 관한 채권은 압류할 수 없다(38조 2항).

실업급여로서 지급된 금품에 대해서는 국가나 지방자치단체의 공과금을 부과하지 않는다(38조의2).

사항색인

[ㅊ]

[영문사항색인]

판례색인

헌법재판소

대법원

고등법원

지방법원 등

지은이 약력

임 종 률

서울대학교 법과대학 및 대학원 졸업(법학박사)
승실대학교 및 성균관대학교 교수, 독일 Frankfurt 대학 객원교수
한국노사관계학회 회장, 한국노동법학회 회장
노사관계개혁위원회 상임위원, 노사정위원회 위원
중앙노동위원회 위원장 역임
현: 성균관대학교 명예교수
대한민국학술원 회원

저 서

쟁의행위와 형사책임, 경문사, 1982
집단적 노사자치에 관한 법률(공저), 1992

김 홍 영

서울대학교 법과대학 및 대학원 졸업(법학박사)
한국노동연구원 초빙연구위원, 충남대학교 교수
한국사회보장법학회·한국고용노사관계학회·한국노동법학회 회장
충남지방노동위원회·서울지방노동위원회·중앙노동위원회 공익위원 역임
현: 성균관대학교 교수

저 서

로스쿨 노동법(공저), 2011
로스쿨 노동법 해설(공저), 2011

제23판
노 동 법
초판발행 1999년 3월 10일
제20판발행 2022년 2월 25일
제21판발행 2024년 2월 29일
제22판발행 2025년 2월 15일
제23판발행 2026년 3월 5일

지은이 임종률 · 김홍영
펴낸이 안종만 · 안상준

편 집 이승현
기획/마케팅 조성호
표지디자인 BEN STORY
제 작 고철민 · 김원표

펴낸곳 (주) 박영사
서울특별시 금천구 가산디지털2로 53, 210호(가산동, 한라시그마밸리)
등록 1959. 3. 11. 제300-1959-1호(倫)
전 화 02)733-6771
f a x 02)736-4818
e-mail pys@pybook.co.kr
homepage www.pybook.co.kr
ISBN 979-11-303-9841-9 93360

정 가 49,000원